Chronik des Seekrieges 1939–1945

J. Rohwer
G. Hümmelchen

Chronik des Seekrieges 1939–1945

Herausgegeben
vom Arbeitskreis für Wehrforschung
und von der Bibliothek für Zeitgeschichte

Manfred Pawlak
Verlagsgesellschaft mbH
Herrsching

Lizenzausgabe für Manfred Pawlak
Verlagsgesellschaft mbH, Herrsching
Gesamtausstattung: Design Team Arnsperger, München
Gesetzt aus der Linotype-Candida
ISBN-3-88199-0097

Inhalt

Vorwort

Die »Chronik des Seekrieges 1939—1945« geht auf mehrere Vorläufer zurück. Als seit 1953/54 in Deutschland wieder Marine-Zeitschriften erschienen, waren sie bestrebt, ihren Lesern neben aktuellen Nachrichten, Kommentaren und Unterhaltung auch sachlich zuverlässige Informationen über historische Begebenheiten und insbesondere über Vorgänge des Zweiten Weltkrieges zu bieten. Schon die ersten Nummern brachten Listen und Aufstellungen über den Verbleib und die wichtigsten Einsätze bestimmter Schiffskategorien der ehemaligen deutschen Kriegsmarine. Man wollte aber nicht nur den »Shiplover« mit Material versorgen; es sprach auch der Wunsch mit, der Pflege einer gesunden Tradition in den Marine-Vereinigungen die notwendigen Grundlagen und Anregungen an die Hand zu geben. So begann Vizeadmiral a. D. Friedrich Ruge im März 1954 in der Zeitschrift »Leinen los!« mit der regelmäßigen Veröffentlichung von »Gedenktagen«, einer Liste der herausragenden maritimen und seekriegsgeschichtlichen Ereignisse. In der Folge, besonders seit ab 1956 Jürgen Rohwer die Bearbeitung übernahm, konzentrierten sich diese »Gedenktage« immer mehr auf die Ereignisse des Ersten und Zweiten Weltkrieges. Im September 1959 begannen Gerhard Hümmelchen und Jürgen Rohwer in der »Marine-Rundschau« mit der Veröffentlichung einer ergänzten und überarbeiteten Fassung unter dem Titel »Vor zwanzig Jahren«, die bis zum September/Oktober 1965 in jedem Heft über zwei Monate des Seekrieges 1939—1945 berichtete. Parallel dazu erschien in der Zeitschrift »Wehrwissenschaftliche Rundschau« unter dem gleichen Titel eine von Andreas Hillgruber und Gerhard Hümmelchen bearbeitete Chronik der politischen und militärischen Ereignisse hauptsächlich des Land- und Luftkrieges*.
Dem Wunsch vieler Leser der »Marine-Rundschau« entsprechend und in dem Bemühen der Verfasser, ein zuverlässiges Nachschlagewerk mit besonders vielen Details zu schaffen, entstand nach weitgehender Neubearbeitung und Ergänzung des Materials die vorliegende Buchausgabe der »Chronik des Seekrieges 1939—1945«.
Unser Buch ist ein Versuch, wesentliche und typische Ereignisse des Seekrieges 1939—1945 auf allen Meeren zu erfassen. Wir wollen dabei keine kriegsgeschichtliche Darstellung in Kurzform geben, aber auch keine reine Aufzählung von Daten zur Erinnerung an bestimmte Operationen und Gefechte, sondern ein gleichsam zwischen beiden Formen stehendes Hilfsmittel zur raschen Orien-

---

* Buchausgabe: Andreas Hillgruber, Gerhard Hümmelchen: Chronik des Zweiten Weltkrieges. Herausgegeben vom Arbeitskreis für Wehrforschung. Frankfurt, Bernard & Graefe Verlag für Wehrwesen, 1966, 196 S.

tierung über das vielfältige Geschehen zur See. Dabei haben wir uns bemüht, die Ereignisse, soweit möglich, in einen taktischen oder operativen Zusammenhang zu stellen. Dadurch ergab sich die Notwendigkeit, die Vorgänge für gewisse Zeiträume zusammenzufassen, statt sie wie in einer reinen Stichwort-Chronik Tag für Tag aneinanderzureihen. Um das Auffinden bestimmter Ereignisse für den Benutzer trotzdem so einfach wie möglich zu machen, sind die Anfangs- und Enddaten für die behandelten Zeiträume jeweils links, die Seegebiete rechts halbfett an den Anfang jedes Abschnittes gestellt. Die Einordnung richtet sich chronologisch nach dem ersten Datum. Für die gezielte Suche bieten darüber hinaus die ausführlichen Register der Personen- und Schiffsnamen, der Operations-Decknamen und der Konvois weitere Ansatzpunkte.

Wir haben unsere Arbeit ganz bewußt auf eine internationale Basis gestellt. Viele Veröffentlichungen der letzten Jahrzehnte beschränken sich darauf, die Vorgänge im wesentlichen nur aus der Sicht **einer** Seite zu schildern, wobei sich mancher Autor immer noch nicht von den naturgemäß oft unzuverlässigen Meldungen der Kriegszeit hat lösen können. Für uns ergab sich die Forderung, auf Grund der besten erreichbaren Quellen möglichst korrekt zu ermitteln, was sich tatsächlich auf beiden Seiten ereignet hat und wer an dem Geschehen beteiligt war.

In welchem Umfang dabei die Marinen aller kriegführenden Staaten berücksichtigt wurden, mögen einige Zahlen zeigen. Im Text sind neben rund 1000 deutschen Kriegs- und Hilfskriegsschiffen und weiteren 1000 deutschen U-Booten fast 1500 britische und Commonwealth-, nahezu 1500 amerikanische, fast 700 sowjetische, etwa 575 japanische, 550 italienische, über 260 französische und 275 Kriegsschiffe kleinerer Seemächte — Brasilien, Bulgarien, China, Columbien, Cuba, Dänemark, Finnland, Griechenland, Iran, Jugoslawien, Niederlande, Norwegen, Polen, Rumänien, Schweden, Spanien, Thailand, Türkei — sowie rund 1200 Handelsschiffe aller seefahrenden Nationen, meist mehrfach und bis zu dreißigmal, erwähnt.

Wenn trotz der mehr als 8500 erwähnten Schiffe und rund 3000 genannten Personen mancher Benutzer sich, sein Schiff oder seinen Kommandanten nicht finden sollte, so möge er bedenken, daß wohl hier und da mit gleichem Recht auch ein anderer Mann und noch manches Schiff hätten genannt werden, daß insgesamt gesehen jedoch kaum mehr in dem zur Verfügung stehenden Raum hätte untergebracht werden können. Ebenso war es nicht möglich, bei jeder größeren Operation die verantwortlichen Befehlshaber und Offiziere in den Führungsstäben an Land auf beiden Seiten zu nennen, wir mußten uns auf die eingeschifften Führer beschränken.

Neben den amtlichen und halbamtlichen Seekriegswerken, Spezialuntersuchungen und Memoiren von Befehlshabern und Kommandanten haben wir — insbesondere für die deutsche Seite — auch in großem Umfang ungedruckte Quellen benutzt. Es ist in diesem Rahmen nicht möglich, alle benutzten Quellen und die gesamte einschlägige Literatur aufzuführen. Für spezielle bibliographische Auskünfte sei auf die Bibliothek für Zeitgeschichte in Stuttgart verwiesen. Nachstehend können nur die wichtigsten Grundlagen unserer Arbeit angeführt werden.

Deutschland: Die bisherige deutsche Literatur zum Seekrieg des Zweiten Weltkrieges konnte sich infolge der gegebenen Verhältnisse bisher nur zu einem geringen Teil auf Originalakten stützen. Wir haben uns deshalb bemüht, diesem Mangel durch verstärkte Auswertung zentraler Kriegstagebücher (z. B. KTB der Seekriegsleitung, KTB des Befehlshabers der U-Boote und verschiedener F. d. U.s, KTBs anderer Befehlsbereiche, Lageberichte des Oberbefehlshabers der Luftwaffe — Führungsstab Ic, usw.) entgegenzuwirken.

Dem U-Boot-Krieg und der U-Boot-Abwehr auf beiden Seiten, die den Seekriegsverlauf sowohl im Atlantik als auch im Mittelmeer und Pazifik entscheidend beeinflußten, wurde breiter Raum gegeben. Dabei wurden aber nicht nur die bisher fast ausschließlich beachteten Operationen berücksichtigt, bei denen in Angriff oder Abwehr große Ergebnisse erzielt wurden, sondern im Rahmen der Gesamtoperationen auch die sonst meist vernachlässigten »ereignislosen«, mißglückten oder erfolglosen Einsätze. Das gilt besonders auch für die in ihrem Umfang weit unterschätzten Unternehmungen der letzten beiden Kriegsjahre. Auf eine namentliche Nennung der durch U-Boote angegriffenen Schiffe konnte dabei mit Rücksicht auf eine andere Veröffentlichung weitgehend verzichtet werden*.
Der Luftkrieg über See wurde im Gegensatz zur bisher erschienenen Literatur auf Grund von Quellen präziser dargestellt. Das gleiche gilt für die Tätigkeit der Schnellboote. Wir haben uns auch bemüht, den Kriegsalltag der Sicherungsverbände stärker als bisher zu berücksichtigen, indem wir auf allen Kriegsschauplätzen typische Ereignisse herausgegriffen haben, ohne jedoch eine Vollständigkeit anstreben zu können, die den Rahmen des Buches hätte sprengen müssen.
Großbritannien und Commonwealth: Die Grundlage der Bearbeitung bildeten das vom H. M. Stationery Office, London, herausgegebene vielbändige Werk »History of the Second World War«, insbesondere die vier Bände von S. W. Roskill »The War at Sea«, das vom Department of National Defence in Ottawa herausgegebene Werk von Joseph Schull »The Far Distant Ships«, die Reihen »Australia in the War of 1939—1945« des Australian War Memorial in Canberra und »Official History of New Zealand in the Second World War 1939—1945« der War History Branch in Wellington sowie für Südafrika der Band von L. C. F. Turner »War in the Southern Oceans 1939 to 1945« und für Indien der von D. J. E. Collins »The Royal Indian Navy 1939—1945«. Zur Aufhellung vieler Einzelheiten wurden neben der Literatur und einer umfangreichen Korrespondenz vor allem die während des Krieges von der Naval Intelligence Division in London herausgegebenen »Weekly Naval Notes« benutzt.
USA: Hier konnte vor allem die sehr detailreiche Darstellung von S. E. Morison »History of United States Naval Operations in World War II« (15 Bände) herangezogen werden, daneben für amphibische Operationen auch die amtlichen Reihen »United States Army in World War II«, »Marine Corps Monographs«, »History of U. S. Marine Corps Operations in World War II« sowie verschiedene Publikationen der Naval History Division — »Dictionary of American Naval Fighting Ships« — und des U. S. Naval Institute, bes. die »U. S. Naval Chronology, World War II« und die Bände von Th. Roscoe »Destroyers« und »Submarines«, darüber hinaus viele Einzelveröffentlichungen.
UdSSR: Die sehr umfangreiche sowjetische Marineliteratur zur Geschichte des Zweiten Weltkrieges wurde systematisch ausgewertet, insbesondere die Memoiren der wichtigsten Befehlshaber und die Darstellungen der beamteten Marine-Historiker. Mit Hilfe der gewonnenen Erkenntnisse konnten viele Angaben in den deutschen Akten der Kriegszeit überprüft, ergänzt und geklärt werden, so daß hier nur noch wenige Lücken offenbleiben müssen.
Japan: Neben der angloamerikanischen Literatur konnte hier auf eine Reihe übersetzter japanischer Werke zurückgegriffen werden. Von besonderer Bedeutung waren die beim alliierten Oberkommando in Tokio von japanischen Offizieren bearbeiteten »Japanese Monographs«, Studien über Operationen der einzelnen Waffengattungen der japanischen Marine und bestimmte Kampfräume.
Italien: Grundlage der Darstellung der Tätigkeit der italienischen Flotte ist das sehr eingehende amtliche Werk des Ufficio Storico della Marina Militare »La Marina Italiana nella Seconda Guerra Mondiale« (18 Bände).
Frankreich: Für die Zeit bis zum Juni 1940 wurde weitgehend von den (nicht veröffentlichten) Bänden des Service Historique über die Operationen 1939/40 ausgegangen, für die spätere Zeit vor allem von dem Werk von Amiral Auphan und Jacques Mordal »La Marine Française pendant la Seconde Guerre Mondiale«.
Kleinere Marinen: Hier wurden neben der einschlägigen, z. T. erstaunlich umfangreichen Spezialliteratur besonders die amtlichen Veröffentlichungen ausgewertet, so z. B. für Brasilien C. A. Machado da Fonseca »A Marinha Brasileira e a Segunda Guerra Mundial (1939—1945)«, für Finnland das amtliche »Suomen Sota 1941—1944«, Band IX, für Griechenland K. A. Alexandre »To Nautikon Mas Kata ten Polemiken periodon 1941—1945«, für die Niederlande K. W. L. Bezemer »Zij vochten op de zeven zeen«, für Norwegen E. A. Steen »Norges Sjökrig 1940—1945« (7 Bände), für Polen J. Pertek »Wielkie dni Malej Floty«.
Schiffe und Schiffsverluste: Für die Kriegsschiffe wurden die Kriegsjahrgänge der bekannten internationalen Flottenhandbücher sowie die zahlreichen nach dem Kriege erschienenen Nachschlage-

* Jürgen Rohwer: Die U-Boot-Erfolge der Achsenmächte 1939—1945. Herausgegeben von der Bibliothek für Zeitgeschichte. München, J. F. Lehmanns Verlag, 1968. XXIV, 376 S. — Dokumentationen der Bibliothek für Zeitgeschichte, Bd. 1.

werke über einzelne Flotten und ihre Schiffstypen, für die Handelsschiffe die Kriegsjahrgänge von Lloyds Register und Gröner »Die Handelsflotten der Welt«, ferner viele Dokumentationen in den internationalen Fachzeitschriften benutzt.
Neben den verschiedenen amtlichen nationalen Verlustlisten für Kriegs- und Handelsschiffe, die in den Jahren seit dem Zweiten Weltkrieg erschienen sind, bildete die vom Naval Staff (Trade Division) der Admiralty in London bearbeitete Liste B. R. 1337 »British and Foreign Merchant Vessels Lost or Damaged by Enemy Action during Second World War« mit ihren Ergänzungen die unentbehrliche Basis.
Stellenbesetzungen: Für die deutsche Marine wurde von Lohmann-Hildebrandt »Die deutsche Kriegsmarine 1939—1945«, für die fremden Marinen von Angaben in der Literatur ausgegangen.

Aber trotz dieser breiten Quellen- und Literaturbasis wäre es uns ohne die immer wieder gern gewährte Hilfe ungezählter Korrespondenten, Offiziere der deutschen, verbündeten und alliierten Kriegs- und Handelsmarinen sowie vieler »Shiplover« in aller Welt nicht möglich gewesen, eine solche Fülle von Einzelheiten zu klären und in der hier dargebotenen Dichte festzuhalten. Allen Helfern, auch wenn sie hier aus Raumgründen nicht alle genannt werden können, gilt unser Dank für die Mitarbeit in den vergangenen Jahren. Ganz besonders möchten wir aber den kriegsgeschichtlichen Abteilungen der verschiedenen Marinen mit ihren Direktoren und Mitarbeitern für ihre jahrelange, großzügige Hilfsbereitschaft danken, so Rear Admiral R. M. Bellairs, Commander M. G. Saunders (†), Lt. Commander P. K. Kemp, H. C. Beaumont, J. D. Lawson und in jüngster Zeit auch Rear Admiral P. N. Buckley und Captain D. Macintyre von der Historical Section der Admiralty bzw. der Naval Historical Branch des Ministry of Defence in London; Rear Admiral Ernest M. Eller und Captain F. Kent Loomis von der Naval History Division in Washington; Dr. G. N. Tucker und E. C. Russell von der Naval Historical Section und Colonel C. P. Stacey und S. F. Wise von der Division of History im Department of Defense in Ottawa; Prof. L. C. F. Turner, J. A. I. Agar-Hamilton und J. E. Betzler (†) von der Union War Histories Section in Pretoria; Contreamiral Rostand, Médecin en chef Hervé Cras, Contreamiral Brossard und Contreamiral Fliche vom Service Historique de la Marine in Paris; Orlogskaptein E. A. Steen von der Forsvarets Krigshistoriske Avdeling in Oslo; Ammiraglio di squadra G. Fioravanzo, Ammiraglio di squadra A. Cocchia (†), Contrammiraglio V. E. Tognelli und Contrammiraglio A. Donato vom Ufficio Storico della Marina Militare in Rom; Konteradmiral Sakamoto vom Amt für Kriegsgeschichte der japanischen Selbstverteidigungsstreitkräfte in Tokio.
Ebenso hilfsbereit waren die Verfasser des britischen Seekriegswerkes, Captain S. W. Roskill, und der amerikanischen Seekriegsgeschichte, Rear Admiral Prof. S. E. Morison und seine Mitarbeiter Dr. R. Pineau und Dr. J. Bauer. Bei vielen schwierigen Fragen des Seekrieges in osteuropäischen Gewässern halfen unsere Freunde Jürg Meister, Siegfried Breyer, Claude Huan, Rolf Erikson und Pierre Warneck. Von den ungezählten »Shiplover«-Korrespondenten seier besonders Erich Gröner (†), L. L. von Münching, Paul Scarceriaux, David Irving und von den Teilnehmern der Schlacht im Atlantik Fregattenkapitän G. Hessler (†) und Captain J. M. Waters (USCG) genannt. Ihnen allen und vielen ungenannt bleibenden Helfern sei hier unser herzlichster Dank ausgesprochen, nicht zuletzt auch unseren Familienangehörigen, ohne deren Mitarbeit die umfangreichen Register nicht zeitgerecht hätten fertiggestellt werden können.

Trotz aller Mühen wird auch das vorliegende Werk nicht alle Fragen beantworten können und noch manche Fehler und Irrtümer enthalten, weil Lücken im Quellenmaterial nicht geschlossen, Widersprüche nicht aufgeklärt werden konnten, Angaben falsch interpretiert oder Druckfehler übersehen wurden. Für alle verbessernden oder ergänzenden Angaben sind wir deshalb dankbar. Möge sich das Werk für alle Benutzer als ein nützliches Nachschlagewerk erweisen.

Jürgen Rohwer	Gerhard Hümmelchen
Bibliothek für Zeitgeschichte	Arbeitskreis für Wehrforschung
7 Stuttgart-O	**7 Stuttgart-O**
Konrad-Adenauer-Straße 8	Urbanstraße 62 A

November 1968

Abkürzungsverzeichnis

Die Dienstgradbezeichnungen wurden, sofern sie denen der deutschen Marine entsprechen, übersetzt. Wo eine Übertragung zu Mißverständnissen hätte führen können, wurde die Originalbezeichnung beibehalten. Die in Klammern gesetzten Dienstgradabkürzungen wurden im Personenregister verwendet.

Adm.: Admiral
A-Fl.: Artillerieträger-Flottille
AK: Materialtransporter (Auxiliary Kargo [eigentlich Cargo])
AKA: Angriffs-Materialtransporter (Auxiliary Kargo Attack)
amerik.: amerikanisch
AP: Truppentransporter (Auxiliary Personnel)
APA: Angriffs-Truppentransporter (Auxiliary Personnel Attack)
APD: Schnelltransporter (Auxiliary Personnel Destroyer)
ASV-Radar: Luft-Schiff-Radar (Anti Surface Vessel Radar)

BdU: Befehlshaber der U-Boote
Befh.: Befehlshaber
BKA: Panzerkutter (Bronekater)
BLT: Bataillons-Lande-Team
BO: Großer (U-Boot-)Jäger, auch Wachboot (Bolsoj Ochitnik)
Brig.: Brigade
BrigGen. (BG): Brigadegeneral
brit.: britisch
BRT: Bruttoregistertonnen
Btl.: Bataillon

Capt.: Captain
Cdr.: Commander
C. S.: Kreuzer-Geschwader (Cruiser Squadron)

DE: Geleitzerstörer (Destroyer Escort)
Desdiv.: Zerstörer-Division (Destroyer Division)
Desron.: Zerstörer-Flottille (Destroyer Squadron)
DivAdm.: Divisionsadmiral
dt.: deutsch

E. G.: Escort Group
EMC: Einheitsmine Typ C (Ankertaumine)

FFF: Flottenflaggschiff
FFS: Freifranzösisches Schiff (Free French Ship)
finn.: finnisch
FKpt. (FK): Fregattenkapitän
Fl.Div.: Flieger-Division
Fl.K.: Flieger-Korps
Force: Kampfgruppe
franz.: französisch

Geb.Div.: Gebirgsdivision
GenAdm.: Generaladmiral
Gen. d. Fl.: General der Flieger
GenLt. (GL): Generalleutnant
GenMaj. (GM): Generalmajor
GenOberst (GO): Generaloberst
GeschwAdm.: Geschwaderadmiral
GFM: Generalfeldmarschall
griech.: griechisch

HMAS: His Majesty's Australian Ship
HMCS: His Majesty's Canadian Ship
HMNZS: His Majesty's New Zealand Ship
HMS: His Majesty's Ship
holl.: holländisch
Hptm.: Hauptmann

ind.: indisch
Inf.Div.: Infanteriedivision
ital.: italienisch

Jabo: Jagdbomber
jap.: japanisch
J. G.: Jagdgeschwader
jugoslaw.: jugoslawisch

KAdm. (KA): Konteradmiral
kanad.: kanadisch
K.Fl.Gr.: Küstenfliegergruppe
KFK: Kriegsfischkutter
K. G.: Kampfgeschwader (Bomber)
KKpt. (KK): Korvettenkapitän
Kptlt. (KL): Kapitänleutnant
Kpt. 1. Rg. (K 1 R): Kapitän 1. Ranges
Kpt. 2. Rg. (K 2 R): Kapitän 2. Ranges
Kpt. 3. Rg. (K 3 R): Kapitän 3. Ranges
Kpt. z. S. (KzS): Kapitän zur See

LAT: Leichter Artillerieträger
LCdr.: Lieutenant-Commander
LCI: Infanterielandungsboot (Landing Craft Infantry)
LCI(G): Landungs-Kanonenboot (Landing Craft Infantry Gunboat)
LCI(M): Granatwerferboot (Landing Craft Infantry Mortar)
LCM(R): Raketenboot (Landing Craft Medium Rocket)
LCT: Panzerlandungsboot (Landing Craft Tank)
L-Fl.: Landungsflottille
L.G.: Lehrgeschwader (Luftwaffe)
LMB: Luftmine Typ B (Grundmine)
LschKpt.: Linienschiffskapitän (Kapitän zur See, jugoslaw. Marine)
LschLt.: Linienschiffsleutnant (Kapitänleutnant, jugoslaw. Marine)
LSD: Dock-Landungsschiff (Landing Ship Dock)
LSM: Mittleres Landungsschiff (Landing Ship Medium)
LST: Panzerlandungsschiff (Landing Ship Tank)
LSV: Fahrzeuglandungsschiff (Landing Ship Vehicle)
LT: Lufttorpedo
Lt.: Leutnant (auch First Lieutenant = Oberleutnant)

MAD: Magnetisches Unterwasserortungsgerät (Magnetic Airborn Detector)
MAS: Motortorpedoboot, ursprünglich U-Boot-Jäger (Motoscafi anti Sommergibile)
M-Fl.: Minensuch-Flottille
MFP: Marinefährprahm
MGB: Motorkanonenboot (Motor Gun Boat)
MO: Kleiner U-Boot-Jäger, »Seejäger« (Morskoj Ochitnik)
MS: Motortorpedoboot (Motosilurante)
MTB: Motortorpedoboot (Motor Torpedo Boat)
niederl.: niederländisch
norweg.: norwegisch

OB: Oberbefehlshaber
ObBtsm.: Oberbootsmann (Unteroffiziersgrad)
Oblt. (OL): Oberleutnant
OTL: Oberstleutnant
PC: Patrouillenboot (Patrol Craft)
PCE: Geleitboot (Patrol Craft, Escort)
poln.: polnisch
PT-Boot: Motortorpedoboot (Patrol Torpedo Boat)
Pz.Div.: Panzerdivision

RAF: Royal Air Force (brit. Luftwaffe)
RCT: Regimentskampfgruppe (Regimental Combat Team)
Regt.: Regiment
R-Fl.: Räumboot-Flottille
rumän.: rumänisch

S.A.Gr.: Seeaufklärungsgruppe
SAT: Schwerer Artillerieträger
SC: U-Boot-Jäger (Submarine Chaser)
S-Fl.: Schnellboot-Flottille
S. G.: Support Group
Sich-Fl.: Sicherungs-Flottille
SKR: Wachschiff (Storozevoj Korabl')
sowj.: sowjetisch
St.G.: Sturzkampfgeschwader
Squ.: Staffel (Luftwaffe), Geschwader (Marine)(Squadron)

T-Boot: Torpedoboot
T. F.: Kampfgruppe (Task Force)
T-Fl.: Torpedoboot-Flottille
T. G.: Kampfgruppe, Teil einer Task Force (Task Group)
TKA: Motortorpedoboot (Torpednyj Kater)
TMB: Torpedomine Typ B (Grundmine)

UDT: Kampfschwimmergruppe (Underwater Demolition Team)
U-Fl.: U-Boot-Flottille
Uj-Fl.: U-Jagd-Flottille
US: United States
USAAF: United States Army Air Force (amerikanische Luftflotte)
USCG: US-Küstenwache (US Coast Guard)
USN: United States Navy (US-Kriegsmarine)
USN-VP: Aufklärungsstaffel der US-Marine
USN-VPB: Aufklärungsbomber-Staffel der US-Marine (Patrol Bomber)

VAdm. (VA): Vizeadmiral
Vp.: Vorposten-...
Vp-Fl.: Vorposten-Flottille

YMS: Küstenminensuchboot (Yard Mine Sweeper)

Z-Fl.: Zerstörer-Flottille
Z. G.: Zerstörergeschwader (Luftwaffe)

1939

19. 8. 1939 **Nordatlantik**

Auf Grund der kritischen politischen Lage entsendet die Seekriegsleitung 14 U-Boote in den Nordatlantik in Wartepositionen. Aus Kiel laufen aus: *U 45, U 46, U 47, U 48* und *U 52*, aus Wilhelmshaven: *U 28, U 29, U 33, U 34, U 37, U 38, U 39, U 40* und *U 41*.

21. 8. 1939 **Südatlantik**

Panzerschiff *Admiral Graf Spee* (Kpt. z. S. Langsdorff) läuft gegen Abend aus Wilhelmshaven aus, um eine befohlene Warteposition im Südatlantik anzusteuern. Der für die Versorgung des Panzerschiffes bereitgestellte Flottentanker *Altmark* (Kpt. Dau) ist bereits am 5. 8. nach Port Arthur/USA entsandt worden, um dort Dieselöl zu bunkern und damit zu *Admiral Graf Spee* zu stoßen.

22.—23. 8. 1939 **Nordatlantik**

Aus Wilhelmshaven gehen in den Nordatlantik: *U 30* und *U 27*.

24. 8. 1939 **Nordatlantik**

Panzerschiff *Deutschland* (Kpt. z. S. Wennecker) läuft aus Wilhelmshaven in den Nordatlantik, um eine Warteposition südlich Grönland zu beziehen. Der für die Versorgung des Panzerschiffes bereitgestellte Flottentanker *Westerwald* (KKpt. Grau) ist bereits zwei Tage vorher in See gegangen.

25. 8. 1939 **allgemeine Lage**

Morgens erstes Warntelegramm von Norddeich Radio an die deutsche Handelsschiffahrt in Übersee.

27. 8. 1939 **allgemeine Lage**

Funktelegrafische Aufforderung an alle deutschen Handelsschiffe in Übersee, alle Möglichkeiten auszunutzen, um »innerhalb der nächsten vier Tage« ihre Heimathäfen zu erreichen oder aber Häfen befreundeter oder neutraler Staaten anzulaufen.

★

1. 9. 1939 **Ostsee**

04.45 Uhr: Beginn des deutschen Angriffs auf Polen. Bereitgestellte deutsche Seestreitkräfte: Gesamtleitung Marinegruppenkommando Ost (GenAdm. Albrecht, Chef d. Stabes KAdm. Schmundt), unterstellt: Befehlshaber der Aufklä-

rungsstreitkräfte (B. d. A.) VAdm. Densch mit den Leichten Kreuzern *Nürnberg, Leipzig, Köln;* Führer der Torpedoboote (F. d. T.) KAdm. Lütjens mit den Zerstörern *Leberecht Maaß, Georg Thiele, Richard Beitzen, Friedrich Ihn, Erich Steinbrinck, Friedrich Eckoldt, Bruno Heinemann, Wolfgang Zenker, Bernd von Arnim* sowie die 1. Schnellbootflottille mit *S 10, S 11, S 12, S 13, S 18, S 19* und Begleitschiff *Tsingtau;* Führer der Minensuchboote (F. d. M.) Kpt. z. S. Ruge auf Torpedoboot *T 196* mit den Geleitbooten *F 8, F 7, F 9, F 10,* der 1. M-Flottille mit den Minensuchbooten *M 8, M 1, M 3, M 4, M 5, M 7, M 111, M 132,* SVK-Verband mit den alten M-Booten *Nautilus, Otto Braun, Pelikan, Arkona, Sundewall* sowie der 3. R-Flottille mit Begleitschiff *Von der Gröben* und *R 33, R 34, R 35, R 36, R 38, R 39, R 40;* Führer der U-Boote Ost, FKpt. Schomburg, mit *U 31, U 32, U 35, U 5, U 6, U 7, U 14, U 18, U 22* und *U 57;* Führer der Seeluftstreitkräfte Ost (F. d. Luft Ost), GenMaj. Coeler, mit 10 Marinefliegerstaffeln; ferner Hafenschutzflottillen und Linienschiff *Schleswig-Holstein* (Kpt. z. S. Kleikamp) in Danzig-Neufahrwasser.
Polnische Marine: OB KAdm. Unrug. Zerstörer *Wicher [Grom, Blyskawica* und *Burza* am 30. 8. nach England ausgelaufen], Minenleger *Gryf,* U-Boote *Sep, Orzel, Wilk, Rys, Zbik,* 2 alte Torpedoboote, 2 Kanonenboote, 6 kleine Minensucher sowie Hilfs- und Schulfahrzeuge.
Schleswig-Holstein beschießt Westerplatte, deren Verteidiger Angriff einer Marine-Sturmkompanie abschlagen.

2. 9. 1939 **Ostsee**

B. d. A. und *U 31, U 32, U 35* nach der Nordsee verlegt.
Vorstoß des F. d. T. mit den Zerstörern gegen Hela. Gefecht mit *Wicher, Gryf* und 15-cm-Batterie. Letztere erzielt Treffer auf *Leberecht Maaß.* Poln. U-Boot *Wilk* durch Wasserbomben beschädigt. *Ju 87* der 1. Flieger-Division versenken das poln. Torpedoboot *Mazur.*

3. 9. 1939 **allgemeine Lage**

Großbritannien und Frankreich erklären Deutschland den Krieg.

3. 9. 1939 **Nordsee**

Stab des Generals z. b. V. bei der Luftflotte 2 wird zur 10. Flieger-Division (GenLt. Geisler) erhoben. Aufgabe: Luftkrieg über See gegen England.

3. 9. 1939 **Nordatlantik**

U 30 (Oblt. z. S. Lemp) sichtet südlich der Rockall-Bank den irrtümlich als Hilfskreuzer angesprochenen britischen Passagierdampfer *Athenia* (13 581 BRT) und torpediert ihn. Von dem sinkenden Schiff werden durch die herankommenden britischen Zerstörer *Electra* und *Escort,* das norwegische Motorschiff *Knute Nelson,* den amerikanischen Dampfer *City of Flint* und die schwedische Jacht *Southern Cross* etwa 1300 Überlebende gerettet, 112 Menschen kommen durch die Treffer um.
Durch diese erste — warnungslose — Versenkung entsteht bei der britischen Admiralität der Eindruck, daß Deutschland einen uneingeschränkten U-Boot-Krieg begonnen habe.
Tatsächlich werden auf deutscher Seite auf Grund der Meldung vom Untergang der *Athenia* zusätzliche einschränkende Weisungen für die Handelskriegführung erlassen.

3. 9. 1939 **Nordatlantik**

Vorsorglich ab 19. 8. in den Atlantik entsandte 1. U-Boot-Welle beginnt ihre Operationen: 2. U-Flottille westlich der Brit. Inseln und Kanal mit *U 27, U 28,*

U 29, U 30, U 33, U 34, später dazu *U 31, U 35, U 53* sowie *U 26* (Minenunternehmen vor Portland) und *U 32* (Minenunternehmen im Bristol-Kanal). Erfolge bis zum 3. 10. 1939 (einschließlich Minen):
U 27 (Kptlt. Franz) 2 Schiffe mit 624 BRT versenkt, *U 28* (Kptlt. Kuhnke) 1 Schiff mit 4955 BRT versenkt, *U 29* (Kptlt. Schuhart) 3 Schiffe mit 19 405 BRT versenkt (s. ferner 17. 9.), *U 30* (Oblt. z. S. Lemp) 2 Schiffe mit 9625 BRT versenkt (außer *Athenia), U 33* (Kptlt. v. Dresky) 3 Schiffe mit 5914 BRT versenkt, *U 34* (Kptlt. Rollmann) 2 Schiffe mit 11 357 BRT versenkt, ferner 1 Schiff mit 2534 BRT als Prise eingebracht, *U 26* (Kptlt. Ewerth) 3 Schiffe mit 17 414 BRT durch Minen versenkt, Korvette *Kittiwake* durch Mine beschädigt, *U 32* (Kptlt. Büchel) 2 Schiffe mit 5738 BRT versenkt, ferner 2 Schiffe mit 17 525 BRT durch Minen beschädigt, *U 31* (Kptlt. Habekost) 2 Schiffe mit 8706 BRT versenkt (s. auch 16. 9.), *U 35* (Kptlt. Lott) 4 Schiffe mit 7850 BRT versenkt, ferner 1 Schiff mit 6014 BRT beschädigt, *U 53* (Kptlt. Heinicke) 2 Schiffe mit 14 018 BRT versenkt.
U 27 am 22. 9. verloren. Von der 7. U-Flottille westlich der Biscaya mit *U 45, U 46, U 47, U 48, U 52* und 6. U-Flottille westlich der Iberischen Halbinsel mit *U 37, U 38, U 39, U 40, U 41* versenken bis zum Rückruf am 7. 9. 1939: *U 47* (Kptlt. Prien) 3 Schiffe mit 8270 BRT, *U 48* (Kptlt. Schultze) 3 Schiffe mit 14 777 BRT, *U 38* (Kptlt. Liebe) 2 Schiffe mit 16 698 BRT, *U 41* (Oblt. z. S. Mugler) bringt 2 Prisen mit 2172 BRT ein.

3. 9. 1939 **Nordsee**
Ansatz von 54 *Wellington* und *Blenheim* des RAF Bomber Command gegen in der Nordsee gesichtete deutsche Kriegsschiffe bleibt ohne Ergebnis.

3. 9. 1939 **Ostsee**
4./Trägergruppe 186 versenkt den polnischen Zerstörer *Wicher*, 3./K. Fl. Gr. 706 den Minenleger *Gryf*, 3./K. Fl. Gr. 506 einige kleinere Schiffe sowie das Kanonenboot *General Haller* in Hela.

3. 9. 1939 **Nordsee**
Deutsche Kreuzer, Zerstörer, Torpedoboote und Minenschiffe beginnen mit dem Auslegen der »Westwall«- Minensperren in der Nordsee. Bis zum 20. 9. in meist mehreren Unternehmen beteiligt: B. d. A. (VAdm. Densch) mit den Kreuzern *Nürnberg, Leipzig, Köln, Königsberg, Emden*, F. d. T. (KAdm. Lütjens) mit der 1. Zerstörer-Flottille (Kpt. z. S. Meisel): *Georg Thiele, Richard Beitzen, Friedrich Ihn, Erich Steinbrinck, Friedrich Eckoldt*, 2. Z-Fl. (Kpt. z. S. Bonte): *Theodor Riedel, Hermann Schoemann, Bruno Heinemann, Leberecht Maaß*, 4. Z-Fl. (FKpt. Bey): *Bernd von Arnim, Hans Lody, Erich Giese*, 5. Z-Division (FKpt. H. Hartmann): *Diether von Roeder, Hans Lüdemann, Hermann Künne, Karl Galster*, 5. Torpedoboot-Flottille (KKpt. Heyke): *Greif, Möwe, Albatros, Kondor, Falke*, 6. T-Fl. (KKpt. Waue): *Leopard, Seeadler, Iltis, Wolf, Luchs* sowie die Minenschiffe *Cobra, Kaiser* und *Roland.*

3. 9. 1939 **Südatlantik**
Der britische Kreuzer *Ajax* stoppt zwischen Rio Grande do Sul und der La-Plata-Mündung die deutschen Frachter *Olinda* (4576 BRT) und *Carl Fritzen* (6594 BRT), die sich der versuchten Aufbringung durch Selbstversenkung entziehen.

3.—6. 9. 1939 **Nordsee**
U 13 (Kptlt. Daublebsky v. Eichhain), *U 15* (Kptlt. Buchholz), *U 16* (Kptlt. Weingaertner) und *U 17* (Kptlt. v. Reiche) legen an der brit. Ostküste vor Orfordness, Flamborough, Hartlepool und den Downs Magnetminen. Auf der Sperre von

U 13 sinken 2 Schiffe mit 11 301 BRT, ein weiteres mit 10 902 BRT wird beschädigt; auf der Sperre von *U 15* sinken 2 Schiffe mit 4274 BRT.

3.—10. 9. 1939 **Nordsee**

Ergebnislose Aufstellung von *U 12, U 56, U 58, U 59* auf der Gr. Fischerbank und *U 9, U 19* vor der schottischen Ostküste gegen britische Flottenteile. *U 20* vor Südnorwegen.

3.—20. 9. 1939 **Nordsee**

Am 3. 9. Erklärung der Blockade Deutschlands durch die britische Regierung. Erste Operation zur Durchführung der Konterbande-Kontrolle:

Aufstellung von U-Booten vor Hornsriff, der Elbe- und Jademündung und bei Terschelling sowie zwischen Shetlands und Norwegen. Es werden jedoch nur deutsche U-Boote gesichtet und ohne Erfolg angegriffen. Am 10. 9. versenkt das U-Boot *Triton* vor Obrestad das eigene U-Boot *Oxley*, am 14. 9. verfehlt *Sturgeon* knapp ihr Schwesterboot *Swordfish*. Zurückziehung der U-Boote aus der Shetland-Enge am 20. 9.

Vom 3.—6. 9. operiert die »Humber-Force« mit den Kreuzern *Southampton* und *Glasgow* und 8 Zerstörern vor der norwegischen Küste, die »Home Fleet« kreuzt gleichzeitig westlich der Hebriden und sucht die auf dem Rückweg von New York befindliche, inzwischen jedoch in der Basis Nord bei Murmansk eingetroffene *Bremen* (51 731 BRT), das Flaggschiff der deutschen Handelsflotte. Auf eine (falsche) Meldung über das Auslaufen schwerer deutscher Schiffe kreuzen Teile der »Home Fleet« bis 6. 9. ostwärts der Orkneys.

Vom 6.—10. 9. operiert die »Home Fleet« (Adm. Forbes) mit den Schlachtschiffen *Nelson, Rodney*, dem Schlachtkreuzer *Repulse*, den Kreuzern *Aurora* und *Sheffield* und 10 Zerstörern vor der norwegischen Küste gegen deutsche Blockadebrecher. Vom 7.—12. 9. kreuzen die Schlachtkreuzer *Hood* und *Renown*, die Kreuzer *Edinburgh* und *Belfast* und 4 Zerstörer in der Island-Faröer-Enge. Der Träger *Ark Royal* gibt Luftsicherung und -aufklärung.

Ab 6. 9. wird aus den Kreuzern der 7. und 12. Kreuzergeschwader, *Diomede, Dragon, Calypso, Caledon* bzw. *Effingham, Emerald, Cardiff* und *Dunedin* die »Northern Patrol« gebildet. 2 Kreuzer sollen ständig zwischen Shetlands und Faröern, 3 zwischen Faröern und Island operieren. Bis zum 28. 9. 108 Handelsschiffe angehalten, davon 28 nach Kirkwall zur Untersuchung beordert.

4. 9. 1939 **Nordsee**

Erste Angriffe des RAF Bomber Command auf deutsche Kriegsschiffe in der Deutschen Bucht: 5 *Blenheim* der 110. Squadron (FlightLt. Doran) erzielen auf Schillig-Reede drei Treffer (Blindgänger) auf dem Panzerschiff *Admiral Scheer* und verlieren eine Maschine durch Flak. Von 5 *Blenheim* der 107. Squadron werden vier durch Flak vernichtet. Ein abgeschossenes Flugzeug stürzt gegen die Bordwand des Leichten Kreuzers *Emden* und verursacht Verluste unter der Besatzung.

14 *Wellington* der 9. und 149. Squadron greifen in Brunsbüttel erfolglos die Schlachtschiffe *Gneisenau* und *Scharnhorst* an und verlieren 2 Flugzeuge durch *Me 109* der II./J. G. 77.

5 *Blenheim* der 139. Squadron finden ihre Ziele nicht und müssen umkehren.

4. 9. 1939 **Ostsee**

Schleswig-Holstein, T 196 und *v. d. Gröben* beschießen die Westerplatte. Der F. d. T. geht mit den Zerstörern in die Nordsee.

4. 9. 1939 **allgemeine Lage**

Vorausabteilungen des britischen Expeditionskorps in Zerstörern von Portsmouth nach Cherbourg transportiert.

4.—6. 9. 1939 **Ostsee**

Poln. U-Boote *Wilk, Rys* und *Zbik* legen nördl. der Weichselmündung, ostwärts Hela und nordostwärts Heisternest insgesamt 50 Minen. Die beiden ersten Sperren geräumt, auf letzterer am 1. 10. *M 85* gesunken. U-Boote *Sep, Wilk* und *Rys* durch Wabos der 1. MS-Flottille beschädigt.

6. 9. 1939 **Nordsee**

Erste Konvois an der britischen Ostküste zwischen Firth of Forth und Themse-Mündung.

7. 9. 1939 **Ostsee**

Übergabe der Westerplatte nach erneuter Beschießung durch *Schleswig-Holstein* und Angriff der Mar.-Sturm-Komp. mit Heeres-Pionieren.

Abzug der deutschen U-Boote aus der Ostsee. Neues Op.-Gebiet der poln. U-Boote zwischen Bornholm und Danziger Bucht, keine Erfolge.

Schleswig-Holstein beschießt bis zum 13. 9. täglich poln. Stellungen und Batterien bei Hochredlau und auf Hela.

7. 9. 1939 **Atlantik**

Erste brit. Atlantik-Konvois aus dem Kanal (OA), aus Liverpool (OB) und nach Gibraltar (OG) ausgelaufen.

8. 9. 1939 **Nordsee**

Die niederländische Marine verliert vor den Helder den Minenleger *Willem van den Zaan* (1270 t) und bei Terschelling den Minensucher *Willem van Ewijk* (460 t) durch Auflaufen auf brit. Minen.

9. 9. 1939 **allgemeine Lage**

Erster Truppentransport-Konvoi des Britischen Expeditionskorps von Southampton nach Cherbourg ausgelaufen.

9./10. 9. 1939 **Nordsee**

Brit. Zerstörer *Esk* und *Express* legen in der Nacht zum 10. 9. die erste offensive Minensperre auf den vermuteten deutschen Auslaufwegen im deutschen Minenwarngebiet.

11. 9. 1939 **Ostsee**

Poln. U-Boote erhalten Befehl, nach England durchzubrechen — *Wilk* am 27. 9. eingetroffen — oder sich nach Aufbrauch der Vorräte in Schweden internieren zu lassen. — *Sep* 16. 9., *Rys* 17. 9., *Zbik* 27. 9. — *Orzel* läuft am 14. 9. Reval an.

11.—16. 9. 1939 **Nordsee**

Brit. Minenleger *Adventure* und *Plover* und Hilfsminenschiffe legen 3000 Minen in der Dover-Straße. Sicherung durch Kreuzer *Cairo* und 19. Z-Fl.

11.—29. 9. 1939 **Nordsee**

Erfolglose Operationen von 6 deutschen U-Boten vor der schott. Ostküste gegen brit. Flottenteile, erste Torpedoversager (Frühzünder, Tiefenlaufversager usw.) bei Angriffen auf brit. Zerstörer und U-Boote.

12. 9. 1939 **Ostsee**

3 poln. Minensucher der *Czajka*-Klasse werfen 60 Minen südl. Hela. *Otto Braun* erhält Treffer von poln. Batterie auf Hela.

13. 9. 1939 **Atlantik**
Im Hafen von Casablanca sinkt der französische Minenkreuzer *La Tour d'Auvergne (ex Pluton)* nach einer Innenexplosion.

14. 9. 1939 **Nordatlantik**
Einnahme von Gdingen durch das Korps Kaupisch. *U 39* (Kptlt. Glattes) wird nach wegen Torpedoversager mißlungenem Angriff auf den Träger *Ark Royal* von den Sicherungszerstörern vernichtet. Flugzeuge des Trägers beschädigen *U 30*, dabei 2 *Skuas* verloren.

14. 9. 1939 **Atlantik**
Auslaufen des ersten SL-Konvois von Freetown.

14. 9.—12. 10. 1939 **Atlantik**
Operationen der französischen U-Boote *Agosta, Quessant, Poncelet* und *Persée* im Gebiet der Azoren gegen deutsche Blockadebrecher. Dabei bringt *Poncelet* (KKpt. de Saussine) den Dampfer *Chemnitz* (5522 BRT) am 28. 9. auf.

15.—16. 9. 1939 **Atlantik**
Erste Transatlantik-Konvois von Kingston (KJF. 1) und Halifax (HX. 1) ausgelaufen.

15. 9.—4. 10. 1939 **Nordsee**
Im Handelskrieg nach Prisenordnung vor der norwegischen Südküste versenken *U 3* (Kptlt. Schepke) 2 Schiffe mit 2348 BRT, *U 4* (Oblt. z. S. v. Klot-Heydenfeldt) 3 Schiffe mit 5133 BRT, *U 7* (Oblt. z. S. Heidel) 3 Schiffe mit 5892 BRT, *U 16* (Kptlt. Weingaertner) 1 Schiff mit 3378 BRT, *U 36* (Kptlt. Fröhlich) 2 Schiffe mit 2813 BRT.

16. 9. 1939 **Nordatlantik**
Erster U-Boot-Angriff gegen einen Konvoi: *U 31* versenkt aus dem OB. 4 den Dampfer *Aviemore* (4060 BRT).

17. 9. 1939 **Nordatlantik**
U 29 (Kptlt. Schuhart) versenkt westlich Irland den brit. Flugzeugträger *Courageous* (Capt. Makeig-Jones †). 514 Tote. Daraufhin werden die Träger aus der U-Boot-Jagd zurückgezogen.

18. 9. 1939 **Ostsee**
Ausbruch des polnischen U-Bootes *Orzel* (Kptlt. Grudzinski) aus Reval. Es erreicht nach abenteuerlicher Fahrt ohne Karten am 14. 10. England.

19. 9. 1939 **Ostsee**
Der F. d. M. (Kpt. z. S. Ruge) mit *M 3, M 4, Nautilus, Nettelbeck, Fuchs, Otto Braun, Pelikan, Arkona, Sundewall* und *Drache* beschießen, unterstützt durch *Schleswig-Holstein* polnische Stellungen bei Oxhöft, Ostrowogrund und Hexengrund.

20. 9. 1939—15. 1. 1940 **Nordsee**
U-Boote der Home Fleet (KAdm. Watson) operieren in der Nordsee und vor Norwegen gegen deutsche Flottenbewegungen. Große Boote der 2. Flottille *(Thames, Oberon, Triton, Triumph, Thistle,* später auch *Triad, Trident* und *Truant)* vor Norwegen, mittlere Boote der 2. Flottille *(Swordfish, Sturgeon, Seahorse, Starfish, Seawolf, Sunfish, Spearfish* und *Sterlet),* der 3. Flottille *(Sealion, Shark, Salmon, Snapper)* und der 6. Flottille *(Undine, Unity, Ursula, L 23, L 26, L 27, H 49)* vor dem Skagerrak, Jütland, Hornsriff, in der Helgoländer Bucht, vor Terschelling und westlich des deutschen »Westwall«-Minenfeldes. Erfolge we-

gen seltener Sichtungen anfangs gering (vgl. 20. 11., 4.—14. 12.). Ab Oktober beteiligen sich die aus der Ostsee ausgebrochenen polnischen U-Boote *Wilk* und *Orzel.*

22.—23. 9. 1939 **Nordsee**
Raid des britischen 2. Kreuzergeschwaders mit *Southampton, Glasgow, Sheffield* und *Aurora* mit 8 Zerstörern wegen Kollision von 2 Zerstörern abgebrochen.

22. 9.—3. 11. 1939 **Atlantik**
Zur Überwachung der in nordspanischen Häfen liegenden deutschen Handelsschiffe werden nacheinander die französischen U-Boote *Achille, Pasteur, Casabianca* und *Sfax* bei Cap Ortegal aufgestellt.

22. 9.—27. 12. 1939 **Atlantik**
Zur Überwachung der Durchfahrten zwischen den Antillen-Inseln gegen Blokkadebrecher werden die französischen U-Boote *Sidi-Ferruch, Agosta, Bévéziers* und *Quessant* nach Martinique verlegt.

24. 9. 1939 **allgemeine Lage**
Aufhebung der einschränkenden Befehle für den Handelskrieg gegen Frankreich. Freigabe des Waffengebrauchs gegen Handelsschiffe bei FT-Verwendung.

25.—26. 9. 1939 **Nordsee**
Vorstoß der brit. Home Fleet mit dem 2. Kreuzergeschwader *(Southampton, Aurora, Sheffield, Glasgow)* und 6 Zerstörern zur Bergung des in der mittleren Nordsee schwer beschädigten U-Boots *Spearfish.* Rückhalt Flottenchef (Admiral Forbes) mit den Schlachtschiffen *Nelson, Rodney,* Schlachtkreuzern *Hood, Renown,* Träger *Ark Royal,* den Kreuzern *Norfolk, Newcastle, Edinburgh* und Zerstörern. Von deutscher Luftaufklärung erfaßt. Von 4 eingesetzten *Ju 88* der I./K. G. 30 erzielt eine (Lt. Storp) einen Abpraller auf *Hood,* eine andere (Gefreiter Francke) einen Nahtreffer bei *Ark Royal,* worauf die deutsche Propaganda die Versenkung des Trägers meldet. 9 *He 111* der 1./K. G. 26 verfehlen das 2. Kreuzergeschwader.

25.—27. 9. 1939 **Ostsee**
Beschießung polnischer Artilleriestellungen auf Hela durch die Linienschiffe *Schleswig-Holstein* (Kpt. z. See Kleikamp) und *Schlesien* (Kpt. z. S. Utke).

25. 9.—23. 10. 1939 **Nordsee**
Auslegung von tiefstehenden Anti-U-Boot-Minensperren in der Dover-Straße (3636 Minen zwischen Folkestone und Cap Gris Nez), im Okt. *U 12, U 40, U 16* verloren, Auslaufen von U-Booten durch den Kanal gestoppt.

26. 9. 1939 **Nordatlantik**
Erster Konvoi von Gibraltar nach England (HG. 1) ausgelaufen.
Freigabe der Operationen für die Panzerschiffe *Admiral Graf Spee* (Südatlantik) und *Deutschland* (Nordatlantik).

26. 9. 1939 **Ostsee**
Nach sowjet. Angaben wird der sowjet. Tanker *Metallist* (968 BRT) in der Narva-Bucht durch ein angeblich polnisches U-Boot versenkt. Das aus Reval ausgebrochene U-Boot *Orzel* befindet sich zu dieser Zeit jedoch schon auf dem Marsch nach England, die Boote *Sep, Rys* und *Zbik* sind in Schweden interniert, *Wilk* schon in der Nordsee. Nach finn. Angaben auf Grund sowjet. Gefangenen-

aussagen ist die *Metallist* tatsächlich auf Weisung des Leningrader Parteisekretärs Ždanov nach einem erfolglosen Angriff des U-Bootes *ŠČ-303* von dem T-Boot *Tuča* versenkt worden, um einen Vorwand für das Vorgehen gegen Estland zu schaffen.

26.—28. 9. 1939 **Nordsee**
Zerstörer und Torpedoboote führen Handelskrieg im Skagerrak. 45 Handelsschiffe angehalten und untersucht.

29. 9. 1939 **Nordsee**
Bei Aufklärungsvorstoß der Squadron 144 des RAF Bomber Command über der deutschen Bucht von 11 *Hampden* 5 durch deutsche Jäger abgeschossen. Erfolgloser Angriff auf 2 deutsche Zerstörer bei Helgoland.

30. 9. 1939 **Südatlantik**
Admiral Graf Spee erzielt mit der Versenkung des brit. Dampfers *Clement* (5051 BRT) vor Pernambuco ersten Erfolg.

30. 9. 1939 **Nordatlantik**
Deutschland beginnt Operationen auf Bermuda-Azoren-Route. 5. 10.: Dampfer *Stonegate* (5044 BRT) versenkt.

30. 9.—6. 10. 1939 **Nordsee**
Zum Handelskrieg im Skagerrak und Kattegat eingesetzte deutsche Zerstörer, Torpedoboote und Minenschiffe halten 72 weitere Handelsschiffe an und untersuchen sie.

★

1. 10. 1939 **allgemeine Lage**
Britische Handelsschiffe erhalten Anweisung, gesichtete U-Boote zu rammen.

1. 10. 1939 **Ostsee**
Die deutschen M-Boote *M 4, M 111, M 132* und *Nettelbeck* beschießen zusammen mit Heeresbatterien und einer Marine-Eisenbahn-Batterie die Halbinsel Hela zur Vorbereitung des Infanterieangriffs. Besatzung von Hela (KAdm. Unrug) kapituliert. Letzter Widerstand an der Küste gebrochen.

2.—4. 10. 1939 **allgemeine Lage**
Freigabe des Waffeneinsatzes deutscher Kampfmittel gegen abgeblendete Schiffe in begrenzten Gebieten um England und in der Biskaya.

3. 10. 1939 **allgemeine Lage**
Verkündung der Panamerikanischen Sicherheitszone.

4. 10. 1939 **allgemeine Lage**
Freigabe des vollen Waffeneinsatzes gegen bewaffnete alliierte Handelsschiffe.

5. 10. 1939 **Atlantik**
Bildung von 8 brit. und franz. Kampfgruppen (Force F, G, H, I, K, L, M, N) mit den franz. Schlachtschiffen *Dunkerque* und *Strasbourg*, dem brit. Schlachtkreuzer *Renown*, den Flugzeugträgern *Ark Royal, Eagle, Hermes* und *Béarn* (franz.), den Schweren Kreuzern *Berwick, York, Exeter, Cumberland, Sussex, Shropshire, Cornwall, Dorsetshire, Foch* (F), *Dupleix* (F) und den franz. Leichten Kreuzern *Gloire, Georges Leygues* und *Montcalm* zur Jagd auf das dt. Panzerschiff

Admiral Graf Spee im Südatlantik. *Spee* versenkt vom 5.—12. 10. auf der Kapstadt-Freetown-Route 4 Frachter mit 22368 BRT

7. 10. 1939 **Kanal**

Bisher 161000 Soldaten, 24000 Fahrzeuge und 140000 ts Material der britischen Expeditionsarmee ohne Verluste in Frankreich an Land gesetzt.

7.—9. 10. 1939 **Nordsee**

Vorstoß des Flottenchefs (Admiral Boehm) mit dem Schlachtschiff *Gneisenau*, dem Leichten Kreuzer *Köln* und 9 Zerstörern gegen die Südküste Norwegens, um die Home Fleet über eine U-Boot-Aufstellung (4 Boote) und in den Bereich der Luftwaffe zu ziehen und so die Panzerschiffe zu entlasten. Deutscher Verband am 8. 10. durch eine *Hudson* der RAF-Squadron 224 erfaßt. Humber-Force mit den Leichten Kreuzern *Edinburgh, Southampton, Glasgow* und Schlachtkreuzergruppe mit *Hood, Repulse*, Kreuzern *Aurora, Sheffield* und 4 Zerstörern ausgelaufen, dazu die Home Fleet mit den Schlachtschiffen *Nelson, Rodney*, dem Träger *Furious*, Kreuzer *Newcastle* und 8 Zerstörern. 12 *Wellington*-Bomber verfehlen das Ziel. Ansatz von 127 *He 111* des K. G. 26 und des Lehrgeschwaders 1 sowie 21 *Ju 88* der I./K. G. 30 bringt keine Erfolge. Operation endet für beide Seiten ergebnislos.

9. 10. 1939 **Nordatlantik**

Britischer Kreuzer *Belfast* der Northern Patrol bringt deutschen Fahrgastdampfer *Cap Norte* (13615 BRT) auf. Vom 29. 9.—12. 10. 63 weitere Handelsschiffe angehalten, 20 davon nach Kirkwall zur Untersuchung beordert.

9.—16. 10. 1939 **Nordatlantik**

Panzerschiff *Deutschland* operiert auf der HX-Route. US-Frachter *City of Flint* (4963 BRT) mit Banngut aufgebracht, norweg. Frachter *Lorentz W. Hansen* (1918 BRT) versenkt.

10.—19. 10. 1939 **Nordatlantik**

Erster Versuch einer geführten U-Boot-Gruppenoperation mit eingeschifftem takt. Führer (KKpt. W. Hartmann auf *U 37*). Von den vorgesehenen 9 U-Booten laufen nur 6 aus. Davon *U 40* (Kptlt. v. Schmidt) im Kanal durch Minentreffer, *U 42* (Kptlt. Dau) und *U 45* (Kptlt. Gelhaar) nach Angriffen gegen die Konvois OB. 17 bzw. KJF. 3 durch deren Sicherung versenkt. Am 17. 10. Operation mit nur noch 3 Booten — *U 37* (KKpt. Hartmann), *U 46* (Kptlt. Sohler) und *U 48* (Kptlt. Schultze) gegen den noch ungesicherten Konvoi H.G. 3, aus dem die Boote je 1 Schiff versenken. Torpedoversager verhindern größere Erfolge. Insgesamt werden von den Booten dieser Gruppe versenkt: *U 37* 8 Schiffe mit 35306 BRT, *U 46* 1 Schiff mit 7028 BRT, *U 48* 5 Schiffe mit 37153 BRT, *U 45* 2 Schiffe mit 19313 BRT, ferner *U 42* 1 Schiff mit 4803 BRT torpediert.

12.—26. 10. 1939 **Nordatlantik**

Die Northern Patrol hält 112 neutrale Handelsschiffe an; 23 davon nach Kirkwall beordert.

Leichte Kreuzer *Sheffield* und *Delhi* sowie Hilfskreuzer *Scotstoun* und *Transsylvania* der Northern Patrol stoppen die deutschen Handelsschiffe *Biskaya* (6386 BRT), *Bianca* (1375 BRT), *Gloria* (5896 BRT), *Gonzenheim* (4574 BRT), *Poseidon* (5864 BRT) und *Rheingold* (5055 BRT), von denen sich die drei letzteren der Einbringung durch Selbstversenkung entziehen.

14. 10. 1939 **Nordsee**

U 47 (Kptlt. Prien) dringt in die Bucht von Scapa Flow ein und versenkt in 2 Anläufen trotz mehrerer Torpedoversager das brit. Schlachtschiff *Royal Oak*

(Capt. Benn †). 833 Tote, darunter der Befehlshaber des 2. Schlachtgeschwaders KAdm. Blagrove.

16. 10. 1939 **Nordsee**
Ju 88 der I./K. G. 30 (Hptm. Pohle) greifen Schiffsziele im Firth of Forth an. Leichte Kreuzer *Southampton* und *Edinburgh* sowie Zerstörer *Mohawk* durch Blindgänger leicht beschädigt. 2 Flugzeuge abgeschossen, darunter das des Gruppenkommandeurs.

16. 10. 1939 **Atlantik**
Bei Suchoperationen der britisch-französischen Kampfgruppen im Atlantik wird der deutsche Frachter *Halle* (5889 BRT) am 16. 10. westlich Dakar durch den französischen Kreuzer *Duguay-Trouin* gestellt und versenkt sich selbst.

16. 10.—5. 11. 1939 **Nordsee**
U-Boote legen vor der britischen Ostküste Magnetminensperren: *U 19* (Kptlt. Meckel) vor Inner Dowsing, *U 16* (Kptlt. Wellner †) in der Dover-Straße — dabei auf Mine gelaufen und gesunken, *U 21* (Kptlt. Frauenheim) im Firth of Forth, *U 24* (Kptlt. Jeppener-Haltenhoff) vor Hartlepool und *U 23* (Kptlt. Kretschmer) vor Cromarty. An der Westküste legen *U 31* (Kptlt. Habekost) eine Sperre im Loch Ewe und *U 33* (Kptlt. v. Dresky) vor North Foreland. Auf diesen Sperren treten folgende Ausfälle ein: *U 19:* 3 Schiffe mit 12 344 BRT gesunken, *U 16:* 1 Hilfsminensucher (67 BRT) gesunken, *U 21:* 1 Schiff mit 2266 BRT und der Netzleger *Bayonet* gesunken, Kreuzer *Belfast* beschädigt (s. 21. 11.), *U 24:* 1 Schiff mit 961 BRT gesunken, *U 31:* 2 Hilfsminensucher mit zus. 160 BRT gesunken, Schlachtschiff *Nelson* beschädigt (s. 4. 12.), *U 33:* 2 Schiffe mit 11 929 BRT gesunken, ferner 1 Schiff mit 13 647 BRT beschädigt.

17. 10. 1939 **Nordsee**
4 *Ju 88* der I./K. G. 30 (Hptm. Doench) greifen bei einem Verlust Schiffe in Scapa Flow an. Schulschiff *Iron Duke* muß sich nach Nahtreffern auf Strand setzen.

17. 10. 1939 **allgemeine Lage**
Die Skl. gibt vollen Waffeneinsatz gegen alle feindlichen Handelsschiffe frei, Passagierdampfer ausgenommen.

17.—18. 10. 1939 **Nordsee**
Offensive Minenunternehmung des F. d. T. (KAdm. Lütjens) mit den Zerstörern *Wilhelm Heidkamp, Hermann Künne, Friedrich Eckoldt, Diether von Roeder, Karl Galster* und *Hans Lüdemann* vor der Humber-Mündung. Gesamterfolg: 7 Schiffe mit 25 825 BRT.

21. 10. 1939 **Nordsee**
9 *He 115* der 1./K. Fl. Gr. 406 werden im Anflug auf einen britischen Konvoi vor der Humber-Mündung durch Jagdflugzeuge abgefangen und verlieren 4 Flugzeuge.

21.—30. 10. 1939 **Atlantik**
Die französische »Force de raid« (VAdm. Gensoul) mit dem Schlachtschiff *Dunkerque,* den Kreuzern *Georges Leygues, Gloire* und *Montcalm* sowie den Großzerstörern *Mogador, Volta, L'Indomptable, Le Triomphant, Le Malin, Le Fantasque, Le Terrible* und *L'Audacieux* operiert auf dem Weg Antillen—Kanal zur Deckung des großen Konvois KJ. 4 gegen einen Angriff des im Nordatlantik operierenden Panzerschiffes *Deutschland.* Dabei wird am 25. 10. der

deutsche Blockadebrecher *Santa Fé* (4627 BRT) durch die *Le Fantasque* aufgebracht.

23. 10. 1939 **Westatlantik**
Der aus Tampico (Mexiko) ausgelaufene deutsche Tanker *Emmy Friedrich* (4372 BRT) wird in der Yucatan-Straße durch den britschen Kreuzer *Orion* und den kanadischen Zerstörer *Saguenay* angehalten und versenkt sich selbst.

23.—31. 10. 1939 **Norwegen**
Britischer Erzkonvoi von Narvik wird durch den Kreuzer *Aurora* und 4 Zerstörer gesichert. Die Home Fleet (Adm. Forbes) mit den Schlachtschiffen *Nelson* und *Rodney*, dem Schlachtkreuzer *Hood* und 6 Zerstörern operiert als Deckungsgruppe.

24. 10.—13. 11. 1939 **Nordsee**
Einsatz von 4 deutschen U-Booten westlich der Orkneys gegen britische Flottenteile. Am 30. 10. Angriff von *U 56* (Kptlt. Zahn) gegen das Schlachtschiff *Nelson* (mit Churchill an Bord) wegen Torpedoversager ergebnislos. Bei anschließenden Handelskriegsoperationen versenken: *U 13* (Kptlt. Daublebsky v. Eichhain) 1 Schiff mit 4666 BRT, *U 59* (Oblt. z. S. Jürst) 3 Schiffe mit 1470 BRT.

25. 10.—15. 11. 1939 **Nordatlantik**
Geplanter Vorstoß von 3 deutschen U-Booten ins Mittelmeer mißlingt. *U 25* (KKpt. Schütze) wird nach Angriff auf französischen Konvoi 20. K — 1 Schiff mit 5874 BRT versenkt — beschädigt, *U 53* (Kptlt. Heinicke) muß Vorstoß abbrechen, nur *U 26* (Kptlt. Ewerth) gelangt nach Aufgabe der geplanten Minenverseuchung vor Gibraltar ins Mittelmeer, hat jedoch keinen Erfolg. Das einzeln weiter nördlich operierende *U 34* (Kptlt. Rollmann) versenkt 4 Schiffe mit 16 546 BRT, davon 2 am 27. und 29. 10. aus dem Konvoi HX. 5A.

29. 10. 1939 **allgemeine Lage**
Deutschen Kriegsschiffen und U-Booten wird der sofortige Angriff auf im Konvoi fahrende Passagierdampfer freigegeben.

31. 10. 1939 **Nord- und Ostsee**
Bisher von mehreren hundert in Nord- und Ostsee von deutschen Überwasserstreitkräften, U-Booten und Flugzeugen auf Bannware untersuchten Schiffen insgesamt 127 mit 245 455 BRT in deutsche Häfen eingebracht.

★

4. 11. 1939 **allgemeine Lage**
Inkraftsetzung des amerikanischen Neutralitätsgesetzes, das amerikanischen Schiffen und Bürgern das Befahren fest umgrenzter Kampfzonen verbietet.

5. 11. 1939 **Mittelatlantik**
Der deutsche Frachter *Uhenfels* (7603 BRT) wird im Mittelatlantik durch einen britischen Verband mit dem Träger *Ark Royal* und mehreren Zerstörern aufgebracht.

5.—15. 11. 1939 **Nordatlantik**
Rückruf und Rückmarsch des Panzerschiffes *Deutschland* durch die Dänemark-Straße und Shetland-Enge. Am 17. 11. geht das Schiff in Gotenhafen (Gdingen) vor Anker.

6.—17. 11. 1939 **Indischer Ozean**
Panzerschiff *Admiral Graf Spee* (Kpt. z. S. Langsdorff) operiert südlich Madagaskar und versenkt einen kleinen Tanker (706 BRT).

7. 11. 1939 **Nordsee**
Erster Einsatz eines Torpedoflugzeuges des F. d. Luft West gegen britische Zerstörer östlich Lowestoft. Fehlschuß.

12.—13. 11. 1939 **Nordsee**
Offensives Minenunternehmen des Führers der Zerstörer Kpt. z. S. Bonte mit den Zerstörern *Karl Galster, Wilhelm Heidkamp, Hermann Künne* und *Hans Lüdemann* vor der Themsemündung. Erfolge: Zerstörer *Blanche* und 13 Handelsschiffe mit 48 728 BRT. Aufnahme der 4 Zerstörer durch den B. d. A. (VAdm. Densch) mit den Leichten Kreuzern *Nürnberg* und *Königsberg* sowie der 6. T-Flottille mit *Leopard, Seeadler, Iltis* und *Wolf*.

12.—17. 11. 1939 **Norwegen**
»Home Fleet« operiert als Deckungsgruppe für einen zweiten Erzschiff-Konvoi von Narvik (vgl. 23. 10.).

14. 11. 1939 **Mittelatlantik**
Im Gebiet der Azoren bringt der franz. Hilfskreuzer *Koutoubia* den dt. Blockadebrecher *Trifels* (6198 BRT) auf.

15.—20. 11. 1939 **Nordatlantik**
Zweiter Versuch einer geführten U-Boot-Gruppenoperation gegen einen Konvoi. Am 15. 11. sichtet *U 53* (Kptlt. Heinicke) westlich Gibraltar den franz. Konvoi KS. 27. Obgleich *U 53* durch ein Seeflugzeug und die zur Sicherung gehörenden Zerstörer *Sirocco* und *Frondeur* und den Aviso *Chevreuil* sowie den herangerufenen Großzerstörer *Chevalier-Paul* wiederholt abgedrängt wird, gelingt es ihm bis zum 20. 11. immer wieder Fühlung zu gewinnen. Der Ansatz von *U 41* (Kptlt. Mugler), *U 43* (Kptlt. Ambrosius) und *U 49* (Kptlt. v. Goßler) bringt jedoch keinen Erfolg, weil die Boote teilweise durch Einzelfahrer und den entgegenkommenden Konvoi OG. 7 aufgehalten werden und bei allen Booten häufige Torpedoversager Angriffe zunichte machen. Bei ihren Operationen gegen Nachzügler und Einzelfahrer versenken *U 41* und *U 43* je 4 Schiffe mit 12 941 BRT bzw. 16 030 BRT.

15.—24. 11. 1939 **Nordsee**
Bei Operationen an der brit. Ostküste legen *U 15* (Kptlt. Frahm) vor Lowestoft, *U 19* (Kptlt. Müller-Arnecke) vor Orfordness und *U 20* (Kptlt. Moehle) beim Newarp-Feuerschiff Magnetminen. Auf den Sperren sinken: *U 15* 1 Schiff mit 258 BRT, *U 19* 1 Schiff mit 6371 BRT, *U 20* 2 Schiffe mit 7929 BRT.
Bei gleichzeitigen Torpedounternehmungen an der Ostküste versenken: *U 18* (Oblt. z. S. Mengersen) 1 Schiff mit 345 BRT und *U 22* (Kptlt. Jenisch) 1 Schiff mit 500 BRT. Beim Noordhinder-Feuerschiff versenkt *U 57* (Kptlt. Korth) 2 Schiffe mit 2949 BRT.

15. 11.—5. 12. 1939 **Nordatlantik**
U 28 (Kptlt. Kuhnke) versenkt auf dem Anmarsch zu einer Minenunternehmung im Bristolkanal mit Torpedo 2 Schiffe mit 10 277 BRT. Auf der Sperre sinkt 1 Schiff mit 9577 BRT. *U 29* (Kptlt. Schuhart) muß seine Minenunternehmung wegen starker Abwehr abbrechen.

17.—18. 11. 1939 **Nordsee**
Offensives Minenunternehmen der Zerstörer *Hermann Künne* (Chef 5. Z-Div. FKpt. H. Hartmann), *Bernd von Arnim* und *Wilhelm Heidkamp* vor der mittleren Themse. Gesamterfolg: Zerstörer *Gipsy*, 1 Trawler und 7 Schiffe mit 27 565 BRT. Aufnahme des Verbandes bei Terschelling-Bank durch den B. d. A. mit den Kreuzern *Nürnberg, Leipzig* sowie *Leopard, Seeadler* und *Iltis* der 6. T-Flottille.

18.—19. 11. 1939 **Nordsee**
Offensives Minenunternehmen der Zerstörer *Erich Steinbrinck* (Chef 4. Z-Fl. FKpt. Bey), *Hans Lody* und *Friedrich Eckoldt* vor der Humber-Mündung. Gesamterfolg: 7 Schiffe mit 38 710 BRT, darunter am 26. 11. das poln. Passagierschiff *Pilsudski* (14 294 BRT). Aufnahme der Zerstörer durch den Kreuzer *Leipzig* und die 6. T-Flottille mit *Leopard, Seeadler, Iltis* und *Wolf*.

20. 11. 1939 **Nordsee**
Erster brit. U-Boot-Erfolg: In der dt. Bucht versenkt *Sturgeon* (Lt. Gregory) das Vorpostenboot *V 209* (428 BRT).

20. 11. 1939 **Nordsee**
Erster Luftmineneinsatz vor der brit. Ostküste durch Seeflugzeuge des Führers der Seeluftstreitkräfte West (F. d. Luft West). Insgesamt im November in 3 Einsätzen 41 Luftminen geworfen. Bereits am 23. 11. gelingt es LCdr. Ouvry, eine dieser Minen vor Shoeburyness, wo sie im Wattenmeer entdeckt wird, zu entschärfen.

21. 11. 1939 **Nordsee**
Brit. Kreuzer *Belfast* läuft im Firth of Forth auf eine von *U 21* (Kptlt. Frauenheim) gelegte Mine.

21.—22. 11. 1939 **Nordsee**
Handelskriegführung des B. d. A. (VAdm. Densch) mit dem Panzerschiff *Lützow* (ex *Deutschland)*, den Kreuzern *Köln* und *Leipzig* sowie der 6. T-Flottille mit *Leopard, Seeadler* und *Iltis* im Skagerrak.

21.—27. 11. 1939 **Nordatlantik**
Vorstoß des Flottenchefs, Admiral Marschall, mit den Schlachtschiffen *Gneisenau* (Kpt. z. S. Netzbandt) und *Scharnhorst* (Kpt. z. S. Hoffmann) in den Nordatlantik gegen die Northern Patrol zur Entlastung des Panzerschiffes *Admiral Graf Spee* im Südatlantik. Am 23. 11. Überraschung des brit. Hilfskreuzers *Rawalpindi* (Capt. Kennedy †) zwischen Island und Färoer, der nach kurzem Artilleriegefecht durch *Scharnhorst* versenkt wird. Anschließend Absetzen des Flottenverbandes ins Nordmeer. Brit. Admiralität setzt auf Notruf der *Rawalpindi* alle verfügbaren Streitkräfte zur Jagd auf die dt. Schiffe an, insgesamt 3 Schlachtschiffe, 3 Schlachtkreuzer, 1 Flugzeugträger, 3 Schwere Kreuzer, 8 moderne Leichte Kreuzer und 8 alte Leichte Kreuzer. Suche bleibt erfolglos. Die dt. Schiffe brechen am 26. 11. in schwerem Wetter unbemerkt durch die Shetland-Bergen-Enge und erreichen ihre Heimathäfen.

21.—30. 11. 1939 **Nordatlantik**
Zur Unterstützung der Flottenoperationen werden die U-Boote *U 31* (Kptlt. Habekost), *U 33* (Kptlt. v. Dresky), *U 35* (Kptlt. Lott), *U 47* (Kptlt. Prien) und *U 48* (Kptlt. Schultze) im Gebiet der Orkney-Inseln aufgestellt. Dabei versenkt *U 33* 5 Fischdampfer und eine Prise mit 5088 BRT, *U 47* mißlingt am 28. 11. ein

Angriff gegen den Kreuzer *Norfolk* infolge Torpedoversager. Am 29. 11. wird *U 35* durch die Zerstörer *Kingston, Kashmir* und *Icarus* vernichtet.

21. 11.—4. 12. 1939 **Ostsee**

Auf den im Belt und Sund ausgelegten dt. und dän. Defensiv-Minensperren gehen die dt. Vorpostenboote *V 701* (21. 11.), *V 301* (25. 11.), *V 704* (30. 11.) und der U-Jäger *UJ 117* (4. 12.) verloren.

22. 11. 1939 **Südatlantik**

Der dt. Frachter *Adolph Woermann* (8577 BRT) versenkt sich bei Ascension nach Anhaltung durch den brit. Kreuzer *Neptune* selbst.

24.—25. 11. 1939 **Nordsee**

Einsatz des B. d. A. (Densch) mit dem Panzerschiff *Lützow* (ex *Deutschland)*, den Kreuzern *Köln* und *Leipzig* und der 6. T-Flottille mit *Leopard, Seeadler, Iltis* und *Wolf* zur Handelskriegführung in Skagerrak.

27. 11.—7. 12. 1939 **Nordsee**

An der brit. Ostküste legen *U 58* (Kptlt. Kuppisch) vor Lowestoft, *U 59* (Oblt. Jürst) vor dem Cockle Feuerschiff und *U 61* (Kptlt. Oesten) vor Newcastle Magnetminen. Auf der Sperre von *U 59* sinken 2 Schiffe mit 705 BRT, auf der von *U 61* wird 1 Schiff mit 4434 BRT beschädigt.
Bei Torpedounternehmungen an der Ostküste versenken: *U 31* (Kptlt. Habekost) 6 Schiffe mit 12338 BRT, *U 21* (Kptlt. Frauenheim) 1 Schiff mit 1277 BRT und *U 56* (Kptlt. Zahn) 1 Schiff mit 2119 BRT, ferner 1 Schiff mit 3829 BRT torpediert.

28. 11. 1939 **Nordsee**

12 engl. *Blenheim*-Bomber greifen den Seefliegerhorst Borkum an.

30. 11.—1. 12. 1939 **Ostsee**

Beginn des sowj. Angriffs gegen Finnland.
Nach einem Luftangriff der Luftstreitkräfte der Baltischen Flotte (Kombrig. Ermačenko) beschießt am 1. 12. ein Teil des Verbandes leichter Seestreitkräfte (Kpt. 1. Rg. Ptochov) mit dem Kreuzer *Kirov* und 2 Zerstörern die finn. Insel Russarö, die das Feuer erwidert.

30. 11.—2. 12. 1939 **Nordmeer**

Sowj. Nordflotte (Flagm. 2. Rg. Drozd) greift finn. Häfen im Petsamo-Fjord an. Unterstützt von dem Zerstörer *Karl Libknecht*, dem Wachschiff *Groza*, 2 NKWD-Wachschiffen, 3 Minensuchtrawlern werden Teile der 104. Schützen-Div. der 14. Armee in dem kaum verteidigten Liinahamari und Petsamo gelandet. Deckung nach See durch Zerstörer *Groznyj* und *Kujbyšev*, ferner nördlich Varanger-Halbinsel durch U-Boote *ŠČ-402, ŠČ-404*.

30. 11.—6. 12. 1939 **Ostsee**

Unterstützt von Einheiten der sowj. Baltischen Flotte (Flagman 2. Rg. Tribuc) landen sowj. Landungsverbände (Kpt. 1. Rg. Ramišvili) auf den im inneren Finnenbusen gelegenen Inseln Seiskari und Lavansaari (30. 11.—3. 12), Someri, Narvi (1. 12.), Suur- und Pien-Tytärsaari (4.—5. 12) und Suursaari (5.—6. 12).

★

2. 12. 1939 **Südatlantik**
Der von einem südafrikanischen Flugzeug bemerkte und durch den Kreuzer *Sussex* abgefangene dt. Dampfer *Watussi* (9552 BRT) wird bei Feuereröffnung durch den brit. Schlachtkreuzer *Renown* von der Besatzung in Brand gesteckt und sinkt.

2.—15. 12. 1939 **Nordatlantik**
Bei Unternehmungen westlich des Kanals versenken: *U 47* (Kptlt. Prien) 3 Schiffe mit 23 168 BRT und *U 48* (Kptlt. Schultze) 4 Schiffe mit 25 618 BRT.

3.—13. 12. 1939 **Norwegen**
Bei einer Unternehmung vor der norwegischen Nordküste versenkt *U 38* (Kptlt. Liebe) 3 Schiffe mit 13 269 BRT.

3. 12. 1939 **Nordsee**
Erfolgloser Angriff von 24 *Wellington*-Bombern der RAF Squadrons 38, 115 und 149 gegen dt. Kriegsschiffe bei Helgoland.

3.—20. 12. 1939 **Ostsee**
U-Boote der sowj. 1. und 2. U-Boot-Brigade (Kpt. 1. Rg. Kuznecov und Kpt. 1. Rg. Kos'min) operieren in der Bottensee (darunter *S-1, ŠČ-317, ŠČ-319)* und im Finnenbusen (darunter *ŠČ-322, ŠČ-323). S-1* (Kptlt. Tripol'skij) versenkt am 10. 12. vor Rauma den dt. Dampfer *Bolheim* (3324 BRT), *ŠČ-323* (Oblt. Ivancov) vor Utö am 10. 12. den estnischen Dampfer *Kassari* (379 BRT).
Am 7. 12. erklärt die Sowjetunion die finn. Küste von Tornio bis Helsinki zur Blockadezone, am 17. 12. werden auch die Aaland-Inseln eingeschlossen.

4. 12. 1939 **Nordatlantik**
Brit. Schlachtschiff *Nelson* läuft bei Loch Ewe auf eine von *U 31* (Kptlt. Habekost) geworfene Mine.

4.—6. 12. 1939 **Norwegen**
Minenunternehmen des Kreuzers *Nürnberg* (Kpt. z. S. Klüber) vor Kristiansand.

4.—9. 12. 1939 **Ostsee**
Erfolgloser Ansatz der finn. U-Boote *Vetehinen* gegen den sowj. Eisbrecher *Ermak* vor Libau, *Iku-Turso* gegen sowj. Schiffe vor Stockholm und *Saukko* gegen sowj. Beschießungsverbände vor Koivisto.

4.—14. 12. 1939 **Nordsee**
Bei Operationen brit. U-Boote in der Deutschen Bucht versenkt *Salmon* (LCdr. Bickford) das ausmarschierende dt. *U 36* (Kptlt. Fröhlich †). Am 12. 12. versucht Bickford den vom Kola-Fjord zurückkehrenden Passagierdampfer *Bremen* anzuhalten, muß jedoch vor einem *Do 18*-Flugboot tauchen. Am 13. 12. schießt er auf große Entfernung einen Fächer gegen einen dt. Flottenverband (3 Leichte Kreuzer, die 5 von einer Minenunternehmung vor Newcastle zurückkehrende Zerstörer aufgenommen haben). Die *Leipzig* erhält einen schweren Treffer mittschiffs, die *Nürnberg* einen Treffer ins Vorschiff. Am 14. 12. greift das U-Boot *Ursula* (LCdr. Phillips) den Verband mit der beschädigten *Nürnberg* an. Die Torpedos werden von dem Flottenbegleiter *F 9* abgefangen, der sinkt.

5. 12. 1939 **Pazifik**
Der brit. Kreuzer *Despatch* bringt vor Punta Caldera in chilenischen Hoheitsgewässern den dt. Frachter *Düsseldorf* (4930 BRT) auf.

5.—6. 12. 1939 **Südatlantik**

Vor Bahia Blanca (Argentinien) stellen die brit. Kreuzer *Ajax* und *Cumberland* den dt. Frachter *Ussukuma* (7834 BRT), der sich selbst versenkt.

6.—7. 12. 1939 **Nordsee**

Seeflugzeuge des F. d. Luft West (3./K. Fl. Gr. 106, 3./506 und 3./906) werfen in der Humber- und Themsemündung sowie in den Downs 27 Minen.

6.—7. 12. 1939 **Nordsee**

Offensive Minenunternehmung der Zerstörer *Hans Lody* und *Erich Giese* vor Cromer. Erfolge: 2 Schiffe (5286 BRT) versenkt, ein weiteres beschädigt. Beim Ablaufen torpediert *Erich Giese* den brit. Zerstörer *Jersey*.

6.—27. 12. 1939 **Nordatlantik**

Zur Sicherung der Nordatlantik-Konvois HXF. 11, HX. 11 und HX. 12 gegen Angriffe dt. Panzerschiffe oder Schlachtkreuzer marschieren die brit. und franz. U-Boote *Narwhal, Seal, Sfax, Casabianca, Pasteur* und *Achille* in den Konvois mit.

7.—22. 12. 1939 **Nordsee**

An der brit. Ostküste legen *U 61* (Kptlt. Oesten) vor dem Firth of Forth, *U 13* (Kptlt. Scheringer) vor Dundee, *U 60* (Kptlt. Schewe) vor Cross Sand und *U 22* (Kptlt. Jenisch) vor Blyth Magnetminen. Auf den Sperren sinken: *U 61* 1 Schiff mit 1086 BRT, *U 13* 1 Schiff mit 1421 BRT, *U 60* 1 Schiff mit 4373 BRT, *U 22* 4 Schiffe mit 4978 BRT.

Bei Torpedo-Unternehmungen an der Ostküste und in den Hoofden versenken *U 23* (Kptlt. Kretschmer) 1 Schiff mit 2400 BRT, *U 20* (Kptlt. Moehle) 1 Schiff mit 1339 BRT, *U 57* (Kptlt. Korth) 1 Schiff mit 1173 BRT, *U 59* (Oblt. Jürst) 3 Schiffe mit 4148 BRT und *U 21* (Kptlt. Frauenheim) 2 Schiffe mit 2827 BRT.

9. 12. 1939 **Südatlantik**

Auf der Höhe von Angola wird der dt. Frachter *Adolf Leonhardt* (2990 BRT) durch den brit. Kreuzer *Shropshire* gestoppt und versenkt sich selbst.

9.—10. 12. 1939 **Ostsee**

Die finn. Küstenbatterien bei Saarenpää auf Koivisto führen Gefecht mit einem sowj. Beschießungsverband mit dem Flottillenführer *Minsk,* den Zerstörern *Karl Marks* und *Volodarskij,* sowie den Kanonenbooten *Sestroreck, Kronštadt* und *Krasnaja Gorka.*

9. 12. 1939—5. 1. 1940 **Atlantik**

Der dt. Tanker *Nordmeer* läuft aus Curacao aus und erreicht trotz Verfolgung durch das franz. U-Boot *Quessant* Vigo.

12. 12. 1939 **Nordsee**

Angriff von 8 *Whitley*-Bombern der RAF gegen die dt. Seefliegerhorste Borkum und Sylt, von wo die Minenlege-Flugzeuge gegen die brit. Ostküste starten.

12.—13. 12. 1939 **Nordsee**

Offensive Minenunternehmung des F. d. Z. (Kommodore Bonte) mit den Zerstörern *Hermann Künne, Friedrich Ihn, Erich Steinbrinck, Richard Beitzen* und *Bruno Heinemann* gegen Newcastle. Erfolg: 11 Handelsschiffe mit 18 979 BRT versenkt. Zerstörer nach Durchführung der Operation durch die Kreuzer *Nürnberg, Leipzig* und *Köln* aufgenommen. Dabei Angriffe durch brit. U-Boote (Vgl. 4.—14. 12.).

13. 12. 1939 **Südatlantik**

Seegefecht vor der La Plata-Mündung: Panzerschiff *Admiral Graf Spee* gegen Kreuzerverband des Befehlshabers des südamerikanischen Geschwaders Commodore Harwood mit *Exeter* (Capt. Bell), *Ajax* (Capt. Woodhouse) und *Achilles* (Capt. Parry). Schwerer Kreuzer *Exeter* außer Gefecht gesetzt (61 Tote, 23 Verwundete), Leichter Kreuzer *Ajax* (7 Tote, 5 Verwundete) stärker, *Achilles* (4 Tote) leicht beschädigt. *Admiral Graf Spee* (36 Tote, 60 Verwundete) muß auf Grund der erlittenen Beschädigungen Montevideo anlaufen.

14. 12. 1939 **Ostsee**

Die sowj. Zerstörer *Grozjaščij* und *Gnevnyj* beschießen die finn. Insel Utö, deren Batterie das Feuer erwidert.

14. 12. 1939 **Nordsee**

12 *Wellington*-Bomber der RAF Squadron 99 gegen von U-Boot gemeldeten dt. Kriegsschiffsverband in der Deutschen Bucht angesetzt. Sie werden von *Me 109* abgefangen und verlieren 6 Flugzeuge.

14.—16. 12. 1939 **Nordsee**

Die dt. T-Boote *Seeadler* und *Jaguar* bringen bei Handelskriegsunternehmen im Skagerrak 6 Dampfer auf.

14.—19. 12. 1939 **Westatlantik**

Am 14. 12. laufen von Veracruz (Mexiko) der dt. Frachter *Arauca* (4354 BRT) und der Passagierdampfer *Columbus* (32 581 BRT) zum Durchbruch in die Heimat aus. Im Golf von Mexiko, der Florida-Straße und bis auf die Höhe von Cape Hatteras wird die *Columbus* ständig von zweien der sich ablösenden US-Zerstörer *Benham, Lang, Jouett, Bagley, Doran, Philip, Upshur* und *Greer*, schließlich von dem Kreuzer *Tuscaloosa* begleitet. Am 19. 12. kommt der auf die in regelmäßigen Abständen in offener Sprache abgegebenen Positionsmeldungen der US-Schiffe angesetzte brit. Zerstörer *Hyperion* in Sicht, so daß sich die *Columbus* selbst versenken muß. Die *Arauca* wird am gleichen Tage auf der Höhe von Miami von 3 US-Navy-Fluzeugen erfaßt, die den brit. Kreuzer *Orion* heranführen. Noch in US-Hoheitsgewässern kann sich die *Arauca* einem Aufbringungsversuch entziehen und Port Everglades anlaufen.

14.—20. 12. 1939 **Ostsee**

Erfolgloser Ansatz des finn. U-Bootes *Vesikko* gegen sowj. Verbände vor Koivisto. Das finn. U-Boot *Vesihiisi* legt eine Minensperre vor Baltischport, auf der der Dampfer *Edith Hasseldiek* (?) verlorengegangen sein soll.

17. 12. 1939 **Südatlantik**

Da eine Reparatur innerhalb der von der Regierung von Uruguay zugestandenen Frist unmöglich ist, Selbstvernichtung des im Seegefecht vor dem La Plata (vgl. 13. 12.) beschädigten dt. Panzerschiffes *Admiral Graf Spee*. Freitod des Kommandanten, Kpt. z. S. Langsdorff, am 20. 12.

17./18. 12. 1939 **Nordsee**

Brit. Zerstörer *Esk, Express, Ivanhoe* und *Intrepid* werfen 240 Minen vor der Ems-Mündung.

17.—19. 12. 1939 **Nordsee**

Bomber der X. Flieger-Korps versenken vor der brit. Ostküste 10 Fahrzeuge, meist Fischdampfer, mit zusammen 2949 BRT.

18. 12. 1939 **Nordsee**

24 *Wellington*-Bomber der RAF Squadrons 9, 37 und 149 werden bei bewaffneter Aufklärung gegen Wilhelmshaven von dt. Jägern abgefangen und verlieren 12 Flugzeuge, davon Squ. 37 allein 5 von 6 eingesetzten Maschinen. 3 weitere beschädigte Bomber werden bei Notlandungen zerstört.

18.—19. 12. 1939 **Ostsee**

Schiffe des Geschwaders der Baltischen Flotte (Flagm. 2. Rg. Nesvickij) beschießen die finn. Küstenbatterie Saarenpää auf Koivisto: Am 18. 12. Schlachtschiff *Oktjabrskaja revoljucija* (Kpt. 2. Rg. Vdovičenko) mit 5 Zerstörern, am 19. 12. Schlachtschiff *Marat* (Kpt. 1. Rg. Belousov) mit 1 Flottillenführer, 6 Zerstörern, 5 Wachschiffen und 2 Kanonenbooten.

19. 12. 1939—22. 1. 1940 **Nordatlantik**

Beim Anmarsch zu einer Minenunternehmung versenkt *U 30* (Kptlt. Lemp) mit Torpedo einen U-Jagdtrawler mit 325 BRT und torpediert das Schlachtschiff *Barham* (28. 12.). Auf der am 6. 1. vor Liverpool gelegten Minensperre sinken 4 Schiffe mit 22 472 BRT, ein weiteres von 5642 BRT wird beschädigt. Auf einer von *U 32* (Oblt. z. S. Jenisch) vor Ailsa Craig gelegten Minensperre sinkt 1 Schiff mit 959 BRT.

Das allein westlich Irland operierende *U 46* (Kptlt. Sohler) versenkt 1 Schiff mit 924 BRT.

25. 12. 1939—19. 1. 1940 **Ostsee**

Eine zweite Gruppe sowj. U-Boote dringt durch die Enge Södra-Kvarken in den Bottenbusen ein, darunter *ŠČ-311* (mit dem Chef der 17. Division, Kpt. 2. Rg. Orel' an Bord), *ŠČ-309*, *ŠČ-324*, *S-2*. Letzteres geht am 2. 1. in der Enge auf einer von dem finn. Minenleger *Louhi* ausgelegten Sperre verloren. *ŠČ-311* (Kptlt. Veršinin) versenkt am 28. 12. vor Vasa den finn. Dampfer *Wilpas* (775 BRT) und am 5. 1. bei Sydostbrottens-Feuerschiff den schwedischen Dampfer *Fenris* (484 BRT). *ŠČ-324* (Kptlt. Konjaev) greift am 13. 1. in der Aalandsee einen finn. Konvoi an, die zur Sicherung gehörende finn. Jacht *Aura II* (563 BRT) geht nach Wasserbombenwürfen durch Wassereinbruch verloren.

28. 12. 1939—12. 1. 1940 **Nordsee**

Vor der brit. Ostküste versenkt *U 58* (Kptlt. Kuppisch) 2 Schiffe mit 4426 BRT. Auf einer von *U 56* (Kptlt. Zahn) gelegten Minensperre auf Cross Sand sinkt 1 Schiff mit 1333 BRT.

★

1940

3. 1. 1940 **Nordatlantik**

Der auf dem Wege nach Bergen befindliche amerik. Dampfer *Mormacsun* wird von brit. Blockadestreitkräften nach Kirkwall eingebracht. Auf Grund der scharfen Reaktion der amerik. Presse gibt Churchill die Weisung, künftig keine amerik. Handelsschiffe mehr anzuhalten und in die amerik. Schiffen verbotene Kampfzone zu verbringen.

6.—7. 1. 1940 **Nordsee**

Offensive Minenunternehmung der 1. Z-Fl. (FKpt. Berger) mit *Friedrich Eckoldt, Erich Steinbrinck* und *Friedrich Ihn* gegen die Themsemündung. Erfolge: Zerstörer *Grenville* und 6 Handelsschiffe mit 21 617 BRT versenkt, 1 Schiff beschädigt.

6.—9. 1. 1940 **Nordsee**

Bei U-Jagdoperationen in der Deutschen Bucht wird am 6. 1. das brit. U-Boot *Undine* durch die Hilfsminensucher *M 1201, M 1204* und *M 1207* mit Wasserbomben zum Auftauchen gezwungen und versenkt sich selbst. Am nächsten Tag vernichtet die 1. M-Flottille das U-Boot *Seahorse*. Am 9. 1. muß das U-Boot *Starfish* nach einem Wasserbombenangriff des Minensuchers *M 7* auftauchen und sich versenken. Nach diesen Verlusten werden die U-Boot-Operationen in der inneren Deutschen Bucht eingestellt.

6.—16. 1. 1940 **Nordsee**

Vor der schottischen Ostküste versenken *U 19* (Kptlt. Schepke) 1 Schiff mit 1343 BRT, *U 20* (Kptlt. Moehle) 1 Schiff mit 1524 BRT und *U 23* (Kptlt. Kretschmer) 2 Schiffe mit 11 667 BRT. Weitere Erfolge auch von *U 24* werden durch Torpedoversager vereitelt.

7. 1.—6. 2. 1940 **Westatlantik**

Der dt. Frachter *Consul Horn* (8384 BRT) durchbricht unbemerkt die engl.-franz. Bewachung von Aruba, entkommt dem franz. U-Boot *Agosta*, täuscht US-Navy-Aufklärungsflugzeuge und den brit. Kreuzer *Enterprise* durch seine Tarnung als sowj. Frachter und erreicht norweg. Gewässer.

9.—30. 1. 1940 **Nordsee**

Bomber des X. Fliegerkorps versenken bei Angriffen gegen Schiffsziele vor der brit. Ostküste 12 Frachter mit 23 944 BRT und 1 Trawler.

10.—11. 1. 1940 **Nordsee**

Offensives Minenunternehmen des F. d. Z. (Kommodore Bonte) mit *Wilhelm Heidkamp, Karl Galster, Anton Schmitt, Friedrich Eckoldt, Richard Beitzen* und *Friedrich Ihn* gegen Newcastle. Erfolg: 1 Fischdampfer (251 BRT) versenkt.
Die 4. Z-Fl. (FKpt. Bey) wirft zur gleichen Zeit mit *Bruno Heinemann, Wolfgang Zenker* und *Erich Koellner* Minen vor Cromer, auf denen 3 Schiffe mit 11 155 BRT sinken.

15. 1.—13. 2. 1940 **Nordatlantik**

Bei Einzelunternehmungen im Nordatlantik versenken: *U 44* (Kptlt. Mathes) 8 Schiffe mit 29 688 BRT, *U 25* (KKpt. Schütze) 6 Schiffe mit 27 335 BRT, *U 51* (Kptlt. Knorr) 2 Schiffe mit 3143 BRT, *U 55* (Kptlt. Heidel) 3 Schiffe mit 11 415 BRT und *U 41* (Kptlt. Mugler) 1 Schiff mit 9874 BRT und ferner 1 Schiff mit 8096 BRT torpediert. Bei Angriffen gegen die Konvois OA. 80G und OA. 84 werden am 30. 1. bzw. 5. 2. die U-Boote *U 55* und *U 41* versenkt.
U 34 (Kptlt. Rollmann) legt eine Minensperre vor Falmouth, auf der 1 Schiff mit 7807 BRT sinkt, und versenkt mit Torpedo 1 Schiff mit 5625 BRT. Eine von *U 31* (Kptlt. Habekost) vor Loch Ewe gelegte Sperre hat keinen Erfolg.

18. 1. 1940 **Ostsee**

Bei sowj. Luftangriff auf den finn. Hafen Kotka wird der Eisbrecher *Tarmo* schwer beschädigt.

18.—27. 1. 1940 **Nordsee**

Bei Torpedounternehmungen an der brit. Ostküste und in den Hoofden versenken: *U 59* (Kptlt. Jürst) 1 Schiff mit 1296 BRT, *U 61* (Kptlt. Oesten) 1 Schiff mit 2434 BRT, *U 9* (Oblt. z. S. Lüth) 2 Schiffe mit 2367 BRT, *U 22* (Kptlt. Jenisch) den Zerstörer *Exmouth* und 1 Schiff mit 1469 BRT, *U 57* (Kptlt. Korth) 1 Schiff mit 1328 BRT, ferner auf Minensperre 1 Schiff mit 8240 BRT, *U 18* (Oblt. z. S. Mengersen) 1 Schiff mit 1000 BRT, *U 19* (Kptlt. Schepke) 4 Schiffe mit 8855 BRT, *U 23* (Kptlt. Kretschmer) 1 Schiff mit 1085 BRT, *U 14* (Oblt. z. S. Wohlfarth) 1 Schiff mit 1752 BRT und *U 20* (Kptlt. v. Klot-Heydenfeldt) 4 Schiffe mit 6848 BRT. *U 60* und *U 15* kehren z. T. infolge Torpedoversager ohne Erfolg zurück.

27. 1.—10. 2. 1940 **Nordsee**

Bei Torpedounternehmungen an der brit. Ostküste und in den Hoofden versenken: *U 13* (Oblt. z. S. Schulte) 2 Schiffe mit 3659 BRT, *U 21* (Oblt. z. S. Stiebler) 2 Schiffe mit 4900 BRT, *U 58* (Kptlt. Kuppisch) 1 Schiff mit 815 BRT und *U 59* (Kptlt. Jürst) 3 Schiffe mit 2400 BRT. *U 56, U 24* und *U 17* bleiben ohne Erfolg, *U 15* (Kptlt. Frahm) kollidiert auf dem Ausmarsch mit dem T-Boot *Iltis* und geht verloren.

★

Januar—Februar 1940 **Nordmeer**

Zum Schutz des besetzten Gebietes von Petsamo gegen eventuelle anglo-franz. Operationen legen im Januar die sowj. Minenleger *Puškin* und *Murman* 200 Minen zwischen Vardö und Fischer-Halbinsel, im Februar *Murman* nochmals 170 Minen.

4.—22. 2. 1940 **Nordatlantik**

Bei ihren Einzelunternehmungen im Atlantik versenken: *U 26* (Kptlt. Scheringer) 3 Schiffe mit 10 580 BRT, *U 37* (KKpt. Hartmann) 8 Schiffe mit 24 539 BRT,

U 48 (Kptlt. Schultze) 4 Schiffe mit 31 526 BRT (vor Weymouth gelegte Minensperre keinen Erfolg), *U 50* (Kptlt. Bauer) 4 Schiffe mit 16 089 BRT und *U 53* (KKpt. Grosse) 5 Schiffe mit 13 298 BRT, ferner 1 Schiff mit 8022 BRT torpediert. Auf dem Rückmarsch wird *U 53* durch den brit. Zerstörer *Gurkha* am 23. 2. versenkt.

9.—10. 2. 1940 **Nordsee**

Offensive Minenunternehmung der 1. Z-Fl. (FKpt. Berger) mit *Friedrich Eckoldt, Richard Beitzen* und *Max Schultz* im Shipwash-Gebiet. Erfolge: 6 Schiffe mit 28 496 BRT versenkt, 1 weiteres beschädigt.
Die 4. Z-Fl. (FKpt. Bey) führt zur gleichen Zeit mit *Bruno Heinemann, Wolfgang Zenker* und *Erich Koellner* ein Unternehmen gegen Haisborough (Cromer Knoll) durch. Auf diese Sperre sinken 3 Schiffe mit 11 855 BRT.

10. 2.—3. 3. 1940 **Nordatlantik**

Gegen 6 aus Vigo ausgebrochene dt. Handelsschiffe werden unter dem CinC Western Approaches, Adm. Dunbar Nasmith, Suchgruppen aus Schiffen der Home Fleet (Schlachtkreuzer *Renown,* Träger *Ark Royal,* Kreuzer *Galatea* und Zerstörer), des Western Approaches Command, der Northern Patrol, des franz. Adm. Ouest, gebildet. Am 11. 2. bringt der franz. Aviso *Elan* die *Rostock* (2542 BRT) auf, am 12. 2. kapert der brit. Zerstörer *Hasty* die *Morea* (4709 BRT). Die *Wahehe* (4709 BRT) wird am 21. 2. durch den Kreuzer *Manchester* und den Zerstörer *Kimberley* der Northern Patrol aufgebracht. Die *Orizaba* (4354 BRT) geht nach geglücktem Blockadedurchbruch vor Skjervöy (Nordnorwegen) durch Grundberührung verloren, die *Wangoni* entkommt am 28. 2. vor Kristiansand dem brit. U-Boot *Triton* und erreicht Kiel. Das letzte Schiff, die *Arucas* (3359 BRT) muß sich am 3. 3. bei Annäherung des brit. Kreuzers *York* ostwärts Island selbst versenken.

10.—14. 2. 1940 **Nordatlantik**

Vergeblicher Versuch mit 3 U-Booten *(U 26, U 37, U 48),* einen durch die Funkaufklärung erfaßten brit. Flottenverband, bestehend aus dem Flugzeugträger *Ark Royal,* dem Schlachtkreuzer *Renown* und dem Schweren Kreuzer *Exeter,* westlich des Kanals zu erfassen.

11.—13. 2. 1940 **Atlantik**

Der von Rio de Janeiro ausgelaufene dt. Frachter *Wakama* (3771 BRT) wird auf der Höhe von Cabo Frio von dem brit. Kreuzer *Dorsetshire* angehalten und versenkt sich selbst.

12. 2. 1940 **Nordatlantik**

U 33 (Kptlt. von Dresky †) beim Versuch, in der Clyde-Mündung Minen zu legen, durch das brit. Minensuchboot *Gleaner* versenkt.

16. 2. 1940 **Norwegen**

Brit. Zerstörer *Cossack* (Capt. Vian) überfällt im Jössing-Fjord, innerhalb der norweg. Hoheitsgewässer, das dt. Troßschiff *Altmark* (Kpt. Dau) und befreit die an Bord befindlichen 303 Besatzungsmitglieder von Schiffen, die das Panzerschiff *Admiral Graf Spee* im Südatlantik versenkt hat.

17.—18. 2. 1940 **Nordatlantik**

Dritter Versuch einer geführten U-Boot-Gruppenoperation gegen Konvois mit eingeschifftem taktischen Führer (KKpt. Hartmann auf *U 37*). Von der vorgesehenen Gruppe von 5 Booten war *U 54* (Kptlt. Kutschmann) vermutlich auf die von brit. Zerstörern in den dt. Auslaufsweg gelegte Minensperre geraten und gesunken (s. 22. 2.). Als am 17. 2. vom B-Dienst der Treffpunkt der franz. Konvois 10. RS und 65. KS westlich von Portugal erfaßt wird, stehen *U 26* und *U 50* noch zu weit ab. *U 53* (KKpt. Grosse) führt das zunächst durch den Konvoi OG. 18 und Einzelfahrer aufgehaltene *U 37* heran, doch kommen die Boote nur auf in der Nähe des Konvois angetroffene Einzelfahrer und Nachzügler zu erfolgreichen Schüssen. *U 37* versenkt 3, *U 53* 1 Schiff, 2 Angriffe schlagen durch Torpedoversager fehl.

18.—20. 2. 1940 **Nordsee**

Unternehmen »Nordmark«. Vorstoß der Schlachtschiffe *Gneisenau* (Kpt. z. S. Netzbandt) und *Scharnhorst* (Kpt. z. S. Hoffmann), des Schweren Kreuzers *Admiral Hipper* (Kpt. z. S. Heye) und zweier Zerstörer unter dem Befehl des Flottenchefs (Adm. Marschall) gegen den Geleitzugverkehr zwischen England und Skandinavien. Der Vorstoß führt bis in die Höhe der Shetland-Norwegen-Enge und bleibt erfolglos.

Von den im Zusammenhang mit der Operation eingesetzten U-Booten versenken: *U 9* (Oblt. z. S. Lüth) 1 Schiff mit 1213 BRT, *U 14* (Oblt. z. S. Wohlfarth) 4 Schiffe mit 5320 BRT, *U 61* (Kptlt. Oesten) 2 Schiffe mit 5703 BRT, *U 63* (Oblt. z. S. Lorentz) 1 Schiff mit 4211 BRT, *U 57* (Kptlt. Korth) 1 Schiff mit 10 191 BRT und 1 Schiff mit 4966 BRT torpediert, das von *U 23* (Kptlt. Kretschmer) außer dem Zerstörer *Daring* versenkt wird. In den Hoofden versenkt *U 10* (Oblt. z. S. Preuß) 2 Schiffe mit 6356 BRT.

22.—23. 2. 1940 **Nordsee**

Unternehmen »Wikinger«. Beim Anmarsch des F. d. Z. (Kommodore Bonte) mit der 1. Z-Fl. (*Leberecht Maaß, Max Schultz, Richard Beitzen, Theodor Riedel, Erich Koellner, Friedrich Eckoldt*) gegen von der Luftaufklärung gemeldete brit. Fischdampfer im Gebiet der Doggerbank wird der Verband irrtümlich von *He 111* der II./K. G. 26 angegriffen (die Flugzeugbesatzungen sind über eigene Schiffe in diesem Seegebiet nicht unterrichtet). Auf *Leberecht Maaß* 3 Bombentreffer. Bei Ausweichmanövern geraten *Leberecht Maaß* (KKpt. Bassenge †) und *Max Schultz* (KKpt. Trampedach †) auf eine von 2 brit. Zerstörern im dt. minenfreien Weg neu ausgelegte Minensperre und sinken mit dem größten Teil ihrer Besatzungen. Nur 60 Mann von *Leberecht Maaß* gerettet.

25. 2. 1940 **Nordsee**

Bei Angriffsversuch von *U 63* (Oblt. z. S. Lorentz) gegen den England-Norwegen-Konvoi HN. 14 wird dieses durch das brit. U-Boot *Narwhal* gesichtet und durch die Sicherungszerstörer *Escort, Inglefield* und *Imogen* versenkt.

29. 2.—9. 3. 1940 **Nordsee**

Bei Unternehmungen vor Cross Sand und in den Hoofden versenken: *U 20* (Kptlt. v. Klot-Heydenfeldt) 2 Schiffe mit 9551 BRT, *U 17* (Kptlt. Behrens) 2 Schiffe mit 1615 BRT und *U 14* (Kptlt. Wohlfarth) 4 Schiffe mit 5290 BRT.

★

1.—2. 3. 1940 **Westatlantik**

Die dt. Frachter *Troja* (2390 BRT) und *Heidelberg* (6530 BRT) versuchen von Aruba aus in die Heimat durchzubrechen. Die *Troja* wird am 1. 3. bei Aruba durch den brit. Kreuzer *Despatch* gestellt, die *Heidelberg* am 2. 3. vor der Windward-Passage durch den brit. Kreuzer *Dunedin*. Beide Frachter versenken sich selbst.

2. 3. 1940 **Kanal**

Erster Angriff dt. Flugzeuge (K. G. 26) auf Schiffsziele im südlichen Kanal. Bei der Insel Wight brit. Passagierdampfer *Domala* (8441 BRT) in Brand geworfen.

2.—11. 3. 1940 **Nordatlantik/Kanal**

An der brit. West- und Südküste legen *U 28* (Kptlt. Kuhnke), *U 32* (Oblt. z. S. Jenisch) und *U 29* (Kptlt. Schuhart) Minensperren vor Portsmouth, Liverpool und Newport. Es sinken auf den Sperren von *U 32* 1 Schiff mit 5068 BRT, von *U 29* 1 Schiff mit 710 BRT.
Bei vor- und nachher gefahrenen Torpedoangriffen versenken: *U 28* 2 Schiffe mit 11 215 BRT, *U 32* 1 Schiff mit 2818 BRT und *U 29* 2 Schiffe mit 9789 BRT. Weitere Angriffe enden mit Torpedoversagern.

2.—13. 3. 1940 **Nordatlantik**

Der brit. Kreuzer *Berwick* von der Northern Patrol stoppt am 2. 3. bzw. 6. 3. die dt. Blockadebrecher *Wolfsburg* (6201 BRT) und *Uruguay* (5846 BRT), die sich selbst versenken. Am 13. 3. versenkt sich die *La Coruna* (7359 BRT) bei Annäherung des Hilfskreuzers *Maloja*.

5. 3.—2. 4. 1940 **Nordsee**

Am 5. 3. werden die auf dem Ausmarsch in den Atlantik befindlichen *U 38* und *U 52* zurückgerufen und zusammen mit *U 30*, *U 43*, *U 44*, *U 46*, *U 47*, *U 49* und *U 51* im Gebiet beiderseits der Shetlands und Orkneys gegen brit. Flottenverbände aufgestellt. Bei diesen Operationen versenken: *U 38* (Kptlt. Liebe) 5 Schiffe mit 14 309 BRT und *U 47* (Kptlt. Prien) 1 Schiff mit 1146 BRT. *U 44* (Kptlt. Mathes) wird am 20. 3. durch den brit. Zerstörer *Fortune* versenkt.

5. 3.—8. 4. 1940 **Westatlantik/Nordatlantik**

Am 5./6. 3. laufen aus Curaçao die dt. Frachter *Hannover*, *Mimi Horn* und *Seattle* aus. Die *Hannover* wird in der Nacht zum 8. 3. in der Mona-Passage von dem kanad. Zerstörer *Assiniboine* gestellt. Die Selbstvernichtung innerhalb der dominikanischen Hoheitsgewässer wird durch ein Enterkommando des brit. Kreuzers *Dunedin* vereitelt. Während der Jagd auf die *Hannover*, an der sich auch der franz. Kreuzer *Jeanne d'Arc* beteiligt, gelingt den beiden anderen Schiffen der Ausbruch aus der Karibik. Die *Mimi Horn* muß sich jedoch am 28. 3. in der Dänemark-Straße bei Annäherung des brit. Hilfskreuzers *Transylvania* selbst versenken, die *Seattle* gerät am 8./9. 4. vor Kristiansand in die beginnende Norwegenunternehmung und geht verloren.

9. 3. 1940 **Nordsee**

Hilfsminenleger *Schiff 11* (KKpt. Betzendahl) wirft Sperren östlich North Foreland. Erfolge: 5 Schiffe mit 14 152 BRT.

11. 3. 1940 **Nordsee**

Eine Bristol-*Blenheim* des RAF Bomber-Command versenkt auf Schillig-Reede das deutsche U-Boot *U 31* (Kptlt. Habekost †). Boot wird später gehoben.

13. 3. 1940 **allgemeine Lage**

Friedensvertrag zwischen der UdSSR und Finnland unterzeichnet.

14.—29. 3. 1940 **Nordsee**

Erfolgloser Ansatz der U-Boote *U 7*, *U 9*, *U 19*, *U 20*, *U 23*, *U 24*, *U 56*, *U 57* und

U 59 in der Nordsee und *U 1, U 2, U 3, U 4* vor Südnorwegen zur Jagd auf brit. und franz. U-Boote.
Von den dann an die brit. Ostküste beorderten Booten versenken: *U 19* (Kptlt. Schepke) 4 Schiffe mit 5517 BRT, *U 57* (Kptlt. Korth) 2 Schiffe mit 7009 BRT.
Ab 16. 3. massierter Ansatz der brit. U-Boote der Home Fleet in der Nordsee und vor Norwegen. Zeitweise bis zu 14 Boote im Operationsgebiet und bis zu 6 auf dem An- und Abmarsch. Von ihnen versenken vor der dän. Küste: *Ursula* (LCdr. Cavaye) den Dampfer *Heddernheim* (4947 BRT), *Trident* (LCdr. Seale) den Dampfer *Edmund Hugo Stinnes 4* (2189 BRT).

16. 3. 1940 **Nordsee**
18 *Ju 88* (K. G. 30) und 16 *He 111* (K. G. 26) des X. Flieger-Korps greifen Einheiten der engl. Flotte in Scapa Flow, Flakstellungen und die Flugplätze Stromness, Barthhouse und Kirkwall an. Sie glauben 3 Schlachtschiffe und 1 Kreuzer getroffen zu haben. In Wirklichkeit wird nur der Schwere Kreuzer *Norfolk* beschädigt.

19. 3. 1940 **Nordsee**
30 *Whitleys* und 20 *Hampdens* des RAF Bomber-Command greifen den dt. Seefliegerhorst Hörnum an.

20. 3. 1940 **Kanal**
Bei einem zweiten Angriff dt. Flugzeuge im Seegebiet vor der Insel Wight wird der engl. Frachter *Barn Hill* (5439 BRT) versenkt.

22. 3.—20. 4. 1940 **Nordsee**
Zur Verstärkung der U-Boote der Home Fleet treffen die ersten Boote der franz. 10. U-Flottille *Sibylle, Antiope* und *Amazone* mit ihrem Mutterschiff *Jules Verne* in Harwich ein. Am 14. 4. folgen *Orphée, Doris* und *Circé,* am 20. 4. *Thétis* und *Calypso.* Außerdem trifft am 17. 4. die 2. U-Boot-Division *(Casabianca, Sfax, Achille* und *Pasteur)* sowie am 1. 5. das Minen-U-Boot *Rubis* ein. Am 31. 3. läuft als erstes Boot *Sibylle* zu einer Unternehmung in die Nordsee aus.

31. 3. 1940 **Nordsee**
Schiff 16 Atlantis (Kpt. z. S. Rogge) erhält als erster dt. Hilfskreuzer des Zweiten Weltkrieges den Auslaufbefehl.

31. 3.—8. 4. 1940 **Norwegen**
Brit. Kreuzer *Birmingham* und 2 Zerstörer suchen entlang der norweg. Küste bis zum Vestfjord nach dt. Fischereifahrzeugen.

★

3. 4. 1940 **Norwegen**
Die ersten Schiffe der für das Unternehmen »Weserübung« bestimmten Ausfuhr-Staffel — 7 Frachter mit 48 693 BRT — gehen von Hamburg aus für Narvik, Drontheim und Stavanger in See.

5.—8. 4. 1940 **Norwegen**
Operation »Wilfred«: Brit. Minenunternehmung in norweg. Gewässern. Force WB simuliert mit 2 Zerstörern Minenlegung vor Bud/Kristiansund-Nord, Force WS mit Minenleger *Teviot Bank* und 4 Zerstörern wird vor Beginn der Minenlegung am 8. 4. zurückgerufen, Force WV mit den Minenleger-Zerstörern

Express, Esk, Icarus, Impulsive, gesichert von den Zerstörern *Hardy, Havock, Hunter* und *Hotspur*, legt Sperre bei Bodö. Deckungsgruppe (VAdm. Whitworth) mit Schlachtkreuzer *Renown* und Zerstörern *Hyperion, Hero, Greyhound* und und *Glowworm*. Letzter bleibt in schwerem Sturm zur Bergung eines über Bord gefallenen Matrosen zurück und verliert Anschluß. Am 8. 4. wird die *Glowworm* (LCdr. Roope †) von der dt. Trondheim-Gruppe gestellt und durch den Kreuzer *Admiral Hipper* versenkt, nachdem sie vorher den Kreuzer noch gerammt hat. Die als Antwort auf dt. Gegenmaßnahmen gegen die Operation »Wilfred« geplante Landung von Truppen in Norwegen (Operation »R 4«) wird nach Erkennen starker dt. Bewegungen abgesagt, die eingeschifften Truppen ausgeschifft (vgl. 7. 4.).

6. 4. 1940 **Nordsee**

Schiff 36 Orion (FKpt. Weyher) erhält als zweiter dt. Hilfskreuzer den Auslaufbefehl.

7. 4. 1940 **Nordsee/Norwegen**

Auslaufen der ersten dt. Kriegsschiffsgruppen zum Unternehmen »Weserübung«. Operative Führung: Unter der Seekriegsleitung für den Raum ostwärts der Skagerrak-Sperre: Marinegruppenkommando Ost (Adm. Carls), westlich der Skagerrak-Sperre: Marinegruppenkommando West (GenAdm. Saalwächter).
Deckung der Gruppen 1 und 2: VAdm. Lütjens mit den Schlachtschiffen *Scharnhorst* (Kpt. z. S. Hoffmann) und *Gneisenau* (Kpt. z. S. Netzbandt).
Kriegsschiffsgruppe 1 (Narvik): Kommodore Bonte mit den Zerstörern *Wilhelm Heidkamp, Georg Thiele, Wolfgang Zenker, Bernd von Arnim, Erich Giese, Erich Koellner, Diether von Roeder, Hans Lüdemann, Hermann Künne* und *Anton Schmitt*.
Kriegsschiffsgruppe 2 (Trondheim): Kpt. z. S. Heye mit dem Schweren Kreuzer *Admiral Hipper* (Heye) und den Zerstörern *Paul Jacobi, Theodor Riedel, Bruno Heinemann* und *Friedrich Eckoldt*.
Kriegsschiffsgruppe 3 (Bergen): KAdm. Schmundt mit den Leichten Kreuzern *Köln* (Kpt. z. S. Kratzenberg) und *Königsberg* (Kpt. z. S. Ruhfus), dem Artillerieschulschiff *Bremse* (FKpt. Förschner), den Torpedobooten *Leopard* und *Wolf*, dem Schnellbootbegleitschiff *Carl Peters* mit den S-Booten *S 19, S 21, S 22, S 23* und *S 24* sowie den Hilfsschiffen *Schiff 9* und *Schiff 18*.
Kriegsschiffsgruppe 4 (Kristiansand-Süd und Arendal): Kpt. z. S. Rieve mit dem Leichten Kreuzer *Karlsruhe* (Rieve), den T-Booten *Luchs, Greif, Seeadler* sowie dem Schnellbootbegleitschiff *Tsingtau* mit den S-Booten *S 7, S 8, S 17, S 30, S 31, S 32* und *S 33*.
Kriegsschiffsgruppe 5 (Oslo): KAdm. Kummetz mit den Schweren Kreuzern *Blücher* (Kpt. z. S. Woldag) und *Lützow* (Kpt. z. S. Thiele), dem Leichten Kreuzer *Emden* (Kpt. z. S. Lange), den T-Booten *Möwe, Albatros* und *Kondor*, der 1. Räumbootflottille (Kptlt. Forstmann) mit *R 17, R 18, R 19, R 20, R 21, R 22, R 23, R 24* und den Walfangbooten *Rau 7* und *Rau 8*.
Kriegsschiffsgruppe 6 (Egersund): KKpt. Thoma (Chef der 2. Minensuchflottille) mit den M-Booten *M 1, M 2, M 9* und *M 13*.
Kriegsschiffsgruppe 7 (Nyborg und Korsör): Kpt. z. S. Kleikamp mit dem Linienschiff *Schleswig-Holstein* (Kleikamp), den Versuchsbooten *Claus von Bevern, Pelikan, Nautilus*, den Transportern *Campinas* (4541 BRT) und *Cordoba* (4611 BRT), 2 Schleppern sowie der B. S. O.-Schulflottille (FKpt. Dannenberg) mit 6 Fischdampfern.
Kriegsschiffsgruppe 8 (Kopenhagen): KKpt. Schroeder mit dem Minenschiff

Hansestadt Danzig (Schroeder) und dem Eisbrecher *Stettin*, durch den Belt geleitet durch Boote der 13. Vp.-Flottille (Kptlt. Fischer).
Kriegsschiffsgruppe 9 (Middelfart und Beltbrücke): Kpt. z. S. Leissner(F. d. V. Ost) mit dem Dampfer *Rugard* (1358 BRT), den M-Booten *M 157*, *Otto Braun*, *Arkona*, den R-Booten *R 6* und *R 7*, den Vorpostenbooten *V 102* und *V 103*, dem U-Boot-Jäger *UJ 172* sowie den Marineschleppern *Passat* und *Monsun*.
Kriegsschiffsgruppe 10 (Esbjerg und Nordby auf Fanö): Kommodore Ruge (F. d. M. West) mit Führerboot *Königin Luise (F 6)*, den M-Booten *M 4*, *M 20*, *M 84*, *M 102*, der 12. Minensuchflottille (KKpt. Marguth) mit *M 1201* bis *M 1208* (große Fischdampfer) sowie der 2. Räumbootflottille (KKpt. v. Kamptz) mit *R 25*, *R 26*, *R 27*, *R 28*, *R 29*, *R 30*, *R 31* und *R 32*.
Kriegsschiffsgruppe 11 (Tyborön am Limfjord): KKpt. Berger (Chef der 4. Minensuchflottille) mit *M 61*, *M 89*, *M 110*, *M 111*, *M 134* und *M 136* sowie der 3. Räumbootflottille (i. V. Kptlt. Küster) mit dem Begleitschiff *Von der Groeben* und den R-Booten *R 33*, *R 34*, *R 35*, *R 36*, *R 37*, *R 38*, *R 39*, *R 40*.
Außerdem in dän. Gewässern von Kiel aus eingesetzt: Linienschiff *Schlesien* (Kpt. z. S. Horstmann).
U-Boot-Gruppen (Führung der Einzelboote direkt durch B. d. U. KAdm. Dönitz):
1 (Westfjord): *U 25*, *U 46*, *U 51*, *U 64*, *U 65*
2 (Trondheim): *U 30*, *U 34*
3 (Bergen): *U 9*, *U 14*, *U 56*, *U 60*, *U 62*
4 (Stavanger): *U 1*, *U 4*
5 (ostw. Shetland): *U 47*, *U 48*, *U 49*, *U 50*, *U 52*, später *U 37*
6 (Pentland-Firth): *U 13*, *U 19*, *U 57*, *U 58*, *U 59*
8 (Tindesnes): *U 2*, *U 3*, *U 5*, *U 6*
9 (Shetland-Orkney): *U 7*, *U 10*
Der U-Boot-Einsatz endet trotz günstigster Schußgelegenheiten infolge des Versagens der Tiefensteuerung und der Magnetzündung der Torpedos mit völligem Fehlschlag. Einzige Erfolge: *U 4* versenkt 1 U-Boot, *U 13* 1 Transporter und torpediert 1 Tanker, ferner versenkt *U 59* auf dem Anmarsch 1, *U 37* auf dem Rückmarsch von einer Sonderunternehmung 3 Schiffe. 4 dt. U-Boote verloren.

7. 4.—8. 4. 1940 **Norwegen**

Auf die Nachrichten vom Anlaufen einer dt. Operation läuft am Abend des 7. 4. der CinC Home Fleet, Adm. Forbes, mit den Schlachtschiffen *Rodney* und *Valiant*, dem Schlachtkreuzer *Repulse*, den Kreuzern *Sheffield* und *Penelope* und 10 Zerstörern von Scapa in die Shetland-Norwegen-Enge aus, später gefolgt von dem franz. Kreuzer *Emile Bertin* (KAdm. Derrien) und 2 Zerstörern. Von Rosyth folgt VAdm. Edward-Collins mit den Kreuzern *Galatea* und *Arethusa* und 4 Zerstörern. Von der Sicherung des in der Nähe stehenden Konvois HN. 24 stoßen 4 weitere Zerstörer hinzu. Der Konvoi ON. 25 wird zurückgerufen und die Sicherung unter VAdm. Layton mit den Kreuzern *Manchester* und *Southampton* und 5 Zerstörern zur Home Fleet beordert. Nach Ausladung der eingeschifften Truppen gehen am 8. 4. von Rosyth VAdm. J. Cunningham mit den Kreuzern *Devonshire*, *Berwick*, *York* und *Glasgow*, vom Clyde der Kreuzer *Aurora* mit 6 Zerstörern in See.
Am 8. 4. detachiert Adm. Forbes auf die Notmeldung der *Glowworm* hin die *Repulse*, *Penelope* und die Zerstörer *Bedouin*, *Punjabi*, *Eskimo* und *Cossack* zum Verband von VAdm. Whitworth (*Renown*, 13 Zerstörer) vor den Lofoten.

7. 4.—29. 4. 1940 **Nordsee/Norwegen**

Der »Flag Officer Submarines«, VAdm. Horton, läßt sämtliche fahrbereiten

U-Boote der brit. 2., 3., 6. und der 10. franz. U-Flottille Positionen vor der norweg. Südwest- und Südküste, im Skagerrak und Kattegat und in der Nordsee besetzen, um eventuelle dt. Gegenmaßnahmen gegen die Operation »Wilfred« abfangen zu können. Am 9. 4. haben ihre Positionen eingenommen: die brit. Boote *Clyde, Sealion, Seawolf, Shark, Severn, Snapper, Spearfish, Sunfish, Triad, Truant, Triton, Unity, Thistle, Ursula, Tarpon, Sterlet* und *Trident*, das poln. *Orzel*, und die franz. *Amazone, Antiope* und *Sibylle*. Außerdem werden die brit. Minen-U-Boote *Narwhal, Porpoise* sowie später die Boote *Swordfish, Tetrarch* und das Minen-U-Boot *Seal* eingesetzt.
Am 8. 4. um 12 Uhr versenkt *Orzel* an der norweg. Küste den Transporter *Rio de Janeiro*, um 13.30 Uhr versenkt *Trident* den Tanker *Posidonia*, um 19.06 Uhr verfehlt *Trident* vor Skagen mit 10 Torpedos die *Lützow*. Am 9. 4. um 13.24 Uhr wird den U-Booten der warnungslose Angriff auf Transporter, am 11. 4. um 19.56 Uhr der warnungslose Angriff auf alle Schiffe innerhalb 10 sm von der norweg. Küste freigegeben.
Von den eingesetzten alliierten U-Booten versenken insgesamt: *Orzel* (LCdr. Grudzinski) 1 Schiff mit 5261 BRT, *Trident* (LCdr. Seale) 1 Schiff mit 8036 BRT, *Truant* (LCdr. Hutchinson) Kreuzer *Karlsruhe*, *Sunfish* (LCdr. Slaughter) 3 Schiffe mit 12034 BRT, ferner 1 Schiff mit 2448 BRT beschädigt, *Triton* (LCdr. Pizey) 2 Schiffe und *V 1507* mit 9221 BRT, *Sealion* (LCdr. Bryant) 1 Schiff mit 2593 BRT, *Triad* (Cdr. Oddie) 1 Schiff mit 3102 BRT, *Snapper* (Lt. King) 1 Schiff, *M 1701* und *M 1702* mit 1319 BRT, *Porpoise* (Cdr. Roberts) U-Boot *U 1*, *Seawolf* (LCdr. Studholme) 1 Schiff mit 5874 BRT, *Sterlet* (Lt. Haward) Schulschiff *Brummer*, ferner torpediert *Spearfish* (LCdr. Forbes) den auf dem Rückmarsch befindlichen Kreuzer *Lützow* (11. 4.).
Verloren gehen am 10. 4. *Thistle* durch einen Torpedo von *U 4*, *Tarpon* am 14. 4. durch Wasserbomben des Minensuchers *M 6* und *Sterlet* am 18. 4. durch Wasserbomben der U-Jäger *UJ 126, UJ 125* und *UJ 128*.
Auf der von *Narwhal* (LCdr. Burch) am 4. 4. bei Helgoland gelegten Minensperre geht 1 Fischdampfer (709 BRT), auf der am 13. 4. bei Kap Skagen gelegten Minensperre die U-Jäger und Minensucher *M 1101, M 1703, U-Jäger B* und *M 1302* (zus. 1625 BRT) verloren, das Vorpostenboot *V 403* (432 BRT) wird beschädigt.

9. 4. 1940 **Norwegen**

In der Dröbak-Enge (Oslofjord) geht der neue Schwere Kreuzer *Blücher* durch norweg. Küstenartillerie und Torpedotreffer mit schweren Personalverlusten verloren.
Vor dem Vestfjord kommt es zu einem kurzen Gefecht der dt. Schlachtschiffe *Gneisenau* und *Scharnhorst* mit dem brit. Schlachtkreuzer *Renown* (Capt. Simeon). Die beiden 28-cm-Granaten, die *Renown* treffen, explodieren nicht und richten wenig Schaden an. *Gneisenau* erhält 3 Treffer, davon einen durch eine 38,1-cm-Granate.
Südwestlich Bergen greifen 47 *Ju 88* des K. G. 30 und 41 *He 111* die brit. Home Fleet an und versenken den Zerstörer *Gurkha*. Schlachtschiff *Rodney*, Schwerer Kreuzer *Devonshire* sowie Leichte Kreuzer *Southampton* und *Glasgow* beschädigt. 4 *Ju 88* abgeschossen.
Die III./K. G. 4 versenkt bei einem Angriff auf Stavanger den norweg. Zerstörer *Aeger*.
Beim Einlaufen der Kriegsschiffsgruppe 1 nach Narvik versenken *Wilhelm Heidkamp* den norweg. Küstenpanzer *Eidsvold* (FKpt. Willoch †), 8 Überlebende,

und *Bernd von Arnim* den Küstenpanzer *Norge* (FKpt. Askim), 97 Überlebende, nach voraufgegangenen Verhandlungen, durch Torpedotreffer.

10. 4. 1940 **Norwegen**

15 brit. *Skua*-Sturzbomber der Squadrons 800 und 803 versenken in Bergen den Leichten Kreuzer *Königsberg.*

10. 4. 1940 **Norwegen**

Am frühen Morgen dringt bei unsichtigem Wetter die 2. brit. Zerstörerflottille (Capt. Warburton-Lee †) mit *Hardy, Hunter, Hotspur, Havock* und *Hostile* in den Ofotfjord ein und versenkt neben einer Anzahl von dort vom Krieg überraschten Handelsschiffen in überraschendem Angriff die dt. Zerstörer *Wilhelm Heidkamp* (an Bord F. d. Z. Kommodore Bonte †) und *Anton Schmitt. Diether von Roeder* und *Hans Lüdemann* werden beschädigt. Im Gefecht mit den übrigen Zerstörern der dt. Narvik-Gruppe sinken *Hardy* und *Hunter,* während *Hotspur* und *Havock* beschädigt werden. Im Ablaufen fällt den restlichen brit. Zerstörern der dt. Nachschubtransporter *Rauenfels* (8460 BRT) zum Opfer.
2 Angriffe von *U 51* (Kptlt. Knorr) gegen die einlaufenden brit. Zerstörer im Vestfjord am 10. 4. und je 1 Angriff von *U 51* und *U 25* (KKpt. Schütze) gegen die auslaufenden brit. Zerstörer schlagen z. T. infolge Torpedoversager fehl. Der zur Unterstützung der Zerstörer in den Vestfjord einlaufende Kreuzer *Penelope* gerät am 11. 4. nachts auf Grund und wird schwer beschädigt von dem Zerstörer *Eskimo* abgeschleppt.

10.—11. 4. 1940 **Norwegen**

Schlachtschiff *Warspite* und Flugzeugträger *Furious* stoßen zur Home Fleet, die weiterhin westlich Norwegen vergeblich nach dt. Streitkräften sucht. Am 11. 4. müssen die Leichten Kreuzer und ein Teil der Zerstörer zur Brennstoffergänzung detachiert werden. Adm. Forbes stößt mit den Schlachtschiffen *Rodney, Valiant* und *Warspite,* dem Träger *Furious,* den Schweren Kreuzern *Devonshire, Berwick* und *York* gegen Trondheim vor. 16 Torpedoflugzeuge von *Furious* greifen erfolglos die 3 noch zurückgebliebenen dt. Zerstörer an, nachdem der Kreuzer *Admiral Hipper* mit dem Zerstörer *Friedrich Eckoldt* unbemerkt ausgelaufen und nach Süden entkommen war.
Am 11. 4. werden die Schweren Kreuzer *Devonshire, Berwick* und *York* zur Suche nach dt. Streitkräften an der norweg. Küste zwischen Trondheim und dem Vestfjord, später weiter bis nach Kirkenes angesetzt. 2 Angriffe von *U 48* (Kptlt. Schultze) gegen den Verband westlich Trondheim schlagen infolge Torpedoversagern fehl. Die Kreuzer *Glasgow* und *Sheffield* erhalten Befehl, nach Brennstoffergänzung die Inner Leads abzusuchen. 1 Angriff von *U 37* (KKpt. Hartmann) am 13. 4. schlägt infolge Torpedoversager fehl.

12. 4. 1940 **Norwegen**

Südwestlich Stavanger erfaßt die brit. Luftaufklärung die auf dem Rückmarsch befindlichen Schlachtschiffe *Scharnhorst* und *Gneisenau* und den Kreuzer *Admiral Hipper,* die unter Ausnutzung des schweren Wetters und mit Hilfe der Funkaufklärung die Verbände der Home Fleet umgangen haben. 92 Bomber des RAF Coastal Command und des RAF Bomber Command starten zum Angriff, jedoch findet keiner ein Ziel.

13. 4. 1940 **Norwegen**

Im Kampf gegen einen brit. Flottenverband (VAdm. Whitworth): Schlachtschiff *Warspite* (Capt. Crutchley) und Zerstörer *Icarus, Hero, Foxhound, Kimberley,*

Forester, Bedouin, Punjabi, Eskimo, Cossack gehen die übrigen 8 dt. Zerstörer der Narvik-Gruppe verloren bzw. werden nach Erschöpfung ihrer Treiböl- und Munitionsbestände von den Besatzungen selbst versenkt. *Punjabi* erhält Artillerietreffer, *Eskimo* verliert das Vorschiff durch einen Torpedo von *Georg Thiele* und *Cossack* wird durch Artillerietreffer von *Diether von Roeder* und Auflaufen auf ein Wrack stärker beschädigt. Das Bordflugzeug der *Warspite* versenkt das dt. U-Boot *U 64*. Je 1 Angriff von *U 25* gegen Zerstörer des ein- und des auslaufenden Verbandes im Ofotfjord am 13. 4. sowie 1 je weiterer Angriff von *U 25* und *U 48* im Vestfjord gegen das Schlachtschiff *Warspite* am 14. 4. schlagen durch Torpedoversager fehl.

13./14. 4. 1940 **Nordsee**

Erster brit. Luftmineneinsatz mit 15 *Hampden*-Bombern (5. Group RAF Bomber Command, Squ. 44, 49, 50, 61, 144) vor der dän. Küste.

13.—15. 4. 1940 **Norwegen**

Der am 11./12. 4. vom Clyde und Scapa Flow nach Harstad ausgelaufene Truppen-Konvoi NP. 1 wird am 13. 4. geteilt. Die Transporter *Chrobry* und *Empress of Australia* laufen mit der 146. Inf.-Brig., gesichert von den Kreuzern *Manchester* (VAdm. Layton), *Birmingham* und *Cairo* und 3 Zerstörern nach Namsos. Dort werden am 14. 4. von den Kreuzern *Glasgow* und *Sheffield* und den Zerstörern *Afridi, Somali, Nubian, Sikh, Matabele* und *Mashona* Vorausabteilungen gelandet, ab 15. 4. folgen die zunächst wegen der Luftbedrohung weiter nach Norden gegangenen Transporter. (Operation »Maurice«.) Ein Angriff von *U 34* (Kptlt. Rollmann) gegen »Tribal«-Zerstörer am 15. 4. schlägt infolge Torpedoversager fehl.

Der restliche NP. 1-Konvoi mit den Truppentransportern *Batory, Reina del Pacifico* und *Monarch of Bermuda* marschiert am 13. 4. weiter nach Harstad, wo am 14. 4. die Kreuzer *Southampton* — am 14. 4. erfolglos von *U 38* (Kptlt. Liebe) angegriffen — und *Aurora* (Adm. of the Fleet Lord Cork and Orrery) eintreffen. Die Deckung des Konvois übernimmt das Schlachtschiff *Valiant* mit 9 Zerstörern. Auf dem Anmarsch verfehlen *U 65* (Kptlt. v. Stockhausen) die *Batory, U 38* die *Valiant*. Vor dem Vaagsfjord orten die Zerstörer *Fearless* und *Brazen* das U-Boot *U 49* und versenken es mit Wasserbomben, aus den auftreibenden Trümmern werden Geheimunterlagen, darunter eine Karte mit den U-Boot-Positionen geborgen. Die Landung der 24. Garde-Brig. verläuft glatt. In der Nacht vom 15. zum 16. 4. feuert *U 47* (Kptlt. Prien) 2 Viererfächer gegen die vor Anker liegenden Truppentransporter und Kreuzer, die jedoch Versager werden.

Am 15. 4. kehrt der CinC Home Fleet mit der *Rodney* und *Renown* und 6 Zerstörern nach Scapa Flow zurück, während die *Warspite* und *Furious* ins Gebiet westlich der Lofoten beordert werden.

16. 4. 1940 **Nordatlantik**

Landung brit. Truppen auf den Faröer-Inseln mit Zustimmung des dän. Gouverneurs.

16.—18. 4. 1940 **Norwegen**

Operation »Sickle«. Am 16. 4. laufen die brit. Sloops *Auckland, Black Swan, Flamingo* und *Bittern* mit 700 Mann Voraustruppen aus, die am 17. 4. in Andalsnes gelandet werden. Am 18. 4. landet VAdm. Edward-Collins mit den Kreuzern *Galatea, Arethusa, Carlisle* und *Curacoa* und 2 Zerstörern die 148. Inf.Brig. unter GenMaj. Paget in Andalsnes.

Damit dt. Position in Trondheim von Norden und Süden bedroht.

17. 4. 1940 **Norwegen**

Nach der für die Verteidiger kritisch gewordenen Lage in Narvik will Hitler Generalmajor Dietl den Übertritt nach Schweden freigeben. Auf Drängen Jodls wird jedoch am Abend »Halten so lange wie möglich« befohlen.

Der brit. Schwere Kreuzer *Suffolk* beschießt den Seefliegerhorst Stavanger. Anlagen schwer beschädigt, 4 Seeflugzeuge zerstört. Bei Angriffen der II./K.G. 30 erhält *Suffolk* schwere Bombentreffer und kann nur mit Mühe mit überflutetem Achterdeck nach Scapa Flow zurücklaufen, wo der Kreuzer am Morgen des 18. 4. eintrifft.

17. 4. 1940 **Nordsee**

Flugzeuge der 9. Flieger-Division werfen 24 Minen in den Downs und im Edinburgh-Channel. Erfolge: 2 Schiffe mit 6417 BRT versenkt.

18.—19. 4. 1940 **Norwegen**

Die franz. Hilfskreuzer *El Djezair, El Mansour* und *El Kantara* unter KAdm. Cadart landen die 5. Alpenjäger-Halbbrig. in Namsos. Konvoi FP. 1 gesichert von den Zerstörern *Bison, Milan* und *Epervier*. Material auf dem Transporter *Ville d'Oran (Konvoi* F.P. 1B), gesichert von den Zerstörern *Tartu, Maillé-Brézé* und *Chevalier-Paul*. Begleitung durch Kreuzer *Emile Bertin* (KAdm. Derrien), Dekkung in See durch Schlachtkreuzer *Repulse*. Auf Anmarsch am 18. 4. abends Angriff von *U 34* gegen den Kreuzer, am 19. 4. morgens durch *U 46* (Kptlt. Sohler) gegen einen der Zerstörer infolge Versager fehlgeschlagen. Während der Ausladung des durch den Flakkreuzer *Cairo* aufgenommenen Konvois am Nachmittag des 19. 4. Angriff von *Ju 88* der II./K. G. 30, dabei *Emile Bertin* durch Bombentreffer beschädigt.

Auf Abmarsch Angriff von *U 51* (Kptlt. Knorr) gegen Kreuzer fehlgeschlagen.

19. 4. 1940 **Norwegen**

Südwestlich der Lofoten greifen nachts *U 38* (Kptlt. Liebe) den Kreuzer *Effingham*, nachmittags *U 47* (Kptlt. Prien) das Schlachtschiff *Warspite* infolge Torpedoversager erfolglos an. Am Abend schlägt ein Angriff von *U 65* (Kptlt. v. Stockhausen) gegen den Kreuzer *Enterprise* infolge Frühzünder fehl.

19./20. 4. 1940 **Norwegen**

Namsos durch deutschen Luftangriff fast völlig zerstört.

20. 4. 1940 **Norwegen**

Nordostwärts der Shetland-Inseln schlägt ein Angriff von *U 9* (Oblt. z. S. Lüth) gegen den poln. Zerstörer *Grom* infolge Frühzünder fehl.

20. 4. 1940 **Nordsee**

Brit. *Hampden*- und *Wellington*-Bomber greifen den Flugplatz Aalborg an.

21. 4. 1940 **Nordsee**

Die 9. Fl.Div. verseucht das Seegebiet vor Ramsgate—North Foreland und den Kings-Channel mit 26 Minen. Erfolge: 3 Schiffe mit 5540 BRT versenkt.

21.—25. 4. 1940 **Norwegen**

Alliierte Nachschubtransporte für Andalsnes. Am 21. 4. versenkt das auf einer Transportfahrt befindliche *U 26* (Kptlt. Scheringer) den von 2 Zerstörern gesicherten Transporter *Cedarbank* (5159 BRT).

Am 22. 4. bringt der Kreuzer *Arethusa* Material und Personal für einen RAF-Flugplatz. Am 23. 4. landen die Kreuzer *Galatea* (VAdm. Edward-Collins), *Sheffield, Glasgow* und 6 Zerstörer den ersten Teil der 15. Inf.Brig., am 24. 4. gefolgt von dem Rest auf den Kreuzern *Manchester*, *Birmingham* und *York* und 3 Zerstörern. Luftsicherung durch Träger (VAdm. Wells) *Ark Royal* und *Glorious*, die »Gladiator«-Jäger einfliegt. Flakschutz vor Andalsnes und Molde durch Flakkreuzer *Carlisle*, *Curacoa* und Sloops *Black Swan*, *Flamingo*, *Bittern* und *Fleetwood*. Am 24. 4. bei deutschem Luftangriff *Curacoa* beschädigt. Am 25. 4. gehen die A/S-Trawler *Bradman*, *Hammond* und *Larwood* durch Luftangriffe verloren (sie werden später gehoben und als dt. Vorpostenboote *Friese*, *Salier* und *Franke* repariert), ferner das norw. T-Boot *Trygg*. Zwei Angriffe von *U 23* (Kptlt. Beduhn) gegen den abmarschierenden Kreuzer *York* am 25. 4. schlagen wegen Versagern fehl.

22. 4. 1940 **Nordsee**

Vor Harwich und in den Downs weitere 34 Minen geworfen. Erfolge: 2 Schiffe mit 2607 BRT versenkt.

22.—23. 4. 1940 **Norwegen**

Der von dem Kreuzer *Birmingham*, dem Flakkreuzer *Calcutta*, den franz. Zerstörern *Bison* und *Foudroyant* geleitete und durch den brit. Zerstörer *Maori* und die Sloop *Auckland* aufgenommene franz. Transporter *Ville d'Alger* kann wegen Schneesturm von 1100 Mann nur 750 in Namsos landen.

23./24. 4. 1940

Kurze Gefechtsberührung der 8. franz. Zerstörer-Division (Kpt. z. S. Barthes) mit mit den Torpedokreuzern *L'Indomptable*, *Le Malin* und *Le Triomphant* im Skagerrak mit *V 702* und *V 709* der 7. Vorpostenflottille (Kptlt. d. Res. G. Schulze). Angriff deutscher Bomber auf den Zerstörerverband am 24. 4. bleiben erfolglos.

24. 4. 1940 **Norwegen**

Adm. of the Fleet Lord Cork beschießt mit dem Schlachtschiff *Warspite*, den Kreuzern *Effingham (F)*, *Aurora* und *Enterprise* und dem Zerstörer *Zulu* Narvik. In Bereitschaft gehaltene Landungstruppen auf dem Schulkreuzer *Vindictive* können jedoch nicht eingesetzt werden.

24.—27. 4. 1940 **Norwegen**

Truppenkonvoi FP. 2 mit der franz. 27. Alpenjäger-Halbbrig. (BrigGen. Fleischer) auf den Truppentransportern *Djenné*, *Flandre* und *Président Doumer* von Scapa Flow nach Harstad. Sicherung durch Zerstörer *Tartu*, *Chevalier-Paul*, *Milan* und die brit. *Codrington* und *Fame*.
Materialkonvoi FS. 2 mit den Frachtern *Brestois*, *St. Firmin*, *Chateau Pavie* trifft am 28. 4. ein.

26.—27. 4. 1940 **Norwegen**

Nachschubkonvoi FS. 1 mit den franz. Frachtern *Saumur*, *Amienois* und *Cap Blanc*, gesichert von den Zerstörern *Brestois*, *Boulonnais* und brit. *Matabele* trifft in Namsos ein, Material ausgeladen, Truppen teilweise eingeschifft.

27. 4. 1940 **allgemeine Lage**

Das »Interamerikanische Neutralitäts Komitee« in Rio de Janeiro legt den amerikanischen Regierungen Empfehlungen zur Verhinderung weiterer Zwischenfälle in der panamerikanischen Sicherheitszone vor.

29. 4.—2. 5. 1940 **Norwegen**

Evakuierung der »Sickle Force« von Andalsnes/Molde. Am 29. 4. nimmt der Kreuzer *Glasgow* in Molde den norweg. König und Kronprinzen an Bord und

bringt sie nach Tromsö. In der Nacht vom 30. 4. zum 1. 5. nehmen die Kreuzer *Galatea* (VAdm. Edward-Collins) und *Arethusa, Sheffield* und *Southampton*, die Transporter *Ulster Prince* und *Ulster Monarch* und die Zerstörer *Tartar, Sikh, Mashona, Walker, Westcott* und *Wanderer* 2200 Mann in Andalsnes und Molde an Bord.
In der Nacht vom 1.—2. 5. evakuiert VAdm. Layton mit den Kreuzern *Manchester* und *Birmingham* 1500 Mann aus Andalsnes, der Flakkreuzer *Calcutta* und die Sloop *Auckland* nehmen fast 1000 Mann der Nachhut an Bord. Der Zerstörer *Somali* evakuiert eine Kampfgruppe von Alesund, der Zerstörer *Diana* transportiert den norweg. Oberbefehlshaber, GenMaj. Ruge, nach Tromsö.

29. 4.—20. 5. 1940 **Norwegen**

Ansatz der alliierten U-Boote *Severn, Porpoise, Triton, Trident, Taku, Achille, Sfax* und *Casabianca* vor der norweg. Südwest- und Westküste. Dabei versenkt *Severn* (LCdr. Taylor) 1 Schiff mit 1786 BRT, *Trident* (LCdr. Seale) torpediert 1 Schiff mit 5295 BRT, *Taku* (LCdr. v. d. Byl) torpediert das T-Boot *Möwe* (9. 5.). *Narwhal* (LCdr. Burch) legt eine Minensperre vor Frederikstad (29. 4.) und greift am 1. 5. einen Konvoi an, aus dem 1 Schiff mit 6097 BRT versenkt und ein weiteres mit 8580 BRT torpediert werden. Auf einer am 11. 5. bei Haugesund gelegten Minensperre sinkt 1 Schiff mit 174 BRT. Das franz. U-Boot *Rubis* (KKpt. Cabanier) legt am 10. 5. bei Egersund eine Minensperre, auf der 1 Schiff mit 1706 BRT sinkt. Das brit. U-Boot *Seal* legt vor Vinga im Südausgang des Kattegat eine Minensperre, auf der 4 Schiffe mit 6895 BRT sinken, wird aber am 4. 5. durch Minendetonation beschädigt und muß sich tauchunklar dt. Vorpostenbooten ergeben, nachdem ein Seeflugzeug der 1./Bordfl. Gr. 196 (Lt. z. S. Karl Schmidt) den Kommandanten, LCdr. Lonsdale, gefangengenommen hat.

30. 4. 1940 **Nordsee**

Torpedoboot *Leopard* bei Minenunternehmen im Skagerrak durch Minenschiff *Preußen* gerammt und gesunken.

30. 4. 1940 **Nordsee**

Flugzeuge der 9. Fl.-Div. werfen in der Tynemündung 11, in der Humbermündung 10 und in der Einfahrt Dünkirchen 2 Minen.

30. 4.—3. 5. 1940 **Norwegen**

Evakuierung der »Maurice«-Force aus Namsos.
Bei Luftangriffen am 30. 4. wird die Flak-Sloop *Bittern* versenkt. Am 1. 5. setzt dichter Nebel ein, so daß die Schiffe nicht einlaufen können. Nur Capt. Lord Mountbatten mit *Kelly, Maori* und 2 weiteren Zerstörern kommt durch den Nebel bis in den Fjord, muß aber vor Luftangriffen umkehren. In der Nacht vom 2.—3. 5. laufen Capt. Vian mit den Zerstörern *Afridi, Nubian* und dem Kreuzer *York*, gefolgt von KAdm. Cadart mit den franz. Hilfskreuzern *El Djézair, El Mansour* und *Le Kantara* und dem Zerstörer *Bison* ein und nehmen 5400 Mann (dav. 1850 Franzosen) an Bord. In See kreuzen als Deckungsgruppe die Kreuzer *Devonshire* (VAdm. J. H. D. Cunningham) und *Montcalm* (KAdm. Derrien) mit den Zerstörern *Grenade, Griffin* und *Imperial*. Flakschutz im Hafen Flakkreuzer *Carlisle* (KAdm. Vivian).
Auf dem Rückmarsch wird der Verband am 3. 5. mehrfach aus der Luft angegriffen und verliert durch Stuka-Angriffe der I./St. G. 1 (Hptm. Hozzel) die Zerstörer *Bison* (Kpt. z. S. Bouan) und *Afridi* (Capt. Vian).

★

1. 5. 1940 **Nordsee**

Deutsche Flugzeuge werfen in der Tyne- und Humbermündung sowie den Hafeneinfahrten von Middlesborough und Dünkirchen 42 Luftminen.

1.—6. 5. 1940 **Norwegen**

Truppenkonvoi FP. 3 mit der 13. Halbbrig. Fremdenlegion (Oberst Magrin-Verneret) und der poln. Brig. (Gen. Bohusz) auf den Transportern *Ville d'Alger, Monarch of Bermuda, Colombie, Chenonceaux* und *Mexique*, gesichert von 5 brit. und 1 franz. Zerstörer trifft von Scapa Flow am 5. 5. in Harstad und Tromsö ein. Materialkonvoi FS. 3 mit den Frachtern *Albert Leborgne, Enseigne Maurice Préchac, Vulcain* und *St. Clair* folgt am 6. 5.

3. 5. 1940 **Nordsee/Kanal**

Vor Dünkirchen, Calais, Boulogne und in den Downs 39 weitere Luftminen geworfen.

3.—4. 5. 1940 **Nordsee**

Erfolgloser Vorstoß der franz. Zerstörer *Tartu, Chevalier-Paul, Milan* und der brit. Zerstörer *Sikh* und *Tartar* ins Skagerrak.

6.—28. 5. 1940 **Nordsee**

Erfolglose alliierte U-Boot-Operationen vor der niederl. Küste und in den Hoofden zur Deckung der Osteinfahrt in den Kanal mit den brit. Booten *Sturgeon, Triad, Snapper, Seawolf, Shark* und den franz. Booten *Orphée, Calypso, Antiope, Circé, La Sibylle, Thétis* und *Doris*. Von den im gleichen Gebiet operierenden dt. U-Booten *U 7* und *U 9* (Oblt. z. S. Lüth) versenkt letzteres die *Doris* und 2 Schiffe mit 3838 BRT.

Am 10. 5. legt das brit. Minenschiff *Princess Victoria* mit den Zerstörern *Esk, Express* und *Intrepid* auf der Höhe von Egmond eine Minensperre mit 236 Minen, die am 15. 5. von *Intrepid* mit 60 Minen verlängert wird. Am gleichen Tage legen die Zerstörer *Esk, Express* und *Ivanhoe* eine Sperre mit 164 Minen vor Hoek van Holland. Auf diesen Sperren sinken am 26. 7. 1940 die dt. Minensucher *M 61, M 89* und *M 136*.

7. 5. 1940 **Pazifik**

Präsident Roosevelt gibt der zu Manövern im Raum Hawaii befindlichen US-Pazifik-Flotte den Befehl, bis auf weiteres in Hawaii zu bleiben.

9./10. 5. 1940 **Nordsee**

Bei einem Vorstoß gegen dt. Minenschiffe im Skagerrak mit dem Kreuzer *Birmingham* und 7 Zerstörern greift die 1. S-Flottille mit 4 Booten den Verband an. *S 31* (Oblt. z. S. Opdenhoff) trifft den Zerstörer *Kelly* mit 1 Torpedo mittschiffs. Das schwerbeschädigte Schiff wird von dem Zerstörer *Bulldog* mit Mühe nach Newcastle eingeschleppt.

10. 5. 1940 **Nordsee**

Beginn der dt. Westoffensive. Überfall auf Belgien, Holland und Luxemburg. In der vorangehenden Nacht werfen dt. Flugzeuge 100 Luftminen vor belg. und niederl. Häfen.

10. 5. 1940 **Südatlantik**

Der dt. Hilfskreuzer *Schiff 16 Atlantis* (Kpt. z. S. Rogge) wirft 92 Minen vor Cap Agulhas/Südafrika. Sperre wird frühzeitig entdeckt und verursacht keine Schiffsverluste.

10. 5. 1940 **Nordatlantik**

Brit. Truppen landen auf Island.

10.—15. 5. 1940 **Norwegen**

Vormarsch dt. Kampfgruppe Feurstein von Mosjoen nach Mo. Zur Umgehung brit. »Scissor-Force« bei Mosjoen werden 300 Geb.Jäger auf norweg. Dampfer *Nord Norge* verladen und bei Hamnesberget gelandet, ehe der Dampfer durch den brit. Kreuzer *Carlisle* und den Zerstörer *Zulu* versenkt wird. »Scissor-Force« muß von Sandnessjoen durch Zerstörer *Janus* und *Javelin* nach Bodö evakuiert werden.

Zur Sperrung des südl. Zuganges nach Narvik wird die Masse der brit. Garde-Brig. nach Bodö geworfen. Kreuzer *Enterprise* und *Cairo*, Zerstörer *Hesperus*, Sloop *Fleetwood* und Frachter *Margot* landen trotz Luftangriffen Verstärkungen bei Mo.

Am 14./15. 5. transportiert der Transporter *Chrobry* (11 442 BRT), gesichert von dem Zerstörer *Wolverine* und der Sloop *Stork* ein Batl. nach Bodö, wird dabei von *Ju 87*-Bombern der I./St.G. 1 getroffen und muß aufgegeben werden.

11. 5. 1940 **Nordsee**

He 111-Bomber des K. G. 4 versenken im Hafen von Rotterdam die niederl. Fahrgastschiffe *Statendam* (28 291 BRT) und *Veendam* (15 450 BRT) sowie den Zerstörer *Van Galen*.

12. 5. 1940 **Nordsee/Kanal**

In und vor niederl. und belg. Häfen weitere 32 Luftminen geworfen. Die Unternehmen werden in den folgenden Nächten fortgesetzt. Ab 17. 5. sind die franz. Kanalhäfen (Dünkirchen, Calais, Dieppe, Boulogne und Le Havre) das Ziel der Minenoperationen, ab 25. 5. werden auch engl. Häfen (Portsmouth, Dover, Southampton, Folkestone und New Haven) erneut verseucht. Insgesamt werden dabei 575 weitere Luftminen geworfen.

12.—13. 5. 1940 **Norwegen**

Landung von 2 Btl. der franz. Fremdenlegion in Bjerkvik (Herjangsfjord-N Narvik). Die 1500 Mann werden von den Kreuzern *Effingham* (Adm. of the Fleet Lord Cork) und *Aurora* transportiert und ausgebootet. Das Schlachtschiff *Resolution* setzt 2 MLC-Landungsboote mit je 2 leichten Panzern aus, Feuerunterstützung durch den Kreuzer *Enterprise* und 5 Zerstörer, darunter *Havelock* mit einer franz. Gebirgsbatterie auf der Back.

13. 5. 1940 **Nordsee**

Brit. Zerstörer *Hereward* bringt Königin Wilhelmina von Holland nach England. Am Abend folgt die niederl. Regierung auf dem brit. Zerstörer *Windsor*.

14. 5. 1940 **Nordsee**

Deutsche Bomber versenken in der Scheldemündung den belg. Passagierdampfer *Ville de Bruges* (13 869 BRT).

Luftangriff auf Rotterdam.

15. 5. 1940 **allgemeine Lage**

Kapitulation der niederl. Streitkräfte.

15. 5. 1940 **Nordsee**

Deutsche Bomber versenken in der Scheldemündung den brit. Zerstörer *Valentine* und beschädigen die *Winchester* schwer.

16. und 17. 5. 1940 **Nordsee**
Franz. Zerstörer *Fougueux, Frondeur, Cyclone* und *Sirocco* greifen, unterstützt durch 2 Staffeln der Marineluftwaffe, in die Kämpfe um Zuid Beveland und Walcheren ein.

16. 5.—8. 6. 1940 **Kanal**
Bei Operationen im Kanal versenkt *U 9* (Oblt. z. S. Lüth) 1 Schiff mit 3256 BRT, *U 62* (Oblt. z. S. Michalowski) vor Dünkirchen den brit. Zerstörer *Grafton*. Angriffe von *U 60* (Kptlt. Schewe) gegen die Zerstörer *Vimy* und *Blyskawica* schlagen durch Torpedoversager fehl. *U 13* (Kptlt. Schulte) geht durch Minentreffer verloren.

17. 5. 1940 **Norwegen**
Brit. Kreuzer *Effingham* beim Versuch, Verstärkungen nach Bodö zu bringen, auf Riff gelaufen und gekentert.
Bergung der Überlebenden durch die Kreuzer *Coventry* und *Cairo* und die Zerstörer *Matabele* und *Echo*.

17. 5. 1940 **Westatlantik**
Um weitere Zwischenfälle in der Panamerikanischen Sicherheitszone durch die Aufbringung dt. Handelsschiffe zu verhindern, läßt die venezolanische Regierung die in Maracaibo liegenden dt. Frachter *Durazzo* (1153 BRT) und *Sesostris* (3987 BRT) durch Einheiten der Kriegsmarine besetzen und die Maschinen unbrauchbar machen.

18. 5. 1940 **Norwegen**
Bei einem Angriff der II./K. G. 30 gegen Schiffsziele bei Narvik erhält das Schlachtschiff *Resolution* einen 1000-kg-Bombentreffer, der 3 Decks durchschlägt.

18.—21. 5. 1940 **Norwegen**
Die brit. Flugzeugträger *Furious* und *Glorious* operieren vor den Lofoten. Am 18. 5. wird die 701st FAA-Squadron mit »Walrus«-Amphibien nach Harstad zur Aufklärung und U-Sicherung eingeflogen. Am 21. 5. fliegt *Furious* 18 *Gladiator*-Jäger der RAF Sq. 263 nach Bardufoss ein. Die zur Luftunterstützung vor dem Westfjord operierende *Ark Royal* muß ebenfalls am 21. 5. zur Ergänzung nach Scapa Flow gehen.

19. 5.—2. 6. 1940 **Nordatlantik**
U 37 (Kptlt. Oehrn) operiert nach längerer Pause als erstes U-Boot wieder im Gebiet nordwestlich Kap Finisterre und versenkt 9 Schiffe mit 41 207 BRT, 1 weiteres mit 9494 BRT beschädigt.

20. 5.—30. 6. 1940 **Norwegen**
Bei alliierten U-Boot-Operationen vor der norweg. Küste legt das franz. U-Boot *Rubis* (KKpt. Cabanier) 3 Minensperren bei Haugesund (27. 5.), im Hjeltefjord (9. 6.) und vor Gripholen (26. 6.), auf denen insges. 6 Schiffe und der U-Jäger *D* mit zus. 3772 BRT sinken. *Narwhal* (LCdr. Burch) legt am 12. 6. eine Sperre bei Utsire (1 Schiff mit 908 BRT versenkt). Auf dem Anmarsch zur norweg. Küste gehen auf neuen dt. Minensperren das niederl. U-Boot *O-13* (13. 6.) und das poln. U-Boot *Orzel* (8. 6.) verloren. Am 16. 6. versenkt *Tetrarch* (LCdr. Mills) 1 Schiff mit 5978 BRT, vor Nordnorwegen versenkt *Truant* (LCdr. Haggard) 1 Schiff mit 8230 BRT.

21. 5. 1940 **Kanal**
Dt. Truppen erreichen den Kanal bei Abbéville.

22. 5.—12. 6. 1940 **Nordsee**

Von Bergen aus operieren *U 8*, *U 56* und *U 58* (Kptlt. Kuppisch) westlich der Orkneys und in den North Minches. Torpedoversager verhindern Erfolge. Nur *U 58* versenkt 1 Schiff mit 8401 BRT.

23.—24. 5. 1940 **Kanal**

Die brit. Zerstörer *Whitshed, Vimiera, Wild Swan, Venomous, Venetia* und *Windsor* evakuieren unter heftigem dt. Artilleriefeuer und Luftangriffen 4368 Mann, davon *Vimiera* auf 2. Fahrt allein 1400! von Boulogne. Vorher greifen 2 franz. Großzerstörer und 8 Zerstörer unter Führung von Kpt. z. S. Urvoy de Porzamparc in die Kämpfe ein und stoppen den dt. Vormarsch vorübergehend. Zerstörer *Orage* durch dt. Bomber, Großzerstörer *Jaguar* durch die Schnellboote *S 21* (Oblt. z. S. v. Mirbach) und *S 23* (Oblt. z. S. Christiansen) versenkt.

24. 5. 1940 **Norwegen**

Beschluß der alliierten Obersten Kriegsleitung, Norwegen zu räumen. Narvik soll vorher besetzt werden, um seine Anlagen zu zerstören.

24.—26. 5. 1940 **Kanal**

Brit. Kreuzer *Arethusa* und *Galatea* und die Zerstörer *Wessex, Vimiera, Wolfhound, Verity, Grafton, Greyhound* und *Burza* (poln.) unterstützen die Verteidiger von Calais von See her. *Wessex* durch dt. Bomber versenkt, desgleichen der franz. Großzerstörer *Chacal* am 24. 5. vor Boulogne.

26. 5. 1940 **Norwegen**

Der Träger *Glorious* überführt *Hurricane*-Jäger der RAF-Squadron 46 nach Skaanland (Nordnorwegen).

26.—28. 5. 1940 **Norwegen**

Am 26. 5. wird der als Flaggschiff von Adm. of the Fleet Lord Cork vorgesehene Flakkreuzer *Curlew* durch dt. *Ju 88* des K. G. 30 vor Skaanland versenkt. Angriff gegen Narvik in der Nacht vom 27./28. 5. deshalb mit Flakkreuzern *Cairo* (Lord Cork) und *Coventry* (KAdm. Vivian) und Zerstörern *Whirlwind, Fame, Havelock, Walker* und *Firedrake* sowie Sloop *Stork*. Sie unterstützen Übergang der Fremdenlegion über den Rombaksfjord und den von leichten Panzern unterstützten Vorstoß entlang der Erzbahn nach Narvik, das am 28. 5. geräumt werden muß. Kreuzer *Southampton* gibt poln. Brigade westlich Narvik Feuerunterstützung. Flaggschiff *Cairo* durch Bombentreffer beschädigt.

28. 5. 1940 **Kanal**

König Leopold kapituliert mit der belg. Armee.

Beginn der Operation »Dynamo« (Rückführung der brit. Expeditionsarmee). Bis 4. 6. daran folgende Kriegsschiffe beteiligt: Brit. Flakkreuzer *Calcutta*, Zerstörer *Anthony, Basilisk, Blyskawica* (poln.), *Codrington, Esk, Express, Gallant, Grafton, Grenade, Greyhound, Harvester, Havant, Icarus, Impulsive, Intrepid, Ivanhoe, Javelin, Jaguar, Keith, Mackay, Malcolm, Montrose, Sabre, Saladin, Scimitar, Shikari, Vanquisher, Venomous, Verity, Vimy, Vivacious, Wakeful, Whitehall, Whitshed, Wild Swan, Winchelsea, Windsor, Wolfhound, Wolsey, Worcester*, Sloop *Bideford*, Kanonenboote *Locust, Mosquito*, Korvetten *Guillemot, Kingfisher*, Minensucher *Albury, Dundalk, Gossamer, Halcyon, Hebe, Leda, Lydd, Niger, Pangbourne, Ross, Salamander, Saltash, Skipjack, Speedwell, Sutton, Sharpshooter*, 4 Wachschiffe, 53 Minensuch- und U-Jagd-Trawler, 5 Q-Schiffe, 24 Drifter, 6 MTBs, 4 MSABs, 28 Personaltransporter, 8 Verwundetentransporter sowie zahllose Hilfs- und Privatfahrzeuge. Ferner die franz. Zerstörer *Branlebas, Bourrasque, Cyclone, Foudroyant, Mistral, Sirocco,* die T-Boote *Bouclier, La Flore, L'Incomprise* und die Avisos *Amiens, Belfort, Arras* und *Amiral Mouchez* sowie Hilfs- und Handelsschiffe. Am ersten Tag 17 804 Soldaten vom Festland evakuiert. 1 kleiner Dampfer (694 BRT) durch das dt. S-Boot *S 34* versenkt, brit. Zerstörer *Windsor* durch Bomben beschädigt, weitere Hilfsschiffe und Transporter versenkt und beschädigt.

28. 5.—22. 6. 1940 **Nordatlantik/Biskaya**

Als erste Welle operieren die U-Boote *U 43, U 101, U 29, U 48* und *U 46* mit Schwerpunkt nordwestlich Kap Finisterre. Vom 12.—15. 6. werden die Boote als Gruppe »Rösing« ohne Erfolg zur Operation gegen den Truppenkonvoi US. 3 zusammengefaßt. Am 22. 6. greift *U 46* den mit dem Schlachtkreuzer *Hood* auf dem Marsch nach Gibraltar befindlichen Träger *Ark Royal* an, Mißerfolg wegen Torpedoversager. Es ergänzen *U 43* am 18. 6. in Vigo und *U 29* am 20. 6. in El Ferrol aus dt. Tankern Brennstoff und setzen die Operationen noch bis zum 15. 6. bzw. 4. 7. fort. Insgesamt versenken die U-Boote bei ihren Einzeloperationen: *U 43* (Kptlt. Ambrosius) 4 Schiffe mit 29 456 BRT, *U 101* (Kptlt. Frauenheim) 7 Schiffe mit 42 022 BRT, *U 29* (Kptlt. Schuhart) 4 Schiffe mit 26 638 BRT, *U 48* (KKpt. Rösing) 7 Schiffe mit 31 533 BRT, ferner 1 Schiff mit 5888 BRT beschädigt, *U 46* (Oblt. z. S. Endraß) 5 Schiffe mit 35 347 BRT, ferner 1 Schiff mit 8782 BRT beschädigt. Unter den versenkten Schiffen befinden sich der Hilfskreuzer *Carinthia* (20 277 BRT), *U 46* am 6. 6.), und die Kühlschiffe *Wellington Star* (13 212 BRT, *U 101* am 16. 6.) und *Avelona Star* (13 376 BRT, *U 43* am 30. 6.).

29. 5. 1940 **Kanal**

Zweiter Tag der Operation »Dynamo«: 47 310 Mann evakuiert. Brit. Zerstörer *Wakeful* durch *S 30* (Oblt. z. S. Zimmermann), *Grenade* durch dt. Bomber und *Grafton* durch *U 62* (Oblt. z. S. Michalowski) versenkt, *Gallant, Jaguar, Greyhound, Intrepid, Saladin, Wolfhound* und *Mistral* (franz.) sowie die Sloop *Bideford* durch Bomben schwer beschädigt. Zerstörer *Montrose* und *Mackay* durch Kollision und Grundberührung beschädigt. Die dt. Luftwaffe versenkt außerdem 8 Hilfsschiffe mit 6201 BRT und 7 Handelsschiffe mit zusammen 15 830 BRT.

30. 5. 1940 **Kanal**

Dritter Tag der Operation »Dynamo«: 53 823 Soldaten evakuiert. Franz. Zerstörer *Bourrasque* vor Nieuport durch dt. Artillerie versenkt, durch Luftangriffe Zerstörer *Anthony, Sabre, Worcester* beschädigt, 3 größere Transporter und 6 Fischereifahrzeuge versenkt.

31. 5. 1940 **Kanal**

Vierter Tag der Operation »Dynamo«: 68 014 Soldaten evakuiert. Franz. Zerstörer *Sirocco* durch die dt. Schnellboote *S 23* (Oblt. z. S. Christiansen) und *S 26* (Oblt. z. S. Fimmen) versenkt, Zerstörer *Cyclone* verliert durch Torpedo von *S 24* (Oblt. z. S. Detlefsen) das Vorschiff. Durch dt. Bomber Zerstörer *Express, Harvester, Icarus, Impulsive, Malcolm, Scimitar* und Minensucher *Hebe* beschädigt.

31. 5. 1940 **Nordsee/Norwegen**

Bereitschaftszustand der brit. Home Fleet: 2. Schlachtschiff-Geschwader: *Rodney* (FF), *Valiant, Resolution,* in Reparatur: *Barham, Nelson.* Schlachtkreuzer-Geschwader: *Renown* (F), *Repulse,* in Reparatur: *Hood.* Flugzeugträger: *Ark Royal* (F), *Glorious, Furious* (Clyde), Zerstörer *Westcott,* zugeteilte Kreuzer in Reparatur: *Cairo, Enterprise.* 1. Kreuzer-Geschwader: *Devonshire* (F), *Sussex,* in Reparatur: *Berwick, Suffolk, Norfolk.* 2. Kreuzer-Geschwader: *Galatea* (F), *Arethusa* (beide in Sheerness), in Reparatur: *Aurora, Penelope.* 18. Kreuzer-Geschwader: *Southampton* (F), ferner im Humber *Sheffield, Birmingham, Manchester,* in Rosyth *York,* im Tyne *Newcastle,* in Reparatur: *Glasgow.* 3. Zerstörer-Flottille: *Delight, Diana,* in Reparatur: *Inglefield, Isis, Imogen.* 5. Zerstörer-Flottille: *Kelvin,* in Harwich *Jackal,* in Sheerness *Javelin,* in Reparatur: *Kelly, Kipling, Kashmir, Jaguar, Jersey, Jervis, Jupiter.* 6. Zerstörer-Flottille: *Tartar* (F), *Ashanti, Bedouin, Mashona,* in Reparatur: *Somali, Matabele, Punjabi, Eskimo.* 8. Zerstörer-Flottille: *Foxhound, Fortune, Fame, Firedrake,* in Reparatur: *Faulknor, Fearless, Fury, Forester.* 9. Zerstörer-Flottille: *Havelock* (F), *Highlander,* in Sheerness *Harvester, Havant,* in Reparatur: *Hesperus.*

★

1. 6. 1940 **Kanal**
Fünfter Tag der Operation »Dynamo«: 64 429 Mann evakuiert. Bei schweren dt. Luftangriffen sinken der Flottillenführer *Keith* (Flaggschiff KAdm. Wake-Walker), die Zerstörer *Basilisk, Havant* und *Foudroyant* (franz.), der Minensucher *Skipjack,* Kanonenboot *Mosquito* und die mit franz. Truppen beladenen Transporter *Brighton Queen* (807 BRT) und *Scotia* (3454 BRT). Große Personalverluste. *S 34* (Oblt. z. S. Obermaier) versenkt bei einem Vorstoß gegen Dünkirchen die brit. Trawler *Stella Dorado* und *Argyllshire.* Durch Luftangriffe werden die Zerstörer *Ivanhoe, Venomous, Vimy, Vivacious, Whitehall,* Sloop *Bideford,* Korvette *Kingfisher* beschädigt.

1. 6. 1940 **Mittelmeer**
Bei einem dt. Luftangriff auf Marseille sinkt der brit. Passagierdampfer *Orford* (20 043 BRT).

2. 6. 1940 **Kanal**
Sechster Tag der Operation »Dynamo«: 26 256 Mann evakuiert. Durch Luftangriffe Zerstörer *Malcolm* und *Sabre* erneut beschädigt.

4. 6. 1940 **Kanal**
Abschluß der Operation »Dynamo« (27. 5.—4. 6.): Auf 848 Schiffen aller Art und Größe wurden insgesamt 338 226 Mann alliierter Truppen aus Dünkirchen abtransportiert, darunter 123 000 Franzosen. Gerettet wurde 85 % des brit. Expeditionsheeres, allerdings fast ohne Ausrüstung. Verluste: 72 Schiffe, darunter 9 Zerstörer und eine große Anzahl von Klein- und Kleinstfahrzeugen, meist durch Luftangriffe versenkt.
09.40 Uhr Einheiten der 18. dt. Armee nehmen Dünkirchen. 40 000 Franzosen gefangen.

4.—10. 6. 1940 **Norwegen**
Evakuierung von Narvik durch die Alliierten. In 5 aufeinanderfolgenden Nächten bis zum 7./8. 6. werden unter Leitung von Capt. Stevens auf *Havelock* im wesentlichen mit Zerstörern 4700, 4900, 5100, 5200 und 4600 Mann auf den vor Harstad versammelten Truppentransportern eingeschifft. Der erste Konvoi mit den Truppentransportern *Monarch of Bermuda, Batory, Sobieski, Franconia, Lancastria* und *Georgic* verläßt, begleitet nur von dem Schulkreuzer *Vindictive,* am 4. 6. Harstad und erreicht ohne Ausfälle am 8. 6. Scapa Flow. Durch eine

falsche Meldung des Q-Schiffes *Prunella* über 2 unbekannte Schiffe mit Kurs auf die Island-Faröer-Passage entsteht beim CinC Home Fleet die Befürchtung vor einem Ausbruch der dt. Schlachtschiffe in den Atlantik, deshalb werden am 5. 6. die Schlachtkreuzer *Renown* und *Repulse*, die Kreuzer *Newcastle* und *Sussex* und 5 Zerstörer zu deren Sicherung entsandt. Nur das Schlachtschiff *Valiant* bleibt zur Deckung der Evakuierungskonvois verfügbar. Am 7. 6. laufen der zweite Truppentransporter-Konvoi mit der *Oronsay, Ormonde, Arandora Star, Royal Ulsterman, Ulster Prince, Ulster Monarch* und *Duchess of York*, gesichert von den Kreuzern *Southampton* (Lord Cork, VAdm. Layton), *Coventry* (KAdm. Vivian), den Zerstörern *Havelock, Fame, Firedrake, Beagle* und *Delight* sowie ein langsamer Konvoi mit den Transportern und Tankern *Blackheath, Oligarch, Harmattan, Cromarty Firth, Theseus, Acrity, Coxwold* und *Conch*, gesichert von den Zerstörern *Arrow* und *Veteran*, der Sloop *Stork* und 10 Trawlern von Harstad aus. Von Tromsö geht der Kreuzer *Devonshire* mit dem norweg. König in See, der Träger *Ark Royal* hält sich in der Nähe des Truppenkonvois, der Träger *Glorious* marschiert nach Anbordnahme der letzten Flugzeuge von Bardufoss mit seinen beiden Zerstörern allein nach Westen, ebenso einige Einzelfahrer aus dem Westfjord und die nicht nach Harstad beorderten Transporter *Orama* und *Van Dyck*.

4.—10. 6. 1940 **Norwegen**

Unternehmen »Juno«: Vorstoß des Flottenchefs, Admiral Marschall, mit den Schlachtschiffen *Gneisenau* (Kpt. z. S. Netzbandt) und *Scharnhorst* (Kpt. z. S. Hoffmann), dem Schweren Kreuzer *Admiral Hipper* (Kpt. z. S. Heye) sowie den Zerstörern *Karl Galster, Hans Lody, Erich Steinbrinck* und *Hermann Schoemann* gegen brit. Räumungstransporte im Gebiet westlich Harstad. Auf dem Marsch werden am 8. 6. der leere Truppentransporter *Orama* (19 840 BRT), der Tanker *Oilpioneer* (5666 BRT) und der Trawler *Juniper* (505 ts) versenkt. Nach Detachierung von *Admiral Hipper* und der Zerstörer vernichten die Schlachtschiffe den brit. Flugzeugträger *Glorious* (Capt. D'Ogly-Hughes †) und die Zerstörer *Ardent* (LCdr. Barker †) und *Acasta* (Cdr. Glasfurd †). Dabei kann *Acasta* einen Torpedotreffer auf *Scharnhorst* erzielen. Nur 43 Überlebende des Trägers und 3 der beiden Zerstörer gerettet. Die brit. Evakuierungskonvois werden jedoch nicht erfaßt und erreichen am 10. 6. Scapa Flow. Eine am 9. 6. angelaufene Operation der Home Fleet mit dem Schlachtschiff *Rodney* und dem zurückgerufenen Schlachtkreuzer *Renown* kann die dt. Schiffe vor dem Einlaufen nach Trondheim nicht mehr fassen.

4.—21. 6. 1940 **Mittelmeer**

Am 4. 6. beginnend, laufen bis 9. 6. insgesamt 54 ital. U-Boote auf Positionen im Mittelmeer aus, bis auf 26 Boote laufen sie am 14./15. 6. ein, die restlichen kehren zumeist bis 21. 6. zurück oder werden abgelöst. Es operieren an der franz. Riviera *Veniero, Neghelli, Gondar, Fieramosca, Mocenigo*, im Golf von Genua *H 4, H 6, H 8, H 1*, vor Acciajo *Medusa*, zwischen Oran und Cartagena *Faa'di Bruno, Morosini, Provana, Dandolo, Marcello* (wegen Panne nicht auf Position), nördlich Algier *Barbarigo, Nani*, südlich Sardinien *Axum, Turchese, Adua, Aradam*, vor Bizerta *Alagi*, in der Sizilien-Straße *Brin, Durbo, Beilul*, vor Malta *Bausan*, an der griech.-alban. Küste *Uarsciek, Balilla, Anfitrite, Sciesa*, südlich Gaudo (Kreta) *Salpa, Giuliani, Bagnolini, Tarantini*, nördlich Sollum *Lafolè, Diamante, Topazio, Nereide*, vor Alexandria *Galatea* (wegen Panne nicht auf Position), *Fisalia, Argonauta, Naiade, Smeraldo*, zwischen Kreta und Rhodos *Jantina, Jalea, Delfino, Tricheco, Zaffiro, Velella*, in der Ägäis *Squalo, Ame-*

tista, Gemma, nördlich und westlich Kreta *Settimo* und *Uebi Scebeli.* Am 12. 6. versenkt *Bagnolini* (KKpt. Tosoni-Pittoni) den brit. Kreuzer *Calypso, Naiade* (Kptlt. Baroni) den norweg. Tanker *Orkanger* (8029 BRT). *Dandolo* (Kptlt. Boris) greift am 13. 6. einen franz. Kreuzerverband an und verfehlt knapp die *Jean de Vienne. Provana* (KKpt. Botta) verfehlt den franz. Konvoi IR 2 F und wird anschließend von dem Aviso *La Curieuse* zum Auftauchen gezwungen und mit Rammstoß versenkt. Am 20. 6. wird *Diamante* durch das brit. U-Boot *Parthian* (LCdr. Rimington) versenkt. Eine am 12. 6. von *Micca* (FKpt. Meneghini) vor Alexandria gelegte Minensperre (40 Minen) hat keinen Erfolg.

5. 6.—13. 7. 1940 **Gibraltar/Mittelatlantik**

Am 5./6. 6. laufen die ital. U-Boote *Finzi* und *Cappellini* von Cagliari aus in den Atlantik. *Finzi* passiert am 13. 6. die Gibraltar-Straße, operiert dann ohne Erfolge im Gebiet der Canaren und kehrt durch die Gibraltar-Straße (6. 7.) am 13. 7. zurück. *Cappellini* wird am 14. 6. vor der Gibraltar-Straße durch den A/S-Trawler *Arctic Ranger* mit Wasserbomben belegt und von dem Zerstörer *Vidette* gejagt, muß vom 15.—24. 6. in Ceuta Zuflucht suchen und kehrt von dort zurück.

6. 6.—10. 7. 1940 **Mittelmeer/Rotes Meer**

Auslegung umfangreicher Defensiv-Minensperren an den ital. Mittelmeer-Küsten. Die Minenleger *Fasana, Crotone* und die Hilfsminenleger *Orlando* und *Sgarallino* legen im Golf von Genua und im Raum Elba 21 Sperren gegen Überwasserschiffe und 27 Sperren gegen U-Boote mit 1960 Minen. Im Raum Neapel legen der Minenleger *Buffoluto* und der Dampfer *Partenope* 7 Sperren mit 433 Minen. Vor Sardinien legen die Minenleger *Durazzo, Pelagosa,* der Hilfsminenleger *Caralis,* das Hilfsschiff *Deffenu* und die T-Boote *Papa, Cascino, Chinotto* und *Montanari* 30 Sperren mit 2196 Minen, davon 12 gegen U-Boote. Im Raum Sizilien legen die Hilfsschiffe *Adriatico* und *Brioni* und die T-Boote *Aldebaran, Andromeda, Alcione, Aretusa, Ariel, Airone, Pallade, Calliope, Circe* und *Clio* 28 Sperren mit 1375 Minen, davon 11 U-Abwehrsperren. Im Golf von Tarent und im Südteil der Adria einschließlich Albanien legen das Minenschiff *Vieste,* das Hilfsschiff *Barletta,* der Kreuzer *Taranto* und die Zerstörer *Mirabello, Riboty* 37 Sperren mit 2335 Minen, davon 28 U-Abwehrsperren. In der nördlichen Adria legen die Minenleger *Azio, Albona, Laurana, Rovigo* und das Hilfsminenschiff *S. Giusto* 21 Sperren mit 769 Minen, davon 18 gegen U-Boote. In der Ägäis/Dodekanes legen das Hilfsschiff *Lero,* die Zerstörer *Crispi, Sella* und die T-Boote *Lira, Libra* und *Lince* 28 Sperren mit 800 Minen, davon 4 gegen U-Boote. Vor Libyen legen das Hilfsschiff *Barletta,* vor Tobruk die Zerstörer *Nembo, Euro, Aquilone* und *Turbine* 14 Sperren mit 540 Minen.
Im Roten Meer legt der Minenleger *Ostia* vor Massaua 8 Sperren mit 470 Minen, der Zerstörer *Pantera* am 7. 6. vor Assab 2 Sperren mit 110 Minen.

8.—12. 6. 1940 **Mittelmeer**

Auslegung offensiver Minensperren durch ital. Schiffe in der Sizilien-Straße. In den Nächten vom 8./9. und 9./10. 6. legen die Minenschiffe *Scilla* und *Buccari,* begleitet vom T-Boot *Altair,* je 640 Minen zwischen Pantellaria und Sizilien. In der Nacht vom 9./10. 6. legen die Kreuzer *Da Barbiano* (DivAdm. Marenco di Moriondo) und *Cadorna,* die Zerstörer *Lanciere* und *Corazziere* und die T-Boote *Polluce* und *Calipso* die Sperre LK mit 428 Minen zwischen Lampedusa und Kerkennah. Nach einer abgebrochenen Unternehmung legen *Scilla* und *Buccari* mit den T-Booten *Airone* und *Ariel* weitere 800 Minen in der Nacht vom 11./12.

Zur Deckung der Operation gehen am 10./11. 6. die Kreuzer *Pola* (DivAdm. Paladini), *Trento, Bolzano, Eugenio di Savoia* (DivAdm. Sansonetti), *Duca d'Aosta, Montecuccoli* und *Attendolo* mit Zerstörern in See.

9. 6.—2. 7. 1940 **Nordatlantik/Biskaya**

Als zweite Welle operieren die U-Boote *U 32, U 47, U 25, U 38, U 28, U 51* und *U 30* mit Schwerpunkt westlich des Kanals und in der Biskaya. Vom 12.—15. 6. werden sie als Gruppe »Prien« zur Operation gegen den Konvoi HX. 48, der vom Funkbeobachtungsdienst (B-Dienst) erfaßt ist, angesetzt, treffen jedoch nur Nachzügler. *U 30* versorgt am 25. 6. in El Ferrol und läuft am 5. 7. als erstes U-Boot in den neuen Stützpunkt Lorient ein. Insgesamt versenken die U-Boote bei ihren Einzeloperationen: *U 32* (Kptlt. Jenisch) 5 Schiffe mit 16 098 BRT, *U 47* (Kptlt. Prien) 8 Schiffe mit 51 189 BRT, *U 25* (Kptlt. Beduhn) Hilfskreuzer *Scotstoun* (17 046 BRT) am 13. 6., *U 38* (Kptlt. Liebe) 6 Schiffe mit 30 353 BRT, *U 28* (Kptlt. Kuhnke) 3 Schiffe mit 10 305 BRT, *U 51* (Kptlt. Knorr) 3 Schiffe mit 22 146 BRT, ferner 1 Schiff mit 3082 BRT beschädigt, *U 30* (Kptlt. Lemp) 6 Schiffe mit 26 329 BRT. Unter den versenkten Schiffen befindet sich der mit dt. und ital. Zivilinternierten auf dem Wege nach Kanada befindliche, nicht angemeldete Truppentransporter *Arandora Star* (15 501 BRT), (durch *U 47* am 2. 7.).

10. 6. 1940 **Norwegen**

Kapitulation der norweg. Truppen (GenMaj. Ruge) in Nordnorwegen. Damit Unternehmen »Weserübung« abgeschlossen. Verluste der dt. Kriegsmarine: 3 Kreuzer, 10 Zerstörer, 1 Torpedoboot, 4 U-Boote, 1 Art.-Schulschiff, 1 R-Boot und eine Anzahl von Hilfsschiffen. Alliierte: 1 Flugzeugträger, 2 Kreuzer, 9 Zerstörer, 5 U-Boote und zahlreiche Hilfsschiffe.

10. 6. 1940 **Mittelmeer**

Kriegseintritt Italiens. Stärke der Flotte: 6 Schlachtschiffe (davon nur die beiden ältesten einsatzbereit), 7 Schwere Kreuzer, 12 Leichte Kreuzer, 59 Zerstörer, 67 Torpedoboote und 116 U-Boote. Ein Drittel der insgesamt 3,4 Mill. BRT großen Handelsflotte befindet sich zu diesem Zeitpunkt außerhalb des Mittelmeeres und fällt damit für die Kriegführung aus.
Alliierte Kräfte: Brit. und franz. Mittelmeerflotte.
Östliches Mittelmeer: brit.: 4 Schlachtschiffe, 1 Flugzeugträger, 9 Leichte Kreuzer, 21 Zerstörer (4 weitere ins Rote Meer detachiert, 6 U-Boote.
franz.: 1 Schlachtschiff, 3 Schwere Kreuzer, 1 Leichter Kreuzer, 1 Zerstörer, 6 U-Boote.
Malta (brit.): 1 Zerstörer, 6 U-Boote.
Westliches Mittelmeer: franz.: 2 moderne Schlachtschiffe, 2 alte Schlachtschiffe, 4 Schwere Kreuzer, 6 Leichte Kreuzer, 37 Zerstörer, 6 Torpedoboote, 36 U-Boote.
Gibraltar: 1 Schlachtschiff, 1 Flugzeugträger, 1 Leichter Kreuzer, 9 Zerstörer.

10.—11. 6. 1940 **Kanal**

Der Abtransport der 51. brit. Division aus St. Valery gelingt nur teilweise. 3321 brit. und franz. Soldaten evakuiert, der Rest in Gefangenschaft.

10.—11. 6. 1940 **Norwegen**

Vorstoß des Schlachtschiffs *Gneisenau* mit dem Schweren Kreuzer *Admiral Hipper* und 4 Zerstörern von Trondheim aus ins Nordmeer bleibt ergebnislos.

10.—13. 6. 1940 **Kanal**

11 059 Mann brit. Truppen von Le Havre z. T. nach Cherbourg, z. T. nach England evakuiert. Dabei sinkt Transporter *Bruges* (2949 BRT) nach Bombentreffern.

10.—25. 6. 1940 **Mittelmeer**

Alliierter U-Boot-Einsatz im Mittelmeer:
Im zentralen Mittelmeer operieren von Malta aus vor ital. Häfen die brit. U-Boote *Odin, Osiris, Oswald, Olympus, Orpheus* und *Grampus.* Von ihnen werden am 13. 6. im Golf von Tarent *Odin* durch den ital. Zerstörer *Strale* und am 16. 6. vor Syracus *Grampus* durch die ital. T-Boote *Circe, Clio* und *Polluce* und *Orpheus* vor Tobruk durch den Zerstörer *Turbine* versenkt. Von tunesischen Häfen aus operieren z. T. mehrfach die franz. U-Boote *Le Centaure, Pascal, Fresnel, Vengeur, Redoutable, Narval, Caïman, Morse, Souffleur, Monge, Pégase, Le Tonnant,* von denen *Morse* am 15. 6. durch Minentreffer vor Sfax verlorengeht. Von Alexandria aus operieren im östlichen Mittelmeer die brit. U-Boote *Parthian, Pandora, Proteus* und *Phoenix, Rorqual* legt eine Minensperre an der afrikanischen Küste. Von Beirut aus operieren die franz. U-Boote *Phoque, Espadon, Protée, Achéron* und *Actéon* im Gebiet des Dodekanes. Von Toulon aus operieren im Tyrrhenischen Meer die franz. U-Boote *Iris, Vénus, Pallas* und *Archimède,* von Oran aus vor Gibraltar die franz. U-Boote *Ariane, Eurydice, Diane, Danaé.* Minensperren legen die franz. U-Boote *Saphir* (Kptlt. Caminati) vor Cagliari, 2 Schiffe mit 1699 BRT gesunken, ferner *Nautilus* vor Tripolis und *Turquoise* vor Trapani, ferner *Perle* vor Bastia.

10.—26. 6. 1940 **Rotes Meer/Indischer Ozean**

Erster Einsatz der ital. U-Boote von Massaua (Eritrea): Am 10. 6. laufen *Ferraris* nach Djibouti, *Galilei* nach Aden, *Macallè* nach Port Sudan, *Galvani* in den Golf von Oman aus. Am 14. 6. löst *Torricelli* das wegen einer Panne zurückkehrende *Ferraris* ab. Am 15. 6. läuft *Macallè* (Kptlt. Morone) auf ein Riff und geht verloren. *Galilei* (KKpt. Nardi) versenkt am 16. 6. den norweg. Tanker *James Stove* (8215 BRT), hält am 18. 6. den jugoslaw. Dampfer *Drava* an, muß ihn jedoch wieder entlassen und wird am 19. 6. von dem U-Jagdtrawler *Moonstone* gestellt und im Artilleriegefecht nach Ausfall des Kommandanten zur Übergabe gezwungen. Nach den an Bord erbeuteten Unterlagen gelingt es der Sloop *Falmouth* vor dem Persischen Golf *Galvani* (KKpt. Spano) am 24. 6. zu versenken, nachdem das U-Boot vorher die indische Sloop *Pathan* vernichtet hat. *Torricelli* (KKpt. Pelosi) wird am 23. 6. vor Perim gestellt und im Artilleriegefecht mit den brit. Zerstörern *Kandahar, Kingston, Khartoum* und der Sloop *Shoreham* versenkt. *Torricelli* erzielt Treffer auf *Shoreham* und *Khartoum,* die in Brand gerät und nach Explosion einer Munitionskammer sinkt. Von den am 19./21. 6. ausgelaufenen U-Booten *Perla, Archimede* und *Guglielmotti* läuft ersteres am 26. 6. auf ein Riff, wird aber schwer beschädigt geborgen.

10. 6.—20. 9. 1940 **Indischer Ozean**

Dt. Hilfskreuzer *Schiff 16 Atlantis* (Kpt. z. S. Rogge) versenkt und kapert im Indischen Ozean 7 alliierte Handelsschiffe mit 49 338 BRT sowie den franz. Fahrgastdampfer *Commissair Ramel* (10 061 BRT).

11. 6. 1940 **Atlantik**

Hilfskreuzer *Thor* (Kpt. z. S. Kähler) läuft aus dem Sörgulenfjord zu seiner ersten Unternehmung in den Mittel- und Südatlantik aus. (6. 6. Auslaufen Kiel.)

11. 6. 1940 **Mittelmeer**

Erster ital. Luftangriff auf Malta, andere Bomber greifen Toulon an.

11. 6. 1940 **Norwegen**

Nördlich Harstad (Norwegen) versenken dt. Flugzeuge das brit. Hilfsschiff *Van Dyck* (13 241 BRT).

11.—14. 6. 1940 **Mittelmeer**

Erster Vorstoß der brit. Mittelmeer-Flotte (Adm. A. B. Cunningham) gegen ital. Libyen-Verkehr südlich an Kreta vorbei nach Bengasi und Tobruk. Beteiligt Schlachtschiffe *Warspite* (FF), *Malaya*, Träger *Eagle*, 7. Kreuzergeschwader (VAdm. Tovey) mit *Orion, Neptune, Sydney, Liverpool, Gloucester*, 9 Zerstörer und alte Kreuzer *Caledon* und *Calypso*. Gleichzeitig Vorstoß der franz. Kreuzer (VAdm. Godfroy) *Duquesne, Tourville, Suffren, Duguay Trouin* und 3 Zerstörer in die Ägäis und gegen den Dodekanes. Am 12. 6. wird *Calypso* durch ital. U-Boot *Bagnolini* (KKpt. Tosoni-Pittoni) versenkt. Brit. Kreuzer *Liverpool* und *Gloucester* mit 4 Zerstörern beschießen Tobruk, dabei Gefecht mit der schwimmenden Batterie *San Giorgio* (ehem. Panzerkreuzer) und 4 kleinen ital. Hilfsminensuchbooten, von denen *Giovanni Berta* (Ostrm. Paolucci) mit seinem einzigen 7,6-cm-Geschütz feuernd sinkt. Auf Luftaufklärungsmeldung über diesen brit. Verband laufen von Messina die ital. 3. Kreuzer-Division mit *Pola, Trento* und *Bolzano* sowie die 11. und 12. Zerstörer-Flottille und von Tarent die 1. und 8. Kreuzer-Division mit *Zara, Fiume, Gorizia, Duca degli Abruzzi, Garibaldi* und die 9. und 16. Zerstörer-Flottille aus. Es kommt jedoch nicht zu Gefechtsberührungen.

11. 6.—20. 8. 1940 **Atlantik**

Erste Südunternehmung eines dt. U-Bootes. *UA* (Kptlt. Cohausz) operiert auf dem Ausmarsch vom 11.—19. 6. gegen die »Northern Patrol« und versenkt nach einem Fehlschuß am 14. 6. am 16. 6. den Hilfskreuzer *Andania* (13 950 BRT). Auf dem Südmarsch wird 1 Schiff, beim ersten Operationsabschnitt im Gebiet der Kanaren und Kap Verden 1 Schiff, nach der Versorgung aus dem Hilfskreuzer *Schiff 33* am 19. 7. vor Freetown bis zum 10. 8. ein 4. Schiff und auf dem Rückmarsch 3 Schiffe, insgesamt 7 Schiffe mit 40 706 BRT versenkt.

12.—20. 6. 1940 **Norwegen**

Höhepunkt des Einsatzes einer dritten brit. U-Boot-Welle vor Norwegen mit den Booten *Severn, Clyde, Sealion, Spearfish, Porpoise, Narwhal, Trident, Truant, Taku, Tetrarch* und dem franz. *Rubis*. *Narwhal* (LCdr. Burch) legt eine Minensperre bei Utsire, 1 Schiff mit 908 BRT gesunken, *Rubis* (KKpt. Cabanier) 2 Sperren im Raum Bergen, 4 Schiffe mit 1898 BRT gesunken. *Tetrarch* (LCdr. Mills) versenkt am 16. 6. bei Lista den Tanker *Samland* (5978 BRT). *Clyde* (LCdr. Ingram) torpediert am 20. 6. vor Trondheim das Schlachtschiff *Gneisenau* am Bug. Auf dem Ausmarsch nach Norwegen geht das niederl. U-Boot *O 13*, vermutlich am 20. 6., durch einen irrtümlichen Angriff des poln. U-Bootes *Wilk* verloren.

13. 6. 1940 **Norwegen**

15 Blackburn *Skua* der *Ark Royal* greifen in Trondheim das Schlachtschiff *Scharnhorst* an und erzielen einen Treffer mit einer 225-kg-Bombe, die jedoch nicht explodiert. 8 Flugzeuge abgeschossen.

13. 6. 1940 **Pazifik**

Hilfskreuzer *Orion* (FKpt. Weyher) wirft in der Hauraki-Bucht (Neuseeland) 162 Minen, 60 weitere zwischen Cuvier-Island und Great-Barrier-Island und im Colville Kanal. In der Hauraki-Bucht sinkt am 18. 6. der brit. Passagierdampfer *Niagara* (13 415 BRT).

13. 6.—13. 7. 1940 **Mittelatlantik**

Dt. Hilfskreuzer *Schiff 21 Widder* (KKpt. d. Res. von Ruckteschell) versenkt im westlichen Mittelatlantik 3 alliierte Frachter mit 18 552 BRT und kapert den norweg. Motortanker *Krossfonn* (9323 BRT).

14. 6. 1940 **Mittelmeer**

Vorstoß des III. franz. Geschwaders (VAdm. Duplat) mit 4 Schweren Kreuzern und 11 Großzerstörern von Toulon aus gegen die ligurische Küste. Die 1. Kreuzer-Division mit *Algérie* und *Foch* sowie die Zerstörer *Vauban, Lion, Aigle, Tartu, Chevalier-Paul* und *Cassard* beschießen Vado, die 2. Kreuzer-Division (KAdm. Derrien) mit *Dupleix* und *Colbert* sowie die Zerstörer *Vautour* und *Albatros* die Hafenanlagen von Genua, gesichert durch die Zerstörer *Guépard, Valmy* und *Verdun*. Der tapfere Angriff des ital. Torpedoboots *Calatafimi* und der 13. MAS-Flottille bleiben erfolglos. Ital. Küstenartillerie erzielt einen Treffer auf *Albatros*. Ein Ansatz der noch in See befindlichen ital. U-Boote *Veniero* und *Neghelli* sowie der aus La Spezia kommenden U-Boote *Scirè* und *Iride* schlägt fehl.

14. 6. 1940 **Mittelmeer**

Die 1. ital. Zerstörerflottille (FKpt. Ruggeri) mit *Turbine, Nembo* und *Aquilone* beschießt Sollum.

15.—18. 6. 1940 **Kanal**

52. brit. Division und »Norman Force« mit 30 630 Mann ohne Verluste aus Cherbourg evakuiert.

16.—17. 6. 1940 **Kanal**

Evakuierung der 1. kanad. Division von St. Malo mit 21 474 Mann ohne Verluste. Vor Brest 32 584 Mann der brit. Armee und RAF sowie alliierte Truppen evakuiert. Hafen am 18./19. 6. zerstört. Die franz. Flotte läuft nach Casablanca und Oran aus.

16.—18. 6. 1940 **Biskaya**

St. Nazaire und Nantes geräumt. Insgesamt 57 235 Mann alliierter Truppen nach England überführt. Bei der Versenkung des brit. Transporters *Lancastria* (16 243 BRT) durch dt. Bomber entstehen schwere Verluste (rund 3000 Mann).

16. 6.—2. 7. 1940 **Nordatlantik**

Von Bergen aus operieren *U 61* (Kptlt. Oesten) und *U 62* (Oblt. z. S. Michalowski) im Gebiet der Hebriden. Ein Angriff von *U 61* gegen einen Hilfskreuzer schlägt fehl, *U 62* verfehlt 2 Schiffe und versenkt einen kleinen Trawler von 211 BRT.

17. 6. 1940 **allgemeine Lage**

Frankreich bittet um Waffenstillstand.

17.—18. 6. 1940 **allgemeine Lage**

Evakuierung der brit. Expeditionsstreitkräfte vom Kontinent beendet.

17. 6.—19. 7. 1940 **Nordatlantik**

Als dritte Welle operieren *U 52, U 65, U 122, U 26, U 34, U 102, U 99* und das von Lorient wieder ausgelaufene *U 30* im Gebiet zwischen Nordkanal und Kap Finisterre. Bereits kurz nach ihren ersten Angriffen vor dem Nordkanal gehen *U 122* (21. 6.) und *U 102* (30. 6.) aus ungeklärter Ursache (Minen?) verloren, *U 26* wird am 1. 7. beim Angriff auf einen Konvoi durch die Korvette *Gladiolus*, unterstützt von einem *Sunderland*-Flugboot der RAAF-Sq. 10, versenkt. Erster Erfolg einer »Flower«-class Korvette. Bei ihren Operationen versenken: *U 52* (Kptlt. Salman) 4 Schiffe mit 13 542 BRT, *U 65* (Kptlt. von Stockhausen) 1 Schiff mit 1177 BRT, ferner *Champlain* (s. u.) und 2 weitere mit 13 958 BRT beschädigt, *U 122* (Kptlt. Looff) 1 Schiff mit 5911 BRT, *U 26* (Kptlt. Scheringer) 1 Schiff mit

6701 BRT, ferner 1 weiteres mit 4871 BRT beschädigt. *U 34* (Kptlt. Rollmann) Zerstörer *Whirwind* und 7 Schiffe mit 21 334 BRT, *U 102* (Kptlt. v. Klot-Heydenfeldt) 2 Schiffe mit 4505 BRT, *U 99* (Kptlt. Kretschmer) 6 Schiffe mit 20 755 BRT, *U 30* (Kptlt. Lemp) 1 Schiff mit 712 BRT. Der am 18. 6. durch Minentreffer auf Grund gesunkene Truppentransporter *Champlain* (28 124 BRT) wird am 21. 6. von *U 65* mit Fangschuß zerstört. *U 34, U 52, U 99* und *U 30* laufen zur Ergänzung Lorient an.

18. 6. 1940 **Kanal-Biskaya**
Die dt. 7. Panzerdivision besetzt Cherbourg. Vorher unter dem Schutz des Schlachtschiffes *Courbet* (Kpt. z. S. Croiset) 30 630 Soldaten evakuiert. Auf der Werft 5 unfertige U-Boote, darunter *Roland-Morillot* gesprengt.
In Brest vor der Besetzung durch die dt. 5. Panzerdivision die zur Reparatur im Hafen liegenden U-Boote *Achille, Agosta, Pasteur* und *Quessant*, der Zerstörer *Cyclone* sowie der Aviso *Étourdi* gesprengt.

18. 6.—19. 7. 1940 **Mittelmeer**
Nachschubtransporte von Neapel mit den ital. U-Booten *Atropo* nach Leros und *Zoea, Bragadino* und *Corridoni* nach Tobruk, letzteres weiter nach Leros.

19. 6. 1940 **Biskaya**
Das unfertige franz. Schlachtschiff *Jean Bart* (Kpt. z. S. Ronarch) wird aus St. Nazaire herausgeschleppt und erreicht mit eigener Kraft am 22. 6. Casablanca.

19. 6. 1940 **Kanal**
Die dt. Schnellboote *S 19* (Oblt. z. S. Töniges) und *S 26* (Oblt. z. S. Fimmen) versenken vor Dungeness den brit. Frachter *Roseburn* (3103 BRT).

19.—25. 6. 1940 **Biskaya**
Evakuierung von etwa 19 000 meist poln. Soldaten von Bayonne und St. Jean-de-Luz.
Insgesamt in den Operationen »Cycle« (franz. Nordküste) und »Aerial« (Biscaya-Küste) zusätzlich zu »Dynamo« evakuiert: 144 171 Engländer, 18 246 Franzosen, 24 352 Polen, 4938 Tschechen, 163 Belgier. Gesamt 191 870 Mann.

19.—27. 6. 1940 **Mittelmeer**
Aufstellung einer zweiten Welle ital. U-Boote im östl. Mittelmeer: westlich Kreta *Bausan*, südl. Kreta *Manara, Menotti*, vor Sollum *Sirena*, vor Alexandria *Rubino*, vor Famagusta *Liuzzi*, in den Zugängen zur Ägäis *Delfino, Squalo, Brin, Tricheco. Sirena* wird bei brit.-franz. Kreuzer-Vorstoß am 21.6. mit Wasserbomben beschädigt und läuft Tobruk an.

19. 6.—2. 7. 1940 **Mittelmeer**
Eine zweite Welle von ital. U-Booten operiert im westlichen Mittelmeer gegen den franz. Verkehr zwischen Nordafrika und Südfrankreich. Beteiligt sind im Golf v. Genua *H 1, H 4, H 8* (2x), vor der franz. Riviera *Gondar, Fieramosca* (Batterieexplos.), im Golf von Lyon *Iride, Aradam, Mocenigo, Malachite*, in den Engen der Balearen *Bandiera, Ascianghi, Santarosa, Nani*, vor der algerischen Küste *Tazzoli, Glauco, Toti*, vor Bizerta *Marcello, Medusa* und in der Sizilienstraße *Capponi, Pisani, Da Procida. Glauco* (FKpt. Corvetti) beschädigt 1 Schiff mit 3657 BRT durch Artillerietreffer leicht. *Capponi* (Kptlt. Romei) versenkt ein nicht identifiziertes Schiff.

20.—21. 6. 1940 **Mittelmeer**
Letzte gemeinsame brit.-franz. Operation im Mittelmeer. VAdm. Tovey läuft mit dem franz. Schlachtschiff *Lorraine* den brit. Kreuzern *Orion, Neptune* und

Sydney sowie 4 Zerstörern zur Beschießung von Bardia aus, die in der Nacht zum 21. 6. durchgeführt wird, aber geringe Schäden verursacht. 5 brit. Zerstörer stoßen gleichzeitig an der Küste bis Tobruk vor, ohne Ziele zu finden. Auf irrtümliche Luftaufklärungsmeldungen über ital. Verbände gehen von Alexandrian die franz. Kreuzer *Suffren* und *Duguay Trouin* mit 3 brit. Zerstörern in See.

20.—26. 6. 1940 **Mittelmeer**
8 ital. Handelsschiffe brechen unbemerkt von Leros nach Brindisi durch.

22. 6. 1940 **allgemeine Lage**
Abschluß des dt.-franz. Waffenstillstandes in Compiègne. Inhalt: Besetzung Frankreichs bis zur Linie westlich und nördlich von Genf—Dôle—Tours—Mont de Marsa—spanische Grenze. Damit gesamte Kanal- und Atlantikküste in dt. Hand. Abrüstung der franz. Wehrmacht bis auf 100 000 Mann Freiwillige, kleine Luftwaffe und Marine. Abrüstung großer Teile der Flotte aber keine Auslieferung. In Plymouth und Portsmouth liegen zu dieser Zeit: 2 Schlachtschiffe, 2 Torpedokreuzer, 8 Zerstörer und Torpedoboote, 7 U-Boote und 200 kleinere Fahrzeuge. Fortbestand der franz. Regierung im unbesetzten Teil Frankreichs (Anfang Juli Übersiedlung nach Vichy). Pierre Laval tritt in die franz. Regierung ein und wird unter Pétain leitender Minister.

22. 6. 1940 **Norwegen**
Dt. Hilfskreuzer *Schiff 33 Pinguin* (Kpt. z. S. Krüder) läuft aus dem Sörgulenfjord zum Handelskrieg aus. Operationsgebiete: Antarktis und Indischer Ozean.

22.—24. 6. 1940 **Mittelmeer**
Vorstoß der 7. ital. Kreuzer-Division (DivAdm. Sansonetti) und der 13. Z.-Fl. von Cagliari aus gegen den franz. Geleitverkehr zwischen Algier und Toulon bis auf die Höhe von Port Mahon. Unternehmen ergebnislos abgebrochen. Aufnahme durch das II. Geschwader mit 10 Kreuzern und 12 Zerstörern.

24. 6. 1940 **Kanal**
Das dt. Schnellboot *S 36* (Oblt. z. S. Babbel) versenkt vor Dungeness den brit. Frachter *Albuera* (3477 BRT), *S 19* einen kleinen Frachter von 276 BRT.

25. 6. 1940 **allgemeine Lage**
Ab 01.35 Uhr Waffenruhe in Frankreich.

25.—27. 6. 1940 **Mittelmeer**
Erstes ital. Nachschubgeleit von Neapel nach Tripolis: Truppentransporter *Victoria* (13 098 BRT) und *Esperia* (11 398 BRT) mit 1727 Mann an Bord, gesichert durch den Hilfskreuzer *Ramb III* und die Torpedoboote *Orsa* und *Procione*.

27. 6. 1940 **allgemeine Lage**
England erklärt die Blockade Europas vom Nordkap bis Spanien.

27.—30. 6. 1940 **Mittelmeer**
Operationen im östl. Mittelmeer: Brit. Zerstörer *Dainty* (Cdr. Thomas), *Ilex, Decoy, Voyager* führen U-Jagdunternehmen gegen ital. U-Boote südl. Kreta. Auf dem Anmarsch wird am 27. 6. das von Cypern zurückmarschierende U-Boot *Liuzzi* versenkt. Am 29. 6. werden aus einem Vorpostenstreifen südwestlich Kreta *Uebi Scebeli* versenkt und *Salpa* beschädigt, ferner sehr wahrscheinlich das von Tobruk zurückmarschierende *Argonauta* versenkt. *Sunderland*-Flugboote der RAF-Squ. 230 beschädigen am 28. 6. das zum Vp.-Streifen marschierende *Anfitrite*, am 29. 6. das von Tobruk zurückkehrende *Sirena* und versenken

am 29. 6. das von Alexandria zurückmarschierende *Rubino*. Nur *Ondina* südl. Kreta und *Topazio* und *Gemma* vor Sollum erreichen ihre Positionen.
Brit. Konvois von den Dardanellen und griech. Häfen nach Port Said mit den Kreuzern *Capetown, Caledon* und 4 Zerstörern passieren unbemerkt die ital. U-Boote *Jalea, Zaffiro* und *Ametista* in den Eingängen der Ägäis.
Zwei brit. Konvois (MA. 3) laufen von Alexandria nach Malta, Deckung durch VAdm. Tovey mit 7. Kreuzer-Geschwader, *Orion, Neptune, Sydney, Liverpool, Gloucester,* Deckungsgruppe mit Schlachtschiffen *Royal Sovereign, Ramillies,* Träger *Eagle* und 8 Zerstörern.
Ital. Zerstörer *Espero, Ostro, Zeffiro* bringen Nachschub von Tarent nach Tobruk. Brit. Luftaufklärung führt das brit. 7. Kreuzer-Geschwader heran. *Espero* (Flottillenchef FKpt. Baroni) greift den brit. Verband an, um den Rückzug der beiden anderen Zerstörer zu decken und sinkt nach Treffern des austral. Kreuzers *Sydney*. Munitionsverbrauch der brit. Kreuzer wirft schwierige logistische Probleme auf, da nur noch 800 Schuß 15,2-cm-Munition vorhanden.

28. 6. 1940 **Mittelmeer**
Ital. Flak schießt während eines brit. Luftangriffs bei Tobruk irrtümlich das Flugzeug Marschall Balbos, des ital. Gouverneurs von Libyen, ab.

30. 6.—1. 7. 1940 **Kanal**
Dt. Besetzung der Kanalinseln Jersey, Guernsey und Alderney. Von den Inseln vorher 22 656 Menschen nach England evakuiert.

★

1.—2. 7. 1940 **Ostsee**
Bomber der RAF verwenden erstmalig bei einem Angriff auf dt. Kriegsschiffe in Kiel eine 1000-kg-Bombe. Fehlwurf auf Schlachtschiff *Scharnhorst*. Schwerer Kreuzer *Prinz Eugen* durch zwei leichte Bomben getroffen.

1.—13. 7. 1940 **Mittelmeer**
Ostwärts Gibraltar operieren die ital. U-Boote *Emo, Marconi, Dandolo* und *Barbarigo*. Am 2. 7. verfehlt *Marconi* aus der Force H den Zerstörer *Vortigern*, am 6. 7. sichtet *Emo* den Verband mit der *Ark Royal*, am 11. 7. versenkt *Marconi* (KKpt. Chialamberto) aus der zurückkehrenden Force H den Zerstörer *Escort*.

1. 7.—4. 8. 1940 **Norwegen**
Bei alliierten U-Boot-Operationen vor Norwegen greift *Snapper* (Lt. King) am 3. und 7. 7. Konvois an und versenkt 1 Schiff mit 1334 BRT, *Swordfish* (Lt. Cowell) versenkt das T-Boot *Luchs* (26. 7.), *Sealion* (LCdr. Bryant) 1 Schiff mit 3318 BRT. Wegen der schweren Verluste — 5. 7. vor Skudesnes *Shark* nach Bombentreffer tauchunklar und beim Einschleppversuch gesunken, 9. 7. *Salmon*, 23. 7. *Thames*, 30. 7. *Narwhal* durch Minen und 2. 8. *Spearfish* durch *U 34* — werden die Operationen unter der Küste bis zur Klärung der Lage abgebrochen.

1.—17. 7. 1940 **Südatlantik**
Dt. Hilfskreuzer *Schiff 10 Thor* (Kpt. z. S. Kähler) versenkt im Südatlantik 5 alliierte Handelsschiffe mit 25 911 BRT und kapert das holl. Motorschiff *Kertosono* (9289 BRT).

2. 7. 1940 **allgemeine Lage**
Weisung des OKW: Hitler habe entschieden, daß »unter bestimmten Voraussetzungen« eine Landung in England infrage kommen könnte.

2. 7.—6. 8. 1940 **Mittelatlantik**

Zweite erfolglose Atlantik-Operation der ital. U-Boote *Veniero* — Kanarische Inseln — und *Calvi* — Madeira.

3. 7. 1940 **Mittelmeer**

Operation »Catapult«: Überfall eines brit. Flottenverbandes (VAdm. Somerville) auf einen Teil der französischen Flotte in Mers-el-Kebir (bei Oran). Franz. Streitkräfte: Schlachtschiffe *Dunkerque* (Kpt. z. S. Barrois), *Strasbourg* (Kpt. z. S. Collinet), *Provence* (mit Befh. der 2. Schlachtschiff-Division KAdm. Bouxin), *Bretagne* (Kpt. z. S. Le Pivain), Zerstörerflottille (KAdm. Lacroix) mit den Großzerstörern *Mogador, Volta, Tigre, Lynx, Kersaint* und *Terrible* sowie das Flugzeugmutterschiff *Commandant Teste* (Kpt. z. S. Lemaire). Der französische Befehlshaber, Admiral Gensoul, lehnt brit. Ultimatum ab, worauf die Force H, bestehend aus dem Schlachtkreuzer *Hood*, den Schlachtschiffen *Resolution* und *Valiant*, dem Träger *Ark Royal*, den Leichten Kreuzern *Arethusa* und *Enterprise* sowie den Zerstörern *Faulknor, Foxhound, Fearless, Forester, Foresight, Escort, Keppel, Active, Wrestler, Vidette* und *Vortigern*, das Feuer auf die vor Anker liegenden, teilweise nicht gefechtsbereiten, französischen Schiffe eröffnet. *Bretagne* sinkt nach schweren Treffern mit 977 Mann der Besatzung, *Mogador* verliert das Heck durch Volltreffer (42 Tote), *Dunkerque* (210 Tote) und *Provence* werden schwer beschädigt. *Strasbourg* und den 5 übrigen Torpedokreuzern gelingt es, auszulaufen und trotz der Angriffe brit. Trägerflugzeuge mit hoher Fahrt zu entkommen. Sie erreicht am Abend des 4. 7. mit *Volta, Tigre* und *Terrible* Toulon. Gesamtverluste der franz. Marine: 1147 Tote.

Am gleichen Tag werden in England durch brit. Truppen besetzt: in Portsmouth: Franz. Schlachtschiff *Courbet*, Torpedokreuzer *Léopard*, Torpedoboote *Branlebas, La Cordelière, La Flore, L'Incomprise, La Melpomène*, 6 Avisos und das Troßschiff *Pollux*.

In Plymouth: Schlachtschiff *Paris*, Zerstörer *Mistral, Ouragan*, Torpedoboot *Bouclier*, 3 Avisos.

In Coucy: U-Kreuzer *Surcouf*, U-Boote *Junon* und *Minerve*.

In Falmouth: U-Boote *Orion* und *Ondine*, 3 Avisos und das Zielschiff *L'Impassible*.

In Dundee: U-Boot *Rubis*.

Auf *Mistral* und *Surcouf* leisten die Besatzungen Widerstand, wobei Verluste auf beiden Seiten eintreten.

Außerdem werden besetzt: 3 Minenleger, 16 U-Boot-Jäger, 7 S-Boote, 98 Minensucher und Bewacher, 42 Schlepper und Hafenfahrzeuge und 20 Trawler.

3. 7. 1940 **Nordmeer**

Hilfskreuzer *Schiff 45 Komet* (Kpt. z. S. Eyssen) läuft aus Gotenhafen aus. Operationsgebiet Pazifik soll mit russischer Hilfe auf dem sibirischen Seeweg erreicht werden. (9. 7. Auslaufen Bergen.)

3.—4. 7. 1940 **Mittelmeer**

Die ital. Minenleger *Scilla* und *Buccari*, gesichert von den T-Booten *Altair, Andromeda, Alcione, Aretusa* legen weitere 640 Minen zwischen Pantellaria und Sizilien.

Westlich Alexandria legt das ital. U-Boot *Zoea* (KKpt.Bernabò) eine Minensperre.

3.—5. 7. 1940 **Mittelmeer**

Die brit. U-Boote *Pandora* und *Proteus* erhalten vor Algier und Oran am Abend des 3. 7. den Befehl, alle franz. Kriegsschiffe anzugreifen. *Proteus* kommt nicht auf Schußentfernung an das Flugzeugmutterschiff *Commandant Teste* heran, *Pandora* versenkt aus einem Verband, der von Oran nach Algier läuft, den Kolonial-Aviso *Rigault de Genouilly*. Am 5. 7. wird der Befehl aufgehoben.

3.—12. 7. 1940 **Mittelmeer**

Das vor Palästina operierende ital. U-Boot *Tarantini* (KKpt. Iaschi) versenkt 1 Schiff mit 3040 BRT.

4. 7. 1940 **allgemeine Lage**

Die franz. Regierung Pétain bricht die diplomatischen Beziehungen zu Großbritannien ab.

4. 7. 1940 **Kanal**

Ju 87 des Sturzkampfgeschwaders 2 (Major Dinort) versenken aus dem brit. Konvoi OA. 178 südlich Portland das Hilfsflakschiff *Foyle Bank* (5582 BRT) sowie die Frachter *Dallas City* (4952 BRT), *Deucalion* (1796 BRT), *Kolga* (3526 BRT) und *Britsum* (5255 BRT) und beschädigen 9 weitere Schiffe mit 40 236 BRT schwer. Bei einem Angriff dt. S-Boote versenkt *S 19* (Oblt. z. S. Töniges) den Frachter *Elmcrest* (4343 BRT), *S 20* und *S 26* torpedieren 2 Schiffe mit 12 472 BRT.

5. 7. 1940 **Mittelmeer**

Swordfish-Torpedoflugzeuge des brit. Flugzeugträgers *Eagle* versenken im Hafen von Tobruk den ital. Zerstörer *Zeffiro* und den Frachter *Manzoni* (3955 BRT). Der Zerstörer *Euro* und 2 weitere Frachter müssen sich auf Strand setzen. *Euro* wird später geborgen.

6. 7. 1940 **Mittelmeer**

Torpedoflugzeuge des Trägers *Ark Royal* greifen das in Mers-el-Kebir liegende franz. Schlachtschiff *Dunkerque* an und versenken das längsseits liegende Hilfsschiff *Terre Neuve* (859 BRT), das Wasserbomben geladen hat. Durch Explosion der Ladung wird die Bordwand des Schlachtschiffes aufgerissen. 150 Tote unter den Besatzungen.

6.—10. 7. 1940 **Mittelmeer**

Seeschlacht bei Punta Stilo/Calabria. Am Abend des 6. 7. läuft ein ital. Konvoi, bestehend aus den Fahrgastschiffen *Esperia* (11 398 BRT), *Calitea* (4013 BRT), *Marco Foscarini* (6342 BRT), *Vettor Pisani* (6339 BRT) und *Francesco Barbaro* (6343 BRT) mit 2200 Soldaten, 300 Panzerfahrzeugen und Lkw sowie 16 000 t Material, von Neapel nach Nordafrika aus. Am 7. 7. wird das Einlaufen eines brit. Kreuzerverbandes in Malta gemeldet. Daraufhin läßt die Supermarina die Konvoisicherung (6 T-Boote) durch die 2. Division (DivAdm. Cattaneo) mit den Leichten Kreuzern *Giovanni delle Bande Nere* und *Bartolomeo Colleoni* und 4 Zerstörern verstärken und als Fernsicherung gegen Malta die 1. und 3. Division (DivAdm. Matteucci und Paladini) mit den Schweren Kreuzern *Zara, Gorizia, Fiume, Trento, Bolzano, Pola, Trieste* und 12 Zerstörern auslaufen. Dazu tritt als Deckungsgruppe nach Osten die 7. Division (DivAdm. Sansonetti) mit den Leichten Kreuzern *Eugenio di Savoia, Emanuele Filiberto Duca d'Aosta, Muzio Attendolo, Raimondo Montecuccoli* und 4 Zerstörern. Den Rückhalt bildet das Gros der Flotte (GeschwAdm. Campioni) mit der 4., 5. und 8. Division (DivAdm. Marenco di Moriondo, Brivonesi und Legnani): Schlachtschiffe *Giulio Cesare, Conte di Cavour*, Leichte Kreuzer *Giuseppe Garibaldi, Luigi di Savoia Duca degli Abruzzi, Armando Diaz, Luigi Cadorna, Alberto di Giussano, Alberico da Barbiano* und 13 Zerstörer.

Ital. U-Boot-Aufstellungen: ostwärts Gibraltar *Emo, Marconi, Dandolo, Barba-*

rigo, nordwestlich Sardinien *Argo*, *Iride, Scirè, Diaspro*, südlich Sardinien *Ascianghi, Axum, Turchese, Glauco, Manara, Menotti*, Sizilien-Straße *Santarosa*, Malta *Capponi, Durbo*, Ionisches Meer *Brin, Sciesa, Settimo, Settembrini*, zwischen Derna und Gaudo *Beilul, Tricheco, Lafolè, Smeraldo*.
Kurz vor Mitternacht sichtet das ital. U-Boot *Beilul* die zur Deckung von 2 Konvois zwischen Malta und Alexandria ausgelaufene brit. Mittelmeerflotte (Adm. Cunningham), die sich aus folgenden Gruppen zusammensetzt:
Force A (VAdm. Tovey): Kreuzer *Orion, Neptune, Sydney* (RAN), *Gloucester, Liverpool*, Zerstörer *Stuart* (RAN).
Force B (Cunningham): Schlachtschiff *Warspite*, Zerstörer *Nubian, Mohawk, Hero, Hereward, Decoy*.
Force C (VAdm. Pridham-Wippell): Schlachtschiffe *Malaya* und *Royal Sovereign*, Flugzeugträger *Eagle* (mit MarFlStaffeln 813 und 824), Zerstörer *Hyperion, Hostile, Hasty, Ilex, Dainty, Defender, Juno, Janus, Vampire, Voyager* sowie der Malta-Gruppe (Force D) mit zunächst 4, später 7 Zerstörern.
Am Morgen des 8. 7. geht die Force H (VAdm. Somerville) mit dem Schlachtkreuzer *Hood*, den Schlachtschiffen *Valiant* und *Resolution*, dem Flugzeugträger *Ark Royal*, den Leichten Kreuzern *Arethusa, Emerald* und *Enterprise* sowie 10 Zerstörern von Gibraltar aus in See. Am gleichen Tage erreicht der ital. Konvoi ohne Verluste Bengasi. Die ital. Flotte sammelt sich im Ionischen Meer zu einem Vorstoß gegen die brit. Mittelmeerflotte in der Hoffnung, daß die Luftwaffe die brit. Kampfkraft vorher schwächen werde. Die Abwehr der Force H wird den U-Booten und der Luftwaffe überlassen. Supermarina ordnet jedoch die Aufstellung der Boote nahe der eigenen Küste an, um ein Abschneiden von den Basen, das von den Briten angestrebt wird, zu verhindern.
Am 9. 7. gewinnt die brit. Luftaufklärung Fühlung an der ital. Flotte, während die ital. Luftwaffe keine brauchbaren Aufklärungsmeldungen liefern kann. Torpedoangriffe von Flugzeugen der *Eagle* können ausmanövriert werden. Am Nachmittag sichten sich erst die Kreuzer, dann auch die schweren Einheiten. In 105minütigem Gefecht erzielt das brit. Schlachtschiff *Warspite* einen schweren Treffer auf dem ital. Schlachtschiff *Guilio Cesare*, der Schwere Kreuzer *Bolzano* wird von brit. Kreuzern leicht beschädigt. Admiral Campioni läßt daraufhin seine Zerstörer — 9. Fl. mit *Alfieri, Oriani, Carducci, Gioberti*, 7. Fl. mit *Freccia, Saetta*. 11. Fl. mit *Artigliere, Camicia Nera, Aviere, Geniere*, 12. Fl. mit *Lanciere, Carabiniere, Corazziere, Ascari* und 14. Fl. mit *Vivaldi* und *Pancaldo* — angreifen und Rauchschleier legen, worauf die Fühlung abreißt und die brit. Flotte abdreht. Die Angriffe der ital. Luftwaffe mit 126 Maschinen erbringen nur einen Treffer auf dem brit. Leichten Kreuzer *Gloucester*. Bei den Angriffen gegen die Force H werden nur unbedeutende Schäden angerichtet. Das ital. U-Boot *Marconi* (KKpt. Chialamberto) versenkt aus dem Verband östlich Gibraltar den Zerstörer *Escort*. Am 10. 7. greifen Torpedoflugzeuge der *Eagle* ital. Schiffe auf der Reede von Augusta an und versenken den Zerstörer *Pancaldo*, der jedoch später gehoben werden kann.

7. 7. 1940 **Mittelmeer**
Abkommen des Befehlshabers der franz. Force X, VAdm. Godfroy, mit dem Oberbefehlshaber der brit. Mittelmeerflotte, Admiral Cunningham, über die Internierung und Demobilisierung des franz. Geschwaders in Alexandria. Es besteht aus dem Schlachtschiff *Lorraine*, den Schweren Kreuzern *Duquesne, Tourville* und *Suffren*, dem Leichten Kreuzer *Duguay Trouin*, den Zerstörern *Basque, Le Fortuné, Forbin* und dem U-Boot *Protée*.

7.—21. 7. 1940 **Mittelmeer**

Von den im Mittelmeer eingesetzten brit. U-Booten operieren 2 vor dem Golf von Tarent, je eines nördlich und südlich der Straße von Messina und eines vor Cagliari. Am 7. 7. wird *Olympus* in Malta bei einem ital. Luftangriff erheblich beschädigt. *Phoenix* wird am 16. 7. vor Augusta durch das ital. T-Boot *Albatros* versenkt, *Rorqual* (Cdr. Dewhurst) legt am 21. 7. vor Tolmeita (Cyrenaika) eine Minensperre, auf der 1 Schiff mit 3865 BRT sinkt.

8. 7. 1940 **Mittelatlantik**

Die brit. Admiralität entsendet einen Flottenverband, bestehend aus dem Träger *Hermes* (Capt. Onslow) und den Schweren Kreuzern *Australia* (RAN) und *Dorsetshire* nach Dakar, um das noch unfertige franz. Schlachtschiff *Richelieu* auszuschalten. Nach Ablehnung ähnlicher brit. Bedingungen wie in Mers-el-Kebir überfährt ein brit. Motorboot (LCdr. Bristowe) die Balkensperre des Hafens und wirft Wasserbomben unter das Heck der *Richelieu*. Danach greifen 6 *Swordfish* der *Hermes* das Schiff an und erzielen 1 Torpedotreffer. Der ebenfalls in Dakar liegende franz. Leichte Kreuzer *Primauguet* und der Aviso *Bougainville* bleiben unbeschädigt.

8./9. 7. 1940 **Ostsee**

5 brit. Flugzeuge des Bomber Command greifen Kiel an und erzielen 1 Treffer (Blindgänger) auf dem in der Werft liegenden Schweren Kreuzer *Lützow*.

10. 7. 1940 **Kanal**

Beginn der dt. Luftangriffe auf brit. Geleitzüge im Kanal. Insgesamt werden im Juli 1940 40 alliierte Handelsschiffe mit 75 698 BRT durch dt. Flugzeuge versenkt, außerdem die Zerstörer *Brazen, Codrington, Wren* und *Delight.*

10.—23. 7. 1940 **Nordatlantik**

Von Bergen aus operieren die Typ-IIC-Boote *U 61, U 56, U 58, U 62* und *U 57* im Gebiet zwischen North Minch und Nordkanal. Bei Angriffen gegen Einzelfahrer und Konvois versenken: *U 61* (Kptlt. Oesten) 2 Schiffe mit 11 531 BRT, *U 58* (Oblt. z. S. Schonder) 1 Schiff mit 1591 BRT, *U 62* (Oblt. z. S. Michalowski) 1 Schiff mit 4581 BRT, *U 57* (Oblt. z. S. Topp) 2 Schiffe mit 10 612 BRT. *U 56* (Oblt. z. S. Harms) greift den mit dt. und ital. Zivilinternierten besetzten, nicht angemeldeten Transporter *Dunera* an, Torpedoversager vereiteln diesen und rund 10 weitere Angriffe der 5 Boote. *U 58* läuft zur Ergänzung Lorient an.

14.—16. 7. 1940 **Nordsee**

Dt. Flugzeuge legen Minen in der Themsemündung und vor Harwich.

14.—25. 7. 1940 **Mittelmeer**

Es operieren an ital. U-Booten ostwärts Gibraltar *Morosini, Nani, Faa' di Bruno, Berillo,* in der Sizilien-Straße *Bausan,* ostwärts Malta *Brin, Pisani,* südlich Kreta *Bagnolini, Giuliani, Toti* und in den Zugängen zur Ägäis *Delfino* und *Atropo.*

16. 7. 1940 **allgemeine Lage**

Führerweisung Nr. 16 für die Vorbereitung einer Landung in England (»Seelöwe«).

17.—20. 7. 1940 **Nordsee**

Dt. Minenschiffe, gesichert durch die 2. und 5. T-Flottille, werfen im Kanal die Sperre »NW 1«.

18. 7. 1940 **Nordsee**
Nordwestlich Terschelling versenkt das brit. U-Boot *H 31* den dt. U-Jäger *UJ 126.*

18. 7. 1940 **Mittelmeer**
Alle franz. Handelsschiffe im Suezkanal durch brit. Kriegsschiffe beschlagnahmt.

19. 7. 1940 **allgemeine Lage/Politik**
Präsident Roosevelt unterzeichnet den »Two Ocean Navy Expansion Act«, der den Bau von 1 325 000 ts Kampfschiffen, 100 000 ts Hilfsschiffen und 15 000 Flottenflugzeugen vorsieht.

19. 7. 1940 **allgemeine Lage/Politik**
Reichstagsrede Hitlers: letzter »Friedensappell« an England (22. 7. durch Lord Halifax abgelehnt).

19. 7. 1940 **Mittelmeer**
Seegefecht bei Cap Spada: Die von der brit. Luftaufklärung erfaßten ital. Leichten Kreuzer *Giovanni delle Bande Nere* und *Bartolomeo Colleoni* (unter dem Befehl von DivAdm. Casardi) werden auf dem Verlegungsmarsch von Tripolis nach Leros von dem austral. Kreuzer *Sydney* (Capt. Collins) sowie den Zerstörern *Havock, Hyperion, Hasty, Ilex* und *Hero* abgefangen. *Colleoni* erhält im Gefecht so unglückliche Treffer, daß sie manövrierunfähig wird. Der Kreuzer sinkt nach Torpedotreffern von *Ilex* und *Havock. Bande Nere* (Kpt. z. S. Maugeri) führt das Gefecht weiter, bis *Sydney* nach einem Treffer abdreht und erreicht Bengasi. Die brit. Zerstörer retten 525 Besatzungsmitglieder der *Colleoni,* darunter den Kommandanten, Kpt. z. S. Novaro.

19./20. 7. 1940 **Nordsee**
Bomber der RAF greifen das in der Kriegsmarine-Werft Wilhelmshaven liegende Schlachtschiff *Tirpitz* und den Schweren Kreuzer *Admiral Scheer* ergebnislos an.

20. 7. 1940 **Mittelmeer**
Torpedoflugzeuge des brit. Trägers *Eagle* (Capt. Bridge) versenken in der Bomba-Bucht bei Tobruk die ital. Zerstörer *Nembo* und *Ostro* und den Frachter *Sereno* (2333 BRT).

23.—25. 7. 1940 **Kanal**
Auslegung der Minensperre »NW 2« im Kanal durch von T-Booten gesicherte dt. Minenschiffe.

25. 7. 1940 **Kanal**
Das dt. Schnellboot *S 27* (Oblt. z. S. Klug) versenkt vor der brit. Südküste den nicht angemeldeten franz. Repatriierungsdampfer *Meknés* (6127 BRT). Von den eingeschifften 1100 franz. Soldaten kommen fast 400 ums Leben.

25.—26. 7. 1940 **Kanal**
Ju 87 der II./St. G. 1 (Hptm. Hozzel) und IV./L. G. 1 (Hptm. v. Brauchitsch) greifen im Kanal den brit. Konvoi CW. 8 an und versenken von den 21 Schiffen des Konvois 5 Schiffe mit 5117 BRT. 2 Zerstörer und 5 weitere Frachter werden beschädigt. Am 26. 7. greift die 1. S-Fl. (Kptlt. Birnbacher) mit *S 19, S 20* und *S 27* den gleichen Konvoi an und versenkt 3 Schiffe mit 2480 BRT.

25.—27. 7. 1940 **Norwegen**
Überführung des nach einem U-Boot-Torpedotreffer behelfsmäßig wiederhergestellten Schlachtschiffes *Gneisenau* von Trondheim nach Kiel. Sicherung durch

den B. d. A., Konteradmiral Schmundt, auf Kreuzer *Nürnberg* mit 4 Zerstörern und ab Utsire weiteren 6 T-Booten. Am 26. 7. wird das Torpedoboot *Luchs* durch das brit. U-Boot *Swordfish* versenkt.

25. 7.—9. 8. 1940 **Nordmeer**

Handelskriegsunternehmung des Schweren Kreuzers *Admiral Hipper* (Heye) im Nordmeer zwischen Tromsö und Spitzbergen, trifft nur auf neutrale Handelsschiffe. Ein kleiner finn. Dampfer mit Konterbande als Prise aufgebracht.

26.—31. 7. 1940 **Rotes Meer**

Das ital. U-Boot *Guglielmotti* sucht vergeblich nach 2 griech. Dampfern, die von Suez nach Süden ausgelaufen sind. Auch die T-Boote *Nullo* und *Battisti* kehren unverrichteter Dinge zurück.

26. 7.—5. 8. 1940 **Mittelmeer**

Ostwärts Gibraltar operieren ohne Erfolg die ital. U-Boote *Aradam, Alagi* und *Mocenigo,* ostwärts Malta *Durbo,* zwischen Alexandrien und Kreta *Speri, Narvalo* und *Mameli* (KKpt. Maiorana), das 1 Schiff mit 1044 BRT versenkt. Ferner in der Ägäis und ihren Zugängen *Anfitrite, Zaffiro, Squalo, Ametista* und *Corridoni.*

26. 7.—10. 8. 1940 **Nordatlantik**

Von Lorient aus operieren *U 34, U 99, U 52* und *U 58* vor dem Nordkanal und greifen dort einzeln aus- und einlaufende Konvois an. Am 26./27. 7. versenkt *U 34* (Kptlt. Rollmann) 4 Schiffe mit 29 320 BRT, *U 99* (Kptlt. Kretschmer) versenkt vom 28.—31. 7. 4 Schiffe mit 32 345 BRT und torpediert am 2. 8. 3 Tanker mit 25 548 BRT, *U 52* (Kptlt. Salman) versenkt am 4. 8. 3 Schiffe mit 17 102 BRT und *U 58* (Oblt. z. S. Schonder) am 4./5. 8. 2 Schiffe mit 9768 BRT. Auf dem Rückmarsch in die Heimat trifft *U 34* am 1. 8. auf das von einer Unternehmung zurückkehrende brit. U-Boot *Spearfish* und versenkt es bei Cap Nose Head.

Ende Juli—20. 8. 1940 **Biskaya**

Brit. U-Boote beginnen ab Ende Juli mit der Überwachung der Biskaya-Häfen (»Bay patrol«). Zuerst werden *Tribune, Tigris* und *Talisman* eingesetzt. Den ersten Erfolg erzielt *Cachalot* (Cdr. Luce) am 20. 8. mit der Versenkung von *U 51.*

28. 7. 1940 **Südatlantik**

Im Südatlantik Gefecht des dt. Hilfskreuzers *Schiff 10 Thor* (Kpt. z. S. Kähler) mit dem 22 209 BRT großen brit. Hilfskreuzer *Alcantara* (Capt. Ingham). Das brit. Schiff wird schwer beschädigt und muß Rio de Janeiro anlaufen; *Schiff 10* kann nach Behebung leichter Schäden seine Handelskriegsoperation fortsetzen.

28. 7.—10. 8. 1940 **Nordatlantik**

Von Bergen aus operieren die Typ IIC-Boote *U 59, U 57* und *U 56* vor dem Nordkanal. *U 59* geht zur Ergänzung nach Bergen, die anderen nach Lorient. Die Unternehmungen leiden erneut unter Torpedoversagern. Es versenken: *U 59* (Kptlt. Matz) 1 Schiff mit 2002 BRT, *U 57* (Oblt. z. S. Topp) 1 Schiff mit 2161 BRT, *U 56* (Oblt. z. S. Harms) Hilfskreuzer *Transylvania* (16 923 BRT) am 10. 8.

28. 7.—10. 9. 1940 **Mittelatlantik**

Dritte Atlantik-Unternehmung der ital. U-Boote *Malaspina, Barbarigo* und *Dandolo* im Gebiet der Azoren und vor Madeira mit anschließender Verlegung in den neuen Stützpunkt Bordeaux. Es versenken: *Malaspina* (KKpt. Leoni)

1 Schiff mit 8406 BRT, *Dandolo* (KKpt. Boris) 1 Schiff mit 5187 BRT, ferner 1 Schiff mit 3768 BRT beschädigt, *Barbarigo* (KKpt. Ghilieri) erzielt einige Artillerietreffer auf einem Schiff mit 3255 BRT.

30. 7. 1940 **allgemeine Lage**
Ausdehnung des brit. Navycert-Systems auf alle europäischen Häfen.

31. 7.—4. 8. 1940 **Mittelmeer**
Operation »Hurry«. Mit der in 2 Gruppen marschierenden Force H — 2 Schlachtschiffe, 3 Kreuzer, 12 Zerstörer — marschiert der alte Träger *Argus* (Capt. Bovell) von Gibraltar ins Gebiet südwestlich Sardinien und startet dort am 2. 8. 12 *Hurricane*-Jäger nach Malta. Auf die Meldung vom Auslaufen der Force H stellt Supermarina am 1. 8. nördlich Cap Bougaroni 2 U-Boot-Linien mit *Scirè, Argo, Neghelli, Turchese, Medusa, Axum, Diaspro* und *Manara* auf, die jedoch bis zum 9. 8. nichts sichten. Bei einem Angriffsversuch auf einen ital. Verband wird am 1. 8. vor Cap Spartivento das brit. U-Boot *Oswald* durch den ital. Zerstörer *Vivaldi* gerammt und versenkt.

★

1. 8. 1940 **allgemeine Lage**
Hitler befiehlt in der »Weisung Nr. 17« den verschärften See- und Luftkrieg gegen England.

3.—6. 8. 1940 **allgemeine Lage**
Estland, Lettland und Litauen werden Gliedstaaten der UdSSR.

4.—17. 8. 1940 **Rotes Meer/Golf von Aden**
Ital. Besetzung von Britisch-Somaliland, das von rund 1500 Mann brit. Truppen verteidigt wird. 5. 8. Zeila und Hargeisa, 6. 8. Oodweina besetzt, 11. 8. Angriff gegen die brit. Hauptstellung bei Tug Argan, 15.—17. 8. Räumung von Berbera durch die Briten.

4. 8.—9. 9. 1940 **Mittelatlantik**
Dt. Hilfskreuzer *Schiff 21* versenkt im westlichen Mittelatlantik 6 alliierte Handelsschiffe mit 30 769 BRT, darunter das für England fahrende finn. Segelschiff *Killoran* (1817 BRT).

5. 8. 1940 **allgemeine Lage**
Erste Aufmarschstudie Ost für einen Feldzug gegen die Sowjetunion fertiggestellt.

5.—16. 8. 1940 **Mittelmeer**
Bei Operationen ital. U-Boote im Mittelmeer werden *Gondar, Ascianghi, Marcello* ostwärts Gibraltar, *Settembrini, Dessiè, Naiade, Balilla* nordwestlich bis südlich Kreta, *Jalea* nordostwärts Kreta, *Gemma, Tricheco* und *Delfino* in der Ägäis, *Tembien* vor Sollum (1.—6. 8.) angesetzt. *Micca* (FKpt. Ginocchio) legt am 12. 8. westlich Alexandrien eine Minensperre und greift 2 Tage später einen Zerstörer an. *Sciesa* muß eine Fahrt ins östliche Mittelmeer wegen Maschinenpanne abbrechen.

5. 8.—10. 10. 1940 **Nordmeer**
Das sowj. U-Boot *ŠČ 423* (Kpt. 3. Rg. Zajdulin) verlegt als erstes U-Boot, begleitet von Eisbrechern und einem Tanker, auf dem nördlichen Seeweg von Murmansk nach Vladivostok.

6.—10. 8. 1940 **Mittelmeer**

Offensive Minenunternehmungen der Italiener in der Sizilien-Straße. Am 6. 8. legen die Kreuzer *Da Barbiano* (DivAdm. Marenco di Moriondo) und *Di Giussano* und die Zerstörer *Pigafetta* und *Zeno* 394 Minen (Sperre 7 AN) südsüdostwärts Pantellaria. Sicherung T-Boote *Cassiopea, Cigno, Pleiadi, Aldebaran.* Auf dieser Sperre sinkt am 10. 1. 1941 der brit. Zerstörer *Gallant.* In den Nächten vom 8./9. und 9./10. 8. legen das Minenschiff *Scilla* 216 bzw. 200 Minen westlich Pantellaria, die Zerstörer *Maestrale, Grecale, Libeccio* und *Scirocco* je 216 Minen westlich davon (Sperren 5 AN, 6 AN). Sicherung der *Scilla* T-Boote *Sagittario* und *Antares.* Auf der von den Zerstörern gelegten Sperre 5 AN geht am 23. 8. 1940 der brit. Zerstörer *Hostile* verloren.

7.—8. 8. 1940 **Kanal**

Die Minenschiffe *Roland* (FKpt. von Kutzleben), *Cobra* (KKpt. d. Res. Brill) und *Brummer* (KKpt. Koppe) unter Führung des F. d. V. West Kpt. z. S. Schiller werfen in der südwestlichen Nordsee die offensive Minensperre »SW 1«. Sicherung durch die 5. T-Flottille (KKpt. Henne) mit *Falke, Kondor, Jaguar, T 2, T 7* und *T 8.*

7. 8.—4. 9. 1940 **Nordatlantik**

Vor dem Nordkanal operieren in wechselnden Aufstellungen von Lorient aus *U 30,* von Heimathäfen und Bergen *U 37, U 38, U 60, U 59, U 46, U 48, U 65, U 51* und *U 100.* Auf einer von brit. Zerstörern gelegten Minensperre in der Nordsee geht auf dem Ausmarsch am 3. 8. *U 25* verloren, *U 37* und *U 65* müssen wegen Schäden vorzeitig nach Lorient zurückkehren. *U 51* wird in der Biskaya von dem brit. U-Boot *Cachalot* (Cdr. Luce) versenkt. Die U-Boote greifen vorwiegend Einzelfahrer oder einzeln Konvois an. Der Versuch, mit *U 38, U 46* und *U 48* vom 13.—16. 8. gegen einen vom B-Dienst erfaßten HX-Konvoi zu operieren, glückt nicht. Es versenken: *U 30* (Kptlt. Lemp) 2 Schiffe mit 12 407 BRT, *U 37* (Kptlt. Oehrn) 1 Schiff mit 9130 BRT, *U 38* (Kptlt. Liebe) 2 Schiffe mit 12 493 BRT, *U 60* (Oblt. z. S. Schnee) 1 Schiff mit 1787 BRT, *U 59* (Kptlt. Matz) 1 Schiff mit 2339 BRT, *U 46* (Oblt. z. S. Endraß) 5 Schiffe mit 33 425 BRT, darunter den Hilfskreuzer *Dunvegan Castle* (28. 8.), ferner 1 Schiff mit 6189 BRT beschädigt, *U 48* (KKpt. Rösing) 5 Schiffe mit 29 169 BRT, *U 51* (Kptlt. Knorr) 1 Schiff mit 5709 BRT, *U 100* (Kptlt. Schepke) 6 Schiffe mit 25 812 BRT, ferner 1 Schiff mit 5498 BRT beschädigt.

8. 8. 1940 **Kanal**

Angriff der 1. S-Flottille (Kptlt. Birnbacher) mit *S 20, S 21, S 25* und *S 27* auf den brit. Konvoi CW. 9 vor Newhaven. *S 21* und *S 27* versenken 2 kleine Frachter mit 1583 BRT, 2 weitere werden beschädigt. 1 Frachter von 1004 BRT sinkt beim Ausweichen vor einem Torpedo nach Kollision.

8.—12. 8. 1940 **Nordsee**

Flugzeuge der 9. Fliegerdivision verseuchen die Themse- und Humbermündung und die Hafeneinfahrten von Penzance, Plymouth, Liverpool, Southampton, Falmouth und Belfast durch Luftminen.

10. 8. 1940 **Pazifik**

Jap. Marine dehnt die Blockade der chin. Küste auch auf Südchina aus.

10.—20. 8. 1940 **Pazifik**

Dt. Hilfskreuzer *Schiff 36 Orion* (FKpt. Weyher) versenkt östlich Australien 3 alliierte Handelsschiffe mit 16 593 BRT.

13. 8. 1940 **Luftkrieg/England**

Beginn des verschärften Luftkrieges gegen England mit dem Ziel, die Luftherrschaft als Voraussetzung für »Seelöwe« zu erringen.

13./14. 8. 1940 **Rotes Meer**

Das ital. U-Boot *Ferraris* (KKpt. Piomarta) versucht vergeblich, das auf dem Marsch durch das Rote Meer befindliche brit. Schlachtschiff *Royal Sovereign* anzugreifen.

14.—15. 8. 1940 **Kanal**

Die Minenschiffe *Tannenberg* (FKpt. von Schönermark), *Roland* und *Cobra* unter Führung des Chefs des Stabes des Befehlshabers der Sicherung der Nordsee, Kpt. z. S. Böhmer, werfen in der südwestlichen Nordsee die offensive Minensperre »SW 2«. Sicherung durch die 5. T-Flottille (KKpt. Henne) mit *Kondor, Falke, Iltis, Jaguar, T 5* und *T 7*.

15. 8. 1940 **Mittelmeer**

Vor Tinos sinkt der griech. Kreuzer *Helli* nach Torpedotreffer durch unbekanntes U-Boot. Italien lehnt am 16. 8. die Verantwortung für den Zwischenfall ab.

15.—21. 8. 1940 **Mittelmeer**

Im Mittelmeer werden die brit. U-Boote *Pandora* und *Proteus* zu Nachschubtransporten nach Malta eingesetzt. Am 16. 8. legt *Rorqual* (LCdr. Dewhurst) vor Tolmeita (Cyrenaika) eine weitere Minensperre, auf der 1 Schiff mit 3298 BRT sinkt. Ein Angriff gegen einen Konvoi am 21. 8. schlägt fehl, *Rorqual* wird von dem T-Boot *Papa* schwer mit Wasserbomben belegt. Vor Durazzo (Albanien) versenkt *Osiris* (LCdr. Harvey) am 16. 8. 1 Schiff mit 1968 BRT.

17. 8. 1940 **allgemeine Lage**

Das OKW erklärt in einem »Operationsgebiet« um die brit. Inseln die »totale Blockade« Englands. In diesem Gebiet, das sich fast genau mit der amerik. Kriegszone, deren Befahren amerik. Schiffen und Bürgern verboten ist, deckt, sollen alle Schiffe ohne Warnung versenkt werden

17.—18. 8. 1940 **Rotes Meer/Golf von Aden**

Die brit. Leichten Kreuzer *Hobart* (RAN), *Carlisle* und *Ceres*, der Zerstörer *Kimberley* sowie die Sloop *Auckland* (RAN) evakuieren aus Berbera (Britisch-Somaliland) rund 7000 Soldaten und Zivilisten.

17. 8.—7. 9. 1940 **Mittelmeer**

Im Mittelmeer operieren die ital. U-Boote *Bianchi* vor Gibraltar, *Des Geneys* südwestlich Kreta, *Velella* und *Millelire* im Kaso-Kanal, *Jantina* in der Ägäis. *Dagabur* und *Da Procida* unternehmen Streiffahrten an die Palästina-Küste und nach Zypern, *Atropo* und *Foca* Transportfahrten zwischen Tarent und Leros.

18. 8. 1940 **Mittelmeer**

Die brit. Schlachtschiffe *Warspite, Malaya, Ramillies*, der Schwere Kreuzer *Kent* und 12 Zerstörer beschießen Bardia und Fort Capuzzo.

18. 8.—2. 9. 1940 **Norwegen**

Vor Norwegen operieren die niederl. U-Boote *O 23* und *O 22*. Von den bis September vor Norwegen eingesetzten brit. U-Booten *Swordfish, Snapper, Seawolf, Sunfish, Triumph, Taku, Tetrarch* und *Sturgeon* (Lt. Gregory) versenkt letzteres am 2. 9. aus einem Konvoi 1 Schiff mit 3624 BRT.

18. 8.—3. 9. 1940 **Nordatlantik**

Im Gebiet zwischen Hebriden, Nordkanal, Irland und Rockall-Bank operieren die aus der Heimat kommenden *U 101, U 28, U 32* und *U 124* sowie die aus Lorient ausgelaufenen *U 57, U 37, U 56, U 60* und *U 59* gegen Einzelfahrer und Konvois. Dabei greifen am 24. 8. *U 57* den OB. 202 (2 Schiffe versenkt, 1 Schiff beschädigt), am 24./25. 8. das als Wetter(melde)boot weit nach Westen entsandte *U 37* den SC. 1 (Sloop *Penzance* und 1 Schiff versenkt), am 25. früh *U 48* und abends *U 124* den HX. 65 (2 Schiffe versenkt, bzw. 2 Schiffe versenkt und 1 Schiff beschädigt, am 26. 8. 2 weitere Schiffe durch K. Fl. Gr. 506, siehe dort), am 27. 8. *U 28* nochmals den SC. 1 (1 Schiff versenkt), am 29. 8. *U 100* zuerst den HX. 66, dann den OA. 204 (2 Schiffe versenkt, 1 Schiff torpediert bzw. 2 Schiffe versenkt), am 30. 8. *U 32* den HX. 66 (3 Schiffe versenkt) und am 30./31. 8. nacheinander *U 59, U 60, U 59* und *U 38* den OB. 205 (zusammen 1 Schiff versenkt, 3 Schiffe beschädigt) an. Einschließlich der Konvoi- und Einzelschiffe versenken: *U 101* (Kptlt. Frauenheim) 3 Schiffe mit 12 311 BRT, *U 28* (Kptlt. Kuhnke) 4 Schiffe mit 9945 BRT, ferner 1 Schiff mit 4678 BRT beschädigt (einschließlich SC. 2!), *U 32* (Oblt. z. S. Jenisch) 3 Schiffe mit 13 093 BRT, *U 124* (Kptlt. Schulz) 2 Schiffe mit 10 563 BRT, ferner 1 Schiff mit 3900 BRT beschädigt, *U 57* (Oblt. z. S. Topp) 3 Schiffe mit 24 088 BRT, ferner 1 Schiff mit 5407 BRT torpediert, *U 37* (Kptlt. Oehrn) 6 Schiffe mit 23 384 BRT, ferner Sloop *Penzance, U 60* (Oblt. z. S. Schnee) 1 Schiff mit 1401 BRT, ferner 1 Schiff mit 15 434 BRT torpediert, *U 59* (Kptlt. Matz) 2 Schiffe mit 7451 BRT, ferner 1 Schiff mit 8009 BRT torpediert. Ferner torpediert *U 32* am 1. 9. aus dem für den Angriff gegen Dakar vorgesehenen Verband den Kreuzer *Fiji. U 56* (Oblt. z. S. Harms) greift am 8. 9. einen Schweren Kreuzer an: Torpedoversager.

20. 8. 1940 **allgemeine Lage**

Erster Operationsentwurf »Felix« für eine Eroberung von Gibraltar ausgearbeitet.
Italien erklärt das Mittelmeer und die afrikanische Küste zum Operationsgebiet.

21.—31. 8. 1940 **Rotes Meer**

Die ital. U-Boote *Guglielmotti* (21.—25.), *Ferraris* (25.—31.), die T-Boote *Nullo* und *Sauro* (24./25.), *Manin* und *Battisti* (30./31.) und die Zerstörer *Tigre* und *Pantera* (28./29.) suchen vergeblich nach griech. Schiffen, die durch Agenten und Luftaufklärung im Roten Meer gemeldet sind.

22. 8. 1940 **Mittelmeer**

3 *Swordfish*-Torpedoflugzeuge der 824. Squ. des Trägers *Eagle* versenken in der Bomba-Bucht bei Tobruk das ital. U-Boot *Iride* und das Depotschiff *Monte Gargano* (1976 BRT), während die *Iride* zum ersten Einsatz von Kleinkampfmitteln (maiali = Torpedoreiter) gegen Alexandria vorbereitet wird.

22.—25. 8. 1940 **Nordsee/Kanal**

Die 9. Fliegerdivision wirft Luftminen vor Dundee, Newcastle, Middlesborough, Hartlepool, Dover, Portland, Poole, in Scapa, der Themsemündung, den Downs sowie im Seegebiet der Insel Wight.

23. 8. 1940 **Nordsee**

He 115-Torpedoflugzeuge der K. Fl. Gr. 506 aus Stavanger greifen im Moray Firth den brit. Konvoi OA. 203 an und versenken die Frachter *Makalla* (6677 BRT) und *Llanishen* (5053 BRT). Das Motorschiff *Beacon Grange* (10 119 BRT) wird schwer beschädigt.

26. 8. 1940 **Nordsee**
4 *He 115* der K. Fl. Gr. 506 greifen von Stavanger aus den brit. Konvoi HX. 65a vor Kinnaird Head an und versenken den Frachter *Remuera* (11 445 BRT) durch Torpedotreffer. 8 *Ju 88* der gleichen Gruppe beschädigen außerdem den Frachter *Cape York* (5027 BRT) so schwer durch Bombentreffer, daß er am 27. 8. aufgegeben werden muß.

26.—29. 8. 1940 **Nordsee**
Dt. Flugzeuge werfen Luftminen in der Themse- und Humbermündung, in den Downs und vor Harwich.

26. 8.—16. 9. 1940 **Indischer Ozean**
Dt. Hilfskreuzer *Schiff 33 Pinguin* (Kpt. z. S. Krüder) versenkt und kapert im Indischen Ozean 5 alliierte Handelsschiffe mit 27 508 BRT.

27. 8. 1940 **allgemeine Lage**
Hitler entscheidet sich in der zwischen dem OKH und dem OKM strittigen »Basisfrage« für das Unternehmen »Seelöwe« für die »Kleine Lösung«, d. h. die Durchführung der Landung in einer Frontbreite von etwa 140 km an der englischen Südostküste (Folkestone bis Eastburne).

27. 8. 1940 **Nordatlantik**
Das Coastal Command der RAF errichtet eine vorgeschobene Luftbasis auf Island. Ausrüstung der ersten dort stationierten Staffeln mit veralteten Flugzeugen vom Typ Fairey *Battle*.

27. 8.—6. 10. 1940 **Nordatlantik**
Eine zweite Welle ital. U-Boote wird in 2 Gruppen aus dem Mittelmeer nach Bordeaux verlegt. Die erste Gruppe mit *Emo*, *Faa' di Bruno*, *Giuliani*, *Tarantini*, *Torelli* und *Baracca* operiert im Gebiet zwischen Portugal, den Azoren und Madeira, die zweite mit *Bagnolini* und *Marconi* vor Nordwestspanien. Es versenken: *Emo* (KKpt. Liannazza) 1 Schiff mit 5199 BRT, *Baracca* (KKpt. Bertarelli) 1 Schiff mit 3687 BRT, *Marconi* (KKpt. Chialamberto) 1 Fischdampfer mit 330 BRT, *Bagnolini* (KKpt. Tosoni-Pittoni) 1 Schiff mit 3302 BRT, *Faa' di Bruno* fährt 3 erfolglose Angriffe.

29. 8.—6. 9. 1940 **Mittelmeer**
Überführung eines brit. Flottenverbandes mit dem Schlachtschiff *Valiant*, dem Flugzeugträger *Illustrious* und den Flakkreuzern *Calcutta* und *Coventry* durch das Mittelmeer nach Alexandrien. Im Westmittelmeer übernimmt die Force H mit dem Schlachtkreuzer *Renown*, dem Träger *Ark Royal*, dem Leichten Kreuzer *Sheffield* und 12 Zerstörern die Deckung des Verbandes. Am 31. 8. greifen 9 *Swordfish*-Flugzeuge der *Ark Royal* vor dem Abdrehen der Force H Port Elmas auf Sardinien an. Aufnahme des Verbandes südlich Sizilien durch die Mittelmeerflotte mit den Schlachtschiffen *Warspite* und *Malaya*, dem Träger *Eagle*, den Kreuzern *Kent*, *Orion*, *Sydney*, *Gloucester* und *Liverpool* und 13 Zerstörern, die gleichzeitig einen Versorgungskonvoi für Malta mit 3 Frachtern und 4 Zerstörern gesichert haben. Durch Angriffe der ital. Luftwaffe werden am 31. 8. der poln. Zerstörer *Garland* und der Dampfer *Cornwall* beschädigt. Die mit 5 Schlachtschiffen, darunter die neuen *Littorio* und *Vittorio Veneto*, 13 Kreuzern und 39 Zerstörern aus Tarent und Messina ausgelaufene ital. Flotte kann die brit. Verbände infolge unzulänglicher Luftaufklärung nicht fassen und kehrt vorzeitig um. Weder die südlich Kreta aufgestellten ital. U-Boote *Sirena* und *Corallo* noch die vor Malta operierenden *Capponi*, *Durbo* und

Berillo sichten brit. Schiffe. Auf dem Rückmarsch greifen *Swordfish*-Flugzeuge der brit. Träger *Illustrious* und *Eagle* den ital. Flugplatz Rhodos an (4 Flugzeuge durch ital. Jäger abgeschossen), der austral. Kreuzer *Sydney* beschießt am 4. 9. gleichzeitig Scarpanto. Ein Angriff des brit. U-Bootes *Parthian* gegen einen ital. Kreuzerverband schlägt fehl.

30. 8. 1940 **allgemeine Lage**

Vichy-Frankreich muß Japan die militärische Besetzung von Häfen, Flugplätzen und Eisenbahnen in Nord-Indochina gestatten.

30. 8. 1940 **allgemeine Lage**

Das OKM meldet, daß die Vorbereitungen der Marine für »Seelöwe« bis zum 15. 9. nicht abgeschlossen werden können. Frühester Termin 20. 9.

30. 8.—9. 9. 1940 **Nordatlantik**

Erste erfolgreiche Gruppenoperation mit U-Booten gegen den Konvoi SC. 2 (53 Schiffe). Am 30. 8. entziffert der B-Dienst die Kursanweisung und den Geleitaufnahmepunkt für den 6. 9. Am 2. 9. werden *U 124, U 65, U 47* und *U 101* für den 6. 9. entsprechend angesetzt, doch muß *U 124* am 4. 9. zu Wettermeldungen für »Seelöwe« weit nach Westen gehen. Kurz nach Aufnahme des SC. 2 durch die Escort Group — Sloops *Lowestoft* (Cdr. Knapp) *Scarborough,* Zerstörer *Skeena, Westcott,* Korvette *Periwinkle,* A/S-Trawler *Apollo, Berkshire* — sichtet *U 65* (Kptlt. v. Stockhausen) den Konvoi, wird aber von *Skeena* und *Periwinkle* abgedrängt. Gegen Mitternacht 6./7. 9. kommt *U 65* wieder heran und führt *U 47* (Kptlt. Prien) heran, der nacheinander 3 Schiffe versenkt. Flugboote drängen die U-Boote am 7. 9. ab, erst am späten Abend des 8. 9. kommen *U 65* und *U 47* wieder heran, das einen 4. Dampfer versenkt. Gegen Morgen am 9. 9. greifen gleichzeitig die herangeführten *U 99* (Kptlt. Kretschmer) und *U 28* (Kptlt. Kuhnke) an, der ein 5. Schiff versenkt. Bei Helligkeit wird *U 99* vor dem Nordkanal abgedrängt. Die Überwassernachtangriffe der U-Boote können von den nur auf ihre optische Sicht und Asdic-Ortung angewiesenen Escorts nicht verhindert werden. Gesamterfolg: 5 Schiffe mit 20 943 BRT.

31. 8. 1940 **Kanal**

Bisheriges Ergebnis der Luftschlacht über England: eingesetzte dt. Flugzeuge: 4779, abgeworfene Sprengbomben 4447 t, Brandbomben 191 t. Dt. Verluste: 252 Jäger und 215 Bomber. Brit. Verluste: 359 Flugzeuge.

31. 8. 1940 **Nordsee**

Im Seegebiet nordwestlich Texel gerät die 20. brit. Zerstörerflottille in ein dt. Minenfeld und verliert die Zerstörer *Esk* und *Ivanhoe, Express* wird schwer beschädigt.

31. 8.—2. 9. 1940 **Kanal**

Der F. d. M. Kpt. z. S. Bentlage wirft mit den Minenschiffen *Tannenberg, Roland* und *Cobra* in der südwestlichen Nordsee die offensive Minensperre »SW 3«. Sicherung durch die 5. Z-Fl. (FKpt. F. Berger) mit den Zerstörern *Erich Steinbrinck, Paul Jacobi* und *Karl Galster,* der 2. T-Fl. (KKpt. Riede) mit *T 8, T 5, T 6* und *T 7* sowie der 5. T-Fl. (KKpt. Henne) mit *Falke, Iltis, Jaguar* und *Greif.*

★

1. 9. 1940 **Biskaya**

Bildung des ital. U-Boot-Kommandos BETASOM (KAdm. Parona) in Bordeaux. Operativ dem dt. B. d. U. (VAdm. Dönitz) unterstellt.

1.—24. 9. 1940 **Biskaya**

Die zur »Bay patrol« eingesetzten brit. U-Boote in der Biskaya werden durch auf dem Marsch ins Mittelmeer befindliche U-Boote zeitweise verstärkt. Vor Brest versenkt *Tigris* (LCdr. Bone) am 1. 9. einen franz. Fischdampfer mit 168 BRT, *Truant* (LCdr. Haggard) stellt am 2. 9. in der Biskaya die von dem dt. Hilfskreuzer *Orion* aufgebrachte Prise *Tropic Sea* (5781 BRT), die von der Prisenbesatzung selbst versenkt wird. Am 22. 9. versenkt *Tuna* (LCdr. Cavenagh-Mainwaring) die von dem Hilfskreuzer *Atlantis* aufgebrachte Prise *Tirranna* (7230 BRT) und zwei Tage später das Katapultschiff *Ostmark* (1281 BRT).

2. 9. 1940 **allgemeine Lage**

»Destroyer-Naval-Base-Deal« zwischen England und den USA unterzeichnet: Die USA stellen England 50 alte Zerstörer gegen Überlassung von Stützpunkten auf den Bahamas, auf Jamaica, Santa Lucia, Trinidad, den Bermudas, in Britisch-Guyana und in Argentia auf Neufundland zur Verfügung.

2. 9. 1940 **Nordsee**

Die dt. 9. Flieger-Division wirft Minen in der Themsemündung, in Scapa, im Moray-Firth und vor Aberdeen, Middlesborough und Newcastle.

3. 9. 1940 **allgemeine Lage**

Hitler nimmt als Termin für den Beginn der Landung in England (»Seelöwe«) den 21. 9. in Aussicht.

4. 9. 1940 **Mittelmeer**

Ein brit. Flottenverband (Leichter Kreuzer *Orion*, *Sydney* und Zerstörer) beschießt die ital. Flugplätze Maritza, Scarpanto und Calato (Dodekanes). Bei einem Angriffsversuch wird das ital. Schnellboot *MAS 537* durch den Zerstörer *Ilex* versenkt.

4. 9. 1940 **Kanal**

Bei einem Angriff der 1. S-Fl. (Kptlt. Birnbacher) auf einen brit. Konvoi nordöstlich von Great Yarmouth versenken *S 21* (Oblt. z. S. Klug) die Frachter *Corbrook* (1729 BRT) und *New Lambton* (2709 BRT), *S 18* (Oblt. z. S. Christiansen) die Frachter *Joseph Swan* (1571 BRT) und *Nieuwland* (1075 BRT), *S 22* (Oblt. z. S. Grund) den Frachter *Fulham V* (1562 BRT). *S 54* torpediert einen weiteren Dampfer von 1350 BRT.

5.—6. 9. 1940 **Mittelmeer**

Die ital. T-Boote *Altair*, *Alcione*, *Ariel* und *Aretusa* unter FKpt. Del Cima legen nordost- und südostwärts Malta die offensiven Sperren M 1 und M 2 mit 112 Minen.

5.—6. 9. 1940 **Kanal**

Dt. Minenschiffe, gesichert durch die 2. T-Flottille (KKpt. Riede) mit *T 5*, *T 6*, *T 7* und *T 8* führen in der Doverstraße das Minenunternehmen »Walter« durch.

5.—7. 9. 1940 **Rotes Meer**

Gegen einen von der Luftaufklärung erfaßten Konvoi von Aden nach Suez werden in der Nacht vom 5./6. 9. die ital. T-Boote *Manin*, *Battisti* und *Sauro*, in der Nacht vom 6./7. 9. die Zerstörer *Tigre*, *Leone* und die T-Boote *Battisti* und *Sauro* angesetzt, finden das Ziel aber nicht. Die nördlich davon aufgestellten U-Boote *Guglielmotti* und *Ferraris* sichten den Konvoi nicht, *Guglielmotti* (KKpt. Tucci) versenkt den einzeln fahrenden griech. Tanker *Atlas* (4008 BRT).

6. 9. 1940 **allgemeine Lage**

Erster »Invasions-Alarm« in England.

Amerika übergibt die ersten 8 der alten Zerstörer an die Royal Navy.

6.—7. 9. 1940 **Kanal**

Offensive Minenunternehmen »SW O« der 5. T-Flottille (KKpt. Henne) mit *Greif, Kondor, Falke, Iltis* und *Jaguar* und der 1. T-Flottille (KKpt. von Rennenkampff) mit *T 1, T 2* und *T 3*.

6.—8. 9. 1940 **Norwegen**

Erfolgloser Vorstoß des brit. Flugzeugträgers *Furious* gegen Schiffsziele vor der mittelnorwegischen Küste.

6.—9. 9. 1940 **Mittelmeer**

Die ital. Flotte läuft mit 5 Schlachtschiffen, 6 Kreuzern und 19 Zerstörern aus, um die Force H aus Gibraltar südlich Sardinien abzufangen. Der Verband kehrt um, als bekannt wird, daß die Force H Gibraltar mit Westkurs passiert hat.

7. 9. 1940 **Nordsee**

Beim Angriff der dt. Schnellboote *S 33* und *S 36* auf den brit. Konvoi FS. 273 versenkt *S 33* (Oblt. z. S. Popp) östlich Lowestoft den niederl. Frachter *Stad Almaer* (5750).

7.—8. 9. 1940 **Kanal**

Brit. Flugzeuge greifen dt. Landungsfahrzeuge in den Kanalhäfen an.

8.—9. 9. 1940 **Kanal**

Offensive Minenunternehmung »Hannelore« in der Doverstraße durch die 2. T-Flottille (KKpt. Riede) mit *T 5, T 6, T 7* und *T 8*.

8.—23. 9. 1940 **Nordsee**

In der Nordsee operieren die alliierten U-Boote *Rubis* (franz.) auf der Doggerbank, die niederl. *O 23* vor dem Skagerrak, *O 22* vor Südwestnorwegen.

9. 9. 1940 **allgemeine Lage**

Die US-Navy vergibt Bauaufträge für 210 Kriegsschiffe, darunter 7 Schlachtschiffe und 12 Flugzeugträger.

9.—22. 9. 1940 **Nordatlantik**

Nach der SC. 2 Operation besetzt *U 47* die Wetter-Position. *U 28, U 65, U 99* bleiben westlich Hebriden und vor dem Nordkanal, wo auch die neu ausgelaufenen *U 48, U 61, U 59, U 58, U 100* und *U 138* aufgestellt werden. Sie operieren einzeln gegen Einzelfahrer und Konvois. Dabei greifen *U 28* (Kptlt. Kuhnke) am 11. 9. den OA. 210, *U 48* am 15. 9. den SC. 3, und *U 138* am 20./21. 9. den OB. 216 mit Erfolg an. — Am 20. 9. sichtet das Wetterboot *U 47* (Kptlt. Prien) den Konvoi HX. 72 (41 Schiffe) kurz nach Abdrehen des Ocean Escort-Hilfskreuzers *Jervis Bay*. Mit nur noch 1 Torpedo hält *U 47* Fühlung für die angesetzten *U 29, U 65, U 48, U 46* und *U 43* trotz Ausweichversuch. Vor der Aufnahme durch die Escort Group kommt *U 99* (Kptlt. Kretschmer) am Abend heran und torpediert nacheinander 3 Schiffe, von denen eines sinkt und zwei am 21. mit Fangschüssen und Artillerie unter Beteiligung von *U 47* versenkt werden. Am 21. 9. morgens torpediert *U 48* (Kptlt. Bleichrodt) 1 Schiff. Von der kurz

darauf eintreffenden Escort Group — Sloop *Lowestoft* (Cdr. Knapp), Korvetten *La Malouine, Calendula, Heartsease* — wird der einzige Zerstörer *Shikari* den torpedierten Schiffen zur Unterstützung geschickt. Am Abend des 21. 9. kommt *U 100* (Kptlt. Schepke) an den Konvoi heran und versenkt in mehreren Anläufen während 4 Stunden 7 Schiffe, ohne von den 4 anwesenden Escorts bemerkt zu werden. Morgens treffen die Zerstörer *Scimitar* und *Skate* bei den Schiffen des zersprengten Konvois ein und drängen zusammen mit *Lowestoft U 32* (Oblt. z. S. Jenisch) ab, das einen Dampfer des Konvois mit Artillerie angreift. Gesamterfolg am HX. 72: 12 Schiffe mit 77 863 BRT.
Insgesamt versenken die erstgenannten U-Boote einschließlich der Einzelangriffe: *U 47* (Kptlt. Prien) 5 Schiffe mit 27 544 BRT, ferner mit *U 99* 1 Schiff mit 5156 BRT, *U 99* (Kptlt. Kretschmer) 6 Schiffe mit 20 063 BRT, *U 48* (Kptlt. Bleichrodt) 7 Schiffe mit 35 138 BRT und die Sloop *Dundee* aus dem SC. 3, ferner 1 Schiff mit 5136 BRT beschädigt, *U 65* (Kptlt. v. Stockhausen) 2 Schiffe mit 10 192 BRT, *U 138* (Oblt. z. S. Lüth) 4 Schiffe mit 34 644 BRT, *U 100* (Kptlt. Schepke) 7 Schiffe mit 50 340 BRT.

9.—22. 9. 1940 **Mittelatlantik**
Expedition eines franz. Flottenverbandes unter KAdm. Bourragué mit den Leichten Kreuzern *Georges Leygues, Montcalm, Gloire* und den Torpedokreuzern *Le Fantasque, Le Malin* und *L'Audacieux* zur Wiederherstellung der Autorität der Vichy-Regierung in der zu de Gaulle abgefallenen Kolonie Gabon. Das Geschwader verläßt Toulon am 9. 9., passiert Gibraltar am 11. 9. und läuft auf dem Marsch nach Dakar am 12./13. 9. Casablanca zur Ölergänzung an. Das brit. Gibraltargeschwader erhält den Befehl, die franz. Schiffe aufzuhalten, zu spät. Am 18. 9. laufen die drei Kreuzer aus Dakar aus, nachdem der ältere Leichte Kreuzer *Primauguet* mit dem Tanker *Tarn* als Treibstoffbasis nach Libreville vorausgeschickt worden ist. Letztere werden jedoch von den brit. Kreuzern *Cornwall* und *Delhi* abgefangen und nach Casablanca geleitet. Der zweite franz. Verband wird von den Schweren Kreuzern *Cumberland* und *Australia* beschattet. Als die *Gloire* wegen Maschinenschadens zurückbleiben muß, geleiten die Engländer auch dieses Schiff nach Casablanca. Daraufhin wird das Unternehmen gegen Gabon abgebrochen und den beiden restlichen franz. Kreuzern der Befehl zur Rückkehr nach Dakar gegeben.

10.—20. 9. 1940 **Mittelmeer**
Das ital. Expeditionskorps für einen Feldzug gegen Griechenland wird ohne Verluste von Brindisi nach Albanien überführt: 40 310 Mann, 7728 Pferde, 701 Fahrzeuge und 33 535 t Material.

13. 9. 1940 **Nordsee**
Die Royal Navy verlegt den Schlachtkreuzer *Hood,* die Schlachtschiffe *Rodney* und *Nelson,* 2 Kreuzer und 8 Zerstörer von Scapa Flow nach Rosyth, um bei einem deutschen Invasionsversuch im Kanal auftreten zu können.

14. 9. 1940 **Nordsee**
Die 9. Flieger-Div. verseucht die Themsemündung durch Luftminen. Die Verminung wird am 15., 17., 18., 23. und 30. 9. fortgesetzt.

14.—15. 9. 1940 **Kanal**
Angriffe der RAF gegen Schiffsziele in den Häfen der belg.-franz. Küste zwischen Boulogne und Antwerpen führen zu empfindlichen Schäden bei der für »Seelöwe« bereitgestellten Transportflotte.

15.—16. 9. 1940 **Kanal**

Offensive Minenunternehmung »Bernhard« der 2. T-Flottille mit *T 5, T 6, T 7* und *T 8* in der Doverstraße.

15.—19. 9. 1940 **Mittelmeer**

Brit. Angriff gegen Bengasi. Am 15. 9. laufen von Alexandria das Schlachtschiff *Valiant*, der Träger *Illustrious* (KAdm. Lyster), der Kreuzer *Kent* und 7 Zerstörer aus. Am 16. 9. vereinigen sie sich westlich Kreta mit dem 3. Kreuzer-Geschwader mit den Flakkreuzern *Calcutta* und *Coventry* und laufen zum Startpunkt für die Flugzeuge der *Illustrious*, die in der Nacht zum 17. 9. den Hafen von Bengasi verminen und Schiffe mit Torpedos angreifen. Durch Mine geht der Zerstörer *Aquilone*, durch Torpedos der Zerstörer *Borea* (später gehoben) und die Frachter *Gloria Stella* (5490 BRT) und *Maria Eugenia* (4702 BRT) verloren. Auf dem Rückmarsch wird der Kreuzer *Kent* mit 2 Zerstörern zur Beschießung von Bardia detachiert, bei einem Angriff ital. Torpedoflugzeuge erhält er einen schweren Torpedotreffer im Achterschiff und wird unter großen Schwierigkeiten am 19. 9. von den Zerstörern nach Alexandria eingeschleppt. Ein Angriff des ital. U-Bootes *Corallo* (KKpt. Albanese) gegen die *Illustrious* und *Valiant* schlägt fehl, von den vor Tobruk aufgestellten U-Booten *Uarsciek, Ondina* und *Settimo* verfehlt letzteres 2 Zerstörer.

16. 9. 1940 **allgemeine Lage**

In den Sondierungen bezüglich einer Beteiligung Spaniens am Kriege und bei der Eroberung von Gibraltar wird anläßlich eines Besuches des span. Außenministers Serrano Suñer in Berlin kein Fortschritt erzielt.

17. 9. 1940 **allgemeine Lage**

Hitler verschiebt das Unternehmen »Seelöwe« bis auf weiteres. Die Vorbereitungen für eine Landung in England sollen jedoch fortgesetzt bzw. aufrechterhalten werden.

17. 9. 1940 **Indischer Ozean**

Der Hilfskreuzer *Schiff 16* (Kpt. z. S. Rogge) versenkt im Indischen Ozean den franz., in brit. Diensten fahrenden Passagierdampfer *Commissaire Ramel* (10061 BRT).

17.—18. 9. 1940 **Luftkrieg England**

Bei einem Luftangriff auf Glasgow wird der brit. Schwere Kreuzer *Sussex* schwer beschädigt.

17.—25. 9. 1940 **Mittelmeer**

Im Gebiet nördlich und nordwestlich Kreta operieren die ital. U-Boote *Beilul, Delfino, Squalo* und *Narvalo.*

18. 9. 1940 **Nordafrika**

Die am 13. 9. in Nordafrika begonnene ital. Offensive (10. Armee) kommt nach Überschreitung der ägyptisch-libyschen Grenze und Eroberung von Sidi Barrani (16. 9.) durch Nachschubschwierigkeiten zum Stehen.

19.—21. 9. 1940 **Rotes Meer**

Die ital. Zerstörer *Pantera, Leone* und die T-Boote *Manin* und *Battisti* sowie die U-Boote *Archimede* und *Guglielmotti* suchen vergeblich einen von der Luftaufklärung gemeldeten Konvoi von 23 Schiffen.

21. 9. 1940 **Kanal**

Durch brit. Luftangriffe auf die Kanalhäfen bisher 51 Prähme, 9 Dampfer und 1 Schlepper vernichtet. Insgesamt für »Seelöwe« zwischen Le Havre und Antwerpen zusammengezogen: 155 Transporter (etwa 700 000 BRT), 1277 Prähme und Leichter, 471 Schlepper und 1161 Motorboote.

22. 9. 1940 **allgemeine Lage**

Japanische Truppen besetzen auf Grund eines Abkommens mit der Vichy-Regierung Stützpunkte in Nord-Indochina.

22.—28. 9. 1940 **Mittelmeer**

Bei brit. U-Boot-Operationen im Mittelmeer greift *Osiris* (LCdr. Harvey) vor Durazzo (Albanien) einen ital. Konvoi an und versenkt das sichernde T-Boot *Palestro*. Die neu ins Mittelmeer verlegten U-Boote *Regent, Truant* und *Triton* melden Erfolge: *Truant* (LCdr. Haggard) versenkt vor Ischia 1 Schiff mit 8459 BRT, *Triton* (LCdr. Watkins) versenkt vor Genua 1 Schiff mit 1434 BRT und beschießt Anlagen in Vado und Savona. Vor Bengasi versenkt *Pandora* (LCdr. Linton) 1 Schiff mit 813 BRT und wird von dem sichernden T-Boot *Cosenz* schwer mit Wasserbomben eingedeckt.

22. 9.—16. 10. 1940 **Nordatlantik**

Im Nordatlantik zwischen Nordkanal und Rockall-Bank treffen nacheinander die U-Boote *U 29, U 43, U 31, U 32, U 46, U 37, U 38, U 137, U 103* und *U 123* ein. Die Boote operieren in wechselnden Aufstellungen gegen Einzelfahrer und Konvois. Ein Versuch, am 9. 10. mit einem Aufklärungsstreifen aus *U 123, U 103, U 37, U 38* und *U 48* westlich Rockall einen Konvoi zu fassen, mißlingt. Es kommt nur zu Einzelangriffen, bei denen die Boote insgesamt folgende Erfolge erzielen (*U 123, U 38* einschließlich der Erfolge am SC. 7 und HX. 79!): *U 29* (Kptlt. Schuhart) 1 Schiff mit 6223 BRT, *U 31* (Kptlt. Prellberg) 2 Schiffe mit 4400 BRT, *U 32* (Oblt. z. S. Jenisch) 8 Schiffe mit 42 645 BRT, ferner 1 Schiff mit 7886 BRT beschädigt, *U 37* (Kptlt. Oehrn) 5 Schiffe mit 23 237 BRT, *U 38* (Kptlt. Liebe) 4 Schiffe mit 30 345 BRT, ferner 1 Schiff mit 3670 BRT beschädigt, *U 43* (Kptlt. Ambrosius) 1 Schiff mit 5802 BRT, *U 46* (Oblt. z. S. Endraß) 1 Schiff mit 3058 BRT, *U 103* (KKpt. Schütze) 5 Schiffe mit 20 279 BRT, ferner 1 Schiff mit 3697 BRT mit *U 123, U 123* (Kptlt. Moehle) 4 Schiffe mit 14 589 BRT, ferner 1 Schiff mit 3697 BRT mit *U 103*, 1 Schiff mit 5458 BRT mit *U 101* und *U 100*, 1 Schiff mit 3106 BRT mit *U 99, U 137* (Oblt. z. S. Wohlfarth) 3 Schiffe mit 12 103 BRT, ferner 1 Schiff mit 4917 BRT beschädigt. Die Fahrten von *U 60* (Oblt. z. S. Schnee) vor dem Pentland Firth und *U 61* (Kptlt. Stiebler) vor den North Minches blieben ohne Erfolg.

23.—25. 9. 1940 **Mittelatlantik**

Operation »Menace«. Brit. Seestreitkräfte greifen Dakar an, um eine Landung gaullistischer Truppen vorzubereiten. Der brit. Verband (VAdm. J. H. D. Cunningham) besteht aus den Schlachtschiffen *Barham* und *Resolution*, dem Flugzeugträger *Ark Royal*, den Schweren Kreuzern *Australia* (RAN), *Cumberland* und *Devonshire*, 6 Zerstörern und den gaullistischen Avisos *Savorgnan de Brazza, Commandant Duboc, Commandant Dominé* sowie 4 Frachtern, 1 Tanker und den Truppentransportern *Pennland* (16 381 BRT) und *Westernland* (16 479 BRT). Auf ihnen sind rund 2400 Fremdenlegionäre eingeschifft. 4000 brit. Soldaten sollen nur im Notfall zur Unterstützung an Land gesetzt werden. Versuche de Gaulles, die in Dakar stationierten franz. Seestreitkräfte (KAdm. Landriau) durch einen Parlamentär und Rundfunkbotschaften zum Übertritt zu

bewegen, werden vom Gouverneur Boisson zurückgewiesen, worauf die franz. Küstenbatterien das Feuer auf die Landungsflotte eröffnen. Dabei werden der Kreuzer *Cumberland* und die Zerstörer *Foresight* und *Inglefield* getroffen. Das franz. U-Boot *Persée* geht bei einem Überwasserangriff auf einen Kreuzer verloren, der Torpedokreuzer *L'Audacieux* erhält schwere Treffer durch den Kreuzer *Australia* und wird brennend auf Strand gesetzt (80 Tote). Ein Landungsversuch der Truppen de Gaulles in der Rufisque-Bucht wird abgeschlagen.
24. 9.: Das franz. U-Boot *Ajax* wird bei einem Angriffsversuch durch den Zerstörer *Fortune* vernichtet. Danach beschießen *Barham, Resolution, Australia* und *Devonshire* Küstenbatterien und im Hafen liegende franz. Schiffe. (Schlachtschiff *Richelieu*, Leichte Kreuzer *Georges Leygues* und *Montcalm* und Torpedokreuzer *Le Fantasque, Le Malin* und *Le Hardi.*) Die franz. Abwehr erzielt 4 Treffer auf *Resolution*, Angriffe der Trägerflugzeuge von *Ark Royal* bleiben bei 6 Verlusten ergebnislos.
25. 9.: Erneute Beschießung des Hafens durch die brit. Schlachtschiffe. *Richelieu* erzielt einen 38-cm-Treffer auf *Barham*, das U-Boot *Béveziers* (Kptlt. Lancelot) torpediert die *Resolution*, worauf Churchill den Abbruch des Unternehmens befiehlt. Die franz. Wehrmacht verliert 100 Tote und 182 Verwundete, die Zivilbevölkerung 84 Tote und 197 Verletzte.

23. 9.—6. 10. 1940 **Norwegen**

Von den vor Norwegen operierenden niederl. U-Booten *O 24* und *O 21* verfehlt letzteres vor Bergen knapp das dt. *U 61*.

23. 9.—5. 11. 1940 **Mittel- und Nordatlantik**

Verlegung einer dritten Welle ital. U-Boote in den Atlantik. Die erste Gruppe mit *Da Vinci, Otaria, Glauco, Veniero, Nani* und *Cappellini* operiert im Gebiet der Azoren und von Madeira, die zweite mit *Calvi, Tazzoli* und *Argo* vor der span.-portug. Küste. Es versenken: *Nani* (KKpt. Polizzi) den U-Jagd-Trawler *Kingston Sapphire* in der Gibraltar-Straße und 1 Schiff mit zusammen 1939 BRT, *Cappellini* (KKpt. Todaro) 1 Schiff mit 5186 BRT, *Tazzoli* (KKpt. Raccanelli) 1 Schiff mit 5135 BRT.

24.—27. 9. 1940 **Nordsee**

Bei Operationen im Raum vor Terschelling greift das brit. U-Boot *H 49* (Lt. Coltart) 2 dt. Konvois an und versenkt 1 Schiff mit 2186 BRT.

24.—30. 9. 1940 **Nordatlantik**

Schwerer Kreuzer *Admiral Hipper* (Kpt. z. S. Meisel) läuft aus Kiel aus, um Handelskrieg im Atlantik zu führen. Am 27. 9. treten westlich Stavanger schwere Maschinenschäden auf, die zum Rückmarsch zwingen. Am 30. 9. erreicht der Kreuzer Kiel.

25. 9. 1940 **Mittelmeer**

Wirkungsloser Angriff franz. Flugzeuge auf Gibraltar.

26. 9. 1940 **Pazifik**

Der kanad. Hilfskreuzer *Prince Robert* bringt vor Manzanillo (Peru) das dt. Motorschiff *Weser* (9179 BRT) auf.

27. 9. 1940 **allgemeine Lage**

Abschluß des Dreimächtepaktes Deutschland-Italien-Japan in Berlin. Zweck: ein Eingreifen der USA in den Krieg durch die Drohung mit dem Zweifrontenkrieg im Atlantik und im Pazifik zu verhindern. Die Beziehungen der drei Mächte zur UdSSR sollen unberührt bleiben.

28.—29. 9. 1940 **Kanal**

Offensive Minenunternehmung des F. d. Z. (Kpt. z. S. Bey) mit den Zerstörern *Hans Lody, Karl Galster, Paul Jacobi, Erich Steinbrinck* und *Friedrich Ihn* gegen die Falmouth-Bay. Deckungsgruppe: *Friedrich Eckoldt* und *Theodor Riedel*. Erfolge: 5 Schiffe mit 2026 BRT.

28. 9.—3. 10. 1940 **Mittelmeer**

Die mit Truppen beladenen brit. Leichten Kreuzer *Liverpool* und *Manchester* laufen, gesichert durch Einheiten der Mittelmeerflotte (Schlachtschiffe *Warspite, Valiant*, Flugzeugträger *Illustrious*, 7. Kreuzergeschwader und Zerstörer) nach Malta aus. Ital. Luftaufklärung erfaßt den Verband, worauf die ital. Flotte mit 5 Schlachtschiffen, 7 Schweren Kreuzern, 4 Leichten Kreuzern und 23 Zerstörern in See geht. Als brit. Aufklärer die Flotte sichten, bricht Admiral Cunningham die Unternehmung ab. Lediglich ital. Kampfflugzeuge (28 Savoia *S 79)* kommen zum Angriff, erzielen jedoch keine Treffer.
Die südlich Kreta aufgestellten ital. U-Boote *Serpente* und *Ambra* und die vor der Cyrenaika-Küste stehenden *Mameli, Tembien, Colonna* und *Berillo* kommen an die brit. Verbände nicht heran, letzteres wird am 2. 10. durch die brit. Zerstörer *Havock* und *Hasty* versenkt. Das zu einem Angriff mit »Maiali-Torpedoreitern« gegen Alexandria ausgelaufene U-Boot *Gondar* war bereits am 30. 9. westlich seines Zieles durch den austral. Zerstörer *Stuart* und ein »Sunderland«-Flugboot der RAF-Sq. 230 versenkt worden.

29. 9. 1940 **Mittelmeer**

Das zu einem Angriff mit »maiali-Torpedoreitern« gegen Gibraltar ausgelaufene ital. U-Boot *Sciré* (KKpt. Borghese) wird zurückgerufen, da die Force H in den Atlantik (Dakar-Unternehmung) ausgelaufen ist.

29. 9. 1940 **Mittelatlantik**

Dt. Hilfskreuzer *Schiff 10* versenkt im Mittelatlantik die norweg. Walkocherei *Kosmos* (17 801 BRT).

30. 9.—1. 10. 1940 Kanal

Offensive Minenunternehmung »Werner« der 5. T-Flottille (KKpt. Henne) mit *Greif, Kondor, Falke* und *Seeadler* vor Dover.

★

1. 10. 1940 **allgemeine Lage**

Abschluß eines dt.-finn. Abkommens über dt. Waffenlieferungen an Finnland. Dafür räumt Finnland Deutschland das Vorkaufsrecht für alle Erzkonzessionen ein (Nickelgruben bei Petsamo).

1.—8. 10. 1940 **Mittelmeer**

Einsatz der ital. U-Boote *Gemma, Ametista* und *Tricheco* in den Südostzugängen der Ägäis. Am 6. 10. versenkt *Tricheco* irrtümlich die *Gemma*.
In der Ägäis operiert *Zaffiro*.

1.—30. 10. 1940 **Nordsee/Kanal/Irische See**

Die 9. Flieger-Div. wirft in zahlreichen Einsätzen vor brit. Häfen und Flußmündungen insgesamt 715 Luftminen, davon allein in der Themsemündung 317, in der Humbermündung 81, in der Teesmündung 46, vor Liverpool 40 und im Firth of Forth 39. Die übrigen Minen werden u. a. vor Hartlepool, Cardiff, Sunderland, Plymouth und Swansea geworfen.

4.—9. 10. 1940 **Mittelmeer**

Im Golf von Genua versenkt das brit. U-Boot *Triton* (LCdr. Watkins) 1 Schiff mit 1860 BRT, vor Durazzo *Regent* (LCdr. Browne) 2 Schiffe mit 6088 BRT.

5.—16. 10. 1940 **Nordatlantik**

Bei Operationen gegen Einzelfahrer und Konvois im und dicht vor dem Nordkanal versenken die Typ II-U-Boote: *U 58* (Oblt. z. S. Schonder) 1 Schiff mit 4956 BRT, *U 59* (Kptlt. Matz) 2 Schiffe mit 12 706 BRT, *U 138* (Oblt. z. S. Lüth) 1 Schiff mit 5327 BRT, ferner 2 Schiffe mit 11 555 BRT torpediert, *U 137* (Oblt. z. S. Wohlfarth) torpediert den Hilfskreuzer *Cheshire* (10 552 BRT).

7.—10. 10. 1940 **Mittelmeer**

Die ital. 14. Zerstörer-Flottille (Kpt. z. S. Galati) mit *Vivaldi, Da Noli* und *Tarigo* (*Malocello* wegen Maschinenschaden ausgefallen) legt in der Nacht vom 7./8. 10. ostwärts Cap Bon die Sperre 4 AN mit 176 Minen, in der Nacht vom 9./10. 10. südlich Malta die Sperre M 3 mit 174 Minen. Auf der ersten Sperre sinkt am 22. 12. der brit. Zerstörer *Hyperion*, auf der zweiten am 11. 10. der brit. Zerstörer *Imperial.*

7.—19. 10. 1940 **Norwegen**

Vor Norwegen operieren die niederl. U-Boote *O 22, O 23*, das franz. *Rubis.* Von den brit. U-Booten sind weiterhin vor Norwegen *Snapper, Seawolf, Sunfish, Triumph, Tetrarch* und *Cachalot* eingesetzt.

8. 10. 1940 **Biskaya**

In der Biskaya verfehlt das brit. U-Boot *Trident* das dt. *U 31* mit einem Torpedo und führt ein Artilleriegefecht mit dem dt. Boot.

8.—9. 10. 1940 **Kanal**

Die 5. T-Flottille (KKpt. Henne) stößt mit *Greif, Seeadler, Kondor, Falke, Wolf* und *Jaguar* ins Seegebiet der Isle of Wight vor.

8.—14. 10. 1940 **Mittelmeer**

Brit. Versorgungskonvoi mit 4 Dampfern, gesichert von den Flakkreuzern *Calcutta* und *Coventry* und 4 Zerstörern von Alexandrien nach Malta. Deckung durch Mittelmeerflotte (Adm. Cunningham) mit Schlachtschiffen *Warspite, Valiant, Malaya, Ramillies*, Träger *Illustrious, Eagle*, Kreuzer *York, Gloucester, Liverpool* (3. Krz. G.), *Ajax, Orion, Sydney* (7. Krz. G.) und 16 Zerstörer. In Gewitterstürmen Malta unbemerkt erreicht. Auf die Sichtmeldung eines ital. Zivilflugzeuges über rückmarschierenden Verband versucht Supermarina im Ionischen Meer einen Hinterhalt zu legen. Die 1. T-Boot-Flottille (KKpt. Banfi) mit *Airone, Alcione* und *Ariel* greift in der Nacht zum 12. 10. überraschend, aber erfolglos den Kreuzer *Ajax* (Capt. McCarthy) an. Im Abwehrfeuer sinken *Airone* und *Ariel, Alcione* rettet die Besatzung der sinkenden *Airone* und entkommt. Die auf dem Kampfplatz eintreffende 11. Zerstörer-Flottille (Kpt. z. S. Margottini) mit *Artigliere, Aviere, Camicia Nera* und *Geniere* werden im Anlauf ebenfalls vom Abwehrfeuer der *Ajax* erfaßt, *Artigliere* erhält schwere, *Aviere* leichte Treffer. *Camicia Nera* nimmt *Artigliere* in Schlepp, wird am 13. 10. morgens von einem *Sunderland*-Flugboot erfaßt, das 3 *Swordfish* der *Illustrious* heranführt, die jedoch nicht treffen. Bei Annäherung des brit. Kreuzers *York* (Capt. Portal) wirft *Camicia Nera* los, *Artigliere* wird nach Aussteigen der Besatzung versenkt. Die zur Unterstützung von Messina ausgelaufene 3. Kreuzerdivision mit *Trieste, Trento* und *Bolzano* und 3 Zerstörern der 14. Fl. kommt zu spät. Von dem Lazarettschiff *Aquileja* werden 225 Überlebende geborgen. Auf dem Rückmarsch greifen *Swordfish*-Bomber der brit. Träger *Illustrious* und *Eagle* Leros an (13./14. 10.) und am 14. 10. abends wird der Kreuzer *Liverpool* durch ein ital. Flugzeug mit einem Torpedo am Vorschiff getroffen.

9. 10. 1940 **Nordatlantik**

Das ital. U-Boot *Malaspina* (KKpt. Leoni) läuft als erstes von Bordeaux in den Nordatlantik aus. Im Laufe des Oktober folgen außerdem *Dandolo, Otaria, Barbarigo, Finzi, Baracca, Bagnolini, Marconi* und *Faa di Bruno*. Ende Oktober/Anfang November stehen mehr ital. als dt. U-Boote im Operationsgebiet.

9. 10. 1940 **Mittelatlantik**

General de Gaulle geht von dem Minensuchboot *Commandant Duboc* in Duala (Kamerun) an Land und hißt erstmalig die freifranzösische Flagge auf franz. Gebiet.

9.—20. 10. 1940 **Nordatlantik**

Während *U 124* und *U 47* weit im Westen Wetterpositionen besetzen, operieren *U 48, U 101, U 93, U 100, U 46, U 99, U 28* zusammen mit den bereits länger in See stehenden *U 123* und *U 38* in wechselnden Aufstellungen im Gebiet um die Rockall Bank und vor dem Nordkanal. Am 11./12. 10. versenkt *U 48* aus dem HX. 75 3 Schiffe. Am 15. 10. versenkt *U 93* aus dem OB. 227 1 Schiff und gewinnt am 16. 10. Fühlung an dem OB. 228, aus dem *U 138* am Vortage 2 Schiffe torpediert hat. Es verfolgt den Konvoi, der eine weite Ausweichbewegung nach Norden macht, bis zum 20. 10. und versenkt am 17. 10. 2 Schiffe, die anderen Boote stehen aber zu weit ab. Am 17. 10. sichtet *U 48* den Konvoi SC. 7 mit 30 Schiffen (4 Nachzügler) kurz nach der Aufnahme durch die Sloops *Scarborough* und *Fowey* und die Korvette *Bluebell*, versenkt 2 Schiffe, wird dann aber durch Flugboote abgedrängt, *Scarborough* bleibt zurück. Auf die Meldung von *U 48* bildet der B. d. U. einen Vorpostenstreifen mit *U 101, U 46, U 123, U 99, U 100*. In der Nacht zum 18. 10. greift *U 38* den Konvoi zweimal an und torpediert 1 Schiff, wird aber von der mit der Sloop *Leith* hinzugestoßenen Korvette *Heartsease* abgedrängt. Am Abend läuft der Konvoi in den Vorpostenstreifen ein. Die beim Konvoi befindlichen Escorts *Leith* (Cdr. Allen), *Fowey* und *Bluebell* sind mit ihren Asdics gegen die in der Nacht in schneller Folge teils mehrfach angreifenden *U 101, U 46, U 99*, das im Konvoi fahrend schießt, *U 123* und *U 100* machtlos, 16 Schiffe werden versenkt, 1 weiteres Schiff torpediert, der Konvoi völlig zersprengt. Es versenken: *U 101* 3 Schiffe, 2 Schiffe torpediert, *U 46* 2 Schiffe, *U 99* 6 Schiffe, 1 Schiff torpediert, *U 100* versenkt 1 Nachzügler und torpediert 2 Havaristen von *U 101* erneut, *U 123* versenkt 2 Schiffe und je einen Havaristen von *U 101/U 100* und *U 99*. *U 101, U 99* und *U 123* müssen verschossen einlaufen, *U 100, U 46*, das nicht mehr herangekommene *U 28* und die weiter nördlich stehenden *U 48* und *U 38* laufen am 19. 10. dem weit westlich von *U 47* erfaßten Konvoi HX. 79 entgegen, dessen Ocean Escort, die Hilfskreuzer *Montclare* und *Alaunia* vorher abgedreht hatten, dessen Escort Group erst am Vormittag des 19. nach Entlassung des westgehenden OB. 229 herangekommen war. Trotz ihrer ungewöhnlichen Stärke, Zerstörer *Whitehall* (LCdr. Russell), *Sturdy*, Minensucher *Jason*, Korvetten *Hibiscus, Heliotrope, Coreopsis, Arabis*, A/S-Trawler *Lady Elsa, Blackfly, Angle*, U-Boot *O-21*, hält *U 47* Fühlung und führt die anderen Boote an den aus 49 Schiffen bestehenden HX. 79 heran. In der Nacht zum 20. 10. greifen die Boote nacheinander teils mehrfach an, *U 38* versenkt 2 Schiffe, *U 47* teils im

Konvoi mitlaufend, versenkt 3 Schiffe und torpediert 3 weitere Schiffe, *U 48* versenkt 1 Havaristen von *U 47*, *U 46* versenkt 2 Schiffe und 1 von *U 47* getroffenes Schiff, *U 100* versenkt 3 Schiffe, nur *U 28* kommt vor Hellwerden nicht mehr heran. Die beteiligten Boote sind verschossen und müssen einlaufen. Im Westen greift inzwischen *U 124* den OB. 229 an und versenkt 2 Schiffe, kann aber das ital. Boot *Malaspina* nicht mehr an den Konvoi heranbringen. Insgesamt versenken die U-Boote bei diesen Operationen einschließlich einiger versprengter Schiffe und Einzelfahrer: *U 48* (Kptlt. Bleichrodt) 6 Schiffe mit 37 083 BRT, ferner 1 Schiff von 6023 BRT mit *U 47*, *U 101* (Kptlt. Frauenheim) 3 Schiffe mit 10 645 BRT, ferner 1 Schiff von 5458 BRT mit *U 100*, *U 123* versenkt, 1 Schiff mit 4155 BRT mit *U 100* torpediert, *U 93* (Kptlt. Korth) 3 Schiffe mit 13 214 BRT, *U 124* (Kptlt. Schulz) 5 Schiffe mit 20 061 BRT, *U 46* (Oblt. z. S. Endraß) 4 Schiffe mit 20 426 BRT, ferner 1 Schiff von 4947 BRT mit *U 47*, *U 99* (Kptlt. Kretschmer) 6 Schiffe mit 28 066 BRT, ferner 1 Schiff von 3106 BRT mit *U 123*, *U 100* (Kptlt. Schepke) 4 Schiffe mit 24 715 BRT, ferner 1 Schiff von 5458 BRT mit *U 101 und U 123* versenkt, 1 Schiff von 4155 BRT mit *U 101* torpediert, *U 47* (Kptlt. Prien) 3 Schiffe mit 17 067 BRT, ferner 1 Schiff von 6023 BRT mit *U 48*, 1 Schiff von 4947 BRT mit *U 46* versenkt und 1 Tanker von 8995 BRT torpediert. Aus dem SC. 7 werden insgesamt einschließlich der 4 Nachzügler 21 Schiffe mit 79 592 BRT versenkt und 2 weitere Schiffe torpediert, aus dem HX. 79 12 Schiffe mit 75 069 BRT versenkt und 1 Tanker torpediert.

11. 10. 1940 **Luftkrieg**
Bei einem schweren Luftangriff auf Liverpool werden im Hafen 4 Schiffe mit 34 744 BRT schwer beschädigt.

11.—12. 10. 1940 **Kanal**
Zweiter Vorstoß der 5. T-Flottille (KKpt. Henne) mit *Greif*, *Kondor*, *Falke*, *Seeadler* und *Wolf* ins Seegebiet vor der Isle of Wight. Bei Gefechten mit leichten Streitkräften werden die freifranz. U-Jäger *Ch 6* und *Ch 7* versenkt.

11.—26. 10. 1940 **Mittelatlantik**
Von Toulon geht das vichy-franz. U-Boot *Vengeur* nach Oran (11.—13. 10.) und marschiert von dort zusammen mit den U-Booten *Monge*, *Pegase* und *L'Espoir* nach Casablanca (16.—18. 10.) und weiter nach Dakar (23.—26. 10.).

12.—20. 10. 1940 **Mittelmeer**
Ostwärts Gibraltar operieren 2 ital. U-Boote und fallen der brit. U-Jagd zum Opfer: *Durbo* wird am 18. 10. durch die Zerstörer *Firedrake* und *Wrestler* mit Unterstützung durch 2 *London*-Flugboote der RAF-Sq. 202 versenkt, *Lafolè* am 20. 10. durch die Zerstörer *Gallant*, *Hotspur* und *Griffin*.

13.—14. 10. 1940 **Mittelmeer**
Bei Minenunternehmungen der ital. U-Boote *Foca* (KKpt. Giliberto) am 13. 10. vor Haifa und *Zoea* (KKpt. Bernabò) am 14. 10. vor Jaffa geht ersteres aus ungeklärter Ursache verloren.

15. 10. 1940 **allgemeine Lage**
Im ital. Kriegsrat in Rom wird der Angriffsplan gegen Griechenland festgelegt.

15. 10. 1940 **allgemeine Lage**
Finnland verpflichtet sich gegenüber der Sowjetunion vertraglich, die Aalandinseln nicht zu befestigen.

15.—18. 10. 1940 **Nordsee/Kanal**

Bei Operationen brit. U-Boote im Kanal greift *L 27* am 15. 10. einen Konvoi an. Am 18. 10. wird *H 49* bei Terschelling durch die dt. U-Jäger *UJ 116* und *UJ 118* unter Kptlt. Kaden versenkt.

15.—21. 10. 1940 **Mittelmeer**

Zwischen Kreta und Alexandria wird eine ital. U-Boot-Gruppe mit *Bandiera, Santarosa, Speri, Ascianghi, Topazio* und *Anfitrite* aufgestellt, hat aber keinen Erfolg. Das wegen einer Panne zurückmarschierende, tauchunklare U-Boot *Toti* (KKpt. Bandini) trifft am 15. 10. vor Calabrien auf das brit. U-Boot *Rainbow,* das im Artilleriegefecht versenkt wird.

16. 10. 1940 **Luftkrieg/England**

Die 9. Fliegerdivision (GenLt. Coeler), die seit dem Frühjahr des Jahres Luftmineneinsätze gegen brit. Häfen geflogen hat, wird zum IX. Fliegerkorps umgewandelt, ohne daß damit jedoch eine Verstärkung der fliegenden Verbände verbunden ist.

16./17. 10. 1940 **Luftkrieg/Deutschland**

Brit. Bomber greifen Bremen, Cuxhaven, Hamburg und Kiel bei Nacht an.

17. 10. 1940 **allgemeine Lage**

Vizeadmiral Tovey löst Admiral Forbes als Commander-in-Chief Home Fleet ab.

17./18. 10. 1940 **Nordsee**

Beim Vorstoß dt. Schnellboote gegen die brit. Südostküste versenkt *S 18* (Oblt. z. S. Christiansen) den brit. Frachter *Hauxley* (1595 BRT), *S 24* und *S 27* torpedieren 2 Frachter mit zusammen 6726 BRT.

17.—18. 10. 1940 **Kanal**

Vorstoß des F. d. Z. (Bey) mit den Zerstörern *Hans Lody, Karl Galster, Friedrich Ihn* und *Erich Steinbrinck* gegen den Westausgang des Bristol-Kanals. Gefecht mit brit. Kreuzern und Zerstörern. *Steinbrinck* meldet einen bisher ungeklärten Torpedotreffer auf einem Kreuzer. Die 5. T-Flottille ist mit *Greif, Seeadler, Kondor, Falke, Wolf* und *Jaguar* als Unterstützungsgruppe eingesetzt.

18. 10.—1. 11. 1940 **Norwegen**

Vor Holmengrund/Norwegen operiert das niederl. U-Boot *O 24.*

20.—21. 10. 1940 **Rotes Meer**

Vergeblicher Versuch der ital. Zerstörer *Pantera, Leone, Sauro* und *Nullo,* im Roten Meer den brit. Konvoi B.N. 7 (32 Schiffe, gesichert durch den Kreuzer *Leander,* Zerstörer *Kimberley,* Sloops *Auckland, Yarra, Indus* und Minensucher *Derby* und *Huntley)* anzugreifen. Die Angreifer werden von der Sicherung abgedrängt, *Nullo* (KKpt. Borsini) muß sich nach Gefecht bei Massaua auf Strand setzen. Dabei wird der Zerstörer *Kimberley* durch Küstenartillerie getroffen und muß nach Port Sudan eingeschleppt werden. *Nullo* wird am 21. 10. durch 3 *Blenheim*-Bomber der 45. Squadron vernichtet.
Die weiter nördlich aufgestellten ital. U-Boote *Guglielmotti und Ferraris* kommen nicht heran.

20. 10.—5. 11. 1940 **Nordatlantik**

Nach den großen Konvoi-Operationen bleiben zunächst nur *U 124* und *U 28* im Operationsgebiet und einige Tage später stoßen die neu ausgelaufenen *U 29,*

U 31 und *U 32* hinzu. Am 26. 10. torpediert *U 28* (Kptlt. Kuhnke) den Frachter *Matina*, 5389 BRT, dessen Wrack am 29. 10. durch *U 31* (Kptlt. Prellberg) versenkt wird. Am 26. 10. erzielt eine *FW 200* (Oblt. Jope) der 2./K. G. 40 rund 110 km nordwestlich der Donegal-Bucht (Irland) einen Bombentreffer auf dem brit. Passagierdampfer *Empress of Britain* (42 348 BRT), der in Brand gerät, jedoch von Sicherungsfahrzeugen in Schlepp genommen wird. Von den angesetzten U-Booten *U 28, U 31* und *U 32* (Oblt. z. S. Jenisch) kommt letzteres am 28. 10. heran und versenkt das von 2 Zerstörern gesicherte Schiff mit 2 Torpedos. Beim Angriff auf einen Konvoi am 30. 10. wird *U 32* durch die brit. Zerstörer *Highlander* und *Harvester* versenkt. *U 31* wird am 2. 11. ebenfalls bei einem Angriff auf einen Konvoi durch den Zerstörer *Antelope* mit Flugzeugunterstützung versenkt. Das kurz darauf im Operationsgebiet eingetroffene *U 99* (Kptlt. Kretschmer) trifft nach der Versenkung eines Dampfers am 3. 11. westlich Irland auf die beiden brit. Hilfskreuzer *Laurentic* (18 724 BRT) und *Patroclus* (11 314 BRT). Die zunächst von 1 Torpedo und 1/2 Stunde später von 1 Fangschuß getroffene *Laurentic* bleibt liegen und wird, nachdem die *Patroclus* getroffen und mit 3 Fangschüssen zum Wrack geschossen war, am Morgen mit 1 Fangschuß versenkt. Die *Patroclus* sinkt erst nach 2 weiteren Treffern. Mit einem Gesamterfolg von 4 Schiffen mit 42 407 BRT kehrt *U 99* zurück.
Die erste im Nordatlantik westlich der dt. U-Boote eingesetzte Gruppe ital. Boote mit *Malaspina, Dandolo, Otaria* und *Barbarigo* sichtet zwar einige Schiffe und Konvois, kommt aber nicht zu Erfolgen.

21. 10. 1940 **Mittelmeer**

Bildung des ital. Kommandos »Maritrafalba« (Kpt. z. S. Polacchini) in Brindisi zur Durchführung und Sicherung der Truppen- und Nachschubtransporte nach Albanien. Unterstellt werden die Zerstörer *Mirabello, Riboty*, die T-Boote *Calatafimi, Castelfidardo, Curtatone, Monzambano, Confienza, Solferino, Prestinari, Cantore, Fabrizi, Medici* und *Stocco*, die Geleitschiffe *Ramb III, Capit. Cecchi, Lago Tana, Lago Zuai* und die 13. MAS-Flottille mit 4 Booten. Als Kampfverband wird ferner die 12. T-Boot-Flottille mit *Antares, Altair, Andromeda* und *Aretusa* zugeteilt.

23. 10. 1940 **allgemeine Lage**

Treffen Hitlers mit General Franco in Hendaye an der franz.-span. Grenze. Die Besprechungen über den Kriegseintritt Spaniens und die Eroberung von Gibraltar führen zu keinem Ergebnis.

23. 10. 1940 **Atlantik**

Schwerer Kreuzer *Admiral Scheer* (Kpt. z. S. Krancke) läuft aus Gotenhafen zu Handelskriegsunternehmen im Atlantik aus. Am 27. 10. erhält der Kreuzer in Brunsbüttel den Auslaufbefehl und erreicht am 28. 10. Stavanger. Am 31. 10. bis 1. 11. geht das Schiff ungesehen durch die Dänemarkstraße.

24. 10.—30. 11. 1940 **Atlantik**

Der dt. Frachter *Helgoland* bricht aus dem kolumbianischen Hafen Puerto Colombia aus, entgeht der Verfolgung der US-Zerstörer *Bainbridge, Overton* und *Sturtevant*, passiert am 3. 11. bei St. Thomas die Antillen-Kette und erreicht St. Nazaire.

25. 10.—2. 12. 1940 **Mittel- und Nordatlantik**

Verlegung der vierten Gruppe ital. U-Boote nach Bordeaux. *Morosini* und *Marcello* operieren zunächst ohne Erfolg zwischen Vigo und Azoren. *Bianchi* und *Brin* müssen am 4. 11. Tanger anlaufen, nachdem *Bianchi* durch ein *London*-Flugboot der RAF-Sq. 202 gebombt und durch den Zerstörer *Greyhound* mit Wasserbomben belegt und beschädigt worden war.

27.—30. 10. 1940 **Gibraltar**

Nach 3 wegen der Abwehr abgebrochenen Versuchen setzt das ital. U-Boot *Scirè* (KKpt. Borghese) 3 »Maiali«-Torpedoreiter vor Gibraltar aus, die jedoch ihre Ziele nicht erreichen können.

28. 10. 1940 **Mittelmeer**

Ital. Truppen überschreiten die griech.-alban. Grenze und fallen in Griechenland ein.

28. 10.—6. 11. 1940 **Mittelmeer**

In den Südostzugängen der Ägäis operieren die ital. U-Boote *Zaffiro, Narvalo* und *Corridoni* (nach einer Transportfahrt von Tarent nach Rhodos und Leros). In der Ägäis kreuzen *Jantina* und *Delfino. Atropo* (KKpt. Manca) muß am 29. 10. eine Minenoperation vor Zante während des Legens abbrechen, *Bragadino* (KKpt. Vannutelli) legt 24 Minen vor Navarino am 30. 10.

29./30. 10. 1940 **Kanal**

Offensive Minenunternehmung »Alfred« der Torpedoboote *Jaguar* und *Iltis* vor Dover.

29. 10.—2. 11. 1940 **Mittelmeer**

Vorstoß der brit. Mittelmeerflotte (Adm. Cunningham) mit 4 Schlachtschiffen, 2 Trägern, 4 Kreuzern und Zerstörern ins Ionische Meer zur Deckung von Konvois nach Griechenland. Keine Gegenwirkung. Die südlich Kreta vom 28. 10. bis 5. 11. operierenden ital. U-Boote *Menotti, Settembrini, Dessiè* und *Tricheco* bekommen keine Fühlung.

31. 10. 1940 **Mittelmeer**

Brit. Heeres- und Luftwaffenverbände landen auf Kreta.

★

1.—20. 11. 1940 **Norwegen**

Von den vor Norwegen operierenden alliierten U-Booten setzt das franz. *Rubis* (KKpt. Cabanier) im Korsfjord Agenten ab. Das brit. *Sturgeon* (Lt. Gregory) greift am 3. und 6. 11. vor Obrestad 2 dt. Konvois an und versenkt 2 Schiffe mit 2631 BRT. Es wird durch das niederl. U-Boot *O 23* abgelöst. *O 22* wird am 8. 11. vor Südwestnorwegen durch die dt. U-Jäger *UJ 177* und *UJ 1104* mit Wasserbomben versenkt.

2.—12. 11. 1940 **Biskaya**

In der Biskaya torpediert das brit. U-Boot *Taku* (LCdr. Van der Byl) den Tanker *Gedania* (8923 BRT). Das die *Usk* vor Brest ablösende U-Boot *Swordfish* geht vermutlich um den 10. 11. verloren (Mine?) *Tigris* (LCdr. Bone) versenkt 1 Fischdampfer mit 301 BRT.

3. 11. 1940 **Nordsee**

Eine *FW 200* der I./K. G. 40 beschädigt westlich Irland das brit. Fahrgastschiff *Windsor Castle* (19 141 BRT) durch Bombentreffer schwer.

4. 11. 1940 **Mittelmeer**

Das brit. U-Boot *Tetrarch* (LCdr. Mills) torpediert aus einem Konvoi vor Bengasi 1 Schiff mit 2532 BRT. Vor dem Golf von Tarent wird das brit. U-Boot *Triad* durch ital. T-Boot *La Farina* versenkt.

5. 11. 1940 **Nordatlantik**

Der Schwere Kreuzer *Admiral Scheer* (Kpt. z. S. Krancke) greift im Nordatlantik den von Halifax nach England gehenden Konvoi HX. 84 an und versenkt daraus 6 Schiffe mit 38720 BRT, darunter 1 Einzelfahrer. Der zur Sicherung des Konvois eingesetzte 14164 BRT große brit. Hilfskreuzer *Jervis Bay* (Capt Fegen †) geht im ungleichen Kampf mit *Admiral Scheer* verloren, ermöglicht aber durch sein Ausharren dem Gros des Konvois zu entkommen. Unter den entkommenden Schiffen befinden sich 3 beschädigte Schiffe mit 27853 BRT. Dieser Angriff auf HX. 84 bewirkt den Rückruf von 2 Halifax—England-Konvois und 1 Bermuda—Halifax-Konvoi. Erst mit HX. 89, der am 17. 11. ausläuft, wird der normale Verkehr wieder aufgenommen.

6.—7. 11. 1940 **Nordsee**

Vorstoß der 1. und 2. Torpedobootflottille (KKpt. von Rennenkampff bzw. KKpt. Riede) gegen die schottische Ostküste mit *T 1, T 4, T 6, T 7, T 8, T 9* und *T 10*. Dabei geht *T 6* (Kptlt. Wolfram) durch Minentreffer verloren, worauf das Unternehmen abgebrochen wird.

6.—14. 11. 1940 **Mittelmeer**

Brit. Flottenoperation im Mittelmeer mit Trägerangriff auf Tarent. Am 7. 11. läuft von Gibraltar Force H mit Träger *Ark Royal,* Kreuzer *Sheffield* und 5 Zerstörern aus, um Force F (Verstärkung für Mittelmeerflotte, Operation »Coat«) bis südlich Sardinien zu begleiten. Force F mit Schlachtschiff *Barham,* Kreuzern *Berwick* und *Glasgow* und 4 Zerstörern. Aufstellung einer ital. U-Boot-Gruppe mit *Alagi, Axum, Aradam, Medusa, Diaspro* südwestlich Sardinien am 9. 11. kann beide Verbände nicht mehr erfassen. Aus Alexandria sind inzwischen am 6. 11. ausgelaufen: Ein Konvoi für Malta mit 4 Dampfern, den Flakkreuzern *Calcutta, Coventry* und 4 Zerstörern; die Mittelmeerflotte (Adm. Cunningham) mit den Schlachtschiffen *Warspite, Valiant, Malaya, Ramillies,* dem Träger (KAdm. Lyster) *Illustrious,* den Kreuzern *Gloucester* und *York* sowie dem 7. C. S. (VAdm. Pridham-Wippell) mit *Orion, Sydney, Ajax* und insgesamt 13 Zerstörern; ein Konvoi für die Suda-Bucht. Am 9. 11. erfaßt die ital. Luftaufklärung Teile der brit. Verbände, die 14. Zerstörer-Flottille wird in die Sizilien-Straße, die U-Boote *Mameli, Corallo, Bandiera, Topazio* und *Capponi* ins Gebiet ostwärts Malta entsandt, wo letzteres (KKpt. Romei) in der Nacht zum 10. 11. vergeblich die zur Beölung mit Zerstörern und dem Konvoi nach Malta gehende *Ramillies* angreift. Am 11. 11. nachts verfehlt *Topazio* (KKpt. Berengan) den zurückmarschierenden Konvoi.

Nach Aufnahme der von Westen kommenden Einheiten am 10. 11. laufen die Verbände der Mittelmeerflotte zunächst nach Osten, die ital. Luftfühlunghalter haben durch die *Fulmar*-Jäger der *Illustrious* Verluste. Am 11. 11. dreht die *Illustrious* (Capt. Boyd) mit den Kreuzern *Gloucester, Berwick, Glasgow, York* und 4 Zerstörern zum Angriff auf Tarent, die Kreuzer *Orion, Sydney, Ajax* mit den Zerstörern *Nubian* und *Mohawk* zu einem Raid in die Otranto-Straße nach Norden.

Operation »Judgment«: Ein aus den Trägerstaffeln 813, 815, 819 und 824 zusammengestellter Verband von 10 Torpedo- und 4 Bombenflugzeugen greift in der

Nacht vom 11./12. 11. von der *Illustrious* aus die im Hafen von Tarent liegende ital. Flotte an. In 2 Wellen unter LCdr. Williamson und LCdr. Hale erzielen die *Swordfish*-Flugzeuge auf dem modernen Schlachtschiff *Littorio* 3, auf den älteren *Caio Duilio* und *Conte di Cavour* je 1 Torpedotreffer. *Cavour* sinkt auf Grund, wird später zwar gehoben, jedoch nicht wieder in Dienst gestellt. Der Schwere Kreuzer *Trento* und der Zerstörer *Libeccio* werden durch Bombentreffer (Blindgänger) leicht beschädigt. 2 der angreifenden Flugzeuge werden durch die Flak abgeschossen.
In der Nacht fassen die Kreuzer unter VAdm. Pridham-Wippell in der Otranto-Straße einen von Valona nach Brindisi laufenden Konvoi mit 4 Dampfern, gesichert von dem Hilfskreuzer *Ramb III* und dem alten T-Boot *Fabrizi*, die entkommen, während die Dampfer *Antonio Locatelli* (5691 BRT), *Capo Vado* (4391 BRT), *Catalani* (2429 BRT) und *Premuda* (4427 BRT) versenkt werden.
Die brit. Flotte kehrt ohne weitere Ausfälle nach Alexandria zurück.

7. u. 8. 11. 1940 **Pazifik**

Auf den vom 29. 10.—2. 11. in der Bass-Straße (Australien) durch das Hilfsminenschiff *Passat* (Kptlt. [S] Warning) geworfenen Minensperren sinken der brit. Frachter *Cambridge* (10 846 BRT) und ein 5883 BRT großer amerik. Frachter.

8.—30. 11. 1940 **Nordatlantik**

Im Gebiet westlich des Nordkanals operieren *U 137, U 138, U 93, U 100, U 103, U 123* und *U 104,* weiter westlich als Wetterboote *U 29* und *U 47* sowie die ital. U-Boote *Baracca, Finzi* und *Marconi. Faa' di Bruno* muß bereits beim Ausmarsch Anfang November 1940 aus unbekannter Ursache gesunken sein. Am 8. 11. wird *Marconi* (KKpt. Chialamberto) beim Versuch, an dem von einer *FW 200* des K. G. 40 angegriffenen HX. 84 Fühlung zu halten, durch den brit. Zerstörer *Havelock* mit Wasserbomben belegt, kann aber am folgenden Tage den von einer *FW 200* des I./K. G. 40 in Brand geworfenen schwed. Frachter *Vingaland* (2734 BRT) mit Fangschuß versenken. Am 16./17. 11. versenkt *U 137* aus einem auslaufenden Konvoi 3 Schiffe, auf seine Meldung kommen am 18./19. 11. kurz *U 100* und *U 47* an den Konvoi, haben aber keinen Erfolg. Eines der beiden Boote wird von einem *Sunderland*-Flugboot der RAF mit einem ASV-I Radar-Gerät geortet. Erste Radar-Ortung eines U-Bootes von einem Flugzeug. *U 93, U 103, Finzi* und *Marconi* stehen zu weit ab. Am 20. 11. sichtet *U 103* den OB. 244 und versenkt daraus 2 Schiffe, wird aber durch eine Wasserbombenverfolgung der brit. Korvette *Rhododendron* abgedrängt. Am 23. 11. gewinnt *U 123* an dem sich auflösenden Konvoi Fühlung und versenkt 5 Schiffe. Aus dem einlaufenden SC. 11 versenkt *U 100* in der Nacht vom 22./23. 11. 7 Schiffe, *U 93* kommt nicht heran, ebensowenig können *U 29, U 43* und *Finzi* den OB. 244 noch erreichen. Insgesamt versenken *U 137* (Oblt. z. S. Wohlfarth) 4 Schiffe mit 13 341 BRT, *U 100* (Kptlt. Schepke) 7 Schiffe mit 24 601 BRT, *U 103* (KKpt. Schütze) 7 Schiffe mit 38 465 BRT, *U 123* (Kptlt. Moehle) 6 Schiffe mit 27 895 BRT, *U 104* (Kptlt. Jürst) 1 Schiff mit 8240 BRT, ferner 1 Schiff mit 10 516 BRT torpediert, *Baracca* (KKpt. Bertarelli) 1 Schiff mit 4866 BRT, *Marconi* (KKpt. Chialamberto) 1 durch I./K. G. 40 gebombten Havaristen mit 2734 BRT, *U 104* muß nach dem 27. 10. aus unbekannter Ursache gesunken sein.

9. 11. 1940 **Nordsee/Nordatlantik**

Dt. Flugzeuge werfen Minen in der Themse- und Humbermündung und vor Liverpool. Eine *FW 200* der I./K. G. 40 beschädigt im Nordatlantik den brit. Fahrgastdampfer *Empress of Japan* (26 032 BRT).

10. 11. 1940—2. 1. 1941 **Mittelatlantik**

Das am 15. 10. ausgelaufene *U 65* (KKpt. v. Stockhausen) operiert nach einer Versorgung aus dem Troßschiff *Nordmark* vom 15.—19. 11. vor Freetown und versenkt 4 Schiffe. Nach erneuter Versorgung am 29. 11. versenkt das U-Boot bis zum 2. 1. 4 weitere Schiffe und torpediert 1 Tanker, Gesamterfolg 8 Schiffe mit 47 785 BRT, 1 mit 8532 BRT torpediert.

12. 11. 1940 **Nordsee**

He 115 der 3./K. Fl. Gr. 906 torpedieren vor Middlesborough aus einem brit. Konvoi 3 Frachter mit 6604 BRT.

14.—16. 11. 1940 **Mittelmeer**

Die brit. Kreuzer *Berwick, York, Glasgow* und *Sydney* transportieren 3400 Mann von Alexandria nach Piräus.

14.—22. 11. 1940 **Mittelmeer**

Im Anschluß an den brit. Raid vom 11./12. 11. operieren die ital. U-Boote *Millelire* und *Jalea* in der Otranto-Straße zur Deckung eigener Konvois. Kreuzer und Zerstörer werden nach Brindisi in Bereitschaft gelegt.

15.—19. 11. 1940 **Mittelmeer**

Operation »White«: Brit. Force H (VAdm. Somerville) mit Schlachtkreuzer *Renown*, Träger *Ark Royal*, Kreuzern *Birmingham, Delhi* und 8 Zerstörern geleitet den Träger *Argus* ins Gebiet südwestlich Sardinien, wo 12 *Huricane*-Jäger und 2 *Skua*-Bomber zum Flug nach Malta gestartet werden, von denen jedoch nur 4 bzw. 1 Malta erreichen. Der Ansatz der ital. U-Boote *Aradam, Alagi* und *Diaspro* kann die Force H nicht erfassen.

16./17. 11. 1940 **Luftkrieg Deutschland**

127 brit. Bomber greifen Hamburg an.

16.—18. 11. 1940 **Westatlantik**

Die dt. Frachter *Phrygia, Idarwald* und *Rhein* versuchen von Tampico (Mexiko) nach Westfrankreich durchzubrechen. Sofort von US-Zerstörern begleitet, versenkt sich die *Phrygia* — in der Annahme vom Gegner gestellt zu sein — selbst, die beiden anderen Schiffe kehren nach vergeblichen Versuchen, die Verfolger abzuschütteln, wieder um.

16.—29. 11. 1940 **Norwegen**

Niederl. U-Boot *O 24* operiert vor Egersund.

18.—28. 11. 1940 **Indischer Ozean**

Dt. Hilfskreuzer *Schiff 33* versenkt im Indischen Ozean 4 alliierte Frachter mit 35 083 BRT, darunter das brit. Kühlschiff *Maimoa* (10 123 BRT).

20.—30. 11. 1940 **Mittelmeer**

Im östlichen Mittelmeer operieren die ital. U-Boote *Onice* nordwestlich Alexandrien (nur bis 24. 11.), in der Kaso-Straße *Narvalo* und in der nördlichen Ägäis *Delfino*. *Atropo* führt eine Versorgungs-Unternehmung von Tarent nach Leros durch.

22.—28. 11. 1940 **Rotes Meer**

Die ital. U-Boote *Archimede* und *Ferraris* suchen vergeblich nach einem gemeldeten brit. Konvoi.

23./24. 11. 1940 **Luftkrieg/England**
Schwerer dt. Luftangriff auf Southampton. Im Hafen wird u. a. der Passagierdampfer *Llandovery Castle* (10640 BRT) schwer beschädigt.

23.—28. 11. 1940 **Nordsee/Kanal**
Dt. Flugzeuge werfen Minen in der Themse- und Humbermündung, vor Newcastle, Pembroke, Plymouth, Falmouth und Bristol.

23. 11.—1. 12. 1940 **Mittelmeer**
In der Otrantostraße operieren die ital. U-Boote *Sirena* und *Nereide.*

23. 11.—13. 12. 1940 **Nordatlantik**
Im Nordatlantik westlich des Nordkanals operieren die U-Boote *U 47, U 103, U 43* (Wetterboote) *U 52, U 94, U 95, U 101, U 140* und *U 99,* westlich die ital. Boote *Giuliani, Tarantini* und *Argo.* Am 1. 12. torpediert *Argo* (Kptlt. Crepas) den zur Sicherung des Konvois HG. 47 gehörenden kanad. Zerstörer *Saguenay.* Am Nachmittag des 1. 12. sichtet das am weitesten westlich stehende *U 101* den Konvoi HX. 90, dessen Ocean Escort, der Hilfskreuzer *Laconia,* den Konvoi bald darauf verläßt. Vor Eintreffen der Escort Group führt *U 101 U 52* und *U 47* heran, die den Konvoi in der Nacht zum 2. 12. laufend angreifen. *U 101* versenkt in 4 Anläufen 4 Schiffe, *U 47* 1 Schiff, Tanker *Conch* torpediert, *U 52* in 2 Anläufen 1 Schiff versenkt, 2 torpediert. Am 1. 12. abends trifft etwas nördlich *U 99* den mit Westkurs passierenden Hilfskreuzer *Forfar,* dessen Sicherungszerstörer HMCS. *St. Laurent* zum HX. 90 detachiert war, mit 1 Torpedo und versenkt ihn mit 4 Fangschüssen. Ein Angriff von *Argo* schlägt fehl, nach Eintreffen der Escort Group mit der Sloop *Folkestone,* der Korvette *Gentian* und dem Zerstörer *Viscount* wird *Tarantini* mit Wasserbomben belegt, die Fühlung ist morgens abgerissen, angesetzte Luftaufklärung mit 3 Maschinen bleibt erfolglos. Während *U 95* und *U 99* achteraus die havarierte *Conch* mit Fangschüssen versenken, *U 99* einen weiteren Einzelfahrer versenkt, und *U 43* einen nach Norden ausweichenden auslaufenden Konvoi angreift und 2 Schiffe versenkt, findet *U 94* am Nachmittag des 2. 12. den HX. 90 wieder und versenkt in 2 Angriffen 2 Schiffe. Der Konvoi ist zersprengt. Auf Grund einer Bx-Meldung werden *U 43, U 52, U 94, U 99* und *U 103* am 3. 12. auf den Konvoi SC. 13 angesetzt, finden ihn aber nicht, *Argo* versenkt aus ihm 1 Schiff.
Bei der Konvoi-Operation und Einzelangriffen versenken *U 47* (Kptlt. Prien) 1 Schiff mit 7555 BRT, ferner 1 von 8376 BRT mit *U 95* und *U 99. U 43* (Oblt. z. S. Lüth) 3 Schiffe mit 21262 BRT, ferner 1 Schiff mit 10350 BRT torpediert. *U 52* (Kptlt. Salman) 1 Schiff mit 5448 BRT, ferner 2 Schiffe mit 8820 BRT torpediert, *U 94* (Kptlt. Kuppisch) 3 Schiffe mit 13617 BRT, *U 95* (Kptlt. Schreiber) 1 Schiff mit 1860 BRT, ferner 1 von 8376 BRT mit *U 47* und *U 99,* und 1 Schiff mit 1298 BRT torpediert. *U 101* (Kptlt. Mengersen) 5 Schiffe mit 28505 BRT, *U 140* (Oblt. Hinsch) 3 Schiffe mit 13207 BRT, *U 99* (Kptlt. Kretschmer) 3 Schiffe mit 25915 BRT, ferner 1 Schiff von 8376 BRT mit *U 47* und *U 95, Argo* (Kptlt. Crepas) 1 Schiff mit 5066 BRT, ferner Zerstörer *Saguenay* torpediert.
Auf dem Rückmarsch geht in der Biskaya nach der Aufnahme durch das dt. Minensuchgeleit am 15. 12. 1940 *Tarantini* durch den Angriff des brit. U-Bootes *Thunderbolt* (Lt. Crouch) verloren.
Aus dem HX. 90 werden insgesamt 9 Schiffe mit 52817 BRT versenkt.

24.—25. 11. 1940 **Kanal**
Vorstoß des F. d. Z. (Kpt. z. S. Bey) mit den Zerstörern *Karl Galster, Hans Lody* und *Richard Beitzen* ins Seegebiet vor Plymouth. Dabei werden 2 Schiffe mit 2156 BRT versenkt.

Operation »Collar«, Seeschlacht bei Cap Teulada (Sardinien). Von Alexandria läuft am 24. 11. Force D mit Schlachtschiff *Ramillies*, Kreuzern *Newcastle*, *Berwick* zum Marsch nach Gibraltar, Kreuzer *Coventry*, Zerstörer *Defender*, *Greyhound*, *Griffin*, *Gallant*, *Hereward* zur Aufnahme eines von Gibraltar kommenden Konvois südlich Sardinien aus. Begleitet bis südlich Malta von Deckungsgruppe (Force C) mit Schlachtschiffen *Malaya*, *Barham*, Träger *Eagle*, der am 26. 11. Raid gegen Tripolis führt. Am 25. 11. läuft von Alexandrien Mittelmeer-Flotte (Force A) (Adm. Cunningham) mit Schlachtschiffen *Warspite*, *Valiant*, Träger *Illustrious*, 7. Kreuzer Geschw. mit *Orion*, *Ajax*, *Sydney* und Zerstörern aus zur Deckung eines Konvois nach der Suda-Bucht (Kreta). Dabei führt *Illustrious* am 26. 11. Raid gegen Rhodos. Außerdem geht Versorgungskonvoi nach **Malta** mit 3. Kreuzer-Geschw. (Force E) mit *Glasgow*, *Gloucester*, *York* in See. Am 25. 11. wird der zur Passage nach Osten bestimmte Konvoi (Force F) mit den Kreuzern *Manchester* (VAdm. Holland) und *Southampton* (je 700 Mann an Bord), dem Zerstörer *Hotspur*, den Korvetten *Peony*, *Salvia*, *Gloxinia*, *Hyacinth* und den Transportern *Clan Forbes*, *Clan Fraser* und *New Zealand Star* von der Deckungsgruppe (Force B) mit dem Schlachtkreuzer *Renown* (VAdm. Somerville), dem Träger *Ark Royal*, den Kreuzern *Sheffield*, *Despatch* und den Zerstörern *Faulknor*, *Firedrake*, *Forester*, *Fury*, *Encounter*, *Duncan*, *Wishart*, *Kelvin* und *Jaguar* vor Gibraltar aufgenommen.
Auf die Meldung vom Auslaufen der Force B aus Gibraltar und die Sichtung der Force D südlich Malta durch ein ital. Zivilflugzeug am 25. 11. werden südl. Sardinien die ital. U-Boote *Alagi*, *Axum*, *Diaspro*, *Aradam*, vor Malta *Dessiè* und *Tembien* aufgestellt. Am 26. 11. läuft der ital. Flottenchef, GeschwAdm. Campioni, mit den Schlachtschiffen *Vittorio Veneto* und *Giulio Cesare*, der 13. Zerstörer-Flottille mit *Granatiere*, *Fuciliere*, *Bersagliere*, *Alpino*, der 7. Zerstörer-Flottille mit *Freccia*, *Saetta*, *Dardo*, und der Chef des II. Geschwaders, Geschw.-Adm. Iachino, mit der 1. Kreuzer-Div. mit *Pola* (F), *Fiume* (DivAdm. Matteucci), *Gorizia* und der 9. Zerstörer-Flottille mit *Alfieri*, *Oriani*, *Carducci*, *Gioberti* von Neapel und die 3. Kreuzer-Div. (DivAdm. Sansonetti) mit *Trieste*, *Trento*, *Bolzano* und der 12. Zerstörer-Flottille mit *Lanciere*, *Ascari*, *Carabiniere* von Messina aus, um die von Westen kommenden Verbände abzufangen. Von aus Trapani in die Sizilien-Straße entsandten Booten der 10. Torpedo-Flottille *Vega*, *Sagittario*, *Alcione* und *Sirio* feuert letzteres in der Nacht zum 27. 11. unbemerkt Torpedos auf die Force D.
Nachdem am Morgen des 27. 11. Aufklärer der *Ark Royal* Teile der ital. Flotte gesichtet haben, vereinigt sich Adm. Somerville 2 Stunden später mit der von Osten herankommenden Force D, läßt den Konvoi mit den 3 Transportern, den 4 Korvetten, den Zerstörern *Duncan* und *Wishart* sowie dem von der Force D kommenden Kreuzer *Coventry* und ihren Zerstörern nach Südosten marschieren und läuft selbst mit der *Renown* und *Ramillies*, den Kreuzern *Manchester*, *Southampton*, *Sheffield*, *Newcastle* und *Berwick* sowie den Zerstörern der ital. Flotte entgegen. Angriffe der von den Zerstörern *Kelvin* und *Jaguar* gesicherten *Ark Royal* mit Torpedoflugzeugen gegen die *Vittorio Veneto* und *Pola* werden ausmanövriert. In einem etwa 1stündigen Gefecht der Kreuzer und Schlachtschiffe erzielten die Italiener einen Treffer auf der *Berwick*, der ital. Zerstörer *Lanciere* wird mit einem schweren Treffer in Schlepp genommen. Dann bricht Adm. Campioni das Gefecht ab, da er auf Grund unzureichender Luftaufklärung annimmt, überlegenen feindlichen Kräften gegenüberzustehen.
Zwei Angriffsversuche der ital. U-Boote *Tembien* und *Dessiè* in der Nacht vom

27./28. 11. gegen das zur Unterstützung des Konvois in die Sizilienstraße entsandte 3. Kreuzergeschwader bleiben erfolglos.

24. 11.—26. 12. 1940 **Nordatlantik**

Verlegung der beiden letzten ital. U-Boote *Mocenigo* und *Vellela* in den Atlantik. Bei Operationen zwischen der portug. Küste und den Azoren greift *Mocenigo* (KKpt. Agostini) den Konvoi OG. 47 an und versenkt am 21. 12. 1 Schiff mit 1253 BRT. Ein Artillerieangriff gegen ein versprengtes Schiff am 22. bleibt ohne große Wirkung.

25. 11.—18. 12. 1940 **Norwegen**

Bei Operationen vor Norwegen greift das brit. U-Boot *Sunfish* am 25. 11. und 5. 12. Konvois an und versenkt aus dem zweiten den finn. Dampfer *Oscar Midling* (2182 BRT). Das niederl. U-Boot *0 21* operiert in der nördl. Nordsee, das franz. *Rubis* vor Norwegen.

26. 11. 1940 **Pazifik**

Hilfskreuzer *Schiff 45 Komet* (Kpt. z. S. Eyssen) und *Schiff 36 Orion* (FKpt. Weyher) versenken nordöstlich Auckland (Neuseeland) den brit. Fahrgastdampfer *Rangitane* (16 712 BRT).

28. 11. 1940 **Mittelmeer**

Die ital. 15. Zerstörer-Flottille mit *Pigafetta, Da Recco, Pessagno, Riboty* und den angehängten T-Booten *Bassini* und *Prestinari* beschießt griech. Stellungen nordostwärts Korfu mit rund 1600 Schuß 12 cm und 10,2 cm.

28.—29. 11. 1940 **Kanal**

Zweiter Vorstoß des F. d. Z. (Kpt. z. S. Bey) mit den Zerstörern *Karl Galster, Hans Lody* und *Richard Beitzen* ins Seegebiet vor Plymouth. Zwei kleine Schiffe mit 424 BRT werden versenkt, der brit. Zerstörer *Javelin* torpediert.

30. 11./1. 12. 1940 **Luftkrieg/England**

Schwerer dt. Luftangriff auf Southampton.

★

1. 12. 1940 **Nordsee**

Vor der Tynemündung sinkt das norweg. Fahrgastschiff *Oslofjord* (18 673 BRT) auf dt. Flugzeugminen, außerdem ein brit. Tanker (6990 BRT).

1. 12. 1940 **Südatlantik**

Der brit. Hilfskreuzer *Calvin Castle* hält vor der brasil. Küste den brasil. Dampfer *Itape* an und holt 22 dt. Staatsangehörige von Bord.

1.—11. 12. 1940 **Mittelmeer**

Die ital. U-Boote *Jalea* und *Da Procida* operieren südwestlich Korfu. In der Ägäis werden *Amestista, Zaffiro* und *Jantina* eingesetzt.

1.—19. 12. 1940 **Mittelatlantik**

Bei einer Südunternehmung versenkt *U 37* (Kptlt. Clausen) vom 1.—4. 12. westlich Spanien 4 kleine Schiffe mit 6814 BRT, am 16. 12. westlich span. Marokko 1 Fischdampfer mit 223 BRT und am 19. 12. irrtümlich das vichy-franz. U-Boot *Sfax* und den Marinetanker *Lot,* 2785 BRT. Wegen des hohen Torpedoverbrauchs erhält das Boot den Befehl zur Rückkehr.

2. 12. 1940 **Nordsee**

Admiral Sir C. Forbes wird als Commander-in-Chief, Home Fleet, von Admiral Sir J. C. Tovey abgelöst. Die Home Fleet verfügt zu dieser Zeit über die Schlachtschiffe *King George V.*, *Nelson* und *Rodney*, die Schlachtkreuzer *Hood* und *Repulse* sowie 11 Kreuzer.

2.—3. 12. 1940 **Kanal**

Offensive Minenunternehmung »Oskar« der Torpedoboote *Iltis* und *Jaguar* vor Dover.

3. 12. 1940 **Nordatlantik**

Hilfskreuzer *Schiff 41 Kormoran* (KKpt. Detmers) läuft aus Gotenhafen zum Handelskrieg aus. Operationsgebiete: Atlantik und Indischer Ozean. Der Durchbruch durch die Dänemarkstraße erfolgt vom Gegner unbemerkt am 12./13. 12.

3.—4. 12. 1940 **Kanal**

Offensive Minenunternehmung »Marianne« vor Dover durch die 5. Torpedoboot-Flottille (KKpt. Henne) mit den Booten *Greif*, *Kondor*, *Falke* und *Seeadler*.

3.—5. 12. 1940 **Rotes Meer**

Die ital. Zerstörer *Tigre*, *Leone*, *Manin*, *Sauro* und das U-Boot *Ferraris* suchen vergeblich nach einem brit. Konvoi.

3.—11. 12. 1940 **Westatlantik**

Die Frachter *Idarwald* (5033 BRT) und *Rhein* (6031 BRT) unternehmen einen neuen Durchbruchsversuch von Tampico aus. Die *Idarwald* wird von dem US-Zerstörer *Broome* verfolgt, auf dessen Meldungen am 5. 12. der brit. Kreuzer *Diomede* herankommt. Ein Prisenkommando kann das in Brand gesetzte Schiff nicht retten, das am 9. 12. an der kubanischen Südküste sinkt. Die *Rhein* wird von dem US-Zerstörer *Simpson* begleitet, der mit seiner Ablösung, dem Zerstörer *MacLeish*, in der Florida-Straße auch das niederl. Kanonenboot *Van Kinsbergen* heranführt, die einen mißglückten Enterversuch unternimmt. Das von der Besatzung in Brand gesetzte Wrack der *Rhein* wird am 11. 12. durch den brit. Kreuzer *Caradoc* versenkt.

5. 12. 1940 **Südatlantik**

Der dt. Hilfskreuzer *Schiff 10 Thor* (Kpt. z. S. Kähler) beschädigt in einem Gefecht südöstlich von Rio de Janeiro den 20122 BRT großen brit. Hilfskreuzer *Carnavon Castle* (Capt. Hardy). Eine sofort eingeleitete Suchaktion nach *Schiff 10* durch die brit. Kreuzer *Cumberland*, *Enterprise* und *Newcastle* bleibt erfolglos.

6.—7. 12. 1940 **Nordatlantik**

Schwerer Kreuzer *Admiral Hipper* (Kpt. z. S. Meisel) bricht unbemerkt durch die Dänemarkstraße in den Nordatlantik durch.

6.—8. 12. 1940 **Pazifik**

Die Hilfskreuzer *Schiff 45 Komet* (Kpt. z. S. Eyssen) und *Schiff 36 Orion* (FKpt. Weyher) versenken im Gebiet der brit. Phosphat-Insel Nauru (Pazifik) 5 Schiffe mit 25904 BRT, darunter 3 Spezialschiffe für Phosphat-Transport. Die geplante Landung eines aus 185 Mann bestehenden, aus den Besatzungen beider Hilfskreuzer zusammengestellten, Landungskorps muß auf Grund der ungünstigen Wetterlage unterbleiben.

6.—18. 12. 1940 **Mittelmeer**

Bei Operationen im Ionischen Meer bzw. vor Durazzo (Albanien) torpediert das brit. U-Boot *Triton* (LCdr. Watkins) 1 Schiff mit 6040 BRT, wird aber am 18. 12.

in der Otranto-Straße durch das ital. T-Boot *Confienza* versenkt. Am 6. 12. geht vermutlich auf einer Minensperre vor Tarent das brit. U-Boot *Regulus* verloren Vor Albanien versenkt *Truant* (LCdr. Haggard) 2 Schiffe mit 9723 BRT.

8.—26. 12. 1940 **Nordatlantik**

Im Gebiet westlich des Nordkanals mit dem Schwerpunkt südlich Rockall operieren *U 96* und *U 100*, zwischen 15° und 20° West die ital. U-Boote *Calvi, Veniero* und *Emo*. Am 11./12. 12. versenkt *U 96* aus dem Konvoi HX. 92 4 Schiffe und torpediert am 18. 12. mit dem letzten Torpedo 1 Tanker aus dem OB. 259. Die darauf angesetzten *U 52* und *U 100* kommen jedoch nicht heran. Die U-Boote greifen sonst nur Nachzügler und Einzelfahrer an und versenken: *U 96* (Kptlt. Lehmann-Willenbrock) 5 Schiffe mit 37 037 BRT, ferner 2 Schiffe mit 15 864 BRT torpediert, *U 100* (Kptlt. Schepke) 3 Schiffe mit 17 166 BRT, *Calvi* (KKpt. Caridi) 1 Schiff mit 5162 BRT, *Veniero* (KKpt. Petroni) 1 Schiff mit 2883 BRT.

9.—11. 12. 1940 **Mittelmeer**

Reorganisation der ital. Flotte. Admiral Riccardi löst Admiral Cavagnari als Unterstaatssekretär und Chef Supermarina ab, der bisherige Chef des II. Geschwaders, Geschw.-Admiral Iachino wird an Stelle des Admiral Campioni Flottenchef. Neugliederung der Geschwader: Flaggschiff *Vittorio Veneto*, 5. Division (DivAdm. Bruto Brivonesi): alte Schlachtschiffe *Guilio Cesare* und *Andrea Doria* und 1 Zerstörer-Flottille; 1. Division (DivAdm. Cattaneo): Schwere Kreuzer *Zara, Pola, Gorizia, Fiume* und 2 Zerstörer-Flottillen; 3. Division (DivAdm. Sansonetti): Schwere Kreuzer *Trieste, Trento, Bolzano* und 1 Zerstörer-Flottille; 7. Division (DivAdm. Casardi): Leichte Kreuzer *Eugenio di Savoia, Emanuele Filiberto Duca d'Aosta, Raimondo Montecuccoli* und 2 Zerstörer-Flottillen; 8. Division (DivAdm. Legnani): Leichte Kreuzer *Luigi di Savoia Duca degli Abruzzi, Giuseppe Garibaldi, Muzio Attendolo Sforza* und 1 Zerstörer-Flottille; 4. Division (DivAdm. Marenco): Leichte Kreuzer *Giovanni delle Bande Nere, Armando Diaz* und 2 Zerstörer-Flottillen (4. Division direkt Supermarina unterstellt).

9.—17. 12. 1940 **Mittelmeer**

Zur Unterstützung der »Western Desert Force« bei ihrer Offensive gegen die ital. Armee in der Cyrenaika wird unter KAdm. Rawlings ein Unterstützungsverband gebildet. Er setzt sich aus 4 Gruppen zusammen:
Force A: Monitor *Terror*, Kanonenboote *Ladybird, Aphis, Gnat*.
Force B: Zerstörer *Vampire, Vendetta, Voyager, Waterhen*.
Force C: Schlachtschiffe *Barham, Malaya*, 1 Kreuzer, 7 Zerstörer.
Force D: Träger *Eagle*, 3 Kreuzer, 3 Zerstörer.
Diese Einheiten, insbesondere die Force A und B, führen zahlreiche Beschießungen ital. Stellungen und Nachschubwege an der Küste durch.
Ab 13. 12. werden dagegen die ital. U-Boote *Naiade, Neghelli* und *Narvalo* eingesetzt. Von ihnen torpediert am 13. 12. *Neghelli* (Kptlt. Ferracuti) den Kreuzer *Coventry*. *Naiade* wird am 14. 12. durch die brit. Zerstörer *Hyperion* und *Hereward* versenkt.

10. 12. 1940 **Mittelmeer**

Weisung des OKW zur Verlegung dt. Fliegerverbände (X. Fliegerkorps) nach Süditalien und Sizilien.

11. 12. 1940 **allgemeine Lage**

Unternehmen »Felix« (Eroberung Gibraltars) wird durch OKW-Weisung abgeblasen, nachdem der Versuch, Spanien zum Eintritt in den Krieg zu bewegen gescheitert ist.

12.—19. 12. 1940 **Nordsee**

Minengroßeinsatz der dt. Luftwaffe gegen die Themsemündung: 12./13. 12.: 93 Flugzeuge werfen 183 Minen, 13./14. 12.: 45 Flugzeuge werfen 89 Minen und bis zum 19. 12. werden 28 weitere Minen geworfen. Auf diesen Sperren sinken bis Ende Dezember 1940 12 Schiffe mit 20675 BRT.

12.—21. 12. 1940 **Mittelmeer**

Die ital. U-Boote *Sciesa* und *Ambra* operieren südwestlich Korfu.

12.—22. 12. 1940 **Rotes Meer**

Das ital. U-Boot *Archimede* operiert zweimal vergeblich auf gemeldeten Schiffsverkehr im Roten Meer.

13.—18. 12. 1940 **Nordatlantik**

Verlegung der ital. U-Boote *Bianchi* und *Brin* von Tanger nach Bordeaux.

14. 12. 1940 **Mittelmeer**

Brit. Luftangriff auf Neapel. Schwerer Kreuzer *Pola* beschädigt.

15./16. 12. 1940 **Nordsee**

S 58 (Lt. z. S. Geiger) versenkt östlich Yarmouth aus einem brit. Konvoi den dän. Frachter *N. C. Monberg* (2301 BRT).

16.—24. 12. 1940 **Mittelmeer**

Operationen der brit. Mittelmeerflotte (Adm. Cunningham) zur Durchbringung der Konvois MC. 2 und MC. 3 nach Malta. Am 16. 12. läuft Cunningham mit den Schlachtschiffen *Warspite, Valiant, Malaya,* dem Träger *Illustrious* (KAdm. Lyster), den Kreuzern *Gloucester, York* und 14 Zerstörern aus. Am 17. 12. greifen Flugzeuge der *Illustrious* Flugplätze auf Rhodos und Stampalia an. Am 18./19. 12. nachts beschießen *Warspite* und *Valiant* den alban. Hafen Valona, während VAdm. Pridham-Wippell mit dem 7. Kreuzergeschwader — *Orion, Ajax, Sydney* — und 3 Zerstörern in die Otranto-Straße vorstößt und *Malaya* und *Illustrious* die Malta-Konvois decken. Am 20.—22. 12. läuft Adm. Cunningham mit *Warspite* La Valetta an, während *Malaya* mit Zerstörern durch die Sizilien-Straße nach Westen marschiert. Dabei geht der Zerstörer *Hyperion* durch Minentreffer verloren. Der Träger *Illustrious* greift am 21. 12. mit Flugzeugen 2 von den T-Booten *Clio* bzw. *Vega* gesicherte ital. Konvois an und versenkt aus dem zweiten 2 Dampfer mit 7437 BRT.
Von den im Raum Malta operierenden ital. U-Booten *Dessiè, Serpente* und *Bandiera* verfehlt *Serpente* am 20. 12. 1 Zerstörer des *Malaya*-Verbandes.

18. 12. 1940 **Mittelmeer**

Ital. Kreuzer *Eugenio di Savoia* und *Montecuccoli* mit den Zerstörern *Pigafetta, Da Recco, Pessagno* und *Riboty* beschießen griech. Stellungen und Küstenbatterien bei Lukova, 30 km nördlich des Kanals von Korfu.

18. 12. 1940 **Südatlantik**

Schwerer Kreuzer *Admiral Scheer* (Kpt. z. S. Krancke) kapert im Südatlantik das brit. Kühlschiff *Duquesa* (8651 BRT). Auf die absichtlich nicht gestörte RRR-Meldung hin werden 3 brit. Kampfgruppen auf den Kreuzer angesetzt: die Kreuzer *Dorsetshire* und *Neptune* von Freetown, der Flugzeugträger *Hermes* mit dem Kreuzer *Dragon* und dem Hilfskreuzer *Pretoria Castle* von St. Helena und die auf dem Marsch von England nach Freetown befindliche Force K mit dem neuen Flugzeugträger *Formidable* und dem Schweren Kreuzer *Norfolk*. Die brit Suchaktionen bleiben ergebnislos.

18.—25. 12. 1940 **Mittelmeer**
Vor der Cyrenaika-Küste operieren die ital. U-Boote *Malachite*, *Smeraldo* und *Settembrini* erfolglos gegen die »Inshore Fire Support Ships«.

18. 12. 1940—1. 1. 1941 **Norwegen**
Das niederl. U-Boot *O 23* operiert vor dem Korsfjord.

18. 12. 1940—16. 1. 1941 **Südatlantik**
Die vichy-franz. U-Boote *Vengeur*, *Monge*, *Pegase* und *L'Espoir* verlegen von Dakar nach Tamatave (Madagaskar).

19. 12. 1940—18. 1. 1941 **Nordatlantik**
Westlich des Nordkanals operieren die U-Boote *U 95*, *U 124* und *U 38*, weiter westlich die ital. *Bagnolini* und *Tazzoli*. Sie treffen nur auf Einzelfahrer und versenken: *U 95* (Kptlt. Schreiber) 1 Schiff mit 12 823 BRT, *U 124* (Kptlt. Schulz) 1 Schiff mit 5965 BRT, *U 38* (Kptlt. Liebe) zusammen mit *Tazzoli* (KKpt. Raccanelli) 1 Schiff mit 4980 BRT, und allein 1 Schiff mit 3760 BRT, *Bagnolini* (KKpt. Tosoni-Pittoni) 1 Schiff mit 3660 BRT, ferner am 1. 1. 1 Fehlschuß auf den A/S-Trawler *Northern Pride*.

20.—22. 12. 1940 **Luftkrieg/England**
2 Nachtangriffe der Luftwaffe mit etwa 200 Flugzeugen auf Liverpool. Im Hafen werden 19 Handelsschiffe mit zusammen 121 678 BRT z. T. schwer beschädigt, 1 Schiff mit 1293 BRT versenkt.

21.—22. 12. 1940 **Kanal**
Offensive Minenunternehmung »SW a« der 5. T-Flottille (Kptlt. Neuß) in der westlichen Nordsee mit den Booten *Greif*, *Falke* und *Seeadler*.

21.—30. 12. 1940 **Mittelmeer**
In der Otranto-Straße werden die ital. U-Boote *Da Procida*, *Salpa* und *Jalea* zur Deckung gegen brit. Raids aufgestellt. In der Ägäis operieren *Zaffiro* und *Onice*. *Zoea* führt eine Transportfahrt von Tarent nach Leros durch.

22.—29. 12. 1940 **Mittelmeer**
Gegen den ital. Nachschubverkehr nach Albanien werden griech. U-Boote eingesetzt. *Papanicolis* (Oblt. Iatrides) greift am 22. 12. einen Konvoi ohne Erfolg an und versenkt am 24. 12. 1 Schiff mit 3952 BRT. *Proteus* (LCdr. Hazikostantis) versenkt am 29. 12. aus einem Konvoi den ital. Transporter *Sardegna* (11 452 BRT), wird aber im Gegenangriff durch das ital. T-Boot *Antares* gerammt und versenkt. Das griech. U-Boot *Katsonis* (Lt. Spanides) torpediert am 31. 12. 1 kleines Schiff mit 531 BRT, das Totalverlust wird.

23./24. 12. 1940 **Kanal**
Bei einem Angriff der 1. S-Flottille mit *S 26*, *S 28*, *S 29*, *S 34*, *S 56*, *S 58* und *S 59* auf den Konvoi FN. 366 vor der brit. Südküste versenken *S 59* (Oblt. z. S. Albert Müller) den niederl. Frachter *Stad Maastricht* (6552 BRT) und *S 28* (Oblt. z. S. Klug) den brit. Trawler *Pelton* (358 BRT).

23.—30. 12. 1940 **Rotes Meer**
Vor Port Sudan operiert das ital. U-Boot *Ferraris*.

24.—27. 12. 1940 **Nordatlantik**

Schwerer Kreuzer *Admiral Hipper* (Kpt. z. S. Meisel) stößt etwa 700 sm westlich Kap Finisterre auf den südwärts gehenden brit. Truppenkonvoi WS. 5A mit 20 Schiffen, der von den Kreuzern *Berwick, Bonaventure* und *Dunedin* und dem mit einer Flugzeugladung nach Takoradi bestimmten Flugzeugträger *Furious* gesichert wird. Am Morgen des 25. 12. kurzes Gefecht mit dem Schweren Kreuzer *Berwick*, der 2 Treffer erhält. Beschädigt wird außerdem der Truppentransporter *Empire Trooper* (13994 BRT). Auf Grund der starken Geleitsicherung und des Maschinenzustandes der *Admiral Hipper* bricht Meisel das Gefecht ab und nimmt Kurs auf Brest. Im Ablaufen wird 1 Einzelfahrer (6078 BRT) versenkt. Am 27. 12. läuft der Kreuzer in Brest ein.

27. 12. 1940 **Pazifik**

Hilfskreuzer *Schiff 45 Komet* (Kpt. z. S. Eyssen) beschießt die brit. Insel Nauru (Pazifik): Phosphat-Verladeeinrichtungen, Öltanks u. a. zerstört.

28. 12. 1940—2. 1. 1941 **Nordmeer**

Erster Ausbruchsversuch der dt. Schlachtschiffe *Gneisenau* und *Scharnhorst* unter dem Befehl des Flottenchefs, Admiral Lütjens, zu Handelskriegsunternehmung im Nordatlantik. Unternehmen muß wegen Seeschäden auf *Gneisenau* vor Norwegen abgebrochen werden.

31. 12. 1940—7. 1. 1941 **Mittelmeer**

Das ital. U-Boot *Dagabur* operiert an der Cyrenaika-Küste.

★

1941

1.—12. 1. 1941 **Mittelmeer**

Im östl. Mittelmeer operieren die ital. U-Boote *Turchese, Ambra* und *Corridoni* in der Otranto-Straße, *Tembien* und *Galatea* vor Derna, *Delfino* und *Beilul* in der Ägäis. Keine Erfolge.

1.—18. 1. 1941 **Nordatlantik**

Westlich des Nordkanals operieren die dt. U-Boote *U 38* und *U 124*, westlich davon die ital. *Nani, Da Vinci* und *Glauco.* Beim Angriffsversuch auf einen Konvoi am 7. 1. wird *Nani* durch die brit. Korvette *Anemone* versenkt.

1.—20. 1. 1941 **Mittelatlantik**

Bei Operationen im Gebiet der Azoren und Kanaren versenkt das ital. U-Boot *Cappellini* (KKpt. Todaro) im Artilleriegefecht 2 Schiffe mit 14 051 BRT.

4.—5. 1. 1941 **Luftkrieg/Westeuropa**

54 Flugzeuge des RAF Bomber Command greifen dt. Kriegsschiffe in Brest an.

5.—15. 1. 1941 **Mittelmeer**

Die in Alexandria stationierten großen brit. U-Boote der 1. U-Flottille (Capt. Raw) operieren z. T. mit Zwischenaufenthalten in Malta im westlichen und zentralen Mittelmeer und gegen den ital. Nachschubweg Tripolis-Bengasi, die griech. U-Boote an der alban.-griech. Küste im Ionischen Meer.

Am 7. 1. wird das frei-franz. U-Boot *Narval* vor Tobruk durch das ital. T-Boot *Clio* versenkt. Am 9. 1. versenken *Pandora* (LCdr. Linton) vor Sardinien 2 Schiffe mit 8115 BRT und *Parthian* (LCdr. Rimington) vor Kalabrien 1 Schiff mit 4208 BRT. Vor Bengasi versenkt *Regent* (LCdr. Browne) am 15. 1. den von dem T-Boot *Centauro* geleiteten Dampfer *Città di Messina* (2472 BRT). Die ersten Fahrten der neu aufgestellten 10. U-Flottille (Cdr. Simson) von Malta mit *Ursula* und *Upright* auf dem Weg Trapani-Tripolis sind noch erfolglos.

6. 1. 1941 **Mittelmeer**

Ital. 9. Zerstörer-Flottille mit *Alfieri, Carducci, Gioberti, Fulmine* und die 14. T-Boot-Flottille mit *Partenope, Pallade, Andromeda, Altair* beschießen griech. Stellungen an der Front in Albanien.

6.—13. 1. 1941 **Mittelmeer**

Operation »Excess« zur Verstärkung der Insel Malta.

6. 1.: Auslaufen des Konvois »Excess«: Motorschiff *Essex* (11 063 BRT) mit 4000 ts Munition, 3000 ts Saatkartoffeln und 12 *Hurricane*-Jägern für Malta und 3 Frach-

tern für Piräus. Sicherung durch die »Force F« mit dem Leichten Kreuzer *Bonaventure* und 4 Zerstörern von Gibraltar und der »Force B« (KAdm. Renouf) mit den Leichten Kreuzern *Gloucester* und *Southampton* (mit 500 Soldaten für Malta an Bord) sowie einem Zerstörer von der Ägäis. 7. 1.: Marsch der Kreuzer *York* und *Orion* mit 1 Tanker und 4 Korvetten von Alexandria nach der Suda-Bucht/Kreta, dort Vereinigung mit den Leichten Kreuzern *Ajax* und *Perth* zur »Force D« (VAdm. Pridham-Wippell). Auslaufen der »Force A« (Adm. Cunningham) aus Alexandria mit den Schlachtschiffen *Warspite* und *Valiant*, dem Flugzeugträger *Illustrious* und 7 Zerstörern sowie des Malta-Konvois M. W. 5½ mit den Transportern *Breconshire* (9776 BRT) und *Clan Macaulay* (10 492 BRT), gesichert durch die »Force C«, bestehend aus dem Kreuzer *Calcutta*, 2 Zerstörern und 4 Korvetten. Gleichzeitig läuft aus Gibraltar die »Force H« (VAdm. Somerville) aus: Schlachtkreuzer *Renown*, Schlachtschiff *Malaya*, Träger *Ark Royal*, Kreuzer *Sheffield* und 5 Zerstörer.
»Force A« wird am gleichen Nachmittag von der ital. Luftaufklärung erfaßt. Die U-Boote *Axum* und *Aradam* kommen nicht heran.
8. 1.: »Force B« landet die eingeschifften Soldaten auf Malta und geht mit Westkurs wieder in See, um den ostgehenden Konvoi aufzunehmen. Der austral. Kreuzer *Sydney* läuft mit einem Zerstörer von Malta nach Osten aus.
9. 1.: »Force A« und »D« und *Sydney* vereinigen sich 210 sm südöstlich von Malta. »Force H« und der Konvoi »Excess« werden 100 sm südwestlich Cap Spartivento von ital. Aufklärern entdeckt. Angriffe von 10 ital. Bombern vom Typ *S. 79* bleiben ohne Erfolg. Am Nachmittag entläßt die »Force H« den Konvoi »Excess« mit »Force F« und »Force B« zum Marsch durch das zentrale Mittelmeer und dreht selbst nach Westen ab. Die ital. U-Boote *Bandiera* und *Santarosa* kommen nicht heran.
10. 1.: Die ital. Torpedoboote *Vega* (KKpt. Fontana) und *Circe* (KKpt. Caputi) greifen »Excess« südlich Pantelleria mit Torpedos an, werden aber zurückgeschlagen, wobei *Vega* durch das Feuer des Kreuzers *Bonaventure* und Torpedofangschuß des Zerstörers *Hereward* versenkt wird. Das ital. U-Boot *Settimo* verfehlt die brit. Schiffe mit einem Fächer. Der Zerstörer *Gallant* der »Force A« läuft auf eine Mine und wird vom Zerstörer *Mohawk* nach Malta geschleppt. Bei schweren dt. und ital. Luftangriffen auf die »Force A« gelingt es *Ju 87* der I./St. G. 1 (Hptm. Hozzel) und II./St. G. 2 (Major Enneccerus), auf dem Träger *Illustrious* 6 schwere, auf dem Schlachtschiff *Warspite* 1 leichten Bombentreffer zu erzielen. *Illustrious* muß schwer beschädigt Malta anlaufen.
11. 1.: »Force B« verläßt Malta wieder und gerät dabei in neue Luftangriffe. *Ju 87* der II./St. G. 2 erzielen einen Treffer auf *Gloucester* (Blindgänger) und beschädigen *Southampton* so schwer, daß sie am Abend aufgegeben werden muß. — »Force H« erreicht Gibraltar.
12. 1.: Kreuzer *Orion*, *Perth* und *Gloucester* treffen mit ihren Zerstörern westlich Kreta mit der »Force A« und einem aus Alexandria ausgelaufenen weiteren Verband (KAdm. Rawlings), bestehend aus dem Schlachtschiff *Barham*, dem Träger *Eagle*, dem Kreuzer *Ajax* sowie Zerstörern, zusammen. Die Gruppe des KAdm. Rawlings soll einen Raid in den Dodekanes durchführen, gibt diesen Plan jedoch wegen schlechten Wetters auf. Zwischen dem 14. und 18. 1. kehren die Einheiten der brit. Mittelmeerflotte nach Alexandria zurück.

6.—29. 1. 1941 **Südatlantik**

Auf dem Marsch durch den Atlantik versenkt der Hilfskreuzer *Schiff 41 Kormoran* (KKpt. Detmers) 4 Schiffe mit 28 399 BRT, darunter einen Flugzeugtransporter und das Kühlschiff *Afric Star* (11 900 BRT). Suchaktionen der Schweren Kreuzer *Norfolk* und *Devonshire* sowie des Hilfskreuzers *Arawa* bleiben ergebnislos.

7./8. 1. 1941 **Kanal**

Erfolgloser Vorstoß dt. S-Boote gegen brit. Konvoi vor der Themsemündung. Offensive Minenunternehmung »Renate« der Torpedoboote *Wolf* und *Kondor* vor Dover. Auf dem Rückmarsch *Wolf* (Oblt. z. S. Peters †) vor Dünkirchen durch Minentreffer gesunken.

7./8. 1. 1941 **Mittelmeer**

In der Nacht zum 8. 1. legen die ital. Zerstörer *Vivaldi, Malocello, Da Noli, Tarigo* und die T-Boote *Vega* und *Sagittario* die Minensperren X-2 und X-3 mit je 180 Minen nördlich Cap Bon.

7. 1.—4. 2. 1941 **Nordatlantik**

Am 7. 1. wird die I./K. G. 40 mit *FW 200/Condor*-Fernaufklärern einsatzmäßig dem B. d. U. unterstellt, erste gemeinsame Operationen von U-Booten mit Luftaufklärung. Westlich des Nordkanals und Irland operieren *U 105, U 94, U 96, U 93,* als Wetterboot abgesetzt *U 106,* westlich der dt. Boote die ital. *Malaspina, Torelli* und *Marcello.* Bei einem Aufklärungsflug am 8. 1. versenkt eine *FW 200* 1 Schiff. Am 11. 1. sichtet eine *FW 200* einen OG.-Konvoi, die U-Boote stehen jedoch für einen Ansatz zu ungünstig, 1 Dampfer versenkt. Am 14. 1. sichtet *U 105* einen ausl. Konvoi, der Versuch, 2 *FW 200* mit Peilzeichen heranzuführen, mißlingt, am 15./16. 1. kommt jedoch *Torelli* an den Konvoi heran und versenkt 3 Schiffe. Am 16. 1. sichtet eine *FW 200* einen ausl. Konvoi, 2 Dampfer werden durch Bomben versenkt, die angesetzten *U 96, U 94, U 106* und *U 93* kommen nicht heran, *U 96* versenkt die einzeln fahrenden großen Pass.-Dampfer *Oropesa* und *Almeda Star, U 106* das Pass. M/S *Zealandic.* Am 20. 1. sichten *FW 200* 2 einl. Konvois, das einzige in der Nähe stehende *U 105* einen ausl. Konvoi, zu Erfolgen kommen sie nicht. Vom 21.—23. 1. versenken die zur Aufklärung angesetzten *FW 200* 7 Schiffe. Am 28. 1. wird eine große Luftaufklärung mit 5 Maschinen angesetzt, sie erfaßt einen ausl. Konvoi, aus dem die *FW 200* je 2 Schiffe versenken bzw. beschädigen. Von den angesetzten U-Booten *U 94, U 103, U 52, U 93, U 101, U 106* sichtet *U 93* am 29. 1. den Konvoi SC. 19 und versenkt daraus 3 Schiffe, von den sofort angesetzten U-Booten kommen *U 94* und *U 106* heran und versenken je 1 Schiff.

Insgesamt werden bei diesen Operationen einschl. Einzelfahrern versenkt: I./K. G. 40 15 Schiffe mit 57 770 BRT, ferner 2 beschäd. und durch U-Boote vers., 3 mit 11 593 BRT beschädigt. *U 105* (Kptlt. Schewe) 1 Schiff mit 4843 BRT, ferner 1 luftbesch. mit 6 516 BRT versenkt. *U 94* (Kptlt. Kuppisch) 3 Schiffe mit 12 652 BRT, *U 96* (Kptlt. Lehmann-Willenbrock) 2 Schiffe mit 29 053 BRT, *U 106* (Kptlt. Oesten) 2 Schiffe mit 13 540 BRT, *U 93* (Kptlt. Korth) 3 Schiffe mit 21 283 BRT, ferner 1 luftbesch. mit 2660 BRT versenkt, *Torelli* (FKpt. Langobardo) 4 Schiffe mit 17 489 BRT, *Marcello* (KKpt. Teppati) 1 Schiff mit 1550 BRT.

8./9. 1. 1941 **Mittelmeer**

Brit. *Wellington*-Bomber greifen Neapel an. Das im Hafen liegende Schlachtschiff *Giulio Cesare* erhält Lecks durch 3 Nahtreffer. Daraufhin gehen *Cesare* und das letzte unbeschädigte Schlachtschiff *Vittorio Veneto* nach La Spezia.

9.1. 1941 **allgemeine Lage**

Endgült. Aufgabe des geplanten Unternehmens »Felix« (Eroberung Gibraltars).

9. 1. 1941 **Mittelmeer**

Erneute Beschießung von Porto Palermo (Albanien) durch die ital. Zerstörer *Ascari, Carabiniere, Folgore* und *Fulmine.*

10./11. 1. 1941 **Luftkrieg-England**

Schwerer dt. Luftangriff auf den Hafen von Portsmouth.

11. 1. 1941 **allgemeine Lage**

Hitlers »Weisung Nr. 22: Mithilfe dt. Kräfte bei den Kämpfen im Mittelmeerraum« befiehlt u. a. die Aufstellung eines dt. Panzer-Sperrverbandes für Libyen und seine Überführung nach Tripolis etwa ab 20. Februar.

12. 1. 1941 **Nordatlantik**

Auslaufen eines Truppenkonvois (W. S. 5 B) von England für Nordafrika: 21 Fahrgastschiffe mit 418000 BRT und 40000 Mann an Bord, gesichert durch das Schlachtschiff *Ramillies,* die Kreuzer *Australia, Naiad* und *Phoebe* und 12 Zerstörer.

12.—20. 1. 1941 **Mittelmeer**

Im östl. Mittelmeer operieren die ital. U-Boote *Smeraldo* ostwärts Malta, *Menotti* und *Speri* vor der Otranto-Straße, *Serpente* vor Derna und *Narvalo* und *Neghelli* (Kptlt. Ferracuti) in der Ägäis. Letzteres torpediert am 19. 1. aus einem brit. Piräus-Konvoi den Transporter *Clan Cumming* (7264 BRT) und wird anschließend von dem sichernden Zerstörer *Greyhound* mit Wasserbomben versenkt.

12.—30. 1. 1941 **Norwegen**

Vor Westnorwegen operieren von der brit. 9. U-Flottille u. a. die niederl. *O 21* und *O 23.*

14.—15. 1. 1941 **Südatlantik**

Hilfskreuzer *Schiff 33 Pinguin* kapert in der Antarktis die norweg. Walkochereien *Ole Wegger* (12201 BRT), *Solglimt* (12246 BRT) und *Pelagos* (12083 BRT) sowie 11 Fangboote mit 3417 BRT. Bis auf 3 Fangboote erreichen alle Schiffe im März 1941 Westfrankreich, die Walkochereien mit 22200 ts Walöl an Bord.

15./16. 1. 1941 **Luftkrieg/Deutschland**

76 Bomber der RAF greifen Wilhelmshaven an.

16. 1. 1941 **Mittelmeer**

Luftangriff des X. Fl.-Korps gegen Malta: Kreuzer *Perth* und ein Frachter beschädigt, Flugzeugträger *Illustrious* erneut mehrfach getroffen.

16. 1.—22. 2. 1941 **Nordatlantik**

Ergebnislose Operation der ital. U-Boote *Marconi* und *Glauco* vor Portugal.

17. 1. 1941 **Südchinesisches Meer**

Als Repressalie gegen die thailänd. Aktionen gegen Kambodscha greift ein franz. Flottenverband des Marinebefehlshabers Indochina, KAdm. Terraux, bestehend aus dem Leichten Kreuzer *Lamotte-Picquet* (Kpt. z. S. Bérenger) und den Kanonenbooten *Dumont-d'Urville, Admiral Charner, Marne* und *Tahure,* thailänd. Kriegsschiffe auf der Reede von Koh-Chang im Golf von Siam an. Auf thailänd. Seite kämpfen die kleinen Küstenpanzer *Dhonburi* und *Sri Ayuthia* und die T-Boote *Trat, Cholbury* und *Songkhla* mit insgesamt 8 : 20,3-cm-, 8 : 8-cm- und 9 : 7,6-cm-Geschützen gegen 8 : 15,5-cm-, 8 : 13,8-cm-, 4 : 10-cm-, 5 : 7,5-cm- und 2 : 6,5-cm-Geschütze auf franz. Seite. Das franz. Geschwader vernichtet ohne eigene Ausfälle in zweistündigem Gefecht *Dhonburi, Cholbury* und *Songkhla* und beschädigt die beiden restlichen Schiffe schwer.

18. 1. 1941 **Westatlantik**

Der brit. Hilfskreuzer *Asturias* bringt nordostwärts Puerto Rico den vichy-franz. Dampfer *Mendoza* (8199 BRT) auf.

18.—20. 1. 1941 **Südatlantik**

Schwerer Kreuzer *Admiral Scheer* (Kpt. z. S. Krancke) kapert im Südatlantik 3 brit. Handelsschiffe mit 18 738 BRT.

19. 1. 1941 **Mittelmeer**

Bei einem neuerlichen Angriff des X. Fl.-Korps auf Malta werden wieder Treffer auf dem Träger *Illustrious* erzielt.

19. 1. 1941 **Ostafrika**

Ind. Truppen erobern Kassala und beginnen Offensive in Eritrea und Abessinien.

21.—22. 1. 1941 **Mittelmeer**

Nach Beschießung Tobruks durch den brit. Monitor *Terror* und die Flußkanonenboote *Aphis* und *Ladybird* erobern Empire-Truppen die Stadt und nehmen 25 000 Italiener gefangen. Im Hafen sinkt der alte Panzerkreuzer *San Giorgio* durch Selbstvernichtung.

21.—31. 1. 1941 **Mittelmeer**

Nördlich der tunesischen Küste operieren die ital. U-Boote *Corallo* und *Diaspro,* im östlichen Mittelmeer ostwärts Malta *Settimo* und *Colonna,* vor der Otranto-Straße *Millelire* und *Jalea,* vor Derna *Dessiè* und *Salpa.* Keine Erfolge.

22.—30. 1. 1941 **Nordatlantik**

Neuer Ausbruchsversuch der Schlachtschiffe *Scharnhorst* und *Gneisenau* zum Handelskrieg in den Atlantik (Unternehmen »Berlin«). — 22. 1. Auslaufen Kiel. Meldung über Passieren des Belts erreicht am nächsten Tag London. — 25./26. 1.: Home Fleet (Admiral Tovey) läuft mit den Schlachtschiffen *Nelson* und *Rodney,* dem Schlachtkreuzer *Repulse,* 8 Kreuzern und 11 Zerstörern von Scapa aus und bezieht südlich Island Auffangposition. — 27. 1.: Teil der Home Fleet zur Treibstoffergänzung entlassen. 28. 1.: Die dt. Schiffe treffen beim Durchbruchsversuch südlich Island auf 2 brit. Kreuzer der Bewachungslinie und weichen rechtzeitig zur Versorgung ins Nordmeer aus. Sie werden beim Abdrehen kurz vom Kreuzer *Naiad* gesichtet, der die Fühlung gleich darauf wieder verliert.

23. 1. 1941 **Nordsee**

Die in Gotenburg (Schweden) liegenden norweg. Frachter *Elisabeth Bakke* (5450 BRT), *John Bakke* (4718 BRT), *Tai Shan* (6962 BRT), *Taurus* (4767 BRT) und der Tanker *Ranja* (6355 BRT) durchbrechen unter Führung von Capt. Binney die dt. Sperren im Skagerrak und werden von Kreuzern der Home Fleet aufgenommen. Die Schiffe entgehen im Kattegat knapp einer zufälligen Begegnung mit den zum Unternehmen »Berlin« auslaufenden dt. Schlachtschiffen.

23./24. 1. 1941 **Kanal**

Offensive Minenunternehmung »Weber« vor der brit. Südostküste mit dem Zerstörer *Richard Beitzen* (KKpt. v. Davidson) und den T-Booten *Seeadler* (Kptlt. Kohlauf) und *Iltis* (Kptlt. Jacobson).

23.—25. 1. 1941 **Mittelmeer**

Der mehrfach bei Luftangriffen getroffene Flugzeugträger *Illustrious* (Capt. Boyd) entkommt aus Malta nach Alexandria, nachdem das Arsenal Malta die

Schäden behelfsmäßig so weit behoben hat, daß das Schiff wieder 24 kn laufen kann. Es geht anschließend zur Reparatur nach Norfolk/USA.

24. 1.—2. 2. 1941 **Indischer Ozean**
Der Hilfskreuzer *Schiff 16 Atlantis* (Kpt. z. S. Rogge) versenkt im Seegebiet der Seychellen 1 Frachter und kapert 2 weitere Schiffe, insgesamt 17329 BRT. Der gesichtete Truppentransporter *Strathaird* (22281 BRT) wird nicht angegriffen, der Frachter *Troilus* (7422 BRT) entkommt.

25. 1.—18. 2. 1941 **Nordatlantik**
Westlich des Nordkanals und Irlands operieren die dt. U-Boote *U 103, U 52, U 101, U 48, U 107* und *U 96,* nach Westen abgesetzt als Wetterboot *U 123,* ferner die ital. Boote *Baracca, Morosini* und *Dandolo.* Letztere werden Mitte Februar durch eine neue Gruppe mit *Bianchi, Otaria, Marcello* und *Barbarigo* abgelöst. Am 3. 2. sichtet *U 107* den Konvoi OB. 279, die angesetzten *U 123, U 52, U 96* und *U 103* kommen jedoch nicht heran, *U 107* versenkt 1 Schiff aus dem Konvoi und 1 Nachzügler. Bis zum 18. 2. greifen die zur Aufklärung angesetzten *FW 200* der I./K. G. 40 und die U-Boote nur Einzelfahrer und Nachzügler aus Konvois an. Es werden versenkt: I./K. G. 40 (Maj. Petersen) 3 Schiffe mit 8793 BRT, ferner 2 Schiffe mit 15489 BRT beschädigt, *U 123* (Kptlt. Moehle) 4 Schiffe mit 22186 BRT, *U 103* (KKpt. Schütze) 3 Schiffe mit 22948 BRT, ferner 1 Schiff mit 10516 BRT zusammen mit *U 96, U 52* (Kptlt. Salman) 2 Schiffe mit 4662 BRT, *U 101* (Kptlt. Mengersen) 2 Schiffe mit 10699 BRT, *U 48* (Kptlt. Schultze) 2 Schiffe mit 8640 BRT, *U 96* (Kptlt. Lehmann-Willenbrock) 5 Schiffe mit 31975 BRT, ferner 1 Schiff mit 10516 BRT mit *U 103,* 1 Schiff mit 6999 BRT mit K. G. 40, *U 107* (Kptlt. Hessler) 4 Schiffe mit 18482 BRT, davon »Ocean Boarding Vessel« *Manistee* unter Beteiligung, aber ohne Treffer von *Bianchi. Bianchi* (KKpt. Giovannini) 3 Schiffe mit 14705 BRT, ferner 1 Schiff mit 7603 BRT durch Artillerie leicht beschädigt (s. *U 107).* (Vgl. auch 19.—26. 2.).

26.—30. 1. 1941 **Norwegen**
Minenschiffgruppe »Nord« (FKpt. v. Schönermark) mit den Minenschiffen *Tannenberg, Brummer, Königin Luise* und *Hansestadt Danzig* führt, gesichert durch die Torpedoboote *T 5, T 9* und *T 12,* von Stavanger aus defensive Minenunternehmung »Pommern« durch.

27. 1.—3. 2. 1941 **Mittelmeer**
Bei Einsätzen der ersten 4 Boote der 10. U-Flottille gegen die ital. Nachschubroute Trapani—Tripolis versenkt *Upholder* (LCdr. Wanklyn) am 27./28. 1. 1 Schiff mit 3950 BRT und torpediert aus einem Konvoi 1 Dampfer von 7389 BRT. Am 30. 1. wird *Unique* beim Angriff auf einen Konvoi von dem sichernden T-Boot *Aldebaran* mit Wasserbomben belegt.
Das Minen-U-Boot *Rorqual* (LCdr. Dewhurst) legt am 28. 1. eine Sperre vor Ancona. In der Syrte versenkt *Truant* am 3. 2. 1 Schiff mit 1130 BRT und verfehlt einen Konvoi.

29. 1. 1941 **allgemeine Lage**
Beginn geheimer brit.-amerik. Besprechungen in Washington über eine gemeinsame Kriegführung für den Fall eines amerik. Kriegseintritts.

29. 1. 1941 **Mittelmeer**
7 He 111 der 2./K. G. 4 (Hptm. Kühl) werfen Minen in den Suezkanal.

31. 1. 1941 **allgemeine Lage**
Erste Aufmarschanweisung des OKH für »Barbarossa« fertiggestellt.

31. 1.—4. 2. 1941 **Mittelmeer**

Erfolgloses Unternehmen des brit. Gibraltargeschwaders (Force H) gegen Sardinien. 31. 1.: Auslaufen des Verbandes, bestehend aus dem Schlachtkreuzer *Renown* (Flaggschiff Admiral Somervilles), dem Schlachtschiff *Malaya*, dem Flugzeugträger *Ark Royal*, dem Leichten Kreuzer *Sheffield* und 10 Zerstörern. 2. 2.: Torpedoflugzeuge des Trägers greifen bei heftiger Abwehr den Staudamm von Tirso (Sardinien) erfolglos an. Ein geplanter Angriff auf Genua muß wegen schlechten Wetters unterbleiben. 4. 2.: Force H läuft wieder in Gibraltar ein.
Die brit. Mittelmeerflotte läuft zu einem Ablenkungsunternehmen aus.
Die gegen einen brit. Vorstoß ins zentrale Mittelmeer südlich Sardinien und im Raum Malta aufgestellten U-Boote *Corallo, Manara, Santarosa* und *Tembien* finden keine Ziele.

★

1. 2. 1941 **Nordatlantik**

Schwerer Kreuzer *Admiral Hipper* (Kpt. z. S. Meisel) läuft zu seiner zweiten Atlantik-Unternehmung aus Brest aus.

1.—10. 2. 1941 **Mittelmeer**

Vor der griech.-alban. Küste operieren ohne Erfolge die ital. U-Boote *Turchese* und *Uarsciek*.

1.—15. 2. 1941 **Norwegen**

Vor Norwegen operieren von der brit. 9. U-Flottille u. a. das brit. *Sealion* (Cdr. Bryant), das am 5. 2. den norweg. Routendampfer *Ryfylke* (1151 BRT) versenkt, ferner die niederl. *O 21, O 23* und das freifranz. *Minerve*.

1.—15. 2. 1941 **Biskaya**

Bei Operationen im Gebiet der Biskaya versenkt *Tigris* (LCdr. Bone) 2 Schiffe mit 3704 BRT, *Snapper* geht durch eine Minensperre verloren. Auf den Verlegungsmärschen nach Gibraltar operieren u. a. die U-Boote *Unbeaten, O 23* und *O 21* in der Biskaya.

2./3. 2. 1941 **Rotes Meer**

Ergebnisloser Angriff der ital. Zerstörer *Pantera, Tigre* und *Leone* von Massaua aus gegen einen brit. Konvoi im Roten Meer.

3./4. 2. 1941 **Norwegen**

Minenunternehmung »Rügen« des Minenschiffsverbandes vor der norweg. Küste. Sicherung durch die 2. T-Flottille.

3./4. 2. 1941 **Nordatlantik**

Die Schlachtschiffe *Scharnhorst* (Kpt. z. S. Hoffmann) und *Gneisenau* (Kpt. z. S. Fein) durchbrechen vom Gegner unbemerkt die Dänemarkstraße.

3./4. 2. 1941 **Mittelmeer**

Luftmineneinsatz der 2./K. G. 4 gegen Tobruk.

3.—15. 2. 1941 **Mittelmeer**

Wenig erfolgreiche Tätigkeit brit. U-Boote vor der nordafrikanischen Küste: 3. 2.: *Truant* (LCdr. Haggard) versenkt aus einem Konvoi vor Bengasi 1 Frachter von 1130 BRT und greift am nächsten Tag einen Einzelfahrer erfolglos an. 11. bis 12. 2.: *Utmost* (Lt. Cayley) greift vor Tripolis 2 auslaufende Konvois an und torpediert am 12. 2. 1 Dampfer. 15. 2.: *Upholder* (LCdr. Wanklyn) greift bei Kuriat einen ital. Konvoi auf dem Marsch nach Tripolis erfolglos an.

5./6. 2. 1941 **Nordsee**

Bei einem Vorstoß von *S 30, S 54, S 58* und *S 59* der 2. S-Flottille versenkt *S 30* (Oblt. z. S. Feldt) zwischen Ipswich und Newcastle 1 brit. Frachter (501 BRT).

5.—7. 2. 1941 **Mittelmeer**

Ital. Großgeleit von Neapel nach Tripolis mit den Fahrgastschiffen *Esperia* (11 398 BRT), *Conte Rosso* (17 879 BRT), *Marco Polo* (12 272 BRT) und *Calitea* (4013 BRT). Sicherung durch die Zerstörer *Freccia, Saetta* und *Tarigo,* ab 6. 2. durch den Leichten Kreuzer *Giovanni delle Bande Nere.* 9.—11. 2.: Rückmarsch des Konvois mit 5000 Flüchtlingen an Bord.

6. 2. 1941 **allgemeine Lage**

Hitler erläßt »Weisung Nr. 23: Richtlinien für die Kriegführung gegen die engl. Wehrwirtschaft«.

6.—11. 2. 1941 **Mittelmeer**

Angriff der »Force H« (VAdm. Somerville) gegen Genua. 6. 2.: Auslaufen des Geschwaders in 3 Gruppen: Gruppe 1: Schlachtkreuzer *Renown,* Schlachtschiff *Malaya,* Flugzeugträger *Ark Royal* und Leichter Kreuzer *Sheffield,* Gruppe 2: Zerstörer *Fearless, Foxhound, Foresight, Fury, Encounter* und *Jersey,* Gruppe 3: Zerstörer *Duncan, Isis, Firedrake* und *Jupiter.* Die Gruppen 1 und 2 verlassen Gibraltar kurz nach dem Konvoi HG. 53 mit Westkurs, kehren jedoch in der Nacht um und passieren die Gibraltar-Straße nach Osten. Die Gruppe 3 führt U-Boot-Suche ostwärts der Straße durch und vereinigt sich dann mit den beiden anderen Gruppen. 8. 2.: Auf eine Meldung über brit. Trägerflugzeuge südlich der Balearen glaubt die Supermarina an einen neuen Versorgungs-Konvoi für Malta, worauf ein starker ital. Flottenverband unter Admiral Iachino ausläuft: Schlachtschiffe *Vittorio Veneto, Andrea Doria* und *Giulio Cesare* und 8 Zerstörer aus La Spezia, Schwere Kreuzer *Trieste, Trento* und *Bolzano* sowie 2 Zerstörer aus Messina zur Vereinigung am Abend des 9. 2. südwestlich Sardinien. Am Morgen des 9. 2. Beschießung Genuas durch *Renown, Malaya* und *Sheffield* mit 273 : 38,1-cm-, 782 : 15,2-cm- und 400 : 11,4-cm-Granaten.

Im Hafen werden von 55 Schiffen 4 Frachter und ein altes Schulschiff versenkt, 18 weitere erhalten leichte Beschädigungen durch Splitter und Nahtreffer, 144 Tote. Starke Schäden in der Stadt. Das eingedockte beschädigte Schlachtschiff *Caio Duilio* wird nicht getroffen. Das Abwehrfeuer der italienischen Küstenbatterien bleibt infolge schlechter Sichtverhältnisse erfolglos. Die ital. Flotte macht auf der Höhe der Bonifacio-Straße kehrt, um die Force H abzufangen. Dichte Nebelfelder behindern die Sicht, so daß die angesetzte Luftaufklärung an dem ablaufenden brit. Verband keine Fühlung halten kann. Außerdem lassen sich die Aufklärer durch einen aus 6 Schiffen bestehenden, nach Korsika laufenden franz. Geleitzug täuschen, so daß die ital. Flotte am Gegner vorbeistößt. Die *Ark Royal* führt mit 4 Zerstörern einen Raid gegen Livorno durch, ihre Flugzeuge verminen die Hafeneinfahrt von La Spezia. 11. 2.: Force H läuft wieder in Gibraltar ein.

7./8. 2. 1941 **Mittelmeer**

Dt. Luftangriff auf Malta.

8. 2. 1941 **Nordatlantik**

Die Schlachtschiffe *Gneisenau* und *Scharnhorst* sichten östlich Neufundland den brit. Konvoi HX. 106. Der Flottenchef, Admiral Lütjens, unterläßt den Angriff jedoch, als festgestellt wird, daß der Konvoi durch das Schlachtschiff *Ramillies* gesichert ist.

8.—11. 2. 1941 **Mittelmeer**

Erster Konvoi mit Truppen und Material des Deutschen Afrika-Korps von Neapel nach Tripolis mit den dt. Dampfern *Ankara* (4768 BRT), *Arcturus* (2596 BRT) und *Alicante* (2140 BRT). Sicherung durch den ital. Zerstörer *Turbine* und die T-Boote *Orsa, Gen. Antonio Cantore* und *Giuseppe Missori.* 8. bis 10. 2.: Konvoi in Palermo wegen »Force H«. Auf dem Rückmarsch am 14. 2. vergeblicher Angriff brit. Torpedoflugzeuge von Malta.

8.—12.2. 1941 **Nordatlantik**

Operationen gegen die Konvois HG. 53 und SLS. 64. Am Abend des 8. 2. sichtet *U 37* (Kptlt. Clausen) südwestlich Cap St. Vincent HG. 53 mit 16 Schiffen. *U 37* versenkt am 9. 2. 2 Schiffe, hält dann befehlsgemäß Fühlung und ermöglicht durch Peilzeichen das Heranführen der 2./K.G. 40 (Hptm. Fliegel), die in den Mittagsstunden des 9. 2. mit 5 *FW 200* angreift und 5 Schiffe mit 9201 BRT versenkt. Bei einem zweiten Anlauf versenkt *U 37* am 10. 2. ein 3. Schiff. Der auf die Fühlungshalter-Meldungen hin angesetzte Schwere Kreuzer *Admiral Hipper* (Kpt. z. S. Meisel) findet am 11. 2. nur noch einen Nachzügler des inzwischen aufgelösten Konvois und versenkt ihn. Insgesamt aus HG. 53 von 16 Schiffen 9 Frachter mit 15218 BRT versenkt. In der Nacht zum 12. 2. gewinnt *Admiral Hipper* Fühlung mit dem aus 19 Schiffen bestehenden, noch ungesicherten Konvoi SLS. 64 und versenkt aus ihm am Morgen des 12. 2. 7 Schiffe mit 32806 BRT und beschädigt 2 weitere schwer. 14. 2.: *Admiral Hipper* läuft in Brest ein.

9.—18. 2. 1941 **Mittelmeer**

Im östlichen Mittelmeer operieren die ital. U-Boote *Topazio* und *Speri* vor der griech.-alban. Küste, vor der Cyrenaika *Malachite,* in der Ägäis *Beilul* und *Sirena* ohne Erfolge.

10.—14. 2. 1941 **Indischer Ozean**

Einheiten des brit. Seebefehlshabers East Indies (VAdm. Leatham): Kreuzer *Shropshire, Ceres* und *Capetown* beschießen mit Zerstörersicherung Chisimaio und Mogadiscio sowie ital. Truppenbewegungen und Nachschubkolonnen an der Somaliküste. Die Operationen werden durch Flugzeuge des Trägers *Hermes* unterstützt. In Mogadiscio ital. Tanker *Pensilvania* (6861 BRT) versenkt. Schon Anfang des Monats haben Flugzeuge des zur Ablösung der beschädigten *Illustrious* auf dem Marsch ins Mittelmeer befindlichen Trägers *Formidable* Minen vor Mogadiscio gelegt und ital. Schiffe in Massaua angegriffen.

11.—17. 2. 1941 **Mittelmeer**

Bei Operationen der brit. 10. U-Flottille ostwärts der tunesischen Küste verfehlt *Unique* am 11. 2. einen Konvoi mit dem T-Boot *Missori. Utmost* (LCdr. Cayley) torpediert aus einem Konvoi mit dem T-Boot *Centauro* 1 Schiff mit 5463 BRT. *Upholder* verfehlt am 16./17. 2. einen Konvoi mit den T-Booten *Cascino* und *Pilo.* Von der 1. U-Flottille torpediert *Rover* 1 Schiff mit 6161 BRT, und *Triumph* (LCdr. Wards) landet eine Kommando-Einheit an der apulischen Küste, die eine wichtige Wasserleitung bei Foggia zerstören soll.

12.—13. 2. 1941 **allgemeine Lage**

Mussolini und Franco treffen sich in Bordighera, Franco und Pétain in Montpellier.

12.—14. 2. 1941 **Mittelmeer**
2. Konvoi des Afrika-Korps von Neapel nach Tripolis mit den dt. Frachtern *Adana* (4205 BRT), *Aegina* (2447 BRT) *Kybfels* (7764 BRT) und *Ruhr* (5954 BRT). Sicherung: ital. Zerstörer *Camicia Nera* und T-Boot *Procione*.

14. 2. 1941 **Ostafrika**
Südafrikanische Truppen erobern Chisimaio (Somaliland), unterstützt durch die »Force T«: Kreuzer *Shropshire, Hawkins, Capetown* und *Ceres*, Träger *Hermes* und Zerstörer *Kandahar*. Im Hafen versenken sich 3 ital. Frachter mit 16758 BRT.

18. 2. 1941 **Mittelmeer**
Die 2./K. G. 4 wirft Minen in den Suez-Kanal. Weiterer Mineneinsatz in der Nacht zum 23. 2. Auf Grund dieser und weiterer Minenoperationen muß der Kanal mehrfach für einige Tage gesperrt werden. Dadurch starke Verzögerungen des Schiffsverkehrs. Unter anderem auch der Flugzeugträger *Formidable*, der die beschädigte *Illustrious* (vgl. 6.—13. 1.) ersetzen soll, davon betroffen.

19. 2. 1941 **Nordsee**
Vorstoß der 1. S-Flottille mit *S 28, S 101* und *S 102* in die Themse-Mündung. *S 102* (Oblt. z. S. Töniges) versenkt den brit. Frachter *Algarve* (1355 BRT).

19.—22. 2. 1941 **Nordatlantik**
Operationen gegen den Konvoi OB. 287. 19. 2.: Konvoi durch eine *FW 200* der I./K. G. 40 gesichtet, die 2 Schiffe mit 11201 BRT versenkt. Ansatz der U-Boote *U 73, U 107, U 48, U 96, U 69, Bianchi, Marcello, Barbarigo* auf die gemeldete Position. 20. 2.: 2 *FW 200* finden den Konvoi erneut und beschädigen 4 Schiffe, darunter einen großen Tanker mit zusammen 18532 BRT. Auch an diesem Tag können die U-Boote auf Grund der ungenauen Positionsmeldungen nicht an den Konvoi herankommen. 21. 2.: Eine *FW 200* beschädigt einen Tanker von 6999 BRT, der später am Tag von *U 96* versenkt wird. Die U-Boot-Operation wird daraufhin abgebrochen. Am 22. 2. gelingt es einer *FW 200* noch einmal, den Konvoi zu finden und einen beschädigten Dampfer erneut zu treffen. Gesamterfolg: 2 Schiffe mit 18200 BRT versenkt, 4 Schiffe mit 18694 BRT beschädigt. Von den Geleitfahrzeugen wird am 22. 2. *Marcello*, vermutlich durch den brit. Zerstörer *Montgomery*, versenkt. Der Zerstörer *Hurricane* und die Korvette *Periwinkle* greifen ein anderes U-Boot an.

19.—23. 2. 1941 **Mittelmeer**
Die brit. Mittelmeerflotte bringt von Alexandrien den Konvoi MC. 8 nach Malta, gleichzeitig laufen Konvoibewegungen nach Griechenland. Das südostwärts Malta stehende ital. U-Boot *Dagabur* sichtet die Verbände nicht.

19. 2.—6. 3. 1941 **Mittelmeer**
Im östlichen Mittelmeer operieren die ital. U-Boote *Turchese, Menotti* vor der griech.-alban. Küste, *Settimo* ostwärts Malta, *Ambra* vor der Cyrenaika, ohne Erfolge. U-Boote *Zoea* und *Micca* bringen Nachschub von Tarent nach Leros.

20.—22. 2. 1941 **Indischer Ozean**
Der Schwere Kreuzer *Admiral Scheer* (Kpt. z. S. Krancke) versenkt im Seegebiet der Seychellen 4 Schiffe mit 19170 BRT. Er wird am 22. 2. durch das Bordflugzeug des brit. Leichten Kreuzers *Glasgow* gesichtet. Der Versuch der Engländer, mit den Kreuzern *Canberra, Australia, Shropshire, Capetown* und *Emerald* und dem Träger *Hermes* das dt. Schiff abzufangen, scheitert, weil das

Bordflugzeug der *Glasgow* bei einem zweiten Flug infolge Sichtverschlechterung die *Admiral Scheer* nicht wiederfinden kann. Am 24. 2. geben die Engländer die Jagd auf.

21./22. 2. 1941 **Luftkrieg Deutschland**
RAF-Bomber Command greift Wilhelmshaven an.

21./22. 1941 **Mittelmeer**
Die brit. U-Boote *Regent* (LCdr. Browne) und *Ursula* (Lt. Hezlet) greifen nördlich Tripolis einen auslaufenden dt. und einen einlaufenden ital. Konvoi an. Ein ital. Frachter (2365 BRT) versenkt, 2 Schiffe beschädigt.

21.—25. 2. 1941 **Mittelmeer**
Aus einem Konvoi mit 2 dt. Dampfern und den ital. Zerstörern *Freccia, Saetta* und *Turbine* torpediert das brit. U-Boot *Regent* (LCdr. Browne) 1 Dampfer mit 5609 BRT, der von *Saetta* eingeschleppt wird. Am folgenden Tage wird ein von Norden entgegenkommender Konvoi mit 2 ital. Dampfern mit dem T-Boot *Montanari* bei Kerkennah von dem brit. U-Boot *Ursula* (Lt. Ward) angegriffen, das 1 Schiff mit 5788 BRT torpediert. Das zweite Schiff mit 2365 BRT wird später vor Tripolis von *Regent* versenkt. Am 24./25. 2. verfehlen *Upright* und *Unique* Konvois. An der griech.-alban. Küste melden die griech. U-Boote *Nereus* (Kptlt. Rotas) und *Papanicolis* (Oblt. Iatrides) Erfolge.

22. 2. 1941 **Nordatlantik**
Etwa 500 sm östlich von Neufundland versenken die Schlachtschiffe *Gneisenau* und *Scharnhorst* aus einem aufgelösten westgehenden Konvoi 5 Handelsschiffe mit zusammen 25 784 BRT.

22. 2. 1941 **Mittelmeer**
Ju 87 der I./St. G. 3 beschädigen im Hafen von Bengasi den brit. Monitor *Terror* durch Bombentreffer; beim Versuch, das Schiff nach Alexandria zu schleppen, sinkt es am 23. 2. vor Derna.

22.—24. 2. 1941 **Nordatlantik**
Operation gegen den Konvoi OB. 288. Am 22. 2. sichtet eine *FW 200* der I./K. G. 40 den Konvoi westlich Irland und beschädigt 2 Schiffe mit 11 249 BRT. Von einem günstig stehenden Vp.-Streifen mit den U-Booten *U 73, U 69, U 96, U 107, U 552, U 97, Barbarigo, Bianchi* gewinnt *U 73* wenig später Fühlung, nach Abreißen der Fühlung am Abend wird für den 23. 2. ein neuer Vp-Streifen mit *U 73, U 96, U 69, U 123, Bianchi* und *Barbarigo* befohlen. Am 23. 2. tags kommen *U 96, U 73, U 69* heran, der Konvoi biegt nach Norden aus, die *FW 200* stoßen vorbei. Um Mitternacht am 23./24. 2. greifen mit kurzen Abständen *U 96, U 69* und *U 95* an und versenken 1 bzw. 2 Schiffe. Am 24. 2. morgens löst sich der Konvoi auf, *U 95, U 96, Bianchi* und *U 73* versenken je 1 Schiff, *U 123* und *U 96* je einen weiteren Einzelfahrer. Insgesamt 10 Schiffe mit 52 875 BRT. Von den nach dieser Operation zurückkehrenden U-Booten versenken, soweit nicht bereits angeführt (s. 25. 1.—18. 2.):
U 73 (Kptlt. Rosenbaum) 1 Schiff mit 4260 BRT, *U 69* (Kptlt. Metzler) 3 Schiffe mit 18 576 BRT, *U 95* (Kptlt. Schreiber) 5 Schiffe mit 24 910 BRT, davon 2 während des anschl. Einsatzes als Wetterboot.

22. 2.—25. 4. 1941 **Mittelatlantik**
Südmarsch und erster Operationsabschnitt einer U-Boot-Gruppe im Gebiet von Freetown. In den Nächten vom 3.—6. 3. ergänzen die U-Boote *U 124, U 105,*

U 106 in Las Palmas aus dem dt. Tanker *Charlotte Schliemann* Brennstoff. Vom 7.—8. 3. operieren *U 105* und *U 124* gegen den Konvoi SL. 67 (s. dort!) und setzen danach zu dritt in einer breiten Harke den Marsch nach Freetown fort. Während *U 105* und *U 106* vom 15.—22. 3. den nächsten Konvoi SL. 68 erfassen und verfolgen (s. dort!), geht *U 124* zur Versorgung aus dem Hilfskreuzer *Schiff 41/Kormoran* (18. 3.) und operiert dann etwa 4 Wochen vor Freetown, wobei 7 Schiffe versenkt werden. *U 105* und *U 106* marschieren nach der Konvoi-Operation zur Versorgung aus dem Troßschiff *Nordmark* (28. 3.), werden aber, ehe sie ihre Operationen vor Freetown aufnehmen können, abgeteilt, um nach einer weiteren Versorgung aus der *Nordmark* (7. 4.) nach Rio de Janeiro zu gehen und dort den dt. Blockadebrecher *Lech* aufzunehmen und durch die panamerikan. Sicherheitszone zu geleiten. *U 105* wird nach 2 Wochen von dieser Aufgabe entbunden und geht nach Freetown, *U 106* nimmt die *Lech* auf, diese beiden Boote kommen erst mit der zweiten Welle vor Freetown zum Ansatz (s. 26. 4.). *U 124* (Kptlt. Schulz) tritt am 20. 4. verschossen den Rückmarsch an, Gesamterfolg (einschl. SL. 67) 11 Schiffe mit 52397 BRT versenkt. Eine Operation des ital. U-Bootes *Finzi* im Gebiet der Kanaren (23. 3.—7. 4.) bleibt ohne Ergebnis.

23.—25. 2. 1941 **Nordatlantik**

Operationen gegen den Konvoi OB. 289. Am 23. 2. sichtet *U 552* den Konvoi und hält an ihm für die angesetzten *U 95, U 97* und *U 108* Fühlung. Während *U 552* infolge Torpedoversagern bei 2 Angriffen keinen Erfolg hat, versenkt *U 97* in der Nacht zum 24. in 3 Anläufen 3 Schiffe und torpediert 1 Tanker. *U 552* hält bis zum 25. 2. Fühlung, doch kommt *U 95* vor Auflösung des Konvois nicht mehr heran.
Von den z. T. bis in den März im Op.-Gebiet bleibenden U-Booten werden — soweit nicht bereits erwähnt — versenkt:
U 552 (Kptlt. Topp) 2 Schiffe mit 12749 BRT, *U 97* (Kptlt. Heilmann) 3 Schiffe mit 16761 BRT, ferner 1 Schiff mit 9718 BRT beschädigt, *U 108* (Kptlt. Scholtz) 2 Schiffe mit 8078 BRT.
Von den in dieser Zeit im Gebiet zwischen North Minch und den Färöern operierenden *U 147* (Kptlt. Hardegen) und *U 46* (Oblt. z. S. Endraß) versenkt ersteres am 2. 3. aus dem Konvoi HX. 109 1 Schiff mit 4811 BRT.

24. 2. 1941 **Mittelmeer**

Ju 87 der I./St. G. 3 versenken vor Tobruk den brit. Zerstörer *Dainty.*

24.—26. 2. 1941 **Mittelmeer**

Großgeleit von Neapel nach Tripolis mit den Fahrgastschiffen *Esperia, Conte Rosso, Marco Polo* und *Victoria* (13098 BRT). Sicherung durch die Zerstörer *Camicia Nera* und *Baleno,* das T-Boot *Aldebaran* und als Fernsicherung die Leichten Kreuzer *Giovanni delle Bande Nere* und *Armando Diaz* mit den Zerstörern *Ascari* und *Corazziere.* Aus dem Deckungsverband versenkt das brit. U-Boot *Upright* (Lt. Norman) am 25. 2. den Kreuzer *Diaz* (Kpt. z. S. Mazzola).

25. 2. 1941 **Nordsee**

S 30 (Oblt. z. S. Feldt) versenkt vor Lowestoft den brit. Geleitzerstörer *Exmoor.*

25. 2. 1941 **Ostafrika**

Ostafrikanische Truppen besetzen Mogadiscio.

25.—26. 2. 1941 **Nordatlantik**

Operation gegen den Konvoi OB. 290. Am Nachmittag des 25. 2. sichtet das neu im Op.-Gebiet eingetroffene *U 47* (Kptlt. Prien) den Konvoi, wird aber durch ein Flugzeug abgedrängt und kommt kurz vor Dunkelwerden wieder heran. In der Nacht versenkt *U 47* in 3 Anläufen 3 Schiffe und torpediert einen Tanker. Auf seine Fühlunghaltermeldungen werden die Boote *U 97*, *U 73*, *Bianchi*, *Barbarigo* und am 26. 2. auch *U 99* angesetzt, kommen jedoch nicht mehr heran. *U 47* führt durch Peilzeichen am Mittag des 26. 2. eine, am Nachmittag 5 *FW 200* der I./K. G. 40 heran, die aus dem sich auflösenden Konvoi 7 Schiffe mit 36250 BRT versenken und 4 weitere mit 20755 BRT beschädigen. Größter Einzelerfolg des K. G. 40. Ein versprengtes Schiff wird durch *Bianchi* versenkt. Am 28. 2. verfehlt *U 99* einen weiteren versprengten Dampfer von OB. 290, den anschl. *U 47* versenkt. Gesamterfolg *U 47* 3 Schiffe mit 16310 BRT versenkt, 1 mit 8106 BRT beschädigt.

25./26. 2. 1941 — **Kanal**

Die T-Boote *Jaguar* (Kptlt. Hartenstein) und *Iltis* (Kptlt. Jacobsen) führen vor Eastburne die Minenunternehmung »Augsburg A« durch.

25./26. 2. 1941 — **Luftkrieg Westraum**

Angriff der RAF auf Brest, dabei werden erstmalig Bomber vom Typ Avro *Manchester* eingesetzt.

25.—27. 2. 1941 — **Mittelmeer**

Die brit. Zerstörer *Decoy* und *Hereward* landen 200 Mann Kommando-Truppen und Marinepersonal auf der Insel Castelrosso (östl. Rhodos), das Kanonenboot *Ladybird* setzt eine Abteilung Royal Marines im Hafen ab. Geringer ital. Widerstand, *Ladybird* durch Luftangriff beschädigt. An den beiden folgenden Tagen gelingt es den ital. Zerstörern *Sella* und *Crispi* sowie den Torpedobooten *Lupo* und *Lince* von Rhodos aus Verstärkungen zu landen und durch ihr Artilleriefeuer zusammen mit der Besatzung die gelandeten Engländer niederzukämpfen. Teile entkommen nachts über See. Ansatz des U-Bootes *Galatea* bleibt ohne Erfolg.

26./27. 2. 1941 — **Nordsee**

Bei einem Vorstoß der 1. S-Fl. versenkt *S 28* (Kptlt. Klug) vor Cromer den brit. Frachter *Minorca* (1123 BRT).

27. 2. 1941 — **Indischer Ozean**

Der neuseeländische Leichte Kreuzer *Leander* (Capt. Bevan) versenkt südwestlich der Malediven (Indischer Ozean) nach kurzem Gefecht den 3667 BRT großen ital. Hilfskreuzer *Ramb I* (Kptlt. Bonezzi).

28. 2. 1941 — **Mittelmeer**

Luftmineneinsatz der 2./K. G. 4 gegen Tobruk.

28. 2./1. 3. 1941 — **Luftkrieg Deutschland**

Brit. Luftangriff auf Wilhelmshaven.

★

1. 3. 1941 — **allgemeine Lage**

Bulgarien tritt dem Dreimächtepakt bei.

1. 3. 1941 — **Atlantik**

Die US-Navy bildet eine »Support Force Atlantic Fleet« (KAdm. Bristol jr.) mit 3 Zerstörer-Flottillen und Flugbootstaffeln für die Konvoi-Sicherung im Nordatlantik: Desron 7 (Capt. Kauffmann): Zerstörer *Plunkett, Niblack, Benson, Gleaves, Mayo, Madison, Lansdale, Hilary P. Jones, Charles F. Hughes* — Desron 30 (Capt. Cohen) mit *Dallas, Ellis, Cole, Bernadou, Dupont, Greer, Tarbell, Upshur, Lea* — Desron 31 (Capt. Baker) mit *Macleish, Bainbridge, Overton, Sturtevant, Reuben James, McCormick, Broome, Simpson* und *Truxtun.*

1.—3. 3. 1941 **Mittelmeer**

Nachschubgeleitzug für das Afrika-Korps von Neapel nach Tripolis: 4 Dampfer, gesichert durch 3 T-Boote. Gleichzeitig Rückgeleit von 5 Dampfern mit einem Zerstörer und 3 T-Booten. Keine Verluste.

1.—4. 3. 1941 **Indischer Ozean/Atlantik**

Auslaufen der letzten ital. U-Boote im Roten Meer aus Massaua zum Marsch um das Kap der Guten Hoffnung nach Bordeaux: *Perla* (Kptlt. Napp), *Archimede* (KKpt. Salvatori), *Guglielmotti* (KKpt. Spagone) und *Galileo Ferraris* (KKpt. Piomarta). *Perla* wird am 29. 3. im Indischen Ozean durch den dt. Hilfskreuzer *Schiff 16 Atlantis* (Kpt. z. S. Rogge), die anderen Boote am 16. und 17. 4. im Südatlantik durch den Flottentanker *Nordmark* versorgt. Alle 4 Boote erreichen zwischen dem 7. und 20. 5. Bordeaux.

2.—5. 3. 1941 **Nordatlantik**

Operationen gegen den Konvoi OB. 292. Eine *FW 200* der I./K. G. 40 erfaßt den Konvoi OB. 292 und versenkt 1 Schiff mit 6533 BRT. Für den 3. 3. wird ein Vp.-Streifen mit den U-Booten *Barbarigo, U 70, U 108, U 552, U 95, U 99, U 47* und *Vellela* gebildet und 3 *FW 200* angesetzt, der Konvoi jedoch nicht wiedergefunden. Am 4. 3. sichtet eine *FW 200* den Konvoi, für den 5. 3. wird ein neuer Vp.-Streifen mit *U A, U 70, U 47, U 99, U 95, U 108, U 552* und *Vellela* gebildet, doch umgeht der Konvoi den durch Funkverkehr erfaßten Streifen.

2.—17. 3. 1941 **Mittelmeer**

An der griech.-alban. Küste operieren die ital. U-Boote *Topazio* und *Uarsciek,* vor der Cyrenaika *Serpente.*

3. 3. 1941 **Norwegen**

Operation »Claymore«: Erfolgreicher brit. Raid gegen Lofoten. Beteiligt: Zerstörer *Somali* (Capt. Caslon), *Eskimo, Tartar, Legion* und *Bedouin* und die Landungsschiffe *Queen Emma* und *Princess Beatrix* mit 550 Mann Kommando-Truppen an Bord. Deckungskräfte: Leichte Kreuzer *Edinburgh* und *Nigeria.* Die Fischereiverarbeitungsanlagen von Stamsund, Henningsvaer, Svolvaer und Brettesnes werden zerstört, das Vorpostenboot *Krebs,* 3 kleine Fischereifahrzeuge und die Handelsschiffe *Hamburg* (5470 BRT), *Felix Heumann* (2468 BRT), *Pasajes* (1996 BRT), *Eilenau* (1404 BRT), *Bernhard Schulte* (1058 BRT), *Gumbinnen* (1381 BRT) und *Mira* (1152) versenkt. Das norweg. Fischereifahrzeug *Myrland* (321 BRT) schließt sich dem brit. Verband an. 215 Deutsche und 10 Norweger werden gefangengenommen, 300 gehen freiwillig mit nach England.

3.—6. 3. 1941 **Mittelmeer**

Nachschubgeleitzug für das Afrika-Korps von Neapel nach Tripolis: 4 Frachter mit Sicherung durch 2 Zerstörer und 1 T-Boot. Keine Verluste.

5. 3. 1941 **Mittelmeer**

Vor Kalabrien versenkt das brit. U-Boot *Triumph* (LCdr. Wards) 2 Schiffe mit 1855 BRT.

5./6. 3. 1941 **Kanal**
Offensive Minenunternehmung »Augsburg« vor Eastburne durch die Torpedoboote *Jaguar* und *Iltis*.

5.—7. 3. 1941 **Mittelmeer**
Rückgeleit von Tripolis nach Neapel: 3 Frachter mit Sicherung durch den Hilfskreuzer *Ramb III* und 2 T-Boote. Keine Verluste.

5. 3.—2. 4. 1941 **Mittelmeer**
Operation »Lustre«, Transport von 4 brit. Divisionen von Alexandrien nach Griechenland, bis 2. 4. rund 58 000 Mann ohne wesentliche Ausfälle transportiert. Luftsicherung der Konvois vor allem durch die Flakkreuzer *Calcutta, Coventry* und *Carlisle*. Insgesamt 25 Schiffe mit 115 026 BRT bei der Operation verloren, doch überwiegend nach der Ausladung. Nur 7 Schiffe in Konvois. Die in den Durchfahrten beiderseits Kreta und südostwärts der Insel sich ablösenden ital. U-Boote *Anfitrite, Ondina, Beilul, Galatea, Malachite, Smeraldo, Nereide, Ascianghi, Ambra, Dagabur* und *Onice* kommen gegen die Konvois nicht zu Erfolgen. *Anfitrite* wird am 6. 3. bei einem Angriffsversuch gegen den Konvoi GA. 8 ostwärts Kreta durch den Sicherungszerstörer *Greyhound* versenkt, am 30. 3. greift *Dagabur* einen brit. Kreuzerverband an, aus dem am 31. 3. *Ambra* (Kptlt. Arillo) den Kreuzer *Bonaventure* versenkt.

6.—9. 3. 1941 **Nordatlantik**
Operation gegen den Konvoi OB. 293. Am Abend des 6. 3. erfaßt *U 47* den Konvoi und führt in der Nacht zum 7. 3. *U 70* und *U 99* heran, wird selbst aber vorübergehend abgedrängt. *U 70* (Kptlt. Matz) torpediert im Konvoi 2 Schiffe mit 13 916 BRT, wird anschließend jedoch durch die Korvetten *Camelia* und *Arbutus* versenkt. Kurz darauf versenkt *U 99* (Kptlt. Kretschmer) 1 Tanker mit 6568 BRT und torpediert das Walfangschiff *Terje Viken* (20 638 BRT), das später am Tage mit weiteren Fangschüssen getroffen wird, als Wrack jedoch erst am 14. 3. sinkt. Am 7. 3. abends gewinnt *UA* (KKpt. Eckermann) Fühlung, wird aber nach einem Angriff, der durch Torpedoversager fehlschlägt, durch Wasserbomben von Geleitfahrzeugen schwer beschädigt. *U 37* kommt nicht heran. In der Nacht zum 8. 3. kommt *U 47* (KKpt. Prien †) wieder heran, wird jedoch in einer Regenbö von dem Zerstörer *Wolverine* (Cdr. Rowland) überrascht und mit Wasserbomben versenkt.
Am 8. 3. nachts sichtet weiter nördlich *U 74* (Kptlt. Kentrat) einen einlaufenden Konvoi, kommt aber nicht zum Erfolg, *U 99* und die angesetzten ital. U-Boote *Emo, Mocenigo* und *Veniero* kommen am 9. 3. nicht heran.

7./8. 3. 1941 **Nordsee**
Vor Cromer und Southwold greifen die 1. S-Fl. (Kptlt. Birnbacher) mit *S 26, S 27, S 28, S 29, S 39, S 101, S 102* und die 3. S-Fl. (Kptlt. Kemnade) mit *S 31, S 57, S 59, S 60* und *S 61* brit. Konvois an. Die 1. S-Fl. versenkt 5 Frachter mit 7282 BRT, die 3. S-Fl. 2 Frachter mit 5852 BRT, darunter der durch *S 61* (Oblt. z. S. von Gernet) versenkte Frachter *Boulderpool* (4805 BRT).

7.—8. 3. 1941 **Mittelatlantik**
Operationen gegen den Konvoi SL. 67. Am Morgen des 7. 3. sichten die dt. Schlachtschiffe *Scharnhorst* (Kpt. z. S. Hoffmann) und *Gneisenau* (Kpt. z. S. Fein) etwa 300 sm nordostwärts der Kapverden den Konvoi, brechen den Angriff jedoch bei Feststellung des brit. Schlachtschiffes *Malaya* am Konvoi ab. Auf ihre Fühlungshaltermeldung hin setzt der B. d. U. die in der Nähe stehenden

U-Boote *U 105* (Kptlt. Schewe) und *U 124* (Kptlt. Schulz) an, die nacheinander in der Nacht zum 8. 3. angreifen und 1 Schiff bzw. 4 Schiffe mit 5229 BRT bzw. 23 259 BRT versenken. Beide U-Boote sichten die *Malaya* nicht. *U 105* wird bis zum Nachmittag des 8. 3. durch eine Wasserbombenverfolgung unter Wasser gedrückt und *U 124* abgedrängt, so daß die Schlachtschiffe ihre Operation abbrechen müssen.

8.—12. 3. 1941 **Mittelmeer**

Dt. Nachschubgeleit von Neapel nach Tripolis und Rückgeleit ohne Angriffe.

9.—10. 3. 1941 **Mittelmeer**

Ein vorübergehend in Palermo eingelaufener dt. Nachschubgeleitzug für das Afrika-Korps (4 Frachter, gesichert von 5 Zerstörern und 2 T-Booten) erreicht unbehelligt Tripolis. Ital. Konvoi von Trapani nach Tripolis mit 5 Schiffen und dem T-Boot *Papa* wird vor der tunes. Küste von den brit. U-Booten *Utmost* (LCdr. Cayley) und *Unique* (Lt. Collett) angegriffen, die je 1 Schiff mit 5683 BRT bzw. 2584 BRT versenken.

10./11. 3. 1941 **Luftkrieg Westeuropa**

Erster Einsatz viermot. brit. Bomber vom Typ Handley-Page »*Halifax*« gegen Le Havre (6 Flugzeuge der Squadron Nr. 35).

10.—17. 3. 1941 **Nordatlantik**

Nordwestlich des Nordkanals operieren die dt. U-Boote *U 99, U 37, U 74, U 110* und *U 100* sowie die ital. *Vellela, Brin, Argo, Mocenigo, Emo* und *Veniero*.
Am 15. 3. abends sichtet *U 110* (Kptlt. Lemp) den einlaufenden Konvoi HX. 112 mit 41 Schiffen, gesichert von der 5th Escort Group (Cdr. Macintyre) mit den Zerstörern *Walker, Vanoc, Volunteer, Sardonyx* und *Scimitar* und den Korvetten *Bluebell* und *Hydrangea*. Es werden *U 99, U 37, U 100* und *U 74* angesetzt. In der Nacht zum 16. 3. greift *U 110* zweimal an und torpediert 1 Tanker von 6207 BRT, wird aber gegen Morgen abgedrängt. Am Mittag des 16. 3. kommt *U 37* (Kptlt. Clausen) heran, wird aber am Abend abgedrängt, während *U 100* (Kptlt. Schepke) und *U 110* ebenfalls vor den Zerstörern *Scimitar, Walker* und *Vanoc* ablaufen müssen. In der Nacht gelingt es *U 99* (Kptlt. Kretschmer), in den Konvoi einzudringen und in mehreren Anläufen 3 Tanker und 2 Dampfer mit 34 505 BRT zu versenken und 1 Tanker mit 9314 BRT zu torpedieren. Während *U 99* sich verschossen absetzt, läuft von achtern *U 100* auf, wird aber von *Vanoc* auf 1000 m mit Radar geortet (erste erfolgreiche Ortung mit Gerät Typ 286!) und im Tauchen gerammt. Während die am Bug beschädigte *Vanoc* Überlebende aufnimmt und *Walker* sichert, beobachtet *U 99* die beiden Zerstörer, taucht, wird mit Asdic geortet und von *Walker* mit 6 Wasserbomben zum Auftauchen gezwungen. 6 Mann von *U 100*, Kptlt. Kretschmer und 39 Mann von *U 99* geraten in Gefangenschaft. *U 110* verfolgt den Konvoi noch bis zum Morgen, kommt aber nicht mehr zum Angriff.

10.—20. 3. 1941 **Norwegen**

Von der brit. 9. U-Flottille operieren u. a. *Sturgeon, Sealion, Sunfish* und bei »working up patrols« auch *Undaunted* und *Urchin* vor Norwegen. Keine Erfolge.

11. 3. 1941 **allgemeine Lage**

Das amerik. Pacht- und Leihgesetz tritt mit der Unterzeichnung durch Präsident Roosevelt in Kraft.

11./12. 3. 1941 **Luftkrieg Deutschland**

Die RAF greift Kiel und Bremerhaven an.

12. 3. 1941 **Nordsee**
S 28 (Kptlt. Klug) versenkt östlich von Orfordness das brit. Motorschiff *Trevethoe* (5257 BRT).

12./13. 3. 1941 **Luftkrieg Deutschland**
RAF-Bomber Command greift Hamburg und Bremen an.

12.—13. 3. 1941 **Mittelmeer**
Ital. Truppentransport von Neapel nach Tripolis mit den Fahrgastschiffen *Conte Rosso, Marco Polo* und *Victoria.* Nahsicherung durch 3 Zerstörer, Fernsicherung durch die Schweren Kreuzer *Trieste, Trento* und *Bolzano* mit 3 Zerstörern und 1 T-Boot. Keine Verluste. Gleichzeitig läuft ein Geleitzugpaar für das Afrika-Korps ohne Ausfälle nach Tripolis bzw. nach Italien zurück.

13. 3. 1941 **Luftkrieg England**
Schwerer dt. Luftangriff auf Liverpool: 1 Schiff mit 5644 BRT versenkt, 7 weitere mit 45 114 BRT schwer beschädigt.

15.—16. 3. 1941 **Nordatlantik**
Die Schlachtschiffe *Scharnhorst* (Kpt. z. S. Hoffmann) und *Gneisenau* (Kpt. z. S. Fein) stoßen im mittleren Nordatlantik auf die zerstreuten Schiffe eines aufgelösten England-Amerika-Konvois. *Gneisenau* versenkt 7 Schiffe mit zusammen 26 693 BRT und kapert 3 Tanker mit 20 139 BRT, von denen jedoch nur einer am 24. 3. die Gironde erreichen kann. *Scharnhorst* versenkt zu gleicher Zeit 6 Schiffe mit 35 080 BRT. Bei der Bergung von Überlebenden seines letzten Opfers wird *Gneisenau* durch das zur Sicherung des Konvois HX. 114 eingesetzte brit. Schlachtschiff *Rodney* überrascht, kann sich jedoch durch geschickte Täuschung des langsameren, aber artilleristisch überlegenen Gegners einem Gefecht entziehen.

15.—19. 3. 1941 **Mittelmeer**
Bei Operationen der brit. 1. U-Flottille torpediert *Parthian* (LCdr. Rimington) am 16. 3. bei Palmi 1 Schiff mit 3141 BRT, *Truant* (LCdr. Haggard) dringt am 19. 3. in den Hafen von Buerat ein, doch detonieren die Torpedos an der Pier hinter dem Tanker *Labor.*

15.—21. 3. 1941 **Mittelatlantik**
U-Boot-Operationen gegen den brit. Konvoi SL. 68 vor der westafrikanischen Küste. *U 106* (Kptlt. Oesten) sichtet den Konvoi und führt *U 105* (Kptlt. Schewe) heran. Sich in Angriff und Fühlunghalten abwechselnd, bleiben die Boote eine Woche lang am Konvoi. *U 105* versenkt 5 Schiffe mit 27 890 BRT, *U 106* 2 Schiffe mit 10 113 BRT und torpediert am 19. 3. in der Nacht, ohne es zunächst selbst zu bemerken, das zur Sicherung des Konvois eingesetzte Schlachtschiff *Malaya.*

15.—28. 3. 1941 **Nordatlantik**
Rückmarsch des Schweren Kreuzers *Admiral Hipper* (Kpt. z. S. Meisel) von Brest nach Kiel. 23. 3.: Unbemerkter Durchbruch durch die Dänemarkstraße. 28. 3.: Einlaufen Kiel. Der brit. Admiralität bleibt die Verlegung des Kreuzers unbekannt, sie trifft daher keine besonderen Sperrmaßnahmen im Gebiet der Dänemarkstraße.

16. 3. 1941 **Mittelmeer**
2 *He 111*-Torpedoflugzeuge des X. Fl.Korps greifen bei bewaffneter Aufklärung etwa 30 sm westlich Kreta Teile der brit. Mittelmeerflotte an und melden Torpedotreffer auf 2 schweren Einheiten, »vermutlich Schlachtschiffen«. Diese Falschmeldung hat verhängnisvolle Folgen für ital. Flottenoperationen.

16. 3. 1941 **Ostafrika**

Von Aden aus ind. und Somali-Truppen bei Bebera/Somaliland an Land gesetzt. Sicherung der Operationen durch die brit. Kreuzer *Glasgow* und *Caledon* sowie die Zerstörer *Kandahar* und *Kingston*. Wiedereinnahme der Stadt Berbera gegen geringen ital. Widerstand.

16. 3.—9. 4. 1941 **Mittelmeer**

Vor der griech.-alban. Küste lösen sich die ital. U-Boote *Fisalia* und *Adua* ab.

17./18. 3. 1941 **Luftkrieg Deutschland**

Die RAF greift Bremen und Wilhelmshaven an.

18. 3. 1941 **Nordsee**

Vorstoß der 1. S-Fl. mit *S 26, S 29, S 39, S 55, S 101* und *S 102* in die Humbermündung. *S 102* (Oblt. z. S. Töniges) versenkt den franz. Frachter *Daphne II* (1970 BRT).

18./19. 3. 1941 **Luftkrieg Deutschland**

Luftangriffe der RAF auf Kiel und Wilhelmshaven.

19./20. 3. 1941 **Luftkrieg England**

370 dt. Bomber greifen London an. Schwerster Angriff seit dem 29. 12. 1940.

19.—24. 3. 1941 **Nordatlantik**

Am 19. 3. meldet eine *FW 200* der I./K. G. 40 westlich Irland einen auslaufenden Konvoi, auf den *U 46*, die ital. *Brin, Mocenigo* und das auf dem Weg nach Gotenhafen befindliche *Giuliani* angesetzt werden. *U 46* gewinnt Fühlung und versucht vergeblich, mehrere *FW 200* heranzuführen, die statt dessen in der Nähe einen einlaufenden Konvoi finden und 1 Schiff mit 5193 BRT versenken und 1 Tanker mit 8245 BRT beschädigen. Nordwestlich der Hebriden sichten sie außerdem einen auslaufenden Konvoi, auf den für den 20. 3. 2 *FW 200* von Bordeaux und 1 von Stavanger sowie die U-Boote *U 110, U 74, U 98* ohne Erfolg angesetzt werden. — Am Mittag des 21. 3. sichtet *U 69* westlich Südirland einen einlaufenden Konvoi, auf den *U 48, Argo* und *Mocenigo* ohne Erfolg angesetzt werden. — Am 23. 3. sichtet *U 97* in der Nähe den auslaufenden Konvoi OG. 56 und versenkt 1 Tanker, am folgenden Tage versenken *U 97* und *Veniero* aus dem aufgelösten Konvoi je 1 Schiff. Auf dem Ausmarsch wird am 23. 3. in der Island-Färöer-Enge *U 551* durch den brit. Trawler *Vizalma* versenkt. Von den zurückgekehrten ital. U-Booten haben versenkt: *Emo* (Kptlt. Roselli-Lorenzini) 1 Schiff mit 5759 BRT, *Veniero* (KKpt. Petroni) 1 Schiff mit 2104 BRT.

19.—24. 3. 1941 **Mittelmeer**

Unter Fernsicherung durch die brit. Mittelmeerflotte (3 Schlachtschiffe, 1 Flugzeugträger, Zerstörer) wird der Versorgungskonvoi MC. 9 nach Malta durchgebracht, ohne daß die dt. und ital. Luftaufklärung die Verbände erfassen.
Die südostwärts Kreta stehenden ital. U-Boote *Malachite* und *Smeraldo* sichten die brit. Verbände nicht.

20.—22. 3. 1941 **Nordatlantik**

Vergeblicher Versuch des brit. Gibraltargeschwaders (Force H) mit dem Schlachtkreuzer *Renown*, dem Flugzeugträger *Ark Royal* und dem Leichten Kreuzer *Sheffield*, die heimkehrenden dt. Schlachtschiffe *Scharnhorst* und *Gneisenau* auf dem Marsch in die Biskaya abzufangen. Die dt. Schiffe laufen am 22. 3. in Brest ein, wo sie erst eine Woche später von der brit. Luftaufklärung wieder erfaßt werden. Gesamterfolg der Handelskriegsunternehmung »Berlin«: 22 Schiffe mit 115 622 BRT.

22. 3. 1941 **Biskaya**

Beginn der massierten brit. U-Boot-Aufstellungen vor Brest zur Sicherung gegen einen Ausbruch der Schlachtschiffe *Scharnhorst* und *Gneisenau.* In den folgenden Monaten sind daran beteiligt *L 27, Torbay, Tuna, Taku, L 26, H 31, H 32, H 33, H 44, H 50, O 9* (niederl.), *O 10* (niederl.), *Undaunted, Sokol* (poln.), *Sealion, Sturgeon, Sunfish, O 24* (niederl.).

23.—31. 3. 1941 **Mittelmeer**

Vor Valona versenkt das griech. U-Boot *Triton* (Oblt. Zepos) aus einem ital. Konvoi mit dem T-Boot *Castelfidardo* 1 Schiff mit 5451 BRT.

Am 25. 3. legt das brit. Minen-U-Boot *Rorqual* (LCdr. Dewhurst) bei Capo Gallo westlich Sizilien eine Sperre, auf der am 26. 3. 2 Schiffe aus einem Konvoi mit 2902 BRT und am 28. 3. das T-Boot *Chinotto* sinken. Mit Torpedos versenkt *Rorqual* am 30. 3. 1 Schiff mit 3645 BRT und am 31. 3. das ital. U-Boot *Capponi.* Am 28. 3. greift *Utmost* (LCdr. Cayley) einen Neapel-Tripolis-Konvoi mit 5 Dampfern, gesichert von den Zerstörern *Folgore, Dardo* und *Strale,* an, versenkt 1 Schiff mit 1927 BRT und torpediert ein Schiff mit 5954 BRT.

25. 3.—5. 4. 1941 **Nordatlantik**

Am 25. 3. werden die U-Boote *U 48, U 98, U 69, U 46, U 74, U 97* in eine neue Aufstellung südlich Island gezogen, um mit der Luftaufklärung auf Konvois zu operieren. Die *FW 200* der I./K. G. 40 finden bis zum 28. 3. jedoch nur einzelne Schiffe und keinen Konvoi, sie versenken 3 Schiffe mit 19 982 BRT und beschädigen das Pass. M/S *Staffordshire* (10 683 BRT). *U 98* versenkt einen Einzelfahrer. Am 29. 3. sichtet *U 48* den einlaufenden Konvoi HX. 115 mit 8 Geleitfahrzeugen und versenkt daraus 4 Schiffe, *U 98* kommt nicht heran. Eine *FW 200* sichtet einen auslaufenden Konvoi, der auch am 30. 3. wiedergefunden wird, doch kommen *U 97* und *U 73* nicht heran. Der von *U 69* gesichtete Konvoi OB. 302 wird am 29./30. 3. von *U 69* und *U 46* verfolgt, die je 1 Schiff versenken, der Versuch, an den am 31. 3. von 2 *FW 200* erfaßten OB. 302 auch *U 73, U 97* und *U 101* heranzuführen, mißlingt, *U 46* versenkt 1 Tanker. Gegen einen am 1. 4. südlich Island von *U 76* gemeldeten auslaufenden Konvoi wird für den 2. 4. ein Vp.-Streifen mit *U 46, U 98, U 101, U 69, U 73, U 97, U 74* und *U 76* gebildet, in den am Abend der einlaufende SC. 26 einläuft. *U 74* führt in der Nacht *U 46, U 73* und *U 69* heran, die bis zum Morgen 6 Schiffe mit 33 615 BRT versenken und den Hilfskreuzer *Worcestershire* (11 402 BRT) beschädigen *(U 74).* Eines der teilweise versprengten Schiffe wird am Tage des 3. 4. von *U 76* versenkt, am Abend gewinnt *U 94* wieder Fühlung an der Hauptgruppe des Konvois und führt *U 98* heran, die in der Nacht 3 weitere Schiffe mit 13 003 BRT versenken. Am 4. 4. setzen *U 98, U 101* und *U 76* die Operation fort, doch kommt nur letzteres am Nachmittag nochmals zum Schuß und versenkt 1 Schiff, wird jedoch selbst gegen Morgen am 5. 4. durch den Zerstörer *Wolverine* (Cdr. Rowland) und die Sloop *Scarborough* versenkt. Bei ihren Operationen seit dem HX. 112 haben versenkt: *U 110* (Kptlt. Lemp) 2 Schiffe mit 8675 BRT beschädigt, *U 98* (Kptlt. Gysae) 4 Schiffe mit 15 588 BRT versenkt, *U 48* (Kptlt. Schultze) 5 Schiffe mit 27 256 BRT, *U 97* (Kptlt. Heilmann) 3 Schiffe mit 20 510 BRT, *U 94* (Kptlt. Kuppisch) 2 Schiffe mit 10 994 BRT, *U 76* (Oblt. z. S. v. Hippel) 2 Schiffe mit 7290 BRT, *U 74* (Kptlt. Kentrat) zusammen mit *U 73* (Kptlt. Rosenbaum) bei einem gleichzeitigen Angriff am SC. 26 3 Schiffe mit 15407 BRT, *U 73* ferner mit *U 69* (Kptlt. Metzler) 1 Tanker von 6895 BRT und mit *U 46* (Oblt. z. S. Endraß) 1 Schiff mit 4313 BRT. Ferner *U 46* allein 1 Tanker mit 7000 BRT, *U 69* 1 Schiff mit 3759 BRT.

26. 3. 1941 **Mittelmeer**

Die ital. Zerstörer *Francesco Crispi* und *Quintino Sella* setzen, von Leros kommend, vor der Suda-Bucht (Kreta) 6 Sprengboote (Kptlt. Faggioni) ab. Die Boote dringen ungesehen in die Bucht ein, versenken den norweg. Tanker *Pericles* (8324 BRT) und setzen den brit. Schweren Kreuzer *York* außer Gefecht.

26.—27. 3. 1941 **Nordatlantik**

Schwerer Kreuzer *Admiral Scheer* (Kpt. z. S. Krancke) durchbricht heimkehrend die Dänemarkstraße und manövriert dabei vom Gegner unbemerkt die beiden brit. Leichten Kreuzer *Fiji* und *Nigeria* aus. Am 30. 3. erreicht der Kreuzer das Seegebiet vor Bergen, ankert den Tag über im Grimstadfjord und erreicht am 1. 4. unter Zerstörersicherung Kiel. Gesamterfolg seiner Handelskriegsunternehmung: 17 Schiffe mit 113 233 BRT.

26.—29. 3. 1941 **Mittelmeer**

Seeschlacht bei Kap Matapan. — 26. 3.: Auf dt. Druck und auf Grund falscher Lagebeurteilung (vgl. 16. 3.) geht die ital. Flotte in See, um unter Luftsicherung durch das dt. X. Fliegerkorps brit. Griechenland-Konvois anzugreifen. Beteiligt sind:

Schlachtschiff *Vittorio Veneto* (Kpt. z. S. Sparzani) als Flottenflaggschiff mit Admiral Iachino an Bord, Zerstörer *Alpino, Bersagliere, Fuciliere, Granatiere* von Neapel.

1. Division (DivAdm. Cattaneo): Schwere Kreuzer *Zara, Pola, Fiume,* Zerstörer *Gioberti, Alfieri, Oriani, Carducci* von Tarent.

8. Division (DivAdm. Legnani): Leichte Kreuzer *Luigi di Savoia Duca degli Abruzzi, Giuseppe Garibaldi,* Zerstörer *Da Recco, Pessagno* von Brindisi.

3. Division (DivAdm. Sansonetti): Schwere Kreuzer *Trieste, Trento, Bolzano,* Zerstörer *Corazziere, Carabiniere, Ascari* von Messina.

27. 3.: Vereinigung der Divisionen südlich der Messina-Straße. Auslaufen des brit. Kreuzergeschwaders (VAdm. Pridham-Wippell) als »Force B«: Leichte Kreuzer *Orion, Ajax, Perth, Gloucester,* 2. Zerstörer-Flottille (Capt. Nicolson) mit *Ilex, Hasty, Vendetta, Hereward* von Piräus und der »Force A« (Adm. Cunningham): Schlachtschiffe *Warspite, Barham* (mit Befh. des 1. Schlachtschiffgeschwaders KAdm. Rawlings an Bord), *Valiant,* Flugzeugträger *Formidable* (mit Befh. der Träger Mittelmeer KAdm. Boyd an Bord) und 14. Zerstörer-Flottille (Capt. Mack) mit *Jervis, Janus, Mohawk, Nubian.* Später detachiert: »Force C« 10. Zerstörer-Flottille (Capt. Waller, RAN) mit *Stuart, Greyhound, Griffin, Hotspur, Havock* von Alexandria.

In den Mittagstunden erfassen brit. Aufklärer die ital. Flotte, die dt. Luftsicherung bleibt aus. Admiral Iachino gibt deshalb seine Absicht, in die Ägäis einzudringen, auf, weil er nicht mehr mit einer Überraschung des Gegners rechnen kann. 28. 3.: Morgens erfassen ital. Bordflugzeuge die Force B. Ein sich am Vormittag zwischen dem brit. Kreuzergeschwader und der 3. Division entwickelndes Verfolgungsgefecht wird auf Befehl des ital. Flottenchefs abgebrochen. Die brit. Kreuzer nehmen nun ihrerseits die Verfolgung auf und geraten zwischen die 3. Division und *Vittorio Veneto,* können sich aber, unterstützt durch 6 Torpedoflugzeuge der *Formidable,* vom Gegner lösen. Mittags

macht die ital. Flotte kehrt und nimmt Kurs auf Tarent. Am Nachmittag greifen *Swordfish*-Torpedoflugzeuge der *Formidable* und auf Kreta stationierte Bomber die Italiener an und erzielen je einen Torpedotreffer auf *Vittorio Veneto* und *Pola*. Das Schlachtschiff kann seinen Marsch fortsetzen, der Kreuzer bleibt bewegungsunfähig liegen. Am Abend entsendet Iachino die übrigen Schiffe der 1. Division zur Unterstützung der *Pola*. Dieser Verband und die Force A treffen fast gleichzeitig bei *Pola* ein. Hierbei erhalten die Briten auf Grund der Radarortungen von *Ajax* und *Warspite* ein klareres Lagebild als die in der Dunkelheit fast blinden Italiener. Bei dem sich entwickelnden Gefecht schießen die brit. Schlachtschiffe die ital. Division auf kurze Entfernung zusammen. *Zara* (Kpt. z. S. Corsi †), *Fiume* (Kpt. z. S. Giorgis †) und die Zerstörer *Alfieri* und *Carducci* sinken, *Oriani* entkommt beschädigt, und nur *Gioberti* bleibt ohne Treffer. Der schon halb verlassene Kreuzer *Pola* (Kpt. z. S. Pisa) wird später nach Rettung der noch an Bord zurückgebliebenen 22 Offiziere und 236 Seeleute durch *Jervis* und *Nubian* durch Torpedofangschuß versenkt.
29. 3.: Angriffe von 16 *Ju 88* des dt. L. G. 1 auf die Force A bleiben erfolglos.
Die ital. Personalverluste betragen rund 3000 Mann, darunter auch der Divisionschef Admiral Cattaneo. Brit. und griech. Schiffe retten 55 Offiziere und 850 Mann, das ital. Lazarettschiff *Gradisca* weitere 13 Offiziere und 147 Mann.

27. 3. 1941 **allgemeine Lage**

Die amerik.-brit. Stabsbesprechungen in Washington führen zur Festlegung einer grundsätzlichen strategischen Konzeption für den Fall eines amerik. Kriegseintritts, dem »ABC-1 Staff Agreement«.

30. 3. 1941 **allgemeine Lage**

In amerik. Häfen werden dt., ital. und dän. Handelsschiffe beschlagnahmt.

30./31. 3. 1941 **Luftkrieg Westeuropa**

Erfolgloser Angriff von 109 Bombern der RAF auf die in Brest liegenden Schlachtschiffe *Scharnhorst* und *Gneisenau*.

★

1. 4. 1941 **Kanal**

Flugzeuge des K. G. 27 (Major Ulbricht) greifen im Südausgang des Bristol-Kanals brit. Konvoi an und versenken die Tanker *San Conrado* (7982 BRT) und *Hidlefjord* (7639 BRT). 3 weitere Tanker mit zusammen 26 002 BRT werden schwer beschädigt.

1.—2. 4. 1941 **Mittelmeer**

Ital. Truppentransport von Neapel nach Tripolis: Fahrgastschiffe *Esperia* (11 398 BRT), *Conte Rosso* (17 879 BRT), *Marco Polo* (12 272 BRT) und *Victoria* (13 098 BRT), gesichert von 3 Zerstörern und 2 Torpedobooten. Keine Angriffe.

1.—8. 4. 1941 **Ostafrika/Rotes Meer**

Endkampf um den ital. Kriegshafen Massaua (Eritrea). Nach der Selbstvernichtung des am 31. 3. auf Grund gelaufenen Zerstörers *Leone* gehen am 2. 4. die restlichen noch fahrbereiten Zerstörer *Pantera, Tigre, Manin, Sauro* und *Battisti* zu einem Angriff gegen Port Sudan in See. Führung des Unternehmens: Kpt. z. S. Gasparini. *Battisti* muß bald wegen Maschinenschadens zurückbleiben und versenkt sich am nächsten Tag vor der arabischen Küste selbst. Am gleichen Tag greifen von Land aus Flugzeuge des brit. Flugzeugträgers *Eagle* den Restverband etwa 10 sm vor Port Sudan an und versenken *Sauro* und *Manin*. Die beiden anderen Zerstörer können entkommen und versenken sich vor der arabischen Küste selbst. Nachdem die Verteidiger Massauas einige Angriffe des Gegners abgeschlagen haben, beginnt dieser am 6. 4. nach See- und Luftbombardement seinen Großangriff, der 2 Tage später zum Fall der Stadt führt. Das letzte noch einsatzbereite Schnellboot *MAS 213* (Lt. z. S. Valenza) torpediert am 6. 4. vor dem Hafen den brit. Leichten Kreuzer *Capetown*. Das Schnellboot wird am 8. 4. kurz vor dem Eindringen der Briten in die Stadt zusammen mit dem Torpedoboot *Orsini*, den S-Booten *MAS 204, MAS 206, MAS 210* und *MAS 216* und zahlreichen Handelsschiffen selbst versenkt. Unter den letzteren befinden sich neben vielen Kleindampfern 10 Schiffe mit zusammen 47 202 BRT, darunter der Fahrgastdampfer *Colombo* (11 760 BRT), 5 weitere Handelsschiffe mit 23 357 BRT versenken sich bei der Insel Dalac im Roten Meer und 3 weitere mit 23 765 BRT am 10. 4. in Assab.

2. 4. 1941 **Pazifik**

Vor Callao (Peru) versenken sich die dt. Motorschiffe *München* (5619 BRT) und *Hermonthis* (4833 BRT) selbst, um der Aufbringung durch den kanad. Hilfskreuzer *Prince Henry* zu entgehen.

2.—3. 4. 1941 **Mittelmeer**

Dt. Flugzeuge des X. Fl.Korps greifen die für Griechenland bestimmten Konvois AS. 23 und AFN. 23 an und versenken 3 Schiffe mit zusammen 21 155 BRT, darunter das Motorschiff *Northern Prince* (10 917 BRT).

2.—4. 4. 1941 **Mittelmeer**

Operation »Winch«: Der Träger *Ark Royal* läuft mit der Force H ins westliche Mittelmeer und startet am 3. 4. 12 *Hurricane*-Jäger nach Malta. Die gegen einen Vorstoß ins zentrale Mittelmeer nördlich der tunes. Küste und westlich Malta aufgestellten ital. U-Boote *Corallo, Turchese* und *Santarosa* sichten keine Schiffe. Nachschubgeleitzug für das Deutsche Afrika-Korps von Neapel nach Tripolis: 5 Frachter unter Sicherung durch 2 Zerstörer und 1 Torpedoboot. Keine Angriffe.

2.—15. 4. 1941 **Mittelmeer**

Vor der Cyrenaika-Küste operieren die ital. U-Boote *Aradam* und *Onice*.

2.—18. 4. 1941 **Biskaya**

In der Biskaya versenkt das brit. U-Boot *Tigris* vor St. Nazaire den Tanker *Thorn* (5486 BRT) am 2. 4. — Das auf der Überführung ins Mittelmeer befindliche U-Boot *Urge* (Lt. Tomkinson) versenkt am 18. 4. den ital. Blockadebrecher-Tanker *Franco Martelli* (10 535 BRT), aus Brasilien kommend.

3./4. 4. 1941 **Luftkrieg Westeuropa/Biskaya**

RAF-Bomber Command greift die in Brest liegenden Schlachtschiffe *Scharnhorst* und *Gneisenau* an. Gleichzeitig laufende Luftmineneinsätze gegen die Einfahrten von Brest. Zusätzlich zu den Ende März vom Minenleger *Abdiel* geworfenen Sperren (rund 300 Minen) werden im April 106 Luftminen gelegt.

4. 4. 1941 **Mittelatlantik**

Hilfskreuzer *Schiff 10 Thor* (Kpt. z. S. Kähler) versenkt im Mittelatlantik den brit. Hilfskreuzer *Voltaire* (Capt. Blackburn) (13 301 BRT) im Artillerieduell und rettet 197 Überlebende.

6. 4. 1941 **Biskaya**

Eine Bristol *Beaufort* der RAF-Squadron 22 erzielt in Brest einen Torpedotreffer auf dem Schlachtschiff *Gneisenau.*

6./7. 4. 1941 **Mittelmeer**

11 *He 111* der 2./K. G. 4 (Hptm. Kühl) führen Verminungsaktion in der Bucht von Piräus durch und erzielen Bombentreffer auf dem im Hafen liegenden brit. Munitionsfrachter *Clan Fraser* (7529 BRT). Durch die Explosion des Schiffes entstehen schwere Zerstörungen an den Hafenanlagen. 13 Schiffe mit 41 942 BRT, 60 Leichter und 25 Motorsegler sinken.

6.—17. 4. 1941 **Mittelmeer**

Balkanfeldzug gegen Jugoslawien. Jugoslaw. Marine mit dem Schulkreuzer *Dalmacija,* den Zerstörern *Dubrovnik, Beograd, Zagreb, Ljubljana,* den U-Booten *Smeli, Osvetnik, Hrabri, Nebosja,* 2 T-Booten, 3 Minensuchern und 3 Minenlegern in Cattaro, 4 T-Booten, 10 MTBs, 2 Minensuchern und 3 Minenlegern in Sibenik, dem Flugzeugmutterschiff *Zmaj* in Split bleibt in den Häfen. Bei ital. Luftangriffen (186 Bomber-Einsätze) werden der Minensucher *Malinska* und die Minenleger *Orao, Sokol und Kobac* beschädigt. Am 16. 4. laufen das U-Boot *Nebosja* und die Motortorpedoboote *Kajmaklan* und *Durmitor* (LschKpt. Kern) aus, durchbrechen die Otranto-Straße und erreichen am 22./24. 4. die Suda-Bucht. Am Tage der Kapitulation am 17. 4. wird die *Zagreb* (LschLt. Masara † und Spasić †) gesprengt, die restlichen Schiffe verlassen und bis zum 25. 4. von den Italienern besetzt.
Die zur Bewachung der Häfen eingesetzten ital. U-Boote *Salpa, Medusa* und *Jalea* sichten keine Ziele.

6.—29. 4. 1941 **Mittelmeer**

Balkanfeldzug gegen Griechenland und das brit. Expeditionskorps.

7./8. 4. 1941 **Luftkrieg Deutschland**

RAF-Bomber Command fliegt einen schweren Angriff auf Kiel.

7.—30. 4. 1941 **Nordatlantik**

Vom 7.—16. 4. finden die südwestlich Island aufgestellten U-Boote kaum Ziele und keine Konvois. Das gegen die Bewachung der Dänemarkstraße angesetzte *U 108* (Kptlt. Scholtz) versenkt am 13. 4. den Hilfskreuzer *Rajputana* (16 444 BRT). *U 52* versenkt 2 Einzelfahrer. Am 16. 4. schlägt der Versuch, auf einen von der I./K. G. 40 südwestlich der Färöer und von *U 96* westlich Irland gesichteten Konvoi zu operieren, fehl. Es entsteht der Verdacht, daß der Gegner die U-Boot-Aufstellungen erkennt und umgeht. Um einen besseren Überblick zu gewinnen, wird südlich Island ab 18. 4. ein Vp.-Streifen mit den Booten *U 65, U 95, U 123, U 552* und *U 96,* westlich Irland mit *Da Vinci, Cappellini, U 110, U 101, U 73, Torelli* und *Malaspina* gebildet, während *U 147* bei den Faröern aufgestellt wird. Am 22. 4. sichtet *Torelli* einen einlaufenden Konvoi, kann aber *U 101* und *U 110* nicht heranführen, ebensowenig wie am 23. 4. an einen auslaufenden Konvoi. Luftaufklärung mit *FW 200* bringt keine Konvoisichtungen. Am 28. 4. sichtet *U 123* den Konvoi HX. 121, auf den die 5 nördlichen Boote angesetzt werden. Als *U 123* abgedrängt wird, übernimmt *U 96* die Fühlung und führt am Abend *U 552* heran, das 1 Dampfer versenkt und 1 Tanker torpediert, dessen Wrack am 2. 5. von *U 201* versenkt wird. *U 96* versenkt 2 Tanker. Später am 28. 4. kommt *U 65* heran und versenkt 1 Schiff, wird aber selbst durch die Korvette *Gladiolus* versenkt. Die am 29. und 30. 4.

mit den restlichen 4 Booten gebildeten Vp.-Streifen werden vom Konvoi umgangen, den auch die Luftaufklärung nicht findet. — Im Süden versenkt am 29. 4. *U 75* den großen Dampfer *City of Nagpur*. Die Erfolge der Boote in dieser Periode sind geringer: *U 108* (Kptlt. Scholtz) 1 Hilfskreuzer mit 16 444 BRT versenkt, *U 52* (Kptlt. Salman) 2 Schiffe mit 13 993 BRT, *U 552* (Kptlt. Topp) 3 Schiffe mit 15 970 BRT, 1 Schiff mit 8190 BRT mit *U 201, U 123* (Kptlt. Moehle) 1 Schiff mit 6991 BRT, *U 110* (Kptlt. Lemp) 1 Schiff mit 2471 BRT, *U 65* (Kptlt. Hoppe) 1 Schiff mit 8897 BRT, *U 75* (Kptlt. Ringelmann) 1 Schiff mit 10 146 BRT, *U 95* (Kptlt. Schreiber) 1 Schiff mit 4873 BRT, *U 96* (Kptlt. Lehmann-Willenbrock) 2 Schiffe mit 18 408 BRT, *U 147* (Kptlt. Hardegen) 1 Schiff mit 1334 BRT.

8.—10. 4. 1941 **Mittelmeer**
Nachschubgeleitzug für das Afrika-Korps von Neapel nach Tripolis: 5 Frachter, gesichert durch 3 T-Boote. Gleichz. Rückgeleit (vgl. 2.—5. 4.). Keine Angriffe.

8.—14. 4. 1941 **Norwegen**
Der norweg. Zerstörer *Mansfield* (KKpt. Ulstrup) läuft von Lerwick (Shetland) ins Lopphavet (Nordnorwegen) und zerstört am 11./12. 4. eine Fischfabrik im Öksfjord.

9.—11. 4. 1941 **Mittelmeer**
Ital. Nachschubgeleitzug von Neapel nach Tripolis: 5 Transporter durch 1 Zerstörer und 2 T-Boote gesichert. Keine Angriffe.

9.—30. 4. 1941 **Nordatlantik**
Erfolglose Operation der ital. U-Boote *Dandolo* und *Baracca* westlich Gibraltar.

10. 4. 1941 **Nordatlantik**
Auf dem Marsch nach Island greift der US-Zerstörer *Niblack* (LCdr. Durgin) einen vermeintlichen U-Boot-Kontakt mit Wasserbomben an.

10./11. 4. 1941 **Luftkrieg Westeuropa**
RAF-Bomber Command erzielt bei einem Angriff auf Brest 4 Bombentreffer auf dem im Dock liegenden Schlachtschiff *Gneisenau*.

10.—12. 4. 1941 **Mittelmeer**
Ital. Nachschubgeleitzug mit 2 Dampfern und 2 Tankern, gesichert von den T-Booten *Montanari, Missori* und *Perseo* von Palermo nach Tripolis, wird am 11. 4. vor der tunes. Küste ohne Erfolg von dem brit. U-Boot *Upholder* angegriffen, am 12. 4. versenkt *Tetrarch* (LCdr. Greenway) vor Tripolis 1 Tanker mit 2474 BRT.

10.—24. 4. 1941 **Mittelmeer**
Vor der Cyrenaika-Küste operieren die ital. U-Boote *Malachite* und *Topazio*.

12./13. 4. 1941 **Luftkrieg Westeuropa**
Erneute Angriffe des RAF-Bomber Command auf die dt. Schlachtschiffe in Brest, außerdem auf die U-Boot-Basis Lorient und den Flugplatz Merignac bei Bordeaux, dem Liegeplatz der mit Fernbombern vom Typ *FW 200* ausgerüsteten I./K. G. 40 des »Fliegerführers Atlantik« (Oberst Harlinghausen).

13.—16. 4. 1941 **Mittelmeer**
Ein aus den Frachtern *Adana* (4205 BRT), *Aegina* (2447 BRT), *Arta* (2452 BRT), *Iserlohn* (3704 BRT) und *Sabaudia* (1590 BRT) bestehender Geleitzug für das Deutsche Afrika-Korps, der von den ital. Zerstörern *Baleno, Lampo* und *Tarigo* gesichert ist, wird am Abend des 16. 4. bei der Insel Kerkennah von der brit.

Force K (Capt. Mack) mit den Zerstörern *Jervis, Nubian, Mohawk* und *Janus* abgefangen und vollständig vernichtet. *Tarigo* (FKpt. de Cristofaro) versenkt die *Mohawk* durch Torpedotreffer. Am folgenden Tag gelingt es 7 ital. Zerstörern und Torpedobooten, 2 Lazarettschiffen und Seenotflugzeugen von den auf den 5 Frachtern eingeschifften rund 3000 Soldaten noch 1248 zu retten.

15. 4. 1941 **Mittelmeer**

Brit. Kreuzer *Gloucester* und Zerstörer *Hasty* beschießen Fort Capuzzo, das Kanonenboot *Ladybird* den Flugplatz Gazala.

16./17. 4. 1941 **Luftkrieg England**

681 dt. Bomber greifen London an.

17. 4. 1941 **allgemeine Lage**

General Wavell erhält von der brit. Regierung die Genehmigung, die Räumung Griechenlands vorzubereiten.
In Belgrad wird die Kapitulation der jugoslaw. Wehrmacht unterzeichnet.

17. 4. 1941 **Nordsee**

Bei einem Angriff der 2. S-Flottille (Oblt. z. S. Feldt) mit *S 43, S 41, S 42, S 55* und *S 104* auf einen brit. Konvoi vor Great Yarmouth werden 2 Frachter mit 2744 BRT versenkt, ein dritter Frachter mit 5673 BRT torpediert.

17. 4. 1941 **Südatlantik**

Hilfskreuzer *Schiff 16 Atlantis* (Kpt. z. S. Rogge) versenkt im Südatlantik den ägyptischen Fahrgastdampfer *Zamzam* (8299 BRT) und nimmt die gesamte Besatzung, darunter 138 amerik. Passagiere, an Bord.

17. 4. 1941 **Mittelmeer**

Das brit. U-Boot *Truant* (LCdr. Haggard) versenkt vor der Cyrenaika-Küste 2 Schiffe mit 2753 BRT und 1 Segler. Das U-Boot *Regent* (LCdr. Browne) dringt in die Bucht von Cattaro ein, um dort den brit. Gesandten in Jugoslawien an Bord zu nehmen.

18.—20. 4. 1941 **Mittelmeer**

Nachschubgeleitzug von Palermo nach Tripolis für das Afrika-Korps (4 Frachter, durch 4 Zerstörer und 1 Torpedoboot gesichert). Gleichzeitig ital. Geleitzug (3 Frachter, 2 Tanker, gesichert durch 5 Torpedoboote) von Trapani bzw. Palermo nach Tripolis.

18.—23. 4. 1941 **Mittelmeer**

Operation der brit. Mittelmeerflotte (Admiral Cunningham). — 18. 4.: Auslaufen der Schlachtschiffe *Warspite, Barham, Valiant,* des Flugzeugträgers *Formidable* und der Leichten Kreuzer *Phoebe* und *Calcutta* (Flakkreuzer) mit Zerstörern aus Alexandria. Der Verband geleitet den Transporter *Breconshire* (9776 BRT) nach Malta. — 20. 4.: Am Abend Marsch der Schlachtschiffe mit dem neu zum Verband getretenen Leichten Kreuzer *Gloucester* nach Tripolis, das in der Nacht zum 21. 4. heftig beschossen wird. Im Hafen werden 6 Frachter und 1 Zerstörer getroffen und Öllager in Brand geschossen. Auf dem Rückmarsch wird *Valiant* durch eine Minendetonation leicht beschädigt. — 23. 4.: Einlaufen des Geschwaders in Alexandria.

19. 4. 1941 **Norwegen**

Das frei-franz. U-Boot *Minerve* (Oblt. Sonneville) greift vor Stavanger einen Konvoi an und wird anschließend mit Wasserbomben belegt.

19./20. 4. 1941 **Luftkrieg England**
712 dt. Bomber greifen London an.

19.—23. 4. 1941 **Mittelmeer**
Die ital. 7. Kreuzer-Division (DivAdm. Casardi) mit den Kreuzern *Eugenio di Savoia, Duca d'Aosta, Montecuccoli* und *Attendolo* und den Zerstörern *Pigafetta, Zeno, Da Mosto, Da Verazzano, Da Recco* und *Pessagno* legt ostwärts Kap Bon den ersten Teil der Sperren S. 11, S. 12 und S. 13 (321 Minen, 492 Sprengbojen). Zweiter Teil am 23./24. 4. mit 740 Minen gelegt.

20.—30. 4. 1941 **Mittelmeer**
Vor der Cyrenaika-Küste operieren die ital. U-Boote *Settembrini, Fisalia, Ondina,* vor Alexandrien *Nereide* und *Turchese.*

21. 4. 1941 **allgemeine Lage**
Entgegennahme der griech. Kapitulation in Larissa durch Feldmarschall List.

21./22. 4. 1941 **Luftkrieg England**
Schwerer dt. Luftangriff auf Plymouth.

21.—24. 4. 1941 **Mittelmeer**
Bei Angriffen der Luftflotte 4 auf Schiffsziele in griech. Gewässern werden das alte griech. Schlachtschiff *Kilkis,* der Zerstörer *Hydra,* die Torpedoboote *Thyella, Kios, Alkioni, Doris* und *Aigli,* 3 Minenleger, 1 Vermessungsschiff und 43 Handelsschiffe mit zusammen 63 975 BRT versenkt.
Nachschubgeleitzug für das Afrika-Korps von Neapel/Palermo nach Tripolis (5 Transporter mit Nahsicherung durch 4 Zerstörer und Fernsicherung durch die Leichten Kreuzer *Giovanni delle Bande Nere, Luigi Cadorna* und 2 Zerstörer. Nach Erfassen des Geleitzuges durch die brit. Luftaufklärung gehen von Malta aus die Zerstörer *Jervis* (Capt. Mack), *Janus, Juno* und *Jaguar* in See. Sie treffen am 23. 4. auf das bewaffnete Motorschiff *Egeo* (3311 BRT), das nach längerem Gefecht versenkt wird. Der Geleitzug kann ausweichen.

23. 4. 1941 **Atlantik**
Hilfskreuzer *Schiff 10 Thor* (Kpt. z. S. Kähler) erreicht nach 322 Tagen Kaperfahrt die Biskaya und läuft am 30. 4. in Hamburg ein. Gesamterfolge: 11 Handelsschiffe und 1 Hilfskreuzer mit zusammen 96 602 BRT, 2 weitere große Hilfskreuzer beschädigt.

24./25. 4. 1941 **Luftkrieg Deutschland**
RAF-Bomber Command greift Kiel und Wilhelmshaven an.

24.—26. 4. 1941 **Nordatlantik**
Die US-Navy dehnt die Neutralitäts-Patrouille im Atlantik bis auf 26° West und 20° Süd aus.

24.—28. 4. 1941 **Mittelmeer**
Operation »Dunlop«: Force H läuft mit dem Träger *Ark Royal* ins westliche Mittelmeer, um am 27. 4. 23 *Hurricane*-Jäger nach Malta zu starten und einen Verstärkungskonvoi mit dem Kreuzer *Dido,* dem Minenkreuzer *Abdiel* und 6 Zerstörern für Malta auf dem ersten Teil des Marsches zu decken. Wegen der Gefährdung Maltas durch Luftangriffe und Minensperren kann die vorgesehene Kreuzergruppe, die durch die *Gloucester* von der Mittelmeerflotte verstärkt werden sollte, nicht in Malta basiert werden.
Die beiderseits Malta aufgestellten ital. U-Boote *Mameli, Manara, Settimo* und *Santarosa* kommen nicht zu Angriffen.

24.—29. 4. 1941 **Mittelmeer**

Operation »Demon«: Räumung Griechenlands durch die britische Flotte. Insgesamt 50672 Mann eingeschifft und nach Kreta bzw. Ägypten übergeführt. Die Evakuierung wird durchgeführt von Vizeadmiral Pridham-Wippell mit den Leichten Kreuzern *Orion, Ajax, Phoebe, Calcutta, Carlisle* und *Coventry*, den Zerstörern *Stuart, Voyager, Vendetta, Waterhen, Vampire, Wryneck, Diamond, Decoy, Defender, Griffin, Hasty, Havock, Hero, Hotspur, Hereward, Isis, Nubian, Kandahar, Kingston, Kimberley*, den Kanonenbooten *Grimsby, Flamingo, Auckland*, den Korvetten *Hyacinth* und *Salvia*, den Landungsschiffen *Glenearn, Glengyle*, 19 Transportern und zahlreichen kleineren Fahrzeugen. Die brit. Heeresverbände werden meist vom offenen Strand aus eingeschifft [bei Raftina, Raftis (Attika), Nauplia, Monemvasia und Kalamata (Peleponnes)]. Dabei werden durch Bomber des dt. VIII. Flieger-Korps versenkt: Zerstörer *Diamond, Wryneck* und die Transporter *Pennland* (16381 BRT), *Slamat* (11636 BRT), *Costa Rica* (8672 BRT) und *Ulster Prince* (3791 BRT).
Von den zwischen Kreta und Ägypten aufgestellten ital. U-Booten *Settembrini, Fisalia, Ondina, Nereide* und *Turchese* werden keine Erfolge erzielt.

25. 4.—15. 6. 1941 **Mittelatlantik**

Höhepunkt des U-Boot-Einsatzes vor Freetown. Die noch zur ersten Welle gehörenden *U 105* und *U 106* sowie die ab 29. 3. als zweite Welle ausgelaufenen Boote *U 107, Calvi, U 103, Tazzoli, U 38, UA* und *U 69* (5. 5. aus) operieren im Raum zwischen Kanaren und Freetown. Die Operationen der dt. Boote werden dabei durch Brennstoff- und Torpedoversorgungen aus Troßschiffen z. T. erheblich verlängert. Es versorgen aus dem Troßschiff *Nordmark* am 3. 5. *U 105* und *U 107*, aus der *Egerland* am 10. 5. *U 107*, am 17. 5. *U 38, U 103* und *U 106*, am 28. 5. *UA* und am 6. 6. *U 38*. Bei ihren Torpedo- und Artillerieangriffen versenken die U-Boote (einschl. der Operationen gegen die Konvois SL. 67, SL. 68 und SL. 76:
U 105 (Kptlt. Schewe) 12 Schiffe mit 71450 BRT, *U 106* (Kptlt. Oesten) 8 Schiffe mit 44730 BRT, ferner Schlachtschiff *Malaya* torpediert, *U 107* (Kptlt. Hessler) 14 Schiffe mit 86699 BRT, *U 103* (KKpt. Schütze) 12 Schiffe mit 58553 BRT, *Tazzoli* (KKpt. Fecia di Cossato) 3 Schiffe mit 17860 BRT, *U 38* (Kptlt. Liebe) 8 Schiffe mit 47279 BRT, *U 69* (Kptlt. Metzler) 5 Schiffe mit 25544 BRT, ferner 1 Schiff mit 2879 BRT durch Mine, beschädigt 1 Schiff mit 5445 BRT.
U 69 versenkt u. a. am 21. 5. den amerikan. Dampfer *Robin Moor* nach Prisenordnung und legt am 25./26. bzw. 26./27. 5. je 7 Minen in die Häfen von Lagos und Takoradi.
Calvi und *UA* bleiben ohne Erfolg. Durch den Ausfall der Versorgungsschiffe im Anschluß an die Operation »Rheinübung« — am 18. 7. ist eine Versorgung von *U 103, U 107, UA* und *U 69* aus dem Tanker *Lothringen* vorgesehen — müssen die restlichen Boote den Rückmarsch antreten. Dabei kommen *U 69* und *U 103* vom 25.—27. 6. in die Operation gegen den Konvoi SL. 76 (s. dort!).

27. 4. 1941 **allgemeine Lage**

Dt. Truppen besetzen Athen.
Abschluß einer amerik.-brit.-niederl. Planungskonferenz in Singapore zum Aufbau einer Verteidigung des malayisch-indonesisch-philippinischen Raumes.

27. 4.—2. 5. 1941 **Mittelmeer**

Als Verstärkung der Force K in Malta wird die 5. Zerstörer-Flottille (Capt. Lord Louis Mountbatten) mit *Kelly, Kipling, Kelvin, Kashmir, Jackal* und

Jersey nach La Valetta verlegt. Der Verband wird zeitweise durch den Kreuzer *Gloucester* verstärkt. Am 2. 5. sinkt *Jersey* vor Malta durch Minentreffer.

29. 4. 1941 **Nordsee**

Bei einem Vorstoß der 1. S-Fl. mit *S 26, S 27, S 29* und *S 55* ins Seegebiet nordwestlich Cromer versenkt *S 29* (Oblt. z. S. v. Mirbach) den brit. Frachter *Ambrose Fleming* (1555 BRT).

30. 4. 1941 **allgemeine Lage**

Abschluß der Besetzung des griech. Festlandes einschließlich des Peloponnes.

30. 4.—1. 5. 1941 **Mittelmeer**

Nachschubgeleitzug für das Afrika-Korps von Messina/Augusta nach Tripolis mit 3 dt. und 2 ital. Dampfern. Nahsicherung ital. Zerstörer *Fulmine, Euro* und T-Boote *Orione, Castore* und *Procione*, Fernsicherung Kreuzer *Trieste, Bolzano, Eugenio di Savoia*, Zerstörer *Ascari, Carabiniere, Gioberti*. Am 1. 5. zahlreiche erfolglose brit. Luft- und U-Boot-Angriffe. Gleichzeitig Rückgeleit mit 4 dt. und 1 ital. Frachter, gesichert von den ital. Zerstörern *Folgore, Saetta, Strale* und *Turbine*. Es verliert durch 2 Angriffe des brit. U-Bootes *Upholder* (LCdr. Wanklyn) 2 Schiffe; zusammen mit einem am 25. 4. versenkten Schiff 15 410 BRT.

30. 4.—12. 5. 1941 **Mittelmeer**

Im Gebiet vor Marsa Matruh operieren das ital. U-Boot *Ascianghi*, in der Ägäis *Galatea* und *Sirena*.

★

1. 5. 1941 **Mittelmeer**

Die ital. 7. Division (DivAdm. Casardi) mit den Kreuzern *Eugenio di Savoia, Duca d'Aosta* und *Attendolo* und den Zerstörern *Pigafetta, Zeno, Da Mosto, Da Verazzano, Da Recco* und *Pessagno* legt nördlich Tripolis die Minensperren T zur Sicherung gegen Beschießungen des Hafens durch brit. schwere Schiffe (s. 21. 4. I).

1.—7. 5. 1941 **Luftkrieg England**

Bei schweren dt. Luftangriffen auf die Hafenanlagen von Liverpool werden 18 brit. Handelsschiffe mit 35 605 BRT versenkt, 25 weitere mit 92 964 BRT schwer beschädigt. 69 von 144 Ladedocks werden zerstört, die Umschlagkapazität des Hafens sinkt auf $^1/_4$ der bisherigen.

1.—11. 5. 1941 **Nordatlantik**

Auf einen am 1. 5. südwestl. der Färöer von einer *FW 200* der I./K. G. 40 gesichteten ausl. Konvoi werden *U 123, U 95, U 96* angesetzt, sie finden ihn aber ebenso wie 3 *FW 200* am 2. 5. nicht. — Am 3. 5. sichtet *U 143* südl. der Färöer einen südgehenden Konvoi, *U 141* und *U 147* und die I./K. G. 40 kommen aber am 3./4. 5. nicht heran. — Am 4./5. 5. hält *U 96* südl. Island an einem einlaufenden Konvoi Fühlung, doch kommen keine U-Boote und Flugzeuge heran. Am 6. 5. faßt der B. d. U. den Entschluß, mit den U-Booten weiter nach Südwesten zu suchen, auf die direkte Zusammenarbeit mit der Luftaufklärung zu verzichten und die ital. U-Boote in eigenen Op.Gebieten getrennt von den dt. Booten anzusetzen. Am 6. 5. versenkt *U 97* westlich der Biskaya das brit. »Ocean Boarding Vessel« *Camito* mit dem aufgebrachten ital. Tanker *Sangro*.
Am 7. 5. sichtet eine *FW 200* westl. der Färöer den Konvoi HX. 122, *U 95* vor

dem Nordkanal den SC. 29 und am Aben1 *U 94* südl. Island den ausl. OB. 318, als die von Reykjavik/Hvalfjord kommende 3rd Escort Group (Cdr. Baker-Cresswell) mit den Zerstörern *Bulldog, Amazon, Broadway* und dem angehängten Hilfskreuzer *Ranpura* zum Konvoi stößt und die 7th Escort Group (Cdr. Bockett-Pugh) mit den Zerstörern *Westcott, Newmarket* und *Campbelltown* ablöst, während deren Sloop *Rochester* und die Korvetten *Primrose, Nasturtium, Marigold, Dianthus* und *Auricula* noch am Konvoi bleiben. *U 94* (Kptlt. Kuppisch) greift an, versenkt 2 Schiffe mit 15901 BRT und wird anschl. von der *Bulldog, Amazon* und *Rochester* mit Wasserbomben beschädigt. Am 8. 5. stoßen die Korvetten der 3. E. G. *Aubrietia, Nigella, Hollyhock* und die Trawler *Angle, St. Apollo* und *Daneman* zur Sicherung und lösen die Korvetten der 7. E. G. ab, die zum Konvoi HX. 123 laufen.
Am Abend des 8. 5. gewinnt *U 110* (Kptlt. Lemp) Fühlung am Konvoi und führt am Morgen *U 201* (Oblt. z. S. Schnee) heran. Gegen Mittag am 9. 5. greift *U 110* an und versenkt 2 Schiffe mit 7585 BRT, wird sofort von der *Aubrietia* mit Wasserbomben zum Auftauchen gezwungen, und einem Enterkommando (Lt. Balme) der *Bulldog* gelingt es, das von der Besatzung verlassene Boot vor dem Sinken zu besetzen; *Broadway* wird beim Manövrieren durch die Tiefenruder beschädigt. Aus *U 110* werden Geheimunterlagen, Schlüsselmaschine und -unterlagen geborgen, das von *Bulldog* in Schlepp genommene Boot sinkt jedoch am 11. 5. auf dem Weg nach Island. — Während der Besetzung von *U 110* greift *U 201* den noch von *Amazon, Nigella, Hollyhock* und *Daneman* gesicherten Konvoi an und versenkt bzw. torpediert je 1 Schiff mit 5802 bzw. 5969 BRT. Durch Wasserbombenangriffe der *St. Apollo* und *Nigella* treten Schäden auf.
Am 10. 5. morgens greift *U 556* (Kptlt. Wohlfarth) den noch von *Hollyhock* und *Daneman* gesicherten Konvoi an und torpediert 1 Schiff, aus dem sich auflösenden Konvoi versenkt es später noch 2 weitere Schiffe mit 9947 BRT.
Der Ansatz der ital. U-Boote *Cappellini* und *Torelli* gegen einen am 9. 5. westlich Island von einer *FW 200* gesichteten Konvoi bleibt erfolglos

2. 5. 1941 **Nahost**

Beginn von Kämpfen brit. Streitkräfte im Irak gegen die irakische Armee. Damit Ausbruch des offenen Konflikts zwischen Großbritannien und der irak. Regierung Raschid Ali el Ghailani.

2.—4. 5. 1941 **Mittelmeer**

Die brit. »Force K«: Leichter Kreuzer *Gloucester* mit den Zerstörern *Janus, Jervis* und *Nubian* verlegt als Verstärkung für die Operation »Tiger« (vgl. 6.—12. 5.) von Malta nach Gibraltar. *Jervis* vor Malta durch Minen beschädigt.

4./5. 5. 1941 **Luftkrieg Westeuropa**

93 brit. Bomber greifen die dt. Schlachtschiffe in Brest an.

4.—7. 5. 1941 **Mittelmeer**

Ital. Großgeleit nach Nordafrika mit 7 Schiffen, darunter dem M/S *Victoria* (13098 BRT), gesichert von den Zerstörern *Vivaldi, Da Noli, Malocello* und den T-Booten *Pegaso, Orione* und *Cassiopea;* Fernsicherung Kreuzer *Eugenio di Savoia, Duca d'Aosta* und *Attendolo,* Zerstörer *Pigafetta, Zeno, Da Recco, Da Mosto, Da Verazzano.* Auf dem Anmarsch der Deckungsgruppe versenken *Pigafetta* und *Zeno* westlich Sizilien das brit. U-Boot *Usk.* Brit. Luftangriffe am 5. 5. bleiben ohne Erfolg. Auf dem Rückmarsch deckt die Fernsicherung einen dt. Geleitzug nach Italien mit 5 Dampfern und den Zerstörern *Fulmine Euro* und den T-Booten *Procione, Orsa, Centauro, Cigno* und *Perseo.*

6. 5. 1941 **Mittelmeer**

Von den Booten der brit. 1. U-Flottille versenkt *Truant* (LCdr. Haggard) bei Sardinien ein Schiff mit 1716 BRT, *Taku* (LCdr. Van der Byl) 1 Schiff mit 2322 BRT vor Kalabrien. *Triumph* greift vor Buerat einen kleinen Konvoi ohne Erfolg an und wird von dem T-Boot *Climene* gejagt.

6./7. 5. 1941 **Luftkrieg England**

Starker dt. Luftangriff gegen Hafenanlagen am Clyde.

6.—12. 5. 1941 **Mittelmeer**

Operation »Tiger«: Brit. aus 5 schnellen Transportern bestehender Geleitzug und Verstärkungen für die Mittelmeerflotte (Schlachtschiff *Queen Elizabeth,* Leichte Kreuzer *Fiji* und *Naiad)* passieren das Mittelmeer mit Ostkurs. Zur gleichen Zeit läuft ein aus 6 Handelsschiffen bestehender Nachschubkonvoi von Alexandria nach Malta. Sicherung der von Gibraltar kommenden Schiffe durch die »Force H«, der von Alexandria kommenden durch die brit. Mittelmeerflotte. In der Nacht zum 8. 5. beschießen der Leichte Kreuzer *Ajax* (Capt. McCarthy) und 3 Zerstörer die Hafenanlagen von Bengasi. 2 ital. Schiffe mit 3463 BRT sinken.
8. 5.: Beide Verbände von der dt.-ital. Luftaufklärung erfaßt. Luftangriffe bleiben erfolglos, der Ansatz eines ital. Kreuzerverbandes erfolgt zu spät (4 Kreuzer, 5 Zerstörer).
9. 5.: Der West-Ost-Konvoi verliert vor Malta den Transporter *Empire Song* (9228 BRT) durch eine ital. Mine, die übrigen 4 Schiffe erreichen mit 238 Panzern und 43 Jagdflugzeugen an Bord Alexandria. Erfolglose ital. Luftangriffe gegen die »Force H« vor der nordafrikanischen Küste.
Die ital. U-Boote *Settimo* und *Santarosa* westlich Malta und *Corallo* vor der tunes. Küste kommen nicht zum Schuß.
10. 5.: Bei erneuten Luftangriffen gegen die ablaufende »Force H« erhält der Zerstörer *Fortune* einen Bombentreffer.
12. 5.: Einlaufen der brit. Verbände.

8. 5. 1941 **Indischer Ozean**

Der brit. Schwere Kreuzer *Cornwall* (Capt. Manwaring) versenkt bei den Seychellen im Gefecht den dt. Hilfskreuzer *Schiff 33 Pinguin* (Kpt. z. S. Krüder †). Mit dem dt. Schiff, das auf seiner Kaperfahrt insgesamt 32 Schiffe mit zusammen 154 619 BRT versenkt oder aufgebracht hat (einschließlich Minenerfolge), gehen 18 Offiziere und 323 Mann der Besatzung sowie rund 200 Gefangene unter. *Cornwall* rettet 3 Offiziere, 57 Seeleute und 22 Gefangene.

8./9. 5. 1941 **Luftkrieg Deutschland**

RAF-Bomber Command führt mit 359 Fluzeugen seinen bisher schwersten Nachtangriff gegen Deutschland durch. Schwerpunkt Hamburg und Bremen, die von 317 Bombern angegriffen werden.

9.—29. 5. 1941 **Mittelmeer**

Die ital. U-Boote *Atropo* und *Zoea* führen je 2 Transportunternehmungen von Tarent nach Derna mit Benzin und Munition durch.

10./11. 5. 1941 **Luftkrieg England**

Schwerer dt. Luftangriff auf London (letzter Großangriff für 3 Jahre). Rund

2000 Brände, 5 Docks und 71 kriegswichtige Anlagen, darunter 35 Fabriken zerstört oder stark beschädigt.
110 brit. Bomber greifen Hamburg an.

10.—11. 5. 1941 **Mittelmeer**

Die brit. 5. Zerstörerflottille mit *Kelly, Kipling, Kelvin, Kashmir* und *Jackal* beschießt den Hafen Bengasi. Vergeblicher nächtlicher Stuka-Angriff von *Ju 87* einer Staffel (Oblt. Rieger) der II./St. G. 2.

11. 5. 1941 **Mittelmeer**

Das brit. U-Boot *Rorqual* (LCdr. Dewhurst) legt im Golf von Saloniki eine Minensperre.

11.—14. 5. 1941 **Mittelmeer**

Dt.-ital. Nachschubgeleitzug für Nordafrika mit 6 Schiffen, gesichert durch die Zerstörer *Aviere, Geniere, Grecale, Camicia Nera* und *Dardo*, Fernsicherung Kreuzer *Bande Nere, Cadorna, Duca degli Abruzzi, Garibaldi*, Zerstörer *Alpino, Bersagliere, Fuciliere, Maestrale, Scirocco, Da Recco, Usodimare, Pessagno, Pancaldo*. Der Konvoi erreicht ebenso wie zwei zurückkehrende Konvois ohne Ausfälle sein Ziel.
Beim Versuch, einen von dem T-Boot *Pleiadi* nach Bengasi geleiteten Dampfer anzugreifen, wird am 13. 5. in der Nähe von Tripolis das brit. U-Boot *Undaunted* mit Wasserbomben vernichtet.

11.—22. 5. 1951 **Nordatlantik**

Nach der Operation OB. 318 wird mit *U 93, U 94, U 556* und *U 98* eine »Westgruppe« gebildet, zu der am 13. 5. auch *U 111, U 97, U 74* und *U 109* treten. Sie marschiert ins Gebiet südsüdostwärts Cape Farewell (Grönland). Dabei versenkt *U 98* (Kptlt. Gysae) am 13. 5. den zum Konvoi SC. 30 gehörenden Hilfskreuzer *Salopian* (10 549 BRT). Am 19. 5. sichtet *U 94* den Konvoi HX. 126 und versenkt vor Abreißen der Fühlung 2 Schiffe, *U 556* findet am 20. 5. mittags den Konvoi wieder und versenkt in 2 Anläufen 2 Schiffe und torpediert 1 Tanker. Außerdem kommen bis zum Abend nacheinander *U 111, U 98, U 94* und gegen Morgen am 21. 5. *U 93* heran und versenken je 1 Schiff. Am 22. 5. operieren auch *U 46, U 66, U 557, U 94* und *U 74* auf den Konvoi, letzteres wird durch Wasserbomben beschädigt, nur *U 111* sichtet den Konvoi, kommt aber nur zum Erfolg gegen einen Einzelfahrer. Dann reißt die Fühlung ab.
Von den mit der »Westgruppe« eingesetzten Booten werden vom 1.—22. 5. versenkt (einschl. Konvois OB. 318 und HX. 126):
U 97 (Kptlt. Heilmann) 3 Schiffe mit 17 852 BRT, *U 556* (Kptlt. Wohlfarth) 5 Schiffe mit 23 557 BRT, ferner 2 Schiffe mit 18 023 BRT beschädigt, *U 94* (Kptlt. Kuppisch) 5 Schiffe mit 31 940 BRT, *U 110* (Kptlt. Lemp †) 2 Schiffe mit 7585 BRT, *U 201* (Oblt. z. S. Schnee) 1 Schiff mit 5802 BRT, ferner 1 Schiff mit 5969 BRT beschädigt, *U 111* (Kptlt. Kleinschmidt) 3 Schiffe mit 15 978 BRT, *U 98* (Kplt. Gysae) 2 Schiffe mit 15 905 BRT, *U 109* (KKpt. Fischer) 1 Schiff mit 7402 BRT, *U 93* (Kptlt. Korth) 1 Schiff mit 6235 BRT.
Im östlichen Teil des Nordatlantik sichtet die I./K. G. 40 am 11. 5. einen Konvoi, aus dem 1 Schiff mit 8790 BRT versenkt wird, an den jedoch keine U-Boote herankommen. Am 14. 5. wird wieder ein Konvoi gesichtet und 1 Schiff mit 1843 BRT versenkt. Von den angesetzten ital. U-Booten sichten zwar *Bianchi* und *Malaspina* den Konvoi, kommen aber ebenso wie *Barbarigo, Morosini* und *Otaria* nicht zum Erfolg. Am 19. 5. versenkt *Otaria* (Kptlt. Vocaturo) aus dem Konvoi SL. 73 1 Schiff mit 4662 BRT.

Von den im Gebiet des Nordkanals und der Färöer eingesetzten U-Booten versenken *U 96* (Kptlt. Lehmann-Willenbrock) 1 Schiff mit 2922 BRT und *U 138* (Oblt. z. S. Gramitzky) 1 Schiff mit 8593 BRT.

12.—20. 5. 1941 **Mittelmeer**
Im östlichen Mittelmeer operieren die ital. U-Boote *Ambra* südostwärts Malta, *Beilul* und *Salpa* nordwestlich Alexandrien, *Onice* und *Galatea* im Kaso-Kanal.

13. 5. 1941 **Luftkrieg Deutschland**
Tagesangriff brit. Bomber auf Helgoland.

13.—29. 5. 1941 **Norwegen**
Vor Norwegen operieren u. a. das brit. U-Boot *P. 31/Uproar* und das franz. *Minerve.*

18. 5. 1941 **Südatlantik**
Hilfskreuzer *Schiff 16 Atlantis* (Kpt. z. S. Rogge) passiert im Südatlantik auf eine Entfernung von nur 70 hm unbemerkt das brit. Schlachtschiff *Nelson* und den Flugzeugträger *Eagle.*

18. 5. 1941 **Mittelmeer**
Vor Bengasi versenkt das brit. U-Boot *Tetrarch* (LCdr. Greenway) ein von dem T-Boot *Polluce* gesichertes Schiff mit 2362 BRT.

18.—27. 5. 1941
Unternehmen »Rheinübung«: Atlantikoperation des Schlachtschiffes *Bismarck* (Kpt. z. S. Lindemann) und des Schweren Kreuzers *Prinz Eugen* (Kpt. z. S. Brinkmann) unter Führung des Flottenchefs Admiral Lütjens.
18. 5.: Auslaufen der Kampfgruppe aus Gotenhafen.
20. 5.: Erfassung durch den brit. Nachrichtendienst im Kattegat.
21. 5.: Bei Ölergänzung im Korsfjord bei Bergen durch brit. Luftaufklärung entdeckt, jedoch gelingt am Abend unbemerktes Auslaufen. Gleichzeitig geht eine brit. Kampfgruppe unter dem Kommando des Chefs des Schlachtkreuzergeschwaders VAdm. Holland: Schlachtkreuzer *Hood,* Schlachtschiff *Prince of Wales* und 6 Zerstörer, von Scapa Flow aus ins Seegebiet südlich Island.
22. 5.: Brit. Luftaufklärung stellt das Auslaufen der dt. Schiffe fest. Daraufhin geht die brit. Home Fleet (Adm. Tovey) mit dem Schlachtschiff *King George V.* (Capt. Patterson), dem Schlachtkreuzer *Repulse* (Capt. Tennant), dem Träger *Victorious* (Capt. Bovell), 7 Zerstörern und dem 2. Kreuzer-Geschwader (KAdm. Curteis) mit *Galatea, Aurora, Kenya* und *Hermione* in See. Die Leichten Kreuzer *Manchester, Birmingham, Arethusa,* 5 Trawler und Flugboote übernehmen die Bewachung der Island-Färöer-Enge, die Schweren Kreuzer *Norfolk* (mit dem Chef des 18. Kreuzer-Geschwaders, KAdm. Wake-Walker, an Bord) und *Suffolk* die der Dänemarkstraße.
23. 5.: Die dt. Schiffe werden am Abend in der Dänemarkstraße durch *Norfolk* (Capt. Phillips) und *Suffolk* (Capt. Ellis) gesichtet, worauf die Gruppe Holland anläuft, um die dt. Einheiten südlich der Dänemarkstraße abzufangen.
24. 5.: Morgens kurzes Gefecht beider Gruppen, wobei *Hood* (Capt. Kerr †) nach 5 Minuten von *Bismarck* und *Prinz Eugen* versenkt, *Prince of Wales* (Capt. Leach) beschädigt zum Abdrehen gezwungen wird. Mit *Hood* gehen 95 Offiziere und 1321 Mann unter, darunter auch VAdm. Holland. Nur 3 Seeleute können gerettet werden. Auf *Bismarck* verursachen 2 schwere und 1 leichter Treffer eine Herabsetzung der Geschwindigkeit und eine deutlich sichtbare Ölspur, *Prinz Eugen* bleibt unbeschädigt. Den brit. Kreuzern gelingt es, weiter-

hin Fühlung zu halten. Neben der Home Fleet werden nun auch die zur Sicherung von Konvois eingesetzten Schlachtschiffe *Rodney* und *Ramillies*, der Leichte Kreuzer *Edinburgh* sowie das Gibraltar-Geschwader (Force H, VAdm. Somerville) mit dem Schlachtkreuzer *Renown* (Capt. McGrigor), dem Flugzeugträger *Ark Royal* (Capt. Maund) und dem Kreuzer *Sheffield* (Capt. Larcom) auf die dt. Kampfgruppe angesetzt.

Der B. d. U. stellt die »Westgruppe« mit den U-Booten *U 94, U 43, U 46, U 557, U 66* und *U 93* in einem Vorpostenstreifen auf, über den die *Bismarck* die Verfolger am 25. 5. ziehen soll.

In der westlichen Biskaya werden die U-Boote *U 73, U 556, U 97, U 98, U 74, U 48* und *Barbarigo* vorsorglich zur Aufnahme der *Bismarck* aufgestellt.

24./25. 5.: In der Nacht greifen 9 Flugzeuge des Trägers *Victorious* die *Bismarck* an und erzielen einen unbedeutenden Treffer. Durch einen kurzen Angriff der *Bismarck* gelingt die vom Gegner unbemerkte Entlassung der *Prinz Eugen* zu selbständiger Handelskriegführung. Kurz darauf verlieren die mit Radar Fühlung haltenden brit. Kreuzer den Kontakt, als *Bismarck* ebenfalls abdreht und hinter den ablaufenden Kreuzern Kurs auf Brest nimmt.

25. 5.: *Bismarck* läuft hinter den fächerförmig nach Südwesten suchenden brit. Schiffen nach Südosten und gibt lange Funksprüche ab in der Annahme, daß der Gegner weiterhin Fühlung halte. Die FT werden sofort, wenn auch zunächst falsch, eingepeilt.

26. 5.: Am Vormittag findet ein *Catalina*-Flugboot (Flying Officer Briggs) der 209. Squadron die *Bismarck* wieder. Ansatz der Force H. Mittags gewinnen Flugzeuge der *Ark Royal* Fühlung, bald darauf der Kreuzer *Sheffield*, der von der ersten Welle der Torpedoflugzeuge des Trägers irrtümlich angegriffen wird, jedoch alle Torpedolaufbahnen ausmanövrieren kann. Trotz ungünstiger Wetterlage startet am Nachmittag eine zweite Welle von 15 *Swordfish* der Squ. 810, 818 und 820 unter LtCdr. Coode. *Bismarck* wird zweimal getroffen. Ein Torpedotreffer zerstört die Ruderanlage und macht das Schlachtschiff manövrierunfähig. Kurz vorher sichtet *U 556* (Kptlt. Wohlfarth) die »Force H«, muß sie aber in sicherer Schußposition passieren lassen, weil sich das Boot nach Verschuß aller Torpedos auf dem Rückmarsch befindet.

26./27. 5.: In der Nacht wehrt *Bismarck* Angriffe der 4. brit. Zerstörer-Flottille (Capt. Vian) mit *Zulu, Sikh, Cossack, Maori* und der poln. *Piorun* ab.

27. 5.: Die Schlachtschiffe *King George V.* und *Rodney* (Capt. Dalrymple-Hamilton) kommen vormittags heran und schießen die *Bismarck*, die sich bis zum Ausfall aller Geschütze zur Wehr setzt, zusammen. Sie treten dann wegen Brennstoffmangels den Rückmarsch an, worauf die Kreuzer *Norfolk* und *Dorsetshire* (Capt. Martin) das Wrack beschießen und zweimal torpedieren. Gegen 10.35 Uhr sinkt die *Bismarck* durch Eigensprengung. *Dorsetshire* und *Maori* retten 110 Überlebende, darunter 2 Offiziere, *U 74* und das Wetterbeobachtungsschiff *Sachsenwald* später 5 weitere. Rund 2100 Mann sowie der gesamte Flottenstab fallen.

Versuche der dt. Luftwaffe — durch II./K. G. 1, II./K. G. 54 und I./K. G. 77 verstärkter »Fliegerführer Atlantik« (Oberst Harlinghausen —, *Bismarck* zu helfen, führt zu zahlreichen Fehlwürfen auf brit. Kriegsschiffe. Am 28. 5. versenken *Ju 88* der I./K. G. 77 westlich Irland den brit. Zerstörer *Mashona*. *He 111* der K. Gr. 100 beschädigen *Maori* schwer.

19.—21. 5. 1941 **Mittelmeer**

Dt.-ital. Nachschubgeleitzug von Palermo nach Tripolis mit 7 Schiffen, gesichert von den Zerstörern *Folgore, Euro, Fulmine, Strale* und *Turbine*. Fernsicherung: Kreuzer *Duca degli Abruzzi, Garibaldi*, Zerstörer *Granatiere, Alpino, Bersagliere*. Am 19. 5. kollidieren 2 Schiffe beim Ausweichen vor einem Angriff des brit. U-Bootes *Urge* (LCdr. Tomkinson), das am folgenden Tage einen einzelnen Dampfer mit 5165 BRT versenkt und am 21. 5. die *Duca degli Abruzzi* verfehlt. 2 Rückkonvois mit 8 Schiffen kommen an, ein Angriff von *Upholder* geht fehl.

19.—22. 5. 1941 **Mittelmeer**

Operation »Splice«: Die brit. Force H mit dem Schlachtkreuzer *Renown* (VAdm. Somerville), den Trägern *Ark Royal* und *Furious*, dem Kreuzer *Sheffield* und 6 Zerstörern marschiert ins Gebiet südlich Sardinien und startet am 21. 5. von den Trägern 48 *Hurricane*-Jäger nach Malta, die sämtlich eintreffen. Die südlich Sardinien aufgestellten ital. U-Boote *Corallo* und *Diaspro* kommen nicht an den Verband heran.

19. 5.—2. 6. 1941 **Mittelmeer**

Während der Schlacht um Kreta operieren zwischen Kreta, Alexandrien und Sollum die ital. U-Boote *Tricheco, Uarsciek, Fisalia, Topazio, Adua, Dessiè, Malachite, Squalo, Smeraldo* und *Sirena*, nördlich Kreta *Nereide*. Ihr Einsatz bleibt ohne Ergebnis.

20. 5.—1. 6. 1941 **Mittelmeer**

Unternehmen »Merkur«: dt. Luftlandung auf Kreta.

20. 5.: Beginn der Angriffe des VIII. Fliegerkorps (Gen. d. Fl. von Richthofen) und Luftlandungen (XI. Fl. K.) im Raum Malemes, Iraklion, Chania und Rethymon gegen starken Widerstand der brit. Besatzung. In der Nacht zum 21. 5. bleibt ein Angriff von 6 ital. Schnellbooten auf die brit Force C (KAdm. King) — Kreuzer *Naiad* und *Perth* (RAN), Zerstörer *Kandahar, Nubian, Kingston* und *Juno* — erfolglos. Zerstörer *Jervis* (Capt. Mack), *Nizam* und *Ilex* beschießen den Flugplatz Scarpanto.

21. 5.: Bei Angriffen dt. Bomber brit. Kreuzer *Ajax* beschädigt, Zerstörer *Juno* versenkt. Beide Einheiten gehören zur brit. Mittelmeerflotte, die mit Teilen in Erwartung der dt. Aktion seit dem 15. Mai in See ist. Sie verfügt über folgende Einheiten: Schlachtschiffe *Queen Elizabeth, Barham, Warspite, Valiant*, Flugzeugträger *Formidable*, Kreuzer *Gloucester, Fiji, Ajax, Dido, Orion, Perth, Naiad, Phoebe, Calcutta, Carlisle*, Minenkreuzer *Abdiel*, Zerstörer *Napier, Nizam, Kandahar, Kelvin, Kipling, Kingston, Kimberley, Kelly, Nubian, Juno, Janus, Jervis, Jackal, Isis, Imperial, Ilex, Hero, Hotspur, Hereward, Hasty, Havock, Griffin, Greyhound, Decoy, Defender, Stuart, Voyager, Vendetta, Waterhen*, die Sloops *Auckland, Flamingo* und Netzleger *Protector*. Im Verlauf der Kämpfe werden sämtliche Schiffe eingesetzt.

21. 5.: Auslaufen der ersten dt. Motorseglerstaffel (Oblt. z. S. Oesterlin), rund 20 Fahrzeuge, gesichert durch das ital. T-Boot *Lupo* (FKpt. Mimbelli). Gegen Mitternacht greift die brit. Force D (KAdm. Glennie) mit den Kreuzern *Dido, Orion* und *Ajax* sowie den Zerstörern *Janus, Kimberley, Hasty* und *Hereward* den dt. Geleitzug 18 sm nördlich von Chania an und zersprengt ihn. Dank des tapferen Einsatzes von *Lupo* gehen nur 10 Motorsegler verloren; von den eingeschifften 2331 Soldaten fallen 297, der Rest kann gerettet werden.

22. 5.: Force C (KAdm. King) mit den Kreuzern *Naiad, Perth, Calcutta* und *Carlisle* sowie den Zerstörern *Kandahar, Nubian* und *Kingston* greift die zweite dt. Motorseglerstaffel an. Infolge des geschickten Einsatzes des sichernden ital. Torpedoboots *Sagittario* (FKpt. Cigala) und rollender Luftangriffe

durch *Ju 88* der I./L. G. 1 (Hptm. Cuno Hoffmann) und III./K. G. 30 sowie *Do 17* des K. G. 2 (Oberst Rieckhoff) verliert der Geleitzug nur 2 Fahrzeuge. *Naiad* und *Carlisle* (Capt. Hampton †) werden durch Bombentreffer beschädigt. Force C dreht daraufhin ab, um sich mit der schweren Deckungsgruppe (KAdm. Rawlings) zu vereinigen, die im Laufe des Nachmittags ebenfalls Ziel heftiger Luftangriffe durch *Ju 87* des St. G. 2 (Oberstlt. Dinort), *Ju 88* der I./L. G. 1 und II./L. G. 1 (Hptm. Kollewe) und *Me 109*-Jagdbomber ist. Die I./L. G. 1 und eine Jabo-Rotte (Oblt. Huy) der III./J. G. 77 erzielen mehrere Treffer auf dem Schlachtschiff *Warspite* (Capt. Crutchley), *Ju 87* versenken den Zerstörer *Greyhound, Ju 88* und *Ju 87* den Kreuzer *Gloucester* (Capt. Rowley †), der mit 45 Offizieren und 648 Mann der Besatzung untergeht. 2 einzelne *Me 109*-Jabo der I./L. G. 2 (Hptm. Ihlefeld) treffen am Abend den Kreuzer *Fiji* (Capt. William-Powlett) so schwer, daß er aufgegeben werden muß. *Kingston* und *Kandahar* retten 523 Überlebende. Bei den Luftangriffen werden *Naiad* und *Carlisle* erneut getroffen, das Schlachtschiff *Valiant* (Capt. Morgan) leichter beschädigt. In der Nacht zum 23. 5. beschießen *Kashmir, Kipling* und *Kelly* den Flugplatz Malemes. *Decoy* und *Hero* nehmen den griech. König und Gefolge an Bord.
23. 5.: Die I./St. G. 2 (Hptm. Hitschhold) erfaßt am frühen Morgen *Kelly* und *Kashmir* auf dem Rückmarsch und versenkt sie. *Kipling* rettet 279 Überlebende. Jabo der III./J. G. 77 (Major von Winterfeldt) versenken in der Suda-Bucht die Boote *MTB 67, 213, 214, 216* und *217* der 10. brit. MTB-Flottille.
25. 5.: VAdm. Pridham-Wippell geht von Alexandria aus mit den Schlachtschiffen *Queen Elizabeth* und *Barham*, dem Träger *Formidable* und 9 Zerstörern in See, um den Fliegerhorst der III./St. G. 2 (Hptm. Brücker) Scarpanto anzugreifen.
26. 5.: Trägerflugzeuge der *Formidable* bombardieren Scarpanto. Auf dem Rückmarsch *Formidable* und Zerstörer *Nubian* durch II./St. G. 2 (Major Enneccerus) schwer beschädigt.
27. 5.: *Ju 88* des L. G. 1 beschädigen das Schlachtschiff *Barham*. — Da sich inzwischen die Lage auf Kreta zugunsten der dt. Angreifer entwickelt hat, Abbruch aller brit. Versuche, Verstärkungen auf die Insel zu bringen. Räumung eingeleitet.
28. 5.: Auf dem Anmarsch zur Räumung Kreuzer *Ajax* und Zerstörer *Imperial* durch Bomben beschädigt. In der Nacht zum 29. 5. in Sphakia und Heraklion 4700 Soldaten eingeschifft, *Imperial* wegen Ruderhavarie aufgegeben.
29. 5.: Zerstörer *Hereward* durch III./St. G. 2 versenkt, *Decoy* getroffen, *Ajax* erneut getroffen. Kreuzer *Dido* und *Orion* (Capt. Back †) schwer beschädigt. Auf *Orion* unter den eingeschifften 1100 Soldaten 260 Tote und 280 Verwundete. In der Nacht zum 30. 5. weitere 6000 Mann evakuiert.
30. 5.: Kreuzer *Perth* und Zerstörer *Kelvin* durch L. G. 1 beschädigt. In der Nacht zum 31. 5. 700 Mann evakuiert.
31. 5.: Zerstörer *Napier* erhält Bombentreffer. In der Nacht zum 1. 6. macht KAdm. King mit *Phoebe, Abdiel, Jackal, Kimberley* und *Hotspur* den letzten Versuch, von Sphakia, wo noch rund 6000 Mann zurückgeblieben sind, Truppen zu evakuieren. 4000 Mann können noch abtransportiert werden.
1. 6.: Die zur Aufnahme der Gruppe King von Alexandria aus entgegengeschickten Flakkreuzer *Calcutta* und *Coventry* rund 100 sm nördlich Alexandria durch 2 *Ju 88* des L. G. 1 erfaßt und *Calcutta* (Capt. Lees) versenkt. *Coventry* rettet 255 Überlebende.
Insgesamt von Kreta 17 000 Mann evakuiert. Verluste 15 743, dazu 2011 Mann der Marine. Dt. Verluste 6580 Tote, Vermißte und Verwundete.

21. 5. 1941 **Mittelmeer**

Der brit. Minenkreuzer *Abdiel* legt ostwärts Kap Dukato 150 Minen. Auf der Sperre sinken innerhalb 24 Stunden der ital. Zerstörer *Mirabello*, das Kanonenboot *Matteucci* und die dt. Transporter *Marburg* (7564 BRT) und *Kybfels* (7764 BRT).

22.—25. 5. 1941 **Mittelmeer**

Die brit. U-Boote *Urge* und *Upholder* torpedieren vor Tunis bzw. Messina am 22. und 24. 5. je 1 Einzelschiff mit 4856 bzw. 4854 BRT.

Am 24. 5. läuft ein ital. Truppentransport nach Tripolis mit den Fahrgastschiffen *Esperia* (11 398 BRT), *Conte Rosso* (17 879 BRT), *Marco Polo* (12 272 BRT) und *Victoria* (13 098 BRT). Nahsicherung Zerstörer *Freccia, Camicia Nera* und T-Boote *Procione, Orsa* und *Pegaso*. Fernsicherung Kreuzer *Trieste, Bolzano* und Zerstörer *Corazziere, Lanciere, Ascari*. Ostwärts Sizilien wird die *Conte Rosso* durch das brit. U-Boot *Upholder* (LCdr. Wanklyn) versenkt. Von 2500 eingeschifften Soldaten 1680 gerettet.

25. 5.—16. 6. 1941 **Nordatlantik**

Operation einer ital. U-Boot-Gruppe mit *Argo, Veniero, Mocenigo, Emo, Marconi, Brin* und *Velella* gegen Konvois westlich Gibraltar. Am 30. 5./1. 6 versenkt *Marconi* (Kptlt. Pollina) den brit. Flottentanker *Cairndale* und einen nicht gekennzeichneten portug. Fischdampfer mit zusammen 8447 BRT. Am 5. 6. sichtet *Velella* (Kptlt. Terra) den einl. Konvoi OG. 63 und führt *Marconi* heran, das in der Nacht zum 6. 6. angreift und 4 Treffer beobachtet, gefolgt von *Velella*, das 2 Treffer erzielt. Es sinken 2 Schiffe mit 4787 BRT. Am Nachmittag des 6. 6. greift auch *Emo* (KKpt. Roselli-Lorenzini) den OG. 63 an und meldet 2 ungeklärte Treffer. In der Nacht zum 6. 6. sichtet südlich des OG. 63 *Veniero* (KKpt. Petroni) den entgegenkommenden HG. 64 und meldet 2 ungeklärte Treffer. Am Morgen des 7. 6. sichtet *Brin* den Konvoi nordostwärts Madeira, kommt aber nicht zum Schuß, *Mocenigo* findet den Konvoi nicht.

Am 12. 6. sichtet *Brin* (KKpt. Longanesi-Cattani) ostwärts der Azoren den Konvoi SL. 75 und versenkt am 13. 6. daraus 2 Schiffe mit 7241 BRT, *Veniero* und *Velella* finden ihn jedoch nicht, ebensowenig die als Gruppe »Kurfürst« weiter nördlich aufgestellten dt. U-Boote *U 204, U 43, U 73* und *U 201*.

Das einzeln ins Gebiet von Gibraltar entsandte *U 138* (Oblt. z. S. Gramitzky) wird am 18. 6. durch die brit. Zerstörer *Faulknor, Fearless, Forester, Foresight* und *Foxhound* versenkt.

26. 5. 1941 **Westatlantik**

Das niederl. Kanonenboot *Van Kinsbergen* bringt ostwärts Martinique den vichy-franz. Dampfer *Winnepeg* (8379 BRT) auf.

26./27. 5. 1941 **Mittelmeer**

Die ital. 13. T-Flottille (KKpt. Unger di Lowenberg) mit den T-Booten *Circe, Calliope, Clio* und *Perseo* legt ostwärts Malta die Minensperren M. 4 und M. 4 bis. Ital. Nachschubgeleitzug nach Tripolis (6 Frachter, gesichert durch 2 Zerstörer und 3 T-Boote, Fernsicherung 1 Kreuzer und 2 Zerstörer). Brit. Flugzeuge greifen von Malta aus an und treffen 2 Schiffe.

27. 5. 1941 **Nordatlantik**

Der Konvoi HX. 129 läuft als erster über den ganzen Nordatlantik gegen U-Boote gesicherter brit. Geleitzug aus Halifax aus.

27. 5.—20. 6. 1941 **Nordatlantik**

Zum 1. 6. wird aus den im Westatlantik stehenden U-Booten *U 111* (am 25./26. 5. aus dem Tanker *Belchen* in der Davis-Straße versorgt), *U 43, U 46, U 66* eine neue »Westgruppe« gebildet, zu der nach Versorgung aus *Belchen* auch *U 557* (1./2. 6.) und *U 93* treten sollen. *Belchen* wird am 3. 6. bei der Versorgung von *U 93* von den Kreuzern *Kenya* und *Aurora* versenkt, *U 93* rettet 49 Überlebende. Bis zum 20. 6. treten zur »Westgruppe« noch die Boote *U 108, U 101, U 75, U 48, U 73, U 204* (vorher südlich Island), *U 553, U 77, U 558* und *U 751*. Sie treffen nur auf Einzelfahrer und versenken: *U 557* (Oblt. Paulshen) 1 Schiff mit 7290 BRT, *U 46* (Oblt. z. S. Endraß) 2 Schiffe mit 10 893 BRT, ferner 1 Schiff mit 6207 BRT beschädigt, *U 108* (Kptlt. Scholtz) 6 Schiffe mit 24 445 BRT, *U 48* (Kptlt. Schultze) 5 Schiffe mit 38 462 BRT, *U 75* (Kptlt. Ringelmann) 1 Schiff mit 4801 BRT, *U 101* (Kptlt. Mengersen) 2 Schiffe mit 11 644 BRT, *U 43* (Kptlt. Lüth) 2 Schiffe mit 7529 BRT, *U 204* (Kptlt. Kell) 2 Schiffe mit 7902 BRT, *U 553* (Kptlt. Thurmann) 2 Schiffe mit 7945 BRT, *U 77* (Kptlt. Schonder) 3 Schiffe mit 11 725 BRT, *U 751* (Kptlt. Bigalk) 1 Schiff mit 5370 BRT. Ein Vorstoß von *U 111* ins Gebiet der Belle-Isle-Straße und bis Cape Race bleibt wegen Nebel erfolglos. Vor dem Nordkanal versenkt *U 147* (Oblt. z. S. Wetjen) 1 Schiff mit 2491 BRT und wird am 2. 6. nach Torpedierung eines Dampfers mit 4996 BRT aus einem Konvoi von dem brit. Zerstörer *Wanderer* und der Korvette *Periwinkle* der Sicherung versenkt. *U 552* (Kptlt. Topp) versenkt im Nordkanal 3 Schiffe mit 24 401 BRT, *U 141* (Oblt. z. S. Schüler) westlich Irland 1 Schiff mit 1277 BRT. Von den in der Dänemarkstraße zur Unterstützung des vorgesehenen Ausbruchs des Schweren Kreuzers *Lützow* aufgestellten U-Booten *U 559* und *U 79* (Kptlt. Kaufmann) versenkt letzteres 1 Schiff mit 1524 BRT.

28. 5. 1941 **allgemeine Lage**

Dt.-franz. Verhandlungen in Paris. Protokoll sieht u. a. eine Unterstützung der dt. Seekriegführung im mittleren Atlantik von Dakar aus (ab 15. 7. geplant) vor. Angesichts des geringen dt. Entgegenkommens durch Hitler weicht die franz. Regierung jedoch in ihrer Note vom 14. 7. wieder auf die Linie des »Attentisme« zurück.

30. 5. 1941 **Mittelmeer**

Das brit. U-Boot *Triumph* (LCdr. Wards) torpediert vor Bengasi den ital. Hilfskreuzer *Ramb III.* (3667 BRT). Ein weiterer Angriff am 30./31. 5. auf einen kleinen Konvoi wird ausmanövriert.

★

1. 6. 1941 **Nordatlantik**

Die US Coast Guard richtet die »South Greenland Patrol« ein: 4 Küstenwachschiffe operieren zwischen Cape Brewster, Cape Farewell und Upernivik.

1.—13. 6. 1941 **Mittelmeer**

Bei Operationen der brit. 8. U-Flottille (Gibraltar) versenken im westlichen Mittelmeer *Clyde* (Cdr. Ingram) 2 Schiffe mit 4271 BRT und das niederl. *O. 24* (Kptlt. de Booy) 2 Schiffe mit 6803 BRT. Im Gebiet von Lampedusa versenkt *Unique* (Lt. Collett) 1 kleines Schiff von 736 BRT. Im Gebiet der Ägäis torpediert *Parthian* (Cdr. Rimington) vor den Dardanellen 1 ital. Schiff mit 5232 BRT, *Torbay* (LCdr. Miers) versenkt 2 Schiffe und 1 Segler mit 7114 BRT und torpediert 1 rumän. Passagierdampfer von 5700 BRT. Im Gebiet von Buerat greift

Taku (LCdr. Van der Byl) ein kleines ital. Geleit an und versenkt im Artilleriegefecht am 5. 6. das ital. K-Boot *Valoroso* (340 ts, 1 : 7,6 cm) und 2 Frachter mit zusammen 489 BRT. Am 11./12. 6. versenkt es 2 weitere Schiffe mit 2967 BRT und entkommt den ital. T-Booten *Polluce* und *Pallade*.

2. 6. 1941 **Luftkrieg Deutschland**

RAF-Bomber Command greift den Kaiser-Wilhelm-Kanal an.

3. 6. 1941 **Mittelmeer**

Ital. Geleitzug (6 Schiffe mit 4 Zerstörern, Fernsicherung durch 2 Kreuzer und 4 Zerstörer) wird vor der tunes. Küste von brit. Bombern vom Typ Martin *Maryland* angegriffen. Die Frachter *Montello* (6117 BRT) und *Beatrice C.* (6132 BRT) gehen verloren.

3. 6. 1941 **Mittelmeer**

Die ital. 7. Division (DivAdm. Casardi) mit den Kreuzern *Eugenio di Savoia, Duca d'Aosta, Attendolo* und die 4. Division (DivAdm. Giovanola) mit den Kreuzern *Giovanni delle Bande Nere* und *Alberto di Giussano* und die Zerstörer *Pigafetta, Da Mosto, Da Verazzano, Da Recco, Usodimare, Gioberti* und *Scirocco* legen nordostwärts Tripolis 2 Sperren gegen brit. Küstenbeschießungen. Am 19. 12. gerät die brit. Force K auf diese Sperren (s. dort).

3.—5. 6. 1941 **Atlantik**

Einheiten der brit. Flotte beginnen im Anschluß an das Unternehmen »Rheinübung« (vgl. 18.—25. 5. 1941) mit der Aufrollung der dt. atlantischen Versorgungsorganisation.

3. 6.: Tanker *Belchen* (6367 BRT) nach Versorgung von *U 557* und *U 111* in der Davis-Straße zwischen Grönland und Labrador durch die brit. Kreuzer *Kenya* und *Aurora* versenkt. *U 93* rettet die Überlebenden.

4. 6.: Tanker *Gedania* (8923 BRT) durch das Hilfsschiff *Marsdale* (4890 BRT) aufgebracht. Das Spähschiff *Gonzenheim* (4000 BRT) wird durch 1 Flugzeug des Trägers *Victorious* und den Hilfskreuzer *Esperance Bay* (14 204 BRT) gesichtet und vernichtet sich beim Aufkommen des Schlachtschiffes *Nelson* und des Kreuzers *Neptune* selbst. *Neptune* torpediert das brennende Wrack. Im Versorgungsgebiet in der Freetown-Natal-Enge versenken sich am 4. und 5. 6. die Tanker *Esso Hamburg* (9849 BRT) und *Egerland* (9798 BRT) bei Annäherung des Schweren Kreuzers *London* und des Zerstörers *Brilliant*.

5.—7. 6. 1941 **Mittelmeer**

Operation »Rocket«: Brit. Force H mit den Trägern *Ark Royal* und *Victorious* startet im westlichen Mittelmeer Jäger für Malta, von denen 35 eintreffen. Gegen einen Vorstoß der Force H nach Genua werden die ital. U-Boote *Colonna* und *Da Procida*, gegen einen Marsch durch die Sizilien-Straße westlich davon *Bandiera, Manara* und *Diaspro* aufgestellt.

6. 6. 1941 **allgemeine Lage**

Gesetz ermöglicht der US-Regierung, in amerik. Häfen aufgelegte Schiffe fremder Staaten zu beschlagnahmen.

7.—9. 6. 1941 **Mittelmeer**

Ital. Geleitzug mit 3 Truppentransportern und starker Sicherung erreicht Tripolis ohne Verluste.

7. 6.—14. 7. 1941 **Mittelmeer**

Brit. und gaullistische Truppen erobern Syrien gegen heftigen franz. Widerstand. Leitung der Seeoperationen durch den brit. KAdm. King (15. Kreuzer-Geschwader) mit den Leichten Kreuzern *Phoebe, Ajax* und *Coventry* sowie 8 Zerstörern. Der franz. Marinebefehlshaber Syrien, KAdm. Gouton, verfügt über die Flottillenführer *Guépard* (Flottillenchef Kpt. z. S. Gervais de Lafond) und *Valmy*, den Aviso *Elan*, die U-Boote *Caïman*, *Morse* und *Souffleur* sowie einige kleinere Einheiten ohne Gefechtswert.

8./9. 6.: Unter dem Schutz des Flakkreuzers *Coventry* und der Zerstörer *Isis* und *Hotspur* setzt das Landungsschiff *Glengyle* eine Kommando-Einheit an der syrischen Küste zur Wegnahme einer wichtigen Brücke an Land.

9. 6.: Franz. U-Boot *Caïman* verfehlt den brit. Kreuzer *Ajax* knapp mit einem Torpedo.

Seegefecht der franz. Flottillenführer *Valmy* und *Guépard* mit dem brit. Zerstörer *Janus* vor Sidon, in dessen Verlauf *Janus* 5 schwere Treffer erhält. Beim Aufkommen der brit. Zerstörer *Jackal* (ebenfalls getroffen), *Isis* und *Hotspur* drehen die franz. Schiffe ab und laufen nach Beirut zurück.

Verstärkung des brit. Verbandes durch den Kreuzer *Leander* und 6 Zerstörer.

15. 6.: *Ju 88* der II./L. G. 1 (Hptm. Kollewe) beschädigen die Zerstörer *Isis* und *Ilex* durch Bombentreffer schwer. Angriff der franz. 4. Marinefliegergruppe auf brit. Schiffe vor Sidon.

16. 6.: Brit. Torpedoflugzeug der 815. Squadron versenkt 50 sm vor der syrischen Küste den zum Munitionstransport eingesetzten franz. Flottillenführer *Chevalier-Paul*. *Valmy* und *Guépard* retten die Besatzung. Der zweite aus Toulon kommende Munitionstransporter, der Flottillenführer *Vauquelin*, erreicht Beirut, wird jedoch am 17. 6. dort durch brit. Bomber schwer beschädigt.

23. 6.: *Guépard* durchbricht die brit. Blockade der syrischen Küste. Sie erhält im nächtlichen Gefecht mit den Kreuzern *Ajax* und *Phoebe* 1 Treffer, entkommt aber auf Grund ihrer überlegenen Geschwindigkeit.

25. 6.: Brit. U-Boot *Parthian* (Cdr. Rimington) versenkt in der Bucht von Djounieh das franz. U-Boot *Souffleur*.

2. 7.: Franz. 4. Marinefliegergruppe (Kptlt. Huber †) greift Haifa an.

4. 7.: *Albacore*-Torpedoflugzeug der 829. Squadron versenkt vor der anatolischen Küste den franz. Nachschubdampfer *Saint Didier* (2778 BRT). Das zweite Schiff, das mit Nachschub für Syrien unterwegs ist — *Château Yquem* (2536 BRT) —, wird später zurückgerufen, als sich herausstellt, daß ein Durchbruch durch die brit. Blockade unmöglich ist.

9.—12. 7.: Die franz. Flottillenführer *Guépard, Valmy* und *Vauquelin* laufen von Syrien nach Saloniki, um dort ein auf dem Landwege eingetroffenes franz. Inf.Btl. aufzunehmen. Der Verband wird 200 sm vor der syrischen Küste durch die brit. Luftaufklärung erfaßt und geht befehlsgemäß nach Toulon.

12. 7.: Waffenstillstand in Syrien nach Annahme der brit. Bedingungen durch General Dentz. Die U-Boote *Morse* und *Caïman* verlegen nach Bizerta.

14. 7.: Unterzeichnung eines Waffenstillstandsvertrages.

10. 6. 1941 **Rotes Meer**

Die Italiener verlieren mit Assab ihren letzten Hafen am Roten Meer.

12. 6. 1941 **Nordatlantik**

Der dt. Versorgungstanker *Friedrich Breme* (10 397 BRT) versenkt sich im Nordatlantik bei Annäherung des brit. Kreuzers *Sheffield* selbst.

12. 6. 1941 **allgemeine Lage**

Die US Navy beruft ihre nicht zurückgestellten Reservisten ein.

12.—13. 6. 1941 **Nordsee**

Versuch des Schweren Kreuzers *Lützow* (Kpt. z. S. Kreisch), zum Handelskrieg in den Atlantik auszubrechen. Kurz vor Mitternacht des 12. 6. erfaßt die brit. Luftaufklärung den Kreuzer mit seinen 5 Sicherungszerstörern vor Lindesnes, 2 Stunden später greifen Bristol-*Beaufort*-Torpedoflugzeuge (Squadron No. 42 des Coastal Command) den Verband an. Flight Sergeant Loveitt erzielt auf *Lützow* 1 Torpedotreffer mittschiffs. Mit teilweise ausgefallener Maschinenanlage und starker Schlagseite läuft der Kreuzer in die Ostsee zurück und erreicht am Nachmittag des 14. 6. Kiel, wo er bis Januar 1942 ins Dock muß.

13./14. 6. 1941 **Luftkrieg Westeuropa**

110 brit. Bomber greifen die dt. Schlachtschiffe in Brest an.

13.—15. 6. 1941 **Mittelmeer**

Operation »Tracer«: Force H mit den Trägern *Ark Royal* und *Victorious* startet aus dem westlichen Mittelmeer 47 Jäger nach Malta, von denen 43 eintreffen. Die südlich Sardinien aufgestellten ital. U-Boote *Corallo* und *Santarosa* sichten den Verband nicht.

15. 6. 1941 **Mittelatlantik**

Der dt. Versorgungstanker *Lothringen* (10 746 BRT) wird im Mittelatlantik von dem brit. Leichten Kreuzer *Dunedin* aufgebracht.

17. 6. 1941 **Westatlantik**

Der brit. Hilfskreuzer *Pretoria Castle* bringt ostwärts der Antillen den vichyfranz. Dampfer *Désirade* (9645 BRT) auf.

19.—21. 6. 1941 **allgemeine Lage**

Auf Grund der eingehenden Nachrichten über dt. Angriffsvorbereitungen löst der Volkskommissar für die sowj. Kriegsmarine, Admiral N. G. Kuznecov, am 19. 6. für die unterstellten Flottenkommandos die »Alarmstufe 2« und am 21. 6. um 23.37 Uhr die »Alarmstufe 1« an. Strenge Weisung, jede Provokation, die dt. Seite Vorwand für Angriff geben könnte, zu vermeiden.

19.—21. 6. 1941 **Ostsee**

In den Nächten vom 18./19., 19./20. und 20./21. 6. legen die dt. Minenschiffe *Preußen, Grille, Skagerrak* und *Versailles* sowie 6 Boote der 5. M-Flottille unter Führung des F. d. Minsch, Kpt. z. S. Bentlage, zwischen Memel und Öland die Minensperren »Wartburg I—III« (1150 EMC und 1800 Sprengbojen). Dabei wird am Abend des 18. 6. westlich Libau der sowj. Kreuzer *Kirov* beobachtet. Finn. Minenleger legen am 21. 6. Minensperren bei Manni und Jussarö.

20.—29. 6. 1941 **Nordatlantik**

Da der Verdacht einer Umgehung der »Westgruppe« besteht, werden die U-Boote *U 71, U 96, U 203, U 79, U 651, U 371, U 108, U 553, U 556, U 562, U 201, U 751, U 75, U 558, U 557, U 77, U 101, U 111, U 43, U 559, U 202, U 564* in einer lockeren Aufstellung über den mittleren Nordatlantik verteilt. Am 20. 6. sichtet *U 203* innerhalb des von Deutschland erklärten Operationsgebietes das US-Schlachtschiff *Texas* und verfolgt es mehrere Stunden. Auf seine Meldung wird der Angriff auf US-Schiffe auch innerhalb des Operationsgebiets verboten. Am 23. 6. sichtet *U 203* den Konvoi HX. 133 und versenkt in der Nacht zum 24. 6. 1 Schiff, verliert dann aber die Fühlung und stößt mittags auf den entgegenkommenden OB. 336, aus dem 2 Schiffe versenkt werden (zus. 11 325 BRT). Am 24. 6. führt *U 79* nacheinander *U 71*, das abgedrängt wird, *U 371* (Kptlt. Driver) und *U 651* (Kptlt. Lohmeyer) heran, die je 1 Schiff mit 4765 BRT bzw. 5297 BRT versenken. *U 111* muß die Verfolgung abbrechen. Den OB. 336 verfolgen ohne Erfolg *U 108, U 553, U 101, U 77* und *U 558*. Am 26. 6. gewinnen *U 556, U 564* und *U 201* am HX. 133 Fühlung, *U 564* (Oblt. z. S. Suhren) versenkt in der Nacht zum 27. 6. 2 Schiffe mit 17463 BRT und torpediert 1 weiteres Schiff mit 9467 BRT. Am 27. 6. wird *U 556* (Kptlt. Wohlfarth) durch die Sicherungs-Korvetten *Nasturtium, Celandine* und *Gladiolus* versenkt, *U 651, U 79, U 562* und *U 201* kommen nicht zum Schuß. Am 28. 6. kann nur *U 651* Fühlung halten, *U 201* wird abgedrängt. Kurz nach Mitternacht am 29. 6. versenkt *U 651* 1 Schiff mit 6342 BRT, wird aber schließlich durch die Zerstörer *Malcolm, Scimitar,* die Korvetten *Arabis, Violet* und den Minensucher *Speedwell* versenkt. Die Sichtung des Konvois durch eine *FW 200* der I./K. G. 40 am 29. 6. kann kein U-Boot mehr heranführen. Gesamterfolg: 11 Schiffe mit 57215 BRT versenkt, 2 Schiffe beschädigt. Am 28. 6. versenkt das nordwestlich der Hebriden operierende *U 146* (Oblt. z. S. Ites) 1 Schiff mit 3496 BRT. *U 137* bleibt ohne Erfolg.

21.—22. 6. 1941 **Ostsee**

Minenschiffsgruppe Nord (FKpt. von Schönermark) mit den Minenschiffen *Tannenberg, Brummer* und *Hansestadt Danzig* wirft, gesichert durch 4 Boote der 2. S-Fl. und 5 Boote der 5. R-Fl. zwischen Fanö-Fjord und Dagö die Sperre »Apolda« (500 EMC und 700 Sprengbojen). Die Operation wird trotz Angriffs durch 2 sowj. Flugzeuge und Sichtung von Zerstörern und Bewachungsfahrzeugen planmäßig durchgeführt.

Gleichzeitig legt die Gruppe »Cobra« (KKpt. Dr. Brill) mit *Cobra, Kaiser* und *Königin Luise* unter Sicherung durch 6 Boote der 1. S-Fl. und 5 R-Boote (5. R-Fl.) zwischen Kallbada-Grund und Pakerort mit 400 EMC und 700 Sprengbojen die Sperre »Corbetha«. Dieser Verband sichtet ein sowj. Schlachtschiff und eine Anzahl anderer Fahrzeuge.

Die 2. S-Fl. verseucht die Ausfahrten des Soelo- und Moonsundes mit je 12 TMB-Minen (Sperren »Coburg«, »Gotha«), die 5. S-Fl. verseucht die Westeinfahrt der Irbenstraße mit 12 TMB (»Eisenach«), die 3. S-Fl. die Zufahrten nach Libau und Windau mit je 12 TMB (»Weimar«, »Erfurt«). Wenige Minuten nach Eröffnung der Feindseligkeiten um 03.00 Uhr versenken *S 59* (Oblt. Albert Müller) und *S 60* (Oblt. Wuppermann) vor Windau den lett. Dampfer *Gaisma* (3077 BRT). 1. S-Fl. kapert estn. Dampfer *Estonia* (1181 BRT).

21.—23. 6. 1941 **Mittelmeer**

Dt.-ital. Rückgeleit aus Tripolis wird von auf Malta stationierten brit. Flugzeugen laufend angegriffen. Alle Schiffe, darunter 2 beschädigte Frachter, erreichen unter dem Schutz von 4 Zerstörern und 5 T-Booten Trapani und Neapel.

22. 6. 1941 **allgemeine Lage**

Beginn des dt. Angriffes gegen die Sowjet-Union. Stärke der sowj. Flotten:

Baltische Flotte (VAdm. Tribuc): 2 Schlachtschiffe, 2 Schwere Kreuzer, 2 Flottillenführer, 7 alte, 12 moderne Zerstörer, 7 Wachschiffe (T-Boote), 65 U-Boote, 6 Minenleger, 33 Minensucher, 1 Kanonenboot, 48 Torpedokutter (S-Boote), 656 Flugzeuge.

Nordflotte (VAdm. Golovko): 3 alte, 5 moderne Zerstörer, 7 Wachschiffe (davon 3 T-Boote), 15 U-Boote, 2 Minensucher, 15 Wachkutter, 2 Torpedokutter und Hilfsschiffe, 116 Flugzeuge.

Schwarzmeerflotte (VAdm. Oktjabrskij): 1 Schlachtschiff, 2 moderne, 3 alte und 1 Schulkreuzer, 3 Flottillenführer, 5 alte und 8 moderne Zerstörer, 2 Wachschiffe (T-Boote), 47 U-Boote, 84 Torpedokutter, 15 Minensucher, 625 Flugzeuge.

22. 6. 1941 **Nordmeer**

Sowj. Nordflotte (VAdm. A. G. Golovko) beginnt mit Operationen. Die U-Boot-Brigade (Kpt. 1. Rg. N. I. Vinogradov) entsendet die U-Boote *K-1, D-3, ŠČ-421, ŠČ-401* zu Operationen gegen den dt. Nachschubverkehr in den Söröy-Sund, zum Nordkap, Nordkyn und vor den Syltefjord. *M-176, M-175, M-173* werden defensiv im Gebiet der Fischer-Halbinsel aufgestellt.
Auf Befehl des Volkskommissars werden die U-Boote *ŠČ-403, ŠČ-404* defensiv vor der Kola-Küste, die Zerstörer *Groznyj* und *Sokrušitel'nyj* im Eingang des Weißen Meeres eingesetzt. Mit Transportern beginnt die Evakuierung von Frauen und Kindern aus Murmansk nach Osten.

22. 6. 1941 **Schwarzes Meer**

Die Schwarzmeerflotte beginnt mit der planmäßigen Auslegung von Defensiv-Minensperren vor den eigenen Basen Sevastopol, Odessa, Kerč, Novorossijsk, Tuapse und Batumi. Vor Sevastopol sind beteiligt die Kreuzer *Krasnyj Kavkaz* und *Červona Ukraina,* der Flottillenführer *Char'kov,* die Zerstörer *Bojkij, Bezuprečnyj* und *Bespoščadnyj,* der Minenleger *Ostrovskij* und der Schulkreuzer *Komintern,* vor Batumi der Zerstörer *Dzeržinskij.* Insgesamt werden vor Sevastopol 1941 3453 Minen und 509 Sperrschutzmittel gelegt.
Flugzeuge des dt. IV. Fliegerkorps greifen Sevastopol an. In der Donau-Mündung bei Reni beschießen rumän. Küstenbatterien die sowj. Monitore *Železnjakov, Žemčužin* und *Rostovcev.*

22. 6. 1941 **Nordatlantik**

U 48 läuft von seiner 12. und letzten Feindfahrt in Kiel ein. Es hat auf diesen Fahrten unter dem Kommando von Kptlt. Herbert Schultze (8 Fahrten), KKpt. Hans Rösing (2 Fahrten) und Kptlt. Heinrich Bleichrodt (2 Fahrten) insgesamt 1 Sloop und 54 Schiffe mit 322 292 BRT versenkt und 2 Schiffe mit 11 024 BRT beschädigt und ist damit das erfolgreichste U-Boot des Zweiten Weltkrieges.

22.—23. 6. 1941 **Ostsee**

Ju 88 der K. Fl. Gr. 806 werfen im Raum Kronstadt 27 Luftminen, auf denen am 22. 6. der estn. Dampfer *Ruhno* (499 BRT) sinkt, und greifen Schiffe an, sowj. Dampfer *Luga* (2329 BRT) versenkt.
Die finn. U-Boote *Iku Turso* (Kptlt. Pekkanen) und *Vetehinen* (Kptlt. Pakkala) legen am 22. 6. je 20 Minen im Finnenbusen ostwärts Ekholm bzw. nördlich der Kunda-Bucht, *Vesihiisi* (Kptlt. Kijanen) nördlich Ekholm am 23. 6. 20 Minen (Sperren F. 4, 5, 3).
Bei einem Vorstoß ins Gebiet vor Hangö greift die 3. S-Flottille 1 Dampfer an, dabei versenkt *S 44* (Oblt. z. S. Opdenhoff) das sowj. Wachboot *MO-238.*
Die 3. S-Flottille verseucht die Irbenstraße mit 18 TMB-Minen.

22.—23. 6. 1941 **Ostsee**

Um 18.22 Uhr läuft von Ust-Dvinsk ein Verband (Kpt. 2. Rg. I. G. Svjatov) mit dem Kreuzer *Maksim Gorkij* und den Zerstörern *Gordyj, Gnevnyj* und *Steregušcij* aus, um durch die Irbenstraße gehend eine Position vor dem Westausgang des Finnenbusens zur Deckung der Minenlege-Operationen einzunehmen. Zur Durchführung der Minenunternehmung (Führung: Befehlshaber des Geschwaders, KAdm. D. D. Vdovičenko) laufen von Tallin die Minenleger *Marti* und *Ural,* die Flottillenführer *Leningrad* und *Minsk* und die Zerstörer *Karl Marks, Artem* und *Engels* aus. Minen- und U-Boot-Sicherung bilden 3 *BTŠČ* und einige *MO* sowie der Zerstörer *Smelyj.* Am 23. 6. um 03.40 Uhr gerät der Deckungsverband im Gebiet der Oleg-Bank in die dt. »Apolda«-Sperre, dem

Zerstörer *Gnevnyj* wird durch eine Minendetonation das Vorschiff abgerissen, so daß er sinkt. *Gordyj* wird durch im Bugschutzgerät detonierende Minen beschädigt, *Maksim Gorkij* verliert durch einen Minentreffer sein Vorschiff bis zum Spant 60. *Stereguščij* bringt mit seinem Bugschutzgerät 2 Minen zur Detonation, wird leicht beschädigt, bringt aber den havarierten Kreuzer nach Worms. Von dort bringen Minensucher und Torpedokutter ihn nach Tallin.

22.—27. 6. 1941 **Ostsee**

Verteidigung der sowj. Marinebasis Libau (Kommandant Kpt. 1. Rg. M. S. Klevenskij) durch die 67. Schützen-Div. (GenMaj. Dedaev). Im Hafen 15 U-Boote der 1. U-Boot-Brigade (Kpt. 1. Rg. Egipko), 1 Zerstörer, 6 Torpedokutter, 12 Wachkutter, 1 Minensucher.
Am 22. 6. nehmen die U-Boote *L-3, M-79, M-81, M-83* Positionen zwischen Memel und Libau ein. Die U-Boote *S-9, M-77* und *M-78* verlegen mit einem Dampfer nach Dünamünde, dabei geht *M-78* vor Windau durch einen Torpedotreffer von *U 144* verloren. Die U-Boote *Kalev* und *Lembit* und der Transporter *Železnodorožnik* mit dem Wachboot *MO-218* verlegen nach Windau, gefolgt von 8 Dampfern. Der Minensucher *Fugas* (Oblt. Gillerman) legt am 22./23. 6. mehrere Sperren mit 207 Minen, auf denen am 1. 7. der Minensucher *M 3134,* am 10. 7. der U-Jäger *UJ 113,* am 22. 11. der Minensucher *M 1706* sinken.
Am 23. 6. verlegt das U-Boot *S-3* mit überzähligem Personal an Bord von Libau nach Dünamünde, wird aber vor Steinort nach mehreren Torpedofehlschüssen von dem S-Boot *S 35* (Lt. z. S. H. Weber) mit Wasserbomben und Handgranaten zum Sinken gebracht. Angriffe von *S 60* und *S 27* gegen den gleichzeitig verlegten Verband von 12 Wachbooten und 1 Hilfskriegsschiff schlagen fehl.
Am 24. 6. werden in Libau die nichtfahrbereiten Schiffe, der Zerstörer *Lenin,* die U-Boote *S-1, M-71, M-80, Ronis* und *Spidola,* der Eisbrecher *Silač* (541 BRT) und das Hilfskanonenboot *Tunguska* (947 BRT) selbstversenkt. Der Torpedokutter *TKA-27* geht verloren.
Am 25. 6. versenkt sich das zurückkehrende *M-83* vor Libau selbst, die anderen U-Boote werden von See nach Dünamünde umgeleitet. In der Nacht zum 26. 6. legt *Fugas* (s. o.) nochmals eine Sperre und läuft dann nach Norden ab.
In der Nacht zum 27. 6. laufen die Torpedokutter *TKA-37, TKA-57, TKA-67* nach Dünamünde und zuletzt *TKA-17* (Oblt. Osipov mit Kpt. Klevenskij an Bord) und *TKA-47* aus, letzteres nach Gefecht mit der 2. S-Flottille vor Backofen aufgebracht. Einheiten der dt. 291. Inf-Div., unterstützt von der Mar.-Stoßtrupp-Abteilung Bigler, dringen am 27./29. 6. in Libau ein und besetzen die Stadt.

22.—30. 6. 1941 **Mittelmeer**

Bei brit. U-Boot-Operationen im westlichen Mittelmeer versenken *Severn* (LCdr. Campbell) 2 Schiffe mit 4192 BRT, das niederl. *O. 23* (Kptlt v. Erkel) 1 Schiff mit 5371 BRT. Im mittleren Mittelmeer versenken *Union* (Lt. Galloway) und *Utmost* (LCdr. Cayley) je 1 Schiff mit 1004 BRT bzw. 4080 BRT. Vor Sollum versenkt *Triumph* (LCdr. Wards) das ital. U-Boot *Salpa.*
Mitte des Jahres bestehen die brit- U-Flottillen im Mittelmeer aus:
8. U-Flottille (Gibraltar): *Clyde, Severn, O. 21, O. 23, O. 24,* weitere Boote beim Marsch nach Osten zur 10. und 1. U-Flottille.
10. U-Flottille (Malta): *Ursula, Utmost, Upright, Unique, Upholder, Unbeaten, Urge, Union, P. 32, P. 33.*
1. U-Flottille (Alexandria): *Truant, Triumph, Taku, Tetrarch, Torbay, Regent,*

Rover, Otus, Rorqual, Cachalot, Parthian, Pandora und die griech. *Katsonis, Papanicolis, Nereus, Triton* und *Glavkos.*

22.—30. 6. 1941 **Ostsee**

Die dt. U-Boote *U 140, U 142, U 144, U 145* und *U 149* operieren westlich Memel, südlich Gotland, westlich Windau, westlich Ösel-Dagö und vor dem Finnenbusen. In der Nacht zum 23. 6. versenkt *U 144* (Kptlt. v. Mittelstaedt) das sowj. U-Boot *M-78*, am 24. 6. verfehlt *U 140* 1 großes U-Boot, am 26. 6. versenkt *U 149* (Kptlt. Höltring) 1 U-Boot, vermutlich *M-101.*

22.—30. 6. 1941 **Ostsee**

Erster Höhepunkt des sowj. U-Boot-Einsatzes. Bei Kriegsbeginn zur Aufklärung *S-4* an der Pommernküste, *S-10* in der Danziger Bucht, *S-7* und *S-101* vor Gotland, in Defensiv-Aufstellungen vor dem Finnenbusen *ŠČ-322, ŠČ-323, ŠČ-324* und im Raum Bengtskär-Utö *M 94, M 96, M 99, M-102.* Von der 1. Brigade (Kpt. 1. Rg. Egipko) laufen am 22. 6. aus Libau *M-79, M-81, M-83* zu einer Defensiv-Aufstellung vor Libau, *L-3* (Kpt. 3. Rg. Griščenko) zu einer Minenunternehmung vor Memel (27. 6. gelegt) aus. Am 23. 6. gehen von Reval (2. Brigade Kpt. 2. Rg. Orel) 6 Boote in See, am 25. 6. sind 16 Boote, am 27. 6. 20 Boote, vorwiegend defensiv aufgestellt, auf Position. Beteiligt außer den genannten Booten, von denen einige eingelaufen sind, auch *S-5, S-6, S-8, S-102* von Riga, *ŠČ-309, ŠČ-310, ŠČ-311, M-89, M-90, M-95, M-97, M-98* und *M-101* von Reval. Am 24., 25. und 28. 6. fahren *S-10, S-4* und *L-3* erfolglose Angriffe. Am 27. 6. werden die noch nicht auf dem Rückmarsch befindlichen Boote der 1. Brigade nach Reval zurückgerufen. Auf dem Rückmarsch durch die Irbenstraße entgeht *S-7* am 25. 6. knapp der 3. S-Flottille, *S-10* gerät vermutlich in das Gefecht am 27. 6. und geht verloren. *M-101* wird durch *U 149* versenkt.

22.—30. 6. 1941 **Schwarzes Meer**

Erste Luftangriffe der Luftwaffe der sowj. Schwarzmeerflotte gegen Konstanza. Am 22. 6. greifen 6 *SB-2* und 3 *DB-3* der 63. Flieger-Brig. (Oberst Chotiašvili) an. Bis Ende des Monats unter Beteiligung des 2. und 40. Flieger-Regt. und der 62. Jäger-Brig. 38 Angriffe mit 285 Einsätzen.

22. 6.—4. 7. 1941 **Schwarzes Meer**

Die dt. II./K. G. 4 legt von Zilista aus 120 Luftminen in und vor Sevastopol und 50 Luftminen im Raum Nikolaev. Auf diesen Minen sinken am 22./23. 6. der Schlepper *SP-12*, die Schalande *Dnepr*, 1 Schwimmkran und der Zerstörer *Bystryj*, der später gehoben und zur Reparatur beschädigter Schwesterschiffe ausgeschlachtet wird. Der Zerstörer *Bditel'nyj* wird schwer, der Flottillenführer *Char'kov* am 12. 7. leicht beschädigt.

22. 6.—17. 7. 1941 **Schwarzes Meer**

U-Boote der sowj. 1. U-Boot-Brigade (Kpt. 1. Rg. P. I. Boltunov) operieren von Sevastopol aus in abgegrenzten Gebieten vor Konstanza, Mangalia, Varna, ein Teil der Boote der 2. Brigade (Kpt. 1. Rg. M. G. Solovév) im Gebiet der Donaumündung, der Rest in Defensiv-Aufstellungen vor der Kaukasus-Küste. Die erste Welle besteht aus *ŠČ-205, ŠČ-206, ŠČ-209, M-33* und *M-34.* Von einer zweiten Welle kehrt Anfang Juli *ŠČ-204* nicht zurück, es ist vermutlich auf einer der vor der rumän. Küste ausgelegten Flankenminensperren gesunken.

23. 6. 1941 **Schwarzes Meer**

Der sowj. Zerstörer *Šaumjan* und der Minensucher *T-413/No. 27* legen vor der Kilia-Mündung eine Minensperre mit 70 Minen.

23.—25. 6. 1941 **Schwarzes Meer**

Auf eine Meldung der Donau-Flottille über die Sichtung von 6 feindlichen Zerstörern und Torpedobooten laufen der Flottillenführer *Char'kov* und die Zerstörer *Smyšlenyj* und *Bespoščadnyj* ins Gebiet der Insel Fidonisi, sichten aber keine Feindschiffe.

24.—26. 6. 1941 **Ostsee**

Am 24. 6. legen die finn. U-Boote *Vesihiisi* und *Iku-Turso* 18 bzw. 20 Minen ost- und südostwärts von Rodskär im Finnenbusen. Die dt. 2. S-Flottille legt nördlich Kap Tachkona 36 TMB-Minen (Sperre »D 1«).
In der Nacht vom 25./26. 6. legt das dt. Minenschiff *Brummer* (KKpt. Dr. Tobias) nördlich des Moonsundes die Verseuchung »D. 2« mit 100 EMC-Minen und 50 Sprengbojen. Bei der Sicherung geraten Boote der 2. und 5. S-Flottille auf die zu Beginn des Krieges ausgelegten sowj. Sperren, *S 43* und *S 106* sinken. Auf dem Rückmarsch von einer Minenverseuchung westlich der Irbenstraße treffen die Boote der 3. S-Flottille auf den estn. Dampfer *Lidaza*, der von *S 34* (Lt. z. S. Lüders) torpediert wird. *S 54*, *S 60* und *S 61* schießen Torpedos in den Hafen von Windau, dabei 3 Treffer auf der Mole, 1 auf Dampfer.
Die finn. Minenleger *Riilahti* und *Ruotsinsalmi* werfen in der Nacht zum 26. 6. die »Kipinola«-Sperre mit 200 Minen.
Am 26. 6. legen die finn. U-Boote *Vesihiisi* und *Iku-Turso* 2 weitere Sperren mit 20 bzw. 18 Minen südlich Stenskär und südlich Suur-Tytätsaari.

24.—26. 6. 1941 **Indischer Ozean**

Der dt. Hilfskreuzer *Schiff 41 Kormoran* stößt beim Anlaufen zur Verminung von Madras auf den brit. Hilfskreuzer *Canton* (15784 BRT). *Schiff 41* kann zwar unerkannt entkommen, muß aber die geplante Aktion aufgeben. Am 26. 6. versenkt es im Golf von Bengalen 2 Frachter mit 7625 BRT.

24.—27. 6. 1941 **Ostsee**

Der auf Dünamünde gestützte sowj. Verband leichter Seestreitkräfte (KAdm. V. P. Drozd) beginnt mit der Auslegung von Minensperren im Westteil der Irbenstraße. Beteiligt sind die Zerstörer *Storoževoj*, *Sil'nyj*, *Serdityj*, *Strašnyj*, *Stojkij*, *Grozjaščij* und *Smetlivyj* sowie als Rückhalt der Kreuzer *Kirov*, ferner Minensucher. Insgesamt werden in den Nächten vom 24./25. 6. und 26./27. 6. rund 500 Minen gelegt. Bei der zweiten Unternehmung kommt es zu einem Gefecht mit der ebenfalls zu einer Minenunternehmung anlaufenden 3. S-Flottille. Dabei greifen zunächst *S 59* (Oblt. z. S. Müller) und *S 31* (Lt. z. S. Haag) an und erzielen 1 Treffer im Vorschiff der *Storoževoj*, dann erzielen *S 59* und *S 60* (Oblt. z. S. Wuppermann) Treffer auf einem dahinter stehenden Fahrzeug, evtl. war es das gerade aufgenommene U-Boot *S-10*. Bei einem dritten Angriff versenken *S 35* (Lt. z. S. Weber) und *S 60* wahrscheinlich den sowj. Minensucher *T-208/Škiv*.
Auf den gelegten Sperren sinkt das R-Boot *R 205*; das M-Boot *M 201*, *R 203* werden schwer, *R 53*, *R 63*, *R 202* leicht beschädigt.

24. 6.—8. 7. 1941 **Schwarzes Meer**

Sowj. Donauflottille (KAdm. N. O. Abramov) hält mit der Gruppe Reni — Monitore *Železnjakov*, *Žemčužin*, *Rostovcev* und 4 Panzerkuttern *(BKA)* Versuche rumän. Monitore, über die Pruthmündung donauabwärts vorzustoßen, auf. Von Ismailia unterstützen die Monitore *Udarnyj* und *Martynov* mit 12 *BKA* kleine Landungen von Einheiten der 25. Schützen-Div. am Südufer des Kilia-Armes.

24. 6.—17. 7. 1941 **Nordatlantik**

Operationen einer ital. U-Boot-Gruppe gegen Konvois westlich Gibraltar. Am 24. 6. versenkt *Da Vinci* (KKpt. Calda) 1 Einzeltanker mit 8030 BRT. Das zur Gruppe ausmarschierende Boot *Bianchi* wird am 5. 7. noch in der Biskaya durch das brit. U-Boot *Tigris* (Cdr. Bone) versenkt. Am 5. 7. sichtet *Torelli* (KKpt. de Giacomo) 1 kleinen schnellen Konvoi mit Westkurs, auf den *Da Vinci, Baracca, Malaspina* und *Morosini* angesetzt werden. Nur *Torelli* kommt zu einem erfolglosen Angriff auf 1 Zerstörer. Am 7. 7. sichtet *Torelli* 1 weiteren auslaufenden Konvoi, auf den *Morosini, Da Vinci* und *Baracca* sowie *U 103* angesetzt werden, sie finden den Konvoi — evtl. HG. 66 — jedoch nicht. Vom 14.—17. 7. versenken *Morosini* (KKpt. Fraternale) und *Malaspina* (Kptlt. Prini) je 2 Schiffe mit 13 552 BRT bzw. 7978 BRT.

25.—26. 6. 1941 **Nordmeer**

Unter Deckung durch Zerstörer und U-Jäger der Nordflotte bringt der sowj. Transporter *Mossovet* Truppenverstärkungen in den Titovka-Abschnitt. Dt. Luftangriffe bleiben erfolglos.

25.—27. 6. 1941 **Schwarzes Meer**

Sowj. Vorstoß gegen Konstanza. Am 25. 6. abds. läuft die Stoßgruppe (Kpt. 2. Rg. M. F. Romanov) mit den Flottillenführern *Char'kov* und *Moskva* von Sevastopol aus, gefolgt von einer Deckungsgruppe (KAdm. T. A. Novikov) mit dem Kreuzer *Vorošilov* und den Zerstörern *Smyšlenyj* und *Soobrazitel'nyj.* Zugleich mit einem Ablenkungsangriff von Flugzeugen der 63. Marineflieger-Brigade beschießen die *Char'kov* und *Moskva* am Morgen des 26. 6. Öltanks und Bahnanlagen bei Konstanza, wobei Brände entstehen und ein Munitionszug in die Luft fliegt. Das Feuer wird von einer Eisenbahnbatterie nördlich und der 28-cm-Batterie »Tirpitz« südlich Konstanza erwidert. Beim Ausweichen vor den deckend liegenden Salven gerät *Moskva* in eine der vor dem Krieg ausgelegten Flankenminensperren und sinkt. Durch eine im Bugschutzgerät von *Soobrazitel'nyj* detonierende Mine entstehen vorübergehende Ausfälle auf *Vorošilov.* Der durch Bombennahtreffer kurzfristig manövrierunfähigen *Char'kov* werden die beiden anderen Zerstörer als zusätzliche Flaksicherung zu Hilfe geschickt, während die von Sevastopol entgegenlaufenden Zerstörer *Bespoščadnyj* und *Bodryj* die *Vorošilov* aufnehmen.

25.—29. 6. 1941 **Mittelmeer**

Ital. Geleitzug mit 4 großen Truppentransportern von Neapel über Tarent nach Tripolis. Nahsicherung durch 4 Zerstörer, Fernsicherung durch 2 Kreuzer und 3 Zerstörer. Bei brit. Luftangriffen leichte Schäden auf Fahrgastschiff *Esperia.*

26. 6. 1941 **Ostsee**

Sowj. Verband mit dem Minenleger *Marti* (Kpt. 1. Rg. N. I. Meščerskij) legt weitere Sperrstücke im westl. Finnenbusen zwischen Odensholm und Hangö.

26. 6.—1. 7. 1941 **Mittelmeer**

Operation »Railway«: Die Force H mit den Trägern *Ark Royal* und *Victorious* startet in 2 Unternehmungen aus dem westlichen Mittelmeer am 27. und 30. 6. insgesamt 64 Jäger nach Malta, die der Träger *Furious* von England nach Gibraltar transportiert hat.

27. 6. 1941 **Ostsee**

Finn. Minenleger *Riilahti* und *Ruotsinsalmi* legen nordostwärts Odensholm die »Kulemajärvi«-Sperre (200 S/40).

27. 6. 1941 **Mandschukuo/Westfrankreich**

Blockadebrecher *Regensburg* (8068 BRT, Kpt. Harder) erreicht aus Dairen kommend Bordeaux.

27./28. 6. 1941 **Luftkrieg Deutschland**

Brit. Bomber greifen Bremen, Cuxhaven, Emden und Wilhelmshaven an.

27.—30. 6. 1941 **Nordmeer**

Aus dem Kola-Fjord werden rund 150 sowj. zivile Schiffe, Boote und Fischereifahrzeuge in das Weiße Meer evakuiert. Die Operation glückt ohne Verluste.

27. 6.—4. 7. 1941 **Mittelatlantik**

Operationen gegen den Konvoi SL. 76 im Seegebiet der Kapverden. Das zurückmarschierende *U 69* (Kptlt. Metzler) sichtet den Konvoi auf der Fahrt nach Las Palmas zur Ölergänzung aus dem dt. Tanker *Charlotte Schliemann* und versenkt 2 Schiffe mit 13 026 BRT. Am gleichen Tag gewinnt das aus Las Palmas kommende ausmarschierende *U 123* (Kptlt. Hardegen) Fühlung und versenkt 2 weitere Schiffe mit 7642 BRT. Am 29. 6. kommt es nochmals heran und versenkt 1 Dampfer mit 4088 BRT, während das ausmarschierende *U 66* (KKpt. Zapp) 2 versprengte Schiffe mit 10 031 BRT und das in der Nähe zurückmarschierende *U 103* (KKpt. Schütze) irrtümlich den ital. Blockadebrecher *Ernani* (6619 BRT) versenkt. Die von Norden her auf den SL. 76 angesetzten U-Boote *U 95, U 97, UA* und *U 98* kommen nicht heran.

28. 6. 1941 **Ostsee**

Finn. U-Boot *Vetehinen* legt zwischen Suursaari und Klein Tütters die Sperre F. 6 (17 S/36).

28. 6. 1941 **Mittelmeer**

Auslegung der Minensperre S. 2 (442 Minen und Sperrschutzmittel) im Kanal von Sizilien durch die ital. 7. Division (DivAdm. Casardi) mit den Kreuzern *Duca d'Aosta* und *Attendolo* und den Zerstörern *Pigafetta, Pessagno, Da Mosto, Da Verazzano, Da Recco.*

29. 6. 1941 **Ostsee**

Finn. Minenleger *Riilahti* und *Ruotsinsalmi* legen nördlich Kap Purikari die »Valkjärvi«-Sperre (200 S/40).

29. 6.—4. 7. 1941 **Nordmeer**

Am 29. 6. tritt das dt. XIX. Geb.-Korps (Gen. d. Geb. Tr. Dietl) mit der 2. Geb.-Div. aus dem Raum Petsamo, mit der 3. Geb.-Div. aus dem Raum Yläluostari zum Angriff in Richtung Murmansk an. Bis zum 1. 7. früh sperrt das Geb.-Jäg.-Regt. 136 mit 2 Batl. den Zugang zur Kleinen Fischer-Halbinsel und bildet mit 1 Batl. einen Brückenkopf über die Titovka. Zur Unterstützung der in die Abwehr gedrängten Teile der sowj. 14. Schützen-Div. landet am 30. 6. ein sowj. Verband (Kpt. 2. Rg. E. M. Simonov) mit den Zerstörern *Kujbyšev* und *Urickij* und den U-Jägern *MO-121* und *MO-123* am Flaschenhals der Fischer-Halbinsel Verstärkungen und beschießt dt. Angriffsspitzen. Angriffe von *Ju 87* der IV./ L. G. 1 verfehlen die sowj. Schiffe, insbesondere den U-Jäger *MO-121*. Bis zum 4. 7. drängen die dt. Geb.-Div. die sowj. 14. und 52. Schützen-Div. über die Liza zurück und bilden mehrere Brückenköpfe. Von der Motovskij-Bucht werden die sowj. Truppen durch die Wachschiffe *Groza* und *Smerč* wiederholt durch Artilleriefeuer unterstützt.

29. 6.—14. 7. 1941 **Nordatlantik**

Die dt. U-Boote *U 201, U 562, U 564, U 561, U 559, U 557, U 553, U 202, U 111, U 108, U 98, U 96, U 77* operieren in einer weiten lockeren Aufstellung im mittleren Nordatlantik mit sehr geringem Erfolg. Am 29. 6. wird von der I./K. G. 40 ein Konvoi, vermutlich der OG. 66, gesichtet. Am 30. 6. und 1. 7. melden *FW 200* den Konvoi erneut und ihre Peilzeichen werden von U-Booten empfangen, auch der Entzifferungsdienst liefert Standorte des Konvois, doch kommt von den angesetzten Booten nur *U 108* kurz in die Nähe, wird aber wieder abgedrängt, *U 79, U 96, U 557* und *U 77* kommen nicht heran. Am 3. 7. wird die Operation abgebrochen. Es versenken Einzelfahrer: *U 564* (Oblt. z. S. Suhren) 1 Schiff mit 1215 BRT, *U 108* (Kptlt. Scholtz) 1 Schiff mit 2486 BRT, *U 98* (Kptlt. Gysae) 2 Schiffe mit 10 842 BRT, *U 96* (Kptlt. Lehmann-Willenbrock) 1 Schiff mit 5954 BRT. *U 143* operiert ohne Erfolg im Nordkanal.

30. 6. 1941 **Südatlantik**

Der brit. Kreuzer *Dunedin* bringt ostwärts St. Paul den vichy-franz. Dampfer *Ville de Tamatave* (4993 BRT) auf.

30. 6.—2. 7. 1941 **Ostsee**

Die Sowjets räumen Riga und Dünamünde. Der Kreuzer *Kirov*, der wegen der Minenlage nicht die Irbenstraße passieren kann, wird geleichtert und mit den Zerstörern *Grozjaščij, Smetlivyj* und *Stojkij* durch die flachen Gewässer des Moonsundes nach Reval gebracht. Auf der Verlegung von Dünamünde nach Reval geraten die U-Boote *M-79* und *M-77* auf dt. Minensperren und werden beschädigt, *M-81* geht am 1. 7. verloren.

30. 6.—10. 7. 1941 **Mittelmeer**

Das brit. U-Boot *Torbay* (LCdr. Miers) versenkt in der Ägäis 1 Schiff mit 2933 BRT und 6 Segler sowie das ital. U-Boot *Jantina* (5. 7.) und torpediert 1 Schiff mit 5232 BRT. Im zentralen Mittelmeer versenken *Urge* (LCdr. Tomkinson) und *Upholder* (LCdr. Wanklyn) je 1 Schiff mit 6996 BRT bzw. 5867 BRT.

★

1. 7. 1941 **Nordatlantik**

Die Patrol Wing 7 der US-Navy nimmt von Argentia (Neufundland) aus Aufklärung über dem Nordwestatlantik auf.

1.—5. 7. 1941 **Ostsee**

Die 5. und 31. Minensuch-Flottille schaffen eine Sperrlücke nach Libau. Dabei sinkt am 2. 7. *M 3134*. Minenunternehmungen nördlich Kap Tachkona (1. 7.), östlich der »Apolda«-Sperre (2. 7.), südlich »Corbetha« und westlich des Soelosundes (5. 7.). Das Minenschiff *Brummer*, die 5. R-Flottille und die 1., 2. und 3. S-Flottille werfen insgesamt 196 Minen und 130 Sprengbojen.

1.—30. 7. 1941 **Nordmeer**

Vor der norweg. Polarküste operieren die sowj. U-Boote *M-174, ŠČ-422, ŠČ-402, ŠČ-401, M-172* und *D-3*. Am 14. 7. greift *ŠČ-402* (Kptlt. N. G. Stolbov) vor dem Porsangerfjord erfolglos den Dampfer *Hanau* an, vor Vardö am gleichen Tag *ŠČ-401* (Kptlt. A. E. Moiseev) die U-Jäger *UJ 177* und *UJ 178*.

2.—6. 7. 1941 **Ostsee**

Die restlichen Zerstörer des Verbandes von KAdm. Drozd führen Minenunternehmungen in der Irbenstraße vom Moonsund aus durch. Dabei erhält am 2. 7. *Strašnyj* einen schweren Minentreffer. Am 6. 7. treffen *Serdityj* und *Sil'nyj* beim Minenwerfen auf das dt. *Minenräumschiff 11* und den Minensucher *M 31*, müssen die restlichen Minen unscharf über Bord werfen und laufen feuernd ab, wobei *Sil'nyj* einen leichten Treffer erhält. Die beiden dt. Schiffe erreichen nach 4 erfolglosen Luftangriffen unbeschädigt Dünamünde.

2.—27. 7. 1941 **Mittelmeer**
Bei Transportunternehmungen der ital. U-Boote *Zoea* (2), *Corridoni* (2) und *Atropo* (1) werden 268 t Nachschub nach Bardia gebracht.

3.—17. 7. 1941 **Mittelmeer**
Von den vor der Küste der Cyrenaika und Ägyptens operierenden ital. U-Booten *Malachite, Ametista, Settembrini* und *Dagabur* kommt nur *Malachite* am 3. 7. zum Schuß, verfehlt aber den Kreuzer *Phoebe* mit 2 Zerstörern.

4. 7. 1941 **Ostsee**
Finn. U-Boot *Vesikko* (Kptlt. Aittola) versenkt südlich Someri sowj. Dampfer *Viborg;* nach vergeblichen Angriffen von *Vetehinen* und *Saukko.*

4. 7. 1941 **Luftkrieg Deutschland**
Brit. Bomber führen einen Tagesangriff auf Bremen durch.

4.—6. 7. 1941 **Ostsee**
Schaffung einer Sperrlücke von Libau nach Windau durch 5. M-Flottille, Abwehr von sowj. Luftangriffen, leichte Schäden auf *Sperrbrecher 6* und *11.*

4.—10. 7. 1941 **Mittelmeer**
Zwischen Balearen und algerischer Küste werden gegen Vorstöße der brit. Force H die U-Boote *Corallo* und *Diaspro* aufgestellt.

5.—15. 7. 1941 **Nordmeer**
Erster Einsatz der dt. U-Boote *U 81* und *U 652* vor der Kola-Küste. Am 6. 7. versenkt *U 652* (Oblt. Fraatz) vor Kap Teriberskij das sowj. Wachschiff *SKR-70/ Kpt. Voronin* (558 BRT). Das sowj. Wachschiff *Brilliant* greift am 12. 7. vor Svjatoj Nos *U 81* erfolglos an.

5. 7.—6. 8. 1941 **Ostsee**
Von Reval und dem Soelosund aus operieren in der Ostsee die sowj. U-Boote *M-99, S-7, S-9, S-11, L-3, S-8, ŠČ-311, Kalev, M-90, M-94, M-98, K-3* und *S-4. Kalev, L-3* und *K-3* legen Minensperren bei Steinort, Brüsterort und westlich Bornholm. Auf dem Marsch geht *M-99* nordwestlich Worms durch Minentreffer verloren. Auf dem Rückmarsch wird *S-9* am 20. 7. vor dem Soelosund durch ein dt. Flugzeug beschädigt, am 22. 7. *M-94* durch das U-Boot *U 140* (Oblt. z. S. Hellriegel) versenkt. *S-11* sinkt bei der Rückkehr am 2. 8. auf Minensperre vor dem Soelosund. Nur *S-4* (Kpt. 3. Rg. Abrosimov) meldet einen Angriff am 1. 8.

6. 7. 1941 **Mittelmeer**
Das brit. U-Boot *Triumph* versenkt vor Bengasi in einem längeren Überwassergefecht den ital. Frachter *Ninfea* (607 BRT) und das sichernde Kanonenboot *De Lutti.* Auch das U-Boot wird getroffen und muß Malta anlaufen.

6.—8. 7. 1941 **Nordmeer**
Am 6. 7. treten die dt. 2. und 3. Geb.-Div. zum Angriff über die Liza an. Zur Unterstützung der bedrängten sowj. 14. und 52. Schützen-Div. wird ein Landungsverband (Kpt. 1. Rg. V. I. Platonov) gebildet, der aus den Wachschiffen

Groza, Musson und *Tuman,* den Minensuchern *T-890* und *T-891* und den U-Jägern *MO-131, MO-132* und *MO-133* besteht. Er landet am 6. 7. und am 7. 7. je ein Marine-Batl. mit zusammen 1029 Mann, deren Angriff zu Umgruppierungen auf dt. Seite und zur Unterbrechung des Angriffes über die Liza führt.

7. 7. 1941 **Nordatlantik**

US Task Force 19 (KAdm. McDougal Le Breton): Schlachtschiffe *New York* (Capt. Ware), *Arkansas* (Capt. Bryant), Kreuzer *Brooklyn* (Capt. Stone) und *Nashville* (Capt. Craven) sowie 8 Transporter und Tanker verlegen unter Sicherung von 13 Zerstörern nach Island und setzen dort zur Ablösung der brit. Besatzung die 1. Marine-Corps-Brigade (BrigGen. Marston) an Land.

7. 7. 1941 **Mittelmeer**

Auslegung der Sperren S. 31 und S. 32 im Kanal von Sizilien (292 Minen, 444 Sperrschutzmittel) durch die ital. 7. Kreuzer-Division (DivAdm. Casardi) mit den Kreuzern *Duca d'Aosta* und *Attendolo* und die 4. Kreuzer-Division (DivAdm. Giavanola) mit den Kreuzern *Giovanni delle Bande Nere* und *Alberto di Giussano* und den Zerstörern *Pigafetta, Pessagno, Da Recco, Da Mosto, Da Verazzano, Maestrale, Grecale, Scirocco.*

8. 7. 1941 **Ostsee**

Einnahme von Pernau durch dt. Truppen.

8./9. 7. 1941 **Schwarzes Meer**

Die Reni-Gruppe der sowj. Donau-Flottille bricht mit 3 Monitoren und 4 Panzerkuttern *(BKA 114* gesunken) nach Ismailia durch.

9. 7. 1941 **Ostsee**

Erster dt. Geleitzug mit 6 Küsten-Motorschiffen und 4 Loggern, gesichert von 4 M-Booten, von Libau nach Riga ausgelaufen.

9. 7. 1941 **Ostsee**

Die Minenschiffe *Tannenberg* (FKpt. von Schönermark), *Preußen* (KKpt. Barthel) und *Hansestadt Danzig* (KKpt. Schroeder) sinken auf dem Rückmarsch von Finnland nach Swinemünde östlich der Südspitze von Öland auf einer schwedischen Minensperre, die auf dt. Wunsch ausgelegt worden war.

9. 7. 1941 **Schwarzes Meer**

Ergebnisloser Vorstoß der sowj. 2. Zerstörer-Division (Flottillenführer *Taškent,* Zerstörer *Bodryj, Bojkij, Bezuprečnyj* und *Besposčadnyj)* in den Raum Fidonisi zum Angriff gegen feindlichen Schiffsverkehr.

9.—11. 7. 1941 **Ostsee**

Finn. U-Boote *Iku-Turso* (Kptlt. Pekkanen) und *Vetehinen* (Kptlt. Pakkala) legen ostwärts Ekholm Minensperren.

10. 7. 1941 **Ostsee**

Die 1. S-Flottille mit *S 28, S 26, S 101, S 40* und *S 39* greift im Finnenbusen bei Ekholm einen sowj. Verband an. Sie treffen jedoch nur den nach einem Minentreffer am 5. 7. auf der Sperre des finn. U-Bootes *Vesihiisi* (Kptlt. Kijanen) aufgesetzten lett. Dampfer *Rasma* (3204 BRT).

10. 7. 1941 **Südatlantik**

Bei Annäherung des brit. Hilfskreuzers *Canton* versenkt sich das dt. Motorschiff *Hermes* (7209 BRT) nordwestlich St. Paul selbst.

10.—11. 7. 1941 **Ostsee**

Dt. *Minenräumschiff 11* trifft mit *M 23* vor Pernau ein, letzteres nach Minentreffer auf Strand gesetzt. Vor Libau *UJ 113* durch Minentreffer gesunken.

10.—12. 7. 1941 **Nordmeer**

Die dt. 6. Zerstörer-Flottille (Kpt. z. S. Schulze-Hinrichs) mit *Hans Lody, Karl Galster, Hermann Schoemann, Friedrich Eckoldt* und *Richard Beitzen* trifft am 10. 7. in Kirkenes ein und unternimmt am 12. 7. einen Vorstoß an die Kola-Küste. Dabei trifft eine Gruppe mit 3 Zerstörern bei Kap Teriberka auf einen kleinen sowj. Konvoi mit dem Wachschiff *Passat* (Oblt. Okunevič) und 2 Trawlern. *Passat* und der Trawler *RT-67/Molotov* (558 BRT) sinken, *RT-32* entkommt. Die anderen beiden Zerstörer finden bei Iokanga keine Ziele.

10. 7.—10. 8. 1941 **Mittelatlantik**

Nach Abschluß der Operation gegen den SL. 76 (27. 6.) marschieren *U 123* und *U 66* ins Gebiet vor Freetown, sie haben jedoch nur auf dem Anmarsch bis zum 10. 7. Erfolge und versenken einschließlich der Schiffe aus dem SL. 76: *U 123* (Kptlt. Hardegen) 5 Schiffe mit 21 507 BRT, *U 66* (KKpt. Zapp) 4 Schiffe mit 19 078 BRT. Vom 10.—25. 7. operieren sie ohne Erfolg vor Freetown, ebenso wie *U 109* ab 6. 7. vor Nordwestafrika, das am 26. 7. in Cadiz aus einem Tanker versorgt und dann westlich Gibraltar operiert. Vom 23.—29. 7. marschieren *U 93, U 94* und *U 124* in einer Harke nach Süden und werden dann zusammen mit *U 123* im Gebiet westlich Marokko aufgestellt, am 10. 8. mit anderen Booten auf den Konvoi HG. 69 angesetzt (s. dort!). Erfolge bleiben den Booten versagt.

11. 7. 1941 **Ostsee**

Finn. U-Boot *Iku-Turso* (Kptlt. Pekkanen) legt ostwärts Ekholm die Sperre F. 15 (18 Minen).

11. 7. 1941 **Schwarzes Meer**

Bei Landungsversuchen sowj. Kräfte am Kilia-Arm der Donaumündung gehen die Panzerkutter *BKA-111* und *BKA-134* verloren, die Monitore *Žemčužin, Rostovcev* und *Martynov* verlegen in die Donaumündung.

11. 7. 1941 **Mittelmeer**

Bei den allnächtlichen Versorgungsfahrten nach Tobruk wird der brit. Zerstörer *Defender* durch dt. Bomber schwer beschädigt und sinkt im Schlepp des Zerstörers *Vendetta.* Die Kanonenboote *Cricket* und *Flamingo* werden beschädigt. Etwa 30 dt. Flugzeuge greifen in der Nacht zum 12. 7. Port Said und Ismailia am Suezkanal an.

11.—20. 7. 1941 **Ostsee**

Minenverseuchungen (90 Minen) durch die 5. R-Flottille im Gebiet nördlich Juminda (11., 13., 20. 7.).

12.—13. 7. 1941 **Ostsee**

Überführung des Erprobungsverbandes Ostsee mit Marinefährprähmen, Siebelfähren, Leichtern, Artillerieträgern, Küstenmotorschiffen und Sturmbooten von Libau nach Riga. Unter Sicherung durch 2. R-Flottille am 12. 7. Kap Domesnäs passiert, erfolgloser Beschuß durch sowj. Küstenbatterien auf Svorbe. Am 13. 7. Angriffe von sowj. MTBs unter Oblt. Gumanenko und Flugzeugen, dabei 1 Sturmboot gesunken, 2 größere und 23 kleine Fahrzeuge Splitterschäden. Angriffsversuch eines sowj. Zerstörer-Verbandes unter KAdm. Drozd mit den

Zerstörern *Engels, Gordyj, Grozjaščij, Stojkij, Sil'nyj, Stereguščij* und *Serdityj* und den T-Booten *Tuča* und *Sneg* vor der Dünamündung ohne Ergebnis. Versuche des im Rigaer Meerbusen eingesetzten sowj. U-Bootes *S-102*, auf den Konvoi zum Schuß zu kommen, scheitern wegen der zu geringen Wassertiefe.

13.—16. 7. 1941 **Nordmeer**

Am 13. 6. beginnt der zweite Angriff der verst. dt. 2. Geb.-Div. aus dem erweiterten Liza-Brückenkopf. Die sowj. Abwehr wird aus der Liza-Bucht durch das Wachschiff *Smerč* unterstützt. Am 14. 7. landet ein sowj. Verband (Kpt. 1. Rg. V. I. Platonov) mit 3 Wachschiffen, 3 Minensuchern und 10 U-Jägern auf dem Westufer der Liza-Bucht das 325. Schützen-Regt. und ein Marine-Batl. mit zusammen 1600 Mann, deren Gegenangriff durch Artilleriefeuer des Zerstörers *Kujbyšev*, des Wachschiffes *Groza* und von 4 U-Jägern unterstützt wird. Deckung der Operation nach See zu durch die Zerstörer *Gremjaščij, Gromkij* und *Stremitel'nyj*. Erneut bleibt der dt. Angriff stecken. Am 16. 7. landen 3 Wachschiffe ein weiteres Batl. in der Liza-Bucht mit Unterstützung durch Zerstörer *Kujbyšev* und Wachschiffe *Groza, Smerč* und *Priliv* sowie 4 U-Jäger.

14. 7. 1941 **Mittelmeer**

Ju 88 der L. G. 1 greifen von Kreta aus Suez an. Truppentransporter *Georgic* (27 751 BRT) in Brand geworfen. Totalverlust.

14. 7. 1941 **Ostsee**

Die 1. S-Flottille mit *S 28, S 27, S 40, S 101* und *S 26* greift ohne Erfolg einen sowj. Konvoi bei Ekholm im Finnenbusen an.

14.—18. 7. 1941 **Mittelmeer**

Ital. Nachschubgeleite nach Nordafrika. Vom 14.—16. 7. läuft ein Konvoi mit 5 Frachtern, gesichert von den Zerstörern *Malocello, Fuciliere, Alpino* und den T-Booten *Procione, Pegaso* und *Orsa* nach Tripolis. Auf der Höhe von Pantellaria greift das brit. U-Boot *P. 33* (Lt. Whiteway-Wilkinson) an und versenkt 1 Schiff mit 5293 BRT.
Vom 16.—18. 7. läuft der zweite Konvoi mit den großen Truppentransportern *Marco Polo, Oceania* und *Neptunia*, gesichert von den Zerstörern *Geniere, Lanciere, Gioberti, Oriani* und dem T-Boot *Centauro*. Fernsicherung: Kreuzer *Trieste, Bolzano* und Zerstörer *Ascari, Carabiniere* und *Corazziere*. Das brit. U-Boot *Unbeaten* (Lt. Woodward) verfehlt die *Oceania* knapp.

15. 7. 1941 **Ostsee**

Die Boote *S 54, S 47, S 58* und *S 57* der 3. S-Flottille versuchen im Rigaer Meerbusen rottenweise Zangenangriffe gegen einen sowj. Zerstörer, nur 1 Torpedo von *S 57* (Oblt. z. S. Erdmann) detoniert nahe am Ziel.

15.—20. 7. 1941 **Nordatlantik**

Wegen des Ausbleibens von Sichtungen werden die im mittleren Nordatlantik operierenden U-Boote *U 372, U 431, U 401, U 68, U 565, U 331, U 74, U 126, U 562, U 561, U 564, U 97, U 98, U 203* und *U 95* in eine engere Aufstellung zusammengezogen. Am 17. 7. sichtet die I./K. G. 40 einen auslaufenden Konvoi nordwestlich des Nordkanals, über den auch mehrere Meldungen des Funk-Entzifferungsdienstes eingehen. Die Luftaufklärung findet den Konvoi auch am 18. und 19. 7. wieder, der jedoch den am 19. 7. mit 5 Booten und am 20. 7. mit *U 431, U 401, U 68, U 565, U 331, U 74, U 562, U 561, U 564, U 97, U 203, U 126* und *U 95* gebildeten Vorpostenstreifen umgeht. Nur *U 203* (Kptlt. Mützelburg) und *U 95* (Kptlt. Schreiber) beschädigen am 20. 7. in Artillerieangriffen je 1 Schiff mit 8293 BRT und 5419 BRT leicht.

16. 7. 1941 **Ostsee**

Minenräumschiff 11 stellt Sperrlücke durch eine von sowj. Zerstörern neu gelegte Minensperre vor Dünamünde her.

17. 7. 1941 **Mittelmeer**

Der ital. Benzin-Tanker *Panuco* (6212 BRT) erhält im Hafen von Tripolis einen Lufttorpedotreffer, der die Entladung des Schiffes teilweise unmöglich macht. Es muß nach Notreparatur am 19. 7. mit noch 6000 t Benzin an Bord nach Italien überführt werden.

17./18. 7. 1941 **Mittelmeer**

Gegen einen Vorstoß der Force H aus Gibraltar nach Osten werden nördlich Kap Bougaroni die ital. U-Boote *Alagi* und *Diaspro* aufgestellt.

18. 7. 1941 **Ostsee**

Ergebnisloser Vorstoß der 3. S-Flottille gegen Kübassare (Ösel). Angriffsversuch der sowj. Zerstörer *Serdityj* und *Stereguščij* gegen einen dt. Nachschubgeleitzug vor Dünamünde. Der Konvoi erreicht die Dünamündung ohne Verluste. *Serdityj* wird am 19.7. auf dem Rückmarsch im Moonsund durch Bombentreffer (*Ju 88* der K. Fl. Gr. 806) beschädigt und muß nach vergeblichen Bergungsversuchen am 22. 7. aufgegeben und selbstversenkt werden.

18./19. 7. 1941 **Schwarzes Meer**

Die sowj. Donauflottille räumt im Rahmen des Rückzuges des sowj. XIV. Schützen-Korps von der Donau den Kilia-Arm und durchbricht die rumän. Sperrstellungen bei Peripravа. Vor der Mündung werden die Monitore, Panzerkutter und Räumboote von einer aus Odessa kommenden Abteilung mit dem Kreuzer *Komintern*, den Kanonenbooten *Krasnaja Armenija* und *Krasnaja Gruzija*, 10 Torpedokuttern und 6 Wachkuttern sowie den Zerstörern *Char'kov*, *Bodryj* und *Šaumjan* aufgenommen.

18.—30. 7. 1941 **Nordatlantik**

Dt.-ital. U-Boot-Operationen gegen Gibraltar-Konvois. Am 18. 7. wird das von Agenten beobachtete Auslaufen des Konvois HG. 67 aus Gibraltar gemeldet. Es werden die ital. U-Boote *Malaspina*, *Morosini*, *Torelli*, *Bagnolini* und *Barbarigo* gegen den Konvoi aufgestellt, der die Aufstellung aber umgeht. Nachdem *Torelli* (KKpt. de Giacomo) 1 Einzeltanker mit 8913 BRT versenkt hat, sichtet *Barbarigo* am 22. 7. den HG. 67, verliert aber die Fühlung bald, so daß die ital. und die angesetzten dt. *U 93*, *U 94*, *U 124* und *U 203* ihn nicht finden. *Bagnolini* (KKpt. Chialamberto), das bereits am 19. 7. kurz einen einlaufenden Konvoi gesichtet hat, greift am 23. 7. den OG. 68 an und horcht 3 Detonationen, die jedoch nicht von Treffern herrühren. *Barbarigo* (KKpt. Murzi) versenkt am 25./26. 7. 2 Einzelfahrer mit 13 407 BRT.

Am 24. 7. erfaßt der B-Dienst die Positionen der Konvois OG. 69 und SL. 80, auf den OG. 69 werden *U 79*, *U 126*, *U 331*, *U 68*, *U 561*, *U 562*, *U 564* (nur kurz) und *U 203*, auf den SL. 80 *U 431*, *U 565*, *U 401*, *U 74*, *U 95* und *U 97* angesetzt. Am 25. 7. wird der SL. 80 einmal und der OG. 69 zweimal von *FW 200* der I./K. G. 40 gemeldet, bis zu 15 U-Boote peilen die Peilzeichen der fühlunghaltenden Maschine. Am 26. 7. wird die Fühlung am SL. 80 nicht wiedergewonnen und die Operation abgebrochen. Am gleichen Tage greift *U 141* (Oblt. z. S. Schüler) vor Nordirland den auslaufenden Konvoi OS. 1 (Sicherung 5th Escort

Group, Cdr. Macintyre auf Zerstörer *Walker)* an und versenkt 1 Schiff mit 5106 BRT und torpediert 1 weiteres Schiff mit 5133 BRT. Es wird 20 Stunden mit Wasserbomben verfolgt. Am OG. 69 gewinnen wieder zweimal *FW 200* Fühlung und führen am Nachmittag durch Peilzeichen *U 68* heran, außer den 7 dt. Booten werden auch *Barbarigo* und *Calvi* angesetzt. In der Nacht zum 27. 7. versenken *U 79* (Kptlt. Kaufmann) und *U 203* (Kptlt. Mützelburg) je 1 Schiff mit 2475 BRT bzw. 1459 BRT. *U 561, U 126, U 79* und *U 331* kommen nicht zum Erfolg. Am 27. 7. gewinnt *U 371* (Kptlt. Driver) westlich davon am OS. 1 Fühlung und hält sie mit Unterbrechungen bis zum 30. 7., an dem 2 Schiffe mit 13 984 BRT versenkt werden. Am OG. 69 halten wieder 2 *FW 200* Fühlung, *U 68, U 562, U 126* kommen heran, doch nur letzteres (Kptlt. Bauer) kann gegen Mitternacht 2 Schiffe mit 2639 BRT versenken. In der Nacht zum 28. 7. versenkt außerdem *U 561* (Oblt. z. S. Bartels) 1 Schiff mit 1884 BRT. Am 28. 7. halten vorübergehend *FW 200, U 68, U 79, U 561, U 331* und *U 126* Fühlung, am Abend versenkt *U 203* 2 Schiffe mit 2846 BRT. Es geht die Agenten-Meldung über das Auslaufen des HG. 68 aus Gibraltar ein. In der Nacht zum 29. 7. wird *U 331* vom OG. 69 abgedrängt. Eine Aufstellung mit den Booten *U 79, U 126, U 66, Calvi, Bagnolini* und *Barbarigo* am 29./30. 7. gegen beide Konvois OG. 69 und HG. 68 hat keinen Erfolg. Gesamterfolg am OG. 69 7 Schiffe mit 11 303 BRT.

18. 7.—6. 8. 1941 **Nordmeer**

Operation der dt. U-Boote *U 81* und *U 652* vor der Kola-Küste. Am 24. 7. verfehlt *U 652* vor der Kildin-Insel das sowj. Wachschiff *SKR-23.*

19.—31. 7. 1941 **Mittelmeer**

Vor der ägypt. Küste operieren die ital. U-Boote *Axum, Squalo* und *Uarsciek.*

20. 7. 1941 **Nordmeer**

Bei einem Angriff von *Ju 88* der 5./K. G. 30 gegen sowj. Schiffe in der Ekaterinskij Gavan im Kolafjord wird der Zerstörer *Stremitel'nyj* (Kpt. 2. Rg. A. D. Vinogradov) getroffen und versenkt.

20.—29. 7. 1941 **Mittelmeer**

Am 20. 7. wird beim Angriff gegen einen Konvoi vor Kap Bon das brit. U-Boot *Union* durch das ital. T-Boot *Circe* versenkt.

Am 24. 7. verfehlt *Upright* bei Capo dell'Armi 1 geschlepptes Schwimmdock und *Upholder* (LCdr. Wanklyn) torpediert 1 Schiff (4964 BRT) östl. Sizilien. Am 28. 7. versenkt *Utmost* (LCdr. Cayley) 1 Schiff mit 1466 BRT und *Upholder* greift bei Marettimo die Fernsicherung eines ital. Rückgeleites von Nordafrika mit den Kreuzern *Montecuccoli* und *Garibaldi* und den Zerstörern *Granatiere, Bersagliere, Fuciliere* und *Alpino* an und torpediert die *Garibaldi.*

Im westlichen Mittelmeer versenkt *Olympus* (LCdr. Dymott) 1 Schiff mit 747 BRT, Transportunternehmungen nach Malta mit U-Booten der 1. U-Flottille (s. 30. 6.).

21. 7. 1941 **Ostsee**

Finn. Minenleger legen ostwärts der Sperre »Valkjärvi« die Verseuchung F. 16 (85 Minen, 15 Sprengbojen).

21.—23. 7. 1941 **Mittelmeer**

Der ital. Motortanker *Brarena* (6996 BRT) wird im Geleit des Zerstörers *Fuciliere* auf der Fahrt von Palermo nach Tripolis durch brit. Flugzeuge versenkt.

Nachschubgeleit von Neapel nach Tripolis: 5 große Frachter mit Sicherung durch 6 Zerstörer und 1 Torpedoboot. Am 22. 7. wird bei einem brit. Luftangriff der dt. Dampfer *Preußen* (8230 BRT) getroffen und fliegt in die Luft.

21.—27. 7. 1941 **Mittelmeer**

Operation »Substance«: Nachschubkonvoi mit 6 Frachtern und 1 Truppentransporter von Gibraltar nach Malta. Sicherung der Operation durch die »Force H« (VAdm. Somerville) mit dem Schlachtkreuzer *Renown*, dem Träger *Ark Royal*, verstärkt durch das Schlachtschiff *Nelson*, die Leichten Kreuzer *Edinburgh*, *Manchester*, *Arethusa*, den Minenkreuzer *Manxman* und 10 Zerstörer. U-Boot-Aufstellung mit 8 Booten vor Cagliari, Neapel, nördlich Sizilien und beiderseits der Messina-Straße. Die brit. Mittelmeerflotte führt gleichzeitig ein Ablenkungsunternehmen von Alexandria aus durch. Beim Auslaufen in Gibraltar gerät der Truppentransporter *Leinster* (4302 BRT) auf Grund und bleibt zurück.
22. 7.: Erfassung des Verbandes südlich der Balearen durch die ital. Luftaufklärung. Da Flugzeugüberführung nach Malta vermutet, kein Auslaufen der ital. Flotte. Von den nördlich Kap Bougaroni aufgestellten ital. U-Booten *Alagi* und *Diaspro* (Kptlt. Dotta) torpediert letzteres den austral. Zerstörer *Nestor*.
23. 7.: Erneute Erfassung des Verbandes durch ital. Aufklärer auf der Höhe von Bône. Jetzt ist es für den Ansatz der Flotte zu spät. Ital. Torpedoflugzeuge erzielen Treffer auf dem Kreuzer *Manchester* und dem Zerstörer *Fearless*. Letzterer muß aufgegeben werden. Der Zerstörer *Firedrake* erhält Bombentreffer und muß umkehren. Am Abend Rückmarsch der »Force H« nach Gibraltar. Die ab 23. 7. zwischen Pantellaria und Malta aufgestellten ital. U-Boote *Bandiera*, *Dessiè*, *Manara* und *Settimo* kommen nicht zum Schuß.
24. 7.: Der Konvoi setzt seinen Marsch mit *Edinburgh* (KAdm. Syfret), *Arethusa*, *Manxman* und Zerstörern fort. Auf der Höhe von Pantellaria greifen die ital. Schnellboote *MAS 532* und *MAS 533* den Konvoi an und torpedieren den Transporter *Sydney Star* (12696 BRT). Am gleichen Tag läuft der Verband in Malta ein. Von Malta laufen 7 leere Schiffe nach Westen aus, von denen der Tanker *Höegh Hood* (9351 BRT) südlich Sardinien einen LT-Treffer erhält.
25. 7.: »Force H« nimmt die zurückkehrenden Kreuzer und den Leer-Konvoi auf. 27. 7.: Einlaufen Gibraltar.

22. 7. 1941 **Ostsee**

Vorstoß der 3. S-Flottille gegen Raum ostwärts Arensburg (Ösel), dabei Torpedokutter *TKA-71* und 1 Schlepper versenkt.

22. 7. 1941 **Südatlantik**

Der brit. Kreuzer *Dunedin* bringt ostwärts Natal den vichy-franz. Dampfer *Ville de Rouen* (5383 BRT) auf.

22.—24. 7. 1941 **Nordmeer**

Die 6. Z-Flottille mit *Karl Galster*, *Hermann Schoemann*, *Friedrich Eckoldt* und *Richard Beitzen* versenkt bei einem Vorstoß ins Eismeer zwischen Iokanga und Teriberka das sowj. Vermessungsschiff *Meridian*.

22. 7.—4. 8. 1941 **Nordmeer**

Brit. Trägerraid gegen Kirkenes und Petsamo. 22.—25. 7.: Zusammenziehung der für das Unternehmen vorgesehenen Schiffe in Seidisfjord (Island). Dabei wird der Zerstörer *Achates* durch Mine schwer beschädigt. 26. 7.: Der für einen Transport nach Murmansk eingesetzte Minenkreuzer *Adventure* läuft mit dem Zerstörer *Anthony* aus. Später folgt die »Force P« (KAdm. Wake-Walker) mit den Flugzeugträgern *Victorious* und *Furious*, den Schweren Kreuzern *Devonshire* und *Suffolk* und den Zerstörern *Echo*, *Eclipse*, *Escapade*, *Intrepid*. 28. 7.: Beölung der Zerstörer aus den Kreuzern und dem von den Zerstörern *Icarus* und *Inglefield* gesicherten, auf einem Treffpunkt stehenden Tanker *Black*

Ranger. 30. 7.: *Adventure* entlassen, der Verband teilt sich mit je einem Träger als Kern in 2 Gruppen und wird dabei von der dt. Luftaufklärung erfaßt. Von *Victorious* starten 20 *Albacore*-Torpedoflugzeuge und 9 *Fulmar*-Jäger zum Angriff auf das in Kirkenes liegende dt. Artillerieschulschiff *Bremse* und andere Schiffe. Durch Flak und Flugzeuge der 6./J. G. 5 werden 11 Torpedoflugzeuge und 2 Jäger abgeschossen. Auf den angegriffenen Schiffen nur geringe Schäden. Von *Furious* starten 18 *Albacore*, 4 *Hurricane*-Jäger und 6 *Fulmar* zum Angriff auf Petsamo. Da im Hafen keine Schiffe angetroffen werden, greift der Verband Landziele an. Dabei gehen 1 Jäger und 1 Torpedoflugzeug verloren. 31. 7.: *Furious* gibt seine einsatzfähigen Flugzeuge an *Victorious* ab und tritt wegen Brennstoffmangels den Rückmarsch an. Von *Victorious* starten am 4. 8. 3 *Fulmar* gegen Tromsö, 1 Flugzeug geht dabei verloren, dann tritt auch dieser Verband den Rückmarsch an.

23. 7. 1941 **Ostsee**

Beim Minenräumen vor der Dünamündung *M 3131* gesunken.

23.—24. 7. 1941 **Nordmeer**

Die sowj. Zerstörer *Groznyj* und *Sokrušitel'nyj* und der Minenleger *Kanin* legen im Eingang zum Weißen Meer eine Defensivsperre mit 250 Minen.

24. 7. 1941 **Luftkrieg Westeuropa**

Bisher schwerster Tagesangriff der RAF mit 149 Bombern gegen die dt. Schlachtschiffe *Gneisenau* (Brest) und *Scharnhorst* (La Pallice). Letztere erhält 5 Treffer, die schwere Schäden an den elektrischen Kabeln des Schiffes verursachen.

25. 7. 1941 **Südatlantik**

Südostwärts des La Plata versenkt sich der dt. Dampfer *Erlangen* (6101 BRT) bei Annäherung des brit. Kreuzers *Newcastle* selbst.

25./26. 7. 1941 **Ostsee**

Flugzeuge des dt. K. G. 4 werfen östlich der Insel Moon 40 Luftminen.

25.—26. 7. 1941 **Mittelmeer**

Angriffsversuch der ital. X. MAS-Flottille gegen die in Malta eingelaufenen Nachschubschiffe. Die Fregatte *Diana* mit 8 Sprengbooten und *MAS 451* und *MAS 452* mit je einem Torpedoreiter-Team erreichen Malta, werden jedoch bei ihrer Annäherung von brit. Radar geortet. Trotzdem gelingt es dem Torpedoreiter Major Tesei, dem Erfinder der »maialis«, und 2 Sprengbooten, die Hafensperre zu sprengen, doch bricht durch die Detonation die Brücke von St. Elmo zusammen und versperrt den übrigen 6 Sprengbooten den Weg. Sie werden von Küstenbatterien zusammengeschossen. Am nächsten Morgen erfassen Jagdbomber die ablaufenden *MAS 451* und *MAS 452* und versenken sie.

25.—26. 7. 1941 **Ostsee**

Angriffe der sowj. Marine-Luftwaffe und einer TKA-Gruppe gegen die in der Irbenstraße zum Minensuchen eingesetzte 2. R-Flottille. Am 25. 7. durch Minendetonationen *R 53* und *R 63* leicht beschädigt, am 26. 7. *R 169* durch Bombentreffer gesunken. TKA-Angriffe erfolglos.

26./27. 7. 1941 **Ostsee**

Bei Vorstoß der 3. S-Flottille (Kptlt. Kemnade) in den nördlichen Rigaer Busen erfassen das Führerboot *S 55* und *S 54* (Lt. z. S. Wagner) 1 einzelnen sowj. Zerstörer, nach einem fehlgeschlagenen Anlauf versenkt *S 54* den Zerstörer, vermutlich die *Smelyj*. *S 57* und *S 58* verfehlen 2 vor Arensburg (Ösel) vor Anker liegende Minensuchboote. Am folgenden 28. 7. versenkt die 3. S-Flottille vor Arensburg im Artilleriegefecht den Eisbrecher *Lačplesis* (253 BRT).

27. 7.—6. 8. 1941 **Nordmeer**

Brit. Force K (KAdm. Vian) mit den Kreuzern *Nigeria* und *Aurora* und den Zerstörern *Punjabi* und *Tartar* läuft von Scapa Flow nach Spitzbergen (31. 7. an), um die dortigen norweg. und russ. Niederlassungen zu untersuchen. Auf dem Rückmarsch wird die norweg. Wetterstation auf der Bäreninsel evakuiert und zerstört. Ein Vorstoß gegen die norweg. Küste wird von der dt. Luftaufklärung vorzeitig erfaßt.

28. 7. 1941 **Ostsee**

Sowj. U-Boot *ŠČ 307* (Kptlt. Petrov) versenkt vor dem Finnenbusen *U 144*.

29. 7. 1941 **Nordmeer**

Vorstoß der 6. Z-Flottille gegen die Jugor- und Kara-Straße mit 4 Zerstörern (wie 22. 7.), auf der Höhe von Kolguev wegen Erfassung des brit. Trägerverbandes (vgl. 22. 7.—4. 8.) abgebrochen.

29. 7. 1941 **Mittelmeer**

Brit. U-Boot *Thrasher* (LCdr. Cowell) trifft mit 78 brit. Soldaten, die sich seit Abschluß der Kämpfe auf Kreta verborgen gehalten hatten, in Alexandria ein.

30. 7. 1941 **Mittelmeer**

Das ital. T-Boot *Papa* (Oblt. z. S. Rosica) greift das aufgetaucht fahrende brit. U-Boot *Cachalot* mit Artillerie an und rammt es. Das U-Boot ergibt sich, sinkt aber bald nach der Übernahme der 70 Mann starken Besatzung.

30. 7. 1941 **China**

Jap. Bomber greifen das in Chungking liegende US-Kanonenboot *Tutuila* an.

30. 7.—4. 8. 1941 **Mittelmeer**

Das vor Marsa Matruh operierende ital. U-Boot *Delfino* wird am 1. 8. von einem brit. *Sunderland*-Flugboot angegriffen, kann es jedoch abschießen und 4 Gefangene einbringen.

30. 7.—10. 8. 1941 **Nordatlantik**

Die am 30. 7. in eine neue Aufstellung im mittleren Nordatlantik befohlenen U-Boote werden auf einen am 1. 8. vom B-Dienst erkannten Konvoi, den SL. 81, angesetzt. Am 2. 8. gewinnt *U 204* Fühlung, und führt *U 559* heran, am 3. 8. bringt *U 204* nacheinander *U 431, U 205, U 558, U 75, U 372, U 401, U 565* und *U 559*, am 4. 8. nochmals *U 558, U 431, U 559, U 75, U 83, U 74* heran, die jedoch sämtlich durch die Abwehr an Angriffen gehindert werden, am 3. 8. wird *U 401* durch die Zerstörer *Wanderer* und *St. Albans* (norweg.) und die Korvette *Hydrangea* der 7th Escort Group versenkt. *FW 200* sichten den Konvoi am 3. und 4. 8. und versenken 1 Schiff mit 4337 BRT. Erst in der Nacht zum 5. 8. kommen nacheinander *U 372* (Kptlt. Neumann), *U 204* (Kptlt. Kell), *U 75* (Kptlt. Ringelmann) und *U 74* (Kptlt. Kentrat) zum Schuß und versenken 2 bzw. 1, 1 und 1 Schiff mit zusammen 23 190 BRT. Am Tage werden die Boote durch die Luft- und Seesicherung endgültig abgedrängt.
Auf einen von *U 565* am 4. 8. gesichteten einlaufenden Konvoi werden ohne Erfolg die Boote *U 71, U 77, U 96, U 751* und *U 43* angesetzt. Am 6./7. 8. operieren *U 43, U 71, U 96, U 751, U 83, U 75, U 46, U 205, U 559, U 204* und *U 372* ergebnislos auf den vom B-Dienst gemeldeten Konvoi HG. 68, vom 8.—10. 8. die gleichen Boote auf einen südgehenden Konvoi ohne Sichtung.

31. 7./1. 8. 1941 **Ostsee**

Flugzeuge des K. G. 4 werfen auf der Reede von Triigi 38 LMB-Minen. Die 2. S-Flottille legt bei Dagerort 24 TMB-Minen.

31. 7.—4. 8. 1941 **Mittelmeer**

Transport von 1800 Soldaten und RAF-Personal von dem havarierten Transporter *Leinster* (s. Operation »Substance«) auf den Kreuzern *Hermione, Arethusa,* dem Minenkreuzer *Manxman* und 2 Zerstörern von Gibraltar nach Malta, dort am 2. 8. eingetroffen, ausgeladen und Rückmarsch. Dabei rammt und versenkt die *Hermione* auf der Höhe von Tunis das ital. U-Boot *Tembien.* Die übrigen im Raum Malta aufgestellten ital. U-Boote *Bandiera, Manara, Settimo* und *Zaffiro* und die bei Galita und Kap Bougaroni stehenden *Serpente, Alagi* und *Diaspro* kommen nicht zu Angriffen.
Die brit. Force H mit dem Schlachtkreuzer *Renown,* dem Schlachtschiff *Nelson,* dem Träger *Ark Royal* und Zerstörern operiert als Deckungsgruppe im westlichen Mittelmeer.

★

1. 8. 1941 **Ostsee**

Dt. 1. M-Fl. wehrt bei Kap Domesnäs den Angriff von 4 sowj. MTBs ab, die in größerer Entfernung von 2 sowj. Zerstörern gedeckt werden. *TKA-122* versenkt.

1. 8. 1941 **allgemeine Lage**

Präsident Roosevelt verbietet den Export von Öl und Flugbenzin in Länder außerhalb des brit. Machtbereiches und der westlichen Hemisphäre. Davon werden besonders die umfangreichen jap. Einfuhren betroffen.

1. 8. 1941 **Schwarzes Meer**

Sowj. Bomber greifen Konstanza an.

1./2. 8. 1941 **Ostsee**

Flugzeuge des K. G. 4 werfen 15 LMB in den Raum ostwärts Moon, 22 LMB nördlich der Insel Moon, 18 LMB westlich der Insel Worms.

1.—20. 8. 1941 **Nordmeer**

Die dt. U-Boote *U 451* und *U 566* operieren vor der Einfahrt zum Weißen Meer bzw. der Kola-Küste. *U 451* (Kptlt. Hoffmann) verfehlt am 7. 8. 1 Bewacher und versenkt am 10. 8. vor Svjatoj Nos das sowj. Wachschiff *Žemčug.*

2. 8. 1941 **Ostsee**

Finn. U-Boot *Vesihiisi* (Kptlt. Kijanen) legt ostwärts Odensholm die Sperre F. 17 (18 Minen). Erfolgloser Angriff der S-Boote *S 55* und *S 58* gegen den sowj. Zerstörer *Artem* im Rigaer Busen.

2. 8. 1941 **allgemeine Lage**

Beginn der amerik. Lend-Lease-Lieferungen an die UdSSR.

2./3. 8. 1941 **Luftkrieg Deutschland**

Brit. Bomber greifen Hamburg und Kiel an.

2.—3. 8. 1941 **Nordmeer**

Das noch am Westufer der Liza-Bucht stehende sowj. verst. 325. Schützen-Regt. kann sich gegen den Angriff des dt. Geb.-Regt. 136 nicht halten, die Reste werden am 3. 8. von Schiffen der Nordflotte evakuiert.

3.—7. 8. 1941 **Mittelmeer**

Im westlichen Mittelmeer versenken die niederl. U-Boote *O. 21* (Kptlt. Van Dulm) und *O. 24* (Kptlt. de Booy) 1 Segler bzw. 2 kleine Schiffe mit 909 BRT, im Gebiet von Rhodos meldet das griech. U-Boot *Nereus* (Kptlt. Rotas) 1 Dampfer und 1 Segler versenkt.

4./5. 8. 1941 **Ostsee**

Flugzeuge des K. G. 4 werfen 16 LMB südlich Zerel in der Irbenstraße und 16 LMB auf der Reede von Triigi (Kassarwik).

5.—28. 8. 1941 **Nordatlantik**

Aufbau einer neuen U-Boot-Gruppe in einer lockeren Aufstellung südwestlich Island mit *U 563, U 568, U 129, U 567, U 206, U 84, U 501, U 71, U 553, U 77, U 43, U 96, U 101, U 38, U 73, U 105, U 751, U 202, U 82, U 569, U 652.* Am 9. 8. versenkt *U 206* (Oblt. z. S. Opitz) 1 Fischdampfer. Am 11. 8. sichtet *U 501* einen auslaufenden Konvoi, aus dem am 12. 8. *U 568* (Kptlt. Preuss) die Korvette *Picotee* versenkt. Am 12. 8. sichtet *U 129* einen westgehenden Konvoi, die angesetzten *U 563, U 567* und *U 206* finden jedoch bis zum 13. 8. nichts. Am 18. 8. versenkt *U 38* (KKpt. Schuch) 1 Einzelfahrer mit 1700 BRT. Wegen des Ausbleibens von Konvoi-Sichtungen werden die Boote am 22. 8. nach Osten in Marsch gesetzt. Das ausmarschierende *U 452* wird am 25. 8. durch ein *Catalina*-Flugboot der RAF-Squ. 209 und den Trawler *Vascama* versenkt. Auf den am 27. 8. durch eine B-Meldung erfaßten Konvoi HX. 145 werden südlich Island die U-Boote *U 570, U 38, U 82, U 202, U 652, U 501, U 569, U 84, U 567, U 553* und *U 207* ohne Erfolg angesetzt. *U 570* (Oblt. z. S. Rahmlow) wird in schwerem Wetter durch einen *Hudson*-Bomber der RAF-Squ. 269 (Squadronleader Thompson) angegriffen und leicht beschädigt, was den Kommandanten zur Übergabe veranlaßt. Das U-Boot treibt mehrere Stunden von dem Bomber umkreist an der Oberfläche. Unterstützt von einer *Catalina* der RAF-Squ. 209 kommt am Abend des 27. 8. der Trawler *Northern Chief* (Oblt. Knight), am Morgen des 28. 8. der Trawler *Kingston Agathe,* die Zerstörer *Burwell* und *Niagara* und die Trawler *Westwater* und *Windermere* heran. Nach Übernahme der Besatzung schleppen 2 der Trawler das Boot nach Island. Am 19. 9. wird es als HMS. *Graph* von Lt. Colvin in Dienst gestellt.

5. 8.—10. 10. 1940 **Nordmeer**

Das sowj. U-Boot *ŠČ-423* (Kpt. 3. Rg. Zajdulin) verlegt als erstes U-Boot, begleitet von Eisbrechern und einem Tanker, auf dem nördlichen Seeweg von Murmansk nach Vladivostok.

6. 8. 1941 **Mittelmeer**

Brit. Torpedoflugzeuge greifen vor der tunes. Küste einen von Neapel nach Tripolis laufenden Geleitzug (6 Schiffe mit 5 Sicherungszerstörern und 1 T-Boot) an und versenken den Frachter *Nita* (6813 BRT).

6.—8. 8. 1941 **Ostsee**

Die sowj. Zerstörer *Surovyj* und *Statnyj* beschießen am 6. 8. im Moonsund die dt. Küstenbatterie »Hainasch«, am 8. 6. die Batterie »Markgrafen«.
Im Finnenbusen in der Loksa-Bucht bei Reval vernichten *Ju 88* der K. Fl. Gr. 806 den sowj. Zerstörer *Karl Marks.*

6.—16. 8. 1941 **Nordatlantik**

Im Raum zwischen Gibraltar und Azoren versammeln sich *U 331, U 126* (am 4. 8. 1 Fischdampfer mit 172 BRT versenkt), *U 94, U 124, U 79, U 109, U 93* und

U 371 zur Operation gegen den Konvoi HG. 69, dessen Auslaufen am 9. 8. durch Agenten gemeldet wird. In die Aufstellung werden die ital. Boote *Finzi, Marconi* und *Veniero* einbezogen. Am 10. 8. sichtet *U 79* den Konvoi, wird jedoch abgedrängt. Am 11. 8. bekommen *U 93* und *U 94* vorübergehend Fühlung, *Marconi* (Kptlt. Pollina) verfehlt die zur Sicherung gehörende Sloop *Deptford* und die Korvette *Convolvulus.* Am 12. 8. werden nacheinander *U 331, Finzi* und das auf dem Rückmarsch befindliche *U 123,* in der Nacht zum 13. 8. auch *U 124, Veniero, U 331* abgedrängt, während *Marconi* mit Unterbrechungen bis zum 14. 8. Fühlunghaltermeldungen abgibt, bis es mit *Finzi* abgedrängt wird. *Marconi* schießt mit Artillerie einen Einzelfahrer mit 2589 BRT zusammen, dessen Wrack *U 126* (Kptlt. Bauer) mit Fangschuß versenkt. Ein Vp.-Streifen mit *U 123, U 124, U 126, Marconi* und *Finzi* am 15. 8. bleibt ohne Ergebnis. Von der angesetzten Luftaufklärung durch *FW 200* der I./K. G. 40 wird am 11. 8. 1 Frachter mit 2852 BRT versenkt, am 12. 8. eine Meldung abgegeben. Am 16. 8. muß die Operation abgebrochen werden.

6.—20. 8. 1941 **Mittelmeer**

Die ital. U-Boote *Zoea, Corridoni* und *Atropo* transportieren 192 t Nachschub und Brennstoff nach Bardia. Dabei wird *Zoea* von Flugzeugen angegriffen.

6.—30. 8. 1941 **Nordmeer**

Vor der norwegischen Polarküste operieren die sowj. U-Boote *ŠČ-421, M-175, ŠČ-401, ŠČ-402* und *K-2* (Kpt. 3. Rg. V. P. Utkin), von denen letzteres am 13. 8. vor dem Tanafjord die Dampfer *Hans* und *Lübeck* verfehlt. *M-173* führt eine Aufklärungsunternehmung vor dem Petsamofjord durch. Daraufhin dringt *M-172* (Kptlt. I. I. Fisanovič) mit dem Div. Chef Kpt. 2. Rg. I. A. Kolyškin an Bord am 21. 8. in den Fjord ein, verfehlt aber ein an der Pier liegendes Schiff in Liinahamari. Am 22. 8. verfehlt es vor dem Petsamofjord das Lazarettschiff *Alexander von Humboldt.*

Am 11. bzw. 16. 8. laufen die nach Murmansk verlegten brit. U-Boote *Tigris* und *Trident* zu Unternehmungen im Svaerholt- bzw. Lopphavet aus. *Tigris* (Cdr. Bone) versenkt am 17. 8. den norweg. Routendampfer *Haakon Jarl* (1482 BRT), *Trident* (Cdr. Sladen) beschädigt am 19. 8. durch Artilleriefeuer den Dampfer *Levante* (4769 BRT) und versenkt aus Konvois am 22. 8. den Dampfer *Ostpreußen* (3030 BRT) und am 30. 8. die Dampfer *Donau* (2931 BRT) und *Bahia Laura* (8561 BRT).

Am 25. 8. treffen auf dem Wege über den Ostsee-Weißmeerkanal die am 15. 5. in die Neva eingelaufenen U-Boote *K-21, K-22* und *K-23* in Molotovsk ein.

8. 8. 1941 **Schwarzes Meer**

Zur Unterstützung der Küsten-Armee wird eine Schiffs-Abteilung des Nordwest-Rayons unter KAdm. D. D. Vdovičenko gebildet. Sie besteht aus dem Kreuzer *Komintern,* den Zerstörern *Šaumjan* und *Nezamožnik,* dem Minenleger *Lukomskij,* einer Kanonenboots-Division mit den Kanonenbooten *Krasnaja Abchazija, Krasnyj Adžaristan, Krasnaja Armenija* und *Krasnaja Gruzija,* der 2. Torpedo-Kutter-Brigade (3 Divisionen zu 12, 18 und 10 Booten) und der 5. Minensuch-Division (7 Hilfs-Minensuchboote). Die auf Odessa und Očakov gestützte Abteilung untersteht dem Kommandanten der Flottenbasis Odessa, KAdm. G. V. Žukov.

8.—12. 8. 1941 **Schwarzes Meer**

Einheiten der sowj. Donau-Flottille unterstützen den Rückzug von Truppen über die Bug-Mündung.

8.—26. 8. 1941 **Ostsee**

Auslegung der »Juminda«-Minensperren. Die dt. Minenschiffe *Cobra* (KKpt. Dr. Brill), *Königin Luise* (Kptlt. Wünning) und *Kaiser* (KKpt. Bohm) legen, unterstützt von der 5. R-Flottille (Kptlt. Dobberstein) und der 1. S-Flottille (Kptlt. Birnbacher) die Sperren D. 10—D. 30 mit zus. 673 EMC-Minen und 636 Sprengbojen. Finn. Minenleger *Riilahti* (Lt. Kivilinna) und *Ruotsinsalmi* (Kptlt. Arho) legen die Sperren F. 18—F. 22 mit zusammen 696 Minen und 100 Sprengbojen.

9.—10. 8. 1941 **Nordmeer**

Vorstoß der dt. 6. Z-Flottille mit *Hans Lody, Friedrich Eckoldt* und *Richard Beitzen* gegen die Kildin Inseln und die Mündung des Kola-Fjordes. Dabei wird das sowj. Wachschiff *SKR-12/Tuman* (Lt. Šestakov) überrascht und nach tapferer Gegenwehr versenkt. Der dt. Verband wird im Ablaufen von sowj. Küstenartillerie beschossen und von Flugzeugen angegriffen. *Richard Beitzen* durch Nahtreffer beschädigt.

9.—12. 8. 1941 **allgemeine Lage**

Präsident Roosevelt und Churchill treffen sich an Bord des brit. Schlachtschiffes *Prince of Wales* und des Schweren US-Kreuzers *Augusta* in der Argentia-Bucht (Neufundland). Proklamation der »Atlantik-Charta«.

10.—11. 8. 1941 **Ostsee**

Sowj. Konvoi von Reval nach Suursaari und Kronstadt mit dem Transporter *Vjačeslav Molotov* (7494 BRT) mit 3500 Verwundeten an Bord, gesichert von dem Zerstörer *Stereguščij, BTŠČ*-Minensuchern und *MO-U*-Jägern. Minensucher *T-201/Zarjad* durch Minentreffer (evtl. schon am 3. 8.?) gesunken, *V. Molotov* vor Suursaari durch Minentreffer beschädigt.
Boote der dt. 2. S-Flottille legen im Rigaer Busen die Sperre »Allirahu« mit 24 TMB-Minen. Boote der 5. M-Flottille legen vor Kap Domesnäs die Flankensperren »Pinnaß I-IV« mit 47 EMC-Minen.

10.—23. 8. 1941 **Nordatlantik**

Nach der SL. 81-Operation versammeln sich *U 75, U 559, U 204, U 83* und die neu ausgelaufenen Boote *U 106, U 201, U 564* und *U 552* im Raum westlich des Nordkanals. Sie werden am 17. 8. auf den von einer *FW 200* der I./K. G. 40 gemeldeten Konvoi OG. 71 angesetzt, an dem *U 201* (Oblt. z. S. Schnee) am späten Abend Fühlung gewinnt und mit mehreren Unterbrechungen bis zum 19. 8. hält. Am 18. und 19. 8. zum Kampfeinsatz gestartete *Ju 88* des Fliegerführers Atlantik finden nur einzeln den Konvoi. Auf die Luft- und *U 201*-Meldungen kommen in der Nacht zum 19. 8. *U 559* (Oblt.z. S. Heidtmann), *U 201* und *U 204* (Kptlt. Kell) zum Schuß. *U 204* versenkt den zur 5th Escort Group gehörenden norweg. Zerstörer *Bath* (Kptlt. Melsom) und 1 Schiff mit 1809 BRT, *U 559* und *U 201* je 1 Schiff mit 3255 BRT bzw. 1584 BRT. Am Abend übernimmt *U 106* die Fühlung, wird aber abgedrängt. Die Fühlung reißt bis zum Nachmittag des 21. 8. ab, wird dann durch eine *FW 200* wiederhergestellt, doch finden die angesetzten *U 201, U 108, U 564, U 106* und *U 552* den Konvoi nicht. Auf mehrere Luft-Meldungen am 22. 8. gewinnt am Nachmittag *U 564* (Oblt. z. S. Suhren) Fühlung, das *U 201* wieder heranführt. In der Nacht zum 23. 8. versenkt *U 564* 2 Schiffe mit 1687 BRT, *U 201* 2 Schiffe mit 2761 BRT. Ein von *U 564* torpediertes Schiff (2129 BRT) wird durch *U 552* (Oblt. z. S. Topp) versenkt. *U 564* versenkt am Morgen des 23. 8. noch die zur Sicherung gehörende Korvette *Zinnia*. Gesamterfolg: 2 Escorts und 9 Schiffe mit 13 225 BRT.

11. 8. 1941 **Nordsee**

Beim Angriff von Booten der 4. S-Fl. auf einen Konvoi vor Dungeness versenkt *S 49* (Lt.z. S. Günther) den brit. Frachter *Sir Russell* (1548 BRT).

11. 8. 1941 **Mittelmeer**

Bei einem brit. Torpedofliegerangriff auf Schiffe im Hafen von Syrakus sinkt das ital. Lazarettschiff *California* (13 060 BRT).

11.—25. 8. 1941 **Schwarzes Meer**

Bei U-Boot-Operationen im Schwarzen Meer setzt das sowj. *ŠČ-211* (Kptlt. A. D. Devjatko) am 11. 8. bei Varna Agenten ab und versenkt nach einem fehlgeschlagenen Angriff von *ŠČ-216* den rumän. Dampfer *Peles* (5708 BRT) bei Kap Emine. Ein Angriff von *M-33* vor Konstanza gegen das zurückkehrende rumän. U-Boot *Delfinul* und 2 Angriffe von *ŠČ-210* vor Varna bleiben ohne Erfolg. *L-5* legt eine Minensperre bei Sulina.

12./13. 8. 1941 **Ostsee**

Boote der 2. S-Flottille legen im Südeingang des Moonsundes die Sperre »Mona I« (18 TMB). Boote der 5. M-Flottille legen vor Kap Domesnäs die Flankensperren »Pinnaß V—VI« mit 28 EMC-Minen. In Gefechten im Finnenbusen versenken S-Boote der 1. S-Flottille am 12. 8. das sowj. Räumboot (Rybincij) *R-101* und am 13. 8. bei Groß Wrangel einen Minensucher.

12.—16. 8. 1941 **Schwarzes Meer**

Sowj. Donau-Flottille unterstützt Rückzug über unteren Dnjepr. 12. 8. in Cherson eingetroffen.
Ergebnislose Unternehmung des rumän. U-Bootes *Delfinul* und der MTB's *Viscolul, Vijelia* und *Viforul* gegen den sowj. Nachschub zwischen Sevastopol und Odessa.

12.—23. 8. 1941 **Mittelmeer**

Auslegung der Minensperren S. 41, S. 42, S. 43 und S. 44 am 12., 16., 19. und 23. 8. im Kanal von Sizilien durch die ital. Hilfsminenleger (Fährschiffe) *Reggio* und *Aspromonte* mit zus. 1125 Minen, ferner 3202 Sperrschutzmittel durch die Zerstörer *Zeno, Da Verazzano, Pigafetta, Da Mosto, Da Noli* und *Pessagno.*

13. 8. 1941 **Schwarzes Meer**

Die sowj. Zerstörer *Šaumjan* und *Nezamožnik* unterstützen zusammen mit dem Kanonenboot *Krasnyj Adžaristan* und den Küstenbatterien No. 412 und 726 einen Gegenangriff des 1. Marine-Schützen-Regimentes bei Grigorevka.

13.—20. 8. 1941 **Schwarzes Meer**

Abwechselnder Einsatz der Zerstörer *Šaumjan, Nezamožnik, Frunze* und *Dzeržinskij* zu Beschießungen rumän. Stellungen im Raum Odessa und Očakov.

13. 8.—4. 9. 1941 **Norwegen**

Vor Westnorwegen operieren von der brit. 9. U-Flottille u. a. die franz. *Minerve* und *Rubis* (Kptlt. Rousselot), das 1 Schiff mit 4360 BRT versenkt, das niederl. *O. 14* und verschiedene brit. U-Boote.

14.—15. 8. 1941 **Ostsee**

Sowj. Konvoi von Reval nach Suursaari — Kronstadt. Motorschiff *Sibir* (3767 BRT) mit 2500 Verwundeten an Bord durch Luftangriff gesunken, bei Suursaari Minensucher *T-202/Buj* am 15. 8. nach 2 Minentreffern gesunken.

14.—17. 8. 1941 **Schwarzes Meer**

Räumung der sowj. Marinebasis Nikolaev (KAdm. Kulešov). Die auf den Hellingen der Marti-Werft liegenden Schiffe, darunter das 45 000-t-Schlachtschiff *Sovetskaja Ukraina*, der Schwere Kreuzer *Ordžonikidze*, die Flottillenführer *Perekop* und *Očakov*, die Zerstörer *Opašnyj* und 1 weiterer, die U-Boote *S-36*, *S-37* und *S-38* sowie 2 Kanonenboote werden gesprengt, evtl. auch ein kaum begonnener Schlachtkreuzer-Neubau (?). Die in Ausrüstung befindlichen Schiffe, darunter die Kreuzer *Frunze* und *Kujbyšev*, die Flottillenführer *Kiev* und *Erevan*, die Zerstörer *Svobodnyj*, *Ognevoj*, *Ozornoj*, die U-Boote *S-34*, *S-35*, *L-23*, *L-24* und *L-25* sowie der Eisbrecher *Mikojan* werden abgeschleppt. Sicherung der Operationen durch die Zerstörer *Bodryj*, *Bojkij*, *Bezuprečnyj*, *Bespoščadnyj*, *Dzeržinskij*, *Frunze*, *Šaumjan*, *Nezamožnik*.

14.—19. 8. 1941 **Pazifik**

Hilfskreuzer *Schiff 45 Komet* (KAdm. Eyssen) versenkt und kapert im Gebiet der Galapagos-Inseln 3 Schiffe mit zusammen 23 178 BRT.

15. 8. 1941 **Südatlantik**

Selbstversenkung des dt. Dampfers *Norderney* (3667 BRT) nordostwärts der Amazonas-Mündung bei Annäherung des brit. Kreuzers *Despatch* und des Hilfskreuzers *Pretoria Castle*.

15.—16. 8. 1941 **Schwarzes Meer**

Die sowj. Kanonenboote *Krasnaja Armenija* und *Krasnaja Gruzija* geben sowj. Truppen Feuerunterstützung bei Grigorievka und Spiridovka (Odessa).

16. 8. 1941 **Ostsee**

Sowj. Konvoi von Suursaari nach Reval unter Führung des Eisbrechers *Oktjabr'* verliert auf der »Juminda«-Sperre mehrere Schiffe.

17. 8. 1941 **Ostsee**

Ergebnisloser Angriff von 4 sowj. *TKA* gegen dt. Schiffe vor Kap Domesnäs.

18.—19. 8. 1941 **Ostsee**

Bei einer Unternehmung in den Rigaer Meerbusen läuft der sowj. Zerstörer *Statnyj* am 18. 8. im Moonsund auf eine Mine und sinkt. In der Nacht zum 19. 8. versenkt das dt. S-Boot *S 58* (Oblt. z. S. Geiger) den vor dem Südeingang des Moonsundes vor Anker liegenden sowj. Minensucher *T-51/Pirmunas*.

18. 8.—8. 9. 1941 **Nordatlantik**

Auf den am 18. 8. aus Gibraltar auslaufend gemeldeten Konvoi HG. 70 werden vom 20.—24. 8. die ital. U-Boote *Marconi*, *Finzi*, *Cappellini* und ab 23. 8. auch *Calvi* angesetzt, finden ihn jedoch nicht. Auch der am 2. 9. ausgelaufene HG. 71, auf den vom 4.—6. 9. *Calvi*, *Baracca*, *Cappellini* und *Da Vinci* operieren, wird nicht gefunden. Am 8. 9. wird *Baracca* westlich Gibraltar bei Einnahme eines neuen Vp.-Streifens von dem brit. Zerstörer *Croome* mit Wasserbomben zum Auftauchen gezwungen und nach einem kurzen Artilleriegefecht mit Rammstoß zum Sinken gebracht.

19. 8. 1941 **Schwarzes Meer**

Beschießung dt.-rumän. Transporte bei Meščanka, Michajlovka und Visarka im Raum Odessa durch die 2. Zerstörer-Division mit dem Flottillenführer *Taškent* und den Zerstörern *Bodryj*, *Bezuprečnyj* und *Bespoščadnyj* mit 450 Schuß 13 cm.

19.—23. 8. 1941 **Mittelmeer**

Ital. Nachschubgeleit nach Tripolis. Am 19. 8. läuft das brit. U-Boot *P. 32* beim Angriffsversuch auf ein nach Tripolis einlaufendes Geleit mit 4 Dampfern und den Zerstörern *Freccia, Euro, Dardo* und den T-Booten *Procione, Pegaso* und *Sirtori* auf eine Mine und sinkt.

Auf ein folgendes Großgeleit mit den Truppentransportern *Marco Polo, Esperia, Neptunia* und *Oceania* mit den Zerstörern *Vivaldi, Da Recco, Gioberti, Oriani, Maestrale, Grecale, Scirocco* und dem T-Boot *Dezza* fährt das U-Boot *Unique* (LCdr. Hezlet) einen Angriff 11 sm nördlich Tripolis und versenkt mit 3 Treffern die *Esperia* (11 398 BRT). Von 1170 Soldaten werden 1139 gerettet.

Am 22. 8. versenkt *Upholder* (LCdr. Wanklyn) aus einem kleinen Geleit bei Sizilien mit den T-Booten *Cigno* und *Pegaso* 1 Schiff mit 3988 BRT.

Am 23. 8. wird bei einem Angriffsversuch vor Pantellaria das U-Boot *P. 33* durch das ital. T-Boot *Partenope* versenkt.

19. 8.—10. 9. 1941 **Nordmeer**

Brit. Operationen im Nordmeer. Am 19. 8. läuft Force K (KAdm. Vian) mit den Kreuzern *Nigeria* und *Aurora*, den Zerstörern *Icarus, Antelope* und *Anthony* und dem Truppentransporter *Empress of Canada* von Scapa Flow nach Spitzbergen aus, um die dortigen norweg. und sowj. Kolonien zu evakuieren und die Anlagen zu zerstören. *Nigeria* und *Empress of Canada* transportieren die russ. Kolonie nach Archangelsk und vereinigen sich am 1. 9. wieder mit der *Aurora* vor Barentsburg. Zusammen mit 3 von Norwegen kommenden Kohlendampfern, 1 Eisbrecher, 1 Whaler, 1 Schlepper und 2 Fangbooten läuft der Verband am 3. 9. nach England aus.

Am 21. 8. läuft aus Hvalfjord (Island) der erste Versuchskonvoi »Dervish« (Capt. Dowding) mit 7 Handelsschiffen aus und trifft am 31. 8. ohne Feindberührung in Archangelsk ein. Sicherung durch Verband unter KAdm. Wake-Walker mit Kreuzern *Devonshire, Suffolk* und Träger *Victorious*. Träger *Argus* mit 6 Zerstörern startet dicht nördlich Kola-Fjord 24 *Hurricane*-Jäger des 151st Fighter Wing zur Verlegung nach Vaenga bei Murmansk. 24 weitere Flugzeuge zerlegt auf Dampfer nach Archangelsk, von dort bis 11. 9. nach Vaenga überführt. Minenkreuzer *Adventure* bringt eine Ladung Minen nach Murmansk. Auf dem Rückmarsch führt die Deckungsgruppe mit Flugzeugen der *Victorious* am 3. und 7. 9. zwei Raids gegen die dt. Schiffahrt im Raum Tromsö mit geringem Erfolg.

KAdm. Vian stößt mit *Nigera* und *Aurora* am 6./7. 9. an die Polarküste vor und trifft dabei vor dem Porsangerfjord einen kleinen dt. Geleitzug. Die Kreuzer vernichten das Artillerieschulschiff *Bremse* (KKpt. v. Brosy-Steinberg †). Die beiden Transporter *Trautenfels* (6418 BRT) und *Barcelona* (3101 BRT) mit etwa 1500 Mann der 6. Geb.Div. an Bord entkommen bei schlechter Sicht in den Fjord. Am 10. 9. treffen die brit. Verbände wieder in Scapa Flow ein.

20. 8. 1941 **Nordsee**

Beim Angriff von Booten der 4. S-Fl. auf einen brit. Konvoi vor Cromer versenkt *S 48* (Oblt. z. S. v. Mirbach) den poln. Frachter *Czenstochowa* (1971 BRT) und torpediert einen zweiten von 2774 BRT.

21. 8. 1941 **Ostsee**

Die 3. Welle des Fährenbatl. der Heerespioniere nach Passieren der Irbenstr. mehrfach von sowj. Flugzeugen angegriffen, geringfügige Schäden. Im Rigaer Busen erfolgloser Angriff der sowj. Zerstörer *Artem* und *Surovyj*.

Auf dem Marsch von Suursaari nach Reval hat ein sowj. Konvoi Ausfälle auf der »Juminda«-Sperre.

21. 8. 1941 **Schwarzes Meer**

Dt. Truppen erobern Cherson.

Der Kriegsrat der Schwarzmeer-Flotte beschließt, die Kreuzer *Červona Ukraina, Krasnyj Krym, Krasnyj Kavkaz*, den Hilfskreuzer *Mikojan*, die Flottillenführer *Taškent* und *Char'kov* und die Zerstörer *Bodryj, Bojkij, Bezuprečnyj, Besposčadnyj, Sposobnyj, Smyšlenyj* und *Soobrazitel'nyj* zur Unterstützung der Küstenarmee im Raum Odessa in Bereitschaft zu halten.

21.—22. 8. 1941 **Schwarzes Meer**

Kreuzer *Krasnyj Krym*, Zerstörer *Dzeržinskij* und *Frunze* und das Kanonenboot *Krasnaja Armenija* beschießen rumän. Stellungen bei Sverdlovka und Čebanka (Ostfront Odessa).

22.—26. 8. 1941 **Mittelmeer**

Operation »Mincemeat«. 22. 8.: »Force H« mit dem Schlachtschiff *Nelson*, Träger *Ark Royal*, Kreuzer *Hermione* und 5 Zerstörern wird beim Auslaufen aus Gibraltar von ital. Agenten gemeldet. Absicht des brit. Verbands: mit dem als franz. Torpedokreuzer getarnten Minenleger *Manxman* Verminung von Livorno, Trägerangriff gegen Nordsardinien. 23. 8.: Die ital. Flotte läuft in der Annahme eines neuen Malta-Konvois mit den Schlachtschiffen *Littorio* und *Vittorio Veneto*, den Kreuzern *Trieste, Trento, Bolzano, Gorizia, Duca degli Abruzzi, Attendolo* und *Montecuccoli* sowie insgesamt 25 Zerstörern aus mit der Absicht, den brit. Deckungsverband im Bereich der eigenen Luftsicherung mit den schweren Einheiten zur Schlacht zu stellen und den Konvoi durch die 3 Leichten Kreuzer abzufangen. Südwestlich Sardinien werden die U-Boote *Alagi, Serpente, Aradam* und *Diaspro* aufgestellt, die Sizilienstraße durch die U-Boote *Squalo, Bandiera, Tricheco, Topazio* und *Zaffiro* und 13 MAS-Boote gesperrt. Der Ansatz bleibt wirkungslos, da der brit. Verband ostwärts der Balearen nach Nordosten läuft.

22.—30. 8. 1941 **Nordatlantik**

Im Gebiet westlich des Nordkanals werden die U-Boote *U 143, U 83, U 101, U 751, U 561, U 557, U 95* und *U 141* aufgestellt. Von ihnen versenkt *U 143* (Oblt. z. S. Gelhaus) am 23. 8. 1 Schiff mit 1418 BRT aus einem Konvoi. Am 26. 8. sichtet *U 141* (Oblt. z. S. Schüler) westlich Irland den auslaufenden Konvoi OS. 4., wird aber durch ein Flugzeug unter Wasser gedrückt. Am Nachmittag kommt *U 557* (Oblt. z. S. Paulshen) heran und greift in der Nacht zum 27. 8. in 3 Anläufen an, es werden 4 Schiffe mit 20 407 BRT versenkt. Am 27. 8. führt *U 557* auch *U 751* und am 28. 8. *U 71* und *U 558* (Kptlt. Krech) heran, von denen letzteres das Motorschiff *Otaio* (10 298 BRT) versenkt.

Gegen den am 29. 8. von der Luftaufklärung erfaßten Konvoi HG. 71 südwestlich Irland kann kein Ansatz erfolgen.

Vor dem Nordkanal sichtet *U 143* am 30. 8. einen auslaufenden Konvoi, wird jedoch unter Wasser gedrückt. Anfang September versenkt *U 141* 2 Fischereifahrzeuge oder Bewacher.

23. 8. 1941 **Nordatlantik**

Dt. Hilfskreuzer *Schiff 36 Orion* (FKpt. Weyher) läuft nach 510tägiger Kaperfahrt im Atlantik, Pazifik und Indischen Ozean in die Girondemündung ein. Erfolge: 10 Schiffe mit 62 915 BRT, 2 weitere Schiffe mit 21 125 BRT zusammen mit *Schiff 45 Komet* versenkt. Aufnahme durch *U 75* und *U 205*.

23.—27. 8. 1941 **Ostsee**
Der sowj. Kreuzer *Kirov*, die Flottillenführer *Leningrad* und *Minsk* sowie mehrere Zerstörer, darunter *Gordyj*, unterstützen den Abwehrkampf der Verteidiger von Reval.

23.—28. 8. 1941 **Mittelmeer**
In der Syrte versenkt das brit. U-Boot *Tetrarch* (LCdr. Greenway) 2 kleine Schiffe mit 808 BRT. *Rorqual* (Lt. Napier) legt am 25. 8. eine Minensperre bei Cap Skinari (Ägäis) und versenkt am 28. 8. mit Torpedo 1 Schiff von 2747 BRT im Geleit des T-Bootes *Antares*. Im zentralen Mittelmeer torpediert *Urge* (LCdr. Tomkinson) aus einen Tripolis-Konvoi mit 4 Dampfern und den Zerstörern *Oriani*, *Euro* und den T-Booten *Procione*, *Orsa*, *Clio* und *Pegaso* 1 Schiff mit 4971 BRT. *Unbeaten* (Lt. Woodward) versenkt vor Augusta 1 mit 373 BRT.

23. 8.—17. 9. 1941 **Nordmeer**
Vor der Kola-Küste operieren die dt. U-Boote *U 571*, *U 752*, *U 451* und *U 566*. *U 752* (Oblt. z. S. Schroeter) versenkt am 25. 8. den sowj. Trawler *RT-44/Neva* (633 BRT) und torpediert am 27. 8. einen Bewacher vor Svjatoj Nos. *U 571* (Kptlt. Möhlmann) torpediert am 26. 8. den sowj. Transporter *Marija Uljanova* (3870 BRT) vor Kap Teriberskij. Am 3. 9. verfehlt *U 566* das nach Poljarnoe zurückkehrende brit. U-Boot *Trident*, *U 451* weicht einem U-Boot-Torpedo aus.

24. 8. 1941 **Mittelmeer**
Der brit. Minenkreuzer *Manxman* legt vor Livorno eine Minensperre mit 70 Ankertau- und 70 Magnetminen.

24.—25. 8. 1941 **Ostsee**
Sowj. Konvoi mit Eisbrecher *Oktjabr'* und 9 Transportern von Reval nach Suursaari-Kronstadt. Am 24. 8. gehen auf der »Juminda«-Sperre der Zerstörer *Engels*, die Minensucher *T-209/Knecht*, *T-212/Štag* und *T-213/Krambol'* und 3 Transporter verloren, am 25. 8. durch Luftangriffe westlich Suursaari 2 weitere Transporter. Unter den gesunkenen Transportern befinden sich vermutlich *Lunačarskij* (3618 BRT), *Daugava* (1430 BRT) und der Tanker *Železnodorožnik* (2029 BRT).
Die dt. Minenschiffe *Brummer* und *Roland* und Boote der 3. S-Flottille werfen nördlich Kap Ristna (Dagö) die »Rusto«-Sperre mit 170 EMC- und 30 TMB.

25. 8. 1941 **Iran**
Sowj. und brit.-ind. Truppen rücken im Iran ein. Schwacher Widerstand der iranischen Armee schnell gebrochen. Brit. Seestreitkräfte führen in Abadan, Khorramshahr und Bandar Shapur Landungsoperationen durch (Operation »Countenance«). Beteiligt: Hilfskreuzer *Kanimbla* (Capt. Adams), Sloops *Shoreham*, *Falmouth* und *Yarra* (RAN), Flußkanonenboot *Cockchafer*, Korvette *Snapdragon* sowie einige kleine Hilfsfahrzeuge. In Abadan versenkt *Shoreham* das iranische Kanonenboot *Palang* (950 t). *Yarra* besetzt in der Karun-Mündung die Kanonenboote *Karkass* und *Chahbaaz* (je 331 t) und versenkt in Khorramshahr das Kanonenboot *Babr* (950 t). Bei der Verteidigung des dortigen Marinestützpunktes fällt der OB der iranischen Marine, KAdm. Bayendor. In Bandar Shapur erbeutet die brit. Marine die dt. Frachter *Hohenfels* (7862 BRT), *Marienfels* (7575 BRT), *Sturmfels* (6288 BRT) und *Wildenfels* (6224 BRT), den ital. Tanker *Bronte* (4769 BRT) und die Frachter *Barbara* (3065 BRT) und *Caboto* (5225 BRT) sowie am 27. 8. in Bandar Abbas den ital. Frachter *Hilda* (4901 BRT). Dt. Frachter *Weissenfels* (7861 BRT) wird von seiner Besatzung durch Brand zerstört.

27. 8. 1941 **Ostsee**

Angriff von 4 sowj. TKAs gegen ein dt. Kümo-Geleit bei Kap Domesnäs, 2 Kümos leicht beschädigt.

28.—29. 8. 1941 **Ostsee**

Evakuierung der sowj. Baltflotte und der Reste des X. Schützen-Korps von Reval nach Kronstadt. Nach der Einschiffung der Einheiten in der Nacht vom 27./28. 8. versammeln sich im Laufe des Tages am 28. 8. die Konvois und Deckungsstreitkräfte auf der Reede von Reval.

1. Konvoi (Kpt. 2. Rg. N. G. Bogdanov) — 6 Transporter, 1 Eisbrecher, 1 Werkstattschiff, 1 Schulschiff, U-Boote *ŠČ-308, ŠČ-307, M-97*, Sicherung: Zerstörer *Surovyj*, Wachschiffe *Ametist, Saturn, Kasatka*, 5 alte Minensucher, 2 *MO-IV* U-Jäger, 5 Wachkutter, 1 Schlepper.

2. Konvoi (Kpt. 2. Rg. N. V. Antonov) — 6 Transporter, 2 Netzleger, 1 Vermessungsschiff, 1 Schoner, Sicherung: K-Boot *Moskva*, Wachschiff *Čapaev*, 4 alte Minensucher, 9 Räumboote, 2 *MO-IV* U-Jäger.

3. Konvoi (Kpt. 2. Rg. Ja. F. Janson) — 8 Transporter, 1 Tanker, Sicherung: K-Boot *Amgun*, Wachschiffe *Ural, Kolyvan'*, 4 alte Minensucher, 4 R-Boote, 2 *MO-IV* U-Jäger.

4. Konvoi (Kpt. 3. Rg. S. A. Gichorovcev) — 9 verschiedene kleinere Fahrzeuge, Sicherung: Wachschiff *Razvedčik*, Kanonenboot *I-8*, 9 Räumboote, 2 Magnet-Minensucher.

Hauptkräfte (VAdm. V. F. Tribuc) — Kreuzer *Kirov* (FF), Flottillenführer *Leningrad*, Zerstörer *Gordyj, Smetlivyj, Jakov Sverdlov*, U-Boote *S-4, S-5, ŠČ-301, Kalev, Lembit*, Minensucher *T-204, T-205, T-206, T-207, T-217*, Torpedokutter *TKA-73, TKA-74, TKA-94, TKA-103, TKA-113*, U-Jäger *MO-112, MO-131, MO-133, MO-142, MO-202, MO-208*, Tender *Pikker*, Eisbrecher *Suur-Töll*.

Deckungsabteilung (KAdm. Ju. A. Panteleev) — Flottillenführer *Minsk* (F), Zerstörer *Skoryj, Slavnyj*, U-Boote *ŠČ-322, M-98, M-95- M-102*, Minensucher *T-210, T-214, T-216, T-218, T-215*, U-Jäger *MO-207, MO-212, MO-213, MO-510*, 4 Torpedokutter, Wachschiff *Neptun*.

Nachhut (KAdm. Ju. F. Rall') — Zerstörer *Kalinin* (F), *Artem, Volodarskij*, Wachschiffe *Sneg, Burja, Ciklon*, 2 Torpedokutter, 5 *MO-IV* U-Jäger, Minenleger *Vaindlo*.

Nach dem Auslaufen der Schiffe legen *Burja, Sneg, Ciklon* und *Vaindlo* im Hafen und auf den Zufahrten Minensperren. Das alte Minenschiff *Amur*, der Dampfer *Gamma* (696 BRT) und 3 Schlepper werden als Blockschiffe versenkt. Die abmarschierenden Verbände werden am Nachmittag des 28. 8. westlich der Minensperren durch *Ju 88* der 2./K. G. 77 und der K. Fl. Gr. 806 angegriffen, dabei sinken der Eisbrecher *Krisjanis Valdemars* (2250 BRT), die Transporter *Skrunda* (2414 BRT), *Lake Lucerne* (2317 BRT), *Atis Kronvalds* (1423 BRT), das Stabsschiff *Vironia* (2026 BRT) wird beschädigt und sinkt später durch Minen. Beim Durchbruch durch die »Juminda«-Sperren in der Nacht vom 28./29. 8. sinken die Zerstörer *Sverdlov, Skoryj, Kalinin, Artem, Volodarskij*, die Wachschiffe *Sneg, Ciklon, Saturn*, die Minensucher *T-216, T-214, Krab'*, die U-Boote *ŠČ-301, S-5, S-6*, die K-Boote *Moskva* (?), *Amgun* (?), *I-8*, die Netzleger *Vjatka, Onega*, der Torpedokutter *TKA-103*, der U-Jäger *MO-202*, die Transporter *Alev* (1446 BRT), *Tobol'* (2758 BRT), *Järvamaa* (1363 BRT), *Everita* (3251 BRT), *Luga* (2329 BRT), *Kumari* (237 BRT), *Balchaš* (2191 BRT), *Jana* (2917 BRT), *Naissaar* (1839 BRT), *Ergonautis* (206 BRT), *Ella* (1522 BRT), *Ausma* (1791 BRT) und *Tanker 2* (1700 t). Schwere Schäden erleiden der Flottillenführer *Minsk*,

die Zerstörer *Gordyj, Slavnyj*, der Minensucher *T-205* und weitere Transporter. Am 29. 8. werden die restlichen Transportschiffe im Raum von Suursaari erneut von den *Ju 88* der 2./K. G. 77 und der K. Fl. Gr. 806 angegriffen, nachdem die schnellen Kriegsschiffe befehlsgemäß nach Kronstadt weitergelaufen sind. Dabei werden die Transporter *Vtoraja pjatiletka* (3974 BRT), *Kalpaks* (2190 BRT) und das Schulschiff *Leningradsovet* (1270 t) versenkt, die Transporter *Ivan Papanin* (3974 BRT), *Saule* (1207 BRT) und das Werkstattschiff *Serp i Molot* (5920 t) müssen sich schwer beschädigt bei Suursaari auf Strand setzen, nur der Transporter *Kazachstan* erreicht nach Ausschiffung von 2300 seiner 5000 an Bord befindlichen Soldaten auf Steinskär, durch Bomben schwer beschädigt Kronstadt. Von Suursaari aus wird ein Sonder-Deckungs- und Bergungsverband (Kpt. 2. Rg. I. G. Svjatov) eingesetzt, der mit 12 alten Minensuchern, 1 Wachschiff-Division, 6 Torpedokuttern, 8 U-Jägern, 2 Schleppern, 4 Motorbooten, 2 Kuttern und dem Rettungsschiff *Meteor* in den folgenden Tagen insgesamt 12 160 Mann z. T. von den Inseln des Finnischen Meerbusens rettet.
Das zur Deckung der Operation eingesetzte U-Boot *ŠČ-322* kehrt nicht zurück.

28. 8.—14. 9. 1941 **Nordatlantik**

Operationen der U-Boot-Gruppe »Markgraf«. Aus den südwestlich Island versammelten *U 652, U 105, U 432, U 38, U 84, U 501, U 43, U 202, U 82, U 207, U 569, U 433, U 85* und *U 81* wird die Gruppe »Markgraf« gebildet. *U 202* (Kptlt. Linder) hat am 27. 8. südlich Island 1 Fischdampfer von 230 BRT versenkt.
Am 4. 9. unterrichtet 1 brit. Flugzeug den auf dem Marsch nach Island befindlichen US-Zerstörer *Greer* (LCdr. Frost, Div.-Chef Cdr. Johnson an Bord) über ein in der Nähe geortetes dt. U-Boot. *Greer* läuft an die angegebene Position zu und ortet das getauchte U-Boot seinerseits. Das brit. Flugzeug greift das U-Boot — *U 652* (Oblt. z. S. Fraatz) — mit Wasserbomben an. *U 652* vermutet in *Greer* den Angreifer und versucht ihn zu torpedieren. *Greer* weicht aus und bekämpft das U-Boot erfolglos mit Wasserbomben.
Am 5. 9. versenkt *U 501* (KKpt. Förster) 1 Einzelfahrer mit 2000 BRT. — Am 9. 9. früh versenkt *U 81* (Oblt. z. S. Guggenberger) 1 unbekannten Einzelfahrer. Nachmittags erfaßt *U 85* (Oblt. z. S. Greger) den Konvoi SC. 42 mit 70 Schiffen (Commodore Mackenzie), gesichert von der kanad. 24th Escort Group (Cdr. Hibbard) mit dem Zerstörer *Skeena* und den Korvetten *Alberni, Kenogami* und *Orillia*. Ein erster Angriff von *U 85* schlägt fehl, doch kommen auf die Fühlunghaltermeldungen von *U 85* in der Nacht zum 10. 9. nacheinander zum Angriff: *U 432* (Oblt. z. S. Schultze) 2 Schiffe mit 10 820 BRT versenkt, *U 81* mehrere ungeklärte Treffer, *U 432* fehl, *U 652* 1 Tanker mit 6508 BRT torpediert, von *Orillia* nach Reykjavik geschleppt, 1 Frachter mit 3410 BRT torpediert, Wrack am 19. 9. von *U 372* (Kptlt. Neumann) versenkt, *U 432* 2 Schiffe mit 4318 BRT versenkt, *U 81* 1 Schiff mit 3252 BRT versenkt, *U 82* (Oblt. z. S. Rollmann) 1 Katapultschiff mit 7465 BRT versenkt, Fehlschuß auf *Skeena*. Das Zurückbleiben der 3 Korvetten zur Bergung Überlebender erleichtert den U-Booten den Angriff. Am Tage hält *U 432* laufend Fühlung, *U 85* greift zweimal an und versenkt 1 Schiff mit 4748 BRT. In der Nacht zum 11. 9. kommt es erneut zu zahlreichen Angriffen: *U 82* 2 Schiffe mit 7519 BRT und 3915 BRT, letzteres durch Fangschuß von *U 433* (Oblt. z. S. Ey) versenkt, *U 652* fehl, *U 207* (Oblt. z. S. Meyer, F.) 2 Schiffe mit 9739 BRT versenkt, *U 202* fehl, *U 82* 2 Schiffe mit 7443 BRT versenkt, *U 207* 1 Schiff mit 1231 BRT versenkt, *U 202, U 432, U 202* alle fehl. Die von achtern auflaufenden kanad. Korvetten *Chambly* und *Moosejaw* überraschen *U 501* und versenken das Boot. Die Korvette *Kenogami*

drängt *U 569* mit Wasserbomben ab. In der Nacht treffen die Korvetten HMCS. *Wetaskiwin*, FFS. *Mimose*, HMS. *Gladiolus* und der U-Jagd-Trawler HMS. *Buttermere*, gegen Morgen des 11. 9. die von Island heranbeorderte brit. 2nd Escort Group (Cdr. Banks) mit den Zerstörern *Douglas, Veteran, Saladin, Skate* und *Leamington* sowie Luftsicherung von Island (120. RAF-Sq.) ein. *Veteran* und *Leamington* sichten und versenken *U 207*. Am Tage hält *U 432* weiter Fühlung, *U 652* fährt einen fehlgeschlagenen Angriff, *U 202* versenkt ein von *U 82* in der Nacht torpediertes Schiff mit 1980 BRT, *U 105* (Kptlt. Schewe) 1 Dampfer von 1549 BRT. In der Nacht zum 12. 9. greifen *U 84* (Oblt. z. S. Uphoff) und *U 43* (Kptlt. Lüth) erfolglos an, am 12. 9. tags halten nacheinander *U 432, U 373* und *U 433* Fühlung, werden aber von der starken Sicherung abgedrängt.
Am 13. 9. können die noch auf den Konvoi operierenden *U 433, U 572, U 552, U 373* und *U 575* bei schlechter Sicht den Konvoi nicht finden, am 14. 9. gewinnt *U 552* (Oblt. z. S. Topp) nur kurzfristig Fühlung an einer Sicherungsgruppe. Die Operation wird abgebrochen. Gesamterfolg: 16 Schiffe mit 65 409 BRT versenkt, 1 Tanker mit 6508 BRT beschädigt.

28. 8.—24. 9. 1941 **Mittelatlantik**

Ab 28. 8. marschieren *U 111, U 108* und *U 125* in einer Harke aus dem Gebiet westlich der Azoren bis in den Raum um St. Paul. Nur *U 111* (Kptlt. Kleinschmidt) versenkt am 10. und 20. 9. je 1 Schiff mit zusammen 14 193 BRT. Am 24. 9. werden die Boote in den Raum der Kap Verden und westlich Freetown geholt, um mit Booten der folgenden Welle zusammen zu operieren (s. 21. 9. ff.).

29.—31. 8. 1941 **Ostsee**

Ein finn. Minenleger legt in der Nacht zum 29. 8. am Nordende der »Juminda«-Sperre eine neue Verseuchung mit 24 Minen. Boote der 5. R-Flottille legen in den Nächten zum 29., 30. und 31. 8. 3 Sperrstücke zwischen der alten finn. »Valkjärvi«- und der »Juminda«-Sperre mit zusammen 96 Minen, ferner wird am 31. 8. auf dem Russenweg in der »Juminda«-Sperre ein neues Sperrstück mit 36 EMC-Minen und 40 Sprengbojen gelegt.

30. 8. 1941 **Ostsee**

Zusammenfassung der Schiffe des Geschwaders der Baltflot zu einem Artillerie-Unterstützungsverband der »Leningrad-Front« unter KAdm. I. I. Gren. 1. Gruppe auf der Neva mit den behelfsmäßig fertiggestellten Zerstörern *Strogij, Strojnyj* und *Opytnyj* und den K-Booten *Zeja, Sestroreck* und *Oka* zur Unterstützung der 42. und 55. Armee südostwärts Leningrad. 2. Gruppe im Raum Leningrad bis zum Ostteil des Seekanals mit dem behelfsmäßig fahrbereit gemachten Kreuzer *Maksim Gorkij*, dem noch in Ausrüstung befindlichen und mit 2 Türmen feuerbereiten Kreuzer *Petropavlovsk* (Kpt. 1. Rg. Vanifatév), dem Flottillenführer *Leningrad*, den Zerstörern *Svirepyj, Grozjaščij, Sil'nyj, Stojkij* und *Storoževoj* (in Reparatur) sowie vermutlich dem Minenleger *Marti*. Die 3. Gruppe im Raum Kronstadt-Oranienbaum, die Schlachtschiffe *Oktjabrskaja revoljucija* (KAdm. M. S. Moskalenko) und *Marat* (Kpt. 1. Rg. M. G. Ivanov), der Kreuzer *Kirov* (Kpt. 1. Rg. M. G. Suchoručenko), der Flottillenführer *Minsk*, die Zerstörer *Surovyj, Gordyj, Smetlivyj* und *Slavnyj*, die in Reparatur befindlichen Zerstörer *Stereguščij* und *Strašnyj* und das K-Boot *Volga*.

★

1. 9. 1941 **Nordatlantik**

Die US Atlantik-Flotte bildet den »Denmark Strait Patrol« (KAdm. Giffen) mit Stützpunkt Hvalfjordur/Island: Schwere Kreuzer *Wichita, Tuscoloosa*, 2. Z-Squ. (Capt. Ainsworth) und 22. Z-Div. (insgesamt 13 Zerstörer) sowie jeweils 2 der 3 Schlachtschiffe *Idaho, New Mexico* und *Mississippi.*

1.—2. 9. 1941 **Schwarzes Meer**

Einsatz der Kreuzer *Červona Ukraina* und *Komintern* sowie der Zerstörer *Soobrazitel'nyj, Bespoščadnyj, Bojkij, Nezamožnik* und *Šaumjan* zur Unterstützung der Küstenarmee, besonders bei Dofinovka und Iljičevka. Einsatz von Nebelbojen zur Deckung gegen die rumän. Küstenbatterie bei Fontanka.

1.—18. 9. 1941 **Nordatlantik**

Im Gebiet westlich des Nordkanals wird am 1. 9. aus *U 77, U 568, U 553, U 206, U 567, U 563* und *U 96* die Gruppe »Kurfürst«, aus *U 71, U 557, U 561, U 95, U 751, U 83, U 562* und *U 558* westlich bis südwestlich Irland die Gruppe »Bosemüller« gebildet. Auf einen von dem zurückmarschierenden *U 73* gesichteten SL-Konvoi wird am 1. 9. die Gruppe »Bosemüller« angesetzt, findet jedoch in unsichtigem Wetter nichts. Auf den von einer *FW 200* der I./K. G. 40 gesichteten OG. 72 wird die Gruppe »Kurfürst« angesetzt. Am 2. 9. prallt *U 557* im Nebel auf den OG. 72, *U 83* sichtet eine Korvette der Sicherung, auch von der Luftaufklärung wird der Konvoi gemeldet, deshalb werden die Gruppen »Kurfürst« und »Bosemüller« zur Gruppe »Seewolf« zusammengefaßt und auf diesen Konvoi angesetzt, finden ihn jedoch nicht, ebensowenig einen am 3. 9. von *U 98* gesichteten Konvoi. *U 567* (Kptlt. Fahr) versenkt 1 Einzelfahrer von 3485 BRT. Am 11. 9. wird die Gruppe »Seewolf« mit den restlichen Booten *U 69, U 94, U 557, U 561, U 565, U 95* und *U 98* ins Gebiet nordwestlich der Hebriden gezogen. Am 14., 15. und 18. 9. werden von der Luftaufklärung Konvois gesichtet, am 14. auch von *U 565*, es kommen jedoch keine anderen Boote heran, *U 561* und *U 95* werden von Flugzeugen angegriffen. Nur *U 98* (Kptlt. Gysae) kann am 16. 9. aus dem SC. 42 noch 1 Schiff mit 4392 BRT versenken.

2./3. 9. 1941 **Ostsee**

Ein finn. Minenleger legt westlich der »Juminda«-Sperre 84 neue Minen, das dt. Minenschiff *Kaiser* sichert die Sperre mit 120 Sprengbojen.
Bei einem Vorstoß in die Koivisto-Enge versenkt das finn. S-Boot *Syöksy* den sowj.-estn. Dampfer *Meero* (1866 BRT).

3.—17. 9. 1941 **Nordmeer**

An der norweg. Polarküste sind u. a. die sowj. U-Boote *K-1, K-2, ŠČ-422, M-174, M-176, M-171, M-173* und *M-172* eingesetzt. *K-1* (Kpt. 3. Rg. M. P. Avgustinovič) operiert ohne Erfolg 28 Tage im Gebiet des Vestfjords. *K-2* (Kpt. 3. Rg. V. P. Utkin) legt am 10. 9. die erste sowj. U-Minensperre im Nordmeer vor Vardö (geräumt) und greift am 12. 9. vor dem Persfjord den Dampfer *Lofoten* (1517 BRT) mit Artillerie an, doch entkommt das Schiff. An Bord des U-Bootes der Chef der 1. U-Boot-Div., Kpt. 2. Rg. M. I. Gadžiev. *ŠČ-422* (Kptlt. Malyšev) erzielt mit der Versenkung des norweg. Dampfers *Ottar Jarl* (1459 BRT) am 12. 9. vor dem Tanafjord den ersten Erfolg. *M-172* (Kptlt. I. I. Fisanovič) versenkt am 15. 9. im Varangerfjord den Routendampfer *Renöy* (287 BRT). *M-173* (Kptlt. I. A. Kunec) setzt an der Küste der Varanger-Halbinsel 13 Agenten ab. Vor dem Breisund versenkt das brit. U-Boot *Tigris* (Cdr. Bone) den Dampfer *Richard With* (905 BRT) und verfehlt am 15. und 17. 9. 2 Konvois im Lopphavet.

4.—8. 9. 1941 **Norwegen**

Der Schwere Kreuzer *Admiral Scheer* verlegt vorübergehend nach Oslo. *B-17*-Bomber der 2nd Group des RAF Bomber Command versuchen am 5. und 8. 9. das Schiff ohne Erfolg anzugreifen. Es kehrt nach Swinemünde zurück.

5. 9. 1941 **Schwarzes Meer**

Gefecht des sowj. Kreuzers *Komintern* mit rumän. Küstenbatterie bei Fontanka.

5.—11. 9. 1941 **Mittelmeer**

Bei Operationen im westlichen Mittelmeer versenken die niederl. U-Boote *O. 21* (Kptlt. Van Dulm) und *O. 24* (Kptlt. de Booy) 1 Schiff mit 5738 BRT bzw. 2 Schiffe mit 5469 BRT. Vor den Dardanellen versenkt das brit. U-Boot *Perseus* (LCdr. Nicolay) 1 Schiff mit 3867 BRT im Geleit des T-Bootes *Sirio.* Im Gebiet der Syrte versenkt das brit. U-Boot *Thunderbolt* (LCdr. Crouch) aus mehreren von den ital. T-Booten *Centauro* und *Polluce* gesicherten kleinen Konvois 3 Schiffe mit 3191 BRT.

6.—14. 9. 1941 **Mittelmeer**

Ital. U-Boot *Dagabur* klärt ägypt. Küste zwischen Tobruk und Port Said auf, *Topazio* (KKpt. Berengan) versenkt an der syrischen Küste 1 Schiff mit 691 BRT.

7. 9. 1941 **Nordsee**

Bei Angriff der 4. S-Flottille (Kptlt. Bätge) mit *S 48, S 49, S 50, S 52* und *S 107* auf brit. Konvoi vor der Norfolk-Küste 2 Frachter mit 1914 BRT versenkt.

7. 9. 1941 **Schwarzes Meer**

Der sowj. Flottillenführer *Char'kov* mit den Zerstörern *Bojkij* und *Sposobnyj* bringt den Befehlshaber der Schwarzmeerflotte, VAdm. F. S. Oktjabrskij, zu Besichtigungen und Besprechungen nach Odessa. Während ihres Aufenthaltes beschießen die Schiffe zusammen mit dem Zerstörer *Dzeržinskij* rumän. Stellungen. Der Zerstörer *Sposobnyj* wird durch einen Bomben-Nahtreffer in der 2. Maschinen-Abteilung beschädigt.

7.—8. 9. 1941 **Ostsee**

Vom Leningrader Handelshafen aus feuert der Kreuzer *Maksim Gorkij,* vom Seekanal aus das Schlachtschiff *Marat* am 7. 9. auf Angriffsspitzen der dt. 18. Armee südlich Leningrad. Am 8. 9. unterstützt das K-Boot *Krasnoe znamja* von Kap Šepelev den rechten Flügel der sowj. 8. Armee im Oranienbaumer Kessel, das Schlachtschiff *Oktjabrskaja revoljucija* und der Kreuzer *Kirov* beschießen dt. Versammlungsräume bei Krasnoe selo und Peterhof.
Boote der dt. 5. R-Flottille legen nordostwärts Seiskari eine Sperre mit 48 EMC-Minen, die 1. S-Flottille sichert sie mit 40 Sprengbojen. Am folgenden Tage erhält auf dem Anmarsch zu einer weiteren Minenunternehmung das R-Boot *R 58* einen Minentreffer und wird schwer beschädigt eingeschleppt.

8. 9.—November 1941 **Ostsee**

Bei Transportunternehmungen von Suursaari nach Hangö werden U-Boote der Baltflot eingesetzt, dabei *P-1* (17. 9.), *L-2* und *Kalev* durch Minen verloren.

8.—14. 9. 1941 **Mittelmeer**

Operation »Status« 8.—10. 9.: Die *Ark Royal* läuft mit dem Kreuzer *Hermione* und 6 Zerstörern ins Gebiet südlich der Balearen und startet 14 *Hurricane*-Jäger. Beim zweiten Vorstoß sind das Schlachtschiff *Nelson* und 1 weiterer Zerstörer beteiligt, am 13. 9. starten die Träger *Ark Royal* und *Furious* 45 weitere *Hurricane*-Jäger nach Malta.

Die nördlich der algerischen Küste aufgestellten U-Boote *Alagi* und *Serpente* kommen nicht heran. Die Aufstellung der U-Boote *Axum, Adua, Aradam* und *Settembrini* bei Kap Bon bleibt wirkungslos.

8.—19. 9. 1941 **Nordmeer**
Neuer Angriff des dt. XIX. Geb.-Korps über die Liza muß nach anfänglichen geringen Geländegewinnen gegen die sich zäh verteidigende sowj. 14. Armee abgebrochen werden.

10. 9. 1941 **Mandschukuo/Westfrankreich**
Blockadebrecher *Anneliese Essberger* (5173 BRT, Kpt. Bahl) läuft aus Dairen kommend in Bordeaux ein.

10.—13. 9. 1941 **allgemeine Lage**
Kriegsspiel der jap. Marine unter Leitung des Oberbefehlshabers der Vereinigten Flotten, Admiral Yamamoto.

10.—15. 9. 1941 **Nordmeer**
Die sowj. 1. Zerstörer-Division der Nordflotte mit den Zerstörern *Gremjaščij, Gromkij, Groznyj* und *Sokrušitel'nyj* legt im Gebiet der Fischer-Halbinsel 2 Minensperren unter Verwendung der von dem brit. Minenkreuzer *Adventure* nach Murmansk transportierten Minen.

11. 9. 1941 **Ostsee**
In der Nacht wirft die 5. R-Flottille ostwärts Suursaari eine Sperre mit 36 EMC-Minen, die 1. S-Flottille 40 Sprengbojen.

11. 9. 1941 **allgemeine Lage**
Präsident Roosevelt verkündet als Antwort auf den *Greer*-Zwischenfall (vgl. 4. 9. 1941) den sog. »Schießbefehl« (shoot-on-sight-order) gegen alle Schiffe der Achsenmächte, die sich in Seegebiete wagen, »the protection of which is necessary for American defense«.

11./12. 9. 1941 **Nordmeer**
Die sowj. Torpedokutter *TKA-12* (Lt. A. O. Šabalin) und *TKA-11* (Kptlt. G. K. Svetlov) greifen vor dem Petsamo-Fjord erstmalig einen dt. Konvoi an, der von dem Vp-Boot *NT 05/Togo* (ex norweg. M-Boot *Otra)* gesichert ist, keine Treffer.

11.—12. 9. 1941 **Schwarzes Meer**
Sowj. Kreuzer *Krasnyj Kavkaz* beschießt vor Odessa rumän. Stellungen bei Ilinka und Krasnyj Pereselnec. Am 12. 9. wird er mehrfach von dt. Flugzeugen angegriffen, ohne Schäden zu erleiden.

12.—18. 9. 1941 **Ostsee**
Zur Sicherung gegen dt.-finn. Operationen besetzen die sowj. U-Boote *M-77* bei Someri, *M-97* bei Reval, *M-98* und *M-102* bei Helsinki Positionen. *M-97* (Kptlt. A. I. Myl'nikov) fährt am 17. 9. einen erfolglosen Angriff.

12.—22. 9. 1941 **Mittelmeer**
Die brit. schnellen Minenleger *Latona* und *Abdiel* und einige Zerstörer transportieren 6300 Soldaten und 2100 t Material nach Tobruk und bringen 6000 Australier nach Alexandria zurück.

13./14. 9. 1941 **Luftkrieg Westeuropa**
Schwerer Angriff des RAF Bomber Command auf die dt. Schlachtschiffe in Brest.

13. 9.—5. 10. 1941 **Ostsee**

Eroberung der Insel Ösel. 13./14. 9.: Scheinunternehmungen »Nordwind« mit der finn. Panzerschiff-Division (Kpt. z. S. Rahola): Küstenpanzer *Ilmarinen* (FKpt. Göransson) und *Väinämöinen* (FKpt. Koivisto), gesichert durch einen Wachbootverband (Kptlt. Peuranheimo) mit *VMV 1, VMV 14, VMV 15* und *VMV 16,* dem dt. Minenschiff *Brummer* (KKpt. Dr. Tobias), 5 Booten der 3. Vp.-Flottille, 2 Hochseeschleppern, 8 kleineren Fahrzeugen sowie den finn. Eisbrechern *Jääkarhu* und *Tarmo* und »Westwind« mit den Torpedobooten *T 11, T 2, T 5, T 8,* der 2. und 3. S-Boot-Flottille und 9 kleineren Fahrzeugen gegen die Westseite der Insel. Ein drittes Unternehmen »Südwind« richtet sich von Riga aus mit 3 Gruppen von rund 50 Kleinfahrzeugen gegen die Südküste, um die sowj. Besatzung abzulenken. Dabei sinkt *Ilmarinen* mit 13 Offizieren und 258 Mann nach Treffer durch Treibmine. Die Wachboote retten 132 Überlebende.

14. 9.: Landung der ersten Welle der 61. Inf.-Div. auf Moon.

16. 9.: Bildung eines Brückenkopfes auf Dagö.

16./17. 9.: Wiederholung von »Südwind«, dabei *M 1707* auf Mine gesunken.

25.—27. 9.: Beschießung der auf der Halbinsel Sworbe zusammengedrängten sowj. Verteidiger durch die Leichten Kreuzer *Leipzig* (Kpt. z. S. Stichling) und *Emden* (Kpt. z. S. Mirow) mit *T 11, T 7* und *T 8.* Vergeblicher Angriff von 4 sowj. Schnellbooten. Fehlschuß des sowj. U-Bootes *ŠČ-317* gegen die *Leipzig.*

14. 9. 1941 **Ostsee**

Auf der Werft Helsinki werden die dt. Minenräumboote *R 60, R 61* und *R 62* durch Sabotage vernichtet und 2 Schlepper beschädigt.

14./15. 9. 1941 **Nordmeer**

Sowj. Torpedokutter *TKA-13* (Lt. A. I. Poljakov) und *TKA-15* (Oblt. P. I. Čapilin) greifen auf dem Weg Petsamo—Kirkenes den norweg. Routendampfer *Mittnattsol* an und versenken ihn.

15./16. 9. 1941 **Luftkrieg Deutschland**

Angriffe des RAF Bomber Command auf Hamburg, Bremen, Cuxhaven und Wilhelmshaven.

15.—18. 9. 1941 **Ostsee**

Nach dem Durchbruch dt. Heeresverbände an die Kronstädter Bucht bei Peterhof beschießen dt. Heeres-Küstenbatterien die sowj. Kriegsschiffe. Am 16. 9. erhalten die *Marat* und die *Petropavlovsk* die ersten 15-cm-Treffer ohne größere Wirkung. Am 18. 9. werden die *Maksim Gorkij* leicht, die *Petropavlovsk* schwer getroffen.

15.—29. 9. 1941 **Schwarzes Meer**

Bei sowj. U-Boot-Operationen verfehlt das U-Boot *M-34* vor Varna den ital. Tanker *Tampico,* am 29. 9. versenkt *ŠČ-211* (Kptlt. A. D. Devjatko) den ital. Tanker *Superga* (6154 BRT) südlich Varna. *ŠČ-206* geht vor Sulina auf einer Flankenminensperre verloren. *L-4* (Kpt. 3. Rg. E. P. Poljakov) legt im Gebiet von Varna, *L-5* (Kptlt. A. S. Ždanov) bei Očakov eine Minensperre. Auf ersterer sinken am 10. 10. das rumän. Minenschiff *Regele Carol I.* (2369 BRT) und am 15. 9. der bulgar. Dampfer *Chipka* (2304 BRT), auf letzterer am 24./25. 10. das Begleitschiff *Theresia Wallner* und die Schlepper *Drossel* und *Brüsterort.*

15. 9.—2. 10. 1941 **Nordatlantik**

Operationen der U-Boot-Gruppe »Brandenburg« im Raum südostwärts Grönland. Auf dem Anmarsch zur Aufstellung in einem Vp.-Streifen südostwärts Cape Farewell versenkt *U 94* (Oblt. z. S. Ites) 3 Nachzügler mit 14 447 BRT aus dem Konvoi ON. 14. Ab 18./19. 9. nehmen *U 74, U 94, U 575, U 372, U 373, U 552, U 69, U 562, U 572* ihre Positionen ein. Schon am 18. 9. sichtet *U 74* (Kptlt. Kentrat) den aus 66 Schiffen bestehenden, von 1 Zerstörer und 4 Korvetten gesicherten Konvoi SC. 44. Wegen Funkstörungen kann kein planmäßiger Ansatz erfolgen, es operieren außer *U 74* nur *U 373, U 94, U 552* und *U 562*. In der Nacht zum 19. 9. greift *U 74* erstmalig an, in der folgenden Nacht versenkt es 1 Schiff mit 6956 BRT und die Korvette *Levis*, während *U 552* (Kptlt. Topp) 2 Schiffe mit 12 361 BRT versenkt und im zweiten Anlauf 1 Tanker mit 6325 BRT torpediert, den am Tage *U 69* (Kptlt. Zahn) mit Fangschuß versenkt. Weitere Angriffe von *U 74* und *U 562* (Oblt. z. S. Hamm) gehen fehl, doch versenkt letzteres 1 Einzelfahrer von 1590 BRT am 22. 9. Die restlichen »Brandenburg«-Boote *U 94, U 372, U 562, U 431, U 564, U 575, U 69, U 373* und *U 572* werden in einen neuen Vp.-Streifen südostwärts Cape Farewell befohlen. Nachdem einige Boote den Rückmarsch angetreten haben, wird die Aufstellung am 26. 9. aufgelockert. Am 30. 9./1. 10. verfolgt *U 372* ohne Erfolg einen Konvoi, am 2. 10. versenkt *U 94* den Tanker *San Florentino* (12 842 BRT), *U 562* das Katapultschiff *Empire Wave* (7463 BRT), *U 575* (Kptlt. Heydemann) und *U 431* (Kptlt. Dommes) je 1 Schiff mit 4652 BRT bzw. 3198 BRT.

16.—18. 9. 1941 **Mittelmeer**

Ital. Großgeleit mit den Truppentransportern *Vulcania, Oceania* und *Neptunia*, gesichert von den Zerstörern *Da Recco, Da Noli, Pessagno, Usodimare* und *Gioberti* von Tarent nach Tripolis. Am 17. 9. früh erfaßt die brit. Luftaufklärung die Schiffe östlich Kalabrien. Ansatz der brit. U-Boote *Upright, Upholder* und *Unbeaten* in einem Vp.-Streifen nordostwärts Tripolis und *Ursula* vor dem Hafen. Von *Unbeaten* (Lt. Woodward) herangeführt, versenkt *Upholder* (LCdr. Wanklyn) die *Neptunia* (19 475 BRT) und *Oceania* (19 507 BRT). *Upright* (Lt. Wraith) wird durch die Zerstörer abgedrängt, ein Fächerschuß von *Ursula* (LCdr. Hezlet) gegen die *Vulcania* wird ausmanövriert. 6500 Mann werden gerettet, 384 Mann gehen unter.

16.—21. 9. 1941 **Schwarzes Meer**

In 5 Gruppen zu je 2—3 Transportern, gesichert durch die Kreuzer *Červona Ukraina, Krasnyj Krym, Komintern* und die Zerstörer *Bodryj, Bojkij, Bespoščadnyj, Bezuprečnyj, Sposobnyj, Soobrazitel'nyj* und *Frunze* wird die 157. Schützen-Division von Novorossijsk nach Odessa transportiert. Am 17. 9. greifen dt. Bomber und Torpedoflugzeuge die aus den Transportern *Abchazija, Gruzija* und *Dnepr* bestehende, und von dem Kreuzer *Červona Ukraina* und den Zerstörern *Bojkij, Bezuprečnyj* und *Nezamožnik* gesicherte Gruppe an, doch erreicht der Konvoi ohne Ausfälle Odessa.

16. 9.—5. 10. 1941 **Nordatlantik/Mittelmeer**

Marsch der ersten Gruppe dt. U-Boote »Goeben« ins Mittelmeer mit *U 371, U 559, U 97, U 331, U 75* und *U 79*, die vom 24. 9. bis 5. 10. die Gibraltar-Straße passieren und ins östliche Mittelmeer gehen.

17. 9. 1941 **Nordsee**

Die Boote *S 50, S 51* und *S 52* der 4. S-Flottille versenken östlich Cromer aus brit. Konvoi Frachter *Teddington* (4762 BRT) und torped. 1 Schiff von 5389 BRT.

17. 9. 1941 **Ostsee**
Durch Explosionsunglück schwed. Zerstörer *Göteborg, Klas Horn* und *Klas Uggla* schwer beschädigt. *Klas Uggla* muß abgewrackt werden.

17.—19. 9. 1941 **Schwarzes Meer**
Der Zerstörer *Dzeržinskij* und der Kreuzer *Vorošilov* beschießen am 17. bzw. 19. 9. dt. Truppen an der Küste bei Alekseevka, Chorli und Skadovsk (Odessa).

17.—25. 9. 1941 **Ostsee**
Gegen einen eventuellen Ausbruch der sowj. »Baltflot« nach Schweden beim Fall Leningrads werden die »Juminda«-Sperren verstärkt. Am 17. 9. legen die Minenschiffe *Cobra* und *Kaiser* Sperren bei Kap Purikari (36 EMC + 100 Sprengbojen) und westlich »Juminda« (136 EMC + 200 Sprengbojen). Am 21. 9. legt *Kaiser* nördlich »Juminda« eine weitere Sperre (86 EMC + 100 Sprengbojen), am 22. 9. *Cobra* eine Sperre bei Kallbadagrund (126 EMC + 100 Sprengbojen). Am 25. 9. legt das Minenschiff *Königin Luise* (Kptlt. Wünning) dort eine weitere Sperre (86 EMC), geht aber auf dem Rückmarsch vor Helsinki auf einer von sowj. Torpedokuttern gelegten Minensperre verloren.

17.—25. 9. 1941 **Nordatlantik**
Eine US-Escort Group (Capt. Deyo) übernimmt mit den Zerstörern *Ericsson, Eberle, Upshur, Ellis* und *Dallas* erstmalig die Sicherung eines britischen Konvois (HX. 150) im mittleren Nordatlantik. Alle folgenden HX-Konvois werden in den folgenden Monaten streckenweise von US-Escort Groups gesichert. Damit beteiligen sich die USA aktiv an der Schlacht im Atlantik.

18.—27. 9. 1941 **Mittelmeer**
Bei brit. U-Boot-Operationen versenkt *Triumph* (LCdr. Woods) in der Adria 1 Schiff mit 2373 BRT und torpediert 2 weitere mit 15573 BRT. *Tetrarch* (LCdr. Greenway) versenkt aus einem Piräus-Kandia-Geleit in der Ägäis mit den T-Booten *Sella* und *Libra* 1 Schiff mit 2499 BRT. *Upright* (Lt. Wraith) versenkt vor Sizilien das ital. T-Boot *Albatros*, das niederl. *O. 21* (Kptlt. van Dulm) im westlichen Mittelmeer 1 Segler.

18.—28. 9. 1941 **Nordatlantik**
Operationen auf der Gibraltar-Konvoi-Route. Am 20. 9. meldet das ausmarschierende *U 124* (Kptlt. Mohr) südwestlich Irland den Konvoi OG. 74 mit 27 Schiffen, dem »Ocean Boarding Vessel« *Corinthian*, einer Escort Group (LCdr. White) mit 1 Sloop und 5 Korvetten. Erstmalig befindet sich ein Geleitträger *Audacity* (Cdr. Mackendrick) am Konvoi. Das einzige in der Nähe befindliche, ausmarschierende *U 201* (Oblt. z. S. Schnee) wird angesetzt, jedoch durch ein *Martlet*-Flugzeug und die Sloop *Deptford* und die Korvette *Arbutus* unter Wasser gedrückt, während *U 124* weiter Fühlung hält und in der Nacht zum 21. 9. 2 Schiffe mit 4225 BRT versenkt. Am 21. 9. versenkt eine *FW 200* der I./K. G. 40 ein zur Rettung Überlebender zurückgebliebenes Schiff von 906 BRT, eine andere wird durch einen *Martlet*-Jäger abgeschossen. Während die Hauptgruppe mit der Korvette *Pentstemon* weiterläuft, kehren die *Deptford* und die Korvette *Marigold* um zur Unterstützung einer versprengten Gruppe von 4 Dampfern, an der *U 201* und *U 124* Fühlung halten, *U 201* versenkt in der Nacht zum 22. 9. 3 von ihnen mit 4467 BRT. Nach Abreißen der Fühlung werden die beiden Boote auf den entgegenkommenden HG. 73 angesetzt.
Auf ihn — 25 Schiffe (Commodore KAdm. Creighton), Katapultschiff *Springbank*, Escort 1 Zerstörer, 2 Sloops, 8 Korvetten, am 17. 9. nachm. ausgelaufen —

werden die westlich Gibraltar in Warteräumen stehenden ital. U-Boote *Torelli, Morosini* und *Da Vinci* für den 18. 9. angesetzt. *Malaspina* ist vermutlich schon auf dem Ausmarsch seit dem 7. 9. aus ungeklärter Ursache gesunken.
Am 19. 9. gewinnen nacheinander vorübergehend *Morosini*, das auf der Überführung ins Mittelmeer befindliche *U 371* und *Torelli* Fühlung, am 20. 9. abends wieder *Torelli*, das in der Nacht zum 22. 9. von dem brit. Zerstörer *Vimy* mit Wasserbomben beschädigt wird. Am 23. 9. hält längere Zeit *Da Vinci* Fühlung. Am 24. 9. wird eine fühlunghaltende *FW 200* durch den *Fulmar*-Jäger der *Springbank* abgedrängt. In der Nacht zum 25. 9. kommt zuerst *U 124* heran und versenkt 1 Schiff mit 2922 BRT, dann auch *U 203*. In der Nacht zum 26. 9. versenken *U 203* (Kptlt. Mützelburg) 3 Schiffe mit 7658 BRT, darunter das des Konvoi-Commodore, der von der Korvette *Periwinkle* gerettet wird, *U 124* 2 Schiffe mit 2702 BRT. Luftfühlunghalter führen am Tage des 26. 9. *U 203, U 124* und *U 205* heran, in der Nacht versenken *U 124* 1 Schiff mit 1810 BRT und *U 201* 2 Schiffe mit 7623 BRT, darunter die *Springbank*. Am 27. 9. halten *U 205, U 203* und Flugzeuge Fühlung, doch wird *U 205* durch die von Cornwall startende brit. Luftsicherung gebombt und beschädigt. Am Abend des 27. 9. versenkt *U 201* südwestlich Irland 1 weiteres Schiff mit 3103 BRT, am 28. 9. muß die Operation abgebrochen werden, da alle einsatzfähigen U-Boote verschossen sind. Gesamterfolg am OG. 74 6 Schiffe mit 9598 BRT, am HG. 73 9 Schiffe mit 25 818 BRT.

19. 9. 1941 **Schwarzes Meer**
Sowj. Monitor *Udarnyj* bei der Tendra-Insel durch dt. Flugzeuge versenkt.

19./20. 9. 1941 **Luftkrieg Deutschland**
Angriff des RAF Bomber Command auf Stettin.

20. 9. 1941 **Mittelmeer**
Das ital. U-Boot *Scirè* (KKpt. Fürst Borghese) dringt bei Nacht in die Bucht von Gibraltar ein und setzt 3 Torpedoreiter-Teams aus, die auf der Reede und im Kriegshafen einen Frachter von 2444 BRT versenken und das Motorschiff *Durham* (10 893 BRT) schwer beschädigen, außerdem sinkt der Marinetanker *Denbydale* (8145 BRT).

20. 9.—21. 10. 1941 **Ostsee**
Zu Operationen in der Ostsee laufen *ŠČ-317, ŠČ-319* und *ŠČ-320* (Kptlt. I. M. Višnevskij) aus, von denen letzteres am 26. 9. vor der Danziger Bucht den Dampfer *Holland* (991 BRT) versenkt haben soll. *ŠČ-319* kehrt nicht zurück. *S-7* (Kpt. 3. Rg. S. P. Lisin) operiert vor der schwed. Küste und versenkt 1 Schiff mit 343 BRT, das jedoch gehoben wird.

21.—22. 9. 1941 **Schwarzes Meer**
Sowj. Landung bei Grigorevka. Ziel: Landung des 3. Marine-Schützen-Regimentes im Rücken der 13. und 15. rumän. Infanterie-Division, um den Angriff der 157. und 421. Schützen-Division zur Wegnahme der rumän. Küstenbatterien bei Fontanka und Dofinovka zu erleichtern. Am 21. 9. nehmen in Sevastopol die Kreuzer *Krasnyj Kavkaz* und *Krasnyj Krym* 1 bzw. 2 Bataillone des 3. Marine-Schützen-Regiments an Bord und laufen, gesichert von den Zerstörern *Bojkij, Bezuprečnyj* und *Bespoščadnyj* unter Führung des Kommandeurs der Kreuzer-Brigade, Kapt. 1. Rg. S. G. Gorškov, aus. Ihnen voraus läuft der Zerstörer *Frunze* mit dem Befehlshaber des Geschwaders, KAdm. L. A. Vladimirskij, an Bord, der die Landungsoperation mit den aus Odessa kommenden Kräften — dem Kanonenboot *Krasnaja Gruzija*, 1 Schlepper, 22 Kuttern und 10 Barkassen

zur Ausschiffung der Truppen — koordinieren soll. Am Nachmittag des 21. 9. dreht die auf dem Marsch befindliche *Frunze* ab, um dem vor der Halbinsel Tendra von *Ju 87* des St. G. 77 angegriffenen Kanonenbootes *Krasnaja Armenija* zu Hilfe zu kommen. Beide Schiffe werden zusammen mit dem herangerufenen Schlepper *OP-8* von den Stukas versenkt. Trotz dieses Ausfalls gelingt in der Nacht zum 22. 9. die Ausschiffung und Landung, die Höhen bei Fontanka und Dofinovka werden zurückgewonnen. Am 22. 9. greifen *Ju 87* des St. G. 77 die noch zur Feuerunterstützung der gelandeten Truppen vor der Küste kreuzenden Zerstörer *Bojkij, Bezuprečnyj* und *Bespoščadnyj* an. *Bezuprečnyj* wird durch Nahtreffer beschädigt, *Bespoščadnyj* erhält schwere Treffer im Vorschiff und wird über den Achtersteven von dem Schlepper *SP-14* nach Odessa eingeschleppt, während der Zerstörer *Soobrazitel'nyj* die Sicherung übernimmt.

21.—24. 9. 1941 **Ostsee**

Angriffe der I. und III. Gruppe des dt. Sturzkampfgeschwaders 2 (Oberstlt. Dinort) gegen die Schiffe der sowj. »Baltflot«. Am 21. 9. trifft eine *Ju 87* der III./St. G. 2 unter Oblt. Rudel das Schlachtschiff *Marat* mit einer 1000-kg-Bombe, mit zerstörtem Vorschiff sackt die *Marat* vor der Hafenmole von Kronstadt auf Grund, die 30,5-cm-Türme C und D, später auch B werden jedoch wieder einsatzbereit gemacht. Beim Sturzangriff auf den in Kronstadt liegenden Kreuzer *Kirov* wird die *Ju 87* des Kdr. III/St. G. 2, Hptm. Steen, von der Flak getroffen und stürzt neben dem Schiff ins Wasser, das durch die Detonation beschädigt wird. Im Gebiet des Seekanals weicht die *Oktjabrskaja revoljucija* zahlreichen Angriffen aus, wird jedoch von 6 mittleren Bomben getroffen. Der Zerstörer *Steregušcij* kentert nach Volltreffer (später gehoben), die Zerstörer *Gordyj, Grozjaščij, Sil'nyj,* das U-Boot-Mutterschiff *Smol'nyj* und das U-Boot *ŠČ-306* werden beschädigt. Am 23. 9. werden in Leningrad der Kreuzer *Maksim Gorkij,* vor Kronstadt die *Kirov,* der Zerstörer *Grozjaščij* erneut beschädigt, das U-Boot *P-2* wird in der Werft zerstört, im Hafen kentert nach einem Treffer der Flottillenführer *Minsk* (später gehoben). Das Wachschiff *Tajfun* wird zerstört, das U-Boot *ŠČ-302* beschädigt.

21.—28. 9. 1941 **Mittelmeer**

Vor der Küste Palästinas versenkt das ital. U-Boot *Ascianghi* (Kptlt. di Derio) 1 Schiff mit 389 BRT, *Fisalia* wird am 28. 9. vor Haifa durch die brit. Korvette *Hyacinth* versenkt.

Nördlich der Cyrenaika operieren die ital. U-Boote *Malachite* und *Tricheco.*

21. 9.—5. 11. 1941 **Mittelatlantik**

Von den zu einer Südunternehmung in einer Harke marschierenden U-Booten sichtet *U 107* (KKpt. Hessler) den Konvoi SL. 87 mit 11 Schiffen, gesichert von den Sloops *Bideford* und *Gorleston,* der Korvette *Gardenia* und dem freifranz. Aviso *Cdt. Duboc.* Am Abend des 21. 9. kommt *U 68* (KKpt. Merten) heran und versenkt nach einem fehlgeschlagenen Angriff 1 Schiff mit 5302 BRT. *U 107* mißlingen 2 Anläufe. Am 22. 9. kommt auch *U 103* (Kptlt. Winter) heran, das nach einem Fehlschuß von *U 68* auf einen Eskorter in der Nacht 2 Schiffe mit 10594 BRT versenkt. *U 68* verfehlt einen abgesplitterten Tanker. Der Konvoi teilt sich in zwei Gruppen. Aus der einen versenkt *U 67* (Kplt. Müller-Stöckheim) am 23. tags 1 Schiff mit 3753 BRT, *U 107* versenkt aus der anderen am Morgen des 24. 9. 3 von 4 Schiffen mit 13641 BRT. Gesamterfolg 7 Schiffe mit 33290 BRT. Nach Abschluß dieser Operation steuern *U 103, U 107, U 66* und *U 125* das Gebiet westlich Freetown, *U 108* die Linie Capverden — St. Paul,

U 68 Ascension und St. Helena an. *U 111*, das Vorräte an *U 67* und *U 68* in der Tarafal-Bucht auf den Capverden abgeben soll, wird am 27./28. 9. durch ein brit. U-Boot überrascht, doch detonieren die Torpedos vorzeitig. *U 67* und *U 111* marschieren zurück, dabei gerät *U 111* am 4. 10. bei Madeira in ein Gefecht mit dem brit. U-Jagd-Trawler *Lady Shirley* und geht verloren. Von den übrigen U-Booten versenkt nur *U 66* (KKpt. Zapp) einen Tanker mit 7052 BRT, am 16. 10. treten *U 103, U 107, U 66* und *U 125* in einer »Harke« den hinhaltenden Rückmarsch an, ohne aber noch weitere Ziele zu finden. Das neu ins Op.-Gebiet kommende *U 126* (Kptlt. Bauer) versenkt auf dem Anmarsch 1 und am 19./20. 10. vor Freetown 2 Schiffe mit zusammen 16 905 BRT, darunter den US-Dampfer *Lehigh.* Es setzt mit *U 68* die Operationen im Südatlantik fort (s. 12. 10. ff.).

22. 9. 1941 **Ostsee**

Bei einem Angriff der finn. S-Boot-Rotte *Vinha/Syöksy* gegen den Hafen von Suursaari versenkt letzteres (ObBtsm. Ovaskainen) den einlaufenden Minensucher *T-41/Kirov* (400 t).

22./23. 9. 1941 **Mittelmeer**

Auslegung der Minensperren M. 6 und M. 6 bis südostwärts Malta durch die ital. 12. Zerstörer-Flottille (Kpt. z. S. Melodia) mit den Zerstörern *Corazziere, Ascari, Carabiniere, Lanciere,* Sicherung Zerstörer *Aviere* und *Camicia Nera.*

22.—27. 9. 1941 **Nordmeer**

Der brit. Kreuzer *London* bringt eine brit.-amerik. Delegation mit Lord Beaverbrook und Averell Harriman von Scapa Flow nach Archangelsk zu einem Treffen mit der sowj. Regierung in Moskau.

23.—29. 9. 1941 **Ostsee**

Verlegung der »Baltenflotte« (VAdm. Ciliax) in die Aalandsee, um einen evtl. Ausbruch der sowj. Flotte in die Ostsee zu verhindern. Nordgruppe: Schlachtschiff *Tirpitz* (Kpt. z. S. Topp), Kreuzer *Admiral Scheer* (Kpt. z. S. Meendsen-Bohlken), *Nürnberg* (Kpt. z. S. v. Studnitz), *Köln* (Kpt z. S. Hüffmeier), Zerstörer *Z 25, Z 26, Z 27* und Torpedoboote *T 11, T 2, T 5, T 7, T 8* und einige S-Boote in der Aalandsee. Südgruppe: Kreuzer *Leipzig* (Kpt. z. S. Stichling), *Emden* (Kpt. z. S. Mirow) und S-Boote in Libau. 23. 9.: Auslaufen aus Swinemünde. 24. 9.: Nach den schweren Angriffen auf die sowj. Kriegsschiffe (vgl. 23.—24. Sept.) Rückruf von *Tirpitz* und *Admiral Scheer* mit 2 T-Booten, 3 T-Boote treten zur Südgruppe. 29. 9.: Rückmarsch der restlichen Einheiten nach Gotenhafen.
Gegen das erwartete Eindringen dieser Schiffe in den Finnenbusen stellt das Kommando der Baltflot im westl. Finnenbusen die sowj. U-Boote *S-4, ŠČ-303, ŠČ-311, M-95, M-98* und *Lembit* auf. *L-3* bleibt im Raum westlich Suursaari.
Im östlichen Teil des Finnenbusens bei Suursaari legt das Minenschiff *Marti* am 24. 9. eine Sperre zur Deckung der Kronstädter Bucht.

23. 9.—11. 10. 1941 **Nordmeer**

Bei U-Boot-Operationen vor der norweg. Polarküste verfehlt das brit. U-Boot *Trident* (Cdr. Sladen) vor Rolvsöy am 23. 9. den Dampfer *Weser* und am 30. 9. das Lazarettschiff *Birka*, am 27. 9. wird aus einem Konvoi der U-Jäger *UJ 1201* versenkt. Das sowj. U-Boot *D-3* (Kptlt. F. V. Konstantinov mit Chef 2. U-Boot-Div., Kpt. 2. Rg. I. A. Kolyškin an Bord) greift am 26., 27., 30. 9., 1. und 11. 10. vor dem Tanafjord Schiffe und Konvois an, Torpedos gehen jedoch fehl oder detonieren an Felsen. Am 26. 9. dringt das sowj. U-Boot *M-174* (Kptlt. N. E. Egorov), am 2. 10. *M-171* (Kptlt. V. G. Starikov) in den Petsamofjord bis Liinahamaari vor, die geschossenen Torpedos beschädigen nur die Pier. Bei einem

ähnlichen Versuch, in den Bökfjord (Kirkenes) einzudringen, gerät am 30.9. *M-176* in ein Netz und muß umkehren. Am 3. und 8.10. verfehlen *M-176* und *M-175* Schiffe im Varangerfjord.
Am 25.9. treffen aus der Ostsee in Poljarnoe auf dem Wege über den Weißmeer-Kanal die U-Boote *K-3*, *S-101* und *S-102* ein. Die noch nicht frontreifen *L-20* und *L-22* bleiben zunächst im Weißen Meer.

24.9.1941 **allgemeine Lage**

15 Regierungen alliierter Länder (darunter die UdSSR) erklären sich für die Ziele der »Atlantic-Charta«.

24.9.1941 **Nordatlantik**

Eine US-Escort Group (Capt. Kirtland) mit den Zerstörern *Madison, Gleaves, Lansdale, Hughes* und *Simpson* übernimmt erstmalig die Sicherung eines westgehenden brit. Konvois (ON. 18). In den folgenden Monaten werden alle ON-Konvois im mittleren Nordatlantik durch US-Escort Groups gesichert.

24.—30.9.1941 **Mittelmeer**

Operation »Halberd«. Versorgungskonvoi (9 große Transporter) von Gibraltar nach Malta unter stärkster Sicherung: Schlachtschiffe *Prince of Wales* (Flaggschiff VAdm. Curteis), *Nelson* (Flaggschiff VAdm. Somerville), *Rodney*, Flugzeugträger *Ark Royal*, Kreuzer *Kenya* (KAdm. Burrough), *Edinburgh, Sheffield, Euryalus, Hermione* und 18 Zerstörer. 26.9.: Ital. Luftaufklärung erfaßt Teile der brit. Verbände südlich der Balearen, Aufstellung der U-Boote *Dandolo, Adua* und *Turchese* nördlich Kap Ferrat, *Axum, Serpente, Aradam, Diaspro* nördlich Kap Bougaroni und *Squalo, Bandiera, Delfino* nördlich Kap Fer sowie *Narvalo* bei Kap Bon. MAS-Boote bei Pantelleria. Am Abend läuft die ital. Flotte (Adm. Iachino) mit den Schlachtschiffen *Littorio, Vittorio Veneto*, den Schweren Kreuzern *Trento, Trieste, Gorizia*, den Leichten Kreuzern *Duca degli Abruzzi, Attendolo* und 14 Zerstörern ins Seegebiet südöstlich Sardinien aus, um von hier aus noch im Bereich der eigenen Luftsicherung die in ihrer Stärke unterschätzten brit. Verbände anzugreifen. Weitere ital. Einheiten können aus Ölmangel nicht in See gehen. 27.9.: Aus den Meldungen der Aufklärungsflugzeuge kann keine Seite ein klares Lagebild erhalten. Ital. Torpedoflugzeuge torpedieren südlich Sardinien das brit. Schlachtschiff *Nelson*. Admiral Curteis und Admiral Iachino kreuzen in gleichbleibendem Abstand zwischen Sardinien und Skerki-Bank und treten am Abend den Rückmarsch an. Die Transporter laufen unter Sicherung von 5 Kreuzern und 9 Zerstörern nach Malta weiter und verlieren am Abend auf der Höhe von Cap Bone die *Imperial Star* (12427 BRT) durch ital. Torpedoflugzeuge. MAS-Boote können den Konvoi in der Nacht zum 28.9. nicht finden. 28.9.: *Hermione* beschießt Pantelleria ohne Wirkung. Am 29.9. greifen *Diaspro* und *Serpente*, am 30.9. *Adua* vor der algerischen Küste rückmarschierende brit. Verbände erfolglos an. Dabei wird *Adua* durch die brit. Zerstörer *Gurkha* und *Legion* versenkt. Während der Operation laufen 4 ungesicherte leere Transporter von Malta nach Gibraltar.
Die nördlich Sizilien aufgestellten alliierten U-Boote *Utmost, Upright, Urge, Sokol* (poln.), *Trusty, Upholder* kommen ebenso wie die südl. der Messina-Straße stehenden *Unbeaten* und *Ursula* und das vor Cagliari stehende *O. 21* (niederl.) nicht zum Angriff.

27.9.1941 **allgemeine Lage**

Auf amerik. Werften laufen die ersten 14 Liberty-Schiffe von Stapel. Weitere 312 Handelsschiffe dieses Typs mit rund 2200000 BRT bereits in Auftrag gegeben.

27. 9.—5. 11. 1941 **Nordmeer**
Im Eingang zum Weißen Meer operieren die dt. U-Boote *U 132* und *U 576*. Am 18. 10. greift *U 132* (Kptlt. Vogelsang) bei Kap Gorodeckij einen kleinen Küstenkonvoi an und versenkt den Dampfer *Argun* (3487 BRT) und später ein unbekanntes Schiff.

28. 9.—9. 10. 1941 **Nordmeer**
Der brit. Konvoi QP. 1 mit 14 Handelsschiffen kehrt, begleitet von dem Kreuzer *London*, von Archangelsk nach Scapa Flow zurück.

29./30. 9. 1941 **Luftkrieg Deutschland**
Luftangriffe des RAF Bomber Command auf Stettin und Hamburg. (In der Nacht vom 30. 9. zum 1. 10. wiederholt.)

29. 9.—1. 10. 1941 **Schwarzes Meer**
Auf Grund der ungünstigen Entwicklung der Lage bei der 51. Armee, welche die Zugänge zur Krim verteidigt, schlägt der Kriegsrat der Schwarzmeer-Flotte der Stavka am 29. 9. vor, die Küsten-Armee aus Odessa zu evakuieren und auf die Krim zu verlegen. Am 30. 9. stimmt die Stavka diesem Vorschlag zu, am 1. 10. trifft der stellvertr. Volkskommissar der Kriegsmarine, VAdm. G. I. Levčenko, in Odessa ein, um mit dem Kriegsrat des Odessaer Verteidigungs-Bezirks die Evakuierungspläne auszuarbeiten.

29. 9.—11. 10. 1941 **Nordmeer**
Brit. Konvoi PQ. 1 mit 10 Handelsschiffen, gesichert von dem Kreuzer *Suffolk* und 2 Zerstörern, läuft ohne Feindberührung von Hvalfjord nach Archangelsk.

★

1.—4. 10. 1941 **Norwegen**
Das norweg. T-Boot *Draug* schleppt das norweg. *MTB 56* von Scapa Flow bis 120 sm vor die norweg. Küste. In der Nacht vom 3./4. 10. greift *MTB 56* (Lt. Danielsen) im Korsfjord einen dt. Geleitzug mit *M 1101*, *V 5505/Seeteufel* und dem norweg. Tanker *Borgny* (3015 BRT) an, der durch Torpedotreffer versenkt wird. *MTB 56* wird von *Draug* aufgenommen und zurückgeschleppt.

2.—8. 10. 1941 **Mittelmeer**
Am 2. 10. versenkt das brit. U-Boot *Perseus* (LCdr. Nicolay) aus einem von Neapel kommenden Geleit mit den T-Booten *Calliope* und *Pegaso* vor Bengasi 1 Schiff mit 2086 BRT.
In der Ägäis versenkt *Tetrarch* (LCdr. Greenway) aus einem Konvoi mit den T-Booten *Monzambano*, *Calatafimi* und *Aldebaran* 1 Schiff mit 3751 BRT, *Talisman* (LCdr. Willmott) 1 weiteres mit 8194 BRT. *Rorqual* (Lt. Napier) legt im Golf von Athen eine Minensperre (8. 10.), auf der am 20./21. 10. die T-Boote *Altair* und *Aldebaran* sinken. *Thunderbolt* (LCdr. Crouch) versenkt einen kleinen Segler. Im westlichen Mittelmeer versenkt das niederl. U-Boot *O. 21* (Kptlt. van Dulm) 1 Schiff mit 1369 BRT.

2.—14. 10. 1941 **Nordatlantik**
Operation der Gruppe »Breslau« gegen den Konvoi OG. 75. Am 2. 10. sichten nacheinander 2 *FW 200* der I./K. G. 40 den Konvoi westlich des Nordkanals mit 25 Dampfern und 9 Geleitfahrzeugen. Am 3. und 4. 10. wird der Konvoi von der Luftaufklärung erfaßt, doch kommen die angesetzten aus-

marschierenden U-Boote *U 83, U 71, U 206, U 563,* der Rückmarschierer *U 564* und das vom Geleit des ausmarschierenden Blockadebrechers *Rio Grande* entlassene *U 204* nicht heran. Am 5., 6. und 7. 10. findet die angesetzte Luftaufklärung nur einen kleinen Dampfer von 744 BRT, der versenkt wird. Erst am 8. 10. meldet eine *FW 200* auf der Höhe von Kap Finisterre den Konvoi und am Tage kommt *U 83,* in der Nacht kurz *U 71* heran, am 9. 10. reißt die Fühlung bei schlechtem Wetter wieder ab. Ein einzelner Tanker von 9158 BRT wird vermutlich von *U 204* (Kptlt. Kell) versenkt. Am 10. 10. meldet noch einmal eine *FW 200* den Konvoi, doch geraten die U-Boote achteraus, da die Vormarschgeschwindigkeit des Konvois unterschätzt wird. *U 83* (Oblt. Kraus) versenkt einen großen Schwimmkran und am 12. 10. nach Prisenordnung einen portug. Dampfer von 2044 BRT. *U 563,* das am 12. 10. noch einmal in die Nähe des Konvois kommt, wird durch ein Flugzeug unter Wasser gedrückt, erst kurz vor dem Einlaufen versenkt *U 206* (Oblt. z. S. Opitz) vor der Gibraltar-Straße die Korvette *Fleur de Lys. U 564* und *U 204* laufen nachts Cadiz zur Brennstoffversorgung aus einem dt. Tanker an.

3. 10. 1941 **Nordatlantik-Biskaya**

Das mit *U 129* auf dem Marsch in den Südatlantik befindliche U-Boot-Versorgungsschiff *Kota Pinang* wird westlich Kap Finisterre durch den brit. Kreuzer *Kenya* mit Artillerie versenkt. Das U-Boot rettet 119 Überlebende und gibt sie am 6. 10. an einen spanischen Marineschlepper ab.

3.—6. 10. 1941 **Schwarzes Meer**

Evakuierung der 157. Schützen-Division von Odessa nach Sevastopol in mehreren Konvois mit den Transportern *Armenija, Kotovskij, Bol'ševik, Žan Žores, Volga, Belostok* und den Tankern *Sergo* und *Moskva* (3. 10.); den Transportern *Uralec, Egurca* und dem Schlepper *SP-14* mit Leichter (4. 10.) und den Transportern *Abchazija, Kalinin, Dnepr,* den Wachschiffen *SKR-113 Bug* und *SKR-114 Dnestr,* dem Kanonenboot *Krasnyj Adžaristan,* den Minensuchbooten *TŠČ-38 Rajkomvod, TŠČ-39 Doroteja* und *TŠČ-41 Chenkin* (5. 10.). Sicherung und Deckung durch die Kreuzer *Krasnyj Krym, Červona Ukraina, Krasnyj Kavkaz* und die Zerstörer *Bodryj, Bojkij, Nezamožnik, Šaumjan* und *Dzeržinskij.*

4.—25. 10. 1941 **Mittelmeer**

Die erste Gruppe dt. U-Boote operiert auf dem brit. Nachschubweg Alexandria-Tobruk. *U 559* (Kptlt. Heidtmann) verfehlt am 4. und 10. 10. Nachschubdampfer und am 18. 10. ein Sicherungsfahrzeug und 3 *A*-Leichter. *U 331* (Oblt. z. S. v. Tiesenhausen) beschädigt am 10. 10. in einem Artilleriegefecht mit 3 *A*-Leichtern *A. 18, U 75* (Kptlt. Ringelmann) versenkt am 12. 10. die Leichter *A. 2* und *A. 7* und verfehlt am 25. 10. einen Zerstörer. *U 97* (Kptlt. Heilmann) versenkt am 17. 10. aus einem Nachschub-Konvoi 2 Transporter mit 1966 BRT und verfehlt am 23. 10. einen Dampfer. *U 79* (Kptlt. Kaufmann) versenkt am 18. 10. einen *A*-Leichter und torpediert am 21. 10. das Kanonenboot *Gnat,* das irreparabel in Bardia aufgesetzt werden muß. *U 371* (Kptlt. Driver) wird am 20. 10. durch Wasserbomben beschädigt.

5./6. 10. 1941 **Nordmeer**

Unter Kptlt. S. G. Koršunevič greifen die sowj. Torpedokutter *TKA-12, TKA-14* und *TKA-15* zwischen Kirkenes und Petsamo Schiffe an, dabei versenkt *TKA-12* (Lt. A. O. Šabalin) den norweg. Kutter *Björnungen* (163 BRT).

5.—11. 10. 1941 **Nordmeer**

Operation der »Home Fleet« gegen die norweg. Küste Am 8. 10. führen Flugzeuge des Trägers *Victorious* einen Raid gegen die Schiffahrt im Gebiet des Vestfjords, 2 Dampfer werden getroffen.

6. u. 8. 10. 1941 **Mittelmeer**

Dt. Bomber versenken vor Suez 2 Frachter mit 8861 BRT.

7.—16. 10. 1941 **Schwarzes Meer**

Auslegung von Flankenminensperren zum Schutz des verbündeten Seeverkehrs vor der bulgar. Küste. Beteiligt die rumän. Minenschiffe *Dacia, Regele Carol I., Amiral Murgescu* (KKpt. Niculescu, dt. Berater KKpt. v. Davidson). Sicherung durch rumän. T-Boote *Sborul, Naluca, Smeul,* K-Boote *Ghigulescu* und *Dumitrescu* sowie zeitweise durch bulgar. T-Boote *Smeli, Derzki* und *Chabri,* ferner bei An- und Abmarsch durch rumän. Zerstörer. 4 Sperren und 1 Teilsperre geworfen. Am 10. 10. sinkt kurz nach dem Auslaufen aus Varna *Regele Carol I.* mit 150 Minen an Bord auf sowj. U-Boot-Minensperre.

8. 10. 1941 **Schwarzes Meer**

Dt. Truppen besetzen Mariupol am Asovschen Meer.

8.—10. 10. 1941 **Schwarzes Meer**

Evakuierung von schwerem Gerät und Waffen, rückwärtigen Diensten, Parteiorganisationen und Arbeitskräften von Odessa nach Sevastopol mit den Transportern *Kalinin, Čechov,* dem Tanker *Moskva,* dem Minenleger *Syzran',* dem Minensucher *TŠČ-32 Zeml'jak,* gesichert von dem Kreuzer *Komintern,* dem Zerstörer *Šaumjan* und 3 *SKA*-Wachkuttern (8. 10.) und den Transportern *Armenija* und *Sergo* am 9. 10.

10. 10.—10. 11. 1941 **Ostsee**

Bei einer Operation ostwärts der schwed. Küste greift das sowj. U-Boot *ŠČ-323* (Kpt. 3. Rg. Ivancev) auf dem Ausmarsch nördlich Dagö am 13. 10. den dt. Kreuzer *Köln* erfolglos an und fährt vom 15. 10.—5. 11. 7 Angriffe gegen Handelsschiffe, versenkt jedoch nur den Dampfer *Baltenland* (3724 BRT).

10.—18. 10. 1941 **Nordatlantik**

Ab 10. 10. wird südostwärts Cape Farewell ein neuer Vp.-Streifen mit den U-Booten *U 374, U 573, U 208* und *U 109* gebildet, 9 weitere Boote sind im Anmarsch. Von ihnen torpediert *U 502* (Kptlt. v. Rosenstiel) schon am 7. 10. die Walkocherei *Svend Foyn* (14 795 BRT), *U 558* (Kptlt. Krech) versenkt am 15. 10. den Frachter *Vancouver Island* (9472 BRT). In der Nacht zum 15. 10. sichtet *U 553* (Kptlt. Thurmann) den nach einem Sturm noch aus 39 Schiffen (11 Nachzügler) bestehenden und von den Korvetten HMCS. *Wetaskiwin,* HMS. *Gladiolus,* FFS. *Mimose* und HMCS. *Baddeck* gesicherten SC. 48. Es versenkt sofort 2 Schiffe mit 5937 BRT, auf seine Meldung werden zuerst die anmarschierenden *U 568, U 432, U 558* und *U 502,* später auch die noch weiter ostwärts stehenden *U 77, U 751, U 73* und *U 101* angesetzt. Mittags wird *U 553* von dem hinzugekommenen Zerstörer HMCS. *Columbia* abgedrängt, der einem Torpedofächer ausweicht. *U 568* (Kptlt. Preuß) übernimmt die Fühlung, versenkt 1 Schiff mit 6023 BRT und wird abends von der *Gladiolus* abgedrängt. Am Morgen des 16. 10. gewinnen *U 568* und *U 502* wieder Fühlung, werden aber abgedrängt, nachdem die Sicherung durch eine vom Konvoi ON. 24 heranbeorderte US Escort Group (Capt. Thebaud) mit den Zerstörern *Plunkett, Livermoore, Kearny* und *Decatur* sowie die von Reykjavik eintreffenden Zerstörer HMS.

Broadwater und die Korvette FFS. *Alysse* verstärkt worden ist. Am Nachmittag des 16. 10. gewinnen nacheinander *U 553, U 568, U 558, U 502* und *U 432* Fühlung, *Livermoore* belegt *U 553* mit Wasserbomben. In der Nacht zum 17. 10. greifen an und versenken: *U 553* 1 Schiff mit 6595 BRT, *U 558* in 2 Anläufen 1 Tanker und 1 Frachter mit 10921 BRT sowie vermutlich die wieder aufgeschlossene Korvette *Gladiolus. U 432* (Oblt. z. S. Schultze) versenkt in 2 Anläufen 3 Schiffe mit 18244 BRT. *U 568* torpediert den für einen brit. Zerstörer gehaltenen US-Zerstörer *Kearny, U 553* verfehlt knapp die *Plunkett.* Nachdem in der Nacht bereits die von einem anderen Konvoi heranbeorderten Korvetten HMS. *Veronica* und HMCS. *Pictou* eingetroffen sind, lösen am Morgen des 17. 10. eine brit. Escort Group mit den Zerstörern *Highlander, Bulldog, Amazon, Richmond* und *Georgetown* die restlichen US-Zerstörer ab, nachdem die *Greer* die havarierte *Kearny* nach Hvalfjord geleitet hat. Luftsicherung durch die US-Navy-Staffeln VP-73 und VP-74 von Island drängt die U-Boote ab. Von den 4 neu herangekommenen U-Booten versenkt *U 101* (Kptlt. Mengersen) den Zerstörer *Broadwater* in der Nacht zum 18. 10. — Am Tage wird die Operation abgebrochen.

10.—26. 10. 1941 **Mittelmeer**

Die ital. U-Boote *Saint Bon, Cagni* (große Neubauten) und *Atropo* transportieren trotz verschiedener Luftangriffe 354 t Brennstoffe und Nachschubmaterial von Tarent nach Bardia.

11./12. 10. 1941 **Luftkrieg Deutschland**

RAF Bomber Command greift Emden an.

12. 10. 1941 **Nordsee**

Angriff der 2. S-Flottille (Kptlt. Feldt) mit *S 41, S 47, S 53, S 62, S 104* und *S 105* gegen einen brit. Konvoi nördlich von Cromer. Brit. Frachter *Chevington* (1537 BRT) und norweg. Frachter *Roy* (1768 BRT) versenkt.

12./13. 10. 1941 **Luftkrieg Deutschland**

RAF Bomber Command greift Bremen an.

12.—13. 10. 1941 **Mittelmeer**

Geplante ital. Minenunternehmung B zur Sicherung von Bengasi mit den Kreuzern *Duca d'Aosta, Eugenio di Savoia, Montecuccoli* und den Zerstörern *Vivaldi, Malocello, Pigafetta, Da Verazzano, Aviere* und *Camicia Nera* wird abgebrochen, da Aufklärung das Auslaufen der brit. Mittelmeerflotte meldet.

12.—21. 10. 1941 **Ostsee**

12./13. 10.: Einnahme von Dagö. Scheinunternehmen »Westfalen« mit dem Kreuzer *Köln* (Kpt. z. S. Hüffmeier), den Torpedobooten *T 2, T 5, T 7, T 8* und 7 Minensuchbooten der 1. und 4. M-Flottille bei Kap Ristna und »Ostpreußen« mit der 2. R-Flottille gegen die Ostküste bei Batterie Kertel. Dadurch Täuschung und Fesselung der sowj. Streitkräfte. Landung durch Fahrzeuge des Erprobungsverbandes an der Südküste. Unterstützung durch die 5. M-Flottille gegen sowj. Küstenbatterien. 14. 10.: *Köln* beschießt erneut Kap Ristna. 16.—21. 10.: Die Sowjets evakuieren einen Teil der Inselbesatzung nach Odensholm und Hangö. 21. 10.: Ende des sowj. Widerstandes bei Kap Tachkona. Insgesamt 3388 Gefangene eingebracht.

12.—26. 10. 1941 **Mittelmeer**

Die schnellen brit. Minenleger *Latona* und *Abdiel* transportieren 7100 Soldaten und Material zur Ablösung von 7900 Australiern nach Tobruk. Auf der letzten

Fahrt wird die *Latona* (2650 t) in der Nacht zum 26. 10. durch *Ju 87* des St. G. 3 (Oberstleutnant Sigel) vor Bardia vernichtet. Von den Begleitzerstörern erhält *Hero* durch einen Nahtreffer Beschädigungen.

12. 10.—20. 11. 1941 **Südatlantik**

U 68 (KKpt. Merten) operiert vom 12.—18. 10. im Gebiet von Ascension, versenkt am 22. 10. auf der Reede von St. Helena den brit. Marinetanker *Darkdale* (8145 BRT) und anschließend auf dem Marsch ins Gebiet der Walfisch-Bucht 2 weitere Dampfer mit 10 250 BRT. Am 13. 11. trifft es südlich St. Helena mit dem Hilfskreuzer *Schiff 16 Atlantis* (Kpt. z. S. Rogge) zur Versorgung zusammen. *U 126* (Kptlt. Bauer), das vor der Guinea-Küste am 13. 11. 1 Dampfer mit 6961 BRT versenkt hat, soll von *Schiff 16* am 22. 11. versorgt werden (s. dort!). Die aus Westfrankreich mit dem Versorger *Python* ausgelaufenen U-Boote *U 129* und *U 124* werden nach einer Brennstoffergänzung aus dem Versorger am 20. 11. südwestlich der Kap Verden in ihre Operationsgebiete entlassen, während *UA* seit dem 9. 11. vor Freetown operiert.

13.—16. 10. 1941 **Schwarzes Meer**

Am 13. 10. genehmigt der Kriegsrat der Schwarzmeerflotte die vom Verteidigungs-Bereich Odessa beantragte vorzeitige Räumung für die Nacht zum 16. 10. Am 14. 10. treffen die Transporter *Ukraina, Gruzija, Abchazija, Armenija, Kotovskij, Žan Žores, Vostok, Kalinin, Bol'ševik, Kursk, Čapaev,* die Minenleger *Lukomskij, Syzran',* die Vermessungsschiffe *Zenit* und *Černomorec* ein. An Kriegsschiffen versammeln sich die Kreuzer *Krasnyj Kavkaz* und *Červona Ukraina,* die Zerstörer *Smyšlenyj, Bodryj, Nezamožnik* und *Šaumjan,* die Wachschiffe *SKR-102 Petraš, SKR-113 Bug* und *SKR-114 Dnestr,* die schnellen Minensucher *T-404 Ščit, T-405 Vzryvatel', T-406 Iskatel'* und *T-408 Jakor',* der Hilfsminensucher *T-39 Doroteja* sowie viele Wachboote, Schlepper und andere Stützpunktfahrzeuge. Am 14. 10. erhält die *Gruzija* bei einem dt. Luftangriff Treffer. Während eines heftigen Feuerschlages der Artillerie und der Kriegsschiffe sowie bei Scheinangriffen beginnen die Verbände der Küstenarmee um 19 Uhr am 15. 10. im Eilmarsch den Rückzug aus den Stellungen zum Hafen. Von 23 Uhr bis 3 Uhr am 16. 10. werden rund 35 000 Mann der 421. und 95. Schützen- und 2. Kavallerie-Division verladen, die Transporter laufen auf die Reede. Gegen 6 Uhr legen die Kreuzer und Zerstörer, die Nachhut- und Sperrbataillone an Bord genommen hatten, ab, das Wachschiff *SKR-101 Kuban'* nimmt 1200 Mann Sprengkommandos und Nachhuten an Bord, um 9 Uhr legt das letzte Wachboot ab, der Minensucher *T-405 Vzryvatel'* verseucht den Hafen und die Einfahrt mit Magnet-Grundminen. Die Räumung war ohne Feindeinwirkung in einer Nacht gelungen. Erst am Nachmittag des 16. 10. beginnen dt. Flugzeuge die Räumungstransporte anzugreifen, es wird aber nur der Transporter *Bol'ševik* (1412 BRT) versenkt, alle anderen Schiffe, einschließlich der beschädigten *Gruzija,* erreichen Sevastopol.
Während der Einschiffung werfen die Zerstörer *Smyšlenyj* und *Bodryj* auf der Höhe von Iljičevka eine Minensperre. Ein Teilstück mit 32 Minen wird am 21. 10. von Booten der dt. Donauflottille geräumt, auf ein anderes Stück laufen am 9. 11. der ungar. Dampfer *Ungvar* (Chef dt. Donauflottille, KKpt. Petzel †) und die rumän. Schnellboote *Viforul* und *Vijelia* und am 2. 12. der dt. Dampfer *Cordelia* (1357 BRT) und der rumän. Dampfer *Cavarna* (3495 BRT).

14. 10. 1941 **Mittelmeer**

Eine von Bord der brit. U-Boote *Talisman* und *Torbay* aus an Land gesetzte

Kommando-Einheit (OTL Keyes †) führt einen erfolglosen Raid gegen das Hauptquartier des dt. Befehlshabers in Nordafrika, General Rommel.

14.—19. 10. 1941 **Mittelmeer**
Die brit. Force H (VAdm. Somerville) mit dem Schlachtschiff *Rodney*, dem Träger *Ark Royal*, dem Kreuzer *Hermione* und 7 Zerstörern läuft nach Osten und startet von dem Träger am 18. 10. aus 450 sm Entfernung 13 *Swordfish*-Torpedobomber nach Malta. Zugleich wird die Force K (Capt. Agnew) mit den Kreuzern *Aurora*, *Penelope* und den Zerstörern *Lance* und *Lively* nach Malta verlegt, wo sie am 21. 10. eintrifft.
Auf die Nachricht vom Auslaufen der Force H werden ab 17. 10. außer den bereits bei Galite und Cap Bougaroni stehenden ital. U-Booten *Bandiera* und *Aradam* nördlich Kap de Fer ein Vp.-Streifen mit *Turchese*, *Serpente*, *Diaspro* und *Alagi*, bei Kap Bon *Squalo* und *Narvalo*, bei Pantellaria *Delfino* und *Settembrini* aufgestellt, sie sichten jedoch keine Schiffe.

14.—20. 10. 1941 **Nordmeer**
Vor der norweg. Polarküste operieren u. a. das brit. U-Boot *Tigris* und die sowj. *K-1*, *ŠČ-402*, *ŠČ-401*, *M-172* und *M-174*. *K-1* (Kpt. 3. Rg. M. P. Avgustinovič) legt eine Minensperre im Breisund. *Tigris* verfehlt am 14. 10. im Svaerholthavet einen Konvoi und tritt nach kurzem Aufenthalt in Poljarnoe am 20. 10. den Rückmarsch nach England an. *ŠČ-402* (Kptlt. N. G. Stolbov) versenkt am 17. 10. im Söröysund den norweg. Routendampfer *Vesteraalen* (682 BRT).

15.—22. 10. 1941 **Mittelmeer**
Die ital. U-Boote *Dagabur*, *Topazio* und *Zaffiro* operieren vor dem Golf von Mersin, ostwärts Zypern und westlich Haifa, *Uarsciek* vor der Cyrenaika.

16. 10.—3. 11. 1941 **Nordatlantik**
Die nicht an der SC. 48 beteiligten *U 573*, *U 374*, *U 208* und *U 109* werden ab 16. 10. als Gruppe »Mordbrenner« zur Aufklärung ins Gebiet vor der Belle-Isle-Straße entsandt, finden jedoch kaum Verkehr und erzielen keine Erfolge. Ab 28. 10. werden sie in den Raum südwestlich Neufundland gezogen und ab 31. 10. auf den seit 27. 10. von der Gruppe »Reißewolf« verfolgten ON-Konvoi angesetzt. Dabei versenkt *U 374* (Oblt. z. S. v. Fischel) 1 Einzelfahrer von 5120 BRT und sichtet am 1. 11. den Konvoi SC. 52 (s. dort!). Die anderen 3 Boote treten am 3. 11. den Rückmarsch an, nachdem *U 208* (Oblt. z. S. Schlieper) am 2. 11. noch 1 Einzelfahrer von 3872 BRT versenkt hat.

17.—29. 10. 1941 **Nordatlantik**
Operation der Gruppe »Breslau« gegen den Konvoi HG. 74. Gegen das erwartete Auslaufen des Konvois HG. 74 aus Gibraltar werden ab 17. 10. *U 206*, *U 563* und *U 564* bei Kap Trafalgar, *U 204*, *U 71* und *U 83* bei Kap Spartel aufgestellt, weiter westlich postieren sich die ital. Boote *Archimede*, *Ferraris* und *Marconi*. Am 19. 10. versenken *U 206* (Kptlt. Opitz) und *U 204* (Kptlt. Kell) je 1 Schiff mit 3081 BRT bzw. 9158 BRT, letzteres wird jedoch anschließend von der angesetzten U-Jagd durch die Sloop *Rochester* und die Korvette *Mallow* versenkt. *U 71* (Kptlt. Flachsenberg) verfehlt einen Zerstörer. Der HG. 74 läuft erst am 22. nachm. aus und wird am 23. kurz nach Mitternacht von *U 71* gemeldet, 2 Angriffe von *U 206* und *U 564* (Oblt. z. S. Suhren) schlagen fehl, doch können die Boote die Fühlung trotz der starken Sicherung (13 Sloops und Korvetten) halten. In der Nacht zum 24. 10. versenkt *U 563* (Oblt. z. S. Bargsten) 1 Schiff mit 1352 BRT und torpediert den Zerstörer *Cossack*, der am 26. 10.

sinkt. *U 564* versenkt 2 Schiffe mit 5846 BRT. Die abgerissene Fühlung wird mittags am 24. von der I./K.G. 40, abends von *U 71* wiederhergestellt, am 25.10. werden *U 71, U 83, U 206* und *Archimede* teils von Flugzeugen, teils von der Seesicherung abgedrängt. *Ferraris* wird durch Bomben eines *Catalina*-Flugbootes ein Ölbunker leckgeschlagen, bei Annäherung des Zerstörers *Lamerton* bleibt Kptlt. Flores oben und versenkt das Boot nach einem längeren Artilleriegefecht. In der Nacht zum 26.10. kommen *U 83* und *U 563* heran, und *U 83* (Oblt. Kraus) torpediert das Katapultschiff *Ariguani* (6746 BRT). Am Tage halten *U 71* und *U 564* Fühlung, doch bleiben Angriffe von *U 563* und *U 564* in der Nacht zum 27. erfolglos. Aus ungeklärter Ursache muß in dieser Zeit *Marconi* verlorengegangen sein. Bis zum 28.10. halten *U 564* und *U 563* Fühlung und führen das rückmarschierende *U 432* (Oblt. z. S. Schultze) heran, das noch 1 Schiff mit 1574 BRT versenkt. Am 29.10. müssen die 3 Boote sämtlich verschossen den Rückmarsch antreten.

17.—30.10.1941 **Nordmeer**

Konvoi PQ. 2 läuft mit 6 Schiffen von Scapa Flow nach Archangelsk.

18.10.1941 **Schwarzes Meer**

Dt. Truppen besetzen Taganrog.

18.—27.10.1941 **Schwarzes Meer**

Sowj. U-Boote fahren eine Reihe erfolgloser Angriffe vor der Dnepr-Mündung, vor Bugaz, vor Sulina, vor Konstanza und vor Burgas. Vor Kap Kaliakra läuft *ŠČ-212* (Kptlt. I. K. Burnašev) auf eine Mine einer Flankensperre und wird unter großen Schwierigkeiten eingebracht. *M-35* (Kptlt. M. V. Grešilov) verfehlt am 27.10. vor Sulina den einzigen U-Jäger *Schiff 19/Lola*.

18.—30.10.1941 **Mittelmeer**

Bei Operationen im zentralen Mittelmeer torpediert das brit. U-Boot *Ursula* (LCdr. Hezlet) aus einem Konvoi mit 5 Dampfern und den Zerstörern *Folgore, Fulmine, Usodimare, Gioberti, Da Recco, Sebenico* und dem T-Boot *Calliope* 1 Schiff mit 4459 BRT bei Lampedusa (18.). Am 22.10. verfehlt *Urge* (LCdr. Tomkinson) 1 Schiff und torpediert am folgenden Tage 1 weiteres Schiff mit 5996 BRT, das am 28.10. von *Utmost* (LCdr. Cayley) versenkt wird. Auf dem Weg Petrasso—Brindisi versenkt *Truant* (LCdr. Haggard) z. T. aus Konvois 2 Schiffe mit 5570 BRT und torpediert 1 weiteres Schiff mit 1589 BRT. *Triumph* (LCdr. Woods) versenkt in der Ägäis 1 Schiff mit 6703 BRT, *Thrasher* (Lt. Mackenzie) vor Bengasi 1 Schiff mit 384 BRT.
Vor Sardinien legt *Rorqual* (Lt. Napier) am 21./22.10. eine Minensperre.

19.10.—1.11.1941 **Nordatlantik**

Nach Abschluß der SC. 48-Operation bilden *U 568, U 502, U 432, U 77, U 751, U 73* und *U 101* im mittleren Nordatlantik die Gruppe »Reißewolf«, deren Aufstellung am 25./26.10. zweimal auf Grund von B-Meldungen über einen ON.-Konvoi verschoben wird. Am 27.10. sichtet das ausmarschierende *U 74* (Kptlt. Kentrat) den ON.-Konvoi, auf den »Reißewolf« angesetzt wird. Das ebenfalls ausmarschierende *U 106* (Oblt. z. S. Rasch) versenkt einen nicht identifizierten Einzelfahrer. Am 28., 29. und 30.10. halten an dem Konvoi vorübergehend nacheinander *U 568, U 77, U 73, U 751, U 106* und wiederholt *U 77* und *U 74* Fühlung, kommen aber nicht zum Angriff. Wegen der Brennstofflage müssen *U 568, U 751, U 77* und *U 502* abbrechen und treten zur Gruppe »Stoßtrupp«, nur *U 73, U 74* und *U 106* setzen die Verfolgung fort, letzteres torpediert am

31. 10. den US Navy-Tanker *Salinas* (8246 BRT). Die angesetzten Boote der Gruppe »Mordbrenner« kommen an den Konvoi nicht heran, die erfolglose Suche am 1. 11. abgebrochen. *U 74* hat über 1600 sm Fühlung gehalten. Aus den neu im Op.-Gebiet eintreffenden U-Booten *U 569, U 123, U 38, U 82, U 202, U 84, U 203, U 93* und *U 85* wird westlich Irland die Gruppe »Schlagetot« gebildet. Am 20. 10. sichtet *U 84* (Oblt. z. S. Uphoff) eine Gruppe schneller Fahrzeuge und greift sie am 21. 10. erfolglos an. *U 123* (Kptlt. Hardegen) kommt heran und torpediert den brit. Hilfskreuzer *Aurania* (13 984 BRT). Am Nachmittag sichtet *U 123* den Konvoi SL. 89, auf den die Gruppe angesetzt wird. Abends kommen *U 203* und *U 82* (Oblt. z. S. Rollmann) heran, von denen letzteres 2 Schiffe mit 9317 BRT versenkt. Am 22. 10. wird der Konvoi von der dt. Luftaufklärung erfaßt, doch werden die U-Boote *U 85, U 203* und *U 202* abgedrängt, die Operation muß am 23. 10. abgebrochen werden. Die Gruppe wird in einen neuen Vp.-Streifen südostwärts Grönland entsandt, *U 123* zur Aufklärung vor die Belle-Isle-Straße geschickt. Ab 1. 11. werden die Boote auf den SC. 52 angesetzt und bilden die Gruppe »Raubritter«.

20./21. 10. 1941 **Luftkrieg Deutschland**

RAF Bomber Command greift Wilhelmshaven, Bremen und Emden an.

20. 10.—15. 11. 1941 **Ostsee**

Bei Operationen sowj. U-Boote legen *L-3* (Kpt. 3. Rg. P. D. Griščenko) Ende Oktober im Gebiet der Danziger Bucht und *Lembit* (Kptlt. A. M. Matijasevič) vor dem Koivisto-Sund Minensperren. *S-4* operiert auf dem Weg Reval—Helsinki und verfehlt am 21. 10. den Transporter *Hohenhörn, S-7* setzt in der Narva-Bucht Agenten ab. *S-8* läuft auf dem Ausmarsch westlich Suursaari auf eine Mine und sinkt.

21.—25. 10. 1941 **Schwarzes Meer**

Schaffung eines minenfreien Weges von der Chilia-Mündung zur Dnjepr-Mündung durch die Donauflottille (KKpt. Petzel) mit dem Mutterschiff *Theresia Wallner,* 3 Flußräumbooten und 3 rumän. Hilfsminensuchern. 21. 10.: Schaffung einer Sperrlücke durch eine Sperre bei Iljičevka südlich Odessa. 23. 10.: Očakov eingelaufen, 24. 10.: Weiterfahrt nach Cherson. 25. 10.: Prüfung des Dnjepr-Unterlaufes. Am 24. 10. läuft der Schlepper *Drossel* auf eine von einem sowj. U-Boot gelegte Sperre. Am 25. 10. geraten *Theresia Wallner* und ein zweiter Schlepper, *Brüsterort,* auf der gleichen Sperre in Verlust.

23.—27. 10. 1941 **Ostsee**

Ein sowj. Verband von 3 schnellen Minensuchern und 2 U-Jägern (Kpt. 3. Rg. V. P. Licholetov) marschiert von Kronstadt nach Hangö. *T-203/Patron* geht auf dem Ausmarsch am 25. 10. durch Minentreffer verloren. Die übrigen Fahrzeuge kehren mit 499 Soldaten und Waffen einer Schützen-Brigade nach Oranienbaum.

24. 10.—2. 11. 1941 **Mittelmeer**

Gegen erwarteten brit. Verkehr zwischen Gibraltar und Malta werden vor der algerisch-tunesischen Küste die ital. U-Boote *Axum, Alagi, Diaspro* und *Santarosa* aufgestellt.

26./27. 10. 1941 **Luftkrieg Deutschland**

RAF Bomber Command greift Hamburg an.

29.—31. 10. 1941 **Schwarzes Meer**

Nach dem dt. Durchbruch bei Išun an der Landenge von Perekop (26. 10.) wird die Hauptflottenbasis Sevastopol in Verteidigungszustand versetzt. Befehls-

haber des Sevastopoler Verteidigungs-Bezirkes (SOR) wird VAdm. F. S. Oktjabrskij. Der dt. Vorstoß drängt die 51. Armee auf die Halbinsel Kerč, die Küstenarmee auf das Jaila-Gebirge ab und umgeht die an der Westküste stehende 7. Marineinfanterie-Brigade.
Am 29.—30. 10. transportiert der Kreuzer *Krasnyj Kavkaz* die 8. Marineinfanterie-Brigade von Novorossijsk nach Sevastopol, dort werden aus Schiffsbesatzungen die 16., 17., 18. und 19. Marineinfanterie-Bataillone gebildet.
Auf Beschluß des Kriegsrates verlassen am 30. 10. das Schlachtschiff *Parižskaja kommuna,* der Kreuzer *Molotov,* der Flottillenführer *Taškent* und der Zerstörer *Soobrazitel'nyj* Sevastopol und werden in Kaukasus-Häfen überführt. Ein Luftangriff auf den Verband bleibt ohne Erfolg. In Sevastopol verbleiben als Artillerie-Unterstützungs-Abteilung unter dem Chef des Stabes des Geschwaders, Kpt. 1. Rg. V. A. Andreev, die Kreuzer *Červona Ukraina, Krasnyj Krym,* die Zerstörer *Bodryj, Nezamožnik, Šaumjan.* Hinzu treten am 31. 10. noch der Kreuzer *Krasnyj Kavkaz* und die Zerstörer *Železnjakov* und *Dzeržinskij.* Von den in Reparatur befindlichen Schiffen werden dem Artillerie-Unterstützungs-Verband noch die Zerstörer *Bditel'nyj* und *Bojkij* zugeteilt.
Am 31. 10. beschießt der Zerstörer *Bodryj* im Raum Nikolaevka dt. Panzerspitzen, bei einem Angriff von *Ju 87* Stukas des St. G. 77 werden durch Bordwaffenfeuer 50 Mann, darunter der Kommandant verletzt.

30. 10.—4. 11. 1941 **Nordatlantik**

Neu ausmarschierende Boote erhalten am 30. 10. den Befehl, ostwärts der Neufundlandbank die Gruppe »Stoßtrupp« zu bilden, es sind *U 571, U 577, U 133, U 567, U 552* und *U 96.* Noch auf dem Marsch sichtet *U 552* (Kptlt. Topp) am Morgen des 31. 10. im mittleren Nordatlantik den Konvoi HX. 156 mit einer US Escort Group (Cdr. Webb) mit 5 US-Zerstörern. *U 552* greift sofort an und versenkt den Zerstörer *Reuben James.* Während *U 552* am Nachmittag abgedrängt wird, kommt *U 567* (Kptlt. Endraß) heran. Beide Boote lösen sich bis zum 3. 11. wiederholt im Fühlunghalten ab, doch gehen 2 Angriffe am Morgen des 1. 11. fehl. — Bei der Suche nach dem HX. 156 stößt *U 96* (Kptlt. Lehmann-Willenbrock) am 31. 10. auf den Konvoi OS. 10 und versenkt 1 Schiff mit 5998 BRT. Es werden die rück- und ausmarschierenden *U 568, U 502, U 77, U 751* und *Barbarigo* angesetzt, da *U 96* Fühlung hält, ab 1. 11. auch *U 572, U 201, U 98, U 373, U 103, U 107, U 66.* — Die Luftaufklärung meldet den Konvoi am 2. 11. nochmals, *U 98* kommt kurz heran, dann geht die Fühlung aber verloren und wird auch mit Luftaufklärung am 4. 11. nicht wiedergewonnen.

31. 10./1. 11. 1941 **Luftkrieg Deutschland**

Luftangriffe des RAF Bomber Command auf Hamburg und Bremen.

31. 10.—4. 11. 1941 **Ostsee**

Erster Evakuierungs-Konvoi läuft am 31. 10. unter dem Chef des Geschwaders der Baltflot, VAdm. V. P. Drozd, von Kronstadt, am 1. 11. von Suursaari nach Hangö aus. Beteiligt Zerstörer *Stojkij, Slavnyj,* Minenkreuzer *Marti* (Kpt. 1. Rg. N. I. Meščerskij), Minensucher *T-207/Špil, T-210/Gak, T-215, T-217* und 5 *MO-IV* U-Jäger. Auf dem Rückmarsch detonieren in den Bugschutzgeräten 16 Minen, die *Marti* und *T-210* werden beschädigt. An Bord 4230 Mann. Zur Deckung der Operation im Westeingang des Finnenbusens die U-Boote *S-9* und *ŠČ-324* (nicht zurückgekehrt) und vor Reval *S-7* aufgestellt.

★

1.—2. 11. 1941 **Mittelmeer**

Das brit. U-Boot *Utmost* (LCdr. Cayley) versenkt im Mittelmeer im Überwassergefecht die ital. Frachter *Marigola* (5996 BRT) und *Balilla* (2469 BRT).

1.—7. 11. 1941 **Indischer Ozean**

Brit. Seestreitkräfte (Schwerer Kreuzer *Devonshire*, Leichter Kreuzer *Colombo* und Hilfskreuzer *Carthage* und *Carnavon Castle)* bringen vor Südafrika einen aus Madagaskar kommenden franz. Konvoi auf: Frachter *Bangkok* (8056 BRT), *Commandant Dorise* (5529 BRT), Fahrgastschiffe *Compiègne* (9986 BRT), *Cap Touraine* (8009 BRT) und *Cap Padaran* (8009 BRT). Das einzige Sicherungsfahrzeug des Konvois, die Sloop *D'Iberville*, kann ungehindert ablaufen. Als Vergeltungsmaßnahme gibt die franz. Admiralität den sich auf dem Marsch nach Madagaskar befindlichen U-Booten *Le Glorieux* und *Le Héros* den Befehl, unterwegs angetroffene brit. Schiffe anzugreifen. *Le Héros* versenkt am 17. 11. den norweg. Frachter *Thode Fagelund* (5757 BRT).

1.—9. 11. 1941 **Schwarzes Meer**

Die Kreuzer *Krasnyj Krym*, *Krasnyj Kavkaz*, *Červona Ukraina*, der Flottillenführer *Char'kov*, die Zerstörer *Bodryj*, *Bojkij*, *Bditel'nyj*, *Bezuprečnyj*, *Nezamožnik*, *Šaumjan* und *Železnjakov* evakuieren abgeschnittene und versprengte Truppenteile von der Halbinsel Tendra und aus den Krim-Häfen Černomorsk, Jalta, Evpatorija und Feodosija und transportieren sie nach Sevastopol, bis zum 9. 11. treffen auf diese Weise 8000 Mann ein. Die genannten Kreuzer transportieren außerdem aus Kaukasus-Häfen 15 000 Mann nach Sevastopol. Der Flottillenführer *Taškent* und die Zerstörer *Sposobnyj*, *Smyšlenyj* und *Soobrazitel'nyj* sowie die Wachschiffe *Štorm* und *Škval* sichern die Nachschubkonvois zwischen Kaukasus-Häfen und Sevastopol.

1.—11. 11. 1941 **Nordatlantik**

Gegen den am 1. 11. von Gibraltar ausgelaufenen Konvoi HG. 75 wird für den 5. 11. westlich Spanien die Gruppe »Störtebecker« mit *U 96*, *U 98*, *U 69*, *U 201*, *U 103*, *U 107*, *U 373* und *U 572* aufgestellt. Der Konvoi wird jedoch von 4 zur Aufklärung angesetzten *FW 200* der I./K. G. 40 nicht erfaßt, auch am 6. 11. von 6 Flugzeugen und einem Vp.-Streifen nicht gemeldet. Ab 7. 11. wird die Gruppe »Störtebecker« (ohne *U 103* und *U 107)* gegen den vom B-Dienst erfaßten Konvoi SL. 91 angesetzt, der aber bis zum 11. 11. weder von der angesetzten Luftaufklärung noch von den U-Booten gefunden wird.

1.—16. 11. 1941 **Nordatlantik**

Auf den am 1. 11. von *U 374* (Oblt. z. S. v. Fischel) bei Neufundland gesichteten Konvoi SC. 52 werden als neue Gruppe »Raubritter« die U-Boote *U 123*, *U 569*, *U 38*, *U 82*, *U 202*, *U 84*, *U 203*, *U 93*, *U 85*, *U 74* und *U 106* angesetzt. *U 374* hält Fühlung und führt am 3. 11. zuerst *U 123*, später auch *U 38*, *U 569*, *U 82* und *U 202* heran. Am 3. 11. versenken *U 569* (Oblt. z. S. Hinsch) 1 Schiff mit 3349 BRT, *U 202* (Kptlt. Linder) in 2 Anläufen 3 Schiffe mit 8440 BRT und *U 203* (Kptlt. Mützelburg) 2 Schiffe mit 10 456 BRT. Die Operation wird durch Funkstörungen und Nebel sehr behindert, die Fühlung geht am 3. 11. verloren und wird am 4. 11. nicht wiedergewonnen. Zum 8. 11. nehmen *U 123*, *U 38*, *U 577*, *U 106*, *U 571*, *U 133*, *U 82* und *U 85* südostwärts Grönland eine neue Aufstellung als Gruppe »Raubritter« ein. Vom 12.—15. 11. werden die Boote auf den vom B-Dienst erfaßten Konvoi ONS. 33 angesetzt, finden ihn jedoch nicht und treten den Rückmarsch an. *U 577*, *U 571*, *U 85* und *U 133* operieren am 16. 11. noch erfolglos gegen den Konvoi OS. 11. Auf dem Rückmarsch versenkt *U 74* (Kptlt. Kentrat) 1 Schiff mit 8532 BRT.

2. 11. 1941 **Schwarzes Meer**

Bei Angriff von 3 *Ju 88* des K. G. 51 erhält der sowj. Kreuzer *Vorošilov* (Kpt. 1. Rg. F. S. Markov) 2 Bombentreffer. Der Kreuzer wird nach Poti geschleppt, wo er bis zum Februar 1942 in Reparatur liegt.

2.—5. 11. 1941 **Ostsee**

Zweiter Evakuierungs-Konvoi nach Hangö unter Kpt. 2. Rg. V. N. Narykov am 2. 11. Kronstadt, am 3. 11. Suursaari aus. Beteiligt die Zerstörer *Surovyj, Smetlivyj,* Minensucher *T-205/Gafel, T-206/Verp, T-207/Špil, T-211/Rym,* 4 *MO-IV* U-Jäger, 4 *TKA.* Während Aufenthalt in Hangö bei Einladung *Smetlivyj* 1 Treffer durch finn. Artillerie. Am 4. 11. abends von Hangö aus. In Sperrlücke der »Corbetha«- Sperre läuft *Smetlivyj* (Kpt. 2. Rg. V. I. Maslov †) auf 2 Minen und sinkt, *T-205* mit 350 Überlebenden nach Hangö zurück. Restverband erreicht mit 1200 Mann von Hangö Suursaari.

2.—8. 11. 1941 **Mittelmeer**

Der brit. Minenkreuzer *Abdiel* und Zerstörer transportieren in mehreren Einsätzen die Ablösung der Garnison von Zypern in Stärke von 14 000 Mann von und nach Alexandria.
Das ital. U-Boot *Dandolo* (Kptlt. Auconi) torpediert bei einem Vorstoß zur Gibraltar-Straße am 4. 11. vor Algier den franz. Tanker *Tarn* (4220 BRT) und versenkt vor Melilla am 8. 11. den span. Dampfer *Castillo Oropesa* (6600 BRT).

2.—12. 11. 1941 **Nordmeer**

Vor der norweg. Polarküste operieren die sowj. U-Boote *K-22* im Vestfjord, *ŠČ-421* (Kptlt. N. A. Lunin) im Lopphavet (3 erfolglose Angriffe am 2., 10., 11. 11.), *K-21* (Kpt. 3. Rg. A. A. Žukov) legt im Söröysund und vor Hammerfest Minensperren, auf letzterer sinkt am 21. 11. der Dampfer *Bessheim* (1774 BRT). Ein Angriff gegen einen Konvoi verfehlt das Vp.-Boot *Nordwind* am 12. 11. Das brit. U-Boot *Trident* (Cdr. Sladen) versenkt im Svaerholthavet aus Konvois am 3. 11. den U-Jäger *UJ 1213* und am 7. 11. den Dampfer *Flottbek* (1930 BRT). Das sowj. *K-23* (Kpt. 3. Rg. I. S. Potapov) legt eine Minensperre im Bökfjord (Kirkenes), auf die das M-Boot *M 22* am 5. 11. gerät und schwer beschädigt wird. Außerdem sind u. a. *M-172* und *S-102* in See.

2.—17. 11. 1941 **Nordmeer**

Der brit. Konvoi QP. 2 mit 12 Handelsschiffen kehrt ohne Feindberührung von Archangelsk nach Kirkwall zurück.

2.—18. 11. 1941 **Schwarzes Meer**

Bei Operationen auf der Höhe der bulgar.-türk. Grenze versenkt das sowj. U-Boot *ŠČ-214* (Kptlt. V. Ja. Vlasov) am 2. und 5. 11. den türk. Segler *Karaltepe* und den ital. Tanker *Torcello* (3336 BRT), *ŠČ-215* (Kptlt. G. P. Apostolov) am 18. 11. den türk. Frachter *Yenice* (300 BRT). Am 11. bzw. 14. 11. gehen vor Kap Schabla bzw. Sozopol auf Flankenminensperren die sowj. U-Boote *ŠČ-211* und *S-34* verloren.

3. 11. 1941 **Ostsee**

Dt. Minenschiff *Kaiser* (KKpt. Bohm) legt auf dem Russenweg westlich »Juminda« eine neue Sperre mit 150 EMC-Minen.

3. 11. 1941 **Westatlantik**

Vor Kingston (Jamaika) wird der brit. Flugzeugträger *Indomitable* durch Grundberührung beschädigt.

3.—10. 11. 1941 **Mittelmeer**

In der Ägäis torpedieren die brit. U-Boote *Proteus* und *Olympus* und das griech. *Glavkos* (KKpt. Aslanoglu) je 1 Schiff mit 4958 BRT, 1049 BRT und 2392 BRT. *Proteus* versenkt vor Milos außerdem 1 Schiff mit 1773 BRT.

5. 11. 1941 **Nordmeer**

Gegen den befürchteten Ausbruch des dt. Schlachtschiffes *Tirpitz* in den Atlantik besetzen Adm. Tovey mit der «Home Fleet« — Schlachtschiff *King George V.*, Träger *Victorious*, 3 Schwere und 3 Leichte Kreuzer — sowie eine amerik. Kampfgruppe (KAdm. Giffen) mit den Schlachtschiffen *Idaho* und *Mississippi* sowie den Kreuzern *Wichita* und *Tuscaloosa* Deckungspositionen südlich Island bzw. in der Dänemark-Straße.

5.—20. 11. 1941 **Nordatlantik/Mittelmeer**

Von Westfrankreich laufen *U 205, U 81, U 433* und *U 565* als Gruppe »Arnauld« ins Mittelmeer aus und passieren vom 11.—16. 11. die Gibraltar-Straße, sie operieren zunächst ostwärts Gibraltar. Gegen die am 12. 11. von der ital. Luftaufklärung gemeldete brit. Force H kommen am 13. 11. früh bzw. nachmittags *U 205* (Kptlt. Reschke) und *U 81* (Kptlt. Guggenberger) zum Schuß. Letzterer torpediert den Träger *Ark Royal* (vgl. 10.—14. 11. 1941). Am 16. 11. versucht *U 433* (Kptlt. Ey) ein nach Osten auslaufendes Geleit anzugreifen, wird dabei aber selbst von der Korvette *Marigold* versenkt. Ab 18. 11. marschieren die Boote nach dem östlichen Mittelmeer ab.

6. 11. 1941 **Südatlantik**

Der US-Kreuzer *Omaha* (Capt. Chandler) kapert vor der brasilian. Küste den als US-Frachter getarnten dt. Blockadebrecher *Odenwald* (5098 BRT, Kpt. Loehr).

6. 11. 1941 **Westfrankreich/Japan**

Blockadebrecher *Rio Grande* (6062 BRT, Kpt. v. Allwörden) läuft aus Bordeaux kommend in Osaka ein.

8./9. 11. 1941 **Mittelmeer**

Brit. Force K — Kreuzer *Aurora* (Capt. Agnew) und *Penelope* (Capt. Nicholl), Zerstörer *Lance* und *Lively* — greift kurz nach Mitternacht einen am Vortag von einem *Maryland*-Bomber der 69. RAF-Squadron erfaßten großen ital. Nachschubgeleitzug für Nordafrika an. Sie versenkt alle 7 Transporter: *Duisburg* (7389 BRT), *San Marco* (3113 BRT), *Maria* (6339 BRT), *Sagitta* (5153 BRT), *Rina Corrado* (5180 BRT), Tanker *Conte di Misurata* (5014 BRT) und *Minatitlan* (7599 BRT) sowie *Fulmine*, einen der 6 Geleitzerstörer. 2 weitere Zerstörer, *Grecale* und *Euro*, der Nahsicherung werden beschädigt. Die Force K kann sich mit Hilfe von Radar unbemerkt in eine günstige Angriffsposition manövrieren und den Geleitzug zusammenschießen, ohne daß die ital. Deckungsgruppe, die kein Radar besitzt — Schwere Kreuzer *Trieste* (Kpt. z. S. Rouselle) und *Trento* (Kpt. z. S. Parmigiano) und 13. Zerstörer-Flottille (Kpt. z. S. Capponi) mit *Granatiere, Fuciliere, Bersagliere, Alpino* — wirksam eingreifen kann. Am nächsten Morgen torpediert das brit. U-Boot *Upholder* (LCdr. Wanklyn) den mit der Bergung von Überlebenden beschäftigten Zerstörer *Libeccio*, der einige Zeit später im Schlepp der beschädigten *Euro* sinkt. Die Zerstörer *Maestrale, Euro, Oriani, Alpino, Fuciliere* und *Bersagliere* retten insgesamt

704 Überlebende der versenkten Schiffe. Die zur Sicherung aufgestellten ital. U-Boote *Beilul, Corallo, Settembrini* und *Delfino* kommen nicht zum Schuß.

9. 11. 1941 **Schwarzes Meer**
Der Kreuzer *Molotov* (Kpt. 1. Rg. Ju. K. Zinovév) beschießt zur Unterstützung der bedrängten Einheiten der 51. Armee im Raum Feodosija/Kap Čauda dt. Bereitstellungen. Ein Angriff von Torpedoflugzeugen und Bombern am 10. 11. vor Tuapse wird abgewehrt.

9./10. 11. 1941 **Luftkrieg Deutschland**
Angriffe der RAF auf Hamburg, Cuxhaven und Emden.

9.—12. 11. 1941 **Ostsee**
Dritter Evakuierungs-Konvoi nach Hangö unter KAdm. M. S. Moskalenko am 9. 11. Kronstadt, am 10. 11. Suursaari aus. Beteiligt Zerstörer *Stojkij*, Flottillenführer *Leningrad*, Minenschiff *Ural* (Kpt. 2. Rg. I. G. Karpov), Transporter *Andrej Ždanov* (Kpt. 1. Rg. N. I. Meščerskij), Minensucher *T-201/Zarjad, T-211/Rym, T-215, T-217, T-218*, 4 *MO-IV* U-Jäger. Auf dem Ausmarsch am 10. 11. abends kollidieren bei schlechter Sicht *T-217* und *T-218*, müssen umkehren. Wegen der Wetterlage kehrt der Verband am 11. 11. vormittags nach Suursaari zurück und läuft am 11. abends wieder aus. In der Nacht bleibt *Leningrad* (Kpt. 3. Rg. G. M. Gorbačev) nach 2 Minennahtreffern liegen und kehrt dann mit 2 Minensuchern und der *Ždanov* zurück, die jedoch auf eine Mine läuft und sinkt. Am 12. 11. morgens macht auch der Restverband kehrt und geht nach Suursaari zurück.

9.—28. 11. 1941 **Nordmeer**
Der brit. Konvoi PQ. 3 mit 8 Handelsschiffen läuft ohne Feindberührung von Hvalfjord nach Archangelsk. 1 Schiff kehrt wegen Eisschäden zurück.
Der Konvoi PQ. 4 (8 Handelsschiffe) folgt am 17. 11. und trifft zusammen mit dem PQ. 3 ein.

10.—12. 11. 1941 **Schwarzes Meer**
Die sowj. Kreuzer *Krasnyj Krym* (Kpt. 2. Rg. A. I. Zubkov) und *Červona Ukraina* (Kpt. 2. Rg. N. E. Basistyj) sowie die Zerstörer *Nezamožnik* und *Šaumjan* unterstützen mit ihrer Artillerie die Abwehr dt. Angriffe an der Nord- und Ostfront der Festung Sevastopol. Am Mittag des 12. 11. greifen Verbände des IV. dt. Fliegerkorps die Schiffe an. *Ju 87* der I./St. G. 77 (Hptm. Orthofer) erzielen 3 schwere Bombentreffer auf der *Červona Ukraina*, die trotz Bergungsmaßnahmen langsam volläuft und auf Grund sinkt. Die Artillerie wird später ausgebaut und an Land gesetzt. Bei diesen Angriffen wird auch der zur Ausrüstung im Süddock der Marinewerft liegende Zerstörer *Soveršennyj* und der erst am 11. 11. nach Behebung der am 22. 9. erlittenen Schäden ausgedockte Zerstörer *Bespoščadnyj* schwer getroffen. Letzterer wird am 17. 11. im Schlepp des Zerstörers *Šaumjan* nach Poti zur Reparatur überführt.

10.—14. 11. 1941 **Mittelmeer**
Brit. Force H (VAdm. Somerville) läuft von Gibraltar mit dem Schlachtschiff *Malaya*, den Flugzeugträgern *Ark Royal* und *Argus*, dem Leichten Kreuzer *Hermione* und 7 Zerstörern ins westliche Mittelmeer aus, um 37 *Hurricane*-Jäger und 7 *Blenheim*-Bomber nach Malta zu starten. Auf dem Rückmarsch von der planmäßig durchgeführten Operation greifen *U 205* (Kptlt. Reschke) und *U 81* (Kptlt. Guggenberger) am 13. östlich Gibraltar an, wobei *U 81* die *Ark Royal* (Capt. Maund) torpediert. Der Träger sinkt am nächsten Tag im

Schlepp nach Rettung der Besatzung nur noch 25 sm von Gibraltar entfernt. — Die ital. U-Boote *Aradam, Squalo, Turchese, Bandiera, Onice* und *Narvalo* stehen zu weit östlich.

11.—22. 11. 1941 **Nordatlantik**

Ab 5. 11. operiert die Gruppe »Störtebecker« mit *U 552, U 567, U 98, U 96, U 572, U 69, U 373, U 201* und *U 77* gegen den Konvoi OS. 11, der vom B-Dienst erfaßt worden ist. Die für den 16. 11. mit 6 Maschinen angesetzte Luftaufklärung bleibt erfolglos, auch am 17. und 18. 11. wird der Konvoi von dem durch *U 332* und *U 402* verstärkten Vp.-Streifen nicht gefunden. Ab 19. 11. werden die Boote in 3 aufgelockerten Streifen gegen einen erwarteten OG.-Konvoi aufgestellt: Gruppe »Gödecke« mit *U 98, U 69, U 201, U 572*, Gruppe »Benecke« mit *U 332, U 402, U 96, U 552*, Gruppe »Störtebecker« mit *U 85, U 133, U 571* und *U 577*. Ab 22. 11. erfordert die Lageentwicklung im Mittelmeer die Entsendung aller U-Boote ins Mittelmeer bzw. in den Raum westlich Gibraltar.

11.—28. 11. 1941 **Nordmeer**

Im Eingang zum Weißen Meer operieren die dt. U-Boote *U 752* und *U 578*. Am 15. 11. greift *U 752* (Oblt. z. S. Schroeter) bei Kap Gorodeckij einen kleinen Konvoi an und torpediert einen Holzdampfer und ein Sicherungsfahrzeug. Am 27. 11. greift das sowj. Wachschiff *Briz* bei Kanin Nos *U 578* an und beschädigt es durch einen Rammstoß leicht.

12./13. 11. 1941 **Ostsee**

Die finn. Minenleger *Riilahti* und *Ruotsinsalmi* legen nordwestlich »Juminda« eine neue Sperre mit 141 EMC-Minen.

12. 11.—7. 12. 1941 **Nordmeer**

Sowj. U-Jäger vom Typ *MO-IV* legen von Buchten der Fischer-Halbinsel aus in mehreren Einsätzen vor Petsamo, Kirkenes und Vardö 34, 20 und 14 Minen.

13. 11. 1941 **allgemeine Lage**

Änderung des amerik. Neutralitätsgesetzes: Es gestattet amerik. Handelsschiffen das Befahren der Kriegszone und ordnet die Bewaffnung der Handelsschiffe an (Inkrafttreten am 18. 11.).

13.—25. 11. 1941 **Ostsee**

4. Evakuierungs-Konvoi nach Hangö unter Kpt. 2. Rg. V. N. Narykov am 13. 11. von Suursaari aus. Beteiligte Zerstörer *Surovyj, Gordyj*, Minenleger *Ural*, Minensucher *T-206/Verp, T-207/Špil, T-211/Rym, T-215*, 4 *MO-IV* U-Jäger. In der Nacht zum 14. 11. laufen der U-Jäger *MO-301*, der Minensucher *T-206* und der Zerstörer *Surovyj* (Kpt. 3. Rg. M. T. Ustinov) auf Minen der neu ausgelegten finn. Sperre und sinken. Am 14. 11. morgens gerät die *Gordyj* (Kpt. 3. Rg. E. B. Efet) auf Minen der »Corbetha«-Sperre und sinkt ebenfalls. Nur *T-215, Ural* und 3 U-Jäger erreichen am 14. 11. Hangö. Wegen der Verluste werden die Fahrten der größeren Schiffe vorerst eingestellt. Erst nach der Passage einiger kleiner Konvois kehrt der Verband, durch *T-205/Gafel, T-217, T-218* und 3 U-Jäger verstärkt, zurück und landet am 25. 11. 4588 Mann in Kronstadt.

13.—26. 11. 1941 **Mittelmeer**

Die ital. U-Boote *Atropo, Saint Bon, Cagni, Millo* führen Transportunternehmungen von Tarent nach Bardia durch.

13. 11.—1. 12. 1941 **Nordatlantik**

Die vom 4.—10. 11. vorsorglich für ein geplantes Auslaufen des Schlachtschiffes *Tirpitz* im Gebiet der Dänemarkstraße aufgestellten U-Boote *U 430, U 402, U 332* und *U 105* werden ab 13. 11. ins Gebiet von Cape Race entsandt, da *U 402* und *U 332* zur Gruppe »Störtebecker« treten, gehen als Ersatz zur Gruppe »Steuben« *U 575* und *U 43*. Ab 23. 11. werden die Boote ins Gebiet westlich Gibraltar zurückgerufen. Auf dem Marsch dorthin sichtet *U 43* (Kptlt. Lüth) am 28. 11. einen WS.-Truppenkonvoi, auf den die Boote *U 105, U 372, U 434, U 575, U 574* angesetzt werden. *U 43* versenkt am 29. und 30. 11. je 1 Schiff mit zusammen 10 437 BRT, die anderen Boote kommen bis zum 1. 12. z. T. an den Konvoi heran, können aber keine Erfolge erzielen. *U 43* versenkt am 2. 12. noch den einzeln fahrenden US-Tanker *Astral*, 7541 BRT.

14.—15. 11. 1941 **Mittelmeer**

Ital. Torpedoflugzeuge versenken vor der tunes. Küste die brit. Transporter *Empire Pelican* (6463 BRT) und *Empire Defender* (5649 BRT), die versuchen, von Malta aus nach Westen durchzubrechen.

14.—18. 11. 1941 **Mittelmeer**

Erfolgreiche Versuche der Italiener, mit kleinen schnellen Geleitzügen und Kriegsschiffen Nachschub nach Nordafrika zu bringen. Am 16. und 18. 11. erreichen je 2 Schiffe Bengasi.

15.—24. 11. 1941 **Mittelmeer**

Erfolgloser Vorstoß des ital. U-Bootes *Ascianghi* an die Palästina-Küste.

15. 11.—1. 12. 1941 **Schwarzes Meer**

Starke Teile der sowj. Schwarzmeer-Flotte, darunter das Schlachtschiff *Parižskaja kommuna*, die Kreuzer *Krasnyj Kavkaz, Krasnyj Krym, Červona Ukraina*, die Zerstörer *Bespoščadnyj, Bojkyj, Smyšlenyj, Soobrazitelnyj, Železnjakov* u. a., unterstützen durch ihr Artilleriefeuer am 15., 23., 25., 28., 29. 11. und 1. 12. die Verteidiger von Sevastopol.

15. 11.—11. 12. 1941 **Ostsee**

Die sowj. U-Boote *S-9* und *ŠČ-309* operieren in dem Westteil des Finnenbusens. Vermutlich geht im gleichen Gebiet *M-103* verloren.

16. 11. 1941 **Mittelmeer**

Einnahme von Kerč. Damit ist die gesamte Krim mit Ausnahme von Sevastopol in der Hand der 11. dt. Armee.

17.—21. 11. 1941 **Nordatlantik**

Nach der Durchführung des Geleites für den heimkehrenden Hilfskreuzer *Schiff 45 Komet* durch die U-Boote *U 652* und *U 561* (Oblt. z. S. Bartels) versenkt letzteres 2 Nachzügler aus dem Konvoi SC. 53 mit 8514 BRT.

17.—24. 11. 1941 **Nordmeer**

Bei U-Boot-Operationen vor der norweg. Polarküste greift das sowj. *M-171* (Kptlt. V. G. Starikov) ohne Erfolg einen Tanker an, die neu ins Nordmeer verlegten brit. U-Boote *Sealion* (LCdr. Colvin) und *Seawolf* (Lt. Raikes) versenken am 18. 11. den Tanker *Vesco* (331 BRT) im Svaerholthavet bzw. nach einem Fehlschuß am 22. am 24. 11. den Dampfer *Bahia* (4117 BRT) vor dem Syltefjord. Ferner u. a. *M-172* und *ŠČ-403* in See.

17. 11.—2. 12. 1941 **Schwarzes Meer**

Am 17. 11. beginnt ein Gegenangriff der sowj. 37. und 9. Armee gegen die Flanke der auf Rostov vorstoßenden dt. 1. Panzerarmee, deren Spitzen zwar am 21. 11. Rostov nehmen, es aber am 24. 11. wegen der bedrohlichen Entwicklung im Rücken wieder räumen müssen. Die 1. Pz.Armee geht bis zum 2. 12. auf den Mius-Abschnitt zurück.

18. 11. 1941 **Mittelmeer**

Die 8. brit. Armee (General Cunningham) tritt in Nordafrika zur Gegenoffensive an, um Tobruk zu entsetzen (Operation »Crusader«).

18. 11.—7. 12.1941 **Pazifik**

Aus Yokosuka laufen die japan. U-Boot-Geschwader 1 (KAdm. Sato) und 2 (KAdm. Yamazaki) am 18./19. 11. in die Gewässer um Hawaii aus. *I-26* (FKpt. M. Yokota) klärt am 25. 11. die Aleuten-Insel Kiska, am 27./28. 11. mit dem Flugzeug Dutch Harbor und am 30. 11. Adak und Kodiak auf. *I-10* (FKpt. Kayahara) klärt am 29. 11. mit dem Flugzeug über Suva (Samoa) und am 4. 12. mit dem Sehrohr vor Pago-Pago auf.

Ab 3. 12. besetzen *I-9, I-15, I-17, I-25* einen Vp.-Streifen nördl. Oahu, *I-7* nördl. Oahu mit *I-1, I-2, I-3* westlich und *I-4, I-5, I-6* ostwärts Oahu. Das von Kwajalein kommende 3. U-Geschwader (KAdm. Miwa) besetzt mit *I-8, I-74, I-75 I-68, I-69, I-70, I-71, I-72, I-73* Positionen in einem Halbkreis südlich Oahu.

In der Nacht zum 7. 12. setzen die Klein-U-Boot-Transporter *I-16, I-18, I-20, I-22, I-24* ihre Klein-U-Boote aus, von denen eines in der Nacht durch den Zerstörer *Ward* (LCdr. Outerbridge) vor dem Hafen (erster Schuß des Pazifik-Krieges), 2 bei Eindringen und 2 im Hafen versenkt werden, bevor sie zum Schuß kommen. Auf dem Rückmarsch beschießen *I-16* und *I-22* am 16. 12. Johnston.

19. 11. 1941 **Indischer Ozean**

Der austral. Leichte Kreuzer *Sydney* (Capt. Burnett †) stellt etwa 170 sm westlich Sharksbay (West-Australien) den dt. Hilfskreuzer *Schiff 41 Kormoran* (FKpt. Detmers). Detmers gelingt es, den Signalverkehr so in die Länge zu ziehen, bis die *Sydney* schließlich bis auf 900 m herankommt und neben dem dt. Schiff herläuft. Letzterem bleibt kein anderer Ausweg mehr, als die Tarnung fallenzulassen und mit allen Waffen das Feuer zu eröffnen. Die *Sydney* wird von den ersten Salven schwer getroffen und erhält einen Torpedotreffer ins Vorschiff. *Sydney* kommt brennend aus Sicht und ist seither verschollen. Auch *Schiff 41* muß aufgegeben werden, nachdem ein Ölbrand an Bord nach Ausfall der Hilfsmaschinen nicht mehr gelöscht werden kann. Der größte Teil der Besatzung erreicht die austral. Küste und wird von alliierten Schiffen aufgenommen. Gesamterfolge des Hilfskreuzers: 11 Handelsschiffe mit 68 274 BRT.

19. 11. 1941 **Biskaya**

Das brit. U-Boot *Rorqual* (Lt. Napier) legt eine Minensperre vor La Rochelle. Darauf geht ein franz. Fischdampfer von 600 BRT verloren.

19./20. 11. 1941 **Nordsee**

Angriff der 2. S-Fl. mit 4 Booten auf einen brit. Konvoi vor Great Yarmouth. *S 104* (Oblt. z. S. Rebensburg) versenkt den brit. Marinetanker *War Mehtar* (5502 BRT), *S 105* den Frachter *Aruba* (1159 BRT) und *S 41* den Frachter *Waldinge* (2462 BRT). *S 41* (Oblt. Popp) wird beim Gefecht mit der Konvoi-Sicherung durch Kollision beschädigt und muß auf dem Rückmarsch im Schlepp aufgegeben werden.

19.—25. 11. 1941 **Ostsee**

Nach den Verlusten am 14. 11. laufen mehrere kleine sowj. Konvois von Suursaari nach Hangö und zurück.

Am 19./20. 11. geht Kpt. 3. Rg. D. M. Belkov mit dem Netzleger *Azimut,* dem

Wachschiff *Virsajtis*, den Minensuchern *T-58, T-35, T-42* und *Kljuz* nach Hangö. Auf dem Rückmarsch am 21./22. 11. gehen durch Minentreffer *Azimut* und *T-35/Menžinskij* verloren.
Am 20./21. 11. marschieren die Minensucher *T-205, T-217, T-218* nach Hangö, der Transporter *No. 548/Minna* und 2 U-Jäger müssen umkehren. Die Minensucher laufen mit dem 4. Konvoi zurück.
Am 21./22. 11. geht der Transporter *No. 10* mit 5 Räumbooten nach Hangö.
Am 22./23. 11. geht Kptlt. G. S. Dus mit dem Transporter *No. 548/Minna*, dem Wachschiff *Korall*, dem Minensucher *Udarnik* und 2 U-Jägern nach Hangö.
Am 23./24. 11. folgt Kpt. Belkov mit *Virsajtis, T-42, Kljuz* und 2 U-Jägern. Am 24. 11. tritt der Verband mit *No. 548/Minna, Udarnik, Kljuz, Visajtis* den Rückmarsch an, durch Minen geht *Kljuz* verloren, *Udarnik* wird leicht beschädigt. Insgesamt werden von diesen Konvois 4424 Mann, 18 Panzer, 720 t Verpflegung, 250 t Munition evakuiert.

19.—28. 11. 1941 **Mittelmeer**

Bei Operationen im westlichen Mittelmeer versenkt das niederl. U-Boot *O. 21* (Kptlt. van Dulm) 2 Segler und das U-Boot *U 95*.
Am 19. 11. greift das poln. U-Boot *Sokol* (Cdr. Karnicki) den Hafen von Navarino an und beschädigt den Zerstörer *Aviere*.
Aus einem Patrasso-Brindisi-Geleit versenkt *Thrasher* (Lt. Mackenzie) 1 Schiff mit 3510 BRT. In der Ägäis versenkt *Triumph* (LCdr. Woods) 1 Schiff mit 632 BRT.

20.—22. 11. 1941 **Mittelmeer**

Die angespannte Versorgungslage der dt.-ital. Afrika-Armee zwingt die ital. Flotte zu weiteren Anstrengungen, um Nachschubtransporte durchzubringen.
20. 11.: Auslaufen von 2 Geleitzügen mit je 2 Transportern, gesichert durch 7 Zerstörer und T-Boote und die 3. Division (DivAdm. Parona): Schwere Kreuzer *Gorizia, Trieste* und *Trento*.
21. 11.: Brit. Luftaufklärung und ein U-Boot erfassen die Geleite. Beim Marsch durch die Messina-Straße stößt die 8. Division (DivAdm. Lombardi) mit den Leichten Kreuzern *Duca degli Abruzzi* und *Garibaldi* zur Deckungsgruppe. Von Tarent und Brindisi laufen je 2 weitere Transporter aus, von Brindisi außerdem der Kreuzer *Cadorna* als Brennstofftransporter. Ein Schiff des Tarent-Geleitzuges muß wegen Maschinenschadens umkehren, die anderen 3 und *Cadorna* erreichen am 22. 11. Bengasi.
Der übrige Verband wird kurz vor Mitternacht am 21./22. 11. durch das brit. U-Boot *Utmost* (LCdr. Cayley) angegriffen, die *Trieste* (Kpt. z. S. Rouselle) erhält einen Torpedotreffer und erreicht mit Mühe Messina. Wenig später wird der Verband durch brit. Flugzeuge von Malta angegriffen, die *Duca degli Abruzzi* (Kpt. z. S. Zannoni) erhält einen Lufttorpedotreffer. Inzwischen hat der B-Dienst das Auslaufen der brit. Force K aus Malta erfaßt. Die als Deckung ostwärts Malta aufgestellten ital. U-Boote *Delfino, Squalo, Tricheco, Settembrini* und *Corallo* sichten sie jedoch nicht. Die 3. Division erhält den Befehl, mit den Transportern Tarent anzulaufen. *Garibaldi* und die Zerstörer *Vivaldi, Da Noli, Granatiere, Fuciliere, Alpino, Corazziere, Carabiniere, Turbine* sowie das T-Boot *Perseo* übernehmen die Sicherung der schwer beschädigten *Duca degli Abruzzi*. Die zur Unterstützung der Force K in See gegangene brit. Mittelmeerflotte läuft wieder ein.

21. 11.—15. 12. 1941 **Nordmeer**

Die sowj. U-Boote *K-23* (Kpt. 3. Rg. I. S. Potapov) und *K-3* (Kpt. 3. Rg.

K. I. Malofeev mit Chef 1. U-Boot-Div., Kpt. 2. Rg. M. I. Gadžiev an Bord) laufen am 21. 11. aus und legen am 26./27. 11. Minensperren im Kvaenangenfjord bzw. vor Hammerfest. Auf die erstgenannte Sperre laufen am 26. 12. die norwegischen Routendampfer *Kong Ring* (1994 BRT) und *Ingar Nielsen* und müssen auf Strand gesetzt werden. Auf der zweiten Sperre geht evtl. am 9. 7. 1942 der U-Jäger *UJ 1110* verloren. Am 26. 11. greift *K-23* erfolglos einen Minensucher, am 3. 12. *K-3* vor Rolvsöy einen Konvoi mit dem Dampfer *Altkirch* an. Die U-Jäger *UJ 1403, UJ 1708* und *UJ 1416* greifen das U-Boot mit Wasserbomben an. Kpt. Gadžiev läßt wegen der entstandenen Schäden auftauchen und erzielt im Artilleriegefecht einen Volltreffer auf *UJ 1708* (470 BRT), der sinkt. Die beiden anderen, nur mit 2-cm-Flak bewaffneten U-Jäger müssen vor dem überlegenen U-Boot (2—10 cm, 2—4,5 cm) ablaufen, das entkommt. Vor dem Porsangerfjord greift *D-3* (Kptlt. M. A. Bibeev mit Chef 2. U-Boot-Div. Kpt. 2. Rg. I. A. Kolyškin an Bord) am 26. 11., 5. und 6. 12. Dampfer an, doch detonieren die Torpedos an Felsen. Vor dem Tanafjord versenkt das brit. U-Boot *Sealion* (LCdr. Colvin) den kleinen norweg. Dampfer *Island* (638 BRT), das sowj. *M-171* verfehlt im Varangerfjord einen Tanker, *M-174* landet an der Varanger-Küste Agenten, *M-176* operiert ohne Ergebnis.
Das am 6. 12. mit dem Kdr. der U-Boot-Brigade, Kpt. 1. Rg. N. I. Vinogradov, ausgelaufene *K-22* (Kpt. 3. Rg. V. N. Kotelnikov) legt am 9. 12. eine Minensperre im Rolvsöy-Sund, greift mit Artillerie einen norweg. Kutter an, der entkommt und versenkt am 11. 12. bei Mylingen einen Schleppzug.

22. 11.—30. 11. 1941 **Südatlantik**

Am 22. 11. wird der dt. Hilfskreuzer *Schiff 16 Atlantis* (Kpt. z. S. Rogge) nördlich Ascension bei der Versorgung von *U 126* (Kptlt. Bauer) von dem brit. Schweren Kreuzer *Devonshire* (Capt. Oliver) überrascht und muß sich selbst versenken. *U 126* taucht, bleibt aber in der Annahme, der Kreuzer würde näher herankommen, nahe bei *Schiff 16* und nimmt nach dessen Untergang und Ablaufen der *Devonshire* die Hilfskreuzerbesatzung in den Booten in Schlepp und die Verwundeten unter Deck, bis sie am 24. 11. an das herangeführte U-Boot-Versorgungsschiff *Python* abgegeben werden können.
Auf dem Marsch zur Unterstützung von *U 126* trifft *U 124* (Kptlt. Mohr) den einzeln fahrenden brit. Kreuzer *Dunedin* und versenkt ihn. Für die Tage vom 30. 11.—4. 12. wird 780 sm südlich St. Helena die Versorgung einer U-Boot-Gruppe mit *U 68, UA, U 129* und *U 124* für eine Operation vor Kapstadt vorgesehen. Auf dem Marsch versenkt *U 124* am 3. 12. den amerik. Dampfer *Sagadahoc* (6275 BRT). (Vgl. 1. 12.!)

22. 11.—3. 12. 1941 **Nordatlantik-Mittelmeer**

Die Lage in Nordafrika macht die Verlegung weiterer dt. U-Boote ins Mittelmeer und die Konzentration der restlichen Boote im Raum Gibraltar notwendig. Die auf dem Ausmarsch in den Atlantik befindlichen *U 431* und *U 95* werden ins Mittelmeer beordert und passieren am 24. bzw. 26. 11. die Gibraltar-Straße, *U 95* (Kptlt. Schreiber) wird am 28. 11. durch das niederl. U-Boot *O 21* (Kptlt. van Dulm) versenkt. Nach Versorgung in span. Häfen besetzen *U 557* und *U 562* ab 27./29. 11. zunächst Positionen im westlichen Mittelmeer, sie gehen mit *U 431* ab 2. 12. ins Ost-Mittelmeer. Von den in Cadiz aus dt. Tankern versorgten Booten kommt *U 652* am 28. 11. durch die Gibraltar-Straße und bleibt bis 7. 12. dicht ostwärts davon. *U 96* und *U 558* werden am 1. bzw. 3. 12. durch die vom Flugplatz Gibraltar aus operierenden *Swordfish*-Flugzeuge der Squ. 812 der *Ark Royal* mit ASV-Radar geortet und durch Bomben beschädigt, so daß sie umkehren müssen. Am 2. 12. versenken *U 562* (Oblt. z. S. Hamm) und *U 557* (Kptlt. Paulshen) je 1 Schiff mit 4274 BRT bzw. 4033 BRT.

23.—25. 11. 1941 **Mittelmeer**

Weitere Versuche der ital. Marine, kleine Geleitzüge nach Nordafrika durchzubringen. Die Schiffsbewegungen werden von der brit. Luftaufklärung erfaßt, worauf die Force K mit den Kreuzern *Aurora* (Capt. Agnew) und *Penelope* und den Zerstörern *Lance* und *Lively* aus Malta ausläuft. Sie wird jedoch von dem ital. U-Boot *Settembrini* gemeldet, worauf alle Konvois den Befehl erhalten, den nächsten Hafen anzulaufen. Ein aus der Ägäis nach Bengasi bestimmter Geleitzug (2 Frachter mit 2-T-Booten) erhält diesen Befehl nicht und wird 100 sm westlich Kreta von der Force K angegriffen. Die beiden dt. Transporter *Maritza* (2910 BRT) und *Procida* (1842 BRT) werden durch *Penelope* und *Lively* versenkt, obwohl der Führer der Sicherung (FKpt. Mimbelli) mit seinen T-Booten *Lupo* und *Cassiopea* alles tut, um ihr Schicksal abzuwenden.
Auf Druck Churchills hin ist Adm. Cunningham mit dem Gros der Mittelmeerflotte — Schlachtschiffe *Queen Elizabeth, Barham, Valiant* und 8 Zerstörer (Force A) und KAdm. Rawlings mit den Kreuzern *Ajax, Neptune, Naiad, Euryalus* und *Galatea* mit 4 Zerstörern (Force B) — als Rückhalt für Force K in See gegangen. Vor der Cyrenaika-Küste operieren zu dieser Zeit als Sicherung die ital. U-Boote *Dagabur, Beilul* und *Zaffiro,* auf dem Nachschubweg nach Tobruk die dt. *U 79, U 331* und *U 559,* von denen eines am 23. 11. den brit. Truppentransporter *Glenroy* (9809 BRT) torpediert, der bei Tobruk aufgesetzt wird. Am 25. 11. durchbricht nördlich Bardia *U 331* (Oblt. z. S. v. Tiesenhausen) die Sicherung des Schlachtschiffverbandes der Mittelmeerflotte und erzielt auf kurze Entfernung mit einem Viererfächer 3 Treffer auf der *Barham,* die kentert und explodiert. Der Kdt., Capt. Cooke, und 861 Mann finden den Tod, der Chef des 1. Schlachtgeschw., VAdm. Pridham-Wippell, und 450 Mann werden gerettet. *U 559* (Kptlt. Heidtmann) versenkt am 27. 11. aus einem Konvoi die austral. Sloop *Parramatta.*

23. 11.—2. 12. 1941 **Ostsee**

Das sowj. Kanonenboot *Lajne* evakuiert in den Nächten zum 23. 11., 25. 11. und 29. 11. von der Insel Odensholm (Kpt. Verzbizkij) 165, 70 bzw. 206 Mann nach Hangö. In der Nacht zum 2. 12. nimmt es 543 Mann an Bord und bringt sie direkt nach Suursaari, die letzten Sprengkommandos werden von Torpedokuttern nach Suursaari gebracht (17 Mann).

24. 11. 1941 **Nordmeer**

Brit. Verband (KAdm. Burrough) mit dem Kreuzer *Kenya,* den Zerstörern *Bedouin* und *Intrepid* sowie den angehängten sowj. Zerstörern *Gremjaščij* und *Gromkij* sucht an der norweg. Polarküste zwischen Nordkyn und Vardö ohne Erfolg nach dt. Schiffen und beschießt Vardö.

24. 11. 1941 **Nordsee**

Angriff der 4. S-Fl. (Kptlt. Bätge) auf brit. Konvoi östlich von Orfordness mit *S 50, S 51, S 52, S 109* und *S 110. S 109* (Lt. z. S. Bosse) versenkt den brit. Tanker *Virgilia* (5723 BRT), *S 52* (Oblt. Karl Müller) den niederl. Frachter *Groenlo* (1984 BRT). *S 51* torpediert den Frachter *Blairnevis* (4155 BRT).

25. 11. 1941 **Pazifik**

Die US-Navy führt den Konvoi-Zwang für Handelsschiffe im Pazifik ein.

25. 11. 1941 **allgemeine Lage**

Präsident Roosevelt entschließt sich zum Abbruch der Verhandlungen mit Japan und läßt den japan. Botschafter am 26. 11. durch den Staatssekretär Hull eine für Japan unannehmbare »10-Punkte-Note« überreichen. Damit ist ein Bruch zwischen beiden Staaten unvermeidlich geworden.

25. 11.—30. 11. 1941 **Schwarzes Meer**

Die Tanker *Avanesov, Sachalin, Tuapse* und der Eisbrecher *Mikojan* (ehem. Hilfskreuzer) laufen am 25. 11. im Geleit des Flottillenführers *Taškent* (KAdm. L. A. Vladimirskij) und der Zerstörer *Soobrazitel'nyj* und *Sposobnyj* von Batumi zum Bosporus aus, in den sie am 18. 11. einlaufen, während die Kriegsschiffe zurückkehren. Auf der Weiterfahrt zum Fernen Osten wird die *Avanesov* am 19. 12. vor der türkischen Küste bei Kap Baba durch *U 652* (Kptlt. Fraatz) versenkt.

25. 11. 1941 **Nordatlantik**

Nach dem Abzug aller kampfstarken U-Boote in den Raum Gibraltar bleiben als Gruppe »Letzte Ritter« zunächst die brennstoffschwachen U-Boote *U 69, U 402* und *U 201* im Nordatlantik. Sie werden gegen den am 26. 11. ausgelaufenen und am 28. 11. von der Luftaufklärung erfaßten Konvoi OG. 77 angesetzt, der jedoch am 29., 30. und 31. 11. nicht wiedergefunden wird.

26. 11. 1941 **Pazifik**

Das in der Hittokappu-Bucht versammelte jap. Angriffsgeschwader für Pearl Harbor läuft aus. Befehlshaber ist der OB der 1. Marine-Luftflotte, VAdm. Nagumo, mit den Flugzeugträger-Divisionen 1, 2 und 5 (*Akagi, Kaga, Shokaku, Zuikaku, Hiryu, Soryu* mit insgesamt 423 Flugzeugen). Sicherung durch das 1. Zerstörer-Geschwader: Leichter Kreuzer *Abukuma* (KAdm. Omori), Zerstörer *Tanikaze, Urakaze, Isokaze, Hamakaze, Kasumi, Arare, Kagero, Shiranuhi, Akigumo.* Unterstützungsverband (VAdm. Mikawa): 3. Schlachtschiff-Division mit den Schlachtkreuzern *Hiei* und *Kirishima* sowie 8. Kreuzer-Division mit den Schweren Kreuzern *Tone* und *Chikuma.* Außerdem gehören zum Verband die U-Boote *I 19, I 21* und *I 23* sowie 8 Tanker und Vorratsschiffe sowie eine für eine Beschießung der Insel Midway bestimmte Zerstörergruppe (Kpt. z. S. Konishi) mit *Akebono* und *Ushio.* Die Kampfgruppe marschiert 11 Tage lang bei völliger Funkstille, anfangs mit östlichen Kursen bei Sturm und Nebel, dann nach Südosten in besseres Wetter hinein.

27. 11. 1941 **allgemeine Lage**

»Kriegswarnung« an die Außenbefehlshaber der US-Wehrmacht.

27.—29. 11. 1941 **Mittelmeer**

Von Alexandria verlegt KAdm. Rawlings mit Kreuzer *Ajax* (Capt. McCarthy) und *Neptune* und den Zerstörern *Kimberley* und *Kingston* nach Malta zur Verstärkung der Force K. Auf dem ersten Teil des Weges werden sie von den Kreuzern *Naiad* (KAdm. Vian) und *Euryalus* mit 2 Zerstörern begleitet.

Die zur Deckung eigener Operationen südostwärts Sizilien stehenden ital. U-Boote *Squalo* und *Delfino* und die an der tunes. Küste stehenden *Alagi* und *Aradam* sichten keine Ziele, südostwärts Malta greift *Tricheco* am 29. 11. den anlaufenden Kreuzerverband ohne Erfolg an.

27. 11—12. 12. 1941 **Nordmeer**

Der brit. Konvoi QP. 3 mit 10 Handelsschiffen marschiert ohne Feindberührung von Archangelsk nach Seidisfjord (Island), 2 Schiffe müssen wegen Wetterschäden umkehren.

Der brit. Konvoi PQ. 5 mit 7 Handelsschiffen läuft ohne Feindberührung von Hvalfjord nach Archangelsk.

28.—29. 11. 1941 **Schwarzes Meer**

Das Schlachtschiff *Parižskaja kommuna* (Kpt. 1. Rg. F. I. Kravčenko) und der Zerstörer *Smyšlenyj* beschießen von Kap Feolent aus dt.-rumän. Stellungen im Süden von Sevastopol mit 146 Schuß 305 mm, 120 Schuß 130 mm und 299 Schuß 120 mm. Am 29. 11. beschießen der Kreuzer *Krasnyj Kavkaz* (Kpt. 2. Rg. A. M. Guščin) und der Zerstörer *Železnjakov* dt. Stellungen bei Kutschuk.

28. 11.—7. 12. 1941 **Mittelmeer**

Aus dem westlichen Mittelmeer treffen ab 28. 11. im Operationsgebiet zwischen Alexandria und Tobruk die dt. U-Boote *U 205, U 565* und *U 81* ein und verstärken *U 79, U 331* und *U 559*. Ihre Angriffe gegen Versorgungsschiffe und -segler, Zerstörer und Kriegsschiffsverbände, darunter am 6. 12. einer von *U 79* (Kptlt. Kaufmann) gegen das Schlachtschiff *Queen Elizabeth*, bleiben erfolglos.
Am 6.—7. 12. gehen aus dem brit. Tobruk-Nachschubverkehr die Transporter *Chakdina* (3033 BRT) durch Torpedotreffer (evtl. von *U 81)* und *Chantala* (3129 BRT) durch Minentreffer vor Tobruk verloren. Sloop *Flamingo* durch Bombentreffer beschädigt.

28. 11.—31. 12. 1941 **Mittelmeer**

Großeinsatz ital. U-Boote zu Nachschubtransporten nach Bardia (13 Transporte), Derna (2), Bengasi (4) und Tripolis (2). Es sind beteiligt die Boote *Millo* (3), *Menotti* (2), *Cagni* (2), *Settimo* (1), *Caracciolo* (1), *Saint Bon* (2), *Mocenigo* (2), *Dandolo* (2), *Otaria* (1), *Bragadino* (1), *Veniero* (1) und *Emo* (1). Am 11. 12. wird *Caracciolo* auf dem Rückmarsch durch den brit. Zerstörer *Farndale* gestellt und versenkt. Die U-Boote transportieren insgesamt 1757,6 t Material und Brennstoffe.

29. 11. 1941 **Nordsee**

Beim Angriff der 4. S-Flottille gegen einen brit. Konvoi nordwestlich Cromer versenken *S 51* (Oblt. z. S. Hans-Jürgen Meyer) den Frachter *Cormarsh* (2848 BRT), *S 52* (Oblt. z. S. Karl Müller) die *Empire Newcomen* (2840 BRT) und *S 64* (Oblt. z. S. Wilcke) den Tanker *Asperity* (699 BRT).

29. 11.—2. 12. 1941 **Mittelmeer**

Neue ital. Geleitzug-Operationen nach Nordafrika. Von Brindisi laufen die Frachter *Iseo* (2366 BRT) und *Capo Faro* (3476 BRT) mit einem T-Boot aus, von Tarent das Motorschiff *Sebastiano Venier* (6311 BRT) mit 2 Zerstörern, von Navarino der Tanker *Volturno* (3363 t) mit 2 Zerstörern und von Argostoli das Fahrgastschiff *Adriatico* (1976 BRT). Alle Schiffe sind nach Bengasi bestimmt. Nach Tripolis laufen von Trapani der Motortanker *Iridio Mantovani* (10 540 BRT) und der Zerstörer *Alvise da Mosto* aus, dazu 2 Deckungsgruppen: 7. Division (DivAdm. de Courten): Leichte Kreuzer *Duca d'Aosta, Montecuccoli, Attendolo,* Zerstörer *Aviere, Geniere, Camicia Nera* und Schlachtschiff *Caio Duilio* (Div.-Adm. Giovanola), Kreuzer *Garibaldi* mit 6 Zerstörern. Wieder werden die ital. Bewegungen durch die brit. Luftaufklärung erfaßt, *Volturno* erhält Bombentreffer und muß umkehren. 30. 11.: Force K mit *Aurora, Penelope, Ajax, Neptune* und 3 Zerstörern läuft von Malta aus, worauf die ital. Kreuzer an den am meisten bedrohten Konvoi *Venier* heranschließen. Die Gruppe *Duilio* wird durch Maschinenschaden auf *Garibaldi* aufgehalten und kann nicht mehr rechtzeitig herankommen. Deshalb läßt Supermarina die anderen Kreuzer vor der überlegenen Force K ausweichen und die Konvois nach Osten ablaufen. Bomber von Malta versenken die *Capo Faro, Iseo* muß nach Bombentreffer nach Argostoli zurücklaufen. In der Nacht zum 1. 12. versenkt die Force K die alleinfahrende *Adriatico, Venier* kann jedoch ausweichen und erreicht am 2. 12. Bengasi. Etwa 70 sm nördlich von Tripolis wird *Mantovani* durch Lufttorpedo getroffen und einige Stunden später durch Bomben zum Sinken gebracht. *Da Mosto* (FKpt. dell'Anno) sichtet während der Bergung der Überlebenden des großen Tankers den anlaufenden brit. Kreuzer *Penelope* und den Zerstörer *Lively*, greift sie mit Torpedos an, wird jedoch von den brit. Schiffen zusammengeschossen und sinkt.

29. 11.—4. 12. 1941 **Ostsee**

Evakuierung der restlichen Garnison von Hangö (GenLt. S. I. Kabanov). Am 29. 11. läuft VAdm. V. P. Drozd mit den Zerstörern *Stojkij, Slavnyj*, dem Transporter *Iosif Stalin*, den Minensuchern *T-205/Gafel, T-207/Špil, T-211/Rym, T-215, T-217, T-218* (Kpt. 2. Rg. N. A. Mamontov), 7 U-Jägern und 4 Torpedokuttern von Kronstadt aus. Auf dem Wege nach Suursaari geht der Eisbrecher *Oktjabr'* durch Luftangriff verloren. Der Verband trifft am 30. 11. in Hangö ein. Am 30. 11./1. 12. marschiert ein weiterer Verband unter Kptlt. P. V. Ševcov mit dem Transporter *No. 539/Maja*, dem M-Boot *T-210/Gak*, dem K-Boot *Volga*, der *Virsajtis* und *Udarnik*, den U-Jägern *MO-405* und *MO-406* nach Hangö. Ein Angriffsversuch der finn. K-Boote *Uusimaa* und *Hämeenmaa* mit 2 Booten der 3. Vp.-Flottille und 4 Wachbooten bleibt erfolglos.

Am 2. 12. setzen sich die sowj. Truppen ab und werden eingeschifft, abends läuft zunächst Kptlt. Ševcov mit seinem durch das K-Boot *Lajne* und 4 Schleppern verstärkten Verband aus, auf dem Marsch geht *Virsajtis* durch Minentreffer verloren, *Volga* und *Maja* werden beschädigt.

Am späten Abend folgt VAdm. Drozd mit den Minensuchern *T-205, T-207, T-211, T-215, T-218, Stojkij, I. Stalin, Slavnyj, T-217*, U-Sicherung 7 U-Jäger und 4 Torpedokutter. Restliche Sprengkommandos und Führungsstäbe von 14 anderen Torpedokuttern an Bord genommen.

Am 3. 12. früh gerät Verband in »Corbetha«-Sperre, *T-218, T-211, T-215* verlieren durch Sprengbojen ihre Minensuchgeräte, *I. Stalin* (7500 BRT) treibt in Sperre und erhält nacheinander 4 Minentreffer, die letzte bringt Artilleriemunition zur Detonation, daher schwere Personalverluste (rund 4000 Mann?). Es werden geborgen von *T-217* 650 Mann, von *T-205* (durch Mine beschädigt) 160 Mann, von *T-207* 120 Mann, von *T-211* und *T-215* 500 Mann, von den U-Jägern *MO-106, MO-210, MO-307, MO-407* 400 Mann. Rund 2000 Mann bleiben auf dem treibenden Wrack zurück.

Von Suursaari läuft Kpt. 2. Rg. Svjatov mit dem Zerstörer *Svirepyj* und dem Rettungsschiff *Neptun* aus, muß jedoch nach Ausfall des Räumgerätes auf *T-207* umkehren. Ein zweiter Auslaufversuch am 4. 12. mit 4 Minensuchern wird auf Befehl des Flottenkommandos abgebrochen, da inzwischen dt. Vp-Boote der 3. Vp-Flottille das Wrack der *I. Stalin* in Schlepp genommen haben. Von den zuletzt rund 12 000 Mann erreicht nur die Hälfte Suursaari. Von dort werden die Schiffe mit Hilfe des Eisbrechers *Ermak* nach Kronstadt gebracht.

30. 11. 1941 **Nordsee**

Hilfskreuzer *Schiff 45 Komet* (KAdm. Eyssen) läuft nach 516tägiger Feindfahrt in Hamburg ein. Erfolge: 6 Schiffe mit 31 005 BRT und 2 weitere Schiffe mit 21 125 BRT zusammen mit dem Hilfskreuzer *Schiff 36 Orion*.

30. 11.—18. 12. 1941 **Schwarzes Meer**
Bei sowj. U-Boot-Operationen vor der rumän.-bulgar. Küste gehen auf Flankenminensperren *M-34* und *M-58*, durch einen Wasserbombenangriff nach einem fehlgeschlagenen Angriff auf den rumän. Zerstörer *Regele Ferdinand I.* das U-Boot *M-54* verloren, *ŠČ-205* (Kptlt. P. D. Suchomlinov) läuft am 4. 12. bei Varna auf eine Flankensperre und erreicht mit Mühe Sevastopol. Bei Kap Emine wird der rumän. Dampfer *Oituz* (2686 BRT) vermutlich durch *M-58* (Kptlt. N. V. Eliseev) beschädigt.

★

1. 12. 1941 **Westfrankreich/Japan**
Blockadebrecher *Portland* (7132 BRT, Kpt. Tünemann) erreicht aus Bordeaux kommend Osaka.

1.—3. 12. 1941 **Schwarzes Meer**
Der Zerstörer *Bojkij* beschießt am 1. 12. Bereitstellungen bei Kalyč Kiap, der Zerstörer *Železnjakov* am 1. und 2. 12. aus der Severnaja-Bucht den Raum ostwärts Inkerman, der Kreuzer *Krasnyj Krym* den Raum Balaklava am 1. 12. Am 3. 12. bringt der Kreuzer *Krasnyj Kavkaz* 1000 Soldaten, beschießt aus der Servernaja-Bucht dt. Stellungen und läuft mit 600 Verwundeten wieder nach Novorossijsk aus, unterwegs wird der Raum Balaklava beschossen.

1.—7. 12. 1941 **Nordmeer**
Der brit. Kreuzer *Kent* bringt den brit. Außenminister Eden von Scapa Flow nach Murmansk, von wo er zu einer Konferenz mit Stalin nach Moskau reist.

1.—12. 12. 1941 **Pazifik**
Zur Aufklärung werden die US-U-Boote *Triton* und *Tambor* vor Wake, *Argonaut* und *Trout* vor Midway aufgestellt.

1.—15. 12. 1941 **Mittelmeer**
Neue ital. Geleitzugoperationen nach Nordafrika. Starke Behinderung durch stürmisches Wetter. 9.—10. 12.: Leichter Kreuzer *Luigi Cadorna* bringt Benzin nach Bengasi und kehrt mit 900 Kriegsgefangenen an Bord zurück. 9. 12.: Das brit. U-Boot *Porpoise* (Cdr. Pizey) versenkt das mit 2000 Gefangenen auf dem Rückmarsch von Bengasi befindliche Motorschiff *Sebastiano Venier* (6311 BRT). Trotz schweren Wetters kann das Lazarettschiff *Arno* 1800 Schiffbrüchige retten. 11. 12.: Kreuzer *Cadorna* bringt erneut Benzin nach Bengasi. Brit. U-Boot *Talisman* (LCdr. Willmott) versenkt südlich Kap Matapan das ital. Motorschiff *Calitea* (4013 BRT). 13. 12.: 4. Division (DivAdm. Toscano) — Kreuzer *Alberico di Barbiano* (Kpt. z. S. Rodocannacchi) und *Alberto di Giussano* (Kpt. z. S. Marabotto) — als Benzintransporter mit dem T-Boot *Cigno* aus Palermo ausgelaufen, jedoch kurz nach Passieren von Kap Bon nach Erfassung durch die brit. Luftaufklärung umgekehrt. Auf dem Rückmarsch beide Kreuzer durch die von Gibraltar nach Alexandria marschierenden brit. Zerstörer *Sikh* (Cdr. Stokes), *Legion*, *Maori* und den Holländer *Isaac Sweers* durch Torpedos versenkt. DivAdm. Toscano und über 900 Besatzungsmitglieder beider Kreuzer fallen, *Cigno* kann entkommen.
Am gleichen Tag laufen 5 Dampfer, gesichert von 8 Zerstörern, in 3 Geleitzügen nach Nordafrika aus. Fernsicherung durch das Schlachtschiff *Caio Duilio*, 2 Kreuzer und 3 Zerstörer, Deckungsgruppe Schlachtschiffe *Littorio* und *Vittorio*

Veneto mit 4 Zerstörern. Die Operation wird abgebrochen, als der B-Dienst die brit. Mittelmeerflotte in See erfaßt. Auf dem Rückmarsch torpediert das brit. U-Boot *Urge* (LCdr. Tomkinson) die *Vittorio Veneto* und beschädigt sie schwer. Das U-Boot *Upright* versenkt im Golf von Tarent aus einem Zubringer-Geleitzug die Motorschiffe *Fabio Filzi* (6836 BRT) und *Carlo del Greco* (6836 BRT).

1.—29. 12. 1941 **Südatlantik**

Der brit. Schwere Kreuzer *Dorsetshire* (Capt. Agar) überrascht den dt. U-Boot-Versorger *Python* (Kptlt. Lueders) bei der Beölung von *UA* (KKpt. Eckermann) und *U 68* (KKpt. Merten) auf 27° 53′ S 03° 55′ W. Beide U-Boote tauchen sofort und *UA* greift den Kreuzer mit 5 Torpedos an, die jedoch vorbeigehen. Damit ist das Schicksal der *Python* besiegelt. Als die *Dorsetshire* eine Anhaltesalve feuert, geht die Besatzung der *Python* von Bord, ihr Schiff sinkt nach Sprengung. Die Besatzungen von *Schiff 16* (vgl. 22. 11.) und *Python*, insgesamt 414 Mann, werden an den folgenden Tagen zunächst von *U 68* und *UA* in Booten und Flößen geschleppt, am 3. 12. kommt *U 129* (Kptlt. Clausen) dazu und übernimmt die gesamte *Python*-Besatzung, am 5. 12. auch *U 124* (Kptlt. Mohr). Zwischen dem 14. und 18. 12. übernahmen die ital. U-Boote *Luigi Torelli* (KKpt. de Giacomo), *Enrico Tazzoli* (KKpt. Fecia di Cossato), *Giuseppe Finzi* (KKpt. Giudice) und *Pietro Calvi* (KKpt. Olivieri) einen Teil der *Schiff-16*-Besatzung und bringen sie nach St. Nazaire, wo die Besatzungen der beiden dt. Schiffe zwischen dem 23. und 29. 12. an Land gesetzt werden.

2. 12. 1941 **Indischer Ozean**

Brit. Schlachtschiff *Prince of Wales* und Schlachtkreuzer *Repulse* und 4 Zerstörer treffen in Singapore ein.

2. 12. 1941 **Südasien**

Die einsatzbereiten U-Boote der niederl.-ind. Flotte besetzen Positionen an der Ostküste der Malaya-Halbinsel: *K-XII, O. 16,* in der Karimata-Straße *K. XI, K. XIII, O. 19,* und Kuching *K. XIV, K. XV, K. XVI* und *K. XVII.*

2.—5. 12. 1941 **Mittelmeer**

Südlich Kreta operiert das ital. U-Boot *Ametista.*

4.—11. 12. 1941 **Mittelmeer**

Bei Operationen im Gebiet des Peloponnes versenkt das brit. U-Boot *Trusty* (LCdr. Batstone) 1 Schiff mit 3586 BRT (4. 12.), *Talisman* (LCdr. Willmott) am 11. 12. aus einem Brindisi-Bengasi-Konvoi 1 Schiff mit 4013 BRT, *Truant* (LCdr. Haggard) torpediert am gleichen Tage das T-Boot *Alcione,* das auf Strand gesetzt wird. Das brit. U-Boot *Perseus* geht vermutlich durch einen Minentreffer in diesem Gebiet verloren.

6.—16. 12. 1941 **Mittelmeer**

Aus dem westlichen Mittelmeer treffen die U-Boote *U 431* und *U 557* im Operationsgebiet zwischen Alexandria und Tobruk ein, *U 431* verfehlt am 6. und 10. 12. 1 Zerstörer und 1 Dampfer und torpediert am 13. 12. den Wassertanker *Myriel* (3560 BRT). *U 557* (Kptlt. Paulshen) versenkt in der Nacht vom 14./15. 12. den Kreuzer *Galatea,* wird aber selbst auf dem Rückmarsch nach Salamina in der Ägäis irrtümlich von dem ital. T-Boot *Orione* gerammt und geht verloren.

6.—23. 12. 1941 **Nordatlantik**

Verlegung weiterer dt. U-Boote ins Mittelmeer. Nachdem das zur Verlegung ins Mittelmeer vorgesehene *U 206* bereits in der Biskaya am 30. 11. durch einen *Whitley*-Bomber der RAF-Squ. 502 versenkt worden ist, werden am 6. 12. die westlich Gibraltar operierenden *U 208, U 372* und *U 375*, am 7. 12. *U 568, U 374, U 573* und *U 453* zur Verlegung ins östliche Mittelmeer abgeteilt. Von ihnen passieren *U 372, U 375, U 453* am 9. 12., *U 568, U 374* und *U 208* am 11. 12. die Gibraltar-Straße. Dabei versenkt *U 374* (Oblt. z. S. v. Fischel) die brit. U-Jagd-Trawler *Rosabelle* und *Lady Shirley, U 208* wird von der brit. Korvette *Bluebell* versenkt. Am 13. 12. versenkt *U 453* (Kptlt. v. Schlippenbach) ostwärts Gibraltar 1 span. Schiff mit 4202 BRT. Nach mehreren Versuchen durchbricht *U 573* (Kptlt. Heinsohn) am 21. 12. die Gibraltar-Straße und versenkt dabei 1 Schiff mit 5289 BRT. Am 11. 12. erhalten *U 74, U 77, U 569, U 83* und *U 432* den Befehl, ins Ost-Mittelmeer zu gehen, sie passieren am 16./17. 12. die Gibraltar-Straße, doch werden *U 569* und *U 432* dabei durch *Swordfish*-Flugzeuge beschädigt und müssen umkehren. Von den am 18./19. 12. ins östliche Mittelmeer befohlenen Booten werden *U 451* durch *Swordfish*-Flugzeuge versenkt, *U 202* beschädigt und zur Umkehr gezwungen, *U 133* und *U 577* kommen am 23. bzw. 21. 12. durch.

7. 12. 1941 **Pazifik**

Jap. Angriff auf Pearl Harbor: Die jap. Kampfgruppe (Zusammensetzung vgl. 26. 11.) erreicht den Startpunkt nördlich Oahu und startet um 06.00 Uhr die erste Welle (FKpt. Fuchida) mit 50 Horizontal-, 40 Torpedo-, 51 Sturzbombern und 43 Jägern, kurze Zeit später die zweite Welle mit 54 Horizontal- und 81 Sturzbombern sowie 36 Jäger. Sie schalten in überraschendem Schlag die amerik. Luftabwehr aus und versenken die Schlachtschiffe *Arizona* (Flaggschiff KAdm. Kidd †, Capt. van Valkenburgh †) mit 47 Offizieren und 1056 Mann, *California* (Flaggschiff VAdm. Pye, Capt. Bunkley) mit 6 Offizieren und 92 Mann, *West Virginia* (Capt. Bennion †) mit 2 Offizieren und 103 Mann, *Oklahoma* (Capt. Bode) mit 20 Offizieren und 395 Mann, und *Nevada*, den Minenleger *Oglala* und das Zielschiff *Utah*. Teilweise schwer beschädigt werden die Schlachtschiffe *Pennsylvania* (Capt. Cooke), *Tennessee* (Capt. Reordan) und *Maryland* (Capt. Godwin), die Leichten Kreuzer *Helena, Honolulu, Raleigh*, der Flugboottender *Curtiss*, die Zerstörer *Cassin, Shaw, Downes* sowie das Werkstattschiff *Vestal*. 92 Marine- und 96 Armeeflugzeuge werden zerstört. Personalverluste 2403 Tote und 1178 Verwundete. Die Japaner verlieren 5 Torpedobomber, 15 Stuka und 9 Jäger mit 55 Mann und 5 Klein-U-Boote. Die jap. Zerstörer *Akebono* und *Ushio* beschießen Midway.

7.—10. 12. 1941 **Mittelmeer**

Durchbruch der angreifenden brit. 8. Armee nach Tobruk, dessen Verteidiger damit entsetzt werden. Einheiten der brit. Mittelmeerflotte und Transporter haben während der Belagerung Tobruks seit dem 12. 4. 32 667 Mann und 33 946 t Nachschubgüter nach Tobruk gebracht und 34 115 Mann, 7516 Verwundete und 7097 Gefangene evakuiert. Dabei sind 2 Zerstörer, 3 Sloops, 7 U-Jäger und Minensucher, 1 Kanonenboot, 1 Minenkreuzer, 7 Nachschubschiffe, 6 *A*-Leichter gesunken, 7 Zerstörer, 1 Sloop, 11 U-Jäger und Minensucher, 3 Kanonenboote, 3 *A*-Leichter, 1 Schooner, 1 Truppentransporter und 6 Handelsschiffe beschädigt worden.

7.—13. 12. 1941 **Schwarzes Meer**

5 Transporter und die Kreuzer *Krasnyj Kavkaz, Krasnyj Krym*, der Flottillenführer *Char'kov* und die Zerstörer *Bodryj* und *Nezamožnik* transportieren die 388. SchDiv. (10 582 Mann) von Novorossijsk und Tuapse nach Sevastopol.

7.—18. 12. 1941 **Pazifik**

Das jap. 3. U-Boot-Geschwader operiert im Raum südlich Hawaii. Am 8. 12. werden *I-68* und *I-69* südlich Pearl Harbor mit Wasserbomben belegt, am 10. 12. versenkt ein Flugzeug des US-Trägers *Enterprise I-70*. Es versenken *I-75* (FKpt. Inoue) und *I-72* (KKpt. Togami) je 1 Schiff mit 3253 BRT bzw. 5113 BRT. Auf dem Rückmarsch beschießen am 22. 12. *I-68* Johnston, *I-71* und *I-72* Palmyra.

7.—27. 12. 1941 **Pazifik**

Bei der Verfolgung eines von einem U-Boot gesichteten US-Trägers am 10. 12. stößt das jap. 1. U-Boot-Geschwader an die US-Westküste vor und besetzt Positionen zwischen Vancouver und Los Angeles. Auf dem Marsch und im Operationsgebiet versenken und beschädigen: *I-26* (FKpt. M. Yokota) 1 Schiff mit 2140 BRT versenkt, *I-10* (FKpt. Kayahara) 1 Schiff mit 4473 BRT versenkt, *I-9* (FKpt. Fujii) 1 Schiff mit 5645 BRT versenkt, *I-17* (FKpt. Nishino) 1 Schiff mit 6912 BRT versenkt, 1 Schiff mit 7038 BRT beschädigt, *I-23* (FKpt. Shibata) 2 Schiffe mit 8890 BRT beschädigt, *I-19* (FKpt. Narahara) 2 Schiffe mit 16 458 BRT beschädigt, *I-21* (FKpt. Matsumura) 1 Schiff mit 8272 BRT versenkt, 1 Schiff mit 6418 BRT beschädigt, *I-25* (FKpt. Tabata) 1 Schiff mit 8684 BRT beschädigt. Am 27. 12. treten die Boote den Rückmarsch an. Dabei klärt *I-19* am 8. 1. 1942 mit seinem Bordflugzeug über Pearl Harbor auf.

7. 12. 1941—31. 1. 1942 **Pazifik**

Die U-Kreuzer des jap. 2. U-Geschwaders operieren im Raum südlich Hawaii. Es werden zahlreiche Schiffe gesichtet, doch nur *I-4* (FKpt. Nakagawa) versenkt 1 Schiff mit 4858 BRT. Am 17. 12. klärt das Führerboot *I-7* mit seinem Bordflugzeug über Pearl Harbor auf. *I-1* beschießt am 30./31. 12. die Insel Hilo. Am 11. 1. torpediert *I-6* (FKpt. Inaba) den US-Träger *Saratoga*.

8. 12. 1941 **Mittelmeer**

Die 8. brit. Armee stellt die Landverbindung zur eingeschlossenen Festung Tobruk wieder her.

8. 12. 1941 **Pazifik**

21 Flugzeuge des jap. Trägers *Ryujo* greifen Davao auf Mindanao an. Jap. Armee- und Marineeinheiten besetzen, unterstützt durch den alten Panzerkreuzer *Izumo*, die internationale Niederlassung von Shanghai. Das brit. Kanonenboot *Peterel* sinkt nach kurzem Gefecht, das US-Kanonenboot *Wake* ergibt sich. Außerdem erbeuten die Japaner 13 brit., USA und panam. Handelsschiffe mit zusammen 15 586 BRT, 4 weitere Schiffe mit 18 744 BRT, darunter der US-Frachter *President Harrison* (10 509 BRT) auf dem Wangpu.

8.—11. 12. 1941 **Mittelmeer**

Brit. Zerstörer *Jervis* (Capt. Mack), *Jackal* und *Javelin* stoßen, unterstützt durch die Leichten Kreuzer *Naiad* (KAdm. Vian), *Galatea*, *Euryalus* und die Zerstörer *Griffin* und *Hotspur* gegen den dt.-ital. Nachschubverkehr nach Nordafrika vor und beschießen Derna. Ital. Torpedoflieger beschädigen die *Jackal* durch Lufttorpedotreffer schwer.

8.—12. 12. 1941 **Südasien**

Jap. Malaya-Gruppe, bestehend aus der »Süd-Expeditions-Flotte« (VAdm. Ozawa) mit dem Leichten Kreuzer *Kashii*, der Fregatte *Shimushu*, dem Minenleger *Hatsutaka*, U-Jäger-Divisionen und Transportern und der Unterstützungsgruppe (KAdm. Kurita) mit den Schweren Kreuzern *Mogami*, *Mikuma*, *Suzuya* und *Kumano* und dem 3. Zerstörer-Geschwader mit dem Leichten Kreuzer

Sendai und 15 Zerstörern landet, unterstützt von dem 22. Marine-Fliegergeschwader und der 3. Heeres-Flieger-Division die 5. jap. Inf.-Div. an der Ostküste der Malaya-Halbinsel bei Singora, Patani und Khota Baru. — Deckung der Operation durch Vorpostenstreifen des 5. U-Boot-Geschwaders mit 6 U-Booten und die Deckungsgruppe (VAdm. Kondo) mit den Schlachtschiffen *Kongo* und *Haruna*, den Schweren Kreuzern *Atago*, *Takao* und *Chokai* sowie 8 Zerstörern. — Von Singapore läuft am 8. 12. ein Verband (Adm. Philipps) mit dem Schlachtschiff *Prince of Wales*, dem Schlachtkreuzer *Repulse* und den Zerstörern *Express*, *Electra*, *Vampire* und *Tenedos* zum Angriff gegen die jap. Landungs-Konvois aus. Er wird am 8. 12. durch das jap. U-Boot *I-66* gemeldet, von der darauf angesetzten Luftaufklärung jedoch nicht erfaßt. Am 9. 12. macht der Verband auf der Höhe von Khota Baru kehrt, um eine fälschlich bei Kuantan gemeldete Landung anzugreifen. Von *I-65* gesichtet und erfolglos angegriffen, wird er am Morgen des 10. 12. von dem zu bewaffneter Aufklärung gestarteten 22. Marine-Fliegergeschwader (KAdm. Matsunaga) erfaßt und *Repulse* (Capt. Tennant) und *Prince of Wales* (Capt. Leach †) in mustergültig koordinierten Torpedo- und Bombenangriffen versenkt. Die Zerstörer retten 1285 bzw. 796 Mann der Besatzungen. Unter den Toten befindet sich auch Admiral Philipps. Am 12. 12. greift das niederl. U-Boot *O 16* (Kptlt. Bussemaker) die jap. Landungsflotte vor Patani an und torpediert 4 Schiffe mit 34435 BRT.

8.—13. 12. 1941 **Südasien**

Angriff der jap. Nord-Philippinen-Gruppe gegen Nord-Luzon. 8. 12.: 192 Flugzeuge der 21. und 23. Marine-Fliegergeschwader der 11. Luftflotte (VAdm. Tsukahara) greifen von Formosa die US-Luftbasen Clark- und Iba-Field an und vernichten bei 7 Verlusten 12 *B-17*-Bomber und 30 Jäger. Flugzeuge der 5. Heeres-Flieger-Div. greifen von Formosa die Flugbasen Tuguegarao und Baguio an. Eine Vorausabteilung besetzt die Insel Batan, wo sofort mit der Einrichtung eines Flugplatzes begonnen wird. 9. 12.: Fortsetzung der Luftangriffe mit Schwerpunkt gegen Nichols-Field bei Manila. 10. 12.: Jap. Nord-Philippinen-Gruppe (VAdm. Takahashi) mit den Minenlegern *Shirataka*, *Aotaka* und *Wakataka*, 3 Kanonenboot-, 3 Minensuch- und 8 U-Jäger-Divn. sowie der Transportflotte, der Unterstützungsgruppe mit den Kreuzern *Ashigara*, *Maya*, *Kuma*, *Naka*, *Natori* und 12 Zerstörern landen 2 Vorausabteilungen der 14. Armee mit je 2000 Mann bei Aparri und Vingan, wo sie an der Nord- und Nordwestküste Luzons Flugbasen errichten. Angriffe von US-Flugzeugen gegen die Landungsflotte ohne Erfolg. Schwere Angriffe der jap. 11. Marine-Luftflotte gegen den US-Flottenstützpunkt Cavite (bei Manila). 12. 12.: Jap. Süd-Philippinen-Gruppe (KAdm. Kubo) mit den Minenlegern *Itsukushima* und *Yaeyama* je 1 Kanonenboot-, Minensuch- und U-Jäger-Division und Transportern, unterstützt von einer Kampfgruppe (KAdm. Takagi) mit den Kreuzern *Nachi*, *Haguro*, *Myoko*, dem Träger *Ryujo* mit 2 Zerstörern, den Kreuzern *Jintsu* und *Nagara* mit 12 Zerstörern landet 2500 Mann der jap. 16. Inf.-Div. bei Legaspi auf Süd-Luzon. 12. 12.: Neue schwere Angriffe gegen US-Flugplätze auf Luzon schalten die US-Luftwaffe aus; die Reste weichen nach Mindanao und Australien aus.

8.—15. 12. 1941 **Südasien**

Im Rahmen der jap. Südoperation werden das 4. und 5. U-Boot-Geschwader (KAdm. Yoshitomi und KAdm. Hashimoto) mit den Booten *I-53*, *I-54*, *I-55*, *I-56*, *I-57*, *I-58* und *I-62*, *I-64*, *I-65*, *I-66* im Gebiet der Anambas-Inseln aufgestellt. *I-65* greift am 9. 12. auf große Entfernung den brit. Schlachtschiffsverband ohne Erfolg an, *I-56* (KKpt. Ohashi) versenkt mit Artillerie am 11. 12. 1 Schiff. Auf dem Rückmarsch versenkt *I-66* (KKpt. Yoshitome) das niederl. U-Boot *K. XVI.* Die Minen-U-Boote des 6. Geschwaders (KAdm. Kono) legen am 8./9. 12. Sperren vor Balabac — *I-123* (KKpt. Ueno), Manila — *I-124* (KKpt. Kishigami), Singapore — *I-121* (KKpt. Yendo), und *I-122* (KKpt. Utsuki). Auf der Manila-Sperre geht 1 Schiff verloren, *I-124* versenkt mit Torpedo ein weiteres Schiff mit zusammen 3404 BRT.

8.—23. 12. 1941 **Nordmeer**

Der brit. Konvoi PQ. 6 mit 7 Schiffen läuft ohne Feindberührung von Hvalfjord nach Murmansk, 2 Schiffe bleiben am 20. 12. dort, die 5 anderen Schiffe laufen mit einem sowj. Eisbrecher weiter, bleiben jedoch am 23. 12. in Molotovsk im Eis stecken und müssen hier überwintern.

8.—31. 12. 1941 **Südwestpazifik**

Die U-Boote der US Asiatic Fleet werden ab 8.—9. 12. teils in Defensiv-Positionen um die Philippinen aufgestellt, so *Seal* bei Vingan, *S-36, Seawolf, Saury,* bei der San-Bernardino-Straße, teils in Angriffs-Positionen, so *S-38, S-37, S-41* bei Mindoro, *Sculpin* ostwärts Luzon, *S-39, Tarpon* und *Shark, Sailfish, Stingray, S-40* vor dem Lingayen-Golf, *Permit, Perch* westlich Luzon, *Sturgeon, Searaven* bei Formosa, *Pike, Swordfish, Snapper* bei Hainan, *Spearfish* vor Camranh, *Sargo* im Golf von Siam und *Skipjack* bei Palau. Die Operationen der Boote, die zahlreiche Angriffe gegen jap. Schiffe und Verbände fahren, werden durch Torpedoversager (Tiefenlauf, Magnetzündung!) stark beeinträchtigt. (Vgl. dt. Norwegen-Unternehmung!) Nur *Swordfish* (Cdr. Smith) versenkt 1 Schiff mit 8663 BRT, *Seal* (LCdr. Hurd) 1 Schiff mit 850 BRT, und *S-38* (Lt. Chappell) 1 Schiff mit 5445 BRT vor dem Lingayen-Golf.

9. 12. 1941 **Nordmeer**

Auf dem Marsch nach Kirkenes versenkt das dt. U-Boot *U 134* (Kptlt. Schendel) vor dem Tanafjord irrtümlich den dt. Dampfer *Steinbek* (2184 BRT).

9. 12. 1941 **Pazifik**

Jap. Kampfgruppe der 4. Flotte (VAdm. Inouye) mit den Minenlegern *Okinoshima, Tokiwa* und *Tsugaru* sowie 2 Transportern landet auf den Gilbert-Inseln Tarawa und Makin.

9.—20. 12. 1941 **Mittelmeer**

Zur Deckung ital. Konvoi-Operationen gegen die Force K werden ostwärts und südlich Malta die U-Boote *Santarosa, Narvalo, Squalo, Veniero* und *Topazio* aufgestellt, sie sichten den Verband jedoch nicht.

10. 12. 1941 **Nordatlantik**

U 130 (KKpt. Kals) trifft auf dem Ausmarsch von Norwegen nach Frankreich auf einen Ost-Konvoi westlich Irland und versenkt 3 Schiffe mit 14 971 BRT.

10. 12. 1941 **Pazifik**

Jap. Kampfgruppe (KAdm. Goto): Transporter, 1 Kanonenboot, 1 Minensuch- und 2 U-Jäger-Divn., unterstützt durch die Schweren Kreuzer *Aoba, Kinugasa, Kako* und *Furutaka* und 3 Zerstörer landet einen Teil des Südsee-Detachements auf Guam, dessen Besatzung nach kurzem Widerstand überwältigt wird.

10. 12. 1941 **Japan/Westfrankreich**

Blockadebrecher *Burgenland* (7320 BRT, Kpt. Schütz) erreicht aus Kobe kommend Bordeaux.

11. 12. 1941 **allgemeine Lage**

Kriegserklärung Deutschlands und Italiens an die USA.

11. 12. 1941 **Pazifik**

Jap. Kampfgruppe (KAdm. Kajioka) mit den Leichten Kreuzern *Tenryu, Tatsuta, Yubari,* 6 Zerstörern, 2 U-Booten und 4 Transportern versucht auf Wake zu landen, wird aber von der Inselbesatzung (Maj. Devereux) nach dem Verlust der Zerstörer *Hayate* und *Kisaragi* abgewiesen. An den folgenden Tagen laufende jap. Luftangriffe.

11.—14. 12. 1941 **Pazifik**

Die ersten US-U-Boote *Gudgeon, Pollack* und *Plunger* laufen von Pearl Harbor zu Operationen in jap. Heimatgewässern aus.

12.—15. 12. 1941 **Mittelmeer**

Vorstoß der brit. Force B (KAdm. Vian) mit den Kreuzern *Naiad, Galatea, Euryalus* und Zerstörern, um nach der Vereinigung mit der Force K aus Malta ital. Geleitzüge im Ionischen Meer anzugreifen. (Vgl. 1.—15. 12.) Nach Umkehr der ital. Geleite Rückmarsch der brit. Einheiten. Dabei versenkt das U-Boot *U 557* (Kptlt. Paulshen) vor Alexandria den Kreuzer *Galatea* (Capt. Sims †). Von den südlich Kreta operierenden ital. U-Booten *Ascianghi, Galatea* und *Dagabur* verfehlt letzteres knapp das rückmarschierende brit. U-Boot *Talisman.*

13. 12. 1941 **Südasien**

Brit. Streitkräfte räumen vor dem Angriff der 38. jap. Inf.-Div. Kowloon, die auf dem Festland liegende Vorstadt Hongkongs.

14.—23. 12. 1941 **Nordatlantik**

Operation der Gruppe »Seeräuber« gegen den Konvoi HG. 76. Am 14. 12. läuft der Konvoi mit 32 Schiffen (Commodore Fitzmaurice), gesichert von der 36th Escort Group (Cdr. Walker) mit den Sloops *Stork, Deptford* und den Korvetten *Rhododendron, Marigold, Convolvulus, Pentstemon, Gardenia, Samphire* und *Vetch* aus. Support Group mit den Geleitzerstörern *Blankney, Exmoor* und *Stanley,* ferner Geleitträger *Audacity* (Cdr. MacKendrick). Gleichzeitig läuft eine U-Jagd-Gruppe der Force H mit Zerstörern aus, von denen am 15. 12. der austral. Zerstörer *Nestor U 127* (Kptlt. Hansmann) versenkt, ferner geht ein Nahost-Konvoi mit 4 Schiffen, gesichert von 1 Zerstörer und 3 Korvetten in See. Auf V-Mann-Meldungen wird die Gruppe »Seeräuber« mit *U 434, U 131, U 67, U 108* und *U 107* angesetzt, von denen *U 108* (Kptlt. Scholtz) einen portug. Einzelfahrer von 4751 BRT versenkt. Kurz vor Mitternacht am 14./15. 12. sichtet das auf dem Marsch ins Mittelmeer befindliche *U 74* den Nahost-Konvoi, aus dem *U 77* (Kptlt. Schonder) in der Nacht 1 Schiff mit 4972 BRT versenkt. Am 15. 12. bleibt die Luftaufklärung erfolglos, da der Konvoi an der marokkanischen Küste nach Süden ausholt. Am 16. 12. sichtet mittags eine *FW 200* der I./K. G. 40 den HG. 76, doch werden die in die Nähe kommenden *U 108* und *U 67* abgedrängt, ebenso in der Nacht *U 131. U 574* wird angesetzt. Am 17. 12. wird der Konvoi von *U 108, U 107* und *U 131* (KKpt. Baumann) gesichtet, letzteres wird nach mehreren Angriffen und Abschuß einer *Swordfish* der *Audacity* tauchunklar und muß sich bei Annäherung der *Stork, Blankney, Exmoor* und *Stanley* selbst versenken. *U 434* (Kptlt. Heyda), das seit dem 17. abends Fühlung hält, wird am 18. vormittags entdeckt und durch die Zerstörer *Blankney* und *Stanley* mit Wasserbomben zum Auftauchen und Verlassen des Bootes gezwungen. Von den fühlunghaltenden *FW 200* werden 2 durch *Martlet*-Jäger der *Audacity* abgeschossen. Am Abend drückt *Pentstemon U 107* unter Wasser, *U 67* wird nach einem Fehlschuß von der *Convolvulus* abgedrängt. Gegen Morgen am 19. 12. gewinnt *U 574* (Oblt. z. S. Gengelbach) Fühlung und versenkt den es verfolgenden Zerstörer *Stanley*, wird jedoch von Cdr. Walker mit der *Stork* im Gegenangriff gerammt und versenkt. *U 108* schießt währenddessen 1 Schiff mit 2869 BRT aus dem Konvoi heraus. *Martlets* der *Audacity* schießen am Nachmittag 2 *FW 200* Fühlunghalter ab, doch gelingt es *U 107* (Kptlt. Gelhaus) weiter Fühlung zu halten, und im Laufe des 20. und 21. 12. *U 108, U 67*, und die seit 20. 12. neu angesetzten Boote *U 567, U 751* und *U 71* heranzuführen. *U 67* wird durch ein Flugzeug, andere U-Boote durch Wasserbombenangriffe der *Marigold* und *Samphire* abgedrängt. In der Nacht zum 22. 12. greifen kurz hintereinander *U 567* (Kptlt. Endraß) und *U 751* (Kptlt. Bigalk) an und versenken 1 Frachter mit 3324 BRT bzw. den Träger *Audacity*. *U 567* fällt anschließend einem Wasserbombenangriff der *Deptford* zum Opfer. *U 67* (Kptlt. Müller-Stöckheim) verfehlt ein Katapultschiff im Konvoi knapp. Am 22. 12. halten *U 71*, das auf dem Marsch nach Amerika befindliche *U 125* und am 23. 12. früh noch *U 751* Fühlung, doch werden sie von der Korvette *Vetch* und von den als Verstärkung hinzukommenden Zerstörern *Vanquisher* und *Witch* abgedrängt.

15.—19. 12. 1941 **Mittelmeer**

Erste Schlacht in der Syrte.

15. 12.: KAdm. Vian läuft mit den Leichten Kreuzern *Naiad, Euryalus* und *Carlisle* und 14 Zerstörern aus, um den Transporter *Breconshire* (9776 BRT) von Alexandria nach Malta zu bringen. Von Malta läuft am 16. 12. die Force K (Kreuzer *Aurora, Penelope* und 6 Zerstörer) aus, um die *Breconshire* aufzunehmen. Gleichzeitig geht von Neapel aus ein aus 4 großen Schiffen und 8 Zerstörern bestehender ital. Geleitzug für Nordafrika in See. Auf der Höhe von Messina stoßen eine Fernsicherungsgruppe (GeschwAdm. Bergamini) — Schlachtschiff *Duilio*, 7. Division (DivAdm. de Courten): Kreuzer *Duca d'Aosta, Attendolo, Montecuccoli*, Zerstörer *Aviere, Ascari, Camicia Nera* — und eine Deckungsgruppe (Adm. Iachino) — Schlachtschiffe *Littorio, Doria, Cesare*, 3. Division (DivAdm. Parona): Schwere Kreuzer *Gorizia* und *Trento*, Zerstörer *Granatiere, Bersagliere, Fuciliere, Alpino, Corazziere, Carabiniere, Usodimare, Maestrale, Oriani, Gioberti* — läuft aus Tarent aus. Damit sind alle einsatzbereiten schweren Einheiten der ital. Marine in See!

17. 12.: Force K und Gruppe Vian vereinigen sich. Ital. Luftangriffe bleiben erfolglos. Admiral Iachino dreht auf Meldungen seiner Aufklärer hin auf den brit. Verband zu und kommt kurz nach Einbruch der Dunkelheit mit diesem in Gefechtsberührung. Ergebnisse werden auf keiner Seite erzielt, weil jeder Verband sein Schutzobjekt zu decken versucht, ohne von den lohnenden Zielen auf der anderen Seite zu wissen.

18. 12.: KAdm. Vian läuft nach Alexandria zurück, *Breconshire* trifft mit der Force K in Malta ein. Der ital. Geleitzug nimmt daraufhin seinen Marsch nach Tripolis wieder auf. Vor Tripolis wird die Force K mit den Kreuzern *Neptune, Aurora* und *Penelope* sowie den Zerstörern *Kandahar, Lance, Lively* und *Havock* auf den Konvoi angesetzt, gerät aber bald in eine neu gelegte Minensperre. *Neptune* (Capt. O'Connor †) sinkt nach 4 Minentreffern mit rund 550 Mann der Besatzung. Nur 1 Überlebender kann gerettet werden. *Kandahar* muß ebenfalls nach Minentreffer aufgegeben werden. *Aurora* (Capt. Agnew) wird schwer, *Penelope* (Capt. Nicholl) leicht beschädigt. In der Nacht zum 19. 12. kehrt die Gruppe Vian nach Alexandria zurück. Durch die zu ihrem

Einlaufen geöffnete Sperrlücke des Hafens dringen 3 von dem ital. U-Boot *Scirè* (FKpt. Borghese) ausgesetzte Torpedoreiter-Teams (Kptlt. Durand de la Penne mit Feldw. Bianchi, Hptm. Marceglia mit OGfr. Schergat, Hptm. Martellotta mit Feldw. Marino) in den Hafen ein und bringen ihre Sprengladungen unter den Schlachtschiffen *Valiant* (Capt. Morgan) und *Queen Elizabeth* (Capt. Barry) und dem norweg. Tanker *Sagona* (7554 BRT) an. Alle Schiffe gehen schwer beschädigt auf Grund, der längsseits der *Sagona* liegende Zerstörer *Jervis* wird ebenfalls beschädigt.

15.—29. 12. 1941 **Nordmeer**

Vor der norweg. Polarküste operieren die sowj. U-Boote *S-101, S-102, ŠČ-403, ŠČ-404, M-172* und *M-174*. Am 18. 12. ergebnisloses Gefecht zwischen einem U-Boot *(S-101?)* und dem U-Jäger *UJ 1214* vor dem Kvaenangenfjord. Am 22. 12. verfehlt *ŠČ-403* (Kptlt. S. I. Kovalenko) vor dem Porsangerfjord den Routendampfer *Ingöy*, am 21. 12. versenkt *M-174* (Kptlt. N. E. Egorov) vor Vardö den dt. Dampfer *Emshörn* (4301 BRT).

16.—23. 12. 1941 **Pazifik**

Zweite Schlacht um Wake. 16. 12.: US-Kampfgruppe (KAdm. Fletcher) mit dem Flugzeugträger *Saratoga*, den Schweren Kreuzern *Minneapolis, Astoria* und *San Francisco* und 8 Zerstörern, dem Flugzeugtransporter *Tangier* und einem Versorgungstanker läuft von Pearl Harbor nach Wake aus. Die auf dem Marsch zu einem Ablenkungsraid gegen Jaluit befindliche Kampfgruppe (KAdm. Brown) mit dem Flugzeugträger *Lexington*, den Schweren Kreuzern *Indianapolis, Chicago* und *Portland*, 8 Zerstörern und einem Tanker wird zur Unterstützung der Wake-Operation nach Nordwesten abgedreht. Eine dritte Gruppe (KAdm. Halsey) operiert mit dem Träger *Enterprise*, den Schweren Kreuzern *Northampton, Chester* und *Salt Lake City* nebst 9 Zerstörern im Seegebiet um Midway. Zur gleichen Zeit wird eine jap. Träger-Division (KAdm. Abe) mit *Soryu, Hiryu*, den Schweren Kreuzern *Chikuma* und *Tone* und 2 Zerstörern zur Unterstützung der jap. Landungsgruppe (KAdm. Kajioka) für Wake detachiert. Letztere geht am 21. 12. von Kwajalein aus in See: Leichte Kreuzer *Yubari, Tatsuta, Tenryu*, 7 Zerstörer und 6 Transporter. Nach schweren Luftangriffen beginnt die Landung am 22. 12., unterstützt durch die 6. Kreuzer-Division (KAdm. Goto) mit den Schweren Kreuzern *Aoba, Kinugasa, Kako, Furutaka* und 3 Zerstörern. Wegen Schwierigkeiten bei der Ölübernahme in See kommen die US-Kampfgruppen nicht mehr rechtzeitig heran und werden am 23. 12. zurückgerufen. Am gleichen Tag kapituliert Wake.

16.—30. 12. 1941 **Biskaya**

Wegen eines befürchteten Auslaufens der schweren dt. Schiffe in Brest werden alle verfügbaren alliierten U-Boote im Raum westlich Brest aufgestellt (vgl. 22. 3. 1941), darunter auch das freifranz. *Junon*. *H. 31* geht bei diesen Unternehmungen vermutlich durch Minentreffer verloren.

16.—31. 12. 1941 **Mittelmeer**

In den Nächten zum 16., 22., 23. und 31. 12. führt die dt. 3. S-Flottille (Kptlt. Kemnade) mit den Booten *S 55, S 35, S 61, S 31* und *S 34* die ersten Minenunternehmungen vor La Valetta/Malta — MT 1—4 — durch, 73 TMA-Minen gelegt.

17. 12. 1941 **Nordmeer**

Bei einem Vorstoß an die Kola-Küste trifft die 8. dt. Z-Flottille (Kpt. z. S. Pönitz) mit *Z 25, Z 23, Z 24* und *Z 27* etwa 14 sm nördlich Kap Gorodeckij auf die zur Aufnahme des Konvois PQ. 6 ausgelaufenen brit. Minensuchboote *Speedy* und

Hazard, die irrtümlich als russische Zerstörer der G-Klasse angesprochen werden. *Speedy* erhält 4 Treffer, *Hazard* bleibt unbeschädigt. Der brit. Schwere Kreuzer *Kent* geht mit 2 sowj. Zerstörern von Kola-Inlet in See, um den dt. Verband abzufangen, bleibt aber erfolglos.

17. 12. 1941 **Südasien**
Ein Verband der jap. Malaya-Gruppe (vgl. 8.—12. 12.) landet eine Vorausabteilung der 18. Inf.-Div. in Miri (Sarawak/Borneo).

17. 12. 1941 **allgemeine Lage**
Admiral Chester W. Nimitz löst Admiral Husband E. Kimmel als OB der US-Pazifik-Flotte ab. Bis zum Eintreffen des neuen Befehlshabers übernimmt Admiral Pye das Kommando.

18.—25. 12. 1941 **Südasien**
Endkampf um Hongkong. Die 38. jap. Inf.-Div. drängt die Verteidiger bis zum 25. 12. auf dem Westteil der Insel so zusammen, daß sie kapitulieren müssen. Im Hafen erbeuten die Japaner 26 mehr oder weniger beschädigte brit., sowj., panames. und norweg. Handelsschiffe mit zusammen 52 604 BRT. Während der Kämpfe sinken oder werden vor der Kapitulation selbst versenkt: brit. Zerstörer *Thracian,* Minenleger *Redstart,* Kononenboote *Moth, Tern, Cicala, Robin,* Schnellboote *MTB 7, MTB 8, MTB 9, MTB 10, MTB 11, MTB 12, MTB 26, MTB 27* und 4 Hilfsschiffe.

18.—27. 12. 1941 **Ostsee**
Der Versuch des großen sowj. U-Bootes *K-51,* von Kronstadt in die Ostsee zu gelangen und 3 Monate dort zu operieren, muß wegen der Eislage westlich Lavansaari abgebrochen werden.

18.—28. 12. 1941 **Mittelmeer**
Vor der Küste Ägyptens und der Cyrenaika operieren die von Salamis kommenden dt. U-Boote *U 371, U 559, U 562, U 79* und *U 75* sowie die von Westen neu zugeführten U-Boote *U 652, U 374, U 568, U 74, U 77, U 83, U 573, U 577* und *U 133.* Von ihnen verfehlt *U 371* (Kptlt. Driver) am 18. 12. vor Alexandria einen Kreuzer der Force B und am 20. 12. einen Zerstörerverband, bei Angriffen gegen einen Konvoi am 23. 12. versenkt *U 559* (Kptlt. Heidtmann) 1 Schiff mit 3059 BRT und verfehlt ebenso wie *U 562* Sicherungsfahrzeuge, von denen *Hasty* und *Hotspur* mit Wasserbomben *U 79* versenken. Am 24. 12. versenkt *U 568* (Kptlt. Preuß) aus einer Konvoisicherung die Korvette *Salvia, U 562* verfehlt 1 Schiff. Am 26. 12. versenkt *U 559* 1 weiteres Schiff mit 2486 BRT. Beim Angriff auf einen Konvoi am 28. 12. verfehlen *U 652* und *U 559* ihre Ziele, *U 75* (Kptlt. Ringelmann) versenkt 1 Schiff mit 1587 BRT und wird anschließend durch den Zerstörer *Kipling* versenkt.

18.—29. 12. 1941 **Südasien**
Das jap. 6. U-Boot-Geschwader mit *I-123, I-124, I-121* und *I-122* operiert im Gebiet westlich Mindanao. *I-123* legt eine Minensperre vor Soerabaja.

18. 12. 1941—1. 2. 1942 **Pazifik**
Erste Aufklärungsunternehmen von US-U-Booten: *Pompano* beobachtet Wake, Ujelang, Ponape, Rongelau, Bikini, *Dolphin* Arno, Maloelap, Wotje, Kwajalein und Jaluit.

19.—20. 12. 1941 **Schwarzes Meer**
Sowj. Kreuzer *Krasnyj Kavkaz* und *Krasnyj Krym,* der Flottillenführer *Char'kov*

und die Zerstörer *Bodryj* und *Nezamožnik* transportieren die 79. Marineinfanterie-Brigade (3500 Mann) nach Sevastopol.

19.—20. 12. 1941 **Südasien**
Jap. Süd-Philippinen-Gruppe (KAdm. Tanaka) landet mit dem Minenleger *Shirataka* und 14 Transportern rund 5000 Mann der 56. selbständigen gemischten Brigade beiderseits Davao (Mindanao). Sicherung: Leichter Kreuzer *Jintsu* und 6 Zerstörer. Deckung der Operation durch eine Kampfgruppe (KAdm. Takagi) mit dem Flugzeugträger *Ryujo*, den Schweren Kreuzern *Nachi*, *Haguro*, *Myoko* und dem Seeflugzeugträger *Chitose*.

19.—24. 12. 1941 **Mittelmeer**
Gegen eine erwartete Operation der Force H werden die ital. U-Boote *Axum* und *Turchese* bei Cap Bougaroni, *Alagi* und *Aradam* ostwärts davon aufgestellt.

20. 12. 1941—16. 1. 1942 **Nordmeer**
Brit. Konvoi QP. 4 mit 11 Handelsschiffen läuft von Archangelsk nach Seidisfjord, 2 weitere Schiffe bleiben in Murmansk.

21.—24. 12. 1941 **Südasien**
Jap. Nord-Philippinen-Gruppe (VAdm. Takahashi) landet die Masse der 14. Armee (Genlt. Homma) mit der verst. 48. Inf.-Div. im Lingayen-Golf auf Luzon. Gruppe 1: 27 Transporter, Leichter Kreuzer *Natori* (KAdm. Hara), 6 Zerstörer und 9 kleinere Kriegsschiffe. Gruppe 2: 28 Transporter, Leichter Kreuzer *Naka* (KAdm. Nishimura), 7 Zerstörer und 12 kleinere Fahrzeuge. Gruppe 3: 21 Transporter, Zerstörer *Yamagumo* (KAdm. Hirose), 4 T-Boote, 6 kleine Kriegsschiffe. Unterstützung durch die Schweren Kreuzer *Ashigara*, *Maya* und den Leichten Kreuzer *Kuma*. Deckungsgruppe westlich Luzon (Admiral Kondo): Schlachtschiffe *Kongo*, *Haruna*, Schwere Kreuzer *Atago*, *Takao*, *Chokai* und 8 Zerstörer. Luftunterstützung durch die Marine-Fliegergeschwader 21 und 23 und die 5. Heeres-Flieger-Div. 5 US-U-Boote werden auf diese Verbände angesetzt, jedoch können wegen Torpedoversagern nur 2 Boote insgesamt 3 Treffer erzielen.

21.—27. 12. 1941 **Schwarzes Meer**
Bei Einsätzen zur Überführung der 345. Schützen-Division (10600 Mann) und Munitionstransporten nach Sevastopol führen folgende Schiffe des Geschwaders Beschießungen dt. Stellungen und Bereitstellungsräume an der Sevastopol-Front durch: 21. 12.: *Krasnyj Krym*, *Char'kov*, *Bodryj*. 22. 12.: *Krasnyj Kavkaz*, *Krasnyj Krym*, *Taškent*, *Char'kov*, *Bodryj*, *Smyšlenyj*, *Nezamožnik*: 1938 Schuß. 23. 12.: *Taškent*, *Smyšlenyj*. 24. 12.: *Taškent*, *Smyšlenyj*, *Bojkij*. 25. 12.: *Taškent*, *Smyšlenyj*, *Bojkij*, *Bezuprečnyj*. 26. 12.: *Bezuprečnyj*. 27. 12.: *Taškent*, *Smyšlenyj*. (Vom 23.—27. 12.: 1299 Schuß.) Am 22. 12. werden die Kreuzer *Krasnyj Kavkaz* und *Krasnyj Krym*, der Flottillenführer *Char'kov* und der Zerstörer *Bodryj* zur Vorbereitung der Kerč-Feodosija-Landung abgezogen.

22. 12. 1941 **Mittelmeer**
Das brit. U-Boot *Umbra* versenkt vor Misurata (Tripolitanien) 1 Schiff mit 1010 BRT aus einem Konvoi.

22. 12. 1941—1. 1. 1942 **Nordmeer**
Brit. Raid gegen die Lofoten: Operation »Anklet«, am 22. 12. läuft KAdm. Hamilton mit dem Kreuzer *Arethusa*, den Zerstörern *Somali*, *Ashanti*, *Bedouin*, *Eskimo*, den Geleitzerstörern *Wheatland*, *Lamerton*, *Krakowiak* (poln.), *Kujawiak* (poln.), den norweg. Korvetten *Eglantine*, *Acanthus*, den Minensuchern

Speedwell, Harrier, Halcyon, den Landungsschiffen *Prins Albert, Princess Charlotte* (belg.), den Tankern *Black Ranger, Grey Ranger*, den Hilfsschiffen *Scott, Gudrun Maersk* (dän.) und dem Schlepper *Jaunty* von Scapa Flow aus. Durch Markierungs-U-Boot *Sealion* wird der Verband am 26. 12. in den Vestfjord geführt *(Princess Charlotte* mit *Wheatland* wegen Havarie zurück). *Prince Albert* mit *Lamerton, Eglantine, Acanthus* landet 260 Mann Kommandos zur Zerstörung der Fischölfabrik in Moskenesöy, der FT-Station in Tind, *Bedouin* zerstört an Nordseite FT-Station Napp auf Flakstadöy. *Arethusa, Somali, Ashanti* und *Eskimo* dringen in Vestfjord ein zur Suche nach Schiffen. Die norweg. Routendampfer *Kong Harald* und *Nordland* (1125 BRT bzw. 725 BRT) werden aufgebracht, das dt. Vp.-Boot *V 5904/Geier* (145 BRT) wird von *Ashanti* nach Übernahme der Besatzung versenkt. Bei dt. Luftangriffen wird die *Arethusa* durch Nahtreffer beschädigt, die Operation wird abgebrochen und am 28. 12. der Rückmarsch angetreten.
Operation »Archery«, am 24. 12. läuft KAdm. Burrough mit dem Kreuzer *Kenya*, den Zerstörern *Onslow, Oribi, Offa*, dem Geleitzerstörer *Chiddingfold* und den Landungsschiffen *Prince Charles, Prince Leopold* von Scapa Flow aus. Durch das Markierungs-U-Boot *Tuna* wird der Verband am 27. 12. in den Vaagsfjord gelotst. In 5 Gruppen werden »Commandos« in Stärke von zusammen 485 Mann im Raum Vaagsö und Maalöy gelandet und zerstören die dortigen Fischverarbeitungs- und Fernmeldeanlagen. Im Maalöy-Sund versenken *Onslow* und *Oribi* das Vp-Boot *V 5108/Föhn* (207 BRT) und treiben die Frachter *Reimar Edzard Fritzen* (2935 BRT), *Norma* (2258 BRT), *Eismeer* (1003 BRT) und etwas später die *Anita L. M. Russ* (1712 BRT) auf Strand. Bei Vaagsö versenken *Offa* und *Chiddingfold* das Vp-Boot *V 5102/Donner* (223 BRT) und den Frachter *Anhalt* (5870 BRT). *Kenya* erhält im Gefecht mit der Küstenbatterie Rugsundöy mehrere Treffer. Angriffe einiger dt. Flugzeuge am 27. und 28. 12. bleiben erfolglos. Am 1. 1. 1942 treffen die alliierten Verbände wieder in Scapa Flow ein und bringen 266 bzw. 77 norweg. Freiwillige mit.

23. 12. 1941 **Mittelmeer**

Dt.-ital. Truppen räumen Bengasi.

23.—24. 12. 1941 **Südasien**

Ein Verband der jap. Philippinen-Gruppe (KAdm. Kubo) landet mit 24 Transportern rund 7000 Mann der 16. Inf.-Div. in der Lamon-Bucht östlich Manila. Unterstützung durch den Leichten Kreuzer *Nagara*, die Seeflugzeugträger *Chitose* und *Mizuho*, 6 Zerstörer und 20 kleinere Kriegsschiffe.
Jap. Malaya-Landungsflotte landet unter Deckung durch das 7. Kreuzer-Geschwader (KAdm. Kurita) Truppen bei Kuching (Nordwestborneo). Das niederl. U-Boot *K XVI* (Kptlt. Jarman) versenkt den Zerstörer *Sagiri, K XIV* (Kptlt. Van Well Groeneveld) torpediert 4 Transporter mit 29 722 BRT.

24. 12. 1941 **Westatlantik**

VAdm. Muselier besetzt mit den freifranz. Korvetten *Mimosa, Alysse* und *Aconit* sowie dem U-Kreuzer *Surcouf* die vichy-treuen Inseln St. Pierre und Miquelon vor Neufundland.

24.—25. 12. 1941 **Südasien**

Ein Verband der jap. Süd-Philippinen-Gruppe (KAdm. Tanaka) landet, unterstützt durch den Flugzeugträger *Ryujo* mit dem Leichten Kreuzer *Jintsu*, 4 Zerstörern und 9 Transportern einen Teil der 56. selbständigen gemischten Brigade auf Jolo (Sulu-See).

25. 12. 1941—25. 1. 1942 **Nordmeer**

Erster Ansatz einer dt. U-Boot-Gruppe »Ulan« mit *U 134*, *U 454* und *U 584* in der Enge südlich der Bären-Insel gegen brit. Murmansk-Konvois. Angriffe gegen die Konvois PQ. 7 A und PQ. 8 (s. d.).

26.—31. 12. 1941 **Schwarzes Meer**

Sowj. Landungen auf der Halbinsel Kerč. Am 26. 12. landen Verbände der Azov-Flottille (KAdm. S. G. Gorškov) von Temrjuk und Kučugury aus die 244. Schützen-Div. und die 83. Marineinfanterie-Brig. der 51. Armee (GenLt. Lvov) an der Nordküste der Halbinsel Kerč: gleichzeitig Einheiten der Basis Kerč (KAdm. Frolov) die 302. Schützen-Div. beiderseits Kerč von Taman aus mit dem Ziel, die Kräfte des dt. XXXXII. Korps an der Küste im Norden und Osten zu binden. Von den 5 Gruppen der Azov-Flottille kommen wegen des schweren Wetters und der Abwehr zunächst nur die Gruppen 2 und 1 bei Kap Zjuk und Gruppe 4 bei Kap Chroni an Land, Gruppen 3 und 5 werden später in diese Landungsräume nachgeführt. Bis zum 29. 12. werden mit Unterstützung durch die Kanonenboote *Don* und *Dnestr* 5870 Mann und 9 Panzer von Leichtern, Fischkuttern und Wachbooten gelandet, werden aber bis zum 29. 12. von dem dt. Inf.-Regt. 72 in die Verteidigung gedrängt.
Die Kräfte Adm. Frolovs (3 Gruppen mit 8 *TKA*, 41 Fischkuttern, 3 Schleppzügen) können am 26. 12. bei Kamyš-Burun an 4 Stellen 2175 Mann landen und trotz schweren Wetters bis zum 29. 12. 9050 Mann nachführen und den Brückenkopf gegen die Angriffe des Inf.-Regt. 42 halten.
Die Landung der Gruppe B (KAdm. N. O. Abramov) mit der 122. und 143. Schützen-Brigade von Anapa aus bei Kap Opok am 27. 12. muß wegen der stürmischen Wetterlage verschoben werden, die Truppen landen am 29. 12. bei Kamyš-Burun. Die Unterstützungsgruppe besteht aus den K-Booten *Krasnyj Adžaristan*, *Krasnaja Gruzija*, dem Wachschiff *Štorm*, einer *TKA*-Abteilung und Wachbooten.
Am 29. 12. erfolgt die Hauptlandung durch das Geschwader (Kpt. 1. Rg. Basistyj) der 44. Armee (GenMaj. Pervuchin) in Feodosija mit dem Ziel, die dt. Kräfte auf der Halbinsel Kerč im Rücken abzuschneiden und einzuschließen und durch Vorstoß in die Krim das belagerte Sevastopol zu entsetzen. In der Nacht zum 29. 12. werden zunächst von einer Vorausabteilung von 12 Wachbooten und 2 R-Booten (Kptlt. A. P. Ivanov) 300 Marineinfanteristen gelandet, welche die Molen und den Leuchtturm besetzen. Kurz darauf beginnt der Unterstützungsverband (Kpt. 1. Rg. V. A. Andreev) mit der Ausschiffung von rund 4200 Mann. Der Kreuzer *Krasnyj Krym* ankert 300 m von der Mole, die *Krasnyj Kavkaz* legt unmittelbar an der Mole an, die Zerstörer *Železnjakov*, *Šaumjan* und *Nezamožnik* gehen in den Hafen, nachdem sie von den Markierungs-U-Booten *M-51* und *ŠČ-201* herangeführt sind. Am Tage des 29. 12. unterstützen die Schiffe die gelandeten Truppen mit ihrer Artillerie gegen die zunächst noch schwache dt.-rumän. Abwehr. Auf die Nachricht von der Landung in Feodosija gibt der Befehlshaber der dt. Truppen auf der Halbinsel Kerč, GenLt. Graf Sponeck, aus eigenem Entschluß den Befehl an die 46. Inf.-Div., sich schnell von Kerč auf eine Riegelstellung im Westen zurückzuziehen. Mit schnell herangeführten Kräften wird in den folgenden Tagen vom OB der 11. Armee, GenOb. v. Manstein, eine neue Verteidigungslinie aufgebaut, doch muß der laufende Angriff auf Sevastopol eingestellt werden. In der Nacht vom 29./30. 12. trifft die Transporter-Abteilung (Kpt. 2. Rg. N. A. Zaruba) mit der 63. Schützen-Div. (11 270 Mann auf den Transportern *Kuban*, *Azov*, *Šachter*,

Zyrjanin, Krasnyj Profintern, Taškent, Nogin, Žan Žores und *Serov* mit der Sicherungs-Gruppe (Kpt. 3. Rg. N. P. Negoda) mit den Zerstörern *Bodryj* und *Bojkij* ein, in der nächsten Nacht die 2. Transporter-Abteilung (Kpt. 2. Rg. A. M. Filipov) mit der 157. Schützen-Div. (6395 Mann) auf den Transportern *Kalinin, Kursk, Dmitrov, Fabricius* und *Krasnogvardeec* und der Sicherungsgruppe (Kpt. 2. Rg. M. F. Romanov) mit den Zerstörern *Soobrazitel'nyj* und *Sposobnyj*. Auf der Reede von Feodosija erhalten durch das Artillerie- und Granatwerfer-Abwehrfeuer die *Krasnyj Kavkaz* 17, die *Krasnyj Krym* 11, die *Železnjakov* und *Šaumjan* je 4, die *Nezamožnik* 1 Treffer, das Wachboot *SKA-063* sinkt, ebenso nach Luftangriff der Minensucher *T-402/Minrep*.

29. 12.—30. 12. 1941 **Schwarzes Meer**

Von dem Flottillenführer *Taškent* und dem Zerstörer *Smyšlenyi* vor Poti am 27. 12. abends aufgenommen, trifft das Schlachtschiff *Parižskaja kommuna* in Sevastopol ein, gefolgt von dem Kreuzer *Molotov* mit dem Zerstörer *Bezuprečnyj*. Die Schiffe unterstützten mit ihrem Feuer die Abwehr dt. Angriffe in den Räumen Belbek, Kamyšly, Verchne am 29. und 30. 12. — Beim Rückmarsch nehmen das Schlachtschiff 1025, der Kreuzer 600 Verwundete an Bord.

30. 12. 1941 **Mittelmeer**

Im Gebiet des Peloponnes versenkt das brit. U-Boot *Thorn* (LCdr. Norfolk) 1 Schiff mit 3032 BRT, das brit. *Proteus* torpediert 1 weiteres mit 2480 BRT.

31. 12. 1941 **Schwarzes Meer**

An der türk.-bulgar. Grenze versenkt das sowj. U-Boot *ŠČ-214* (Kptlt. Vlasov) den türk. Segler *Kaynakdere*.

★

1942

1. 1. 1942 **allgemeine Lage**

Pakt der »Vereinten Nationen«. 26 Nationen erklären in Washington, keinen Sonderfrieden mit Deutschland oder Japan schließen zu wollen. Bekenntnis zu den Grundsätzen der »Atlantik-Charta«.

1.—5. 1. 1942 **Schwarzes Meer**

Sowj. Kreuzer *Molotov,* Flottillenführer *Taškent* und Transporter *Abchazija* und *Belostok* bringen Teile der 386. Schützen-Div. von Novorossijsk nach Sevastopol. Vor dem Rückmarsch am 2. 1. beschießen *Molotov* und *Taškent* mit den Zerstörern *Smyšlenyj* und *Bezuprečnyj* mehrfach dt. Stellungen vor Sevastopol. *Smyšlenyj* bringt am 3. 1. den Transporter *Pestel'* mit 690 Mann Personalersatz und 185 t Munition nach Sevastopol. Nachschub für die 44. Armee bringen am 1. 1. der Zerstörer *Sposobnyj* mit dem Transporter *Kalinin* von Novorossijsk, die Kreuzer *Krasnyj Krym* und *Komintern* von Tuapse nach Feodosija, am 2. 1. folgen die Zerstörer *Bojkij* und *Šaumjan* mit dem Minensucher *T-401/Tral'* und 5 Transportern aus Novorossijsk, am 3. 1. der Kreuzer *Krasnyj Kavkaz* mit der 224. Flak-Div. (22 8,5-cm-Flak) an Bord, *Krasnyj Krym* und die Zerstörer *Sposobnyj* und *Soobrazitel'nyj* beschießen vor dem Rückmarsch Landziele bei Feodosija. Auf dem Rückmarsch wird die *Krasnyj Kavkaz* am 4. 1. vor Tuapse durch 6 *Ju 87* des St. G. 77 angegriffen und durch 4 Nahtreffer am Heck schwer beschädigt (Reparatur bis Oktober 1942).
Vom 3.—5. 1. geleiten die Zerstörer *Bojkij* und *Soobrazitel'nyj* die Transporter *Kuban'* und *Krasnogvardeec* zum Bosporus.

1.—18. 1. 1942 **Mittelmeer**

Bei brit. U-Boot-Operationen versenken im zentralen Mittelmeer *Upholder* (LCdr. Wanklyn) das als Benzintransporter eingesetzte ital. U-Boot *St. Bon, Unbeaten* (Lt. Woodward) das dt. *U 374, P. 35/Umbra* (Lt. Maydon) ein kleines Schiff mit 301 BRT. An der Westseite von Kefalonia versenkt *Thunderbolt* (LCdr. Crouch) eine Caique von 32 BRT, bei Cap Ducato *Proteus* und *Thrasher* (Lt. Mackenzie) je 1 Schiff von 5413 BRT bzw. 5016 BRT. *Porpoise* (Cdr. Pizey) legt am 11. 1. vor Kreta eine Sperre mit 50 Minen und versenkt mit Torpedo 1 Schiff mit 2471 BRT. Aus ungeklärter Ursache geht vor Milos *Triumph* verloren (Mine?), in Malta wird am 14. 1. *P. 31/Uproar* bei einem Luftangriff beschädigt.

2. 1. 1942 **Nordmeer**

U 134 (Kptlt. Schendel) versenkt im Nordmeer aus dem Murmansk-Konvoi PQ. 7A (2 Schiffe, PQ. 7B 9 Schiffe) den brit. Frachter *Waziristan* (5135 BRT).

3. 1. 1942 **allgemeine Lage**

Bildung des alliierten ABDA-Command (American, British, Dutch, Australian) unter General Wavell in Niederländisch-Indien.

3.—6. 1. 1942 **Mittelmeer**

Operation M. 43: 3 ital. Nachschubgeleitzüge aus Messina, Brindisi und Tarent (6 Transporter) erreichen ohne Verluste Nordafrika. Sicherung und Deckung durch die Schlachtschiffe *Littorio, Andrea Doria, Giulio Cesare* und *Caio Duilio,* die Schweren Kreuzer *Gorizia* und *Trento,* 4 Leichte Kreuzer, 19 Zerstörer und 5 T-Boote.

Deckung der Operation ostwärts Malta durch die U-Boote *Pisani, Onice, Dandolo, Alagi, Aradam, Tricheco* und *Axum,* zwischen Kreta und Cyrenaika durch *Beilul, Zaffiro, Dessiè* und *Galatea.* Sichtung des Konvois durch das brit. U-Boot *P. 34/Ultimatum* und der Deckungsgruppe durch *Unique* sowie Flugzeuge führt nicht zu erfolgreichen Angriffen.

4.—9. 1. 1942 **Niederländisch-Indien**

Vom jap. 4. U-Geschwader (KAdm. Yoshitome) versenken südlich Java *I-157* (KKpt. Nakashima) 1 Schiff mit 3077 BRT und *I-156* (KKpt. Ohashi) 3 Schiffe mit 7957 BRT, 2 weitere Schiffe mit 5065 BRT torpediert. In der Java-See versenkt *I-158* (KKpt. Kitamura) 1 Schiff mit 2380 BRT, während *I-155* ebenso wie *Ro-33* und *Ro-34* im Gebiet der Anambas-Inseln erfolglos bleiben.

4.—18. 1. 1942 **Pazifik**

Vor der jap. Ostküste versenken die US U-Boote *Pollack* (LCdr. Mosely) 2 Schiffe mit 7612 BRT, 1 Schiff mit 2700 BRT beschädigt, *Gudgeon* (LCdr. Grenfell) 1 Schiff mit 2225 BRT, *Plunger* (LCdr. White) 1 Schiff mit 4702 BRT.

5.—8. 1. 1942 **Schwarzes Meer**

Sowj. Entlastungs-Offensive für Sevastopol. In der Nacht zum 5. 1. landet ein sowj. Verband (Kpt. 2. Rg. Buslaev) mit dem Minensucher *T-405/Vrzyvatel',* dem Schlepper *SP-14* und 7 *SKA*-Kuttern ein Marine-Inf.-Batl. in Jevpatorija, wo sich gleichzeitig Partisanen-Einheiten gesammelt haben. Die bei einem Luftangriff beschädigte *Vrzyvatel'* gerät auf Grund und geht verloren. In der Nacht zum 6. 1. landet eine zweite Gruppe mit dem Zerstörer *Smyšlenyj,* dem Minensucher *T-408/Jakor'* und 4 *SKA* ein weiteres Batl. Eine dritte Welle mit dem Flottillenführer *Taškent,* der *Jakor'* und 2 *SKA* kommt am 6. 1. abends wegen des Abwehrfeuers nicht an Land. Die Masse der gelandeten Kräfte wird von den dt. Verteidigern, darunter die Aufkl. Abt. 22 (Oberstlt. v. Boddien), vernichtet, 203 Gefangene werden eingebracht, Reste schiffen sich am 6. 1. abends ein. Der am 5. 1. mit Nachschub nach Sevastopol gekommene Kreuzer *Molotov* und die *Taškent* unterstützen am 5., 6. und 7. 1. mit ihrer Artillerie sowj. Angriffe an der Nordfront der Festung. Das Schlachtschiff *Parižskaja kommuna* (Befh. d. Geschwaders, KAdm. Vladimirskij, an Bord) und der Zerstörer *Bojkij* beschießen in der Nacht zum 6. 1. dt. Stellungen bei Staryj Krym (Feodosija). Gleichzeitig landet der Zerstörer *Sposobnyj* mit dem Wachkutter *SKA-0111* 218 Mann des 226. Geb. Regt. bei Sudak. Auf dem Rückmarsch weicht *Sposobnyj* vor Feodosija Angriffen von *Ju 88* aus. In der Nacht zum 8. 1. landet der Zerstörer *Bojkij* wegen Luftgefahr ein Batl. (450 Mann) statt in Feodosija in der Dvujakornoj-Bucht westl. Feodosija. Die zur Landung eines zweiten

Batl. ausgelaufene *Sposobnyj* wird vor Kap Myschako durch Grundminentreffer schwer beschädigt und von dem Zerstörer *Nezamožnik* nach Novorossijsk eingeschleppt.

5.—15. 1. 1942 **Nordmeer**

Von den vor der norweg. Polarküste operierenden sowj. U-Booten legt *K-23* (Kpt. 3. Rg. Potapov) am 5. 1. westlich Nordkyn eine Minensperre, auf der am 30. 1. ein norweg. Routendampfer mit 327 BRT sinkt. Angriffe von *ŠČ-404* und *ŠČ-401* bleiben erfolglos. *S-102* (Kpt. 3. Rg. Gorodničij) greift am 14. 1. nordwestlich Vardö einen Konvoi an und versenkt den Dampfer *Türkheim* (1904 BRT). Die sichernden U-Jäger *UJ 1205, UJ 1403* und das Vorpostenboot *V 5903* werfen 198 Wasserbomben, doch das U-Boot entkommt.

8. 1.—12. 2. 1942 **Westatlantik**

Nacheinander trifft eine erste Welle von 12 Typ VII-C-Booten (Gruppe »Ziethen«) im Gebiet der Neufundlandbank ein und operiert einzeln bis ins Gebiet südlich Nova Scotia. Es werden zahlreiche Schiffe versenkt, so von *U 135* (Kptlt. Praetorius) 1 Schiff mit 9626 BRT, *U 87* (Kptlt. Berger) 2 Schiffe mit 16 324 BRT (davon 1 Schiff schon am 31. 12. auf dem Anmarsch), *U 552* (Kptlt. Topp) 2 Schiffe mit 6722 BRT, *U 86* (Kptlt. Schug) 1 Schiff mit 4271 BRT, ferner 1 Schiff mit 8627 BRT beschädigt, *U 203* (Kptlt. Mützelburg) 3 Schiffe mit 2341 BRT, ferner 1 Schiff mit 888 BRT beschädigt, *U 582* (Kptlt. Schulte) 1 Schiff mit 5189 BRT, *U 654* (Oblt. z. S. Forster) Korvette *Alysse, U 701* (Kptlt. Degen) 1 Schiff mit 3657 BRT, *U 333* (Kptlt. Cremer) 3 Schiffe mit 14 045 BRT, *U 553* (Kptlt. Thurmann) 2 Schiffe mit 16 366 BRT und *U 754* (Kptlt. Oestermann) 4 Schiffe mit 11 386 BRT. *U 84* (Oblt. z. S. Uphoff) kehrt ohne Erfolg zurück.

9.—17. 1. 1942 **Mittelmeer**

Bei Operationen gegen den brit. Tobruk-Nachschub torpediert am 12. 1. *U 77* (Kptlt. Schonder) den brit. Zerstörer *Kimberley*, der mit abgerissenem Heck nach Alexandrien eingeschleppt wird. *U 133* (Kptlt. Hesse) versenkt am 17. 1. den brit. Zerstörer *Gurkha (II). U 205* bleibt ohne Erfolg, *U 577* wird durch ein Flugzeug versenkt.

9.—20. 1. 1942 **Pazifik**

Auf die von dem jap. U-Boot *I-18* gemeldete US Task Force 14 mit dem Träger *Saratoga* wird die 3. U-Boot-Division mit *I-16, I-20, I-22* und *I-24* sowie das noch im Raum Hawaii operierende 2. U-Boot-Geschwader mit *I-7, I-1, I-2, I-3, I-4, I-5* und *I-6* (FKpt. Inaba) angesetzt. Letzteres torpediert am 11. 1. den Träger. Auf dem Rückmarsch beschießen *I-18* und *I-24* ohne Erfolg Midway.

9. 1.—3. 2. 1942 **Indischer Ozean**

Vom jap. 5. U-Boot-Geschwader operieren *I-165* (Kptlt. Harada) und *I-166* (KKpt. Yoshitome) zunächst in der Java-See und später vor Rangoon, sie versenken 2 bzw. 3 Schiffe mit 6105 BRT bzw. 10 530 BRT. *I-159* (KKpt. Yoshimatsu) versenkt westlich Sumatra 1 Schiff mit 4184 BRT und 1 weiteres nicht identifiziertes Schiff in Sabang. Beim Marsch durch die Sunda-Straße wird *I-160* durch den brit. Zerstörer *Jupiter* versenkt. Im Golf von Bengalen versenkt *I-164* (KKpt. Ogawa) 4 Schiffe mit 16 244 BRT und beschädigt 1 Schiff mit 391 BRT, *I-162* (Kptlt. Kinashi) torpediert 2 Tanker mit 16 865 BRT.

10. 1. 1942 **Nordmeer**

U 584 (Kptlt. Deeke) versenkt nordwestlich der Fischer-Halbinsel das sowj. U-Boot *M-175*.

10. 1. 1942 **Südasien**

Bei alliierten U-Boot-Operationen versenkt das US U-Boot *Pickerel* (LCdr. Bacon) vor Davao 1 Schiff mit 2929 BRT. Das niederl. *O-19* (Kptlt. Knoops) torpediert im Golf von Siam 2 Schiffe mit 9417 BRT, die US U-Boote *Stingray* (LCdr. Moore) und *Sculpin* (LCdr. Chappell) torpedieren vor Hainan bzw. der Lamon-Bay je 1 Schiff mit 5167 BRT bzw. 3817 BRT.

11. 1. 1942 **Niederländisch-Indien**

Neue jap. Landungen im Südraum: Zentralgruppe (KAdm. Hirose) mit dem Leichten Kreuzer *Naka,* 7 Zerstörern und den Minenlegern *Itsukushima* und *Wakataka* sowie der 21. Flieger-Gruppe mit den Tendern *Sanyo Maru* und *Sanuki Maru* setzt das Sakaguchi-Detachement der Armee auf Tarakan an Land und besetzt die Ölquellen.
Die Ostgruppe (VAdm. Takahashi) landet mit 10 Transportern die 1. Kure-Spezial-Landungsgruppe gleichzeitig mit dem Einsatz von Fallschirmjägern bei Menado an der Nordostspitze von Celebes. Sicherung der Landungen durch eine Geleitgruppe (KAdm. Tanaka) mit dem Leichten Kreuzer *Jintsu,* 10 Zerstörern und 8 kleineren Einheiten und eine Deckungsgruppe mit den Schweren Kreuzern *Nachi, Haguro, Myoko* und 2 Zerstörern. Luftsicherung durch die 11. Träger-Div. mit dem Flugzeugträger *Zuiho* und dem Seeflugzeugträger *Chitose.*

11.—16. 1. 1942 **Nordatlantik**

Die 3 zwischen Gibraltar und Azoren (Gruppe »Seydlitz«) operierenden dt. U-Boote *U 71, U 571* und *U 93* versuchen den Konvoi HG. 78 anzugreifen, werden jedoch von der Escort Group abgedrängt, deren Führerzerstörer *Hesperus* am 15. 1. *U 93* versenkt.

11. 1.—7. 2. 1942 **Westatlantik**

Die ersten 5 vor der amerik. Ostküste eintreffenden U-Boote eröffnen den Angriff auf die amerik. Küstenschiffahrt (Unternehmen »Paukenschlag«). Es versenken *U 123* (Kptlt. Hardegen) 9 Schiffe mit 53 173 BRT, ferner 1 Schiff mit 8206 BRT torpediert, *U 130* (KKpt. Kals) 6 Schiffe mit 36 993 BRT, ferner 1 Schiff mit 6986 BRT torpediert, *U 66* (KKpt. Zapp) 5 Schiffe mit 33 456 BRT, *U 109* (Kptlt. Bleichrodt) 5 Schiffe mit 33 733 BRT und *U 125* (Kptlt. Folkers) 1 Schiff mit 5666 BRT.

12. 1. 1942 **Schwarzes Meer**

Sowj. Schlachtschiff *Parižskaja kommuna,* gesichert von den Zerstörern *Bodryj* und *Železnjakov* beschießt dt. Stellungen bei Isjumovki und Staryj Krym.

12.—14. 1. 1942 **Nordatlantik**

Das auf dem Verlegungsmarsch von Frankreich in die Heimat befindliche *U 43* (Kptlt. Lüth) versenkt im Nordatlantik einen Nachzügler des Konvois HX. 168 und in schwerem Sturm 3 Schiffe des Konvois ON. 55 mit zus. 21 307 BRT.

12.—25. 1. 1942 **Südasien**

Das jap. 6. U-Boot-Geschwader legt Minensperren: *I-121* und *I-122* am 12. bzw. 16. 1. in der Clarence-Straße, *I-123* in der Bundas-Straße. Bei einer Minenunternehmung vor Port Darwin wird *I-124* am 20. 1. durch den US Zerstörer *Edsall* und die austral. Minensucher *Deloraine, Lithgow* und *Katoomba* versenkt.

13. 1. 1942 **Nordmeer**

Dt. 8. Zerstörer-Flottille (Kpt. z. S. Pönitz) mit *Z 25, Z 23* und *Z 24* wirft 4 Minensperren mit 100 EMC im Westfahrwasser des Weißen Meeres bei Kap Kačovskij.

13.—24. 1. 1942 **Nordmeer**
Alliierter Konvoi QP. 5 mit 4 Schiffen läuft von Murmansk nach Reykjavik.

14.—24. 1. 1942 **Nordatlantik**
12 aus der Heimat ausmarschierende Typ VII-U-Boote (Gruppe »Schlei«) werden auf Weisung Hitlers im Gebiet westlich der Hebriden und Faröer festgehalten, um gegebenenfalls zur Abwehr einer Invasion Norwegens bereitzustehen. Der Einsatz bleibt ohne Ergebnis. Nur *U 588* (Kptlt. Vogel) meldet die Versenkung eines bisher nicht identifizierten Schiffes. Am 24. 1. erhalten die U-Boote den Befehl zum Weitermarsch nach Frankreich.

15. 1. 1942 **Mittelmeer**
Dt. 3. S-Flottille (Kptlt. Kemnade) legt ostwärts La Valetta (Malta) die Sperre MT 5 mit 24 TMA-Minen, 4 Reiß- und 8 Sprengbojen.

15./16. 1. 1942 **Schwarzes Meer**
Sowj. Landungsverband (Kpt. 1. Rg. Andreev) mit Kreuzer *Krasnyj Krym*, Kanonenboot *Krasnyj Adžaristan* und 6 *SKA*-Wachkuttern landet Masse des 226. Geb.Regt. in Sudak, die Zerstörer *Šaumjan* und *Soobrazitel'nyj* landen Ablenkungengruppen an abgesetzten Küstenplätzen, insgesamt 1750 Mann. Feuerschutz durch Deckungsgruppe (KAdm. Vladimirskij) mit Schlachtschiff *Parižskaja kommuna* und Zerstörern *Bezuprečnyj* und *Železnjakov*. Zur Ablenkung beschießt der Zerstörer *Smyšlenyj* gleichzeitig Jevpatorija. Der Zerstörer *Bojkij* bringt Nachschub nach Sevastopol.

16. 1.—4. 2. 1942 **Nordatlantik**
Die auslaufenden *U 402* und *U 581* erfassen einen Truppentransporter-Konvoi, aus dem *U 402* (Kptlt. S. Frhr. v. Forstner) die *Llangibby Castle* (12 053 BRT) torpediert, die nach Ponta Delgada eingebracht wird. Auf die Nachricht vom bevorstehenden Auslaufen des reparierten Schiffes werden die zwischen Gibraltar und Azoren operierenden *U 402, U 581* und *U 572* angesetzt (1.—4. 2.), haben jedoch keinen Erfolg. Der zur Sicherung gehörende brit. Zerstörer *Westcott* versenkt am 2. 2. *U 581*.
Von den zu dieser Zeit im Raum der Azoren operierenden ital. U-Booten *Bagnolini* und *Barbarigo* (KKpt. Grossi) versenkt letzteres am 23. 1. den nach einer Fahrt mit jüdischen Flüchtlingen von Cadiz nach New York leer zurückkehrenden span. Dampfer *Navemar* (5473 BRT).

17. 1. 1942 **Nordmeer**
Erstmalig operiert eine U-Boot-Gruppe (»Ulan«) mit *U 134, U 454* und *U 584* gegen einen Nordmeer-Konvoi. Nach der Torpedierung des sowj. Minensuchers *T-68* aus einem sowj. Küstenkonvoi greift *U 454* (Kptlt. Hackländer) in mehreren Anläufen den Konvoi PQ. 8 (8 Dampfer) an, torpediert das Schiff des Konvoi-Kommodore, *Harmatris* (5395 BRT), und versenkt den Zerstörer *Matabele*. Der CINC Home Fleet entsendet KAdm. Burrough mit dem Kreuzer *Nigeria* nach Murmansk, um das Kommando der sowj. Nordflotte zur stärkeren Beteiligung bei der Einbringung der Konvois zu veranlassen.

18. 1. 1942 **Schwarzes Meer**
Truppen der dt. 11. Armee erobern Feodosija zurück.

19. 1.—5. 2. 1942 **Nordmeer**

An der norweg. Polarküste greifen am 19. 1. die sowj. U-Boote *K-23* (Kpt. 3. Rg. Potapov) und *K-22* (Kpt. 3. Rg. Kotel'nikov, mit dem Div.-Chef, Kpt. 2. Rg. Gadžiev, an Bord) die Fischerhäfen Svaerholthavet (Porsangerfjord) und Berlevaag (Tanafjord) an und versenken mit Artillerie je ein kleines Schiff mit 506 BRT bzw. 106 BRT. 3 Angriffe von *ŠČ-422* (Kptlt. Malyšev, mit dem Div.-Chef, Kpt. 2. Rg. Kolyškin, an Bord) bleiben erfolglos, ebenso einer von *M-171* (Kptlt. Starikov). *ŠČ-421* (Kptlt. Lunin) versenkt nach 2 fehlgeschlagenen Angriffen am 5. 2. im Porsangerfjord aus einem Konvoi den Dampfer *Konsul Schulte* (2975 BRT).

20. 1.—20. 2. 1942 **Pazifik**

Operation des jap. 3. U-Boot-Geschwaders (KAdm. Miwa) im Pazifik. Das Führerboot *I-8* (FKpt. Emi) klärt die US-Westküste zwischen San Francisco und Seattle auf, *I-171* (KKpt. Kawasaki) und *I-172* (KKpt. Togami) operieren im Raum Hawaii, letzteres versenkt den Flottentanker *Neches*, 7383 BRT. *I-173* (FKpt. Isobe) beschießt am 25. 1. Midway, versenkt bei Oahu einen kleinen Transporter von 244 BRT und wird am 29. 1. durch die US-Zerstörer *Jarvis* und *Long* versenkt. *I-169* (KKpt. Watanabe) beschießt am 8. und 10. 2. Midway. *I-174* (FKpt. Ikezawa) und *I-175* (KKpt. Inoue) operieren im Raum der Aleuten ohne Erfolge.

21. 1.—19. 2. 1942 **Westatlantik**

Eine zweite Welle von 8 Typ-VII-Booten versenkt im Gebiet zwischen Neufundlandbank und Nova Scotia: *U 85* (Oblt. z. S. Greger) 1 Schiff mit 5408 BRT, *U 82* (Kptlt. Rollmann, S.) 2 Schiffe mit 18 117 BRT und den Zerstörer *Belmont*, *U 566* (Kptlt. Borchert) 1 Schiff mit 4181 BRT, *U 751* (Kptlt. Bigalk) 2 Schiffe mit 11 487 BRT, ferner 1 Schiff mit 8096 BRT beschädigt, *U 98* (Kptlt. Gysae) 1 Schiff mit 5298 BRT, *U 564* (Kptlt. Suhren) 1 Schiff mit 11 410 BRT, ferner 1 Schiff mit 6 195 BRT torpediert, *U 576* (Kplt. Heinicke) 1 Schiff mit 6946 BRT. *U 575* (Kptlt. Heydemann), das durch Sonderaufgaben aufgehalten war, kehrt ohne Erfolg zurück. Zwei Operationsversuche gegen gesicherte Konvois haben keinen Erfolg. *U 564*, das am weitesten nach Süden vorgestoßen war, ergänzt am 16. 2. aus *U 107* Brennstoff für den Rückmarsch.

21. 1.—6. 3. 1942 **Westatlantik**

Eine zweite Welle von 5 Typ-IX-U-Booten operiert vor der US-Ostküste. Es versenken: *U 103* (Kptlt. Winter) 4 Schiffe mit 26 539 BRT, *U 106* (Kptlt. Rasch) 5 Schiffe mit 42 139 BRT, *U 107* (Kptlt. Gelhaus) 2 Schiffe mit 10 850 BRT, *U 108* (KKpt. Scholtz) 5 Schiffe mit 20 082 BRT und *U 128* (Kptlt. Heyse) 3 Schiffe mit 27 312 BRT.

22. 1. 1942 **Schwarzes Meer**

In Tuapse werden der Kreuzer *Molotov* und die Zerstörer *Bojkij* und *Smyšlenyj* bei einem Sturm beschädigt.

22.—25. 1. 1942 **Mittelmeer**

Ital. Nachschubgeleitzug mit 5 Transportern, gesichert von 6 Zerstörern und 2 T-Booten, erreicht ohne Verluste Nordafrika. Deckung durch die Leichten Kreuzer *Duca d'Aosta*, *Montecuccoli* und *Attendolo*. Fernsicherung durch das Schlachtschiff *Caio Duilio* und vier Zerstörer.

23. 1. 1942 **Pazifik**

Beabsichtigter Angriff einer US-Kampfgruppe mit dem Flugzeugträger *Lexing-*

ton (VAdm. Brown) gegen die Insel Wake muß aufgegeben werden, als das jap. U-Boot *I-172* den Begleittanker *Neches* versenkt.
Das japan. Südsee-Detachement wird durch Einheiten der 4. Flotte bei Rabaul gelandet und erobert Stadt und Hafen. Deckung der Operation durch die 1. Luftflotte auf den Flugzeugträger *Akagi, Kaga, Shokaku* und *Zuikaku,* die seit dem 20. Januar im Seegebiet der Bismarck-Inseln operieren. Die Leichten Kreuzer *Tatsuta* und *Tenryu* landen Marinetruppen in Kavieng auf Neu-Irland. Eine dritte Gruppe besetzt Sulumi an der Südküste Neu-Britanniens. Überall beginnen die Japaner sofort mit der Anlage von Flugplätzen.

23./24. 1. 1942 **Schwarzes Meer**
Sowj. Landungsverband (Kpt. 1. Rg. Andreev) mit Kreuzer *Krasnyj Krym,* Zerstörer *Šaumjan,* Minensucher *T-412/Arsenij Rasskin* und 6 *SKA-Wachkuttern* landet 1576 Mann des 544. Schützen-Regt. in Sudak. Feuerunterstützung durch Zerstörer *Bezuprečnyj* und *Soobrazitel'nyj.* Kreuzer *Komintern* bringt Nachschub nach Sevastopol.

23. 1.—11. 2. 1942 **Niederländ. Indien**
Bei alliierten U-Boot-Operationen torpedieren die US-Boote *Sturgeon* (LCdr. Wright) 2 Schiffe mit 15803 BRT, die aufgesetzt werden, *Seadragon* (LCdr. Ferrall) 3 Schiffe mit 19689 BRT, von denen eines sinkt, *Swordfish* (LCdr. Smith) 2 Schiffe mit 12159 BRT, von denen ebenfalls eines sinkt. Das niederl. *K-XVIII* torpediert 1 Schiff mit 6988 BRT. Am 11. 2. wird *Shark* vor Menado durch den japan. Zerstörer *Amatsukaze* versenkt.

24. 1. 1942 **Niederländ. Indien**
Die japan. Zentral-Gruppe (KAdm. Nishimura, Kreuzer *Naka,* 9 Zerstörer, etwa 15 Transporter) landet das von Tarakan kommende Sakaguchi-Detachement in Balikpapan an der Ostküste von Borneo. Am 20. 1. sichtet das US U-Boot *Sturgeon* den Geleitzug und greift ihn erfolglos an. Ein daraufhin angesetzter Flottenverband, bestehend aus 2 amerik. Kreuzern und 4 Zerstörern, stößt in die Makassar-Straße vor. Bei Nacht greifen die Zerstörer *Ford, Pope, Parrott* und *Paul Jones* (Cdr. Talbot) die ankernde japan. Landungsflotte an und versenken 4 Transporter und ein Sicherungsfahrzeug. — Die Ostgruppe (vgl. 11. 1.) landet mit 6 Transportern Teile der 1. Kure-Landungsgruppe in Kendari an der Südostküste von Celebes.

24. 1.—2.2. 1942 **Nordmeer**
Alliierter Konvoi QP. 6 läuft mit 6 Schiffen von Murmansk nach England.

26. 1.—3. 2. 1942 **Mittelmeer**
Bei brit. U-Boot-Operationen im zentralen Mittelmeer versenken *P. 34/Ultimatum* (Lt. Harrison) und *P. 35/Umbra* (Lt. Maydon) je 1 Schiff mit 3320 bzw. 6142 BRT. Es versenken in der Adria *Thorn* (LCdr. Norfolk) 1 Schiff mit 4583 BRT und das ital. U-Boot *Medusa, Thunderbolt* (LCdr. Crouch) westlich Griechenland 2 Schiffe mit 5156 BRT.

26. 1.—26. 3. 1942 **Nordatlantik**
Auf Befehl Hitlers bleiben weiterhin jeweils 6 U-Boote im Raum westlich der Hebriden und Faröer aufgestellt (vgl. 14.—24. 1.). Im Februar sind *U 653, U 213, U 136, U 591, U 455, U 352, U 752,* im März *U 135, U 553, U 87, U 753, U 701, U 569* und *U 593* beteiligt. Gelegentlich werden Konvois erfaßt, so am 4. 2. bei der Rockall-Bank der ONS. 63, gegen den *U 213, U 136* und *U 591* operieren. Nur *U 136* (Kptlt. Zimmermann) kommt zum Angriff und versenkt am 5. 2. die

brit. Korvette *Arbutus* und verfehlt am 7. 2. einen Zerstörer der Sicherung. Am 10. 2. sichtet *U 591* (Kptlt. Zetzsche) den Konvoi SC. 67 (21 Schiffe, Sicherung kanad. Korvetten *Spikenard, Dauphin, Louisbourg, Chilliwack, Shediac* und *Pictou),* versenkt 1 Schiff mit 4028 BRT und führt *U 136* heran, das am 11. 2. die *Spikenard* versenkt. Am 22. 2. meldet das auf der Überführung nach Frankreich befindliche *U 154* (KKpt. Kölle) den Konvoi HX. 175 (26 Schiffe, US-Zerstörer *Simpson, Leary, Decatur),* fährt am 23. morgens vier und am 24. morgens zwei Anläufe, doch gehen 14 Torpedos wegen eines Fehlers der Rechenanlage fehl. Von den herangeführten *U 136* und *U 752* werden 1 Zerstörer und 1 Dampfer bzw. mehrere Schiffe wegen Abwehrmanövern verfehlt. Bei Einzeloperationen versenken *U 569* (Oblt. Hinsch) 1 Schiff mit 984 BRT, *U 701* (Kptlt. Degen) 3 Schiffe mit 1253 BRT und 1 unidentifiziertes Fahrzeug.

27. 1.—20. 2. 1942 **Südasien**

Zu Transportunternehmungen nach Corregidor werden die US-U-Boote *Seawolf, Seadragon, Sargo, Trout, Swordfish, Permit* u. a. verwendet. Die Versorgung wird bis zum Fall der Insel am 8. 5. mit U-Booten weitergeführt.

28. 1.—9. 2. 1942 **Schwarzes Meer**

In der Nacht vom 28./29. 1. beschießt der sowj. Zerstörer *Bezuprečnyj* dt. Stellungen bei Feodosija. Die sowj. Flotillenführer *Taškent* und *Char'kov* führen vom 30. 1.—2. 2. und vom 3.—4. 2. zusammen mit der *Bezuprečnyj* Nachschubtransporte nach Sevastopol durch und beschießen vor dem Rückmarsch mehrfach Landziele an den Fronten vor Sevastopol, am 4. 2. auch bei Feodosija. *Char'kov* führt vom 7.—9. 2. eine weitere Unternehmung durch.

29. 1. 1942 **Nordatlantik**

U 132 (Kptlt. Vogelsang) versenkt vor Reykjavik beim Angriff auf einen Konvoi den USCG-Cutter *Alexander Hamilton.*

29. 1.—4. 2. 1942 **Mittelmeer**

Gegen den brit. Tobruk-Nachschub operieren die deutschen U-Boote *U 431, U 375, U 73* und *U 561* trotz zahlreicher Angriffe ohne Erfolg.

31. 1.—3. 2. 1942 **Nordatlantik**

Am 31. 1. stößt das auslaufende *U 105* (KKpt. Schuch) westlich der Biskaya auf den Konvoi SL. 93 und versenkt von der Sicherung die Sloop *Culver,* das erste mit einem automatischen Kurzwellen-Sichtfunkpeilgerät (HF/DF) ausgerüstete Schiff. *U 105* selbst muß beschädigt umkehren.
Am 31. 1. sichtet *U 82* (Kptlt. Rollmann, S.) vor Cape Sable (Neufundland) einen aus 2 Truppentransportern und 2 Zerstörern bestehenden NA-Konvoi und versenkt den brit. Zerstörer *Belmont.* Die in der Nähe stehenden *U 566, U 86* und *U 575* kommen wegen der hohen Marschfahrt des Konvois bis zum 3. 2. nicht heran.

★

1. 2.—10. 2. 1942 **Nordmeer**

Alliierte Konvois PQ. 9 und PQ. 10 mit 10 Schiffen laufen ab Reykjavik vereinigt nach Murmansk.

2. 2. 1942 **Mittelmeer**

Dt. Luftangriff auf Malta: brit. Zerstörer *Maori* versenkt.

4. 2. 1942 **Niederländ. Indien**

KAdm. Doorman versucht mit einem alliierten Kreuzerverband (*De Ruyter, Tromp* [niederl.], *Houston, Marblehead* [US], 4 US- und 4 niederl. Zerstörer) japan. Landungsverbände in der Makassarstraße anzugreifen. Marineflieger der 11. japan. Luftflotte erfassen die alliierte Kampfgruppe im Anmarsch und erzielen Bombentreffer auf *Houston, De Ruyter* und beschädigen *Marblehead.*

4.—18. 2. 1942 **Niederländ. Indien**

Vom japan. 4. U-Geschwader versenkt *I-155* (KKpt. Nakajima) im Gebiet von Makassar und der Java-See 2 Schiffe mit 6456 BRT, zwei weitere Versenkungen sind ungeklärt. *I-156* (KKpt. Ohashi) versenkt in der Sunda-Straße 1 Schiff mit 979 BRT und 1 weiteres nicht identifiziertes Fahrzeug. *Ro-34* (Kptlt. Ota) verfehlt einen niederländ. Zerstörer.

5.—15.2. 1942 **Mittelmeer**

Bei brit. U-Boot-Operationen versenken *Upholder* (LCdr. Wanklyn) ostwärts Sardinien 1 Schiff mit 2710 BRT, *Una* (Lt. Norman) vor Cotrone 1 Schiff mit 8106 BRT und *P. 38* (Lt. Hemingway) vor der tunes. Küste aus einem von dem ital. Zerstörer *Premuda* und dem T-Boot *Polluce* gesicherten Konvoi 1 Schiff mit 4116 BRT. Beim Versuch, einen Konvoi vor Kefalonia anzugreifen, wird *Proteus* durch das ital. T-Boot *Sagittario* beschädigt. Am 13. 2. wird im Golf von Tarent *Tempest* durch das ital. T-Boot *Circe* (KKpt. Palmas) zum Auftauchen gezwungen und sinkt beim Einschleppversuch.

6. 2. 1942 **Nordatlantik**

Das auf dem Rückmarsch von der US-Küste befindliche U-Boot *U 82* stößt auf den Konvoi OS. 18 und wird von der Sloop *Rochester* und der Korvette *Tamarisk* mit Wasserbomben versenkt.

6. 2.—23. 2. 1942 **Nordmeer**

Alliierter Konvoi PQ. 11 mit 13 Schiffen läuft von Loch Ewe nach Murmansk.

7.—8. 2. 1942 **Mittelmeer**

Die brit. Zerstörer *Lively* und *Zulu* versenken bei einem Vorstoß westlich Sizilien 2 kleine ital. Einzelfahrer mit 816 BRT.

7.—8. 2. 1942 **Niederländ. Indien**

Eine auf 6 Transportern eingeschiffte japan. Marine-Landungs-Abteilung von Kendari wird in Makassar an der Südwestküste von Celebes am 8. 2. an Land gesetzt. Nachsicherung durch 5 Zerstörer und 4 M-Boote. Deckungsgruppe (KAdm. Kubo) mit dem Kreuzer *Nagara* und 6 Zerstörern, Fernsicherungsgruppe (KAdm. Takagi) mit den Kreuzern *Nachi, Haguro* und 2 Zerstörern. Luftsicherung durch den Träger *Zuiho* (KAdm. Fujita) und das Flugzeugmutterschiff *Chitose.* Das US-U-Boot *S 37* (Lt. Dempsey) versenkt den japan. Zerstörer *Natsushio.*

7.—15. 2. 1942 **Südasien**

Endkampf um Singapore. In der Nacht zum 8. 2. landet eine Kampfgruppe der japan. Garde-Div. auf der Insel Ubin im Ostteil der Johore-Straße. Am 8. 2. beginnt die Artillerie der 25. Armee, die Insel Singapore zu beschießen, während gleichzeitig Bomber der 3. Flieger-Division die brit. Stellungen angreifen. In der Nacht vom 9. 2. setzen die 5. und 18. japan. Division über die Johore-Straße, denen in der kommenden Nacht die Garde-Div. von Johore-Bharu aus folgt. Unterstützt durch zwei Panzer-Regimenter drängen die Japaner die Briten bis zum 15. 2. auf die Stadt Singapore zurück, worauf der Verteidiger, GenLt. Percival, am Abend des gleichen Tages vor dem OB der 25. Armee, GenLt. Yamashita, kapituliert.

8.—9. 2. 1942 **Nordatlantik**
Vor Neufundland greifen *U 85* und *U 654* (Oblt. z. S. Forster) den Konvoi ON. 61 an. *U 654* versenkt die franz. Korvette *Alysse.*

8. 2.—8. 3. 1942 **Pazifik**
Japan. U-Boote *I-9, I-17, I-23* operieren vom 8.—15. 2. südlich Oahu. *I-17* (FKpt. Nishino) marschiert dann an die US-Westküste, beobachtet am 20. 2. San Diego, beschießt am 23./24. 2. Elwood in Kalifornien und greift am 1. 3. vor San Francisco erfolglos den Tanker *William H. Berg* (8298 BRT) an. *I-23* ist seit dem 14. 2. verschollen. *I-9* (FKpt. Fujii) klärt am 24. 2. mit ihrem Bordflugzeug über Pearl Harbor auf. Am 26. 2. laufen *I-15, I-19* und *I-26* nach Ausrüstung als Flugbootversorger von Kwajalein nach den French Frigate Shoals aus und betanken dort am 3./4. 3. zwei 4-mot. Flugboote auf ihrem Flug von Wotje zum Angriff gegen Pearl Harbor. Die Bomben gehen fehl. Am 7. 3. sichtet *I-15* (FKpt. Ishikawa) die vom Raid gegen Marcus zurückkehrende US Task Force 8 mit dem Träger *Enterprise,* doch kommen die anderen Boote nicht heran.

9. 2. 1942 **Mittelmeer**
Westlich Marsa Matruk beschädigen dt. Bomber den brit. Zerstörer *Farndale* schwer.

9. 2. 1942 **Westatlantik**
Im Hafen von New York brennt der US-Truppentransporter *Lafayette* (ex *Normandie),* 83 423 BRT, aus und kentert.

9.—20. 2. 1942 **Indischer Ozean**
Vor Ceylon versenken die jap. U-Boote *I-165* (Kptlt. Harada) und *I-166* (KKpt. Yoshitome) 2 Schiffe mit 9960 BRT (1 weiteres unbekanntes wahrscheinlich) bzw. 1 Schiff mit 2076 BRT.

9.—28. 2. 1942 **Pazifik**
Vor der jap. Ostküste versenken die US-U-Boote *Trout* (LCdr. Fenno) 3 Schiffe mit 9542 BRT und *Triton* (LCdr. Lent) 3 Schiffe mit 8638 BRT, *Cuttlefish* (LCdr. Hottel) beschädigt 1 Schiff mit 6515 BRT.

10. 2.—20. 3. 1942 **Westatlantik**
Eine dritte Welle von 15 U-Booten operiert einzeln im Gebiet zwischen Neufundland und Cape Hatteras, darunter die 6 an der Operation gegen den Konvoi ONS. 67 (21.—25. 2.) beteiligten Boote, von denen im folgenden nur die an der US-Ostküste errungenen Erfolge angeführt sind; es versenken *U 432* (Kptlt. Schultze, H. O.) 5 Schiffe mit 24 987 BRT, *U 504* (KKpt. Poske) 4 Schiffe mit 26 561 BRT, *U 96* (KKpt. Lehmann-Willenbrock) 5 Schiffe mit 25 464 BRT, U 69 (Kptlt. Zahn) kein Erfolg, *U 578* (KKpt. Rehwinkel) 2 Schiffe mit 10 540 BRT und Zerstörer *Jacob Jones, U 653* (Kptlt. Feiler) 1 Schiff mit 1582 BRT, *U 656* (Kptlt. Kröning) ohne Erfolg am 1. 3. verloren. *U 404* (Kptlt. v. Bülow) 4 Schiffe mit 22 653 BRT, *U 94* (Oblt. z. S. Ites) 4 Schiffe mit 14 442 BRT, *U 558* (Kptlt. Krech) nur am ONS. 67 Erfolge, *U 587* (Kptlt. Borcherdt) 2 Schiffe mit 6619 BRT, *U 155* (Kptlt. Piening) 1 Schiff mit 7874 BRT, *U 158* (Kptlt. Rostin) 3 Schiffe mit 21 202 BRT, ferner 1 Schiff mit 7118 BRT torpediert.

10.—25. 2. 1942 **Mittelmeer**
Gegen den brit. Tobruk-Nachschub operieren trotz zahlreicher Angriffe ohne Erfolg die dt. U-Boote *U 652, U 83, U 81* und *U 559*.

11. 2. 1942 **Westatlantik**
Amerik. Truppen besetzen Curaçao und Aruba (Niederländisch-Westindien).

12. 2. 1942 **Kanal**
Unternehmen »Cerberus«: Nach wochenlangen Minensucharbeiten durch die 1., 2., 4., 5. und 12. M-Fl. und die 2., 3. und 4. R-Fl. im Kanal und in der südlichen Nordsee, bei denen in der Nacht zum 11. 2. *M 1208* vor Barfleur verloren geht, laufen in der Nacht zum 12. 2. die Schlachtschiffe *Scharnhorst* (Kpt. z. S. Hoffmann, mit dem BdS VAdm. Ciliax an Bord), *Gneisenau* (Kpt. z. S. Fein) und der Schwere Kreuzer *Prinz Eugen* (Kpt. z. S. Brinkmann) aus Brest aus. Sicherung durch die Zerstörer *Z 29* (mit FdZ KAdm. Bey an Bord), *Richard Beitzen* (mit Chef der 5. Z-Fl. Kpt. z. S. Berger an Bord), *Paul Jacobi, Friedrich Ihn, Hermann Schoemann* und *Z 25*. Später stoßen von Le Havre aus die 2. T-Fl. (KKpt. Erdmann) mit *T 11, T 2, T 5, T 12, T 4* und aus Dünkirchen die 3. T-Fl. (KKpt. Wilcke) mit *T 13, T 15, T 16* und *T 17* zum Verband, wozu auf der Höhe von Kap Gris Nez noch die 5. T-Fl. (FKpt. Schmidt) mit *Seeadler, Falke, Kondor, Iltis* und *Jaguar* tritt. Außerdem beteiligen sich an der Sicherung des Verbandes Einheiten des BSW und später BSN und die S-Boot-Flottillen 2 (Kptlt. Feldt), 4 (Kptlt. Bätge) und 6 (Kptlt. Obermaier). Die Luftflotte 3 (Feldmarschall Sperrle) stellt 176 Zerstörer und Jagdflugzeuge (hauptsächlich J.G. 2 und 26, später noch J.G. 1) für die Luftsicherung zur Verfügung, von denen ständig wenigstens 16 Maschinen über dem Flottenverband sein können.
Der dt. Verband wird erst auf der Höhe von Le Touquet entdeckt und erfolglos von brit. Küstenbatterien beschossen. Von Dover aus gehen 5 MTB's (Cdr. Pumphrey) und von Ramsgate 3 MTB's (LCdr. Long) in See. Ihre Torpedoangriffe bleiben erfolglos. Drei Boote erleiden Beschädigungen. Die gerade verfügbare *Swordfish*-Staffel No. 825 (Cdr. Esmonde †) greift die dt. Schiffe auf der Höhe von Gravelines an; alle 6 Torpedoflugzeuge werden abgeschossen. Später eingesetzte Bomber und Torpedoflugzeuge finden z. T. ihre Ziele nicht. Sie versenken das Vorpostenboot *V 1302* und beschädigen die T-Boote *T 13* und *Jaguar*. Schließlich gelingt es einem Zerstörerverband aus Harwich (21. Z-Fl. [Capt. Pizey] mit *Campbell* und *Vivacious* und unterstellter 16. Z-Fl. [Capt. Wright] mit *Worcester, Whitshed* und *Walpole)*, an den dt. Verband heranzukommen, aber auch die Zerstörerangriffe scheitern im schweren Abwehrfeuer, *Worcester* wird in Brand geschossen und erreicht mit Mühe den Hafen.
Auf dem Marsch erhalten *Scharnhorst* zwei, *Gneisenau* einen Minentreffer, können jedoch mit eigener Kraft Wilhelmshaven bzw. die Elbe-Mündung erreichen.

12. 2.—22. 2. 1942 **Nordmeer**
Alliierter Konvoi QP. 7 läuft mit 8 Schiffen von Murmansk nach Seidisfjord.

13. 2. 1942 **Niederländ. Indien**
Japan. Westgruppe (VAdm. Ozawa) setzt nach Landung von Fallschirmjägern bei Palembang (Sumatra) mit insgesamt 22 Transportern die Masse der 38. Division in der Banka-Straße nördlich Palembang an Land. Die am 9. und 11. 2. aus der Camranh-Bay ausgelaufenen Transporter durch 5 Zerstörer, 5 M-Boote und 2 U-Jäger gesichert. Deckung der Landung durch Ozawa mit den Schweren

Kreuzern *Chokai, Suzuya, Mogami, Kumano* und *Mikuma* sowie 8 Zerstörern und dem Flugzeugträger *Ryujo.* Angriffsversuch eines alliierten Geschwaders (KAdm. Doorman) mit den Kreuzern *De Ruyter, Java, Tromp, Exeter* und *Houston* und 10 Zerstörern nach Verlust des niederländ. Zerstörers *Van Ghent* durch Grundberührung und erfolglosen japan. Bombenangriffen am 15. 2. abgebrochen.

13.—14. 2. 1942 **Schwarzes Meer**

Am 13. bzw. 14. 2. bringen die sowj. Kreuzer *Komintern* bzw. *Krasnyj Krym,* geleitet von den Zerstörern *Šaumjan* bzw. *Dzeržinskij* 2109 Mann Personalersatz nach Sevastopol.

13.—16. 2. 1942 **Mittelmeer**

Brit. Versorgungsoperation nach Malta. 12. 2.: 3 Transporter, gesichert durch 8 Zerstörer und den Flak-Kreuzer *Carlisle* laufen von Alexandria aus nach Westen, gefolgt von einer Deckungsgruppe (KAdm. Vian) mit den Leichten Kreuzern *Naiad, Dido, Euryalus* und 8 Zerstörern. 13. 2.: Dt.-ital. Luftaufklärung erfaßt den Verband, *Clan Campbell* (7255 BRT) muß nach Bombentreffer Tobruk anlaufen. Am Abend geht von Malta aus ein Leer-Konvoi (ME. 10) mit 4 Transportern, dem Kreuzer *Penelope* und 6 Zerstörern in See. Kurz vor der Vereinigung des westgehenden Konvois MW. 9 mit ME. 10 wird ersterer erneut von dt. Bombern angegriffen, wobei der Dampfer *Clan Chattan* (7262 BRT) so schwer getroffen wird, daß er selbst versenkt werden muß. Nach der Vereinigung beider Konvois sinkt der letzte Transporter von MW. 9, die *Rowallan Castle* (7798 BRT) nach Bombentreffern. Vergeblicher Versuch eines ital. Flottenverbandes mit dem Schlachtschiff *Caio Duilio* (bald nach dem Auslaufen zurückgerufen), den Kreuzern *Trento, Gorizia, Duca d'Aosta, Montecuccoli* und 11 Zerstörern, den Konvoi MW. 9 zu fassen. Beim Rückmarsch Zerstörer *Carabiniere* durch brit. U-Boot torpediert, kann aber eingeschleppt werden.

15. 2.—3. 3. 1942 **Nordmeer**

Vor dem Tanafjord versenkt am 15. 2. das sowj. U-Boot *S-101* (Kpt. 3. Rg. Vekke mit dem Div.-Chef, Kpt. 3. Rg. Chomjakov, an Bord) aus einem Konvoi den norweg. Dampfer *Mimona* (1147 BRT). Auf dem Marsch zum Auslegen der ersten Flanken-Minensperren zur Sicherung des dt. Nachschubs gegen sowj. U-Boot-Angriffe sichtet am 18. 2. das Minenschiff *Brummer* (FKpt. Dr. Tobias) im Nebel das aufgetauchte sowj. U-Boot *ŠČ-403* (Kptlt. Kovalenko) vor dem Porsangerfjord, das dem Rammstoß des Minenschiffes knapp ausweicht, dann aber von *M 1503* (Lt. Abel) leicht gerammt wird, von dem absackenden U-Boot-Turm wird der Kommandant gerettet. Die Besatzung fängt das U-Boot ab und bringt es nach Murmansk zurück. Am 19. 2. greift *M-171* (Kptlt. Starikov) einen Konvoi an, verfehlt die 2 Dampfer und wird von den U-Jägern *UJ 1214* und *UJ 1205* mit Wasserbomben belegt. Das zur Ablösung in den Porsangerfjord gekommene *ŠČ-402* (Kpt. 3. Rg. Stolbov) versenkt am 27. 2. das Vp.-Boot *NM 01-Vandale,* verfehlt am 1. 3. einen Konvoi und wird am 3. 3. durch die U-Jäger *UJ 1105* und *UJ 1102* schwer beschädigt. Da die U-Jäger mit dem MRS *Paris* ablaufen, kann das zur Hilfeleistung entsandte U-Boot *K-21* (Kpt. 3. Rg. Lunin) das havarierte *ŠČ-402* aufnehmen und nach Poljarnoe bringen.

16. 2.—18. 3. 1942 **Westatlantik**

Operation »Neuland«: Gleichzeitiger Angriff gegen die Ölverladehäfen auf Aruba *(U 156),* Curaçao *(U 67)* und Maracaibo (Venezuela) *(U 502)* am 16. 2. Am 19. 2. dringt *U 161* in Port of Spain (Trinidad), am 10. 3. in Port Castries,

Santa Lucia, ein und torpediert an der Pier liegende Schiffe. *U 129* operiert an der Guayana-Küste, die anderen Boote nach ihren Überfällen in der Karibik. Insgesamt erringen sie an Erfolgen: *U 67* (Kptlt. Müller-Stöckheim) 1 Schiff mit 8436 BRT versenkt, 2 Schiffe mit 12 210 BRT beschädigt, *U 156* (KKpt. Hartenstein) 5 Schiffe mit 22 723 BRT versenkt, 2 Schiffe mit 10 769 BRT beschädigt, *U 502* (Kptlt. v. Rosenstiel) 5 Schiffe mit 25 232 BRT versenkt, 1 Schiff mit 9002 BRT beschädigt, 1 weiterer sicher beobachteter Erfolg nicht identifiziert, *U 129* (Kptlt. Clausen) 7 Schiffe mit 25 613 BRT versenkt, *U 161* (Kptlt. Achilles) 4 Schiffe mit 26 903 BRT und das US-Küstenwachschiff *Acacia* versenkt, 4 Schiffe mit 30 511 BRT im Hafen torpediert.

17. 2.—23. 3. 1942 **Pazifik**
Aufklärungs-Unternehmen des jap. U-Bootes *I-25* (FKpt. Tagami) im Südpazifik. Mit seinem Bordflugzeug (Fw. Fujita) klärt es über Sydney (17. 2.), Melbourne (26. 2.), Hobart (1. 3.), Wellington (8. 3.), Auckland (13. 3.), Suva (Samoa, 19. 3.) und mit Sehrohr Pago-Pago (23. 3.) auf.

18. 2. 1942 **Westatlantik**
Bei den Antillen sinkt der franz. U-Kreuzer *Surcouf* (2880/4300 ts) nach Kollision mit einem amerik. Frachter.

18.—20. 2. 1942 **Niederländisch-Indien**
2 jap. Transporter landen ein Bataillon der 48. Div. auf Bali. Sicherung durch den Kreuzer *Nagara* (KAdm. Kubo) und 7 Zerstörer. 20. 2.: Beim Versuch alliierter Schiffe (KAdm. Doorman), den jap. Verband abzufangen, wird der niederl. Zerstörer *Piet Hein* versenkt und der Kreuzer *Tromp* beschädigt. 2 jap. Zerstörer erhalten ebenfalls Treffer.

19. 2. 1942 **Australien**
Jap. Verband (VAdm. Nagumo) mit den Flugzeugträgern *Akagi, Kaga, Soryu* und *Hiryu,* den Schlachtschiffen *Hiei* und *Kirishima,* den Kreuzern *Chikuma, Tone, Abukuma* und 9 Zerstörern führt von Palau aus mit 188 Flugzeugen einen schweren Luftangriff auf Port Darwin durch: 11 Handelsschiffe und der US-Zerstörer *Peary* sinken.

20. 2. 1942 **Niederländisch-Indien**
Jap. Landung bei Koepang auf Timor: 11 Transporter landen das Ost-Détachement der jap. Armee. Angriff des US-U-Bootes *Pike* auf den Unterstützungs- und Sicherungsverband (KAdm. Tanaka) mit dem Kreuzer *Jintsu,* 9 Zerstörern und 4 kleineren Einheiten sowie dem Flugzeugmutterschiff *Chitose* bleibt erfolglos.

20. 2.—24. 3. 1942 **Westatlantik**
4 ital. U-Boote (Gruppe »Da Vinci«) operieren ostwärts der Antillen und versenken: *Torelli* (KKpt. de Giacomo) 2 Schiffe mit 16 469 BRT, *Finzi* (KKpt. Giudice) 3 Schiffe mit 21 496 BRT, *Tazzoli* (KKpt. Fecia di Cossato) 6 Schiffe mit 29 198 BRT und *Morosini* (KKpt. Fraternale) 3 Schiffe mit 22 048 BRT.

21.—23. 2. 1942 **Norwegen**
Verlegung der Schweren Kreuzer *Prinz Eugen* und *Admiral Scheer,* gesichert durch die Zerstörer *Z 25, Hermann Schoemann* und *Friedrich Ihn,* von Brunsbüttelkoog nach Norwegen. Bereits in der südlichen Nordsee erfassen brit. Aufklärer die Schiffe, doch wird ein Fühlunghalter durch Jäger abgeschossen. Von daraufhin angesetzten brit. Flugzeugen findet nur ein Bomber den Ver-

band, wirft seine Bomben neben *Prinz Eugen* und wird von der Bordflak abgeschossen. 22. 2.: Brit. Aufklärer erfassen den Verband erneut beim Einlaufen und Ankern im Grimstadfjord, aus dem er noch am gleichen Abend wieder ausläuft. 23. 2.: Aus einer vor Drontheim aufgestellten brit. U-Boot-Gruppe (4 Boote) kommt morgens die *Trident* (Cdr. Sladen) an den Verband heran und bringt *Prinz Eugen* einen schweren Torpedotreffer am Heck bei. Versuch der brit. Home Fleet (Adm. Tovey) mit dem Flugzeugträger *Victorious*, dem Schweren Kreuzer *Berwick*, 4 Zerstörern und als Deckung das Schlachtschiff *King George V.* — der Verband befand sich in See, um den dt. Schiffsverkehr vor Tromsö anzugreifen — die dt. Schiffe auf ihrem Marsch nach Norden abzufangen, scheitert.

21.—23. 2. 1942 **Mittelmeer**

Ital. Operation K. 7 mit 2 Konvois von Messina und Korfu nach Tripolis. Ein Konvoi mit 3 Schiffen, Sicherung Zerstörer *Vivaldi, Malocello, Premuda, Zeno, Strale*, T-Boot *Pallade*. Ein Konvoi mit 3 Schiffen, Sicherung Zerstörer *Pigafetta, Pessagno, Usodimare, Maestrale, Scirocco*, T-Boot *Circe*. Fernsicherung Kreuzer *Gorizia, Trento, Bande Nere*, Zerstörer *Alpino, Da Noli, Oriani* und Schlachtschiff *Duilio* mit Zerstörern *Aviere, Ascari, Geniere, Camicia Nera*. Luftangriffe am 22. 2. werden durch den dt. Jagdschutz abgewehrt. Ein Angriffsversuch des brit. U-Bootes *P. 38* endet mit der Versenkung des Bootes durch *Circe* und *Usodimare*.

21.—25. 2. 1942 **Nordatlantik**

U 155 (Kptlt. Piening) erfaßt am 21. 2. etwa 600 sm nordostwärts Cape Race den Konvoi ONS. 67, der aus 36 Schiffen besteht und von einer US-Escort Group (Cdr. Murdaugh) mit den Zerstörern *Edison, Nicholson, Lea, Bernadou* und der kanad. Korvette *HMCS. Algoma* gesichert wird. Erstmalig wird die Fühlungshaltermeldung von dem mit einem Kurzwellenpeilgerät (»Huff-Duff«) ausgerüsteten Rettungsschiff *Toward* eingepeilt. *U 155* kann sich jedoch der Suche der noch nicht mit Radar ausgerüsteten *Lea* entziehen und versenkt in der Nacht zum 22. 2. 2 Schiffe mit 9783 BRT. Auf seine Meldungen werden die ausmarschierenden U-Boote *U 587, U 558, U 94, U 588* und *U 158* angesetzt. Am Morgen des 24. 2. torpediert *U 558* (Kptlt. Krech) in 3 Anläufen 4 Schiffe mit 27 508 BRT, von denen 2 sofort, die beiden anderen später sinken, *U 158* (Kptlt. Rostin) torpediert 2 abgesplitterte Tanker, von denen einer mit 8032 BRT sinkt, während der andere mit 8146 BRT eingeschleppt wird. *U 587* (Kptlt. Borcherdt) torpediert 1 Tanker mit 9432 BRT, den *U 558* später mit einem Fangschuß versenkt.

22. 2. 1942 **Schwarzes Meer**

Sowj. Kreuzer *Krasnyj Krym* und Zerstörer *Bojkij* bringen Nachschub nach Sevastopol und beschießen Landziele.

22.—23. 2. 1942 **Niederländisch-Indien**

Versammlung der jap. Kräfte für die Invasion Javas: Westgruppe: Verstärkte 2. Div. (Masse der 16. Armee) auf 56 Transportern bei Anambas (nordöstlich Singapore). Sicherung und Deckung durch das 7. Kreuzer-Geschwader (KAdm. Kurita) mit *Kumano, Suzuya, Mogami, Mikuma*, das 3. und 5. Zerstörer-Geschwader mit den Kreuzern *Sendai, Natori, Yura* und 23 Zerstörern, den Flugzeugträger *Ryujo*, das Flugzeugmutterschiff *Chiyoda*, den Tender *Kamikawa Maru* und 2 weitere Zerstörer.
Ostgruppe: 48. Div. auf 41 Transportern bei Balikpapan (Borneo). Sicherung

und Deckung durch das 4. Zerstörer-Geschwader (KAdm. Nishimura) mit dem Kreuzer *Naka*, 7 Zerstörern, Minenleger *Wakataka* und 6 kleinere Einheiten sowie die Kreuzer *Nachi, Haguro* (KAdm. Takagi) und das 2. Zerstörer-Geschwader mit dem Kreuzer *Jintsu* und 7 Zerstörern. Gesamtführung der Operation durch VAdm. Takahashi mit den Kreuzern *Ashigara, Myoko* und 2 Zerstörern bei der Ostgruppe.
Deckung der Operationen nach Süden durch VAdm. Kondo mit den Schlachtschiffen *Kongo, Hiei, Haruna, Kirishima*, den Trägern *Akagi, Soryu, Hiryu, Shokaku, Zuikaku*, den Kreuzern *Chikuma, Tone, Abukuma* und 8 Zerstörern. Die für den 26. 2. vorgesehene Landung wird zweimal verschoben, weil am 26./27. 2. 2 alliierte Kreuzerverbände in See beobachtet werden (im Westen: *Hobart, Dragon, Danae* mit 2 Zerstörern in der Banka-Straße, im Osten nördlich Soerabaja: *De Ruyter, Houston, Exeter, Perth, Java* und 5 US-, 3 niederl. und 3 brit. Zerstörer).

22. 2.—1. 3. 1942 **Indischer Ozean**

Bei Operationen gegen die Evakuierung Javas versenken die jap. U-Boote südlich des niederländisch-indischen Archipels 12 Schiffe, davon *I-158* (KKpt. Kitamura) 2 Schiffe mit 10117 BRT, 1 weiteres Schiff mit 6735 BRT torpediert, *I-153* (KKpt. Nakamura) 3 Schiffe mit 11002 BRT, *I-154* (KKpt. Kobayashi) 1 Schiff mit 8806 BRT, *I-7* (FKpt. Koizumi) 1 Schiff mit 3271 BRT, *I-1* (FKpt. Ankyu) 1 Schiff mit 8667 BRT, *I-2* (FKpt. Inada) 1 Schiff mit 4360 BRT, *I-3* (FKpt. Tonozuka) 1 unbekanntes mittelgroßes Schiff, *I-4* (FKpt. Nakagawa) 1 Schiff mit 1693 BRT, *I-159* (KKpt. Yoshimatsu) 1 Schiff mit 1035 BRT. Ohne Erfolg operieren in der Timor-See *I-121*, in der Arafura-See *I-122* und südlich Java *Ro-33* und *Ro-34*. *I-123* legt in der Torres-Straße eine Minensperre.

23. 2. 1942 **Südasien**

General MacArthur, der OB auf den Philippinen, erhält von Präsident Roosevelt den Befehl, nach Australien zu gehen und dort die Führung der alliierten Streitkräfte zu übernehmen. Neuer OB auf den Philippinen wird General Wainwright.

24. 2. 1942 **Schwarzes Meer**

Bei Operationen gegen den dt.-rumän. Schiffsverkehr zwischen Bosporus und Konstanza versenkt das sowj. U-Boot *ŠČ-213* (Kptlt. Isaev) dicht nördlich des Bosporus den unter Panama-Flagge fahrenden bulgar. Dampfer *Struma* mit 764 jüdischen Flüchtlingen an Bord, von denen nur einer gerettet wird. Das Schiff war am 12. 12. von Konstanza mit 769 Flüchtlingen aus- und am 16. 12. in den Bosporus eingelaufen. Die Landung der Flüchtlinge und die Weiterfahrt des Schiffes wurden von den türk. Behörden untersagt, weil die brit. Mandats-Regierung von Palästina keine Einwandervisa bewilligte. Nur 5 Flüchtlinge dürfen an Land. Am 24. 2. zwingen die türk. Behörden das Schiff zum Auslaufen ins Schwarze Meer.

25. 2.—21. 4. 1942 **Mittelatlantik**

Vor der westafrikanischen Küste versenken die U-Boote *Da Vinci* (KKpt. Longanesi-Cattani) 4 Schiffe mit 19997 BRT, *U 68* (KKpt. Merten) 7 Schiffe mit 39350 BRT und *U 505* (Kptlt. Loewe) 4 Schiffe mit 25041 BRT.

26./27. 2. 1942 **Luftkrieg Deutschland**

Bei einem Angriff des RAF Bomber-Command auf Kiel erhält das Schlachtschiff *Gneisenau* einen schweren Bombentreffer ins Vorschiff. Der längsseits liegende Passagierdampfer *Monte Sarmiento* (13 625 BRT) brennt aus. *Gneisenau* liegt bis 4. 4. 1942 einsatzunfähig in Kiel und wird dann nach Gotenhafen gebracht, um dort verlängert und mit 38-cm-Kanonen ausgerüstet zu werden. Die begonnenen Arbeiten werden jedoch Anfang 1943 eingestellt und das Schiff aufgelegt.

26.—28. 2. 1942 **Schwarzes Meer**

Zur Unterstützung einer Offensive der sowj. 44. Armee auf der Halbinsel Kerč beschießen Einheiten des Geschwaders (KAdm. Vladimirskij) der Schwarzmeerflotte Stellungen und Truppenansammlungen westlich und nördlich Feodosija, so in der Nacht zum 26. 2. der Flottillenführer *Taškent* und die Zerstörer *Bojkij* und *Bditel'nyj*, in den Nächten zum 27. und 28. 2. das Schlachtschiff *Parižskaja kommuna*, der Kreuzer *Molotov* und die Zerstörer *Bezuprečnyj* und *Smyšlenyj*. Der Kreuzer *Krasnyj Krym* unterstützt am 26. und 28. 2. die Verteidiger von Sevastopol, am 27. 2. beschießt er zusammen mit den Flottillenführern *Taškent* und *Char'kov* und den Zerstörern *Bojkij, Šaumjan, Železnjakov* zur Ablenkung die Häfen an der Südküste der Krim. Insgesamt 1590 Schuß 10,2 cm bis 30,5 cm abgegeben.

27. 2.—9. 3. 1942 **Niederländisch-Indien**

Endkampf um Java. Am 27. 2. geht der Befh. der alliierten Seestreitkräfte, KAdm. Doorman (RNN), von Soerabaja aus mit seinen Schiffen (Kreuzer *De Ruyter, Java, Houston* [USN], *Exeter* [RN] und *Perth* [RAN], den US-Zerstörern *Edwards, Ford, Alden, Paul Jones*, den niederl. Zerstörern *Kortenaer, Witte de With* sowie den brit. Zerstörern *Electra, Encounter* und *Jupiter)* in See, um die aus der Makassar-Straße nach Süden laufende jap. Invasionsflotte für Java anzugreifen.

Seeschlacht in der Java-See: Der alliierte Verband wird durch die jap. Luftaufklärung erfaßt und vom Deckungsverband der Ostgruppe (KAdm. Takagi) mit den Schweren Kreuzern *Nachi* und *Haguro*, dem Leichten Kreuzer *Jintsu* (KAdm. Tanaka) mit den Zerstörern *Hatsukaze, Yamakaze, Ushio, Kawakaze, Yukikaze, Tokitsukaze* und *Sazanami* sowie dem Leichten Kreuzer *Naka* (KAdm. Nishimura) mit den Zerstörern *Yudachi, Samidare, Minegumo, Murasame, Harusame* und *Asagumo* gestellt. Bis zum Einbruch der Dunkelheit am 27. 2. werden in heftigen Gefechten *Kortenaer* und *Electra* versenkt, *De Ruyter* leicht, *Exeter* schwer getroffen. Bei einem Angriff der US-Zerstörer-Gruppe wird *Asagumo* beschädigt. Nach mehrstündigem Abreißen der Fühlung greift Doorman, der seine brennstoffschwachen Zerstörer entlassen hat, bei Dunkelwerden mit *De Ruyter, Java, Houston, Perth, Encounter* und *Jupiter* erneut an. *Jupiter* geht auf eigener Minensperre verloren, *De Ruyter* (Capt. Lacomblé) und *Java* sinken nach ergebnislosem Artilleriegefecht durch Torpedos der *Nachi* und *Haguro*, KAdm. Doorman fällt. *Houston* und *Perth* gehen nach Batavia, *Encounter* mit den geborgenen Überlebenden der *Kortenaer* nach Soerabaja.

Beim Versuch von Soerabaja aus nach Westen zu entkommen, werden am 28. 2. der beschädigte Kreuzer *Exeter* (Capt. Gordon) und die Zerstörer *Encounter* und *Pope* durch die jap. Kreuzer *Nachi* und *Haguro* sowie die Flaggschiffgruppe mit den Kreuzern *Ashigara* (VAdm. Takahashi) und *Myoko* mit 2 Zerstörern gestellt und unter Mitwirkung von 6 Flugzeugen des Trägers *Ryujo* versenkt. Die Japaner retten 600 Überlebende.

Seeschlacht in der Sunda-Straße. Die am Abend des 28. 2. aus Batavia nach Tjilatjap ausgelaufenen Kreuzer *Houston* (Capt. Rooks †) und *Perth* (Capt.

Waller †) treffen vor der Bantam-Bay auf die zur Landung einlaufende jap. Westgruppe und greifen überraschend die Transporter an, *Sakura Maru* und *Horai Maru* (7167 BRT bzw. 9192 BRT) sinken, 2 weitere Schiffe beschädigt. Beim Auslaufen werden sie zunächst ohne Erfolg von dem jap. Picket-Zerstörer *Fubuki*, dann von 2 Seiten durch die herangerufenen Kreuzer *Mikuma* und *Mogami* bzw. das 5. Zerstörer-Geschwader mit dem Kreuzer *Natori* und mehreren Zerstörern angegriffen und nach heftigem Kampf versenkt. Beim Versuch, durch die Sunda-Straße zu entkommen, fangen 2 jap. Zerstörer den niederl. Zerstörer *Evertsen* ab und versenken ihn.
Mit der Ausschaltung der ABDA-Striking Force ist der Weg für die jap. Landung im Westen (28. 2.) und im Osten bei Kragan westlich Soerabaja (1. 3.) frei. Die Landung im Westen gelingt, da der alliierte Westverband mit den Kreuzern *Hobart* (RAN), *Dragon, Danae* und den brit. Zerstörern *Scout* und *Tenedos* vorher durch die Sunda-Straße abgelaufen ist.
Nachdem am 27. 2. das mit Jagdflugzeugen nach Java marschierende US-Flugzeugmutterschiff *Langley* durch jap. Bomber des 21. und 23. Marine-Fliegergeschwaders versenkt worden ist, versuchen alliierte Schiffe sich von Tjilatjap (Südjava) nach Australien durchzuschlagen, werden dabei aber teilweise durch jap. U-Boote (s. 22. 2.—1. 3.) und Überwasserschiffe abgefangen. Am 1. 3. versenken Trägerflugzeuge der *Soryu* den US-Navy Tanker *Pecos* (14 800 ts) und die Schlachtschiffe *Hiei* und *Kirishima* den Zerstörer *Edsall*. An den folgenden Tagen vernichten jap. Einheiten unter VAdm. Kondo (s. 22.—23. 2.) den US-Zerstörer *Pillsbury* und die Kanonenboote USS. *Asheville* und HMAS. *Yarra*. Während der Kämpfe um Java greifen die US U-Boote *Seal* und *Salmon* (LCdr. McKinney) jap. Kriegsschiffe an, letzteres torpediert den Zerstörer *Suzukaze*. In der Lombok-Straße versenkt *Sailfish* (LCdr. Voge) 1 Schiff mit 6440 BRT, *Seawolf* torpediert 1 Schiff mit 4466 BRT. Der jap. Marinetanker *Tsurumi* wird von dem amerik. *S 39* (Lt. Coe) und dem niederl. *K XV* (Kptlt. van Boetzelaer) torpediert. Am 28. 2. versenken die jap. Zerstörer *Amatsukaze* und *Hatsukaze* von Makassar das US U-Boot *Perch*. In Soerabaja bleiben die nichtfahrbereiten *K-X, K-XIII, K-XVIII* gesprengt zurück. Am 9. 3. kapitulieren die alliierten Streitkräfte auf Java: 60 000 Gefangene.

27./28. 2. 1942 **Luftkrieg Deutschland**

Das RAF Bomber-Command greift Kiel und Wilhelmshaven an.

27. 2.—5. 3. 1942 **Mittelmeer**

Bei brit. U-Boot-Operationen versenkt *Upholder* (LCdr. Wanklyn) vor Tripolis einen von dem Zerstörer *Strale* gesicherten Dampfer mit 5584 BRT. *Torbay* (Cdr. Miers) torpediert vor Korfu 2 Schiffe mit 6455 BRT. Ostwärts Tunesien versenken *Unbeaten* (LCdr. Woodward) und *P. 31/Uproar* (Lt. Kershaw) je 1 Schiff mit 5417 BRT bzw. 5081 BRT.

★

1.—30. 3. 1942 **Pazifik**

Bei Operationen von US U-Booten vor Japan, in der Ostchina-See und im Gebiet der Mandats-Inseln versenken je 1 Schiff: *Narwhal* (LCdr. Wilkins) 1243 BRT, *Pollack* (LCdr. Mosely) 1134 BRT, *Gar* (LCdr. McGregor) 1520 BRT, *Grayback* (LCdr. Saunders) 3291 BRT, *Gudgeon* (LCdr. Grenfell) 6526 BRT. Beschädigt wird je 1 Schiff durch *Tuna* (LCdr. De Tar), *Grenadier* 4550 BRT,

Tambor (LCdr. Murphy) 6334 BRT. *Grampus* (LCdr. Hutchinson) versenkt bei Truk 1 Schiff mit 8632 BRT.

2.—23. 3. 1942 **Westatlantik**

An der amerik. Ostküste versenken *U 332* (Kptlt. Liebe) 4 Schiffe mit 25 125 BRT, *U 124* (Kptlt. Mohr) 7 Schiffe mit 42 048 BRT, ferner 3 Schiffe mit 26 167 BRT torpediert. *U 503* (Kptlt. Gericke) wird am 15. 3. durch ein zur Sicherung des Konvois ON. 72 gehörendes Flugzeug versenkt.

3. 3. 1942 **Mittelmeer**

16 *Wellington*-Bomber von Malta greifen Palermo an: Im Hafen fliegt das Munitionsschiff *Cuma* (8260 BRT) nach Treffern in die Luft, wobei 4 weitere Dampfer, 4 Hilfsschiffe und 5 Zerstörer und Torpedoboote beschädigt werden.

5.—9. 3. 1942 **Mittelmeer**

Die brit. Träger *Eagle* und *Argus* starten aus dem westlichen Mittelmeer erstmalig 15 *Spitfire*-Jäger nach Malta. Sicherung durch die Force H mit dem Schlachtschiff *Malaya*, dem Kreuzer *Hermione* und 8 Zerstörern.

5.—13. 3. 1942 **Nordmeer**

Operationen um die am 1. 3. von Reykjavik bzw. Kola Inlet ausgelaufenen Konvois PQ. 12 (16 Schiffe) und QP. 8 (15 Schiffe). Am 5. 3. erfaßt eine *FW 200* den PQ. 12 rund 70 sm südlich Jan Mayen. *U 134, U 377, U 403* und *U 584* bilden daraufhin einen Vorpostenstreifen. Am 6. 3. gehen das Schlachtschiff *Tirpitz* (mit VAdm. Ciliax) und die Zerstörer *Friedrich Ihn, Hermann Schoemann* und *Z 25* von Trondheim in See, um den Konvoi anzugreifen. Eines der hier stehenden 5 brit. U-Boote, *Seawolf* (Lt. Raikes), meldet den auslaufenden Verband. Inzwischen haben sich die am 3. 3. von Hvalfjord ausgelaufene Deckungsgruppe (VAdm. Curteis) mit den Schlachtschiffen *Renown, Duke of York*, dem Kreuzer *Kenya* und 6 Zerstörern und das Gros der Home Fleet (Adm. Tovey) mit dem Schlachtschiff *King George V.*, dem Träger *Victorious*, dem Kreuzer *Berwick* und 6 Zerstörern vereinigt. *Kenya* wird als Nahsicherung zum PQ. 12 detachiert. Der zur Ablösung der mit einer Maschinenpanne zurückbleibenden *Berwick* auslaufende Kreuzer *Sheffield* wird durch einen Minentreffer beschädigt und muß umkehren. Bei der herrschenden schlechten Sicht findet die Home Fleet die *Tirpitz* nicht, die dt. Schiffe verfehlen knapp den nur von 2 Minensuchern und 2 Korvetten gesicherten QP. 8, die Zerstörer finden lediglich einen Nachzügler, den sowj. Frachter *Ižora* (2815 BRT), den *Friedrich Ihn* versenkt. Am 9. 3. wird *Tirpitz* vor dem Westfjord von 12 *Albacore*-Torpedoflugzeugen der *Victorious* erfolglos angegriffen, 2 Flugzeuge werden abgeschossen. Die *Tirpitz* läuft in Narvik ein und verlegt am 12./13. 3. wieder nach Trondheim. Der Versuch von 3 *Ju 88*, am 9. 3. den brit. Träger anzugreifen, bleibt erfolglos.

Die zur Deckung der Konvois südlich der Konvoi-Kurse aufgestellten sowj. U-Boote *K-21, K-23, D-3, S-102* und *ŠČ-422* gehen nach Abschluß der Operation am 13. 3. an die norweg. Polarküste. Hier verfehlt *D-3* (Kpt. 3. Rg. Bibeev) am 14. 3. das auf dem Marsch zur Auslegung einer Flankensperre befindliche dt. Minenschiff *Brummer* und *M 1504*. Es wird durch den U-Jäger *UJ 1109* mit Wasserbomben belegt. Die sowj. U-Boote *M-171* und *M-173* fahren erfolglose Angriffe im Varangerfjord.

6.—20. 3. 1942 **Schwarzes Meer**

Sowj. Nachschubtransporte nach Sevastopol: Am 6.—7. 3. mit Kreuzer *Komintern;* am 11.—12. 3. mit Kreuzer *Krasnyj Krym*, Zerstörern *Svobodnyj* und

Šaumjan sowie Transporter *Lvov*, Abwehr von mehreren Luftangriffen; am 12.—13. 3. mit Zerstörer *Dzeržinskij* — Landzielbeschießungen; am 13.—14. 3. mit Kreuzer *Molotov* und Zerstörern *Bojkij* und *Bditel'nyj* — Landzielbeschuß bei Feodosija und Sevastopol; am 15.—16. 3. mit Zerstörern *Svobodnyj* und *Bditel'nyj* — Landzielbeschuß; vom 18.—20. 3. mit Kreuzer *Krasnyj Krym*, Zerstörer *Nezamožnik* und Tankern *Sergo* und *Peredovik* bzw. Zerstörer *Bditel'nyj* und Transporter *Abchazija* — Abwehr von Luftangriffen, z. T. Landzielbeschießungen.

6.—10. 3. 1942 **Südpazifik**

Jap. 4. Flotte (VAdm. Inoue) landet Teile des Südsee-Detachements der Armee von Rabaul aus bei Lae und Salamaua im Huon-Golf/Neu Guinea. Geringer Widerstand. 10. 3.: US-Trägerflugzeuge von *Lexington* und *Yorktown* greifen die Landungsflotte an, versenken den Transporter *Yokohama Maru* (6143 BRT) und beschädigen den Kreuzer *Yubari*, den Minenleger *Tsugaru*, die Zerstörer *Yunagi*, *Asanagi*, 2 Transporter und 2 Hilfsschiffe. Der Transporter *Tenyu Maru* (6843 BRT) muß nach Treffern auf Strand gesetzt werden.

7.—18. 3. 1942 **Mittelmeer**

Vom 7.—9. 3. laufen 3 ital. Konvois nach Tripolis, Nahsicherung insgesamt 6 Zerstörer und 3 T-Boote, Fernsicherung 3 Leichte Kreuzer und 4 Zerstörer. Die Konvois kommen ebenso wie ein Rückkonvoi vom 8.—11. 3. ohne Ausfälle ans Ziel (Operation V. 5). Eine weitere Operation »Sirio« mit 2 Transportern, Nahsicherung 6 Zerstörer, 1 T-Boot, Fernsicherung 1 Kreuzer, 2 Zerstörer, gelingt ebenso ohne Verluste.
Bei brit. U-Boot-Operationen im zentralen Mittelmeer versenken *P. 34/Ultimatum* (Lt. Harrison), *Unbeaten* (LCdr. Woodward) und *Upholder* (LCdr. Wanklyn) die ital. U-Boote *Millo*, *Guglielmotti* und *Tricheco*. *Una* (Lt. Norman) versenkt 1 Segler (248 BRT) im Artilleriegefecht.

10.—12. 3. 1942 **Mittelmeer**

Auf Falschmeldung von der Torpedierung eines ital. Kreuzers läuft KAdm. Vian mit den Kreuzern *Naiad*, *Dido*, *Euryalus* und 9 Zerstörern aus Alexandria aus, um das Schiff abzufangen und zugleich den aus Malta kommenden Kreuzer *Cleopatra* und den Zerstörer *Kingston* aufzunehmen. Ital. Torpedoflugzeuge und dt. Bomber greifen den Verband erfolglos an. 11. 3.: *U 565* (Oblt. z. S. Jebsen) versenkt nördlich Sollum aus dem rückmarschierenden Verband das Flaggschiff Vians, *Naiad* (Capt. Grantham). Besatzung bis auf 82 Mann gerettet.

10.—22. 3. 1942 **Indischer Ozean**

An der ind. Ostküste versenken *I-162* (Kptlt. Kinashi) und *I-164* (KKpt. Ogawa) 2 Schiffe bzw. 1 Schiff mit 1100 BRT bzw. 1513 BRT. *I-162* torpediert außerdem 3 größere Schiffe, von denen jedoch nur 1 Tanker mit 8012 BRT identifiziert wird.

11. 3. 1942 **Kanal**

Beim Angriff von Booten der dt. 2. S-Flottille auf einen brit. Konvoi im Kanal versenkt *S 70* (Oblt. z. S. Klose) 1 Frachter von 951 BRT.

11.—26. 3. 1942 **Mittelmeer**

Bei Operationen gegen den brit. Tobruk-Nachschub torpediert *U 83* (Kptlt. Kraus) 1 Schiff mit 2590 BRT, *U 652* (Kptlt. Fraatz) versenkt am 20. 3. aus einem Konvoi den Zerstörer *Jaguar* und den Tanker *Slavol* (2623 BRT), *U 371*, *U 559*,

U 568 und das ital. *Onice* verfehlen ihre Ziele. *U 133* geht auf einer eigenen Mine verloren. Im westlichen Mittelmeer versenkt das ital. U-Boot *Mocenigo* (Kptlt. Monecchi) ein vichy-franz. Schiff mit 1518 BRT.

12.—13. 3. 1942 **Südafrika**

Dt. Hilfsminenschiff *Schiff 53 Doggerbank* (Kptlt. [S] Schneidewind) legt vor Kapstadt 60 und bei Kap Agulhas 15 Minen, auf denen 1 Frachter von 4534 BRT sinkt und 2 weitere mit 13015 BRT beschädigt werden.

13.—14. 3. 1942 **Kanal**

Dt. Hilfskreuzer *Schiff 28 Michel* (FKpt. d. R. v. Ruckteschell) passiert, gesichert durch die 5. T-Flottille (FKpt. Schmidt) mit *Seeadler, Iltis, Jaguar, Falke* und *Kondor* sowie 9 M-Booten, den Kanal. In heftigen Gefechten mit brit. MTB, MGB und Zerstörern werden die Zerstörer *Walpole* und *Fernie* ohne eigene Schäden beschädigt. *Schiff 28* erreicht am 14. 3. La Havre, am 15. 3. St. Malo und am 17. 3. La Pallice, von wo es am 20. 3. in den Atlantik ausläuft.

14./15. 3. 1942 **Kanal**

Bei Minenoperationen dt. S-Boote im Kanal und vor der brit. Südostküste geht *S 53* nach Minentreffer verloren. *S 111* wird in Gefecht mit MGB's schwer beschädigt und sinkt beim Abschleppen. *S 104* (Oblt. z. S. Roeder) versenkt am 15. 3. den brit. Zerstörer *Vortigern.*

14. 3.—24. 4. 1942 **Westatlantik**

Die nacheinander eintreffenden 11 U-Boote einer vierten Welle vor der US-Ostküste versenken bei Einzeloperationen zahlreiche Schiffe: *U 373* (Oblt. Loeser) 2 Schiffe mit 9867 BRT, *U 71* (Kptlt. Flachsenberg) 5 Schiffe mit 38894 BRT, *U 202* (Kptlt. Linder) 1 Schiff mit 5249 BRT, ferner 1 Schiff mit 8882 BRT torpediert, *U 160* (Oblt. z. S. Lassen) 5 Schiffe mit 36731 BRT, ferner 1 Schiff mit 6837 BRT torpediert, *U 105* (KKpt. Schuch) 2 Schiffe mit 18005 BRT, *U 123* (Kptlt. Hardegen) 8 Schiffe mit 39917 BRT, ferner 3 Schiffe mit 24310 BRT torpediert, *U 552* (Kptlt. Topp) 7 Schiffe mit 45731 BRT, *U 754* (Kptlt. Oestermann) 7 Schiffe mit 31578 BRT, ferner 1 Schlepper mit 490 BRT beschädigt, *U 203* (Kptlt. Mützelburg) 2 Schiffe mit 14232 BRT, ferner 2 Schiffe mit 16164 BRT torpediert, *U 571* (Kptlt. Möhlmann) 3 Schiffe mit 24319 BRT, und *U 572* (Kptlt. Hirsacker) 2 Schiffe mit 9532 BRT, ferner 1 Schiff mit 6207 BRT torpediert.

15. 3. 1942 **Mittelmeer**

Brit. Kreuzer *Dido* und *Euryalus* und 6 Zerstörer beschießen Rhodos.

15.—19. 3. 1942 **Mittelmeer**

Dt. 3. S-Fl. (Kptlt. Kemnade) legt in 4 Nächten ostwärts und westlich La Valetta/Malta die Sperren MT 6—9 mit 48 TMA- und 45 UMB-Minen, 18 Reiß- und 54 Sprengbojen.

18.—20. 3. 1942 **Nordatlantik**

Das auf der Überführungsfahrt nach Frankreich befindliche *U 507* (KKpt. Schacht) sichtet den Konvoi ONS. 76 (28 Schiffe), kann aber die Fühlung nicht bis zum Herankommen der angesetzten *U 506, U 753* und *U 593* halten. Ein am 19. 2. auf zu große Entfernung gefahrener Angriff bleibt ohne Erfolg.

19.—20. 3. 1942 **Norwegen**

Schwerer Kreuzer *Admiral Hipper* (Kpt. z. S. Meisel) verlegt mit den Zerstörern *Z 26, Z 24, Z 30* und den T-Booten *T 15, T 16* und *T 17* nach Trondheim.

2. Schlacht an der Sirte: 20. 3.: 5. brit. Z-Fl. mit *Southwold, Beaufort, Dulverton, Hurworth, Avon Vale, Eridge* und *Heythrop* läuft zu U-Jagd-Unternehmen von Alexandria nach Tobruk aus. Nördlich Sollum versenkt *U 652* (Oblt. z. S. Fraatz) die *Heythrop.*
Versorgungskonvoi für Malta MW. 10 läuft von Alexandria aus: Transporter *Breconshire* (9776 BRT), *Clan Campbell* (7255 BRT), *Pampas* (5415 BRT) und *Talabot* (6798 BRT), Sicherung: Flakkreuzer *Carlisle* und 22. Z-Fl. mit *Sikh, Zulu, Lively, Hero, Havock* und *Hasty.* Deckungsgruppe: KAdm. Vian mit den Kreuzern *Cleopatra, Dido, Euryalus* und der 14. Z-Fl. mit *Jervis, Kipling, Kelvin* und *Kingston.* Im Golf von Tarent und vor Messina beziehen 6 brit. U-Boote Vorpostenstellung.
21. 3. Force H (Zusammenstellung wie 5. 3.) geht zu erneutem Einfliegen von *Spitfire*-Jägern nach Malta von Gibraltar aus in See. Das ital. U-Boot *Mocenigo* sichtet den Verband und greift ihn erfolglos an.
Ital. U-Boot meldet MW. 10. Supermarina setzt dagegen von Messina Div.Adm. Parona mit den Kreuzern *Gorizia, Trento, Bande Nere* und Zerstörer *Alpino, Fuciliere, Bersagliere* und *Lanciere* ein, von Tarent das Schlachtschiff *Littorio* (Adm. Iachino) mit den Zerstörern *Aviere, Grecale, Ascari, Oriani,* später gefolgt von *Geniere* und *Scirocco.* Außerdem werden die U-Boote *Onice, Platino, Galatea, U 73, U 205* und *U 431* angesetzt und Bomber und Torpedoflugzeuge des dt. II. Flieger-Korps und der ital. 4. Luftflotte zusammengezogen.
Brit. U-Boot *P. 36* meldet die *Littorio*-Gruppe. Von Malta aus stoßen der Kreuzer *Penelope* und der Zerstörer *Legion* zur Sicherung des MW. 10 und vereinigen sich am 22. 3. mit ihm. Um 14.24 Uhr sichtet der ital. Messina-Verband die brit. Deckungsgruppe und versucht sie vergeblich auf die *Littorio* zu ziehen. Um 16.18 Uhr ist die *Littorio* bei stark auffrischendem Wind und sich verschlechternder Sicht herangekommen und versucht, sich zwischen den Konvoi und Malta zu legen. Schwere See sowie geschicktes Operieren Adm. Vians unter starker Rauch- und Nebelverwendung behindert die ital. Feuerleitung erheblich, so daß nur *Havock* und *Kingston* durch 38-cm-Nahtreffer bzw. Treffer schwer beschädigt werden. *Cleopatra* erhält einen 15-cm-Treffer, während auf *Euryalus* und *Lively* lediglich geringe Splitterschäden entstehen. Beiderseitige Torpedoangriffe der Zerstörer bleiben erfolglos. Um 18.58 Uhr bricht Iachino bei einbrechender Dunkelheit das Gefecht ab. MW. 10 nimmt wieder Kurs auf Malta. Auf dem Rückmarsch verliert der ital. Verband die Zerstörer *Scirocco* und *Lanciere* im Sturm. Der Kreuzer *Trento* muß seine Hilfsversuche mit schweren Seeschäden abbrechen. Fast alle übrigen ital. und brit. Schiffe erleiden auf dem Rückmarsch mehr oder weniger schwere Seeschäden.
Die Ausweichbewegungen beim Gefecht führen dazu, daß MW. 10 erst nach Tagesanbruch am 23. 3. vor Malta eintrifft, wo die Schiffe von Bombern des II. Flieger-Korps angegriffen werden. *Clan Campbell* sinkt, *Breconshire* setzt sich schwerbeschädigt auf Strand und kentert später bei Bergungsversuchen nach weiteren Treffern, *Southwold* sinkt auf Minensperre. 24. 3.: *Legion* setzt sich nach Nahtreffer auf Strand und wird am 26. 3. zerstört. An diesem Tage sinken auch *Pampas* und *Talabot* nach Bombentreffern, so daß von 25 900 ts Ladung nur 5000 ts an Land kommen.
Die Deckungsgruppe erreicht am 24. 3. Alexandria, nachdem am 23. 3. die schon schwer beschädigte *Kingston* einen Bombentreffer erhalten hat.
25. 3.: *Carlisle, Hurworth, Dulverton, Eridge, Beaufort* laufen aus Malta aus und erreichen am 27. 3. Alexandria ohne Zwischenfälle.

29. 3.: Der nach einem Minentreffer im Dezember 1941 wiederhergestellte Kreuzer *Aurora* verlegt mit *Avon Vale* von Malta nach Gibraltar. Auf dem Marsch werden die Schiffe von einem ital. U-Boot gesichtet und südlich Sardinien erfolglos von Torpedoflugzeugen angegriffen.

21.—22. 3. 1942 **Schwarzes Meer**

Sowj. Schlachtschiff *Parižskaja kommuna* (KAdm. Vladimirskij) beschießt in den Nächten zum 21. und 22. 3. zusammen mit dem Flottillenführer *Taškent* und den Zerstörern *Bojkij* und *Železnjakov* Landziele im Raum Feodosija. Nach der Rückkehr am 23. 3. geht das Schlachtschiff zum Auswechseln der schweren Rohre und Reparatur in die Werft Poti.

23. 3.—Anf. 4. 1942 **Westatlantik**

Erster Einsatz von U-Fallen (Q-Schiffen) vor der amerik. Ostküste mißlingt. Die als Frachter bzw. Fischdampfer getarnten USS. *Asterion* und *Eagle* sichten keine U-Boote. Die *Atik* (LCdr. Hicks) wird von *U 123* (Kptlt. Hardegen) am 26. 3. angegriffen und nach einem heftigen Artilleriegefecht versenkt.

23. 3.—9. 4. 1942 **Südatlantik**

Dt. Hilfskreuzer *Schiff 10 Thor* (Kpt. z. S. Gumprich) versenkt 5 Schiffe mit zusammen 23 626 BRT.

24.—25. 3. 1942 **Nordatlantik**

Das frisch versorgte *U 203* (Kptlt. Mützelburg) sichtet den Konvoi ON. 77 und führt das zurückmarschierende *U 94* (Oblt. z. S. Ites) heran, das einen Tanker mit 8022 BRT torpediert.

24. 3.—3. 4. 1942 **Nordatlantik**

Das als Versorger ausgerüstete U-Boot *UA* (KKpt. Cohausz) führt die ersten Brennstoffversorgungen der zur amerik. Küste marschierenden *U 203* und *U 84* und des zurückkehrenden *U 202* durch.

24. 3.—9. 4. 1942 **Nordmeer**

Operationen um die Konvois QP. 9 und PQ. 13. Der am 21. 3. von Kola-Inlet ausgelaufene QP. 9 (19 Schiffe) passiert ohne Verluste die Aufstellung der dt. U-Boote *U 209, U 376, U 378* und *U 655,* das am 24. 3. durch das sichernde M-Boot *Sharpshooter* mit Rammstoß versenkt wird. Als Deckungsgruppe operiert VAdm. Curteis mit den Schlachtschiffen *Renown, Duke of York,* dem Träger *Victorious,* dem Kreuzer *Nigeria* und Zerstörern nordostwärts Island. Vom 24.—27. 3. wird der PQ. 13 (19 Schiffe, Sicherung Kreuzer *Trinidad,* Zerstörer *Fury, Eclipse,* A/S-Trawler *Paynter, Blackfly* und 3 norweg. M/S-Whaler *Sulla, Sumba, Silja* auf Überführung zur sowj. Nordflotte) in einem schweren Sturm zerstreut. Am 27. 3. morgens sichtet eine *BV 138* der 2./K. Fl. Gr. 406 Schiffe des PQ. 13. Darauf werden am 28. 3. die U-Boote *U 435, U 436, U 454, U 456, U 585* und *U 589* sowie die 8. Z-Flottille (Kpt. z. S. Pönitz) mit *Z 26, Z 24* und *Z 25* angesetzt. *Ju 88* der III./K. G. 30 versenken die versprengten Frachter *Raceland* (4815 BRT) und *Empire Ranger* (7007 BRT). Am 29. 3. treffen von Kola-Inlet aus der brit. Zerstörer *Oribi* und die sowj. *Gremjaščij* und *Sokrušitel'nyj* ein. Von der 8. Z-Flottille versenkt *Z 26* (KKpt. v. Berger) den versprengten Frachter *Bateau* (4687 BRT), die 3 Zerstörer stoßen dann auf die vor dem Konvoi laufende *Trinidad* mit der *Fury*. In unübersichtlichen und durch heftige Schneetreiben behinderten Gefechten schießt *Trinidad Z 26* manövrierunfähig, wird aber durch einen als Fangschuß losgemachten Torpedo-Kreisläufer getroffen. In einem Mêlée bergen *Z 24* und *Z 25* 96 Mann von der sinkenden *Z 26*, treffen die *Eclipse* schwer und entkommen nach kurzen Schußwechseln mit der *Oribi* und *Sokrušitel'nyj*. *U 585* (Kptlt. Lohse) wird beim Versuch, die havarierte *Trinidad* anzugreifen, von *Fury* versenkt. Am 30. 3. trifft die am 28. 3. von Murmansk ausgelaufene brit. 6. M-Flottille (Cdr. Jay) mit *Harrier, Gossamer, Speedwell* und *Hussar* beim Konvoi ein. *U 209* (Kptlt. Brodda), *U 456* (Kptlt. Teichert) verfehlen Schiffe der Konvoigruppen, *U 376* (Kptlt. Marks) und *U 435* (Kptlt. Strelow) versenken die Nachzügler *Induna* (5086 BRT) und *Effingham* (6421 BRT). Am 1. 4. versenkt *U 436* (Kptlt. Seibicke) ein Einzelschiff, vermutlich die vermißte *Sulla*, *U 589* (Kptlt. Horrer) verfehlt einen Zerstörer. Die als Sicherung gegen Überwasserangriffe in einer Flankenaufstellung südlich des Konvois stehenden sowj. U-Boote *K-21, K-22, ŠČ-404* und *ŠČ-421* gehen ab 1. 4. an die Polarküste, wo *ŠČ-404* (Kpt. 2. Rg. Ivanov) vor dem Tanafjord den Dampfer *Michael* (2318 BRT) versenkt. Im Svaerholthavet verfehlt *K-22* am 3. 4. eine Minensuchgruppe mit *M 1505, M 1506* und *M 1508*, weitere Angriffe von *ŠČ-421, K-21* und *ŠČ-404*, sowie dem in Varangerfjord angesetzten *M-171* schlagen fehl. Kurz nachdem die dt. Minenschiffsgruppe Nord (Kpt. z. S. Schönermark) mit den Minenschiffen *Ulm, Brummer* und *Cobra* vor Helnes eine Flankenminensperre zur Sicherung des dt. Verkehrs im Svaerholthavet gelegt hat, läuft am 9. 4. das sowj. U-Boot *ŠČ-421* (Kptlt. Vidjaev mit dem Div. Chef, Kpt. 2. Rg. Kolyškin an Bord) auf diese Sperre, wird schwer beschädigt und nach Übernahme der Besatzung von *K-22* versenkt.

25. 3. 1942 **Nordatlantik**

Die US Task Force 39 (KAdm. Wilcox) mit dem Schlachtschiff *Washington*, dem Träger *Wasp*, den Schweren Kreuzern *Wichita* und *Tuscaloosa* sowie dem 8. Z-Geschwader verlegt von der Casco-Bay (USA) nach Scapa Flow, um Einheiten der Home-Fleet für die geplante Madagaskar-Operation abzulösen.

25.—26. 3. 1942 **Schwarzes Meer**

Sowj. Flottillenführer *Char'kov* und Zerstörer *Svobodnyj* bringen am 25. 3. Nachschub nach Sevastopol. Zerstörer *Bditel'nyj* und *Bojkij* beschießen am 26. 3. dt. Stellungen im Vorfeld der Festung.

25. 3.—12. 4. 1942 **Südatlantik**

Ital. U-Boot *Calvi* (KKpt. Olivieri) versenkt vor der brasilian. Nordostküste 5 Schiffe mit 29 031 BRT.

26. 3.—8. 4. 1942 **Ostsee**

Die finn. Gruppe P, bestehend aus 3 Inf. Batl. der 18. Inf. Div. stößt auf Skiern über das Eis von Kotka nach Suursaari vor und überwältigt, von einem Schneesturm unterstützt, die sowj. Verteidiger, deren Reste sich nach Suur-Tytärsaari zurückziehen. Finn. und von Süden über das Eis kommende dt. Einheiten vernichten am 3./4. 4. die sowj. Besatzung dieser Insel. Ein sowj. Entsatzvorstoß am 5. und 7./8. 4. mit zus. rund 10 Batl. wird abgewiesen.

27. 3. 1942 **Nordatlantik**

Das auf dem Rückmarsch von der US-Ostküste befindliche *U 587* (Kptlt. Borcherdt) horcht und sichtet den schnellen Truppentransport-Konvoi WS. 17. Seine Fühlunghalter-Meldung wird mit HF/DF eingepeilt, der angesetzte Sicherungs-Zerstörer *Leamington* stößt zunächst vorbei, sichtet aber bei der Rückkehr das U-Boot, das gerade seine zweite Meldung abgegeben hat und nun von den Zerstörern *Leamington, Aldenham, Grove* und *Volunteer* versenkt wird. Erster Erfolg mit Schiffs-HF/DF.

27.—28. 3. 1942 **Biskaya**

Brit. Raid gegen St. Nazaire mit der Absicht, das große Trockendock, das die *Tirpitz* aufnehmen kann, zu zerstören. Eingesetzt werden: Zerstörer *Campbelltown* (LCdr. Beattie), *MGB 314, MTB 74* und 16 Motor-Launches mit insgesamt 353 Mann Besatzung und 268 Mann Commandos (OTL Newman). Unterstützung und Aufnahme durch die Zerstörer *Atherstone, Tynedale, Cleveland* und *Brocklesby. Cambelltown* gelingt es unter heftigem Abwehrfeuer, das besonders unter den Kleinfahrzeugen des Verbandes schon im Anlaufen schwere Opfer fordert, das Schleusentor zu rammen und die Zeitzünder für die Sprengstoffladung in Gang zu setzen. Die Commandos können die Abwehr nicht überwinden und werden aufgerieben. Als noch die 5. T-Fl. (Stärke wie am 13.—14. 3.) von See her eingreift, gelingt es nur noch 4 Launches zu den Aufnahme-Zerstörern durchzubrechen und Plymouth zu erreichen.

27. 3.—9. 4. 1942 **Mittelmeer**

Gegen den brit. Tobruk-Nachschub operieren die dt. *U 205, U 431, U 453* (Kptlt. Frhr. v. Schlippenbach). *U 453* torpediert das nicht als solches erkannte Lazarettschiff *Somersetshire* (9716 BRT).

28. 3.—1. 4. 1942 **Südasien**

Vor Makassar versenkt das US U-Boot *Sturgeon* (LCdr. Wright) 1 Schiff mit 842 BRT. Bei mehreren Angriffen gegen einen japan. Landungsverband vor der Christmas-Insel am 31. 3. und 1. 4. torpediert das US U-Boot *Seawolf* (LCdr. Warder) den japan. Kreuzer *Naka.* Vor Penang versenkt das brit. *Truant* (LCdr. Haggard) 2 Schiffe mit 11 719 BRT.

29. 3.—5. 4. 1942 **Schwarzes Meer**

Sowj. Flottillenführer *Taškent* und Zerstörer *Šaumjan* bringen am 29. 3. Nachschub nach Sevastopol, Zerstörer *Bditel'nyj* und *Soobrazitel'nyj* beschießen Landziele. Am 2. 4. treffen der Flottillenführer *Char'kov* und der Zerstörer *Svobodnyj,* am 5. 4. der Zerstörer *Bojkij* mit Nachschub in Sevastopol ein.

29. 3.—5. 4. 1942 **Mittelmeer**

Brit. U-Boot *Proteus* versenkt am 29. 3. aus einem Konvoi mit 7 Schiffen, gesichert von dem Zerstörer *Sebenico* und den T-Booten *Mosto, Bassini* und *Castelfidardo,* vor Brindisi 1 Schiff und am 31. 3. ein zweites, von dem Zerstörer *Strale* gesichertes Schiff mit zus. 11 688 BRT. Am 1. 4. versenkt *Urge* (Cdr. Tomkinson) vor Stromboli den ital. Kreuzer *Bande Nere.*

Vom 2.—4. 4. laufen 3 ital. Konvois (Operation »Lupo«) mit 6 Schiffen, gesichert von 7 Zerstörern und 2 T-Booten, Fernsicherung Kreuzer *Eugenio di Savoia* und 2 Zerstörer, ohne Ausfälle nach Tripolis.

Am 5. 4. versenkt das brit U-Boot *Una* (Lt. Norman) vor Calabrien 1 Schiff mit 5335 BRT.

30. 3. 1942 **Norwegen**

33 *Halifax* der Group No. 4 RAF Bomber Command greifen erfolglos das im Föttenfjord vor Trondheim liegende Schlachtschiff *Tirpitz* an. 5 Flugzeuge abgeschossen.

★

April 1942 **Mittelmeer**

Die brit. Admiralität gestattet Italien mit den Fahrgastschiffen *Vulcania* (24 469 BRT), *Saturnia* (24 470 BRT), *Duilio* (23 635 BRT) und *Giulio Cesare* (21 900 BRT) Kolonisten aus Ostafrika abzuholen. Die Schiffe treffen im Juli 1942 wieder in Italien ein.

1. 4. 1942 **Norwegen**

11 norweg. Handelsschiffe versuchen, von Göteborg aus durch das Kattegat und Skagerrak nach England durchzubrechen. Nur zwei Schiffe erreichen ihr Ziel, das Walfangmutterschiff *Skytteren* (12 358 BRT), die Tanker *Buccaneer* (6222 BRT) und *Storsten* (5343 BRT) und zwei kleinere Frachter (zus. 2752 BRT) werden durch dt. Kriegsschiffe versenkt bzw. versenken sich selbst. Dt. Bomber vernichten den Tanker *Rigmor* (6305 BRT) und beschädigen den Tanker *Newton* (10 324 BRT). Die restlichen 3 Schiffe laufen nach Göteborg zurück.

1.—9. 4. 1942 **Indischer Ozean**

Japan. Operationen gegen Ceylon. 1. 4.: Japan. Trägerflotte (VAdm. Nagumo) mit *Akagi, Soryu, Hiryu, Shokaku* und *Zuikaku,* den schnellen Schlachtschiffen *Kongo, Haruna, Hiei, Kirishima,* den Schweren Kreuzern *Atago, Takao, Maya,* einem Leichten Kreuzer und 8 Zerstörern auf dem Anmarsch südlich Java (26. 3. Auslaufen von Kendari/Celebes). Gleichzeitig Malaya-Gruppe (VAdm. Ozawa) mit dem Flugzeugträger *Ryujo,* den Schweren Kreuzern *Chokai, Kumano, Suzuya, Mikuma, Mogami,* einem Leichten Kreuzer und 4 Zerstörern von Mergui ausgelaufen. Die »British Eastern Fleet« (VAdm. Somerville) mit 3 Trägern, 5 Schlachtschiffen, 2 Schweren und 5 Leichten Kreuzern, 15 Zerstörern und 5 U-Booten im Gebiet von Ceylon, marschiert mit der Masse ihrer Einheiten in Erwartung japan. Vorstöße nach Südwesten zum Addu-Atoll. 4. 4.: Brit. Flugboot sichtet südwestlich Ceylon die anmarschierende japan. Trägerflotte, worauf alle fahrbereiten Schiffe Colombo verlassen. 5. 4.: 200 sm südlich Ceylon starten von den japan. Trägern 36 Jäger, 54 Stuka und 90 Bomber gegen Colombo. In Luftkämpfen schießen die japan. Jäger bei 7 eigenen Verlusten 19 von 42 *Hurricane*-Jägern und 6 *Swordfish*-Torpedoflugzeuge ab. In Colombo verursacht der Angriff schwere Schäden, im Hafen sinken der Hilfskreuzer *Hector* (11 198 BRT) und der Zerstörer *Tenedos.* Südwestlich Ceylon erfaßt die jap. Luftaufklärung die ablaufenden Schweren Kreuzer *Cornwall* (Capt. Manwaring) und *Dorsetshire* (Capt. Agar). 80 sofort gestartete Stuka versenken sie. Auf die Meldung des brit. Flugbootes hin wendet sich Admiral Somerville mit einer schnellen Division (Träger *Indomitable, Formidable,* Schlachtschiff *Warspite, Kreuzer Emerald, Enterprise,* 6 Zerstörer) von Addu nach Nordwesten, gefolgt von der langsamen Division (alte Schlachtschiffe *Royal Sovereign, Revenge, Resolution* und *Ramillies,* 3 Kreuzer, 5 Zerstörer). Am 5. 4. beträgt die Entfernung zwischen Japanern und Briten zeitweise nur noch 200 sm. 5.—8. 4.: Jap. Trägerflotte setzt sich nach Südwesten ab. Währenddessen greift die Malaya-Gruppe mit Trägerflugzeugen Vizagapatam und Cocanada an und setzt ihre Schiffe mit großem Erfolg gegen den Schiffsverkehr vor der ostindischen Küste an. 8. 4.: Brit. Flugboot meldet die erneut anlaufende Trägerflotte. Daraufhin Befehl an die in Trincomalee liegenden Schiffe, an der Küste entlang nach Süden auszuweichen. 9. 4.: 170 jap. Flugzeuge greifen Trincomalee an. Von 9 vergeblich angreifenden brit. *Blenheim*-Bombern werden 5 abgeschossen. Jap. Aufklärer erfassen die nach Süden ausweichenden brit. Schiffe. 80 Stuka vernichten den Träger *Hermes* (Capt. R. F. J. Onslow †), den Zerstörer *Vampire,* die Korvette *Hollyhock* und 2 Tanker.

Außer den genannten Schiffen fallen den jap. Flugzeugen und Überwassereinheiten 23 Handelsschiffe mit zusammen 112312 BRT zum Opfer.
Von den westlich Indien und in den Durchfahrten der Malediven und Lakkadiven sowie westlich Ceylon operierenden jap. U-Booten versenken *I-6* (FKpt. Inaba) 2 Schiffe mit 11321 BRT und 2 Segler, *I-7* (FKpt. Koizumi) 1 Schiff mit 9415 BRT, *I-5* (KKpt. Utsuki) 1 Schiff mit 6617 BRT und 1 Segler, *I-3* (FKpt. Tonozuka) 1 Schiff mit 5051 BRT, 1 mit 4872 torp., *I-2* (FKpt. Inada) 1 unbekanntes Schiff.

1.—11. 4. 1942 **Mittelmeer**
Heftige Luftangriffe des II. Flieger-Korps (Gen. d. Fl. Loerzer) und ital. Verbände gegen Malta. Dabei brit. Zerstörer *Lance, Gallant, Kingston,* das M-Boot *Abingdon,* die U-Boote *P. 36, Pandora, Glavkos* (griech.), der Marinetanker *Plumleaf* (5916 BRT) und mehrere kleinere Schiffe versenkt. Kreuzer *Penelope* beschädigt. Mitte des Monats müssen die restlichen Boote der brit. 10. U-Flottille Malta räumen.
Im April 1942 absoluter Höhepunkt der Luftangriffe auf Malta. Dt. Bomber fliegen 4082 Tages- und 256 Nachteinsätze gegen die Insel.

3. 4. 1942 **Nordmeer**
Dt. Bomber versenken in Murmansk die zum PQ. 13 gehörenden brit. Frachter *New Westminster City* (4747 BRT) und *Empire Starlight* (6850 BRT).

4.—24. 4. 1942 **Westatlantik**
U 154 (KKpt. Kölle) versenkt im Gebiet der Großen Antillen 5 Schiffe mit 28715 BRT.

4.—30. 4. 1942 **Ostsee**
Dt. I. Flieger-Korps (Gen. d. Fl. Förster) greift die großen Einheiten der sowj. Baltischen Flotte in Leningrad an, um ihren Einsatz nach Aufgehen des Eises zu verhindern.
Unternehmen »Eisstoß«: Am 4. 4. greifen 62 *Ju 87* des St. G. 1 (Oberstlt. Hagen) mit III./St. G. 1, I. und II./St. G. 2 und 33 *Ju 88* des K. G. 1 (Gen.Maj. Angerstein) die Schiffe, 37 *He 111* des K. G. 4 (Oberst Rath) die Flakstellungen unter dem Jagdschutz des J. G. 54 (Maj. Trautloft) mit 59 *Me 109* an. In der Nacht zum 5. 4. greifen nochmals 31 *He 111* des K. G. 4 die Schiffe an. Das Schlachtschiff *Oktjabrskaja revoljucija* erhält 4 Treffer, der Kreuzer *Maksim Gorkij* 7 Treffer mittleren Kalibers, die Kreuzer *Kirov* und *Petropavlovsk* und der Zerstörer *Sil'nyj* je 1 schweren Treffer, der Zerstörer *Grozjaščij,* der Minenleger *Marti* und das Schulschiff *Svir* leichtere Treffer.
Unternehmen »Götz von Berlichingen«: Bei der Fortsetzung der Angriffe am 24., 25. und 30. 4. wird u. a. 1 Treffer auf *Kirov* erzielt. Insgesamt fliegt das I. Fl. K. im April 596 Einsätze gegen Leningrad, die Luftflotte 1 im gleichen Zeitraum insgesamt 9047 Einsätze zur Unterstützung der H. Gr. Nord, bei denen 29 Flugzeuge verlorengehen.

5. 4. 1942 **Mittelmeer**
Brit. Zerstörer *Havock* läuft beim Versuch, von Malta nach Gibraltar durchzubrechen, bei Kelibia auf Grund und wird dort durch Torpedo des ital. U-Boots *Aradam* vernichtet.

7.—19. 4. 1942 **Mittelmeer**
Bei brit. U-Boot-Operationen versenken *Turbulent* (Cdr. Linton) vor Brindisi 2 Schiffe mit 5677 BRT, *Thrasher* (LCdr. Mackenzie) an der Cyrenaika-Küste

aus von den T-Booten *Pallade* und *Perseo* und 4 dt. R-Booten gesicherten Konvois 2 Schiffe mit 2326 BRT und *Torbay* (Cdr. Miers) vor Korfu und Tarent 2 Schiffe mit 1434 BRT. Vor Sfax versenkt *P. 35/Umbra* (Lt. Maydon) ein auslaufendes, gerade von dem T-Boot *Castore* aufgenommenes Schiff mit 4219 BRT.

8.—25. 4. 1942 **Nordmeer**

Operationen gegen die Konvois PQ. 14 und QP. 10. Am 8. 4. läuft der PQ. 14 von Island mit 24 Schiffen, gesichert von 5 Zerstörern, 4 Korvetten, 2 Minensuchern und 4 A/S-Trawlern, aus. Nahsicherung Kreuzer *Edinburgh* (KAdm. Bonham-Carter), *Norfolk* und 2 Zerstörer. Bei Jan Mayen gerät der Konvoi ins Packeis, 16 Schiffe und 2 Minensucher müssen mit Eisschäden umkehren. Am 10. 4. läuft der QP. 10 aus dem Kola-Fjord mit 16 Schiffen, gesichert von dem Kreuzer *Liverpool*, den Zerstörern *Oribi, Punjabi, Marne, Fury, Eclipse*, dem M-Boot *Speedwell* und den A/S-Trawlern *Blackfly* und *Paynter*, aus. Zwischen Island und Norwegen operiert eine Deckungsgruppe mit den Schlachtschiffen *King George V., Duke of York*, dem Träger *Victorious*, den Kreuzern *Kent, Nigeria* und 8 Zerstörern. Am 11. 4. greift die sowj. Luftwaffe den dt. Flugplatz Kirkenes mit geringem Erfolg an. *Ju 88* der III./K. G. 30 versenken aus dem QP. 10 den Frachter *Empire Cowper* (7164 BRT). In der Nacht zum 13. 4. verfehlt *U 435* (Kptlt. Strelow) die *Punjabi* und versenkt nacheinander die Frachter *El Occidente* (6008 BRT) und *Kiev* (5823 BRT), gegen Morgen schlägt ein Angriff von *U 209* fehl, *Ju 88* der III./K. G. 30 versenken den Frachter *Harpalion* (5486 BRT). Die dt. Luftaufklärung erfaßt den PQ. 14, einzelne Luftangriffe vom 15.—17. 4. gegen den Konvoi bleiben erfolglos, ebenso vereitelt die Sicherung des QP. 10 (Cdr. McBeath auf *Oribi*) Angriffe der U-Boote *U 377, U 456* und *U 376*, das die *Edinburgh* am 17. 4. knapp verfehlt. Ostwärts der Bäreninsel versenkt *U 403* (Kptlt. Clausen) aus dem PQ. 14 den Frachter *Empire Howard* (6985 BRT), der Konvoi-Kommodore Rees fällt. 2 Versuche der dt. 8. Z-Flottille, die beiden Konvois zu finden, schlagen in dem herrschenden schlechten Wetter fehl. In Murmansk treffen 7, in Island 11 Frachter ein. Die als Flankensicherung aufgestellten sowj. U-Boote, u. a. *K-21, S-101* und *ŠČ-401*, gehen an die Polarküste. Vor dem Tanafjord vereiteln am 19. 4. die dt. M-Boote *M 251* und *M 154* einen Angriff von *ŠČ-401* (Kpt. 3. Rg. Moiseev) auf einen Konvoi, das am 24. 4. aus einem anderen Konvoi den Dampfer *Stensaas* (1359 BRT) versenkt und anschl. durch die U-Jäger *UJ 1101* und *UJ 1110* mit Wasserbomben bekämpft wird. Seitdem ist das Boot vermißt, es ist jedoch möglich, daß es auf dem Rückmarsch am 25. 4. irrtümlich durch 2 sowj. Torpedokutter versenkt wurde.

8. 4.—11. 5. 1942 **Westatlantik**

Nacheinander treffen 12 U-Boote als 5. Welle vor der US-Ostküste ein. In Einzeloperationen versenken sie zahlreiche Schiffe: *U 84* (Oblt. z. S. Uphoff) 2 Schiffe mit 8240 BRT, *U 654* (Oblt. z. S. Forster) 3 Schiffe mit 17 755 BRT, *U 85* (Oblt. z. S. Greger) 1 Schiff mit 4904 BRT, *U 575* (Kptlt. Heydemann) 1 Schiff mit 6887 BRT, *U 201* (Kptlt. Schnee) 3 Schiffe mit 15 313 BRT, ferner 1 Schiff mit 7417 BRT torpediert, *U 576* (Kptlt. Heinicke) 2 Schiffe mit 6441 BRT, *U 109* (Kptlt. Bleichrodt) 3 Schiffe mit 12 099 BRT, ferner 1 Schiff mit 6548 BRT torpediert, *U 136* (Kptlt. Zimmermann) 3 Schiffe mit 12 707 BRT, ferner 1 Schiff mit 8955 BRT torpediert, *U 402* (Kptlt. Frhr. v. Forstner) 3 Schiffe mit 11 135 BRT, *U 752* (Kptlt. Schroeter) 3 Schiffe mit 15 506 BRT. Von *U 86* (Kptlt. Schug) und *U 582* (Kptlt. Schulte) gefahrene Angriffe schlagen fehl. *U 85* wird am 14. 4. von dem US-Zerstörer *Roper* versenkt.

9.—15. 4. 1942 **Schwarzes Meer**

Bei dt. Luftangriffen gegen Novorossijsk und Tuapse werden der Kreuzer *Vorošilov* und die Zerstörer *Sposobnyj* und *Nezamožnik* beschädigt. 30 Tote. Am 10. 4. bringen der Flottillenführer *Char'kov* und der Zerstörer *Svobodnyj* Nachschub nach Sevastopol. Am 13. 4. folgen die Zerstörer *Bojkij* und *Nezamožnik*, während *Bditel'nyj* und *Soobrazitel'nyj* Landziele beschießen. *Nezamožnik* führt am 15. 4. einen weiteren Nachschubtransport durch.

10. 4.—4. 6. 1942 **Pazifik**

US U-Boote versenken vor Japan folgende Schiffe: *Thresher* (LCdr. Anderson) 1 Schiff mit 3039 BRT, *Trout* (LCdr. Fenno) 2 Schiffe mit 7138 BRT, ferner 1 Schiff mit 16 801 BRT beschädigt, *Drum* (LCdr. Rice) Seeflugzeugträger *Mizuho* und 2 Schiffe mit 7736 BRT, *Grenadier* (LCdr. Lent) 2 Schiffe mit 19 218 BRT, *Silversides* (LCdr. Burlingame) 2 Schiffe mit 10 421 BRT beschädigt, *Tuna* (LCdr. De Tar) 1 Schiff mit 805 BRT versenkt, ferner 1 Schiff mit 8469 BRT beschädigt, *Pollack* (LCdr. Mosely) 2 Bewacher mit 123 BRT versenkt, *Pompano* (LCdr. Parks) 2 Schiffe (8784 BRT) versenkt. Bei Truk versenken *Greenling* (LCdr. Bruton) 2 Schiffe (9921 BRT), *Tautog* (LCdr. Willingham) 2 Schiffe mit 9928 BRT und das U-Boot *I-28*, *Triton* (LCdr. Kirkpatrick) 3 Schiffe (14 208 BRT).

11.—13. 4. 1942 **Mittelmeer**

Ital. Zerstörer *Vivaldi* und *Malocello* legen in 2 Nächten südwestlich Marettimo (W-Sizilien) die Sperren S 51 und S 52 mit je 180 EMC-Minen. Dt. 3. S-Flottille (Kptlt. Kemnade) legt ostwärts Malta in 3 Nächten die Sperren MT 10 bis 12 mit 8 EMF- und 72 UMB-Minen sowie 16 Reiß- und 48 Sprengbojen.

12. 4.—19. 5. 1942 **Westatlantik**

In der Karibik und bei Trinidad versenken *U 130* (KKpt. Kals) 2 Schiffe mit 13 092 BRT und *U 66* (KKpt. Zapp) 6 Schiffe mit 43 956 BRT, ferner 1 Schiff mit 12 502 BRT torpediert. Am 19. 4. beschießt *U 130* die Ölanlagen von Curaçao.

12. 4.—28. 5. 1942 **Nordmeer**

Intensiver Einsatz der sowj. 3. U-Boot-Division (Kpt. 3. Rg. Morozov) gegen den Geleitverkehr beiderseits der Varanger-Halbinsel. In bis zu 5 Unternehmungen fahren *M-171* (Kptlt. Starikov) 4 Angriffe, Dampfer *Curityba* (4969 BRT) torpediert; *M-172* (Kptlt. Fisanovič) 5 Angriffe, kein Erfolg; *M-173* (Kptlt. Terechin) 3 Angriffe, Dampfer *Blankenese* (3236 BRT) versenkt; *M-176* (Kptlt. Bondarevič) 5 Angriffe, kein Erfolg. Die U-Boote entkommen den Wasserbombenverfolgungen der dt. U-Jäger, so z. B. am 15. 5. *M-172* nach einer achtstündigen Verfolgung, in der *UJ 1104* und *UJ 1108* 126 Wabos werfen, dann jedoch im Feuer der sowj. Küstenbatterien von der Fischer-Halbinsel abdrehen müssen.

13.—26. 4. 1942 **Mittelmeer**

Vom 13.—16. 4. legen die U-Boote *U 562* (Oblt. z. S. Hamm), *U 331* (Kptlt. v. Tiesenhausen), *U 81* (Kptlt. Guggenberger) und *U 561* Kptlt. Bartels) Minensperren vor Famagusta (Cypern) — 2 Schiffe mit 238 BRT gesunken, Beirut, Haifa und Port Said — 2 Schiffe mit 11 754 BRT gesunken, 1 Schiff mit 4043 BRT beschädigt. Anschließend versenkt *U 331* 3 Segler, *U 81* 1 Tanker mit 6018 BRT und 9 Segler. Vor Tobruk bleibt *U 97* ohne Erfolg.

14. 4. 1942 **Nordatlantik**

Nach dem Absetzen von Agenten in Island (8. 4.) und einem noch ungeklärten Angriff auf ein kleines Schiff am 11. 4. trifft *U 252* (Kptlt. Lerchen) in der Nacht zum 14. 4. auf den Konvoi OG. 82, der von der 36th Escort Group (Cdr. Walker) gesichert wird. Es wird von der Korvette *Vetch* auf 7000 m mit Radar geortet (erste erfolgreiche Ortung mit dem 9-cm-Radar Typ 271), die einen Torpedofächer ausmanövriert und das U-Boot zusammen mit dem Führerboot, der Sloop *Stork*, mit Artillerie und Wasserbomben versenkt.

14. 4. 1942 **Mittelmeer**
Beim Versuch, vor Tripolis einen ital. Geleitzug anzugreifen, wird das erfolgreichste brit. U-Boot *Upholder* (LCdr. Wanklyn †) auf seiner 24. Feindfahrt durch ital. T-Boot *Pegaso* versenkt.

16. 4. 1942 **Südafrika**
Schiff 53 Doggerbank (Kptlt. [S] Schneidewind) wirft vor Kap Agulhas (Südafrika) in 5 Teilstücken 80 EMC. Auf den Sperren sinkt der brit. Frachter *Soudan* (6677 BRT), das Depotschiff *Hecla* (10 850 ts) wird beschädigt.

17.—26. 4. 1942 **Südwestpazifik**
Vor Kavieng versenkt das US U-Boot *Tambor* (LCdr. Murphy) 1 Schiff mit 394 BRT, vor dem Lingayen-Golf *Spearfish* (LCdr. Dempsey) 1 Schiff mit 5402 BRT und torpediert 2 weitere Schiffe mit 13 990 BRT. *Pickerel* (LCdr. Bacon) torpediert vor Ambon 1 Schiff mit 9347 BRT.

18. 4. 1942 **Pazifik**
US-Task Force 16 (VAdm. Halsey) startet 668 sm von Tokio entfernt 16 *B-25*-Bomber vom Träger *Hornet* zum Angriff auf die Stadt. Die Schäden in Tokio bleiben gering. Bis auf einen Bomber, der in der Sowjet-Union landen kann, gehen alle *B 25* z. T. bei Bruchlandungen in China verloren. Die von ihren Operationen im Indischen Ozean zurückkehrende jap. Trägerflotte versucht vergeblich, die Task Force 16 auf der Höhe von Formosa abzufangen.

18./19. 4. 1942 **Mittelmeer**
Ital. Zerstörer *Vivaldi* und *Malocello* legen südlich Malta die Sperre M 5 mit 156 Minen. Die für die nächste Nacht geplante Auslegung der Sperre M 7 südostwärts Malta wird wegen vorzeitiger Sichtung des Wurfverbandes abgebrochen.

19.—22. 4. 1942 **Südatlantik**
Dt. Hilfskreuzer *Schiff 28 Michel* (FKpt. d. R. v. Ruckteschell) versenkt im Südatlantik 2 Tanker mit 16 152 BRT.

20. 4. 1942 **Mittelmeer**
Der von der brit. Force H (Schlachtkreuzer *Renown*, Kreuzer *Charybdis*, *Cairo*, brit. und US-Zerstörer) gesicherte US-Träger *Wasp* startet südlich der Balearen 47 *Spitfire*-Jäger nach Malta.

20. 4. 1942 **Norwegen**
Nordwestlich Namsos versenkt das brit. U-Boot *Trident* (Cdr. Sladen) 1 Schiff mit 5386 BRT.

20. 4. 1942 **Schwarzes Meer**
Nach Aufgehen des Eises Anlaufen des dt.-rumän. Geleitverkehrs zwischen Konstanza und Očakov. Eingesetzt werden die Handelsschiffe *Zar Ferdinand* (1994 BRT), *Kolozsvar* (1200 BRT), *Kassa* (1022 BRT), *Danubius* (1489 BRT), *Oituz* (2686 BRT), *Sulina* (3495 BRT), *Tisza* (961 BRT), *Budapest* (485 BRT), *Carpati* (4336 BRT), *Salzburg* (1742 BRT), *Arkadia* (1756 BRT), *Ardeal* (5695 BRT), *Suceava* (6876 BRT), *Le Progrès* (311 BRT). Sicherung durch die Donau-

Flottille und rumän. Kriegsschiffe (Zerstörer *Regina Maria, Marasesti, Maresti,* T-Boot *Smeul* und Kanonenboot *Dumitrescu).* Sowj. Zerstörer *Bditel'nyj* und *Soobrazitel'nyj* bringen Nachschub nach Sevastopol.

20.—28. 4. 1942 **Mittelmeer**

Dt. 3. S-Flottille (Kptlt. Kemnade) legt westlich und nordöstlich La Valetta und ostwärts Malta die Sperren MT 13—18 mit 99 UMB- und 84 EMC-Minen, 36 Reiß- und 108 Sprengbojen.

20. 4.—9. 5. 1942 **Südpazifik**

In je 2 Unternehmungen patrouillieren die jap. U-Boote *Ro-33* und *Ro-34* vor Port Moresby.

20. 4.—14. 6. 1942 **Nordatlantik**

Erster Turnus mit fest aufgestellten 11 »Ocean Escort Groups« für die alliierten Nordatlantik-Konvois HX., SC., ON. und ONS. vom WESTOMP zum EASTOMP.

HX. 186, 20. 4. Halifax aus mit 21 Schiffen. E. G.: B. 7 mit Zerstörern HMS. *Firedrake, Churchill,* Korvetten HMS. *Kingcup, Dianella, Loosestrife* und FFS. *Rooselys.*

SC. 81, 23. 4. Halifax aus mit 70 Schiffen. E. G.: B. 2 mit Zerstörern HMS. *Hesperus,* ORP. *Piorun,* Korvetten HMS. *Clematis, Gentian, Sweetbriar, Vervain.*

HX. 187, 27. 4. Halifax aus mit 26 Schiffen. E. G.: B. 1 mit Zerstörern HMS. *Hurricane, Rockingham,* Korvetten HMS. *Dahlia, Monkshood, Anchusa.*

SC. 82, 30. 4. Halifax aus mit 32 Schiffen. E. G.: B. 4 mit Zerstörern HMS. *Highlander, Winchelsea,* Korvetten HMS. *Asphodel, Pennywort, Anemone.*

HX. 188, 3. 5. Halifax aus mit 28 Schiffen. E. G.: B. 3 mit Zerstörer *Harvester,* Korvetten HMS. *Narcissus, Mignonette,* FFS. *Lobélia, Renoncule.*

SC. 83, 7. 5. Halifax aus mit 63 Schiffen. E. G.: B. 6 mit Zerstörer HMS. *Viscount,* Korvetten HNorw.MS. *Acanthus, Eglantine, Rose, Potentilla.*

HX. 189, 10. 5. Halifax aus mit 21 Schiffen. E. G.: C. 1 mit Zerstörern HMCS. *Assiniboine, St. Croix,* Korvetten HMCS. *Chambly, Buctouche,* HMS. *Nasturtium, Dianthus,* FFS. *Mimose, Aconit.*

SC. 84, 14. 5.: Halifax aus mit 46 Schiffen. E. G.: C. 2 mit Zerstörer HMS. *Broadway,* Korvetten HMCS. *Drumheller, Dunvegan, Morden, Brandon,* HMS. *Polyanthus.*

HX. 190, 17. 5. Halifax aus mit 18 Schiffen. E. G.: A. 3 mit USCG-Cutters *Campbell, Ingham,* Korvetten HMCS. *Rosthern, Agassiz, Mayflower, Collingwood.*

HX. 191, 24. 5. Halifax aus mit 26 Schiffen. E. G.: C. 3 mit Zerstörern HMCS. *Saguenay, Skeena,* Korvetten HMCS. *Wetaskiwin, Sackville, Galt, Camrose.*

SC. 85, 29. 5. Halifax aus mit 62 Schiffen. E. G.: C. 4 mit Zerstörern HMCS. *Ottawa, St. Francis,* Korvetten HMCS. *Lethbridge, Prescott, Eyebright, Arvida.* Ankunft in England 14. 6.

Diese »Ocean Escort Groups« nehmen auf dem EASTOMP einen ON.- oder ONS.-Konvoi auf und kehren mit ihm zum WESTOMP zurück. Zwischen den Konvoi-Fahrten ergänzen sie in St. Johns (Neufundland) und Londonderry (Nordirland) ihre Vorräte. Bei den folgenden Einsätzen verändert sich die Zusammensetzung der Gruppen je nach Bereitschaft der Fahrzeuge.

23. 4.—4. 5. 1942 **Mittelmeer**

Bei Operationen gegen den brit. Tobruk-Nachschub versenkt *U 565* (Kptlt. Franken) 1 Schiff mit 1301 BRT, *U 372* verfehlt 2 Bewacher. Ostwärts Gibraltar gehen am 1. und 2. 5. *U 573* durch eine *Hudson* der RAF-Sq. 233, *U 74* durch die brit. Zerstörer *Wishart* und *Wrestler* mit Luftunterstützung verloren.

23. 4.—5. 5. 1942 **Nordatlantik**

Der erste U-Versorger *U 459* (Kptlt. v. Wilamowitz-Moellendorf) versorgt 500 sm nordostwärts der Bermudas 14 an- und abmarschierende U-Boote.

24. 4.—24. 5. 1942 **Westatlantik**

Zwischen Bahamas und Großen Antillen *(U 108)*, im Golf von Mexiko *(U 506, U 507)*, vor Kuba und Yucatan *(U 125)* und vor Guayana *(U 162)* versenken *U 108* (KKpt. Scholtz) 5 Schiffe mit 31 340 BRT, *U 506* (Kptlt. Würdemann) 8 Schiffe mit 39 906 BRT, ferner 3 Schiffe mit 23 354 BRT beschädigt, *U 507* (KKpt. Schacht) 9 Schiffe mit 44 782 BRT, *U 125* (Kptlt. Folkers) 9 Schiffe mit 47 055 BRT und *U 162* (FKpt. Wattenberg) 9 Schiffe mit 47 181 BRT.

25. 4. 1942 **Ostsee**

Beginn der Verlegung der dt. Verbände in den Finnenbusen für den Sommer 1942. Beteiligt sind: F. d. M. Ost, Kpt. z. S. Böhmer, 3. Minensuch-Flottille (7 M-Boote Typ 35), 1. Räum-Flottille (1 Begleitschiff, 9 R-Boote), 17. Minensuch-Flottille (5 umgeb. Fischdampfer, nur bis Mai 1942), 18. Minensuch-Flottille (7 umgeb. Fischdampfer), 12. U-Jagd-Flottille (10 umgeb. Fischdampfer und Walfänger), 3. Vorposten-Flottille (11 umgeb. Fischdampfer), 31. Minensuch-Flottille (1 R-Boot, 13 umgeb. Fischlogger), 34. Minensuch-Flottille (14 umgeb. Fischlogger), 27. Landungs-Flottille (5 Schwere Artillerieträger, 15 Minenlege-Fährprähme, 9 Transport-Fährprähme), 2 Minenräumschiffe mit je 16 Räumbarkassen, 1 Sperrbrecher, Minenschiffe *Kaiser, Roland*. Ferner Hilfsfahrzeuge und die Küstenschutz-Flottille Ostland.

26. 4.—1. 5. 1942 **Schwarzes Meer**

Am 26. 4. treffen der sowj. Kreuzer *Krasnyj Krym* und die Zerstörer *Bojkij* und *Bditel'nyj* mit 3487 Mann Personalersatz und der von den Zerstörern *Soobrazitel'nyj* und *Železnjakov* gesicherte Transporter *Serov* mit Material und Munition in Sevastopol ein. Am 28. 4. müssen *Krasnyj Krym, Bditel'nyj* und *Soobrazitel'nyj* mit 2000 Mann Personalersatz für Sevastopol wegen eines Luftangriffes umkehren, sie erreichen am 29. 4. Sevastopol, wobei der Flottillenführer *Taškent* für die *Bditel'nyj* einspringt. Am 1. 5. bringt der Flottillenführer *Char'kov* Nachschub nach Sevastopol und beschießt Landziele.

26. 4.—12. 5. 1942 **Nordmeer**

Operationen gegen die Konvois PQ. 15 und QP. 11. Am 26. 4. läuft PQ. 15 mit 25 Schiffen, gesichert von den Zerstörern *Somali, Matchless, Boadicea, Venomous, Badsworth* und *St. Albans*, 4 Minensuchern, 4 A/S-Trawlern, dem Flakschiff *Ulster Queen* und dem Katapultschiff *Empire Morn*, von Island aus. S. O. E. Capt. Crombie auf Minensucher *Bramble*. Nahsicherung: Kreuzer *Nigeria* (KAdm. Burrough), *London* und 2 Zerstörer. Deckungsgruppe zwischen Island und Norwegen: Schlachtschiffe HMS. *King George V.* (Adm. Tovey), USS. *Washington* (KAdm. Giffen), Träger HMS. *Victorious*, Kreuzer USS. *Wichita*, USS. *Tuscaloosa*, HMS. *Kenya* und je 4 brit. und US-Zerstörer. Am 28. 4. läuft von Murmansk QP. 11 aus mit 13 Schiffen, gesichert von den Zerstörern *Bulldog* (Cdr. Richmond), *Beagle, Beverley, Amazon*, 4 Korvetten und 1 A/S-Trawler. Nahsicherung: Kreuzer *Edinburgh* (KAdm. Bonham-Carter), Zerstörer *Foresight, Forester*, ferner bis 29. 4. 1 brit. Minensucher und sowj. Zerstörer *Sokrušitel'nyj* und *Kujbyšev*. Flankenaufstellung gegen dt. Über-

wasserschiffe 4 brit. und die sowj. U-Boote *D-3, K-2, K-23* und *K-22*. Aufstellung der dt. U-Boote *U 88, U 251, U 405, U 436, U 456, U 589, U 703*.
Am 29. 4. gewinnen dt. Luftaufklärung und U-Boote Fühlung am QP. 11. Am 30. 4. verfehlen *U 88* den Konvoi und *U 436* (Kptlt. Seibicke) die vorauslaufende *Edinburgh*, die nachm. von *U 456* (Kptlt. Teichert) mit 2 Torpedos getroffen wird. Ansatz der dt. Zerstörer *Hermann Schoemann* (Kpt. z. S. Schulze-Hinrichs), *Z 24* und *Z 25* gegen den QP. 11. Durch Eis behindert und mehrfach durch die 4 brit. Zerstörer und die Korvette *Snowflake* abgedrängt, gelingt es ihnen nur, den sowj. Frachter *Tsiolkovskij* (2847 BRT) zu versenken und die *Amazon* zu beschädigen. Ansatz auf die havarierte *Edinburgh*, bei der inzwischen das sowj. Wachschiff *Rubin*, 1 Schlepper und die brit. M-Boote *Harrier, Niger, Gossamer* und *Hussar* eingetroffen sind. Beim Angriff am 1. 5. wird *Hermann Schoemann* von der *Edinburgh* (Capt. Faulknor) schwer getroffen. In durch Schneeschauer und Rauchschleier stark behinderten, heftigen Gefechten beschädigen *Z 24* (KKpt. Saltzwedel) und *Z 25* (FKpt. Peters) die *Forester* (LCdr. Huddart †) und *Foresight* (Cdr. Salter) schwer und treffen die *Edinburgh* mit einem weiteren Torpedo, so daß sie aufgegeben und von *Foresight* mit Fangschuß versenkt werden muß. *Z 24* und später *U 88* retten den größten Teil der Besatzung von *Hermann Schoemann*. Bei Angriffen gegen den QP. 11 verfehlen *U 589* 1 Dampfer und *U 251* 1 Zerstörer. Beim PQ. 15 versenken der norweg. Zerstörer *St. Albans* und das M-Boot *Seagull* das von seiner Position in der Flankenaufstellung weit abgekommene poln. U-Boot *P. 551/Jastrzab*. Bei der Deckungsgruppe überrennt die *King George V.* den Zerstörer *Punjabi*, dessen im Sinken detonierende Wasserbomben das Schlachtschiff beschädigen, so daß es von der *Duke of York* (VAdm. Curteis) abgelöst werden muß. Angriffe dt. Torpedoflugzeuge und Bomber auf den QP. 11 bleiben erfolglos. Am 2. 5. versenken T-Flugzeuge der I./K. G. 26 aus dem PQ. 15 die brit. Frachter *Botavon* (5848 BRT, Konvoi-Kommodore, Capt. Anchor †), und *Cape Corso* (3807 BRT) und beschädigen die *Jutland* (6153 BRT), die am 3. 5. durch *U 251* (Kptlt. Timm) versenkt wird. Vom PQ. 15 treffen am 5. 5. 22 Schiffe, vom QP. 11 am 7. 5. 12 Schiffe in Murmansk bzw. Island ein.
Nach der Operation gehen die sowj. U-Boote an die Polarküste, wo *D-3* und *K-2* mehrere Konvois erfolglos angreifen. Am 12. 5. verfehlt *K-23* (Kpt. 3. Rg. Potapov mit Kpt. 2. Rg. Gadžiev an Bord) vor Nordkyn einen Konvoi mit 2 Dampfern, den Vp.-Booten *V 6107, V 6106, V 6108* und der U-Jagdgruppe *UJ 1110, UJ 1101, UJ 1109*, denen das U-Boot mit seiner überlegenen Geschwindigkeit über Wasser zu entkommen versucht. Es wird von einem herangerufenen Flugzeug unter Wasser gedrückt und von den U-Jägern im Wabo-Gruppenangriff versenkt.

26. 4.—23. 5. 1942 **Westatlantik**

Nacheinander treffen 13 U-Boote an der US-Ostküste und in kanad. Küstengewässern ein und operieren einzeln gegen den noch weitgehend einzeln laufenden Küstenverkehr. Von dieser 6. Welle werden folgende Schiffe versenkt: *U 564* (Kptlt. Suhren) 4 Schiffe mit 24 390 BRT, ferner 2 Schiffe mit 13 245 BRT torpediert, *U 333* (Kptlt. Cremer) 3 Schiffe mit 13 596 BRT, ferner 1 Schiff mit 8327 BRT torpediert, *U 455* (Kptlt. Gießler) 1 Schiff mit 6994 BRT, *U 553* (Kptlt. Thurmann) 3 Schiffe mit 16 995 BRT, *U 588* (Kptlt. Vogel) 4 Schiffe mit 13 975 BRT, ferner 1 Schiff mit 7460 BRT torpediert, *U 593* (Kptlt. Kelbling) 1 Schiff mit 8426 BRT, ferner 1 Schiff mit 4853 BRT torpediert, *U 653* (Kptlt. Feiler) 1 Schiff mit 6225 BRT, *U 135* (Kptlt. Praetorius) 1 Schiff mit 7127 BRT, *U 432*

(Kptlt. Schultze) 5 Schiffe mit 6110 BRT, ferner 1 Schiff mit 7073 BRT torpediert, *U 352* (Kptlt. Rathke) geht am 9. 5. nach einem fehlgeschlagenen Angriff gegen den USCG. Kutter *Icarus* bei dessen Gegenangriff verloren, *U 98* und *U 566* kehren ohne Erfolg zurück. *U 213* (Oblt. v. Varendorff) legt bei St. Johns am 14. 5. eine erfolglose Minensperre.

27.—28. 4. 1942 **Norwegen**

31 *Halifax*- und 12 *Lancaster*-Bomber greifen ohne Ergebnis das vor Trondheim liegende Schlachtschiff *Tirpitz* an. 5 Flugzeuge abgeschossen. Ein neuer Angriff in der darauffolgenden Nacht mit 23 *Halifax* und 11 *Lancaster* bleibt bei 2 Verlusten ebenfalls erfolglos.

★

1. 5. 1942 **Südatlantik**

Das brit. Turbinenschiff *Menelaos* (10 307 BRT, Capt. J. H. Blyth) entkommt im Südatlantik dem Angriff des Hilfskreuzers *Schiff 28 Michel* (FKpt. v. Ruckteschell) und seines S-Bootes.

2.—9. 5. 1942 **Mittelmeer**

Bei brit. U-Boot-Operationen torpediert *Proteus* an der alban. Küste 1 Schiff mit 3682 BRT. 2 Angriffe am 2. und 7. 5. vor Bengasi gegen ital. Konvois werden von den Sicherungsfahrzeugen *Cantore* bzw. *Vivaldi* und *Turbine* abgewehrt. Bei einer Fahrt zur Versorgung Maltas sinkt *Olympus* auf einer der von der dt. 3. S-Flottille gelegten Minen. Vor Calabrien greift *Upright* (Lt. Wraith) einen Schleppzug mit einem Dock an.

3.—8. 5. 1942 **Südpazifik**

Trägerluftschlacht im Korallenmeer. Japan. Plan: Amphibische Landung bei Port Moresby (Neu Guinea) am 10. 5. und Einrichtung eines Luftstützpunktes auf der südlichen Salomoneninsel Tulagi. Gesamtleitung VAdm. Inouye.
Tulagi-Gruppe (KAdm. Shima): Minenschiff *Okinoshima*, Zerstörer *Kikutsuki* und *Yuzuki*, 8 Hilfsminensuchboote, einige kleinere Fahrzeuge und 1 Transporter mit Teilen des 3. Kure-Spezial-Landungsverbandes.
Port Moresby-Gruppe (KAdm. Kajioka): Kreuzer *Yubari*, Minenschiff *Tsugaru*, Zerstörer *Oite, Asanagi, Uzuki, Mutsuki, Mochitsuki, Yayoi*, einige kleinere Einheiten und 11 Transporter mit dem Gros des 3. Kure-Spezial-Landungsverbandes und dem Südsee-Detachement (GenMaj. Horii).
Unterstützungsgrupppe (KAdm. Marumo): Kreuzer *Tenryu, Tatsuta*, 1 Flugzeugmutterschiff und 3 Kanonenboote. — Deckungsgruppe (KAdm. Goto): Kreuzer *Aoba, Kako, Kinugasa, Furutaka*, Flugzeugträger *Shoho*, Zerstörer *Sazanami*. — Trägergruppe (KAdm. Hara) mit *Zuikaku* und *Shokaku*, gesichert durch VAdm. Takagi mit den Kreuzern *Myoko* und *Haguro* und den Zerstörern *Ushio, Akebono, Ariake, Yugure, Shiratsuyu* und *Shigure* sowie einem Tanker. — US-Kräfte: Task Force 17 (KAdm. Fletcher) mit den Trägern *Yorktown* und *Lexington*, den Kreuzern *Minneapolis, New Orleans, Astoria, Chester* und *Portland* und den Zerstörern *Phelps, Dewey, Farragut, Aylwin, Monaghan, Morris, Anderson, Hammann* und *Russell*. — Unterstützungsgruppe (KAdm. Grace): Kreuzer *Australia, Hobart, Chicago*, Zerstörer *Perkins* und *Walke*. — Tankergruppe: *Neosho* und *Tippecanoe* sowie Zerstörer *Sims* und *Worden*. — U-Boote: *S 37, S 38, S 39, S 40, S 41, S 42, S 43, S 44, S 45, S 46, S 47*.
3. 5.: Jap. Landung auf Tulagi.

4. 5.: 99 Trägerflugzeuge der *Yorktown* greifen die jap. Tulagi-Gruppe an und versenken den Zerstörer *Kikutsuki* sowie 3 Minensucher und beschädigen 4 weitere Schiffe.
5. 5.: Brennstoffergänzung der US-Träger und Kreuzer, danach Vorstoß in Richtung auf die erwartete jap. Landungsflotte für Port Moresby. Gleichzeitig dringt die jap. Trägergruppe von Osten her in das Korallenmeer ein. Am 6. 5. suchen sich beide Verbände vergeblich bei unsichtigem Wetter, obwohl sie zeitweise nur 70 sm voneinander entfernt sind.
7. 5.: 93 US-Trägerflugzeuge greifen die jap. Deckungsgruppe, jap. Flugzeuge die US-Versorgungsgruppe an: jap. Träger *Shoho* (Kpt. z. S. Izawa †), US-Tanker *Neosho* und Zerstörer *Sims* versenkt. Jap. Zerstörer *Sazanami* rettet 100 Überlebende des Trägers.
8. 5.: Am Vormittag sichten sich beide Trägergruppen und starten ihre Flugzeuge (90 jap. — 78 amerik.) zum Angriff. *Shokaku* erhält 3 Bombentreffer, während die *Lexington* (Capt. F. C. Sherman) nach Bomben- und Torpedotreffern aufgegeben werden muß, *Yorktown* wird beschädigt. Die Japaner verzichten auf die Port Moresby-Landung, obwohl sie einen taktischen Erfolg errungen haben. Damit hat die amerik. Flotte ihre strategische Absicht erreicht.

3. 5.—20. 6. 1942 **Südpazifik**

B-Gruppe des jap. 8. U-Boot-Geschwaders (Kpt. z. S. Sasaki) operiert im Südpazifik. Vom 5.—11. 5. bilden *I-22, I-24, I-27* und *I-28* einen Vp.-Streifen zur Deckung der Port Moresby-Operation gegen US-Trägergruppen, nach der Schlacht im Korallenmeer treten sie den Rückmarsch nach Truk zur Anbordnahme der Klein-U-Boote an, dabei wird *I-28* südlich Truk durch das US U-Boot *Tautog* (LCdr. Willingham) versenkt. *I-21* (FKpt. Matsumura) klärt inzwischen im Raum Neukaledonien auf und versenkt dabei 2 Schiffe mit 11821 BRT. Am 19./20. 5. klärt sein Bordflugzeug Suva (Samoa) und am 23./24. 5. Auckland auf. *I-29* (FKpt. Izu) sucht die austral. Küste ab, beschädigt 1 Schiff mit 5135 BRT und klärt mit seinem Flugzeug am 22./23. 5. Sydney auf. Nach erneuter Luftaufklärung über Sydney am 29. 5. setzen am 31. 5. *I-22, I-24* und *I-27* ihre Klein-U-Boote aus, die z. T. in die Bucht von Sydney eindringen, dort jedoch nur das Wohnschiff *Kuttabul* versenken und den Kreuzer *Chicago* knapp verfehlen. Nach ergebnisloser Suche nach den Klein-U-Booten beschießen am 8. 6. *I-21* Newcastle und *I-24* (FKpt. Hanabusa) Sydney. Während *I-22* Sehrohraufklärungen von Wellington, Auckland und Suva durchführt und *I-29* nach Brisbane vorstößt, führen *I-21* vor Newcastle, *I-24* vor Sydney und *I-27* (FKpt. Yoshimura) vor Tasmanien Handelskrieg. Dabei versenken *I-21* 1 Schiff mit 5527 BRT, *I-24* 1 Schiff mit 4312 BRT, ferner 3 Schiffe mit 15844 BRT leicht beschädigt, *I-27* 1 Schiff mit 3353 BRT, ferner 1 Schiff mit 4239 BRT beschädigt.

4. 5. 1942 **allgemeine Lage**

OKW-Weisung zur Eroberung von Malta (Unternehmen »Herkules«).

4./5. 5. 1942 **Schwarzes Meer**

Nächtliche Beschießung dt. Stellungen an der SO-Küste der Krim durch sowj. Flottillenführer *Char'kov* und Zerstörer *Bditel'nyj, Bezuprečnyj* und *Smyšlenyj*.

4.—8. 5. 1942 **Indischer Ozean**

Brit. Landung auf Madagaskar und Besetzung des Flottenstützpunktes Diego Suarez.
4. 5.: Brit. Landungsgruppe erreicht mit 34 Einheiten das Seegebiet nördlich

der Insel: Kreuzer *Devonshire* (Capt. Oliver), 4 Zerstörer, 6 Korvetten, 6 Minensucher, 7 Landungsschiffe, 9 Transporter und 1 Tanker. — Deckungsgruppe: Schlachtschiff *Ramillies* (KAdm. Syfret), Flugzeugträger *Illustrious, Indomitable* (KAdm. Boyd), Kreuzer *Hermione* und 7 Zerstörer.
5. 5.: Angriff brit. Trägerflugzeuge auf die franz. Flugplätze und Schiffe: Hilfskreuzer *Bougainville* versenkt. U-Boot *Bévéziers* durch Wasserbomben vernichtet. Die brit. Landung in der Courrier-Bucht, wo die Korvette *Auricula* auf Mine läuft, erfolgt ohne Widerstand, jedoch wird der weitere Vormarsch der brit. Landungstruppen am 5. und 6. 5. durch die franz. Verteidiger aufgehalten. Landung brit. Kommandos von Marines durch den Zerstörer *Anthony* in Antsirane und Wegnahme wichtiger Zentralen läßt jedoch den franz. Widerstand schnell zusammenbrechen. Das Kanonenboot *D'Entrecasteaux*, das die Verteidiger mit seiner Artillerie unterstützt hat, muß sich nach Bombentreffern auf Grund setzen.
7. 5.: Franz. U-Boot *Le Héros* wird bei einem Angriffsversuch auf das brit. Gros durch eine Korvette und Flugzeuge der *Illustrious* versenkt.
8. 5.: U-Boot *Monge* greift den brit. Träger *Indomitable* erfolglos an und wird anschließend durch die Zerstörer *Panther* und *Active* vernichtet. Das franz. U-Boot *Le Glorieux* und das Kanonenboot *D'Iberville* entkommen nach Süd-Madagaskar und von dort später nach Toulon.

5. 5.—22. 6. 1942 **Westatlantik**

Eine Welle von 7 U-Booten marschiert einzeln von Cape Hatteras zur Florida-Straße und ins Gebiet der Großen Antillen, Kuba, Yucatan und Ostkaribik. Bei ihren Unternehmungen versenken sie zahlreiche Schiffe: *U 106* (Kptlt. Rasch) 5 Schiffe mit 29 154 BRT, ferner 1 Schiff mit 4639 BRT beschädigt, *U 753* (KKpt. v. Mannstein) 2 Schiffe mit 13 769 BRT, ferner 2 Schiffe mit 6908 BRT beschädigt, *U 751* (Kptlt. Bigalk) 2 Schiffe mit 4555 BRT, *U 558* (Kptlt. Krech) 6 Schiffe mit 16 380 BRT, ferner 1 Schiff mit 7061 BRT beschädigt, *U 103* (Kptlt. Winter) 9 Schiffe mit 42 169 BRT, *U 107* (Kptlt. Gelhaus) 6 Schiffe mit 26 983 BRT.

6.—19. 5. 1942 **Südwestpazifik**

Bei Operationen im Südchinesischen Meer versenken die US U-Boote *Skipjack* (LCdr. Coe) 3 Schiffe mit 12 848 BRT, *Swordfish* (LCdr. Smith) 1 Schiff mit 5307 BRT und *Pickerel* (LCdr. Bacon) torpediert 1 Schiff mit 5973 BRT. Im Südpazifik versenken *S 42* (Lt. Kirk) den jap. Minenleger *Okinoshima* und *S 44* (Lt. Moore) 1 Schiff mit 5644 BRT.

7.—17. 5. 1942 **Mittelmeer**

Dt. 3. S-Flottille (Kptlt. Kemnade) legt nordostwärts und vor La Valetta sowie ostwärts Malta die Sperren MT 19—24 mit 108 FMC-Minen, 16 Reiß- und 46 Sprengbojen.

7. 5.—28. 6. 1942 **Westatlantik**

Bei Einzeloperationen im Gebiet der Karibik versenken *U 69* (Oblt. z. S. Gräf) 4 Schiffe mit 12 030 BRT, ferner 1 unidentifizierten Schlepper, *U 155* (Kptlt. Piening) 7 Schiffe mit 33 086 BRT, *U 502* (Kptlt. v. Rosenstiel) 7 Schiffe mit 36 894 BRT, *U 156* (KKpt. Hartenstein) 11 Schiffe mit 44 086 BRT, ferner US-Zerstörer *Blakeley* und 1 Schiff mit 8042 BRT torpediert.

7. 5.—2. 7. 1942 **Schwarzes Meer**

Insgesamt 77 Einsätze der U-Boote der sowj. Schwarzmeer-Flotte zur Versorgung von Sevastopol. Ab 7. 5. *D-4* (5), *L-4* (7 Fahrten), ab 15. 5. *L-5* (6), *L-23* (7), ab 30. 5. *S-31* (5), *S-32* (7), ab Anf. Juni *D-5* (3), *L-24* (4), ab Mitte Juni *ŠČ-205*

(2), *ŠČ-208* (2), *ŠČ-209* (2), *ŠČ-212* (2), *ŠČ-213* (2), *ŠČ-214* (1), *A-2* (2), *A-4* (3), *M-31* (3), *M-32* (1), *M-33* (3), *M-52* (1), *M-60* (1), *M-112* (2), *M-117* (2), *M-118* (3). Bei diesen Einsätzen gehen verloren: *ŠČ-212* durch Benzinexplosion in Sevastopol, *ŠČ-208* durch Torpedoschuß des ital. Klein-U-Bootes *CB. 2* am 18. 6., *ŠČ-214* durch Torpedoschuß des ital. *MAS 571* am 19. 6. und *S-32* durch Bombentreffer am 26. 6.

8.—16. 5. 1942 **Schwarzes Meer**

Die dt. 11. Armee (GenOberst v. Manstein) greift die auf der Halbinsel Kerč stehende sowj. Krim-Front mit den 47., 51. und 44. Armeen an, durchbricht die Front im Süden und vernichtet die sowj. Kräfte mit ihrer Masse westlich Kerč, Reste entkommen über die Straße von Kerč auf die Taman-Halbinsel. In die Kämpfe greifen von Süden mit geringen Erfolgen vom 10.—16. 5. der sowj. Kreuzer *Vorošilov*, die Flottillenführer *Taškent* und *Char'kov*, die Zerstörer *Soobrazitel'nyj* und *Bditel'nyj* ein.

Am 9. 5. geleiten die beiden Zerstörer den Transporter *Serov* nach Sevastopol, am 12. 5. bringen sie selbst weiteren Nachschub. Vom 12.—14. 5. bringen der Kreuzer *Krasnyj Krym* und die Zerstörer *Dzeržinskij* und *Nezamožnik* 2250 Mann Personalersatz nach Sevastopol. Am 14. 5. läuft *Dzeržinskij* auf eine Luft-Grundmine und sinkt, während *Nezamožnik* Landziele beschießt.

9. 5. 1942 **Mittelmeer**

Brit. »Force W«: Träger *Wasp* (USN) und *Eagle*, Schlachtkreuzer *Renown*, Kreuzer *Charybdis* sowie 4 brit. und 2 US-Zerstörer starten von Gibraltar kommend westlich Malta 47 bzw. 17 *Spitfire*-Jagdflugzeuge nach Malta, von denen 61 die Insel erreichen.

9.—10. 5. 1942 **Norwegen**

Kreuzer *Admiral Scheer* verlegt mit dem Flottentanker *Dithmarschen* und den Torpedobooten *T 5* und *T 7* von Trondheim nach Narvik.

9.—15. 5. 1942 **Ostsee**

Auslegung der Minensperren »Nashorn 1—5« durch die dt. Minenschiffe *Kaiser* und *Roland* zwischen Porkkala und Naissaari, später durch 9 weitere Teilstücke ergänzt. Insgesamt 1915 Minen.

11. 5. 1942 **Mittelmeer**

Brit. Zerstörer *Jervis* (Capt. Poland), *Kipling*, *Lively* und *Jackal* stoßen von Alexandria aus gegen einen auf dem Marsch nach Bengasi gemeldeten dt.-ital. Geleitzug vor. Dabei wird der Verband südlich Kreta von dt. Aufklärern erfaßt und kehrt befehlsgemäß um. Am Nachmittag werden die Zerstörer durch 14 *Ju 88* der I./Lehrgeschwader 1 (Hptm. Helbig) von Heraklion (Kreta) aus angegriffen, wobei *Lively* sinkt. Ein Angriff der II./L. G. 1 (Hptm. Kollewe) von Eleusis bei Athen aus bleibt erfolglos. Bei einem zweiten Angriff der I./L. G. 1 bei Sonnenuntergang werden auch *Kipling* und *Jackal* (am 12. 5. gesunken) vernichtet, nur *Jervis* kann nach Rettung von 630 Überlebenden entkommen.

11.—14. 5. 1942 **Nordatlantik**

Auf den zufällig erfaßten Konvoi SL. 109 operieren die ausmarschierenden U-Boote *U 126*, *U 161* und *U 128* (Kptlt. Heyse), das 1 Schiff mit 3491 BRT versenkt.

11. 5.—21. 6. 1942 **Nordatlantik**

Erster Versuch einer planmäßigen Gruppenoperation »Hecht« auf der Nordatlantikroute mit *U 124, U 94, U 569, U 406, U 96* und *U 590*. Auf dem Anmarsch zum ersten Vp.-Streifen sichtet *U 569* (Kptlt. Hinsch) am 11. 5. den Konvoi ONS. 92 (41 Schiffe, Escort USCG-Cutter *Campbell, Ingham*, kanad. Korvetten *Arvida, Algoma, Shediac* und *Bittersweet)*. In der Nacht zum 12. 5. kommen *U 124* (Kptlt. Mohr) in 2 Anläufen — 4 Schiffe mit 21 784 BRT versenkt — *U 569* — evtl. 1 Treffer auf Havaristen — und *U 94* (Oblt. z. S. Ites) — 1 Schiff mit 5630 BRT versenkt — zum Schuß. In der nächsten Nacht verfehlt *U 406* (Oblt. z. S. Dieterichs) eine Korvette infolge Torpedoversager, *U 94* versenkt in 2 Anläufen 2 Schiffe mit 8870 BRT. Dann geht die Fühlung in schlechtem Wetter verloren. Am 20. 5. nachm. sichtet *U 406* den Konvoi ONS. 94, doch wird es nach 4 Stunden von einem Zerstörer und Flugzeugen abgedrängt, die anderen Boote kommen im Nebel der Neufundlandbank nicht heran. Nach einer Versorgung aus *U 116* (KKpt. v. Schmidt) vom 25.—27. 5. nehmen die Boote der Gruppe »Hecht« wieder einen Vp.-Streifen in der Nähe der Neufundlandbank ein. Am 1. 6. sichtet *U 590* (Kptlt. Müller-Edzards) in schwerem Weststurm und bei mondheller Nacht den Konvoi ONS. 96, wird jedoch zweimal abgedrängt und erhält Wabos. Wegen der Wetterlage und der Nähe Neufundlands wird die Operation am 2. 6. abgebrochen. Am Abend des 8. 6. sichtet *U 124* den Konvoi ONS. 100 (37 Schiffe, Escort Group mit kanad. Zerstörern *Assiniboine, St. Croix*, kanad. Korvetten *Chambly, Buctouche*, brit. *Nasturtium, Dianthus* und franz. *Mimose* und *Aconit)*. *U 124* versenkt im ersten Angriff die *Mimose*. Am 9. 6. gewinnen alle 6 U-Boote der Gruppe »Hecht« Fühlung, doch bleiben *U 96, U 406* und *U 590* wegen Dieselpannen zurück. *U 94* versenkt in der Nacht zum 10. 6. zwei Schiffe mit 11 002 BRT. Die Fühlung geht im Nebel verloren. Am 11. 6. sichtet *U 96* (Oblt. z. S. Hellriegel) den Konvoi wieder. *U 94* und *U 569* werden durch einen Nachzügler aufgehalten, den sie in mehreren Anläufen versenken (4458 BRT). Am Morgen des 12. 6. kommt *U 124* noch einmal heran und versenkt 1 Schiff mit 4093 BRT. — Am Morgen des 16. 6. sichtet *U 94* den Konvoi ONS. 102 (48 Schiffe, Escort Group (Cdr. Heinemann, USN) mit USCG-Cutters *Campbell, Ingham*, Zerstörern USS. *Leary*, HMCS. *Restigouche* und kanad. Korvetten *Collingwood, Rosthern, Mayflower* und *Agassiz)*. Die Fühlunghaltersignale von *U 94, U 406, U 96, U 124* und *U 569* werden durch die mit HF/DF ausgerüstete *Restigouche* eingepeilt, die Escorts drängen die U-Boote ab, wobei *U 94* und *U 590* durch Wabos beschädigt werden. *U 406* verfehlt am 17. 6. morgens die *Leary* mit 5 Torpedos. Nach Abbruch der Operation am 18. 6. prallt *U 124* nochmals auf den Konvoi und versenkt im Unterwasserangriff 1 Schiff mit 5627 BRT. Bis zum 21. 6. tritt die Gruppe »Hecht« den Rückmarsch an, insgesamt sind ohne Verluste 12 Schiffe mit 61 464 BRT und 1 Korvette versenkt worden.

12.—19. 5. 1942 **Kanal**

Durchbruch des dt. Hilfskreuzers *Schiff 23 Stier* (FKpt. Gerlach) durch den Kanal. 12. 5.: Auslaufen Rotterdam, Sicherung durch 5. T-Flottille (FKpt. M. Schmidt) mit *Kondor, Falke, Iltis* und *Seeadler* sowie 16 Minenräumboote. In den ersten Stunden des 13. 5. nach Beschuß durch brit. Küstenbatterien in der Dover-Enge Angriff brit. MTB. *Iltis* (Kptlt. W. Jacobsen †) und *Seeadler* (Kptlt. Strecker) nach Torpedotreffern mit schweren Mannschaftsverlusten gesunken. Der brit. Verband verliert *MTB 220*. Der weitere Marsch des Hilfskreuzers erfolgt in den darauffolgenden Nächten in kleinen Abschnitten ohne weitere Feindberührung. 19. 5.: Einlaufen Gironde-Mündung. Von hier aus gelingt am 20./21. 5. der unbemerkte Ausbruch in den Atlantik.

13.—15. 5. 1942 **Nordmeer**

Der nach dem Torpedotreffer am 29. 3. behelfsmäßig reparierte brit. Kreuzer *Trinidad* (Capt. Saunders) läuft am 13. 5. mit den Zerstörern *Somali, Matchless, Foresight* und *Forester* aus Murmansk aus. Westlich der Bäreninsel brit. Aufnahmegruppe mit Kreuzern *Nigeria* (KAdm. Burrough), *Kent, Norfolk, Liverpool* und 4 Zerstörern. Vom zugesagten sowj. Fernjagdschutz bis 200 sm von der Küste treffen nur wenige Flugzeuge ein. Am 14. 5. wird der Verband etwa 100 sm von der Küste durch dt. Luftaufklärung erfaßt, mehrere Angriffe durch T-Flugzeuge der I./K. G. 26 und Bomber der III./K. G. 30 bleiben erfolglos, dann trifft eine *Ju 88* der III./K. G. 30 den Kreuzer im Sturzangriff. Schiff gerät in Brand, der am 15. 5. nicht mehr unter Kontrolle zu bringen ist, so daß die *Trinidad* durch *Matchless* versenkt werden muß. Die Home-Fleet läuft von Scapa Flow zur Deckung der rückmarschierenden Schiffe aus.

13. 5.—2. 6. 1942 **Mittelmeer**

Bei Operationen gegen den brit. Tobruk-Verkehr versenkt *U 431* (Kptlt. Dommes) 1 Schiff mit 4216 BRT, *U 83* verfehlt einen Konvoi, *U 81, U 205, U 565* bleiben ohne Erfolg. *U 568* (Kptlt. Preuß) wird vor Sollum nach 15stündiger Verfolgung durch die brit. Zerstörer *Hero, Hurworth* und *Eridge* am 28. 5. versenkt, am 2. 6. wird *U 652* durch Flugzeuge so schwer beschädigt, daß *U 81* das Boot nach Übernahme der Besatzung mit Torpedo versenken muß.

14. 5. 1942 **Westatlantik**

Die seit Juni 1940 in Martinique und Guadeloupe liegenden vichy-treuen franz. Kriegsschiffe (Flugzeugträger *Béarn* und Kreuzer *Emile Bertin* und *Jeanne d'Arc)* werden auf amerik. Druck hin demilitarisiert.

14.—19. 5. 1942 **Westatlantik**

Einführung des durchgehenden Konvoi-Verkehrs an der US-Ostküste. Am 14. 5. läuft der erste Konvoi von Hampton Roads nach Key West (NK), am 15. 5. von Key West nach Hampton Roads (KN), am 19. 5. der erste Zubringer-Konvoi von New York nach Halifax (BX). Die Zusammenfassung der Schiffe in Konvois läßt die Zahl der Handelsschiffsichtungen durch U-Boote scharf absinken.

14.—31. 5. 1942 **Mittelmeer**

Bei Operationen gegen den ital. Nachschubverkehr nach Bengasi greift das brit. U-Boot *Turbulent* (Cdr. Linton) am 14., 18., 20., 24., 25. und 29. 5. Konvois mit Zerstörer- und T-Boot-Sicherung an, es werden 3 Schiffe mit 5799 BRT und der Zerstörer *Pessagno* versenkt. Vor Bari versenkt *Thrasher* (LCdr. Mackenzie) 1 Schiff mit 1160 BRT, am 30./31. 5. versenkt *Proteus* vor Bengasi aus 2 Konvois 2 Schiffe mit 8407 BRT.

15. 5. 1942 **Nordmeer**

Ju 87 der I./St. G. 5 greifen Murmansk an. Sowj. U-Boot *ŠČ 403* und US-Frachter *Yaka* (6187 BRT) schwer beschädigt.

16.—20. 5. 1942 **Norwegen**

Am 16. 5. läuft der nach dem Torpedotreffer am 23. 2. behelfsmäßig reparierte Schwere Kreuzer *Prinz Eugen* (Kpt. z. S. Brinkmann) mit den Zerstörern *Z 25* und *Paul Jacobi* sowie den T-Booten *T 11* und *T 12* von Trondheim zur Überführung nach Kiel aus (Unternehmen »Zauberflöte«). Am 17. 5. greifen ohne Erfolg 12 *Beaufort*, 6 *Blenheim* und 4 *Beaufighter* der 42. RAF-Torpedo-Bomber Squadr. (Wing Cdr. Williams) an, durch Flak und *Me 109* des III./J. G. 1 verlieren sie 3 Flugzeuge, Angriffe von 30 weiteren Flugzeugen werden durch *Me 109* abgefangen, die weitere 4 Flugzeuge bei insges. 3 eigenen Verlusten abschießen. Am 18. 5. trifft *Prinz Eugen* in Kiel ein. Vom 18.—20. 5. verlegt der Schwere Kreuzer *Lützow* (Kpt. z. S. Stange) mit *T 15* etappenweise von Kiel über Kristiansand nach Trondheim, am 26. 5. Vereinigung mit dem schon am 9.—10. 5. von Trondheim nach Narvik verlegten Schweren Kreuzer *Admiral Scheer*.

16.—20. 5. 1942 **Mittelmeer**

»Force W« (Träger *Eagle* und *Argus*, Kreuzer *Charybdis* und Zerstörer) startet am 18. 5. von Gibraltar kommend nördlich Algier 17 Jagd- und 7 Torpedoflugzeuge nach Malta, von denen jedoch letztere umkehren müssen. Erfolglose Angriffe dt. und ital. Flugzeuge und eines ital. U-Bootes auf den Verband.

16.—25. 5. 1942 **Schwarzes Meer**

Sowj. Nachschubtransporte nach Sevastopol, dabei z. T. Landzielbeschießungen: Am 16. 5. Zerstörer *Bditel'nyj*. Am 17. 5. Kreuzer *Krasnyj Krym* und Flottillenführer *Taškent*. Am 19. 5. Flottillenführer *Char'kov*. Am 21. 5. Zerstörer *Svobodnyj*. Am 22. 5. *Krasnyj Krym, Taškent* und Zerstörer *Nezamožnik, Železnjakov*. Am 23. 5. Zerstörer *Bojkij*. Am 24. 5. Zerstörer *Bezuprečnyj*. Am 25. 5. *Krasnyj Krym* und *Taškent*.

18. 5.—11. 6. 1942 **Schwarzes Meer**

Bei sowj. U-Boot-Operationen versenken *ŠČ-205* (Kptlt. Suchomlinov) vor der türk.-bulg. Grenze die kleinen türk. Dampfer *Duatepe* und *Safak* mit 628 BRT, *ŠČ-214* (Kpt. 3. Rg. Vlasov) 3 kleinere türk. Schooner. In der Odessa-Bucht versenkt *A-3* (Kptlt. Curikov) den rumän. Transporter *Sulina* (3495 BRT), und *A-5* (Oblt. Kukuj) torpediert den rumän. Transporter *Ardeal* (5695 BRT), der auf Strand gesetzt wird.

20. 5.—30. 6. 1942 **Westatlantik**

Im Golf von Mexiko, vor Kuba und Yucatan versenken *U 158* (Kptlt. Rostin) 12 Schiffe mit 62536 BRT, *U 504* (KKpt. Poske) 6 Schiffe mit 19418 BRT. Auf dem Rückmarsch geht *U 158* im Gebiet von Bermudas nach HF/DF-Peilung durch den Angriff eines amerik. *Mariner*-Flugbootes der VP-74 verloren.

21. 5. 1942 **Nordatlantik**

U 159 (Kptlt. Witte) greift den Konvoi OS. 28 an und versenkt daraus 2 Schiffe mit 9175 BRT. Anschließend setzt das Boot seinen Ausmarsch in die Karibik fort.

21.—25. 5. 1942 **Ostsee**

Auslegung der Minensperren »Seeigel 1—8« südostwärts Suursaari durch die dt. Minenschiffe *Kaiser* (KKpt. Böhm) und *Roland* (Kpt. z. S. v. Kutzleben), 3. M-Flottille (FKpt. Knuth) und 27. L-Flottille (Kpt. z. S. Masberg) mit 2522 Minen. Später auf 41 Teilsperren erweitert mit 5779 Minen, 1450 Reiß- und 200 Sprengbojen.

21. 5.—27. 6. 1942 **Nordpazifik**

Aufklärungs-Unternehmung des japan. 1. U-Geschwaders (KAdm. Yamazaki) im Gebiet der Aleuten. Mit ihren Bordflugzeugen klären *I-9* (FKpt. Fujii) am 25. 5. Kiska und Amchitka, am 26. 5. Kiska, *I-26* (FKpt. Yokota) am 24. 5. Kodiak, am 26. 5. Sitkinak und am 1. 6. Seattle, *I-25* (FKpt. Tagami) am 27. 5. Kodiak auf. *I-19* (FKpt. Narahara) wird am 27. 5. bei der Bogorlov-Insel beim

Start des Flugzeuges überrascht und durch Wasserbomben beschädigt, es klärt am 4. 6. mit Sehrohr Dutch Harbor auf. Im Juni operiert *I-25* im Gebiet von Seattle, torpediert 1 Schiff mit 7100 BRT und beschießt am 24. 6. Pt. Stevens (Oregon), *I-26* versenkt 1 Schiff mit 3286 BRT und beschießt am 20. 6. Pt. Estevan (Vancouver).

23.—27. 5. 1942 **Westatlantik**
Wegen des Ausbleibens von Sichtungen (Folge des durchgehenden Konvoiverkehrs) werden die vor der US-Küste operierenden 6 U-Boote in eine abgesetzte Aufstellung »Pfadfinder« gezogen, in die auch zwei neu eintreffende Boote einscheren. Die Aufstellung bleibt jedoch erfolglos, deshalb werden die Boote wieder an die Küste herangeschoben.

24.—25. 5. 1942 **Norwegen**
Verlegung des Schweren Kreuzers *Lützow* mit dem Tanker *Dithmarschen* und *T 7* von Trondheim nach Narvik.

25. 5. 1942
Das sowj. U-Boot *S 101* (Kpt. 3. Rg. Vekke) wird vor dem Tanafjord 22 Stunden lang von den U-Jägern *UJ 1105, 1102, 1108* und *UJ 1109* mit Wasserbomben bekämpft, kann jedoch schwer beschädigt entkommen.

25. 5.—8. 7. 1942 **Westatlantik**
Nach der Bekämpfung des SL. 109 marschieren ins Gebiet der brasil. Nordküste 3 U-Boote, die hier aber wenig Verkehr finden und schließlich in die Karibik eindringen. Sie versenken: *U 128* (Kptlt. Heyse) 4 Schiffe mit 32 129 BRT, *U 126* (Kptlt. Bauer) 7 Schiffe mit 41 708 BRT, ferner 1 Schiff mit 7104 BRT beschäd., *U 161* (Kptlt. Achilles) 3 Schiffe mit 14 201 BRT, ferner 1 Schiff mit 3305 BRT im Hafen von Santa Lucia torpediert.

25. 5.—1. 6. 1942 **Nordmeer**
Bekämpfung der alliierten Konvois QP. 12 und PQ. 16. Der QP. 12 (15 Schiffe, davon 1 umgekehrt) läuft am 21. 5. vom Kola-Fjord aus, wird aber nicht bekämpft. Ein Luftfühlunghalter wird am 25. 5. vom *Hurricane*-Jäger des im Konvoi laufenden Katapultschiffes *Empire Morn* abgeschossen. 14 Schiffe laufen am 29. 5. in Reykjavik ein.
Der am 21. 5. mit dem M-Boot *Hazard* und den A/S-Trawlern *St. Elstan, Lady Madelaine, Northern Spray* und (nur bis 23. 5.) *Retriever* von Reykjavik ausgelaufene PQ. 16 (35 Schiffe, Flakschiff *Alynbank)* wird am 25. 5. früh von der Escort Group mit den Zerstörern *Ashanti* (Cdr. Onslow), *Martin, Achates, Volunteer* und *Garland* (poln.) und den Korvetten *Honeysuckle, Starwort, Hyderabad* (RIN) und *Roselys* (franz.) aufgenommen. Wenig später nimmt die Nahsicherungsgruppe mit den Kreuzern *Nigeria* (KAdm. Burrough), *Kent, Norfolk, Liverpool* und den Zerstörern *Onslow, Oribi* und *Marne* Positionen im Konvoi ein. Die Home-Fleet kreuzt als Deckungsgruppe zwischen Island und Norwegen.
Im PQ. 16 laufen 2 brit. U-Boote gegen dt. Überwasserschiffe mit, 5 brit. und 3 sowj. U-Boote bilden eine Flankenaufstellung. Am 25. 5. erfaßt die dt. Luftaufklärung den PQ. 16, der eine dt. U-Boot-Aufstellung umgangen hat. Bei 2 Luftangriffen durch die 3./K. G. 26 (LT) und die III./K. G. 30 mit 19 *He 111* und 6 *Ju 88* gehen durch massiertes Flakfeuer 2 Bomber und durch die *Hurricane* des im Konvoi mitlaufenden Katapultschiffes *Empire Lawrence* 1 T-Flugzeug verloren. Der Frachter *Carlton* (5127 BRT) wird durch Nahtreffer be-

schädigt und von *Northern Spray* nach Island zurückgebracht. In der Nacht zum 26. 5. versenkt *U 703* (Kptlt. Bielfeld) den Frachter *Syros* (1691 BRT). Am 26. 5. verläßt die Nahsicherungsgruppe wegen der U-Boot-Gefahr den Konvoi. Jedoch verfehlen *U 436* einen Dampfer und eine Korvette, *U 591* die *Ashanti*. Schwächere Luftangriffe bleiben erfolglos. Südostwärts der Bäreninsel greifen am 27. 5. in mehreren Wellen 7 *He 111* der I./K. G. 26 und 101 *Ju 88* des K. G. 30 an und versenken bei 3 eigenen Verlusten durch Bomben die Frachter *Alamar, Mormacsul, Empire Lawrence, Empire Purcell* und durch Torpedo die *Lowther Castle* mit zus. 30 796 BRT, die *Starij Bolševik, Ocean Voice* (Convoi-Commodore, Capt. Gale), *Empire Baffin, City of Joliet* und der Zerstörer *Garland* werden beschädigt. Am 28. 5. muß die *City of Joliet* (6167 BRT) aufgegeben werden. Die sowj. Zerstörer *Sokrušitel'nyj, Groznyj* und *Kujbyšev* verstärken die Sicherung. Wegen schlechter Sicht nur wenige erfolglose Einzelangriffe dt. Bomber. In der Nacht zum 29. 5. greift *U 586* den Konvoi ohne Erfolg an, am Tage bleiben Angriffe des K. G. 30 ergebnislos. Vom Kola-Fjord stoßen die brit. M-Boote *Bramble, Seagull, Harrier, Niger, Gossamer* und *Hussar* zum Konvoi, 6 Dampfer werden mit der *Alynbank, Martin* und 2 M-Booten nach Archangelsk detachiert. Am 30. 5. greifen Bomber des K. G. 30 beide Teil-Konvois an, werden jedoch durch das Flakfeuer und sowj. Jäger abgewehrt. Bei Luftkämpfen über dem Konvoi fällt der erfolgreichste Flieger der sowj. Nordflotte, Oberstleutnant Safonov. Am 31. 5. trifft die Murmansk-Sektion, am 1. 6. die Archangelsk-Sektion ein. Gesamtverlust des Konvois 43 205 BRT mit 32 400 t Ladung, darunter 147 Panzer, 77 Flugzeuge und 770 Kraftfahrzeuge.

25. 5.—21. 6. 1942 **Südwestpazifik**

Bei Operationen in der Südchina-See versenken die US-U-Boote *Salmon* (LCdr. McKinney) das Werkstattschiff *Asahi* (altes Linienschiff, 11 441 ts) und 1 Schiff mit 4382 BRT, *Permit* (Lt. Chapple) 1 Schiff mit 4472 BRT, *Seal* (LCdr. Hurd) und *Swordfish* (LCdr.Smith) zusammen 1 Schiff mit 1946 BRT, letzteres allein 1 weiteres mit 4585 BRT und *Seawolf* (LCdr. Warder) 1 Schiff mit 1206 BRT.
Im Südpazifik versenkt *S 44* (Lt. Moore) 1 Schiff mit 2626 BRT. Vor Penang das brit. U-Boot *Trusty* (LCdr. King) 2 Schiffe mit 12 853 BRT.

27. 5.—7. 6. 1942 **Schwarzes Meer**

Sowj. Nachschubtransporte nach Sevastopol. Am 27./28. 5. bringt KAdm. Basistyj mit dem Kreuzer *Vorošilov* (Kpt. 1. Rg. Markov) und den Zerstörern *Soobrazitel'nyj* (Kpt. 3. Rg. Vorkov) und *Svobodnyj* (Kptlt. Sevčenko) die 9. Marine-Inf.-Brig. (3017 Mann, 340 t) von Batumi nach Sevastopol. Auf dem An- und Abmarsch Luftangriffe von *He 111* ausmanövriert. *Svobodnyj* beschießt Landziele. Am 28. 5. bringt der Zerstörer *Bezuprečnyj* (Kptlt. Burnjak) Nachschub, am 30. 5. *Bezuprečnyj* und *Svobodnyj*, am 1. 6. *Svobodnyj* und am 2. 6. *Taškent* und *Bezuprečnyj* mit jeweiliger Landzielbeschießung. Am 3. 6. bringt der Kreuzer *Krasnyj Krym* (Kpt. 2. Rg. Zubkov) mit *Svobodnyj* und *Soobrazitel'nyj* 1759 Mann Ersatz und evakuiert 1998 Verwundete und 275 Zivilisten. Am 5. und 6. 6. laufen die Flottillenführer *Char'kov* (Kpt. 3. Rg. Mel'nikov) und *Taškent* (Kpt. 3. Rg. Erošenko) mit *Bezuprečnyj* trotz Bomben- und Torpedoangriffen Sevastopol an. Am 7. 6. bringt der Zerstörer *Nezamožnik* (Kptlt. Bobrovnikov) Nachschub.

27. 5.—26. 6. 1942 **Westatlantik**

9 U-Boote der Gruppe »Pfadfinder« operieren in wechselnden Positionen vor der US-Ostküste gegen zunehmend in Konvois verkehrende Schiffe. Es ver-

senken: *U 404* (Kptlt. v. Bülow) 7 Schiffe mit 31 051 BRT, *U 578* (KKpt. Rehwinkel) 2 Schiffe mit 13 095 BRT, ferner von den noch verbliebenen Booten der 6. Welle: *U 135* (Kptlt. Praetorius) 1 Schiff mit 4549 BRT, *U 566* (Kptlt. Borchert) 1 Schiff mit 8967 BRT, *U 653* (Kptlt. Feiler) Flugboottender *Gannet*, *U 553*, *U 432*, *U 213* kehren ohne Erfolg zurück, *U 455* mit einem auf dem Rückmarsch versenkten Schiff von 6914 BRT.

29. 5.—6. 6. 1942 **Ostsee**

Erste Unternehmung des sowj. U-Bootes *M-97* (Kptlt. D'jakov) zur Aufklärung der dt. »Seeigel«-Minensperre.

30. 5.—15. 6. 1942 **Pazifik**

Ab 30. 5. besetzen jap. U-Boote *I-174*, *I-175*, *I-169* und *I-171* Positionen vor Oahu, *I-121*, *I-123* gehen als Flugboot-Versorger zu den French Frigate Shoals, *I-122* zur Lisianski-Insel. *I-168* operiert am 1. 6. im Gebiet Midway. Ab 4. 6. nehmen die U-Boote *I-156*, *I-157*, *I-158*, *I-159*, *I-162*, *I-165* und *I-166* als Gruppe B (*I-164* ist auf dem Ausmarsch durch das US-U-Boot *Triton* [LCdr. Kirkpatrick] versenkt worden) und *I-174*, *I-175*, *I-169*, *I-171*, *I-121*, *I-122*, *I-123* als Gruppe C Vp.-Streifen zwischen Oahu und Midway gegen anmarschierende US-Träger-Gruppen ein, sichten jedoch keine Ziele.
Die U-Boote der US Pacific Fleet (KAdm. Lockwood) werden gegen die von der Funkaufklärung erkannte jap. Operation gegen Midway aufgestellt: Gegen die Landung nordwestlich der Insel *Gudgeon*, *Grouper*, *Nautilus*, *Grenadier*, *Grayling*, *Gato*, *Trout*, *Dolphin*, *Tambor*, *Flying Fish* und *Cachalot*. Nordostwärts Midway *Plunger*, *Narwhal*, *Trigger*. Nördlich Oahu *Growler*, *Finback*, *Pike*, *Tarpon*. Zur Aufklärung wird *Cuttlefish* 700 sm westlich Midway aufgestellt und die Rückmarschierer *Greenling*, *Drum*, *Pollack*, *Tuna*, *Pompano* und *Porpoise* entsprechend angesetzt.

30. 5.—26. 7. 1942 **Indischer Ozean**

A-Gruppe des jap. 8. U-Boot-Geschwaders (KAdm. Ishizaki) operiert im Raum Madagaskar. Das am 20. 4. mit 2 Hilfskreuzern ausgelaufene *I-30* (FKpt. Endo) klärt nach einer Versorgung aus der *Aikoku Maru* am 25. 4. mit seinem Bordflugzeug auf der Suche nach der »British Eastern Fleet« am 7. 5. Aden, am 8. 5. Djibouti, am 19. 5. Sansibar und Dar-es-Salam und am 20. 5. mit Sehrohr Mombasa auf. Die am 29./30. 4. aus Penang ausgelaufenen *I-10*, *I-16*, *I-18* und *I-20* versorgen am 5. 5. aus der *Hokoku Maru*. *I-10* klärt am 20. 5. mit seinem Bordflugzeug über Durban auf und beobachtet in den folgenden Tagen East London, Port Elizabeth und Simonstown. Nach Feststellung brit. Seestreitkräfte in Diego Suarez klärt *I-10* mit seinem Bordflugzeug in der Nacht vom 29./30. 5. über der Bucht auf, *I-16* und *I-20* setzen ihre Klein-U-Boote aus, die in der Nacht vom 30./31. 5. das Schlachtschiff *Ramillies* und den Tanker *British Loyalty* (6993 BRT) torpedieren. Das Klein-U-Boot von *I-18* fällt wegen Motorstörung aus. Mit zwei weiteren Flügen sucht das Flugzeug von *I-10* das Ergebnis des Angriffes zu erkunden. Während *I-30* nochmals Durban aufklärt, gehen die anderen 4 U-Boote vom 5.—12. 6. zur Handelskriegführung in die Mozambique-Straße. Nach einer Versorgung aus den Hilfskreuzern marschiert *I-30* nach Westfrankreich (5. 8. Lorient ein), die anderen U-Boote operieren nochmals vom 28. 6.—9. 7. an der afrikanischen Küste und vor Madagaskar gegen Handelsschiffe. Auf dem Rückmarsch klärt *I-10* am 15. und 16. 7. mit seinem Flugzeug Réunion und Mauritius auf, *I-16* und *I-18* führen Sehrohrbeobachtungen von Mahè (Seychellen), den Rodriguez-Inseln und Diego Garcia durch. Am 10. 8. kehrt *I-16* als letztes Boot nach Penang zurück. Es haben versenkt: *I-10* (FKpt. Kayahara) 8 Schiffe mit 34536 BRT, *I-16* (FKpt. K. Yamada) 4 Schiffe mit 17727 BRT, *I-18* (KKpt. Otani) 3 Schiffe mit 11304 BRT, *I-20* (FKpt. T. Yamada) 7 Schiffe mit 35501 BRT, die Hilfskreuzer 3 Schiffe mit 21051 BRT.

★

1. 6. 1942 **Nordmeer**
Ju 87 der I./St. G. 5 versenken in Murmansk den brit. Frachter *Empire Starlight* (6850 BRT). Im Laufe des Monats werfen dt. Flugzeuge mehrfach Minen in der Kolabucht, auf denen am 3. 6. der amerik. Frachter *Steel Worker* (5686 BRT) und am 21. 6. der Dampfer *Alcoa Cadet* (4823 BRT) sinken.

1. 6.—24. 7. 1942 **Westatlantik**
Bei Operationen im Gebiet der Großen Antillen, im Golf von Mexiko und im Golf von Campeche versenken *U 157* (KKpt. Henne) 1 Schiff mit 6401 BRT, *U 129* (Kptlt. Witt) 11 Schiffe mit 41571 BRT und *U 67* (Kptlt. Müller-Stöckheim) 6 Schiffe mit 30015 BRT, ferner 2 Schiffe mit 14831 BRT beschädigt. *U 157* wird am 13. 6. vor Kuba durch den USCG. Kutter *Thetis* versenkt.

3.—7. 6. 1942 **Pazifik**
Schlacht bei Midway. Absicht der Japaner ist es, mit allen verfügbaren Kräften der Vereinigten Flotte (Adm. Yamamoto) nach einem Ablenkungsvorstoß gegen die Aleuten einen Luft- und Landungsangriff gegen Midway durchzuführen und anschließend die Entscheidungsschlacht mit der zum Entsatz anlaufenden amerik. Flotte zu suchen.
3. 6.: Angriff der Ablenkungsgruppe (KAdm. Kakuta) mit den Trägern *Ryujo* und *Junyo* gegen Dutch Harbor erzielt, da er vorzeitig erkannt wird, wenig Wirkung. Ablenkung damit mißlungen. — Vormittags erfaßt die amerik. Luftaufklärung Teile der jap. Landungsgruppe (VAdm. Kondo) mit insgesamt 2 Schlachtschiffen, 1 Flugzeugträger, 8 Schweren und 2 Leichten Kreuzern, 21 Zerstörern, 2 Flugzeugmutterschiffen, 6 Tankern, 20 Transportern und 7 kleinen Geleitfahrzeugen. — Nachmittags greifen 9 *B-17* die Transporter erfolglos an, in der Nacht erzielen 4 *Catalinas* einen Torpedotreffer auf dem Tanker *Akebono Maru*.
4. 6.: Morgens Angriff von 108 Flugzeugen der jap. Trägergruppe (VAdm. Nagumo) mit Trägern *Akagi, Kaga, Soryu, Hiryu,* Schlachtschiffen *Haruna, Kirishima,* Schweren Kreuzern *Chikuma, Tone,* Leichtem Kreuzer *Nagara* und Zerstörern *Nowake, Arashi, Hagikaze, Maikaze, Kazegumo, Yugumo, Makigumo, Urakaze, Isokaze, Tanikaze* und *Hamakaze* gegen Midway. Durch Radar rechtzeitig gemeldet, keine Flugzeuge am Boden. In Luftkämpfen Ausschaltung der amerik. Jäger, am Boden begrenzte Schäden. — Gleichzeitig Angriffe der auf Midway gestützten US-Flugzeuge (4 *B 26* mit Torpedos, 6 *Avengers* mit Torpedos, 27 Sturzbomber und 15 *B 17)* gegen den jap. Trägerverband. Bei 17 Verlusten kein Treffer erzielt. — Jap. Luftaufklärung erfaßt Teile der US-Trägergruppen, die zum Angriff anlaufen (KAdm. Fletcher und Spruance) mit Trägern *Yorktown, Enterprise, Hornet,* Kreuzern *Astoria, Portland, New Orleans, Minneapolis, Vincennes, Northampton, Pensacola, Atlanta* und Zerstörern *Hammann, Hughes, Morris, Anderson, Russell, Gwin, Phelps, Worden, Monaghan, Aylwin, Balch, Conyngham, Benham, Ellet, Maury.* Infolge der un-

klaren Meldungen entschließt sich Nagumo zu spät zum Ansatz seiner Flugzeuge gegen diese Trägergruppe. Die US-Trägerflugzeuge (156 Maschinen) zersplittern sich jedoch auf dem Anflug. Die Torpedostaffeln der *Hornet, Enterprise* und *Yorktown* treffen nacheinander ohne Jagdschutz bei den jap. Trägern ein, wo von 41 Flugzeugen 35 durch jap. Jäger und Flak abgeschossen werden. Sie erzielen keine Treffer, alle Staffelführer (LCdr. Lindsey, Massey und Waldron) gefallen. Gleichzeitig treffen nach einem weiten Umweg die Stukas der *Enterprise* und die später gestarteten Stukas der *Yorktown* (LCdr. McClusky bzw. Leslie) bei den jap. Trägern ein, deren Abwehr noch mit den Torpedoflugzeugen beschäftigt ist. Innerhalb von 5 Minuten werden *Akagi* (Kpt. z. S. Aoki †), *Kaga* (Kpt. z. S. Akada †) und *Soryu* (Kpt. z. S. Yanagimoto †) von 2—4 Bomben getroffen, die zwischen den startklar an Deck stehenden Flugzeugen detonieren und schwere Brände und Explosionen hervorrufen. Die 3 Träger sinken später am Tage oder in der Nacht. — Mittags und nachmittags startet *Hiryu* ihre Flugzeuge in 2 Wellen (Kptlt. Tomonaga). Sie erzielen 2 Torpedo- und 3 Bombentreffer auf *Yorktown*. Am Spätnachmittag konzentrieren die Fliegergruppen von *Enterprise* und *Hornet* ihre Angriffe auf die *Hiryu* (Kpt. z. S. Kaku †, KAdm. Yamaguchi †, Befh. 2. TrägerDiv.), die gleichfalls in Brand gerät und morgens aufgegeben wird.
In der Nacht zum 5. 6. muß Adm. Yamamoto, der mit seinem Gros weit nordwestlich steht (2 Gruppen mit zus. 7 Schlachtschiffen, 1 Träger, 3 Leichten Kreuzern, 21 Zerstörern, 2 Klein-U-Boot-Trägern), die Operation abbrechen. Bei einem Vorstoß von 4 Kreuzern gegen Midway kollidieren *Mogami* und *Mikuma* beim Ausweichen vor dem US-U-Boot *Tambor*, so daß der Vorstoß abgebrochen wird.
5. 6.: Jap. Flotte sammelt sich nordwestlich Midway zum Rückmarsch. US-Träger nehmen die Verfolgung auf, können aber die Japaner mit einem Angriff am Nachmittag nicht mehr fassen.
Der einzeln angetroffene Zerstörer *Tanikaze* entkommt dem Angriff von 58 Sturzbombern. Angriffe von *B 17*-Bombern gegen die beschädigten Kreuzer *Mogami* und *Mikuma* bleiben erfolglos. — Das jap. U-Boot *I-168* beschießt Midway.
5. 6.: Die US-Träger *Enterprise* und *Yorktown* richten 3 Angriffswellen gegen die beschädigten Kreuzer, von denen *Mikuma* (Kpt. z. S. Sakiyama) schließlich sinkt, während *Mogami* mit den Zerstörern *Asashio* und *Arashio* schwer beschädigt entkommt.
7. 6.: *I-168* (KKpt. Tanabe) versenkt die beschädigte *Yorktown* (Capt. Buckmaster) und den längsseits liegenden Zerstörer *Hammann*. Ein Vorstoß einer schnellen Kampfgruppe der Japaner gegen die US-Träger stößt ins Leere, da diese inzwischen den Marsch zu ihren Versorgern angetreten haben. Während der Midway-Schlacht landen jap. Truppen auf den Aleuten-Inseln Attu und Kiska. Die jap. Marine verlor 3500 Tote und 253 Flugzeuge, die US-Navy 307 Mann und 150 Flugzeuge.

11.—16. 6. 1942 **Nordatlantik**

Auf das von Agenten am 9. 6. gemeldete Auslaufen des Konvois HG. 84 (23 Schiffe, Sicherung 36th Escort Group, Cdr. Walker) mit Sloop *Stork* und den Korvetten *Convolvulus, Gardenia* und *Marigold*) wird Luftaufklärung der I./KG. 40 angesetzt, eine *FW 200* meldet den Konvoi am 11. 6. und entkommt der *Hurricane* des Katapultschiffes *Empire Moon*. Als Gruppe »Endraß« werden die ausmarschierenden U-Boote *U 132, U 89, U 552, U 84, U 437, U 575,*

U 134 und *U 571* für den 14. 6. angesetzt. — Am Nachmittag des 14. 6. sichtet eine *FW 200* den Konvoi und führt zuerst *U 552* (Kptlt. Topp), dann auch *U 89* und *U 132* heran, die jedoch von *Stork, Gardenia* und *Marigold* abgedrängt werden. Da *Stork* bald wieder dem Konvoi folgen muß, kann *U 552* auf die Meldungen des inzwischen herangekommenen und dann von *Convolvulus* abgedrängten *U 437* operieren und versenkt in der Nacht zum 15. 6. in 2 Anläufen 3 und 2 Schiffe mit zusammen 15 858 BRT. Am 15. 6. tags werden *U 84, U 71* und *U 575* durch die Luftsicherung abgedrängt. In der Nacht drängen *Stork, Marigold* und *Convolvulus U 84, U 71* und *U 552* ab, *U 575* (Kptlt. Heydemann) verfehlt mit 5 aus großer Entfernung abgeschossenen Torpedos den Konvoi. Obgleich am Vormittag des 16. 6. *U 571* und 2 *FW 200* Fühlung gewinnen, wird die Operation wegen der Wetterlage (Wind und See 0, gute Sicht) abgebrochen, die zur Unterstützung der Sicherung entsandte Support Group mit den brit. Zerstörern *Wild Swan, Beagle,* der Fregatte *Spey* und dem poln. Hunt-Zerstörer *Krakowiak* wird am Abend des 17. 6. durch eine Staffel der K. Fl. Gr. 106 angegriffen, die *Wild Swan* versenkt.

3. 6.—2. 8. 1942 **Westatlantik**

Bei Operationen im Gebiet der Karibik versenken *U 68* (KKpt. Merten) 7 Schiffe mit 50 898 BRT, *U 159* (Kptlt. Witte) 8 Schiffe mit 41 197 BRT, ferner 2 nicht identifizierte Segler, *U 172* (Kptlt. Emmermann) 10 Schiffe mit 40 745 BRT.

4.—6. 6. 1942 **Mittelatlantik**

Dt. Hilfskreuzer *Schiff 23 Stier* (Kpt. z. S. Gerlach) versenkt im Mittelatlantik den brit. Frachter *Gemstone* (4986 BRT) und den panam. Turbinentanker *Stanvac Calcutta* (10 170 BRT).

4.—16. 6. 1942 **Mittelmeer**

Bei Operationen gegen den brit. Tobruk-Verkehr versenken *U 431* (Kptlt. Dommes) 1 Schiff mit 2073 BRT, und *U 77* (Kptlt. Schonder) am 12. 6. den brit. Zerstörer *Grove.* Ohne Erfolge bleiben *U 331, U 453, U 205.* Vor Alexandrien versenkt *U 559* (Kptlt. Heidtmann) 1 Schiff mit 4681 BRT und torpediert 1 Schiff mit 5917 BRT. *U 81* verfehlt ein Ziel. Vor der Palästina-Küste versenken *U 83* (Kptlt. Kraus) 5, *U 97* (Oblt. z. S. Bürgel) 2 kleine Fahrzeuge.

8.—30. 6. 1942 **Schwarzes Meer**

Großangriff der dt. 11. Armee (GenOberst v. Manstein) mit starker Unterstützung durch schwerste Artillerie und das VIII. Fliegerkorps (GenOberst v. Richthofen) gegen die sowj. Festung Sevastopol. Voller Einsatz der sowj. Schwarzmeer-Flotte (VAdm. Oktjabrskij) zur Versorgung der Festung und zum Abtransport der Verwundeten. Gegen den sowj. Schiffsverkehr werden Luftstreitkräfte des Fliegerführers Süd, ab 10. 6. ital. Kleinkampfverbände (FKpt. Mimbelli) und ab 17. 6. die dt. 1. S-Flottille (Kptlt. Birnbacher) eingesetzt.

10. 6.: Sowj. Zerstörer *Bditel'nyj* und *Svobodnyj* geleiten mit 2 Minensuchern und 3 Wachkuttern den Transporter *Abchazija* nach Sevastopol, auf dem Anmarsch Angriff des ital. *MAS 573,* Zerstörer beschießen Landziele. Bei Ausladung dt. Luftangriff, *Abchazija* (4727 BRT), Minensucher *T-413* und *Svobodnyj* durch *Ju 88* in Südbucht versenkt.

12. 6.: Kreuzer *Molotov* (Kpt. 1. Rg. Romanov), Zerstörer *Bditel'nyj* bringen 3300 Mann der 138. Schützen-Brig. nach Sevastopol und beschießen Landziele. Luftangriffe ausmanövriert. Rückmarsch kurz nach Ablaufen dt. S-Boote *S 28, S 72, S 102,* Fehlschuß des ital. Klein-U-Bootes *CB 3.*

13. 6.: Transporter *Gruzija* (4857 BRT) beim Anmarsch auf Sevastopol in der

Nacht durch ital. Motorboote angegriffen, am Morgen an der Minenpier in Sevastopol durch Luftangriff versenkt.
15.—16. 6.: *Molotov* und *Bezuprečnyj* bringen 3855 Mann Ersatz, beschießen Landziele und evakuieren 3000 Verwundete und Zivilisten. Von Luftaufklärung erfaßt, S-Boote, MAS-Boote und Klein-U-Boote kommen nicht heran.
18. 6.: Flottillenführer *Char'kov* bei Anmarsch nach Sevastopol durch Nahtreffer dt. Bomber manövrierunfähig, wird von KAdm. Vladimirskij mit *Taškent* abgeschleppt.
19. 6.: Angriffe der dt. S-Boote *S 72, S 27* und *S 102* (Kptlt. Töniges), von denen letzteres einen Evakuierungstransporter versenkt.
20. 6.: *Bezuprečnyj, Bditel'nyj* und das Wachschiff *Škval* bringen 845 Mann und 293 t Munition in die Südbucht von Sevastopol.
23. 6.: *Taškent, Bezuprečnyj* bringen Nachschub in die Kamyšov-Bucht. Auf dem Anmarsch erfolglose Torpedoangriffe der dt. S-Boote *S 72, S 28, S 102.*
24. 6.: *Bditel'nyj, Bezuprečnyj* bringen Nachschub nach Sevastopol. Erfolglose Angriffe der S-Boote *S 27, S 28, S 40, S 72, S 102.*
25. 6.: *Taškent, Bditel'nyj* bringen Nachschub nach Sevastopol. Erfolgloser Angriff von *S 28* und *S 40.*
26. 6.: *Bezuprečnyj* bringt Nachschub nach Sevastopol. Auf dem Rückmarsch südlich der Krim durch *Ju 88* des Fliegerführers Süd versenkt.
27. 6.: *Taškent* (Kpt. 3. Rg. Erošenko) bringt 944 Mann Ersatz nach Sevastopol und evakuiert 2300 Verwundete und Zivilisten. Auf dem Rückmarsch zahlreiche Luftangriffe, durch Splitter von Nahtreffern und Bordwaffen zahlreiche Lecks, 1900 t Wasser im Schiff. Zur Bergung laufen Zerstörer *Bditel'nyj* mit 7 *TKA* und Rettungsschiff *Jupiter* von Novorossijsk aus, auf einem *TKA* Geschwaderchef KAdm. Vladimirskij. *Soobrazitel'nyj* übernimmt 1975 Verwundete, *Bditel'nyj* schleppt die *Taškent* nach Novorossijsk ein, wo sie auf Grund sackt.

11. 6.—19. 7. 1942 **Westatlantik**

Dt. U-Boote legen Minen vor der US-Ostküste: *U 87* (Kptlt. Berger) beim Ambrose-Feuerschiff vor Boston (kein Erfolg), später 2 Schiffe mit 14 298 BRT versenkt, *U 373* (Oblt. z. S. Loeser) vor Delaware: 1 Schlepper von 396 BRT gesunken, später 2 Torpedoangriffe fehl. *U 701* (Kptlt. Degen) vor Chesapeake-Bay, darauf 1 U-Jagd-Trawler und 1 Schiff mit zus. 7565 BRT gesunken, Zerstörer *Bainbridge* und 2 Tanker mit 22 852 BRT beschädigt. Anschließend mit Artillerie Hafenschutzboot *YP-389,* mit Torpedo 1 Tanker mit 14 054 BRT versenkt, 2 Schiffe mit 14 241 BRT beschädigt. *U 701* wird am 7. 7. durch einen USAAF-Bomber versenkt. *U 584* (Kptlt. Deecke) und *U 202* (Kptlt. Linder) setzen an der US-Ostküste Agenten ab, *U 202* versenkt anschließend 2 Schiffe mit 10 725 BRT. *U 332* (Kptlt. Liebe) versenkt bei Torpedo-Unternehmung vor der US-Ostküste 2 Schiffe mit 10 738 BRT.

12.—16. 6. 1942 **Mittelmeer**

Doppel-Konvoi-Operation »Harpoon« und »Vigorous« von Gibraltar und Alexandria zur Versorgung von Malta.
Westkonvoi (Force X): Frachter *Troilus, Burdwan, Chant, Tanimbar, Orari,* Tanker *Kentucky* mit Sicherung durch Flakkreuzer *Cairo* (Capt. Hardy), Zerstörer *Bedouin, Marne, Matchless, Ithuriel, Partridge, Blankney, Middleton, Badsworth, Kujawiak* (poln.), M-Boote *Hebe, Speedy, Rye, Hythe* und 6 MGB. — Deckungsgruppe (Force W): Schlachtschiff *Malaya,* Flugzeugträger *Eagle* und

Argus, Kreuzer *Kenya* (VAdm. Curteis), *Liverpool, Charybdis,* Zerstörer *Onslow, Icarus, Escapade, Wishart, Westcott, Wrestler, Vidette* und *Antelope.* — Tankergruppe (Force Y): Tanker *Brown Ranger* mit Korvette *Coltsfoot* und eine weitere Korvette.
Auf Anzeichen der brit. Operation werden nördlich der algerischen Küste 2 ital. U-Boot-Gruppen mit *Malachite, Zaffiro, Velella, Bronzo, Emo* bzw. *Uarsciek, Giada, Acciaio, Otaria* und *Alagi,* im Raum Malta-Lampedusa eine 3. Gruppe mit *Corallo, Dessiè, Onice, Ascianghi* und *Aradam,* im Ionischen Meer eine 4. Gruppe mit *Axum, Platino, Micca, Zoea, Atropo* aufgestellt. Weiter ostwärts operieren *Galatea, Sirena* und die dt. *U 77, U 81, U 205, U 431, U 453* und *U 559.*
12. 6.: Westkonvoi passiert Gibraltar-Straße und wird von der Force W aufgenommen. Dt. Aufklärer erfassen ihn südlich der Balearen.
Ostkonvoi: 11 Frachter und die Schlachtschiffs-Attrappe *Centurion,* gesichert von den Kreuzern *Cleopatra* (KAdm. Vian), *Dido, Hermione, Euryalus, Arethusa, Newcastle* (KAdm. Tennant), *Birmingham* und Flakkreuzer *Coventry,* 17 Flotten- und 9 Geleitzerstörern, 4 Korvetten, 2 M-Booten, 2 Bergungsschleppern und 4 geschleppten *MTB* von Alexandria, Port Said und Haifa ausgelaufen. Auch dieser Konvoi sehr bald von dt. Luftaufklärung erfaßt und von *Ju 87* des St. G. 3 und *Ju 88* der I./K. G. 54 (Maj. Linke) südlich Kreta angegriffen. Transporter *City of Calcutta* (8063 BRT) muß beschädigt Tobruk anlaufen.
13. 6.: Dt.-ital. Luftaufklärung erfaßt Westkonvoi erneut, ital. Torpedoflugzeuge von Sardinien können ihn jedoch nicht finden. 7. ital. Division (Kreuzer *Eugenio di Savoia* und *Montecuccoli* sowie 3 Zerstörer) geht von Cagliari aus in See, um den Konvoi auf der Höhe von Cap Bon anzugreifen, läuft aber nach Meldung durch 2 brit. U-Boote Palermo an. Vereinigung der brit. Verbände nördlich Marsa Matruk. In der Nacht zum 14. 6. Raid eines brit. Kommandos von den griech. U-Booten *Triton* und *Papanicolis* aus gegen den Flugplatz des dt. L. G. 1 Malemes (Kreta). Ital. U-Boote *Uarsciek* und *Giada* greifen Westkonvoi erfolglos an.
14. 6.: Morgens Angriffe ital. T-Flugzeuge *(Savoia S 79)* auf Westkonvoi: *Tanimbar* (8169 BRT) versenkt, *Liverpool* muß nach Treffer im Maschinenraum nach Gibraltar zurückgeschleppt werden. Weitere Angriffe dt. und ital. Bomber ohne Erfolg. Force W dreht nach Westen ab. 7. ital. Div. (DivAdm. da Zara) läuft, durch 3 weitere Zerstörer verstärkt (2 andere müssen wegen Maschinenschäden umkehren), aus Palermo zum Angriff aus. Vom Ostkonvoi muß der Frachter *Aagtekerk* (6811 BRT), gesichert durch die Korvetten *Primula* und *Erica,* wegen Maschinenschaden nach Tobruk entlassen werden. Diese Gruppe wird wenige Seemeilen nördlich des Hafens von rund 40 *Ju 87* und *Ju 88* angegriffen: *Aagtekerk* versenkt, *Primula* beschädigt. Nachmittags greifen *Ju 88* des L. G. 1 von Kreta aus den Hauptkonvoi an und versenken den Frachter *Bhutan* (6104 BRT) und beschädigen die *Potaro* (5410 BRT). Abends operiert die dt. 3. S-Flottille (i. V. Oblt. z. S. Wuppermann) mit *S 56, S 54, S 55, S 58, S 59* und *S 60* von Derna aus gegen den Ostkonvoi. *S 56* (Wuppermann) torpediert den brit. Kreuzer *Newcastle, S 55* (Oblt. z. S. Horst Weber) versenkt den Zerstörer *Hasty.* Auslaufen der ital. Flotte mit den Schlachtschiffen *Littorio* (Adm. Iachino) und *Vittorio Veneto,* den Schweren Kreuzern *Gorizia* und *Trieste* (3. Div., DivAdm. Parona), den Leichten Kreuzern *Garibaldi* (Befh. 8. Div., DivAdm. de Courten) und *Duca d'Aosta* sowie 12 Zerstörern.
15. 6.: Ital. 7. Div. greift Westkonvoi an, versenkt brit. Zerstörer *Bedouin* und

beschädigt die *Partridge* schwer, kann sich aber gegen die starke Konvoi-Sicherung nicht durchsetzen und wird abgedrängt. Gleichzeitig Angriff des dt. St. G. 3 (OTL Sigel): Frachter *Chant* (5601 BRT) und *Burdwan* (5601 BRT) sowie Tanker *Kentucky* (9308 BRT) so schwer beschädigt, daß sie später aufgegeben werden müssen. Weitere Verluste durch Flakfeuer der Sicherungsfahrzeuge und den zum Konvoi stoßenden Minenkreuzer *Welshman* verhindert, doch gerät der Konvoi vor Malta in ein neu ausgelegtes Minenfeld: Zerstörer *Kujawiak* vers., *Badsworth, Matchless, Hebe* u. *Orari* (10350 BRT) besch. In der Nacht und am frühen Morgen Angriffe brit. T-Flugzeuge von Malta auf die ital. Flotte. *Trento* (Kpt. z. S. Esposito) durch *Beaufort* der Squ. No. 217 torpediert und später durch brit. U-Boot *Umbra* (Lt. Maydon) versenkt. Am Vormittag erzielt amerik. *Liberator*-Bomber einen Treffer auf *Littorio*. Am Nachmittag treffen *Ju 87* des St. G. 3 den brit. Kreuzer *Birmingham*, versenken den Zerstörer *Airedale* und beschädigen die *Nestor* so schwer, daß sie am nächsten Tag sinkt. Da die ital. Flotte ihren Vorstoß zunächst fortsetzt, dreht der brit. Konvoi ab, worauf dann auch die Italiener den Rückmarsch nach Tarent antreten. Hierbei finden 5 *Wellington*-Torpedoflugzeuge der 38. Squ. den Verband erneut. Pilot Officer O. L. Hawes erzielt Torpedotreffer auf *Littorio*.
16. 6.: *U 205* (Kptlt. Reschke) versenkt südlich Kreta aus dem zurücklaufenden brit. Ostverband den Kreuzer *Hermione*. *Cairo, Welshman, Marne, Ithuriel, Blankney* und *Middleton* treten von Malta aus Rückmarsch nach Gibraltar an.

12.—19. 6. 1942 **Ostsee**

Durchbruch der sowj. U-Boote *ŠČ-304, ŠČ-317, ŠČ-320, M-95* und *S-4* von Lavansaari durch die »Seeigel«-Sperre. Sie laufen mit 1tägigem Abstand aus, unterstützt von Vorstößen sowj. Torpedokutter und Wachboote sowie Einsätzen der sowj. Marine-Luftwaffe gegen die Sperrbewachung. In der Nacht zum 13. 6. vor Suursaari Gefecht zwischen den finn. Minenlegern *Ruotsinsalmi* und *Riilahti*, den K-Booten *Hämeenmaa* und *Uusimaa*, und 3 VMV-Booten und sowj. Räumfahrzeugen (Kpt. 1. Rg. Pachol'čuk), die U-Boote durch die Sperren zu bringen versuchen. In den folgenden Tagen weitere Gefechte. Am 15. 6. geht *M-95* ostwärts Suursaari durch Minentreffer verloren.

14. 6.—4. 7. 1942 **Indischer Ozean**

Dt. Hilfskreuzer *Schiff 10 Thor* (Kpt. z. S. Gumprich) versenkt im Indischen Ozean den niederl. Tanker *Olivia* (6307 BRT) und kapert die norweg. Tanker *Herborg* (7892 BRT) und *Madrono* (5894 BRT). Beide erreichen später Japan.

15. 6.—5. 8. 1942 **Ostsee**

Finn. Minenleger werfen in der zweiten Junihälfte die Minensperren »Rukajärvi A-C« mit 559 Minen nordwärts Suursaari. Später werden diese Sperren auf 18 Teilstücke mit 1326 Minen und 221 Reißbojen erweitert. Von den in die Ostsee durchgebrochenen sowj. U-Booten der ersten Welle operieren *ŠČ-304* und *ŠČ-303* im Gebiet Porkkala-Utö, *ŠČ-317* und *ŠČ-406* an der schwed. Küste, *ŠČ-320* und *S-4* an der baltischen Küste und bei Rixhöft und *S-7* zunächst an der schwed., dann an der baltischen Küste. Es versenken: *ŠČ-304* (Kpt. 3. Rg. Afanaśev, Ja. P.) Fehlschuß auf Minenschiff *Kaiser*, *ŠČ-317* (Kptlt. Mochov) 4 Schiffe mit 8283 BRT, 1 Fehlschuß, *ŠČ-320* (Kpt. 3. Rg. Višnevskij) 1 Schiff mit 676 BRT, 2 Fehlschüsse, *S-4* (Kpt. 3. Rg. Abrosimov) 2 Fehlschüsse, *ŠČ-406* (Kpt. 3 Rg. Osipov) 1 Schiff mit 545 BRT beschädigt, 4 fehl, *ŠČ-303* (Kpt. 3. Rg. Travkin) 1 Schiff mit 7891 BRT beschäd., 1 fehl, *S-7* (Kpt. 3. Rg. Lisin) 4 Schiffe mit 9164 BRT, 1 fehl. Unter den versenkten Schiffen befinden sich 3 schwedische.

17. 6.—20. 7. 1942 **Nordpazifik**

Einsatz des japan. 2. U-Geschwaders (KAdm. Ichioka) im Gebiet der Aleuten mit *I-7, I-1, I-2, I-3, I-4* und später (bis 15. 8.) auch *I-6*. Nur *I-7* (FKpt. Koizumi) versenkt 1 Schiff mit 2722 BRT.

20.—21. 6. 1942 **Mittelmeer**

Am 20. 6. wird Tobruk durch das dt. Afrika-Korps genommen. Unternehmen der 3. S-Fl. (Kptlt. Kemnade) mit *S 36, S 54, S 55, S 56, S 58* und *S 59* von Derna aus gegen aus Tobruk flüchtende brit. Schiffe. 21. 6.: Im Gefecht südafrikan. Hilfsminensucher *Parktown* (250 BRT) versenkt, *S 58* (Oblt. Geiger †) schwer beschädigt. Außerdem 1 Motorsegler und 6 LCS sowie 2 ML versenkt oder aufgebracht. *S 55* (Oblt. Weber) kapert *LCT 150* (296 ts).

20. 6.—6. 7. 1942 **Mittelmeer**

Vor Port Said legt *U 561* (Oblt. z. S. Schomburg) eine Minensperre (20. 6.). Es versenken *U 97* (Oblt. z. S. Bürgel) 3 Schiffe 3974 BRT vor der Palästina-Küste, *U 372* (Kptlt. Neumann) am 30. 6. das brit. U-Boot-Mutterschiff *Medway* (14 600 ts) vor Port Said, *U 375* (Kptlt. Könenkamp) 1 Schiff mit 1376 BRT. *U 77* und *U 562* bleiben ohne Erfolg.

20. 6.—19. 7. 1942 **Westatlantik**

Die letzten 7 an der amerikan. Ostküste eingesetzten U-Boote finden außer Konvois keine lohnenden Ziele mehr. Nach Verlust von 2 Booten *(U 215, U 576)* erhalten die restlichen am 19. 7. den Befehl zum Absetzen von der Küste. *U 402* tritt ohne Erfolg den Rückmarsch an, *U 132, U 89, U 458* und *U 754* gehen ins Gebiet südostwärts Nova Scotia.

20. 6.—28. 7. 1942 **Nordmeer**

Konvoi-Operation QP. 13/PQ. 17 im Nordmeer.

26. 6. 12 Schiffe des QP. 13 von Archangelsk, 27. 6. 23 Schiffe des QP. 13 von Murmansk ausgelaufen, Sicherung des Gesamtkonvois 5 Zerstörer, 3 Korvetten, 1 Flakschiff, 3 Minensucher, 2 Trawler und 1 U-Boot. — Konvoi PQ. 17 (Commodore Dowding) von Reykjavik mit 36 Schiffen, 1 Flottentanker und 3 Rettungsschiffen ausgelaufen, 3 Schiffe wegen Grundberührung bzw. Eisschäden zurück. Nahsicherung: Cdr. Broome mit Zerstörern *Keppel* (F), *Offa, Fury, Leamington, Ledbury, Wilton,* Korvetten *Lotus, Poppy, Dianella, La Malouine,* Minensucher *Halcyon, Britomart, Salamander,* Trawler *Lord Austin, Ayrshire, Northern Gem, Lord Middleton,* Flakschiffe *Pozarica, Palomares* und U-Boote *P. 614, P. 615.*

28./29. 6.: Fern-Deckungsgruppe (Adm. Tovey) mit Schlachtschiffen *Duke of York* und *Washington,* Träger *Victorious,* Kreuzern *Cumberland* und *Nigeria* und 9 (später 14) Zerstörern von Scapa Flow aus ins Gebiet zwischen Island und Bären-Insel.

30. 6.: Konvoi QP. 13 in der Barentssee von deutscher Luftaufklärung erfaßt, aber nicht weiter verfolgt, da Ziel deutscher Operation Konvoi PQ. 17. — Nahdeckungsgruppe (KAdm. Hamilton) mit Kreuzern *London, Norfolk, Wichita* und *Tuscaloosa* und Zerstörern *Somali, Wainwright* und *Rowan* von Seidisfjord (Island) ausgelaufen auf Position nördlich vom PQ. 17.

1. 7.: Dt. B-Dienst erfaßt den PQ. 17, der vormittags auch von *U 255* (Kptlt. Reche) und *U 408* (Kptlt. v. Hymmen) etwa 60 sm ostwärts Jan Mayen gesichtet wird. *U 334* (Oblt. Siemon), *U 456* (Kptlt. Teichert) werden direkt angesetzt, *U 251* (Kptlt. Timm), *U 355* (Kptlt. La Baume). *U 657* (Oblt. Göllnitz), *U 88* (Kptlt. Bohmann), *U 457* (KKpt.Brandenburg), *U 376* (Kptlt. Marks) bilden als Gruppe

»Eisteufel« weiter ostwärts einen Vorpostenstreifen. — PQ. 17 und Ferndeckungsgruppe durch dt. Luftaufklärung am Nachmittag erfaßt.
2. 7.: Luftaufklärung und *U 88* erfassen QP. 13, jedoch keine weitere Operation, da Ziel PQ. 17, der nachmittags QP. 13 passiert. Sichtung beider Konvois und der fälschlich als Fernsicherung gemeldeten Nahdeckungsgruppe durch dt. Luftaufklärung bringen Unsicherheit. *U 456* hält Fühlung am PQ. 17, *U 457, U 657, U 376, U 255* werden z. T. bei Angriffen abgedrängt. — Nachm. Abmarsch der Kampfgruppe I (GenAdm. Schniewind) mit Schlachtschiff *Tirpitz,* Kreuzer *Admiral Hipper,* Zerstörern *Karl Galster, Friedrich Ihn, Hans Lody, Theodor Riedel,* Torpedobooten *T 7* und *T 15* von Drontheim nach Nordnorwegen zum Absprung für Operation »Rösselsprung«. — Abends Angriff von 7 *He 115* der 1./K. Fl. Gr. 906 ohne Erfolg.
3. 7.: Kampfgruppe II (VAdm. Kummetz), Schwere Kreuzer *Lützow, Admiral Scheer,* Zerstörer *Z 24, Z 27, Z 28, Z 29, Z 30, Richard Beitzen,* marschieren von Narvik zum Altafjord zur Vereinigung mit dort eintreffender Kampfgruppe I und Zerstörern *Friedrich Eckoldt* und *Erich Steinbrinck.* Dabei im Grimsöystraumen *Lützow, Karl Galster, Hans Lody* und *Theodor Riedel* durch Grundberührung ausgefallen. — Luftfühlung in unsichtigem Wetter abgerissen. — *U 88* greift erfolglos Zerstörer an, *U 456, U 255, U 657, U 703* (Kptlt. Bielfeld), *U 334* gewinnen meist nur kurzfristig Fühlung. — Britische Luftaufklärung erkennt Abmarsch dt. Überwasserstreitkräfte nach Norden. Aufstellung der brit. U-Boote *P. 212 Sahib, Sturgeon, Minerve* (FFN), *P. 45 Unrivalled, P. 54 Unshaken* und *Ursula, Tribune, Seawolf, Trident* in zwei Linien südlich der Bären-Insel zur Deckung des Konvois. Dazu die sowj. U-Boote *K-22, K-21, D-3, ŠČ-402, ŠČ-403.* Vor dem Varanger-Fjord u. a. *M-176.* Bei diesen Operationen gehen *D-3* und *M-176* vermutlich auf dt. Flankensperren verloren. — Kreuzer *Manchester* und Zerstörer *Eclipse* von Spitzbergen zur Ferndeckungsgruppe gestoßen.
4. 7.: Einzelnes *He-115*-T-Flugzeug der 1./K. Fl. Gr. 906 erzielt Treffer auf Dampfer *Christopher Newport* (7191 BRT), der später durch Fangschüsse des brit. U-Bootes *P. 614* und von *U 457* versenkt wird. — *U 88, U 255, U 334* haben zeitweise Fühlung am Konvoi, *U 457* an der Kreuzergruppe. 2 Angriffe von *U 88* fehl. — Auf dt. Seite unklares Bild über die Position der schweren brit. Streitkräfte, daher noch kein Auslaufbefehl für die Flotte. — Abends Angriff einer Staffel des K. G. 30 ohne Erfolg. Torpedoflugzeuge der I./K. G. 26 (Hptm. Eicke) versenken Frachter *Navarino* (4841 BRT), *William Hooper* (7177 BRT) beschädigt und durch Fangschuß von *U 334* versenkt, sowj. Tanker *Azerbaidžan* (6114 BRT) torpediert. Von 25 angreifenden *He 111* 3 abgeschossen. — Noch am Abend gibt der 1. Seelord (Adm. Pound) in Erwartung eines dt. Überwasserangriffs mit überlegenen Kräften der Kreuzer-Gruppe und den Zerstörern der Sicherung Befehl zum Ablaufen nach Westen und läßt den Konvoi sich zerstreuen.
5. 7.: Dt. Luftaufklärung und U-Boote melden Auflösung des Konvois und Ablaufen der Kreuzer nach Westen. Daraufhin gehen *Tirpitz* (Kpt. z. S. Karl Topp), *Admiral Hipper* (Kpt. z. S. Meisel), *Admiral Scheer* (Kpt. z. S. Meendsen-Bohlken), 7 Zerstörer und 2 T-Boote in See. Dabei vor Ingöy erfolgloser Angriff des sowj. U-Bootes *K-21* (Kpt. 2. Rg. Lunin) auf *Tirpitz.* — Im Laufe des Tages greifen alle 3 Gruppen (Hptm. Kahl, Stoffregen und Herrmann) des K. G. 30 (Maj. Bloedorn) die einzeln und in Gruppen fahrenden Transporter des Konvois an und versenken die Frachter *Washington* (5564 BRT), *Bolton Castle* (5203 BRT), *Pan Kraft* (5644 BRT), *Peter Kerr* (6476 BRT), *Fairfield City*

(5686 BRT) und das Rettungsschiff *Zaafaran* (1559 BRT) und beschädigen *Paulus Potter* (7168 BRT), *Earlston* (7195 BRT) [durch Fangschuß von *U 334* versenkt], *Empire Byron* (6645 BRT) [durch Fangschuß von *U 703* versenkt] und den Flottentanker *Aldersdale*. *U 88* versenkt *Carlton* (5127 BRT) und *Daniel Morgan* (7177 BRT), *U 456* die *Honomu* (6977 BRT) und *U 703* die *River Afton* (5479 BRT). — *Catalina*-Flugboot der RAF-Squadron 210 und brit. U-Boot *Unshaken* sichten und melden dt. Flottenverband. Nach der erkannten frühzeitigen Meldung durch die U-Boote befiehlt der Ob. d. M. in Übereinstimmung mit der Führerweisung, kein Risiko einzugehen, den Abbruch der Flotten-Unternehmung. Die Vernichtung der restlichen Schiffe des Konvois sollen U-Boote und Flugzeuge übernehmen. — Konvoi QP. 13 gerät im Nebel und Sturm in ein eigenes Minenfeld in der Dänemark-Straße und verliert den Minensucher *Niger* und die Dampfer *Heffron, Hybert, John Randolph, Massmar* und *Rodina* mit 30 909 BRT.

6. 7.: Dt. Flottenverband in den Kaa-Fjord eingelaufen. Brit. Kreuzer-Verband vereinigt sich mit Fern-Deckungsgruppe. Flugzeuge des K. G. 30 versenken den Tanker *Pan Atlantik* (5411 BRT), *U 255* die *John Witherspoon* (7191 BRT).

7. 7.: Von den zur Jagd auf Einzelfahrer angesetzten U-Booten versenken *U 255* die *Alcoa Ranger* (5116 BRT), *U 355* die *Hartlebury* (5082 BRT) und *U 457* das verlassene Tankerwrack *Aldersdale* (8402 BRT). 5 Schiffe und einige Sicherungsfahrzeuge des Konvois treffen in der Matočkin-Straße ein.

8. 7.: *U 255* versenkt vor Novaja Zemlja den Dampfer *Olopana* (6069 BRT). — Comm. Dowding bildet in der Matočkin-Str. aus 5 Dampfern, je 3 Korvetten, Minensuchern und Trawlern, den Flakschiffen *Palomares* und *Pozarica* und dem Rettungsschiff *Zamalek* einen Konvoi, der an der Westküste Novaja Zemljas und der Eisgrenze nach Süden marschiert. Die sowj. Zerstörer *Gremjaščij* und *Groznyj* verstärken die Sicherung. —

9. 7.: Teil des Konvois mit dem Rettungsschiff *Rathlin* und dem Motortanker *Donbass* und Dampfer *Bellingham* trifft in Archangel'sk ein. — *U 255* gewinnt Fühlung an Restgeleit, auf das *U 457, U 703, U 376* und *U 251* operieren.

10. 7.: Bei Angriffen des II./K. G. 30 gegen das Restgeleit vor der Einfahrt des Weißen Meeres werden die Dampfer *Hoosier* (5060 BRT) und *El Capitan* (5255 BRT) beschädigt und anschließend durch *U 376* bzw. U *251* mit Fangschuß versenkt, der Dampfer *Samuel Chase* wird durch Bombentreffer beschädigt.

11. 7.: Restgeleit mit *Zamalek*, Dampfern *Ocean Freedom* und *Samuel Chase* trifft in Archangel'sk ein. — Eine weitere Gruppe von Schiffen mit dem Trawler *Ayrshire* trifft in der Matočkin-Straße ein.

12. 7.: *U 376* greift ohne Erfolg Trawler vor Kanin Noss an.

13. 7.: Von den auf dem Rückmarsch befindlichen U-Booten versenkt *U 255* das verlassene Wrack des Dampfers *Paulus Potter*. 15. 7.: Dt. U-Boote laufen ein.

16. 7.: Comm. Dowding läuft mit den Korvetten *Poppy, Lotus* und *La Malouine*, begleitet von dem sowj. Zerstörer *Gremjaščij* aus, um die an der Küste Novaja Zemljas liegenden Schiffe einzuholen.

20. 7.—24. 7.: Marsch des zweiten Restkonvois mit den genannten Geleitfahrzeugen und den Dampfern *Benjamin Harrison, Silver Sword, Troubadour, Ironglad* und *Azerbaidžan* unter Führung des sowj. Eisbrechers *Murman* (Comm. Dowding) und des Trawlers *Kerov* von der Matočkin-Str. nach Archangelsk. Unterwegs in der Moller-Bucht Dampfer *Empire Tide* aufgenommen.

28. 7.: Als letzter Nachzügler trifft der vorübergehend auf Strand gesetzte Dampfer *Winston Salem* in Molotovsk ein. Gesamtverlust des PQ. 17: 24 Schiffe mit 143 977 BRT. Auf dt. Seite bei 202 Einsätzen 5 Flugzeuge.

Durch U-Boote versenkt: 9 Schiffe mit 56611 BRT, durch die Luftwaffe 8 Schiffe mit 40376 BRT. Außerdem durch U-Boote 7 durch Luftangriffe beschädigte Schiffe mit 46982 BRT durch Fangschüsse versenkt. Mit den Frachtern gehen unter: 3350 Kraftfahrzeuge, 430 Panzer, 210 Flugzeuge und 99316 ts sonstiges Kriegsmaterial.

20. 6.—4. 8. 1942 **Westatlantik**

Von den im Gebiet von Cuba, im Golf von Mexiko und vor den Großen Antillen operierenden U-Booten versenken *U 154* (KKpt. Kölle) 1 Schiff mit 2160 BRT, ferner 1 nicht identifiziertes Schiff, *U 84* (Kptlt. Uphoff) 3 Schiffe mit 14206 BRT, ferner 1 Schiff mit 7176 BRT torped., *U 571* (Kptlt. Möhlmann) 3 Schiffe mit 18980 BRT, ferner 1 Schiff mit 11394 BRT torped., *U 134* und *U 437* haben bei ihren Angriffen keinen Erfolg.
Von den im Gebiet von Trinidad, in der Karibik und vor Panama operierenden U-Booten versenken *U 203* (Kptlt. Mützelburg) 5 Schiffe mit 32985 BRT, *U 153* (KKpt. Reichmann) 3 Schiffe mit 16166 BRT, *U 505* (Kptlt. Loewe) 3 Schiffe mit 12748 BRT und *U 575* (Kptlt. Heydemann) 4 Schiffe mit 8274 BRT, ferner 1 Schiff mit 12910 BRT torped., *U 153* wird nach einem mißglückten Angriff gegen einen Netzleger vor dem Panama-Kanal durch den U-Jäger *PC 458* unter Wasser gedrückt und gemeinsam mit USN und USAAF-Flugzeugen beschädigt, später wird es am 13. 7. durch den Zerstörer *Lansdowne* (LCdr. Smedberg) vernichtet.

23. 6. 1942 **Ostsee**

Sowj. Räumboote dringen in die »Seeigel«-Sperre ein, während Torpedokutter die dt. U-Jäger westlich Suursaari angreifen, um das U-Boot *ŠČ-406* durch die Sperren zu bringen.

23.—29. 6. 1942 **Mittelmeer**

In der Sirte greifen am 23. und 24. 6. die brit. U-Boote *Thrasher* (LCdr. Mackenzie) und *Turbulent* (Cdr. Linton) einen ital. Konvoi mit 3 Schiffen, gesichert von dem T-Boot *Perseo*, auf dem Wege von Tripolis nach Bengasi an und versenken je 1 Schiff mit 1480 bzw. 1085 BRT. Am 29. 6. versenkt *Thrasher* außerdem den ital. schnellen Aviso *Diana*.

24. 6. 1942 **Nordmeer**

Die I./St. G. 5 *(Ju 87)* versenkt in der Kola-Bucht den brit. Minenräumer *Gossamer*.

24.—27. 6. 1942 **Schwarzes Meer**

Auslegung starker Flankenminensperren zur Sicherung der Odessa-Bucht gegen sowj. U-Boote durch die rumän. Minenschiffe *Amiral Murgescu* und *Dacia*, Sicherung durch die Zerstörer *Regele Ferdinand*, *Regina Maria*, *Marasesti*, K-Boote *Ghigulescu*, *Stihi*, *Dumitrescu*, T-Boot *Smeul* und Räumboote der Donau-Flottille.

25. 6.—9. 7. 1942 **Pazifik**

Im Gebiet von Truk torpediert das US U-Boot *Grouper* (LCdr. Duke) die jap. Walkocherei *Tonan Maru No. 2* (19262 BRT), *Thresher* (LCdr. Millican) versenkt 1 Schiff mit 4836 BRT. Vor Japan versenkt *Plunger* (LCdr. White) 2 Schiffe mit 6259 BRT.

26. 6. 1942 **Westatlantik**

Deutschland erklärt die Erweiterung des Sperrgebietes bis an die amerik. Ostküste.

28. 6.—27. 7. 1942 **Südwestpazifik**

Bei Operationen in der Südchina-See versenken die US-U-Boote *Sturgeon* (LCdr. Nimitz) 1 Schiff mit 7266 BRT, *Sailfish* (LCdr. Voge) 1 Schiff mit 8811 BRT, *Seadragon* (LCdr. Ferrall) 3 Schiffe mit 15637 BRT. *Spearfish* (LCdr. Dempsey) torpediert 1 Schiff mit 9626 BRT. Ostwärts der Philippinen versenken *Stingray* (LCdr. Lamb) 1 Schiff mit 1292 BRT, *S 37* vor Rabaul 1 Schiff mit 2775 BRT. In der Malakka-Straße torpediert das brit. U-Boot *Trusty* (LCdr. King) 1 Schiff mit 3019 BRT.

29.—30. 6. 1942 **Nordatlantik**

Auf dem Anmarsch zur amerik. Küste versenken *U 458* (Kptlt. Diggins) und *U 754* (Kptlt. Oestermann) im Nordatlantik je einen Einzelfahrer von 2714 BRT bzw. 12435 BRT.

30. 6. 1942 **Schwarzes Meer**

Die sowj. Führung gibt den Befehl zur Räumung von Sevastopol. Die Evakuierung kann jedoch nur noch in kleinem Umfang mit Kleinfahrzeugen und U-Booten bis zum Erlöschen des letzten Widerstandes am 4. Juli durchgeführt werden.

30. 6.—15. 7. 1942 **Ostsee**

Sowj. Räumverbände und Torpedokutter unterstützen die Rückkehr des U-Bootes *ŠČ-304* (30. 6.) und den Ausbruch von *S-7* und *ŠČ-303* durch die Minensperren (4. bzw. 8. 7.). Das zurückkehrende *ŠČ-317* (an Bord der Div.-Chef, Kpt. 3. Rg. Egorov) wird zwischen der »Nashorn«- und »Seeigel«-Sperre vom 12.—15. 7. mehrfach von finn. und dt. U-Jägern angegriffen und geht verloren. Bei den Durchbrüchen detonieren zahlreiche Minen.

★

1. 7. 1942 **Schwarzes Meer**

Auf dem Weg Odessa—Očakov sinkt dt. *Sperrbrecher 191* auf sowj. Minensperre.

2. 7. 1942 **Schwarzes Meer**

Luftangriff der I./K. G. 100 (Hptm. Heise) auf Novorossijsk. Wrack des sowj. Flottillenführers *Taškent* zerstört, Zerstörer *Bditel'nyj* versenkt, Schulkreuzer *Komintern* beschädigt.

3. 7. 1942 **Westatlantik**

Aus einem Konvoi südlich Nova Scotia versenkt *U 215* (Kptlt. Hoeckner) 1 Schiff mit 7191 BRT und wird anschließend von der Sicherung vernichtet.

5.—30. 7. 1942 **Nordpazifik**

Das US-U-Boot *Growler* (LCdr. Gilmore) versenkt vor Kiska den jap. Zerstörer *Arare* und torpediert die Zerstörer *Kasumi* und *Shiranui*. Der Zerstörer *Nenohi* wird durch das U-Boot *Triton* (LCdr. Kirkpatrick) versenkt, *Finback* verfehlt einen weiteren. Am 15. 7. versenkt *Grunion* (LCdr. Abele) die jap. U-Jäger *Kusentai 25* und *27*, das U-Boot geht am 30. 7. verloren.

6. 7. 1942 **Schwarzes Meer**

II./K. G. 26 versenkt südlich der Krim einen sowj. U-Jäger.

6. 7.—20. 7. 1942 **Westatlantik**

Das in den St.-Lawrence-Golf eingedrungene *U 132* (Kptlt. Vogelsang) versenkt am 6. 7. aus dem Konvoi QS. 15 3 Schiffe mit 10 249 BRT und am 20. 7. aus einem weiteren QS.-Konvoi 1 Schiff mit 4367 BRT.

9. 7. 1942 **Kanal**

Dt. 2. S-Flottille (Kptlt. Feldt) greift mit *S 48, S 50, S 63, S 67, S 70, S 104* und *S 109* einen brit. Konvoi vor der Lyme-Bay an. *S 67* (Kptlt. Zymalkowski) versenkt den brit. Tanker *Pomella* (6766 BRT), die übrigen Boote den Trawler *Manor* sowie 4 Frachter mit 5426 BRT.

9.—23. 7. 1942 **Mittelmeer**

Vor Port Said legt *U 561* (Oblt. z. S. Schomburg) eine weitere Minensperre. *U 562* (Oblt. z. S. Hamm) torpediert 1 Schiff mit 3359 BRT, *U 375* (Kptlt. Könenkamp) versenkt vor Famagusta einen Bewacher. Vor der syrischen Küste verfehlt das ital. U-Boot *Perla* einen großen Transporter, *Alagi* (Kptlt. Puccini) versenkt 1 türk. Schiff mit 3723 BRT.

10. 7.—10. 9. 1942 **Westatlantik**

Im Gebiet von Trinidad und südostwärts davon versenken *U 160* (Oblt. z. S. Lassen) 6 Schiffe mit 29 281 BRT, *U 66* (Kptlt. Markworth) 9 Schiffe mit 48 896 BRT. *U 66* legt am 20. 7. vor Port Castries (S. Lucia) Minen, auf denen 1 USCG.-Cutter und die brit. *MTB 339* und *MTB 342* beschädigt werden. *U 160* torpediert ferner den norweg. Tanker *Havsten* (6161 BRT), der später durch das ital. U-Boot *Tazzoli* (KKpt. Fecia di Cossato) versenkt wird.

11.—15. 7. 1942 **Mittelatlantik**

Von der auf dem Marsch nach Süden befindlichen Gruppe »Hai« erfaßt der Tanker *U 116* (KKpt. v. Schmidt) den Konvoi OS. 33 (41 Schiffe), nachdem eine für Südamerika bestimmte Gruppe (6 Schiffe) entlassen war. Durch einen gleichzeitigen Angriff von *U 116* und *U 201* (Kptlt. Schnee) wird 1 Schiff mit 7093 BRT versenkt, *U 582* (Kptlt. Schulte) versenkt 1 Schiff mit 8826 BRT. *U 136* (Kptlt. Zimmermann) wird durch Fregatte *Spey* und Sloop *Pelican* und den freifranz. Zerstörer *Léopard* versenkt. *U 572* (Kptlt. Hirsacker) und *U 752* (Kptlt. Schroeter) halten an dem Hauptkonvoi mit Unterbrechungen bis zum Abend des 13. 7. Fühlung, *U 582* versenkt am 15. 7. einen Nachzügler mit 7524 BRT. Bei der Verfolgung der Westgruppe versenken *U 116* 1 Schiff mit 4284 BRT, *U 201* 2 Schiffe mit 11 965 BRT.

11. 7.—21. 9. 1942 **Westatlantik**

U 166 legt am 25. 7. vor der Mississippi-Mündung eine Minensperre, die unbemerkt bleibt. Im Golf von Mexiko versenken *U 166* (Oblt. z. S. Kuhlmann) 4 Schiffe mit 7593 BRT, *U 171* (Kptlt. Pfeffer) 3 Schiffe mit 17 641 BRT. Operationen von *U 173* (FKpt. Beucke) vor den Großen Antillen und *U 509* (KKpt. Wolff) im Golf von Mexiko bleiben erfolglos. *U 166* wird am 1. 8. vor der Mississippi-Mündung durch ein USCG.-Flugzeug versenkt. *U 171* geht vor Lorient durch Minentreffer verloren (9. 10.).

12.—15. 7. 1942 **Mittelmeer**

Brit. U-Boot *P. 211/Safari* (Cdr. Bryant) versenkt bzw. beschädigt an der Küste von Sardinien 2 Schiffe mit 2094 BRT.

13.—27. 7. 1942 **Nordatlantik**

Wiederaufnahme der Konvoi-Operationen auf der Nordatlantik-Route durch die U-Boot-Gruppe »Wolf« *(U 454, U 704, U 597, U 71, U 552, U 43, U 379, U 86,*

U 90, ab 25. 7. auch *U 607).* Am 13. 7. sichtet *U 71* (Oblt. z. S. Rodler v. Roithberg) südlich Island einen ON.-Konvoi, doch suchen die Boote infolge unsicherer Meldung in falscher Richtung. *U 704* und *U 552* werden von der Sicherung am 14. 7. abgedrängt. — Die Gruppe marschiert ohne Sichtung bis zum 23. 7. langsam nach Südwesten und wird auf den vom B-Dienst erkannten ON. 113 angesetzt, den *U 552* (KKpt. Topp) am 24. 7. planmäßig erfaßt. Der Konvoi besteht am 33 Schiffen und wird von einer kanad. Escort Group gesichert, deren Zerstörer *St. Croix* das fühlunghaltende *U 90* (Kptlt. Oldorp) mit Wasserbomben versenkt. In der ersten Nacht greift nur *U 552* an, es versenkt 1 Schiff mit 5136 BRT und torpediert 1 Tanker mit 8093 BRT. In unsichtigem Wetter und Sturm kommen am 25. 7. nur wenige Boote in die Nähe des Konvois, Angriffe von *U 597* und *U 43* in der Nacht schlagen fehl, nur *U 607* (Kptlt. Mengersen) torpediert 1 Schiff mit 6942 BRT, das später von *U 704* (Kptlt. Kessler) versenkt wird. Am 26. 7. geht die Fühlung verloren, eine Suche am 27. 7. bleibt ohne Erfolg. Die Gruppe »Wolf« löst sich auf und geht zum Versorger *U 461* (29.—30. 7.).

13. 7.—7. 8. 1942 **Südpazifik**

Vom jap. 3. U-Boot-Geschwader (KAdm. Kono) operieren *I-11, I-174* und *I-175* vor Sydney, *I-169* vor Neu Kaledonien und *I-171* vor Fiji. Es versenken: *I-11* (FKpt. Hichiji) 3 Schiffe mit 15 301 BRT, 1 Schiff leicht beschädigt, *I-175* (KKpt. Uno) 2 Schiffe mit 3023 BRT, 1 Schiff mit 3279 BRT beschädigt, *I-169* (FKpt. Watanabe) 1 Schiff mit 9227 BRT.

14.—19. 7. 1942 **Mittelmeer**

Teil der brit. Force H läuft mit dem Träger *Eagle* von Gibraltar aus, um südlich der Balearen *Spitfire*-Jäger nach Malta zu starten. Minenkreuzer *Welshman* setzt mit Versorgungsgütern Fahrt nach Malta fort. Unterwegs erfolglose Angriffe von 28 ital. Bombern und 16 *Ju 87* sowie durch das U-Boot *Axum.* Am 16. 7. in Malta eingelaufen. Rückmarsch vom 18.—19. 7. Ital. Versuche, den Kreuzer mit Überwasserstreitkräften, U-Booten und Flugzeugen abzufangen, mißlungen.

15. 7. 1942 **Westatlantik**

U 576 (Kptlt. Heinicke), das vorher einen Tanker von 11 147 BRT torpediert hatte, greift an der US-Ostküste einen Konvoi an und versenkt 2 Schiffe mit 10 373 BRT. Es wird anschließend von einem Flugzeug angegriffen, durch den im Konvoi laufenden Dampfer *Unicoi* gerammt und geht verloren.

15. 7.—23. 8. 1942 **Mittelatlantik**

Nach der Operation gegen den OS. 33 setzt die Gruppe »Hai« in einer »Harke« ihren Marsch ins Gebiet von Freetown fort. Es versenken — zwischendurch z. T. von *U 116* beölt — zusätzlich: *U 201* (Kptlt. Schnee) U-Jagdtrawler *Laertes* und 2 Schiffe mit zus. 21 963 BRT, *U 572* (Kptlt. Hirsacker) 1 Schiff mit 5281 BRT, *U 752* (Kptlt. Schroeter) 4 Schiffe mit 21 624 BRT, *U 582* (Kptlt. Schulte) 2 Schiffe mit 14 294 BRT.

15. 7.—14. 10. 1942 **Nordmeer**

Operation EON. 18: Überführung eines sowj. Zerstörerverbandes auf dem nördlichen Seeweg vom Pazifik ins Nordmeer. Am 15. 7. laufen der Flottillenführer *Baku* und die Zerstörer *Razumnyj, Raz-jarennyj* und *Revnostnyj* von Vladivostok aus, letzterer kollidiert am 18. 7. im Tatarensund mit dem Frachter *Ternej* und muß zurückbleiben. Die anderen Schiffe gehen am 22. 7. durch die Kurilen-Passage, laufen am 26. 7. Petropavlovsk an, passieren am 30. 7. die Bering-Straße und erreichen im Geleit des Eisbrechers *Mikojan* am 14. 8. Tiksi. Am 19. 9. wird die Fahrt fortgesetzt, am 24. 9. Dikson, am 9. 10. die Jugor-Straße erreicht. Am 14. 10. werden die 3 Schiffe von der Nord-Flotte vor dem Kolafjord aufgenommen.

16. 7. 1942 **Südatlantik**
Dt. Hilfskreuzer *Schiff 28* (Kpt. z. S. v. Ruckteschell) versenkt im Südatlantik US-Tanker *William F. Humphrey* (7983 BRT).

16. 7. 1942 **Schwarzes Meer**
Bei Luftangriff auf Poti erhält der sowj. Kreuzer *Komintern* so schwere Treffer, daß er abgerüstet werden muß. Der Zerstörer *Bodryj* wird schwer beschädigt. Ein großes Schiff erhält Nahtreffer.

17.—20. 7. 1942 **Mittelatlantik**
Das rückmarschierende *U 202* (Kptlt. Linder) sichtet den Konvoi OS. 34 (35 Schiffe), wird aber in der Nacht zum 18. 7. durch eine Korvette abgedrängt. Am 18. 7. morgens sichtet der verschossene Rückmarschierer *U 126* (Kptlt. Bauer) den Konvoi und führt die Ausmarschierer *U 564* (Kptlt. Suhren), *U 108* (KKpt. Scholtz) und *U 654* (Oblt. z. S. Forster) heran, die wiederholt auch während der Dunkelheit von Flugzeugen unter Wasser gedrückt werden. In der Nacht zum 19. 7. versenkt *U 564* 2 Schiffe mit 11 096 BRT, *U 108* wird nach einem fehlgeschlagenen Angriff mit Wasserbomben eingedeckt. Am Mittag des 19. 7. werden *U 108* und *U 126* endgültig abgedrängt, am 20. 7. wird die Operation nach vergeblicher Suche eingestellt. Die Ausmarschierer setzen ihren Marsch in die Karibik fort.

20. 7. 1942 **Indischer Ozean**
Dt. Hilfskreuzer *Schiff 10 Thor* (Kpt. z. S. Gumprich) versenkt im Indischen Ozean brit. Frachter *Indus* (5187 BRT).

20.—22. 7. 1942 **Kanal**
Die 3. T-Flottille (KKpt. Wilcke) mit *T 13, T 4, T 10* und *T 14* führt 2 defensive Minenunternehmungen »Rhein« und »Stein« im Kanal durch.

20.—24. 7. 1942 **Nordmeer**
Marsch der brit. Zerstörer *Marne, Martin, Middleton* und *Blankney* nach Murmansk mit Versorgungsgütern und Munition für Geleitfahrzeuge des Konvois QP. 14.

20. 7.—5. 8. 1942 **Westatlantik**
Die von der US-Küste abgezogenen 4 U-Boote operieren südostwärts Nova Scotia. Dabei versenken *U 89* (Kptlt. Lohmann) 1 Segler von 54 BRT, *U 754* (Kptlt. Oestermann) 1 Fischereifahrzeug von 260 BRT, *U 458* (Kptlt. Diggins) 1 Schiff mit 4870 BRT. Am 29. 7. sichtet *U 132* (Kptlt. Vogelsang) den Konvoi ON. 113 und versenkt daraus am 30. 7. 1 Schiff mit 6734 BRT. *U 458* und *U 754* kommen nicht zu Angriffen, letzteres wird am 31. 7. durch ein RCAF-Flugzeug versenkt.

21. 7. 1942 **Südpazifik**
Teile der neugebildeten jap. 8. Flotte (VAdm. Mikawa) landen Einheiten des Südsee-Detachements in Buna (Neu-Guinea) zum Vorstoß über Land auf Port Moresby.

22. 7.—19. 8. 1942 **Nordatlantik**

Am 22. 7. sichtet das ausmarschierende *U 609* (Oblt. z. S. Rudloff) einen UR.-Konvoi und verfolgt ihn mit *U 254* (Kptlt. Gilardone) bis in die Nähe von Reykjavik. Anschließend werden die Boote im Gebiet westlich Island aufgestellt, doch schlagen Angriffsversuche auf US Task Groups am 28. 7. und 1. 8. fehl. Am 2. 8. versenkt *U 609* 1 Schiff mit 1218 BRT. Im Gebiet der Faröer versenkt am 3. 8. das ausmarschierende *U 605* (Kptlt. Schütze) 1 Fischdampfer mit 229 BRT.

24.—25. 7. 1942 **Mittelmeer**

Nach einem Angriff des brit. U-Bootes *Unbeaten* (LCdr. Woodward) versenken brit- T-Flugzeuge und Bomber bei Argostoli den ital. Transporter *Vettor Pisani* (6339 BRT) im Geleit der T-Boote *Antares, Orsa* und *Calliope*. Am 26. 7. wird das brit. U-Boot *Thrasher* vor Port Said durch den Angriff eines brit. *Swordfish*-Flugzeuges beschädigt.

24. 7.—17. 8. 1942 **Pazifik**

Vor den südlichen Kurilen versenkt das US-U-Boot *Narwhal* (LCdr. Wilkins) 5 Schiffe mit 6019 BRT und torpediert 2 weitere Schiffe mit 6904 BRT. Vor Japan versenkt *Silversides* (LCdr. Burlingame) 1 Schiff mit 5811 BRT, vor Truk versenken *Greenling* (LCdr. Bruton) 2 Schiffe mit 17 228 BRT, *Gudgeon* (LCdr. Stovall) 1 Schiff mit 4853 BRT, ferner 2 Tanker mit 20 040 BRT torpediert, *Tambor* versenkt vor Wotje 1 Schiff mit 891 BRT.

26. 7.—1. 8. 1942 **Nordmeer**

Bei der Suche nach von der Luftaufklärung an der Westküste Novajas Zemljas gesichteten Restschiffen des PQ. 17 beschießt am 26. 7. *U 601* (Kptlt. Grau) die sowj. Polarstation Karmakulyj, vernichtet 2 Flugzeuge und versenkt am 1. 8. vor der Kostin-Straße den Dampfer *Krestjanin* (2513 BRT).

26. 7.—10. 9. 1942 **Westatlantik**

Im Gebiet südostwärts Trinidad versenken *U 155* (Kptlt. Piening) 10 Schiffe mit 43 892 BRT, *U 108* (KKpt. Scholtz) 3 Schiffe mit 17 495 BRT, *U 510* (KKpt. Neitzel) 2 Schiffe mit 10 256 BRT, ferner 1 Schiff mit 8016 BRT torpediert.

27./28. 7. 1942 **Ostsee**

Auf der »Seeigel«-Sperre wird das zurückkehrende sowj. U-Boot *S-4* durch Minentreffer beschädigt, der Kommandant (Kpt. 3. Rg. Abrosimov) über Bord gerissen, doch erreicht das Boot Lavansaari. Am 28. 7. wird der Minensucher *T-58* bei der Überführung von *ŠČ-320* nach Kronstadt durch eine dt. Küstenbatterie beschädigt.

27. 7.—11. 9. 1942 **Südwestpazifik**

In der Malakka-Straße versenkt das niederl. U-Boot *O-23* (Kptlt. Valkenburg) 2 Schiffe mit 12 333 BRT und torpediert 1 Schiff mit 729 BRT. In der Südchina-See versenken die US-U-Boote *Seawolf* (LCdr. Warder) 2 Schiffe mit 4462 BRT, *Saury* (LCdr. Mewhinney) 1 Schiff mit 8606 BRT, ferner 1 Schiff mit 9024 BRT torpediert, *Seal* (LCdr. Hurd) und *Skipjack* (LCdr. Coe) torpedieren je 1 Schiff mit 7260 BRT bzw. 6500 BRT. Vor Bougainville versenkt *Tautog* (LCdr. Willingham) 1 Schiff mit 5627 BRT.

29. 7.—3. 8. 1942 **Nordatlantik**

Das ausmarschierende *U 210* (Kptlt. Lemcke) sichtet im Nordatlantik den Konvoi ON. 115 (41 Schiffe, kanad. Escort Group, u. a. mit Zerstörern *Saguenay, Skeena* und Korvetten *Agassiz, Wetaskiwin* und *Sackville*. Ferner dazu Zerstörer HMCS. *Hamilton).* Die Sicherung drängt am 30. und 31. 7. immer wieder die Fühlung gewinnenden Boote *U 164, U 210, U 511, U 553* und *U 217* ab, *U 588* wird durch Wasserbomben von *Skeena* und *Wetaskiwin* versenkt. Am 1. 8. wird ein Vorpostenstreifen »Pirat« mit *U 210, U 217, U 553, U 511* und *U 164* gebildet, in den die versorgten »Wolf«-Boote *U 607, U 454, U 704, U 597, U 71, U 552* und *U 43* am 2. 8. einscheren. Am 2. 8. sichtet *U 552* (KKpt. Topp) den Konvoi und führt *U 71, U 704, U 217, U 597, U 553* heran. *U 552* torpediert 2 Schiffe mit 10 627 BRT bzw. 7176 BRT, von denen letzteres durch *U 607* (Kptlt. Mengersen) versenkt wird. *U 553* (KKpt. Thurmann) versenkt 1 Schiff mit 9419 BRT. Weitere Angriffe von *U 71, U 217, U 552* auf den Konvoi und *U 597* auf einen Nachzügler schlagen fehl. Am 3. 8. muß die Operation im Nebel abgebrochen werden.

30. 7.—9. 8. 1942 **Mittelmeer**

Bei Operationen vor der Palästina-Küste versenken *U 77* (Kptlt. Schonder) 9 Segler und *U 565* (Kptlt. Franken) 1 Segler, *U 372* wird von einer brit. Patrouille mit den Zerstörern *Zulu, Sikh, Croome* und *Tetcott* mit Luftunterstützung gestellt und versenkt.

31. 7. 1942 **Nordatlantik**

Das ausmarschierende *U 213* (Oblt. z. S. v. Varendorff †) stößt westlich der Biskaya auf einen Konvoi und wird von den zur Sicherung gehörenden Sloops *Erne, Rochester* und *Sandwich* versenkt.

31. 7.—12. 8. 1942 **Südpazifik**

Von Rabaul aus operieren vom jap. 7. U-Boot-Geschwader (KAdm. Yoshitomi) *Ro-34* (KKpt. Morinaga) und *Ro-33* (KKpt. Kuriyama) im Gebiet des Papua-Golfes. Sie torpedieren 1 Transporter mit 8424 BRT bzw. versenken 1 Fischereifahrzeug von 300 BRT. Nach der US-Landung auf Guadalcanal werden *I-121, I-122, I-123, Ro-33, Ro-34* in die Indispensable-Straße beordert.

★

1. 8. 1942 **Schwarzes Meer**

Sowj. TKA's versenken in der Bucht von Iwan Baba mit Torpedoschuß Fährprahm *F 334.*

1./2. 8. 1942 **Kanal**

Dt. 3. T-Flottille (KKpt. Wilcke) mit *T 13, T 10, T 14* legt im Kanal die defensive Minensperre »Masuren«.

1. 8.—16. 9. 1942 **Westatlantik**

Bei Einzeloperationen in der Karibik versenken — von Konvoi-Operationen abgesehen (s. dort) — die U-Boote *U 164* (KKpt. Fechner) 1 Schiff mit 1745 BRT, *U 217* (Oblt. z. S. Reichenbach) 1 Segler mit 75 BRT, *U 558* (Kptlt. Krech) 1 Schiff mit 2606 BRT. *U 511* und *U 94* haben keine Einzelerfolge.

2. 8. 1942 **Nordatlantik**

Beginn der Truppentransporte von den USA nach England und Nordirland mit den großen Passagierdampfern *Queen Elizabeth* (83 673 BRT), *Queen Mary* (81 235 BRT), *Pasteur* (29 253 BRT), *Empress of Scotland* (26 313 BRT), *Wakefield* (24 289 BRT), *Mariposa* (18 017 BRT) u. a.

2.—3. 8. 1942 **Schwarzes Meer**

Kdr. der sowj. Kreuzer-Brigade, KAdm. N. E. Basistyj, geht am 2. 8. mit dem Kreuzer *Molotov* und dem Flottillenführer *Char'kov* in See und beschießt in der Nacht zum 3. 8. Ziele in der Bucht von Feodosija. Als Mark-Boot wird das U-Boot *M-62* angesteuert. Auf dem Rückmarsch Angriffe von dt. Torpedoflugzeugen und ital. *MAS 568* und *MAS 573*. Kreuzer *Molotov* erhält Torpedotreffer im Vorschiff, 20 m abgerissen.

3.—7. 8. 1942 **Mittelmeer**

An der libyschen Küste versenkt das brit. U-Boot *Thorn* (LCdr. Norfolk) am 3. 8. den am 28. 7. durch Lufttorpedo leicht beschädigten ital. Transporter *Monviso* (5322 BRT) im Geleit der Zerstörer *Alpino* und *Corazziere*. Nach 2 fehlgeschlagenen Angriffen gegen einen von den Zerstörern *Turbine* und *Grecale* gesicherten Tanker wird *Thorn* am 7. 8. durch das ital. T-Boot *Pegaso* versenkt. *Turbulent* (Cdr. Linton) vernichtet am 6. 8. das Wrack des am 21. 6. bei Cap Bon aufgelaufenen Zerstörers *Strale*. In der Ägäis versenkt das griech. U-Boot *Nereus* 2 kleine Schiffe. Das brit. *Proteus* versenkt am 7. 8. den dt. Dampfer *Wachtfels* (8467 BRT).

3.—11. 8. 1942 **Nordatlantik**

Nach der ON. 115-Operation bilden die U-Boote *U 210, U 607, U 454, U 704, U 597, U 71, U 379* und *U 593* ostwärts der Neufundlandbank die Gruppe »Steinbrinck«. Nach Sichtung eines ON. Konvois am 4. 8. durch *U 704* (Kptlt. Kessler), der nicht verfolgt wird, meldet *U 593* (Kptlt. Kelbling) am 5. 8. den Konvoi SC. 94 (36 Schiffe, kanad. Escort Group mit dem Zerstörer *Assiniboine*, den Korvetten *Orillia, Chilliwack* und den brit. *Primrose, Nasturtium* und *Dianthus*). *U 593* greift sofort an und versenkt 1 Schiff mit 3616 BRT aus einer abgesplitterten Gruppe, wird jedoch mit *U 595* durch *Nasturtium* und *Orillia* abgedrängt. Am 6. 8. werden *U 595* durch Artilleriefeuer und Wasserbomben von *Primrose* und *Chilliwack, U 454* durch Wabos von *Dianthus* beschädigt und müssen abbrechen. *U 210* (Kptlt. Lemcke) wird durch *Assiniboine* zum Auftauchen gezwungen und im Artilleriegefecht auf kurze Entfernungen mit Rammstoß versenkt. Außer *U 595* operieren ab 7. 8. auch die Ausmarschierer *U 176, U 660, U 256, U 174, U 438* und *U 705* an dem SC. 94. Am Nachmittag des 7. 8. verfehlen *U 607* (Kptlt. Mengersen) eine Nachzügler-Gruppe, in der Nacht zum 8. 8. *U 704* und am Vormittag des 8. 8. *U 660* (Oblt. z. S. Baur) den Konvoi. Mittags schlagen Angriffsversuche von *U 597* und *U 605* gegen Nachzügler fehl. Am Nachmittag des 8. 8. greifen fast gleichzeitig *U 176* (Kptlt. Dierksen) und *U 379* (Kptlt. Kettner) an und versenken 3 Schiffe bzw. 2 Schiffe mit 16 687 BRT bzw. 8910 BRT. In einer Panik werden 3 weitere unbeschädigte Schiffe verlassen, von denen später eines durch *U 176* mit Fangschuß versenkt wird (3701 BRT). Ein Angriff von *U 704* schlägt fehl. Am Abend des 8. 8. stößt der brit. Zerstörer *Broke* (LCdr. Layard) zur Sicherung, später in der Nacht auch der poln. Zerstörer *Blyskawica*, doch fällt die *Dianthus*, die *U 379* mit Wasserbomben und einem Rammstoß versenkt hat, aus, alle Escorts außer der *Primrose* bleiben in der Nacht bei der Bekämpfung von U-Booten zurück, *Broke* wird knapp von Torpedos von *U 595* (Kptlt. Quaet-Faslem) verfehlt. Alle Angriffsversuche werden vereitelt, nur *U 607* kommt erfolglos zum Schuß und hält anschließend Fühlung. Trotz der am 9. 8. nachmittags einsetzenden Luftsicherung durch *Liberators* der RAF-Squadron 120 von Nordirland kommen am Nachmittag und Abend noch *U 254, U 174, U 704, U 256* und am Morgen des 10. 8. *U 597* zum Schuß, erzielen jedoch keine Treffer. Das Zurückbleiben einiger Escorts zur Bekämpfung georteter U-Boote ermöglicht am 10. 8. mittags *U 660* und *U 438* (Kptlt. Franzius) einen gleichzeitigen Unterwasserangriff, dem 3 Schiffe mit 16 074 BRT bzw. 1 Schiff mit 4439 BRT zum Opfer fallen.

3.—12. 8. 1942 **Norwegen**

Bei Operationen vor der norweg. Westküste versenken die brit. U-Boote *P. 213/Saracen* (Lt. Lumby) am 3. 8. das dt. *U 335* und *P. 54/Unshaken* (Lt. Oxborrow) und *Sturgeon* (Lt. Wingfield) am 12. 8. je 1 Schiff mit 2890 BRT bzw. 3335 BRT.

3.—26. 8. 1942 **Westatlantik**

An der US-Ostküste legt *U 98* (KKpt. Schulze) am 8. 8. eine Minensperre vor Jacksonville, die ohne Verluste geräumt wird. Südlich Cape Hatteras hat das Boot, ebenso wie das gleichzeitig wegen Schäden abgesetzt von der Küste kreuzende *U 86* (Kptlt. Schug) keinen Erfolg.

4. 8. 1942 **Schwarzes Meer**

Beginn dt. See-Nachschubeinsätze auf dem Asov-Meer.

4.—24. 8. 1942 **Nordmeer**

Bei Operationen sowj. U-Boote greift *ŠČ-403* (Kpt. 3. Rg. Šujskij) bei Vardö 2 Konvois erfolglos an und wird am 11. 8. von den U-Jägern *UJ 1104, UJ 1108* und *UJ 1101* mit 110 Wasserbomben belegt. Am 14. 8. kommen bei einer Innenexplosion auf *ŠČ-402* der Kdt., Kpt. 3. Rg. Stolbov, und 17 Mann um, die Restbesatzung bringt das beschädigte Boot vom Tanafjord nach Poljarnoe. Im Lopphavet greift am 19. 8. *K-21* erfolglos einen dt. Minenlegerverband an. Am 22./23. 8. verfehlt *ŠČ-422* (Kptlt. Vidjaev) im Varangerfjord 2 Konvois. Nach einem Angriff am 24. 8. gegen einen Konvoi mit 3 Dampfern, *V 6105* und den U-Jägern *UJ 1101, UJ 1108* und *UJ 1112,* versenken letztere ein U-Boot, vermutlich *M-173.*

5.—23. 8. 1942 **Schwarzes Meer**

Bei sowj. U-Boot-Operationen greifen *ŠČ-205* (Kpt. 3. Rg. Suchomlinov) vor dem Bosporus, *M-118* (Kptlt. Savin), *M-62* (Kptlt. Malyšev), *M-111* (Kptlt. Iosseliani) und *M-36* (Kptlt. Komarov) in der Bucht von Odessa und vor der rumän. Küste Konvois an, doch nur *M-36* versenkt den dt. Schlepper *Ankara.* *M-33* geht auf einer Flankenminensperre verloren.

6.—10. 8. 1942 **Ostsee**

Sowj. Schlachtfliegerverbände greifen die auf U-Jagd-Positionen westlich der »Seeigel«-Sperren stehenden dt. M-Boote und U-Jäger an, und sowj. Räumboote dringen am 6. 8. in die »Seeigel«-Sperren ein, um die zurückkehrenden U-Boote *ŠČ-303* und *ŠČ-406* aufzunehmen. Bei der Verfolgung eines der Boote gerät der U-Jäger *UJ 1211* zwischen Suur- und Pien-Tytärsaari auf eine alte sowj. Minensperre und sinkt. Am 11. 8. läuft *S-7* in Lavansaari ein.

7. 8. 1942 **Schwarzes Meer**

Sowj. Kreuzer *Krasnyj Krym* und Zerstörer *Nezamožnik* evakuieren 2895 Mann und 100 t Material von Novorossijsk nach Batumi.

7. 8. 1942 **Nordpazifik**

US-Kreuzer- und Zerstörergruppe (KAdm. Smith) beschießt die Aleuten-Insel Kiska.

7.—9. 8. 1942 **Südpazifik**

Operation »Watchtower« — US-Landung auf Guadalcanal. 7. 8.: Nach Feuervorbereitung durch Flugzeuge der Träger *Saratoga, Wasp* und *Enterprise* und die Artillerie von Kreuzern und Zerstörern der »Support Force« landet die »Amphibious Force« (KAdm. Turner) von 15 Transportern die verstärkte 1. Marine-Div. an der Nordseite von Guadalcanal und von 4 Transportern und 4 Schnelltransportern Teile der Division auf Tulagi. Wegnahme des fast fertigen jap. Flugplatzes auf Guadalcanal, auf Tulagi härterer Widerstand. — Nachmittags 2 Angriffe von 27 Bombern und 16 Sturzbombern des jap. 25. Geschwaders durch Jäger der *Enterprise* und *Saratoga* abgefangen, 12 US-, 16 jap. Flugzeuge abgeschossen, US-Zerstörer *Mugford* leicht beschädigt. — Auslaufen der jap. 8. Flotte (VAdm. Mikawa) mit 5 Schweren und 2 Leichten Kreuzern sowie 1 Zerstörer von Rabaul, Sichtung durch das US-U-Boot *S 38*. — 8. 8.: Angriff von 26 jap. T-Flugzeugen, davon 17 durch Flak und Jäger abgeschossen, US-Zerstörer *Jarvis* versenkt. Bei anschließendem Angriff von Sturzbombern und Jabos trifft abgeschossenes Flugzeug US-Transporter *G. F. Elliott* (8378 BRT), der in Brand gerät und später aufgegeben werden muß. — *S 38* (LCdr. Munson) versenkt den jap. Nachschubtransporter *Meiyo Maru* (5628 BRT) südlich Rabaul. — Aufklärungsmeldungen austral. Flugzeuge über jap. Kreuzerverband werden verzögert weitergegeben. — 9. 8.: Nachts dringt jap. Verband mit den Kreuzern *Chokai, Aoba, Kinugasa, Furutaka, Kako, Tenryu, Yubari,* und dem Zerstörer *Yunagi,* unbemerkt an den US-Radar-Picket-Zerstörern *Blue* und *R. Talbot* vorbei, in die Enge zwischen Savo-Island und Guadalcanal ein. Dort wird die südliche Deckungsgruppe mit den Kreuzern *Canberra* (RAN) und *Chicago* und den Zerstörern *Patterson* und *Bagley* überrascht. Die *Canberra* (Capt. Getting †) wird in Brand und wrack geschossen, die *Chicago* durch Torpedotreffer und *Patterson* durch Artillerietreffer beschädigt. Anschließend gelingt es Mikawa infolge schwerer Mängel der alliierten Führungsorganisation, auch die nördliche Deckungsgruppe mit den Kreuzern *Vincennes, Quincy* und *Astoria* und den Zerstörern *Helm* und *Wilson* zu überraschen und die Kreuzer mit konzentrischen Torpedosalven und Artillerie zusammenzuschießen. *Vincennes* (Capt. Riefkohl) und *Quincy* (Capt. S. N. Moore) sinken sofort, *Astoria* (Capt. Greenman) und *Canberra* müssen am Morgen aufgegeben werden. Auf jap. Seite erleiden nur *Chokai* und *Kinugasa* leichte Schäden. Von den ablaufenden Japanern wird der nördliche Picket-Zerstörer *R. Talbot* schwer getroffen. — Infolge der unübersichtlichen Lage und der fehlenden Führung kommen die in der Nähe stehenden Kreuzer *Australia* (RAN), *Hobart* (RAN) und *San Juan* sowie 7 Zerstörer nicht zum Einsatz. Die südlich Guadalcanal operierende Trägergruppe (VAdm. Fletcher) hatte aus Furcht vor Torpedoflugzeugen und U-Booten nach 48stündigem Einsatz am Abend des 8. 8. abgedreht und kann die ablaufenden Japaner nicht mehr fassen. Adm. Turner entschließt sich, mit den restlichen Kriegsschiffen und Transportern abzulaufen. Die 1. Marine-Div. (GenMaj. Vandegrift) bleibt sich selbst überlassen. — 10. 8.: Aus dem rückkehrenden jap. Verband versenkt das US-U-Boot *S 44* (LCdr. Moore) den Kreuzer *Kako* vor Kavieng. Alliierte Verluste: 1270 Tote, 709 Verwundete.

7. 8.—8. 10. 1942 **Mittelatlantik**

Vor Westafrika versenken *U 109* (Kptlt. Bleichrodt) 5 Schiffe mit 35 601 BRT, *U 506* (Kptlt. Würdemann) 5 Schiffe mit 28 023 BRT, *U 125* (Kptlt. Folkers) 6 Schiffe mit 25 416 BRT.

9. 8. 1942 **Südatlantik**

Hilfskreuzer *Schiff 23 Stier* (FKpt. Gerlach) versenkt im Südatlantik den brit. Frachter *Dalhousie* (7072 BRT).

9.—11. 8. 1942 **Schwarzes Meer**

Sowj. Kreuzer *Krasnyj Krym* und Zerstörer *Nezamožnik* evakuieren 2000 Mann von Novorossijsk nach Batumi. Dt. *S 102* (Kptlt. Töniges) versenkt am 10. 8. vor Tuapse einen sowj. Dampfer, am 11. 8. zusammen mit *S 28* (Kptlt. Künzel) erfolglose Angriffe auf Tanker zwischen Novorossijsk und Tuapse.

10.—15. 8. 1942 **Mittelmeer**

Operation »Pedestal«: 10. 8.: In Erwartung eines großen Nachschubkonvois für Malta stellt »Supermarina« zwischen Algier und Balearen die U-Boote *Brin, Dagabur, Giada, Uarsciek, Volframio, U 73* und *U 333* auf. Im Gebiet nördlich Tunesien und vor Cap Bon wird eine weitere U-Boot-Gruppe mit *Granito, Emo, Otaria, Dandolo, Avorio, Cobalto, Alagi, Ascianghi, Axum, Bronzo, Dessie* und westlich Malta *Asteria* gebildet. — Der brit. Konvoi mit 13 Transportern und 1 Tanker, gesichert von KAdm. Burrough mit den Kreuzern *Nigeria, Kenya, Manchester, Cairo,* den Zerstörern *Ashanti, Intrepid, Icarus, Foresight, Fury, Pathfinder, Penn, Derwent, Bramham, Bicester* und *Ledbury* passiert die Gibraltar-Straße zusammen mit der Deckungsgruppe (VAdm. Syfret) mit den Schlachtschiffen *Nelson, Rodney,* den Trägern *Victorious* (KAdm. Lyster), *Indomitable, Eagle, Furious,* den Kreuzern *Phoebe, Sirius, Charybdis* und den Zerstörern *Laforey, Lightning, Lookout, Quentin, Eskimo, Tartar, Ithuriel, Antelope, Wishart, Vansittart, Westcott, Wrestler, Zetland* und *Wilton.* — Leerkonvoi von Malta mit den Transportern *Troilus* und *Orari,* geleitet von den Zerstörern *Matchless* und *Badsworth* ausgelaufen, kurzes Gefecht mit ital. Zerstörer *Malocello* bei Kap Bon, der dort Minensperre legt. 11. 8.: Erfolgloser Angriff des ital. U-Bootes *Uarsciek* gegen Träger der Deckungsgruppe. — Versorgung von 24 brit. Zerstörern und Kreuzer *Cairo* aus der Versorgungsgruppe mit den Tankern *Brown Ranger* und *Derwentdale.* — Dt.-ital. Luftaufklärung erfaßt brit. Verbände. — *Furious* startet südlich Balearen 37 *Spitfire*-Jäger nach Malta und wird anschl. von den Reserve-Zerstörern *Keppel, Malcolm, Venomous, Wolverine* und *Wrestler* zum Rückmarsch nach Gibraltar aufgenommen. — *U 73* (Kptlt. Rosenbaum) versenkt mit 4er-Fächer Träger *Eagle* (Capt. L. D. Mackintosh) mit 260 Mann der Besatzung. — Angriff von 10 brit. *Beaufighter*-Flugzeugen gegen ital. Fliegerhorste auf Sardinien. — Abends Angriff von 36 dt. *Ju 88* und *He 111* durch Jagd- und Flakabwehr vereitelt. — 12. 8.: Bei Angriffsversuch gegen rückmarschierende *Furious* wird ital. U-Boot *Dagabur* von Zerstörer *Wolverine* (LCdr. Gretton) gerammt und versenkt. — Das ital. U-Boot *Giada* wird von einem *Sunderland*-Flugboot gebombt und beschädigt. Morgens Angriff von 19 *Ju 88* erfolglos, 6 Verluste. — Mittags Angriffe von 10 *S 84,* 8 *G. 42* und 33 *S 79*-Bombern sowie 10 T-Flugzeugen *S 84* der ital. Luftwaffe und 37 dt. *Ju 88* mit Jagdschutz. Transporter *Deucalion* beschädigt und mit Zerstörer *Bramham* zurückgeblieben. 2 ital. *Re. 2001*-Jabos greifen Träger *Victorious* mit panzerbrechenden Bomben an, die aber vom Flugdeck abprallen. — Nachmittags werden durch Zerstörer *Tartar, Zetland* und *Pathfinder* mehrfach U-Boote abgedrängt, *Emo* schießt einen 4er-Fehlfächer gegen den Zerstörer *Lookout, Cobalto* wird durch den Zerstörer *Ithuriel* gerammt, der selbst schwer beschädigt wird. — Spätnachmittag: Angriff von 29 *Ju 87* des St. G. 3 mit Jagdschutz, die 3 schwere Treffer auf dem Träger *Indomitable* erzielen, der für den Flugbetrieb ausfällt, und von 14 T-Flugzeugen *S 79*, die den Zerstörer *Foresight* torpedieren, so daß er später von *Tartar* versenkt werden muß. — Deckungsgruppe dreht nach Westen ab. — Abends greifen nacheinander die U-Boote *Dessie* und *Axum* (Kptlt. Ferrini) an, die je 1 Treffer auf den Kreuzern *Nigeria* und *Cairo* sowie dem Tanker *Ohio* erzielen. *Cairo* muß aufgegeben werden, *Nigeria* tritt mit den Zerstörern *Bicester, Wilton* und *Derwent* den Rückmarsch an. — Darauf folgt ein Angriff von 30 *Ju 88* mit Bomben, denen die Transporter *Empire Hope* (12688 BRT) und *Glenorchy* (8982 BRT) zum Opfer fallen, und 7 *He 111* mit Torpedos, die *Brisbane Star* (12791 BRT) zum Sinken bringen. — Bei einem Angriff des ital. U-Bootes *Alagi* (Kptlt. Puccini) werden der Kreuzer *Kenya* und der Transporter *Clan Ferguson* torpediert und beschädigt. Kurz vor Mitternacht versenkt das U-Boot *Bronzo* (Kptlt. Buldrini) das Wrack der *Empire Hope*. — 13. 8.: Bei 15 in 4 Stunden aufeinanderfolgenden Schnellboot-Angriffen erzielen *Ms 16* (KKpt. Manuti) und *Ms 22* (Oblt. Mezzadra) Treffer auf dem Kreuzer *Manchester*, der später aufgegeben wird, *Ms 31* (Kptlt. Calvani) auf dem Wrack der *Glenorchy*, das sinkt, *S 30* (Oblt. Weber), *S 36* (Oblt. Brauns), *MAS 554* (Oblt. Calcagno) und *MAS 557* (Lt. Cafiero) auf den Transportern *Rochester Castle, Santa Elisa* (8379 BRT), *Almeria Lykes* (7773 BRT) und *Wairangi* (12436 BRT), von denen letztere 3 sofort sinken. Die Angriffe von *S 59, Ms 26, Ms 25, Ms 23, MAS 552, MAS 564* und *MAS 553* haben keinen Erfolg. — Nachts treffen zur Verstärkung beim Konvoi der Kreuzer *Charybdis* und die Zerstörer *Eskimo* und *Somali* ein, von denen letztere zur *Manchester* entsandt werden und dann nach Übernahme Überlebender den Rückmarsch antreten. — Vormittags folgen laufende Luftangriffe: 6 *He 111* ohne Erfolg, 12 *Ju 88* versenken Transporter *Waimarama* (12843 BRT), 8 ital. *Ju 87* erzielen Treffer auf den Transportern *Port Chalmers, Dorset* und dem Tanker *Ohio*, 20 *Ju 88* und *Ju 87* treffen *Ohio, Rochester Castle* und *Dorset* erneut mit Bomben, 5 T-Flugzeuge *S 79* ohne Erfolg. Am Abend versenken 14 *Ju 87* die beschädigte *Dorset* (10624 BRT). — Die von Malta kommenden Minensucher *Hebe, Speedy, Hythe, Rye* nehmen den Konvoi zusammen mit 7 Räumbooten auf und geleiten die restlichen Transportschiffe *Port Chalmers, Melbourne Star* und *Rochester Castle* nach Malta. — Später trifft die schwer beschädigte *Ohio* im Geleit der Zerstörer *Penn, Ledbury* und *Bramham* ein. Die vorübergehend bei Susa zurückgebliebene *Brisbane Star* folgt am 14. 8. — Für den 13. 8. vorgesehenes Eingreifen ital. Überwasserstreitkräfte mit den Kreuzern *Gorizia, Trieste, Bolzano, Eugenio di Savoia, Montecuccoli, Attendolo* und 11 Zerstörern muß abgebrochen werden, da keine ausreichende Luftsicherung gestellt werden kann. Auf dem Rückmarsch torpediert das brit. U-Boot *Unbroken* (Lt. Mars) die Kreuzer *Bolzano* und *Attendolo* bei den Äolischen Inseln. — 14. 8.: Auf dem Rückmarsch werden die brit. Sicherungsstreitkräfte mit den Kreuzern *Kenya* und *Charybdis* und den Zerstörern *Ashanti, Intrepid, Icarus, Fury* und *Pathfinder* nacheinander von *MAS 556*, dem U-Boot *Dagabur*, 26 *Ju 88*, 13 *Ju 87*, 15 *S. 84* und 20 *S. 79* ohne Erfolg angegriffen. — Nachmittags vereinigt sich die Gruppe mit der zur Aufnahme umgekehrten Deckungsgruppe nördlich Algier. — Angriff von *U 73* gegen beschädigten Kreuzer *Nigeria* mit 4 Zerstörern fehlgeschlagen. — Bis 15. 8. alle Verbände und Schiffe in Gibraltar eingelaufen.

10. 8.—1. 9. 1942 **Westatlantik**

Im Gebiet der Großen Antillen operieren die U-Boote *U 658, U 598, U 600, U 553* und *U 163*. Nur *U 600* (Kptlt. Zurmühlen) versenkt einen Segler von

130 BRT, sonst kommen die Boote nur noch gegen Konvois zu Angriffen: Am 13. 8. gegen den WAT. 13, am 13./14. 8. gegen den TAW. 12, am 17./18. 8. gegen den TAW. 13 und PG. 6 (s. dort).

11.—21. 8. 1942 **Ostsee**

Durchbruch des ersten Teils der zweiten Welle sowj. U-Boote durch die Minensperren des Finnenbusens mit *L-3, M-96, M-97* — am 14. 8. auf Sperre »Seeigel« gesunken —, *ŠČ-407, ŠČ-309* und *Lembit.* Auf dem Weg nach Lavansaari sinkt *ŠČ-405* auf einer alten sowj. Sperre bei Seiskari. Unterstützung der Operation durch sowj. Schlachtflieger, die am 16. 8. das R-Boot *R 106* versenken. Die sowj. U-Boote werden von Räumkuttern in die Sperren gebracht und anfangs durch *MO*-Wachkutter gedeckt. Torpedokutter greifen die dt.-finn. Bewachungskräfte westlich der Sperren an, bei einem solchen Einsatz wird der U-Jäger *UJ 1216* versenkt.

11. 8.—3. 9. 1942 **Westatlantik**

Nach einer Versorgung aus *U 463* (KKpt. Wolfbauer) treffen *U 564* (Kptl. Suhren) und *U 654* (Oblt. z. S. Forster) zusammen mit *U 162* (FKpt. Wattenberg) in der Karibik ein. *U 654* fällt am 22. 8. einem USAAF-Flugzeug vor dem Panama-Kanal zum Opfer, von den beiden anderen Booten versenken nach der Operation gegen den Konvoi TAW (S) am 19. 8. *U 162* 3 Schiffe mit 24759 BRT, *U 564* 1 Schiff mit 8176 BRT. *U 162* wird am 3. 9. südlich Barbados nach einem fehlgeschlagenen Angriff gegen den brit. Zerstörer *Pathfinder* von diesem und den Zerstörern *Quentin* und *Vimy* versenkt.

11.—30. 8. 1942 **Nordmeer**

Zur Vorbereitung dt. Unternehmen gegen den sibirischen Seeweg klärt *U 255* (Kptlt. Reche) zusammen mit einem mehrfach betankten *BV-138* Flugboot Spitzbergen auf, *U 435* (Kptlt. Strelow) setzt dort den Wetterbeobachtungstrupp »Knospe« aus (11.—17. 8.). Unternehmen »Wunderland«: Am 16. 8. läuft Schwerer Kreuzer *Admiral Scheer* (Kpt. z. S. Meendsen-Bohlken) von Narvik in die Barentssee aus, passiert nach Eisaufklärung durch *U 601* (Kptlt. Grau) und *U 251* (Kptlt. Timm) am 19. 8. Kap Želanija und stößt durch die Kara-See nach Osten vor. Das Bordflugzeug meldet am 20. 8 bei der Insel Krakovka und am 23. 8. in der Vilkickij-Straße Teile von 3 Schiffskarawanen mit den Eisbrechern *Lenin* und *Krassin,* Nebel und Eislage verhindern ein Herankommen. Am 25. 8. trifft *Scheer* nordwestlich des Nordenskjöld-Archipels auf den sowj. Eisbrecher *Sibirjakov* (Kpt. Kačarev), der nach tapferer Gegenwehr versenkt wird. Am 27. 8. greift *Scheer* den Hauptstützpunkt Dikson an und beschädigt die Landanlagen sowie das Wachschiff *SKR-19/Dežnev* und den Dampfer *Revoljucioner* schwer. Am 30. 8. trifft *Scheer* wieder in Narvik ein. Von den beiden in der Kara-See operierenden U-Booten versenkt *U 601* am 24. 8. ostwärts Dikson 1 Schiff, von den westlich Novaja Zemlja stehenden Booten versenkt *U 209* (Kptlt. Brodda) am 17. 8. die Schlepper *Nord* und *Komsomolec* mit den Leichtern *B-III und P-IV* westlich der Jugor- Straße, *U 456* (Kptlt. Teichert) versucht am 20. 8. vergeblich, den Eisbrecher *SKR-18/Fedor Litke* vor Beluša zu torpedieren, *U 255* und *U 209* beschießen am 25. bzw. 28. 8. die FT-Stationen Kap Želanija bzw. Chodovaricha.

Vom 13.—23. 8. marschiert der US-Kreuzer *Tuscaloosa* mit den Zerstörern *Rodman, Emmons* und *Onslaught* (brit.) mit Bodenpersonal, Material und Torpedos für 2 Squadrons *Hampden*-Bomber des RAF-Bomber Command, die nach Nordrußland verlegt werden, nach Murmansk und wird vor Kola von den brit. Zerstörern *Marne* und *Martin* aufgenommen.

Unternehmen »Zar«. Dt. Minenschiff *Ulm* (Kptlt. Biet) soll nach Rückkehr der *Scheer* das Gebiet nördlich Kap Želanija verseuchen. Nach Entladung laufen am 24. 8. von Murmansk die *Tuscaloosa, Rodman* und *Emmons* zum Rückmarsch nach Scapa Flow aus. *Marne, Martin* und *Onslaught* werden zu einem Vorstoß an die norweg. Polarküste detachiert. Dabei treffen sie am 25. 8. südostwärts der Bäreninsel auf die *Ulm* und versenken sie.
Von den gleichzeitig geplanten Mienenunternehmungen »Peter« mit *U 589* (Kptlt. Horrer) vor der Matočkin-Straße und »Paul« mit *U 591* vor der Jugor-Straße kann nur »Peter« durchgeführt werden (28. 8.). Auf ihr geht das sowj. Wachschiff *SKR-23/Musson* verloren.

12. 8. 1942 **Westatlantik**
U 508 (Kptlt. Staats), das seit Ende Juli bis 18. 7. vor Cuba operiert, greift einen Key-West-Havanna-Konvoi an und versenkt 2 Schiffe mit 2710 BRT.

12. 8. 1942 **Mittelmeer**
Der ital. Zerstörer *Malocello* (FKpt. Tona) legt vor Cap Bon die Sperre St. 1 mit 104 Minen in 2 Sperrstücken. Sicherung durch das T-Boot *Climene.*

12.—13. 8. 1942 **Schwarzes Meer**
Der sowj. Kreuzer *Krasnyj Krym* und der Zerstörer *Nezamožnik* evakuieren ein Rgt. der 32. Garde-Schützen-Division von Novorossijsk nach Batumi.

12.—18. 8. 1942 **Mittelmeer**
Das brit U-Boot *Porpoise* (Cdr. Bennington) legt am 12. 8. an der Cyrenaika-Küste eine Minensperre, auf der am 22. 8. das ital. T-Boot *Cantore* verlorengeht. Bei Angriffen am 12. 8. gegen einen von dem T-Boot *Montanari* gesicherten Dampfer und am 16. 8. gegen einen Konvoi mit den Zerstörern *Mitragliere, Bersagliere* und den T-Booten *Calliope* und *Castore* versenkt *Porpoise* 2 Schiffe mit 10 623 BRT. Bei einem weiteren Angriff am 19. 8. wird das U-Boot von den T-Booten *Lince* und *Sagittario* mit Wasserbomben belegt. — Am 17. 8. torpediert *Turbulent* (Cdr. Linton) bei Navarino den von den Zerstörern *Da Recco, Saetta* und den T-Booten *Castore, Orione* und *Polluce* gesicherten Transporter *Nino Bixio* (7137 BRT) mit 2000 Gefangenen an Bord, von denen 336 umkommen.
Bei Pantellaria torpediert *P. 44/United* (LCdr. Roxburgh) den von den Zerstörern *Maestrale* und *Gioberti* gesicherten Transporter *Rosolino Pilo* (8326 BRT), der später von T-Flugzeugen von Malta versenkt wird. — Vor Sardinien versenkt *P. 211/Safari* (Cdr. Bryant) 2 Schiffe mit 5075 BRT.

13.—14. 8. 1942 **Westatlantik**
In der Windward-Passage sichtet *U 658* (Kptlt. Senkel) 2 sich begegnende Konvois. Aus dem WAT. 13 (Führer der Sicherung auf dem brit. Zerstörer *Havelock)* versenkt es 1 Schiff mit 1311 BRT, operiert dann aber auf den nordgehenden TAW. 12 (47 Schiffe, Sicherung LCdr. Fitzgerald, RN, auf dem Zerstörer HMS. *Churchill,* dem Trawler HMS. *Ruby,* dem USCG-Cutter *Lemaire,* der Korvette HMCS. *Agassiz,* den U-Jägern USS. *PC 505* und *PC 475* und dem Minensucher *YMS 50).* Aus diesem Konvoi versenkt *U 600* (Kptlt. Zurmühlen) am 14. 8. 2 Schiffe mit 9552 BRT. Trotz Verstärkung der Sicherung durch die neuen US-Zerstörer *Fletcher* und *O'Bannon* kann *U 598* (Kptlt. Holtorf) am 14. 8. mittags 2 weitere Schiffe mit 9295 BRT versenken und 1 Tanker mit 6197 BRT torpedieren.

13.—27. 8. 1942 **Nordatlantik**

Am 13. 8. nehmen die von der SC. 94-Operation kommenden und neu ausmarschierenden *U 755, U 438, U 705, U 373, U 660, U 569, U 596, U 176, U 256, U 174, U 605* und später auch *U 135* und *U 432* einen neuen Vorpostenstreifen »Lohs« ein. Am 15. 8. sichtet *U 256* (Kptlt. Loewe) den Konvoi SC. 95 (27 Schiffe), doch geht die Fühlung bald verloren, da ein ON. Konvoi erwartet war. Angriffe von *U 256* und *U 605* schlagen fehl, *U 705* (Kptlt. Horn) versenkt 1 Schiff mit 3279 BRT. Am 16. 8. versenkt *U 596* (Kptlt. Jahn) einen Nachzügler mit 4966 BRT. Am 22. 8. sichtet *U 135* (Kptlt. Praetorius) zufällig den vom CINCWA südlich um die Gruppe »Lohs« herumgeführten Konvoi ON. 122 (36 Schiffe, Escort Group B. 6 mit Zerstörer HMS. *Viscount,* den norweg. Korvetten *Potentilla, Montbretia, Eglantine* und *Acanthus* sowie dem Rettungsschiff *Stockport).* Die fühlunghaltenden *U 135* und *U 660* werden am 23. und 24. 8. von den HF/DF-Geräten der *Viscount* und *Stockport* eingepeilt und abgedrängt. Bei diesigem und regnerischen Wetter kommen in der Nacht zum 25. 8. neun U-Boote in die Nähe des Konvois. *U 605* (Kptlt. Schütze) versenkt 2 Schiffe mit 8180 BRT und wird anschließend durch Wasserbomben der *Eglantine* beschädigt. Die kurz danach gleichzeitig angreifenden *U 176* (Kptlt. Dierksen) und *U 438* (Kptlt. Franzius) versenken je 1 Schiff mit 7454 bzw. 1598 BRT. Nebel erschwert die Operation und läßt die Fühlung abreißen. *U 256,* das bei einem Wasserbombenangriff der *Viscount* und *Potentilla* Schäden erlitten hatte, wird auf dem Rückmarsch in der Biskaya am 2. 9. schwer gebombt und muß für mehr als 1 Jahr außer Dienst gestellt werden. *U 705* wird in der Biskaya am 3. 9. versenkt. Die Gruppe »Lohs« marschiert zur Versorgung aus *U 174* (3 Boote) und *U 462* (6 Boote) nach Süden.

14. 8. 1942 **Südatlantik**

Hilfskreuzer *Schiff 28 Michel* versenkt im Südatlantik brit. Frachter *Arabistan* (5874 BRT).

14. 8.—28. 9. 1942 **Ostsee**

Von den durchgebrochenen sowj. U-Booten der zweiten Welle versenkt *L-3* (Kpt. 3. Rg. Griščenko) westlich Gotland aus einem schwed. Konvoi den Dampfer *C. F. Liljevalch* (5492 BRT) und legt am 23. 8. vor der Pommernbucht eine Minensperre, auf der vermutlich 1 Schiff mit 5798 BRT sinkt. Weitere Torpedoangriffe bleiben erfolglos. Von den übrigen Booten operieren *M-96* (Kptlt. Marinesko) bei Porkkala — 1 Fehlschuß, *ŠČ-407* (Kpt. 3. Rg. Afanasév, V. K.) an der baltischen Küste — 1 Fehlschuß, *ŠČ-309* und *ŠČ-308* in der Aalandsee, *S-13* im Bottenbusen und *Lembit* vor Utö. Es versenken *ŠČ-309* (Kpt. 3. Rg.-Kabo) 1 Schiff mit 695 BRT, 2 fehl, *ŠČ-308* (Kpt. 3. Rg. Kostylev) 1 Schiff mit 1467 BRT, 2 fehl, *S-13* (Kptlt. Malančenko) 2 Schiffe mit 3704 BRT, 1 fehl, *Lembit* (Kpt. 3. Rg. Matijaševič) 1 Schiff mit 2302 BRT beschädigt, 2 fehl.

15. 8. 1942 **Südpazifik**

US-Schnelltransporter *Colhoun, Gregory, Little* und *McKean* bringen erstmals Nachschub nach Guadalcanal.

15. 8.—26. 9. 1942 **Indischer Ozean**

Im Arabischen Golf klärt das japan. U-Boot *I-29* (FKpt. Izu) am 19. 8. mit seinem Bordflugzeug über den Seychellen auf und versenkt anschließend bis zum 22. 9. vier Schiffe mit 23 303 BRT. *I-27* kreuzt ohne Erfolg vor Ostafrika, *I-162* im Golf von Bengalen. Im Gebiet von Ceylon versenkt *I-165* (KKpt. Torisu) 1 Schiff mit 5237 BRT, *I-166* bleibt ohne Erfolg.

16. 8. 1942 **Kanal**

Brit. MGB's versenken vor Calais das dt. Räumboot *R 184.*

16./17. 8. 1942 **Schwarzes Meer**

Sowj. Kreuzer *Krasnyj Krym* und Zerstörer *Nezamožnik* evakuieren 1850 Mann und 60 t Material von Novorossijsk nach Batumi.

16.—20. 8. 1942 **Mittelatlantik**

U 653 (Kptlt. Feiler) von der in der Versammlung zum Marsch nach Freetown befindlichen Gruppe »Blücher« meldet den Konvoi SL. 118. *U 566, U 214, U 406, U 594, U 333* und *U 590* werden angesetzt. Am 17. 8. versenkt *U 566* (Oblt. z. S. Remus) 1 Schiff mit 6607 BRT, am 18. 8. versenkt *U 214* (Kptlt. G. Reeder) 2 Schiffe mit 13 840 BRT und torpediert den zur Sicherung gehörenden Hilfskreuzer *Cheshire.* Durch die am 18. 8. einsetzende Luftsicherung durch *Liberator*-Bomber von Cornwall werden die U-Boote abgedrängt, *U 653* beschädigt. Am 19. 8. kommt nur noch *U 406* (Kptlt. Dieterichs) zum Angriff und versenkt 1 Schiff mit 7452 BRT. *U 333* (Kptlt. Cremer) wird durch Wasserbombenwürfe einer Korvette beschädigt. Nach Abreißen der Fühlung wird die Operation abgebrochen.

17. 8. 1942 **Mittelmeer**

U 83 (Kptlt. Kraus) versenkt vor Port Said einen brit. Transporter (5875 BRT).

17. 8. 1942 **Pazifik**

Ein von den US-U-Booten *Argonaut* und *Nautilus* gelandetes Raider-Btl. führt einen Raid gegen die Gilbert-Insel Makin durch.

17.—20. 8. 1942 **Westatlantik**

Am 17. 8. sichtet *U 658* (Kptlt. Senkel) südlich Cuba den Konvoi PG. 6 (23 Schiffe, Sicherung US-Zerstörer *Goff, Tattnall,* U-Jäger *SC 530, SC 497),* versenkt 2 Schiffe mit 10 835 BRT und torpediert 1 Schiff mit 6466 BRT. Am Abend des Tages vereinigt sich der Konvoi PG. 6 vor Guantanamo mit dem Konvoi TAW. 13 und besteht nun aus 36 Schiffen mit den Zerstörern USS. *Goff* und *Breckinridge,* den Korvetten HMS. *Pimpernel,* USS. *Spry,* den U-Jägern USS. *PC 431, PC 460, PY 20* und später der *Tattnall* und *SC 530).* Aus dem vereinigten Konvoi versenkt *U 553* (KKpt. Thurmann) in 2 Anläufen 3 Schiffe mit 16 980 BRT. *U 163* (KKpt. Engelmann) verfolgt den Konvoi bis in die Yucatan-Straße, ohne zum Angriff zu kommen.

18.—19. 8. 1942 **Südpazifik**

Japan. Zerstörer *Kagero, Hagikaze, Yamakaze, Urakaze, Isokaze* und *Hamakaze* landen das Ikichi-Detachement (ca. 900 Mann) ostwärts des US-Brückenkopfes auf Guadalcanal. Es wird bei Angriff gegen die Stellung der 1. Marine-Div. aufgerieben. *Hagikaze* durch Bombentreffer einer *B 17* beschädigt. Der nachfolgende japan. Konvoi mit Truppen dreht am 20. 8. bei Auftreten amerikan. Trägerflugzeuge ab.

18.—21. 8. 1942 **Westatlantik**

Vor Trinidad sichtet *U 564* (Kptlt. Suhren) den Konvoi TAW (S) mit 15 Schiffen, gesichert von den Korvetten HMS. *Clarkia,* USS. *Courage,* den USCG. Cutters *Marion* und *Antietam* und den U-Jägern USS. *PC 482, PC 492, SC 504, SC 514.* Nach dem Angriff von *U 162* (FKpt. Wattenberg) am 19. 8. auf der Höhe von Grenada (1 Schiff mit 5722 BRT versenkt) greift *U 564* an und versenkt 2 Schiffe mit 12 909 BRT. Weitere Angriffsversuche werden vereitelt.

19. 8. 1942 **Kanal**

Operation »Jubilee«: Brit. Raid gegen Dieppe: Landung von insges. 6100 Mann der 4. und 6. Brigade der 2. kanad. Div. (GenMaj. Roberts) und der 3. und 4. Commandos der Royal Navy mit Panzern und starker Luftunterstützung beiderseits Dieppe. Transport auf den Infanterie-Landungsschiffen *Prins Albert, Princess Beatrix, Invicta, Queen Emma, Princess Astrid, Glengyle, Prince Charles, Prince Leopold* und *Duke of Wellington*, Deckung durch die Zerstörer *Calpe, Garth, Berkeley, Albrighton, Bleasdale, Brocklesby, Slazak* und *Fernie*, das M-Boot *Alresford* und das Kanonenboot *Locust* sowie zahlreiche SGB's, MGB's, MTB's usw. Insgesamt einschließlich Landungsfahrzeuge 252 Schiffe und Boote. — Bei Annäherung trifft östliche Landungsgruppe im Dunkeln auf dt. Küstenkonvoi, im Gefecht Landungsfahrzeuge der Gruppe zerstreut, Führerboot *SGB 5* in Brand, dt. *UJ 1404* gesunken. Gegen die gelandeten Kräfte kommen das Inf.Regt. 71 (Oberstlt. Bartel) der 302. Inf.Div., Küstenartillerie und Jabos der Fliegerführer 2 und 3 (Obersten Huth und Ibel) zum Einsatz. Mittags beginnen sich die Reste unter schweren Verlusten wieder einzuschiffen. Durch Jagdbomber der 10./J. G. 2 (Oblt. Fritz Schröter) und der 10./J. G. 26 (Oblt. Paul Keller) werden der Zerstörer *Berkeley* versenkt und *Calpe* beschädigt, *Fernie* und *Brocklesby* erhalten Artillerietreffer, ferner gehen 33 Landungsfahrzeuge und kleine Fahrzeuge, 106 Flugzeuge und alle 30 Panzer verloren. Die Personalausfälle betragen 4350 Mann, davon 1179 Tote und 2190 Gefangene. Die dt. Verluste betragen 48 Flugzeuge und 591 Mann, davon 311 Tote und Vermißte.

20. 8. 1942 **Südpazifik**

Der Geleitträger *Long Island* startet südlich Guadalcanal die ersten 31 USMC-Jäger für das Henderson-Flugfeld.

20. 8.—10. 10. 1942 **Westatlantik**

Vom 20.—31. 8. operieren *U 165, U 517* und *U 513* vor der Belle Isle Str., dabei sichtet *U 517* (Kptlt. Hartwig) am 27. 8. den Konvoi SG. 6 F mit dem Transporter *Chatham* (5649 BRT) und dem USCG-Cutter *Mojave* und versenkt die *Chatham*. Am 28. 8. greift *U 165* (KKpt. Hoffmann) den folgenden SG. 6 S (5 Dampfer, USCG-Cutter *Algonquin* und *Mohawk*) an und versenkt 1 Dampfer mit 3304 BRT und torpediert 1 mit 7252 BRT. Das Wrack des ersten wird von *U 517* mit Fangschuß zerstört. Am 31. 8. dringen beide Boote in den St. Lorenz-Strom ein, dort greift *U 517* am 3. 9. den Konvoi QS. 32 an, manövriert die kanad. Korvette *Weyburn* aus und versenkt 1 Schiff mit 1781 BRT. Am 6. 9. sichtet *U 517* den von 2 Korvetten, 2 Räumbooten und der Yacht *Raccoon* gesicherten Konvoi QS. 33. Während die Korvette HMCS. *Arrowhead* das U-Boot verfolgt, versenkt *U 165* 1 Schiff mit 4729 BRT und 2 Stunden später die zur Bergung Schiffbrüchiger zurückgebliebene *Raccoon* (358 BRT). Am 7. 9. versenkt *U 517* aus dem Konvoi 3 Schiffe mit 10 742 BRT. Am 11. 9. greift *U 517* die allein fahrende Korvette *Charlottetown* mit dem Minensucher *Clayoquot* an und versenkt erstere. Am 15. 9. versenkt *U 517* aus dem einlaufenden Konvoi SQ. 36 (Sicherung 1 brit. Zerstörer, 2 kanad. Korvetten, ferner Räumboote) 2 Schiffe mit 4907 BRT und führt *U 165* heran, das am 16. 9. vormittags 2 Schiffe mit 10 292 BRT versenkt und 1 mit 4570 BRT torpediert.
U 165 tritt danach den Rückmarsch an, *U 517* hat bei zwei weiteren Angriffen gegen Konvois im St. Lorenz-Golf am 3. und 5. 10. keinen Erfolg.
U 513 (KKpt. Rüggeberg) operiert inzwischen weiter in Gewässern um Neu-

fundland, dringt am 5. 9. auf die Reede von St. John's vor und versenkt 2 Schiffe mit 12 789 BRT und torpediert am 29. 9. ein weiteres mit 7174 BRT. *U 165* geht wahrsch. vor dem eigenen Stützpunkt durch Minentreffer verloren.

21.—22. 8. 1942 **Südpazifik**

US-Transporter *Fomalhaut* und *Alhena* mit den Zerstörern *Blue, Henley* und *Helm* bringen Nachschub nach Guadalcanal. Bei der Sicherung der Ausladung wird *Blue* im Savo-Sund durch den von einem Vorstoß südlich Guadalcanal zurückkehrenden japan. Zerstörer *Kawakaze* torpediert und muß am folgenden Tage aufgegeben werden.

21. 8.—17. 9. 1942 **Pazifik**

Vor Nordost-Honshu versenkt US-U-Boot *Guardfish* (LCdr. Klakring) 5 Schiffe mit 14 093 BRT und 2 Fischereifahrzeuge. Vor Japan torpediert *Cuttlefish* (LCdr. Hottel) 1 Schiff mit 6534 BRT, bei Formosa versenkt *Haddock* (LCdr. Taylor) 2 Schiffe mit 8585 BRT, *Growler* (LCdr. Gilmore) den Marinetransporter *Kashino* (10 360 ts), 3 Dampfer und 1 Wachboot mit 11 007 BRT, *Grouper* (LCdr. McGregor) 2 Schiffe mit 11 123 BRT, darunter den Transporter *Lisbon Maru* mit 1800 brit. Gefangenen an Bord, von denen nur wenige gerettet werden.

23.—25. 8. 1942 **Südpazifik**

See-Luftschlacht ostwärts der Salomonen: Japan. Plan Landung von 1500 Mann auf Guadalcanal unter Deckung durch die Vereinigte Flotte. 23. 8.: 2 japan. Kampfgruppen (VAdm. Kondo) mit Hauptmacht (Kreuzer *Atago, Takao, Maya, Myoko, Haguro* und 4 Zerst.Geschw. mit *Yura* und 5 Zerstörern) und Unterstützungsgruppe (Schlachtschiff *Mutsu*, Seeflugzeugträger *Chitose* und 4 Zerstörer) sowie Trägergruppe (VAdm. Nagumo: Träger *Shokaku, Zuikaku* und 6 Zerstörer) mit Deckungsgruppe (Schlachtschiffe *Hiei, Kirishima*, Kreuzern *Suzuya, Kumano, Chikuma* und 10. Zerstörer-Geschw. mit *Nagara* und 6 Zerstörern) sollen ostwärts der Salomonen die durch eine Ablenkungsgruppe (KAdm. Hara) mit Träger *Ryujo*, Kreuzer *Tone* und 2 Zerstörer abgelenkten US-Trägergruppen (VAdm. Fletcher: Träger *Saratoga* mit Kreuzer *Minneapolis* und *New Orleans* und 5 Zerstörern sowie Träger *Enterprise* mit Schlachtschiff *North Carolina*, Kreuzern *Portland* und *Atlanta* und 6 Zerstörern) fassen. Im Schutze dieser Operation soll die Landungsgruppe (KAdm. Tanaka: Kreuzer *Jintsu*, 8 Zerstörer, 5 Transporter), gedeckt von den Kreuzern *Chokai, Aoba, Kinugasa* und *Furutaka* die Truppen landen. Unterstützung der Operation durch 9 U-Boote. — 23. 8.: US-Luftaufklärung erfaßt japan. Landungsgruppe. Trägerflugzeuge von *Saratoga* suchen vergeblich. — Nacht zum 24. 8.: Japan. Zerstörer *Kagero* bombardiert den Flugplatz auf Guadalcanal. — 24. 8. morgens *Ryujo*-Gruppe von US-Luftaufklärung erfaßt, *Saratoga* startet Angriffsgruppe, die *Ryujo* mit Torpedos und Bomben versenkt und *Tone* beschädigt. Inzwischen sichtet jap. Luftaufklärung US-Trägergruppen und *Shokaku* und *Zuikaku* starten Angriffsgruppen, sie erzielen 3 Bombentreffer auf *Enterprise*. — Angriffsgruppe der *Enterprise* findet Gegner nicht, Flugzeuge der *Saratoga* beschädigen Seeflugzeugtender *Chitose*. — Nacht vom 24.—25. 8.: Jap. Zerstörer *Kagero, Mutsuki, Yayoi, Isokaze* und *Kawakaze* beschießen den Flugplatz auf Guadalcanal. — 25. 8. morgens beschädigen USMC-Sturzbomber von Guadalcanal Kreuzer *Jintsu* und Zerstörer *Mutsuki* sowie den Transporter *Kinryu Maru*. Japaner brechen Operation ab, ohne Entscheidung zu suchen.

23. 8.—15. 9. 1942 **Südpazifik**

Jap. U-Boot-Einsatz zur Deckung von Flottenoperationen. Vom 7. U-Geschwader besetzen *I-121, I-123, Ro-33* und *Ro-34* Zufahrten nach Guadalcanal, dabei wird *I-121* durch Trägerflugzeuge beschädigt, *I-123* am 29. 8. durch den Zerstörer *Gamble, Ro-33* nach Torpedierung eines Schiffes von 3310 BRT durch den austral. Zerstörer *Arunta* versenkt. Vom 3. U-Geschwader bilden *I-11, I-174* und *I-175* einen Vp.-Streifen westlich der Salomonen, vom 1. U-Geschwader (KAdm. Yamazaki) *I-9, I-15, I-17, I-19, I-26* und *I-31* einen ostwärts Santa Cruz. Am 27. 8. wird *I-17* (FKpt. Nishino) durch ein Flugzeug des US-Trägers *Wasp* beschädigt, am 30. 8. klärt das Flugzeug von *I-19* (FKpt. Narahara) Santa Cruz auf, am 31. 8. greift *I-26* (FKpt. Yokota) die US Task Force 11 an und torpediert den Träger *Saratoga*. Am 4. 9. klärt *I-9* (FKpt. Fujii) über Nouméa auf. Am 6. 9. greift *I-11* (FKpt. Hichiji) die Task Force 11 an und verfehlt knapp den Träger *Hornet*. Am 8. 9. beschießt *I-31* (KKpt. Inoue) die Insel Graciosa. Am 15. 9. feuert *I-19* einen 6er-Fächer gegen eine US Task Group, 3 Torpedos treffen die *Wasp* (Capt. F. P. Sherman), die aufgegeben werden muß, je 1 Torpedo (Long Lance!) erreichen eine weiter ab stehende zweite Task Group und treffen das Schlachtschiff *North Carolina* und den Zerstörer *O'Brien*, der am 19. 10. bei der Überführung nach den USA sinkt.

24. 8.—14. 10. 1942 **Indischer Ozean**

Von Lorient aus marschiert als erstes Transport-U-Boot das jap. *I-30* (FKpt. Endo) ohne Zwischenfälle nach Penang, wo es am 9. 10. einläuft. Auf dem Weitermarsch geht es aber mit seiner Ladung am 14. 10. vor Singapore durch Minentreffer verloren.

25. 8. 1942 **Westatlantik**

U 558 (Kptlt. Krech) und *U 164* (KKpt. Fechner) versenken je einen Nachzügler des Konvois WAT. 15 in der Karibik mit 1987 BRT bzw. 3780 BRT.

25.—29. 8. 1942 **Mittelatlantik**

Von *U 214* (Kptlt. G. Reeder) der nach Süden marschierenden Gruppe »Iltis« wird der Konvoi SL. 119 erfaßt, auf den die anderen 3 Boote *U 566, U 406* und *U 107* angesetzt werden, ferner auch die günstig stehenden 4 »Eisbär«-Boote *U 156, U 172, U 504* und *U 68*, die auf dem Marsch nach Südafrika sind. Am 26. 8. versenkt *U 156* (KKpt. Hartenstein) einen Nachzügler (5941 BRT). Auf Weisung der Skl. setzt die Gruppe »Eisbär« ihren Marsch fort. *U 566* (Oblt. z. S. Remus) versenkt am 28. 8. 2 Schiffe mit 14 085 BRT und wird durch eine anschließende Wasserbombenverfolgung beschädigt, *U 107* wird abgedrängt. Am 29. 8. müssen die anderen Boote abdrehen.

26. 8. 1942 **Südpazifik**

Schiffe der jap. 8. Flotte landen Teile des Südsee-Detachements in der Milne-Bay an der Südostspitze Neu-Guineas. Sie können sich jedoch nach Anfangserfolgen gegen den harten Widerstand austral. und amerik. Einheiten nicht behaupten.

26. 8.—15. 9. 1942 **Mittelmeer**

Im östlichen Mittelmeer vernichtet *U 375* (Kptlt. Könenkamp) 2 Schiffe mit 6846 BRT und 2 Segler, *U 205, U 371* und *U 331* bleiben ohne Erfolg.

27. 8. 1942 **Westatlantik**

In der Windwardpassage wird der Konvoi TAW. 15 (21 Schiffe, Sicherung Zerstörer USS. *Lea* (Cdr. Walsh), Minenleger HNeMS. *Jan van Brakel*, Korvetten HMCS. *Oakville, Halifax* und *Snowberry* sowie 1 *PC*- und 3 *SC*-U-Jäger) durch *U 94* (Oblt. z. S. Ites) gesichtet. Das U-Boot wird jedoch durch Wasserbombenwürfe eines US *Catalina*-Flugbootes beschädigt und von der Korvette *Oakville* dreimal gerammt und versenkt. Inzwischen greift *U 511* (Kptlt. Steinhoff) den Konvoi an, versenkt 2 Schiffe mit 21 999 BRT und torpediert ein drittes Schiff mit 8773 BRT.

27. 8. 1942 **Nordatlantik**

Aus ausmarschierenden Booten wird auf der Ostseite des Nordatlantik am 27. 8. die Gruppe »Vorwärts« gebildet. Dazu gehören das von Island kommende *U 609*, ferner *U 407, U 91, U 411, U 92, U 659, U 756, U 409, U 211* sowie das seit dem 15. 8. in einem Warteraum stehende *U 604* (Kptlt. Höltring), das dort 1 Schiff mit 7906 BRT versenkt hatte.

Am 31. 8. sichtet *U 609* (Oblt. z. S. Rudloff) im Norden des Streifens den Konvoi SC. 97 (58 Schiffe), greift sofort an und versenkt 2 Schiffe mit 10 228 BRT, wird dann aber abgedrängt. Am 1. 9. morgens sind 6 U-Boote in der Nähe des Konvois, Angriffe von *U 604* und *U 756* schlagen fehl. Am Tage werden die U-Boote durch *Catalina*-Flugboote der USN VP-73 von Island aus abgedrängt, die *U 756* (Kptlt. Harney) versenken. In der Nacht zum 2. 9. kommt nur noch *U 91* erfolglos zum Schuß, tags muß die Operation wegen der starken Luftsicherung abgebrochen werden.

27. 8.—5. 9. 1942 **Mittelmeer**

Bei Cap Spada versenkt das brit. U-Boot *P 35/Umbra* (LCdr. Maydon) den im Geleit des Zerstörers *Da Recco* und der T-Boote *Climene* und *Polluce* nach Tobruk laufenden Transporter *Manfredo Campiero* (5463 BRT). — *Rorqual* (LCdr. Napier) legt am 30. 8. bei Korfu eine Minensperre und versenkt mit Torpedo 1 Schiff mit 5311 BRT. Am 4. 9. wird ein Konvoi von Piräus nach Tobruk mit den T-Booten *Lupo, Castore* und *Polluce* von T-Flugzeugen und dem brit. U-Boot *Thrasher* (LCdr. Mackenzie) angegriffen, letzteres versenkt 1 Schiff mit 1589 BRT, die Flugzeuge einen weiteren Dampfer und die *Polluce*. — Vor der Cyrenaika-Küste versenkt das brit. U-Boot *Traveller* (LCdr. St. John) ein von dem T-Boot *Montanari* geleitetes Schiff mit 1245 BRT.

28. 8.—11. 10. 1942 **Pazifik**

Jap. U-Boot *I-25* (FKpt. Tagami) führt Aufklärungs-Unternehmung an die US-Westküste durch, am 28./29. 8. und 9./10. 9. wirft das Bordflugzeug Brandbomben in die Wälder von Oregon. Anfang Oktober versenkt das Boot 2 Schiffe mit 13 691 BRT und greift am 11. 10. mit dem letzten Torpedo die auf der Überführung von Dutch Harbor nach San Francisco befindlichen sowj. U-Boote *L-15* und *L-16* an, von denen es letzteres versenkt.

29. 8.—24. 9. 1942 **Nordatlantik**

Nach der Operation auf den Konvoi SL. 119 sammeln sich westlich Lissabon *U 107, U 214, U 406, U 590, U 87, U 333*. Nur *U 107* (Kptlt. Gelhaus) versenkt 2 Schiffe mit 8565 BRT. Am 8. 9. marschieren die Boote als »Harke« in das Gebiet der Cap Verden ab, finden jedoch keine Ziele. Von 25.—27. 9. werden sie aus *U 460* (Kptlt. Schnoor) versorgt und 4 Boote besetzen anschließend Operationsgebiete vor Freetown.

30. 8.—25. 9. 1942 **Nordpazifik**

Auf die Nachricht von einer US-Landung auf der Aleuten-Insel Adak werden die jap. U-Boote *Ro-61, Ro-62* und *Ro-64* angesetzt, von denen *Ro-61* (Kptlt. Tokutomi) am 30. 8. den Flugzeugtender *Casco* torpediert, es wird aber am 31. 8. durch den US-Zerstörer *Reid* versenkt. In den folgenden Wochen operieren im Gebiet der Aleuten abwechselnd die U-Boote *Ro-62, Ro-63, Ro-64, Ro-68* und ab Mitte September auch *Ro-62, Ro-65* und *Ro-67*.

31. 8. 1942 **Schwarzes Meer**

Vor Novorossijsk versenken *S 102* (Kptlt. Töniges) einen Tanker und *S 28* (Kptlt. Künzel) den sowj. Frachter *Žan-Tomp* (1988 BRT).

31. 8.—14. 9. 1942 **Nordatlantik**

Aus der während der SC. 97-Operation aus Ausmarschierern gebildeten Gruppe »Stier« und den vom SC. 97 kommenden Booten wird zum 4. 9. eine neue Gruppe »Vorwärts« gebildet mit *U 96, U 594, U 608, U 380, U 404, U 584, U 211, U 218, U 407, U 91, U 411, U 92* und *U 659*. Am 9. 9. abends meldet *U 584* (Kptlt. Deecke) den Konvoi ON. 127 (32 Schiffe, Escort Group C. 4 mit den kanad. Zerstörern *St. Croix* (LCdr. Dobson), *Ottawa* und Korvetten *Amherst, Arvida, Sherbrooke* und HMS. *Celandine)*. Die Fühlung reißt in der Nacht ab und wird erst am 10. nachmittags wieder gewonnen. *U 96* (Oblt. z. S. Hellriegel) versenkt in einem Unterwasserangriff 2 Schiffe mit 10 554 BRT und torpediert 1 weiteres Schiff mit 12 190 BRT. In der Nacht zum 11. 9. greifen nacheinander *U 659* (Kptlt. Stock) — 1 Schiff mit 8029 BRT torpediert, später durch *U 584* versenkt, *U 404* (Kptlt. v. Bülow) — 1 Schiff mit 7417 BRT torpediert, *U 608* (Oblt. z. S. Struckmeier) — Fehlschuß, *U 218* (Kptlt. Becker) — 1 Schiff mit 7361 BRT torpediert, *U 92* (Oblt. z. S. Oelrich) — Fehlschuß und *U 594* (Oblt. z. S. Mumm) — Fehlschuß an. Die Sicherung wird durch den Ausfall aller Radargeräte stark behindert. Am 11. tags versenkt *U 96* in der Nähe des Konvois 1 Trawler von 415 BRT mit Artillerie. In der Nacht zum 12. 9. kommen nacheinander *U 584* — 1 Schiff mit 4885 BRT versenkt, *U 380* (Kptlt. Röther) — Fehlschuß, *U 211* (Kptlt. Hauser) — 2 Schiffe mit 20 646 BRT torpediert, beide später durch *U 608* mit Fangschuß versenkt, *U 92* — Fehlschuß auf die *Ottawa* und *U 404* — 1 Schiff mit 9272 BRT torpediert — zum Angriff. Die Sicherung, die am 11. 9. *U 659* beschädigt hatte, kann am 12. 9. tagsüber die U-Boote abdrängen, doch kommen sie in der Dunkelheit wieder heran. Die Angriffe von *U 594* und *U 407* (Oblt. z. S. Brüller) in der Nacht zum 13. 9. schlagen fehl. Am Tage fällt *U 594* 1 Nachzügler mit 6131 BRT zum Opfer. Einsetzende Luftsicherung von Neufundland drängt einen Teil der U-Boote ab. In der Nacht zum 14. 9. versenkt *U 91* (Kptlt. Walkerling) in 2 Angriffen den Zerstörer *Ottawa* (LCdr. Rutherford). *U 92* verfehlt den Konvoi, *U 411* (Oblt. z. S. Litterscheid) 1 Korvette. Wegen der Nähe der Luftstützpunkte in Neufundland muß die Operation am 14. 9. beendet werden: Der einzige Fall 1942/43, bei dem alle eingesetzten U-Boote auf einen Nordatlantik-Konvoi zum Schuß kamen.

★

1.—9. 9. 1942 **Schwarzes Meer**

Kampf um die Taman-Halbinsel. Der Durchstoß der rumän. 9. Kav.Div. auf Anapa am 31. 8. hat Teilen der sowj. 47. Armee den Rückzug von der Taman-Halbinsel verlegt, in die von Osten die rumän. 5. und 6. Kav.Div. eindringen. Am 2. 9. wird die dt. 46. Inf.Div. mit 24 *MFP* der 1. L-Flottille (Kptlt. Giele), Siebelfähren, Pionierlandungs- und -sturmbooten unter dem Schutz der 3. R-Flottille (KKpt. Hölzerkopf) und der Luftwaffe an der Nord- und Westseite der Taman-Halbinsel gelandet (Unternehmen »Blücher«). Die rumän. 3. Inf.-

Div. wird nachgeführt. Vom 2.—5. 9. evakuieren sowj. Kriegs- und Transportschiffe unter dem Chef der Azov-Flottille, KAdm. S. G. Gorškov, darunter das Wachschiff *Štorm* und die K-Boote *Rostov-Don* (†) und *Oktjabr* (†) die Masse der Heeres- und Marineinf.-Verbände von der Südküste der Taman-Halbinsel nach Novorossijsk. In den Nächten vom 2., 3. und 5. 9. greift die 1. S-Flottille (Kptlt. Christiansen) mit *S 102* (Kptlt. Töniges), *S 28* (Kptlt. Künzel), *S 27* (Kptlt. Büchting) und *S 72* (Oblt. z. S. Schneider) die Beladungsstellen an und meldet 19 Erfolge, *S 27* durch eigenen Kreisläufer gesunken.
Kampf um Novorossijsk, das gegen den Angriff des dt. V. A. K. (125., 73., 9. Inf.Div.) von der sowj. 77. Schützen-Div. und den 14., 142., 83. und 2. Mar. Inf.Brig. unter KAdm. Cholostnjakov verteidigt wird. Trotz der Feuerunterstützung der Verteidiger durch den sowj. Flottillenführer *Char'kov* (Kpt. 2. Rg. Mel'nikov) und den Zerstörer *Soobrazitel'nyj* (Kpt. 3. Rg. Vorkov) am 1., 2. und 4. 9. dringen dt. Einheiten am 5. 9. in die Randgebiete Novorossijsks ein, besetzen am 6. 9. den Hauptteil der Stadt und erobern am 9. 9. das Hafengebiet. Die nach Westen abgedrängten Teile der sowj. Verbände werden über See nach Gelendžik evakuiert.

1. 9.—25. 10. 1942 **Westatlantik**

Nach erfolglosen Minenunternehmungen vor der Chesapeake-Bay (10. 9.) und vor Charleston (18. 9.) operieren *U 69* (Oblt. z. S. Gräf) und *U 455* (Kptlt. Gießler) südlich Nova Scotia und bei Cape Race sowie im St.-Lorenz-Golf, wo *U 69* nach mehreren Fehlschüssen 2 Schiffe mit 4597 BRT versenkt. *U 455* kehrt ohne Erfolg zurück.
Südostwärts Trinidad versenken aus einzeln laufendem Verkehr *U 514* (Kptlt. Auffermann) 5 Schiffe mit 17 354 BRT, ferner 1 Schiff mit 5458 BRT torpediert, *U 515* (Kptlt. Henke) 9 Schiffe mit 46 782 BRT, *U 516* (KKpt. Wiebe) 5 Schiffe mit 29 357 BRT, *U 512* (Kptlt. Wolfg. Schultze) 2 Schiffe mit 14 585 BRT und *U 175* (Kptlt. Bruns) 9 Schiffe mit 33 426 BRT. Ferner versenken *U 515* und *U 512* gemeinsam 1 Schiff mit 6034 BRT. Am 2. 10. wird *U 512* durch einen *B-18A* Bomber der USAAF von Trinidad aus versenkt.

4.—8. 9. 1942 **Nordmeer**

Offensive Minenunternehmung mit den Zerstörern *Richard Beitzen, Z 29* und *Z 30* vor der Kara-Straße.

5.—8. 9. 1942 **Ostsee**

Ausbruch des letzten Teils der zweiten Welle sowj. U-Boote durch die Minensperren mit *S-13, ŠČ-308* und *ŠČ-323,* das dabei auf eine Mine gerät und mit schweren Schäden nach Lavansaari zurückkehrt. Das aus der Ostsee zurückkehrende *L-3* wird von Wach- und Räumkuttern aufgenommen.

6.—25. 9. 1942 **Nordatlantik**

Die aus *U 462* (Oblt. z. S. Vowe) versorgten Boote der Gruppe »Lohs« — *U 755, U 373, U 569, U 596, U 176, U 135, U 432* — bilden am 6. 9. auf der Westseite des Nordatlantik einen neuen Vorpostenstreifen. Am 9. 9. versenkt *U 755* (Kptlt. Göing) das US-Wetterbeobachtungsschiff *Muskeget* (1827 BRT). Ab 13. 9. treten auch die Boote *U 410, U 599* und *U 259* zur Gruppe »Lohs«. Auf eine entzifferte Kursanweisung hin verschoben, erfaßt die Gruppe am 18. 9. den Konvoi SC. 100 (24 Schiffe, Escort Group A. 3 (Cdr. Heinemann US) mit den USCG. Cutters *Campbell* und *Spencer* sowie u. a. den kanad. Korvetten *Rosthern, Trillium* und *Dauphin).* Durch eine geschickte Ausweichbewegung wird der Fühlunghalter am 18. 9. abgeschüttelt. Am 19. 9. kommen bei schlechter werdendem Wetter, Nebel und Regen nur einzelne Boote kurz in die Nähe des Konvois. Zur Wiederfindung des Konvois wird am 20. 9. die südostwärts stehende Gruppe »Pfeil« — *U 615, U 258, U 221, U 617, U 216, U 356, U 595, U 607* — angesetzt. *U 569* und *U 373* verfehlen bei Annäherungsversuchen am 20. 9. Sicherungsfahrzeuge, *U 596 (Kptlt. Jahn)* versenkt 1 Schiff mit 5676 BRT. Am 21. 9. verhindert der Orkan auf beiden Seiten den Waffeneinsatz und die Operation wird am 22. 9. abgebrochen. Am 23. 9. jedoch werden die günstig stehenden Boote auf den von der Gruppe »Vorwärts« erfaßten RB. 1 angesetzt, während andere dem SC. 100 folgen. Dabei versenken *U 617* (Kptlt. Brandi) in der Nacht zum 23. 9. 1 Schiff aus dem Konvoi und am folgenden Tage 2 Nachzügler mit zus. 14787 BRT, *U 432* (Kptlt. Schultze) 1 Schiff mit 5868 BRT. Angriffe von *U 258, U 221* und *U 755* schlagen fehl. Am 25. 9. muß die Verfolgung des SC. 100 endgültig abgebrochen werden.

7.—28. 9. 1942 **Schwarzes Meer**
Sowj. U-Boote operieren vor dem Bosporus, vor Burgas, vor Konstanza, in der Odessa-Bucht, vor Sevastopol und vor der Kerč-Halbinsel. *L-4* (Kpt. 3. Rg. Poljakov) und *L-5* (Kptlt. Ždanov) legen Minensperren bei Sulina und vor Sevastopol. Erfolglose Angriffe fahren u. a. *M-35, M-111* und *S-31.*

8.—11. 9. 1942 **Schwarzes Meer**
Der sowj. Kreuzer *Krasnyj Krym,* der Flottillenführer *Char'kov,* die Zerstörer *Soobrazitel'nyj* und *Železnjakov* und das Wachschiff *Štorm* bringen von Poti aus Teile des 137. und 145. Schützen-Regimentes und der 3. Marine-Infanterie-Brigade mit Material nach Tuapse und Gelendžik.

9./10. 9. 1942 **Mittelmeer**
Brit. T-Flugzeuge versenken nördlich Tobruk das ital. Lazarettschiff *Arno* (8024 BRT).

10.—27. 9. 1942 **Mittelmeer**
Bei brit. U-Boot-Operationen verfehlt am 10. 9. *Una* westlich Kreta einen Konvoi. Am 12. 9. versenkt *P. 212/Sahib* (Lt. Bromage) bei Marettimo 1 Segler von 24 BRT. Am 17. 9. fallen 2 kleine Einzelfahrer mit 491 BRT vor Sliten der *P. 44/United* (Lt. Roxburgh) zum Opfer, während *Talisman* vermutlich in der Sizilien-Straße auf eine Mine läuft und verlorengeht. *Taku* greift am 18. und 20. 9. Konvois vor Tobruk an, doch werden die Torpedos ausmanövriert, ebenso wie ein Angriff von *Thrasher* am 22. 9. im gleichen Gebiet. *P. 46/ Unruffled* (Lt. Stevens) versenkt vom 20.—22. 9. vor der tunesischen Küste 3 Schiffe mit 5305 BRT. Bei Rhodos versenkt das griech. *Nereus* am 24. 9. 1 kleines Schiff mit 662 BRT. *P. 35/Umbra* (LCdr. Maydon) greift bei Navarino einen Konvoi mit den Zerstörern *Da Verazzano, Lampo* und den T-Booten *Partenope, Clio, Aretusa* und *Lince* an und versenkt 1 Schiff mit 6343 BRT.

12.—17. 9. 1942 **Südatlantik**
Laconia-Fall: Am 12. 9. versenkt *U 156* (KKpt. Hartenstein) nordostwärts Ascension den brit. Truppentransporter *Laconia* (19695 BRT) mit 1800 ital. Kriegsgefangenen an Bord. *U 156* beginnt sofort mit der Rettung und fordert in einem offenen FT alle in der Nähe befindlichen Schiffe zur Hilfeleistung auf. Der BdU setzt *U 507* (KKpt. Schacht) und *U 506* (Kptlt. Würdemann) sowie das ital. U-Boot *Cappellini* (Kptlt. Revedin) an, die am 15. und 16. 9. eintreffen und bittet auf diplomatischem Wege die franz. Marine in Westafrika um Unterstützung. Auf die von Freetown aufgefangene Meldung wird das brit.

Handelsschiff *Empire Haven* und aus Takoradi der Hilfskreuzer *Corinthian* angesetzt. Die US 1st Composite Air Sq. auf Ascension, die den FT von *U 156* nur verstümmelt empfangen hat und von der Rettungsaktion der U-Boote nicht informiert ist, wird um Luftsicherung für die brit. Schiffe gebeten. Die U-Boote haben inzwischen eine große Anzahl von brit., poln. und ital. Schiffbrüchigen an Bord und die übrigen in Rettungsbooten in Schlepp genommen, um den Treffpunkt mit den franz. Schiffen anzusteuern. Ein zufällig bei einem Überführungsflug nach Afrika in Ascension befindlicher *Liberator*-Bomber der USAAF 343rd Bombardment Sq. (Oblt. Harden) sichtet bei einem Flug zur Sicherung der brit. Schiffe die U-Boote, erhält auf Rückfrage beim Kdr. der 1st Composite Sq., Hptm. Richardson, einen Angriffsbefehl und belegt *U 156* trotz der erkannten Rotkreuzflaggen mit Bomben. Daraufhin am 17. 9. Befehl des BdU an alle dt. U-Boote, daß Rettung Schiffbrüchiger von versenkten Schiffen zu unterbleiben habe (»Laconia«-Befehl). Am 17. 9. treffen die auf Weisung der Vichy-Regierung von Adm. Collinet, dem Marinebefehlshaber in Franz.-Äquatorialafrika, in See geschickten Kreuzer *Gloire*, Aviso *Dumont d'Urville* und Minensucher *Annamite* ein und übernehmen von den dt. U-Booten und aus Rettungsbooten 1041 Überlebende, *Dumont d'Urville* am 18. 9. von *Cappellini* weitere 42 Mann.

12.—18. 9. 1942 **Nordmeer**

Bekämpfung des alliierten Nachschubkonvois PQ. 18 im Nordmeer.

12. 9.: Dt. Aufklärer erfassen den aus 39 Frachtern, 1 Rettungsschiff, 1 Tanker, 3 Minensuchern und 2 Flottentankern bestehenden Konvoi. Sicherung durch die Zerstörer *Malcolm* und *Achates*, die Flakschiffe *Ulster Queen* und *Alynbank*, 2 U-Boote, 4 Korvetten, 3 M-Boote und 4 Trawler, außerdem der Geleitträger *Avenger* mit 2 Zerstörern. Als Nahsicherung sind in 2 Gruppen eingesetzt: Leichter Kreuzer *Scylla* (KAdm. Burnett) mit den Zerstörern *Onslow, Onslaught, Opportune, Offa, Ashanti, Eskimo, Somali, Tartar, Milne, Marne, Martin, Meteor, Faulknor, Intrepid, Impulsive* und *Fury*. Deckungsgruppe: Schwere Kreuzer *Norfolk* (VAdm. Bonham-Carter), *Suffolk* und *London*. Fernsicherung: Schlachtschiffe *Anson* (VAdm. Fraser), *Duke of York*, Leichter Kreuzer *Jamaica* und 5 Zerstörer.

13. 9.: *U 405* (KKpt. Hopmann) und *U 589* (Kptlt. Horrer) versenken den US-Frachter *Oliver Ellsworth* (7191 BRT) und den sowj. Dampfer *Stalingrad* (3559 BRT). Bomber des K. G. 30 (Major Bloedorn) und Torpedoflugzeuge der I./K. G. 26 (Major Klümper) sowie Teile der III./K. G. 26 (Hptm. Nocken) vernichten in mehreren Angriffen die Frachter *Wacosta* (5432 BRT), *Oregonian* (4862 BRT), *Macbeth* (6131 BRT), *Africander* (5441 BRT), *Empire Stevenson* (6209 BRT), *Empire Beaumont* (7044 BRT) und den sowj. Dampfer *Suchona* (3124 BRT).

14. 9.: In der Nacht torpediert *U 457* (KKpt. Brandenburg) den brit. Tanker *Atheltemplar* (8992 BRT), der später aufgegeben werden muß. Am Nachmittag sinkt bei erneutem Angriff des K. G. 30 der Frachter *Mary Luckenbach* (5049 BRT). Insgesamt verlieren bei diesen Angriffen die I./K. G. 26 12 Flugzeuge und 7 Besatzungen, die III./K. G. 26 8 Flugzeuge und 7 Besatzungen.

16. 9.: Schlechtes Wetter verhindert weitere Luftangriffe.

17. 9.: Geleit erneut erfaßt, Angriff des K. G. 26 jedoch abgebrochen.

18. 9.: Erneuter Angriff der K. G. 26 und K. G. 30 bei unsichtigem Wetter. Viele Torpedoversager bei K. G. 26. Der Konvoi, zu dessen Sicherung inzwischen die sowj. Zerstörer *Gremjaščij, Sokrušitel'nyj, Urickij* und *Kujbyšev* gestoßen

sind, verliert den Frachter *Kentucky* (5446 BRT). Der durch Bombentreffer beschädigte Frachter *Troubadour* (6458 BRT) strandet in der Kola-Bucht und wird später verschrottet. Insgesamt verliert PQ. 18 durch U-Boote 3 Schiffe mit 19742 BRT, durch Luftangriffe 10 Schiffe mit 55915 BRT. Die dt. U-Boote *U 88* (Kptlt. Bohmann), *U 589* und *U 457* werden im Verlauf der Kämpfe durch brit. Sicherungsfahrzeuge versenkt.

13.—20. 9. 1942 **Nordatlantik**

Auf dem Marsch zu einem für den 14. 9. geplanten Vorpostenstreifen »Pfeil« sichtet *U 216* (Kptlt. Schultz) den Konvoi SC. 99 (61 Schiffe) am 13. 9., wird aber sofort abgedrängt. Von den angesetzten *U 615, U 258, U 221, U 617* (Kptlt. Brandi) — auf dem Ausmarsch 1 Fischdampfer von 292 BRT versenkt —, *U 618, U 356* und *U 440* kommt nur letzteres am 14. 9. heran, wird aber von Sicherungsfahrzeugen mit Wasserbomben angegriffen und schwer beschädigt. Ehe am 16. 9. ein neuer Vorpostenstreifen eingenommen werden kann, sichtet am 15. 9. *U 221* (Oblt. z. S. Trojer) den Konvoi ON. 129 (30 Schiffe), verliert jedoch im Nebel die Fühlung. Am 16. 9. werden die in die Nähe kommenden Boote unter geschickter Ausnutzung des Nebels und Qualmverwendung durch die Sicherung abgedrängt. Außer *U 440* werden die Boote zum 18. 9. in einen neuen Vorpostenstreifen befohlen und am 20. 9. auf den SC. 100 angesetzt.

13. 9. 1942 **Westatlantik**

Aus dem Konvoi TAG. 5 versenkt *U 558* (Kptlt. Krech) in 2 Anläufen 3 Schiffe mit 21 828 BRT.

13.—14. 9. 1942 **Mittelmeer**

Operation »Agreement«: Brit. Raid gegen Tobruk. 13. 9.: Zerstörer *Sikh* (Capt. Micklewait) und *Zulu* mit 350 Marines an Bord laufen aus Alexandria aus und treffen sich in See mit dem Flakkreuzer *Coventry* und der 5. Z-Flottille (Hunt-Klasse). Dazu stoßen 18 MTB und 3 Launches mit 150 Mann Landungstruppen. In der Nacht zum 14. 9. schwere Angriffe der RAF auf Tobruk. 14. 9.: Landungsversuch. Nur wenige Soldaten können an Land gesetzt werden. *Sikh* sinkt im Feuer der Flak-Abt. I./43 (Major Wegener) nahe der Küste. Das Gros der Besatzung und die überlebenden Marines geraten in Gefangenschaft. *Ju 87* (Oblt. Göbel) des St. G. 3 versenken die *Coventry*, die ital. 13. Jabo-Gruppe (Major Tiale) den Zerstörer *Zulu* und die *MTB 308, MTB 310* und *MTB 312*. Im Feuer der Flak-Abt. sinken außerdem *ML 352* und *ML 353*. *MTB 314* wird von Booten der 6. R-Flottille (Kptlt. Reischauer) mit 117 Mann an Bord eingebracht. Gleichzeitig angesetztes Kommando-Unternehmen von Land her (Col. Haselden †) scheitert ebenfalls. Insgesamt bringen die dt.-ital. Verteidiger Tobruks 576 Gefangene ein.

15. 9. 1942 **Gibraltar**

Ital. Kampfschwimmer versenken in Gibraltar den brit. Frachter *Ravens Point* (1787 BRT).

18.—30. 9. 1942 **Ostsee**

Ausbruch der ersten Gruppe der dritten Welle sowj. U-Boote mit *S-9, ŠČ-310, S-12, M-102, D-2* und *ŠČ-307* durch die Minensperren. Die Unternehmungen werden trotz einiger Nahdetonationen bei mehreren Booten fortgesetzt. Das zurückkehrende *ŠČ-407* läuft am 25. 9. bei Porkkala auf eine Mine, wird aber schwer beschädigt eingebracht. *ŠČ-308* geht auf dem Rückmarsch vermutlich durch Minentreffer verloren.

19. 9.—14. 10. 1942 **Südwestpazifik**

Im indonesischen Raum versenken die US-U-Boote *Sargo* (LCdr. Gregory) und *Seadragon* (LCdr. Ferrall) je 1 Schiff mit 4472 BRT bzw. 1579 BRT. *Searaven* (LCdr. Cassedy) torpediert vor der Sunda-Straße den dt. Blockadebrecher *Regensburg* (8068 BRT). Im Gebiet der Bismarck-Inseln und nördlich der Salomonen versenkt *Amberjack* (LCdr. Bole) 2 Schiffe mit 5231 BRT, ferner 2 Schiffe mit 24 120 BRT torpediert, darunter der Walfänger *Tonan Maru*. *Sculpin* (LCdr. Chappell) versenkt 2 Schiffe mit 6652 BRT, *Sturgeon* (LCdr. Piaczentkowski) 1 Schiff mit 8033 BRT.

20.—22. 9. 1942 **Nordmeer**

Dt. U-Boote *U 251, U 255, U 403, U 408, U 435, U 592, U 703* bekämpfen im Nordmeer den Konvoi QP. 14. Der Konvoi besteht aus 15 Handelsschiffen, gesichert durch 2 Flakschiffe und 11 Korvetten, M-Boote und Trawler. Auslaufen am 13. 9. aus Archangelsk. Nahsicherung durch den Verband des KAdm. Burnett (siehe PQ. 18).

20. 9.: *U 435* (Kptlt. Strelow) versenkt den Minensucher *Leda*, *U 255* (Kptlt. Reche) den Frachter *Silver Sword* (4937 BRT) und *U 703* (Kptlt. Bielfeld) den Zerstörer *Somali*.

22. 9.: Obwohl der Konvoi nach Abzug eines Teils der Gruppe Burnett noch durch 11 Zerstörer und 9 kleinere Einheiten gesichert ist, gelingt es *U 435*, erneut zum Angriff heranzukommen und die Frachter *Bellingham* (5345 BRT), *Ocean Voice* (7174 BRT) und den Tanker *Grey Ranger* (3313 BRT) zu versenken.

20.—26. 9. 1942 **Nordatlantik**

Von den vom 16.—18. 9. aus *U 461* (Kptlt. Stiebler) beölten 10 Booten der Gruppe »Vorwärts« bilden *U 380, U 404, U 584, U 211, U 407, U 91* und *U 96* am 20. 9. ostwärts der Neufundlandbank einen neuen Vorpostenstreifen, in den in den nächsten Tagen auch *U 260, U 582* und *U 619* einscheren. Vom 18.—24. 9. versenken je 1 Einzelfahrer oder Nachzügler *U 380* (Kptlt. Röther) (2994 BRT), *U 211* (Kptlt. Hauser) (11 237 BRT), *U 582* (Kptlt. Schulte) (2993 BRT) und *U 619* (Oblt. z. S. Makowski) (7176 BRT). Am 23. 9. sichtet *U 404* (Kptlt. v. Bülow) den Konvoi RB. 1 (8 Pass.-Dampfer von den Großen Seen, Escort brit. Zerstörer *Veteran* und *Vanoc*), dessen Dampfer irrtümlich als große Truppentransporter angesprochen werden. Außer der Gruppe »Vorwärts« wird deshalb die Gruppe »Pfeil« nach Beendigung der SC. 100-Operation von Osten her mit *U 618, U 216, U 356, U 595, U 607, U 410* und *U 617* angesetzt. Bei der hohen Marschfahrt des Konvois kommen die Boote nur schwer heran. In der Nacht zum 25. 9. greifen *U 260* und *U 211* ohne Erfolg an. Am 25. 9. nachmittags versenkt *U 216* (Kptlt. Karl-Otto Schultz) 1 Schiff mit 4989 BRT, abends *U 96* (Oblt. z. S. Hellriegel) 1 Schiff mit ebenfalls 4989 BRT. Angriffe von *U 410* (KKpt. Sturm, zweimal), *U 91* und *U 356* schlagen fehl. Am 26. 9. vormittags versenkt *U 404* den Zerstörer *Veteran*, abends *U 619* 1 Nachzügler von 1547 BRT.

20. 9.—6. 10. 1942 **Mittelmeer**

Im östlichen Mittelmeer versenken *U 431* (Kptlt. Dommes) und *U 561* (Oblt. z. S. Schomburg) 4 Segler.

21. 9.—4. 11. 1942 **Südpazifik**

Zur Deckung jap. Flottenoperationen wird die U-Boot-Gruppe A mit *I-4, I-5, I-7, I-8, I-22* und *I-176* zwischen Salomonen und Malaita und die Gruppe B mit *I-9, I-15, I-21, I-24, I-174* und *I-175* südostwärts Guadalcanal aufgestellt. Von der Gruppe A wird *I-5* am 25. 9. bei einem Angriffsversuch beschädigt. *I-4* (KKpt. Kawasaki) torpediert am 29. 9. den US-Transporter *Alhena* (7440 BRT). *I-22* verfehlt am 29. 9. einen Konvoi und wird nach Meldung eines Konvois am 1. 10. vermißt. *I-7* klärt am 7. 10. mit dem Flugzeug über Espiritu Santo auf und beschießt die Insel am 14. und 23. 10. mit Artillerie. Am 20. 10. greift *I-176* (KKpt. Tanabe) eine US Task Group (KAdm. Lee) an und torpediert den Kreuzer *Chester*. *I-8* klärt am 2. 11. mit seinem Bordflugzeug über Efate auf. Während der Schlacht bei St. Cruz greift von der Gruppe B *I-21* (FKpt. Matsumura) den Verband mit der havarierten *Hornet* an und versenkt den Zerstörer *Porter*. Am folgenden 27. 10. verfehlt *I-15* (FKpt. Ishikawa) knapp das Flaggschiff KAdm. Lees, das neue Schlachtschiff *Washington*. Das Boot wird seit dem 4. 11. im Gebiet von Noumea vermißt. *I-9* (FKpt. Fujii) klärt mit seinem Flugzeug am 30./31. 10. und 4. 11. Noumea auf. In dieser Zeit versorgt *I-26* bei Shortland Aufklärungs-Flugboote.

23. 9. 1942 **Niederländisch-Indien**

Jap. Bomber vernichten den bei Timor aufgelaufenen austral. Zerstörer *Voyager*.

24. 9. 1942 **Gibraltar**

P. 108 der 274. ital. Fernbomber-Staffel greifen Gibraltar an. Angriff in den Nächten zum 20. und 21. 10. wiederholt.

24.—28. 9. 1942 **Nordmeer**

Offensive Minenunternehmung »Zarin« des Schweren Kreuzers *Admiral Hipper* (KAdm. Meisel) mit den Zerstörern *Richard Beitzen, Z 28, Z 29* und *Z 30* an der Nordwestküste von Novaja Zemlja.

24. 9.—15. 10. 1942 **Indischer Ozean**

Vor den Küsten Indiens und Ceylons versenken die jap. U-Boote *I-162* (KKpt. Shimose) 2 Schiffe mit 7929 BRT und 1 weiteres Schiff mit 4161 BRT beschädigt, *I-165* (KKpt. Torisu) 1 Schiff mit 5549 BRT und 1 unidentifiziertes Schiff, *I-166* (KKpt. Tanaka) 1 Schiff mit 1201 BRT, 1 unidentifiziertes Schiff beschädigt, außerdem landet es Agenten an der Küste von Calicut.

26.—30. 9. 1942 **Nordatlantik**

Am 26. 9. sichtet das auf den SC. 100 angesetzt gewesene *U 617* (Kptlt. Brandi) den Konvoi ON. 131, sein sofort angesetzter Angriff scheitert infolge von Torpedoversagern. Von den nach den Operationen auf den RB. 1 und SC. 100 weit zerstreuten Booten werden als Gruppe »Tiger« *U 615, U 258, U 221, U 617, U 618, U 216, U 356, U 595, U 607, U 410, U 599, U 755, U 373, U 569* und *U 176* angesetzt. Nach dem Verlust der Fühlung ist eine geordnete Suche bei den unsicheren Positionen der U-Boote und zum Sturm auffrischendem Wind nicht möglich. Die Operation muß abgebrochen werden. Je 4 Boote marschieren zur Versorgung nach Süden zu *U 118* und *U 116*.

26. 9.—24. 10. 1942 **Pazifik**

An der jap. Ostküste versenken die US-U-Boote *Nautilus* (LCdr. Brockman) 2 Schiffe mit 7426 BRT, *Kingfish* (LCdr. Lowrance) 2 Schiffe mit 5540 BRT, *Greenling* (LCdr. Bruton) 4 Schiffe mit 19871 BRT, *Trigger* (LCdr. Lewis) 1 Schiff mit 5870 BRT, ferner 2 Schiffe mit 14517 BRT beschädigt, *Drum* (LCdr. Rice) 3 Schiffe mit 13208 BRT. Außerdem torpediert *Greenling* am 20. 10. den jap. Träger *Hiyo*. Vor Formosa versenken *Guardfish* (LCdr. Klakring) 1 Schiff mit 6362 BRT und *Finback* (LCdr. Hull) 1 Schiff mit 7007 BRT, 1 weiteres Schiff mit 5359 BRT wird torpediert. Bei Truk torpediert am 28. 9. *Trout* (LCdr. Ramage) den jap. Geleitträger *Taiyo*. Vor den Kurilen versenken *Nautilus* (LCdr. Brockman) und *S 31* (Lt. Sellars) je 1 Schiff mit 4643 BRT bzw. 2864 BRT.

26. 9. 1942—20. 5. 1943 **Pazifik-Nordmeer**
Überführung sowj. U-Boote der Pazifik-Flotte zur Nord-Flotte via Panama-Kanal. Am 26. 9. laufen *L-15* und *L-16*, am 15. 10. bzw. 18. 10. *S-54*, *S-55*, *S-51* und *S-56* von Petropavlovsk aus und marschieren über Dutch Harbor, San Francisco, Panama-Kanal nach Halifax (*L-16* am 11. 10. versenkt). *S-51* geht von dort über Island direkt nach Poljarnoe, wo es am 24. 1. 1943 eintrifft. *S-55*, *S-56* und *S-54* marschieren nach Aufenthalten in Rosyth zum Kola-Fjord, wo sie im März 1943 eintreffen, *L-15* folgt nach einer Reparatur in Greenock im Mai.

27. 9. 1942 **Südatlantik**
Im Südatlantik stößt der dt. Hilfskreuzer *Schiff 23 Stier* (Kpt. z. S. Gerlach) bei unsichtigem Wetter überraschend auf den US-Frachter *Stephen Hopkins* (Capt. Paul Buck, 7181 BRT), versenkt ihn, erhält aber selbst im Gefecht so starke Beschädigungen, daß er aufgegeben werden muß. Die Besatzung erreicht mit dem Blockadebrecher *Tannenfels* am 2. 11. 1942 die Girondemündung. Erfolge von *Schiff 23:* 4 Schiffe mit 29 409 BRT.

27. 9.—5. 11. 1942 **Ostsee**
Von den durchgebrochenen sowj. U-Booten der dritten Welle operieren *S-9* in der Bottensee, *ŠČ-310*, *D-2* und *ŠČ-406* zwischen Rixhöft und Bornholm, *S-12* an der baltischen Küste, *ŠČ-307*, *S-7*, *ŠČ-305* und *ŠČ-306* in der Aalandsee, *ŠČ-303* in schwed. Gewässern und *M-102* im westl. Finnenbusen. *L-3* (Kpt. 2. Rg. Griscenko) legt vor Utö, Libau und der Irbenstraße Minensperren, auf denen vermutlich 3 Schiffe mit 11 789 BRT verlorengehen. Von den anderen Booten versenken *S-9* (Kptlt. Myl'nikov mit Div.Chef, Kpt. 2. Rg. Junakov, an Bord) 1 Schiff mit 290 BRT vers., 1 mit 6370 BRT torp., 1 fehl, *ŠČ-310* (Kpt. 3. Rg. Jarosevič) 1 Schiff mit 1419 BRT, 1 fehl, *S-12* (Kpt. 3. Rg. Turaev) 2 Schiffe mit 12 326 BRT beschäd., *M-102* (Kptlt. Gladilin) 1 fehl, *D-2* (Kpt. 2. Rg. Lindenberg) 1 Schiff mit 4090 BRT, 1 mit 2972 besch., *ŠČ-307* (Kpt. 3. Rg. Momot) 1 Schiff mit 2478 BRT, 3 fehl, *ŠČ-406* (Kpt. 3. Rg. Osipov) 2 Schiffe mit 3855 BRT, 1 fehl, *ŠČ-303* (Kpt. 3. Rg. Travkin) 4 fehl.
Unter anderem versenkt *ŠČ-406* in der Nacht vom 28./29. 10. den schwed. Dampfer *Bengt Sture* und bringt 6 Gefangene ein.

28. 9.—28. 11. 1942 **Westatlantik**
Südostwärts Trinidad versenken *U 202* (Oblt. z. S. Poser) 1 Schiff mit 1815 BRT, *U 201* (Oblt. z. S. Rosenberg) 2 Schiffe mit 8505 BRT, ferner *U 201* und *U 202* gemeinsam 1 Schiff mit 7191 BRT, *U 332* (Kptlt. Liebe) 2 Schiffe mit 11 004 BRT und *U 67* (Kptlt. Müller-Stöckheim) 4 Schiffe mit 20 467 BRT, ferner 2 Schiffe mit 11 718 BRT beschädigt.

28.—30. 9. 1942 **Schwarzes Meer**
Sowj. Zerstörer *Nezamožnik* und Wachschiff *Štorm* transportieren 8000 Mann der 408. Schützen-Division nach Tuapse.

29. 9.—6. 10. 1942 **Nordatlantik**
Für den 1. 10. ist auf der Ostseite des Nordatlantik aus Ausmarschierern die Bildung eines neuen großen Vorpostenstreifens »Luchs« beabsichtigt. Die ersten

ausmarschierenden Boote *U 620, U 610* und *U 253* werden vorübergehend vom 20. 9. ab in der Dänemark-Straße aufgestellt, wobei *U 253* (Kptlt. A. Friedrichs †) am 23. 9. durch ein *Catalina*-Flugboot der RAF-Sq. 210 verlorengeht. *U 610* (Kptlt. Frhr. v. Freyberg) versenkt 1 Nachzügler des Konvois SC. 101 mit 2254 BRT. Beim Anmarsch versenken ferner *U 442* (KKpt. Hesse) 1 Schiff mit 1774 BRT aus einem Kleinkonvoi und *U 382* (Kptlt. Juli) 1 Einzelfahrer mit 1324 BRT. Am 29. 9. sichtet der ausmarschierende U-Tanker *U 118* (KKpt. Czygan) einen ON.-Konvoi, worauf der Streifen der Gruppe »Luchs« am 1. 10. nach Norden gezogen wird mit *U 437, U 597, U 442, U 254, U 382, U 620, U 610, U 706, U 260, U 582, U 619, U 753, U 575, U 257, U 602, U 183* und *U 757*. Während die U-Boote dann langsam nach Südwesten marschieren, sichtet das nördlichste Boot *U 260* (Kptlt. Purkhold) den Konvoi HX. 209 (31 Schiffe). Sturm, Regen und Hagelböen verzögern das Herankommen der anderen Boote aus ungünstiger achterlicher Position. Nur *U 254* (Kptlt. Loewe) findet einen verlassen treibenden Tanker von 11 651 BRT und versenkt ihn. Atmosphärische Störungen verhindern am 4. 10. die Aufnahme eines Fühlunghaltersignals von *U 437* (Kptlt. Lamby) von dem wesentlich günstiger stehenden ON. Konvoi. Die meisten Boote setzen trotz der am 4. 10. einsetzenden Luftsicherung des HX. 209 dessen Verfolgung fort, doch gehen am 5./6. 10. durch Luftangriffe *U 582* (Kptlt. Schulte) und *U 619* (Oblt. z. S. Makowski) verloren, *U 257* (Kptlt. Rahe) wird beschädigt. Am 6. 10. muß die Operation abgebrochen werden.

★

1.—3. 10. 1942 **Schwarzes Meer**

Das sowj. Wachschiff *Štorm* beschießt am 1. 10. Anapa. Die Zerstörer *Bojkij* (mit dem Befh. des Geschwaders, Vizeadmiral L. A. Vladimirskij an Bord) und *Soobrazitel'nyj* beschießen in der Nacht zum 3. 10. Jalta mit 406 Schuß.

1.—20. 10. 1942 **Mittelatlantik**

Bei Operationen ital. U-Boote im Raum südwestlich Freetown und im Golf von Guinea greift *Barbarigo* (KKpt. Grossi) am 6. 10. die irrtümlich für ein US-Schlachtschiff gehaltene brit. Korvette *Petunia* an und hält Wasserbombendetonationen für Treffer. Am 9. 10. versenkt *Archimede* (Kptlt. Saccardo) den brit. Truppentransporter *Oronsay* (20 043 BRT) und greift am 10. 10. den Transporter *Nea Hellas* (16 991 BRT) an, der jedoch kaum beschädigt wird. *Bagnolini* bleibt ohne Erfolg.

1.—26. 10. 1942 **Schwarzes Meer**

Bei sowj. U-Boot-Operationen versenkt *M-118* (Kptlt. Savin) am 1. 10. den dt. Transporter *Salzburg* (1742 BRT), wird aber selbst beim Angriff auf ein rumän. Geleit durch das K-Boot *Ghigulescu* versenkt. *M-111* (?) versenkt den rumän. Schlepper *Oituz*, *ŠČ-216* (Kpt. 3. Rg. Karbovskij) den rumän. Dampfer *Carpati* (4336 BRT), *M-35* (Kpt. 3. Rg. Grešilov) den Tanker *Le Progrès* (511 BRT). Erfolglose Angriff fahren u. a. *M-32* und *ŠČ-207*.

1.—30. 10.1942 **Mittelatlantik**

Von den vor Freetown eingesetzten, frisch versorgten U-Booten *U 87, U 107, U 590* und *U 333* versenken nur *U 107* (Kptlt. Gelhaus) und *U 87* (Kptlt. Berger) je 1 Schiff mit 14 943 BRT bzw. 7392 BRT. *U 333* (Kptlt. Cremer) führt am 6. 10.

mit der brit. Korvette *Crocus* ein Artilleriegefecht auf kurze Entfernungen, in dem beide Schiffe Schäden und Personalverluste haben.
Das seit der *Laconia*-Affäre westlich Freetown aufgestellte *U 156* bleibt in dieser Phase ebenso wie die Neuankömmlinge *U 552, U 128* und *UD 5* zunächst ohne Erfolg. Erst am 29. 10. versenkt *UD 5* (FKpt. Mahn) 1 Schiff mit 7628 BRT.

2. 10. 1942 **Kanal**
Bei Angriff der 5. S-Fl. mit *S 65, S 77, S 82* und *S 112* auf brit. Konvoi vor Eddystone versenkt *S 112* (Oblt. z. S. Karl Müller) den brit. Trawler *Lord Stonehaven*.

2. 10. 1942 **Nordatlantik**
Vor der brit. SW-Küste sinkt der Flak-Kreuzer *Curacoa* mit 338 Mann der Besatzung nach Kollision mit dem Truppentransporter *Queen Mary* (81 235 BRT).

2./3. 10. 1942 **Mittelmeer**
Die als Hilfsminenleger ausgerüsteten ital. Tanker *Scrivia, Tirso* und *Sesia* legen mit den Zerstörern *Mitragliere* und *Ascari* südlich Marettimo (W-Sizilien) die Sperre S. 61 mit 400 Minen. Gleichzeitig legt der Zerstörer *Da Verazzano* bei Cap Bon in 2 Sperrstücken S. a. d. 1 194 Reiß- und Sprengbojen.

2.—10. 10. 1942 **Mittelmeer**
In der Adria greift das brit. U-Boot *P. 211/Safari* (Cdr. Bryant) 4 Schiffe an und torpediert 2 mit 1052 BRT. Am 8. und 9. 10. versenken an der Cyrenaika-Küste *Turbulent* (Cdr. Linton) 1 Schiff mit 853 BRT und *P.37/Unbending* (Lt. Stanley) 2 Schiffe mit 2230 BRT und einen kleinen Segler. *P. 43/Unison* (Lt. Halliday) versenkt am 10. 10. westlich des Peloponnes ein von dem T-Boot *Bassini* geleitetes Schiff mit 4652 BRT. *Porpoise* (Cdr. Bennington) legt am 3. 10. bei Tobruk eine Minensperre.

5.—27. 10. 1942 **Ostsee**
Ausbruch der letzten Gruppe der 3. Welle mit den sowj. U-Booten *ŠČ-320, ŠČ-303, ŠČ-302, ŠČ-311, S-7, ŠČ-306, ŠČ-406, ŠČ-304* und *L-3*. Auf dem Ausmarsch gehen auf den Minensperren *ŠČ-320, ŠČ-302, ŠČ-311* und *ŠČ-304* verloren. Von den zur gleichen Zeit zurückkehrenden U-Booten wird *ŠČ-310* am 9. 10. bei Suursaari durch Minentreffer schwer beschädigt, *S-13* entkommt am 15. 10. bei Vaindlo Angriffen der finn. U-Jäger *VMV 13* und *VMV-15*. Bei Einsätzen zur Überwachung der Minensperren läuft der dt. U-Jäger *UJ 1204* bei Pien-Tytärsaari auf eine sowj. Mine und sinkt. Von den im Gebiet der Aalandsee zur U-Jagd eingesetzten finn. U-Booten versenkt *Vesihiisi* (Kptlt. Aittola) am 21. 10. bei Söderarm *S-7* und bringt 4 Gefangene ein, dar. den Kdt. Kpt. 3. Rg. Lisin. Am 26. 10. versenkt *Iku-Turso* (Kptlt. Pakkala) *ŠČ-305* und am 5. 11. *Vetehinen* (Kptlt. Leino) vermutlich *ŠČ-306*.

6. 10.—3. 12. 1942 **Westatlantik**
Im Oktober operieren *U 43* im St.-Lorenz-Golf, *U 183* und *U 518* vor der Belle-Isle-Str. und *U 106* (Kptlt. Rasch) vor der Cabot-Str., wo es 1 Schiff mit 2140 BRT versenkt. Am 2. 11. dringt *U 518* (Oblt. z. S. Wissmann) in die Conception-Bay ein und versenkt 2 Erzschiffe mit 13 336 BRT, ein Angriff von *U 183* (KKpt. Schäfer) bleibt ungeklärt. Am 18. 11. torpediert *U 43* (Oblt. z. S. Schwantke) nordostwärts der Neufundlandbank aus dem Konvoi SC. 109 einen Tanker mit 9132 BRT, der zunächst eingebracht wird, jedoch beim Abschleppen zur

Reparaturwerft am 25. 1. 1943 sinkt. Aus dem Konvoi ON. 145 versenkt *U 518* vor Neufundland am 21. 11. ein Schiff mit 6140 BRT und torpediert zwei mit 15 440 BRT. Am 3. 12. versenkt *U 183* aus dem Konvoi ON. 146 vor Nova Scotia 1 Schiff mit 6089 BRT.

7. 10. 1942 **Kanal — Nordsee**

Vorstoß der 2. S-Fl. (Kptlt. Feldt) mit *S 101, S 46, S 62, S 80, S 105* und *S 108* sowie *S 63, S 79* und *S 117* der 4. S-Fl. gegen brit. Konvoi vor Cromer: 3 brit. Frachter mit 7576 BRT, 1 RN-Schlepper (444 BRT) und Launch *ML 339* versenkt.

7. 10.—13. 11. 1942 **Südafrika**

Die Gruppe »Eisbär« operiert vor Südafrika. Nachdem *U 68* bereits auf dem Ausmarsch im Mittelatlantik am 12./15. 9. 2 Schiffe mit 12 157 BRT versenkt und alle Boote am 24./25. 9. südlich Ascension aus *U 459* (KKpt. v. Wilamowitz-Moellendorf) Brennstoff ergänzt hatten, greifen die 4 Boote gleichzeitig am 7./8. 10. den Verkehr vor Südafrika an. Bis zum 13. 11. versenken sie: *U 172* (Kptlt. Emmermann) 6 Schiffe mit 48 054 BRT, *U 159* (Kptlt. Witte) 8 Schiffe mit 47 233 BRT, *U 68* (KKpt. Merten) 7 Schiffe mit 44 173 BRT, *U 504* (KKpt. Poske) 6 Schiffe mit 36 156 BRT.
Außerdem versenkt das bereits am 8. 10. eintreffende *U 179* (FKpt. Sobe) der 2. Welle von IX-D2 Booten 1 Schiff mit 6558 BRT, wird jedoch anschließend durch einen Wasserbombenangriff und Rammstoß des brit. Zerstörers *Active* versenkt.

8.—16. 10. 1942 **Nordatlantik**

Auf der Ostseite des Nordatlantik wird ab 8. 10. aus vom HX. 209 kommenden und neu eintreffenden U-Booten die Gruppe »Panther« gebildet mit *U 84, U 454, U 353, U 437, U 597, U 442, U 254, U 706, U 260, U 753, U 575, U 602* und *U 757*, in die in den folgenden Tagen auch *U 662, U 382, U 620, U 610, U 301, U 443, U 563, U 621* und *U 441* einscheren. *U 254* (Kptlt. Loewe) versenkt einen Einzelfahrer mit 6098 BRT. Am Abend des 11. 10. sichtet *U 620* (Kptlt. Stein) den Konvoi ONS. 136 (36 Schiffe). Als Gruppe »Leopard« werden *U 353, U 662, U 437, U 597, U 442, U 254, U 382* und *U 620* angesetzt. Bei Windstärke 8—10 kommt nur *U 597* (Kptlt. Bopst) zweimal erfolglos zum Schuß, wird aber am 12. 10. durch einen *Liberator*-Bomber der RAF-Squadron 120 versenkt. Danach werden nur noch Einzelfahrer und Nachzügler gesichtet. *U 382* (Kptlt. Juli) verfehlt einen Zerstörer, *U 706* (Kptlt. v. Zitzewitz) versenkt 1 Schiff mit 4265 BRT. Am 14. 10. wird die Operation abgebrochen und die Gruppe »Leopard« auf den entgegenkommenden SC. 104 angesetzt.
Mit den aus *U 116* und *U 118* versorgten U-Booten *U 615, U 258, U 221, U 618, U 356, U 607, U 410* und *U 599* wird am 8. 10. ostwärts Neufundland die Gruppe »Wotan« gebildet, in die bis zum 12. 10. noch die von dem neu eingetroffenen *U 463* beölten *U 216* und *U 661* einscheren. Am 11. 10. versenkt *U 615* (Kptlt. Kapitzky) 1 Einzelfahrer mit 4219 BRT. Am gleichen Tage sichtet *U 258* (Kptlt. v. Mässenhausen) eine Korvette des Konvois SC. 104. Er besteht aus 48 Schiffen und der Escort Group B. 6 (Cdr. Heathcote) mit den brit. Zerstörern *Fame* und *Viscount* und den norweg. Korvetten *Potentilla, Eglantine, Montbretia* und *Acanthus*. Funkstörungen lassen die Fühlunghaltermeldung erst am 12. 10. durchkommen, der Ansatz der Gruppe »Wotan« wird durch die Sichtung eines ON. Konvois durch *U 356* verzögert. Erst in der Nacht zum 13. 10. kommt deshalb *U 221* (Oblt. z. S. Trojer) an den SC. 104 heran und versenkt in 3 geschickt angesetzten Anläufen 3 Schiffe mit 11 354 BRT. Am Tage des

13.10. hält *U 221* Fühlung und führt *U 599, U 216, U 607, U 258* heran, doch werden sie von *Viscount, Potentilla* und *Eglantine* abgedrängt, von denen letztere *U 258* mit Artillerie beschießt. In der Nacht zum 14. 10. greift wieder, während noch 3 Escorts achteraus stehen, *U 221* an, versenkt 1 Schiff mit 5929 BRT und torpediert die Walkocherei *Southern Empress* (12 398 BRT), die später mit Fangschuß versenkt wird. Wenig später greifen fast gleichzeitig *U 607* (Kptlt. Mengersen) und *U 661* (Oblt. z. S. v. Lilienfeld) an und versenken je 1 Schiff mit 4826 bzw. 3672 BRT. *U 607* wird von *Viscount* angegriffen und mit Wasserbomben beschädigt. Gegen Morgen versenkt *U 618* (Oblt. z. S. Baberg) 1 Schiff mit 5791 BRT. *Montbretia* drängt das mit Radar geortete *U 615* ab. Am 14. 10. mittags wird die Fühlung von *U 216* wiederhergestellt, doch drängen die Escorts vor Dunkelwerden die mit HF/DF am Konvoi festgestellten *U 661, U 258* und *U 599* ab. Die Gruppe »Leopard« wird vom ONS. 136 auf den SC. 104 angesetzt. In der Nacht drängt zuerst *Montbretia* (Kptlt. Søiland) *U 661* ab, *U 607* wird von *Acanthus* (Kptlt. Bruun) unter Wasser gedrückt. *Viscount* (LCdr. Waterhouse) ortet mit Radar *U 661* und rammt das Boot mit 26 kn. *Potentilla* (Kptlt. Monssen) zwingt *U 254* zum Tauchen und *Eglantine* (Kptlt. Voltersvik) beschädigt das Boot mit Wasserbomben. Am Tage des 15. 10. versenkt *U 410* (KKpt. Sturm) einen unbekannten Havaristen, *Fame* und *Acanthus* drängen *U 258* und *U 599* ab, nachmittags belegt *Acanthus* *U 442* mit Wasserbomben. Die erste *Liberator* »H« der RAF-Sq. 120 bombt *U 615* und drückt *U 437* unter Wasser. Die Fühlung wird erst am 16. vorm. von *U 258* wiedergewonnen, doch drängen *Liberators* und *Catalinas* der RAF-Sq. 120 und der USN-VP 84 alle Boote ab. Mittags wird *U 353* bei einem Unterwasserangriffsversuch von *Fame* mit Asdic geortet, mit Wabos zum Auftauchen gezwungen und durch Rammstoß versenkt. Am Abend kommt das neu ins Op.Gebiet gekommene *U 571* an den nur noch von den 4 norweg. Korvetten gesicherten Konvoi, wird aber durch *Potentilla* mit Artillerie und Wabos leicht beschädigt. Ehe am Morgen des 16. 10. *U 258* noch einmal den Konvoi sichtet, wird die Gruppe »Wotan« auf den in der Nähe von *U 704* gemeldeten Konvoi ON. 137 angesetzt.

10. 10.—31. 12. 1942 **Schwarzes Meer**

Sowj. Schiffe transportieren vor der Kaukasus-Küste 14 527 Soldaten und 3000—4000 t Material und Munition.

11./12. 10. 1942 **Südpazifik**

Seeschlacht bei Cape Esperance. Ansatz eines US-Kreuzerverbandes (KAdm. Scott) mit den Schweren Kreuzern *San Francisco* und *Salt Lake City*, den Leichten Kreuzern *Boise* und *Helena* sowie den Zerstörern *Farenholt, Buchanan, Laffey, Duncan* und *McCalla* gegen einen am Nachmittag des 11. 10. durch Luftaufklärung erfaßten, auf Guadalcanal zuhaltenden jap. Beschießungs-Verband (KAdm. Goto) mit den Schweren Kreuzern *Aoba, Furutaka, Kinugasa* und den Zerstörern *Hatsuyuki* und *Fubuki*. Kurz vor Mitternacht greift Scott mit Hilfe von Radar die jap. Kreuzer überraschend aus einer »crossing the T«-Position an. *Furutaka* und *Fubuki* sinken, *Aoba* und *Hatsuyuki* erhalten Treffer, KAdm. Goto fällt. Der US-Verband verliert die *Duncan, Boise* wird schwer getroffen, kann aber eingebracht werden.
Inzwischen landet der jap. KAdm. Joshima mit den Seeflugzeugtendern *Chitose* und *Nisshin* sowie 6 Zerstörern Truppen und Material. Die zur Bergung von Schiffbrüchigen entsandten Zerstörer *Natsugumo* und *Murakomo* werden am 12. 10. durch Sturzbomber vom »Hendersen-Field« versenkt.

11.—20. 10. 1942 **Mittelmeer**

Vor Capri versenkt das brit. U-Boot *P. 46/Unruffled* (Lt. Stevens) 2 Schiffe mit 2452 BRT, *Utmost* (Lt. Coombe) vor Sardinien 1 Schiff mit 2070 BRT. In der Ägäis versenkt *Thrasher* (LCdr. Mackenzie) 2 Schiffe mit 2110 BRT und 2 Segler.

11. 10.—10. 12. 1942 **Westatlantik**

Beiderseits Trinidad operieren U-Boote gegen Konvois und Einzelfahrer. Einen ostgehenden Konvoi verfolgen am 16. 10. *U 516* (KKpt. Wiebe) und *U 160* (Kptlt. Lassen), am 17. und 18. 10. auch *U 67* (Kptlt. Müller-Stöckheim) und *U 332* (Kptlt. Liebe, J.), aber nur *U 160* versenkt 1 Schiff mit 730 BRT und torpediert 1 mit 6197 BRT. Vom 1.—4. 11. verfolgt *U 160* den Konvoi TAG. 18 und versenkt in 3 Anläufen 4 Schiffe mit 25 855 BRT. Am 5. 11. gewinnt bei Aruba *U 129* (Kptlt. Witt) Fühlung am TAG. 18 und versenkt 2 Schiffe mit 14 622 BRT. Gleichzeitig versenkt *U 160* aus einem entgegenkommenden GAT-Konvoi 1 Schiff mit 5431 BRT. Weiter ostwärts erfaßt *U 508* (Kptlt. Staats) in der Nacht vom 5./6. 11. den Konvoi TAG. 19 (?) und versenkt in 2 Anläufen am 7. 11. 2 Schiffe mit 12 424 BRT. Am 12. 11. verfehlt *U 129* bei Aruba ein Zubringer-Geleit für den TAG. 20, den wenig später *U 163* (KKpt. Engelmann) angreift. Der erste Anlauf wird abgewehrt, beim zweiten erhält das US-Kanonenboot *Erie* Treffer, muß aufgesetzt werden und brennt aus. Bei Angriffen gegen Einzelfahrer versenken ferner *U 160* 2 Schiffe mit 12 849 BRT, *U 129* 3 Schiffe mit 17 991 BRT, *U 154* (KKpt. Schuch) 3 Schiffe mit 17 936 BRT, *U 505* (Kptlt. Zschech) 1 Schiff mit 7173 BRT, *U 508* 7 Schiffe mit 37 841 BRT, *U 163* 3 Schiffe mit 15 011 BRT, ferner 1 Schiff mit 7127 BRT beschädigt. *U 505* wird am 10. 11. durch ein Flugzeug von Trinidad überraschend angegriffen, die Bombe detoniert am Rohr der 3,7-cm-Flak und verursacht schwere Schäden und Ausfälle im Boot, das Flugzeug stürzt in der Detonation ab.

12.—31. 10. 1942 **Indischer Ozean**

Im Golf von Oman versenkt das jap. U-Boot *I-27* (KKpt. Kitamura) 1 Schiff mit 7174 BRT.

13.—14. 10. 1942 **Kanal**

Vergeblicher Versuch, von Le Havre aus den Hilfskreuzer *Schiff 45 Komet* (Kpt. z. S. Brocksien †) durch den Kanal zu bringen. Trotz starker Sicherung durch M-Boote und die 3. T-Flottille (KKpt. Wilcke) mit *T 4, T 10, T 14* und *T 19* gelingt es einer brit. Kampfgruppe von 8 MTB und den Geleitzerstörern *Cottesmore, Quorn, Glaisdale, Eskdale* und *Albrighton,* den dt. Verband bei Kap de la Hague abzufangen, wobei *Schiff 45* in den Morgenstunden des 14. 10. durch *MTB 236* (Sublt. Drayson) mit 2 Torpedos versenkt wird. Von der Besatzung kann niemand gerettet werden.

13./14. 10. 1942 **Mittelmeer**

Ital. 15. Z-Fl. (Kpt. z. S. Mirti della Valle) mit *Pigafetta, Zeno, Da Noli* und *Da Verazzano* legt nördlich Cap Bon die Sperre S. 71 mit 258 Minen und 286 Sprengbojen.

13.—15. 10. 1942 **Nordmeer**

Offensive Minenunternehmung der Zerstörer *Richard Beitzen, Friedrich Eckoldt, Z 27* und *Z 30* vor Kanin Nos. Auf diese Sperre läuft der sowj. Eisbrecher *Mikojan.* Am 13. 10. legt *U 592* (Kptlt. Borm) die Sperre »Paul« vor der Jugor-Straße, auf ihr erhält der sowj. Dampfer *Ščors* (3770 BRT) einen

Treffer und wird beschädigt.
Während *U 212* und *U 586* bei Jan Mayen aufklären, setzt *U 377* (Kptlt. Köhler) auf Spitzbergen den Wettertrupp »Nußbaum« ab.

13./14. 10. 1942 **Schwarzes Meer**
Sowj. Zerstörer *Nezamožnik* und Wachschiff *Škval* beschießen in der Nacht zum 14. 10. Landziele bei Sarygol und Kiik-Atlama mit 151 Schuß.

13.—15. 10. 1942 **Südpazifik**
Kritische Lage der US-Truppen auf Guadalcanal. 13./14. 10.: Die jap. Schlachtschiffe *Kongo* und *Haruna* beschießen den amerik.Flugplatz auf der Insel und zerstören mehr als die Hälfte aller Flugzeuge sowie fast den gesamten Treibstoff (»Tokyo-Express«). 14./15. 10.: Jap. Kreuzer *Chokai* und *Kinugasa* wiederholen die Beschießung. 15. 10.: Die wenigen noch flugklaren US-Flugzeuge greifen 6 mit Ausladung von Truppen und Material beschäftigte jap. Transporter an, beschädigen 3 so schwer, daß sie auf Strand gesetzt werden müssen und zwingen die restlichen 3 in See zu gehen, ohne ganz entladen zu haben.

13.—28. 10. 1942 **Nordmeer**
Brit. Kreuzer *Argonaut* mit den Zerstörern *Intrepid* und *Obdurate* läuft von Scapa Flow nach Murmansk und zurück, um Lazarettmaterial und Sanitätspersonal zu überführen und Schiffbrüchige des PQ. 18 abzuholen.

14. 10. 1942 **Nordsee**
Dt. 6. S-Fl. greift mit *S 69, S 71, S 74* und *S 75* vor Cromer brit. Konvoi an und torpediert 2 Frachter mit 2905 BRT.

15.—19. 10. 1942 **Norwegen**
Bei Operationen alliierter U-Boote vor Norwegen versenkt das norweg. *Uredd* (Oblt. Rören) den Transporter *Libau* (3663 BRT). Das franz. *Junon* (Oblt. Querville) greift 2 Konvois ohne Erfolg an. Auf einer am 19. 9. von dem franz. *Rubis* (Kptlt. Rousselot) gelegten Minensperre sinkt ein norweg. Dampfer (726 BRT).

16.—29. 10. 1942 **Nordatlantik**
Am 16. 10. sichtet *U 704* (Kptlt. Kessler) im Südteil des Vp.-Streifens »Panther« den Konvoi ON. 137 (40 Schiffe, Escort Group C. 4 mit den kanad. Zerstörern *Restigouche, St. Croix* und den Korvetten *Amherst, Arvida, Orillia* [kanad.] und *Celandine* [brit.]). Auf den Konvoi werden von der Gruppe »Panther« *U 609, U 658, U 132, U 71, U 571, U 438, U 402, U 89, U 381, U 84, U 454* sowie die Gruppe »Wotan« vom Konvoi SC.104 her mit *U 615, U 258, U 618, U 216, U 356, U 410, U 599, U 662, U 437* und *U 442* angesetzt. *U 704* versenkt 1 Nachzügler mit 4212 BRT. *U 609* (Oblt. Rudloff) prallt in unsichtigem Wetter bei einem Angriffsversuch auf die *Celandine,* taucht und wird auf geringer Tiefe von den Wasserbomben stark angeschlagen, entkommt jedoch. Im schweren Weststurm kommen die Boote am 17./18. 10. nicht an den Konvoi heran, Gruppe »Wotan« muß am 18. 10. den Rückmarsch antreten, am 19. 10. wird die Operation abgebrochen, Gruppe »Panther« marschiert zur Versorgung aus *U 463* oder in den neuen Vp.-Streifen »Veilchen«. Auf dem Marsch treffen Boote auf Einzelfahrer, dabei versenken *U 618* (Oblt. z. S. Baberg) 1 Schiff mit 4772 BRT, *U 610* (Kptlt. Frhr. v. Freyberg-Eisenberg-Allmendingen) 1 Schiff mit 5718 BRT und *U 615* (Kptlt. Kapitzky) das große Motorschiff *Empire Star,* 12656 BRT.
Aus den nicht auf den ON. 137 angesetzten Booten *U 441, U 621, U 602, U 563, U 757, U 753, U 301, U 443* wird am 16. 10. die Gruppe »Puma« gebildet. Sie wird gegen einen vom B-Dienst gemeldeten ONS. Konvoi nach Süden gezogen,

am 22. 10. sichtet *U 443* (Oblt. z. S. v. Puttkamer) als südlichstes Boot den ON. 139 und erhält, da eine Operation der anderen Boote aus achterlicher Position aussichtslos ist, Angriffserlaubnis. Es versenkt 2 Schiffe mit 17 843 BRT. Zusammen mit *U 301* versucht es, Fühlung zu halten, um die auf dem Vormarschkurs von der Versorgung aus *U 463* kommenden *U 260, U 706, U 620* und *U 662* heranzubringen, am 25. 10. geht die Fühlung aber verloren, nachdem die Boote ab 23. 10. einen OS.-Konvoi statt des ON. 139 verfolgt hatten. Nachdem *U 441* und *U 621* (Kptlt. Schünemann) am 22. 10. Einzelfahrer gesichtet hatten, von denen *U 621* 1 Schiff mit 6113 BRT versenkt, marschiert die Gruppe »Puma«, bis zum 26. 10. durch *U 436, U 624, U 606, U 383* und *U 224* verstärkt, nach Westen. Am 26. 10. läuft der Konvoi HX. 212 (45 Schiffe mit Escort Group A. 3 [Cdr. Lewis], Führerboot USCG Cutter *Campbell)* in den Vp.-Streifen ein und wird durch *U 436* (Kptlt. Seibicke) gemeldet, das auch Fühlung bis zum nächsten Tag hält, während mehrere andere Boote der Gruppe abgedrängt werden. In der Nacht zum 27. greift zuerst *U 436* an und versenkt mit 5 Treffern 1 Schiff mit 10 107 BRT und beschädigt 2 weitere mit 7350 bzw. 8225 BRT, von denen letzteres später von *U 606* (Oblt. z. S. Döhler) mit Fangschuß versenkt wird. Dieses Boot torpediert vorher die Walkocherei *Kosmos II* (16 966 BRT), die später durch Fangschüsse von *U 606* und *U 624* sinkt. Angriffe von *U 621* und *U 563* schlagen fehl. Im Laufe des 28. 10. kommen *U 443, U 606, U 624, U 441* und *U 436* heran, werden aber durch die einsetzende Luftsicherung der RAF-Sq. 120 von Island immer wieder unter Wasser gedrückt. In der Nacht zum 29. 10. versenkt *U 224* (Oblt. z. S. Kosbadt) 1 Nachzügler mit 4000 BRT, *U 624* (Oblt. z. S. Graf Soden-Fraunhofen) aus dem Konvoi 1 Schiff mit 7700 BRT. Am 29. 10. werden die U-Boote durch die Luftsicherung erneut abgedrängt, auf dem Wege zu einer neuen Aufstellung versenken *U 436* 1 Schiff mit 4998 BRT und *U 575* (Kptlt. Heydemann) den Transporter *Abosso* mit 11 330 BRT.

16.—30. 10. 1942 **Mittelatlantik**

Ein Vorstoß von *U 161* und *U 126* zur Kongo-Mündung bleibt bis auf die Torpedierung des brit. Kreuzers *Phoebe* am 23. 10. durch *U 161* (Kptlt. Achilles) erfolglos.

18. 10.—8. 11. 1942 **Südwestpazifik**

In der Malakka-Straße torpediert das niederl. U-Boot *O-23* (Kptlt. Valkenburg) 1 Schiff mit 4621 BRT. An der Küste Indochinas und im Golf von Siam legen die US-U-Boote *Thresher* (LCdr. Millican), *Gar* (LCdr. McGregor), *Grenadier* (LCdr. Charr), *Tambor* (LCdr. Ambruster) und *Tautog* (LCdr. Willingham) Minensperren. Mit Artillerie versenkt *Tautog* 1 Bewacher von 33 BRT, mit Torpedo *Tambor* 1 Schiff mit 2461 BRT. Im Gebiet von Davao versenkt *Seawolf* (LCdr. Warder) 3 Schiffe mit 13 051 BRT. Vor dem Bismarck-Archipel torpedieren *Gudgeon* (LCdr. Stovall) 1 Schiff, *Grayback* (LCdr. Stephan) 2 Schiffe mit 6783 BRT bzw. 13 858 BRT. *Grampus* (LCdr. Craig) torpediert den jap. Kreuzer *Yura.*

19.—26. 10. 1942 **Mittelmeer**

Ein ital. Konvoi mit 4 Dampfern von Neapel nach Tripolis, gesichert von den Zerstörern *Pigafetta, Da Verazzano, Oriani, Gioberti, Da Noli, Ascari* und den T-Booten *Centauro* und *Sagittario,* wird von einer brit. U-Boot-Aufstellung erfaßt. Am 19. 10. versenkt *P. 37/Unbending* (Lt. Stanley) 1 Schiff mit 4459 BRT und die *Da Verazzano,* am 20. 10. torpediert *P. 42/Unbroken* (Lt. Mars)

1 Schiff mit 5397 BRT, das im Schlepp der *Ascari* durch *P. 211/Safari* (Cdr. Bryant) versenkt wird. *P. 35/Umbra* (LCdr. Maydon) vernichtet am 23. 10. 1 nach Lufttorpedotreffer aufgesetztes Schiff mit 8670 BRT und versenkt 1 kleines Fahrzeug von 182 BRT. — In der Ägäis versenkt *Taku* 1 Schiff von 2238 BRT.

19.—28. 10. 1942 **Schwarzes Meer**

Die sowj. Kreuzer *Krasnyj Krym, Krasnyj Kavkaz,* der Flottillenführer *Char'kov* und die Zerstörer *Soobrazitel'nyj* und *Bespoščadnyj* transportieren vom 20.—23. 10. von Poti die 8., 9. und 10. Garde Schützen-Brig. nach Tuapse (12 600 Mann, 50 Geschütze, 65 Granatwerfer, 100 t Munition). In der Nacht vom 22./23. 10. greifen 4 S-Boote der 1. S-Flottille (Kptlt. Christiansen) den einlaufenden Verband an, 2 Torpedos detonieren an der Mole, die anderen laufen auf Land. Vom 24.—28. 10. transportieren die Zerstörer *Nezamožnik, Bojkij* und *Bespoščadnyj* und die Wachschiffe *Štorm* und *Škval* sowie Transporter weitere Truppen und Material von Soči nach Tuapse.

19. 10.—6. 11. 1942 **Nordatlantik**

Nach Abschluß der ON. 137-Operation erhalten die Boote *U 71, U 438, U 84, U 89, U 704, U 381, U 658, U 402, U 571, U 454,* und *U 132* den Befehl, ab 24. 10. ostwärts Neufundland die Gruppe »Veilchen« zu bilden, die ab 27. 10. im Süden durch *U 442* und *U 437* verstärkt wird. Südlich Neufundland werden *U 522, U 520* und *U 521,* an der Nordostküste *U 183* und *U 518* aufgestellt. Am 30. 10. wird *U 658* im Vorpostenstreifen von einer *Hudson* der RCAF-Sq. 145 versenkt. Wenig später sichtet *U 522* (Kptlt. Schneider) südwestlich Cape Race den Konvoi SC. 104, der sich gerade mit den Zubringer-Konvois aus Halifax und Sydney vereinigt hat und von der Escort Group C. 4 (LCdr. Piers) aufgenommen ist. Der Konvoi (Commodore VAdm. Watson) besteht aus 42 Schiffen, die Sicherung aus dem kanad. Zerstörer *Restigouche,* den kanad. Korvetten *Algoma, Amherst, Arvida* und der brit. *Celandine,* ferner anfänglich noch den Zerstörern der »Western Local Escort Group« *Walker* (brit.) und *Columbia* (kanad.). Ein Angriff von *U 522* gegen die *Columbia* geht fehl. *U 520* wird am Konvoi durch einen *Digby*-Bomber der RCAF-Sq. 10 versenkt. Am 31. 10. werden *U 522* durch einen Zerstörer und *U 521* durch eine *Hudson* der RCAF-Sq. 145 abgedrängt. Auf Grund einer B-Dienst-Meldung hatte der B.d.U. den Vorpostenstreifen »Veilchen« so nach Süden verschoben, daß der SC. 104 am 1. 11. von *U 381* (Kptlt. Graf v. Pückler u. Limpurg) gesichtet wird. Mit HF/DF eingepeilt, werden von *Restigouche* und *Celandine* die ersten herangekommenen Boote *U 381, U 704, U 402* abgedrängt, kurz nach Sonnenuntergang das mit Radar geortete *U 71* unter Wasser gedrückt, *U 89* stößt vorbei. Nach Mitternacht greift *U 402* (Kptlt. Frhr. v. Forstner) zum ersten Mal an und torpediert 1 Schiff mit 7459 BRT, das später *U 84* (Kptlt. Uphoff) durch einen Fangschuß versenkt. Ein Angriff von *U 381* gegen die *Restigouche* wird ausmanövriert. In der Nacht greifen *U 402* und *U 522* mit 3stündigem Abstand fast gleichzeitig je zweimal den Konvoi an. *U 402* versenkt 3 Schiffe mit 15 270 BRT und torpediert 1 Schiff mit 4558 BRT, das später durch *U 438* (Kptlt. Franzius) versenkt wird, *U 522* versenkt 2 Schiffe mit 11 466 BRT und torpediert 1 Schiff mit 5496 BRT, das *U 521* (Kptlt. Bargsten) später versenkt. Ein Angriff von *U 442* (KKpt. Hesse) verfehlt den Konvoi. Am 2. 11. tags halten *U 132, U 402* und *U 522* am SC. 104 Fühlung, dessen Sicherung durch die kanad. Korvette *Moosejaw* verstärkt wird. In einem Tagesunterwasserangriff versenkt *U 522* 1 Schiff mit 3189 BRT. Abends setzt Nebel ein, die Fühlung reißt ab, der Konvoi gerät in Unordnung. Der vom Konvoi HX. 213 detachierte Zerstörer *Vanessa* stößt zum Konvoi. Nach Sichtbesserung gewinnen am 3. 11. tags nacheinander *U 438, U 402, U 84, U 381, U 571, U 71, U 704, U 521* und *U 522* Fühlung, weil der Konvoi nach mehreren Zacks wieder genau auf dem Generalkurs marschiert. Ein Angriffsversuch des Fühlunghalters *U 438* geht fehl, *Vanessa* und *Celandine* drängen andere mit HF/DF festgestellte U-Boote ab, erst mittags greift *U 521* an und versenkt 1 Tanker mit 6855 BRT, *U 522* verfehlt die *Restigouche*. Bis zum Abend drängen die Escorts alle U-Boote ab, nur *U 438* greift ohne Erfolg das detachierte Rettungsschiff *Stockport* an. Nach Dunkelwerden am 4. 11. kommt *U 89* (Kptlt. Lohmann) heran und versenkt das Schiff des Konvoi-Commodore *Jeypore* (5318 BRT). Später in der Nacht versenkt *U 132* (Kptlt. Vogelsang) 2 Schiffe mit 11 886 BRT und torpediert 1 Schiff mit 6690 BRT, das später von *U 442* versenkt wird. *U 132* geht vermutlich bei diesem Angriff durch die Explosion eines Munitionsdampfers verloren. Weitere Angriffe von *U 71, U 438* und *U 442* bleiben ohne Erfolg. Am 4. 11. tags werden die mit 240 Überlebenden überladenen Schlepper *Uncas* und *Pessacus*, das gleichfalls übervolle Rettungsschiff *Stockport*, 1 Tanker und die Korvetten *Celandine* und *Arvida* nach Island detachiert, während von dort am späten Abend die US-Zerstörer *Schenck* und *Leary* und der USCG. Cutter *Ingham* eintreffen, kurz nachdem *U 89* 1 weiteres Schiff mit 4640 BRT versenkt hat. Am Morgen des 5. 11. werden die noch auf den Konvoi operierenden *U 84, U 381, U 571, U 454, U 442, U 522* und *U 521* durch *Liberators* der RAF-Sq. 120 abgedrängt, die auf den HF/DF-Peilstrahlen durch das Führerboot *Restigouche* angesetzt werden. Die Operation wird am 6. 11. abgebrochen.

21.—23. 10. 1942 **Ladoga-See**

Dt. Landungsversuch auf der Insel Suho im Südteil des Ladoga-Sees mißlungen.

23. 10. 1942 **Mittelmeer**

Beginn einer brit. Offensive an der El-Alamein-Front.

23.—31. 10. 1942 **Nordatlantik**

Ab 23. 10. treten als Gruppe »Streitaxt« *U 510, U 509, U 572, U 134, U 409, U 203, U 604* und *U 659* in einer Harke den Marsch westlich Afrika nach Süden an. Am 25. 10. sichten *U 510* 1 Dampfer, *U 659* 2 Escorts und *U 203* 1 gesicherten Tanker, der am 27. 10. von *U 134* verfolgt und von *U 604* (Kptlt. Höltring) versenkt wird (7705 BRT). Am Morgen des 27. 10. meldet *U 409* (Oblt. z. S. Massmann) den Konvoi SL. 125 (37 Schiffe, 4 Korvetten, darunter die brit. *Petunia* (LCdr. Rayner). Am Abend werden *U 203, U 659* und *U 509* herangeführt, die angreifen, doch nur *U 509* (Oblt. z. S. Witte) versenkt 2 Schiffe mit 14 099 BRT. Am 28. 10. hält *U 203* (Oblt. z. S. Kottmann) Fühlung und führt *U 409, U 659, U 509, U 510* und *U 604* heran. Von Norden kommend, werden *U 103* und *U 440* angesetzt. Nach einem Fehlschuß am Morgen torpediert *U 509* am Abend 1 Schiff mit 5283 BRT, das später von *U 203* versenkt wird. Am 29. 10. hält ab Mittag *U 134* (Kptlt. Schendel) Fühlung und führt *U 103, U 510, U 509* und *U 604* heran. In der Nacht greift *U 509* zweimal an und torpediert je 1 Schiff mit 4772 BRT und 7131 BRT, beide erhalten Fangschußtreffer von *U 659* (Kptlt. Stock), das zweite Schiff wird von *U 203* mit Torpedo und Artillerie versenkt. *U 409* versenkt 1 Schiff mit 7519 BRT, am Morgen verfehlt *U 509* eine der Korvetten. Am 30. 10. halten laufend *U 509* und *U 604* Fühlung und bringen bis auf 3 alle Boote heran. In der Nacht versenken *U 604* in

2 Angriffen den Transporter *Président Doumer* (11 898 BRT) und 1 Schiff mit 3642 BRT, *U 659* 1 Schiff mit 6373 BRT, *U 409* 1 Schiff mit 6405 BRT und *U 510* (KKpt. Neitzel) torpediert 1 Schiff mit 5681 BRT. *U 103* (Oblt. z. S. Janssen) verfehlt 1 Korvette und 2 Schiffe des zersprengten Konvois. Durch Wabos wird *U 659* beschädigt. Am 31. 10. halten weiter *U 509* und *U 604* an den Resten Fühlung, doch werden alle Boote gegen Abend von der einsetzenden Luftsicherung und einer verstärkten Seesicherung abgedrängt. Da diese Operation die im Raum westlich Marokko und Gibraltar befindlichen U-Boote auf sich zieht, kommen die gleichzeitig laufenden »Torch«-Konvois unbehelligt von U-Booten an ihre Ziele.

25.—26. 10. 1942 **Südpazifik**

Trägerschlacht bei den Santa-Cruz-Inseln. Auf eine vorzeitige Siegesmeldung von der Eroberung des amerik. Flugplatzes »Henderson Field« auf Guadalcanal am 25. 10. stoßen 2 starke jap. Verbände, die in der zweiten Oktoberhälfte zum Eingreifen bei Guadalcanal im Seegebiet zwischen den Marianen und Salomonen zusammengezogen worden waren, nach Süden vor: Vorausgruppe (VAdm. Kondo): Schlachtschiffe *Kongo* und *Haruna*, Träger *Junyo*. Der zweite Träger, *Hiyo*, mußte wegen Maschinenschadens umkehren, er wird am 20. 10. von dem US-U-Boot *Greenling* torpediert. Schwere Kreuzer *Atago, Takao, Myoko, Maya*, Leichter Kreuzer *Isuzu* sowie 14 Zerstörer.
Hauptgruppe (VAdm. Nagumo): Schlachtschiffe *Hiei, Kirishima*, Träger *Shokaku, Zuikaku* und *Zuiho*, Schwere Kreuzer *Kumano, Tone, Chikuma* und *Suzuya*, Leichter Kreuzer *Nagara* und 15 Zerstörer. Die 4 Träger verfügen über 87 Jäger, 68 Bomber und 57 T-Flugzeuge. Außerdem stehen 12 U-Boote (vgl. 21. 9.) zwischen Espiritu Santo und Guadalcanal, und in Rabaul und auf den westlichen Salomonen etwa 220 Landflugzeuge der jap. Marine zur Verfügung.
Der US-Befehlshaber, Adm. Halsey, kann diesen Kräften nur 2 Kampfgruppen entgegenstellen: KAdm. Kinkaid mit dem Träger *Enterprise*, dem Schlachtschiff *South Dakota*, den Kreuzern *Portland* und *San Juan* und 8 Zerstörern. KAdm. Murray mit dem Träger *Hornet*, den Kreuzern *Northampton, Pensacola, San Diego, Juneau* und 6 Zerstörern. Die US-Träger besitzen insgesamt 70 Jäger, 72 Bomber und 29 T-Flugzeuge. Außerdem sind auf 2 Landflugplätzen 61 Jäger, 61 Bomber und 2 T-Flugzeuge vorhanden, dazu 5 Seeflugzeuge und 32 Flugboote.
26. 10.: Amerik. Aufklärer sichten die jap. Flotte und erzielen einen schweren Bombentreffer auf *Zuiho*. Die von den jap. Trägern gestarteten Flugzeuge erzielen inzwischen auf *Hornet* (Capt. Mason) schwere Treffer, später auch einige weniger ernste auf *Enterprise, South Dakota* und *San Juan*. Amerik. Flugzeuge treffen die *Shokaku* und die *Chikuma*, jedoch können beide entkommen. In den Abendstunden zieht Adm. Halsey seine Schiffe zurück, als ein aus Schlachtschiffen und Kreuzern bestehender jap. Verband herankommt. Die jap. Zerstörer *Makigumo* und *Akigumo* versenken die bereits verlassene *Hornet*. Die Schlacht endet zwar mit einem taktischen Erfolg der Japaner, diese können ihn aber nicht ausnutzen, weil die am 19. 10. auf Guadalcanal begonnene Offensive des Heeres gescheitert ist. Die restlichen Trägerflugzeuge reichen zur Ausschaltung von »Henderson Field« nicht mehr aus, um den Weg für die Transportschiffe frei zu machen.

25. 10.—14. 11. 1942 **Südatlantik**

Das ital. U-Boot *Da Vinci* (Kptlt. Gazzana-Priaroggia) operiert bis 30. 10.

westlich der Kap Verden und anschl. vor der Nordostküste Brasiliens. Es versenkt vom 2.—11. 11. 4 Schiffe mit 26042 BRT. Am 3. 11. entkommt der niederl. Dampfer *Frans Hals*, indem er das U-Boot nach einem Fehlschuß mit Artillerie zum Tauchen zwingt.

29. 10.—4. 11. 1942 **Mittelmeer**

In den Nächten vom 29./30. 10. und 3./4. 11. legen ital. Zerstörer *Pigafetta* (Kpt. z. S. Del Minio), *Da Noli*, *Zeno* und das T-Boot *Castelfidardo* nördlich Cap Bon die Sperren S. 72 und S. 73 mit 388 bzw. 338 Minen.

29. 10.—9. 11. 1942 **Nordmeer**

Auf sowj. Drängen laufen ab 29. 10. von Reykjavik mit 200 sm Abstand 13 einzelne Frachter nach Murmansk und Archangelsk, 5 Einzelfahrer kehren von sowj. Häfen nach Island zurück. Von den ostgehenden Schiffen gehen 6 verloren: Am 2. 11. versenkt *U 586* (Kptlt. v. d. Esch) die *Empire Gilbert* (6640 BRT). Am 4. 11. werden die ersten Schiffe von der K. Fl. Gr. 406 erfaßt. Von den angesetzten *Ju 88* der I./K. G. 30 wird die sowj. *Dekabrist* (7363 BRT) versenkt, während die II./K. G. 30 2 Schiffe beschädigt. Von ihnen wird die *William Clark* (7176 BRT) durch Fangschuß von *U 354* (Kptlt. Herbschleb), die nach einem weiteren Bombentreffer am 5. 11. an dem Südkap Spitzbergens aufgesetzte *Chulmleigh* (5445 BRT) durch 1 Torpedo von *U 625* (Oblt. Benker) am 16. 11. vernichtet, das außerdem am 6. 11. die *Empire Sky* (7455 BRT) versenkt. Gegen den Verkehr wird am 5. 11. der Schwere Kreuzer *Admiral Hipper* (Kpt. z. S. Hartmann mit eingeschifftem B.d.K., VAdm. Kummetz) mit der 5. Z-Flottille (Kpt. z. S. Schemmel) — *Z 27*, *Z 30*, *Friedrich Eckoldt*, *Richard Beitzen* — angesetzt. Das K. G. 30 fliegt Aufklärung. Am 7. 11. wird der westgehende sowj. Tanker *Donbass* (7925 BRT) erfaßt und durch *Z 27* versenkt, ebenso der sowj. U-Jäger *BO-78*.

30. 10.—15. 12. 1942 **Südatlantik**

Zwischen St. Paul und der brasilianischen Küste versenken *U 174* (FKpt. Thilo) 5 Schiffe mit 30813 BRT, *U 128* (Kptlt. Heyse) 3 Schiffe mit 15571 BRT, ferner die auf dem Rückmarsch von Südafrika befindlichen *U 172* (Kptlt. Emmermann) 2 Schiffe mit 11994 BRT, *U 159* (Kptlt. Witte) 3 Schiffe mit 16497 BRT.

★

1.—8. 11. 1942 **Nordatlantik**

Aus den vom HX. 212 kommenden U-Booten *U 224*, *U 383*, *U 606*, *U 624*, *U 436* und dem neu eingetroffenen *U 98* wird westlich Irland die Gruppe »Natter« gebildet, zu der bis zum 4. 11. noch *U 566*, *U 613*, *U 92*, *U 564*, *U 563* und das frisch versorgte *U 753* treten. Am 4. 11. sichtet *U 92* (Oblt. Oelrich) den Konvoi ON. 143, die Fühlung geht jedoch bald wieder verloren und wird bis zum 6. 11. nicht wiedergewonnen, da die meisten Boote ihre Position noch nicht erreicht haben. Am 7. 11. versenken *U 566* (Oblt. z. S. Remus) und *U 613* (Kptlt. Köppe) je 1 Nachzügler von je 4252 BRT. Am 8. 11. werden die noch brennstoffstarken Boote ins Gebiet westlich Gibraltar entsandt, die brennstoffschwachen treten zur Gruppe »Kreuzotter«.

1. 11.—16. 12. 1942 **Südafrika**

Nachdem *U 178* bereits auf dem Anmarsch am 10. 10. den Transporter *Duchess of Atholl* (20119 BRT) versenkt hat, operieren 3 Typ IX-D2 Boote als zweite

Welle vor Südafrika und versenken: *U 178* (Kpt. z. S. Ibbeken) 5 Schiffe mit 26978 BRT, ferner 1 Schiff mit 6348 BRT beschädigt, *U 181* (Kptlt. Lüth) 12 Schiffe mit 58431 BRT, *U 177* (Kptlt. Gysae) 8 Schiffe mit 49371 BRT. Ferner versenkt das aus dem Mittelmeer kommende ital. U-Boot *Cagni* (FKpt. Liannazza) auf dem Anmarsch 1 Schiff und vor Südafrika 1 weiteres Schiff mit zus. 5840 BRT.

2.—11. 11. 1942 **Südpazifik**

Schiffe der jap. 8. Flotte (VAdm. Mikawa) bringen von Rabaul und Shortland in 2 Kreuzer- und 65 Zerstörer-Einsätzen (KAdm. Tanaka) Truppenverstärkungen und Nachschub nach Guadalcanal. Vom 9.—11. 11. bringen unter Führung von KAdm. Turner 2 US-Transportgruppen mit 4 Truppen- und 3 Materialtransportern Verstärkungen nach Guadalcanal. Gegen die US-Nachschubtransporte setzen die Japaner die U-Boot-Gruppe A mit *I-16*, *I-20*, *I-24* ein, von denen *I-20* (FKpt. Yoshimura) am 7. 11. 1 Transporter mit 2227 BRT torpediert. Später (15. und 29. 11.) setzen *I-16* und *I-20* Klein-U-Boote aus, von denen eines vor Lunga Point den Transporter *Alchiba* (6198 BRT) trifft, der aufgesetzt werden muß. Von der in den Zugängen nach Guadalcanal operierenden Gruppe D mit den U-Booten *I-122*, *Ro-34*, *I-175* und *I-172* wird letzteres am 10. 11. durch den US-Minensucher *Southard* versenkt.

3.—7. 11. 1942 **Mittelmeer**

Die dt. 3. S-Flottille (Kptlt. Kemnade) legt vor Malta die Sperren MT-25—27 mit 108 UMB-Minen, 18 Reiß- und 29 Sprengbojen.

4.—8. 11. 1942 **Atlantik**

Zur Vorbereitung der Operation »Torch« klären die US-U-Boote *Shad*, *Gunnel*, *Herring*, *Barb* und *Blackfish* vor den marokkanischen Häfen Rabat, Fedala, Casablanca, Safi und vor Dakar auf. Dabei versenkt *Herring* (LCdr. Johnson) am 8. 11. den franz. Dampfer *Ville du Havre* (5083 BRT). Die U-Boote werden anschl. von brit. Basen aus in der Biskaya eingesetzt. Erste Unternehmung Anfang Dezember mit *Gurnard*.

4.—19. 11. 1942 **Westatlantik**

Das vor New York operierende *U 608* (Oblt. z. S. Struckmeier) versenkt 1 Schiff mit 5621 BRT und legt am 10. 11. eine erfolglose Minensperre.

5.—15. 11. 1942 **Mittelmeer**

Gegen die in Gibraltar beobachteten starken Schiffsansammlungen werden im westlichen Mittelmeer alle verfügbaren dt. U-Boote im Raum westlich der Linie Balearen—Algier aufgestellt, darunter von den Mittelmeer-Booten *U 73*, *U 77*, *U 81*, *U 205*, *U 331*, *U 431*, *U 458*, *U 561*, *U 565*, *U 593*, *U 605*, *U 660* sowie die aus dem Atlantik neu zugeführten *U 595*, *U 407*, *U 617*, *U 596*, *U 755*, *U 259* und *U 380*. Im Gebiet von Algier und ostwärts davon marschieren die ital. Boote *Axum*, *Topazio*, *Argo*, *Platino*, *Mocenigo*, *Emo*, *Nichelio*, *Asteria*, *Porfido*, *Velella*, *Brin*, *Dandolo*, *Argento*, *Acciaio*, *Bronzo*, *Turchese*, *Corallo*, *Aradam*, *Diaspro*, *Alagi* und *Avorio* auf. Von ihnen werden folgende Erfolge erzielt: Am 7. 11. torpediert wahrscheinlich *U 205* (Kptlt. Reschke) den US-Transporter *Thomas Stone* (9255 BRT), der später vor Algier auf Strand gesetzt wird. Am 10. 11. versenkt *U 431 (Kptlt. Dommes)* den brit. Zerstörer *Martin*, *U 81* (Kptlt. Guggenberger) den Transporter *Garlinge* (2012 BRT), am 11. 11. *U 380* (Kptlt. Röther) den Transporter *Nieuw Zeeland* (11069 BRT, *U 407* (Oblt. z. S. Brüller) den Transporter *Viceroy of India* (19627 BRT) und *U 595*

(Kptlt. J. Quaet-Faslem) den Transporter *Browning* (5332 BRT). Am 12. 11. torpediert *U 77* (Kptlt. Otto Hartmann) die brit. Sloop *Stork* und das ital. U-Boot *Argo* (Kptlt. Gigli) greift auf der Reede von Bougie die durch Minentreffer bzw. Luftangriffe beschädigten Transporter *Awatea* und *Cathay* an und beschädigt sie erneut. Am 13. 11. versenkt *U 431* den niederl. Zerstörer *Isaac Sweers* und *U 73* (Oblt. z. S. Deckert) den Transporter *Maron* (6487 BRT). Das ital. U-Boot *Platino* (Kptlt. Rigoli) torpediert den durch Luftangriff beschädigten brit. Transporter *Narkunda* (16 632 BRT). Am 14. 11. versenkt *U 81* den Transporter *Lalande* (7453 BRT) und am 15. 11. das ital. U-Boot *Ascianghi* (Kptlt. Erler) vor Bougie den Minensucher *Algerine*. Verloren gehen bei diesen Operationen durch die alliierte Abwehr *Emo, U 660, U 605, U 595, U 259, U 331*.

5.—17. 11. 1942 **Pazifik**

Vor Japan versenkt das US-U-Boot *Haddock* (LCdr. Taylor) 3 Schiffe mit 10 413 BRT und torpediert 2 weitere Schiffe mit 8560 BRT.

5.—20. 11. 1942 **Ostsee**

Wegen der beginnenden Vereisung müssen die sowj. U-Boote aus der Ostsee durch die Minensperren des Finnenbusens nach Lavansaari zurückkehren. Es werden mit Luftunterstützung von Räumverbänden, Wachkuttern und Torpedokuttern nacheinander *D-2, ŠČ-406, ŠČ-307, ŠČ-303, S-12* und *L-3* aufgenommen. Im Finnenbusen operiert im November als letztes ausgelaufenes Boot *M-96*. Bei den Sicherungsoperationen und U-Boot-Geleiten sind von Mai bis November 1942 u. a. folgende sowj. Fahrzeuge verlorengegangen: Minensucher *T-204/Fugas, Udarnik, T-48*, Wachkutter *MO-211, MO-212, MO-308, MO-225*.

7.—9. 11. 1942 **Mittelmeer**

In der Nacht vom 7./8. 11. legen ostwärts Cap Bon der neue ital. Kreuzer *Attilio Regolo* mit den Zerstörern *Pigafetta* (KAdm. Gasparri), *Da Noli, Ascari, Mitragliere* und *Zeno* die Sperre S. 8 mit 241 Minen, während gleichzeitig der Zerstörer *Corazziere* die Sprengbojen-Sperre St. 2 legt. Auf dem Rückmarsch wird der Kreuzer *Regolo* durch das brit. U-Boot *Unruffled* (Lt. Stevens) westlich Sizilien torpediert, jedoch von dem Schlepper *Polifemo*, gesichert von den T-Booten *Cigno, Lince* und *Abba* eingeschleppt. Ein Angriff des brit. U-Bootes *United* verfehlt den Schleppzug.

8. 11. 1942 **Nordafrika**

Operation »Torch«: Alliierte Landung in Französisch-Nordafrika.
Western Task Force (Landung an der Westküste Marokkos zwischen Safi und Mehedia mit Hauptziel Casablanca) KAdm. Hewitt (USN) — GenMaj. Patton (USA).
Seestreitkräfte: Schlachtschiffe *Massachusetts, Texas*, Flugzeugträger *Ranger*, Geleitträger *Sangamon, Chenango, Suwanee, Santee*, Schwere Kreuzer *Wichita, Tuscaloosa, Augusta*, Leichte Kreuzer *Savannah, Brooklyn, Cleveland, Philadelphia*, 38 Zerstörer, 3 Minenleger, 8 Minensucher, 1 Flugboottender, 4 U-Boote, 23 Truppentransporter, 8 Materialtransporter, 5 Tanker.
Landstreitkräfte: 2. US-Pz.Div., 3. US-Inf.Div., ²/₃ der 9. US-Inf.Div. = 34 305 Mann, 54 mittlere und 198 leichte Panzer.
Center Task Force (Landung im Raum Oran): Commodore Troubridge (RN) — GenMaj. Fredendall (USA).
Seestreitkräfte: Führungsschiff *Largs*, Geleitträger *Biter, Dasher*, Leichte Kreu-

zer *Jamaica, Aurora,* Flakkreuzer *Delhi,* 1 Flakschiff, 13 Zerstörer, 4 Sloops, 6 Korvetten, 8 Minensucher, 8 Trawler, 10 Launches, 2 U-Boote, 19 Landungsschiffe, 28 Materialtransporter.
Landstreitkräfte: 1. US-Inf.Div., $^{1}/_{2}$ der 1. US-Pz.Div. = 39 000 Mann.
Eastern Task Force (Landungen im Raum Algier): KAdm. Burrough (RN) — GenMaj. Ryder (USA).
Seestreitkräfte: Führungsschiffe *Bulolo,* Monitor *Roberts,* 3 Flakschiffe, 8 Zerstörer, 3 Sloops, 6 Korvetten, 7 Minensucher, 8 Trawler, 8 Launches, 3 U-Boote, 17 Landungsschiffe, 16 Materialtransporter sowie die »Force O« (KAdm. Harcourt): Träger *Argus,* Geleitträger *Avenger,* Leichte Kreuzer *Sheffield, Scylla, Charybdis* und 5 Zerstörer.
Landstreitkräfte: 34. US-Inf.Div., $^{1}/_{3}$ der 9. US-Inf.Div., $^{1}/_{2}$ der 1. US-Pz.Div., 78. brit. Inf.Div. = 33 000 Mann.
Deckung der Operationen im Mittelmeer durch die »Force H« (VAdm. Syfret): Schlachtschiffe *Duke of York, Rodney, Nelson,* Schlachtkreuzer *Renown,* Träger *Victorious* (KAdm. Lyster), *Formidable, Furious,* Leichte Kreuzer *Bermuda, Argonaut, Sirius* und 17 Zerstörer.
Die franz. Streitkräfte setzen den Landungsflotten der Alliierten teilweise erheblichen Widerstand entgegen. Versuche mit den Sloops *Walney* und *Hartland* in den Hafen von Oran (Marine-Bfh. VAdm. Rioult) einzudringen, um Selbstvernichtung der franz. Schiffe zu verhindern, scheitern ebenso wie ein ähnliches Unternehmen gegen Algier (HQ Adm. Darlan, Marine-Bfh. VAdm. Leclerc) mit den Zerstörern *Broke* und *Malcolm.* Außer *Malcolm* werden die beteiligten Schiffe durch franz. Küstenartillerie und Kriegsschiffe versenkt. Aus Algier brechen die U-Boote *Marsouin* und *Caiman* nach Toulon durch. Bei den Kämpfen um Oran verliert die franz. Marine den Flottillenführer *Epervier* (FKpt. Laurin), die Zerstörer *Tornade, Tramontane* und *Typhon,* Minensucher *Surprise* sowie neben kleineren Fahrzeugen die U-Boote *Actéon, Ariane, Argonaute, Cérès, Diane* und *Pallas.* Das U-Boot *Fresnel* kann nach Toulon entkommen.
Auch in Casablanca (Marine-Bfh. VAdm. Michelier) setzt sich die franz. Marine heftig zur Wehr. Das unfertige Schlachtschiff *Jean Bart* wird durch Beschuß und Luftangriffe schwer beschädigt. Versuche von KAdm. de Lafond, mit dem Kreuzer *Primauguet* (Kpt. z. S. Mercier †), den Flottillenführern *Milan* und *Albatros* sowie den Zerstörern *Boulonnais, Brestois, Fougueux* und *Frondeur* die »Western Task Force« anzugreifen, scheitern. Alle Schiffe gehen verloren oder müssen sich auf Strand setzen. *Albatros* wird schwer beschädigt. Von den in Casablanca vorhandenen 11 U-Booten gehen *La Sibylle Méduse, Oréade, Amphitrite, La Psyché, Sidi-Ferruch* und *Le Conquérant* verloren, *La Tonnant* versenkt sich vor Cadiz selbst, *Antiope* und *Amazone* gehen nach Dakar und das 11. Boot *Orphée* kehrt nach dem Kampf nach Casablanca zurück.
Die franz. Marine verliert insgesamt 462 Tote, die Armee 326 und die Luftwaffe 15, dazu über 1000 Verwundete.
Erfolge dt. und ital. U-Boote gegen die Landungsverbände vgl. 5.—15. 11. (Mittelmeer) und 8.—26. 11. (Mittelatlantik).
Dt. Bomber und Torpedoflugzeuge versenken vom 8.—14. 11. vor der nordafrikanischen Küste die Truppentransporter *Awatea* (13 482 BRT) und *Cathay* (15 225 BRT), das Landungsschiff *Karanja* (9891 BRT), die Transporter *Leedstown* (9135 BRT) und *Glenfinlas* (7572 BRT) und das Kanonenboot *Ibis.* Der Träger *Argus* wird durch Bomben getroffen und der Monitor *Roberts* schwer beschädigt.

8.—26. 11. 1942 **Mittelatlantik**

Auf die Meldung von der alliierten Landung in Nordafrika werden alle brennstoffstarken U-Boote aus dem Nordatlantik mit hoher Marschfahrt ins Gebiet vor Marokko (Gruppe »Schlagetot« mit *U 572, U 173, U 130, U 108, U 103, U 510, U 509, U 752, U 511)* und Gibraltar (Gruppe »Westwall« mit *U 515, U 155, U 411, U 564, U 86, U 91, U 98, U 218, U 566, U 613, U 92, U 413, U 653, U 519, U 185, U 263)* gezogen.

Auf der Reede von Fedala greift *U 173* (Oblt. z. S. Schweichel) am 11./12. 11. den verankerten Konvoi UGF. 1 an und versenkt den Truppentransporter *Joseph Hewes* (9359 BRT), und torpediert den Tanker *Winooski* (10 600 BRT), und den Zerstörer *Hambleton.* In der folgenden Nacht versenkt *U 130* (KKpt. Kals) die Truppentransporter *Edward Rutledge, Tasker H. Bliss* und *Hugh L. Scott* mit zus. 34 507 BRT. Am 15. 11. torpediert *U 173* den Transporter *Electra* (6200 BRT), der aufgesetzt werden muß. *U 173* wird am folgenden Tage durch die US-Zerstörer *Woolsey, Swanson* und *Quick* versenkt. Angriffsversuche von *U 572, U 108, U 510, U 511* und *U 752* vom 11.—18. 11. schlagen fehl, *U 108* wird am 18. 11. durch Bomben beschädigt.

Von der Gruppe »Westwall« greift am 12. 11. *U 515* (Kptlt. Henke) das U-Boot-Depotschiff *Hecla* (10 850 ts) an und versenkt es in zahlreichen Anläufen, der sichernde Zerstörer *Marne* wird torpediert. — Der rückmarschierende Transporter-Konvoi MKF. 1, der u. a. durch die Geleitträger *Argus* und *Avenger,* die Zerstörer *Wrestler, Amazon* und *Glaisdale* (norw.), und eine Nahsicherungsgruppe mit der neuen Fregatte *Exe* als Führerboot gesichert wird, verliert am 14. 11. durch *U 413* (Oblt. z. S. Poel) den Truppentransporter *Warwick Castle* (20 107 BRT). Am 15. 11. versenkt *U 155* (Kptlt. Piening) den Träger *Avenger* (Cdr. Colthurst) und den Truppentransporter *Ettrick* (11 279 BRT) und torpediert den Transporter *Almaak* (6737 BRT). — Am 16. 11. versenkt *U 92* (Oblt. Oelrich) 1 Schiff mit 7662 BRT. *U 515* verfehlt einen Kreuzer, *U 218* wird beim Versuch, einen Trägerverband anzugreifen, beschädigt.

Am 17. 11. erleidet *U 566* Wasserbombenschäden. Am 18. 11. verfehlt *U 155* einen Konvoi, *U 613* und *U 91* werden durch Flieger- bzw. Wasserbomben beschädigt. Am 20. 11. verfehlt *U 413* den Konvoi KRS. 3 und wird durch die Abwehr beschädigt, *U 263* (Kptlt. Nölke) versenkt daraus 2 Schiffe mit 12 376 BRT.

Am 24. 11. werden *U 263* und *U 510* beschädigt und ab 26. 11. müssen sich die Boote nach Westen absetzen bzw. zur Versorgung aus *U 118* gehen.

9. 11. 1942 **Nordsee**

Dt. 2. S-Fl. (Kptlt. Feldt) greift mit *S 46, S 48, S 66, S 70, S 73, S 80, S 83, S 101, S 105* und *S 113* brit. Konvoi vor Lowestoft an und versenkt einen Frachter (1843 BRT) und torpediert einen zweiten (1482 BRT).

9.—18. 11. 1942 **Mittelmeer**

Einsatz der brit. U-Boote der 8., 10. und 1. Flottille zur Deckung der Operation »Torch«: *Ursula, P. 54/Unshaken* vor Oran, *P. 45/Unrivalled, P. 48, P. 221/ Shakespeare* vor Algier, *P. 211/Safari, P. 212/Sahib, P. 213/Saracen* zwischen Sardinien und Sizilien, *P. 44/United, P. 46/Unruffled, P. 37/Unbending, P. 35/ Umbra, P. 43/Unison* nördlich Sizilien und Messina, *Utmost, Una* südlich Messina und südlich der französ. Südküste *P. 51/Unseen, P. 222* sowie mit Sonderaufträgen (Landung Gen. Clay, Abholung franz. Gen. Giraud) *P. 219/Seraph, P. 217/Sibyl.* Transportfahrten nach Malta, anschließend z. T. Einsatz an der

tunes. und libyschen Küste: *Traveller, Parthian, Clyde, Thrasher, Proteus, Porpoise.*
Bei diesen Operationen werden zahlreiche Angriffe gefahren, es versenken *Turbulent* (Cdr. Linton) 1 Schiff mit 1554 BRT, *P. 211/Safari* (Cdr. Bryant) 2 Schiffe mit 2914 BRT und 3 kleine Fahrz., *P. 212/Sahib* (Lt. Bromage) 1 Schiff mit 1579 BRT Fangschuß, *P. 213/Saracen* (Lt. Lumby) 1 Schiff mit 209 BRT, *Porpoise* (Cdr. Bennington) 2 Schiffe mit 11 273 BRT, *Proteus* 1 Schiff mit 1579 BRT torpediert.

9.—21. 11. 1942 **Nordatlantik**
Aus den im Nordatlantik zurückbleibenden brennstoffschwachen U-Booten *U 84, U 522, U 521, U 753, U 224* und *U 383* wird die Gruppe »Kreuzotter« gebildet, zu der bis zum 17. 11. die von der Versorgung kommenden *U 454, U 606* und *U 624* sowie die neu aus der Heimat eintreffenden *U 184, U 264, U 262* und *U 611* treten. Am 12. 11. versenkt *U 224* (Oblt. z. S. Kosbadt) einen Einzelfahrer mit 5614 BRT. Am 15. 11. meldet *U 521* (Kplt. Bargsten) den Konvoi ONS. 144 33 Schiffe, Escort Group B. 6 (norweg. Kptlt. Monssen) mit den norweg. Korvetten *Potentilla, Eglantine, Montbretia, Rose* und der brit. *Vervain). U 521* greift erfolglos an und wird von *Rose* mit Wabos abgedrängt. Im Nebel verliert auch *U 611* (Kptlt. v. Jakobs) die kurz gewonnene Fühlung. Erst am 17. 11. nachm. kommen *U 521* und bald darauf auch *U 184* (Kptlt. Dangschat) heran, das mit Peilzeichen die anderen Boote heranführt. In der Nacht zum 18. 11. greifen nacheinander *U 262, U 264, U 184, U 521, U 224, U 383, U 454,* und *U 624* an, von denen *U 264* (Oblt. z. S. Looks) und *U 184* je 1 Schiff mit 6696 BRT bzw. 3192 BRT versenken, *U 624* (Oblt. z. S. Graf Soden-Frauenhofen) versenkt 2 Schiffe mit 10 076 BRT, torpediert 1 weiteres mit 5432 BRT, das später von *U 522* (Kptlt. Schneider) versenkt wird, und verfehlt knapp die *Eglantine*. Die anderen Boote verfehlen ihre Ziele und werden von *Rose, Montbretia* und *Potentilla* mit Wabos belegt. Gegen Morgen versenkt *U 262* (Oblt. z. S. Franke) die *Montbretia. U 753* (KKpt. v. Mannstein) verfehlt das Rettungsschiff *Perth* mit der *Rose*. Wegen Torpedoaufbrauch bzw. Brennstoffmangel müssen die meisten Boote am 18. 11. abbrechen, nur *U 184, U 264, U 262* und *U 611* setzen die Operation fort. Am Nachm. des 18. und Morgen des 19. 11. verfehlen Fächer von *U 264* und *U 184* ihre Ziele. Die am Abend durch die Zerstörer HMS. *Firedrake* und USS. *Badger* verstärkte Sicherung drängt die Boote ab. Gegen Morgen am 20. 11. versenkt *Potentilla* das fühlunghaltende *U 184,* während kurz darauf *U 264* die *Rose* verfehlt. Am Vormittag nimmt die »Western Local Escort Group« den Konvoi auf, und die U-Boote brechen die Operation ab.

11. 11. 1942 **Indischer Ozean**
Jap. Hilfskreuzer *Hokoku Maru* (10 438 BRT) und *Aikoku Maru* (10 500 BRT) greifen ca. 500 sm südwestl. der Cocos-Insel den unter Sicherung durch den indischen Minensucher *Bengal* (LCdr. W. J. Wilson) von Fremantle nach Diego Garcia laufenden niederl. Tanker *Ondina* (6341 BRT) an. Im Gefecht kann *Bengal* die artilleristisch weit überlegene *Hokoku Maru* mehrfach so treffen, daß das Schiff explodiert, worauf der zweite Hilfskreuzer, der inzwischen den Tanker in Brand geschossen hat, das Gefecht abbricht. *Ondina* kann schwer beschädigt nach Fremantle zurückgebracht werden.

11.—15. 11. 1942 **Südpazifik**
Jap. und US-Kräfte suchen Entscheidung im Kampf um Guadalcanal. Zur Sicherung des jap. Angriffes klären am 11. 11. die U-Boote *I-7, I-9, I-21* und *I-31* mit

ihren Bordflugzeugen Vanikoro/Santa Cruz, Espiritu Santo, Nouméa und Suva/ Fiji auf, *I-21* (FKpt. Matsumura) versenkt dabei einen Transporter mit 7176 BRT. In der Nacht zum 13. 11. versucht eine US Task Force mit den Kreuzern *San Francisco* (KAdm. Callaghan), *Portland, Helena, Atlanta* (KAdm. Scott), *Juneau* und den Zerstörern *Cushing, Laffey, Sterrett, O'Bannon, Aaron Ward, Barton, Monssen* und *Fletcher* einen zur Beschießung des Henderson-Flugplatzes anlaufenden jap. Verband mit den Schlachtschiffen *Hiei* (VAdm. Abe), *Kirishima*, dem Kreuzer *Nagara* (KAdm. Kimura) und den Zerstörern *Amatsukaze, Yukikaze, Akatsuki, Ikazuchi, Inazuma, Terutsuki, Yudachi, Harusame, Asagumo, Murasame* und *Samidare* abzufangen. Beide Kampfgruppen prallen südostwärts Savo Island in der Dunkelheit aufeinander. In wilden Gefechten auf z. T. kürzeste Entfernung reißt der US-Verband auseinander, beide Admirale fallen in den ersten Minuten. *Atlanta* (Capt. S. P. Jenkins), *Laffey, Barton, Monssen* und *Cushing* sinken nach Artillerie- und Torpedotreffern, *San Francisco* (Capt. Cassin Young †), *Portland, Juneau, Sterrett, Aaron Ward* werden schwer beschädigt. Auf jap. Seite sinkt die *Akatsuki*, die havarierte *Yudachi* wird am Morgen durch die *Portland* versenkt. Die *Hiei* erhält mehr als 50 Artillerietreffer und sinkt am Morgen nach 2 Lufttorpedotreffern von Flugzeugen des südlich Guadalcanal kreuzenden Trägers *Enterprise* und einem Bombentreffer einer *B 17/Fortress* nach Bergung der Besatzung. Von den südlich Guadalcanal operierenden jap. U-Booten *I-17* und *I-26* (FKpt. Yokota) greift letzteres den rückmarschierenden US-Verband an, verfehlt das Flaggschiff *San Francisco*, versenkt aber die *Juneau* (Capt. Swenson †).
Um das Henderson-Flugfeld während der vorgesehenen Landung von Truppen aus 11 Transportern, gesichert von KAdm. Tanaka mit 11 Zerstörern am 14. 11. auszuschalten, beschießt in der Nacht vom 13./14. 11. VAdm. Mikawa mit den Kreuzern *Chokai, Kinugasa, Suzuya* (KAdm. Nishimura), *Maya, Isuzu, Tenryu* und 6 Zerstörern den Platz ohne durchschlagenden Erfolg. Am Morgen des 14. 11. wird der abmarschierende Verband durch Sturzbomber und Torpedoflugzeuge vom Henderson-Field und der *Enterprise* mehrfach angegriffen und verliert die *Kinugasa*, während die *Chokai, Maya, Isuzu* und der Zerstörer *Michishio* beschädigt werden. Bei Angriffen dieser Flugzeuge gegen den Transportverband KAdm. Tanakas, den einige *Zero*-Jäger der nördlich der Salomonen operierenden jap. Träger *Hiyo* und *Junyo* nicht sichern können, werden 7 Transporter mit 50535 BRT versenkt. Die übrigen 4 Transporter landen ihre Truppen und werden, nachdem sie sich auf Grund gesetzt haben, durch Luftangriffe am 15. 11. vernichtet.
In der Nacht vom 14./15. 11. versucht die jap. Hauptmacht mit dem Schlachtschiff *Kirishima*, den Schweren Kreuzern *Atago* (VAdm. Kondo) und *Takao* und 2 Sicherungsgruppen mit dem Kreuzer *Nagara* (KAdm. Kimura) und den Zerstörern *Terutsuki, Inazuma, Shirayuki, Hatsuyuki, Asagumo* (KAdm. Takama), *Samidare* bzw. dem Kreuzer *Sendai* (KAdm. Hashimoto) und den Zerstörern *Uranami, Shikinami, Ayanami* erneut das Henderson-Field zu beschießen. Auf dem Anmarsch wird der Verband von dem US-Boot *Trout* gemeldet und erfolglos angegriffen. Gegen den jap. Verband wird KAdm. Lee mit den modernen US-Schlachtschiffen *Washington* und *South Dakota* und den Zerstörern *Walke, Benham, Preston* und *Gwin* in den »Ironbottom Sound« entsandt. Von 2 Seiten angegriffen, verliert der US-Verband zunächst durch Artillerie und Torpedos die vorauslaufenden *Walke, Benham, Preston*, während *Gwin* beschädigt wird. Bei den Ausweichmanövern prallt die *South*

Dakota (Capt. T. L. Gatch) mit ausgefallenem Radar auf die *Kirishima, Atago* und *Takao* und wird durch 42 Treffer in die Aufbauten schwer beschädigt. Ein Torpedoangriff der Zerstörer KAdm. Kimuras schlägt fehl, der jap. Zerstörer *Ayanami* geht verloren. Dann nähert sich die unbemerkt gebliebene *Washington* (Capt. G. B. Davis) mit Radar auf 8000 m und schießt in 7 Minuten die *Kirishima* zusammen. Im Ablaufen manövriert sie Torpedo-Angriffe jap. Zerstörer aus.

12. 11.—17. 12. 1942 **Nordmeer**

Sowj. Minenunternehmungen an der norweg. Polarküste. Am 12. 11. legen 9 sowj. *MO-IV*-Wachkutter Minen vor den Häfen des Varanger-Fjordes. Bis Ende des Jahres werden von ihnen vor Vardö 14, vor Kirkenes 20 und vor dem Petsamo-Fjord 34 Minen gelegt. Auf diesen Sperren sinken am 19. 11. *Schiff 18* (419 BRT) vor Kirkenes, am 29. 11. der Frachter *Akka* (2646 BRT) vor Vardo und am 30. 11. vor Petsamo die Frachter *Hans Rickmers* (5226 BRT) und *Westsee* (5911 BRT), die sich z. T. auf Strand setzen. Am 7. 12. räumt die 56. M-Flottille die Sperren vor Petsamo z. T.
Die neu zum Einsatz kommenden Minen-U-Boote *L-20* und *L-22* legen in mehreren Unternehmungen u. a. Sperren im Porsanger-Fjord, auf denen am 6. 12. die Vorpostenboote *V 6116/Ubier* und *V 6117/Cherusker* sinken.

14. 11. 1942 **Schwarzes Meer**

Das sowj. U-Boot *L-23* (Kpt. 3. Rg. Fartušnyj) torpediert den vor dem Bosporus durch die rumän. Zerstörer *Regina Maria* und *Regele Ferdinand* aufgenommenen dt. Tanker *Ossag* (2793 BRT), der von einem türk. Schlepper in den Bosporus eingeschleppt wird.

15. 11.—19. 12. 1942 **Mittelatlantik**

Von den nach Versorgung aus *U 462* (Oblt. z. S. Vowe) erneut vor Freetown und im Gebiet der Cap Verden eingesetzten U-Booten versenken: *U 134* (Kptlt. Schendel) 1 Schiff mit 4827 BRT, *U 552* (Kptlt. Popp) 1 Schiff mit 3157 BRT, *UD 3* (FKpt. Rigele) 1 Schiff mit 5041 BRT, und *U 176* (Kptlt. Dierksen) 3 Schiffe mit 13 432 BRT. Zwischen dem Golf von Guinea und den Cap Verden versenken *U 161* (Kptlt. Achilles) 3 Schiffe mit 16 284 BRT, ferner 1 Schiff mit 5161 BRT beschädigt, *U 126* (Kptlt. Bauer) 4 Schiffe mit 19 672 BRT.

16. 11. 1942 **Mittelmeer**

Bei der Sicherung eines dt. Geleitzuges von Piräus nach den Dardanellen vernichtet *UJ 2102* (Oblt. z. S. Kleiner) das durch den Zerstörer *Hermes* (Kpt. z. S. Johannesson) geortete griech. U-Boot *Triton* und nimmt die Besatzung gefangen.

17./18. 11. 1942 **Ostsee**

Die finn. S-Boote *Syöksy, Vinha* (Oblt. z. S. Vuorensaari) und *Vihuri* (Oblt. z. S. Kajatsalo) greifen das im Hafen von Lavansaari liegende sowj. Kanonenboot *Krasnoe znamja* an und versenken es mit Torpedotreffern. Es wird später gehoben und repariert.

17.—20. 11. 1942 **Mittelmeer**

Operation »Stoneage«: Britischer Konvoi von 4 Handelsschiffen, gesichert durch das 15. Kreuzer-Geschwader (KAdm. Power) mit *Arethusa, Euryalus, Dido* und 10 Zerstörern läuft von Alexandria nach Malta. Trotz dt. Luftangriffe, bei denen am 18. 11. nördlich Derna die *Arethusa* so schwer getroffen wird, daß sie umkehren muß, erreichen alle 4 Transporter Malta. Damit kann die Insel als entsetzt gelten.

17.—21. 11. 1942 **Südwestpazifik**

In der Malakka-Straße torpediert das brit. U-Boot *Trusty* (LCdr. King) 1 Schiff mit 5617 BRT, das US-U-Boot *Searaven* (LCdr. Cassedy) versenkt bei der Christmas-Insel 1 Schiff mit 333 BRT. Im Gebiet der Philippinen versenken *Seal* (LCdr. Hurd) und *Salmon* (LCdr. McKinney) je 1 Schiff mit 5487 bzw. 5873 BRT. *Stingray* (LCdr. Earle) torpediert 1 Schiff mit 8360 BRT.

17.—23. 11. 1942 **Nordmeer**

Am 17. 11. läuft aus dem Kola-Fjord der Konvoi QP. 15 mit 28 Schiffen, gesichert von 1 Flakschiff, 5 Minensuchern, 4 Korvetten und 1 Trawler sowie den sowj. Zerstörern *Baku* und *Sokrušitel'nyj* aus. In der Barentssee wird er von 5 brit. Zerstörern aufgenommen, weiter westlich durch die brit. Kreuzer *London* und *Suffolk* mit weiteren 5 Zerstörern. 3 brit. und 1 sowj. U-Boot besetzen Positionen vor den nordnorwegischen Fjorden gegen dt. Überwasserschiffe. Am 20. 11. wird der Konvoi in schwerem Sturm weit auseinandergetrieben, der *Baku* werden von der See Teile der Aufbauten weggerissen. Mit starkem Wassereinbruch im Vorschiff und den Kesselräumen erreicht das Schiff mühsam den Hafen. Die *Sokrušitel'nyj* bricht halb durch. Die zur Hilfeleistung entsandten Zerstörer *Razumnyj, Kujbyšev* und *Urickij* können in schwerster See 187 Mann bergen, der Zerstörer sinkt am 22. 11. Die dt. Luftaufklärung erfaßt den Konvoi bei dem herrschenden Wetter nicht. Aus Konvoigruppen versenken *U 625* (Oblt. Benker) und *U 601* (Kptlt. Grau) je 1 Schiff mit 5851 bzw. 3974 BRT.

19. 11. 1942 **Kanal**

Dt. 5. S-Fl. (Kptlt. Klug) greift südlich Plymouth mit *S 68, S 77, S 82, S 112, S 115* und *S 116* brit. Konvoi an und versenkt den Trawler *Ullswater* und 3 Frachter mit 3528 BRT.

20. 11.—10. 12. 1942 **Indischer Ozean**

Das südwestlich der Malabar-Küste operierende jap. U-Boot *I-166* (KKpt. Tanaka) versenkt 1 Schiff mit 5332 BRT, *I-29* (FKpt. Izu) im Golf von Aden 2 Schiffe mit 16 329 BRT. *I-27* bleibt im Golf von Oman ohne Erfolg.

21. 11.—6. 12. 1942 **Mittelmeer**

Im Golf von Neapel greift das brit. U-Boot *P. 228/Splendid* (LCdr. McGeogh) vom 16.—22. 11. mehrere Konvois an, darunter am 21. 11. einen mit 2 Schiffen und den Zerstörern *Legionario, Bombardiere* und *Velite*, von denen letzterer torpediert wird. Vor der tunesischen Küste und südlich Marettimo greifen *P. 44/United, Utmost, Una* und *P. 219/Seraph* Konvois ohne Erfolg an, *Utmost* wird durch Wasserbomben des T-Bootes *Ardente* beschädigt. Anfang Dezember versenken vor Korsika *Ursula* (Lt. Lakin) 2 Schiffe mit 1962 BRT, vor Susa *P. 35/Umbra* (LCdr. Maydon) 1 Schiff mit 1097 BRT und vor Tunis *P. 45/ Unrivalled* (Lt. Sprice) das Lazarettschiff *Città di Trapani* (1467 BRT) und 1 Segler.

In der Ägäis meldet das griech. U-Boot *Papanicolis* erfolgreiche Angriffe.

Vor Sizilien verfehlt *P. 217/Sibyl* den von den ital. Zerstörern *Granatiere, Saetta* und den T-Booten *Partenope* und *Perseo* gesicherten dt. Transporter *Ankara*. Vor Sardinien versenkt *Tigris* am 6. 12. das ital. U-Boot *Porfido*.

24. 11.—3. 12. 1942 **Nordatlantik**

Aus den vom ONS. 144 kommenden U-Booten wird nordostwärts Neufundland die Gruppe »Drachen« mit *U 454, U 522, U 262, U 611, U 623, U 663* und *U 445* gebildet. Am 26. 11. versenken *U 262* (Oblt. z. S. Franke) und *U 663* (Kptlt. Schmid) je 1 Schiff mit 7178 BRT bzw. 5170 BRT. Konvois werden nicht gesichtet.

27. 11. 1942 **Mittelmeer**

Unternehmen »Lila«: Besetzung Toulons durch das II. SS-Pz.-Korps. Auf Befehl des Flottenchefs, Admiral de Laborde, Selbstvernichtung der franz. Kriegsflotte in Toulon: Schlachtschiffe *Strasbourg, Dunkerque, Provence,* Schwere Kreuzer *Algérie, Foch, Colbert, Dupleix,* Leichte Kreuzer *Marseillaise, La Galissonnière, Jean-de-Vienne,* Flugzeugmutterschiff *Commandant Teste,* Zerstörer *Lion, Gerfaut, Lynx, Panthère, Tigre, Vauban, Aigle, Cassard, Guépard, Kersaint, L'Indomptable, Mogador, Tartu, Valmy, Vauquelin, Vautour, Verdun, Volta, Bison, Casque, Le Foudroyant, L'Adroit, Lansquennet, Le Hardi, Mameluk, Le Siroco, Bordelais, La Palme, Le Mars, Trombe,* Torpedoboote *Baliste, La Bayonnaise, La Poursuivante,* U-Boote *Achéron, Caiman, Diamant, Eurydice, Fresnel, Galatée, Henri Poincaré, Aurore, L'Espoir, Naiade, Pascal, Redoutable, Sirène, Thétis, Vengeur, Vénus,* 11 Kanonenboote und kleinere Fahrzeuge.

29. 11. 1942 **Mittelmeer**

Brit. Minenkreuzer *Manxman* legt bei Cani in der Nähe von Tunis eine Sperre mit 156 Minen. Am 8. 12. wird sie durch weitere 36 Minen ergänzt.

29. 11.—2. 12. 1942 **Schwarzes Meer**

Erster Vorstoß des sowj. Geschwaders (VAdm. Vladimirskij) gegen den Schiffsverkehr an der rumänisch-bulgarischen Küste. Die erste Gruppe mit dem Kreuzer *Vorošilov,* dem Flottillenführer *Char'kov* und dem Zerstörer *Soobrazitel'nyj* soll die Häfen Sulina, Burgas und die Radiostation Fidonisi beschießen, die 2. Gruppe mit den Zerstörern *Besposčadnyj* und *Bojkij* Schiffsziele bei Kap Kaliakra und Kap Schabla angreifen und Mangalia beschießen. Am 1. 12. feuern die Zerstörer der 2. Gruppe Torpedos gegen Schiffe auf der Reede von Kalytsch-Kiap, die auf Grund laufen. *Vorošilov* und *Soobrazitel'nyj* beschießen Fidonisi, durch eine Minendetonation im Bugschutzgerät des Zerstörers wird der Kreuzer beschädigt, der Verband kehrt um. *Char'kov* findet bei Gibrieni keine Ziele.

29. 11.—11. 12. 1942 **Nordatlantik**

Gegen einen aus Horchbeobachtungen am 29. 1. vermuteten OS.-Konvoi wird am 30. 11. westlich Irland die Gruppe »Draufgänger« aus neu eintreffenden U-Booten *U 455, U 221, U 553, U 610, U 600, U 604, U 569, U 615* und *U 609* gebildet. Es wird kein Konvoi gefunden. Am 2.12. versenkt *U 604* (Kptlt. Höltring) 1 Schiff mit 7057 BRT. Zwei Angriffe von *U 615* und *U 435* schlagen fehl. Gegen einen nach dem Konvoi-Fahrplan erwarteten ONS.-Konvoi wird die Gruppe zum 6. 12. nach Norden gezogen, von ihrem ohne Erfolg eingenommenen Vp.-Streifen aus am 7. 12. gegen den HX. 217 angesetzt (s. u.).

Am 29. 11. wird im mittleren Nordatlantik gegen einen ONS.-Konvoi mit den neu eintreffenden U-Booten *U 439, U 254, U 758, U 465, U 135, U 211* und *U 524* die Gruppe »Panzer« gebildet, die bis zum 4. 12. entsprechend dem Tagesetmal eines ONS.-Konvois nach Westen bis nordostwärts Neufundland marschiert, ohne Ziele zu finden. Das mit einer B-Dienstgruppe zur Beobachtung des UK-Sprechverkehrs ausgerüstete *U 524* (Kptlt. Frhr. v. Steinaecker) horcht am 4. 12. Geleitsprechverkehr, die Gruppe wird nach Nordosten gezogen. Am 6. 12. mittags sichtet *U 524* den Konvoi HX. 217 (33 Schiffe, Escort Group B. 6

[Cdr. Heathcote] mit den Zerstörern *Fame, Burza* [poln.] und den Korvetten *Vervain* [brit.] und *Potentilla, Rose, Eglantine* [norweg.]). Die 4 am 6. 12. nachmittags herankommenden U-Boote verlieren bei Sichtverschlechterung die Fühlung und werden durch den abgesetzt Leuchtgranaten schießenden Zerstörer *Montgomery* der »Western Local Escort Group« abgelenkt. Am 7. 12. vorm. gewinnt *U 524* wieder Fühlung und führt *U 254, U 465, U 439* und *U 135* heran, die aber von der *Liberator H/120* abgedrängt werden. In der Nacht zum 8. 12. versenkt *U 524* ein Schiff mit 8194 BRT und verfehlt knapp die *Fame. U 254, U 465, U 623* (mit *U 611* von Versorgung kommend) und *U 758* werden durch *Eglantine, Rose, Burza* und *Potentilla* vor dem Schuß geortet und abgedrängt. Am 8. 12. kommen die Boote der Gruppe »Draufgänger« — *U 455, U 221, U 553, U 610, U 600, U 604, U 569, U 615* und *U 609* in die Nähe, von denen *U 600* (Kptlt. Zurmühlen) am 7. 12. 1 Einzelfahrer mit 6762 BRT versenkt hat. Am Nachmittag des 8. 12. gewinnen *U 610* und *U 553* Fühlung, werden aber nach einem Fehlschuß auf einen Zerstörer zusammen mit 3 anderen Booten durch die *Liberator*-Bomber *B/120* und *M/120* unter Wasser gedrückt. Am 8. 12. abends rammt *U 221* (Oblt. z. S. Trojer) beim Angriff *U 254* (Kptlt. Gilardone), das sinkt. 2 Boote werden durch *Rose* und *Potentilla* abgedrängt. Am Morgen des 9. 12. verfehlt *U 455* 1 Geleitfahrzeug, und *U 553* (KKpt. Thurmann) versenkt 1 versprengtes Schiff mit 5273 BRT, 2 weitere Angriffe werden von *Eglantine* und *Potentilla* vereitelt. Während des 9. 12. hält *U 553* Fühlung, in der Nacht zum 10. 12. kommt nur *U 758* (Kptlt. Manseck) zu einem Fehlschuß gegen die *Burza,* 6 weitere Angriffe werden von *Potentilla, Rose, Potentilla, Vervain, Burza* und *Rose* vereitelt. Trotz starker Luftsicherung durch 6 *Hudson* der RAF-Sq. 269, *Fortress* der RAF-Sq. 220 und *Catalinas* der USN-Sq. VP-84 gelingt es *U 628* (Oblt. zu S. Hasenschar), bis zum 11. nachts Fühlung zu halten, doch werden alle Boote, so *U 610, U 615, U 623* abgedrängt und *U 611* durch die *Catalina H/84* versenkt. Gegen die starke Luftsicherung am 11. 12. ist eine weitere Operation aussichtslos.

29. 11.—12. 12. 1942 **Mittelmeer**

Auslegung von Flankensperren von Bizerta in nordostwärtiger Richtung bis in den Raum westlich Sizilien zum Schutz des verbündeten Nachschubverkehrs nach Tunis. Es legen am 29./30. 11. der Zerstörer *Da Noli* (FKpt. Valdambrini) und das Hilfsschiff *Barletta* in 2 Einsätzen die Sperren S. 91 und S. 92 mit 172 bzw. 154 Minen; am 30. 11./1. 12. die Zerstörer *Maestrale* (Kpt. z. S. Bedeschi), *Grecale, Mitragliere* und *Ascari* die Sperre S. 96 mit 224 Minen; am 4./5. 12. die Zerstörer *Pigafetta* (Kpt. z. S. Del Minio), *Da Noli* und die *Barletta* die Sperre S. 93 mit 172 Minen und die Zerstörer *Maestrale, Grecale, Ascari* und *Corazziere* die Sperre S. 97 mit 224 Minen und am 11./12. 12. Zerstörer *Pigafetta, Da Noli, Zeno, Mitragliere, Ascari, Corazziere* und *Grecale* die Sperre S. 94 mit 224 Minen.

30. 11. 1942 **Pazifik**

Vernichtung des dt. Hilfskreuzers *Schiff 10 Thor* (Kpt. z. S. Gumprich) im Hafen von Yokohama durch Explosion des längsseits liegenden Troß-Schiffes *Uckermark* (KKpt. von Zatorski). Neben jap. Hafenfahrzeugen und einem Frachter wird auch die Prise *Leuthen* vernichtet. *Schiff 10* kaperte oder versenkte auf seiner letzten Fahrt 10 Handelsschiffe mit zusammen 56 037 BRT.

30. 11.—1. 12. 1942 **Südpazifik**

Nachtgefecht von Tassafaronga: Eine jap. Zerstörergruppe (KAdm. Tanaka)

mit *Naganami, Makinami, Oyashio, Kuroshio, Kagero, Kawakaze, Suzukaze* und *Takanami* versucht mit Versorgungsgütern nach Guadalcanal durchzukommen. Die Amerikaner erfahren von dem Unternehmen durch ihren Funkbeobachtungsdienst, worauf Adm. Halsey dem Verband Task Force 67 (KAdm. Wright) von Esperitu Santo entgegenschickt: Schwere Kreuzer *Minneapolis, New Orleans, Pensacola, Northampton,* Leichter Kreuzer *Honolulu* und Zerstörer *Drayton, Fletcher, Maury, Perkins, Lamson* und *Lardner.*
Es gelingt KAdm. Wright mit Hilfe von Radar, den jap. Verband zu überraschen und im Gefecht den Zerstörer *Takanami* so schwer zu beschädigen, daß er später aufgegeben werden muß. KAdm. Tanaka befiehlt daraufhin der Hälfte seiner Schiffe, auf Guadalcanal zuzuhalten, um die mitgeführten Versorgungsbehälter über Bord zu werfen (die dann später aufgefischt wurden) und greift mit dem Restverband die überlegene US-Kampfgruppe mit Torpedos an. Alle 4 Schweren Kreuzer erhalten Treffer: *Northampton* (Capt. W. A. Kitts) sinkt, *New Orleans* verliert ihr Vorschiff und *Pensacola* und *Minneapolis* werden schwer beschädigt.

★

1. 12. 1942 **Kanal**
S 81 (Oblt. z. S. Wendler) versenkt brit. Trawler *Jasper.*

1.—2. 12. 1942 **Mittelmeer**
Angriff der brit. Force Q (KAdm. Harcourt) mit den Kreuzern *Aurora, Sirius, Argonaut* und den Zerstörern *Quiberon* und *Quentin* gegen den ital. Konvoi-Verkehr auf der Route Trapani—Tunis. Von 4 in See befindlichen Konvois mit insges. 13 Transportschiffen, gesichert von 7 Zerstörern und 12 T-Booten können 3 nach Erfassung durch brit. Luftaufklärung zurückgerufen werden. Der Konvoi H mit 4 Schiffen und den Zerstörern *Da Recco* (Kpt. z. S. Cocchia), *Camicia Nera, Folgore* und den T-Booten *Procione* und *Clio* wird bei der Skerki-Bank gestellt. Die 4 Schiffe und der Zerstörer *Folgore* werden versenkt, *Da Recco* und *Procione* beschädigt. Auf dem Rückmarsch wird der brit. Verband durch Bomber und T-Flugzeuge angegriffen und verliert durch Torpedotreffer die *Quentin.*

1.—10. 12. 1942 **Schwarzes Meer**
Der sowj. Kreuzer *Krasnyj Krym,* die Zerstörer *Nezamožnik* und *Bespoščadnyj* und Minensucher bringen die 9. Gebirgs-Schützen-Division von Batumi nach Tuapse.

1.—28. 12. 1942 **Mittelmeer**
Im westlichen Mittelmeer torpedieren am 1. 12. *U 375* (Kptlt. Könenkamp) den brit. Minenkreuzer *Manxman* und *U 602* (Kptlt. Ph. Schüler) am 9. 12. den Zerstörer *Porcupine.* Am 11. 12. versenkt *U 443* (Oblt. z. S. v. Puttkamer) den brit. Zerstörer *Blean,* am 14. 12. 1 Schiff mit 1592 BRT. *U 565* (Kptlt. Franken) versenkt am 18. 12. den brit. Zerstörer *Partridge* und torpediert am 22. 12. den Truppentransporter *Cameronia* (16 297 BRT). Am 21. 12. wird der Truppentransporter *Strathallan* (23 722 BRT) von *U 562* (Oblt. z. S. Hamm) versenkt. Im östlichen Mittelmeer greift *U 617* (Kptlt. Brandi) verschiedene Konvois vor der Cyrenaika-Küste an und versenkt 1 Flottenschlepper (810 BRT).

3. 12. 1942 **Kanal**
5. S-Flottille (Kptlt. Klug) greift mit *S 81, S 82, S 115* und *S 116* brit. Konvois

im Kanal an und versenkt 1 Frachter (383 BRT), *S 115* (Oblt. z. S. Klocke) den brit. Geleitzerstörer *Penylan*.

3.—22. 12. 1942 **Nordatlantik**

Fortsetzung der Operationen der Gruppe »Westwall« im Raum westlich Gibraltar und Marokko gegen den alliierten Nachschub für »Torch« mit *U 185, U 515, U 155, U 130, U 103* und den versorgten *U 106, U 92, U 564, U 653, U 519* und *U 86*. Vor den marokkanischen Häfen werden *U 618* und *U 432* angesetzt. Am 6. 12. verfehlt *U 106* 1 Hilfsschiff, *U 155* (Kptlt. Piening) und *U 103* (Oblt. z. S. Janssen) versenken je 1 Schiff mit 8456 BRT bzw. 5026 BRT. Am 7. 12. versenkt *U 515* (Kptlt. Henke) den Truppentransporter *Ceramic* (18713 BRT), und *U 185* (Kptlt. Maus) 1 Schiff mit 5476 BRT. Am 13. 12. torpediert *U 103* den Transporter *Hororata* (13945 BRT). Angriffe von *U 519* und *U 185* am 9. 12. und 20. 12. bleiben erfolglos. Vor Fedala versenkt *U 432* (Kptlt. H. O. Schultze) 1 Bewacher von 310 BRT und verfehlt 2 Transporter.

4. 12. 1942 **Mittelmeer**

Erster Angriff der 9. US-Luftflotte gegen Italien, Ziel die Flotte in Neapel. Der Kreuzer *Attendolo* wird vernichtend getroffen, *Montecuccoli* schwer und *Eugenio di Savoia* sowie 4 Zerstörer leichter beschädigt. Daraufhin wird die 9. Division mit den Schlachtschiffen *Littorio, Vittorio Veneto* und *Roma* nach La Spezia, und die 3. Division mit den Schweren Kreuzern *Gorizia* und *Trieste* von Messina nach Maddalena (Sardinien) verlegt. In Messina verbleibt die 8. Division mit den Kreuzern *Garibaldi, Duca degli Abruzzi* und *Duca d'Aosta*.

5.—25. 12. 1942 **Südpazifik**

Von den zu Transportaufgaben im Gebiet der Salomonen eingesetzten jap. U-Booten *I-2, I-3, I-4, I-5* und *I-6* gehen am 10. 12. *I-3* durch Torpedoangriff des US-Schnellbootes *PT 59* und *I-4* am 20. 12. durch 1 Torpedo des US-U-Bootes *Seadragon* verloren. Das durch Neubauten verstärkte 7. U-Boot-Geschwader operiert von Rabaul aus mit *Ro-101* vor der Milne-Bay, *Ro-102* vor dem Jomard-Kanal und *Ro-103* bei einer Transportaufgabe.

7.—28. 12. 1942 **Pazifik**

Vor Japan versenken die US-U-Boote *Kingfish* (LCdr. Lowrance) 2 Schiffe mit 9779 BRT, *Halibut* (LCdr. Gross) 4 Schiffe mit 12651 BRT, 1 weiteres Schiff mit 6376 BRT torpediert, *Drum* (LCdr. McMahon) torpediert den jap. Träger *Ryuho* und legt am 17. 12. vor Bungo Suido eine Minensperre. *Trigger* (LCdr. Benson) legt am 20. 12. eine Sperre vor Inubozaki. Im Gebiet von Ponape versenkt *Triton* (LCdr. Kirkpatrick) 2 Schiffe mit 5306 BRT.

8. 12. 1942 **Mittelmeer**

Eine kleine dt. Kampfgruppe (GenMaj. Gause) besetzt die Küstenbatterien von Bizerta und erbeutet im Hafen den Zerstörer *L'Audacieux*, die Torpedoboote *La Pomone, L'Iphigénie, Bombarde*, die U-Boote *Circé, Calypso, Dauphin, Requin, Phoque, Espadon, Saphir, Turquoise, Nautilus*, die Avisos *Commandant Rivière, La Batailleuse* und den Minenleger *Castor*.

8. 12. 1942 **Schwarzes Meer**

Bei Operationen vor dem Bosporus versenkt das sowj. U-Boot *D-5* (Kptlt. Trofimov) den kleinen türk. Segler *Koçiboglu*.

8.—29. 12. 1942 **Südwestpazifik**

Im südasiatischen Raum versenken die US-U-Boote *Gar* (LCdr. McGregor, D.) 1 Schiff mit 661 BRT, *Tambor* (LCdr. Ambruster) 1 Schiff mit 2558 BRT und

Thresher (LCdr. Millican) 1 Schiff mit 2733 BRT. *Tautog* (LCdr. Willingham) torpediert 1 Schiff mit 1000 BRT. Im Gebiet des Bismarck-Archipels versenken *Wahoo* (LCdr. Kennedy) 1 Schiff mit 5355 BRT, *Grouper* (LCdr. McGregor, R. R.) 1 Schiff mit 4003 BRT, 1 weiteres Schiff mit 4861 BRT torpediert, *Albacore* (LCdr. Lake) versenkt am 18. 12. Kreuzer *Tenryu,* 1 Schiff mit 10438 BRT torpediert, *Greenling* (LCdr. Bruton) 1 unbekanntes Kriegsschiff versenkt und *Seadragon* (LCdr. Ashley) 1 Schiff mit 6187 BRT torpediert. Vor Wake versenkt *Triton* (LCdr. Kirkpatrick) 1 Schiff mit 3393 BRT.

9.—18. 12. 1942 **Mittelmeer**

Vor der tunes. Küste versenkt das brit. U-Boot *P. 35/Umbra* (LCdr. Maydon) 2 Schiffe mit 3572 BRT. Am 12. 12. wird *P. 222* beim Angriff auf einen ital. Konvoi vor Neapel durch das T-Boot *Fortunale* versenkt. Im Gebiet von Bizerta greifen am 14. 12. *P. 212/Sahib* (Lt. Bromage) und *P. 46/Unruffled* (Lt. Stevens) einen ital. Konvoi mit 4 Dampfern und den T-Booten *Ardito, Fortunale, Groppo* und *Orione* an und versenken je 1 Schiff mit 4959 BRT bzw. 6666 BRT. Vor Sardinien versenkt *P. 228/Splendid* (LCdr. McGeogh) am 15. 12. 1 Schiff mit 5048 BRT und am 17. 12. den Zerstörer *Aviere,* der mit der *Camicia Nera* den dt. Transporter *Ankara* sichert. *Rorqual* (LCdr. Napier) legt vor Ischia eine Minensperre und greift am 18. 12. 1 Schiff an. In der Ägäis versenkt *Taku* 1 Schiff mit 5322 BRT und 1 Segler.

9.—26. 12. 1942 **Nordatlantik**

Auf dem durch den B-Dienst entzifferten Kurs des Konvois HX. 218 wird ab 9. 12. die Gruppe »Büffel« südlich Grönland angesetzt; *U 663, U 445, U 373.* Am 13. 12. sichtet *U 373* (Kptlt. Loeser) den HX. 218 mit 54 Schiffen, wird aber 4 Stunden später durch 2 Zerstörer abgedrängt. *U 663* (Kptlt. Schmid) wird in der Nacht zum 14. 12. durch 1 Zerstörer mit Wasserbomben belegt und muß beschädigt den Rückmarsch antreten. In der Hoffnung, daß der Konvoi den bekannten Kurs einhält, wird die ab 13. 12. südlich Island aufgestellte Gruppe »Ungestüm« mit *U 435, U 628, U 336, U 591, U 604, U 569, U 615, U 455* und *U 524* dem Konvoi entgegengeschickt. Am 14. 12. werden *U 445* und *U 373* durch starke Luftsicherung unter Wasser gedrückt, am 15. 12. umgeht der HX. 218 den Vorpostenstreifen »Ungestüm« im Süden. Bei der Suche am 16. 12. sichtet *U 373* den entgegenkommenden ONS. 152 mit 22 Schiffen. *U 524, U 615* und *U 445* kommen heran, doch verlieren die Boote bei Sichtverschlechterung und einsetzendem schweren Sturm die Fühlung, der am 18. 12. Stärke 12 erreicht. Die Suche wird bis zum 22. 12. fortgesetzt, doch nur Einzelfahrer und versprengte Schiffe werden gesichtet, von denen *U 591* (Kptlt. Zetzsche) 1 Schiff mit 3077 BRT versenkt. Die 10 »Ungestüm«-Boote bilden am 25./26. 12. einen neuen Vorpostenstreifen.

10.—17. 12. 1942 **Norwegen**

Schwerer Kreuzer *Lützow* (Kpt. z. S. Stange) verlegt ohne Zwischenfälle von Gotenhafen nach Nordnorwegen (Altafjord).

10.—25. 12. 1942 **Indischer Ozean**

Nach erfolgloser Operation in der Arafura-See beschießen die jap. U-Boote *I-165* und *I-166* Port Gregory bzw. die Cocos-Insel.

10.—25. 12. 1942 **Südatlantik**

Ital. U-Boot *Tazzoli* (FKpt. Fecia di Cossato) versenkt vor der Nordostküste Brasiliens 4 Schiffe mit 20480 BRT. *Finzi* muß Unternehmung wegen Panne abbrechen.

11.—14. 12. 1942 **Schwarzes Meer**

Vorstoß von 2 sowj. Minensucher-Gruppen (KAdm. V. G. Fadeev) gegen die rumän. Küste. 1. Gruppe mit Minensuchern *T-407 Mina* und *T-412 Arsenij Rasskin*; 2. Gruppe mit Minensuchern *T-406 Iskatel'* und *T-408 Jakor'*. Deckung durch Zerstörer *Soobrazitel'nyj*. 1. Gruppe greift zwischen Gibrieni und Burgas dt. Geleit mit den Dampfern *Zar Ferdinand* und *Oituz*, dem rumän. T-Boot *Smeul* und 4 R-Booten der 3. R-Flottille (Kptlt. Klassmann) an, wird jedoch von R-Booten durch vorgetäuschten S-Boot-Angriff abgedrängt, während *Smeul* die Dampfer einnebelt.

12. 12. 1942 **Mittelmeer**

Ital. Lenktorpedos (SLC) und Kampfschwimmer dringen, vom U-Boot *Ambra* (KKpt. Arillo) ausgesetzt, in den Hafen von Algier ein und beschädigen die Frachter *Ocean Vanquisher* (7174 BRT), *Berto* (1493 BRT), *Empire Centaur* (7041 BRT) und *Harmattan* (4558 BRT) schwer.

12. 12. 1942 **Nordsee**

4. S-Flottille (Kptlt. Bätge) greift vor Lowestoft mit *S 48*, *S 63*, *S 80*, *S 110* und *S 117* brit. Konvoi FN. 889 an und versenkt 5 Frachter mit 7113 BRT.

12. 12. 1942—3. 2. 1943 **Westatlantik**

Ostwärts der Karibik versenkt *U 217* (Oblt. z. S. Reichenbach-Klinke) 2 Schiffe mit 10 576 BRT, 1 weitere Versenkung und 2 Torpedierungen bleiben ungeklärt. *U 124* und *U 214* verfolgen am 15./16. 12. einen Konvoi und *U 124* (Kptlt. J. Mohr) meldet daraus 2 Tanker versenkt (bisher nicht identifiziert). Das Boot versenkt am 28. 12. aus einem Konvoi 1 Schiff und am 9. 1. 1943 aus dem Konvoi TB. 1 (12 Schiffe) 4 Dampfer mit zus. 28 259 BRT. Vom 3. 1.—23. 1. dringen *U 214* (Kptlt. G. Reeder) und *U 105* (Oblt. Nissen) in die Karibik ein. Insgesamt versenken sie 1 Schiff mit 4426 BRT bzw. 3 Schiffe und 1 Segler mit 20 444 BRT. *U 109* (Kptlt. Bleichrodt) muß vorzeitig umkehren.

15.—21. 12. 1942 **Nordatlantik**

Aus vom HX. 217 kommenden und neu eintreffenden U-Booten wird am 15. 12. die Gruppe »Raufbold« westlich Irland aufgestellt mit *U 623*, *U 609*, *U 610*, *U 600*, *U 211*, *U 135*, *U 439*, *U 410*, *U 203*, *U 664*, *U 356*, *U 409* und *U 621*. Am 15. 12. sichtet *U 609* (Kptlt. Rudloff) den Konvoi ON. 153 mit 43 Schiffen. *U 609* hält die Fühlung bis zum 16. 12. abends und führt *U 610* (Kptlt. Frhr. v. Freyberg-Eisenberg-Allmendingen), *U 356* (Oblt. z. S. Ruppelt) und *U 621* (Oblt. z. S. Kruschka), die je 1 Schiff mit 9551 BRT, 6125 BRT und 5936 BRT versenken sowie *U 664* (Oblt. z. S. Graef) heran. In der Nacht versenkt *U 211* (Kptlt. Hause) den Führerzerstörer *Firedrake*. Am 17. 12. hält *U 609* trotz schwerer See längere Zeit Fühlung, ein Angriff geht aber in der Dünung fehl. Am 18./19. 12. lösen sich in schwerem Wetter *U 621* und *U 609* im Fühlunghalten ab, doch kommen von den noch weiter operierenden 6 Booten keine mehr heran. *U 621* versenkt am 18. und 20. 12. noch 2 versprengte Schiffe mit zus. 10 691 BRT. Am 18. 12. versenkt außerdem das ausmarschierende *U 563* (Kptlt. v. Hartmann) westlich der Biskaya 1 Schiff mit 4906 BRT. Am 15. 12. wird das auf dem Ausmarsch befindliche *U 626* von der Escort Group der Island-Sektion des ON. 152 zufällig überlaufen und durch den USCG-Cutter *Ingham* versenkt.

15.—25. 12. 1942 **Nordmeer**

Brit. Konvoi JW. 51 A läuft mit 16 Frachtern (über 100 000 ts Ladung) aus Loch Ewe aus und erreicht unter Fernsicherung durch die Home Fleet am 25. 12. Murmansk, ohne von der dt. Aufklärung erfaßt worden zu sein.

5 Schiffe des Konvois gehen im Kolafjord durch dt. Luftangriffe und Minentreffer verloren.

18.—21. 12. 1942 **Mittelmeer**

Im Golf von Hammamet versenkt das brit. U-Boot *P. 211/Safari* (Cdr. Bryant) 5 Fahrzeuge mit 1757 BRT. *P. 45/Unrivalled* (Lt. Sprice) 2 Schiffe mit 414 BRT. Vor Neapel torpediert *P. 42/Unbroken* (Lt. Mars) 1 Schiff mit 2835 BRT und *Turbulent* (Cdr. Linton) versenkt 1 Schiff mit 5290 BRT. Bei Cap Bon verfehlt *P. 48* beim Angriff auf einen Konvoi den Zerstörer *Lampo* und wird durch das T-Boot *Perseo* beschädigt, bei einem weiteren Angriffsversuch am 25. 12. wird das U-Boot durch die T-Boote *Ardente* und *Ardito* versenkt. *Ursula* (Lt. Lakin) versenkt am 28. 12. bei Marettimo 1 Schiff mit 4140 BRT und wird 2 Tage später von einem Handelsschiff gerammt und beschädigt.

20. 12. 1942 **Schwarzes Meer**

Sowj. Flottillenführer *Char'kov* und Zerstörer *Bojkij* beschießen in der Nacht zum 20. 12. Jalta, der Zerstörer *Nezamožnik* und das Wachschiff *Škval* Feodosija. Auf dem Rückmarsch treffen sie auf die zurückmarschierende dt. 1. S-Flottille. Treffer werden auf beiden Seiten nicht erzielt.

21. 12. 1942—13. 1. 1943 **Südatlantik**

In brasilianischen Gewässern versenken *U 507* (KKpt. Schacht) und *U 164* (KKpt. Fechner) 3 Schiffe mit 14230 BRT bzw. 1 Schiff mit 2608 BRT. Am 13. 1. bzw. 6. 1. werden sie durch Geleitsicherung fliegende *Catalina*-Flugboote der USN-VP-83 versenkt.

21. 12. 1942—25. 1. 1943 **Mittelatlantik**

Bei Operationen im Gebiet von Dakar und Freetown versenkt *U 175* (Kptlt. Bruns) 1 Schiff mit 7177 BRT.

24. 12. 1942 **allgemeine Lage**

Der Hochkommissar für Französisch-Nord- und Westafrika, Admiral Darlan, wird in Algier von einem fanatischen Parteigänger des Generals de Gaulle ermordet.

24.—31. 12. 1942 **Nordatlantik**

Aus neu eintreffenden U-Booten wird am 24. 12. auf der Ostseite des Nordatlantik die Gruppe »Spitz« mit *U 260, U 662, U 123, U 659, U 225, U 406, U 440, U 203, U 664* und *U 356* gebildet. Südlich des Vorpostenstreifens sichtet das anmarschierende *U 664* (Oblt. z. S. Graef) am 26. 12. den Konvoi ONS. 154 mit 45 Schiffen (Commodore VAdm. Egerton †), gesichert von der Escort Group C. 1 (Cdr. Windeyer) mit dem kanad. Zerstörer *St. Laurent* und den Korvetten *Battleford, Chilliwack, Kenogami, Napanee* und *Shediac*. Gegen den Konvoi wird außer der Gruppe »Spitz« auch die etwas weiter westlich stehende Gruppe »Ungestüm« mit *U 373, U 435, U 628, U 336, U 591, U 615, U 455, U 409* und *U 441* angesetzt. Am Nachmittag des 26. 12. gewinnt noch *U 662* (KKpt. Hermann) Fühlung, in der Nacht zum 27. 12. versenkt *U 356* (Oblt. z. S. Ruppelt) in 2 Anläufen 3 Schiffe mit 13649 BRT und torpediert 1 Schiff mit 7051 BRT, das *U 441* (Kptlt. Hartmann) versenkt, das außerdem die *St. Laurent* und 1 Schiff verfehlt. *U 356* wird nach seinem zweiten Angriff selbst von *St. Laurent, Chilliwack, Battleford* und *Napanee* versenkt. Die abgerissene Fühlung wird am 27. 12. nachm. von *U 225* (Oblt. z. S. Leimkühler) wiederhergestellt, das in der Nacht 1 Tanker von 7087 BRT torpediert, den die *Chilliwack* einschleppt. Am Morgen wird die Fühlung nach 9stündiger Unterbrechung von *U 260*

(Kptlt. Purkhold) wiederhergestellt, das nach Aufklaren am 28. 12. tags *U 336, U 203, U 615, U 123, U 406, U 591, U 664, U 225, U 440* und nach Dunkelwerden noch *U 435, U 662* und *U 628* heranführt. In der Nacht zum 29. 12. greifen die Boote z. T. mehrfach in schneller Folge an: Nach Fehlschüssen von *U 203* und *U 435* torpediert *U 591* (Kptlt. Zetzsche) 1 Schiff mit 5701 BRT, das später von *U 435* (Kptlt. Strelow) versenkt wird. *U 225* versenkt 1 Schiff mit 5273 BRT und torpediert 1 Schiff von 5598 BRT, das von *U 662* versenkt wird. *U 260* versenkt 1 Schiff mit 4893 BRT, nach einem Fehlschuß von *U 203* torpediert *U 406* (Kptlt. Dieterichs) 3 Schiffe, von denen 1 Schiff mit 3385 BRT durch *U 123* (Oblt. z. S. v. Schroeter), 1 Schiff mit 5029 BRT durch *U 628* (Oblt. Hasenschar) und 1 Schiff mit 4871 BRT durch *U 591* versenkt werden. Um Mitternacht torpediert *U 225* 1 Schiff mit 4919 BRT, das durch *U 225* und *U 336* (Kptlt. Hunger) versenkt wird und außerdem das Schiff des Commodore mit 7068 BRT, das durch *U 123* und *U 435* versenkt wird. Weitere Angriffe von *U 203, U 435, U 628, U 664* und nochmals *U 628* gegen Escorts und Handelsschiffe schlagen fehl. Am 29. 12. nach Hellwerden treffen als zusätzliche Sicherung die brit. Zerstörer *Milne* und *Meteor* ein und drängen *U 260, U 591* und *U 455* ab, nur *U 435* versenkt in einem Tagesunterwasserangriff 1 Schiff mit 5701 BRT. Am Abend des 29. 12. greifen *U 225* und *U 615* mehrfach das mit franz. Besatzung fahrende Hilfskriegsschiff *Fidelity* (2456 BRT) an, doch kann es ausweichen. Erst am Nachmittag des 30. 12. wird es durch *U 435* versenkt. *U 455*, das bis in die Nacht zum 31. 12. die Fühlung am Konvoi hält, kann keine weiteren Boote mehr heranbringen, die Boote marschieren zur Versorgung aus *U 117*.

26.—27. 12. 1942 **Nordatlantik**

Das ausmarschierende *U 357* (Kptlt. Kellner) sichtet am 26. 12. nordwestlich Irland den Konvoi HX. 219 mit der Escort Group B. 2 (Cdr. Macintyre) mit den Zerstörern *Hesperus, Vanessa* und den Korvetten *Gentian, Clematis, Heather, Campanula, Mignonette* und *Sweetbriar*. Seine Fühlunghalter-Meldung wird mit HF/DF eingepeilt und *Hesperus* und *Vanessa* versenken *U 357*, ehe es weitere Meldungen abgeben und die angesetzten Ausmarschierer *U 384* und *U 525* heranführen kann.

26.—29. 12. 1942 **Schwarzes Meer**

Zweiter Vorstoß einer sowj. Minensucher-Division (KAdm. V. G. Fadeev) gegen den Verkehr an der rumän. Küste mit den Minensuchern *T-406 Iskatel', T-408 Jakor', T-407 Mina* und *T-412 Arsenij Rasskin* ins Gebiet zwischen Gibrieni und Burgas. Zerstörer *Soobrazitel'nyj* und *Bespoščadnyj* decken das Unternehmen und stoßen erfolglos am 28. 12. gegen den Raum südlich Fidonisi vor. 2 Minensucher beschießen Burgas.

31. 12. 1942 **Nordmeer**

Unternehmen »Regenbogen«: Angriff eines dt. Flottenverbandes auf den brit. Konvoi JW. 51 B im Nordmeer.

22. 12.: Konvoi JW. 51 B verläßt Loch Ewe: 14 Frachter, gesichert durch die Zerstörer *Onslow* (Capt. Sherbrooke), *Oribi, Obedient, Obdurate, Orwell* und *Achates*, den Minensucher *Bramble*, die Korvetten *Rhododendron* und *Hyderabad* und 2 Trawler. Nahsicherung: Leichte Kreuzer *Sheffield* (KAdm. Burnett), *Jamaica*, Zerstörer *Opportune* und ab 29. 12. *Matchless*. Fernsicherung: Schlachtschiff *Anson* (VAdm. Fraser), Schwerer Kreuzer *Cumberland*, Zerstörer *Forester, Impulsive* und *Icarus*. Flankendeckung: U-Boote *Trespasser, Seadog, Unruly* und *Graph* (ex *U 570*).

24. 12.: Konvoi erstmalig durch ein dt. Aufklärungsflugzeug erfaßt, außerdem von *U 354* (Kptlt. Herbschleb) gesichtet.
30. 12. nachmittags: Dt. Kampfgruppe geht vom Altafjord aus in See: Schwere Kreuzer *Admiral Hipper* (Kpt. z. S. Hartmann, eingeschifft Befh. d. Kreuzer, VAdm. Kummetz) und *Lützow* (Kpt. z. S. Stange), 5. Z-Flottille (Kpt. z. S. Schemmel) mit den Zerstörern *Friedrich Eckoldt* (KKpt. Bachmann), *Z 29* (FKpt. Rechel), *Richard Beitzen* (KKpt. v. Davidson), *Theodor Riedel* (KKpt. Riede), *Z 30* (FKpt. Kaiser) und *Z 31* (KKpt. Alberts).
31. 12.: Ansatz des dt. Verbandes auf Grund der Fühlunghaltermeldungen von *U 354*. Zunächst stößt *Admiral Hipper* bei schlechter Sicht auf den Konvoi, der von der Zerstörergruppe des Capt. Sherbrooke geschickt verteidigt und durch künstlichen Nebel gedeckt wird. *Onslow* und *Obedient* werden beschädigt, *Achates* versenkt. *Eckoldt, Beitzen* und *Z 29* versenken den Minensucher *Bramble*. Kurz vor Mittag greift die brit. Nahsicherung in den Kampf ein. *Admiral Hipper* erhält im Gefecht 3 Treffer, von denen einer die Geschwindigkeit des Kreuzers herabsetzt, *Eckoldt* wird durch *Sheffield* (Capt. A. W. Clarke) vernichtet, *Obdurate* durch *Lützow* schwer beschädigt. Auf Grund der ungeklärten Lage, der schlechten Sicht und eines Funkspruchs der Seekriegsleitung: »Entgegen Operationsbefehl Verhalten am Feind: Bereits bei gleich starkem Gegner Zurückhaltung üben, da Eingehen größeren Risikos für Kreuzer unerwünscht«, bricht VAdm. Kummetz das Gefecht ab.

31. 12. 1942 **Südpazifik**

Das kaiserliche Hauptquartier in Tokio beschließt, die Insel Guadalcanal aufzugeben.

1943

1. 1. 1943 **Japan/Atlantik**

Der aus Japan kommende Blockadebrecher *Rhakotis* (6753 BRT, Kpt. Jakobs) wird 200 sm NW Cap Finisterre durch brit. Luftaufklärung erfaßt und durch den herangeführten Kreuzer *Scylla* versenkt.

1.—5. 1. 1943 **Nordmeer**

Sowj. U-Boot *L-20* (Kpt. 3. Rg. Tamman) versenkt vor dem Kongsfjord den im Geleit von *V 5909* laufenden Dampfer *Muansa* (5472 BRT), legt vor dem Tanafjord eine Minensperre (geräumt) und setzt am 5. 2. Agenten an der Küste ab. *L-22* (Kpt. 3. Rg. Afonin) legt eine Minensperre vor Honningsvaag (geräumt). Der einzeln nach England laufende sowj. Dampfer *Krasnyj Partizan* (2418 BRT) wird in der Barentssee von *U 354* (Kptlt. Herbschleb) versenkt.

1.—19. 1. 1943 **Nordatlantik**

Im mittleren Nordatlantik operiert die Gruppe »Falke« mit den U-Booten *U 257, U 404, U 572, U 71, U 444, U 384, U 631, U 333, U 167, U 706, U 441, U 525, U 563, U 632, U 584, U 607, U 606, U 226, U 69, U 201, U 414* und *U 403* ohne Erfolg gegen 1 ON.- und 2 ONS.-Konvois. Je 1 Einzelfahrer versenken am 9. und 10. 1. *U 441* (Kptlt. Klaus Hartmann) unidentifiziert, *U 384* (Oblt. z. S. v. Rosenberg-Gruszczynski), 6155 BRT, und *U 632* (Kptlt. Karpf), 6773 BRT,

1.—30. 1. 1943 **Mittelmeer**

Dt.-ital. Angriffe gegen den alliierten Konvoi-Verkehr vor der alger. Küste. Am 1. 1. versenkt *U 73* (Oblt. z. S. Deckert) 1 Schiff mit 7176 BRT. Bei Angriffen von *Ju 87* des St. G. 3 und von Jagdbombern des J. G. 53 gegen den Hafen von Bône sinken 2 Schiffe mit 13 181 BRT, der Kreuzer *Ajax* wird von einer *Ju 87* mit einer 500-kg-Bombe getroffen, 3 Schiffe mit 18 973 BRT beschädigt. Am 7. 1. versenkt *U 371* (Kptlt. Mehl) ostwärts Algier den A/S-Trawler *Jura* und torpediert 1 Schiff mit 7159 BRT, das später in Algier durch Bomben versenkt wird. Bei einem Vorstoß der dt. 3. S-Flottille gegen die alger. Küste versenkt *S 58* (mit Flo.Chef Kptlt. Kemnade an Bord) den brit. A/S-Trawler *Horatio*. Torpedoflugzeuge des K. G. 26 versenken vor Bougie 2 Schiffe mit 8677 BRT und beschädigen 1 Schiff mit 7191 BRT. Am 20. 1. versenkt *U 453* (Kptlt. Frhr. v. Schlippenbach) 1 Schiff mit 5783 BRT vor Oran. Mehrere Angriffe der U-Boote *U 83, Dandolo, Malachite, Giada* und *Mocenigo* bleiben erfolglos, am 30. 1. versenkt *Platino* (Kptlt. Patrelli-Campagnone) die Korvette *Samphire*. Durch Geleitfahrzeuge werden *U 224, Tritone* und *Avorio* versenkt. Bei einem T-Angriff des dt. K. G. 26 am 29. 1. vor Bougie werden aus einem Konvoi das Flakschiff *Pozarica* (Totalverlust 13. 2.) und der Zerstörer *Avon Vale* torpediert.

1.—31. 1. 1943 **Pazifik**

Von den im Januar in ihren Operationsgebieten eintreffenden US-U-Booten versenken vor Japan *Finback* (LCdr. Hull) 1 Schiff mit 271 BRT, *Porpoise* (LCdr. McKnight) 1 Schiff mit 4999 BRT, 1 weiteres Schiff torpediert, *Trigger* (LCdr. Benson) 1 Schiff mit 5188 BRT und den Zerstörer *Okikaze*. Im Zentral-Pazifik versenken *Whale* (LCdr. Azer) 3 Schiffe mit 18 989 BRT und *Wahoo* (LCdr. Morton) 3 Schiffe mit 11 348 BRT, ferner Zerstörer *Harusame* torpediert. Im Südpazifik versenken *Guardfish* (LCdr. Klakring) den Schnelltransporter *No. 1* und den Zerstörer *Hakaze*, 1 weiteres Schiff torpediert, *Silversides* (LCdr. Burlingame) 4 Schiffe mit 27 798 BRT, *Gato* (LCdr. Foley) 4 Schiffe mit 12 997 BRT, 4 Schiffe torpediert, *Grampus* (LCdr. Craig) 1 Schiff torpediert, *Grayback* (LCdr. Stephan) *I-18* verfehlt, *Greenling* (LCdr. Burton) 1 Schiff mit 3261 BRT, *Growler* (LCdr. Gilmore) 1 Schiff mit 5851 BRT, 1 weiteres Schiff torpediert, *Swordfish* (LCdr. Lewis) 1 Schiff mit 4122 BRT. Von einer Unternehmung vor Lae kehrt *Argonaut* nicht zurück. Im Südwestpazifik versenken *Searaven* (Lt. Cassedy) 2 Schiffe mit 5909 BRT, 1 Schiff torpediert, *Tautog* (LCdr. Sieglaff) 2 Schiffe mit 2873 BRT, *Trout* (LCdr. Ramage) 2 Schiffe mit 4895 BRT, *Gar* (LCdr. Quirk) torpediert das Flugzeugmutterschiff *Notoro*, *Grayling* (LCdr. Lee) 2 Schiffe torpediert.

1. 1.—3. 2. 1943 **Westatlantik**

Von den ostwärts der Karibik operierenden U-Booten versenken *U 105* (Kptlt. Nissen) 1 Segler und 1 Dampfer mit 5173 BRT, *U 217* (Kptlt. Reichenbach-Klinke) 1 Schiff mit 7957 BRT und *U 124* (Kptlt. Mohr) am 9. 1. aus dem von US-Korvetten und *PC*-U-Jägern gesicherten Konvoi TB. 1 (12 Schiffe) 5 Dampfer mit 28 689 BRT. *U 109* und *U 214* bleiben ohne Erfolg.

2. 1. 1943 **Südwestpazifik**

Truppen des I. US-Korps (GenLt. Eichelberger) erobern Buna auf Neu-Guinea. Bis Ende Januar fallen auch die jap. Stützpunkte Goa und Sananda. Damit ist die Bedrohung von Port Moresby ausgeschaltet.

3. 1. 1943 **Südatlantik**

Dt. Hilfskreuzer *Schiff 28 Michel* (Kpt. z. S. von Ruckteschell) versenkt im Südatlantik den brit. Frachter *Empire March* (7040 BRT).

3. 1. 1943 **Mittelmeer**

Angriff brit. Kleinkampfeinheiten gegen Palermo. Von den U-Booten *Thunderbolt* (Cdr. Crouch) und *Trooper* (Lt. Wraith) ausgesetzte »Chariots« (Torpedoreiter) dringen in den Hafen ein und beschädigen durch Haftladungen den ital. Kreuzer *Ulpio Traiano* und den Transporter *Viminale* schwer. Das 3. U-Boot *P. 311* (Lt. Cailey) war am 29. 12. 1942 durch das ital. T-Boot *Partenope* versenkt worden.

3.—12. 1. 1943 **Mittelatlantik**

U 514 (Kptlt. Auffermann) meldet ostwärts Trinidad den zum Mittelmeer marschierenden Tanker-Konvoi TM. 1 (9 Tanker, Escort Group B. 5 [Cdr. Boyle] mit Zerstörer *Havelock* und Korvetten *Pimpernel, Saxifrage* und *Godetia)* und torpediert die *British Vigilance* (8093 BRT), deren Wrack am 24. 1. durch *U 105* (Oblt. z. S. Nissen) versenkt wird. Nach einem kurzen vergeblichen Ansatz auf einen von *U 182* gemeldeten GUF.-Konvoi wird die seit 29. 12. südlich der Azoren operierende Gruppe »Delphin« mit *U 571, U 620, U 575, U 381, U 436* und *U 442* und die auf dem Marsch in der Nähe stehenden *U 134, U 181, U 522* und *U 511* auf den TM. 1 angesetzt, an dem vergeblich *U 514* und *U 125* Fühlung zu halten versuchen. Am 8. 1. sichtet *U 381* (Kptlt. Graf Pückler) den TM. 1 und führt 3 Boote heran. *U 436* (KKpt. Seibicke) versenkt *Albert L. Ellsworth* (8309 BRT) und *Oltenia II* (6394 BRT), *U 571* (Kptlt. Möhlmann) wird von *Pimpernel* abgedrängt, und *Godetia* vereitelt einen Angriff von *U 575* (Kptlt. Heydemann) mit Wabowürfen. Am 9. 1. morgens torpediert *U 575* die *Minister Wedel* (6833 BRT) und *Norvik* (10 034 BRT), die später *U 522* (Kptlt. Schneider) versenkt. Bald darauf versenkt *U 442* (KKpt. Hesse) die *Empire Lytton* (9807 BRT), *U 381* wird von *Havelock* mit Wabos belegt. Am 9. 1. abends weicht die *Vanja* einem Fächer von *U 134* (Kptlt. Schendel) aus, das durch Wabos der *Godetia* beschädigt wird. *U 511* (Kptlt. Schneewind) versenkt inzwischen 1 Einzelfahrer von 5004 BRT. Am 10. 1. abends verfehlt *U 620* (Kptlt. Stein) den Restkonvoi, *U 522* torpediert die *British Dominion* (6983 BRT), die *U 620* später versenkt. *U 571* greift am 10. und 11. 1. abends die beiden restlichen Tanker *Vanja* und *Cliona* an, doch weichen sie aus, ebenso einem Angriff von *U 511* am 12. 1. morgens. Einsetzende Luftsicherung von Gibraltar und die Verstärkung der Sicherung durch den Zerstörer *Quiberon* und die Korvetten *Pentstemon* und *Samphire* drängt die U-Boote ab, die beiden Tanker laufen am 14. 1. in Gibraltar ein.

4. 1.—9. 2. 1943 **Südpazifik**

Endkampf um Guadalcanal. Jap. Zerstörer bringen im Januar in wiederholten nächtlichen Unternehmungen (»Tokyo Express«) Nachschub von Rabaul nach Cape Esperance (Guadalcanal). Zur Luftsicherung werden Flugzeuge von den auf New Georgia gebauten Flugplätzen Munda und Vila eingesetzt. US-Flugzeuge vom Henderson-Field und *PT*-Boote von Tulagi greifen diese Zerstörer-Transporte in den Salomonen an, dabei die jap. Zerstörer *Suzukaze, Tanikaze, Urakaze* durch Flugzeuge, *Hatsukaze* durch S-Boote und *Akitsuki* durch das US-U-Boot *Nautilus* beschädigt.

Am 4./5. 1. beschießt eine US Task Force 67 (KAdm. Ainsworth) mit den Kreuzern *Nashville, St. Louis, Helena* und den Zerstörern *Fletcher* und *O'Bannon* Munda. KAdm. Tisdale mit den Kreuzern *Honolulu, Achilles* (neuseel., durch Bombentreffer beschädigt), *Columbia, Louisville* und den Zerstörern *Drayton, Lamson, Nicholas* bildet eine Deckungsgruppe südwestlich der Salomonen. In der Nacht vom 23./24. 1. wiederholt KAdm. Ainsworth mit *Nashville, Helena, Nicholas, De Haven, Radford* und *O'Bannon* die Beschießung gegen Vila, als Deckungsgruppe ist bei Guadalcanal KAdm. Tisdale mit *Honolulu, St. Louis, Drayton, Lamson* und *Hughes* bereitgestellt.

Bei einer Nachschuboperation wird das jap. U-Boot *I-1* am 29. 1. vor Cape Esperance durch die neuseel. Korvetten *Kiwi* und *Moa* vernichtet.

Am 30./31. 1. und 4./5. 2. bringen 4 bzw. 5 Truppen- und Materialtransporter Verstärkungen für die USMC-Verbände nach Guadalcanal. Am 1. 2. landen der alte Zerstörer *Stringham* und *LCTs* 1 Regt. an der Westküste Guadalcanal, gedeckt durch die »Cactus Striking Force« mit den Zerstörern *Fletcher, Nicholas, Radford, De Haven.* Zur Deckung der Operationen und zu einem Vorstoß in die zentralen Salomonen nähert sich am 29./30. 1. von Süden die US-Task Force 18 (KAdm. Giffen) mit den Kreuzern *Wichita, Chicago, Louisville, Montpelier, Cleveland, Columbia* und den Zerstörern *La Valette, Waller, Conway,*

Frazier, Chevalier, Edwards, Meade und *Taylor* sowie abgesetzt den Geleitträgern *Chenango* und *Suwanee*. Am 29. 1. abends wird der Verband bei der Rennell-Insel durch jap. Torpedoflugzeuge angegriffen, welche die *Chicago* schwer beschädigen und die *Wichita* und *Louisville* mit Blindgängern treffen. Bei einem zweiten Angriff wird die *Chicago* (Capt. Davis) versenkt und die *La Valette* am 30. 1. torpediert. 1049 Überlebende gerettet. Die weiter südlich stehenden Trägergruppen *Enterprise* (KAdm. Sherman) und *Saratoga* (KAdm. Ramsey) und die Schlachtschiffgruppe (KAdm. Lee) mit *North Carolina, Indiana* und *Washington* können nicht eingreifen.
Wegen der Unmöglichkeit der weiteren Versorgung der jap. 17. Armee auf Guadalcanal hat sich die jap. Führung Mitte Januar zu deren Evakuierung entschlossen. In der Nacht vom 1./2. 2. gehen 20 Zerstörer von Rabaul nach Cape Esperance. Auf dem Anmarsch wird bei einem Luftangriff die *Makinami* beschädigt, fährt aber weiter, vor Cape Esperance läuft die *Makigumo* auf eine kurz vorher von den US-Minenlegern *Tracy, Montgomery* und *Preble* gelegte Minensperre und muß aufgegeben werden. Trotz Angriffen von 11 US-*PT*-Booten von Tulagi, bei denen die *Kawakaze PT 111* versenkt, erreichen die restlichen 19 jap. Zerstörer mit den evakuierten Truppen Rabaul. In der Nacht vom 4./5. 2. läuft KAdm. Koyanagi mit dem Kreuzer *Isuzu* und 22 Zerstörern nach Cape Esperance und evakuiert die zweite Gruppe der 17. Armee. Bei Luftangriffen werden die Zerstörer *Maikaze* und *Shiranuhi* schwerer, *Kuroshio* und *Hamakaze* leicht beschädigt, können aber die Operation fortsetzen. Am 7./8. 2. evakuieren 18 jap. Zerstörer den Rest der Truppen, dabei werden durch Luftangriffe *Isokaze* und *Hamakaze* beschädigt, kommen aber mit Truppen zurück. Insgesamt werden 11 706 Mann evakuiert.

4. 1.—19. 2. 1943 **Biskaya**

Von den in der Biskaya eingesetzten US-U-Booten versenkt *Shad* (LCdr. MacGregor) am 4. 1. den Minensucher *M 4242* und torpediert am 25. 1. den Erztransporter *Nordfels* (1214 BRT). *Blackfish* (LCdr. Davidson) versenkt am 19. 2. das Vp-Boot *V 408*. Weitere Erfolge durch Torpedoversager verhindert.

6.—23. 1. 1943 **Mittelmeer**

Letzte ital. Geleite nach und von Tripolis, einzelne größere, meist kleinere Schiffe und Hilfskriegsschiffe, gelegentlich durch Zerstörer *Saetta*, T-Boote *Orione, Animoso* u. a. sowie ital. Fährprähme gesichert. Dagegen Ansatz der brit. Force K von Malta: Am 8./9. 1. versenken Zerstörer *Nubian* und *Kelvin* 3 Schooner bei Kuriat, in der Nacht zum 16. 1. greifen sie südl. Lampedusa den von dem T-Boot *Perseo* gesicherten Dampfer *D'Annunzio* (4537 BRT) an, der sinkt, *Perseo* entkommt. Die Zerstörer *Pakenham* und *Javelin* versenken in der gleichen Nacht 1 Hilfsschiff. In der Nacht zum 19. 1. versenken *Pakenham, Nubian* und der griech. Zerstörer *Vasilissa Olga* den Transporter *Stromboli* (475 t). Am 20. 1. früh erfassen *Kelvin* und *Javelin* nördlich Tripolis einen aus 11 kleinen ital. Schiffen bestehenden Geleitzug (Minensucher *R. D. 31, R. D. 36, R. D. 37, R. D. 39*, 3 Hilfsminensucher, 3 kleine Schiffe) und vernichten ihn. Von den Malta-U-Booten versenken vor der osttunesischen Küste *Umbra* (Cdr. Maydon) 1 Schiff mit 1523 BRT und 2 Segler, 1 Schiff wird torpediert, *Unrivalled* (Lt. Turner) versenkt 4 Segler mit 387 BRT, *Unruffled* (Lt. Stevens) 4 Schiffe mit 2295 BRT, *Unseen* (Lt. Crawford) 3 Schiffe mit 4137 BRT, davon eins im Geleit des T-Bootes *Calliope*, und *Unbroken* (Lt. Mars) die *Edda* (6107 BRT) im Geleit des T-Bootes *San Martino*. Die ital. U-Boote *Settimo, Narvalo, Otaria* und *Santarosa* transportieren Munition und Brennstoff nach Tripolis, auf dem

Rückmarsch werden *Narvalo* am 14. 1. durch die Zerstörer *Pakenham* und *Hursley, Santarosa* am 19. 1. durch das brit. *MTB 260* versenkt. In der Nacht zum 23. 1. beschießt die Force K mit den Kreuzern *Cleopatra* und *Euryalus* und den Zerstörern *Jervis, Javelin, Nubian* und *Kelvin* Rückzugswege der dt.-ital. Panzerarmee bei Zuara. Tripolis wird am 23. 1. von den Nachhuten geräumt, nachdem am 20. 1. die nicht fahrbereiten Frachter *Marco Foscarini* (6342 BRT) *Assiria* (2705 BRT), *Marocchino* (1524 BRT), *Tevere* (8289 BRT) und *Giulia* (5921 BRT) selbstversenkt worden sind.

6. 1.—7. 2.1943 **Mittelmeer**

Ital. Zerstörergruppen von 3 bis 5 Booten bringen in 14 Unternehmungen 15580 Mann Ersatz nach Tunis und Bizerta und Verwundete und Gefangene zurück. Beteiligt bei 7 Unternehmungen *Mitragliere*, bei 5 *Gioberti, Camicia Nera*, bei 4 *Da Noli, Granatiere, Premuda, Zeno, Corazziere*, bei 3 *Ascari, Pigafetta, Malocello*, bei 2 *Bombardiere, Legionario*, bei 1 *Bersagliere* und *Carabiniere*. Auf dem Rückmarsch am 17. 1. wird *Bombardiere* vor Marettimo durch das brit U-Boot *United* (Lt. Roxburgh) versenkt. Gegen den ital. Konvoiverkehr mit Frachtern und Tankern brit. Minenunternehmungen auf den ital. Wegen innerhalb der Flankensperren zwischen dem Golf von Tunis und Sizilien mit den Minenkreuzern *Welshman* (7. 1., 30. 1.) und *Abdiel* (9. 1., 3. 2., 7. 2.) und dem Minen-U-Boot *Rorqual* (18. 1.). Auf dem Rückmarsch von der zweiten Unternehmung wird *Welshman* am 1. 2. durch *U 617* (Kptlt. Brandi) versenkt. Am 9. 1. gerät ein Konvoi auf die von *Abdiel* gelegte Sperre, der Zerstörer *Maestrale* wird beschädigt, *Corsaro* sinkt bei der Hilfeleistung. Auf der gleichen Sperre sinken am 3. 2. der Zerstörer *Saetta* und das T-Boot *Uragano*. Auf der von *Welshman* gerade gelegten Sperre sinken am 31. 1. die Korvette *Procellaria* und das T-Boot *Prestinari*, auf der *Rorqual*-Sperre der dt. Transporter *Ankara* (4768 BRT). Von den bei Marettimo und im Tyrrhenischen Meer eingesetzten brit. U-Booten versenken *Splendid* (LCdr. McGeogh) 4 Schiffe mit 10064 BRT, dar. die von den T-Booten *Groppo, Uragano* und *Clio* gesicherte *Emma* (7931 BRT) am 16. 1., ferner *Sahib* (Lt. Bromage) 1 Schiff mit 1194 BRT und *U 304, Tribune* 1 Schiff mit 6673 BRT, *Turbulent* (Cdr. Linton) 3 mit 11234 BRT, *Saracen* (Lt. Lumby) 1 mit 214 BRT und *Safari* (Cdr. Bryant) 4 mit 4137 BRT. *Unbending* (Lt. Stanley) torpediert 1 Schiff. Torpedoflugzeuge von Malta versenken aus Konvois 3 Schiffe mit 11929 BRT, Bomber 2 mit 9016 BRT. An der Sicherung der Konvois sind außer den genannten die ital. Zerstörer *Lampo*, die T-Boote *Fortunale, Orione, Ardito, Ardente, Animoso, Monsone, Ciclone, Cigno, Calliope, Partenope, Sirio, Pallade, Clio, Perseo, Castore, Libra, Lira, Climene, Dezza, Montanari, Cascino* und die Korvetten *Antilope, Artemide, Gabbiano* und *Persefone* beteiligt.

Vorstöße der brit. Force Q von Bone mit den Kreuzern *Aurora, Penelope, Dido* und *Sirius* bleiben meist erfolglos, die Zerstörer *Lightning* und *Loyal* versenken am 18. 1. südlich Sardinien 1 Schiff.

11. 1. 1943 **Norwegen**

Dt. Schlachtschiff *Scharnhorst* und Schwerer Kreuzer *Prinz Eugen* mit 3 Zerstörern werden auf Verlegungsmarsch nach Nordnorwegen westlich des Skagerrak von brit. Luftaufklärung erfaßt und kehren um. Ansatz starker brit. Verbände des Coastal Command und von 6 U-Booten der 9. U-Flottille bleibt erfolglos.

12.—19. 1. 1943 **Nordatlantik**

Westlich Irland und südlich der Gruppe »Falke« aufgestellt, sucht die Gruppe

»Habicht« mit den U-Booten *U 383, U 303, U 624, U 704, U 438, U 752, U 613, U 186* und *U 268* ergebnislos nach einem ONS-Konvoi. Schon auf dem Anmarsch versenken *U 186* (Kptlt. Hesemann) einen Einzelfahrer mit 7174 BRT, *U 268* (Oblt. z. S. Heydemann) am 17. 1. die zum Konvoi HX. 222 gehörende Walkocherei *Vestfold* (14 547 BRT) mit 3 LCT's an Bord.

12.—23. 1. 1943 **Nordatlantik**

Im Gebiet nordostwärts Neufundland operiert die Gruppe »Jaguar« mit den U-Booten *U 96, U 598, U 266, U 662, U 123, U 413, U 594, U 337* und *U 706* gegen HX- und SC-Konvois. Am 15. 1. geht *U 337* durch eine *Fortress* der RAF-Sq. 206 verloren. Am 22. 1. sichtet *U 413* (Kptlt. Poel) den Konvoi SC. 117 (Escort Group B. 3 (Cdr. Tait) mit der neuen Fregatte *Swale,* dem poln. Zerstörer *Garland,* den brit. Korvetten *Narcissus, Orchis* und den franz. *Roselys, Lobélia* und *Aconit). U 413* versenkt einen Nachzügler mit 3556 BRT, Funkstörungen verhindern einen rechtzeitigen Ansatz der anderen Boote, die zur Suche angesetzte Gruppe »Jaguar« findet den Konvoi nicht wieder.

14. 1. 1943 **Luftkrieg Westeuropa**

Das RAF Bomber Command (Luftmarschall Harris) erhält den Befehl, Großangriffe auf die dt. U-Boot-Basen Lorient, St. Nazaire, Brest und La Pallice durchzuführen. Bis Mitte Februar 1943 werden allein gegen Lorient rund 2000 Bomber eingesetzt. Schwere Angriffe des RAF-Bomber-Command u. a. am 14./15. 1. und 29./30. 1., der 8. US-Luftflotte am 23. 1.

14.—25. 1. 1943 **Allgemeine Lage**

Konferenz von Casablanca zwischen Roosevelt und Churchill sowie den militärischen Führungsstäben der USA und Großbritanniens. Churchill und Roosevelt fordern die »bedingungslose Kapitulation« Deutschlands. Festlegung der weiteren Operationen im Mittelmeerraum: Landung auf Sizilien nach der Eroberung Tunesiens. Der Sieg über die dt. U-Boote wird an die Spitze der Prioritätsliste der alliierten Kriegführung gesetzt.

15. 1.—19. 2. 1943 **Mittelmeer**

Die brit. »Inshore Squadron« versorgt die durch Tripolitanien vormarschierende brit. 8. Armee. Im Februar allein 115 137 t Nachschubgüter gelandet. Gegen diesen Verkehr operieren einzelne dt. U-Boote vor der Cyrenaika, dabei versenkt *U 617* (Kptlt. Brandi) außer dem Minenkreuzer *Welshman* aus 2 Konvois 4 Schiffe mit 10 800 BRT. Nach der Eroberung von Tripolis durch die brit. 8. Armee laufen kombinierte Konvois nach Malta und Tripolis, so am 6.—8. 2. der MW. 20 und der XT. 2 mit einer Sicherung von 12 Zerstörern. Angriffe von *U 205* (Oblt. z. S. Bürgel) schlagen fehl. Am 17. 2. geht das Boot beim Angriff auf den TX. 1 durch Luftangriffe und Wabos des Zerstörers *Paladin,* am 19. 2. *U 562* beim Angriff auf den XT. 3 durch Flugzeug und die Zerstörer *Isis* und *Hursley* verloren.

Vor der Palästina-Küste versenken im Jan. *U 431* (Oblt. z. S. Schöneboom) 4 Segler, im Febr. *U 81* (Oblt. z. S. Krieg) 5 Segler, ferner 1 Tanker mit 6671 BRT torpediert.

Bei brit. U-Boot-Operationen in der Adria versenkt *Tigris* (LCdr. Colvin) am 20. 1. ein Schiff mit 5413 BRT, im Februar versenken *Thunderbolt* und *Trooper* mehrere Segler. In der Ägäis versenkt das griech. U-Boot *Papanicolis* im Januar 2 Segler.

17. 1.—8. 2. 1943 **Nordmeer**

Konvoi-Operation JW. 52/RA. 52. Am 17. 1. läuft der JW. 52 mit 14 Schiffen

(1 umgekehrt), gesichert von einer Escort Group mit dem Zerstörer *Onslaught* (Cdr. Shelby), 7 weit. Zerstörern, 2 Korvetten, 1 Minensucher und 2 Trawlern, aus. Deckungsgruppe mit den Kreuzern *Kent, Glasgow, Bermuda,* Fernsicherungsgruppe (Adm. Fraser) mit Schlachtschiffen *Anson, Howe, King George V.*, 5 Kreuzern und rd. 20 Zerstörern. Brit. und sowj. U-Boote in Flankenaufstellungen vor der norweg. Küste. Der Konvoi wird am 23. 1. von einem *BV 138*-Flugboot der K. Fl. Gr. 706 gemeldet. Am 24. 1. greifen 4 von 5 angesetzten *He 115* T-Flugzeugen der 1./K. Fl. Gr. 406 den Konvoi erfolglos bei 2 Verlusten an. Die angesetzten U-Boote werden von der Escort Group unter geschickter Ausnutzung von HF/DF-Peilungen ausmanövriert, nur *U 622* (Kptlt. Queck) kommt zu einem erfolglosen Angriff auf den Konvoi, *U 625* (Oblt. z. S. Benker) verfehlt die *Kent* und *Bermuda.* Am 25. 1. wird der Konvoi nochmals von der Luftaufklärung erfaßt, jedoch nicht angegriffen. 5 sowj. Zerstörer nehmen den Konvoi auf, der am 27. 1. in den Kolafjord einläuft. Der Eisbrecher *Malygin* (1571 BRT) wird von *U 255* (Kptlt. Reche) versenkt, am 29. 1. versenkt das Boot den sowj. Dampfer *Ufa* (1892 BRT).
Der RA. 52 läuft mit 11 Schiffen und der gleichen Sicherung am 29. 1. aus dem Kolafjord aus, die 5 sowj. Zerstörer verstärken anfänglich die Sicherung. Der Konvoi wird am 1. 2. südwestlich der Bäreninsel von *U 625* gemeldet und erfolglos angegriffen, die Luftaufklärung findet ihn nicht. Am 3. 2. greift *U 255* den Konvoi an und versenkt den Dampfer *Greylock* (7460 BRT).
Die zu Flankenaufstellungen eingesetzten alliierten U-Boote greifen vor, zwischen und nach dem Ansatz den dt. Küstenverkehr an. Das norweg. U-Boot *Uredd* (Lt. Rören) verfehlt dabei vor Aalesund am 17. 1. das S-Boot-Begleitschiff *Adolf Lüderitz.* Am 20. 1. führen die sowj. Zerstörer *Baku* und *Razumnyj* unter Kpt. 1. Rg. Kolčin einen Vorstoß gegen die Polarküste und haben vor dem Syltefjord ein kurzes ergebnisloses Gefecht mit dem zur Auslegung einer Flankenminensperre marschierenden Minenschiff *Skagerrak* mit den M-Booten *M 322, M 303* und den U-Jägern *UJ 1104* u. *UJ 1105.*
Nach mehreren Fehlschüssen der sowj. U-Boote *ŠČ-404* (Kpt. 2. Rg. Ivanov) vor Svaerholt und *M-172* und *ŠČ-402* (Kpt. 3. Rg. Kautskij) im Varangerfjord torpediert am 29. 1. *M-171* (Kpt. 3. Rg. Starikov) den Transporter *Ilona Siemers* (3243 BRT) im Geleit von *V 5906* vor dem Kongsfjord. Am 1. 2. versenken *ŠČ-403* (Kpt. 3. Rg. Šujskij) vor Makkaur das Vp.-Boot *V 6115, M-172* (Kpt. 3. Rg. Fisanovič) vor Kiberg *V 5909* und *L-20* (Kpt. 3. Rg. Tammann) vor Nordkyn den von den U-Jägern *UJ 1101* und *UJ 1108* gesicherten Transporter *Othmarschen* (7007 BRT).

17. 1.—14. 2. 1943 **Mittelatlantik**

Nach Versorgung aus *U 463* (KKpt. Wolfbauer) bilden *U 571, U 620, U 575, U 381, U 436, U 442, U 552, U 511, U 125,* und *U 514* die Gruppe »Delphin« südlich der Azoren gegen US-Gibraltar-Konvois. Ab 24. 1. treten *U 202, U 558, U 87, U 264* und *U 258* hinzu. Es werden nur 3 Nachzügler des Konvois UGS. 4 versenkt, die *City of Flint* (4963 BRT) durch *U 575* (Kptlt. Heydemann) am 25. 1. und je ein Liberty-Schiff am 27. 1. durch *U 514* (Kptlt. Auffermann, 7177 BRT) und *U 442* (KKpt. Hesse, 7176 BRT). Ab 22. 1. bilden *U 218, U 521, U 43,* später auch *U 66* und *U 108* im Gebiet der Canaren die Gruppe »Rochen«. Nach Absetzen von Agenten versenkt *U 66* (Kptlt. Markworth) 1 Fischereifahrzeug von 113 BRT. Am 7. 2. sichtet *U 521* (Kptlt. Bargsten) den kleinen luftgesicherten Küstenkonvoi Gibr. 2 mit 3 Dampfern und 4 A/S-Trawlern, von denen es die *Bredon* versenkt. Die von der Gruppe »Delphin« angesetzten

U 202, U 558, U 87, U 264 und *U 258* kommen nicht heran, ehe am 9. 2. der Zerstörer *Haydon* und die US-U-Jäger *PC 471* und *PC 474* zum Konvoi stoßen. Die restlichen »Delphin«-Boote operieren westlich Kap St. Vincent, wo bei einer Operation gegen einen von der Luftaufklärung gemeldeten KMS/OS. Konvoi durch die Luftsicherung *U 442* und *U 620* verlorengehen. Die Gruppe »Rochen« versorgt ab 10. 2. aus *U 118.*

18. 1.—1. 3. 1943 **Südpazifik**

Bei Aufklärungsunternehmungen nach Nouméa, Auckland und in die Torres-Straße versenkt das jap. U-Boot *I-10* (KKpt. T. Yamada) 1 Schiff mit 7176 BRT und torpediert 1 mit 7141 BRT. *I-8* (Kpt. z. S. Uchino) beschießt die Canton-Insel am 23. 1. Vor der austral. Küste versenkt *I-21* (FKpt. Matsumura) 5 Schiffe mit 31 437 BRT. *I-18* (KKpt. Muraoka) setzt am 25. 1. vor Espiritu Santo ein Klein-U-Boot aus (kein Erfolg) und wird selbst am 11. 2. beim Versuch, einen US-Verband mit dem Kreuzer *Helena* und den Zerstörern *Fletcher* und *O'Bannon* anzugreifen, versenkt.

Von Rabaul aus operieren im Gebiet der Salomonen und vor Neu Guinea *Ro-100, Ro-101, Ro-102,* und *Ro-103.*

19.—24. 1. 1943 **Norwegen**

Die in Lerwick (Shetlands) stationierte norweg. 30. MTB-Flottille führt mit *MTB 618, MTB 619, MTB 620, MTB 623, MTB 625, MTB 626, MTB 627* und *MTB 630* mehrere Raids gegen dt. Marine-Signalstellen im Sognefjord, auf Stord und im Korsfjord. Angriffe gegen Dampfer schlagen fehl.

22. 1.—3. 2. 1943 **Nordatlantik**

Aus den brennstoffschwachen ehem. »Falke«-Booten wird die Gruppe »Landsknecht« mit den U-Booten *U 267, U 465, U 609, U 402, U 187, U 262, U 454, U 553, U 456, U 614, U 632, U 257, U 404, U 584, U 572, U 71, U 444, U 384, U 631* und *U 333* gebildet, die westlich Irland ohne Erfolg operiert. Ab 28. 1. treten die Boote überwiegend den Rückmarsch an, *U 553* ist seitdem vermißt. Auf dem Marsch zu einer neuen Aufstellung sichtet *U 456* (Kptlt. Teichert) am 1. 2. den Konvoi HX. 224 (58 Schiffe, Escort Group C. 4 [LCdr. Piers] Zerstörer HMCS. *Restigouche,* HMS. *Churchill,* Korvetten HMCS. *Amherst, Collingwood, Brandon, Sherbrooke* und HMS. *Celandine*). Trotz schweren Sturmes hält *U 456* 3 Tage vorbildlich Fühlung und versenkt 2 Schiffe mit 16 633 BRT. Von den in der Nähe stehenden *U 265, U 614, U 257* und *U 632* (Kptlt. Karpf) versenkt nur letzteres 1 Nachzügler-Tanker mit 8190 BRT, von dessen Überlebenden wertvolle Hinweise für den folgenden Konvoi SC. 118 gegeben werden. *U 265* wird am 3. 2. von einer Sicherung fliegenden *Fortress* der RAF-Squ. 220 versenkt.

22. 1.—15. 2. 1943 **Nordatlantik**

Aus den brennstoffstarken U-Booten der Gruppe »Falke« wird südostwärts Grönland die Gruppe »Haudegen« mit *U 414, U 606, U 607, U 226, U 403, U 525, U 69, U 201, U 383, U 303, U 624, U 704, U 438, U 752, U 613, U 186, U 268, U 358, U 707, U 223* und *U 466* gebildet. Noch auf dem Anmarsch greift *U 358* (Kptlt. Manke) am 22. 1. den nach Reykjavik laufenden Konvoi UR. 59 an und versenkt 1 Schiff mit 1456 BRT. Am 25. 1. versenkt *U 624* (Kptlt. Graf Soden-Fraunhofen) 1 Einzelfahrer mit 5112 BRT.

Am 26. 1. sichten *U 266* und *U 383* Escorts des im Sturm teilweise zerstreuten Konvois HX. 223, *U 466* horcht den Konvoi (24 Schiffe, Escort Group A. 3 [Cdr. Heineman] USCG Cutters *Spencer, Campbell, Ingham,* Korvetten HMS. *Dian-*

thus und HMCS. *Chilliwack, Rosthern, Trillium* und *Dauphin*). *U 358* versenkt einen Nachzügler mit 8221 BRT, *U 607* (Kptlt. Mengersen) das Wrack des im Sturm durchgebrochenen Tankers *Kjöllborg* (8259 BRT), das sinkt, ehe ein weiterer Fangschuß von *U 594* trifft. Am 2. 2. sichtet das nördlichste Boot der Gruppe »Haudegen« den Grönland-Nachschubkonvoi SG. 19 mit 3 Dampfern, gesichert von den USCG-Cutters *Tampa, Escabana* und *Comanche*. Von den angesetzten *U 186, U 268, U 358, U 707* und *U 223* (Kptlt. Wächter) versenkt letzteres den US-Army-Transporter *Dorchester*, 5649 BRT (Gruppe »Nordsturm«). Gegen den erwarteten Konvoi SC. 118 marschieren die übrigen »Haudegen«-Boote in eine lockere Aufstellung nordostwärts Neufundland, die aber ohne Erfolg bleibt.

24.—25. 1. 1943 **Nordsee**

Zwei dt. S-Boot-Gruppen stoßen bei einem Angriffsversuch gegen einen brit. Konvoi vor Lowestoft auf die Zerstörer *Mendip* und *Windsor* und werden abgedrängt.

27. 1. 1943 **Luftkrieg Deutschland**

55 *B 17*-Bomber der 8. US-Luftflotte führen ohne Jagdschutz ihren ersten Tagesangriff auf deutsches Gebiet durch: Ziel Wilhelmshaven.

31. 1. 1943 **allgemeine Lage**

Hitler ernennt den Befehlshaber der U-Boote, Admiral Dönitz, unter Beförderung zum Großadmiral zum Oberbefehlshaber der Kriegsmarine anstelle des zurückgetretenen Großadmirals Raeder.

★

1. 2. 1943 **Gibraltar**

U 118 (KKpt. Czygan) legt in der Gibraltar-Str. eine Minensperre, auf den die Korvette *Weyburn* und 3 Schiffe mit 14 064 BRT verlorengehen und der Zerstörer *Wivern* und 2 weitere Schiffe mit 11 269 BRT schwere Schäden erleiden.

1.—28. 2. 1943 **Pazifik**

Von den im Februar in ihren Operationsgebieten eintreffenden US-U-Booten versenken vor Japan *Pickerel* (LCdr. Alston) 2 Schiffe mit 4174 BRT, *Sawfish* (LCdr. Sands) 2 Schiffe mit 7363 BRT, 2 weitere Schiffe torpediert, *Tarpon* (LCdr. Wogan) 2 Schiffe mit 27 910 BRT und *Tunny* (LCdr. Scott) 1 Schiff mit 5306 BRT. Im Zentralpazifik versenkt *Flying Fish* (LCdr. Donaho) 1 Schiff mit 994 BRT, torpediert 2 weitere Schiffe und versenkt zusammen mit *Snapper* 1 Schiff mit 8358 BRT. *Halibut* (LCdr. Ross) versenkt 2 Schiffe mit 10 859 BRT. Im Südpazifik versenkt *Albacore* (LCdr. Lake) den jap. Zerstörer *Oshio*. *Amberjack* kehrt von einer Unternehmung vor Buka nicht zurück. Im Südwestpazifik versenkt *Thresher* (LCdr. Millican) 2 Schiffe mit 10 956 BRT.

2.—9. 2. 1943 **Nordatlantik**

Gegen den nach B-Dienst-Meldungen und Gefangenenaussagen erwarteten Konvoi SC. 118 bildet der B.d.U. am 2. 2. die Gruppe »Pfeil« mit *U 594, U 413, U 267, U 187, U 465, U 402, U 609, U 262, U 454, U 89, U 135, U 608* und *U 266*. Am 4. 2. wird der Konvoi in der Mitte des Streifens von *U 187* (Kptlt. Münnich) planmäßig gemeldet. Außer »Pfeil« werden von der Gruppe »Haudegen« *U 438*,

U 624, U 704, U 613, U 752 und von der HX. 224-Operation *U 456* und *U 614* angesetzt. Der SC. 118 besteht aus 61 Schiffen mit der Escort Group B. 2 (LCdr. Proudfoot) mit den Zerstörern *Vanessa, Vimy, Beverley* und den Korvetten *Campanula, Mignonette, Abelia* (brit.), und *Lobélia* (franz.) sowie dem USCG-Cutter *Bibb*. Die *Bibb* und das Rettungsschiff *Toward* peilen mit HF/DF die Fühlunghaltermeldung von *U 187* ein, das von *Vimy* und *Beverley* versenkt wird. Auch *U 402, U 608, U 267, U 609* und nochmals *U 608* werden am 4. und in der Nacht zum 5. 2. eingepeilt und von *Vimy, Beverley, Campanula, Bibb, Lobélia* und *Mignonette* abgedrängt. Nach einer Kursänderung gewinnt *U 609* an einer abgesplitterten Gruppe Fühlung, wird aber von *Lobélia* mit Wabos belegt, während *U 262* (Oblt. z. S. Franke) an der ungesicherten Seite 1 Schiff mit 2864 BRT versenkt, bald darauf aber von *Vimy* und *Beverley* schwer mit Wabos belegt wird. *Vimy* drückt den aufgeschlossenen Fühlunghalter *U 609* wieder unter Wasser. Achteraus versenkt *U 413* (Kptlt. Poel) 1 Nachzügler mit 5376 BRT. Am Abend des 5. 2. wird das nochmals herangekommene *U 609* (Kptlt. Rodluff) von der inzwischen durch die von Island kommenden US-Zerstörer *Babbitt, Schenck* und den USCG-Cutter *Ingham* verstärkte Sicherung abgedrängt. Am Morgen des 6. 2. setzt *U 465* eine Fühlunghalter-Meldung ab, wird aber durch eine auf dem Peilstrahl angesetzte *Fortress* der RAF-Sq. 220 schwer gebombt, die übrigen Boote werden abgedrängt. Bis zum Abend des 6. 2. führt *U 609* wieder *U 438, U 262, U 456* und *U 267* heran, von denen die *Vimy* letzteres schwer beschädigt. Angriffsversuche von *U 454, U 438, U 135* werden durch *Lobélia, Abelia* und *Babbitt* vereitelt. Nur *U 262* gelingt es, zum Schuß zu kommen, doch vereiteln Versager einen Erfolg, Wasserbomben der *Lobélia* beschädigen das Boot. Nach Mitternacht dringt *U 402* (Kptlt. Frhr. v. Forstner) durch eine Lücke in den Konvoi ein und versenkt während der Nacht in 2 Anläufen 6 Schiffe mit 37 075 BRT, darunter das Rettungsschiff *Toward*. Ein etwas zurückgebliebenes Schiff mit 5740 BRT wird von *U 614* (Kptlt. Sträter) versenkt, während die *Lobélia* (Kptlt. de Morsier) *U 609* versenkt. Am 7. 2. wird die Masse der Boote durch die Abwehr nach achtern gedrängt, nur *U 402* hält Fühlung, wird mittags vorübergehend durch *Bibb* abgedrängt, kommt aber mit *U 456* wieder heran. Kurz darauf werden beide Boote von *Bibb* und einer *Fortress* der RAF-Sq. 220 unter Wasser gedrückt, die außerdem *U 624* versenkt. Ein neuer Angriffsversuch von *U 456* wird auf Grund einer HF/DF-Peilung von der *Beverley* vereitelt. Nur *U 402* versenkt in der Nacht zum 8. 2. nochmals 1 Schiff mit 4625 BRT. Ein Angriff von *U 608* gegen ein havariertes Schiff und den Zerstörer *Schenck* mißlingt. Am Morgen drängen Flugzeuge die letzten Boote ab und beschädigen dabei *U 135*. *U 456* (Kptlt. Teichert) versenkt auf dem Rückmarsch westlich der Biskaya am 23. 2. 1 Schiff von 700 BRT.

4./5. 2. 1943 **Mittelmeer**

Brit. Bombenangriff auf Marinestützpunkt La Spezia.

4.—7. 2. 1943 **Nordatlantik**

Zur Operation auf vom B-Dienst erfaßte Konvois auf der Gibraltar-Route wird westlich der Biskaya die Gruppe »Hartherz« mit den U-Booten *U 183, U 107, U 519, U 584, U 572, U 71, U 621, U 653, U 628, U 753* und *U 332* gebildet: keine Ziele gesichtet. *U 519* wird am 10. 2. durch einen *Liberator* der USAAF-A/S-Squ. 2 versenkt.

4.—9. 2. 1943 **Schwarzes Meer**

Nachdem in der Nacht zum 31. 1. der sowj. Schwere Kreuzer *Vorošilov* und die Zerstörer *Bojkij, Bespoščadnyj* und *Soobrazitel'nyj* dt. Stellungen im Raum von Novorossijsk beschossen haben, am 4. 2. früh sowj. Landungen westlich Novorossijsk. Zur Ablenkung der dt. Abwehr beschießt in der Nacht zum 4. 2. der Zerstörer *Bojkij* mit 4 *MO-IV* Wachkuttern Anapa, 4 Torpedokutter demonstrieren vor Železnyj Rog. Die Deckungsgruppe (VAdm. Vladimirskij) mit den Kreuzern *Krasnyj Kavkaz, Krasnyj Krym,* dem Flottillen-Führer *Char'kov* und den Zerstörern *Bespoščadnyj* und *Soobrazitel'nyj* beschießt gegen Morgen den Hauptlandungsraum. Der Landungsverband (KAdm. Basistyj) mit den K-Booten *Krasnyj Adžaristan, Krasnaja Gruzija* und *Krasnaja Abchazija,* den Zerstörern *Nezamožnik* und *Železnjakov,* den Minensuchern *T-404/Ščit, T-411/Zaščitnik, T-412/Arsenij Rasskin, T-407/Mina* und *T-403/Gruz* sowie der 1. Wachkutter-Division verliert auf einer Minensperre die Wachkutter *SKA-051* und *SKA-0141.* Im starken Abwehrfeuer kommen nur Teile der 83. und 255. Marine-Brig. und 165. Schützen-Brig. an Land, wo sie bis zum 6. 2. aufgerieben werden. Die von Wachkuttern durchgeführte Nebenlandung am Kap Myschako gelingt, die Masse der Kräfte wird ab 5. 2 durch die K-Boote herangeführt, bis zum 9. 2. 17 000 Mann gelandet. Bei Einsätzen der dt. 1. S-Flottille (Kptlt. Christiansen) gegen den Nachschub werden bis Ende Februar die *T-403/Gruz* und *Krasnaja Gruzija* versenkt.

4.—12. 2. 1943 **Nordmeer**

Dt. Minenunternehmung gegen die Reede von Kildin wird mit dem Minenschiff *Brummer* (KKpt. Dr. Brill) und Zerstörern *Theodor Riedel* und *Z 31* unbemerkt in der Nacht zum 6. 2. durchgeführt. Auf dem Anmarsch verfehlt das sowj. U-Boot *L-20* vor Nordkyn den Verband. Zur gleichen Zeit erproben erstmalig 2 sowj. U-Boote vor dem Kongsfjord eine unmittelbare taktische Zusammenarbeit gegen ein Ziel. Am 5. 2. abends greift *K-3* (Kpt. 3. Rg. Malofeev mit dem Kdr. der U-Boot-Brig., KAdm. Vinogradov, an Bord) und *K-22* (Kpt. 3. Rg. Kul'bakin mit dem Kdr. der 1. Div., Kpt. 2. Rg. Kotel'nikov, an Bord) die zum Aufnahmepunkt des Minenwurfverbandes marschierenden U-Jäger *UJ 1101* und *UJ 1108* an. Bei Windstärke 8 versenkt *K-3 UJ 1108,* behindert aber *K-22.* Gegen Morgen am 6. 2. verfehlen *K-22* und später auch *L-20* die *Brummer* mit Fächerschüssen. *K-22* sinkt auf einer Flankenminensperre. Am 12. 2. torpediert *K-3* den Transporter *Fechenheim* (8116 BRT) aus einem Konvoi.

4. 2.—6. 6. 1943 **Biskaya**

Erste Bay Offensive der 19th Group RAF-Coastal Command (Air Vice Marshal Bromet) mit RAF-Sq. 224, 9 *Liberators,* Sq. 86, 16 *Liberators* (ab März nach Island), Sq. 210, 6 *Catalinas,* Sq. 304 (poln.), Sq. 311 (tschech.) je 16 *Wellingtons,* Sq. 172, 16 *Wellingtons,* Sq. 58, 9 *Halifaxes,* Sq. 59, 9 *Fortresses,* Sq. 502, 16 *Whitleys,* RAAF-Sq. 10 und 461 je 6 *Sunderlands,* USAAF-A/S-Sq. 1 und 2 je 12 *Liberators* (ab März nach Marokko). Ab April dazu RAF-Sq. 228, 6 *Sunderlands* und RCAF-Sq. 407, 16 *Wellingtons.*

4.—16. 2. Operation »Gondola« mit 312 Einsätzen, 19 Sichtungen, 8 Angriffen. *U 519* durch USAAF-Sq. 1 versenkt. Nach »Gondola« normale Einsätze bis März, dabei *U 268* durch RAF-Sq. 172 versenkt, *U 211, U 508* und *U 525* beschädigt. Bei erstem Versuchseinsatz einer *Wellington* mit 9 cm ASV-IV-Radar und »Leigh Light« der RAF-Sq. 172 schießt *U 333* (Kptlt. Cremer) das Flugzeug ab.

21.—28. 3. Operation »Enclose I«. 182 Einsätze. Bei Tagesflügen wenig Sichtungen, da U-Boote tags getaucht, nachts Aufladen. Am 22. 3. versenkt ASV-

IV/»Leigh Light« *Wellington* der RAF-Sq. 172 *U 665. U 338* (Kptlt. Kinzel) schießt *Halifax* der RAF-Sq. 58 ab. Bei 27 Sichtungen nur 1 Erfolg.
6.—13. 3. Operation »Enclose II«. Verlust *U 376* durch ASV-IV/»Leigh Light« *Wellington* RAF-Sq. 172, zunehmende Nachtangriffe mit nicht durch »Metox« faßbarer Ortung sowie Abschuß eines Flugzeuges durch *U 438* führt zu Änderung dt. Taktik: Nachts getaucht marschieren, tags aufladen und Flugzeuge mit Flak abwehren.
13.4.—6. 6. Operation »Derange«. Infolge neuer dt. Taktik starke Zunahme der Sichtungen am Tage mit zahlreichen Angriffen. Im Mai 98 Sichtungen, 64 Angriffe, dabei *U 332, U 465, U 109, U 663,* der U-Tanker *U 463, U 440, U 563* und *U 418* versenkt, im April *U 465, U 566, U 437,* im Mai *U 415, U 214, U 591, U 229, U 523* und *U 621* beschädigt. Am 24. 5. erster Einsatz einer Flakfalle *U 441* (Kptlt. G. v. Hartmann), in Gefecht *Sunderland* abgeschossen, selbst starke Personalausfälle und Schäden. Außerdem schießen *U 666, U 594, U 648, U 662* und *U 459* je 1 Flugzeug ab. Erfahrungen führen zur neuen dt. Taktik des Gruppenmarsches in der Biskaya.

5. 2.—9. 3. 1943 **Mittelmeer**

Bei dt.-ital. Operationen gegen den alliierten Konvoi-Verkehr vor der alger. Küste greifen am 6. 2. 3 T-Flugzeuge den Konvoi KMS. 8 ostwärts Oran an und versenken die kanad. Korvette *Louisburg,* Angriffe der U-Boote *U 407* und *U 596* gegen den von 6 brit. und 8 kanad. Korvetten gesicherten Konvoi schlagen fehl, nach der Entlassung vor Algier versenkt *U 77* (Kptlt. O. Hartmann) 2 Schiffe mit 13 742 BRT. Vor Philippeville versenkt am 5. 2. das ital. *Avorio* (Kptlt. Priggione) den A/S-Trawler *Stronsay,* wird aber selbst am 8. 2. von der kanad. Korvette *Regina* versenkt. Nach einem Fehlschuß von *Platino* versenkt *Acciaio* (Kptlt. Beltrami) am 7. 2. den A/S-Trawler *Tervani.* Bei weiteren Angriffen im Februar/März versenken *U 371* (Kptlt. Mehl) 1 Schiff mit 2089 BRT, 1 Schiff mit 7176 BRT torpediert, *U 565* (Kptlt. W. Franken) torpediert 2 Schiffe mit 17 565 BRT, von denen eines durch Lufttorpedo vernichtet wird, *U 596* (Kptlt. Jahn) torpediert 2 Schiffe mit 14 180 BRT. Weitere Angriffe von *U 596, Platino, U 371, U 565, U 458, U 755* und *U 602* schlagen fehl. *Argento* und *U 443* fallen am 17. und 23. 2. brit. Zerstörern *Wheatland, Easton, Lamerton* und *Bicester, U 83* am 4. 3. Flugzeugen zum Opfer.

5. 2.—19. 4. 1943 **Südafrika/Indischer Ozean**

Nach einer Versorgung aus *U 459* (KKpt. v. Wilamowitz-Moellendorf) im Südatlantik operiert die Gruppe »Seehund« vor Südafrika. Bei Einzelangriffen versenken die Boote einschl. der Erfolge auf dem An- und Abmarsch: *U 506* (Kptlt. Würdemann) 2 Schiffe mit 9980 BRT, *U 516* (KKpt. Wiebe) 4 Schiffe mit 25 586 BRT, darunter das niederl. U-Boot-Depotschiff *Colombia, U 509* (Kptlt. W. Witte) 2 Schiffe mit 12 066 BRT und *U 160* (Kptlt. Lassen) 3 Schiffe mit 19 353 BRT. *U 160* greift ferner am 3. 3. den Konvoi DN. 21 (11 Schiffe, Escort Korvette *Nigella,* A/S-Trawler *Sondra, Norwich City* und *Viviana)* an und versenkt in 3 Anläufen 4 Schiffe mit 25 852 BRT und torpediert 2 weitere Schiffe mit 15 224 BRT, ehe die Zerstörer *Quiberon* und *Relentless* herankommen können. Dem gleichzeitig vor Südafrika operierenden *U 182* (Kptlt. N. Clausen) fallen 5 Schiffe mit 30 071 BRT zum Opfer, auf dem Rückmarsch wird es jedoch am 16. 5. westlich Madeira durch den US-Zerstörer *Mackenzie* versenkt. Die übrigen Boote kehren nach Versorgung aus *U 117* zurück.
Das im März im Golf von Bombay operierende jap. U-Boot *I-27* (Kptlt. Fukumura) versenkt 1 Schiff mit 7132 BRT.

9.—19. 2. 1943 **Nordatlantik**

Vom 9.—15. 2. wartet die halbkreisförmig nordostwärts Neufundland aufgestellte Gruppe »Haudegen« mit *U 358, U 186, U 223, U 69, U 201, U 403, U 707, U 606, U 226, U 525, U 303, U 607* und *U 383* vergeblich auf die Konvois HX. 225 und SC. 119. Am 15. 2. treten die Boote bis auf *U 358, U 186, U 223* und *U 707* (Gruppe »Taifun«) den Marsch zum Versorger *U 460* an. Dabei sichtet am 17. 2. *U 69* (Kptlt. U. Gräf) den Konvoi ONS. 165 (32 Schiffe, Escort Group B. 6 [Cdr. Heathcote] Zerstörer *Fame, Viscount* und Korvetten *Vervain, Kingcup* und norweg. *Acanthus* und *Eglantine).* Auf die eingepeilte Fühlunghalter-Meldung angesetzt, versenken *Viscount* mit Rammstoß *U 69, Fame* das als zweites herangekommene *U 201* (Oblt. z. S. Rosenberg). Von den angesetzten ehem. »Haudegen«- und den »Taifun«-Booten sichtet erst am 18. 2. nachm. *U 403* (Kptlt. Clausen) den Konvoi wieder und versenkt in der Nacht zum 19. 2. in 2 Angriffen 1 Schiff mit 5961 BRT. Am Morgen verfehlt *U 226* (Kptlt. Borchers) den Konvoi, an dem die Fühlung wieder abreißt. Am Abend des 19. 2. kommt kurz *U 525* (Kptlt. Drewitz) heran und versenkt in der Nacht zum 20. 2. 1 Nachzügler mit 3454 BRT. Wegen Landnähe wird die Operation abgebrochen.

9. 2.—22. 3. 1943 **Mittelmeer**

7 Truppentransport-Unternehmungen für die dt.-ital. Panzerarmeen Afrika nach Tunis und Bizerta mit den ital. Zerstörern *Malocello* (4 Fahrten), *Alpino, Pancaldo* (je 3 Fahrten), *Pigafetta, Fuciliere, Premuda, Legionario, Ascari* (je 2 Fahrten), *Da Noli, Zeno, Granatiere, Gioberti* und *Camicia Nera* (je 1 Fahrt). Laufend Konvois mit 1—4 Frachtern, gesichert von je 1—5 Schiffen, darunter Zerstörer *Lampo, Lubiana, Riboty,* T-Boote *Fortunale, Ciclone, Monsone, Groppo, Orione, Animoso, Tifone, Ardito, Calliope, Clio, Pallade, Sirio, Pegaso, Sagittario, Castore, Cigno, Libra, Antares, Cassiopea, Cascino* und Korvetten *Gabbiano, Persefone, Antilope, Artemide* und *Cicogna* sowie dt. 22. U-Jagd-Flottille mit *UJ 2209, UJ 2210* und *UJ 2220.* Weitere Truppen- und Materialtransporte mit zahlreichen ital. und dt. Marinefährprähmen (dt. 2. L-Flottille). Dagegen innerhalb dt.-ital. Flankenminensperren brit. Sperrlegungen mit U-Boot *Rorqual* (24. 2.) und Minenkreuzer *Abdiel* (27. 2., 5. 3., 8. 3.). Auf den beiden letzten Sperren sinken am 7. 3. T-Boot *Ciclone* und 1 Dampfer von 1984 BRT und am 23. 3. Zerstörer *Malocello* und *Ascari.* Torpedoflugzeuge von Malta versenken 6 Schiffe mit 40 048 BRT, Bomber 4 Schiffe mit 19 434 BRT. Ein Angriffsversuch der brit. *MTB 61, MTB 77* und *MTB 82* am 15./16. 2. gegen einen Konvoi mit 4 Dampfern und den T-Booten *Monsone, Sirio* und den Korvetten *Gabbiano* und *Antilope* südlich Marettimo scheitert. Am 8. 3. versenken bei einem Vorstoß gegen Pantellaria die brit. Zerstörer *Pakenham* und *Paladin* 1 Fährprahm. Bei einem Vorstoß der in Bône stationierten Zerstörer der Force Q am 12. 3. kommt *S 55* (Oblt. z. S. Weber), eines der als Flankenschutz westlich der eigenen Minensperren aufgestellten dt. S-Boote, zum Schuß und versenkt den brit. Zerstörer *Lightning.*

Auf dem Weg Sizilien—Tunesien und im Tyrrhenischen Meer versenken die brit. U-Boote *Unison* (Lt. Daniell) 3 Segler, *Unbending* (Lt. Stanley) 3 Schiffe mit 5535 BRT, *Una* (Lt. Norman) 2 Schiffe mit 7589 BRT, *Unrivalled* (Lt. Turner) 1 Schiff mit 2216 BRT, *Unruffled* (Lt. Stevens) 2 Schiffe mit 5444 BRT, *Unseen* (Lt. Crawford) 1 Schiff mit 2875 BRT, *Sahib* (Lt. Bromage) 2 Segler, *Splendid* (LCdr. McGeogh) 4 Schiffe mit 14 380 BRT, *Saracen* (Lt. Lumby) 2 Schlepper, dazu 1 Schiff torpediert. *Torbay* (Lt. Clutterbuck) 4 Schiffe mit 11 552 BRT versenkt, 1 Schiff torpediert, *Taurus* (LCdr. Wingfield) 2 Schiffe mit 4893 BRT und 3 kleine Schiffe versenkt, *Trooper* (Lt. Wraith) 2 Schiffe mit 6993 BRT und 2 Segler, *Sibyl* (Lt. Turner) 1 Schiff mit 1593 BRT und das niederl. *Dolfijn* (Kptlt. v. Oostrom) das ital. U-Boot *Malachite* und 1 Schiff mit 1143 BRT. Bei Angriffen gegen Konvois werden die U-Boote *Tigris* am 27. 2. durch den dt. U-Jäger *UJ 2210*, *Turbulent* (Cdr. Linton, V. C.) am 12. 2. durch ital. *MAS*-Boote und *Thunderbolt* am 24. 3. durch die Korvette *Cicogna* versenkt.

9. 2.—16. 4. 1943 **Westatlantik**

Von den im Gebiet der brasilian. Küste operierenden U-Booten versenkt *U 518* (Kptlt. F.-W. Wissmann) 3 Einzelfahrer mit 15 422 BRT. Vor Bahia sichtet es am 28. 2. den Konvoi BT. 6, gesichert von den brasilian. Korvetten *Carioca*, *Caravelas* und dem Vermessungsschiff *Rio Branco*. In mehreren Anläufen am 28. 2. und 1. 3. feuert es 14 Torpedos, kann jedoch wegen zahlreicher Versager nur 1 Schiff mit 7176 BRT versenken. Der inzwischen von einer US-Escort Group mit dem Zerstörer *Borie*, den Korvetten *Courage*, *Tenacity* und den U-Jägern *PC 575* und *PC 592* gesicherte BT. 6 wird am 8.—9. 3. vor Cayenne mehrfach von *U 510* (KKpt. Neitzel) angegriffen, der 8 Schiffe mit 54 130 BRT torpediert, von denen 3 Schiffe mit 18 240 BRT sinken. Vor der brasilian. Küste versenkt das ital. *Barbarigo* (Kptlt. Rigoli) 3 Schiffe mit 15 584 BRT, die folgenden *Cappellini*, *Bagnolini*, *Torelli* und *Archimede* bleiben ohne Erfolge, *Archimede* wird am 16. 4. durch eine *Catalina* der USN-VP. 83 versenkt.
Ostwärts der Antillen versenkt am 8. 3. eine *Catalina* der USN-VP. 53 *U 156* (KKpt. Hartenstein †). *U 68* (Oblt. z. S. Lauzemis) versenkt am 13. 3. in der Westkaribik aus dem Konvoi GAT. 49 2 Schiffe mit 10 186 BRT. *U 183* (KKpt. Schäfer) versenkt in der Yucatan-Straße 1 Schiff mit 2493 BRT, *U 185* (Kptlt. Maus) im Gebiet der Windward-Passage am 10. 3. aus dem Konvoi KG. 123 2 Schiffe und am 6. 4. aus einem GK.-Konvoi 1 Schiff mit zus. 20 504 BRT und *U 155* (Kptlt. Piening) im Golf von Mexiko 2 Schiffe mit 7973 BRT.

10.—14. 2. 1943 **Kanal**

Beim Versuch, unter Sicherung durch die 8. R-Flottille (Kptlt. Muser) den Kanal zu durchbrechen, wird der Hilfskreuzer *Schiff 14* (Kpt. z. S. Thienemann) von *Whirlibombers* des Fighter Command angegriffen und muß nach Bombentreffern Boulogne anlaufen. Nach weiteren Luftangriffen, die jedoch keinen weiteren Schaden anrichten, läuft das Schiff am 14. 2. nach Dünkirchen zurück und erhält dort den Befehl der Skl. zum Rückmarsch in die Ostsee. Damit ist der letzte dt. Versuch, einen Hilfskreuzer in den Atlantik hinauszubringen, gescheitert.

10.—25. 2. 1943 **Schwarzes Meer**

In mehreren Unternehmungen bringen die sowj. Zerstörer *Železnjakov*, *Nezamožnik*, *Besposčadnyj* und *Soobrazitel'nyj* 8037 Mann von Tuapse nach Gelendžik. Weitere Transporte an der Kaukasus-Küste mit Dampfern und Kleinfahrzeugen. Von den gegen diese Transporte angesetzten dt. U-Booten *U 24*, *U 19* und *U 9* versenkt *U 19* (Oblt. z. S. Gaude) am 14. 2. den Transporter *Krasnyj Profintern* (4648 BRT). In der Nacht vom 21./22. 2. beschießen der sowj. Flottillenführer *Char'kov* und die *Soobrazitel'nyj* dt. Stellungen vor dem Myschako-Brückenkopf.

11.—20. 2. 1943 **Luftkrieg Deutschland**

Brit. Luftangriffe auf Wilhelmshaven am 11./12., 18./19. und 19./20. 2.

Gegen den nach B-Dienst-Meldung erwarteten Konvoi HX. 226 wird ab 14. 2. im mittleren Nordatlantik die Gruppe »Ritter« mit *U 529, U 468, U 377, U 225, U 653, U 628, U 623, U 621, U 753, U 332, U 454* und *U 603* gebildet. Der Konvoi wird jedoch nicht erfaßt, die zur Sicherung eingesetzten *Liberators* der RAF-Sq. 120 versenken am 15. 2. *U 529* und *U 623*. Am 18. und 19. 2. meldet der B-Dienst den Konvoi ON. 166, gegen den südlich »Ritter« die Gruppe »Knappen« mit *U 92, U 604, U 91* und *U 600* aufgestellt wird. Am 20. 2. gegen Mittag sichtet *U 604* (Kptlt. Höltring) den ON. 166 (40 Schiffe, 9 Nachzügler [Commodore Magee], Escort Group A. 3 [Cdr. Heineman] mit USCG-Cutters *Spencer, Campbell,* der brit. Korvette *Dianthus* und den kanad. Korvetten *Chilliwack, Rosthern, Trillium* und *Dauphin).* In der Nacht zum 21. 2. wird *U 604* von *Spencer* mit Radar geortet und mit Wabos angegriffen, ehe die angesetzten Gruppen heran sind. Am Morgen des 21. 2. gewinnt *U 753* (KKpt. v. Mannstein) Fühlung an einem Nachzügler, der später von *U 603* (Oblt. z. S. Bertelsmann) und *U 332* (Oblt. z. S. Hüttemann) versenkt wird, 5964 BRT. Am Nachmittag wird *U 91* durch 1 Flugboot gebombt, das auch *U 332, U 454* und *U 753* zusammen mit *Campbell, Dianthus* und *Dauphin* abdrängt. In der Nacht zum 22. 2. kommt *U 92* (Kptlt. Oelrich) an den Konvoi heran und torpediert in 2 Anläufen 2 Schiffe mit 9990 BRT bzw. 9348 BRT. Ersteres wird mit *Dauphin* detachiert, muß jedoch später von ihr versenkt werden, das zweite wird nach Fangschußtreffern von *U 92* und *U 753* von dem zur Sicherung stoßenden poln. Zerstörer *Burza* (Cdr. Pitułko) versenkt. Am Tage des 22. 2. halten abwechselnd *U 606, U 603* und *U 628* Fühlung und führen bis zur Nacht *U 92, U 358, U 223, U 186* und *U 753* heran. Die meisten Boote werden abgedrängt. Fast gleichzeitig greifen *U 753,* das jedoch durch *Rosthern* und *Trillium* mit Wabos belegt wird, und *U 606* (Oblt. z. S. Döhler) an, das 3 Schiffe mit 17 260 BRT torpediert, von denen 2 Schiffe sinken, das dritte Schiff mit 4959 BRT erst nach Fangschüssen von *U 303* (Kptlt. Heine). *U 606* wird sofort nach dem Angriff von *Chilliwack* und *Burza* mit Wasserbomben angeschlagen und kurz darauf von *Campbell* mit Rammstoß versenkt, die durch Wassereinbruch im Maschinenraum manövrierunfähig wird und von *Burza* eingebracht werden muß. In der Nacht versenkt *U 604* das von achtern auflaufende Rettungsschiff *Stockport* (1683 BRT). Am 23. 2. morgens greifen fast gleichzeitig *U 628* (Oblt. Hasenschar) und *U 186* (Kptlt. Hesemann) an, *U 628* torpediert 2 Schiffe mit 6907 BRT bzw. 6409 BRT, die später von *U 223* (Kptlt. Wächter) bzw. *U 603* versenkt werden, *U 186* versenkt 2 Schiffe mit 11 608 BRT, die Angriffe werden erleichtert, weil nur noch *Spencer, Rosthern, Chilliwack* und *Dianthus* den Konvoi sichern, von denen letztere bei den Havaristen zurückbleibt. Am 23. 2. halten *U 628* und *U 707* (Oblt. z. S. Gretschel) Fühlung und führen bis zum Abend *U 621, U 358, U 653, U 468, U 92, U 600* heran. Durch eine scharfe Kursänderung nach Dunkelwerden schüttelt der anfangs nur noch von 3 Escorts gesicherte Konvoi die Boote ab, in der Nacht zum 24. 2. erfolgt kein Angriff. Nur 2 Nachzügler von 7176 BRT bzw. 9382 BRT werden von *U 707* und *U 653* (Kptlt. Feiler) versenkt bzw. torpediert. Erst am Morgen kann *U 600* (Kptlt. Zurmühlen) aus dem nun von *Spencer, Chilliwack, Rosthern* und *Trillium* gesicherten Konvoi 1 Schiff mit 4391 BRT torpedieren, das später von *U 628* versenkt wird. Am 24. 2. halten *U 628* und *U 603* Fühlung und führen *U 621, U 600, U 604* heran, von denen letzteres durch Wasserbomben beschädigt wird. Einsetzende Luftsicherung von Neufundland aus drängt Boote ab, nur *U 621* (Oblt. z. S. Kruschka) verfehlt am Abend die *Spencer.* Die Sicherung wird durch die brit. Zerstörer *Mansfield* und *Witherington* verstärkt. Gegen Morgen am 25. 2. greifen fast gleichzeitig *U 628*, *U 92* und *U 600* an, von denen ersteres 1 Schiff mit 7264 BRT versenkt, während die beiden anderen die *Spencer* verfehlen. Am 25. 2. hält zwar *U 468* Fühlung, in dem einsetzenden Nebel kommen aber nur *U 600* und *U 621* kurz heran, am Abend reißt die Fühlung ab. Die Operation wird am 26. 2. morgens abgebrochen.

15. 2.—14. 3. 1943 **Nordmeer**

Der Konvoi JW. 53 geht am 15. 2. mit 28 Schiffen und einer »Through Escort Group« mit den Minensuchern *Jason* (Cdr. Lewis), *Halcyon*, den »Hunt«-Zerstörern *Pytchley*, *Middleton*, *Meynell*, den Korvetten *Dianella*, *Poppy*, *Bergamot* und den A/S-Trawlern *Lord Middleton* und *Lord Austin* in See. In schwerem Sturm müssen 6 Dampfer Island anlaufen, der für die Luftsicherung vorgesehene Geleitträger *Dasher* und der Kreuzer *Sheffield* der Deckungsgruppe mit schweren Sturmschäden umkehren. Vor Seidisfjord stößt am 19. 2. die »Fighting Escort Group« mit dem Kreuzer *Scylla* (Capt. I. A. P. Macintyre) und den Zerstörern *Milne* (Capt. Campbell), *Orkan* (poln.), *Orwell*, *Opportune*, *Obedient*, *Obdurate*, *Faulknor* (Capt. Scott-Moncrieff), *Boadicea*, *Inglefield*, *Fury*, *Intrepid*, *Impulsive* und *Eclipse* zum Konvoi. KAdm. Burnett mit den Kreuzern *Belfast* und *Cumberland* bildet die Deckungsgruppe. Vor der norweg. Küste werden alliierte U-Boote der brit. 9. U-Flottille und sowj. U-Boote aufgestellt. Von ihnen legt *K-21* (Kpt. 2. Rg. Lunin) am 18. 2. eine Minensperre bei Arnöy, setzt Agenten an Land und feuert am 20. 2. 6 Torpedos in die Bogenbucht. Im Gebiet des Varangerfjordes fahren *M-122*, *ŠČ-422*, *M-119*, *M-172* und *M-171* Angriffe, am 19. und 20. 2. greift die sowj. Marine-Luftwaffe die Fliegerhorste Petsamo und Kirkenes an. Die dt. Luftaufklärung meldet den JW. 53 am 23. 2.; in schwerem Wetter weicht der Konvoi am 24. 2. unter Ausnutzung von HF/DF-Peilungen den dt. U-Boot-Aufstellungen aus, nur *U 622* verfehlt 2 Zerstörer. Am 25. 2. greifen 10 *Ju 88* der I./K. G. 30 an und beschädigen 1 Schiff mit 7058 BRT, ein Angriff von einigen *Ju 88* und *U 255* am 26. 2. bleibt erfolglos. Der Konvoi wird durch 4 sowj. Zerstörer aufgenommen und trifft mit 18 Schiffen am 26. 2. vor dem Kolafjord ein, 6 Schiffe laufen mit dem Zerstörer *Urickij* und anderen Schiffen weiter ins Weiße Meer.

Gegen die Schiffe des in Murmansk eingelaufenen Konvois fliegen am 27. und 28. 2. *Ju 87* der I./St. G. 5 Sturzangriffe und beschädigen 3 Dampfer mit 11 341 BRT schwer. Bei weiteren Angriffen am 6. und 13. 3. unter Beteiligung von *Ju 88* der I./K. G. 30 wird 1 Dampfer von 7173 BRT vernichtet und 1 Dampfer mit 6744 BRT beschädigt. Der Konvoi RA. 53 mit 30 Schiffen, gesichert von den gleichen Schiffen wie der JW. 53, läuft am 1. 3. vom Kolafjord aus. Am 2. 3. wird er von *U 255* (Kptlt. Reche) erstmalig gemeldet und mit kurzen Unterbrechungen über mehrere Tage verfolgt. Am 5. 3. versenkt *U 255* den Dampfer *Executive* (4978 BRT) und torpediert die *Richard Bland* (7191 BRT), die weitermarschiert. Ein Angriff von 12 *Ju 88* der I./K. G. 30 scheitert im starken Abwehrfeuer. Die Fühlung geht verloren. Am 9. 3. versenkt *U 586* (Kptlt. v. d. Esch) aus dem im Sturm zerstreuten Konvoi den Nachzügler *Puerto Rican* (6076 BRT), 1 Dampfer bricht im Sturm auseinander, *U 657* verfehlt 1 Schiff. Am 10. 3. versenkt *U 255* die *Richard Bland*. Bei der Zusammenführung der zerstreuten Schiffe leistet das Radar des Schlachtschiffes *King George V.* der Fernsicherung gute Dienste.

Unter Ausnutzung des stürmischen Wetters ist das dt. Schlachtschiff *Scharnhorst* am 8. 3. von Gotenhafen aus nach Bergen und weiter nach Trondheim gelangt. Von dort verlegt es mit der *Tirpitz*, Zerstörern und T-Booten am 11. bis 12. 3. nach der Bogenbucht bei Narvik, wo bereits der Schwere Kreuzer *Lützow* liegt. Diese Massierung schwerer dt. Schiffe in Nordnorwegen und die Anforderungen der Schlacht im Atlantik an die Flottenzerstörer der »Home Fleet« (Aufstellung von Support Groups) zwingen die brit. Admiralität, für den Sommer 1943 die Murmansk-Konvois einzustellen. Die schweren dt. Schiffe verlegen vom 22.—24. 3. in den Altafjord.

16. 2.—13. 3. 1943 **Mittelatlantik**

Ab 16. 2. sucht die Gruppe »Rochen« mit *U 504, U 218, U 521, U 43, U 66, U 202, U 558, U 87, U 264* und *U 258* südlich, die Gruppe »Robbe« mit *U 437, U 445, U 410, U 107, U 103, U 382, U 569* und *U 511* nördlich der Azoren nach US-Gibraltar-Konvois. Am 20. 2. werden *U 264, U 258* und *U 437* zur Heimgeleitung des Prisentankers *Hohenfriedberg/Herborg* (Kpt. Heidberg, 7892 BRT) abgeteilt, der jedoch von einer USAAF-*Liberator* 500 sm südwestlich Kap Finisterre erfaßt und durch den brit. Kreuzer *Sussex* versenkt wird. Ein 4er-Fächer von *U 264* (Oblt. Looks) manövriert die *Sussex* aus. Am 22. 2. meldet *U 522* (Kptlt. Schneider) den Tanker-Konvoi UC. 1 (33 Schiffe, Escort Group brit. Fregatte *Ness*, Sloops *Folkestone, Totland*, 3 Korvetten, Support Group US-Zerstörer *Charles F. Hughes, Madison, Lansdowne, Hilary P. Jones)*. Ansatz der U-Boote *U 382, U 569* und der Gruppe »Rochen«. Am 23. 2. morgens versenkt *U 522* 1 Tanker mit 8882 BRT, abends torpediert *U 382* (Kptlt. Juli) mit dem erstmalig eingesetzten akustischen Zielsuchtorpedo »Falke« 1 Tanker von 8252 BRT, *U 202* (Kptlt. Poser) trifft 3 Tanker, von denen 1 Tanker mit 7989 BRT sinkt, 1 Tanker mit 9811 BRT später von *U 558* (Kptlt. Krech) versenkt wird, und 1 Tanker mit 8482 BRT im Konvoi weiterläuft. Weitere Angriffe von *U 569, U 558* und *U 504* in der Nacht zum 24. 2. und *U 521* und *U 66* in der Nacht zum 25. 2. schlagen fehl. *U 107* (Kptlt. Gelhaus) und *U 66* (Kptlt. Markworth) versenken je 1 Einzelfahrer mit 7801 bzw. 4312 BRT. Ab 28. 2. operiert die Gruppe »Robbe« mit *U 445, U 410, U 107, U 103* und *U 511* im Gebiet westlich Gibraltar. Auf den am 5. 3. westlich Oporto von der Luftaufklärung erfaßten Konvoi KMS. 10 operieren 3 Boote, von denen am 6. 3. *U 107* abgedrängt wird, *U 445* nicht herankommt und *U 410* (Oblt. z. S. Fenski) 1 Schiff mit 7133 BRT versenkt und ein Schiff mit 7134 BRT torpediert. Auf den am 12. 3. von der Luftaufklärung gemeldeten Konvoi OS. 44 operieren dieselben Boote, doch nur *U 107* kommt heran und versenkt 4 Schiffe mit 17 376 BRT. Die vom 27. 2. bis 4. 3. aus *U 461* versorgte Gruppe »Tümmler« mit *U 504, U 43, U 66, U 202, U 558* marschiert ins Gebiet der Kanaren. Dabei versenkt *U 43* (Oblt. z. S. Schwantke) den viel früher als erwartet eingetroffenen Blockadebrecher *Doggerbank* (5154 BRT, Kpt. Schneidewind). Eine Operation der Gruppe »Tümmler« auf einen von *U 43* gesichteten südgehenden Klein-Konvoi am 12./13. 3. scheitert wegen der starken Luftsicherung.

17.—18. 2. 1943 **Kanal**

Bei einem Vorstoß von 2 S-Boot-Gruppen der 6. S-Flott. kommt es vor Lowestoft zu einem Gefecht mit der brit. Korvette *Kittiwake* und den Zerstörern *Garth* und *Montrose*, bei dem *Garth S 71* versenkt.

18. 2. 1943 **Nordpazifik**

US-Task Group (KAdm. McMorris) mit den Kreuzern *Raleigh* und *Indianapolis* und den Zerstörern *Bancroft, Caldwell, Coghlan* und *Gillespie* beschießt Attu.

18. 2.—3. 3. 1943 **Nordatlantik**

Am 18. 2. wird südwestlich Island gegen den erwarteten Konvoi HX. 226 die Gruppe »Neptun« mit *U 759*, *U 405*, *U 448*, *U 359*, *U 135*, *U 608*, *U 376*, *U 566* und *U 659* gebildet. Als der Konvoi nicht erfaßt wird, marschiert die Gruppe ab 20. 2., verstärkt durch *U 89*, *U 569* und *U 377* nach Südwesten dem HX. 227 entgegen, der am 27. 2. morgens von dem nördlichsten Boot *U 759* erfaßt wird. Funkstörungen verhindern einen rechtzeitigen Ansatz, *U 759* wird von der Sicherung des 62 Schiffe starken Konvois, der Escort Group B. 6 (Cdr. Heathcote) mit den Zerstörern *Fame* und *Burza*, den Korvetten *Vervain*, *Kingcup*, *Acanthus*, *Eglantine* und *Potentilla* abgedrängt. *U 376*, *U 377*, *U 608*, *U 448*, *U 359* und *U 135* nehmen die Verfolgung auf, doch nur *U 405* (KKpt. Hopmann) versenkt ein zurückgebliebenes Liberty-Schiff (7176 BRT), das die beiden für die Sowjetunion bestimmten MTBs *PT 85* und *PT 87* an Bord hat. Ab 28. 2. nehmen auch *U 709* und *U 634* teil. Am 1. 3. verfolgt *U 759* einen Einzelfahrer, den *U 634* (Oblt. z. S. Dahlhaus) versenkt (7176 BRT). Bei der Suche meldet *U 608* am Nachmittag den entgegenkommenden Konvoi ON. 168, auf den *U 405*, *U 359*, *U 659* und *U 448* operieren. Bis zum 3. 3. werden die Konvois nicht wiedergefunden.

21.—25. 2. 1943 **Nordatlantik**

Das ausmarschierende *U 664* (Oblt. z. S. Graef, A.) sichtet den Konvoi ONS. 167, der von 6 Escorts gesichtet wird, und versenkt am 21. 2. abends daraus 2 Schiffe mit 13 466 BRT. Als Gruppe »Sturmbock« werden die in der Nähe stehenden *U 758*, *U 591*, *U 84* und *U 432* angesetzt, in der Nacht zum 22. und am Morgen gewinnen kurz *U 758* und *U 664* Fühlung, werden aber abgedrängt. Unter Einbeziehung von Rückmarschierern vom ON. 166 und von *U 460* versorgten Booten wird für den 25. 2. ein Vp.-Streifen »Sturmbock« mit *U 332*, *U 432*, *U 753*, *U 226*, *U 383*, *U 758*, *U 607*, *U 664*, *U 84*, *U 409* und *U 591* gebildet, doch werden am 26. 2. nur von *U 664* und *U 607* Zerstörer gesehen. Am 25. 2. legt *U 119* (Kptlt. Zech) vor Reykjavik eine Minensperre. Keine Erfolge bekannt.

23. 2.—30. 5. 1943 **Schwarzes Meer**

Dt. Nachschubgeleite »Kleiner Bär 1—99« von Feodosija nach Anapa zur Versorgung des Kuban-Brückenkopfes mit anfangs 2—3, zuletzt 5—6 *MFP* der 3. L-Flottille (FKpt. Strempel), ab April z. T. auch der 5. L-Flottille (KKpt. Mehler). Die von sowj. U-Booten (u. a. *M-117*, *M-111*, *L-4*) gegen die Geleite 8 (22. 3.), 41 (23. 4.), 88 (18. 5.) und 92 (21. 5.) geschossenen Torpedos laufen unter den flachen *MFP* durch. Bei Luftangriffen gegen das Geleit 89 (19. 5.) sinken *F 309* und *F 367*, beim Geleit 99 (30. 5.) *F 332*. Sowj. Torpedokutter kommen nicht zum Angriff.

Ebenso bleiben Versuche sowj. U-Boote, Geleite unter der südl. Krim-Küste anzugreifen, erfolglos.

Gegen dt.-rumän. Geleitverkehr zwischen Konstanza und Sevastopol (Geleitchef SM Kpt. z. S. Kiderlen) Ansatz sowj. U-Boote und T-Flugzeuge westlich der Krim ohne Erfolge. Ab April Aufstellung von Vp.-Streifen mit U-Booten im freien Seeraum mit *S-33*, *ŠČ-209*, *M-35*, *M-112*. Am 20. 4. versenkt *S-33* (Kpt. 3. Rg. Alekseev) größtes rumän. Transportschiff *Suceava* (6876 BRT) im Geleit des rumän. Zerstörers *Regina Maria* und 3 dt. R-Boote.

Rumän. Minenleger *Amiral Murgescu* und dt. *Romania* legen mehrere Flankenminensperren vor Sulina und in der Odessa-Bucht.

26.—28. 2. 1943 **Kanal**

Eine Gruppe der 5. S-Fl. greift mit *S 65*, *S 68*, *S 81* und *S 85* in der Lyme-Bay einen brit. Konvoi an und versenkt daraus das Motorschiff *Modavia* (4858 BRT), *LCT 381* (625 ts) sowie die Trawler *Harstad* und *Lord Hailsham*.
Ein südgehendes dt. Geleit verliert am 27. 2. vor Ijmuiden das Vp.-Boot *V 1318* durch Minentreffer, in der Nacht zum 28. 2. wird ein Angriffsversuch der brit. *MGB 77*, *MGB 79*, *MGB 81* und *MGB 111* durch das Abwehrfeuer der Sicherungsfahrzeuge *M 383*, *V 1304* (F), *V 1305*, *V 1309*, *V 1313*, *V 1314* und *Fl. J. 23* vereitelt, *MGB 79* wird versenkt.

26. 2.—11. 3. 1943 **Nordatlantik**

Gegen auf der Nordroute laufende Konvois werden am 26. 2. im mittleren Nordatlantik die Gruppe »Burggraf« mit *U 228*, *U 527*, *U 230*, *U 523*, *U 526*, *U 616*, *U 435*, *U 615* und *U 332*, *am* 27. 2. nordostwärts Neufundland die Gruppe »Wildfang« mit *U 638*, *U 89*, *U 432*, *U 758*, *U 664*, *U 84*, *U 409* und *U 591* gebildet. Die von der Versorgung aus *U 462* kommenden *U 603*, *U 91*, *U 653*, *U 621*, *U 600* und *U 468* verlängern bis 4. 3. die nach Südwesten marschierende Gruppe »Burggraf«, hinter der *U 634*, *U 709*, *U 566*, *U 405*, *U 359*, *U 659* und *U 448* Warteräume besetzen. Am 6. 3. sichtet *U 405* (KKpt.Hopmann) den Konvoi SC. 121 mit 59 Schiffen (Commodore Birnie †), von denen nach schweren Stürmen zahlreiche Schiffe Nachzügler sind. Sicherung Escort Group A. 3 (Cdr. Heineman) mit USCG-Cutter *Spencer*, US-Zerstörer *Greer*, kanad. Korvetten *Rosthern*, *Trillium* und brit. Korvette *Dianthus*. Der B. d. U. setzt als Gruppe »Westmark« *U 405*, *U 409*, *U 591*, *U 230*, *U 228*, *U 566*, *U 616*, *U 448*, *U 526*, *U 634*, *U 527*, *U 659*, *U 523*, *U 709*, *U 359*, *U 332* und *U 432* an und bildet weiter ostwärts für den 8. 3. aus »Neuland«-Booten den Vorpostenstreifen »Ostmark« mit *U 229*, *U 665*, *U 641*, *U 447*, *U 190*, *U 439*, *U 530*, *U 618* und *U 642*. Nach Abdrängung von *U 405* gewinnen in der Nacht zum 7. 2. *U 566* und *U 230* (Kptlt. Siegmann) Fühlung, von denen letzteres, von den Escorts unbemerkt, 1 Schiff mit 2868 BRT versenkt. Der zur Bergung Überlebender zurückgebliebene Frachter *Empire Impala* (6116 BRT) wird am Morgen von *U 591* (Kptlt. Zetzsche) versenkt. Am 7. 2. halten bei Windstärke 10, Schnee- und Hagelschauern *U 228*, *U 230*, *U 591*, *U 409*, *U 526*, *U 634* Fühlung, können aber nicht angreifen. Am Morgen des 8. 3. flaut der Sturm bei stark wechselnder Sicht ab, *U 527* (Kptlt. Uhlig) verfehlt den Konvoi, *U 526* (?) (Kptlt. Möglich) versenkt 1 vom Konvoi abgesprengtes Schiff mit 3921 BRT. Am Abend des 8. 3. versenken *U 527*, *U 591*, *U 190* (Kptlt. Wintermeyer) und *U 642* (Kptlt. Brüning) je einen Nachzügler mit 5242, 5879, 7015 bzw. 2125 BRT. Am 9. 3. treffen als Verstärkung der Sicherung von Island aus die USCG-Cutters *Bibb* und *Ingham* und der US-Zerstörer *Babbitt* ein, *Liberators* der RAF-Sq. 120 fliegen Sicherung und drängen den Fühlunghalter *U 566* ab. Von den bis Dunkelwerden herankommenden Booten, dar. *U 229*, *U 409*, *U 447*, *U 641*, *U 332*, *U 230*, *U 405*, *U 665* erhalten 2 Fliegerbomben, 4 Wasserbomben, u. a. von *Babbitt* und *Rosthern*, ein Angriff von *U 229* (Oblt. z. S. Schetelig) schlägt fehl. Am Abend des 9. 3. versenkt *U 530* (Kptlt. Lange, K.) 1 Nachzügler mit 3058 BRT, in der Nacht greifen fast gleichzeitig *U 409* (Oblt. z. S. Massmann) und *U 405* an, sie versenken 2 Schiffe bzw. 1 Schiff mit 9826 bzw. 4665 BRT. Etwas später versenkt *U 229* 1 Schiff mit 4946 BRT und torpediert 1 weiteres mit 3670 BRT. Bei diesen Angriffen geht Commodore Birnie mit seinem Schiff unter. Am 10. 3. brist es wieder bis auf Windstärke 10 auf, in Schnee- und Hagelschauern kommen außer *U 229* und *U 616* (Oblt. z. S. Koitschka), deren Fächer fehlgehen, nur

U 523 und *U 642* kurz mit Einzelfahrern in Berührung, am Nachmittag wird der letzte Fühlunghalter *U 634* abgedrängt. Der teilweise Ausfall der Radar- und Funkgeräte infolge der Sturmschäden behindert die Escort-Group stark, die am 10. 3. noch durch die brit. Korvetten *Campion* und *Mallow* verstärkt wird. Am 11. 3. früh wird die Operation abgebrochen.

27. 2.—1. 3. 1943 **Luftkrieg Westeuropa**
Am 27. 2. Tagesangriff der 8. US-Luftflotte auf die Hafenanlagen von Brest. In der Nacht vom 28. 2./1. 3. greifen 400 Bomber des RAF-Bomber-Command den U-Boot-Stützpunkt St. Nazaire an. Im Februar insgesamt 1000 ts Bomben ohne Wirkung auf die U-Boot-Bunker abgeworfen.

★

1.—31. 3. 1943 **Pazifik**
Von den im März in ihren Operationsgebieten eintreffenden US-U-Booten versenkt vor Japan *Permit* (LCdr. Chapple) 2 Schiffe mit 5023 BRT, 1 weiteres torpediert, *Scamp* (LCdr. Ebert) 2 Schiffe torpediert, *Sunfish* (LCdr. Peterson) 1 Schiff mit 3262 BRT versenkt, *Wahoo* (Cdr. Morton) 9 Schiffe mit 19 530 BRT versenkt.
Im Zentralpazifik torpediert *Grayback* (LCdr. Stephan) 1 Schiff, es versenken *Trigger* (LCdr. Benson) 1 Schiff mit 3103 BRT, *Triton* (LCdr. McKenzie) 1 Schiff mit 3057 BRT, *Tuna* (LCdr. De Tar) 1 Schiff mit 4697 BRT, *Whale* (LCdr. Burrows) 1 Schiff mit 6486 BRT, *Tunny* (LCdr. Scott) 2 Schiffe mit 12 400 BRT, ferner zusammen mit *Finback* (LCdr. Hull) und *Seadragon* (LCdr. Rutter) 1 weiteres Schiff mit 10 672 BRT. *Triton* kehrt nicht zurück.
Vor Formosa und den Philippinen versenken *Kingfish* (LCdr. Lowrance) 1 Schiff mit 8154 BRT und *Gudgeon* (LCdr. Port) 2 Schiffe mit 15 437 BRT, 1 weiteres torpediert.

2.—4. 3. 1943 **Südwestpazifik**
Ein jap. Verband (KAdm. Kimura) mit 8 Transportern und den Zerstörern *Shirayuki, Arashio, Asashio, Tokitsukaze, Yukikaze, Uranami, Shikinami* und *Asagumo* läuft am 28. 2. von Rabaul aus, um 6900 Mann der jap. 18. Armee (GenLt. Adachi) nach Lae zu bringen. Von einer *Liberator* am 2. 3. früh nordostwärts der Dampier-Str. gemeldet, wird er 2 Stunden später von 12 *Fortress* angegriffen, die einen Transporter versenken und 2 beschädigen, die Zerstörer *Yukikaze* und *Asagumo* laufen mit 950 Überlebenden voraus. Am 3. 3. wird der Konvoi in der Bismarck-See von insgesamt 335 amerik. und austral. Flugzeugen z. T. im Tiefstflug angegriffen. Die Flugzeuge der AAF Southwest-Pacific (GenLt. Kenney) versenken alle Transporter mit insges. 33 730 BRT und die Zerstörer *Shirayuki, Arashio, Asashio* und *Tokitsukaze*. Jap. Zerstörer und U-Boote retten 2734 Mann, der Rest wird, soweit er nicht mit den Schiffen gesunken ist, von US-Jagdbombern mit Bordwaffen und von den MTBs *PT 66, PT 67, PT 68, PT 121, PT 128, PT 143, PT 149* und *PT 150* (LCdr. Atkins) im Wasser mit Wasserbomben und MGs niedergemacht, um eine Verstärkung der Armee um Lae durch an Land geschwommene Schiffbrüchige zu verhindern.

2. 3.—11. 4. 1943 **Mittelmeer**
Versuche der U-Boote *Ascianghi* und *U 593* bei Tripolis und Alexandria Konvois anzugreifen, scheitern am 2. und 3. 3. — Flugzeuge greifen am 5. 3. das Konvoi-Paar MW. 22 und XT. 4 an und beschädigen 1 Schiff mit 6900 BRT. Bei

weiteren Angriffen gegen Konvois vor der Cyrenaika-Küste versenkt *U 593* (Kptlt. Kelbling) am 18. 3., 27. 3. und 11. 4. vier Schiffe mit 11 581 BRT, vor Palästina *U 81* (Oblt. z. S. Krieg) 3 Schiffe mit 454 BRT.
Am 19. 3. greifen Flugzeuge der Kampfgeschwader 30, 54 und 77 alliierte Schiffe im Hafen von Tripolis an und versenken 2 Schiffe mit 8498 BRT, der Zerstörer *Derwent* wird beschädigt. Erster Einsatz von »Kreisläufer-Torpedos«. In der Ägäis versenkt das griech. U-Boot *Papanicolis* (Kptlt. Roussen) 3 Segler.

3./4. 3. 1943 **Luftkrieg Deutschland**
344 brit. Bomber werfen 800 ts Bomben auf Hamburg.

4./5. 3. 1943 **Nordsee**
Die dt. 2. und 6. S-Fl. stoßen ins Seegebiet vor Lowestoft und Great Yarmouth vor. Dort Gefechte mit den brit. Zerstörern *Windsor* und *Southdown* sowie der Korvette *Sheldrake*. Auf dem Rückmarsch am Morgen des 5. 3. vor Ijmuiden durch *Spitfire*- und *Typhoon*-Jäger angegriffen, die *S 70* und *S 75* versenken.
Bei vergeblichem Angriff dt. S-Boote gegen brit. Konvoi bei Start Point Gefechtsberührung mit dem poln. Zerstörer *Krakowiak*.
Ein weiterer Angriffsversuch dt. S-Boote am 8. 3. beim Sunk-Feuerschiff wird vom brit. Zerstörer *Mackay* mit den *MGB 20* und *MGB 21* vereitelt.

5. 3. 1943 **Nordatlantik**
Auf den von der Luftaufklärung erfaßten Konvoi XK. 1 westlich Spanien kommt das ausmarschierende *U 130* (Oblt. z. S. Keller) zum Schuß und versenkt 4 Schiffe mit 16 359 BRT.

6.—13. 3. 1943 **Nordatlantik**
Am 6. 3. wird auf der Ostseite des Nordatlantik die Gruppe »Neuland« mit *U 447, U 229, U 665, U 633, U 641, U 190, U 530, U 642, U 439, U 618, U 757, U 406, U 86, U 373, U 441* und *U 440* gebildet. Am 7. 3. versenkt *U 221* (Oblt. z. S. Trojer) 1 Einzelfahrer mit 3015 BRT, *U 633* wird durch eine *Fortress* der RAF-Sq. 220 versenkt. Nach Abzug der nördlichen Boote als Gruppe »Ostmark« zum SC. 121 (s. dort) werden gegen den am 8. 3. vom B-Dienst erfaßten Konvoi HX. 228 die U-Boote *U 659, U 448, U 608, U 757, U 406, U 86, U 373, U 441, U 440, U 221, U 444, U 336* und *U 590* als Gruppe »Neuland« aufgestellt. Am 10. 3. mittags sichtet das südlich stehende Boot *U 336* (Kptlt. Hunger) den HX. 228 (60 Schiffe, Escort Group B. 3 [Cdr. Tait †], Zerstörer *Harvester, Escapade, Garland* [poln.], *Burza* [poln.], Korvetten *Narcissus, Orchis* und den franz. *Aconit, Roselys* und *Renoncule)*. Zur Unterstützung operiert vom 5. bis 14. 3. die amerik. 6th Support Group (Capt. Short), (Geleitträger *Bogue,* Zerstörern *Belknap* und *Osmond-Ingram)* mit dem Konvoi. Außer der Gruppe »Neuland« werden *U 333, U 432, U 405, U 566* und *U 359* angesetzt. Nach Abdrängung von *U 336* springt *U 444* (Oblt. z. S. Langfeld) als zweiter Fühlunghalter ein. Von den in der Nacht zum 11. 3. herankommenden Booten versenkt *U 221* 2 Schiffe mit 11 977 BRT, *U 336, U 86, U 406* verfehlen z. T. mit FAT-Fächern den Konvoi, *U 444* torpediert 1 Schiff mit 7197 BRT, das später von *U 757* (Kptlt. Deetz) zusammen mit einem weiteren Schiff von 5001 BRT versenkt wird, bei der Explosion wird *U 757* beschädigt. *U 444* wird durch *Harvester* gesichtet, taucht, muß aber nach Wasserbombenwürfen auftauchen und wird von dem Zerstörer gerammt, der sich dabei für 10 Minuten mit einer Welle an dem U-Boot festklemmt. *U 444* versucht sich mit geringer Fahrt und tauchunklar von dem manövrierunfähigen Zerstörer abzusetzen, wird dabei aber

nach 1 Stunde von der Korvette *Aconit* (Kptlt. Levasseur) gestellt und durch Rammstoß versenkt. Nach Reparatur einer Maschine folgt *Harvester* langsam dem Konvoi, während *Aconit* schnell aufschließt. Morgens bricht jedoch auch die zweite Welle der *Harvester*, das gestoppt liegende Schiff wird gegen Mittag von *U 432* (Kptlt. Eckhardt) versenkt. Eine Stunde später ortet die zurückgekehrte *Aconit* das U-Boot, zwingt es mit Wabos zum Auftauchen und versenkt es mit Artillerie und Rammstoß. Die abgerissene Fühlung am Konvoi wird gegen Mittag am 11. 3. durch *U 228* und *U 406* wiederhergestellt, doch werden die Boote von der starken Sicherung, ebenso wie später *U 359, U 590* und *U 405*, abgedrängt. Angriffsversuche von *U 440* und *U 590* in der Nacht zum 12. 3. schlagen fehl, gegen Morgen wird *U 590* als letzter Fühlunghalter abgedrängt. Der Einsatz der *Bogue* kommt nicht zur vollen Wirkung, da der Träger mitten im Konvoi fährt und keine Bewegungsfreiheit hat.

6.—16. 3. 1943 **Südpazifik**

Am 6. 3. beschießt die »Cactus Striking Force« (Capt. Briscoe) mit den Zerstörern *Fletcher, O'Bannon, Radford* und *Nicholas* den jap. Flugplatz Munda (New Georgia) mit 1700 Schuß ohne größeren Erfolg. Die Task Force 68 (KAdm. Merrill) mit den Kreuzern *Montpelier, Cleveland, Denver* und den Zerstörern *Waller, Conway* und *Cony* dringt in den Kula-Golf zur Beschießung des zweiten jap. Flugplatzes Vila vor und trifft dabei auf die beiden jap. Zerstörer *Murasame* und *Minegumo*, die Nachschub transportiert hatten und versenkt werden.
Am 16. 3. beschießen die Zerstörer (Cdr. McInerney) *Nicholas, Radford, Strong* und *Taylor* erneut Vila.

7.—10. 3. 1943 **Mittelmeer**

Ital. Zerstörer *Sella* legt 3 Defensiv-Sperren mit 70 Minen vor Rhodos.

7.—14. 3. 1943 **Nordatlantik**

Auf eine B-Dienst-Meldung über den Konvoi ONS. 169 wird zwischen Grönland und Neufundland am 7. 3. die Gruppe »Raubgraf« gebildet mit *U 638, U 89, U 758, U 664, U 84, U 615, U 435, U 603, U 91, U 653, U 621, U 600, U 468*. Der Konvoi wird jedoch nicht erfaßt, die Gruppe nach Entzifferung der Kursanweisung für den HX. 229 für den 12. 3. entsprechend verschoben. Dabei versenken am 11. 3. *U 621* (Oblt. z. S. Kruschka) einen Nachzügler des SC. 121 mit 5754 BRT, und am 12. 3. *U 653* (Kptlt. Feiler) und *U 468* (Oblt. Schamong) je einen Nachzügler mit 3355 bzw. 6537 BRT aus dem Konvoi ON. 170, der am 13. 3. auch von *U 603* gemeldet wird, im Sturm und Schneetreiben kommen jedoch nur *U 435, U 468* u. *U 600* kurz heran, am 14. 3. wird die Operation als aussichtslos abgebrochen, *U 653* und *U 89* treten den Rückmarsch an.

9. 3. 1943 **Indischer Ozean**

Die in Mormugao (Goa) liegenden dt. Handelsschiffe *Drachenfels* (6342 BRT), *Ehrenfels* (7752 BRT) und *Braunfels* (7847 BRT) versenken sich selbst.

9.—16. 3. 1943 **Kanal**

Am 9. 3. greifen die brit. *MTB 624, MTB 622* und *MTB 617* bei Terschelling 3 dt. M-Boote der 21. M-Flott. an, Torpedos werden ausmanövriert. Am 10./11. 3. greifen die freifranz. *MTB 94* und *MTB 96* vor Morlaix ein dt. Geleit an und versenken *M 4620*. Am 11./12. 3. greifen die brit. *MTB 38, MTB 35* und *MTB 24* ohne Erfolg ein dt. Geleit vor Boulogne an. Am 15./16. 3. werden aus einem von der dt. 13. Vp.-Flott. gesicherten Geleit vor Terschelling durch die brit.

MTB 88 und *MTB 93* die dän. Dampfer *Maria Tott* und *Agnete* (1922, 1458 BRT) versenkt.

10. 3. 1943 **Südatlantik**

Selbstversenkung des dt. Blockadebrechers *Karin* (7322 BRT) im Südatlantik, um Aufbringung durch den US-Kreuzer *Savannah* und den Zerstörer *Eberle* zu entgehen.

12.—19. 3. 1943 **Mittelatlantik**

Ehe die Gruppen »Unverzagt« mit *U 130, U 515, U 172, U 513, U 106* und *U 167* und »Wohlgemut« mit *U 159, U 109, U 524, U 67* und *U 103* ihre Vp.-Streifen im Gebiet der Azoren gegen den vom B-Dienst erfaßten Konvoi eingenommen haben, sichtet *U 130* (Oblt. z. S. Keller) den UGS. 6 (45 Schiffe, Escort Group (Capt. Wellborn) mit US-Zerstörern *Wainwright, Trippe, Champlin, Mayrant, Rowan, Rhind* und *Hobby)*, wird aber von *Champlin* geortet und versenkt. Bei ruhiger See kommen die U-Boote gegen die mit 9-cm-Radar ausgerüsteten Zerstörer schwer heran, die jedoch ohne HF/DF-Geräte die Funksignale der U-Boote nicht peilen können. *U 172* (Kptlt. Emmermann) versenkt am 13. 3. abends einen Nachzügler mit 5565 BRT. Die Gruppe »Tümmler« mit *U 521, U 504, U 43, U 66, U 202* und *U 558* wird zusätzlich angesetzt. Am 13. 3. werden *U 513, U 167, U 172*, am 14. 3. *U 513, U 167, U 106* abgedrängt, *U 515* mit Wabos beschädigt. Am 15. 3. versuchen *U 159* und *U 524* (Kptlt. v. Steinaecker) Tages-Unterwasserangriffe, bei denen *U 524* 1 Schiff mit 8062 BRT versenkt. Am 16. 3. führt *U 106* 9 U-Boote heran, doch werden die Angriffsversuche vereitelt, bis gegen Abend *U 524* und *U 172* gleichzeitige Unterwasserangriffe fahren, bei denen *Rhind* und mehrere Tanker verfehlt bzw. 1 Schiff mit 7191 BRT versenkt werden. Gegen Morgen am 17. 3. verfehlt *U 558* den Konvoi, abends torpediert *U 167* (KKpt. Sturm) 1 Schiff mit 7200 BRT, das später von *U 521* (Kptlt. Bargsten) versenkt wird. Am 18. 3. setzt starke Luftsicherung ein, an der *U 524* noch Fühlung hält, doch wird ein Vorsetzen unmöglich, die Operation deshalb zum 19. 3. abgebrochen.

13./14. 3. 1943 **Norwegen**

Bei einem Raid der norweg. *MTB 619* und *MTB 631* vor Flörö wird eines von drei Handelsschiffen mit 1249 BRT versenkt, *MTB 631* gerät auf Grund und geht verloren.

14.—20. 3. 1943 **Nordatlantik**

Um der dem Konvoi ON. 170 folgenden Gruppe »Raubgraf« auszuweichen, werden die Konvois SC. 122 und HX. 229 von der Nord- auf die Südroute umgeleitet. Die FT-Anweisungen werden vom dt. B-Dienst entziffert, der B. d. U. zieht deshalb für den 15. 3. vom ON. 170 *U 435, U 603, U 615, U 600, U 758, U 664, U 84* und *U 91* als Gruppe »Raubgraf« in einen engen Vp.-Streifen vor den Kurs des SC. 122. Auf der Ostseite des Nordatlantik wird gegen den SC. 122 die Gruppe »Stürmer« mit den vom SC. 121 kommenden Booten *U 305, U 527, U 666, U 523, U 229, U 526, U 642, U 439, U 338, U 641, U 665, U 618, U 190* und *U 530* und den neu eintreffenden *U 631, U 598, U 384* und *U 134* am 14. 3. und gegen den HX. 229 die Gruppe »Dränger« mit den vom HX. 228 kommenden Booten *U 373, U 86, U 336, U 440, U 590, U 441, U 406, U 608, U 333, U 221* und *U 610* gebildet. In dem herrschenden Sturm hat der SC. 122 den Vp.-Streifen »Raubgraf« jedoch vor Erreichen der Positionen durch die U-Boote passiert, und HX. 229 umgeht ihn im Süden, wobei *U 91* Zerstörer sichtet, den vermuteten Konvoi aber zusammen mit *U 84, U 664* und *U 758* nicht findet. Am Morgen des 16. 3. sichtet *U 653* (Kptlt. Feiler) den HX. 229 mit 38 Schiffen (Commodore Mayall), von dessen Escort Group B. 4 nur die Zerstörer *Volunteer* und *Beverley* und die Korvetten *Anemone* und *Pennywort* sowie der Zerstörer *Mansfield* von der »Western Local Escort Group« beim Konvoi stehen. *Mansfield* drängt das eingepeilte *U 653* ab und kehrt dann wegen Brennstoffmangel um. Der B. d. U. setzt die Gruppe »Raubgraf« und zwei gerade von *U 463* versorgte Boote, *U 228* und *U 616*, ferner die 11 südlichsten »Stürmer«-Boote an. Die »Raubgraf«-Boote gewinnen am Nachmittag des 16. 3. Fühlung und greifen in der Nacht zum 17. 3. in schneller Folge den zu schwach gesicherten HX. 229 an: *U 603* (Oblt. z. S. Bertelsmann) versenkt 1 Schiff mit 5214 BRT, *U 758* (Kptlt. Manseck) 1 Schiff mit 6813 BRT, ein weiteres Schiff mit 7176 BRT torpediert, später von *U 91* (Kptlt. Walkerling) versenkt, *U 435* (Kptlt. Strelow) torpediert 1 Schiff mit 7196 BRT, das später auch von *U 91* versenkt wird, gleichzeitig mit *U 435* angreifend, versenkt *U 91* ein weiteres Schiff mit 6366 BRT, *U 616* (Oblt. z. S. Koitschka) verfehlt die *Volunteer*, *U 600* (Kptlt. Zurmühlen) trifft mit einem FAT-Fächer 3 Schiffe, von denen das Walfangschiff *Southern Princess* (12 156 BRT) sinkt, während die beiden anderen mit zus. 14 839 BRT später von *U 91* versenkt werden. *U 228* (Oblt. z. S. Christophersen) verfehlt ein Geleitfahrzeug. In der Nacht zum 17. 3. gewinnen die von Norden kommenden »Stürmer«-Boote Fühlung an dem vorauslaufenden Konvoi SC. 122 (Commodore White, 51 Schiffe, Escort Group B. 5 [Cdr. Boyle] mit dem Zerstörer *Havelock*, der Fregatte *Swale*, den Korvetten *Godetia*, *Pimpernel*, *Buttercup*, *Lavendel* und *Saxifrage* sowie dem Zerstörer *Leamington* von der »Western Local Escort Group« und dem vom ON. 170 kommenden US-Zerstörer *Upshur*). Auf Grund von HF/DF-Peilungen gelingt es der Sicherung, 6 U-Boote abzudrängen. Nur *U 338* (Kptlt. Kinzel) kommt zum Schuß und versenkt 3 Schiffe mit 17 838 BRT und torpediert 1 weiteres Schiff mit 7134 BRT, das später von *U 665* (Oblt. z. S. Haupt) versenkt wird. Als der B. d. U. erkennt, daß 2 Konvois erfaßt sind, werden auch die restlichen »Stürmer«- und die »Dränger«-Boote angesetzt. Am 17. 3. tags kommt eine *Liberator* der RAF-Sq. 120 von Island an den SC. 122 und drängt zusammen mit *Swale*, *Upshur* und *Havelock* alle fühlunghaltenden Boote ab, nur *U 338* versenkt in einem Tages-Unterwasserangriff 1 Schiff mit 4071 BRT. Beim HX. 229 hatten die Escorts noch nicht alle wieder aufgeschlossen, als mittags fast gleichzeitig *U 384* (Oblt. z. S. v. Rosenberg-Gruszczynski) und *U 631* (Oblt. z. S. Krüger) angreifen und je 1 Schiff mit 7252 bzw. 5158 BRT versenken. Am Nachmittag drückt eine *Liberator* den Fühlunghalter *U 600* unter Wasser, die Fühlung reißt zum Glück für den nur noch von *Volunteer*, *Beverley*, *Anemone* und *Pennywort* gesicherten Konvoi bis zum Morgen des 18. 3. ab. Am SC. 122 drängt die Sicherung die meisten der zahlreichen von beiden Seiten anlaufenden »Stürmer«- und »Dränger«-Boote ab, nur *U 305* (Kptlt. Bahr) versenkt nach Dunkelwerden am 17. 3. 2 Schiffe mit 13 045 BRT. Am 18. 3. kommen von 30 noch operierenden Booten 9 in die Nähe der Konvois, werden jedoch durch die Luftsicherung unter Wasser gedrückt, nur *U 221* (Oblt. z. S. Trojer) gelingt es, von *U 610* herangeführt, aus dem HX. 229 im Unterwasserangriff 2 Schiffe mit 15 484 BRT zu versenken. Am Abend des 18. 3. und in der Nacht treffen beim HX. 229 das Führerboot der E. G. B. 4, der Zerstörer *Highlander* (Cdr. Day) und der US-Zerstörer *Babbitt*, beim SC. 122 der USCG-Cutter *Ingham* ein. In der Nacht zum 19. 3. drängen die Escorts mehrere U-Boote ab, am HX. 229 geht ein Fächer von *U 441* (Kptlt. Hartmann, K.) und ein Fächer von *U 608* (Kptlt. Struckmeier) gegen die *Highlander* fehl, am SC. 122 trifft *U 666* (Oblt. z. S. Stengel) nach

einem Fehlfächer 1 Schiff mit 5234 BRT, das später von *U 333* (Oblt. z. S. Schwaff) versenkt wird. Am 19. 3. vormittags drängt die starke Luftsicherung die U-Boote von beiden Konvois ab, nur ein Nachzügler von 5848 BRT wird von *U 527* (Kptlt. Uhlig) und *U 523* (Kptlt. Pietsch) versenkt. Am Nachmittag des 19. 3. und in der Nacht zum 20. 3. stoßen noch die Korvette *Abelia* und der Zerstörer *Vimy* zur Sicherung des HX. 229, die letzten Fühlunghalter, *U 631* am HX. 229 und *U 642* am SC. 122, werden am Morgen abgedrängt, die Luftsicherung drückt die Boote unter Wasser, *U 384* wird durch eine *Sunderland* der RAF-Sq. 201 versenkt. Die kanad. Korvette *Sherbrooke* stößt zum HX. 229. Der B. d. U. bricht die Operation am 20. 3. früh ab.
Insgesamt werden in dieser größten Geleitzugschlacht des Zweiten Weltkrieges 21 Schiffe mit 140 842 BRT versenkt. Die Verluste der Konvois SC. 121, HX. 228, SC. 122 und HX. 229 führen in England zur Befürchtung, daß das Konvoi-System aufgegeben werden muß.

15. 3.—2. 4. 1943 **Mittelmeer**
Am 15. 3. versenkt *U 380* (Kptlt. Röther) vor der alger. Küste aus einem MKS-Konvoi 1 Schiff mit 7178 BRT, am 16. 3. versenkt *U 77* (Oblt. z. S. Hartmann) 1 weiteres Schiff mit 5222 BRT und torpediert 1 Schiff mit 5229 BRT. Am 23. 3. greifen T-Flugzeuge des K. G. 26 nördlich Cap Ténès den Konvoi KMF. 11 an und versenken den brit. Truppentransporter *Windsor Castle* (19 141 BRT). Vom 25. bis 27. 3. greifen *U 431, U 77, U 755* und *U 596* z. T. mehrfach west- bzw. ostgehende Konvois vor der alger. Küste an, doch nur *U 431* (Oblt. z. S. Schöneboom) kann 1 Schiff mit 6415 BRT versenken. Am 27. 3. versenken T-Flugzeuge des K. G. 26 nordwestlich Philippeville 1 Transporter mit 9545 BRT. *U 77* geht am 28. 3. durch brit. Sicherungsflugzeuge verloren. Am 30. 3. greift *U 596* (Kptlt. Jahn) den Konvoi ET. 16 an und versenkt 2 Schiffe mit 16 684 BRT. *U 755* (Kptlt. Göing) versenkt 2 Einzelfahrer mit 2075 BRT, *U 561* und *U 375* bleiben ohne Erfolg.

16. 3.—14. 4. 1943 **Nordmeer**
Bei sowj. Operationen gegen den dt. Nachschubverkehr an der norweg. Polarküste torpediert das U-Boot *M-104* (Kptlt. Lukjanov) im Varangerfjord den Dampfer *Johannisberger* (4533 BRT), der auf Strand gesetzt wird. *K-3* (Kpt. 3. Rg. Malofeev) wird nach zwei mißlungenen Angriffen vor Nordkyn gegen Konvois mit *V 5902* und *V 5907* am 17. und 21. 3. durch die U-Jagdgruppe *UJ 1102, UJ 1106* und *UJ 1111* mit Wabos versenkt. *M-174* wird am 24. 3. durch einen Minentreffer auf einer Flankensperre schwer beschädigt. Am 28.—29. 3. greifen *S-102, S-55* und *S-101* nacheinander vor dem Laks-, Tana- bzw. Korsfjord ein dt. Ostgeleit mit *V 6109* und ein Westgeleit mit *M 322* an, doch nur *S-55* (Kptlt. Suškin) versenkt von den 9 Dampfern und 9 Escorts den Dampfer *Ajax* (2297 BRT). Ein zweimaliger Ansatz der Zerstörer *Baku, Groznyj* und *Gromkij* am 28. und 31. 3. bleibt ohne Ergebnis. Anfang bis Mitte April operieren *K-21* im Lopphavet, *S-56* vor dem Tanafjord und *M-171* vor dem Varangerfjord. Mehrfach werden durch *MO-IV-* und Torpedokutter Minen im Varangerfjord gelegt, die Minen-U-Boote *L-20* und *L-22* legen Sperren vor der Polarküste.

17.—31. 3. 1943 **Schwarzes Meer**
Gegen den sowj. Nachschubverkehr an der Kaukasus-Küste bei Suchumi und Gagry operieren die dt. U-Boote *U 19* (Oblt. z. S. Gaude) und *U 24* (Kptlt. Petersen), *U 19* beschädigt 1 Frachter, *U 24* versenkt am 31. 3. in der Gagry-Bucht

den Tanker *Sovetskaja Neft* (8228 BRT). Bei Vorstößen der 1. S-Flottille (KKpt. Christiansen) und der ital. IV. MAS-Flottille bis auf die Höhe von Tuapse und vor den Myschako-Brückenkopf torpedieren *S 26* und *S 47* am 13. 3. einen mittleren Tanker, der nach Tuapse eingeschleppt wird, *S 28* am 18. 3. ein Leichter-Wrack. In der Nacht zum 31. 3. legen *S 72, S 28, S 47* und *S 102* eine Minensperre vor Myschako. Am 25. 3. wehrt der sowj. Wachkutter *SKA-065* (Oblt. Sivenko) mehrere Angriffe dt. Flugzeuge gegen ein Geleit ab und wird durch Bordwaffenfeuer beschädigt.

18.—23. 3. 1943 **Luftkrieg Deutschland/Westeuropa**

Am 18. 3. greifen 97 *B 17* und *B 24* der 8. US-Luftflotte die Werftanlagen in Bremen-Vegesack an. Am 22. 3. greifen 87 US-Bomber Wilhelmshaven an, Tanker *Eurosee* (10 327 BRT) sinkt.
In der Nacht vom 22./23. 3. werfen 282 Bomber des RAF-Bomber Command 500 ts Bomben auf St. Nazaire.

18. 3.—16. 6. 1943 **Südpazifik**

Bei Operationen vor der austral. Ostküste versenken die jap. U-Boote *I-26* (FKpt. Yokota) 2 Schiffe mit 6857 BRT, *I-177* (Kptlt. Nakagawa) 1 Schiff mit 8724 BRT aus einem u. a. von dem austral. Minensucher *Colac* gesicherten Konvoi und das Lazarettschiff *Centaur* (3222 BRT), *I-178* (KKpt. Utsuki) 1 Schiff mit 7176 BRT, *I-180* (KKpt. Kusaka) 2 Schiffe mit 4376 BRT, 2 weitere Schiffe mit 7713 BRT beschädigt, *I-174* (Kptlt. Nanbu) nach mehreren Fehlschüssen aus einem Konvoi 1 Schiff mit 5551 BRT, ferner *LST 469* torpediert. Bei Operationen vor Samoa, Fiji und Noumea versenken *I-25* (FKpt. M. Tagami) 1 Tanker mit 10 763 BRT, *I-19* (Kptlt. Kinashi) 2 Schiffe mit 14 357 BRT, 1 Schiff mit 7181 BRT torpediert, *I-17* (Kptlt. Harada) versenkt 1 Tanker mit 10 169 BRT mit den MTB's *PT 165* und *PT 173* an Bord. *I-178* kehrt von seiner Unternehmung nicht zurück, *I-32* wird auf dem Ausmarsch nach Samoa gebombt (16. 4.).

21.—30. 3. 1943 **Nordatlantik**

Gegen den vom B-Dienst erfaßten Konvoi ONS. 1 wird ab 21. 3. südlich Island die Gruppe »Seeteufel« mit *U 306, U 592, U 188, U 415, U 663, U 572, U 564, U 260* aufgestellt, zu der in den folgenden Tagen noch *U 610, U 134, U 526, U 523, U 598, U 632, U 706* und später *U 191* stoßen. Am 24. 3. sichtet *U 306* im Norden der Aufstellung Escorts der Gruppe B. 6 des ONS. 1, doch kommen die 4 nördlichen Boote und das aus der Dänemarkstraße kommende *U 168* nicht heran. Gegen den vom B-Dienst erfaßten Konvoi SC. 123 wird ab 25. 3. südlich »Seeteufel« die Gruppe »Seewolf« mit *U 305, U 591, U 631, U 86, U 666, U 618, U 336, U 333, U 530, U 527, U 440, U 373, U 441, U 590, U 641, U 642, U 257, U 84* und *U 615* gebildet. Auf dem Anmarsch zu diesen Aufstellungen werden am 25. und 27. 3. *U 469* und *U 169* durch *Fortress*-Bomber der RAF-Sq. 206 versenkt. Am 26. 3. nachm. sichtet *U 564* (Oblt. z. S. Fiedler) den Konvoi SC. 123 und meldet ihn fälschlich mit Westkurs. Von der angesetzten Gruppe »Seeteufel« gewinnen *U 663* und *U 415* kurz Fühlung an dem Konvoi, dessen Ocean Escort Group durch die 6th Support Group (Capt. Short) mit dem US-Geleitträger *Bogue* und den Zerstörern *Belknap* und *George E. Badger* verstärkt ist, Trägerflugzeuge drücken die Boote unter Wasser. Am 27. 3. sichtet *U 305* (Kptlt. Bahr) den folgenden Konvoi HX. 230 — 45 Schiffe, 8 Escorts, dessen Sicherung durch die 3rd Support Group (Capt. McCoy) mit den Zerstörern *Offa, Obedient, Oribi, Orwell, Onslaught* und *Icarus* auf 14 Fahrzeuge verstärkt ist. Von den angesetzten 22 »Seewolf«- und »Seeteufel«-Booten kommen nur *U 305, U 631, U 591, U 415* und *U 610* (Kptlt. Frhr. v. Freyberg) zeitweise an den Konvoi heran, letzteres versenkt 1 Schiff mit 7176 BRT. Durch einen starken SW-Orkan behindert und von der am 29. 3. stark auftretenden Luftsicherung abgedrängt kommen die Boote nicht zu Erfolgen. Am 30. 3. verliert als letztes Boot *U 631* die Fühlung. Die Operation wird abgebrochen.

21. 3.—22. 4. 1943 **Mittelmeer**
Auslegung ital. Defensiv-Minensperren: Am 21., 22., 23. 4., 6. 5. mit Minenschiff *Pelagosa* 4 Sperren mit 191 Minen vor Korsika, am 11. 4. mit Zerstörer *Legionario* 1 Sperre mit 50 Minen vor Neapel, am 22. 4. mit Zerstörer *Vivaldi* und dt. Minenschiffen *Brandenburg* und *Pommern* 1 Sperre mit 222 Minen vor Südwest-Sardinien.

22. 3.—9. 4. 1943 **Mittelatlantik**
Nach Auffüllung der Brennstoffbestände aus Rückmarschierern bilden *U 67, U 159, U 167, U 513, U 515, U 123* und *U 172* im Gebiet der Kanaren die Gruppe »Seeräuber« gegen den vom B-Dienst erfaßten Küstenkonvoi RS. 3 (9 Dampfer und Schlepper, 2 Korvetten). Er wird am 27. 3. erfaßt, am 28. 3. versenken *U 167* (KKpt. Sturm), *U 159* (Kptlt. Witte) und *U 172* (Kptlt. Emmermann) je 1 Schiff mit 4621, 5449 bzw. 5319 BRT. Starke Luftsicherung läßt die Fühlung am 29. 3. abreißen. Ab 30. 3. treten die Boote den Marsch zu Einzeloperationen im Raum Freetown an, sie haben jedoch keine weiteren Erfolge. *U 167* wird am 6. 4. durch 2 Flugzeuge der RAF-Sq. 233 so schwer beschädigt, daß es nach Bergung der Besatzung aufgegeben werden muß. Das ital. U-Boot *Finzi* (Kptlt. Rossetto) versenkt 2 Einzelfahrer mit 9264 BRT.

23. 3.—15. 5. 1943 **Ostsee**
Verbände des dt. F. d. M. Ost (KAdm. Böhmer) und der finn. Flotte (KAdm. Rahola) legen Minen- und Netzsperren im Finnenbusen. Vom 24. 3. bis Mitte April legen die dt. Minenschiffe *Kaiser* und *Roland* sowie 18—24 Fährprähme der 24. L.-Flottille zwischen Naissaar und Porkkala die Sperren »Nashorn I—X« mit 7293 Minen, anschl. bis 9. 5. legen die MFP's der 24. L.-Flott. von Suursaari bis nördlich der Narva-Bucht die Sperren »Seeigel I—V« mit 1965 Minen, die mit Reiß- und Sprengbojensperren nach Osten gesichert werden. Vom 22. bis 28. 4. legen die finn. Minenleger *Ruotsinsalmi* und VMV-Wachboote nördlich Suursaari die Sperren »Rukajärvi U, R, S« mit 686 Minen und 750 Sperrschutzmitteln. Vom 28. 3. bis 15. 5. legt der dt. Netzsperrverband (KKpt. Becker) westlich »Nashorn« ein doppeltes U-Boot-Netz (»Walroß«). Offensive Mineneinsätze führen ab 24. 4. dt. *KM*-Boote auf dem Leningrader Seekanal (»Brutmaschine«), ab Anf. Mai finn. S-Boote und dt. *KM*-Boote in der Kronstädter Bucht (»Tiger«) und vor Lavansaari (»Salpa«) durch. Die dt. Luftflotte 1 wirft am 21./22. 4. mit 66 Flugzeugen Grundminen in die Kronstädter Bucht. Am 30. 4. geht auf der »Brutmaschine«-Sperre das auslaufende sowj. U-Boot *ŠČ-323* verloren (später gehoben).

26. 3. 1943 **Pazifik**
Seeschlacht bei den Komandorski-Inseln, die einzige Tagschlacht »alter Art« im Pazifik-Krieg: US-Kampfgruppe (KAdm. McMorris) mit dem Schweren Kreuzer *Salt Lake City*, dem Leichten Kreuzer *Richmond* und den Zerstörern *Bailey, Coghlan, Dale* und *Monaghan* wird auf einen stark gesicherten jap. Geleitzug für Attu angesetzt. Der überlegene jap. Verband besteht aus den Schweren Kreuzern *Nachi* (VAdm. Hosogaya) und *Maya*, den Leichten Kreuzern *Tama* und *Abukuma* (KAdm. Mori), den Zerstörern *Wakaba, Hatsushimo,*

Ikazuchi und *Inazuma* und den Transportern *Asaka Maru* (7399 BRT) und *Sakito Maru* (7126 BRT). In 3½stündigem Gefecht werden *Nachi, Salt Lake City* und *Bailey* beschädigt, dann bricht Hosogaya das Gefecht in Erwartung amerik. Bomber ab, nachdem die jap. Schiffe den größten Teil ihrer Granaten verschossen haben.

27. 3. 1943 **Großbritannien**

Brit. Geleitträger *Dasher* auf dem River Clyde durch Benzinexplosion und Brand zerstört.

27.—30. 3. 1943 **Nordatlantik**

Die dt. Luftauklärung erfaßt westlich der Biskaya den Konvoi SL. 126 mit 37 Schiffen und 6 Escorts. Es werden darauf die ausmarschierenden U-Boote *U 267, U 571, U 181, U 404* und *U 662* angesetzt, von denen am 28. 3. *U 404*, am 29. 3. *U 662* und *U 404* Fühlung gewinnen. In der Nacht vom 29./30. 3. versenken *U 404* (Kptlt. v. Bülow) in 2 Angriffen 2 Schiffe mit 15 822 BRT und *U 662* (Kptlt. H. E. Müller) 2 Schiffe mit 13 011 BRT, ferner 1 Schiff mit 7174 BRT torpediert. Nach Abreißen der Fühlung setzen die Boote ihren Ausmarsch fort.

27. 3.—28. 4. 1943 **Mittelmeer**

Nachschub-Transporte für die dt.-ital. Armeen in Tunesien mit Frachtern, gesichert von den ital. Zerstörern *Lubiana, Riboty, Lampo, Mitragliere*, den T-Booten *Fortunale, Tifone, Orione, Ardimentoso, Groppo, Antares, Sagittario, Cigno, Cassiopea, Clio, Perseo, Pallade, Libra, Aretusa, Climene, Cosenz, Dezza, Bassini*, den Korvetten *Cicogna, Driade, Gabbiano, Euterpe* und den dt. U-Jägern *UJ 2202, UJ 2207, UJ 2205, UJ 2208, UJ 2203, UJ 2210* und *UJ 2204*. Ferner mit ital. und dt. Marinefährprähmen, z. T. gesichert von der dt. 3. S-Flottille. Truppentransporte in 3 Unternehmungen vom 16.—18. 4., 22.—24. 4. und 25.—28. 4. mit den Zerstörern *Pigafetta, Pancaldo* und zuletzt auch dem dt. Zerstörer *Hermes*. Im April insgesamt nach Tunesien gebracht: 2500 Soldaten, 18 690 t Material, 26 Geschütze, 46 Panzer, 268 Kfz. und 13 Krafträder.

Dagegen brit. Minen-Unternehmungen mit dem U-Boot *Rorqual* (LCdr. Napier) (22. 3., 7. 4., 21. 4., 30. 4.) und Minenkreuzer *Abdiel* (5. 4., 7. 4.), ferner Luftminenoperationen, darauf 1 ital Schiff mit 1227 BRT und dt. *KT 13* gesunken. Torpedoflugzeuge von Malta versenken 2 Schiffe mit 6017 BRT, Bomber 4 Schiffe mit 21 211 BRT, das T-Boot *Aretusa* wird beschädigt. Der Zerstörer *Lubiana* und 3 Schiffe gehen durch Auflaufen auf Untiefen verloren.

Am 27. 3. beschießen die Zerstörer HMS. *Laforey* und ORP. *Blyskawica* Kap Serrat, um eine Landung vorzutäuschen.

Am 1. 4. werden von 3 Dampfern eines von den T-Booten *Cigno, Cassiopea, Clio, Cosenz*, der Korvette *Cicogna* und den dt. U-Jägern *UJ 2203, UJ 2210* und *UJ 2207* gesicherten Konvois 1 Dampfer durch Lufttorpedo, die beiden anderen mit zus. 6912 BRT durch die brit. *MTB 266* und *MTB 315* versenkt.

Am 16. 4. fangen die brit. Zerstörer *Pakenham* (Capt. Stevens) und *Paladin* südwestlich Marsala einen ital. Konvoi ab, der jedoch mit den T-Booten *Tifone* und *Climene* entkommt, während die T-Boote *Cigno* und *Cassiopea* die Zerstörer in ein Gefecht verwickeln, in dem *Cigno* sinkt, jedoch vorher die *Pakenham* so schwer trifft, daß sie aufgegeben werden muß. *Cassiopea* wird von *Climene* eingeschleppt.

Am 28. 4. kommen die brit. *MTB 633, MTB 637* und *MTB 639* gegen einen Konvoi nicht zum Erfolg, das letztere wird von dem sichernden T-Boot *Sagittario* versenkt.

In der Nacht zum 29. 4. greifen die brit. Zerstörer *Laforey* (Capt. Hutton) und *Tartar* bei Marettimo dt. S-Boote an.
Auf dem Weg Sizilien—Tunis/Bizerta und im Tyrrhenischen Meer versenken die brit. U-Boote *Unison* (Lt. Daniell) 2 Schiffe mit 8240 BRT, *Sahib* (Lt. Bromage) 3 Schiffe mit 4286 BRT und 5 Segler, *Unseen* (Lt. Crawford) 2 Schiffe torpediert, *Tribune* 1 Schiff torpediert, *Unrivalled* (Lt. Sprice) 2 Schiffe mit 2446 BRT versenkt, *Torbay* (Lt. Clutterbuck) 1 Schiff mit 3681 BRT, *Unshaken* (Lt. Whitton) 1 Schiff mit 1227 BRT, *Safari* (Cdr. Bryant) 3 Schiffe mit 7411 BRT, *Unbroken* (Lt. Mars) 2 Schiffe mit 5017 BRT, 1 weiteres Schiff torpediert, *Sibyl* (Lt. Turner) 1 Schiff mit 2940 BRT, *Trident* (Lt. Newstead) 1 Schiff mit 520 BRT, *Unruly* (Lt. Fyfe) 1 Schiff mit 1256 BRT, *Ultor* (Lt. Hunt) 1 Schiff mit 2151 BRT, *Taurus* (LCdr. Wingfield), *Saracen* (Lt. Lumby) 2 Schiffe mit 13 048 BRT, *Sickle* (Lt. Drummond) 1 Schiff torpediert, ferner versenkt *Unrivalled* am 29. 3. in der Bucht von Picarenzi die dt. U-Jäger *UJ 2201* und *UJ 2202*, *Unshaken* am 28. 4. das T-Boot *Climene*. Am 16. 4. versenkt die Korvette *Gabbiano* (KKpt. Ceccacci) das U-Boot *Regent*, am 21. 4. der dt. Zerstörer *Hermes* (FKpt. Rechel) das U-Boot *Splendid* bei Capri und am 24. 4. wird *Sahib* bei den Liparischen Inseln durch *Gabbiano* angeschlagen und durch 1 *Ju 88* der II./L. G. 1 versenkt.

28./29. 3. 1943 **Nordsee**
7 Boote der 2. S-Flottille (KKpt. Feldt) greifen vor Smiths Knoll den brit. Konvoi FS. 1074 vergeblich an und werden von *MGB 321* und *MGB 333* und den Zerstörern *Blencathra* und *Windsor* abgedrängt. *S 29* muß nach Kollision aufgegeben werden.

28. 3.—2. 4. 1943 **Biskaya**
Am 28. 3. läuft der ital. Blockadebrecher *Himalaya* (Kpt. Martinoli) von der Gironde im Geleit der dt. T-Boote *T 23, Falke, T 2, T 12* und *T 18* nach Japan aus, muß aber nach Entlassung der T-Boote auf der Höhe von Kap Finisterre wegen Erfassung durch die brit. Luftaufklärung umkehren. Von den T-Booten *Kondor, T 5, T 9* und *T 19* aufgenommen, kehrt die *Himalaya* am 30. 3. nach Bordeaux zurück. Am gleichen Tage läuft die 8. Z-Flottille (Kpt. z. S. Erdmenger) mit *Z 23, Z 24, Z 32* und *Z 37* aus, nimmt am 1. 4. 140 sm westlich Vigo den ital. Blockadebrecher *Pietro Orseolo* (Kptlt. Tarchioni) auf und wehrt die Angriffe der von Aufklärern herangeführten *Beaufort-* und *Torbeau*-T-Flugzeuge bei 5 Abschüssen ab. Das US-U-Boot *Shad* (LCdr. MacGregor) erzielt 1 Torpedotreffer auf der *Orseolo*, die jedoch am 2. 4. in die Gironde eingebracht wird.

30. 3. 1943 **Japan/Nordatlantik**
Der brit. Leichte Kreuzer *Glasgow* stellt in der Dänemarkstraße den aus Ostasien kommenden dt. Blockadebrecher *Regensburg* (8086 BRT), der sich daraufhin selbst versenkt, und birgt 6 Überlebende.

★

1.—30. 4. 1943 **Pazifik**
Von den im April in ihren Operationsgebieten eintreffenden US-U-Booten versenken vor Japan *Flying Fish* (LCdr. Donaho) 4 Schiffe mit 8940 BRT und *Scorpion* (LCdr. Wylie) 2 Schiffe mit 8314 BRT. *Pickerel* (LCdr. Alston) kehrt nach der Versenkung bzw. Torpedierung von je 1 Minensucher nicht zurück. Im Zentralpazifik versenken *Drum* (LCdr. McMahon) 2 Schiffe mit 10 189 BRT,

Haddock (LCdr. Davenport) 1 Schiff mit 7389 BRT, 1 weiteres Schiff torpediert, *Pike* (LCdr. McGregor) 1 Schiff mit 3802 BRT, *Porpoise* (LCdr. Bennett) 1 Schiff mit 2032 BRT. *Seawolf* (LCdr. Gross) versenkt 1 Landungsschiff und torpediert 1 weiteres. Im Südwestpazifik versenken *Grayling* (LCdr. Lee) 1 Schiff mit 4111 BRT, *Tautog* (LCdr. Sieglaff) 1 Schiff mit 5214 BRT und den Zerstörer *Isonami*. *Gudgeon* (LCdr. Port) versenkt 1 Schiff mit 17 526 BRT und torpediert 1 weiteres Schiff. *Grenadier* kehrt von einer Unternehmung nicht zurück.

2. 4.—24. 5. 1943 **Westatlantik**

Nach Treffen mit den heimkehrenden Blockadebrechern *Regensburg* und *Pietro Orseolo* bzw. *Irene* zur Übergabe von Funkmeßbeobachtungsgeräten westlich der Azoren (23. 3.—6. 4.) gehen *U 161* (Kptlt. Achilles) und *U 174* an die US-Ostküste, doch versenkt nur *U 161* 1 Segler von 255 BRT. Am 25. 4. versuchen beide, an einen Konvoi vor Halifax heranzukommen, doch wird *U 174* durch 1 *Ventura* der USN-VP. 125 versenkt.
Im Gebiet der Großen Antillen versenkt *U 176* (Kptlt. Dierksen) am 13. 5. aus einem Konvoi 2 Schiffe mit 4232 BRT, entkommt einer Jagd mit dem Geleitzerstörer *Brennan*, 8 U-Jägern und 1 Blimp, wird aber am 15. 5. durch 1 Bordflugzeug gebombt und durch den kuban. U-Jäger *CS. 13* versenkt. *U 129* (KKpt. Witt) versenkt 3 Schiffe mit 26 590 BRT, wird jedoch von einem NG.-Konvoi am 21. 4. durch den US-Zerstörer *Swanson* abgedrängt.

2. 4.—15. 6. 1943 **Mittelatlantik**

Von einer ins Gebiet von Freetown marschierenden Welle von Typ IX-Booten trifft *U 124* (Kptlt. J. Mohr) am 2. 4. auf den Konvoi OS. 45, versenkt im überraschenden Angriff 2 Schiffe mit 9547 BRT, wird dann aber selbst von der 37th Escort Group (Korvette *Stonecrop* und Sloop *Black Swan)* versenkt. *U 455* (Kptlt. Scheibe) und *U 117* (KKpt. Neumann) legen am 10. und 11. 4. vor Casablance Minensperren, auf denen 1 Schiff mit 3777 BRT sinkt bzw. 2 Schiffe mit 14 269 BRT beschädigt werden. Die übrigen Boote treffen in der ersten April-Dekade im Raum Freetown ein und versenken bis Mitte Mai an Einzelfahrern *U 515* (Kptlt. Henke) 2 Schiffe mit 6901 BRT, *U 123* (Oblt. z. S. v. Schroeter) das brit. U-Boot *P. 615* und 4 Schiffe mit 24 200 BRT, *U 105* (Kptlt. Nissen) 1 Schiff mit 4669 BRT, *U 126* bleibt zunächst ohne Erfolg. Am 30. 4. trifft *U 515* auf den von 1 Korvette und 3 A/S-Trawlern gesicherten Konvoi TS. 37 18 Schiffe) und versenkt daraus in 3 Anläufen bis zum 1. 5. 7 Schiffe mit 43 255 BRT, ehe eine Support Group von 3 Zerstörern herankommen kann. Nach einer Versorgung aus *U 460* setzen *U 515*, *U 126* und *U 105* die Operation fort, es werden mehrere Konvois gesichtet, doch nur *U 126* (Oblt. z. S. Kietz) torpediert 2 Schiffe mit 13 374 BRT, von denen 1 Liberty-Schiff Totalverlust wird. *U 105* wird am 2. 6. durch das franz. Potez-Flugboot *Antarès* von Dakar aus versenkt. Vor Dakar legt *U 214* (Oblt. z. S. Graf v. Treuberg) eine Minensperre, auf der 1 Schiff mit 6507 BRT beschädigt wird.

3.—5. 4. 1943 **Luftkrieg**

In der Nacht zum 3./4. 4. greifen 49 brit. Bomber St. Nazaire, 40 andere Lorient an. In der folgenden Nacht wirft das RAF-Bomber Command 1300 ts Bomben auf Kiel.
In der Nacht vom 4./5. 4. werfen 48 dt. Bomber Minen in der Themse-Mündung.

3.—7. 4. 1943 **Nordatlantik**

Aus den vom HX. 230 und von der Versorgung aus *U 463* kommenden U-Booten *U 191*, *U 168*, *U 630*, *U 635*, *U 706*, *U 260*, *U 564*, *U 592*, *U 572*, *U 563*,

U 594, U 584 und *U 632* wird südostwärts Grönland die Gruppe »Löwenherz« gebildet. Am 4. 4. sichtet der Rückmarschierer *U 530* (Kptlt. K. Lange) den Konvoi HX. 231 dicht westlich des Vp.-Streifens. Er besteht aus 61 Schiffen mit der Escort Group B. 7 (Cdr. Gretton) mit der Fregatte *Tay*, dem Zerstörer *Vidette* und den Korvetten *Alisma, Pink, Snowflake* und *Loosestrife*. Außer »Löwenherz« werden auch die in der Nähe stehenden *U 229* und *U 532* angesetzt. *U 530* führt bis Dunkelwerden 5 Boote, in der Nacht 2 weitere Boote heran, *U 635* (Oblt. z. S. Eckelmann) und *U 630* (Oblt. z. S. Winkler) versenken in der Nacht je 1 Schiff mit 5529 BRT bzw. 9365 BRT, *U 229* (Oblt. z. S. Schetelig) 1 Nachzügler mit 3406 BRT. *U 572* wird bei einem Angriffsversuch gerammt und beschädigt. Am 5. 4. setzt starke Luftsicherung durch *Liberators* der RAF-Sq. 86 ein, die *U 635* versenken und den Fühlunghalter *U 260* unter Wasser drücken. *U 563* (Kptlt. G. v. Hartmann) torpediert 1 Nachzügler von 9005 BRT, den *U 530* später versenkt. Am Nachmittag greift *U 706* (Kptlt. v. Zitzewitz) den Konvoi an und versenkt 1 Schiff mit 7124 BRT. In der Nacht zum 6. 4. versenkt *U 632* (Kptlt. Karpf) zunächst 1 Nachzügler von 7065 BRT und wird beim Angriff auf den Konvoi nach einen Fehlschuß gegen die *Alisma* durch die *Tay* versenkt, Angriffe von *U 270* und *U 134* gehen fehl. Am 6. 4. trifft die 4th Support Group mit den Zerstörern *Inglefield, Fury, Eclipse* und *Icarus* beim Konvoi ein und drängt zusammen mit der Luftsicherung die fühlunghaltenden U-Boote *U 270, U 229, U 564, U 134, U 563* und am 7. 4. morgens *U 260* ab.

5. 4.—20. 8. 1943 Südafrika/Indischer Ozean

Vom 5. 4.—20. 4. operiert das dt. *U 180* (KKpt. Musenberg) vor Südafrika und versenkt 1 Schiff mit 8132 BRT, am 26. 4. gibt es südlich Mauritius den ind. Nationalistenführer Subhas Chandra Bose an das jap. U-Boot *I-29* (FKpt. Izu) ab, das ihn nach Penang bringt. *U 180* versenkt auf dem Rückmarsch 1 weiteres Schiff mit 5166 BRT. Das ital. U-Boot *Da Vinci* (Kptlt. Gazzana-Priaroggia), das schon auf dem Anmarsch im Südatlantik den brit. Truppentransporter *Empress of Canada* (21 517 BRT) und 1 weiteres Schiff versenkt hat, versenkt im April vor Südafrika 4 Schiffe. Nach einem Gesamterfolg von 58 973 BRT wird es auf dem Rückmarsch bei Cap Finisterre am 24. 5. durch die brit. Fregatte *Ness* und den Zerstörer *Active* versenkt. Ab 26. 4. trifft eine Welle von 7 dt. U-Booten vom Typ IX-D vor Südafrika ein und operiert hier bis zum 10. 6. Dabei versenken *U 198* am 17. 5. aus dem Konvoi LMD. 17 (6 Dampfer, 2 A/S-Trawler) 1 Schiff, *U 177* und *U 178* am 28. 5. und 1. 6. aus dem CD. 20 (Escort 4 A/S-Trawler) 2 Schiffe bzw. 1 Schiff. Nach einer Versorgung aus dem Tanker *Charlotte Schliemann* vom 21.—26. 6. setzen die Boote ihre Operationen zwischen Mauritius, Ost- und Südafrika fort. Dabei versenkt *U 198* am 1. 8. aus dem Konvoi BC. 2 (4 Dampfer, Korvetten *Freesia, Rockrose* und 3 Trawler) 1 Schiff, *U 196* am 2. 8. aus dem CB. 21 1 Schiff. *U 177* setzt mehrfach den Schlepphubschrauber »Bachstelze« ein. Insgesamt versenken die Boote bis zum 20. 8.: *U 181* (KKpt. Lüth) 10 Schiffe mit 45 332 BRT, *U 198* (Kpt. z. S. W. Hartmann) 7 Schiffe mit 36 778 BRT, *U 196* (Kptlt. Kentrat) 2 Schiffe mit 12 285 BRT, *U 177* (Kptlt. Gysae) 6 Schiffe mit 38 017 BRT, *U 178* (KKpt. Dommes) 6 Schiffe mit 32 683 BRT, *U 195* (KKpt. Buchholz) 2 Schiffe mit 14 391 BRT, 1 Schiff mit 6797 BRT torpediert, *U 197* (Kptlt. Bartels) 3 Schiffe mit 21 267 BRT, 1 Schiff mit 7181 BRT torpediert. Auf Grund eingepeilten Funkverkehrs angesetzte *Catalina*-Flugboote versenken am 20. 8. *U 197*. Ende Juni/Anfang Juli passiert das auf dem Wege nach Japan befindliche *U 511* (Kptlt. Schneewind, an Bord der jap. VAdm. Nomura) den Indischen Ozean und versenkt 2 Schiffe mit 14370 BRT. *U 178* geht im August nach Penang, die übrigen nach Bordeaux zurück. Von dem jap. Marinestützpunkt Penang aus versenkt im Mai/Juni im Golf von Oman das jap. U-Boot *I-27* (Kptlt. Fukumura) 4 Schiffe mit 18175 BRT und torpediert aus dem Konvoi PA. 44 am 5. 7. 1 Schiff mit 6797 BRT, im Juni/Juli versenken *I-29* (FKpt. Izu) 1 Schiff mit 5463 BRT im Golf von Aden und *I-37* (KKpt. Otani) 2 Schiffe mit 15254 BRT vor Ostafrika. *I-8* (Kpt. z. S. Uchino) marschiert nach einer Versorgung aus *I-10* am 4. 7. nach Frankreich, *I-10* (Kpt. z. S. Tonozuka) versenkt 1 Schiff mit 7634 BRT südlich Chagos.

6. 4. 1943 **Mittelmeer**

US-Bomber versenken vor Bizerta den dt. Frachter *San Diego* (6013 BRT) und beschädigen den ital. Transporter *Rovereto* (8564 BRT) so schwer, daß er auf Strand gesetzt werden muß.

6. 4.—10. 7. 1943 **Biskaya**

Flugzeuge des RAF-Bomber Command werfen nachts häufig Minen in die Ein- und Auslaufwege der dt. U-Boote in der Biskaya. Verbände des dt. BSW (VAdm. Ruge, i. V. Kpt. z. S. Hagen) sichern seit 1940 mit der 4. Sicherungs-Division (Kpt. z. S. Lautenschlager) — 8., 10., 26., 28., 42., 44. M-Flottille, 4., 6. Vp.-Flottille, 2. Sperrbrecher-Flottille — und 3. Sicherungs-Division (Kpt. z. S. Breuning) — 2., 6., 24., 40. M-Flottille, 2., 7. Vp.-Flottille, 6. Sperrbrecher-Flottille, 14. U-Jagd-Flottille — bei geringsten Verlusten die U-Boote gegen Minen. Dabei gehen am 6. 4. *M 4041*, am 16. 4. *U 526*, am 14. 6. der *Sperrbrecher 21* und am 10. 7. *M 4451* durch Luftminentreffer verloren.

7.—12. 4. 1943 **Nordatlantik**

Am 7. 4. wird südlich Grönland die Gruppe »Adler« mit *U 188, U 257, U 84, U 615, U 267, U 404, U 662, U 571, U 613* und später *U 71* gebildet. Am gleichen Tage passiert der erwartete SC. 125 mit der Escort Group B. 6 im Westen des Streifens, *U 257* sichtet Geleitfahrzeuge, doch kommen *U 188, U 257* und *U 84* nicht heran, ein Vp.-Streifen weiter nördlich am 8. 4. bleibt ohne Ergebnis. Die Gruppe wird deshalb gegen den erwarteten HX. 232 nach Süden gezogen, dabei meldet *U 404* (Kptlt. v. Bülow) am 10. 4. nachmittags den Konvoi ON. 176 (46 Schiffe, Escort Group B. 4 mit den Zerstörern *Highlander, Beverley* und *Vimy* und 5 Korvetten). Von den angesetzten Booten der Gruppe »Adler« versenkt *U 188* (Kptlt. Lüdden) in einem Nachtangriff auf den Konvoi die *Beverley*, *U 571* (Kptlt. Möhlmann) und *U 84* (Kptlt. Uphoff) stoßen bei der Verfolgung auf den in der Nähe marschierenden Konvoi ONS. 2 (37 Schiffe, Escort Group B. 5 mit der Fregatte *Swale*, dem Zerstörer *Volunteer*, 9 Korvetten und 1 Trawler). *U 571* versenkt 1 Schiff mit 3835 BRT. Am 11. 4. versenken *U 615* (Kptlt. Kapitzky) und *U 613* (Kptlt. Köppe) je 1 Nachzügler mit 7177 BRT bzw. 1914 BRT. Die Fühlung an den Konvois halten kurzfristig *U 71, U 662, U 404* und wieder *U 71*, doch werden alle Boote durch die starke Luft- und Seesicherung abgedrängt, nur *U 404* fährt in der Nacht zum 12. 4. einen erfolglosen Angriff gegen den ON. 176. *U 84, U 662, U 404, U 613* und *U 571* müssen mit Schäden abbrechen, die Operation wird am 12. 4. aufgegeben.

7.—18. 4. 1943 **Südpazifik**

Letzte jap. Luftoffensive (Operation »I«) in den Salomonen unter persönlicher Leitung von Flottenadm. Yamamoto. Nachdem die jap. Träger *Zuikaku, Zuiho, Junyo* und *Hiyo* 95 Jäger, 65 Sturzbomber und einige T-Flugzeuge zur Verstärkung der 11. Luftflotte (86 Jäger, 27 Sturzbomber, 72 2-mot. T-Bomber) nach

Rabaul und Buka gebracht haben, greifen am 7. 4. 67 T-Flugzeuge und Sturzbomber mit 110 Jägern die US-Schiffe auf der Reede von Lunga/Guadalcanal und Tulagi an. Sie versenken den US-Zerstörer *Aaron Ward*, den Tanker *Kanawha* und die neuseel. Korvette *Moa*, 1 Transporter und 1 Tanker werden beschädigt. Am 11. 4. greifen 22 Flugzeuge mit 72 Jägern die Oro-Bay bei Buna (New Guinea) an, am 12. 4. 43 Bomber mit 131 Jägern Port Moresby und am 14. 4. ein starker Verband die Milne-Bay, wo 2 Transporter versenkt werden. Die US-Funkaufklärung entziffert jap. Funksprüche über einen Besuch von Adm. Yamamoto auf dem Flugplatz Buin (Bougainville). Vom Henderson-Field (Guadalcanal) werden 16 *Lightning*-Fernjäger der 339th Fighter Sq. (Maj. Mitchell) angesetzt, welche bei einem Verlust die beiden Transportflugzeuge mit Adm. Yamamoto und seinen Stabschef, VAdm. Ugaki, sowie 3 der 9 Begleitjäger abschießen. Nachfolger als OB der Vereinigten Flotten wird Adm. Koga.

9.—10. 4. 1943 **Biskaya**

Neuer vergeblicher Ausbruchsversuch des ital. Blockadebrechers *Himalaya* trotz Sicherung durch die dt. Zerstörer *Z 23, Z 24, Z 32* und die T-Boote *Kondor, T 2, T 5, T 22* und *T 23*. Das Schiff muß nach heftigen Luftangriffen umkehren. Auf dem Rückmarsch aus dem Mittelmeer trifft der brit. Minenkreuzer *Adventure* (Capt. Bowes-Lyon) am 10. 4. 275 sm westlich Vigo auf den aus Ostasien zurückkehrenden dt. Blockadebrecher *Irene/Silvaplana* (4793 BRT, Kpt. Wendt), der sich selbst versenkt.

10. 4. 1943 **Mittelmeer**

84 amerik. *B 24 Liberator* greifen den ital. Flottenstützpunkt La Maddalena (Sardinien) an: Schwerer Kreuzer *Trieste* und die Schnellboote *MAS 501* und *MAS 503* versenkt, Schwerer Kreuzer *Gorizia* stark beschädigt (später nach La Spezia geschleppt).

10. 4.—28. 5. 1943 **Mittelmeer**

Während *U 303* und *U 414* aus dem Atlantik ins Mittelmeer passieren, greifen *U 596* und *U 617* bei Alboran brit. Kriegsschiffsverbände erfolglos an (10. 4.) und letzteres verfehlt einen KMF.-Konvoi (13. 4.). Am 20. 4. versenkt *U 565* (Kptlt. W. Franken) aus dem Konvoi UGS. 7 2 Schiffe mit 9986 BRT, ein Angriff von *U 453* schlägt fehl. *U 602* geht um den 23. 4. vor Algier aus unbekannter Ursache verloren. *U 371* (Kptlt. Mehl) versenkt am 27. 4. 1 Schiff mit 1162 BRT. Von den aus dem Atlantik kommenden Booten werden ostwärts Gibraltar durch Flugzeuge *U 410* beschädigt und *U 447* versenkt, *U 616* kommt durch, hat jedoch keine Erfolge, ebenso nicht die vor Algerien operierenden *U 375, U 561* und *U 407*. *U 414* (Oblt. z. S. Huth) versenkt am 18. 5. aus einem Konvoi 1 Schiff mit 5979 BRT und torpediert 1 Schiff mit 7134 BRT, wird aber am 25. 5. durch die brit. Korvette *Vetch* versenkt. Am 21. 5. gehen das ital. *Gorgo* beim Angriff auf einen US-Konvoi durch den US-Zerstörer *Nields, U 303* vor Toulon durch das brit. U-Boot *Sickle* verloren. *U 755* wird am 28. 5. vor Algerien durch Flugzeuge vernichtet.

11.—13. 4. 1943 **Nordatlantik**

Von der gegen den am 11. 4. erwarteten Konvoi HX. 232 aufgestellten Gruppe »Lerche« mit *U 168, U 532, U 706, U 563, U 270, U 630, U 584, U 260, U 191, U 203* wird der aus 47 Schiffen bestehende und von 3 Zerstörern und 4 Korvetten gesicherte Konvoi planmäßig von *U 584* (Kptlt. Deecke) erfaßt. In der Nacht zum 12. 4. versenkt *U 563* (Kptlt. v. Hartmann) 1 Schiff mit 7117 BRT, *U 168*

(Kptlt. Pich) versenkt 1 Schiff mit 7261 BRT und torpediert 1 weiteres Schiff mit 2666 BRT, das später von *U 706* (Kptlt. v. Zitzewitz) versenkt wird. Am 12. 4. werden das vom Rückmarsch mit operierende *U 530* und die Fühlunghalter *U 584, U 203, U 270* und *U 168* teils durch die See-, teils durch die Luftsicherung abgedrängt, am 13. 4. wird die Operation abgebrochen, die Boote gehen zur Versorgung aus *U 462.*

11.—27. 4. 1943 **Nordatlantik**

Ab 11. 4. werden 7 U-Boote als Gruppe »Meise« ostwärts Neufundland aufgestellt, aus den Tankern *U 462* und *U 463* versorgte Boote kommen hinzu und bilden ab 14. 4. einen Vp.-Streifen gegen den Konvoi SC. 126 (38 Schiffe, Escort Group B. 5 mit *Havelock* (Cdr. Boyle), der aber umgangen wird. Gruppe »Meise« mit *U 134, U 306, U 631, U 203, U 552, U 267, U 706, U 415, U 413, U 598, U 191, U 438, U 613, U 404, U 571, U 381, U 108, U 258, U 610, U 257* und *U 84* wird auf B-Dienst-Meldungen vom 18. und 20. 4. vor den Konvoi HX. 234 gezogen, der die Aufstellung zu umgehen versucht. Auf dem Marsch werden am 19. 4. von *U 108* (Kptlt. Wolfram) und *U 732* (Oblt. z. S. Carlsen) aus Island-Zubringer-Konvois je 1 bisher unbekannter Munitionsdampfer versenkt. Am 21. 4. erfaßt *U 306* (Kptlt. v. Trotha) den HX. 234 (42 Schiffe, Escort Group B. 4 mit *Highlander* (Cdr. Day) und 7 weiteren Escorts) und versenkt in der Nacht 1 Schiff mit 10 218 BRT. Beim Heranschließen trifft *U 706* (Kptlt. v. Zitzewitz) auf den ONS. 3, *U 203, U 415, U 191, U 613* und *U 438* (Kptlt. Heinsohn) nehmen dessen Verfolgung auf, wobei letzteres noch auf den folgenden ON. 178 (18 Schiffe, 7 Escorts) stößt, aus denen *U 415* (Kptlt. Neide) 2 Schiffe mit 8013 BRT, *U 191* (Kptlt. Fiehn) 1 Schiff mit 5486 BRT versenken, ehe die Fühlung abreißt. Am 22. 4. drängen *Catalinas* der USN-VP-84 von Grönland und Island die Gruppe »Meise« vom HX. 234 ab, nur *U 306* hält weiter Fühlung und versenkt am 23. 4. im Unterwassertagesangriff 1 Schiff mit 7176 BRT, *U 954* (Kptlt. O. Loewe) torpediert 1 weiteres Schiff mit 5313 BRT, ehe die Luftsicherung durch *Liberators* der RAF-Sq. 120 einsetzt, der *U 189* zum Opfer fällt. Bei der Suche stößt *U 732* auf den entgegenkommenden ONS. 4 (41 Schiffe, Escort Group B. 2 mit *Hesperus* (Cdr. Macintyre) und 6 weiteren Escorts), zu dessen Unterstützung der CINCWA, Adm. Horton, die 5th Support Group mit dem Geleitträger *Biter* (Capt. Abel-Smith) und den Zerstörern *Pathfinder, Obdurate* und *Opportune* herangezogen hat. *Swordfishs* der *Biter* drücken *U 732* unter Wasser, *U 191,* das als Fühlunghalter einspringt, wird von *Hesperus* mit HF/DF eingepeilt und mit »Hedgehog« versenkt. Von den verfolgenden *U 954, U 209, U 648, U 108, U 404* und *U 514* gewinnen nur *U 108* am Konvoi und *U 404* (KKpt. v. Bülow) an der Support Group Fühlung, *U 404* schießt am Morgen des 25. 4. einen Fächer gegen den als *Ranger* angesprochenen Träger, der durch Frühzünder fehlgeht. Am gleichen Tage sichtet eine *Swordfish* der *Biter* das rückmarschierende *U 203,* das von der *Pathfinder* versenkt wird. Nachdem in der Nacht vom 23./24. 4. am HX. 234 11 in der Nähe stehende »Meise«-Boote wegen Hagel-, Regen- und Schneeschauern und geschickten Ausweichbewegungen des Konvois nicht zum Schuß kommen, hält *U 306* auch am 24. 4. weiter Fühlung, die starke Luftsicherung des HX. 234 und des in der Nähe marschierenden ONS. 5 läßt jedoch nur *U 610* zu einem erfolglosen Angriff kommen, das dem HX. 234 entgegenlaufende *U 710* wird durch eine *Fortress* der RAF-Sq. 206 versenkt. Nach einem Fehlschuß von *U 413* in der Nacht werden die restlichen Boote am 25. 4. durch Luftsicherung und von der 4th Support Group (Zerstörer *Faulknor, Eclipse, Fury, Icarus)* verstärkte Seesicherung abgedrängt.

12.—21. 4. 1943 **Nordsee/Kanal**

In der Nacht vom 12./13. 4. entstehen bei einem Gefecht eines dt. Geleits mit den brit. *MGB 112, MGB 111, MGB 75* und *MGB 74* auf beiden Seiten leichte Schäden. Am 14. 4. greift die dt. 5. S-Flottille (Kptlt. Klug) mit *S 65, S 81, S 82, S 90, S 112* und *S 121* vor Lizard Head den brit. Konvoi PW. 323 (6 Dampfer, norweg. Zerstörer *Glaisdale, Eskdale,* 2 norweg., 3 brit. Trawler) an. *S 65* (Oblt. z. S. Sobottka) und *S 112* (Kptlt. Karl Müller) versenken die *Eskdale, S 121* (Oblt. z. S. Klocke) den brit. Frachter *Stanlake* (1742 BRT). In der Nacht zum 15. 4. greift eine dt. S-Boot-Gruppe vor Lowestoft einen u. a. von dem Zerstörer *Westminster* und der Korvette *Widgeon* gesicherten Konvoi an und versenkt den Trawler *Adonis* (1004 BRT). Am 15. 4. kommt es vor Kap de la Hogue zu einem Gefecht dt. Vp.-Boote und U-Jäger mit den brit. *SGB 6, MGB 608* und *MGB 615*. Bei einem Gefecht vor der Somme-Mündung in der Nacht zum 18. 4. versenken die brit. *MGB 38* und *MGB 39* das Vp.-Boot *V 1409*. Bei einem Angriff gegen einen dt. Konvoi am 18. 4. früh vor Scheveningen erzielen die brit. *MTB 234, MTB 241* und *MTB 233* Artillerietreffer, Angriffe von *Beaufighters* am Nachmittag vor den Helder bleiben ohne Erfolg. Am 20./21. 4. verfehlen 4 *MTBs* einen dt. Konvoi vor Hoek van Holland.

12. 4.—25. 5. 1943 **Mittelmeer**

Dt. 3. S-Flottille legt Defensiv-Minensperren vor Susa (12./13. 4., 2. 5.), vor Bizerta (14., 25. 4., 6. 5.) und Porto Empedocle (16./17., 23. und 25. 5.) mit zusammen 385 Minen.

13. 4. 1943 **Südatlantik**

Blockadebrecher *Portland* (7132 BRT, Kpt. Tünemann) wird in der Natal-Freetown-Enge durch den freifranz. Leichten Kreuzer *Georges Leygues* gestellt und versenkt sich selbst.

15.—18. 4. 1943 **Nordatlantik**

Von dem ausmarschierenden *U 262* (Oblt. z. S. Franke) wird der auf der Südroute marschierende Konvoi HX. 233 (57 Schiffe, Escort Group A. 3 [Cdr. Heineman], USCG-Cutters *Spencer* und *Duane*, kanad. Korvetten *Wetaskiwin, Arvida* und brit. *Dianthus, Bergamot* und *Bryony* sowie der zur Unterstützung heranbeorderte kanad. Zerstörer *Skeena)* gesichtet. Auf den Konvoi werden die ausmarschierenden *U 175, U 628, U 226, U 358, U 264, U 382* und *U 614* angesetzt. Am Morgen des 16. 4. wird der Fühlunghalter *U 262* abgedrängt, erst in der Nacht zum 17. 4. findet *U 175* (Kptlt. Bruns) den Konvoi wieder und führt gegen Morgen *U 382* und *U 628* (Kptlt. Hasenschar) heran, von denen letzteres 1 Schiff mit 7134 BRT torpediert, das später durch *U 226* (Kptlt. Borchers) versenkt wird. Das fühlunghaltende *U 175* wird mit HF/DF eingepeilt und durch die *Spencer* versenkt. Die zur Unterstützung am 17. 4. herankommende 3rd Support Group (Capt. McCoy) mit den Zerstörern *Offa, Oribi, Penn* und *Panther* drückt *U 264, U 226* und *U 382* in langen Wabo-Verfolgungen unter Wasser. Am Abend des 17. 4. verliert als letztes Boot *U 614* die Fühlung, am 18. 4. wird die Operation abgebrochen.

16.—25. 4. 1943 **Luftkrieg**

Bomber der 8. US-Luftflotte greifen am 16. 4. tags Lorient und Brest an.

In der Nacht vom 24./25. 4. werfen 39 dt. Bomber Minen in die Themsemündung.

16. 4.—5. 6. 1943 **Nordmeer**

An der norweg. Polarküste versuchen sowj. U-Boote z. T. unter Ausnutzung der Meldungen abgesetzter Agenten und der Luftaufklärung dt. Nachschubgeleite anzugreifen. Im Varangerfjord und vor Vardö operieren nacheinander u. a. *M-172, M-105, M-171, M-172, M-104, M-122* (vermutlich auf Flankenminensperre gesunken), *M-106, M-105* und *M-106*, die jedoch trotz mehrerer Angriffe ebenso wie die gelegentlich in kleinen Gruppen angesetzten Torpedokutter keine Erfolge erringen. Im Gebiet zwischen Syltefjord und Nordkyn operieren u. a. *ŠČ-422, S-55, S-101, S-51, L-22* (am 6. 5. vor dem Syltefjord Minen gelegt), *S-56, S-54, S-102*, weiter westlich legt *L-20* Minen, und *ŠČ-402* und *ŠČ-403* setzen u. a. auf Arnöy Agenten ab. *ŠČ-422* (Kpt. 3. Rg. Vidjaev) verfehlt am 19. 4. ein Geleit mit *M 361*, auf am 25. 4. und 1. 5. von *ŠČ-422* und *S-101* erfolglos angegriffene Geleite werden *DB-3*-Torpedoflugzeuge des 24. Minen-Torpedoflieger-Regt. unter Jagdschutz durch *Airacobras* des 95. Jagdflieger-Regt. angesetzt, erzielen aber keine Treffer. Am 29. 4. versenkt *S-55* (Kpt. 3. Rg. Suškin) aus einem Konvoi den Dampfer *Sturzsee* (708 BRT), am 17. 5. versenkt *S-56* (Kpt. 3. Rg. Ščedrin) den Tanker *Eurostadt* (1118 BRT) und trifft die *Wartheland* (5096 BRT) mit 1 Blindgänger. *S-51* fährt mehrere fehlgeschlagene Angriffe. *ŠČ-422* wird am 31. 5. von *UJ 1206* und *M 343* mit Wabos beschädigt.

17. 4.—5. 5. 1943 **Schwarzes Meer**

Unternehmen »Neptun«: Angriff des dt. V.A.K. gegen den sowj. Brückenkopf Myschako nach Anfangserfolgen am 25. 4. eingestellt. Während des Unternehmens laufende nächtliche Einsätze der dt. 1. S-Flottille, 3. R-Flottille und der ital. IV. MAS-Flottille gegen den sowj. Nachschubverkehr, durch Torpedos von *S 47, S 51, S 102, S 72* und *S 28* mehrere Kleinfahrzeuge und Prähme versenkt und Landestege zerstört. Häufige Gefechte der Flottillen mit sowj. Wachkuttern und Torpedokuttern. Operationen auch nach Einstellung von »Neptun« fortgesetzt. In der Nacht vom 30. 4./1. 5. beschießen die sowj. Zerstörer *Boikij* und *Bespoščadnyj*, die *U 19* auf dem Anmarsch vergeblich anzugreifen versucht, Kap Meganon und Kap Čauda, *Železnjakov* und das Wachschiff *Štorm* Anapa. Ergebnislose Ansätze von sowj. Torpedokuttern gegen den Hafen Anapa. Am 5. 5. torpediert *U 9* (Oblt. z. S. Schmidt-Weichert) den sowj. Tanker *Kreml* (7666 BRT).

26. 4.—6. 5. 1943 **Nordatlantik**

Am 26. 4. wird im mittleren Nordatlantik gegen den nach B-Dienst-Meldungen erwarteten Konvoi SC. 127 (55 Schiffe, Escort Group C. 1 mit *Itchen* [LCdr. Bridgeman]) die Gruppe »Amsel« mit *U 634, U 223, U 266, U 377, U 383, U 525, U 709, U 448, U 466* und *U 186* gebildet, von dem Konvoi aber unbemerkt umgangen. Nach der erfolglosen Suche nach dem ONS. 4 wird der Vp.-Streifen »Specht« mit *U 438, U 662, U 630, U 584, U 168, U 203, U 706, U 108, U 514, U 270, U 260, U 732, U 92, U 628, U 707, U 358, U 264, U 614, U 226* und *U 125* gegen den HX. 235 (36 Schiffe, Escort Group C. 4, Zerstörer *Churchill)* aufgestellt. Der passiert jedoch zwischen »Specht« und »Amsel«, wird am 28. 4. von *U 377* gehorcht, doch drängt die zur Unterstützung eingesetzte 6th Support Group mit dem US-Geleitträger *Bogue* (Capt. Short) und den Zerstörern *Belknap, Greene, Osmond-Ingram* und *Lea* die 5 angesetzten »Amsel«-Boote ab. Auf dem Anmarsch versenken am 24. 4. *U 386* (Oblt. z. S. Kandler) aus einem RU.-Konvoi 1 Schiff mit 1997 BRT, *U 107* (Kptlt. Gelhaus) am 1. 5. 1 Schiff mit 12411 BRT. Am 28. 4. nimmt die Gruppe »Star« mit *U 650, U 533, U 386, U 528, U 231, U 532, U 378, U 381, U 192, U 258, U 552, U 954, U 648, U 209, U 531* und *U 413* südlich Island einen Vp.-Streifen gegen den Konvoi ONS. 5 (42 Schiffe,

Commodore Capt. Brook, Escort Group B. 7 mit den Zerstörern *Duncan* [Cdr. Gretton], *Vidette*, der Fregatte *Tay*, den Korvetten *Sunflower, Snowflake, Loosestrife, Pink* und den Trawlern *Northern Gem* und *Northern Spray)* ein, der von *U 650* (Oblt. z. S. v. Witzendorff) gemeldet wird. Durch *Catalina*-Flugboote der USN-VP-84 mehrfach unter Wasser gedrückt, führt es am Tage *U 386* und *U 378* heran. In der Nacht zum 29. 4. wird *U 386* durch *Sunflower* mit Wabos beschädigt, *U 650* und *U 532* werden nach Fehlschüssen auf die *Duncan* und *Snowflake* mit Wabos belegt, *U 532* am 29. 4. tags nochmals durch *Tay*. In einem Tages-Unterwasserangriff versenkt *U 258* (Kptlt. v. Mässenhausen) 1 Schiff mit 6198 BRT, *U 528* wird durch eine *Catalina* der USN-VP-84 beschädigt. Der CINCWA schickt dem ONS. 5 zur Unterstützung vom SC. 127 den Zerstörer *Oribi*, von St. John's die 3rd Support Group mit den Zerstörern *Offa* (Capt. McCoy), *Impulsive, Penn* und *Panther* zur Unterstützung. Am 30. 4. und in der Nacht zum 1. 5. verschlechtert sich das Wetter, bei stark wechselnder Sicht und starken Funkstörungen reißt die Fühlung nach einem fehlgeschlagenen Angriff von *U 192* (Oblt. z. S. Happe) am 1. 5. nachts ab. Am Tage muß der ONS. 5 im schweren Sturm beidrehen, ein Teil der Schiffe wird vom Konvoi abgesprengt.
Nachdem der B-Dienst am 29. 4. den Konvoi SC. 128 (33 Schiffe, Escort Group mit 8 Escorts) erfaßt hat, werden die Gruppen »Specht« und »Amsel« halbkreisförmig vor dem Konvoikurs aufgestellt. Am 1. 5. abends sichtet *U 628* Rauchwolken des Konvois, die angesetzten U-Boote werden jedoch durch abgesetzt vom SC. 128 Leuchtgranaten schießende Escorts abgelenkt, der Konvoi umgeht die U-Boote im Westen. Die vom ONS. 5 kommenden »Star«- und die »Specht«-Boote werden für den 4. 5. zu einem neuen Vp.-Streifen »Fink« mit *U 438, U 630, U 662, U 584, U 168, U 514, U 270, U 260, U 732, U 628, U 707, U 358, U 264, U 226, U 125, U 378, U 192, U 648, U 533, U 531, U 954, U 413, U 381, U 231, U 552, U 209, U 650* und *U 614* vor dem SC. 128 zusammengezogen, der jedoch westlich passiert, wobei *Canso*-Flugboote der RCAF-Sq. 5 *U 630* versenken und *U 438* beschädigen. Am Abend läuft der ONS. 5 von Norden in die Mitte der »Gruppe Fink« ein und wird von *U 628* (Kptlt. Hasenschar) gemeldet. Sofort werden »Fink« und die weiter südlich stehenden Gruppen »Amsel 1« mit *U 638, U 621, U 402, U 575, U 504* und *U 107* und »Amsel 2« mit *U 634, U 223, U 266, U 383* und *U 377* sowie 2 Rückmarschierer angesetzt. Nachdem wegen des herrschenden Seegangs am 2., 3. und 4. 5. keine Beölung möglich war, hatten Cdr. Gretton mit der *Duncan, Impulsive, Penn, Panther* den Konvoi wegen Brennstoffmangel verlassen müssen. Am 4. 5. stehen am noch aus 31 Schiffen bestehenden Konvoi *Tay* (LCdr. Sherwood, S.O.E.), *Vidette* (Lt. Hart), *Sunflower* (LCdr. Plomer), *Snowflake* (LCdr. Chesterman), *Loosestrife* (LCdr. Stonehouse), *Offa* (Capt. McCoy) und *Oribi* (LCdr. Ingram). Achteraus läuft *Pink* (Lt. Atkinson) mit 5 Nachzüglern, weitere 5 Nachzügler und die *Northern Spray* suchen aufzudampfen. *U 125* (Kptlt. Folkers) versenkt am Nachmittag 1 davon mit 4635 BRT. Am Konvoi selbst gewinnen am 4. 5. tags 5, in der Nacht 6 Boote Fühlung, einige werden von *Tay, Offa* und *Oribi* abgedrängt, *U 270* durch Wabos der *Vidette* beschädigt. Von den angreifenden Booten versenken *U 628* 1 Schiff mit 5081 BRT, *U 264* (Kptlt. Looks) 2 Schiffe mit 10 147 BRT und *U 358* (Kptlt. Manke) 2 Schiffe mit 8076 BRT. Außerdem fällt *U 952* (Oblt. z. S. Curio) 1 Nachzügler mit 4737 BRT zum Opfer. Am 5. 5. tags trifft *U 192* auf die *Pink*-Gruppe, wird aber geortet und mit »Hedgehog« versenkt, wenig später versenkt *U 707* (Oblt. z. S. Gretschel) aus der Gruppe 1 Schiff mit 5565 BRT. Am Konvoi selbst gewinnen im Laufe des Tages 15 Boote

Fühlung, in Unterwasserangriffen versenken *U 584* (Kptlt. Deeke) und *U 266* (Kptlt. v. Jessen) 1 Schiff bzw. 3 Schiffe mit 5507 BRT bzw. 12012 BRT. Für die Nacht scheint sich eine Katastrophe anzubahnen, als plötzlich 2 Stunden vor Dunkelwerden Nebel einsetzt, der die angreifenden U-Boote blind auf die mit ihren Radargeräten sehenden Escorts prallen läßt. *Sunflower* ortet nacheinander 4 U-Boote, von denen *U 267* (Kptlt. Tinschert) nach einem Fehlschuß durch Artilleriefeuer beschädigt wird. *Loosestrife* ortet 2 Boote, von denen es *U 638* bei einem Angriffsversuch überrascht und mit Wasserbomben versenkt. *Videtie* drängt 3 Boote ab. *Snowflake* ortet fast gleichzeitig 3 U-Boote, von denen *U 531* (Kptlt. Neckel) die Korvette verfehlt, mit Wabos eingedeckt wird und auftauchen muß. Von den zur Unterstützung heranbeorderten Schiffen prallt *Oribi* auf *U 125,* das gerammt wird, sich aber in einer Regenbö zunächst absetzen kann, bis es von der *Snowflake,* die ihre Wabos verbraucht hat, gefunden und mit Artillerie versenkt wird. *Sunflower* ortet und rammt *U 533,* das schwer beschädigt entkommt. *Videtie* ortet das wieder getauchte *U 531* und versenkt es mit »Hedgehog«. Ein Rammversuch der *Offa* gegen ein geortetes U-Boot geht knapp vorbei und *Loosestrife* führt 3 weitere Waboangriffe. Gegen Morgen trifft die vom CINCWA aus St. John's zur Unterstützung entsandte 1st Support Group (Capt. Brewer) mit den Sloops *Pelican* und *Sennen* und den Fregatten *Jed, Wear* und *Spey* ein. *Pelican* ortet mit Radar *U 438* und versenkt es zusammen mit *Jed. Sennen* trifft auf dem Wege zur abgesetzten *Pink*-Gruppe auf *U 267,* das, von Artillerie beschädigt, entkommen kann. Am Morgen wird die Operation durch den B.d.U. abgebrochen. Größter Erfolg des Radargerätes Typ 270 M in einer Geleitzugschlacht.

27./28. 4. 1943 **Kanal**

Die brit. Zerstörer *Goathland* und *Albrighton* greifen 60 sm nordnordostwärts Quessant ein dt. Geleit an und versenken den U-Jäger *UJ 1402.*

27.—29. 4. 1943 **Luftkrieg Westeuropa**

Höhepunkt der brit. Luftminen-Offensive. In der Nacht vom 27./28. 4. werfen Flugzeuge des RAF-Bomber Command im Golf von Biskaya, vor der niederl. und norddt. Küste 459 Minen, in der Nacht vom 28./29. 4. bei Einsatz von 226 Flugzeugen in den gleichen Gebieten, mit Schwerpunkt aber in der Ostsee, 568 Minen. 23 Flugzeuge werden abgeschossen. U. a. sinkt am 2./3. 5. das dt. Fahrgastschiff *Gneisenau* (18 160 BRT) auf brit. Luftminen in der Gjedser-Enge.

29. 4.—13. 5. 1943 **Mittelmeer**

Endkampf um Tunis und Bizerta. Bei letzten Versuchen, Nachschub nach Afrika zu bringen, werden am 30. 4. vor Kap Bon die Zerstörer *Pancaldo* (FKpt. Ferrieri-Caputi †) und *Hermes* (dt., FKpt. Rechel) mit je 300 Mann an Bord und *Lampo* (KKpt. Albanese) mit Munition duch alliierte Flugzeuge wiederholt angegriffen, *Pancaldo* und *Lampo* sinken, *Hermes* wird fahrunklar eingeschleppt. Bei Rettungsaktionen versenken Jabos die ital. *MAS. 552* und *Ms. 25.* Am 30. 4. versenken die brit. Zerstörer *Nubian* und *Paladin* vor der sizil. Küste den Transporter *Fauna* (575 BRT), in der Nacht zum 4. 5. vor Kelibia zusammen mit der *Petard* den Transporter *Campobasso* (3566 BRT) und das T-Boot *Perseo* (KKpt. Marotta). Der Transporter *Belluno* mit dem T-Boot *Tifone* (KKpt. Baccarini) erreichen am 4. 5. Tunis, werden jedoch dort gebombt. *Liberator*-Bomber versenken am 4. 5. vor Sizilien den Transporter *Sant'Antonio* (6013 BRT), die sichernden T-Boote *Groppo* und *Calliope* kehren um. Als letzte Schiffe treffen am 7. 5. die dt. *KT 5, KT 9* und *KT 21* vor Kap Bon ein, werden jedoch durch Bomben und Bordwaffen so getroffen, daß sie verlassen werden und am 9. 5. verlorengehen. Nach dem Verlust von Bizerta und Tunis am 7. 5. hört der geordnete dt.-ital. Widerstand am 9. 5. auf, bis zum 13. 5. halten sich noch einzelne Gruppen. In den tunes. Häfen werden teils durch Luftangriffe, teils durch Selbstversenkung als Blockschiffe die *Hermes*, der franz. Zerstörer *L'Audacieux*, die franz. U-Boote *Calypso, Nautilus, Turquoise, Circe*, 12 Minensucher, 25 Frachter, 9 Schlepper und 23 kleine Fahrzeuge versenkt. Mit Kleinfahrzeugen versuchen kleine Gruppen sich nach Sizilien und Sardinien durchzuschlagen, doch nur wenige Boote, darunter mehrfach dt. und ital. S- bzw. MAS-Boote und als größtes Schiff das dt. *KT 22* durchbrechen die Blockade, die brit. Zerstörer der Force K von Malta *(Nubian, Paladin, Petard, Jervis)* und der Force Q von Bône *(Laforey, Loyal, Tartar, Blyskawica)* sowie »Hunt«-Zerstörer *(Zetland, Lamerton, Aldenham, Hursley, Kanaris* (griech.), *Dulverton, Lauderdale, Wilton* u. a.) ab 7. 5. durchführen. Sie bringen rund 700 Gefangene ein.

29. 4.—27. 5. 1943 **Südatlantik**

Bei Operationen vor der brasilian. Küste trifft *U 154* (Oblt. z. S. Kusch) am 8. 5. vor Recife 1 Tanker von 8917 BRT mit einem Torpedoblindgänger. *U 128* (Kptlt. Steinert) wird bei Abgabe eines Funkspruches von Landpeilstellen gepeilt. Bei der angesetzten Suche wird es von US- und brasilian. Flugzeugen gemeldet, am 16. 5. durch 2 *Mariner*-Flugboote der VP. 72 beschädigt und muß sich bei Annäherung der US-Zerstörer *Moffett* und *Jouett* versenken. Nach einer Versorgung aus *U 460* greift *U 154* am 27. 5. den Konvoi BT. 14 (12 Dampfer, Escort US-Zerstörer *Borie*, Korvetten *Saucy, Tenacity, Courage*, U-Jäger *PC. 592)* an und versenkt 1 Schiff mit 8166 BRT, 2 Schiffe mit 15 771 BRT werden torpediert.

30. 4.—9. 5. 1943 **Nordatlantik**

Westlich Spanien operiert die Gruppe »Drossel« mit *U 456, U 230, U 607, U 436, U 89, U 600, U 406, U 659, U 439, U 447* und *U 332*, das am 2. 5. durch eine *Sunderland* der RAAF-Sq. 461 versenkt wird. Am 3. 5. erfaßt die Luftaufklärung 2 Konvois, von denen *U 89* einen LST-Konvoi kurzfristig sichtet, während *U 659* und *U 439* beim Angriffsversuch kollidieren und beide sinken. Am 5. 5. führt *U 447* ein Artilleriegefecht mit einem LCT und schießt einen Sperrballon ab, *U 456* kommt an einen Kreuzer nicht heran. Am 6. 5. sichtet die Luftaufklärung den Konvoi SL. 128 (48 Schiffe, 1 Sloop, 4 Korvetten), am 7. 5. morgens verfehlt *U 607* (Kptlt. Mengersen) den Konvoi, *U 456* wird mit Wabos, *U 230* beim Fühlunghalten zweimal mit Fliebos belegt. *U 436* und *U 89* (Kptlt. Lohmann) greifen mittags an, *U 89* versenkt 1 Schiff mit 3803 BRT, ehe Sichtverschlechterung die Fühlung abreißen läßt. Ab 9. 5. wird die Gruppe gegen den HX. 237 angesetzt.

★

1. 5. 1943 **Luftkrieg Westeuropa**

48 *B 17* der 8. US-Luftflotte bombardieren St. Nazaire.

1. 5. 1943 **Nordsee**

Seegefecht vor Terschelling. Angriff der 31. MTB-Flottille *(MTB 624, MTB 632, MTB 630)* und der 17. MGB-Flottille *(MGB 605, MGB 606, MGB 610, MGB 612)* auf 4 Boote der 12. Vorposten-Flottille (KKpt. vom Hoff). *V 1241* gesunken.

1.—31. 5. 1943 **Pazifik**

Von den im Mai in ihren Operationsgebieten eintreffenden US-U-Booten versenken vor Japan und den Kurilen *Pogy* (LCdr. Wales) 2 Schiffe mit 3423 BRT, *S 41* (Lt. Hartman) 1 Schiff mit 1036 BRT, *Saury* (LCdr. Dropp) 4 Schiffe mit 19934 BRT und *Sawfish* (LCdr. Sands) 1 Schiff mit 2921 BRT. Im Zentralpazifik versenken *Finback* (LCdr. Tyree) 3 Schiffe mit 13044 BRT, *Grayback* (LCdr. Stephan) 2 Schiffe mit 12279 BRT, ferner Zerstörer *Yugure* torpediert, *Permit* (LCdr. Chapple) versenkt 1 Schiff mit 3156 BRT und torpediert 1 weiteres Schiff. *Plunger* (LCdr. Baer) versenkt 2 Schiffe mit 15428 BRT, *Pollack* (LCdr. Llewellen) 2 Schiffe mit 8461 BRT, *Scamp* (LCdr. Ebert) 1 Schiff mit 6853 BRT, *Seal* (LCdr. Dodge) 1 Schiff mit 10215 BRT, *Tambor* (LCdr. Ambruster) 1 Schiff mit 2486 BRT und *Whale* (LCdr. Burrows) 1 Schiff mit 3580 BRT. Im Südwestpazifik versenkt *Gar* (LCdr. Quick) 5 Schiffe mit 8617 BRT, *Grayling* (LCdr. Lee) torpediert 1 Schiff, *Grenadier* (LCdr. Carr) versenkt 2 Schiffe mit 3242 BRT durch Minen, *Trout* (LCdr. Clark) 2 Schiffe mit 5866 BRT durch Torpedo.

1. 5.—20. 7. 1943 **Mittelmeer**

Auslegung ital. Defensiv-Minensperren. An der griech. Westküste legen die ital. Minenschiffe *Barletta* und *Morosini* und die dt. Minenschiffe *Drache* und *Bulgaria* 26 Sperren, die ital. Minenschiffe *Vieste* und *Buffoluto* 1 weitere mit zusammen 3156 Minen. An der sizilianischen Küste legen die ital. Schiffe *Vieste* und *Vallelunga* mit den Prähmen *G 53, G 56* und *G 58* 12 Sperren mit 1036 Minen, an der Küste Sardiniens werden von den ital. Schiffen *Durazzo, Volturno, Buccari, Mazara, Vieste* und *Buffoluto* sowie einem Verband mit dem ital. Zerstörer *Vivaldi* (Kpt. z. S. Camicia) und den dt. Minenschiffen *Pommern* und *Brandenburg* 24 Sperren mit 4248 Minen gelegt. In der Ägäis werden von dem dt. Minenschiff *Bulgaria* ferner 3 Sperren mit 140 Minen, in der Adria durch die ital. *Fasana* 1 Sperre mit 137 Minen gelegt.

2.—12. 5. 1943 **Nordsee**

In den Nächten vom 2./3. 5. und 3./4. 5. verseuchen je 16 *Do 217* des K. G. 2 die Humber- und Themse-Mündung bzw. den Geleitweg zwischen Dover und der Themse-Mündung mit Luftminen. In der Nacht vom 11./12. 5. werfen 36 Bomber auf dem Geleitweg Humber—Themse Minen. 5 Flugzeuge gehen verloren.

2. 5.—29. 6. 1943 **Mittelmeer**

Bei brit. U-Boot-Operationen im westlichen Mittelmeer versenken in z. T. mehreren Einsätzen *Safari* (Cdr. Bryant, Lt. Lakin) 3 Schiffe mit 2641 BRT und 1 KT-Schiff, ferner 1 Dampfer mit 3069 BRT torpediert, *Sportsman* (Lt. Gatehouse) 2 Schiffe mit 5110 BRT, *Tactician* (LCdr. Collett) 1 Schiff mit 385 BRT, *Shakespeare* (Lt. Ainslie) 2 Schiffe mit 241 BRT, *Sickle* (Lt. Drummond) den U-Jäger *UJ 2213* und *U 303*, *Trident* (Lt. Newstead) 1 Schiff mit 11718 BRT torpediert. Im zentralen Mittelmeer und der Südadria versenken *Unrivalled* (Lt. Sprice) 2 Schiffe mit 986 BRT, *Unbroken* (Lt. Andrew) 2 Schiffe mit 5408 BRT, *Unruly* (Lt. Fyfe) 1 Schiff mit 4485 BRT, 1 Schiff mit 4000 BRT torpediert, *Unruffled* (Lt. Stevens) 1 Schiff mit 9895 BRT, *United* (Lt. Barlow) 2 Schiffe mit 8649 BRT, *Ultor* (Lt. Hunt) 1 Schiff mit 137 BRT, *Unison* (Lt. Daniell) 1 Schiff mit 2998 BRT, *Unshaken* (Lt. Whitton) 1 Schiff mit 1425 BRT und *Tactician* 1 Schiff mit 8034 BRT und 1 Segler. In der Ägäis versenken das brit. *Parthian* (Lt. St. John) 1 Segler, das griech. *Katsonis* (LCdr. Laskos) 2 Schiffe mit 2908 BRT, 1 Schiff torpediert, und das brit. *Taurus* (LCdr. Wingfield) und das griech. *Papanicolis* (LCdr. Roussen) 6 bzw. 2 Caiques.

5.—8. 5. 1943 **Kanal**
3 Minenunternehmungen der dt. 2. T-Flottille (KKpt. Erdmann) mit *T 23, T 2, T 5, T 18, T 22* im Kanal.

6. 5.—8. 6. 1943 **Ostsee**
Erster Ausbruchsversuch sowj. U-Boote mit Unterstützung durch die sowj. Marine-Luftwaffe sowie starke Räumverbände und Torpedokutter. Am 7. 5. läuft *ŠČ-303* (Kpt. 3. Rg. Travkin) von Kronstadt, am 11. 5. von Lavansaari aus, durchbricht die »Seeigel«-Sperre und versucht vom 18.—24. 5. vergeblich, die Netzsperre zu durchbrechen. Auf dem Rückweg wird das Boot von einer *Ar 196* der S. A. Gr. 127 gesichtet und mehrfach von den zur U-Jagd zwischen den Minensperren eingesetzten *MFP*'s der 24. L-Flottille verfolgt, erreicht aber durch die Narva-Bucht am 8. 6. wieder Lavansaari. Von den am 19. und 20. 5. ausgelaufenen Booten wird *ŠČ-408* (Kptlt. Kuzmin) am 22. 5. durch 6 finn. *VMV*-Boote und den Minenleger *Riilahti* vor der Netzsperre beschädigt, am 23. und 24. 5. durch Flugzeuge und den Minenleger *Ruotsinsalmi* erneut mit Wabos angeschlagen und am 26. 5. durch *KFK*'s der dt. 31. M-Flott. vernichtet. *ŠČ-406* (Kpt. 3. Rg. Osipov) wird am 27., 28. und 29. 5. mehrfach von der 24. L-Flott. verfolgt und am 1. 6. bei Steinskär nach Bombenwurf einer *Ar 196* durch *MFP*'s der 24. L-Flottille versenkt.

7.—13. 5. 1943 **Südpazifik**
US-Minenunternehmungen zur Unterbindung jap. Nachschubtransporte nach New Georgia. Während die US-Task Force 68 (KAdm. Ainsworth) mit den Kreuzern *Honolulu, St. Louis, Nashville* und den Zerstörern *O'Bannon, Strong, Chevalier* und *Taylor* zur Ablenkung der Japaner in den Vella-Gulf vorstößt, legt eine Minenleger-Gruppe mit den Zerstörern *Radford, Preble, Gamble* und *Breese* eine Sperre in der Blackett-Str., auf die am 8. 5. eine jap. Transport-Zerstörergruppe gerät und *Oyashio, Kagero* und *Kuroshio* verliert. Nur *Michishio* entkommt nach Bergung Überlebender mit schweren Schäden durch Luftangriffe.
Bei einer zweiten Unternehmung in der Nacht vom 12./13. 5. beschießt KAdm. Ainsworth mit den Kreuzern *Honolulu, Helena, Nashville* und den Zerstörern *O'Bannon, Strong, Chevalier, Taylor* und *Radford* Vila, der Kreuzer *St. Louis* mit den Zerstörern *Jenkins* und *Fletcher* Munda, während *Preble, Gamble* und *Breese* eine Minensperre vor dem Kula Golf legen, die jedoch von den Japanern bereits am nächsten Tage geräumt wird.

8.—15. 5. 1943 **Nordatlantik**
Aus den an der ONS-5-Operation nicht beteiligten »Amsel 1 und 2«-Booten wird die Gruppe »Rhein« mit *U 709, U 569, U 525, U 468, U 448, U 752, U 466, U 454, U 359, U 186, U 403* und *U 103* gegen den nach B-Meldung erwarteten HX. 237 gebildet, dessen Ausweichbewegung nach Süden der B-Dienst meldet. Am Südende von »Rhein« erfaßt am 9. 5. *U 359* (Oblt. z. S. Förster) den HX. 237 (46 Schiffe, Escort Group C. 2 mit Zerstörer *Broadway* (Capt. Chevasse), 7 weitere Escorts und 1 Rettungsschlepper), wird aber sofort mit HF/DF eingepeilt und unter Wasser gedrückt. Ein vor dem Konvoi gebildeter Vp.-Streifen wird durchbrochen, nachdem eine *Swordfish* der *Biter*, die mit der 5th Support Group die E. G. C. 2 verstärkt, das im Wege stehende *U 454* unter Wasser gedrückt hat. *U 403* gewinnt bei der Verfolgung des zurückgebliebenen Rettungsschleppers am 10. 5. wieder Fühlung, kann eine *Swordfish* mit Flak abwehren, wird aber von einem der 3 Zerstörer der S. G. 5 unter Wasser gedrückt. Da die

Boote nicht mehr nach vorn kommen, wird die Operation nur mit den von Westen kommenden Booten der Gruppe »Drossel«, *U 456, U 230, U 607, U 436, U 89, U 600, U 221, U 753,* fortgesetzt. Die Gruppe »Rhein« bildet mit der aus den ONS-5-Booten gebildeten Gruppe »Elbe« gegen die ebenfalls vom B-Dienst erfaßte Ausweichbewegung des SC. 129 nach Süden die Gruppen »Elbe 1« mit *U 634, U 575, U 584, U 650, U 752, U 709, U 569, U 231, U 525, U 514, U 468* und *U 267* und »Elbe 2« mit *U 103, U 621, U 448, U 466, U 223, U 454, U 504, U 402, U 377, U 359, U 107, U 383* und *U 186.* Mit Hilfe eines vom B-Dienst entzifferten Passierpunktes findet am 11. 5. abends *U 436* (KKpt. Seibicke) den HX. 237. *U 403* (Kptlt. Clausen) und *U 456* (Kptlt. Teichert) versenken 1 Nachzügler mit 7138 BRT, *U 753* (KKpt. v. Mannstein) verfehlt den Konvoi. Nach Hellwerden am 12. 5. versuchen die U-Boote, sich die *Swordfish*-Flugzeuge der *Biter* mit ihrer Flak vom Leibe zu halten, *U 230* (Kptlt. Siegmann) schießt eine ab, sie werden aber von herangerufenen Escorts zum Tauchen gezwungen. *U 89* wird durch die von einer *Swordfish* herangerufene *Broadway* und die Fregatte *Lagan* versenkt, *U 456* nach schwerer Beschädigung durch eine *Liberator* der RAF-Sq. 120 durch den von einer *Swordfish* herangeführten Zerstörer *Pathfinder* versenkt. *U 628* (Kptlt. Hasenschar), ein Rückmarschierer, hält bis zum 13. 5. morgens Fühlung, während achteraus *U 221* (Oblt. z. S. Trojer) und *U 603* (Oblt. z. S. Baltz) je einen Nachzügler mit 9432 bzw. 4819 BRT versenken. Am 13. 5. morgens übernehmen *Sunderland*-Flugboote der RCAF-Sq. 423 zusätzliche Luftsicherung und führen die Fregatte *Lagan* und die Korvette *Drumheller* an *U 753* heran, das versenkt wird. Am Konvoi drängen die Korvetten *Chambly* und *Morden* weitere U-Boote ab. Der B. d. U. muß die Operation als aussichtslos abbrechen. Zugleich läßt der CINCWA die 5th Support Group mit hoher Fahrt zum SC. 129 stoßen, der am 11. 5. abends von *U 504* (Oblt. z. S. Luis) gemeldet worden ist. Während die Sicherung den mit HF/DF eingepeilten Fühlunghalter abdrängt, greift *U 402* (KKpt. Frhr. v. Forstner) vor Dunkelwerden den SC. 129 (26 Schiffe, Escort Group B. 2 mit *Hesperus* [Cdr. Macintyre] und 8 weiteren Escorts) an und versenkt im Unterwasserangriff 2 Schiffe mit 7627 BRT. In der Nacht zum 12. 5. werden *U 383* und *U 359* von dem Zerstörer *Whitehall* und der Korvette *Clematis* abgedrängt, *Hesperus* führt ein dramatisches Duell mit den durch Wabos zum Auftauchen gezwungenen *U 223* (Kptlt. Wächter), das den Zerstörer mit 5 Torpedos verfehlt, selbst aber trotz im Passieren geworfener, flach eingestellter Wabos, Artilleriebeschuß und einem aus Vorsicht nur schwach geführten Rammstoß nicht sinkt und entkommen kann. Am 12. 5. vormittags versenkt *Hesperus* den mit HF/DF eingepeilten Fühlunghalter *U 186,* doch gewinnen im Laufe des Tages 11 andere Boote Fühlung. Vor Einsetzen der Dämmerung werden sie alle durch *Hesperus, Whitehall* und die Korvetten *Sweetbriar, Clematis* und *Heather* abgedrängt und mit einer scharfen Kursänderung abgeschüttelt. Am 13. 5. früh setzt die Luftsicherung durch *Swordfish*-Flugzeuge der inzwischen herangekommenen *Biter* ein, am Nachmittag treffen auch *Liberators* der RAF-Sq. 86 ein, die am folgenden Tage achteraus vom Konvoi *U 266* versenken. Die Operation wird abgebrochen. Auf dem Rückmarsch versenkt *U 607* (Kptlt. Mengersen) 1 Schiff mit 5589 BRT.

11.—23. 5. 1943 **Nordatlantik**

Am 11. und 12. 5. werden südostwärts Cape Farewell die U-Boot-Gruppen »Isar« — *U 304, U 227, U 645, U 952, U 418* — »Lech« — *U 209, U 202, U 664, U 91* — »Inn« — *U 258, U 381, U 954, U 92* gebildet. Von den zu weiteren geplanten Gruppen anmarschierenden Booten sichtet in der Nacht zum 12. 5. *U 640* (Oblt.

z. S. Nagel) den Konvoi ONS. 7 (40 Schiffe, Escort Group B. 5 mit der Fregatte *Swale* und 5 weiteren Escorts). Das mehrfach abgedrängte Boot hält zäh bis zum 13. 5. Fühlung, so daß *U 760, U 636, U 340, U 731* und *U 657* als Gruppe »Iller« angesetzt werden, dann wird *U 640* durch eine *Catalina* der USN-VP-84 gebombt und geht verloren.
Um die abgerissene Fühlung wiederherzustellen, bildet der B. d. U. aus den genannten Gruppen und der von der Versorgung anmarschierenden Gruppe »Nab« ab 15./16. 5. die Gruppen »Donau 1« mit *U 657, U 760, U 636, U 340, U 731, U 304, U 227, U 645, U 952, U 418, U 258, U 381,* und »Donau 2« mit *U 954, U 92, U 209, U 202, U 664, U 91, U 707, U 413, U 952, U 264, U 378, U 218.* Der ONS. 7 umgeht die Aufstellung in der Nacht zum 17. 5. am Nordende, dabei greift *U 657* (Kptlt. Göllnitz) an und versenkt 1 Schiff mit 5196 BRT, wird aber selbst anschl. von der *Swale* versenkt. Südlich Island aufklärenden *Hudson*-Bombern der RAF-Sq. 269 fallen am 17. und 19. 5. die anmarschierenden *U 646* und *U 273* zum Opfer. Aus B-Dienst-Meldungen wird am 17. und 18. 5. die Ausweichbewegung der Konvois HX. 238 und SC. 130 erkannt und deshalb die Aufstellung nach Süden gezogen und durch die südlich neu gebildete Gruppe »Oder« mit *U 221, U 666, U 558, U 752, U 336, U 642, U 603, U 228* verlängert. Doch der HX. 238 (45 Schiffe, Escort Group C. 3 mit *Skeena*) passiert den Streifen, der folgende SC. 130 (38 Schiffe, Commodore Capt. Forsythe, Escort Group B. 7 (Cdr. Gretton) mit Zerstörern *Duncan, Vidette,* Fregatte *Tay,* Korvetten *Snowflake, Sunflower, Pink, Loosestrife* und *Kitchener* (kanad., bis 19. 5. angehängt) wird in der Nacht zum 19. 5. von *U 304* (Oblt. z. S. Koch) gemeldet, das noch *U 645* und *U 952* heranführen kann, doch reißt am Morgen nach einer scharfen Kursänderung die Fühlung ab. Die Luftsicherung durch *Liberators* RAF-Sq. 120 vereitelt die Vorsetzversuche der U-Boote. *T/120* versenkt im ersten Anflug *U 954* und drückt 5 weitere Boote unter Wasser, von denen *U 952* durch die *Tay* mit Wasserbomben schwer beschädigt wird. Das zum Unterwasserangriff ansetzende *U 381* (Kptlt. Graf v. Pückler u. Limburg) wird von *Snowflake* geortet und zusammen mit *Duncan* in mehreren Überläufen mit Wabos versenkt. Zwei andere Boote entkommen über Wasser der *Pink* und *Sunflower.* Mittags sichtet die achtern aufdampfende 1st Support Group mit den Fregatten *Wear, Jed, Spey* und der Sloop *Sennen* 2 U-Boote, von denen *U 209* (Kptlt. Brodda) im Tauchen Torpedos schießt, jedoch von *Sennen* und *Jed* mit »Hedgehog« versenkt wird. *Duncan* vereitelt einen Angriff von *U 707,* das beschädigt wird. Die zweite *Liberator P/120* drückt, z. T. mit *Vidette,* 6 Boote unter Wasser, *O/120* und *Y/120* nochmals 4 bzw. 2 Boote, 3 von ihnen werden gebombt. Vor Dunkelwerden drängen *Jed* und *Spey* den letzten Fühlunghalter ab, nur *U 92* (Kptlt. Oelrich) fährt noch einen erfolglosen Angriff. Morgens wird die Operation abgebrochen, eine *Liberator* versenkt noch *U 258.*
Aus den restlichen U-Booten *U 552, U 264, U 378, U 607, U 221, U 666, U 752, U 558, U 336, U 650, U 642, U 603, U 228, U 575, U 621, U 641, U 305, U 569, U 468, U 231* und *U 218* bildet der B. d. U. am 19. 5. die Gruppe »Mosel« gegen den im B-Dienst erkannten HX. 239 (42 Schiffe, Escort Group B. 3 (Cdr. Evans) mit den Zerstörern *Keppel, Escapade,* der Fregatte *Towy,* den Korvetten *Orchis, Narcissus* und den franz. *Roselys, Lobélia* und *Renoncule*). Wieder wird eine befohlene Ausweichbewegung vom B-Dienst erkannt und die Gruppe »Mosel« kann nach Süden verlegt werden. Am 21. 5. abends erreicht von Osten her der ON. 184 (39 Schiffe, Escort Group C. 1 mit Fregatte *Itchen)* den Vp.-Streifen. Er wird von der 6th Support Group (Capt. Short) mit dem US-Geleitträger *Bogue* und den Zerstörern *Belknap, Greene, Osmond-Ingram* und

George E. Badger unterstützt. *Avenger*-Bomber der *Bogue* beschädigen *U 231*, die Zerstörer *Osmond-Ingram* und *St. Laurent* drücken 2 andere Boote unter Wasser und durch die Lücke passiert der ON. 184. Am 22. 5. morgens wehrt *U 468* (Oblt. z. S. Schamong) eine *Avenger* mit Flak ab, erst am Mittag kommt eine Meldung von *U 305* (Kptlt. Bahr) über den Konvoi durch, und die südlichen »Mosel«-Boote werden angesetzt, *U 305* wird jedoch dreimal von *Avengers* gebombt und beschädigt, am Nachmittag versenken 2 *Avenger U 569*. Gleichzeitig horcht *U 218* (Kptlt. Becker) den HX. 239, auf den die übrigen »Mosel«- und die vom SC. 130 kommenden »Donau«-Boote angesetzt werden. Doch auch zu diesem Konvoi ist eine Trägergruppe, die 4th Support Group mit der *Archer* und den Zerstörern *Milne, Matchless, Eclipse, Fury* unter Capt. Scott-Moncrieff hinzugestoßen. Eine *Swordfish* der *Archer* wird von *U 468* abgewehrt und das Boot entkommt ebenso wie *U 218* den angesetzten Zerstörern. *U 664* und *U 413* melden am 23. 5. den Konvoi, aber kein Boot kommt zum Angriff. *U 752* (Kptlt. Schroeter) wird im Tauchen von einer *Swordfish* mit Raketen getroffen, kann sich dann zwar mit seinem 2-cm-Vierling 3 *Swordfish* und 1 *Martlet*-Jäger vom Leibe halten, muß sich aber bei Annäherung der Zerstörer *Keppel* und *Escapade* versenken.
Beide Konvois haben die Aufstellung ohne Verluste passiert.

11.—29. 5. 1943 **Nordpazifik**

Operation »Landcrab«: Rückeroberung von Attu durch die 7. US Inf.Div. (GenMaj. Brown). Am 11. 5. landet die Task Force 51 (KAdm. Rockwell) mit 4 Transportern, 1 Schnelltransporter, gesichert von den Zerstörern *Dewey, Dale, Monaghan, Aylwin*, 2 Minenlegern und 4 Minensuchern das 17. Inf.Regt., dem die übrigen Einheiten in den nächsten Tagen folgen. Feuer-Unterstützung durch Task Group 51.1 (KAdm. Kingman) mit den Schlachtschiffen *Nevada, Pennsylvania, Idaho*, Geleitträger *Nassau*, Zerstörer *Phelps, Farragut, Hull, MacDonough, Meade, Edwards, Abner Read* und *Ammen*. Süd-Deckungsgruppe T. G. 16.6 (KAdm. McMorris) mit Kreuzern *Raleigh, Detroit, Richmond, Santa Fé*, Zerstörer *Bancroft, Caldwell, Coghlan, Frazier, Gansevoort*. Nord-Dekkungsgruppe T. G. 16.7 (KAdm. Giffen) mit Kreuzern *Wichita, San Francisco, Louisville*, Zerstörer *Balch, Hughes, Mustin, Morris*. Gesamtleitung KAdm. Kinkaid. Bis zum 30. 5. wird der Widerstand der rund 2600 jap. Verteidiger (Oberst Yamazaki) gebrochen, nur 28 Japaner ergeben sich. Unterstützung nur durch jap. U-Boote, von denen *I-31* zweimal die *Pennsylvania* knapp verfehlt und seitdem vermißt ist und *I-35* die *Santa Fé* erfolglos angreift.

11. 5.—26. 8. 1943 **Atlantik/Indik**

Von den als Transporter aus Bordeaux ausgelaufenen ital. U-Booten gehen *Tazzoli* und *Barbarigo* in der Biskaya verloren, *Cappellini* (11. 5.—9. 7.), *Giuliani* (16. 5.—17. 6.) und *Torelli* (18. 6.—26. 8.) erreichen, von dem ital. Kolonialkreuzer *Eritrea* aufgenommen, Sabang und Singapore.

13. 5. 1943 **Mittelmeer**

107 US-Bomber *B 17* werfen 273 ts Bomben auf die Hafenanlagen von Cagliari.

13. 5.—8. 6. 1943 **Schwarzes Meer**

Bei Angriffen gegen den dt. Verkehr schießen die sowj. Torpedokutter *TKA-115* und *TKA-125* in der Nacht zum 13. 5. Torpedos in den Hafen von Anapa, der in der folgenden Nacht von dem Flottillenführer *Char'kov* und *Bojkij* beschossen wird. Dabei erfolgloses Begegnungsgefecht mit den dt. S-Booten *S 51, S 26* und *S 49*. In der Nacht zum 21. 5. beschießen *Char'kov* Feodosija und der Zer-

störer *Bespoščadnyj* Alušta. Sowj. Flugzeuge legen in zunehmendem Maße Luftminen brit. Fabrikats in der Kerč-Straße, die Verluste verursachen.
Bei dt. Angriffen gegen den sowj. Nachschubverkehr torpedieren am 20. 5. *S 72* und *S 49* vor Soči 2 Kleinfahrzeuge, *U 9* und *U 18* kommen bei starker Abwehr vor Suchumi und Poti nicht zum Erfolg. Am 22. 5. greifen *Ju 87* des I. Fl. Korps vor Gelendžik mehrere sowj. Konvois an. Aus einem von den M-Booten *T-407/Mina* und *T-409/Garpun* gesicherten Konvoi wird der Wachkutter *SKA-041* versenkt, den beschädigten Transporter *Internacional* bringen die Wachschiffe *Štorm* und *Škval* ein.

14. 5. 1943 **Kanal**
Bei einem Angriff der brit. *MTB 234, MTB 244, MTB 241* und *MTB 232* auf einen dt. Geleitzug vor Hoek van Holland geht das dt. M-Boot *M 8* durch Torpedotreffer verloren.

14.—29. 5. 1943 **Luftkrieg Deutschland/Westeuropa**
Die 8. US-Luftflotte führt Tagesangriffe gegen Häfen: Am 14. 5. mit 108 *Fortress* und 17 *Liberators* gegen Kiel (250 ts), dabei die zu Restarbeiten in der Germania-Werft liegenden U-Boote *U 235, U 236* und *U 237* gesunken (später gehoben und repariert). Am 15. 5. mit 59 *Fortress* gegen Emden. Am 17. 5. mit 119 *Fortress* gegen die Hafenanlagen von Lorient (250 ts) und mit 35 *Liberators* gegen die Docks von Bordeaux (90 ts). Am 19. 5. mit einem starken Verband gegen die Werften von Kiel. Am 21. 5. mit zahlreichen *Fortress* gegen Wilhelmshaven (200 ts). Am 29. 5. greifen *Fortress* und *Liberators* die U-Boot-Basen St. Nazaire und La Pallice mit 300 ts Bomben an.

17. 5. 1943 **Spanien**
Bei einem Großfeuer im span. Flottenstützpunkt El Ferrol werden die Leichten Kreuzer *Miguel de Cervantes, Galicia* und *Mendez Nuñez* sowie die Zerstörer *Alsedo* und *Lazaga* z. T. stark beschädigt.

24. 5.—5. 6. 1943 **Nordatlantik**
Am 24. 5. entschließt sich der B.d.U. auf Grund der hohen Verluste bei den letzten Konvoi-Operationen und der erfolglosen Angriffsversuche mit den Gruppen »Donau« und »Mosel«, den Geleitzugkampf im Nordatlantik bis zur Klärung der Lage und Bereitstellung neuer Waffen vorübergehend einzustellen. Die brennstoffstarken Boote werden nach Süden auf die USA-Gibraltar-Route abgezogen, die brennstoffschwachen *U 264, U 636, U 731, U 418, U 645, U 304, U 664, U 202, U 91, U 413, U 378, U 552, U 650, U 621* und *U 575* werden locker über den Nordatlantik verteilt, um durch Funkverkehr das Vorhandensein stärkerer Gruppen vorzutäuschen.

Wendepunkt der Schlacht im Atlantik
Der CINCWA setzt die 2nd Support Group (Capt. Walker) mit den Sloops *Starling, Wren, Woodpecker, Cygnet, Wild Goose* und *Kite* an, um den Konvois ONS. 8 (52 Schiffe, Escort Group C. 4 mit Zerstörer *Churchill)* vom 22. bis 25. 5., HX. 240 (56 Schiffe, Escort Group C. 5 mit Zerstörer *Ottawa)* vom 27. bis 30. 5. den Durchbruch durch nach dem Funkbild vermutete U-Boot-Gruppen zu ermöglichen. Es wird aber kein U-Boot gefunden, nur die *Liberator E/120* versenkt bei dem HX. 240 *U 304*. Erst bei der dritten Fahrt stellt *Starling* am 1. 6. *U 202* (Kptlt. Poser) und versenkt es nach 15stündiger Jagd.

24. 5.—22. 7. 1943 **Westatlantik**
Vor der US-Ostküste bleibt *U 190* ohne Erfolg, *U 521* (Kptlt. Bargsten) wird am 2. 6. durch den zur Sicherung eines NG.-Konvois gehörenden U-Jäger

PC 565 versenkt, nur *U 66* (Kptlt. Markworth) versenkt 2 Tanker mit 20368 BRT und torpediert einen dritten mit 10172 BRT. Auf einer am 1. 6. von *U 119* (KKpt. v. Kameke) vor Halifax gelegte Minensperre sinkt 1 Schiff mit 2937 BRT, 1 Schiff mit 7176 BRT wird beschädigt.

25.—28. 5. 1943 **Mittelmeer**

Bei Angriffen amerik. Bomber auf Messina am 25. 5. sinkt das ital. T-Boot *Groppo,* am 28. 5. in Livorno sinken die ital. T-Boote *Angelo Bassini* und *Antares* sowie die Korvette *F. R. 52.*

26. 5.—21. 6. 1943 **Nordpazifik**

In bis zu 3 Einsätzen evakuieren die jap. U-Boote *I-7, I-2, I-5, I-6, I-9, I-21, I-24, I-35, I-168, I-169, I-171, I-155* und *I-157* insgesamt 820 Mann von Kiska nach Paramushiro. Dabei werden am 10. 6. *I-24* durch den U-Jäger *PC 487, I-9* am 13. 6. durch den Zerstörer *Frazier* und *I-7* am 22. 6. durch den Zerstörer *Monaghan* versenkt, *I-2* und *I-157* werden im nebligen Wetter durch Grundberührungen, *I-155* durch Seeschlag beschädigt.

28./29. 5. 1943 **Kanal**

Bei einer Minen-Unternehmung der brit. 50. und 52. M/L-Flottillen und der *MTB 221* und *MTB 219* gerät der Deckungsverband bei der West Dyck Bank ins Gefecht mit 4 Vp.-Booten der 13. und 14. Vp.-Flottille, *MGB 110* sinkt, *MGB 118* und *MGB 108* werden beschädigt, *MGB 116* bleibt allein ohne Treffer. Ein Angriff der brit. *MTB 632, MTB 629, MTB 628* und *MTB 607* schlägt fehl.

31. 5. 1943 **allgemeine Lage**

Großadmiral Dönitz überträgt die gesamte dt. Marinerüstung dem Rüstungsminister Speer.

31. 5.—13. 6. 1943 **Mittelmeer**

Brit. Angriff gegen Pantelleria. Der Kreuzer *Orion* (Capt. Menzies), der bereits am 12./13. 5. eine Beschießung durchführte, bombardiert mit den Zerstörern *Troubridge* und *Petard* am 31. 5. die Insel. Am 1. 6. wiederholt der Kreuzer *Penelope* (Capt. Belben) mit den Zerstörern *Petard* und *Paladin* die Beschießung, dabei *Penelope* durch ital. Küstenbatterie getroffen. Bei einem Vorstoß an die Küste bei Cap Spartivento versenken die Zerstörer *Jervis* und *Vasilissa Olga* (griech.) 2 ital. Dampfer mit dem T-Boot *Castore.* In der Nacht zum 3. 6. beschießen *Orion, Paladin* und *Troubridge,* am 3. 6. die Zerstörer *Isis* und *Ilex* Pantelleria, der Kreuzer *New Foundland* am 5. und 8. 6. Nach diesen Beschießungen und dem Abwurf von 6200 ts Bomben durch alliierte Flugzeuge bei 5285 Einsätzen erscheint in der Nacht vom 10./11. 6. ein Landungsverband (KAdm. McGrigor) mit dem Führungsschiff *Largs,* den Zerstörern *Paladin, Petard* und dem K-Boot *Aphis* und der 1. brit. Division an Bord vor der Insel. Deckungsgruppe brit. Kreuzer *Aurora* (all.OB. Gen. Eisenhower an Bord), *New Foundland* (KAdm. Harcourt), *Orion, Penelope, Euryalus,* Zerstörer *Laforey, Lookout, Loyal, Jervis, Tartar, Nubian, Troubridge, Whaddon* und 8 MTBs. Der ital. KAdm. Pavesi übergibt die Inselfestung Pantelleria ohne weiteren Kampf am 11. 6. Am 12. 6. kapituliert auch die Insel Lampedusa nach einer nächtlichen Beschießung durch die *Orion, Penelope* und *New Foundland.* Linosa ergibt sich am 13. 6. dem Zerstörer *Nubian.*

★

1.—30. 6. 1943 **Pazifik**

Von den im Juni in ihren Operationsgebieten eintreffenden US-U-Booten versenken vor den Kurilen und Japan *Gunnel* (LCdr. McCain) 2 Schiffe mit 13 397 BRT, *Harder* (LCdr. Dealey) 2 Schiffe mit 8378 BRT, *Jack* (LCdr. Dykers) 3 Schiffe mit 16 551 BRT, *Runner* (LCdr. Bourland) 2 Schiffe mit 4969 BRT, *S 29* 2 Schiffe mit 5258 BRT, *S 30* (LCdr. Stevenson), *Sailfish* (LCdr. Moore) 2 Schiffe mit 6908 BRT, *Sculpin* (LCdr. Chappell) 2 Schiffe mit 214 BRT, *Sea Devil* (LCdr. McGivern) 1 Schiff mit 2211 BRT und *Seawolf* (LCdr. Gross) 1 Schiff mit 4739 BRT. *Runner* geht verloren. *Trigger* (LCdr. Benson) versenkt 1 Schiff mit 2182 BRT. Im Zentralpazifik versenken *Dace* (LCdr. McMahon) 1 Schiff mit 5086 BRT, *Greenling* (LCdr. Grant) torpediert 1 Schiff, *Growler* (LCdr. Schade) versenkt 1 Schiff mit 5196 BRT, *Guardfish* (LCdr. Ward) 1 Schiff mit 201 BRT, *Sargo* (LCdr. Carmick) 1 Schiff mit 5226 BRT, *Silversides* (LCdr. Burlingame) 1 Schiff mit 5256 BRT und *Tunny* 1 Schiff mit 1964 BRT. Im Südwestpazifik versenkt *Tautog* (LCdr. Sieglaff) 1 Schiff mit 5447 BRT.

1. 6.—15. 7. 1943 **Mittelatlantik**

Die aus dem Nordatlantik abgezogenen U-Boote *U 92, U 558, U 953, U 951, U 435, U 666, U 336, U 232, U 642, U 221, U 603, U 228, U 641, U 569, U 608, U 211* und *U 217* werden als Gruppe »Trutz« ab 1. 6. südwestlich der Azoren gegen den am 23. 5. von Gibraltar ausgelaufenen Konvoi GUS. 7A aufgestellt, der den mit HF/DF erfaßten Streifen aber im Süden umgeht. Am 4. 6. drücken Flugzeuge der US-Support Group (Capt. Short) mit dem Geleitträger *Bogue* und *Clemson, George E. Badger, Greene* und *Osmond-Ingram* *U 228, U 641* und *U 603* unter Wasser, wobei *U 641* 1 Flugzeug abschießt. *U 217* wird am 5. 6. durch 2 Flugzeuge der *Bogue* versenkt. Während *U 488* (Oblt. z. S. Bartke) vom 7.—13. 6. 14 Boote der Gruppe »Trutz« reibungslos versorgt, passiert im Süden die *Bogue*-Gruppe mit dem Konvoi UGS. 9 nach Osten. Dem ausmarschierenden *U 758* (Kptlt. Manseck) gelingt es, mit dem erstmals erfolgreich eingesetzten 2-cm-Vierling sich 8 Trägerflugzeuge vom Leibe zu halten und sie z. T. erheblich zu beschädigen. Nach einem Treffen mit dem U-Tanker *U 118* wird dieser jedoch am 12. 6. von 8 Flugzeugen der *Bogue* versenkt. Ab 16. 6. bilden die versorgten »Trutz«-Boote im mittleren Mittelatlantik 3 überlappend aufgestellte Streifen 1 mit *U 608, U 228, U 558, U 642,* 2 mit *U 641, U 603, U 666, U 951, U 953, U 232, U 336, U 135* und 3 mit *U 221, U 211, U 435* und *U 193,* gegen den erwarteten Konvoi GUS. 8 (Sicherung Task Force 66 mit USCG-Cutters *Bibb, Ingham,* US-Zerstörer *Doyle, Hamilton, Upshur, Greer,* US-Minensucher *Pioneer, Threat, Portent,* franz. Zerstörer *Le Malin* und Avisos *La Gracieuse* und *Cdt. Delage;* Support Group [Capt. Isbell] mit Geleitträger *Card,* Zerstörer *Herbert, Du Pont, Dickerson),* der den Streifen jedoch ebenso umgeht wie der von Westen kommende UGS. 10 (70 Schiffe, 7 Zerstörer, 2 Minensucher, Support Group [Capt. Fick] mit Geleitträger *Santee* und Zerstörern *Overton, MacLeish* und *Bainbridge).* Das südlich ausmarschierende *U 572* (Oblt. z. S. Kummetat) wird überlaufen und versenkt den franz. Marinetanker *Lot* (4220 BRT). Während *U 488* mit den als Behelfstankern eingesprungenen *U 530, U 536, U 170* und *U 535* 10 mittlere Boote versorgt und die Gruppe »Trutz« weiter nach Osten sucht, passiert auch der Konvoi GUS. 8A (43 Schiffe, USCG-Cutter *Campbell, Spencer, Duane* und 5 Zerstörer) im Süden. Ab 29. 6. gehen *U 221* und *U 558* nach Lissabon, *U 193* und *U 135* zu den Kanaren, die übrigen bilden ab 2. 7. die Gruppen »Geier 1« mit *U 608, U 603, U 641, U 228,* »Geier 2« mit *U 211, U 951, U 953, U 435* und »Geier 3«

mit *U 232, U 642* und *U 336,* die aus dem Raum südlich der Azoren langsam in Richtung Portugal marschieren. Dabei werden vom 7.—9. 7. *U 951* und *U 232* durch *Liberators* der USAAF-A/S-Sq. 1 und 2, *U 435* durch eine *Wellington* der RAF-Sq. 179 versenkt. *U 193* wird bei den Kanaren durch Bomben beschädigt. *U 135* (Oblt. z. S. Luther) torpediert am 15. 7. aus dem Konvoi OS. 51 1 Schiff mit 4762 BRT, wird aber anschließend durch die Sloop *Rochester* und die Korvetten *Balsam* und *Mignonette* der 39th Escort Group versenkt.

1. 6.—20. 9. 1943 **Schwarzes Meer**

Dt. Nachschubgeleite »Hagen 1—91« mit bis zu 13 *MFP* der 1., 3. und 5. L-Flottillen sowie Zugschiffen und Leichtern. Ab Juni auch »Bansin«-Geleite von Feodosija nach Anapa. Ferner starker Übersetzverkehr in der Straße von Kerč zur Versorgung der dt. 17. Armee im Kuban-Brückenkopf. Gegen diese Geleite häufige Luftangriffe mit geringen Schäden. U-Boot-Angriffe gegen die flachen *MFP* mit *A-3, L-4, S-31, ŠČ-215, M-112, M-117, M-111* u. a. Booten erfolglos. Nur *M-111* (Kpt. 3. Rg. Iosseliani) versenkt die Zugschiffe und Leichter *Dunarea* (505 BRT, 18. 7.) und *Hainburg* (28. 8.). Torpedokutter kommen nicht zum Erfolg.
Bei Operationen mit mehreren Booten gegen den Weg Konstanza—Sevastopol verfehlt *D-4* am 1. 6. den vom rumän. Zerstörer *Marasesti,* 2 dt. R-Booten und dem U-Jäger *Schiff 19* geleiteten ital. Tanker *Celeno.* Am 7. 7. operieren *S-33, ŠČ-201* und *ŠČ-203* gegen einen Konvoi mit den Dampfern *Ardeal* und *Varna,* gesichert von den rumän. Zerstörern *Maresti, Marasesti* und den K-Booten *Stihi* und *Ghigulescu. ŠČ-201* verfehlt den Konvoi, *Marasesti* meldet 1 U-Boot mit Wabos versenkt *(M-31?).* Westlich der Krim versenkt *D-4* (Kptlt. Gremjako) am 11. 8. den durch Flugzeuge beschädigten Dampfer *Boj Feddersen* (6689 BRT) und am 20. 8. den Dampfer *Varna* (2141 BRT). Von den zur U-Jagd eingesetzten ital. Klein-U-Booten meldet *C.B. 4* (Lt. Sibille) am 28. 8. hier 1 U-Boot *(ŠČ-207?)* versenkt.
Gegen den dt. Verkehr vom Bosporus werden auf Grund von Agenten-Meldungen sowj. U-Boot-Gruppen angesetzt. So Ende Juli/Anfang August *L-4, ŠČ-216, M-117* und später *M-35* gegen den erwarteten Tanker *Firuz* (7327 BRT), der am 6. 8. nach Aufnahme durch dt. R-Boote und U-Jäger *Xanten* durch *ŠČ-216* (Kpt. 3. Rg. Karbovskij) torpediert wird, außerdem werden die kleinen türk. Schiffe *Hudayi Bahri, Tayyari* und *Gurpinar* versenkt. Ende August operiert eine neue Gruppe vor dem Bosporus und versenkt die türk. Schiffe *Yilmaz* und *Verviske* sowie am 30. 8. durch *ŠČ-215* (Kpt. 3. Rg. Grešilov) den erwarteten Tanker *Thisbé* (1782 BRT) nach der Aufnahme durch 2 rumän. Zerstörer und 2 dt. U-Jäger.
In der Nacht zum 21. 8. beschießen die sowj. Wachschiffe *Štorm* und *Škval* mit 4 *SKA*-Wachkuttern mit Raketenwerfern den Flugplatz Anapa.

4. 6. 1943 **Norwegen**

Die norweg. *MTB 620* und *MTB 626* versenken im Korsfjord den im Geleit von *M 468* laufenden Dampfer *Altenfels* (8132 BRT).

4.—6. 6. 1943 **Kanal**

2 Minenunternehmungen der dt. 5. T-Flottille (KKpt. Koppenhagen) mit *Möwe, T 22, Falke, Greif* und *Kondor* im Kanal.

5. 6.—11. 8. 1943 **Südatlantik**

Bei Operationen in brasilian. Gewässern versenken *U 513* (Kptlt. Guggenberger) 4 Schiffe mit 17 151 BRT, 1 Schiff mit 6003 BRT torpediert, *U 199*

(Kptlt. Kraus) 1 Schiff mit 4161 BRT und 1 Segler, *U 172* (Kptlt. Emmermann) 4 Schiffe mit 22946 BRT, *U 185* (Kptlt. Maus) greift am 7. 7. den Konvoi BT. 18 (20 Dampfer, 3 brasilian. Korvetten, 1 U-Jäger) an und versenkt 3 Schiffe mit 21413 BRT und torpediert 1 Schiff mit 6840 BRT, später versenkt es 2 Einzelfahrer mit 15368 BRT. Einer Luftoffensive mit *Mariners* der VP. 74, *Liberators* der VB. 107 und *Venturas* der VB. 127 sowie brasilian. Flugzeugen fallen am 19. 7. *U 513*, am 22./23. 7. *U 598*, am 30. 7. *U 591* und am 31. 7. *U 199* zum Opfer. *U 604* wird am 30. 7. durch eine *Ventura* der VB. 129 gebombt, am 3. 8. durch eine *Liberator* beschädigt, am 11. 8. wird dieses Flugzeug von *U 185* bei der Übernahme der Besatzung von *U 604* abgeschossen, das selbstversenkt wird.

5. 6.—14. 8. 1943 **Westatlantik**

Ostwärts der Karibik versenkt *U 572* (Oblt. z. S. Kummetat) 2 Segler mit 290 BRT. *U 590* (Oblt. z. S. Krüer) versenkt 1 Schiff mit 5228 BRT. Am 8. 7. greift *U 510* (Oblt. z. S. Eick) den Konvoi TJ. 1 (20 Schiffe, US-Zerstörer *Somers*, 4 US- und 1 brasilian. U-Jäger) an und versenkt 2 Schiffe mit 17224 BRT, später 1 weiteres Schiff mit 1641 BRT. *U 590* trifft mit seiner Flak eine zur Sicherung des TJ. 1 eingesetzte *Catalina* der VP. 94 schwer, wird aber von einer zweiten versenkt. Am 21. 7. versenkt eine *Catalina* am Konvoi TF. 2 (18 Dampfer) *U 662*, am 23. 7. wird *U 466* von einer *Liberator* gebombt, am 3. 8. versenkt eine *Mariner* der VP. 205 *U 572*. *U 67*, *U 653*, *U 415*, *U 406* und *U 466* kehren ohne Erfolge zurück. Bei Operationen in der Karibik versenkt *U 759* (Oblt. z. S. Friedrich) 2 Schiffe mit 12764 BRT und 1 Segler. Im Gebiet der Windward-Passage werden am 15. und 26. 7. *U 159* und *U 759* durch *Mariners* der VP. 32 versenkt. *U 134* (Kptlt. Brosin) schießt am 18. 7. nördlich Kuba den Blimp *K 74* ab. *U 732* (Oblt. z. S. Carlsen) verfehlt den Konvoi NG. 376 und wird von der Korvette *Brisk* mit Wabos belegt. *U 615* (Kptlt. Kapitzky) versenkt in der Karibik 1 Schiff mit 3177 BRT und schießt 1 *Mariner*-Flugboot der USN-VP. 205 ab, am 6. 8. wehrt das Boot 6 Flugzeuge ab, von denen 2 durch Flak schwer angeschossen werden, muß sich aber tauchunklar bei Annäherung des US-Zerstörers *Walker* selbstversenken. *U 634* und *U 359* bleiben ohne Erfolg.

7. 6.—12. 7. 1943 **Nordatlantik**

Zur Vortäuschung stärkerer U-Boot-Gruppen durch Abgabe von Funksprüchen und Kurzsignalen kreuzen im Nordatlantik *U 592*, *U 669*, *U 341*, *U 271*, *U 334*, *U 388*, *U 420* und *U 667*. Am 14. 6. wird *U 334* von der 1st Support Group erfaßt und durch die Fregatte *Jed* und die Sloop *Pelican* versenkt. *U 388* fällt einer *Catalina* der USN-VP. 84 von Island zum Opfer, die auch *U 420* beschädigen.

8. 6. 1943 **Japan**

Vor Hiroshima sinkt nach innerer Explosion das jap. Schlachtschiff *Mutsu*.

11.—13. 6. 1943 **Luftkrieg Deutschland**

Bomber der 8. US-Luftflotte führen am 11. 6. bzw. 13. 6. Tagesangriffe gegen die Hafenanlagen von Wilhelmshaven bzw. Kiel.

12. 6.—28. 7. 1943 **Nordmeer**

Bei Angriffen dt. *FW 190*-Jagdbomber des J. G. 5 gegen Schiffsziele im Kolafjord und vor der Fischer-Halbinsel und besonders bei Angriffen sowj. *DB-3*, *Hampden*- und *Boston*-Torpedobomber der 5. Minen-Torpedoflieger-Div. gegen dt. Geleite vor den Küsten der Varanger-Halbinsel kommt es laufend zu heftigen Luftkämpfen zwischen den Begleitjägern des dt. J. G. 5 bzw. sowj. Jägern und dem jeweiligen Objektschutz, die zu beiderseitigen Verlusten führen. Versenkungserfolge gegen Schiffe sind jedoch seltene Ausnahmen. Vor der Polarküste operieren u. a. die sowj. U-Boote *M-105, M-106, ŠČ-422, S-101, S-51, S-54, ŠČ-403, S-56, L-15* (Minenuntern.), *L-22, S-55, K-21.* Von ihnen fahren *S-101* (Kpt. 2. Rg. Egorov) 5, *S-51* (Kpt. 2. Rg. Kučerenko) und *M-105* (Kptlt. Chrulev) je 2 und *S-54* (Kpt. 3. Rg. Bratiško) 1 Angriff gegen von Booten der 61. Vp.- und 12. Uj-Flottille gesicherte Geleite. *M-106* wird am 5. 7. bei Vardö von *UJ 1206* und *UJ 1217* mit Wabos und Rammstoß versenkt. *ŠČ-422* geht auf einer der Flankenminensperren verloren, die von den dt. Minenschiffen *Brummer, Ostmark, Roland* und *Kaiser* ausgelegt werden. Beim Auslegen einer Sperre vor Makkaur verfehlt *ŠČ-403* (Kpt. 3. Rg. Šujskij) die *Brummer, S-56* (Kpt. 3. Rg. Ščedrin) versenkt vor Gamvik aus dem rückmarschierenden Verband das M-Boot *M 346* und am 20. 7. das Vp.-Boot *NKi 09/Alane.*

12. 6.—2. 8. 1943 **Biskaya**

Seit Anfang Juni passieren die dt. U-Boote in Gruppen zu 2—5 Booten die Biskaya, um sich bei Luftangriffen gegenseitig unterstützen zu können. *Ju 88C* der I./Z. G. 1 (Hptm. Kunkel) geben in innerer Biskaya Jagdschutz, sind jedoch den brit. *Beaufighters* der RAF-Squ. 248 und den *Mosquitos* der 10th Group Fighter Command weit unterlegen. Am 12. 6. sichten brit. Flugzeuge erstmalig Dreiergruppen. Am 13. 6. greift eine *Sunderland* der RAF-Sq. 228 die Gruppe *U 564, U 185, U 415, U 634, U 159* an, beschädigt *U 564,* wird aber selbst durch Flak abgeschossen, am 14. 6. versenkt eine *Whitley* des RAF-OTU. 10 das von *U 185* begleitete *U 564,* wird aber ebenfalls durch Flak beschädigt und von einer *Ju 88* abgeschossen. Die zur Aufnahme ausgelaufenen dt. Zerstörer *Z 24* und *Z 32* übernehmen von *U 185* die Schiffbrüchigen, das U-Boot läuft allein aus. Der neuen dt. Taktik begegnet die 19th Group Coastal Command ab 14. 6. mit den Operationen »Musketry« und »Seaslug«: dreimal täglich werden je 7 Flugzeuge parallel im Suchgebiet nordwestlich Kap Finisterre angesetzt, um sich bei Sichtung von U-Boot-Gruppen schnell unterstützen zu können. Beteiligt *Liberators* der RAF-Squ. 53, 86, 224 und der USAAF-A/S-Squ. 1, 4 und 19, *Catalinas* der RAF-Squ. 210 und der mit magnet. Ortungsgerät MAD ausgerüsteten USN-VP. 63, *Sunderlands* der RAF-Squ. 226, 228 und der RAF-Squ. 10 und 461. *Wellingtons* der RAF-Squ. 172 und der RCAF-Squ. 426 mit »Leigh Light« und poln. Squ. 304, tschech. Squ. 311, *Fortress* der RAF-Squ. 59 und *Halifaxes* der RAF-Squ. 58 und 502. Versenkt werden im Juni das ital. *Barbarigo,* im Juli *U 628, U 126, U 535, U 514, U 506, U 607, U 558, U 459* (Tanker), *U 404, U 614,* beschädigt eingebracht werden *U 155, U 68, U 462, U 650, U 518,* nochmals *U 462, U 536, U 170, U 267, U 441* (Flakboot), *U 218.* Bei der Abwehr schießen *U 600, U 462, U 628, U 43, U 558, U 459* , *U 454* und *U 383* je 1 Flugzeug, Jäger 6 weitere ab. U-Tanker und beschädigte Boote werden durch 2—4 Zerstörer oder T-Boote begleitet, dabei *Z 24, Z 23, Z 32, T 5, T 19, T 22, T 24, T 25, Falke, Greif, Möwe, Jaguar* und *Kondor* z. T. mehrfach eingesetzt. Auf brit. Seite ab 20. 6. Ansatz von Support Groups nordwestlich der Biskaya mit Kreuzer als Rückhalt gegen dt. Überwasserschiffe. Bei erstem Einsatz vom 20.—28. 6. führt ein Flugzeug die 2nd Support Group (Capt. Walker) an die Gruppe *U 650, U 119, U 449* heran, die Sloop *Starling* versenkt mit Rammstoß den Tanker *U 119, Wild Goose, Woodpecker, Kite* und *Wren U 449.* Deckung durch Kreuzer *Scylla.* Ablösung in 5—8tägigen Intervallen durch Escort Group 30, Escort

Group B. 5 (Zerstörer *Havelock)*, 2nd Support Group (Sloop *Wild Goose)*, 5th Support Group (Fregatte *Nene*), Escort Group B. 1 (Zerstörer *Hurricane*), Zerstörer-Gruppe mit kanad. *Iroquois, Athabaskan* und poln. *Orkan*, Escort Group B. 5 (Geleitträger *Archer)*, Rückhalt Kreuzer *Bermuda* und *Glasgow*. Am 30. 7. wird eine ausmarschierende Gruppe mit den Tankern *U 461, U 462* und dem Kampfboot *U 504* durch eine *Liberator* der RAF-Sq. 53 gesichtet und den in der Nähe stehenden Flugzeugen und der 2nd Escort Group (Capt. Walker) gemeldet. In z. T. wiederholten Angriffen von 7 Flugzeugen werden *U 461* durch die *Sunderland U/461* (!), *U 462* durch die *Halifax S/502* und *U 504* durch die Sloops *Kite, Woodpecker, Wren* und *Wild Goose* versenkt. Am 1. und 2. 8. gehen durch Luftangriffe noch *U 454, U 383, U 106* und *U 706* verloren. Die auf die Notmeldung von *U 383* angesetzten T-Boote *T 22, T 24* und *T 25* können noch Überlebende von *U 106* bergen.
Die Verluste zwingen den B.d.U., die Taktik des Gruppenmarsches aufzugeben und das weitere Auslaufen der U-Boote bis zur Ausrüstung mit dem neuen Hagenuk »Wellenanzeiger« gegen die 9-cm-Radarortung aufzuschieben. Der Ausfall der Tanker zwingt zum Abbruch der Operationen in entfernten Gebieten mit mittleren Booten.

15.—17. 6. 1943 **Indischer Ozean**
Das am 4. 6. von Batavia zur letzten Unternehmung eines dt. Hilfskreuzers in See gegangene *Schiff 28 Michel* (Kpt. z. S. Gumprich) versenkt westlich Australien das norweg. Motorschiff *Hoegh Silverdawn* (7715 BRT) und den norweg. Tanker *Ferncastle* (9940 BRT).

15. 6.—23. 7. 1943 **Schwarzes Meer**
Bei Operationen gegen den sowj. Nachschubverkehr vor der Kaukasus-Küste versenken *U 24* (Kptlt. Petersen) am 15. 6. einen Minensucher bei Tuapse, *U 18* (Oblt. z. S. Fleige) am 23. 6. bei Suchumi den Dampfer *Leningrad* (1783 BRT) und am 17. 7. den Dampfer *Vorošilov* (3908 BRT) aus sowj. Geleiten. *U 19, U 23* und *U 20* bleiben ohne Erfolge.
Bei Vorstößen der 1. S-Flottille (KKpt. Christiansen) mit 2—5 Booten kommt es am 22./23. 6. und 25. 6. zu Gefechten mit sowj. Wachkuttern, am 28./29. 6. werden bei Gelendžik Minen gelegt, am 6./7. 7. geht auf dem Rückmarsch südlich Kerč *S 102* durch Minentreffer verloren, am 19./20. 7. werden Luftangriffe ausmanövriert und am 22./23. 7. 2 Dampfer torpediert.

15. 6.—17. 8. 1943 **Mittelatlantik**
Bei Operationen im Raum zwischen Kanaren und Freetown versenken *U 508* (Kptlt. Staats) 3 Schiffe mit 21 112 BRT, *U 618* (Oblt. z. S. Baberg) 1 Schiff mit 5225 BRT und *U 757* (Kptlt. Deetz) 1 Schiff mit 4116 BRT. Aus einem Konvoi torpediert *U 306* (Kptlt. v. Trotha) am 16. 7. in mehreren Anläufen 1 Schiff mit 5882 BRT. *U 333, U 571, U 358, U 257, U 600, U 382, U 340, U 86* und *U 445* kehren ohne Erfolge heim, *U 468* und *U 403* werden am 11. bzw. 17. 8. durch *Liberators* der RAF-Sq. 200 versenkt, wobei *U 468* den Angreifer abschießt.

17. 6.—5. 7. 1943 **Nordmeer**
Überführung der sowj. Eisbrecher aus dem Weißen Meer in die Karasee. Am 17. 6. laufen die Eisbrecher *Mikojan, Krassin* und der Eisbrecherdampfer *SKR-18/Fedor Litke* von Severodvinsk aus. Führung Chef der Weißmeer-Flottille, KAdm. Kučerov auf Zerstörer *Urickij* mit Zerstörer *Kujbyšev*, Wachschiffen *SKR-28, SKR-30* und brit. Minensucher *Britomart* und *Jason*. Vom 18.—20. 6. Deckung durch Zerstörer *Baku, Gremjaščij* und *Groznyj*. Von Kara-

Straße kehren die Zerstörer am 20. 6. zurück, am Eisrand in der Karasee die übrigen Escorts, die Eisbrecher erreichen am 22. 6. Dikson. Ein zweiter Konvoi mit den Eisbrechern *Admiral Lazarev* und *Montcalm*, gesichert von Kpt. 1. Rg. Kolčin mit *Baku, Gremjaščij, Gromkij, Urickij, SKR-28, SKR-30* und *Britomart* läuft in gleicher Weise vom 29. 6. in starkem Nebel zur Kara-Straße. Die Eisbrecher treffen am 5. 7. in Dikson ein.

20. 6. 1943 **Mittelmeer**

Der brit. König Georg VI. trifft an Bord des Kreuzers *Aurora*, geleitet von den Zerstörern *Lookout, Jervis, Nubian* und *Eskimo* in Malta ein.

23.—29. 6. 1943 **Südwestpazifik**

Die US VII. Amphibious Force (KAdm. Barbey) mit den schnellen Transportern *Brooks, Gilmer, Sands, Humphreys*, 17 LSTs und je 20 LCTs und LCIs sowie 4 YMSs landet am 23./24. 6. das 112. US-Cav.Regt. auf Woodlark und am 28./29. 6. das 158. Inf.Regt. auf Kiriwina ostwärts Neu Guinea. Deckung und Unterstützung der Operation durch die Zerstörer *Mugford, Helm, Bagley, Henley*.

28. 6. 1943 **Luftkrieg**

Bomber der 8. US-Luftflotte werfen 250 ts Bomben auf St. Nazaire. — US-Bomber werfen 230 ts Bomben auf Livorno.

29. 6.—13. 7. 1943 **Südpazifik**

US-Landungen auf New Georgia (Zentral-Salomonen). Das jap. U-Boot *Ro-103* (Oblt. Ichimura), das am 23. 6. bei San Cristobal aus einem von Guadalcanal zurückkehrenden Konvoi die Transporter *Aludra* und *Deimos* von je 7440 BRT versenkt hat, meldet am 29. 6. eine US-Transportflotte, die jedoch als Nachschubkonvoi für Guadalcanal angesprochen wird, als in der Nacht vom 29./30. 6. die US-Task Force 36.2 (KAdm. Merrill) mit den Kreuzern *Montpelier, Columbia, Cleveland* und *Denver* sowie den Zerstörern *Waller, Saufley, Philip, Renshaw* und *Pringle* den jap. Stützpunkt Shortland (S. Bougainville) beschießen, während die Minenleger *Preble, Gamble* und *Breese* unbemerkt eine Minensperre legen.

Am 30. 6. früh landet die US-Task Force 31 (KAdm. Turner) mit den Zerstörer-Minensuchern *Talbot, Zane, Dent, Waters*, 6 Transportern, unterstützt und gesichert von den Zerstörern *Farenholt, Buchanan, McCalla, Ralph Talbot, Gwin, Woodworth, Radford* und *Jenkins* die ersten Kampfgruppen der 43. US-Inf.Div. (GenMaj. Hester) auf Rendova. Luftunterstützung durch die landgestützte South Pacific Air Force (VAdm. Fitch). Landung gelingt ohne Widerstand auch an einigen Punkten Süd-New Georgias.

Zur Deckung der Operation gegen jap. Flottenangriffe werden in Bereitschaft gehalten: Task Force 36.3 (KAdm. de Witt) mit der Trägergruppe (KAdm. Ramsey) *Saratoga* und HMS. *Victorious* mit Flakkreuzern *San Diego, San Juan* und Zerstörern *Maury, Gridley, McCall, Craven, Fanning, Dunlap, Cummings* und *Case* sowie die Schlachtschiffgruppe (KAdm. Davis) mit *Massachusetts, Indiana, North Carolina* und den Zerstörern *Selfridge, Stanly, Claxton, Dyson, Converse*. Task Force 36.4 (KAdm. Hill) mit den alten Schlachtschiffen *Maryland* und *Colorado* sowie Task Force 36.5 (KAdm. McFall) mit den Geleitträgern *Sangamon, Suwanee, Chenango* und den Zerstörern *Conway, Eaton, Lang, Stack, Sterett* und *Wilson*. Ferner operieren 11 U-Boote im Gebiet der Salomonen und des Bismarck-Archipels. Bei einem jap. Luftangriff auf die Landungsflotte am 30. 6. erhält der Transporter *McCawley* einen Torpedotreffer und muß aufgegeben werden. Am 1. 7. trifft die 2. Welle mit 3 LSTs vor Rendova ein, das jap. U-Boot *Ro-101* wird durch *Radford* beschädigt. In der Nacht vom 2./3. 7. beschießt der jap. Kreuzer *Yubari* mit 9 Zerstörern ohne große Wirkung Rendova.

In der Nacht vom 4./5. 7. landen die US-Schnelltransporter *Dent, Talbot, McKean, Waters, Kilty, Crosby, Schley* 3 Batl. bei Bairoko im Kula-Golf zum Angriff auf Munda. Deckung der Operation durch Task Force 36.1 (KAdm. Ainsworth) mit den Kreuzern *Honolulu, St. Louis* und Zerstörer *Nicholas, Strong, O'Bannon, Chevalier* und *Taylor*. Gleichzeitig landet eine jap. Zerstörer-Gruppe (Kpt. z. S. Orita) mit *Mochitsuki, Mikatsuki* und *Hamakaze* 1200 Mann bei Vila im Kula-Golf, auf große Entfernung gelingt es ihnen, mit »long lance«-Torpedos den US-Zerstörer *Strong* zu versenken, dessen hochgehende Wabos die *Chevalier* beschädigen.

5./6. 7.: Schlacht im Kula-Golf. Die Zerstörer-Gruppe des Kpt. z. S. Orita und eine zweite (Kpt. z. S. Yamashiro) mit *Amagiri, Hatsuyuki, Nagatsuki* und *Satsuki* versuchen in der Nacht weitere 2800 Mann in Vila zu landen, gedeckt von KAdm. Akiyama mit den Zerstörern *Niitsuki, Suzukaze* und *Tanikaze*. Gegen den Verband wird KAdm. Ainsworth mit der *Honolulu, Helena, St. Louis* und den Zerstörern *Nicholas, O'Bannon, Radford* und *Jenkins* angesetzt. Im Gefecht versenkt die jap. Deckungsgruppe mit 3 Torpedotreffern die *Helena*, verliert selbst aber im radargeleiteten Feuer der US-Kreuzer die *Niitsuki*. Weitere beiderseitige Torpedoangriffe haben keinen Erfolg, von der jap. 2. Transportgruppe gerät die beschädigte *Nagatsuki* auf Grund und wird am 6. 7. durch US-Sturzbomber von Henderson Field vernichtet. In der Nacht vom 11./12. 7. beschießt die US-Task Force 36.2 Munda mit 3204 Schuß 15,2 cm und 5470 Schuß 12,7 cm. Die Task Force 36.1 deckt die Landung von Nachschub bei Bairoko. Auf dem Anmarsch versenkt *Taylor* das jap. U-Boot *Ro-107*.

12./13. 7.: Schlacht bei Kolombangara. In der Nacht läuft ein neuer jap. Transportverband mit den Zerstörern *Satsuki, Mikatsuki, Yunagi, Matsukaze* (1200 Mann), gedeckt von KAdm. Izaki (†) mit dem Kreuzer *Jintsu* und den Zerstörern *Mikatsuki, Yukikaze, Hamakaze, Kiyonami* und *Yugure* zum Kula-Golf. Gegen diesen »Tokyo Expreß« wird erneut die Task Force 36.1 (KAdm. Ainsworth) mit den Kreuzern *Honolulu*, HMNZS. *Leander* und *St. Louis* und den Zerstörern der 21. Z-Flottille (Capt. McInerney) *Nicholas, O'Bannon, Taylor, Jenkins, Radford* und der 12. Z-Flottille (Capt. Ryan) *Ralph Talbot, Buchanan, Maury, Woodworth* und *Gwin* angesetzt. Trotz Radar auf US-Seite sichten die Japaner den US-Verband optisch zuerst und die *Jintsu* macht Torpedos los, ehe sie durch das radargeleitete Feuer der US-Kreuzer zusammengeschossen (2630 Schuß abgegeben!) und versenkt wird. Die *Leander* fällt mit Torpedotreffer aus. Die jap. Zerstörer der Deckungsgruppe machen ihre Torpedos los, die jedoch nicht treffen, und entkommen in einer Regenbö. In 18 Minuten laden sie ihre Torpedorohre nach und greifen erneut an, *St. Louis* und *Honolulu* werden durch Torpedotreffer der Zerstörer Kpt. z. S. Shimai's schwer beschädigt, die *Gwin* versenkt.

30. 6. 1943 **Westatlantik**

Übergabe der in Martinique und Guadeloupe internierten vichy-franz. Kriegsschiffe (Admiral George Robert) an die frei-franz. Marine (Flugzeugträger *Béarn*, Kreuzer *Jeanne d'Arc* und *Emile Bertin* sowie einige kleinere Fahrzeuge).

★

1.—31. 7. 1943 **Pazifik**

Von den im Juli in ihren Operationsgebieten eintreffenden US-U-Booten versenken vor Japan: *Plunger* (LCdr. Bass) 1 Schiff mit 2482 BRT, 1 weiteres Schiff torpediert, *Pompano* (LCdr. Thomas) torpediert 1 Schiff, *Scorpion* (LCdr. Wylie) versenkt 2 Schiffe mit 10 002 BRT, *Snook* (LCdr. Triebel) 2 Schiffe mit 11 155 BRT, *Permit* (Cdr. Chapple) 2 Schiffe mit 2999 BRT, *Sawfish* (LCdr. Sands) den Minenleger *Hirashima*, 1 weiteres Schiff torpediert. Vor den Kurilen versenkt *S 35* (Lt. Monroe) 2 Schiffe mit 5529 BRT. Vor Formosa versenkt *Flying Fish* (Capt. Watkins) 2 Schiffe mit 2863 BRT, im Südwestpazifik *Finback* (LCdr. Tyree) 1 U-Jäger und 2 Schiffe mit 10 789 BRT, 3 weitere Schiffe werden torpediert.

3.—10. 7. 1943 **Kanal**

Vom 3.—7. 7. verlegen die dt. T-Boote *T 24* und *T 25* in mehreren Abschnitten von der Nordsee durch den Kanal nach Westen. Sie werden dabei ohne Erfolg von den Dover-Küstenbatterien beschossen und am 5. 7. vor Dünkirchen durch die brit. *MTB 240, MTB 235* und *MTB 202,* am 6. 7. in Boulogne durch *Typhoon*-Jabos angegriffen. In der Nacht vom 9./10. 7. bilden sie die abgesetzte Sicherung für ein dt. Geleit bei Quessant und wehren im Artilleriegefecht den Angriff der brit. Zerstörer *Melbreak* (schwer beschädigt), *Wensleydale* und *Glaisdale* (norweg.) ab, letzterer versenkt das M-Boot *M 153* der 2. M-Flottille, die das Geleit sichert.

4. 7. 1943 **Luftkrieg Westeuropa**

US-Bomber greifen den U-Boot-Stützpunkt La Pallice an.

4. 7.—8. 9. 1943 **Mittelmeer**

Bei brit. U-Boot-Operationen versenken im westlichen Mittelmeer in z. T. mehrfachen Einsätzen *Saracen* (Lt. Lumby) 2 Schiffe mit 2567 BRT, *Safari* (Lt. Lakin) den Minenleger *Durazzo* und 1 kleines Schiff, *Torbay* (Lt. Clutterbuck) 1 Schiff mit 2609 BRT, *Usurper* (Lt. Mott) 1 Schiff mit 2536 BRT, *Simoon* (Lt. Milner) den Zerstörer *Gioberti, Sickle* (Lt. Drummond) das dt. Geleitboot *SG 7* (2526 BRT), *Shakespeare* (Lt. Ainslie) das ital. U-Boot *Vellela, Sportsman* (Lt. Gatehouse) und *Universal* (Lt. Gordon) je 2 Segler und das niederl. *Dolfijn* (Kptlt. v. Oostrom-Soede) 1 Schiff mit 7890 BRT und 2 Fährprähme. Im mittleren Mittelmeer und der Adria versenken *Rorqual* (Lt. Napier) 1 Schiff mit 7020 BRT, *Ultor* (Lt. Hunt) 1 Schiff mit 6200 BRT und das T-Boot *Lince, Unrivalled* (Lt. Turner) 2 Schiffe mit 170 BRT, *Uproar* (Lt. Kershaw) 1 Schiff mit 1977 BRT, *Unshaken* (Lt. Whitton) 1 Schiff mit 6850 BRT, *Unseen* (Lt. Crawford) 2 Schiffe mit 1088 BRT und *Unsparing* (Lt. Piper) 1 Schiff mit 1162 BRT. In der Ägäis versenken *Rorqual* (Cdr. Napier) 1 Schiff mit 1798 BRT, *Sickle* (Lt. Drummond) 3 Segler mit 204 BRT und *Torbay* (Lt. Clutterbuck) 1 Segler mit 591 BRT.

6. 7.—15. 8. 1943 **Nordpazifik**

Am 6. 7. führt eine US-Task Group (KAdm. Giffen) mit den Kreuzern *Wichita, Portland, San Francisco, Santa Fé* und 4 Zerstörern eine Beschießung von Kiska durch. Sie wird vom 8.—20. 7. von den Zerstörern *Aylwin* und *Monaghan* in 5 Nächten wiederholt.

Ein am 7. 7. von Paramushiro ausgelaufener jap. Verband kann wegen der Wetterlage die Evakuierung von Kiska nicht durchführen und kehrt am 16. 7. zurück.

Am 22. 7. beschießen 2 Task Groups — KAdm. Griffin mit den Schlachtschiffen *Mississippi* und *New Mexico*, dem Kreuzer *Portland* und 5 Zerstörern bzw. KAdm. Giffen mit den Kreuzern *Wichita, San Francisco, Louisville, Santa Fé* und 4 Zerstörern Kiska.
Am 27. 7. führt eine US-Task Group mit den Schlachtschiffen *Mississippi, Idaho*, den Kreuzern *Wichita, San Francisco, Portland* und Zerstörern 80 sm südwestlich Kiska eine »Battle of the Pips« mit Radarphantomen. Munitionsverbrauch: 518 Schuß 35,6 cm, 487 Schuß 20,3 cm.
Ein am 22. 7. von Paramushiro ausgelaufener jap. Verband (KAdm. Kimura) mit den Kreuzern *Tama, Abukuma, Kiso* und den Zerstörern *Ikazuchi, Inazuma, Wakaba, Hatsushimo, Asagumo, Hibiki, Yugumo, Kazegumo, Akigumo, Shimakaze, Naganami* und *Samidare* sowie dem Tanker *Nippon Maru* und der Fregatte *Kunajiri* erreicht am 28. 7. Kiska, nachdem die *Kunajiri* und *Wakaba* infolge Kollisionen bei schlechter Sicht mit *Abukuma* und *Hatsushimo* am 26. 7. und *Tama* wegen Maschinenstörung am 28. 7. umkehren mußten. In 55 Minuten wird die 5183 Mann starke Garnison von Kiska an Bord genommen und unbemerkt vom Gegner evakuiert (1. 8. Paramushiro eingelaufen).
Zur Vorbereitung der Landung auf Kiska beschießen am 30. 7. die US-Zerstörer *Farragut* und *Hull*, am 2. 8. 2 Schlachtschiffe, 2 Schwere Kreuzer, 3 Leichte Kreuzer und 9 Zerstörer und am 12. 8. 2 Schwere Kreuzer, 3 Leichte Kreuzer und 5 Zerstörer Kiska. Flugzeuge werfen 1310 ts Bomben bei 1581 Einsätzen.
Am 15. 8. landet eine Assault Force (KAdm. Rockwell) mit 20 Transportern und 42 Landungsschiffen und -booten sowie zahlreichen Hilfsfahrzeugen 34 426 Mann auf der verlassenen Insel Kiska. Sicherung Zerstörer *Farragut, Aylwin, Monaghan, Dewey, Hull, Dale, Bush, Daly, Mullany, Bancroft, Caldwell, Coghlan*. Feuervorbereitung KAdm. Kingman mit Schlachtschiffen *Pennsylvania, Tennessee, Idaho*, Kreuzern *Portland, Santa Fé*, Zerstörer *Ammen, Abner Read* (18. 8. durch Minentreffer beschädigt), *Bache, Beale, Brownson, Hutchins, Phelps*. Luftunterstützung 168 Landflugzeuge.

6. 7.—27. 8. 1943 — Mittelatlantik

Vom 6.—12. 7. versorgt *U 487* (Oblt. z. S. Metz) 600 sm südwestlich der Azoren *U 195, U 382, U 598, U 406, U 591, U 604, U 662, U 359* und *U 466*. Nach Ausfall des vorgesehenen Tankers *U 462* soll *U 487* ab 14. 7. mit dem Hilfstanker *U 160* die auf dem Marsch in den Indischen Ozean befindliche Gruppe »Monsun« versorgen, von der jedoch bereits am 8. 7. *U 514* durch eine *Liberator* der RAF-Sq. 224 mit einem Zielsuchtorpedo »Fido« und am 12. 7. *U 506* durch die USAAF-A/S-Squ. 1 versenkt sind. Nach Entlassung vom Konvoi UGS. 11 (61 Schiffe, Task Force 62) trifft die US-Support Group (Capt. Greer) mit dem Träger *Core* und den Zerstörern *Barker, Bulmer, Badger* auf dem Wege zum GUS. 9 auf den Tanker *U 487* und versenkt ihn mit 3 Flugzeugen. Vom GUS. 9 detachiert, trifft die Gruppe mit dem Träger *Santee* (Capt. Fick) und den Zerstörern *Bainbridge, Overton* und *MacLeish* am 14. und 15. 7. auf *U 160* und das »Monsun«-Boot *U 509*, die von *Avengers* mit »Fido«-Torpedos versenkt werden. Am 16. 7. fällt das rückmarschierende *U 67* einer *Avenger* der *Core* zum Opfer. Bei der Unterstützung des Konvois UGS. 12 versenken Flugzeuge des Trägers *Bogue* (Capt. Dunn) am 23. 7. *U 527*, das gerade aus *U 648* versorgt, während von den Zerstörern *Clemson, Osmond-Ingram* und *George E. Badger* letzterer das auf dem Marsch zu einer Minenunternehmung vor Jacksonville befindliche *U 613* mit Sonar ortet und versenkt. Am 24. 7. beschädigt ein Flugzeug der *Santee* westlich Madeira *U 373*, das mit Minen nach Port Lyautey

unterwegs ist. Auf dem Rückmarsch mit dem GUS. 10 versenkt 1 Flugzeug der *Santee* mit »Fido« das gerade *U 403* versorgende *U 43.* Am 3. 8. trifft die Gruppe *Card* (Capt. Isbell) mit den Zerstörern *Barry, Goff* und *Borie* als Support für den UGS. 13 im Gebiet südlich der Azoren ein, ein Flugzeug beschädigt *U 66,* das am 7. 8. mit *U 117* zusammengeführt wird. Dabei greifen Flugzeuge der *Card* an und versenken *U 117* mit »Fido«. Am 8. 8. schießen *U 262* und *U 664* 2 Flugzeuge ab und *U 664* (Oblt. z. S. Graef) verfehlt die *Card* mit einem Fächer, wird aber am 9. 8. durch eines ihrer Flugzeuge versenkt. *Borie* manövriert einen Angriff von *U 262* aus. Am 11. 8. wird das als Hilfs-Tanker abgeteilte *U 525* nördl. der Azoren durch ein Flugzeug der *Card* mit »Fido« versenkt. Der am 12. 8. mit dem Konvoi UGS. 14 eintreffenden Gruppe *Croatan* (Capt. Lyon) mit den Zerstörern *Paul Jones, Parrott* und *Belknap* entkommen *U 760, U 161,* das dem jap. *I-8* ein FuMB übergeben hat, und am 21. 8. *U 134.*
Vom 12.—23. 8. gelingt es den als Hilfstankern eingesprungenen *U 129* und *U 847* 4 bzw. 7 Boote zu beölen. Am 23. 8. kommt mit dem Konvoi UGS. 15 erneut die Gruppe *Core* ins Versorgungsgebiet. *U 84,* das am 23. 8. einem Angriff entkommen ist, und *U 185* werden am 24. 8. mit »Fido« versenkt, die als Ablösung eintreffende *Card* versenkt am 27. 8. den Hilfstanker *U 847* mit »Fido«, *U 508* entkommt einem »Fido«-Angriff. Die schweren Verluste zwingen zur Reduzierung der Fernunternehmungen. An der US-Ostküste versenkt am 5. 8. *U 566* (Kptlt. Hornkohl) das US-Kanonenboot *Plymouth. U 107* (Oblt. z. S. Simmermacher) torpediert 1 Schiff mit 7176 BRT.

8. 7. 1943 **Norwegen**

Brit. Home Fleet (Adm. Fraser) führt mit Schlachtschiffen *Duke of York, Anson, Malaya,* dem Träger *Furious,* 2 Kreuzer-Geschwadern und 3 Zerstörer-Flott. sowie einer US-Task Force (KAdm. Hustvedt) mit den Schlachtschiffen *South Dakota, Alabama,* den Kreuzern *Augusta, Tuscaloosa* und 5 Zerstörern eine Demonstration vor Norwegen durch, die jedoch von der dt. Aufklärung nicht erfaßt wird. Absicht der Ablenkung von der bevorstehenden Sizilien-Landung mißlungen. Bei Wiederholung Ende Juli ein Teil der gen. Schiffe und brit. Träger *Illustrious* beteiligt. Jagdschutz schießt 5 dt. Aufklärer ab.

10. 7. 1943 **Mittelmeer**

Operation »Husky«: Alliierte Landung an der Süd- und Südostküste Siziliens. (OB: General Eisenhower, Stellvertr. und OB der Landstreitkräfte: Gen. Alexander, Seestreitkräfte: Admiral Cunningham, Luftstreitkräfte: Air Chief Marshal Tedder). 8 brit. Armee (Gen. Montgomery) durch Eastern Naval Task Force (Adm. Ramsay) zwischen Syrakus und der Südostspitze der Insel gelandet, die 7. US-Armee (GenLt. Patton) durch die Western Naval Task Force (VAdm. Hewitt) bei Gela und Licata. Deckungsgruppe für den Gesamtaufmarsch Force H (VAdm. Willis) mit den Schlachtschiffen *Nelson, Rodney, Warspite, Valiant,* den Flugzeugträgern *Indomitable* und *Formidable,* dem 12. Kreuzer-Geschwader mit *Aurora, Penelope, Cleopatra, Euryalus, Sirius* und *Dido* und 3 Z-Flottillen mit zusammen 18 Zerstörern. Reservegruppe: Schlachtschiffe *Howe* und *King George V* sowie 6 Zerstörer.
Die brit. Flotte setzt außerdem ein: Monitore *Erebus, Roberts, Abercrombie,* Kreuzer *New Foundland, Uganda, Orion* und *Mauritius,* 4 Flakschiffe, 47 Zerstörer, 23 U-Boote, 296 sonstige Kriegsschiffe, 327 große, 715 kleine Landungsfahrzeuge und 155 Transporter.
Die US-Flotte setzt ein: Kreuzer *Boise, Savannah, Philadelphia, Birmingham, Brooklyn,* 48 Zerstörer, 126 sonstige Kriegsschiffe, 190 große, 510 kleine Lan-

dungsfahrzeuge und 66 Transporter. Außerdem werden 31 niederl., poln., belg., norweg. und griech. Schiffe eingesetzt, darunter 9 Zerstörer, 3 U-Boote und 16 Transporter.
Die RAF und die US-Luftwaffe bieten 3680 Flugzeuge auf.

11. 7. 1943 **Biskaya**

3 *FW 200* des K. G. 40 sichten bei Aufklärung brit. Truppentransporter-Konvoi westlich Oporto. Trotz starker Flakabwehr treffen sie die Transporter *California* (16 792 BRT) und *Duchess of York* (20 021 BRT), die in Brand geraten und aufgegeben werden müssen. Das dritte Schiff *Port Fairy* erreicht mit 1 brit. Zerstörer Casablanca. Die Zerstörer HMCS. *Iroquois,* HMS. *Douglas* und die Fregatte HMS. *Moyola* retten bis auf 57 Mann die eingeschifften Soldaten.

11.—31. 7. 1943 **Mittelmeer**

Alliierte Flotten unterstützen die Operationen der 7. US- und 8. brit. Armee auf Sizilien. Am 11. 7. bringen die US-Kreuzer *Savannah* und *Boise* mit den US-Zerstörern *Shubrick, Jeffers, Glennon, Butler, Beatty, Laub, Cowie* und *Tillman* einen Gegenangriff dt. Panzer bei Gela zum Stehen. Die brit. Zerstörer *Blankney* und *Brissenden* besetzen mit einem improvisierten Landungskorps Pozzallo. Im brit. Brückenkopf unterstützen der Monitor *Erebus* und die Kreuzer *Orion, Uganda* und *Mauritius* brit. Einheiten. Zur Ablenkung beschießen die brit. Schlachtschiffe *Howe* und *King George V.* in der Nacht vom 11./12. 7. Favignana, die Kreuzer *Dido* und *Sirius* Marsala an der Westküste. Ein Versuch der brit. Zerstörer *Eskimo, Exmoor* und des griech. *Kanaris,* in Augusta einzudringen, wird von einer ital. Küstenbatterie unter persönl. Führung des Festungskommandanten, KAdm. Leonardi, abgewehrt, erst am 12. 7. dringt KAdm. Troubridge, der am 11. 7. bereits Syracus besetzt hat, ein, und das Landungsschiff *Ulster Monarch* kann Truppen landen. Am 12. 7. unterstützen die US-Kreuzer *Birmingham* und *Brooklyn* den linken Flügel der 7. US-Armee, am 13. 7. beschießt die *Erebus* Catania, am 16. 7. der brit. Monitor *Abercrombie* mit den US-Kreuzern *Philadelphia* und *Birmingham* Porto Empedocle, am 17. 7. das brit. Schlachtschiff *Warspite* erneut Catania. Durch dt. und ital. Luftangriffe verliert die alliierte Landungsflotte den US-Zerstörer *Maddox,* den US-Minensucher *Sentinel,* 8 Transporter mit 54 306 BRT; der Monitor *Erebus* und weitere Schiffe werden durch Bomben beschädigt. Am 14. 7. verfehlen ital. T-Flugzeuge knapp die Kreuzer *Euryalus* und *Cleopatra,* am 16. 7. treffen sie den Träger *Indomitable.*
In der Nacht vom 16./17. 7. werden bei Gefechten zwischen der dt. 7. S-Flottille (KKpt. Trummer) und brit. MTBs 5 dt. S-Boote z. T. erheblich beschädigt. Der passierende ital. Kreuzer *Scipione Africano* versenkt *MTB 305* und beschädigt *MTB 311.*
Der geplante massierte Ansatz dt. und ital. U-Boote südl. Sizilien mißlingt, da die verfügbaren dt. U-Boote seit 22. 6. vor der algerischen Küste operieren, wo *U 73* (Oblt. Deckert) 1 Schiff mit 1598 BRT versenkt und 1 Tanker mit 8299 BRT torpediert, *U 593* (Kptlt. Kelbling) die US-*LST 333* und *LST 387* sowie am 5. 7. aus dem Zubringer-Konvoi KMS. 18B 1 Schiff mit 6054 BRT versenkt, aus dem kurz vorher bereits *U 375* (Kptlt. J. Könenkamp) 2 Schiffe mit 14 296 BRT versenkt hat. *U 371* (Kptlt. Mehl) hat am 10. 7. aus einem Westgeleit 2 Schiffe mit 13 736 BRT torpediert, Angriffe von *U 431* und *U 617* schlagen fehl. Vor der Cyrenaika hat *U 453* (Kptlt. Frhr. v. Schlippenbach) 1 Dampfer mit 6894 BRT torpediert und am 6. 7. aus dem Zubringer-Konvoi MWS. 36 1 Schiff mit 5454 BRT versenkt. *U 81* operiert im Ostmittelmeer, wo

es 1 Dampfer von 3742 BRT und 4 Segler versenkt. So kommen ab 11. 7. zunächst nur ital. U-Boote zu Angriffen, doch gelingt es nur *Dandolo* (Kptlt. Turcio) am 16. 7., den Kreuzer *Cleopatra* zu torpedieren. Angriffe von *Argo, Nereide, Beilul, Diaspro, Alagi, Platino, Nichelio* und *Ambra* schlagen fehl. Von den alliierten MTBs in der Messina-Straße werden das ital. *Flutto* und *U 561*, von den U-Booten *Unruly, United* und *Trooper* die ital. *Acciaio, Remo* und *Micca*, von den Zerstörern *Inconstant U 409*, von *Echo* und *Ilex Nereide*, von *Laforey* und *Eclipse* nach einem Angriff auf einen Kreuzerverband *Ascianghi* und von dem US *PC 624* das dt. *U 375* versenkt. Das ital. *Bronzo* taucht am 12. 7. vor Syracus in einem brit. Verband auf und wird gekapert. Von den eintreffenden dt. U-Booten schießt *U 81* (Oblt. z. S. Krieg) am 21. 7. Torpedos in den Hafen von Syrakus und torpediert am 22. 7. einen Dampfer von 7472 BRT, am 23. 7. torpediert *U 407* (Oblt. z. S. Brüller) den Kreuzer *New Foundland*.

15. 7. 1943 **allgemeine Lage**

General Morgan, Chef des Generalstabes des OB der alliierten Streitkräfte, legt den Vereinigten Stabschefs einen Operationsentwurf für eine Invasion Frankreichs vor: »Overlord« (Nordwestfrankreich) und »Anvil« (Südfrankreich).

17. 7.—13. 8. 1943 **Südpazifik**

Am 17. 7. greifen 223 Flugzeuge der »Air Force Solomons« (KAdm. Mitscher) jap. Schiffe vor Buin (Bougainville) an und versenken den Zerstörer *Hatsuyuki*. Vor Rendova versenkt am 18. 7. das jap. U-Boot *Ro-106* (Oblt. Nakamura) das Landungsschiff *LST 342*, Ende Juli geht *Ro-103* vor New Georgia verloren.

Von den zur Aufklärung für einen neuen Verstärkungsversuch New Georgias entsandten jap. U-Booten torpediert *I-11* (FKpt. M. Tagami) vor Nouméa den austral. Kreuzer *Hobart* (20. 7.) und 1 Schiff mit 7176 BRT, *I-17* (Kptlt. Harada) wird vor Espiritu Santo am 19. 8. durch 2 US-Flugzeuge und die neuseel. Korvette *Tui* versenkt, *I-19* (KKpt. Kinashi) vernichtet vor Fiji 1 Schiff mit 7176 BRT.

In der Nacht vom 19./20. 7. bringen 3 jap. Zerstörer Nachschub nach Vila, während vor dem Vella Gulf KAdm. Nishimura mit 3 Schweren, 1 Leichten Kreuzer und 6 Zerstörern zur Deckung gegen US-Kreuzer-Vorstöße kreuzt. Am 20. 7. verliert der Verband durch US-T-Flugzeuge und Bomber von Guadalcanal die Zerstörer *Yugure* und *Kiyonami*, der Kreuzer *Kumano* wird beschädigt. Am 22. 7. versenken Landflugzeuge von New Georgia das mit Nachschub beladene und von 3 Zerstörern begleitete jap. Flugzeugmutterschiff *Nisshin*. Am 28. 7. werden bei einem Versorgungsunternehmen vor Rabaul die jap. Zerstörer *Ariake* und *Mikatsuki* versenkt. In der Nacht vom 1./2. 8. versuchen 5 jap. Zerstörer Kolombangara zu erreichen. Gegen sie werden 15 US-PT-Boote angesetzt, von denen 7 ihre Torpedos ohne Erfolg losmachen. *PT 109* (Lt. John F. Kennedy) wird dabei von dem Zerstörer *Amagiri* gerammt und sinkt. K. rettet unter großen Schwierigkeiten seine Besatzung.

6./7. 8.: Gefecht im Vella-Gulf, US-Zerstörer-Verband (Cdr. Moosbrugger) mit *Dunlap, Craven, Maury, Lang, Sterett* und *Stack* fängt jap. Gruppe (Kapt. z. S. Sugiura) mit *Hagikaze, Arashi, Kawakaze* und *Shigure* ab, die mit 900 eingeschifften Soldaten und 50 t Nachschub versuchen, Kolombangara zu erreichen. 3 jap. Zerstörer sinken durch Torpedotreffer der US-Zerstörer, nur *Shigure* entkommt. Die im Wasser schwimmenden Überlebenden der jap. Schiffe weigern sich, sich retten zu lassen.

19. 7.—4. 9. 1943 **Mittelmeer**

Auslegung ital. Defensiv-Minensperren. Im Golf von Neapel legen die ital. Minenschiffe *Vieste* und *Vallelunga* 7 Sperren mit 500 Minen, der Verband mit dem ital. Zerstörer *Vivaldi* und den dt. Minenschiffen *Pommern* und *Brandenburg* im Golf von Gaeta und im Golf von Salerno 7 Sperren mit 1196 Minen, die ital. Kreuzer *Cadorna* und *Scipione Africano* mit den Minenschiffen *Barletta* und *Morosini* im Golf von Tarent 11 Sperren mit 1591 Minen. In der Ägäis legen die dt. *Drache* und *Bulgaria* 15 Sperren mit 690 Minen, in der Adria die ital. *Laurana* 1 Sperre mit 70 Minen, vor Acciaio (Korsika) die ital. *Buffoluto* und *Gasperi* 2 Sperren mit 280 Minen und in der Str. v. Bonifacio die dt. *Pommern* und *Brandenburg* 3 Sperren mit 410 Minen.

20. 7.—10. 8. 1943 **Nordmeer**

Zur Störung des sowj. Verkehrs in der Pečora-See legen die dt. U-Boote vom 20. 7.—10. 8. folgende Minensperren: *U 625* (Kptlt. Benker) vor der Jugor-Str., *U 601* (Kptlt. Grau) vor Beluša, *U 629* (Oblt. Bugs) im Westeingang der Pečora-Bucht und vor Russkij Savorot, *U 586* (Kptlt. v. d. Esch) ostwärts der Pečora-Bucht, *U 212* (Kptlt. Vogler) und *U 636* (Kptlt. Hildebrand) vor Kolguev und *U 639* (Oblt. z. S. Wichmann) in der Pečora-See. In diese Sperren gerät ein am 25. 7. aus der Pečora-Mündung zur Ob-Mündung ausgelaufenes Geleit mit 15 Flußschiffen, das am 27. 7. vor der Jugor-Straße den Minensucher *T-58* verliert. Am 30. 7. versenkt *U 703* (Oblt. z. S. Brünner) vor der Kostin-Str. 1 Bewacher. Zu Räumarbeiten an den gelegten Grundminen werden die von England gelieferten MMS-Minensucher *T-109* und *T-110* eingesetzt. Am 25. 8. geht in der Jugor-Str. das Rettungsschiff *Škval* verloren.

22. 7.—14. 8. 1943 **Mittelmeer**

Am 22. 7. erobert die 7. US-Armee Palermo. 8. US-Zerstörer- und 15. MTB-Geschwader laufen ein. In den folgenden Tagen führen die *PT's* mehrfach Angriffe gegen kleine Geleite und dt. *MFP's*. Bei einem dt. Luftangriff vor Palermo wird am 26. 7. der US-Zerstörer *Mayrant* beschädigt, bei Angriffen auf Palermo am 31. 7., 1. 8. und 4. 8. entstehen schwere Schäden, der Zerstörer *Shubrick* wird beschädigt. Ab 27. 7. unterstützt die US-Task Force 88 (KAdm. Davidson) die US-Truppen an der Nordküste Siziliens. Beteiligte Kreuzer *Philadelphia, Savannah,* Zerstörer *Gherardi, Nelson, Jeffers, Murphy, Trippe, Knight.*
Zwei ital. Kreuzergruppen mit *Montecuccoli* und *Eugenio di Savoia* bzw. *Garibaldi* und *Duca d'Aosta,* die am 5./6. und 7./8. 8. zu Beschießungen anlaufen, drehen wegen der unklaren Feindlage vorzeitig ab, ehe die Task Force 88 herankommen kann.
Am 7./8. und 11./12. 8. unterstützt die Task Force 88 Landungen von je 1 Batl. an der Nordküste hinter den dt. Linien. Eine weitere Landung in Regts.-Stärke am 14./15. 8. stößt wegen des dt. Rückzuges ins Leere.

24. 7. 1943 **Luftkrieg Norwegen**

208 *Fortress* der 8. USAAF bombardieren die Hafenanlagen von Trondheim.

24. 7.—3. 8. 1943 **Luftkrieg Deutschland**

Großangriffe auf Hamburg. Erstmalige Verwendung der »Window/Düppel«-Metallfolien zur Störung der dt. Radar-Ortung. Das RAF-Bomber-Command fliegt in den Nächten vom 24./25. 7. (740 Bomber, 2300 ts), 27./28. 7. (739 Bomber, 2313 ts), 29./30. 7. (726 Bomber, 2277 ts) und 2./3. 8. (wegen Wetterlage teilw. mißlungen, 425 Bomber, 939 ts) Brand- und Sprengbombenangriffe gegen die Wohnviertel, die schwere Zerstörungen anrichten und zu großen Verlusten unter der Zivilbevölkerung führen. Insgesamt 87 Bomber gehen dabei verloren. Die 8. US-Luftflotte fliegt am 25. 7. mit 218 Bombern Tagesangriffe gegen die Werften in Hamburg und Kiel, am 26. 7. mit 199 Bombern gegen Hamburg, Wilhelmshaven und Hannover und am 29. 7. gegen Kiel und Warnemünde. Dabei 44 Flugzeuge verloren. Bei den Angriffen auf Hamburg werden zahlreiche Hafenfahrzeuge und Handelsschiffe mit rund 170 000 BRT vernichtet, darunter auch das Fahrgastschiff *General Artigas* (11 254 BRT) und der unfertige Neubau *Vaterland* (36 000 BRT). Auf der Stülcken-Werft, Hamburg, wird der Geleitboot-Neubau *G 1*, bei Blohm & Voß die U-Boot-Neubauten *U 996, U 1011* und *U 1012*, in Kiel *U 395* und *U 474* vor Fertigstellung zerstört. In Hamburg Verzögerungen des Bauprogramms.

25. 7. 1943 **allgemeine Lage**
König Viktor Emanuel III. läßt Mussolini verhaften und beruft Marschall Badoglio zum neuen Regierungschef.

26. u. 27. 7. 1943 **Biskaya**
Bomber des »Fliegerführer Atlantik« versenken im Atlantik nordwestlich Lissabon die brit. Frachter *El Argentino* (9501 BRT) und *Halizones* (5298 BRT) und beschädigen 2 weitere Frachter mit zusammen 14 399 BRT schwer.

27. 7.—16. 9. 1943 **Ostsee**
Neue Ausbruchsversuche sowj. U-Boote. Mit starker Unterstützung durch Schlachtflugzeuge der Marine-Luftwaffe gegen die dt.-finn. Sperrbewachung versuchen sowj. Räumverbände in die »Seeigel-Rukajärvi«-Sperren einzudringen, um den U-Booten den Durchbruch zu erleichtern. Dabei häufige Gefechte. Sowj. Torpedokutter versuchen, die Bewachung abzulenken. Durch Luftangriffe gehen am 4. 8. der SAT *Ost*, am 15. 9. der SAT *West* und am 16. 9. das finn. Geleitboot *Uisko* verloren. Am 22. 8. wehrt ein finn. K-Boot einen TKA-Angriff ab, am 23. 8. wird der Minenleger *Riilahti* durch 3 sowj. TKA versenkt. Durch Bordwaffenbeschuß treten an Bord der Boote der 3., 25. M- und 3. Vp.-Flottille Personalausfälle ein. Die Bewegungsfreiheit der dt.-finn. Schiffe wird durch sowj. Minenunternehmungen mit Torpedokuttern und Flugzeugen zeitweise behindert. Auf den dt.-finn. Minensperren bzw. durch Waboangriffe dt. MFPs der 24. L-Flottille, KFKs der 31. M-Flottille und finn. Geleitboote gehen die sowj. U-Boote *S-12* (Kpt. 3. Rg. Baščenko) und *S-9* (Kpt. 3. Rg. Myl'nikov) verloren.

30. 7.—10. 9. 1943 **Schwarzes Meer**
Die dt. U-Boote *U 19, U 24, U 23, U 18* und *U 9* operieren vor der Kaukasus-Küste gegen sowj. Nachschubtransporte. Dabei versenken *U 24* (Kptlt. Petersen) am 30. 7. in Suchumi den Tanker *Emba* (7886 BRT) und am 22. 8. 1 Schlepper und 2 Motorboote, *U 23* (Oblt. z. S. Wahlen) am 24. 8. bei Kap Kodor 1 Räumboot und *U 18* (Oblt. z. S. Fleige) am 29. 8. 1 U-Jäger (U-Falle?).

★

1.—31. 8. 1943 **Pazifik**
Von den im August in ihren Operationsgebieten eintreffenden US-U-Booten versenken vor Japan *Paddle* (LCdr. Rice) 1 Schiff mit 5248 BRT, 1 weiteres Schiff torpediert, *Pollack* (LCdr. Llewellen) 2 Schiffe mit 7042 BRT, *Salmon* (LCdr. Nicholas) 1 Schiff mit 2460 BRT, *Seawolf* (LCdr. Gross) 3 Schiffe mit

12996 BRT. Im Zentralpazifik versenken *Pike* (LCdr. McGregor) 1 Schiff mit 1911 BRT, 1 weiteres Schiff torpediert, *Swordfish* (LCdr. Parker) 2 Schiffe mit 6219 BRT, *Tullibee* (LCdr. Brindupke) 1 Schiff mit 4164 BRT, *Whale* (LCdr. Burrows) 1 Schiff mit 7149 BRT und *Plunger* (LCdr. Bass) 3 Schiffe mit 13692 BRT. Vor Formosa versenken *Sculpin* (LCdr. Chappell) 1 Schiff mit 3185 BRT und *Sunfish* (LCdr. Petersen) 2 Schiffe mit 5479 BRT. Im Südwestpazifik versenken *Gar* (LCdr. Lantrup) 1 Schiff mit 995 BRT und *Grayling* (LCdr. Brinker) 1 Schiff mit 5480 BRT, das Boot geht verloren.

1. 8.—3. 10. 1943 **Nordmeer**

Unternehmen »Wunderland II«: Dt. Operationen auf dem Sibirischen Seeweg. *U 255* (Oblt. z. S. Harms), das auf dem Anmarsch am 27. 7. das sowj. Vermessungsschiff *Akademik Šokalskij* (300 t) versenkt hat, richtet am 1. 8. bei Sporyj Navolok an der Nordostküste von Novaja Zemlja einen Stützpunkt ein, wo es ab 4. 8. ein *BV 138*-Flugboot betankt, das am 5., 6., 7. und 11. 8. Aufklärung bis in die Vilkickij-Straße fliegt, um Unterlagen für den Ansatz der U-Boot-Gruppe »Wiking« mit *U 302, U 354* und *U 711* und des im Altafjord absprungbereit liegenden Schweren Kreuzers *Lützow* gegen sowj. Schiffskarawanen zu liefern. Es werden keine Konvois gesichtet. Nach Ausfall des Flugbootes bringt auch ein zweiter Einsatz vom 4.—6. 9. mit Unterstützung durch *U 255* und *U 601* kein Ergebnis. Am 21. 8. sichtet *U 354* (Kptlt. Herbschleb) eine Schiffskarawane vor Port Dikson und verfolgt sie nach Osten. Erst am 27. und 28. 8. kommen *U 354* und *U 302* (Kptlt. Sickel), das inzwischen in die Vilkickij-Straße vorgestoßen war, in der Westsibirischen See zu Angriffen und torpedieren den Dampfer *Petrovskij* (3771 NRT) und versenken die *Dikson* (2900 BRT). Vom 13. 8. bis 25. 9. führen die U-Boote der Gruppe »Dachs« Minenunternehmungen in der Karasee durch: *U 625* (Kptlt. Benker) ostwärts der Jugor-Straße, *U 639* (Oblt. z. S. Wichmann) vor der Ob-Mündung, auf dem Rückmarsch am 28. 8. nordwestlich Novaja Zemlja durch das sowj. U-Boot *S-101* (Kptlt. Trofimov, Div.-Chef, Kpt. 2. Rg. Egorov, an Bord) versenkt, *U 960* (Oblt. z. S. Heinrich) ostwärts der Matočkin-Straße, wo *U 711* (Oblt. z. S. Lange) vergeblich einen Bewacher jagt, *U 636* (Kptlt. Hildebrand) vor Dikson, auf dieser Sperre sowj. Dampfer *Tbilisi* (7169 BRT) gesunken, *U 629* (Oblt. Bugs) vor Amderma, *U 601* (Kptlt. Grau) und *U 960* vor Dikson. *U 711* untersucht am 9. 9. die Wardroper-Insel und beschießt am 18. und 24. 9. die FT-Stationen Pravdyj und Blagopolučija. Ende September lösen *U 703* (Oblt. z. S. Brünner), *U 601* und *U 960* die Boote der Gruppe »Wiking« ab. Am 30. 9. erfassen sie den von Osten kommenden sowj. Konvoi VA. 18 mit dem Minenleger *Murman* (Kpt. 3. Rg. Pochmel'nov), den Minensuch-Trawlern *T-31, T-63* und *T-42* sowie 4 Dampfern. Am 30. 9. versenkt *U 960* bei den Sergeja-Kirova-Inseln den Frachter *Archangel'sk* (2480 BRT) und verfehlt die *Mossovet*, am 1. 10. versenkt *U 703* die *Sergej Kirov* (4146 BRT), *U 601* verfehlt die *Murman* und wird von ihr beschossen, *U 960* versenkt *T-42* und verfehlt die *A. Andreev*. Als Gruppe »Monsun« halten je 4—5 Boote von *U 269, U 277, U 387, U 713, U 307, U 355, U 360, U 737* und *U 956* Positionen zwischen Spitzbergen und Bären-Insel besetzt.

3./4. 8. 1943 **Gibraltar**

Ital. Kleinkampfmittelverband (KKpt. Notari) greift von der *Olterra* in Algeciras mit 3 Lenktorpedos alliierte Schiffe in Gibraltar an und versenkt den norweg. Tanker *Thorshövdi* (9944 BRT) und den amerik. Frachter *Harrison Gray Otis* (7176 BRT), 1 Frachter von 5975 BRT wird stark beschädigt.

3. 8.—17. 10. 1943 **Pazifik**

Der letzte dt. Hilfskreuzer *Schiff 28 Michel* (Kpt. z. S. Gumprich) sichtet am 3. und 7. 8. im Gebiet der Pitcairn-Insel den US-Truppentransporter *Hermitage*, kommt aber nicht zum Angriff. Am 29. 8. kann *Schiff 28* sich westlich der chilen. Küste dem US-Kreuzer *Trenton* unerkannt entziehen. In der Nacht zum 11. 9. versenkt *Michel* halbwegs zwischen Panama-Kanal und Tahiti im freien Pazifik den norweg. Tanker *Indus* (9977 BRT). Am 22. 9. gerät der Hilfskreuzer auf der Route Panama-Kanal—Australien in einen kleinen Konvoi mit den U-Jägern *SC 1042* und *SC 1045* sowie 2 Hilfsfahrzeugen, der wegen Überschätzung des Gegners nicht angegriffen wird. Nach Vorstoß auf den Weg USA—Hawaii tritt Gumprich am 7. 10. den Rückmarsch nach Japan an. Am 17. 10. wird *Schiff 28* durch das US-U-Boot *Tarpon* (Cdr. Wogan) durch 3 Torpedotreffer 90 sm ostwärts Yokohama versenkt. 116 Mann erreichen in Booten Japan.

5. 8. 1943 **Nordsee**

Vorstoß der dt. 2. und 6. S-Boot-Flottille (KKpt. Feldt bzw. KKpt. Obermaier) ins Seegebiet vor Harwich. Hier brit. Trawler *Red Gauntlet* versenkt.

5. 8.—6. 9. 1943 **Mittelmeer**

Bei U-Boot-Operationen an der sizilian. Ostküste verfehlen *U 453* und *Diaspro*, an der Nordküste *U 73* und *U 431* alliierte Kriegsschiffsverbände, *U 380* (Kptlt. Röther) torpediert vor Palermo 1 Schiff mit 7191 BRT. Südlich Sizilien gehen *Argento* und *U 458* durch Angriffe des US-Zerstörers *Buck* bzw. der Geleitzerstörer *Easton* und *Pindos* (griech.) verloren. Vor der Cyrenaika verfehlt *U 81* einen Ostkonvoi, an der libanesischen Küste versenkt *U 596* (Kptlt. Jahn) 4 Segler und beschädigt 2 unbekannte kleine Dampfer. Bei Angriffen gegen Konvois an der algerischen Küste versenken *U 371* (Kptlt. Mehl) 1 Schiff mit 6004 BRT, *U 410* (Oblt. z. S. Fenski) 2 Schiffe mit 14436 BRT. *U 616* verfehlt Kriegsschiffe. Am 6. 9. versenkt *U 617* (Kptlt. Brandi) ostwärts Gibraltar den Geleitzerstörer *Puckeridge*, nach Luftangriffen und Verfolgung durch 3 Korvetten muß das Boot am 12. 9. an der marokkanischen Küste aufgegeben werden.

12. 8. 1943 **Ostsee**

In der Ostsee sinkt das schwed. U-Boot *Illern* nach Kollision mit einem Frachter.

14.—24. 8. 1943 **allgemeine Lage**

Konferenz zwischen Roosevelt und Churchill in Quebec (»Quadrant«). Hauptthema ist neben der bevorstehenden Kapitulation Italiens die Operation »Overlord«, die von den Vereinigten Stabschefs geplante Invasion in Frankreich. Termin 1. Mai 1944. Überfahrt Churchills und der brit. Delegation auf dem Passagierdampfer *Queen Mary*, geleitet von dem Träger *Illustrious*, 3 Kreuzern und Zerstörern, Rückfahrt auf dem Schlachtkreuzer *Renown*. In Quebec erleidet der 1. Seelord, Adm. of the Fleet Sir Dudley Pound, einen Herzanfall. Sein Nachfolger wird ab 15. 10. Adm. Sir Andrew Cunningham.

15.—17. 8. 1943 **Südpazifik**

Die US III. Amphibious Force (KAdm. Wilkinson) mit den schnellen Transportern *Stringham, Waters, Dent, Talbot, Kilty, Ward* und *McKean* landet 4600 Mann der 25. US-Inf.Div. auf Vella Lavella (Zentral-Salomonen). Dekkung und Feuerunterstützung durch die Zerstörer *Nicholas, O'Bannon, Taylor, Chevalier, Cony, Pringle, Waller, Saufley, Philip, Renshaw, Conway* und *Eaton*.

Am 17. 8. landen jap. Kleinfahrzeuge an der Nordküste Verstärkungen. Gegen die Deckungsgruppe (KAdm. Ijuin) mit den Zerstörern *Sazanami, Hamakaze, Shigure* und *Isokaze* wird Capt. Ryan mit den Zerstörern *Nicholas, O'Bannon, Taylor* und *Chevalier* angesetzt, die 31 jap. Torpedos ausweichen, im Verfolgungsgefecht jedoch nur leichte Schäden auf *Hamakaze* und *Isokaze* erzielen können.

15. 8.—29. 10. 1943 Nordmeer

Bei Operationen gegen den dt. Nachschubverkehr vor der norweg. Polarküste haben die sowj. U-Boote *L-15, S-54, S-102, L-22* und *ŠČ-402* im August keinen Erfolg, *M-104* (Kptlt. Lukjanov) torpediert am 1. 9. den Dampfer *Rüdesheimer* (2036 BRT). *L-20* (Kpt. 3. Rg. Tamman) wird nach Auslegung einer Minensperre bei Sletnes am 3. 9. beim Angriff gegen einen Konvoi durch *UJ 1209* beschädigt, am 3. 9. versenkt *S-51* (Kpt. 2. Rg. Kučerenko) den U-Jäger *UJ 1202* vor dem Kongsfjord. *M-107* (Kptlt. Kofanov) versenkt am 11. 9. vor dem Syltefjord *UJ 1217*. Am 14. 9. verfehlt *ŠČ-404* (Kptlt. Makarenkov) vor Vardö einen Konvoi, auf seine Meldung werden Torpedoflugzeuge der 5. Minen-Torpedoflieger-Div. mit Jagdschutz angesetzt, die jedoch durch das J. G. 5 schwere Verluste erleiden ohne Treffer zu erzielen. Am 15. 9. greifen bei Kiberg die sowj. Torpedokutter *TKA-13* (Oblt. Šabalin) und *TKA-21* an. Bei einer Wiederholung dieser Operation am 20.—21. 9. haben *ŠČ-404* und die Flugzeuge keinen Erfolg, *TKA-15* versenkt den Dampfer *Antje Fritzen* (4330 BRT). Zu einer ähnlichen kombinierten Operation kommt es am 12./13. 10., nachdem *S-55* (Kpt. 3. Rg. Suškin) im Porsangerfjord aus einem großen dt. Geleit den Sperrbrecher *Ammerland* (5381 BRT) versenkt hat. Angriffe am 13. 10. vor Makkaur durch *ŠČ-403* und Vardö durch *M-172* scheitern ebenso wie Luftangriffe vor Kiberg. Alle 3 U-Boote gehen vermutlich auf den in den Sommer- und Herbstmonaten von den dt. Minenschiffen *Brummer, Ostmark, Kaiser* und *Roland* ausgelegten Flankenminensperren verloren, außerdem im Oktober auch *M-174*. Das große U-Boot *K-1* wird seit September beim Rückmarsch von der Karasee vermißt. Nach diesen Verlusten werden die sowj. U-Boote wesentlich vorsichtiger angesetzt.

17. 8. 1943 Mittelmeer

Räumung Siziliens (Unternehmen »Lehrgang«) abgeschlossen. Über die Messina-Straße nach Süditalien (Leitung Kpt. z. S. v. Liebenstein) überführt werden: 39 569 dt. Soldaten, darunter 4444 Verwundete, 9605 Fahrzeuge, 47 Panzer, 94 Geschütze, über 2000 t Munition und Treibstoff und rund 15 000 t sonstiges Material sowie 62 000 ital. Soldaten mit 227 Fahrzeugen und 41 Geschützen. Auf Grund der außergewöhnlich starken Flaksicherung des Übersetzgebietes gehen trotz ständiger alliierter Luftangriffe nur wenige kleine Übersetzfahrzeuge verloren.

23.—28. 8. 1943 Biskaya

Seit 2. 8. infolge der Abstoppung auslaufender U-Boote und Benutzung span. Gewässer durch Rückmarschierer erfolglose brit. Luftoperation »Derange« nordwestlich Kap Finisterre. Einsatz dt. Fernkampfflugzeuge *He 177* der II./K. G. 40 führt zu häufigen Luftkämpfen, bei denen insgesamt 17 U-Jagd- und 6 Jagdflugzeuge der 19th Group verlorengehen. Ab 23. 8. neue Operation »Percussion« unmittelbar an span. Küste in Zusammenarbeit mit 5th Escort Group — brit. Fregatten *Nene, Tweed*, kanad. Korvetten *Edmundston, Calgary, Snowberry* — und 40th Escort Group — Fregatte *Exe* und 5 weitere Sloops und Korvetten — und Kreuzer *Bermuda* als Rückhalt. Gegen diese brit. Support Groups am 25. 8. erster Einsatz der dt. Fernlenkbomben *Hs 293*. 14 *Do 217* der II./K. G. 100 und 7 *Ju 88C* greifen die beiden Support Groups an, dabei Sloop *Landguard* durch 4 Nahtreffer beschädigt. Am 28. 8. zweiter Angriff mit 18 *Do 217* gegen die als Ablösung eingesetzte 1st Support Group mit der Sloop *Egret* und den Fregatten *Jed* und *Rother* sowie den zur Unterstützung entsandten Zerstörern HMCS. *Athabaskan* und HMS. *Grenville*. *Athabaskan* getroffen und schwer beschädigt, *Egret* in die Luft geflogen. Brit. Support Groups setzen sich nach Westen ab, Aus- und Rückmarsch der U-Boote erleichtert.

23. 8.—11. 11. 1943 **Südpazifik**

Von Truk und Rabaul wird eine jap. U-Boot-Gruppe im Gebiet der Neuen Hebriden angesetzt. Am 23. 8. klärt *I-25* mit seinem Bordflugzeug über Espiritu Santo auf, wird aber am 3. 9. beim Versuch, an einen US-Verband heranzukommen, durch den Zerstörer *Ellet* versenkt. Am 25. 8. geht *Ro-35* bei einem Waboangriff des US-Zerstörers *Patterson* verloren. Am 31. 8. torpediert *I-20* (Kptlt. Otsuka) 1 Tanker von 10 872 BRT, es wird am 11. 9. durch Flugzeuge und den Zerstörer *Saufley* versenkt. *I-39* (KKpt. Tanaka) versenkt am 11. 9. den Flottenschlepper *Navajo*. *I-26* klärt im Gebiet der Fiji-Inseln auf. *I-182* wird auf dem Ausmarsch südlich Truk durch das US-U-Boot *Trout* versenkt. Eine zweite Welle jap. U-Boote operiert von Mitte September bis Anfang November im Raum der Neuen Hebriden mit *I-171*, *I-39*, *I-181*, *I-32*, *I-21* und *Ro-36*, von denen nur *I-21* (KKpt. Inada) am 11. 11. 1 Schiff mit 6711 BRT versenkt. Ab Mitte November werden die U-Boote *Ro-104*, *Ro-105*, *Ro-100*, *Ro-109*, *I-38*, *I-16*, *I-6*, *I-171* vorwiegend zu Transporteinsätzen herangezogen.

26. 8. 1943 **Luftkrieg Ostasien**

Amerik. Bomber greifen von Stützpunkten in China aus den Hafen von Hongkong an.

29. 8. 1943 **Dänemark**

Dt. Behörden verhängen den Ausnahmezustand, nachdem die dän. Regierung die dt. Forderung abgelehnt hat, ihrerseits den Ausnahmezustand zu erklären und Schnellgerichte und die Todesstrafe für Saboteure einzuführen. Beginn von Streiks und Sabotage, Rücktritt der dän. Regierung. Entwaffnung des dän. Heeres durch dt. Truppen. Selbstversenkung der dän. Flotte (VAdm. Vedel). In Kopenhagen sinken das Küstenpanzerschiff *Peder Skram*, die U-Boote *Havhesten*, *Havkalen*, *Havfruen*, *Havmanden*, *Daphne*, *Dryaden*, *Rota*, *Flora*, *Bellona*, der Tender *Henrik Gerner*, die Minensucher *Söbjörnen*, *Söulven*, *Söhunden*, die Patrouillen-(ehem. T-)Boote *Hvalrossen*, *Saelen*, *Nordkaperen*, *Makrelen*, *Narhvalen*, 5 kleine Minensucher und 4 Minenleger. Das Küstenpanzerschiff *Niels Juel* wird im Isefjord auf Grund gesetzt. In Nyborg, Korsör und Kalundborg werden die Besatzungen dän. Schiffe z. T. mit Waffengewalt überwältigt und u. a. die Minensucher *Sölöven*, *Söridderen*, *Söhesten* und die Patrouillenboote *Springeren* und *Hajen* besetzt. Im Ulvsund wird das Patrouillenboot *Havörnen* gesprengt. Ein Teil der Schiffe wird später gehoben, repariert und von der dt. Kriegsmarine übernommen. Nach Schweden entkommen das Patrouillenboot *Havkatten*, 3 Minenräumboote und 9 kleinere Hilfsfahrzeuge.

29.—31. 8. 1943 **Biskaya**

T 24, *T 22* und *T 25* holen das jap. U-Boot *I-8* (Kpt. z. S. Uchino) nach Lorient ein.

31. 8.—3. 9. 1943 **Mittelmeer**

Brit. Landung in Kalabrien. Am 31. 8. führen die Schlachtschiffe *Nelson* und *Rodney*, der Kreuzer *Orion* und die Zerstörer *Offa, Petard, Quail, Queenborough, Quilliam, Tartar, Troubridge, Tyrian, Piorun* (poln.) eine vorbereitende Beschießung der Küste zwischen Reggio Calabria und Pessaro aus. Am 2. 9. wird die Beschießung von den Schlachtschiffen *Valiant* und *Warspite*, den Kreuzern *Orion* und *Mauritius*, einigen der genannten Zerstörer und der *Loyal*, den Monitoren *Erebus, Roberts* und *Abercrombie* sowie den K-Booten *Aphis* und *Scarab* wiederholt. Am 3. 9. wird das brit. XIII. Korps gegen geringen Widerstand mit 22 LSTs und 270 kleineren Landungsfahrzeugen über die Straße von Messina gesetzt und bei Reggio und Villa San Giovanni gelandet. Unterstützung durch Heeresartillerie bei Messina und Artillerie der Monitore *Erebus, Roberts, Abercrombie*, der Kreuzer *Orion, Mauritius*, der K-Boote *Aphis, Scarab* und 6 Zerstörer.

★

1.—30. 9. 1943 **Pazifik**

Von den im September in ihren Operationsgebieten eintreffenden US-U-Booten versenken vor Japan und in den Kurilen *Harder* (LCdr. Dealey) 5 Schiffe mit 15354 BRT und 2 Segler, *Pompano* (LCdr. Thomas) 2 Schiffe mit 8558 BRT, 1 weiteres Schiff torpediert, *Snook* (LCdr. Triebel) 2 Schiffe mit 10371 BRT, *Trigger* (LCdr. Donaho) 4 Schiffe mit 27095 BRT und *Wahoo* (Cdr. Morton) 4 Schiffe mit 13429 BRT. *Cabrilla* (LCdr. Hammond) torpediert den Geleitträger *Taiyo*, *Halibut* (LCdr. Galantin) versenkt 3 Schiffe mit 10394 BRT und torpediert den Kreuzer *Nachi* und 1 Dampfer. Je 1 Schiff torpedieren *Pargo* (LCdr. Eddy), *S 42* (Lt. Glenn) und *Salmon* (LCdr. Nicholas). *Pompano, S 44* und *Wahoo* gehen verloren. Im Zentralpazifik versenken *Bluefish* (LCdr. Porter) 1 Schiff mit 3228 BRT und das Torpedoboot *Kasasagi*, *Drum* (LCdr. McMahon) 1 Schiff mit 1334 BRT, *Gudgeon* (LCdr. Post) 1 Schiff mit 3158 BRT, ferner torpediert es den Zerstörer *Oite* und 2 Dampfer, *Haddock* (LCdr. Davenport) torpediert den Flugzeugtender *Notoro* und 1 Dampfer, *Narwhal* (LCdr. Latta) versenkt 1 Schiff mit 4211 BRT, *Pogy* (LCdr. Wales) 1 Schiff mit 7005 BRT, *Scamp* (LCdr. Ebert) 2 Schiffe mit 10571 BRT, *Snapper* (LCdr. Clemenson) 1 Schiff mit 860 BRT und *Trout* (LCdr. Clark) 2 Schiffe mit 6912 BRT. Im Südwestpazifik versenken *Bonefish* (LCdr. Hogan) 3 Schiffe mit 24198 BRT und 1 Segler und *Bowfin* (LCdr. Willingham) 1 Schiff mit 8120 BRT und 2 Segler. *Cisco* geht verloren.

1. 9.—6. 10. 1943 **Zentralpazifik**

Erste Trägerraids der neugebildeten US »Fast Carrier Task Force 50«.

Am 1. 9. greift eine Task Group (KAdm. Pownall) mit den Trägern *Yorktown, Essex* und *Independence*, Deckung 1 Schlachtschiff, 2 Kreuzer und Zerstörer, Marcus-Island an. Bei 275 Einsätzen 4 Verluste. Schäden an den Landanlagen, geringe jap. Verluste. Am 18./19. 9. führt eine Task Group (KAdm. Pownall) mit den Trägern *Lexington, Princeton, Belleau Wood* mit 190 Flugzeugen Angriffe gegen Tarawa (Gilbert-Inseln), nachdem am 17./18. 9. 25 Bomber der VII. Air Force die Insel bombardiert haben und am 19. 9. den Angriff nochmals wiederholen. 12 jap. Flugzeuge, 2 Schnellboote vernichtet, 4 US-Verluste.

Am 5.—6. 10. führt eine Task Group (KAdm. Montgomery) mit den Trägern *Essex, Yorktown, Lexington, Cowpens, Independence* und *Belleau Wood* Angriffe gegen Wake. Bei 738 Einsätzen gehen 12 Flugzeuge durch Feindeinwirkung, 14 durch Unfälle verloren. Schlachtschiffe und Kreuzer beschießen die Insel kurz.

3. 9. 1943 **Südwestpazifik**

US VII. Amphibious Force (KAdm. Barbey) landet 8000 Mann der austral. 9. Division ostwärts Lae (Neu Guinea). Unterstützung der Landung durch US-Zerstörer *Conyngham, Flusser, Perkins, Smith, Mahan, Lamson, Mugford, Drayton* und *Reid*. *Reid* erfaßt als »Radar-Picket«-Zerstörer einen anfliegenden jap. Bomberverband so rechtzeitig, daß er von US-Jägern abgefangen werden kann.

3.—5. 9. 1943 **Kanal**

Dt. 5. T-Flottille (KKpt. Koppenhagen) mit *T 25, Möwe, Kondor, T 19* und *T 27* führt im Kanal die Minenunternehmungen »Taube« und »Rebhuhn« durch.

6.—9. 9. 1943 **Nordmeer**

Unternehmen »Sizilien« (auch »Zitronella«): Dt. Kampfgruppe (Adm. Kummetz) mit den Schlachtschiffen *Tirpitz* (Kpt. z. S. Meyer) und *Scharnhorst* (Kpt. z. S. Hüffmeier) sowie die Zerstörer-Flottillen 4 (Kpt. z. S. Johannesson), 5 (Kpt. z. S. Wolff) und 6 (Kpt. z. S. Kothe) mit *Z 27, Z 29, Z 30, Z 31, Z 33, Erich Steinbrinck, Karl Galster, Theodor Riedel* und *Hans Lody* geht am Abend des 6. 9. vom Altafjord aus in See, um alliierte Stützpunkte auf Spitzbergen anzugreifen. Auf den Zerstörern ist ein Bataillon des Grenadier-Regiments 349 eingeschifft. 8. 9.: 03.00 Uhr entläßt Adm. Kummetz *Scharnhorst* und die 5. und 6. Z-Flottille, die anschließend im Grönfjord und in der Adventsbucht ihre Truppen an Land setzen. *Tirpitz* läuft mit der 4. Z-Flottille zur Beschießung von Barentsburg weiter. Küstenbatterien vernichtet, Kohlen- und Vorratslager, Wasser- und E-Werke gesprengt. 9. 9.: Rückkehr der Kampfgruppe in den Altafjord.

Am 19. 10. landet der US-Kreuzer *Tuscaloosa* mit 1 US- und 3 brit. Zerstörern norweg. Truppen in Spitzbergen zur Wiedererrichtung der Basen.

8.—12. 9. 1943 **Mittelmeer**

Am 8. 9. nachmittags gibt General Eisenhower in Algier den Abschluß des Waffenstillstandes mit Italien bekannt. Daraufhin Anlaufen der vorbereiteten dt. Gegenmaßnahmen (Fall »Achse«) zur Entwaffnung der Masse der ital. Streitkräfte.

Entsprechend den Waffenstillstandsbedingungen läuft die ital. Flotte (Adm. Bergamini †) von La Spezia mit den Schlachtschiffen *Roma, Vittorio Veneto* und *Italia* (9. Div.), den Kreuzern *Eugenio di Savoia* (Div.Adm. Oliva), *Duca d'Aosta* und *Montecuccoli* (7. Div.) und den Zerstörern *Mitragliere, Fuciliere, Carabiniere, Velite* (12. Fl.), *Legionario, Oriani, Artigliere* und *Grecale* (14. Fl.) aus und vereinigt sich mit den von Genua kommenden Kreuzern *Duca degli Abruzzi, Garibaldi* und *Regolo* (8. Div.) sowie dem T-Boot *Libra*. Von der dt. Luftaufklärung erfaßt, wird der Verband am 9. 9. nachmittags von 11 *Do 217* der III./K. G. 100 von Istres bei Marseille aus westlich der Straße von San Bonifacio mit Gleitbomben FX 1400 angegriffen. Oblt. Schmetz erzielt einen Volltreffer auf der *Roma*, die sinkt. Die *Italia* wird durch Treffer beschädigt. Die von Castellamare kommenden Zerstörer *Da Noli* und *Vivaldi* werden in der San-Bonifacio-Straße durch dt. Küstenbatterien beschossen und gehen durch Minen- bzw. Artillerietreffer verloren. Von den zur Bergung Überleben-

der zurückgelassenen *Regolo, Mitragliere, Fuciliere* und *Carabiniere* und den herangerufenen T-Booten *Libra, Orione, Orsa, Impetuoso* und *Pegaso* gehen *Libra* und *Orione* nach Bône, die übrigen laufen Port Mahon auf den Balearen an und lassen sich internieren, *Pegaso* und *Impetuoso* versenken sich nach einer Kollision vor dem Hafen selbst. Die restliche Flotte läuft unter Führung von Div.Adm. Oliva nach Malta und wird am 10. 9. von den brit. Schlachtschiffen *Warspite* und *Valiant* mit Zerstörern aufgenommen.
Von Tarent geht am 9. 9. Adm. Da Zara mit den Schlachtschiffen *Andrea Doria* und *Caio Duilio* (5. Div.), den Kreuzern *Cadorna* und *Pompeo Magno* und dem Zerstörer *Da Recco* in See und trifft am 10. 9. in Begleitung des Schlachtschiffes *King George V.* in Malta ein. Aus den Adria-Häfen treffen außerdem das Schlachtschiff *Giulio Cesare*, das Flugzeugmutterschiff *Miraglia*, der Zerstörer *Riboty*, das T-Boot *Sagittario* in Malta ein. Ferner versammeln sich die Anfang September in Erwartung einer alliierten Landung im Raum vor Salerno aufgestellten und fahrbereit in Häfen liegenden ital. U-Boote (insgesamt 33) in alliierten Häfen. Bis zum 12. 9. erreichen aus Häfen des Tyrrhenischen Meeres 11 T-Boote, 8 Korvetten sowie kleinere Fahrzeuge Palermo.
In den von dt. Truppen besetzten Häfen werden die nichtfahrbereiten Schiffe durch ihre Besatzungen selbstversenkt, so die Kreuzer *Bolzano* und *Taranto*, die Zerstörer *Zeno, Corazziere* und *Maestrale*, die T-Boote *Ghibli, Lira, Procione, Cascino, Montanari* sowie zahlreiche kleinere Fahrzeuge, weitere werden von dt. Streitkräften sichergestellt, darunter zahlreiche Neubauten in den Werften, die z. T. für die dt. Kriegsmarine fertiggestellt werden.

9. 9.—3. 12. 1943 **Indischer Ozean**

Das ital. U-Boot *Cagni* (KKpt. Roselli-Lorenzini), das auf dem Marsch im Südatlantik den brit. Hilfskreuzer *Asturias* (22048 BRT) am 25. 7. torpediert hat, operiert bis zum 9. 9. ohne Erfolg vor Südafrika und läuft nach der ital. Kapitulation am 20. 9. in Durban ein. Der zur Aufnahme ital. U-Boote in See gegangene Kolonialkreuzer *Eritrea* entkommt von Sabang nach Colombo.
Von den von Penang aus operierenden jap. U-Booten versenkt *I-27* (Kptlt. Fukumura) an der indischen Westküste 1 Schiff mit 5151 BRT, 1 weiteres Schiff wird durch einen Blindgängertreffer beschädigt (7176 BRT). *I-10* (Kpt. z. S. Tonozuka) versenkt im Sept./Okt. im Golf von Aden 4 Schiffe mit 22906 BRT und torpediert am 5. 10. aus dem Konvoi AP. 47 1 Tanker mit 9057 BRT. Nach einer Brennstoffversorgung aus dem Tanker *Brake* vom 9.—14. 9. operieren die dt. U-Boote der Gruppe »Monsun« an der indischen Westküste, im Golf von Oman, im Golf von Aden, an der ostafrikanischen Küste und um den Chagos Archipel, dabei versenken bis Ende Oktober *U 532* (FKpt. Junker) 4 Schiffe mit 24484 BRT, 1 Schiff mit 5845 BRT torpediert, *U 188* (Kptlt. Lüdden) 1 Schiff mit 7176 BRT versenkt, 1 Schiff mit 9977 BRT torpediert, *U 168* (Kptlt. Pich) 1 Schiff mit 2183 BRT und 6 Segler versenkt. Weitere Angriffe dieser Boote und von *U 183* (KKpt. Schäfer) und *U 533* (Kptlt. Henning) werden z. T. durch Torpedoversager vereitelt. *U 533* wird am 16. 10. durch 2 Flugzeuge im Persischen Golf versenkt, die anderen Boote gehen nach Penang. Im Okt./Nov. klärt das jap. U-Boot *I-37* (KKpt. Otani) mit seinem Bordflugzeug am 4. 10. das Chagos Archipel, am 10. 10. Diego Suarez, am 17. 11. Kilindini und am 23. 11. die Seychellen auf und versenkt 2 Schiffe mit 13376 BRT. Vor der indischen Süd- und Westküste und dem Chagos-Archipel bleiben im Okt./Nov. die jap. U-Boote *I-166, I-162* und *I-165* bei z. T. 2 Unternehmungen ohne Erfolg. Im November bis Anfang Dezember versenkt *I-27* (Kptlt. Fuku-

mura) im Golf von Aden 4 Schiffe mit 23908 BRT und torpediert 1 Schiff mit 7126 BRT. Das aus Frankreich kommende Transport-U-Boot *I-8* kehrt am 28. 11. nach Singapore zurück und erreicht Japan. Das zu einer Transportfahrt auslaufende *I-34* wird vor Penang durch das brit. U-Boot *Taurus* am 12. 11. versenkt.

9.—11. 9. 1943 **Mittelmeer**

In einer improvisierten Operation »Slapstick« landet das brit. 12. Kreuzer-Geschwader (Commodore Agnew) mit *Aurora, Penelope, Sirius, Dido,* dem Minenkreuzer *Abdiel* und dem US-Kreuzer *Boise* die 1. brit. Luftlande-Div. in Tarent. Deckung der Operation durch VAdm. Power mit den Schlachtschiffen *Howe* und *King George V.*, von denen letzteres die aus Tarent kommenden ital. Schiffe aufnimmt. Während der Operation geht die ital. Korvette *Baionetta* mit dem Kreuzer *Scipione Africano* nach Pescara, um den ital. König und die Regierung nach Brindisi zu bringen.

Die dt. S-Boote *S 54* (Oblt. z. S. Klaus-Degenhard Schmidt) und *S 61* (Obermaat Blömker) verlassen am Abend der ital. Kapitulation Tarent, nachdem sie unbemerkt im Hafen einige Minen geworfen haben. Darauf sinkt am 10. 9. der brit. Minenleger *Abdiel* (2650 ts) mit schweren Verlusten unter den eingeschifften 400 Soldaten. Die beiden S-Boote versenken auf ihrem Marsch durch die Adria am 11. 9. vor Ancona das ital. Kanonenboot *Aurora* (935 ts), südlich von Venedig den ital. Zerstörer *Sella* und kapern den mit 700 Soldaten beladenen neuen Truppentransporter *Leopardi* (4572 BRT). Mit dem letzten Brennstoff erreichen die S-Boote Venedig und zwingen den dortigen Seebefehlshaber zur Kapitulation.

9.—16. 9. 1943 **Mittelmeer**

Operation »Avalanche«: Landung der 5. US-Armee (GenLt. Clark) mit dem VI. US- und dem X. brit. Korps in der Bucht von Salerno. Führung der Landungsflotte VAdm. Hewitt (USN) auf dem Führungsschiff *Ancon*. Südlicher (US)-Abschnitt Task Force 81 (KAdm. Hall) mit Unterstützung durch US-Kreuzer *Philadelphia, Savannah, Brooklyn,* brit. Monitor *Abercrombie,* niederl. K-Boot *Flores,* US-Zerstörer *Woolsey, Ludlow, Bristol, Edison, Wainwright, Trippe, Rhind, Rowan, Plunkett, Niblack, Benson, Mayo, Gleaves, Dallas, Bernadou* und *Cole*. Nördlicher (brit.) Abschnitt Task Force 85 (Commodore Oliver) mit brit. Kreuzern *Mauritius, Uganda, Orion, Delhi,* Monitor *Roberts,* Zerstörer *Laforey, Lookout, Loyal, Nubian, Tartar, Mendip, Dulverton, Tetcott, Belvoir, Brocklesby, Quantock, Blackmore, Brecon, Beaufort, Exmoor, Ledbury, Blankney* und *Pindos* (griech.). Deckung der Landung durch Force H (VAdm. Willis) mit Schlachtschiffen *Nelson, Rodney,* Trägergruppe (KAdm. Moody) mit *Illustrious* und *Formidable* sowie den Zerstörern *Quilliam, Queenborough, Quail, Petard, Troubridge, Tyrian, Tumult, Offa, Piorun* (poln.), *Faulknor, Intrepid, Eclipse, Inglefield, Fury, Ilex, Raider, Echo, Vasilissa Olga* (griech.), *Le Fantasque* und *Le Terrible* (franz.). Luftsicherung des Landungsraumes durch Task Force 88 (KAdm. Vian) mit dem Leichten Träger *Unicorn,* den Geleitträgern *Battler, Attacker, Hunter, Stalker,* den Leichten Kreuzern *Euryalus, Scylla, Charybdis* und den Zerstörern *Cleveland, Holcombe, Atherstone, Liddesdale, Farndale, Calpe, Haydon* sowie *Slazak* und *Krakowiak* (poln.).

Gegen starken und sich versteifenden dt. Widerstand gelingt die Landung am 9. 9., doch erreichen die gelandeten Truppen trotz starker Feuerunterstützung durch die Kreuzer und Zerstörer die gesteckten Ziele zunächst nicht. Der Monitor *Abercrombie* wird durch Minentreffer beschädigt. Am 10. und 11. 9. gewinnen die Landungstruppen nur langsam Boden. In der Nacht zum 11. greifen 3 dt. S-Boote der 3. S-Flottille einen US-Konvoi an und versenken den Zerstörer *Rowan*. Am 11. 9. beginnen starke dt. Luftangriffe, dabei werfen *Do 217* der II. und III./K. G. 100 Gleit- und Fernlenkbomben FX 1400 und Hs 293. Am 11. 9. wird die *Savannah* durch Volltreffer schwer beschädigt, die *Philadelphia* wird knapp verfehlt. Am 13. und 14. 9. führen 3 dt. Divisionen einen starken Panzerangriff, der den alliierten Brückenkopf eindrückt und in eine schwierige Lage bringt. Zur Feuerunterstützung stehen vor dem Landekopf der Monitor *Roberts*, die Kreuzer *Mauritius, Uganda, Orion, Aurora, Philadelphia, Boise*, die Zerstörer *Loyal, Lookout, Tartar, Nubian, Brecon, Quantock, Eggesford*. Bei Luftangriffen mit FX 1400 und Hs 293 werden *Uganda* durch Treffer schwer, *Philadelphia, Loyal, Nubian* durch Nahtreffer leichter beschädigt. Das Lazarettschiff *New Foundland* sinkt. Am 14. 9. treffen zunächst der Kreuzer *Penelope*, später *Euryalus, Scylla* und *Charybdis* ein. Am 14. und 15. 9. werden je 1 Nachschubtransporter von Bomben schwer getroffen und gehen verloren. Am 15. 9. greifen die *Valiant* und *Warspite* ein, letztere wird am 16. 9. von 2 Lenkbomben getroffen und schwer beschädigt. Am 16. 9. stoßen Spitzen der von Süden kommenden brit. 8. Armee zum Landekopf vor Salerno durch.

9.—23. 9. 1943 **Mittelmeer**

Nach Bekanntwerden der ital. Kapitulation kommt es auf Rhodos zu Kämpfen zwischen den schwächeren dt. Einheiten und der stärkeren ital. Besatzung, die am 11. 9. kapituliert. Damit wird die brit. Besetzung der Insel unmöglich. Vom 10.—17. 9. werden von leichten Fahrzeugen und griech. Caiques kleinere brit. Kampfgruppen und Commandos nach Castellorizzo, Kos, Leros, Kalymnos, Samos, Symi und Stampalia gebracht und richten sich dort mit Hilfe der ital. Besatzungen zur Verteidigung ein. Vom dt. Admiral Ägäis, KAdm. Lange, wird versucht, die Ägäis-Inseln zu verstärken und die ital. Gefangenen abzutransportieren. Bei Angriffen auf solche Geleite wird am 14. 9. das griech. U-Boot *Katsonis* (Lt. Laskos) durch den dt. U-Jäger *UJ 2101* (Kptlt. Vollheim) gerammt und versenkt. Am 16. 9. treffen 6 Zerstörer der brit. 8. Z-Flottille aus dem zentralen Mittelmeer in Alexandrien ein. Am 17. 9. versenken *Echo* und *Intrepid* den U-Jäger *UJ 2104* vor Stampalia, am 18. 9. greifen *Faulknor, Eclipse* und *Vasilissa Olga* (griech.) einen Konvoi an und beschädigen 2 Schiffe. Am 23. 9. versenkt die *Eclipse* südlich Rhodos das dt. T-Boot *TA 10* und den Dampfer *Donizetti* mit 1576 ital. Gefangenen an Bord, von denen ein Teil gerettet wird.

10.—16. 9. 1943 **Schwarzes Meer**

Zur Einleitung einer sowj. Großoffensive gegen den dt. Kuban-Brückenkopf werden unter Führung von KAdm. Cholostjakov am 10. 9. auf 129 Kleinfahrzeugen in 2 Treffen 8935 Mann der verstärkten 255. Marine-Inf.Brig. im Hafen von Novorossijsk gelandet, nachdem 25 Torpedokutter unter Kpt. 2. Rg. Procenko die Einfahrt geöffnet und Widerstandsnester ausgeschaltet haben. Im Hafengelände werden die sowj. Einheiten durch 2 dt. Marine-Komp. unter Kptlt. (MA) Hoßfeld und herangeführte Verstärkungen in schwere Kämpfe verwickelt und z. T. aufgerieben, ehe die planmäßigen Absetzbewegungen im Rahmen der Räumung des Kuban-Brückenkopfes beginnen. Durch die dt. Abwehr gehen die sowj. Torpedokutter *TKA-124, TKA-125* und die Wachkutter *SKA-025, SKA-032* und *SKA-084* verloren.

10. 9.—5. 10. 1943 **Mittelmeer**

Im Zuge der am 10. 9. beginnenden Evakuierung von Sardinien werden 25 000

Mann, 2300 Fahrzeuge, 5000 t Material über die Straße von San Bonifacio nach Korsika evakuiert. Nach Übereinkunft mit der ital. Besatzung marschieren die Truppen nach Bastia und werden von dort auf dem Luftweg — 21 107 Mann und 350 t Material — oder auf dem Seeweg nach Livorno und Elba evakuiert — 6240 Mann, 1200 Gefangene, 5000 t Material. Eingesetzt unter Kpt. z. S. v. Liebenstein 15 Dampfer und rund 120 Fährprähme und sonstige kleine Fahrzeuge. Bei einem US-Luftangriff am 21. 9. gehen 5 Dampfer verloren. Das brit. U-Boot *Unseen* (Lt. Crawford) versenkt am 21. 9. das dt. Minenschiff *Brandenburg* und das Nachtjagdleitschiff *Kreta, Uproar* (Lt. Herrick) 1 Schiff mit 731 BRT, und am 24. 9. zusammen mit dem poln. *Dzik* (Cdr. Romanowski) und dem brit. *Ultor* (Lt. Hunt) den Tanker *Champagne* (9946 BRT), *Sibyl* (Lt. Turner) versenkt 1 Schiff mit 2910 BRT und das Begleitschiff *Hummer*. Das Minenschiff *Pommern* sinkt am 5. 10. durch Minentreffer. Vom 13. 9.—1. 10. transportieren die franz. U-Boote *Casabianca* (FKpt. d'Herminier), *Perle, Aréthuse,* die Zerstörer *Le Fantasque, Tempête* und *L'Alcyon* sowie ab 20. 9. die Kreuzer *Jeanne d'Arc* und *Montcalm* in z. T. mehreren Fahrten 6600 franz. Soldaten und 1276 ts Material nach Ajaccio. Die ital. Zerstörer *Legionario* und *Oriani* transportieren brit. Kontingente von Malta nach Korsika.

10. 9.—12. 11. 1943 **West- und Südatlantik**

Bei Operationen in entfernten Gewässern versenken *U 161* (Kptlt. Achilles) und *U 170* (Kptlt. Pfeffer) an der brasilian. Küste 3 Schiffe mit 10 770 BRT bzw. 1 Schiff mit 4663 BRT. *U 161* wird am 27. 9. durch ein Flugboot der USN-VP. 74 versenkt. *U 518* und *U 123* im Golf von Mexiko und vor der Guayana-Küste bleiben ohne Erfolg, *U 214* legt am 9. 10. eine Minensperre vor Colon (Panama), *U 220* (Oblt. z. S. Barber) vor St. Johns — 2 Schiffe mit 7199 BRT gesunken. *U 536* kommt südlich Nova Scotia nicht zum Angriff.

12. 9.—9. 10. 1943 **Schwarzes Meer**

Dt. 17. Armee (Gen. d. Pion. Jaenecke) räumt in planmäßigem Zurückgehen über vorbereitete Sperrstellungen den Kuban-Brückenkopf (Unternehmen »Brunhild«) und verhindert dabei Durchbrüche der gleichzeitig zum Angriff angetretenen sowj. Nordkaukasus-Front (Gen.Oberst Petrov). Unter Einsatz von dt. MFP der 1., 3., 5. und 7. L-Flottillen (Kptlt. Giele, FKpt. Strempel, KKpt. Mehler, KKpt. Stelter), Siebelfähren, Pionierfähren sowie Schleppern und Leichtern und Fluß-Zugschiffen werden unter der Leitung des Adm. Schwarzes Meer, VAdm. Kieseritzky †, und des Seekommandanten Kaukasus, Kpt. z. S. Grattenauer, 239 669 Mann, 16 311 Verwundete, 27 456 Zivilpersonen, 115 477 t Material, 21 230 Kraftfahrzeuge, 27 741 bespannte Fahrzeuge, 1815 Geschütze, 74 Panzer, 74 657 Pferde und 6255 Stück Vieh über die Straße von Kerč abtransportiert. Überholende Landungen, die von sowj. leichten Fahrzeugen an der Süd- und von der sowj. Azov-Flottille (KAdm. Gorškov) an der Nordküste durchgeführt werden, können die dt. Bewegungen nicht mehr behindern. Die Sicherung der Kerč-Straße gegen Einbrüche sowj. Schiffe übernehmen die 1. S-Flottille, die 3. R-Flottille und Artillerieträger, dabei mehrfach Gefechte mit sowj. leichten Streitkräften, so am 17., 20. und 24. 9. Bei einem Angriff der 1. S-Flott. gegen Anapa am 26./27. 9. werden mehrere an der Pier liegende Dampfer getroffen.

Am 30. 9. führen die sowj. Zerstörer *Sposobnyj, Bojkij* und *Bespoščadnyj* einen erfolglosen Vorstoß gegen die dt. Räumungstransporte an der Südküste der Krim.

Vor der Kaukasusküste versenkt das dt. *U 18* (Oblt. z. S. Fleige) am 18. 9. ein

kleines Schiff bei Tuapse, *U 20* (Oblt. z. S. Schöler) legt am 20. 9. vor Soči Minen und versenkt am 30. 9. vor Anapa einen Leichter.
Südlich Evpatorija verfehlt am 22. 9. das sowj. U-Boot *S-33* den von dem rumän. Zerstörer *Regele Ferdinand* gesicherten Dampfer *Santa Fé.* Am 28. 9. läuft das U-Boot *M-113* westlich der Krim auf eine Mine und erreicht schwer beschädigt seinen Stützpunkt.

12. 9.—20. 10. 1943 **Mittelmeer**

Bei U-Boot-Operationen gegen den Landekopf Salerno schlagen am 12., 15. und 24. 9. Angriffe von *U 565, U 616* und nochmals *U 565* fehl, nur *U 593* (Kptlt. Kelbling) versenkt am 21. und 25. 9. 1 Schiff mit 7176 BRT und den US-Minensucher *Skill.* Vor der alger. Küste versenkt *U 410* (Oblt. z. S. Fenski) am 26. und 30. 9. aus dem Konvoi UGS. 17 1 Schiff und aus einem Westkonvoi 2 Schiffe mit zus. 17 031 BRT. Vor der Cyrenaika versenkt *U 596* (Kptlt. Jahn) 1 Schiff mit 5542 BRT.
Ab 2. 10. werden im Mittelmeer erstmals »T-5«-Torpedos eingesetzt. Vor der alger. Küste versenken *U 223* (Kptlt. Wächter) 1 Schiff mit 4970 BRT und *U 371* (Kptlt. Mehl) vom 11.—15. 10. den brit Minensucher *Hythe*, den US-Zerstörer *Bristol* und aus dem GUS. 18 1 Schiff mit 7176 BRT. Angriffe von *U 73* und *U 431* bleiben ohne Erfolg. Von den gegen den Landekopf Salerno eingesetzten U-Booten versenkt *U 616* (Oblt. Koitschka) den US-Zerstörer *Buck*, 2 Angriffe schlagen fehl, ebenso 4 von *U 380* und 2 von *U 81.*
U 73 (Oblt. Deckert) versenkt vor Bône 1 Schiff mit 4531 BRT.

18.—23. 9. 1943 **Nordatlantik**

Wiederaufnahme der U-Boot-Gruppenoperationen im Nordatlantik nach Ausrüstung der U-Boote mit 8 bis 2-cm-Flak, Fukmeßbeobachtungsgeräten und Zielsuchtorpedos »Zaunkönig« (T-5).
Gegen die ab 20. 9. erwarteten Konvois ON. 202 und ONS. 18 wird auf der Ostseite des Nordatlantik die Gruppe »Leuthen« mit *U 584, U 305, U 731, U 260, U 641, U 758, U 378, U 229, U 386, U 338, U 645, U 270, U 275, U 377, U 666, U 238, U 422, U 341, U 952, U 402* vorgesehen. 5 von ihnen sind vorher aus *U 460* versorgt, die anderen kommen ohne Ausfälle durch die Biskaya. Am 19. 9. vorm. versenkt ein *Liberator* der RCAF-Sq. 10 *U 341* im Südteil des Vp.-Streifens. Die brit. Admiralität leitet die Konvois nach Nordwesten um: ON. 202 mit 38 Schiffen und Escort Group C. 2 mit den Zerstörern HMCS. *Gatineau* (Cdr. Burnett) und HMS. *Icarus*, der Fregatte HMS. *Lagan*, den Korvetten HMS. *Polyanthus*, HMCS. *Drumheller* und HMCS. *Kamloops*. ONS. 18 mit 27 Schiffen und Escort Group B. 3 mit den Zerstörern HMS.*Keppel* (Cdr. Evans), HMS. *Escapade*, der Fregatte HMS. *Towy*, den Korvetten HMS. *Orchis*, HMS. *Narcissus*, FFS. *Roselys*, FFS. *Lobélia*, FFS. *Renoncule* und dem Trawler HMT. *Northern Foam*. Im Konvoi ferner der »Merchant Aircraft Carrier« *Macalpine*. Vormittags erhält die kanad. 9th Support Group mit der Fregatte *Itchen*, den Zerstörern *St. Croix* und *St. Francis* und den Korvetten *Chambly, Sackville* und *Morden* den Befehl, zum Konvoi ONS. 18 zu stoßen. Am Abend des 19. 9. geraten einige U-Boote, ohne es selbst zu bemerken, in die Sicherung des ONS. 18, *Roselys* verfolgt ein U-Boot mit Wabos, *Escapade* wird bei einem »Hegdehog«-Angriff durch Frühzünder schwer beschädigt. Am 20. 9. früh meldet *U 270* (Kptlt. Otto) den ON. 202, wird dabei mit HF/DF gepeilt und von der Fregatte *Lagan* (LCdr. Bridgeman) angelaufen. *U 270* trifft die *Lagan* mit einem T-5 ins Achterschiff, *Gatineau* drückt *U 270* unter Wasser. *Lagan* wird eingeschleppt, Der B. d. U. setzt die Gruppe »Leuthen« an. Der eingepeilte

zweite Fühlunghalter *U 238* (Oblt. z. S. Hepp) wird von der *Polyanthus* abgedrängt, folgt aber der Korvette und kann 3 Stunden später im Unterwasserangriff 2 Liberty-Schiffe von je 7176 BRT torpedieren, von denen eines sinkt, das zweite später von *U 645* (Kptlt. Ferro) versenkt wird. T-5-Schüsse von *U 645* und *U 402* (KKpt. Frhr. v. Forstner) gegen die das Rettungsschiff *Rathlin* sichernden *Gatineau* und *Polyanthus* gehen fehl. Am Vorm. des 20. 9. setzt Luftsicherung durch *Liberators* der RAF-Squ. 120 ein. Ehe genügend U-Boote in der Nähe des Konvois versammelt sind, gibt *U 338* (Kptlt. Kinzel) das verabredete Signal »bleibe zur Abwehr oben«, auf das hin sich die U-Boote mit ihrer Flak den Weg gegen die Luftsicherung zum Konvoi erkämpfen sollen. Einzeln wird das U-Boot von einer *Liberator* mit einem akustisch-zielsuchenden U-Jagdtorpedo »Fido« versenkt. Die Fühlung geht zunächst verloren, nachdem *U 731* abgedrängt ist. Die Admiralität ordnet die Vereinigung der Konvois unter dem SOE. Cdr. Evans an, die am Abend beendet ist. Das Fühlung gewinnende *U 386* wird eingepeilt und von *Keppel* und *Roselys* mit Wabos belegt, ein Dämmerungsangriff von *U 260* gegen Dampfer schlägt wegen Blindgängern fehl. Die auf eine HF/DF-Peilung angesetzte *St. Croix* (LCdr. Dobson) wird von *U 305* (Kptlt. Bahr) mit T-5 getroffen und mit Fangschuß versenkt, während die zur Unterstützung entsandte *Itchen* anläuft, in deren Kielwasser ein T-5 detoniert. In der Nacht zum 21. 9. versuchen die U-Boote, sich den Weg zu den Dampfern »freizuschießen«. Mit T-5 verfehlt *U 229* (Oblt. z. S. Schetelig) die *Icarus*, die beim Ausweichen mit der *Drumheller* leicht kollidiert. *U 260* (Kptlt. Purkhold) verfehlt die *Narcissus*, die zur *St. Croix* entsandte *Polyanthus* wird von *U 952* (Oblt. z. S. Curio) versenkt. Weitere T-5-Schüsse von *U 229*, *U 641* (Oblt. z. S. Rendtel), *U 270*, *U 377* (Oblt. z. S. Kluth) und *U 584* (Kptlt. Deecke) gehen fehl oder detonieren im Kielwasser der anlaufenden Escorts. Gegen Morgen, am 21. 9. setzt Nebel ein, *Renoncule* und *Roselys* drängen das mit Horchpeilungen noch Fühlung haltende *U 377* ab. In aufreißenden Nebellöchern startet die *Macalpine* ihre *Swordfish*-Flugzeuge zur Luftsicherung.
Am Abend des 21. 9. kommt *U 584* heran und führt 7 andere Boote in die Nähe, 2 Boote werden von *Renoncule*, 1 Boot von *Roselys* abgedrängt, *U 584* von *Chambly* nach einem T-5-Fehlschuß mit Artillerie beschädigt, *U 952* von *Northern Foam* fast gerammt, gegen Morgen drängen *Roselys*, *Lobélia* und *Renoncule* je ein weiteres Boot ab, das mit HF/DF gepeilte *U 229* wird von *Keppel* mit Artillerie und Rammstoß versenkt.
Erst am Nachmittag des 22. 9. lichtet sich der Nebel, *Swordfishs* der *Macalpine* und *Liberators* der RCAF-Squ. 10 übernehmen die Luftsicherung, U-Boote nehmen den Kampf mit der Flak auf und drängen die Flugzeuge z. T. ab. *U 377* und *U 270* werden beschädigt. *U 402* wehrt einen Bomber ab. *U 260* wird von *Itchen* nach HF/DF-Peilung unter Wasser gedrückt, *U 952* verfehlt mit T-5 die *Renoncule*, *U 731* (Oblt. z. S. Techand) eine andere Korvette. Im Dunkeln sichtet *Morden* vor dem Konvoi *U 666* (Kptlt. Engel), das 2 T-5 schießt, von denen einer dicht hinter der *Morden* detoniert, der zweite die *Itchen* durch Volltreffer zur Explosion bringt. In der entstehenden Unordnung versenkt *U 238* mit einem FAT-Fächer 3 Schiffe mit 15 872 BRT. Ein T-5 von *U 260* detoniert im Kielwasser der *Chambly*. Gegen Morgen setzt wieder Nebel ein, nach Hellwerden müssen sich die U-Boote erneut gegen die *Liberators* der RCAF-Squ. 10 zur Wehr setzen, dabei wird *U 422* beschädigt. *U 952* versenkt noch 1 Schiff mit 6198 BRT und trifft ein Liberty-Schiff mit einem Blindgänger, *U 758* (Kptlt. Manseck) versenkt 1 Havaristen mit Fangschuß und verfehlt die

zurückgebliebenen *Rathlin* und *Lobélia*. Am Morgen des 23. 9. muß die Operation abgebrochen werden.
Die Erfolgsmeldungen der U-Boote: bei 24 T-5-Schüssen 12 Escorts versenkt, 3 weitere wahrscheinlich, führen zu einer erheblichen Überschätzung der Wirksamkeit des neuen Torpedos.

21.—22. 9. 1943 **Norwegen**
Operation »Source« mit brit. Klein-U-Booten gegen die schweren dt. Schiffe im Alta-Fjord. Von den großen U-Booten *Thrasher, Truculent, Stubborn, Syrtis, Sceptre* und *Seanymph* geschleppt, sollen die Klein-U-Boote *X 5, X 6, X 7, X 9, X 10, X 8* in den Fjord eindringen und die Schlachtschiffe *Tirpitz, Scharnhorst* und den Kreuzer *Lützow* mit Grundminen angreifen. Auf dem Marsch gehen *X 9* und *X 8* verloren, *X 5* sinkt vermutlich in einem Minenfeld im Fjordeingang, *X 10* muß wegen einer Panne umkehren, nur *X 6* (Lt. Cameron) und *X 7* (Lt. Plaice) gelingt es, bis in den Netzkasten der *Tirpitz* vorzudringen und dort die Minen zu legen, durch deren Detonation das Schlachtschiff schwer beschädigt wird und bis März 1944 ausfällt.
Am 23. 9. läuft *Lützow* zur Verlegung in die Ostsee aus, wird von brit. Aufklärung am 26. und 27. 9. erfaßt, doch stoßen die von Shetland aus angesetzten *Beaufighter* und *Tarpon*-T-Bomber der FAA-Squ. 832 achtern an dem Schiff vorbei, das ohne Angriffe am 1. 10. Gotenhafen erreicht.

22. 9.—3. 10. 1943 **Südwestpazifik**
VII. Amphibious Force (KAdm. Barbey) mit schnellem Transporter *Brooks*, LST's und LSI's landet 20. austral. Brigade beiderseits Finschhafen. Unterstützung durch US-Zerstörer *Lamson, Mugford, Drayton, Flusser*. Sicherung der Landungsverbände durch US-Zerstörer *Conyngham (F), Perkins, Smith, Reid, Mahan, Henley*. Am 25. 9. versuchen die jap. U-Boote *I-177* und *I-176* letztmalig Lae und Finschhafen zu versorgen. Gegen die US-Operation werden die jap. U-Boote *Ro-100, Ro-104* und *Ro-108* angesetzt, von denen letzteres am 3. 10. die *Henley* versenkt. Finschhafen am 2. 10. erobert.

25. 9. 1943 **Nordsee**
Dt. Schnellboote versenken vor Harwich einen brit. Trawler und verlieren *S 96* nach Kollision mit der brit. *ML. 105*.

25. 9.—7. 10. 1943 **Südpazifik**
Vom 25.—28. 9. bringen die Japaner rund 100 Landungsboote und andere Kleinfahrzeuge an den Nordstrand von Kolombangara, um die Besatzung (GenMaj. Sasaki) zu evakuieren. Deckung 11 Zerstörer und die U-Boote *Ro-105, Ro-106*, und *Ro-109*, von denen eines den US-Kreuzer *Columbia* verfehlt. Danach Ansatz von US-Zerstörergruppen zur Blockade von Kolombangara: am 27./28. 9. Capt. Gillan mit *Charles Ausburne, Claxton, Dyson, Spence, Foote*, am 29./30. 9. Capt. Walker mit *Patterson, Foote, Ralph Talbot, McCalla*, am 1./2. 10. Capt. Cooke mit *Waller, Eaton, Cony* und Cdr. Chandler mit *Radford, Saufley, Grayson*, am 2./3. 10. Cdr. Larson mit *Ralph Talbot, Taylor, Terry*, am 3./4. 10. Gruppe Chandler. Mit Zerstörern, schnellen Transportern, Landungsbooten usw. gelingt es den Japanern (KAdm. Ijuin), 9400 Mann zu evakuieren. Rund $^1/_3$ der Kleinfahrzeuge mit rund 1000 Mann fällt den US-Zerstörern zum Opfer. Nach Abschluß der Kolombangara-Räumung versucht KAdm. Ijuin am 6./7. 10. mit den Zerstörern *Fumitsuki, Matsukaze, Yunagi* (Transportgruppe) und *Akigumo, Isokaze, Kazegumo, Yugumo, Shigure* und *Samidare* Vella Lavella zu evakuieren. Gegen den von der Luftaufklärung erfaßten Verband werden von

Norden Capt. Walker mit den US-Zerstörern *Selfridge, Chevalier* und *O'Bannon,* von Süden Capt. Larson mit *Ralph Talbot, Taylor* und *La Valette* angesetzt. Vor der Küste von Vella Lavella kommt es zum Gefecht der Gruppe Walker mit der jap. Deckungsgruppe. Die 3 US-Zerstörer feuern 14 Torpedos, von denen 1 die *Yugumo* trifft. Deren vorher gelöster Torpedofächer trifft die *Chevalier,* die nach einer Kollision mit *O'Bannon* sinkt. *Selfridge* führt das Gefecht weiter, wird aber durch 1 Torpedo der Fächer von *Samidare* und *Shigure* getroffen. Die Japaner drehen aber ab, Capt. Larson kommt nicht mehr heran und kann nur noch das Wrack der *Yugumo* versenken.

26. 9.—12. 10. 1943 **Mittelmeer**

Dt. Gegenangriff in der Ägäis. Am 26. 9. versenken *Ju 88* des L. G. 1 im Hafen von Leros die Zerstörer HMS. *Intrepid* und HHMS. *Vasilissa Olga,* am 1. 10. die ital. *Euro.*
Am 3. 10. führen dt. Schiffe und Behelfsfahrzeuge, gesichert von der 21. U-Jagdflott. und unterstützt von der Luftwaffe die Unternehmung »Eisbär« durch: Es werden Truppen auf Kos gelandet, welche die Besatzung überwältigen und 1388 Engländer und 3145 Italiener gefangennehmen. Wegen Brennstoffmangel können die Zerstörer HMS. *Aldenham,* HHMS. *Pindos* und HHMS. *Themistokles* den von der brit. Luftaufklärung erfaßten Invasionskonvoi nicht angreifen. Am 5. 10. versenken dt. Bomber in Leros den ital. Minenleger *Legnano.* Am 7. 10. wird ein von dem brit. U-Boot *Unruly* gemeldeter Konvoi für Kos mit dem Frachter *Olympos* (5216 BRT), 7 Marinefährprähmen und dem U-Jäger *UJ 2111* durch einen brit. Verband mit den Kreuzern *Sirius* und *Penelope* und den Zerstörern *Faulknor* und *Fury* südl. Levitha gestellt und bis auf einen MFP zusammengeschossen. 1027 Schiffbrüchige werden durch dt. Schiffe und Flugzeuge gerettet. Der ablaufende brit. Verband wird in der Scarpanto-Straße durch *Ju 87* der II./St. G. 3 und *Ju 88* des L. G. 1 und der II./K. G. 51 angegriffen, *Penelope* durch Bombentreffer beschädigt. Am 8. 10. versenkt das brit. U-Boot *Unruly* (Lt. Fyfe) das mit Nachschub für Kos beladene dt. Minenschiff *Bulgaria* (1108 BRT) und verfehlt das Minenschiff *Drache.* Am 9. 10. stößt der brit. Kreuzer *Carlisle* mit den Zerstörern *Panther* und *Rockwood* ins Seegebiet südlich Piräus vor, um weitere dt. Geleite abzufangen. In der Scarpanto-Straße greifen *Ju 87* der II./St. G. 3 an und versenken die *Panther.* Die *Carlisle* wird schwer beschädigt von *Rockwood* nach Alexandrien geschleppt (nicht wiederhergestellt).

27. 9.—9. 10. 1943 **Nordatlantik**

Gegen den vom dt. B-Dienst erfaßten Konvoi ON. 203 wird am 27. 9. die U-Boot-Gruppe »Roßbach« im mittleren Nordatlantik mit *U 389, U 279, U 643, U 641, U 731, U 539, U 666, U 336, U 758, U 584, U 610, U 419, U 378, U 952, U 645, U 260, U 603, U 275, U 448, U 305, U 631* und *U 402* aufgestellt. Der Konvoi umgeht am 28./29. 9. den Streifen im Norden. Sicherung Escort Group C. 4 mit den brit. Zerstörern *Hotspur, Churchill* und den Korvetten *Collingwood, Woodstock* (kanad.) und *Nasturtium, Orillia, Trillium* (brit.). Trotz einer Verschiebung nach Norden passiert auch der vom B-Dienst gemeldete Konvoi ONS. 19 am 30. 9. den Streifen im Norden, dabei wird *U 279* von einer *Hudson* der RAF-Squ. 269 angegriffen. Am 1. 10. passiert der Konvoi HX. 258 den Streifen im Süden, *U 631* wird gebombt, *U 448* und *U 402* wehren mit Flak *Venturas* der USN. Squ. VB. 128 ab. Bei Operationen zur Sicherung des Konvois ON. 204 werden am 3. 10. *U 610* und *U 275* durch Flugzeuge, *U 336* und *U 666* durch Sicherungsfahrzeuge angegriffen, *U 666* dabei durch Wabos beschädigt. Am

4. 10. versenken eine *Ventura* der USN. VB. 128 *U 336* und eine *Liberator* der RAF-Squ. 120 *U 305*. *U 731* und *U 641* werden durch Luftangriffe beschädigt, am 5. 10. versenkt eine *Hudson* der RAF-Squ. 269 mit Raketen *U 389*. Der Konvoi wird nicht erfaßt.
Ab 6. 10. wird die Gruppe »Roßbach« mit *U 309, U 762, U 643, U 641, U 539, U 448, U 610, U 419, U 378, U 645, U 260, U 603, U 275, U 631, U 91, U 731* und *U 758* zur Erfassung der vom B-Dienst gemeldeten Konvois HX. 259 und SC. 143 nach Süden verschoben. Am 7. 10. abends sichtet *U 448* die dem SC. 143 (39 Schiffe, 1 »Merchant Aircraft Carrier«, 9 Sicherungsfahrzeuge) zur Unterstützung zugeteilte 3rd Support Group mit den Zerstörern *Musketeer, Oribi, Orwell* und *Orkan* (poln.).Im Laufe der Nacht gewinnen 8 Boote an Sicherungsfahrzeugen Fühlung. *U 378* wird durch Flugzeuge abgedrängt. *U 758* (Kptlt. Manseck) wird nach einer von *Musketeer* eingepeilten Fühlunghaltermeldung von *Orkan* angegriffen, ein zur Abwehr geschossener T-5 detoniert im Kielwasser des Zerstörers. *U 610* verfehlt einen Zerstörer mit T-5. Gegen Morgen am 8. 10. wird die *Orkan* (Cdr. Hryniewiecki) von *U 378* (Kptlt. Mäder) mit T-5 versenkt. Einsetzende Luftsicherung drängt die U-Boote ab, *Liberators* der RAF-Squ. 86 und 120 und eine *Sunderland* der RCAF-Squ.423 versenken *U 419, U 643* und *U 610* und beschädigen *U 762*. Ein erstmalig über dem Atlantik eingesetztes dt. Großflugboot *BV 222* sichtet zwar den SC. 143, doch fangen die U-Boote seine Peilzeichen nicht auf. Nur *U 91* verfehlt am Abend einen Zerstörer mit T-5, wird aber durch die erstmals am Nordatlantik-Konvoi nachts eingesetzten Flugzeuge mit »Leigh-Light« abgedrängt. Am Morgen des 9. 10. muß die Operation abgebrochen werden. *U 645* (Kptlt. Ferro) prallt in unsichtigem Wetter auf eine versprengte Konvoi-Gruppe und versenkt 1 Schiff mit 5612 BRT.

28. 9.—1. 11. 1943 **Mittelatlantik**

Der U-Tanker *U 488* (Oblt. z. S. Bartke) versorgt am 28. 9. und 4. 10. westlich der Azoren die zurückkehrenden *U 68, U 155* und *U 103*. *U 460* (Kptlt. Schnoor), das im September bereits 8 Nordatlantikboote versorgt hat, wird am 4. 10. bei der Versorgung von *U 455, U 264* und *U 422* nördlich der Azoren von einem Flugzeug des Geleitträgers *Card* (Capt. Isbell) gesichtet. Von den in 3 Wellen angreifenden 12 Flugzeugen werden der zu spät tauchende Versorger und *U 422* versenkt, das das Tauchmanöver deckende *U 264* (Kptlt. Looks) schwer beschädigt. Der Konvoi UGS. 19 passiert ungefährdet. Am 11./12. 10. wird die Versorgungsgruppe mit *U 488* und *U 402, U 584, U 731, U 378* mehrfach von Flugzeugen der *Card* gesichtet und das Versorgungsgebiet nach Südosten verlegt, wo die Flak-U-Boote *U 271* und *U 256* die Sicherung des Tankers übernehmen. Am 13. 10. versenken Flugzeuge *U 402; U 731* wird beschädigt. Auf dem neuen Platz gelingt die Versorgung von *U 758, U 378, U 641* und *U 731*, bis am 20. 10. die *Core*-Gruppe mit den Zerstörern *Greene, Belknap, Goldsborough* eintrifft, die den Konvoi UGS. 20 sichert. Flugzeuge der *Core* versenken *U 378* und beschädigen *U 271*. Zur Unterstützung des Tankers trifft das von einer Minenunternehmung kommende *U 220* ein, das *U 603, U 256* betankt, ehe es am 28. 10. durch ein Flugzeug des Geleitträgers *Block Island* versenkt wird. Während *U 488* weiter nach Südwesten zur Versorgung von *U 193, U 103, U 530* und *U 129* geht, treffen sich nördlich der Azoren einzelne Boote zu gegenseitiger Ergänzung und Unterstützung. Am 30. 10. trifft dabei die den Konvoi GUS. 18 begleitende *Card*-Gruppe mit den Zerstörern *Borie, Goff* und *Barry* auf 1 U-Boot, das entkommt, am 31. 10. wird *U 584* versenkt, *U 91* kann rechtzeitig tauchen. Am 1. 11. trifft die auf den Kampfplatz entsandte *Borie* (LCdr. Hutchins) auf *U 405* (KKpt. Hopmann †). In einem einstündigen Duell mit Torpedos, Artillerie und beiderseitigen Rammstößen sowie Enterversuchen sinkt *U 405, Borie* muß aufgegeben werden.

29.—30. 9. 1943 **Kanal**

Dt. 5. T-Fl. mit *T 27, Kondor, Greif, T 19* und *T 26* führt im Kanal Minenunternehmen »Talsohle« durch.

30. 9.—8. 10. 1943 **Nordatlantik**

Nach anglo-portugies. Abkommen vom 18. 8. werden auf den Azoren-Inseln Fayal und Terceira alliierte Luftbasen eingerichtet, Operation »Alacrity«. Zum Transport der Einrichtungen und des Personals für die RAF-Air Group 247 (Air Vice Marshal Bromet) laufen 3 kleine Konvois (Commodore Holt) mit Transporter *Franconia,* Tankern, Frachtern und kleineren Fahrzeugen für die lokale Sicherung zu den Azoren. Sicherung Escort Group B. 5 mit Zerstörer *Havelock, Volunteer, Warwick,* Korvetten *Buttercup, Lavendel, Godetia,* Sloop *Lowestoft,* ferner 8th Support Group mit Geleitträger *Fencer,* Zerstörern *Inconstant, Garland, Burza* (poln.), *Viscount, Whitehall, Wrestler.* Am 18. 10. trifft der erste *Fortress*-Bomber ein, am 19. 10. erster Einsatz.

★

1.—31. 10. 1943 **Pazifik**

Von den im Oktober in ihren Operationsgebieten eintreffenden US-U-Booten versenken vor den Kurilen und Japan *Grayback* (LCdr. Moore) 3 Schiffe mit 22 423 BRT, 1 weiteres Schiff torpediert und 1 Schiff mit 9138 BRT zusammen mit *Shad* versenkt, *Lapon* (LCdr. Stone) versenkt 2 Schiffe mit 2339 BRT, *S 28* (LCdr. Sislet) 1 Schiff mit 1368 BRT, *Tullibee* (Cdr. Brindupke) 1 Schiff mit 5866 BRT. *Salmon* (LCdr. Nicholas) torpediert 1 Schiff. Im Zentralpazifik versenken *Flying Fish* (LCdr. Donaho) 1 Schiff mit 6550 BRT, 1 weiteres Schiff torpediert, *Guardfish* (LCdr. Ward) 1 Schiff mit 5460 BRT, *Peto* (LCdr. Nelson) 2 Schiffe mit 9910 BRT, *Rasher* (Cdr. Hutchinson) 4 Schiffe mit 9143 BRT, *Silversides* (LCdr. Coye) 4 Schiffe mit 15 397 BRT und *Tinosa* und *Steelhead* zusammen 1 Tanker mit 8000 BRT. Im Südwestpazifik versenken *Gurnard* (LCdr. Andrews) 2 Schiffe mit 11 468 BRT, *Kingfish* (LCdr. Stone) 2 Schiffe mit 2339 BRT, *Puffer* (LCdr. Jensen) 1 Schiff torpediert, *Seawolf* (LCdr. Gross) 2 Schiffe mit 6399 BRT versenkt.

2. 10.—27. 11. 1943 **Ostsee**

Starke Zunahme der sowj. Luftangriffe gegen die Schiffahrt in der Ostsee, dabei besonders die aus Lend-Lease-Lieferungen stammenden *Boston*-Bomber der Minen-Torpedo-Division der Marine-Luftwaffe mit Torpedos eingesetzt. Sie legen auch Minen. Torpedoangriffe besonders im Raum Irben-Straße, häufige Fehlwürfe, am 1. 11. wird der Dampfer *Marienburg* (1322 BRT) versenkt. Durch Minen gehen mehrere dt. Dampfer verloren, der finn. Eisbrecher *Sisu* wird beschädigt. Schlachtflugzeuge greifen in zunehmendem Maße die Sperrbewachungen im Finnenbusen an, am 4. 11. werden die dt. M-Boote *M 16* schwer, *M 18, M 30, M 459* und *M 460* leicht beschädigt.

3./4. 10. 1943 **Kanal**

Seegefecht der dt. 4. T-Flottille (KKpt. Kohlauf) mit *T 23, T 22, T 25, T 26* und *T 27* vor Les Sept Iles mit 5 brit. Zerstörern.

3. 10.—25. 12. 1943 **Mittelmeer**

Bei alliierten U-Boot-Operationen im westlichen Mittelmeer versenken die brit. *Ultimatum* (Lt. Kett) *U 431* und *Ultor* (Lt. Hunt) 1 Schiff mit 3723 BRT im Oktober, *Uproar* (Lt. Herrick) torpediert im November 1 Schiff, *Untiring* (Lt. Boyd) versenkt 1 Netztender, *Universal* (Lt. Gordon) 1 Schiff mit 2497 BRT. Das franz. U-Boot *Orphée* (Kptlt. Dupont) versenkt 1 Schlepper, *Casabianca* (Oblt. Bellet) versenkt den U-Jäger *UJ 6076* und torpediert 1 Schiff. Im Oktober versenkt das poln. *Sokol* (Cdr. Karnicki) in der Adria 2 kleine Schiffe. In der Ägäis werden im November von *Simoon* (Lt. Milner) 1 Schiff torpediert und von *Sickle* (Lt. Drummond) 1 Schiff mit 3160 BRT und von *Torbay* (Lt. Clutterbuck) 1 Schiff mit 2609 BRT und 1 Dock versenkt, im Dezember von *Sokol* 1 Schiff mit 5609 BRT, von den brit. *Surf* (Lt. Lambert) 1 Schiff mit 2719 BRT und *Sportsman* (Lt. Gatehouse) 1 Schiff mit 3838 BRT versenkt.

4. 10. 1943 **Norwegen**

Raid der durch US-Einheiten verstärkten Home Fleet gegen den dt. Schiffsverkehr vor Bodö (Operation »Leader«). Gedeckt von den brit. Schlachtschiffen *Duke of York* und *Anson*, dem US-Kreuzer *Tuscaloosa* und 3 brit. Kreuzern sowie 10 brit. und US-Zerstörern, startet der US-Träger *Ranger* 30 Sturzbomber und Torpedobomber sowie 12 Jäger. Sie greifen 2 dt. Konvois und auf der Reede liegende Schiffe an und versenken 4 Dampfer mit 12 697 BRT und beschädigen 6 weitere größere Schiffe sowie 1 Fährprahm schwer, so daß sie meist auf Strand gesetzt werden müssen.

5.—6. 10. 1943 **Schwarzes Meer**

Vorstoß einer sowj. Zerstörergruppe (Kpt. 2. Rg. Negoda) gegen die dt. Räumungstransporte an der Krim-Küste. Der Flottillenführer *Char'kov* beschießt in der Nacht Jalta und Alušta, die beiden Zerstörer *Bespoščadnyj* und *Sposobnyj* treffen beim Anmarsch auf Feodosija auf Boote der 1. S-Flottille und führen mit *S 45*, *S 28* und *S 42*, später mit *S 51* und *S 52* beiderseits ergebnislose Gefechte. Am Morgen durch einen dt. Aufklärer erfaßt, wird der inzwischen vereinigte Verband am Tage in 4 Einsätzen von einer Staffel *Ju 87* des St. G. 77 angegriffen. Beim ersten Angriff wird *Char'kov* (Kpt. 2. Rg. Ševčenko) getroffen und von *Sposobnyj* (Kpt. 3. Rg. Goršenin) in Schlepp genommen. Beim zweiten Angriff erhalten alle 3 Schiffe Treffer, *Sposobnyj* versucht abwechselnd die beiden anderen Zerstörer zu schleppen. Beim dritten Angriff wird die *Bespoščadnyj* (Kpt. 3. Rg. Parchomenko) versenkt, wenig später auch die *Char'kov*. Zuletzt wird *Sposobnyj*, die noch Überlebende zu retten versucht, versenkt. Nach diesem Verlust verbietet Stalin den Einsatz von Überwasserschiffen vom Zerstörer aufwärts ohne seine Genehmigung.

8.—10. 10. 1943 **Schwarzes Meer**

Unternehmen »Wiking«: Rückverlegung der 240 zur Räumung des Kuban-Brückenkopfes eingesetzten Fahrzeuge in 4 großen Geleitzügen von der Kerč-Straße nach Sevastopol. Sicherung durch die 3. und 30. R-Flottille und 23. Uj-Flottille, abgesetzt nach See durch die 1. S-Flottille. Durch Luftangriff Pionier-Sturmboot 229 versenkt, durch U-Angriff Fährprahm *F 474*.

9. 10. 1943 **Luftkrieg Deutschland**

Bomber der 8. USAAF greifen Gotenhafen an.

12. 10.—7. 11. 1943 **Mittelmeer**

Bei brit. U-Boot-Operationen gegen den dt. Nachschub nach Kos versenkt *Unruly* (Lt. Fyfe) den Transporter *Marguerite* (920 BRT), von 900 Gefangenen an Bord werden 350 gerettet. Das U-Boot *Trooper* wird bei Kalymnos nach Versenkung eines Seglers durch die dt. U-Falle *GA 45* versenkt. Am 15./16. 10. mißlingen 2 Versuche der brit. Zerstörer *Belvoir* und *Beaufort* bzw. des Kreuzers *Phoebe* und der Zerstörer *Faulknor* und *Fury*, einen dt. Konvoi zu stellen, wegen Luftangriffen. Das U-Boot *Torbay* versenkt am 16. 10. einen der beiden Dampfer *Kari* (1925 BRT). In der Nacht vom 16./17. 10. fassen die Zerstörer *Hursley* und *Miaoulis* (griech.) den Rest und versenken den U-Jäger *UJ 2109* (ex brit. *Widnes)* und den Transporter *Trapani* (1855 BRT), dessen Wrack in der folgenden Nacht von den Zerstörern *Penn* und *Jervis* zerstört wird. Außerdem werden der Fährprahm *F 338* und 1 Segler in Brand geschossen. Am 19. und 20. 10. greifen *Mitchell*-Bomber der USAAF und *Beaufighter* der RAF Konvois nördlich Kreta an und versenken u. a. den Transporter *Sinfra* (4470 BRT), von dessen 2664 meist ital. Gefangenen 566 gerettet werden. Danach verlagert sich der Schwerpunkt der brit. Operationen auf Nachschubtransporte nach Leros und Samos. Bis zum 7. 11. werden von Überwasserschiffen 2230 Mann und 470 ts Material, von den brit. U-Booten *Severn* und *Rorqual* und den ital. *Zoea, Atropo, Corridoni* und *Menotti* 17 Mann und 288 t Material transportiert. Dabei gehen vom 22.—24. 10. auf einer von dem dt. Minenschiff *Drache* ostwärts Kalymnos gelegten Minensperre die Zerstörer *Hurworth* und *Eclipse* verloren, der griech. Zerstörer *Adrias* verliert sein Vorschiff. Bei Luftangriffen werden die Kreuzer *Sirius* und *Aurora* und der Zerstörer *Belvoir* beschädigt. Das poln. U-Boot *Sokol* (Cdr. Karnicki) versenkt 5 Nachschubsegler, das brit. *Unsparing* (Lt. Piper) den Transporter *Ingeborg* (1160 BRT) und den Zollkreuzer *Nioi*. Bei einem Vorstoß am 7. 11. versenken die brit. Zerstörer *Penn* und *Pathfinder* vor Amorgos die dt. U-Falle *GA 45*.

13. 10. 1943 **allgemeine Lage**

Die Badoglio-Regierung erklärt Deutschland den Krieg.

15.—18. 10. 1943 **Nordatlantik**

Am 15. 10. abends meldet *U 844* (Oblt. z. S. G. Möller) beim Marsch zur neuen Aufstellung »Schlieffen« den Konvoi ON. 206 (65 Schiffe, Escort Group B. 6 [Cdr. Currie] mit brit. Zerstörern *Fame, Vanquisher*, norweg. Korvetten *Rose, Potentilla* u. a. sowie als Support Group eingesetzter B. 7 [Cdr. Gretton] mit Zerstörern *Duncan, Vidette* und Korvetten *Sunflower, Loosestrife* und *Pink). U 844* wird von *Vanquisher* und *Duncan* abgedrängt. Am 16. 10. früh meldet *U 964* (Oblt. z. S. Hummerjohann) den Konvoi ONS. 20 (52 Schiffe, Escort: 4th Support Group [Cdr. Paramor] mit den erstmalig eingesetzten »Lend-Lease« DEs *Byard, Bentinck, Berry, Drury, Bazely* und A/S-Trawlern). Um die verstreut um beide Konvois stehenden U-Boote an das Angriffsziel heranzubringen, gibt der B.d.U. den Befehl an die U-Boote, sich den Weg zum Konvoi gegen die am Vormittag einsetzende starke Luftsicherung durch *Liberators* der RAF-Sq. 59, 86 und 120 mit der Flak freizukämpfen. Dabei schießen *U 844, U 964, U 470* 1 *Liberator* ab und beschädigen eine weitere, werden jedoch selbst nacheinander versenkt. Nur *U 426* (Kptlt. Reich) kommt am Abend des 16. 10. an den ONS. 20 heran und versenkt 1 Schiff mit 6625 BRT. Die Gruppe B. 7, von der *Duncan* und *Vidette* 4 Angriffsversuche gegen den ON. 206 vereitelt haben, wird dem bedrohteren ONS. 20 zur Unterstützung zugeteilt, auf dem Marsch ortet *Sunflower U 631* und versenkt es mit »Hedgehog«. In der Nacht zum 17. 10. werden am ONS. 20 6 U-Boote durch *Bentinck, Duncan, Vidette, Barry, Drury* und *Bazely* abgedrängt. Am Morgen des 17. 10. meldet nochmals *U 309* den ONS. 20, doch die auf seine und eine Meldung von *U 437* angesetzte Gruppe »Schlieffen« mit *U 762, U 231, U 91, U 448, U 267, U 413, U 668, U 841, U 426, U 540, U 271* und *U 842* kann sich gegen die starke Luftsicherung nicht durchsetzen. 9 U-Boote werden angegriffen, *U 540* wird versenkt, *U 448* und *U 281* haben durch Bordwaffenbeschuß Personalausfälle. 1 *Sunderland*-Flugboot der RCAF-Sq. 423 wird abgeschossen. *U 608* wird von dem scharf nach Südwesten ausgewichenen Konvoi ONS. 20 gegen Abend überlaufen und mit Wasserbomben belegt, *U 841* wird von *Byard* versenkt. Die Operation muß abgebrochen werden.

15. 10.—9. 11. 1943 **Schwarzes Meer**

Bei Operationen an der Kaukasus-Küste melden die dt. U-Boote *U 9* (Oblt. z. S. Klapdor) am 29. 10. Treffer auf einem Tanker vor Soči, *U 23* (Oblt. z. S. Wahlen) vom 15.—23. 10. die Torpedierung von 2 Frachtern und Versenkung von 1 Fischkutter, *U 24* (Kptlt. Petersen) von 1 R-Boot und *U 18* (Oblt. z. S. Fleige) von 1 Tanker.
Sowj. U-Boote operieren mit Schwerpunkt westlich der Krim, bei Kap Tarchankut versenkt am 16. 10. der U-Jäger *Schiff 19* mit 3 *KFKs* der 23. Uj-Flottille 1 U-Boot (*ŠČ-203?*), 1 Angriff von *ŠČ-201* am 19. 10. schlägt fehl, am 25. 10. am 2. 11. versenken *M-112* (Oblt. Chachanov) und *M-35* (Kptlt. Prokofév) vor Ak Mečet die Leichter *Tyra-5* bzw. *No. 1293.* Am 4. 11. versenkt *Schiff 19* vor der Tendra-Halbinsel das sowj. U-Boot *A-3.*

20. 10.—20. 12. 1943 **West- und Südatlantik**

Bei Operationen in entfernten Gewässern versenkt in der Karibik *U 516* (Kptlt. Tillessen) 6 Schiffe mit 24 745 BRT und entkommt einer wochenlangen Suche. *U 218* legt am 27. 10. vor Trinidad Minen und versenkt 1 Segler. An der brasilian. Küste versenken *U 155* (Kptlt. Piening) und *U 848* (KKpt. Rollmann) je 1 Schiff mit 5393 BRT bzw. 4573 BRT. *U 848* wird am 5. 11. durch 6 Flugzeuge von Ascension in einem langen Gefecht versenkt. *U 154* bleibt ohne Erfolg. Vor Westafrika versenkt *U 68* (Kptlt. Markworth) den U-Jagd-Trawler *Orfasay* und 3 Schiffe mit 17 116 BRT. *U 103* legt Minen vor Takoradi (28. 10.).

22. 10.—18. 11. 1943 **Nordmeer**

Am 22. 10. laufen die sowj. Eisbrecher *Stalin* und *SKR-18/Fedor Litke* von Tiksi zur Rückführung ins Weiße Meer aus. Am 26. 10. werden sie in der Vilkickij-Straße von dem Minenleger *Murman* und dem Eisbrecher-Dampfer *SKR-19/Semen Dežnev* aufgenommen und über Dikson zur Kara-Straße gebracht. Dort werden sie von einem starken Sicherungsverband (KAdm. Kučerov) mit den Zerstörern *Baku, Groznyj, Gromkij, Kujbyšev, Razumnyj* und *Razjarennyj* sowie den neu eingetroffenen Lend-Lease-Minensuchern *T-112, T-113, T-114* und *T-115* aufgenommen. Auf dem Wege von der Kara-Straße (15. 11.) über Kolguev-Nord (16. 11.) in die Gorlo-Straße (17. 11.) führen die Escorts zahlreiche Wabo-Angriffe gegen vermeintliche U-Boote und melden 2 U-Boote versenkt, 3 weitere U-Boote schwer beschädigt. Tatsächlich steht jedoch kein U-Boot in der Nähe des Konvois AB. 55. Als letztes Boot hat *U 636* (Kptlt. Hildebrand) am 14. 11. vor der Jugor-Straße Minen gelegt und ist dann schnell zurückmarschiert, die übrigen in See befindlichen U-Boote *U 387, U 354, U 360, U 307* und *U 277* stehen als Gruppe »Eisenbart« in der Enge Spitzbergen—Bären-Insel. Der Konvoi wird laufend vom dt. B-Dienst erfaßt und von einer *Ju 88* bei bewaffneter Aufklärung nördlich Kolguev gesichtet, aber nicht angegriffen.

23. 10. 1943 **Kanal**

Die dt. 4. T-Flottille (KKpt. Kohlauf) mit *T 23*, *T 22*, *T 25*, *T 26* und *T 27* stößt bei der Fernsicherung eines kleines Geleitzuges vor der nordbretonischen Küste auf den brit. Kreuzer *Charybdis* (Capt. Voelcker), 2 Flotten- und 4 »Hunt«-Zerstörer, die am Abend des 22. 10. von Plymouth ausgelaufen sind, um den Blockadebrecher *Münsterland* abzufangen. *T 23* (Kptlt. Weinlig) und *T 27* (KKpt. Verlohr) vernichten den Kreuzer durch mehrere Torpedotreffer, *T 22* (Kptlt. Blöse) den Geleitzerstörer *Limbourne.*

23. 10.—8. 11. 1943 **Nordatlantik**

Am 23. 10. wird das auf dem Marsch zur Gruppe »Siegfried« befindliche *U 274* von einer *Liberator* der RAF-Squ. 224 gesichtet, die Sicherung für den Konvoi ON. 207 fliegt (Escort Group C. 1, 2nd Support Group). Die in der Nähe stehende Escort Group B. 7 (Cdr. Gretton) wird zur Jagd angesetzt und die Zerstörer *Duncan* und *Vidette* versenken *U 274* mit »Hedgehog«. Ab 24. 10. erwartet die Gruppe »Siegfried« mit *U 420, U 405, U 212, U 91, U 762, U 231, U 309, U 608, U 969, U 267, U 281, U 413, U 963, U 437, U 426, U 842, U 552, U 592, U 575, U 226, U 373, U 709, U 648* und *U 967* den Konvoi HX. 262, zu dessen Sicherung vom ON. 207 die 2nd Support Group (Capt. Walker) mit den Sloops *Starling, Kite, Woodcock, Wild Goose, Magpie* und dem Geleitträger *Tracker* gestoßen ist. *U 413* peilt mit einem Grenzwellenpeiler mehrfach den Sprechverkehr der Escorts, doch kommen die Boote am 25./26. 10. an den Konvoi, der den Streifen im Süden umgeht, nicht heran, *U 608* und *U 212* werden gebombt, eine *Sunderland* der RCAF-Squ. 10 vom ON. 207 versenkt *U 420.* Die Gruppe »Siegfried« wird in 3 Gruppen aufgeteilt: *U 967, U 212, U 405, U 231, U 608, U 969* als »1«, *U 267, U 281, U 413, U 963, U 437, U 426, U 552, U 592* als »2« und *U 842, U 575, U 226, U 373, U 709* und *U 648* als »3« besetzen ab 28. 10. ostwärts Neufundland kleinere Vp.-Streifen gegen den erwarteten Konvoi SC. 145 (32 Schiffe, Escort Group B. 6, Führerzerstörer *Fame* [Cdr. Currie], 8th Support Group mit Geleitträger *Fencer*, Zerstörer *Inconstant* und poln. *Garland* und *Burza). U 714* gibt abgesetzt mehrere Funksprüche ab, um den Konvoi zu einer Ausweichbewegung in die Aufstellung hinein zu veranlassen. Am 29. 10. wehren *U 405* und *U 608 Swordfishs* der *Fencer* mit Flak ab, der Konvoi passiert jedoch unbemerkt. Weiter ostwärts wird das anmarschierende *U 282* von der mit der Escort Group B. 7 zur Unterstützung des Konvois ON. 208 angesetzten *Vidette* mit Radar geortet und von der Korvette *Sunflower* mit »Hedgehog« versenkt. Von ON. 208 wird die B. 7 (Führerboot *Duncan)* dem Konvoi HX. 263 zugeteilt. Gegen diese Konvois und den ONS. 21, über die nur erkoppelte Angaben vorliegen, stellt der B.d.U. am 31. 10. ostwärts Neufundland die Gruppen »Körner« mit *U 714, U 212, U 969, U 231, U 267, U 281, U 413, U 963, U 843, U 586* und *U 280* sowie »Jahn« mit *U 437, U 426, U 552, U 842, U 575, U 226, U 379, U 709, U 648* und *U 608* auf, doch sichtet nur *U 714* am 1. 11. ganz im Norden 1 Flugzeug, die Konvois umgehen die Aufstellungen. Die Boote werden deshalb in 5 Gruppen »Tirpitz 1—5« zu je 4 bis 5 Booten auseinandergezogen, um den ab 5. 11. erwarteten Konvoi HX. 264 zu erfassen. Seine Sicherung wird durch die 2nd Support Group (Capt. Walker) unterstützt. Flugzeuge der *Tracker* drücken am 5. 11. *U 967* unter Wasser, abends sichtet *Kite* (LCdr. Rysegrave) *U 226.* Walker vernichtet das Boot am nächsten Morgen mit *Woodcock* (LCdr. Winner) und *Starling.* Nachmittags ortet *Wild Goose* (Cdr. Wemyss) *U 842* und versenkt es zusammen mit *Starling.* Der Konvoi passiert unbemerkt. Am 7. 11. muß die Operation abgebrochen werden, da gegen die starke Luftüberwachung ein Überwasser-Tagesmarsch unmöglich geworden ist. Am 8. 11. abends passiert die wegen Brennstoffmangel nach Argentia zurückmarschierende 2nd Support Group den Vp.-Streifen »Tirpitz 5« und *U 648* (Oblt. z. S. Stahl) verfehlt mit einem FAT-3er-Fächer knapp die *Tracker* (Cdr. McGrath) und mit T-5 eine Sloop.

23. 10. 1943 **Kanal/Nordsee**
28 dt. S-Boote greifen von Ijmuiden aus den brit. Konvoi FN. 1160 vor Cromer an und versenken 1 Trawler, *S 63* und *S 88* der 4. S-Flottille werden in Gefechten mit den brit. Zerstörern *Mackay, Pytchley* und *Worcester* sowie mehreren MGBs versenkt.

25. 10.—9. 11. 1943 **Nordatlantik**
Versuch einer einnächtlichen Kurzoperation mit Unterstützung durch die Luftaufklärung des Fliegerführers Atlantik, GenLt. Kessler. Der am 23. 10. aus Gibraltar auslaufend gemeldete Konvoi MKS. 28 wird am 25. 10. nach Vereinigung mit dem SL. 138 durch eine *FW 200* der III./K. G. 40 erfaßt. Darauf wird vom B.d.U. die Gruppe »Schill« mit *U 306, U 466, U 262, U 707, U 333* und den Flak-U-Booten *U 211, U 953* und *U 441* in der voraussichtlichen Nachtstrecke des Konvois vom 29./30. 10. aufgestellt. Die *FW 200* melden den Konvoi am 27. und 28. 11. mit 56 Schiffen und 7 Escorts, am entscheidenden 29. 10. stoßen die 4 angesetzten *FW 200* im Norden vorbei und finden den Konvoi nicht. Erst am 30. 10. mittags stellt ein *BV 222*-Großflugboot der 1(F)/S. A. Gr. 129 den nun aus 60 Schiffen mit der Escort Group B. 1 bestehenden Konvoi fest. Gegen Morgen am 31. 10. passiert der Konvoi den Streifen, *U 262* (Oblt. z. S. Franke) versenkt im Unterwasserangriff 1 Schiff mit 2968 BRT, *U 333* (Kptlt. Cremer) verfehlt mit T-5 1 Geleitfahrzeug, *U 441* wird beschädigt und *U 306* durch den Zerstörer *Whitehall* und die Korvette *Geranium* nach einer HF/DF-Peilung versenkt. Wegen der starken Luftsicherung wird die Operation abgebrochen und die restlichen Boote in einen neuen Vp.-Streifen befohlen. Am 1. 11. sichtet *U 953* einen MKF.-Konvoi, der jedoch für eine Operation zu schnell ist. Die am 2. 11. gegen den erwarteten KMS. 31 angesetzte Luftaufklärung bleibt erfolglos, am 3. 11. sichtet *U 333* einen Landungsschiff-Konvoi und verfehlt einen Sicherungszerstörer mit T-5. Nach ergebnisloser Luftaufklärung am 3., 4. und 5. 11. sichtet am 7. 11. eine *FW 200* den Konvoi MKS. 29A, der jedoch am 8. 11. nicht wiedergefunden wird. In der Nacht zum 9. 11. läuft er in den Vp.-Streifen ein. *U 262* gibt die erste Meldung ab, *U 466* verfehlt einen Zerstörer mit T-5 und wird durch Wasserbomben beschädigt, *U 707* wird von der einsetzenden Luftsicherung am Morgen durch eine *Fortress* der RAF-Squ. 220 von den Azoren versenkt, *U 262* und *U 228* verfehlen einen Zerstörer bzw. Nachzügler. Obgleich die *FW 200* den Konvoi noch zweimal melden, kommen *U 211, U 333* und *U 358* nicht heran.

★

1.—13. 11. 1943 **Südpazifik**
Die US III. Amphibious Force (KAdm. Wilkinson) landet aus 8 Truppen- und 4 Materialtransportern 14321 Mann der 3. Marine-Div. am Kap Torokina (Bougainville/Salomonen). Sicherung Zerstörer-Geschw. 45 (Cdr. Earle) mit *Fullam, Guest, Bennett, Hudson, Anthony, Wadsworth, Terry, Braine, Conway, Sigourney, Renshaw,* ferner 4 Zerstörer-Minensucher, 4 große und 4 kleine

Minensucher. Landung glückt ohne Widerstand. Deckungsgruppe (Task Force 39, KAdm. Merill) mit der 12. Kreuzer-Div. mit *Montpelier, Cleveland, Columbia* und *Denver* sowie dem Zerstörer-Geschw. 23 (Capt. Burke) mit *Charles F. Ausburne, Dyson, Stanly, Claxton, Spence, Thatcher, Converse* und *Foote* beschießt die jap. Flugzeugbasis Buka am 1. 11., gegen Abend legt eine Gruppe mit der *Renshaw* und den Minenlege-Zerstörern *Breese, Gamble* und *Sicard* eine Minensperre zur Sicherung des Landungsraumes nach Nordwesten. Nach erfolglosen Luftangriffen von Rabaul aus am 1. 11. setzt der Chef der jap. 8. Flotte (Adm. Samejima) die verfügbaren Schiffe zum Angriff auf die US-Landungsflotte an:

Seeschlacht in der Kaiserin-Augusta-Bay. In der Nacht zum 2. 11. treffen die jap. 5. Kreuzer-Div. (KAdm. Omori) mit den Schweren Kreuzern *Myoko* und *Haguro*, dem Leichten Kreuzer *Sendai* (KAdm. Ijuin), mit den Zerstörern *Shigure, Samidare* und *Shiratsuyu* sowie dem Kreuzer *Agano* (KAdm. Osugi), mit den Zerstörern *Naganami, Hatsukaze* und *Wakatsuki* auf die US-Task Force 39. Beim Ausweichen vor einem Torpedoangriff der US-Zerstörer kollidieren die *Samidare* und *Shiratsuyu*, entkommen aber. Im radargeleiteten Feuer der US-Kreuzer sinkt die *Sendai*. Die durch eine Kollision mit der *Myoko* beschädigte *Hatsukaze* wird später durch die US-Zerstörer versenkt. Auf amerik. Seite erhält die *Foote* einen von der *Sendai*-Gruppe losgemachten Torpedotreffer, wird aber eingeschleppt. *Denver* und *Spence* erhalten Artillerietreffer, *Thatcher* wird durch eine Kollision mit *Spence* beschädigt. Die übrigen jap. Kreuzer erleiden durch Artillerietreffer leichtere Schäden. Auf dem Rückmarsch wird der US-Verband von in Rabaul gestarteten jap. Trägerflugzeugen angegriffen, doch erhält nur die *Montpelier* einen Bombentreffer. Wegen Nichterfüllung seines Auftrages wird KAdm. Omori abgelöst.

Aus dem Raum westlich der Salomonen führt die US Task Force 38 (KAdm. Sherman) mit den Trägern *Saratoga* und *Princeton*, den Flakkreuzern *San Diego* und *San Juan* sowie den Zerstörern *Farenholt, Lardner, Woodworth, Buchanan, Lansdowne, Grayson, Sterett, Stack, Wilson* und *Edwards* am 1. und 2. 11. Trägerraids gegen die jap. Flugplätze von Buna und Buka.

Am 4. 11. sichten US-*Liberators* nördlich des Bismarck-Archipels die nach Rabaul marschierenden Teile der jap. 2. Flotte unter VAdm. Kurita mit den Kreuzern *Takao, Maya, Atago, Suzuya, Mogami, Chikuma, Chokai*, dem Leichten Kreuzer *Noshiro*, 4 Zerstörern und Troßschiffen. Gegen diesen Verband starten die *Saratoga* und *Princeton* nach dem Einlaufen in Rabaul eine Gruppe von 22 Stukas, 23 T-Flugzeugen und 52 Jägern. Bei Verlust von 10 Flugzeugen werden die Schweren Kreuzer *Maya, Atago, Takao, Mogami*, die Leichten Kreuzer *Agano, Noshiro* und der Zerstörer *Wakatsuki* schwer beschädigt. Der Zerstörer *Fujinami* wird von einem Lufttorpedo-Blindgänger getroffen. Im Anschluß an den Trägerraid bombardieren 27 *Liberators* unter dem Schutz von 67 *Lightnings* der USAAF Stadt und Hafen Rabaul.

In der Nacht vom 6./7. 11. landen jap. Zerstörer und 1 Kreuzer insgesamt 1175 Mann Verstärkungen bei Kap Torokina und Buka. In der Nacht vom 8./9. 11. trifft eine US-Transportergruppe mit der zweiten Welle vor Kap Torokina ein. 26 Sturzbomber und 71 Jäger der nach Rabaul verlegten Fliegergruppen der jap. Träger und zweimot. Torpedoflugzeuge der dort stationierten 11. Luftflotte greifen am 8./9. 11. die Transporter an, nur *President Jackson* wird beschädigt. Ein zweiter Angriff richtet sich gegen die Deckungsgruppe (KAdm. DuBose) mit den US-Kreuzern *Santa Fé, Mobile* und *Birmingham* und 4 Zerstörern. *Birmingham* durch Torpedo- und Bombentreffer beschädigt.

Zur Aussschaltung der jap. See- und Luftstreitkräfte in Rabaul führt die Task Force 38 (s. o.) am 11. 11. einen weiteren Trägerraid gegen Rabaul, der bei schlechter Sicht nur geringe Wirkung hat. Von Osten greifen wenig später die Flugzeuge der Task Group 50.3 (KAdm. Montgomery) mit den Trägern *Essex, Bunker Hill, Independence,* gesichert von den Zerstörern *Sterett, Bullard, Murray, McKee, Stack, Wilson, Edwards, Kidd* und *Chauncey* an. Sie torpedieren die *Agano* und den Zerstörer *Naganami* und versenken den Zerstörer *Suzunami.* Der Leichte Kreuzer *Yubari* und die Zerstörer *Urakaze* und *Umikaze* werden durch Nahtreffer leicht beschädigt. Von Rabaul starten 67 Jäger, 27 Stukas und 14 Torpedoflugzeuge, doch werden diese Trägerflugzeuge vom Jagdschutz der Task Force 50.3 abgefangen und verlieren durch Jäger und Flak 33 Maschinen ohne Treffer zu erzielen.

In der Nacht vom 12./13. 11. trifft vor Kap Torokina die dritte Welle der US-Transporter ein, Deckung durch die Task Force 39, die in der Morgendämmerung von einigen 2-mot. Torpedoflugzeugen angegriffen wird, dabei erhält der Kreuzer *Denver* einen Torpedotreffer.

Auf jap. Seite werden die Erfolge der 4 »Seeluftschlachten von Bougainville« erheblich überschätzt: Die Flieger melden die Versenkung von 5 Schlachtschiffen, 10 Trägern, 19 Kreuzern, 7 Zerstörern und 9 Transportern sowie die Beschädigung von 24 weiteren Schiffen. Von den eingesetzten 173 jap. Trägerflugzeugen gehen jedoch 121 verloren, damit ist die jap. Trägerluftwaffe vorerst nicht mehr einsatzfähig.

1.—30. 11. 1943 **Pazifik**

Von den in ihren Operationsgebieten im November eintreffenden US-U-Booten versenken vor Japan *Gudgeon* (LCdr. Port) 1 Schiff mit 6783 BRT und die Fregatte *Wakamiya, Halibut* (LCdr. Galantin) 1 Schiff mit 4653 BRT, ferner Flugzeugträger *Junyo* torpediert, *Sargo* (LCdr. Garnett) 2 Schiffe mit 6419 BRT versenkt, *Snapper* (LCdr. Clemenson) 1 Schiff mit 4575 BRT, *Trigger* (LCdr. Dornin) 4 Schiffe mit 15 124 BRT. Im Zentralpazifik versenken *Albacore* (LCdr. Hagberg) 1 Schiff mit 4705 BRT, *Drum* (LCdr. MacMahon) 1 Schiff mit 11 621 BRT, *Gato* (LCdr. Foley) 1 Schiff mit 5617 BRT, *Harder* (LCdr. Dealey) 3 Schiffe mit 15 269 BRT, *Raton* (LCdr. Davis) 4 Schiffe mit 21 611 BRT, *Ray* (LCdr. Harrell) 1 Schiff mit 2562 BRT, *Scamp* (LCdr. Ebert) torpediert den Kreuzer *Agano, Scorpion* (LCdr. Wylie) torpediert 1 Schiff, *Searaven* (LCdr. Dry) versenkt 1 Schiff mit 10 032 BRT, *Snook* (LCdr. Triebel) 2 Schiffe mit 8440 BRT, *Tautog* (LCdr. Sieglaff) 1 U-Jäger, *Thresher* (LCdr. Hull) 1 Schiff mit 4862 BRT und *Tinosa* 4 Schiffe mit 18 907 BRT. *Sculpin* geht verloren. Im Südwestpazifik versenken *Bluefish* (LCdr. Porter) 1 Schiff mit 10 570 BRT und das T-Boot *Sanae,* 1 weiteres Schiff torpediert, *Bonefish* (LCdr. Hogan) 2 Schiffe mit 7366 BRT versenkt, *Bowfin* (LCdr. Griffith) 5 Schiffe mit 26 589 BRT, *Capelin* (LCdr. Marshall) 1 Schiff mit 3127 BRT und *Crevalle* (LCdr. Munson) 1 Schiff mit 6783 BRT. *Capelin* geht verloren. In der Malakka-Straße versenkt das brit. *Tally Ho* (Cdr. Bennington) 1 Schiff mit 1914 BRT.

1. 11.—4. 12. 1943 **Schwarzes Meer**

Nach einem abgeschlagenen Landungsversuch am 21. 10. bei Kap Illyj landen am 1. 11. leichte Kräfte der Azov-Flottille (KAdm. Gorškov) Teile der 56. sowj. Armee bei Enikale, die bis zum 11. 11. an den Rand von Kerč herankommen, Kräfte des Stützpunktes Novorossijsk (KAdm. Cholostjakov) das 386. Mar.Inf. Batl. bei Eltigen, dem in den nächsten Tagen Teile der 18. Armee folgen. Der Brückenkopf von Eltigen wird durch dt. R-Boote, MFPs und S-Boote unter

Führung des Chefs der 3. R-Flottille, Kptlt. Klassmann, blockiert. Beteiligt in zusammen 355 Einsätzen an 29 Tagen 31 MFP, 6 R-Boote und 5 S-Boote. Durch Minen und vorwiegend Luftangriffe gehen *F 419, F 380, F 594, F 306, F 341, F 571, F 574, F 573, F 360, F 305, F 369* verloren, 1 S-Boot, 4 R-Boote und 16 MFP beschädigt. Bei den Landungen und Versorgungsversuchen gehen auf sowj. Seite 12 Wachkutter, darunter *SKA-0192, SKA-0135, SKA-0178, SKA-0158, SKA-0105, SKA-0114,* die R-Boote *KT-173, KT-411, KT-509,* der Panzerkutter *BKA-132,* rund 50 Landungsboote und 40 sonstige Kleinfahrzeuge verloren. Vom 4.—11. 12. wird der Landekopf eingedrückt, 2827 Gefangene gemacht, rund 800 Mann entkommen nach Norden. Rund 10 000 Tote werden im Raum Eltigen gezählt. Von der 1. S-Flottille werden *SKA-01012* und *TKA-101* versenkt.

1. 11.—9. 12. 1943 **Nordmeer**

Wiederaufnahme der Murmansk-Konvois. Am 28. 10. trifft im Kolafjord aus Scapa Flow eine Escort Group (Capt. Campbell) mit dem Zerstörer *Milne* und 7 weiteren Flottenzerstörern, 1 Geleitzerstörer, 2 Minensuchern (darunter *Harrier* mit Capt. Jay) und 1 Korvette sowie 5 »Lend-Lease«-Minensuchern *(T-111* bis *T-115)* und 6 U-Jägern *(BO-201, BO-204, BO-208* bis *BO-211)* für die sowj. Nordflotte ein. Die Escort Group läuft am 1. 11. mit dem Konvoi RA. 54A (13 Schiffe) von Archangel'sk nach Loch Ewe aus, wo sie am 14. 11., ohne von der dt. Aufklärung erfaßt worden zu sein, eintrifft. Am 15. 11. geht von Loch Ewe der Konvoi JW. 54A (18 Schiffe, sowj. Minensucher *T-116, T-117* und U-Jäger *BO-206, BO-207, BO-212;* gesichert von einer Escort Group mit 8 brit. Zerstörern, 1 Minensucher und 2 Korvetten) in See und erreicht, nur vom dt. B-Dienst bemerkt, am 24. 11. den Kolafjord, von wo ein Teil der Schiffe in sowj. Geleit nach Archangel'sk marschiert. Ein zweiter Konvoi JW. 54B (14 Schiffe, 1 Rettungsschiff, Escort Group mit 9 Zerstörern, 3 Korvetten, 1 Minensucher) folgt unbemerkt vom 22. 11.—2. 12., an der Aufnahme beteiligen sich vor der Kola-Küste 4 sowj. Zerstörer. Am 26. 11. läuft aus Archangel'sk der RA. 54B (9 Schiffe, Escort Group vom JW. 54A) aus. Von der inzwischen verstärkten dt. U-Boot-Gruppe »Eisenbart« mit *U 360, U 713, U 387, U 354, U 277, U 307* und *U 636* sichtet nur *U 307* am 28. 11. kurz Geleitfahrzeuge, wird aber sofort mit Wabos angegriffen und beschädigt. Der Konvoi erreicht ohne Ausfälle am 9. 12. Loch Ewe.
Zur Deckung der Operationen kreuzt VAdm. Palliser mit den brit. Kreuzern *Kent, Jamaica* und *Bermuda* in der Nähe der Konvois in der Barents-See. VAdm. Moore mit dem Schlachtschiff *Anson,* dem US-Kreuzer *Tuscaloosa* und Zerstörern bildet eine Fernsicherungsgruppe. Alliierte U-Boote der brit. 9. U-Flottille nehmen Deckungspositionen vor Nordwestnorwegen ein, die sowj. Minen-U-Boote *L-15* und *L-20* legen Minen auf den dt. Auslaufwegen (geräumt), *L-15* greift am 22. 11. und 24. 11. einen dt. Minenleger-Verband und 2 U-Jäger erfolglos an, vor der Varanger-Halbinsel operieren die sowj. U-Boote *M-119* und *M-200.* Vor Westnorwegen versenkt das norweg. U-Boot *Ula* (Lt. Sars) 2 Schiffe mit 2579 BRT.

2. 11. 1943 **Skagerrak**

V 1606 bringt im Skagerrak das von Schweden nach England zurückkehrende schnelle Motorboot *Master Slanfast* auf.

2./3. 11. 1943 **Kanal**

Die dt. 5. S-Flottille (KKpt. Klug) greift mit 9 Booten den brit. Konvoi CW. 221 vor Hastings an und versenkt die Frachter *Dona Isabel* (1179 BRT), *Storaa* (1967 BRT) und *Foam Queen* (811 BRT).

3. 11. 1943 **Luftkrieg Deutschland**

Die 8. US-Luftflotte greift mit rund 400 *B 17* unter starkem Jagdschutz Wilhelmshaven an. 7 Bomber abgeschossen.

4./5. 11. 1943 **Nordsee**

Die dt. S-Boot-Flottillen 2 (KKpt. Feldt), 6 (KKpt. Obermaier) und 8 (KKpt. Zymalkowski) führen Minenunternehmen vor Smith-Knoll und in der Humbermündung durch. Die 4. S-Flottille (Kptlt. Causemann) bricht Unternehmen wegen Ausfall eines Bootes ab. Die 1. Gruppe der 2. S-Flottille stößt östlich Cromer auf den Konvoi FN. 1170 und torpediert daraus 2 Schiffe mit 7422 BRT. Die 2. Gruppe der 6. S-Flottille wird auf dem Rückmarsch von brit. Flugzeugen angegriffen und muß *S 74* nach schwerer Beschädigung aufgeben.

6. 11. 1943 **Mittelmeer**

35 Torpedoflugzeuge des K. G. 26 (Major Klümper) greifen im Seegebiet östlich von Algier den alliierten Konvoi KMF. 25 A an und versenken den US-Zerstörer *Beatty* und die Truppentransporter *Santa Elena* (9135 BRT) und *Marnix van St. Aldegonde* (19 355 BRT). Konvoisicherung brit. Flakkreuzer *Colombo*, 11 US-Zerstörer (davon 3 als Radar-Picket), 3 brit. und 2 griech. »Hunt«-Zerstörer.

10.—24. 11. 1943 **Mittelmeer**

Kampf um Leros und Samos (Dodekanes). In der Nacht vom 10./11. 11. beschießen die brit. Zerstörer *Petard, Rockwood* und *Krakowiak* (poln.) Kalymnos, *Faulknor* Kos. Am 11. 11. morgens wird die *Rockwood* bei einem Angriff der 5./K. G. 100 durch eine Gleitbombe Hs 293 schwer beschädigt. Am 12. 11. wird die dt. Kampfgruppe »Müller« (22. Inf.Div., GenLt. Müller) auf Leros gelandet (Unternehmen »Leopard«). Transport auf Dampfern, Küstenfahrzeugen und Fährprähmen, Sicherung durch die 9. T-Flottille (KKpt. Riede) mit *TA 15, TA 14, TA 17* und *TA 19*, S-Boot *S 55*, 21. U-Jagd-Flottille (KKpt. Dr. Brandt) (5 bis 6 größere, 8—10 kleinere U-Jäger) und die 12. R-Flottille (Kptlt. Mallmann, Oblt. z. S. Weissenborn) (10—12 R-Boote). Luftunterstützung durch das X. Fliegerkorps, das am ersten Tag 206 Flugzeuge einsetzt. In den Nächten vom 12./13. und 13./14. 11. suchen 2 brit. Zerstörergruppen mit *Faulknor, Beaufort* und *Pindos* (griech.) bzw. *Dulverton, Echo* und *Belvoir* dt. Transportschiffe ohne Erfolg. Die *Faulknor*-Gruppe beschießt zweimal Ziele auf Leros. Am 13. 11. greifen *Do 217* der 5./K. G. 100 die zweite Gruppe mit Hs 293 an und versenken die *Dulverton*. Am 14. 11. versuchen *Echo* und *Belvoir* Truppenverstärkungen von Samos nach Leros zu bringen. In der Nacht zum 15. 11. beschießt eine neue brit. Zerstörergruppe mit *Penn, Aldenham* und *Blencathra* Leros. Vom 15.—16. 11. bringen die dt. T-Boote *TA 15, TA 14* und *TA 16* Truppen von Piräus nach Kalymnos. In der Nacht vom 15./16. 11. beschießen die brit. Zerstörer *Fury, Exmoor* und *Krakowiak* Leros, in der Nacht vom 16./17. 11. *Penn* und *Aldenham* Kos und *Exmoor* und *Krakowiak* Samos. Nach schweren Kämpfen kapituliert der brit. Befehlshaber auf Leros mit 3200 brit. und 5350 ital. Soldaten. Am 17. 11. trifft *TA 15* mit Nachschubgütern in Leros ein, am 19. 11. folgen nochmals *TA 15, TA 14* und *TA 19*. Während die größeren brit. Schiffe die Ägäis verlassen müssen, besetzen am 18. 11. leichte dt. Einheiten die Inseln Lisso, Patmos, Furni und Ikera, 310 ital. Soldaten werden gefangengenommen.

Am 22. 11. kapituliert die Besatzung von Samos nach dem Angriff von *Ju 87* der II./St. G. 3 auf die Stadt Tigani. Am 23. 11. laufen nach einem Demonstrationsmarsch um die Insel die T-Boote *TA 15* und *TA 19* mit Booten der 21. Uj-Flottille in die Vathi-Bucht ein und landen Truppen. 2500 ital. Soldaten werden entwaffnet. Damit ist die Rückeroberung des Dodekanes abgeschlossen.

11. 11. 1943 **Mittelmeer**

16 *Do 217* der II./K. G. 100, 23 *He 111* der I./K. G. 26 und 17 *Ju 88* der III./K. G. 26 gegen den alliierten Konvoi KMS. 31 eingesetzt. 48 Torpedoflugzeuge greifen nordöstlich Oran an und versenken die Transporter *Birchbank* (5151 BRT), *Indian Prince* (8587 BRT), *Carlier* (7217 BRT). Der ebenfalls torpedierte franz. Tanker *Nivôse* (4763 BRT) sinkt nach Kollision. 7 Flugzeuge gehen verloren.

11.—15. 11. 1943 **Nordatlantik**

Die jeweils zu dritt locker ostwärts Neufundland aufgestellten Boote der Gruppe »Eisenbart« *U 538, U 391, U 542 / U 843, U 714, U 424 / U 764, U 280, U 969 / U 212, U 967, U 575 / U 709, U 282 / U 963, U 552, U 586 / U 648, U 274* und *U 343* warten vergeblich am 11. 11. auf den HX. 264, am 14. 11. auf den SC. 146. Nur *U 592* sichtet auf dem Rückmarsch eine abgesplitterte Konvoigruppe, sein Angriff schlägt aber fehl. Am 15. 11. erhalten die Boote den Befehl zum Abmarsch nach Osten. Dabei sichten am 16. 11. *U 969* und *U 542* Escorts des Konvois HX. 265, *U 280* wird durch eine *Liberator* der RAF-Sq. 86 der Luftsicherung versenkt. Abbruch der Geleitoperationen der U-Boote im westlichen Nordatlantik. Versuch mit den restlichen »Eisenhart«-Booten auf der Ostseite des Nordatlantik in nächtlichen Kurzoperationen mit Unterstützung der Luftaufklärung gegen Konvois zu operieren, da U-Boote wegen der feindlichen Luftherrschaft nicht mehr in der Lage sind, an einen erfaßten Konvoi über größere Entfernungen heranzuschließen und nur noch Chancen haben, zum Schuß zu kommen, wenn sie vom Konvoi überlaufen werden.

12. 11. 1943 **allgemeine Lage**

Churchill verläßt Plymouth an Bord des Schlachtkreuzers *Renown*, um sich zur Kairo-Konferenz (»Sextant«) mit Roosevelt und Tschiang Kai-schek zu begeben.

12. 11.—27. 12. 1943 **Schwarzes Meer**

Von den vor der Kaukasus-Küste eingesetzten dt. *U 20, U 18, U 19* und *U 9* versenkt nur *U 18* (Oblt. z. S. Fleige) 1 Schiff.

Das sowj. U-Boot *M-111* (Kpt. 3. Rg. Iosseliani) versenkt am 12. 11. bei Burnas den Dampfer *Theoderich* (3409 BRT), *M-117* (Kptlt. Kesaev) am 15. 11. aus einem MFP-Konvoi *F 592, D-4* (Kptlt. Trofimov) am 23. 11. den Dampfer *Santa Fé* (4627 BRT) im Geleit des rumän. Minenlegers *Amiral Murgescu*, des Zerstörers *Marasesti* und der dt. R-Boote *R 165, R 197* und *R 209*. Ebenfalls westlich der Krim versenkt *L-6* (Kptlt. Gremjako) am 25. 11. den Tanker *Wolga-Don* (965 BRT) im Geleit der rumän. K-Boote *Stihi, Dumitrescu* und der dt. *UJ 2301, UJ 2309* und *R 205*. Nach der Versenkung von *F 566* aus einem MFP-Konvoi am 2. 12. wird *D-4* am 4. 12. durch die dt. U-Jäger *UJ 103* und *UJ 102* mit Wabos versenkt. An der Krim-Küste versenkt *S-31* (Kpt. 3. Rg. Belorukov) am 9. 12. *F 580*. 1—2 erfolglose Angriffe gegen Konvois fahren im Dezember *ŠČ-201, ŠČ-216, S-33* und *M-117*, sie werden dabei z. T. von den U-Jägern der 1. und 23. U-Jagd-Flottille mit Wabos angegriffen und beschädigt.

13. 11. 1943 **Mittelmeer**

Auf dem Transporter *Ramb III*, 3 Siebel-Fähren und zahlreichen Kleinfahrzeugen eingeschiffte Einheiten der 71. Inf.Div. landen auf den Adria-Inseln Krk, Cherso und Lussino. Sicherung durch den alten Kreuzer *Niobe*, das

Torpedoboot *TA 21*, das Küstenschutzboot *Najade* und Seeflugzeuge. Mehrere Küstensegler aufgebracht.

13.—21. 11. 1943 **Nordatlantik**

Am 13. 11. melden Agenten das Auslaufen des Konvois MKS. 30 aus Gibraltar, der sich am 14. 11. mit dem SL. 139 vereinigt und nun aus 66 Dampfern mit der 40th Escort Group (Cdr. Legassick), Führerboot Fregatte *Exe*, mit 6 weiteren Fahrzeugen, besteht. Am 15. 11. gibt eine *Ju 290* der F. A. Gr. 5 (Maj. H. Fischer) eine genaue Meldung über Stärke und Kurs des Konvois ab, der am 16. 11 früh von einer *BV 222* der 1(F)/S. A. Gr. 129 wiedergefunden wird. Für die Nacht vom 18./19. 11. wird auf der Höhe von Lissabon ein Vp.-Streifen »Schill 1« mit *U 262, U 228, U 515, U 358, U 333, U 211* und *U 600* aufgestellt und nach den am 17. und 18. 11. mehrfach eingehenden Aufklärungsmeldungen des Fliegerführers Atlantik verschoben. Am Nachmittag des 18. 11. wird *U 333* (Kptlt. Cremer) von *Exe* mehrfach mit Wabos belegt und gerammt, entkommt aber. *U 515* (Kptlt. Henke) wird, ehe es eine Fühlunghaltermeldung abgeben kann, von den Sloops *Chanticleer* und *Crane* angegriffen, schießt 2 T-5, von denen einer die *Chanticleer* trifft, die beschädigt nach den Azoren geschleppt wird. *U 515* wird von *Crane* fast 10 Stunden verfolgt. Am Abend stößt die 7th Support Group (Capt. Durnford-Slater, nun S. O. E.) mit der Sloop *Pheasant* und 4 weiteren Escorts zum Konvoi. In der Nacht ortet eine mit Radar und »Leigh-Light« ausgerüstete *Wellington* der RAF-Squ. 179 von Gibraltar *U 211* und versenkt das überraschte Flak-U-Boot. Im Laufe des 19. 11. stoßen die 5th Support Group (Cdr. Birch) mit den brit. Fregatten *Nene, Tweed* und den kanad. Korvetten *Calgary, Snowberry, Edmundston* und 2 weiteren Escorts, etwas später von Gibraltar die brit. Zerstörer *Winchelsea* und *Watchman* zum Konvoi, an dem *FW 200* der III./K. G. 40 mehrfach für die in der Nachtstrecke des 20. 11. aufgestellte Gruppe »Schill 2« mit *U 608, U 709, U 969, U 343, U 586, U 648, U 238, U 86* und *U 536* Fühlung halten und Peilzeichen senden, die von 5 Booten empfangen werden. Um Mitternacht wird *U 238* (Oblt. z. S. Hepp) vom Konvoi überlaufen und schießt T-5 gegen 1 Geleitfahrzeug, die Kielwasserdetonierer werden. *Calgary* und *Snowberry* belegen das Boot mit Wasserbomben, sie zwingen 2 Stunden später zusammen mit *Nene U 536* zum Auftauchen und versenken es mit Artillerie. Am 20. 11. schlägt die Luftaufklärung fehl, da *Mosquitos* und *Beaufighter* der RAF bei Cap Ortegal je 1 *FW 200* und *Ju 290* abschießen und die Radargeräte der beiden anderen Maschinen ausfallen. Am Konvoi übernehmen Flugzeuge von Cornwall die Luftsicherung, die 7 Boote der für den Angriff in der Nacht zum 21. 11. vorgesehenen Gruppe »Schill 3« unter Wasser drücken. *U 618* (Kptlt. Baberg) und *U 648* (Oblt. z. S. Stahl) schießen eine *Sunderland* der RCAF-Squ. 422 bzw. eine *Liberator* der RAF-Squ. 53 ab. In der Nacht zum 21. 11. passiert der Konvoi den Vp.-Streifen, früh stößt die 4th Support Group mit 6 Fregatten vom US-DE-Typ zum Konvoi, die *Essington* belegt *U 967* mit Wabos, die *Foley* und die *Crane* der Escort Group versenken *U 538*. Die U-Boote kommen nicht mehr heran. Gegen den am 21. 11. wieder von der Luftaufklärung erfaßten Konvoi setzt der Fliegerführer Atlantik (GenLt. Kessler) die II./K. G. 40 (Maj. Mons) mit insgesamt 25 Fernbombern *He 177* über 1400 km an, von denen 20 das Ziel erreichen, 3 werden abgeschossen, 2 kehren um. Sie werfen 40 Hs 293 Gleitbomben, durch die die Frachter *Marsa* (4405 BRT) versenkt und *Delius* (6055 BRT) beschädigt werden. Größere Erfolge werden durch das Flakfeuer der starken Sicherung, die durch den kanad. Flakkreuzer *Prince Robert* verstärkt ist, verhindert.

14. 11. 1943 **Technik**

Erstes Walter-Versuchs-Unterseeboot *U 794* (Typ *Wk 202)* in Kiel in Dienst gestellt. Am 16. 11. folgt in Hamburg *U 792* (Typ *Wa 201)*. Unterwassergeschwindigkeit 26 kn.

15. 11. 1943 **Luftkrieg Ostasien**

US-Bomber greifen Hafenanlagen von Hongkong an.

15. 11.—27. 12. 1943 **Mittelmeer**

Auf von *U 453* (Kptlt. Frhr. v. Schlippenbach) vor Brindisi und Bari gelegten Minensperren (25. 10., 12. 11., 28. 11.) gehen die brit. Zerstörer *Quail* und M-Boot *Hebe* verloren.
Bei Angriffen im Golf von Tarent versenken *U 81* (Oblt. z. S. Krieg) am 18. 11. 1 Schiff mit 2887 BRT und *U 596* (Oblt. z. S. Nonn) aus dem Konvoi HA. 11 am 9. 12. 1 Schiff mit 8009 BRT. Am 28. 11. torpediert *U 407* (Oblt. z. S. Brüller) vor der Cyrenaika den brit. Kreuzer *Birmingham*.
Bei Operationen gegen alliierte Konvois an der alger. Küste verfehlen *U 223*, *U 73* und *U 616* am 4., 7., 8. und 9. 12. ihre Ziele, ebenso *U 380* am 23. und 27. 12. Aus der Sicherung des Konvois KMS. 34 torpediert *U 223* (Kptlt. Wächter) am 11. 12. mit T-5 die brit. Fregatte *Cuckmere* (nicht reparaturwürdig), am nächsten Tag früh versenkt *U 593* (Kptlt. Kelbling) den brit. Zerstörer *Tynedale*. In einer 32stündigen Jagd durch die US-Zerstörer *Niblack*, *Wainwright*, *Benson* und die brit. *Calpe* und *Holcombe* versenkt es letztere und beschädigt 1 Bomber durch Flakfeuer, ehe es versenkt wird. *U 73* (Oblt. Deckert) wird in einer ähnlichen Jagd nach Torpedierung eines Dampfer von 7176 BRT durch die US-Zerstörer *Niblack*, *Ludlow*, *Woolsey*, *Trippe* und *Edison* am 16. 12. versenkt.

17./18. 11. 1943 **Mittelmeer**

Die dt. 11. R-Flottille (Kptlt. Freytag) wirft mit 6 Räumbooten die Minensperre »Notung« im Ligurischen Meer.

19.—28. 11. 1943 **Zentralpazifik**

Operation »Galvanic«: US-Landung (Adm. Spruance) auf den Gilbert-Inseln. Zur Vorbereitung und Isolierung des Landungsgebietes führt die Task Force 50 (KAdm. Pownall) am 19. 11. Trägerraids. T. G. 50.1 (Pownall) mit den Trägern *Yorktown*, *Lexington*, *Cowpens*, den Schlachtschiffen *South Dakota*, *Washington*, den Zerstörern *Nicholas*, *Taylor*, *La Valette*, *Izard*, *Charrette*, *Conner* gegen Mili, T. G. 50.2 (KAdm. Radford) mit Trägern *Enterprise*, *Belleau Wood*, *Monterey*, Schlachtschiffen *Massachusetts*, *North Carolina*, *Indiana*, Zerstörern *Boyd*, *Bradford*, *Brown*, *Fletcher*, *Radford*, *Jenkins* gegen Makin, T. G. 50.3 (KAdm. Montgomery) mit Trägern *Essex*, *Bunker Hill*, *Independence*, Kreuzern *Chester*, *Pensacola*, *Salt Lake City*, *Oakland*, Zerstörern *Erben*, *Hale*, *Bullard*, *Kidd*, *Chauncey* gegen Tawara und T. G. 50.4 (KAdm. Sherman) mit Trägern *Saratoga*, *Princeton*, Kreuzern *San Diego*, *San Juan* und Zerstörern *Stack*, *Sterett*, *Wilson*, *Edwards* gegen Nauru.
Am 20. 11. landet die Task Force 52 (KAdm. Turner) von 4 Truppentransportern, 1 Materialtransporter und 1 Dockschiff 6472 Mann der 27. US-Inf.Div. (GenMaj. R. Smith) auf Makin. Sicherung Zerstörer *Mustin*, *Kimberly*, *Burns*, *Dale*. Feuerunterstützung T. G. 52.2 (KAdm. Griffin) mit Schlachtschiffen *New Mexico*, *Pennsylvania*, *Idaho*, *Mississippi*, Kreuzer *Minneapolis*, *San Francisco*, *New Orleans*, *Baltimore*, Zerstörer *Dewey*, *Hull*, *Maury*, *Gridley*, *Phelps*, *MacDonough*. Luftunterstützung T. G. 52.3 (KAdm. Mullinix †) mit Geleitträgern *Liscome Bay*, *Coral Sea*, *Corregidor*, Zerstörer *Morris*, *Franks*, *Hoel*,

Hughes. Die weit unterlegenen jap. Verteidiger halten die noch unerfahrene Inf.Div. lange auf, erst am 23. 11. ist die kleine Insel Makin genommen.
Am 20. 11. landet die Task Force 53 (KAdm. Hill) mit 12 Truppentransportern, 3 Materialtransportern und 1 Dockschiff 18600 Mann der 2. US-Marine-Div. auf Betio/Tarawa. Sicherung Zerstörer *John Rodgers, Sigsbee, Heerman, Hazelwood, Harrison, McKee, Murray*. Feuerunterstützung T. G. 53.4 (KAdm. Kingman) mit Schlachtschiffen *Tennessee, Maryland, Colorado*, Kreuzern *Portland, Indianapolis, Mobile, Santa Fé*, Zerstörer *Bailey, Frazier, Gansevoort, Meade, Anderson, Russell, Ringgold, Dashiell, Schroeder*. Luftunterstützung T. G. 53.6 (KAdm. Ragsdale) mit Geleitträgern *Suwanee, Chenango, Barnes, Nassau*, Zerstörern *Aylwin, Farragut, Monaghan, Cotten, Cowell, Bancroft*. Von den Minensuchern *Pursuit* und *Requisite* geführt und den Zerstörern *Ringgold* und *Dashiell* unterstützt, landen die ersten Wellen von der Lagune her auf Betio. Im flachen Wasser dabei durch die jap. Verteidiger schwere Verluste. Am 23. 11. werden die rund 4500 Japaner (KAdm. Shibasaki †) überwältigt, nur 17 Japaner und 129 Koreaner geraten in Gefangenschaft, US-Verluste auf Tarawa 1009 Tote, 2101 Verwundete. Bis zum 28. 11. werden die restlichen Inseln des Atolls und das benachbarte Abemama besetzt.
Jap. Gegenwirkung von außen durch einige Luftangriffe, bei denen am 20. 11. die *Independence* einen Torpedotreffer erhält. Ansatz einer jap. U-Boot-Gruppe. *I-36* hat nach mißglückten Versuchen am 17. 10. mit seinem Bordflugzeug über Pearl Harbor aufgeklärt. Darauf Ansatz Kpt. z. S. Iwagami mit *I-19, I-35, I-39, I-169, I-175* 300 sm südwestl. Hawaii ohne Erfolg, diese Gruppe am 20. 11. auf Landungsflotte vor Makin/Tarawa angesetzt. Von Truk dazu ausgelaufen *I-40, I-176* (Kptlt. Yamaguchi, versenkt am 16. 11. US-U-Boot *Corvina*), *Ro-38*. Von diesen Booten versenkt am 23. 11. *I-175* (Kptlt. Tabata) mit 3 Treffern die *Liscome Bay* (644 Tote). Von den jap. U-Booten *I-35* am 23. 11. durch die Zerstörer *Frazier* und *Meade, I-19* am 25. 11. durch *Radford* bei Angriffsversuchen versenkt, *I-40, Ro-38* und das aus dem Südpazifik herangerufene *I-21* gehen aus unbekannter Ursache verloren

22. 11.—7. 12. 1943 **Nordatlantik**

Gegen den erwarteten vereinigten Konvoi KMS. 30/OS. 59 werden die restlichen »Schill«-Boote *U 424, U 843, U 618, U 600, U 358, U 542, U 586, U 262, U 764, U 86, U 238, U 648, U 228, U 969* und *U 391* als Gruppe »Weddigen« westlich Spanien aufgestellt. In der Nacht zum 23. 11. passiert die 4th Support Group (Cdr. Paramor) mit den Fregatten (US-DE-Typ) *Byard, Bazely, Blackwood, Drury, Bentinck, Berry* den Streifen, *U 648* wird versenkt, *U 424, U 714* für bis zu 12 Stunden mit Wabos verfolgt und unter Wasser gedrückt, *U 843* (Kptlt. Herwatz) verfehlt eine der Fregatten mit T-5. Die angesetzte Luftaufklärung findet den Konvoi am 23. 11. nicht, er passiert weiter westlich. Die Support Group bleibt weiter im Gebiet der Gruppe »Weddigen«, in der Nacht vom 24. zum 25. 11. greifen Nacht-*Wellingtons* der RAF-Squ. 179 von Gibraltar *U 618* und *U 542* an und führen die Fregatten heran, die *U 618* beschädigen. *U 586* muß mit Schäden den Rückmarsch antreten, gegen Morgen versenken *Bazely* und *Blackwood U 600*. Am 26. 11. mittags erfaßt die dt. Luftaufklärung den Konvoi MKS. 31 mit der Escort Group B. 1 (Cdr. Bayldon) mit Führerzerstörer *Hurricane* und 6 weiteren Fahrzeugen vor der Vereinigung mit dem SL. 140. In der Nacht zum 27. 11. verfehlt *U 764* (Oblt. z. S. v. Bremen) eine Fregatte der 4th Support Group mit T-5 und wird mit Wabos belegt, später auch von einem Nachtflugzeug angegriffen. Am 27. 11. erfaßt die Luftaufklärung wieder den nun vereinigten MKS. 31/SL. 140 mit 68 Schiffen und der durch die 4th und 2nd Support Group (Capt. Walker) mit den Sloops *Starling, Kite, Wild Goose* und *Magpie* verstärkten Sicherung. Die Gruppe »Weddigen« wird entsprechend verschoben. Am Abend gelingt es einer *BV 222* der 1 (F)/S. A. G. 129 für 5 Stunden am Konvoi Fühlung zu halten und durch mehrfaches Peilzeichensenden 6 U-Boote heranzuführen. Die starke Nacht-Luftsicherung behindert die U-Boote, *U 391* wird abgedrängt, *U 542* durch eine *Wellington* der RAF-Squ. 179 mit »Leigh Light« versenkt, *U 764* schießt eine *Fortress* der RAF-Squ. 220, *U 262* ein weiteres Flugzeug mit Flak ab. In der Nacht greifen *U 764* und *U 107* (Oblt. z. S. Simmermacher) Fregatten der 4th Support Group mit 2 bzw. 1 T-5 ohne Erfolg an, *U 262* (Oblt z. S. Franke) taucht am Morgen mitten im Konvoi auf und feuert 4 Torpedos, die jedoch nicht treffen, *U 238* (Oblt. z. S. Hepp) verfehlt knapp die Korvette *Dahlia. U 843* wird von der 2nd Support Group abgedrängt. Am Morgen des 29. 11. trifft die US-Trägergruppe *Bogue* mit den Zerstörern *George E. Badger, Osmond-Ingram, Clemson* und *Dupont* vom Konvoi UGS. 24 kommend im Op.Gebiet der Gruppe »Weddigen« ein. *U 764* und *U 238* werden von mehreren Flugzeugen der *Bogue* angegriffen, können aber nach Ausfällen noch tauchen, *U 86* wird versenkt. Der B. d. U. stellt die restliche Gruppe »Weddigen« mit *U 618, U 238, U 391, U 107, U 358, U 228, U 424* und *U 843* gegen den Konvoi KMS. 34/OS. 60 auf, der jedoch weder von der am 30. 11. und 1. 12. angesetzten Luftaufklärung erfaßt noch von den U-Booten gefunden wird. Nach einem ergebnislosen Versuch, die Gruppe mit der Gruppe »Coronel« am 6. 12. gegen den Konvoi ONS. 24 operieren zu lassen, wird »Weddigen« am 7. 12. aufgelöst.

22. 11.—6. 1. 1944 **West- und Südatlantik**

Bei Operationen in entfernten Operationsgebieten versenkt *U 129* (Oblt. z. S. v. Harpe) zwischen Bermudas und Cape Hatteras 1 Schiff mit 5441 BRT und verfehlt 2 Zerstörer mit T-5. Im Golf von Mexiko versenkt *U 193* (KKpt. Pauckstadt) 1 Tanker mit 10 172 BRT, in der Karibik torpediert *U 530* (Kptlt. K. Lange) 1 Tanker mit 10 193 BRT. Vor Freetown versenkt *U 515* (Kptlt. Henke) 3 Schiffe mit 20 913 BRT. Im Südatlantik wird am 25. 11. das auf dem Marsch in den Indischen Ozean befindliche *U 849* durch eine *Liberator* der USN-VP. 107 von Ascension versenkt.
Im mittleren Atlantik trifft die Trägergruppe *Bogue* (Capt. Dunn) am 12. 12. bei der Sicherung des Konvois GUS. 23 auf *U 219*, das nach Versorgung von 3 Booten den Ausmarschierer *U 172* versorgt. Der Tanker entkommt, *U 172* wird von Flugzeugen und den Zerstörern *George E. Badger, Osmond-Ingram, Clemson* und *Du Pont* versenkt. Am 20. 12. überraschen Flugzeuge der *Bogue* das in den Indischen Ozean ausmarschierende *U 850* und versenken es.

24. 11. 1943 **Mittelmeer**

US-Bomber greifen Toulon an und versenken im Hafen den franz. Leichten Kreuzer *Jean de Vienne,* den Zerstörer *Aigle,* die Avisos *Chamois* und *L'Impétueuse* und den Transporter *Aude.*

24.—27. 11. 1943 **Mittelmeer**

In der Nacht vom 24./25. 11. greifen 112 dt. Bomber die Hafenanlagen von La Maddalena (Sardinien) und Bastia (Korsika) an. In der Nacht vom 26./27. 11. bombardieren 76 dt. Bomber Neapel.

25. 11. 1943 **Südpazifik**

Seegefecht östlich Kap St. George (Neu-Irland): Die 23. US-Zerstörer-Flottille

(Capt. Burke) mit *Charles Ausburne, Claxton, Dyson, Converse* und *Spence* überrascht einen jap. Zerstörerverband (Kpt. z. S. Kagawa), bestehend aus *Amagiri, Yugiri, Uzuki,* die Truppen für Buka (nördl. Bougainville) an Bord haben, und versenkt *Onami, Makinami* und *Yugiri* durch Artillerie und Torpedos. Das jap. U-Boot *I-177* rettet später 278 Mann von *Yugiri.*

26. 11. 1943 **Mittelmeer**

He 177 der II./K. G. 40 (Major R. Mons †) versenken vor Bougie aus dem Konvoi KMF. 26 durch Gleitbombe *Hs 293* den brit. Truppentransporter *Rohna* (8602 BRT). Über 1000 Tote unter den eingeschifften Soldaten. 8 *H 177* abgeschossen.

29. 11. 1943 **Luftkrieg Deutschland**

Die 8. US-Luftflotte bombardiert Bremen.

★

1./2. 12. 1943 **Kanal**

Dt. 5. S-Flottille greift vor Beachy Head stark gesicherten, durch Luftaufklärung erfaßten Konvoi an und versenkt den brit. Trawler *Avanturine.*

1.—31. 12. 1943 **Pazifik**

Von den im Dezember in ihren Operationsgebieten eintreffenden US-U-Booten versenken vor Japan *Grayback* (LCdr. Moore) 3 Schiffe mit 8730 BRT und den Zerstörer *Numakaze, Gunnel* (LCdr. McCain) 1 Schiff mit 4046 BRT, *Gurnard* (LCdr. Andrews) 2 Schiffe mit 7755 BRT, 2 weitere Schiffe torpediert, *Herring* (LCdr. Johnson) 2 Schiffe mit 10 019 BRT, *Sailfish* (LCdr. Ward) 2 Schiffe mit 9562 BRT, ferner Geleitträger *Chuyo* versenkt, Leichter Träger *Ryuho* torpediert. *Sawfish* (LCdr. Bannister) versenkt 1 Schiff mit 3266 BRT.
Im Zentralpazifik versenken *Apogon* (LCdr. Schoeni) 1 Schiff mit 2962 BRT, *Gato* (LCdr. Foley) 1 Schiff mit 2926 BRT, *Greenling* (LCdr. Grant) 1 Schiff mit 1936 BRT, *Pargo* (LCdr. Eddy) 2 Schiffe mit 7807 BRT, *Peto* (LCdr. Nelson) 1 Schiff mit 2345 BRT, *Pogy* (LCdr. Metcalf) 2 Schiffe mit 9910 BRT, *Raton* (LCdr. Davis) 1 Schiff mit 5578 BRT, 1 weiteres Schiff torpediert, *Ray* (LCdr. Harrell) 2 Schiffe mit 8696 BRT, *Silversides* (LCdr. Coye) 3 Schiffe mit 7192 BRT.
Im Südwestpazifik versenken *Cabrilla* (LCdr. Hammond) 1 Schiff mit 2764 BRT, *Flying Fish* (LCdr. Risser) 2 Schiffe mit 18 784 BRT, *Narwhal* (LCdr. Latta) 1 Schiff mit 834 BRT, *Puffer* (LCdr. Selby) 1 Schiff mit 6707 BRT, ferner T-Boot *Fuyo, Bluefish* (LCdr. Porter) 1 Schiff mit 6046 BRT und *Tuna* (LCdr. Hardin) 1 Schiff mit 5484 BRT.

3. 12. 1943 **Skagerrak**

Dt. Minenschiffe *Ostmark, Brummer, Elsaß* und Zerstörer *Z 31, Theodor Riedel* und *Hans Lody* führen Minenunternehmen im Skagerrak durch.

3. 12.—15. 1. 1944 **Indischer Ozean**

Von Penang aus operieren im Golf von Bengalen die jap. U-Boote *Ro-110* (Oblt. Ebato) und *Ro-111* (Kptlt. Nakamura) und versenken je 1 Schiff mit 4087 bzw. 7934 BRT. Im Golf von Oman versenkt *I-26* (KKpt. Kusaka) 2 Schiffe mit 14 352 BRT und torpediert 1 Schiff mit 8054 BRT. *I-162* kreuzt ohne Erfolg im Gebiet des Addu-Atolls. Das dt. *U 178* (Kptlt. Spahr) versenkt an der ind. Westküste 1 Schiff mit 7244 BRT und geht Ende Januar ins Gebiet südlich Mauritius zur Versorgung aus dem Tanker *Charlotte Schliemann.*

Am 16. 12. geht das jap. *I-29* (KKpt. Kinashi) zu einer Transportfahrt nach Frankreich in See, vom 25. 12.—4. 1. wird es dreimal von dem dt. Versorger *Bogota* versorgt und trifft am 11. 3. in Lorient ein.

4./5. 12. 1943 **Mittelmeer**

Dt. 7. S-Flottille (KKpt. Trummer) führt mit 7 Booten Minenunternehmen »Ulan« vor der ital. Westküste durch.

4.—8. 12. 1943 **Zentralpazifik**

Am 4. 12. führt die US »Fast Carrier Task Force« einen Raid gegen Kwajalein. Beteiligt: T. G. 50.1 (KAdm. Pownall) mit den Trägern *Yorktown, Lexington, Cowpens,* den Kreuzern *Baltimore, San Francisco, New Orleans, Minneapolis,* den Zerstörern *Nicholas, Taylor, La Valette, Bullard, Kidd, Chauncey,* T. G. 50.3 (KAdm. Montgomery) mit Trägern *Essex, Enterprise, Belleau Wood,* Kreuzern *Portland, Mobile, Santa Fé, San Juan, San Diego* und Zerstörern *Fletcher, Radford, Jenkins, Erben, Hale.* Bei mehrfachen Angriffen der 386 eingeschifften Flugzeuge werden 6 Transportschiffe mit 25316 BRT versenkt, 3 Schiffe mit 17249 BRT und die Kreuzer *Isuzu* und *Nagara* beschädigt, 55 jap. Flugzeuge abgeschossen und am Boden zerstört. 5 US-Verluste.
Bei einem Angriff 2-mot. jap. T-Flugzeuge erhält die *Lexington* einen Treffer. Die *Yorktown* führt einen Ablenkungsraid gegen Wotje.
Am 8. 12. greift eine US Task Group (KAdm. Lee) mit den Schlachtschiffen *South Dakota, Washington, Massachusetts, North Carolina, Indiana* und 12 Zerstörern Nauru an und belegt die Insel mit 810 Schuß 40,6 cm und 3400 Schuß 12,7 cm. Luftsicherung Träger *Bunker Hill* und *Monterey.*

4.—23. 12. 1943 **Nordatlantik**

Versuch, mit der Gruppe »Coronel« — *U 629, U 761, U 672, U 544, U 625, U 421, U 734, U 541, U 269, U 962, U 543, U 92, U 653, U 801, U 667* und *U 415* — den Konvoi ONS. 24 auf der Ostseite des Nordatlantik in einer nächtlichen Kurzoperation zu stellen, scheitert, da die am 4. 12. mit 2 *Ju 290* und am 5. 12. mit je 1 *Ju 290, FW 200* und *BV 222* gestartete Luftaufklärung den Konvoi nicht findet, der die Aufstellung im Norden umgeht. Beim Aufmarsch gegen den nach B-Dienstmeldungen für den 8. 12. erwarteten HX. 268 sichtet *U 269* einen südgehenden Konvoi, auf den auch Boote der Gruppe »Weddigen« operieren, von denen *U 421* kurz Fühlung bekommt. Am 8. 12. passiert auch der HX. 268 den Streifen im Norden, ohne daß die Luftaufklärung Fühlung gewonnen hat. Am 11., 12. und 13. 12. suchen die in 3 Gruppen aufgeteilten »Coronel«-Boote nach dem Konvoi ON. 214, den die an 3 Tagen mit *Ju 290, FW 200* und *BV 222* geführte Aufklärung nicht erfaßt. Die der brit. Führung bekannte Aufstellung wird im Süden umgangen. Ab 18. 12. bis 23. 12. stehen die Boote *U 364, U 972, U 981, U 744, U 741, U 471* als Gruppe »Sylt«, *U 960, U 392, U 302, U 976, U 311, U 629* als Gruppe »Amrum« und *U 92, U 672, U 544, U 625, U 653* und *U 421* als Gruppe »Föhr« erfolglos in wechselnden Aufstellungen im mittleren Nordatlantik. *U 284* muß nach schweren Seeschäden und Übernahme der Besatzung von *U 629* versenkt werden.

11.—20. 12. 1943 **Luftkrieg Deutschland**

Am 11. 12. greifen Bomber der 8. US-Luftflotte Emden an. Am 13. 12. richten rund 600 Bomber der 8. US-Luftflotte einen Tagesangriff gegen Kiel, wo u. a. das T-Boot *T 15* und das R-Boot *R 306* sinken. Am 20. 12. greift die 8. US-Luftflotte Bremen an.

Konvoi-Operation im Nordmeer. Vom 12.—22. 12. marschiert der Konvoi JW. 55A (19 Schiffe) zum Kola-Fjord (20. 12.) bzw. ins Weiße Meer. Von den ostwärts der Bären-Enge stehenden U-Booten *U 277, U 387, U 354* und *U 636* erfaßt nur letzteres am 18. 12. kurz Geleitfahrzeuge, kommt aber nicht näher an den Konvoi heran. Die Fern-Deckungsgruppe mit dem Schlachtschiff *Duke of York* (Adm. Fraser, CinC Home Fleet), dem Kreuzer *Jamaica* und den Zerstörern *Savage, Saumarez, Stord* (norw.) und *Scorpion* läuft vom 16.—18. 12. in den Kola-Fjord ein, geht anschl. zur Beölung nach Akureyri (Island) und Aufnahme des am 20. 12. von Loch Ewe ausgelaufenen JW. 55B (19 Schiffe), Escort Group (Capt. McCoy) mit Zerstörern *Onslow, Onslaught, Orwell, Scourge, Impulsive* und den kanad. *Haida, Iroquois, Huron* sowie *Whitehall, Wrestler*, dem Minensucher *Gleaner* und den Korvetten *Honeysuckle* und *Oxlip*. Der Konvoi wird am 22. 12. von der dt. Luftaufklärung erfaßt, ein Angriff mit einigen *Ju 88* am 23. 12. schlägt gegen die Abwehr nicht durch. Am 23. 12. läuft aus dem Kolafjord der Konvoi RA. 55A (22 Schiffe, 1 Schiff umgekehrt, Escort Group Capt. Campbell mit Zerstörern *Milne, Meteor, Ashanti, Athabaskan* [kanad.], *Musketeer, Opportune, Virago, Matchless, Beagle, Westcott*, Minensucher *Seagull* und Korvetten *Dianella, Poppy* und *Acanthus* [norweg.] aus). Eine Kreuzer-Deckungsgruppe (VAdm. Burnett) mit *Belfast, Sheffield* und *Norfolk* operiert in der Barentssee.
Am 24. 12. gewinnt von den U-Booten der Gruppe »Eisenbart« mit *U 277, U 387, U 354, U 601, U 716, U 957* und *U 314*, von der Luftaufklärung herangeführt, *U 601* (Oblt. z. S. Hansen) am JW. 55B Fühlung, wird aber mit *U 716* (Oblt. z. S. Dunkelberg), das einen T-5 gegen einen Zerstörer schießt, abgedrängt. Auf den JW. 55B wird am 25. 12. eine dt. Kampfgruppe (KAdm. Bey) mit dem Schlachtschiff *Scharnhorst* (Kpt. z. S. Hintze) und der 4. Z-Flott. (Kpt. z. S. Johannesson) mit *Z 29, Z 30, Z 33, Z 34* und *Z 38* angesetzt. Bei schwerer See stößt die *Scharnhorst* nach Entlassung der Zerstörer zur Konvoisuche auf die brit. Kreuzer-Gruppe, in zwei Gefechten erzielen die *Norfolk* und *Scharnhorst* gegenseitig je 2 Treffer, die Kreuzer drängen die *Scharnhorst* ab, die ihrerseits die Kreuzer abschütteln kann. Mit hoher Fahrt von Südwesten herankommend verlegt die *Duke of York* mit der *Jamaica* der *Scharnhorst* den Weg. Im Verfolgungsgefecht erzielen die brit. Schiffe mit Radar-gelenktem Feuer einige Treffer, doch kommt die *Scharnhorst* noch einmal außer Reichweite, bis die Zerstörer *Savage* und *Saumarez* bzw. *Scorpion* und *Stord* in geschicktem Zangenangriff 4 Torpedotreffer erzielen und das Schiff zum Stoppen bringen. Durch die *Duke of York, Jamaica* und die herangekommenen *Belfast* und *Norfolk* mit Artillerie zusammengeschossen und durch weitere 10—11 Torpedos der Zerstörer *Musketeer, Opportune, Virago* und *Matchless* sowie der Kreuzer *Belfast* und *Jamaica* getroffen, sinkt die *Scharnhorst* am 26. 12. abends. Nur 36 Überlebende werden von brit. Zerstörern gerettet, von denen *Saumarez* beschädigt ist.
Der JW. 55B läuft ohne Verluste am 29. 12. in den Kola-Fjord ein, sowj. Schiffe bringen einige Dampfer ins Weiße Meer. Der RA. 55A trifft am 1. 1. ohne Verluste ein. Am 31. 12. geht vom Kola-Fjord der RA. 55B (8 Schiffe, Escort Group Capt. McCoy) in See und erreicht ohne Ausfälle am 8. 1. Loch Ewe. Ein Angriff von *U 957* mit T-5 schlägt fehl.
Von den als Flankensicherung aufgestellten U-Booten der brit. 9. U-Flott. versenkt *Seadog* (Lt. Pelly) 1 Schiff mit 8597 BRT, das niederl. *O. 15* verfehlt am 26. 12. einen Konvoi. Von den sowj. U-Booten werden ***L-20, K-21*** und ***S-102***

am 26. 12. gegen die *Scharnhorst* angesetzt, außerdem operieren während der Laufzeit dieser Konvois *L-15, L-22, S-15* und *S-103* vor der Polarküste, *M-105, M-200* im Varanger-Fjord, wo auch sowj. Torpedokutter mehrfach Konvois anzugreifen versuchen. Sie versenken am 12. 12. *V 6106.*

14.—26. 12. 1943 **Südwestpazifik**

Nach einem Angriff der US V. Air Force, bei dem 433 t Bomben geworfen werden, landet die US VII. Amphibious Force (KAdm. Barbey) mit dem Transporter HMAS. *Westralia,* dem Landungsdockschiff *Carter Hall,* den schnellen Transportern *Humphreys, Sands* und Landungsfahrzeugen das 112. US-Cav. Regt. in Arawe (New Britain). Unterstützung durch US-Zerstörer *Reid, Smith, Lamson, Flusser, Mahan,* Sicherung durch US-Zerstörer *Conyngham, Shaw, Drayton, Mugford, Bagley.* Deckungsgruppe austral. Kreuzer *Australia, Shropshire,* Zerstörer *Arunta, Warramunga.*

Am 26. 12. landet die VII. Amphib. Force mit den Schnellen Transportern *Stringham, Crosby, Kilty, Dent, Ward, Brooks, Gilmer, Sands, Humphreys* und *Noa,* 24 LST's sowie zahlr. LCT's und LCI's die 1. US-Marine-Div. am Cape Gloucester (New Britain). Unterstützung und Sicherung durch die gen. US-Zerstörer. Support Groups (KAdm. Crutchley, RAN) mit den Kreuzern *Australia, Shropshire,* Zerstörer *Arunta, Warramunga* und (KAdm. Berkey) mit den Kreuzern *Nashville, Phoenix* und den Zerstörern *Bush, Ammen, Bache, Mullany, Hutchins, Beale, Daly* und *Brownson,* der bei einem jap. Luftangriff durch Bombentreffer sinkt.

20. 12.—26. 12. 1943 **Nordatlantik/Biskaya**

Ab 20. 12. werden die südl. Boote der »Coronel«-Aufstellung *U 801, U 107, U 667, U 618, U 270, U 541, U 645, U 962, U 415, U 305, U 275, U 382* und *U 641* als Gruppe »Borkum« ins Gebiet südwestlich der Biskaya gezogen, um auf den Konvoi MKS. 33/SL. 142 zu operieren. Der Ansatz von 5 *FW 200* am Tage und 1 *BV 222* in der Nacht vom 20./21. 12. und weiterer Flugzeuge am 21. 12. bleibt ergebnislos. Von der alliierten Führung wird gegen die Gruppe »Borkum« vom Konvoi GUS. 24 aus die US-Trägergruppe *Card* (Capt. Isbell) mit den Zerstörern *Leary, Schenck* und *Decatur* angesetzt. Am 22. und 23. 12. wird der Trägerverband dreimal von der dt. Luftaufklärung gemeldet, und der B. d. U. setzt die Gruppe »Borkum« dagegen an, um die Einbringung des Blockadebrechers *Osorno,* der am 23. 12. von einer *Wildcat* der *Card* bei schwerem Wetter erfaßt wird, zu decken. In der Nacht zum 24. 12. sichtet *U 305* zuerst den Trägerverband, wird aber von *Schenck* nach HF/DF-Peilung abgedrängt. *U 415* (Kptlt. Neide) verfehlt die abdrehende *Card* mit einem FAT-3er-Fächer und die *Decatur* mit einem T-5. Die *Schenck* manövriert einen T-5 von *U 645* aus und versenkt das Boot anschließend mit Wabos. Auf der zu ihrer Unterstützung detachierten *Leary* erzielt *U 275* (Oblt. z. S. Bork) einen T-5-Treffer, *U 382* (Oblt. z. S. Zorn) versenkt den Zerstörer mit Fangschuß. Am Abend des 24. 12. läuft von Norden der Konvoi OS. 62/KMS. 36 mit der Escort Group B. 1 und einer Support Group mit dem Geleitträger *Striker* in die »Borkum«-Aufstellung ein und verliert durch einen T-5-Angriff von *U 305* (Kptlt. Bahr) den Führerzerstörer *Hurricane.* Von der Gironde-Mündung sind am 24. 12. mittags die dt. 8. Z-Flottille (Kpt. z. S. Erdmenger) mit *Z 27, Z 23, Z 24, Z 32, Z 37, ZH 1* und die unterstellte 4. T-Flottille (KKpt. Kohlauf) mit *T 22, T 23, T 24, T 25, T 26* und *T 27* zur Aufnahme der *Osorno* (Kpt. Hellmann) ausgelaufen (Unternehmen »Bernau«). Obgleich seit Hellwerden am 25. 11. *Sunderland*-Flugboote der RAF-Squ. 201, der RCAF-Squ. 422 und der RAAF-Squ. 461 Fühlung halten, gelingt es Kpt. Erdmenger, die *Osorno* mittags aufzunehmen, nachdem sie noch 1 Flugboot abgeschossen hat. Angriffsversuche von Flugzeugen der 19th Group Coastal Command werden durch *Ju 88* Fernjäger des Fliegerführers Atlantik und die Flak der Schiffe abgewehrt. Beim Einlaufen in die Gironde-Mündung am 26. 12. reißt sich die *Osorno* am Wrack des *Sperrbrechers 21* den Rumpf auf und muß aufgesetzt werden, um die Ladung zu retten.

21./22. 12. 1943 **Mittelmeer**
Die brit. *MTB 226* und *MTB 228* versenken in der Adria nordwestlich Zara den alten dt. Kreuzer *Niobe.*

22./23. 12. 1943 **Mittelmeer**
Torpedoboote *TA 23, TA 24* und Minenschiff *Niedersachsen* führen vor der Nordspitze von Kosika Minenunternehmen »Attacke« durch.

23. 12. 1943—8. 1. 1944 **Nordatlantik**
Die U-Boot-Gruppen »Sylt«, »Amrum« und »Föhr« werden ab 23. 12. in Dreiergruppen »Rügen 1—6« westlich Irland aufgeteilt: »1« mit *U 364, U 972, U 981,* »2« mit *U 744, U 545, U 781,* »3« mit *U 471, U 390, U 546,* »4« mit *U 960, U 392, U 302, U 976,* »5« mit *U 311, U 92, U 672* und »6« mit *U 625, U 653,* und *U 421.* Am 23. 12. verfehlt *U 471* (Kptlt. Klövekorn) einen Truppentransporter des u. a. von dem US-Schlachtschiff *Arkansas* gesicherten Konvois TU. 5 und wird anschließend von einem Flugzeug des RAF-Coastal Command beschädigt. *U 653* (Oblt. z. S. Kandler) verfehlt weiter südlich eine Fregatte eines Tanker-Konvois. Auch ein Angriff von *U 392* (Oblt. z. S. Schümann) gegen ein kleines Geleit am 26. 12. bleibt erfolglos. Am 30. 12. gewinnen einige Boote an Nachzüglern des Konvois ON. 217 Fühlung, die zunächst von *U 744* (Oblt. z. S. Blischke) verfehlte *Empire Housman* (7359 BRT) wird von *U 545* (Kptlt. Mannesmann) torpediert und später von *U 744* mit Fangschuß versenkt. *U 731* (Oblt. z. S. Graf Keller) verfehlt ein weiteres Schiff. Auch eine einzelbootsweise Aufstellung mit *U 547, U 545, U 741, U 762, U 364, U 972, U 981, U 390, U 471, U 392, U 386, U 302, U 846, U 311, U 260, U 92, U 976, U 757, U 731, U 309* und *U 666* ab 5. 1. bringt keinen Erfolg. Am 8. 1. wird *U 757* durch die Konvoi-Escorts *Bayntun* und *Camrose* versenkt.

25. 12. 1943—4. 1. 1944 **Südwestpazifik**
Jap. Truppentransporte von Truk nach Rabaul und Kavieng. Beabsichtigter Einsatz des Schlachtschiffes *Yamato* muß nach Torpedierung des Schiffes südlich Truk durch das US-U-Boot *Skate* (Cdr. McKinney) ausfallen. Durchführung mit Kreuzern *Kumano, Suzuya, Oyodo, Noshiro* und Zerstörern.
Am 25. 12. führt US-Task Group 50.2 (KAdm. Sherman) mit den Trägern *Bunker Hill* und *Monterey* und den Zerstörern *Bradford, Brown, Cowell, Bell, Charrette, Conner* einen Raid gegen Kavieng (New Ireland). Dabei 1 Dampfer mit 4861 BRT versenkt, Minensucher *No. 21, No.* 22 und 1 Dampfer beschädigt. Am 1. 1. erfassen die Trägerflugzeuge eine der rückmarschierenden jap. Kreuzergruppen und beschädigen die *Oyodo, Noshiro* und den Zerstörer *Yamagumo* leicht. Bei einem weiteren Raid gegen Kavieng am 4. 1. wird der jap. Zerstörer *Fumitsuki* beschädigt.

26.—28. 12. 1943 **Biskaya**
Unternehmen »Trave«: Vorstoß der 8. Z-Flottille sowie der 4. T-Flottille (Zusammensetzung wie bei Unternehmen »Bernau« bis auf *ZH 1,* die wegen

Kondensatorschaden zurückbleiben muß) in die Biskaya, um den Blockadebrecher *Alsterufer* (Kpt. Piatek) in die Gironde einzubringen.
27. 12.: *Alsterufer* (2729 BRT) durch 1 Flugzeug der RAF-Staffel 322 (tschech.) so schwer beschädigt, daß sie aufgegeben werden muß. Die Marinegruppe West erfährt davon erst am Morgen des 28. 12. und befiehlt den Zerstörern den Rückmarsch. Dabei stoßen die Schiffe bei schwerer See auf die brit. Kreuzer *Glasgow* (Capt. Clarke) und *Enterprise* (Capt. Grant RCN). Trotz artilleristischer Überlegenheit der 11 Zerstörer und T-Boote (25 : 15-cm- und 24 : 10,5-cm-Kanonen gegenüber 19 : 15,2-cm- und 13 : 10,2-cm-Kononen) scheitert bei der schweren See, die die dt. Schiffe in der Entfaltung ihrer vollen Geschwindigkeit behindert, ein Zangenangriff. Im Artilleriegefecht sinken *Z 27* (KKpt. Günther Schultz †) mit dem Chef der 8. Z-Flottille (Kpt. z. S. Erdmenger †), *T 25* (KKpt. von Gartzen) und *T 26* (Kptlt. Quedenfeldt). Vom Rest des Verbandes erreichen *Z 24, T 23, T 24* und *T 27* Brest, *Z 32* und *Z 37* die Gironde sowie die nach Süden ausgewichenen *Z 23* und *T 22* St. Jean de Luz.
29. 12.: Die brit. Kreuzer erreichen trotz mehrfacher Angriffe dt. Flugzeuge mit Gleitbomben unbeschädigt Plymouth.

26. 12. 1943—13. 1. 1944 **Nordatlantik**

Die Gruppe »Borkum« versucht am 25. 12. und in der Nacht zum 26. 12. die Operation gegen den Konvoi OS. 62/KMS. 36 fortzusetzen, doch kommen nur *U 305* und *U 270* zu fehlgeschlagenen T-5-Schüssen gegen zurückgebliebene Escorts der Support Group. Auf dem Marsch zu einer neuen Aufstellung für den 30. 12. gegen den erwarteten Konvoi MKS. 34/SL. 143 mit *U 270, U 801, U 571, U 305, U 275, U 382, U 758, U 641* und *U 377* gerät die Gruppe »Borkum« am 29. und 30. 12. z. T. in Berührung mit der 6th Support Group (brit. Fregatten, kanad. Korvetten), die Überlebende des Gefechtes vom 27. 12. zu bergen versucht. *U 275* und *U 270* werden von Fregatten, *U 275* auch von Flugzeugen angegriffen. Die ausmarschierenden und ebenfalls zur Suche nach Überlebenden angesetzten *U 629* (Oblt. z. S. Bugs) und *U 541* (Kptlt. K. Petersen), *U 421* (Oblt. z. S. Kolbus) und *U 543* (Kptlt. Hellriegel) fahren z. T. mehrere T-5-Angriffe gegen Geleitfahrzeuge, die aber alle fehlschlagen. Der am 30. und 31. 12. von der dt. Luftaufklärung erfaßte Konvoi MKS. 34/SL. 143 mit der Escort Group B. 3 passiert am 1./2. 1. den Vp.-Streifen. *U 382* (Oblt. z. S. Zorn), *U 275* (Oblt. z. S. Bork), *U 305* (Kptlt. Bahr) verfehlen mit T-5 Sicherungsfahrzeuge. Ein Operationsversuch am 2./3. 1. gegen ein südgehendes Geleit schlägt fehl, da wegen Mangel an Kräften keine Luftaufklärung möglich ist. Nur *U 270* (Kptlt. Otto), das vorher gebombt worden ist, verfehlt mit T-5 einen Zerstörer. Um die Erfassung der Vp.-Streifen und ihre Umgehung zu erschweren, werden die »Borkum«-Boote in 3 kleine Gruppen aufgeteilt: 1 mit *U 270, U 305, U 382,* 2 mit *U 758, U 641* und 3 mit *U 377, U 953* und *U 231*. Am 5., 6. und 7. 1. kommen die Boote mehrfach mit der nordwestlich Spanien zur Suche nach erwarteten Blockadebrechern kreuzenden 5th Support Group mit den Fregatten *Nene, Tweed* und den kanad. Korvetten *Calgary, Snowberry, Edmundston* und *Camrose* in Berührung. Am 5. 1. verfehlt *U 758* (Kptlt. Manseck) 1 Korvette mit T-5, am 6. 1. schießt *U 270* 1 *Fortress* der RAF-Squ. 220 ab und wird selbst durch sie beschädigt, am 7. 1. versenkt *U 305* mit T-5 die *Tweed*. Gegen den erwarteten Konvoi MKS. 35/SL. 144 werden am 8. 1. 1, am 9. 1. 3 und am 10. und 11. 1. je 2 *Ju 290* der F. A. Gr. 5 angesetzt, doch nur am 9. 1. sichtet 1 Flugzeug den Konvoi westlich Portugal. Am 11. 1. abends bekommt *U 305* den Konvoi in Sicht, die U-Boote können sich zwar mit ihrer

3,7-cm-Flak die Trägerflugzeuge der US-Support Group mit dem Geleitträger *Block Island* (Capt. Ramsey) vom Leibe halten *(U 758)*, doch können sie sich nicht vorsetzen. Nur *U 953* (Oblt. z. S. Marbach) verfehlt mit T-5 die kanad. Korvette *Lunenburg* der Escort Group. Am 13. 1. muß die Operation abgebrochen werden, von einem Flugzeug der *Block Island* herangeführt, versenkt 1 *Wellington* der RAF-Squ. 172 *U 231*.

28. 12. 1943 **Kanal**

Brit. Kommandounternehmen gegen die Kanalinsel Sercq gescheitert.

1944

1.—31. 1. 1944 **Pazifik**

Von den im Januar in ihren Operationsgebieten eintreffenden US-U-Booten versenken folgende Schiffe: Vor Japan: *Batfish* (LCdr. Merrill) 1 Schiff mit 5486 BRT, *Finback* (LCdr. Tyree) 1 Schiff mit 10000 BRT, *Seawolf* (LCdr. Gross) 4 Schiffe mit 23361 BRT und 1 Schiff zusammen mit *Whale; Snook* (LCdr. Triebel) 4 Schiffe mit 16926 BRT, *Steelhead* (LCdr. Welchel) 1 Schiff mit 6795 BRT, *Sturgeon* (LCdr. Murphy) 2 Schiffe mit 8603 BRT, *Swordfish* (LCdr. Hensel) 3 Schiffe mit 12243 BRT, *Tambor* (LCdr. Kefauver) 4 Schiffe mit 18484 BRT, *Tautog* (LCdr. Sieglaff) 2 Schiffe mit 6025 BRT, *Whale* (LCdr. Burrows) 1 Schiff mit 5870 BRT und 1 Schiff mit 4865 BRT zusammen mit *Seawolf*. Im Gebiet der Mandats-Inseln: *Albacore* (LCdr. Blanchard) 1 Schiff mit 2629 BRT und Zerstörer *Sazanami, Angler* (LCdr. Olsen) 1 Schiff mit 889 BRT, *Balao* (LCdr. Cole) 1 Schiff torpediert, *Blackfish* (LCdr. Davidson) 1 Schiff mit 2087 BRT, *Gar* (LCdr. Lantrup) 2 Schiffe mit 8994 BRT, *Haddock* (Cdr. Roach) Träger *Unyo* torpediert, *Hake* (LCdr. Broach) 3 Schiffe mit 19384 BRT, *Scamp* (LCdr. Ebert) 1 Schiff mit 9974 BRT, *Seadragon* (LCdr. Ashley) 1 Schiff torpediert, *Seahorse* (LCdr. Rutter) 5 Schiffe mit 13716 BRT, *Spearfish* (LCdr. Williams) 1 Schiff mit 3560 BRT, *Trigger* (LCdr. Dornis) 2 Schiffe mit 12376 BRT, *Tullibee* (Cdr. Brindupke) 1 Schiff mit 549 BRT. In Gebiet von Insulinde und der Philippinen: *Bowfin* (LCdr. Griffith) 1 Schiff mit 4408 BRT und Flugzeugtender *Kamoi* torpediert, *Crevalle* (LCdr. Munson) 1 Schiff mit 2552 BRT, *Flasher* (LCdr. Whitaker) 4 Schiffe mit 10584 BRT, *Kingfish* (LCdr. Jukes) 3 Schiffe mit 14633 BRT, *Rasher* (LCdr. Laughon) 1 Schiff mit 7251 BRT, *Thresher* (LCdr. McMillan) 4 Schiffe mit 14523 BRT, *Tinosa* (LCdr. Weiss) 4 Schiffe mit 15484 BRT.

2. 1.—5. 1. 1944 **Südatlantik**

Gegen die aus Ostasien kommenden dt. Blockadebrecher operiert seit Mitte November 1943 von Recife (Brasilien) aus die US-Task Force 41 (KAdm. Reid) mit den Kreuzern *Omaha, Milwaukee, Cincinnati, Marblehead* und *Memphis* sowie den Zerstörern *Winslow, Moffett, Davis, Jouett, Somers* in Gruppen zu je 1 Kreuzer und 1 Zerstörer. Von Freetown und Dakar aus werden abwechselnd 2 Gruppen mit den franz. bzw. ital. Kreuzern *Montcalm, Georges Leygues* und *Duca degli Abruzzi* bzw. *Gloire, Suffren* und *Duca d'Aosta* angesetzt. Ab Anfang Januar liegen ferner in Horta (Azoren) die franz. Großzerstörer *Le Fantasque* und *Le Malin* bereit. Von Ascension, Natal und Freetown fliegen

US-, brasilian., brit. und franz. Staffeln Aufklärung. Am 1. 1. sichtet 1 *Liberator* der VB. 107 von Ascension den Blockadebrecher *Weserland* (Kapt. Krage). Sie wird durch Flakfeuer beschädigt. Am 2. 1. wird eine weitere abgeschossen, ehe in der Nacht vom 2./3. 1. die *Somers* mit Artillerie den Blockadebrecher versenkt und 133 Überlebende rettet. Am 4. 1. sichtet 1 Bordflugzeug der *Omaha* den Blockadebrecher *Rio Grande* (Kpt. v. Allwörden) (6062 BRT), der durch den Kreuzer und den Zerstörer *Jouett* mit Artillerie versenkt wird. Nur 1 Überlebender. Am 5. 1. wird der letzte aus Ostasien kommende dt. Blockadebrecher *Burgenland* (7320 BRT, Kapt. Schütz) durch 1 US-Flugboot von Natal gesichtet und versenkt sich bei Insichtkommen der *Omaha* und *Jouett* selbst. Die *Omaha, Jouett, Davis, Winslow,* die brasilian. Korvette *Camorin* und der brasilian. Dampfer *Poti* bergen in den nächsten Tagen über 2000 Ballen Kautschuk.

2.—23. 1. 1944 **Südwestpazifik**

Die VII. Amphibious Force (KAdm. Barbey) landet 7200 Mann des 126. RCT der 32. US-Inf.Div. (BrigGen. Martin) am 2. 1. bei Saidor (Neu Guinea). Sicherung der Landungsfahrzeuge Zerstörer (Capt. Carter) *Beale, Mahan, Flusser, Reid, Lamson, Drayton, Hutchins, Smith* und *Conyngham* (F). Deckungsgruppe (KAdm. Crutchley RAN) mit den Kreuzern *Australia, Shropshire,* den Zerstörern *Arunta, Warramunga* (austral.) und den US-Zerstörern *Bush, Ammen, Bache, Mullany* mit den Kreuzern *Nashville* und *Phoenix*. 12 000 Japaner der 18. Armee (GenLt. Adachi) in Sio abgeschnitten. Am 7./8. 1. evakuiert das jap. U-Boot *I-177* Gen. Adachi, die Truppen versuchen über Gali nach Madang zu kommen, dabei mehrfach Ausfälle durch Küstenbeschießungen bei Gali durch US-Zerstörer, am 26. 1. von Madang durch KAdm. Berkey mit US-Kreuzern *Nashville, Phoenix* und Zerstörern *Bush, Ammen, Mullany*.

3.—13. 1. 1944 **Mittelmeer**

Von den gegen den alliierten Nachschubverkehr von Gibraltar über die alger. Küste nach Neapel eingesetzten dt. U-Booten greifen *U 642, U 616* und *U 380* z. T. mehrfach erfolglos Konvois an. Am 3./4. 1. passieren von Westen *U 952* und *U 343* die Gibraltar-Straße, *U 343* wehrt am 8. 1. starke Luftangriffe mit Flak ab und trifft 2 Flugzeuge schwer.

Am 10. 1. versenken 30 T-Flugzeuge der 2. Flieger-Division aus Südfrankreich nördlich Oran aus dem Konvoi KMS. 37 den Frachter *Ocean Hunter* (7178 BRT) und torpedieren die *Daniel Webster* (7176 BRT), die auf Strand gesetzt wird, aber als Totalverlust gilt.

5.—6. 1. 1944 **Luftkrieg Deutschland**

Am 5. 1. greift die 8. USAAF Kiel an. In der Nacht vom 5./6. 1. werfen 348 Flugzeuge des RAF-Bomber Command 1118 t Bomben auf Stettin.

5. 1.—5. 3. 1944 **Schwarzes Meer**

Im Januar operieren vor der Kaukasus-Küste gegen den sowj. Küstenverkehr die dt. U-Boote *U 19, U 20* (Oblt. z. S. Grafen) — 1 Tanker torpediert —, und *U 24*. Im Februar sind vor Batum und Poti *U 18* (Oblt. z. S. Fleige) — 1 Dampfer versenkt —, *U 19* (Oblt. z. S. Ohlenburg) und *U 20* — Minen vor Poti gelegt. Anfang März werden *U 20* und *U 24* gegen sowj. Verkehr von Poti nach Trapezunt angesetzt. Gegen den dt. Geleitverkehr zwischen der abgeschnittenen Krim und Konstanza und Odessa, den die 10. Sicherungs-Div. (Kpt. z. S. Weyher) mit der 1., 3. und 23. U-Jagd-Flottille, der 3. R-Flottille und rumän. Streitkräften sichert, werden insbesondere sowj. U-Boote eingesetzt. *L-23* (Kpt. 3. Rg. Fartušnyj †, an Bord der Chef der U-Boot-Brig., Kpt. 1. Rg. Krestovskij †) greift am 5. 1. ein Geleit südwestlich Evpatorija an und wird von den U-Jägern *Schiff 19, UJ 303, UJ 306, UJ 316, UJ 312* und *UJ 2301* verfolgt, nach Gefechten mit MFPs am 12. 1. geht das Boot vermutlich am 30. 1. durch den Angriff einer *BV 138* auf dem Rückmarsch verloren. *L-6* (Kptlt. Gremjako) legt eine Minensperre, *ŠČ-216* (Kpt. 3. Rg. Karbovskij †) greift am 9. und 10. 2. erfolglos Geleite an und wird am 16. 2. westlich Evpatorija durch *UJ 103* mit Wabos versenkt. *M-112, M-35, ŠČ-209, ŠČ-205* ohne Erfolg. Während der sowj. Offensive nördlich des unteren Dnepr muß am 11. 3. Nikolaev nach Sprengung der Hafen- und Werftanlagen geräumt werden. Unter anderem werden 3 unfertige *KT*-Schiffe abtransportiert. Vom 6.—8. 3. verlegt die sowj. 2. Torpedokutter-Brigade (Kpt. 2. Rg. Procenko) mit 10 *TKA* von Gelendžik um die Krim herum nach Skadovsk, Anfang April folgen 6 weitere *TKA*.

6. 1. 1944 **Kanal**

7 Boote (Kptlt. K. Müller) der dt. 5. S-Flottille greifen vor der brit. Südwestküste den Konvoi WP. 457 an und versenken die Frachter *Polperro* (403 BRT), *Underwood* (1990 BRT) und *Solstad* (1408 BRT) sowie den Trawler *Wallasea* (545 ts).

7.—29. 1. 1944 **Nordatlantik**

Westlich Irland operieren einzeln in wechselnden Aufstellungen die U-Boote der Gruppe »Rügen« mit *U 547, U 545, U 741, U 981, U 972* (Anfang Januar vermißt), *U 364, U 390, U 762, U 309, U 731, U 757, U 666, U 471, U 392, U 846, U 311, U 302, U 976*, ab Mitte Januar auch die restlichen »Borkum«-Boote *U 305, U 382, U 377, U 641* und die neu eintreffenden *U 571, U 271, U 212, U 592, U 231* und *U 238*. Vor dem Nordkanal wird *U 386*, vor Reykjavik *U 260*, als Wetterboote *U 544, U 763* und *U 960* (Oblt. z. S. Heinrich), das 1 Schiff mit 7176 BRT versenkt, angesetzt. Am 8. 1. wird *U 757* von den zur Sicherung der vereinigten Konvois OS. 64/KMS. 38 gehörenden brit. DE *Bayntun* (4th Support Group) und kanad. Korvette *Camrose* (5th Support Group) versenkt. Verschiedene U-Boote sichten in den folgenden Tagen Schiffe und Suchgruppen, kommen aber nicht zum Erfolg, *U 377* geht bei einer solchen Begegnung am 15. 1. verloren. Am 17. 1. wird *U 305* von dem Zerstörer *Wanderer* und dem Landungsschiff *Glenearn* versenkt. Die US-Task Group 21.12 (Capt. Gallery) mit dem Träger *Guadalcanal*, dem Zerstörer *Forrest* und den DEs *Pillsbury, Pope, Flaherty, Chatelain* überrascht eine Versorgungsgruppe mit *U 516, U 539* und *U 544*, Flugzeuge versenken *U 544*. Am Abend des 17. 1. sichtet 1 *He 177* den Konvoi OS. 65/KMS. 39 (Escort Group B. 3, Cdr. Evans auf Fregatte *Towy)*, von den angesetzten U-Booten kommt nur *U 641* am 19. 1. in die Nähe und wird von der Korvette *Violet* versenkt. Am 19. 1. verfehlt *U 390* weiter nördlich einen Dampferpulk. Die am 20., 21. und 22. 1. angesetzte Luftaufklärung kann die erwarteten HX.- und SC.-Konvois sowie den westgehenden ON. 220 (Escort Group C. 4) nicht erfassen. Am 26. und 27. 1. melden *Ju 290* der F. A. Gr. 5 mehrfach den vereinigten Konvoi OS. 66/KMS. 40 und den ON. 221. Gegen sie werden die Boote *U 650, U 231, U 571, U 281, U 271, U 212* und *U 592* als Gruppe »Hinein« und *U 989, U 762, U 547, U 390, U 984, U 731, U 545, U 386, U 309, U 666, U 406, U 283* und *U 985* als Gruppe »Stürmer« zusammengezogen. Die durch Flugzeuge der 19th Group verstärkte 15th Group Coastal Command fliegt gegen die U-Boot-Aufstellungen massierte Einsätze zur Unterstützung der Konvois, *U 571* und *U 271* werden am 28. 1. versenkt, andere Boote angegriffen. Am 29. 1. werden die Boote wegen eines falschen Invasionsalarms nach Frankreich gerufen und dann in neue Aufstellungen befohlen.

8.—28. 1. 1944 **Mittelmeer/Tyrrhenisches Meer**

Am 8. 1. wird bei einem brit. Jabo-Angriff vor Imperia das dt. Geleitboot *SG 20* (ex T-Boot *Papa*) durch Nahtreffer schwer beschädigt und gerät auf Grund. Bei einem Luftangriff auf Savona am 20. 1. erhalten die dort liegenden franz. Zerstörer *Valmy* 2 Volltreffer und *Le Hardi* leichte Schäden. Bei einem Jabo-Angriff gegen ein dt. Geleit bei San Stefano am 28. 1. werden *R 201* versenkt und *R 199, R 161* und *KT 20* beschädigt.

8. 1.—18. 3. 1944 **Mittelmeer**

Ein alliierter Luftangriff auf Pola schwächt die im Ost-Mittelmeer eingesetzten dt. U-Boote, *U 81* wird vernichtet, *U 596* beschädigt. Im Februar versenken *U 453* (Oblt. z. S. Lührs) an der syrischen Küste 4 Segler, *U 407* (Oblt. z. S. Korndörfer) 1 Segler und 1 Schiff mit 6207 BRT torpediert. *U 596* (Oblt. z. S. Nonn) verfehlt am 23. 2. vor Brindisi 1 ital. Korvette, am 7. 3. südlich des Golfes von Tarent das ital. Schlachtschiff *Giulio Cesare, U 565* (Oblt. z. S. Henning) vor der Cyrenaica Anfang März 1 Korvette und 1 Kreuzer. Bei einer weiteren Fahrt südlich Tarent greift *U 453* am 18. 3. einen Konvoi an, hat jedoch keinen Erfolg.

10. 1.—12. 3. 1944 **Südpazifik**

Letzte jap. U-Boot-Unternehmungen gegen Stützpunkte im Südpazifik. Das große U-Boot *I-11* (KKpt. Izu) meldet am 11. 1. das Ergebnis der Sehrohr-Aufklärung von Funafuti, geht aber vor Durchführung der Luftaufklärungsaufträge gegen die Ellice-Inseln und Samoa verloren. Im Gebiet der Neuen Hebriden versenkt am 14. 1. *Ro-42* (Kptlt. Wada) den Hafentanker *YO 159, Ro-37* geht am 23. 1. nach der Torpedierung des Tankers *Cache* (12 000 BRT) verloren. *Ro-44* ohne Erfolg. Im Februar operieren von Rabaul aus noch einmal *Ro-106* und *Ro-109* ohne Erfolg im Huon-Golf, nach Räumung von Rabaul durch die Flotte (die Armee bleibt bis 1945 dort!) kehren die letzten Boote der 7. U-Flottille nach Truk zurück. Die Ende Januar/Anfang Februar gegen die US-Flotten im Gebiet der Marshall-Inseln entsandten *Ro-39* und *Ro-40* kehren nicht zurück, bei Transportfahrten nach Mille und Wotje geht im Februar *I-175*, im März *I-32* nach einer erfolgreichen Fahrt verloren. Zuletzt klärt *Ro-44* am 12. und 13. 3. Majuro auf.

11. 1.—25. 2. 1944 **Indischer Ozean**

Verstärkung der British Eastern Fleet (VAdm. Somerville), die Ende 1943 nur aus dem Schlachtschiff *Ramillies*, dem Geleitträger *Battler*, dem 4. Kreuzergeschwader (KAdm. Read) mit *Newcastle, Suffolk, Frobisher, Kenya, Ceylon,* ferner für Geleitaufgaben den Kreuzern *Hawkins, Danae* und *Emerald,* den Hilfskreuzern *Alaunia* und *Chitral,* 11 Zerstörern, 13 Fregatten, Sloops und Korvetten und 6 U-Booten bestand. Im Januar treffen das 1. Schlachtgeschwader (VAdm. Power) mit *Queen Elizabeth, Valiant* und der Schlachtkreuzer *Renown,* die Träger (KAdm. Moody) *Illustrious* und *Unicorn,* der Kreuzer *Sussex* und der niederl. Kreuzer *Tromp* mit den Zerstörern *Van Galen* und *Tjerk Hiddes* ein. Zusätzlich zur 11. Z-Flottille (Capt. de Winton) mit *Rotherham, Racehorse, Raider, Rapid, Redoubt, Relentless, Rocket* und *Roebuck* und der 16. Zerstörer-Div. mit *Paladin, Penn, Petard, Pathfinder* werden Anfang März die 4. Z-Flottille (Capt. Onslow) mit *Quilliam, Quadrant, Quality, Queenborough, Quiberon* und *Quickmatch* verlegt. Ab Dezember 1943 wird die 4. U-Flottille (Capt. Ionides) mit *Trespasser, Taurus, Truculent, Tally Ho, Tantalus, Tantivy, Sea Rover, Stoic, Stonehenge* (ab

Ende Februar vermißt), und die niederl. *K-XIV* und *O-23* gegen den jap. Verkehr in der Malakka-Straße und an der Westküste Thailands bis zu den Nikobaren und Andamanen eingesetzt. In mehreren Unternehmungen versenkt dabei *Tally Ho* (Cdr. Bennington) 2 Schiffe mit 4876 BRT und am 11. 1. den Kreuzer *Kuma* vor Penang, *Templar* (Lt. Beckley) torpediert am 25. 2. den Kreuzer *Kitakami.*

11. 1.—2. 5. 1944 **Indischer Ozean**

Von Penang aus operieren die dt. U-Boote der Gruppe »Monsun« im Indischen Ozean. *U 532* (FKpt. Junker) versenkt südwestlich Indien 2 Schiffe mit 9457 BRT und torpediert 1 Schiff mit 7283 BRT, *U 188* (Kpt. Lüdden) versenkt im Golf von Aden z. T. aus Konvois 7 Schiffe mit 42549 BRT und 7 Dhaus (Segler), *U 168* (Kptlt. Pich) vor Indien 2 Schiffe mit 5875 BRT, 1 Schiff mit 9804 BRT torpediert, *U 183* (Kptlt. Schneewind) versenkt 1 Schiff mit 5419 BRT und torpediert im Addu-Atoll 1 Tanker von 6993 BRT. Das aus Frankreich kommende *U 510* (Oblt. z. S. Eick) versenkt im Golf von Aden im Febr./März z. T. aus Konvois 5 Schiffe mit 31220 BRT und 1 Dhau und torpediert 1 Schiff mit 9970 BRT. Unterstützt werden die Operationen durch dt. Tanker, von denen die *Charlotte Schliemann* am 27. 1. *U 178* und *U 510* versorgt. Auf HF/DF-Peilungen werden der brit. Kreuzer *Newcastle* und der Zerstörer *Relentless* sowie 7 *Catalina*-Flugboote von Mauritius angesetzt, von denen eines den Tanker meldet und in der Nacht zum 12. 2. die *Relentless* heranführt, bei deren Insichtkommen sich der Tanker versenkt. *U 532* übernimmt die Besatzung und tankt am 27. 2. aus *U 178.* Am 12. 3. werden *U 188, U 532* und *U 168* mit dem von Penang kommenden Tanker *Brake* zusammengeführt. Auf ihn ist jedoch eine brit. Suchgruppe mit dem Geleitträger *Battler,* den Kreuzern *Suffolk* und *Newcastle* und den Zerstörern *Roebuck* und *Quadrant* angesetzt, von denen *Roebuck,* von einem Trägerflugzeug herangeführt, den Tanker zur Selbstversenkung zwingt. *U 168* übernimmt die Besatzung. Von den Transport-U-Booten wird *UIT 23* am 14. 2. kurz nach dem Auslaufen in der Malakka-Straße durch das brit. U-Boot *Tally Ho* (Cdr. Bennington) versenkt, *UIT 24* muß seinen Brennstoff am 18. 3. an *U 532* abgeben und nach Penang zurückkehren, *UIT 22* wird am 11. 3. vor Südafrika durch ein *Catalina*-Flugboot versenkt. Der Torpedotransporter *U 1062* erreicht, nach einer Brennstoffergänzung am 10. 4. aus *U 532,* Penang. *U 178* und *U 188* kehren nach Bordeaux, die anderen Boote nach Penang zurück. Von den jap. U-Booten greift am 12. 2. *I-27* (Kptlt. Fukumura) im Anderthalbkanal (Malediven) einen brit. Konvoi mit 5 Truppentransportern, gesichert von dem Kreuzer *Hawkins* und den Zerstörern *Petard* und *Paladin,* auf dem Wege von Kilindini nach Colombo an und versenkt den Transporter *Khedive Ismail* (7513 BRT) mit über 1000 brit. Soldaten an Bord, wird aber selbst im Gegenangriff von den beiden Zerstörern versenkt.

Im Golf von Bengalen wird *Ro-110* (Oblt. Ebato) nach der Torpedierung eines Dampfers von 6274 BRT aus dem Konvoi JC. 36 am 11. 2. durch die ind. Sloop *Jumna* und die brit. Minensucher *Ipswich* und *Launceston* der Sicherung versenkt. *I-37* (Kptlt. Nakagawa) stößt an die afrikan. Küste vor und versenkt 3 Schiffe mit 19312 BRT, darunter am 22. 2. die *British Chivalry.* Mit seinem Bordflugzeug klärt es am 4. 3. Diego Suarez (Madagaskar) und am 14. 3. Kilindini auf und entkommt am 16. 3. einer Wabo-verfolgung der brit. Sloop *Lulworth.* Im März versenkt *I-26* (KKpt. Kusaka)

vor der ind. Westküste und Bombay 3 Schiffe mit 23591 BRT, dar. die *Richard Hovey* am 29. 3., und landet am 25. 3. Agenten. Im zentralen Indischen Ozean verfehlt *I-166* 1 Schiff, *I-162* (Kptlt. Doi) und *I-165* (Kptlt. Shimizu) versenken je 1 Schiff mit 7127 BRT bzw. 3916 BRT, *I-8* (KKpt. Ariizumi) Ende März 2 Schiffe mit 12376 BRT und 1 Segler, darunter die niederl. *Tjisalak*. Anfang März 1944 stößt die jap. 7 Kreuzer-Division (VAdm. Takasu) mit *Tone, Chikuma* und *Aoba* auf die Route Australien-Aden vor, und am 9. 3. versenkt die *Tone* (Kpt. z. S. Mayuzumi) südlich der Cocos-Insel den Frachter *Behar* (6100 BRT). Bei der Versenkung der *British Chivalry* (7118 BRT), *Richard Hovey* (7176 BRT), *Behar* und *Tjisalak* (5787 BRT) kommt es zur Ermordung überlebender Schiffbrüchiger.
Der einzige Fall der Beschießung Schiffbrüchiger durch ein dt. U-Boot ereignet sich am 13. 3. im Südatlantik, wo *U 852* (Kptlt. Eck) nach der Versenkung des Frachters *Peleus* (4695 BRT) beim Versuch, Schiffstrümmer zu versenken auch Überlebende trifft. Ein weit. Schiff wird am 1. 4. vor Südafrika versenkt (5277 BRT). Im April operiert das Boot ohne Erfolg vor Ostafrika. Auf eine HF/DF-Peilung am 30. 4. wird eine Suche mit *Wellingtons* der RAF-Squ. 621 und 8 angesetzt, die *U 852* am 2. 5. so beschädigen, daß es sich an der Somali-Küste auf Strand setzt und sprengt.

12. 1.—11. 2. 1944 **Nordmeer**

Konvoi-Operation JW. 56/RA. 56: Am 12. 1. läuft der JW. 56A mit 20 Dampfern von Loch Ewe aus, gerät jedoch am 16. 1. in einen schweren Sturm und muß nach Akureyri (Island) einlaufen, wo 5 Schiffe mit Sturmschäden zurückbleiben. Am 21. 1. geht der Konvoi wieder in See: 15 Schiffe, Escort Group (Capt. Robson auf *Hardy*) mit 9 Zerstörern und 2 Korvetten. Dekkungsgruppe (VAdm. Palliser) mit Kreuzern *Kent, Norfolk, Belfast*. Am 22. 1. folgt der Konvoi JW. 56B mit 16 Schiffen von Loch Ewe, Escort Group (Capt. Campbell auf *Milne*) mit 13 Zerstörern und Korvetten. Auf Grund von Agentenmeldungen von Island stellt der F. d. U. Norwegen (Kpt. z. S. Peters) in der Bäreninsel-Enge die Gruppe »Isegrim« mit 10 Booten auf. Obgleich die angesetzte Luftaufklärung ohne Ergebnis bleibt, kommen die U-Boote bis auf das nördlichste *U 739* ab 25. 1. mittags sämtlich heran und greifen am Nachmittag und in der Nacht zum 26. 1. im Dunkeln an. *U 965* (Oblt. z. S. Ohling), *U 601* (Oblt. z. S. Hansen), *U 360* (Kptlt. Becker) (4×), *U 425* (Oblt. z. S. Bentzien) (2×), *U 737* (Kptlt. Brasack), *U 278* (Oblt. Franze) und *U 314* (Kptlt. Basse) schießen T-5 gegen Geleitfahrzeuge, doch wird nur der Zerstörer *Obdurate* durch einen T-5 von *U 360* beschädigt. Nacheinander kommen *U 278, U 360* und *U 716* (Oblt. Dunkelberg) zu FAT-Fächerschüssen auf den Konvoi und treffen jeweils die *Penelope Barker* (7177 BRT), das Flaggschiff des Convoi Commodore *Fort Bellingham* (7153 BRT) und die *Andrew G. Curtin* (7200 BRT), die sämtlich sinken, die *Fort Bellingham* nach Fangschuß durch *U 957* (Oblt. z. S. Schaar), das Gefangene einbringt. Am 27. 1. nehmen die sowj. Zerstörer *Raz-jarennyj, Razumnyj, Gremjaščij* und *Groznyj* den Konvoi auf, der am 28. 1. in den Kola-Fjord einläuft. Capt. Robson läuft mit 6 Zerstörern dem JW. 56B entgegen, um die U-Boot-Sicherung zu verstärken. Nach dem Abbruch der Operation gegen den JW. 56A stellt der F. d. U. die inzwischen durch *U 956, U 472, U 313, U 973* und *U 990* verstärkte U-Boot-Gruppe »Werwolf« wieder in der Bäreninsel-Enge gegen den nächsten Konvoi auf. Der JW. 56B wird am 29. 1. mittags durch *U 956* (Oblt. z. S. Mohs) gemeldet, das sich bis Mitternacht dreimal mit T-5 gegen Zerstörer zur Wehr setzt, ohne zu treffen. Bis zum Morgen des 30. 1. schießen *U 737, U 601* (2×), *U 957* (4×), *U 278, U 472* (Oblt. z. S. Frhr. v. Forstner), *U 425* (2×) und *U 313* (Oblt. z. S. Schweiger) T-5 gegen Geleitfahrzeuge, doch trifft nur *U 278* die *Hardy*, die von der *Venus* mit Fangschuß versenkt werden muß, *U 737* und *U 957* verfehlen knapp die *Milne* und die norweg. *Stord. U 314* wird von den Zerstörern *Whitehall* und *Meteor* versenkt. Kein Boot kommt an die Handelsschiffe heran. Bis zum 31. früh schießen *U 965, U 425* (2×), *U 737, U 956* und *U 990* (Kptlt. Nordheimer) ohne Erfolg T-5 gegen Escorts, *U 956* nochmals auf dem Rückmarsch am 1. 2., an dem auch die 16 Dampfer in den Kola-Fjord einlaufen.

Der vereinigte Konvoi RA. 56 mit 37 Dampfern und der kombinierten Sicherung der beiden JW-Konvois von 23 Zerstörern und Korvetten, die noch durch 3 Zerstörer von Scapa Flow verstärkt sind, umgeht die Aufstellung der restlichen Gruppe »Werwolf« mit *U 425, U 957, U 713, U 278, U 973, U 990, U 313* und *U 312*, wird zwar am 6. 2. von der dt. Luftaufklärung erfaßt, jedoch mit falschem Kurs gemeldet, so daß die U-Boote in entgegengesetzte Richtung suchen. Ohne Ausfälle trifft der Konvoi am 11. 2. in Loch Ewe ein.

14.—21. 1. 1944 **Ostsee**

Ausbruch der sowj. Leningrad-Front (ArmeeGen. Govorov) aus dem Einschließungsring um die Stadt. Zu diesem Zweck hat die Balt. Flotte (Adm. Tribuc) seit dem 5. 11. 1943 unter Leitung von Adm. Levčenko mit Kleinfahrzeugen die 2. Stoßarmee aus Leningrad in den Brückenkopf um Oranienbaum transportiert: 44 000 Mann, über 200 Panzer, 600 Geschütze, 30 000 t Material, 2400 Kraftfahrz. und 6000 Pferde. Artillerie der Flotte unter Leitung von VAdm. Gren für Unterstützung der Offensive eingesetzt, darunter folgende Schiffe:

1. Gruppe (Kronstadt): Intakte Türme des auf Grund liegenden Schlachtschiffes *Petropavlovsk* (ex *Marat*), Zerstörer *Strašnyj, Sil'nyj*, K-Boot *Volga.*

2. Gruppe (Leningrad, VAdm. Rall'): Schlachtschiff *Oktjabrskaja revoljucija*, Kreuzer *Tallin* (ex *Petropavlovsk*, ex *Lützow*), *Maksim Gorkij, Kirov*, Zerstörer *Leningrad, Svirepyj.*

3. Gruppe (Newa, Kpt. 1. Rg. Ivanov): Zerstörer *Opytnyj, Strogij, Stojnyj, Grozjaščij*, K-Boote *Zeja, Sestroreck, Oka.*

Insgesamt feuern die Schiffsgeschütze rund 24 000 Granaten.

14. 1.—25. 2. 1944 **Norwegen**

Intensivierung der brit. U-Boot- und Luftoperationen gegen den dt. Geleitverkehr unter der norweg. Küste.

Nach erfolglosen U-Boot-Angriffen von *Seadog* (Lt. Pelly) Anf. Jan. am 14. 1. Angriff brit. Torpedoflugzeuge gegen 2 dt. Geleite vor Lister: 2 Schiffe mit 9208 BRT versenkt, *V 5307* beschädigt. Am 20. 1. greifen brit. T-Flugzeuge bei Stadlandet ein Geleit an und beschädigen den Dampfer *Emsland* (5180 BRT) so, daß er auf Strand gesetzt werden muß, Wrack am 5. 2. durch Torpedo des U-Bootes *Satyr* (Lt. Weston) und am 11. 2. weitere Lufttorpedotreffer zerstört. Am 20. 1. bei Egersund durch Torpedoflugzeuge dt. Minenschiff *Skagerrak* (1281 BRT) versenkt. Bei Angriffen brit. Bomber auf Geleit westlich Stadlandet am 1. 2. wird *UJ 1702* versenkt, der Dampfer *Valencia* (3096 BRT) schwer beschädigt aufgesetzt. Vom 7.—13. 2. versenkt das U-Boot *Taku* (Lt. Pitt) im Raum Stavanger aus Geleiten 3 Schiffe mit 13 246 BRT, *Stubborn* (Lt. Duff) versenkt am 11. 2. zwei Schiffe mit 3960 BRT und verfehlt am 13. 2. einen Konvoi vor dem Folda-Fjord. Am 13. 2. versenken die norweg. *MTB 627* und *MTB 653* bei Kristiansand/Nord zwei Routendampfer mit zus. 2026 BRT. Das norweg. U-Boot *Ula* (Lt. Sars) verfehlt am 20. und 25. 2. 2 dt. Geleite bei Egersund.

15. 1.—5. 2. 1944 **Nordmeer**

Sowj. kombinierte Operation RV-1 gegen dt. Geleitverkehr an der Polarküste: Leitung Adm. Golovko. Luftwaffe der Nordflotte (GenLt. Andreev) fliegt Aufklärung bis ins Lopphavet. Dort U-Boot *L-22* als Aufklärer. Nördlich der dt. Flankenminensperren vom Nordkap bis Kongsfjord U-Boote *S-104, S-103, S-102, S-56, M-201* und *M-119* in Bereitschaft.
Am 17. 1. meldet T-Flugzeug bei bewaffneter Aufklärung Ost-Konvoi vor dem Tanafjord und greift erfolglos an, Ansatz von 4 Torpedokuttern von Pummanki ergebnislos.
Am 19. 1. verfehlt *M-201* (Kptlt. Balin) vor dem Tanafjord einen Konvoi.
Am 20. 1. greifen *S-56* (Kpt. 3. Rg. Ščedrin) vor Sletnes und das auf die Meldung angesetzte *S-102* (Kpt. 3. Rg. Gorodničij) den Konvoi ohne Erfolg an. Ansatz der Zerstörer *Raz-jarennyj, Razumnyj, Gremjaščij, Groznyj* vom 20.—22. 1. ebenso der Reserve-U-Boote *S-14, S-15* und *M-105* ohne Ergebnis.
Am 23. 1. verfehlt *S-56* einen Konvoi mit 3 Dampfern, dem U-Jäger *UJ 1206* und dem Hs-Boot *NKi 11*, die auch *S-102* abdrängen.
Am 28. 1. versenkt *S-56* aus einem Westkonvoi mit 8 Dampfern die *Henriette Schulte* (5056 BRT). Sicherung: *K 1, M 273, V 5912, V 5914, V 5913, V 5916, V 6111, UJ 1208, UJ 1206, UJ 1209* und *UJ 1212*.

20. 1. 1944 **Kanal**

Der dt. Blockadebrecher *Münsterland* (6408 BRT) gerät beim Ausweichen vor dem Beschuß durch brit. Fernkampfbatterien bei Dover im Nebel westlich Kap Blanc Nez auf Strand und wird zusammengeschossen.
Beim Verlegungsmarsch durch den Kanal weichen *T 28* und *T 29* den gegen sie angesetzten brit. *MTBs* erfolgreich aus. *T 28* erhält in der Dover-Enge bei einem Angriff von 2 *Albacore*-Flugzeugen des RAF-Coastal Command ein Leck im Kesselraum.

22. 1. 1944

Operation »Shingle«: Landung des VI. US-Korps (GenMaj. Lucas) im Raum Anzio-Nettuno. Eingesetzt werden 9 Transporter, 226 Landungsfahrzeuge, 1 Tanker, 4 Lazarettschiffe. Sicherungsstreitkräfte: US-Kreuzer *Brooklyn*, brit. Kreuzer *Penelope, Orion* und *Spartan*, niederl. Kanonenboote *Flores* und *Soemba*, brit. Zerstörer *Janus, Jervis, Laforey, Urchin, Tenacious, Kempenfelt, Loyal, Inglefield*, US-Zerstörer *Plunkett, Gleaves, Niblack, Wainwright, Woolsey, Mayo, Trippe, Ludlow, Edison*, griech. Zerstörer *Kriti, Themistokles*, brit. Geleitzerstörer *Croome, Beaufort, Brecon, Wilton, Tetcott*, US-Geleitzerstörer *Frederick C. Davis* und *Herbert C. Jones* sowie zahlreiche kleinere Fahrzeuge, Minensuchboote usw. Befehlshaber der Flottenverbände: KAdm. Troubridge (RN) und KAdm. Lowry (USN).
Die alliierte Flotte vor Anzio und Nettuno verliert vom 23. 1. bis 28. 1. durch dt. Luftangriffe (Bomben, Lufttorpedos und Gleitbomben *Hs 293*): Kreuzer *Spartan*, Zerstörer *Janus*, Lazarettschiff *St. David* (2702 BRT), Transporter *Samuel Huntington* (7181 BRT). Beschädigt wurden: Zerstörer *Jervis, Plunkett*, US-Minensucher *Prevail*, 3 Transporter, 1 Landungsschiff und 8 kleinere

Fahrzeuge. Auf Minen sinken *LST 422* (2750 ts), *LCI 32* und der US-Minensucher *YMS 30*, der US-Zerstörer *Mayo* wird durch Minentreffer beschädigt.
Bis 29. 1. 68886 Mann, 508 Geschütze und 237 Panzer an Land gebracht.

25. 1.—10. 3. 1944 **Mittelmeer**
Von den gegen die Landung bei Anzio eingesetzten dt. U-Booten werden zahlreiche Angriffe gegen Schiffe der Landungsflotte gefahren: Am 25. 1. greifen *U 223* (Oblt. z. S. Gerlach) 1 Korvette und *U 230* (Kptlt. Siegmann) 1 Zerstörer-Rotte mit T-5 und Fächer an, ohne Erfolg. Am 29. 1. verfehlt *U 223* 1 Zerstörer mit einem T-5 und am folgenden Tage mit T-5 und Fächer 1 Landungsboot und 2 *LST*. Am 1. 2. verfehlt *U 371* (Kptlt. Mehl) mit T-5 2 Zerstörer, und am 3. 2. 1 *LST*. Am 15. 2. versenkt *U 410* (Oblt. z. S. Fenski) mit T-5 1 Liberty-Schiff (7154 BRT), am 16. 2. *U 230* mit T-5 das brit. *LST 418* und verfehlt 1 U-Jäger. Am 17. 2. verfehlt *U 410* 1 Zerstörer und 1 Bewacher, versenkt am 18. 2. mit T-5 und Fangschuß brit. Kreuzer *Penelope* und verfehlt am 19. 2. 1 weiteren Zerstörer. Am 20. 2. versenkt *U 230* mit T-5 das brit. *LST 305* und *U 410* mit normalem Torpedo das amerik. *LST 348*. Am 24. 2. verfehlt *U 410* 1 *LST* und am 26. 2. *U 952* (Oblt. z. S. Curio) 1 Zerstörer. *U 616* (Oblt. Koitschka) verfehlt am 2. und 6. 3. je 1 Zerstörer mit T-5, *U 952* versenkt am 10. 3. 1 Liberty-Schiff mit 7176 BRT. Bei Luftangriffen der II./K. G. 100 mit Gleitbomben werden am 16. 2. der US-Transporter *Elihu Yale* (7176 BRT) und das Landungsboot *LCT 32*, am 25. 2. der brit. Zerstörer *Inglefield* versenkt. Die Fernsteuerung der Gleitbomben versuchen die US-Zerstörer *Plunkett, Frederick C. Davis* und *Herbert C. Jones* mit Störsendern (JIG) zu stören.

25. 1.—16. 4. 1944 **Atlantik**
Bei Operationen in entfernten Gewässern kreuzen bis Anfang März *U 845* und *U 539*, danach *U 802* und *U 856* vor Neufundland, ab Mitte März *U 170* und *U 550* zwischen Bermudas, Bahamas und US-Ostküste. Neben einigen Fehlschüssen versenken *U 845* (KKpt. Weber) und *U 802* (Kptlt. Schmoeckel) je 1 Schiff mit 7039 BRT bzw. 1621 BRT. Am 7. 4. wird die US-Zerstörer-Div. 32 (Cdr. Melson) mit *Boyle, Nields, Ordronaux, Champlin* und dem DE *Huse* auf das erfaßte *U 856* angesetzt, das die letzten beiden versenken. Am 16. 4. versenkt *U 550* (Kptlt. Hänert) 1 Tanker von 11017 BRT, wird aber von den daraufhin angesetzten DEs *Gandy, Joyce* und *Peterson* nach einem T-5-Fehlschuß versenkt.
Auf dem Wege zur Karibik verfehlt *U 518* (Oblt. z. S. Offermann) am 13. 2. südwestlich der Azoren 1 Geleitträger und versenkt am 7. 3. in der Karibik 1 Schiff mit 3401 BRT. *U 154* verfehlt 1 Tanker und entkommt am 15. 3. der Jagd durch den US-U-Jäger *PC 469*, am 29./30. 3. dem kolumbian. Zerstörer *Caldas*. *U 218* legt am 23. 3. vor Santa Lucia und am 1. 4. vor San Juan Minen.
Vor Freetown verfehlt *U 123* am 10. 3. einen Konvoi, *U 66* (Oblt. z. S. Seehausen) versenkt im Golf von Guinea 4 Schiffe mit 19754 BRT. *U 214* legt am 3. 4. Minen vor Casablanca.
Im Südatlantik werden auf dem Wege in den Indischen Ozean *U 177* am 6. 2. durch *Liberators* von Ascension versenkt, *UIT 22* am 22. 2. beschädigt. *U 851* ist seit Mitte März vermißt.
Mitte März operiert die US-Task Group 21.16 (Capt. Hughes) mit dem Geleitträger *Block Island*, dem Zerstörer *Corry* und den DEs *Thomas, Breeman, Bronstein, Bostwick* südwestlich der Azoren und versenkt am 17. 3. nach

2tägiger Jagd *U 801* und am 19. 3. den nach Ostasien marschierenden Torpedotransporter *U 1059*, der 1 Flugzeug abschießt. Die Gruppe wird durch die Task Group 21.11 (Capt. Dunn) mit der *Bogue*, dem Zerstörer *Hobson* und den DEs *Haverfield, Janssen, Willis, Swenning* bis Anfang April abgelöst. Ihr folgt die Task Group 21.12 (Capt. Gallery) mit *Guadalcanal*, dem Zerstörer *Forrest* und den DEs *Pope, Pillsbury, Chatelain, Flaherty*. Ihr fallen am 9. und 10. 4. die auf dem Wege nach Westafrika befindlichen, bisher besonders erfolgreichen Boote *U 515* und *U 68* zum Opfer, nachdem am 8. 4. *U 214* (Kptlt. Stock) einen der DEs mit T-5 verfehlt hat.

26. 1.—24. 2. 1944 **Mittelmeer**

Am 26. 1. passiert *U 455* die Gibraltar-Straße ins Mittelmeer. Am 1. 2. greifen rund 40 T-Flugzeuge der 2. Flieger-Division nördlich Oran den Konvoi UGS. 30 an und versenken den Frachter *Edward Bates* (7176 BRT). Von Sardinien gestartete brit. *Beaufighter* drängen einen Teil der T-Flugzeuge vor dem Ziel ab. Bei einem US-Luftangriff auf Toulon am 4. 2. werden *U 343, U 380* und *U 642* beschädigt.

Am 5. 2. passieren *U 969*, am 17. 2. *U 967* und *U 586* die Gibraltar-Straße, die Boote operieren zunächst vor Algerien, wo *U 969* (Oblt. z. S. Dobbert) aus einem westgehenden Konvoi am 22. 2. 2 Schiffe mit 14 352 BRT torpediert, die eingeschleppt, aber Totalverlust werden. Gegen weitere Eindringversuche wird ab Mitte Februar von Marokko aus die mit Magnet-Ortungsgeräten MAD ausgerüstete US-*Catalina* Sq. VP. 63 eingesetzt, die am 24. 2. *U 761* ortet, das die herangeführten Zerstörer *Anthony* und *Wishart* versenken.

29. 1.—6. 2. 1944 **Zentralpazifik**

Die Task Force 58 (VAdm. Mitscher) greift zur Unterstützung der Operation »Flintlock« (s. 31. 1.) jap. Stützpunkte in den Marshall-Inseln an:

Task Group 58.1 (KAdm. Reeves) mit den Trägern *Enterprise, Yorktown, Belleau Wood*, den Schlachtschiffen *Massachusetts* (KAdm. Lee), *Indiana* (KAdm. Davis), *Washington*, dem Kreuzer *Oakland* und den Zerstörern *C. K. Bronson, Cotten, Dortch, Gatling, Healy, Cogswell, Caperton, Ingersoll, Knapp* am 29. 1. Maloelap, am 30. und 31. 1. und bis 3. 2. Kwajalein. Task Group 58.2 (KAdm. Montgomery) mit den Trägern *Essex, Intrepid, Cabot*, den Schlachtschiffen *South Dakota* (KAdm. Hanson), *Alabama, North Carolina*, den Kreuzern *San Diego* (KAdm. Wiltse), den Zerstörern *Owen, Miller, The Sullivans, Stephen Potter, Hickox, Hunt, Lewis Hancock, Sterett, Stack* vom 29.—31. 1. und vom 1.—3. 2. Roi. Task Group 58.3 (KAdm. Sherman) mit den Trägern *Bunker Hill, Monterey, Cowpens*, den Schlachtschiffen *Iowa* (KAdm. Hustvedt), *New Jersey*, dem Kreuzer *Wichita*, den Zerstörern *Izard, Charrette, Conner, Bell, Burns, Bradford, Brown, Cowell, Wilson* am 29. 1. Kwajalein, vom 30. 1.—2. 2. Eniwetok. Task Group 58.4 (KAdm. Ginder) mit den Trägern *Saratoga, Princeton, Langley*, den Kreuzern *Boston* (KAdm. Thebaud), *Baltimore, San Juan*, den Zerstörern *Maury, Craven, Gridley, McCall, Dunlap, Fanning, Case, Cummings* am 29. 1. Wotje, am 30.—31. 1. Maloelap, nach Beölung am 1. 2. vom 3.—6. 2. Eniwetok.

Gesamt: 6232 Einsätze, 22 Verluste durch Abwehr, 27 durch Unfälle.

Zur Deckung der Operation »Flintlock« eingesetzte US-U-Boote um Truk: *Permit, Skipjack* (LCdr. Molumphy) 1 Schiff mit 6666 BRT und Zerstörer *Suzukaze* versenkt, *Guardfish* (LCdr. Ward) 1 Schiff mit 10 024 BRT und Zerstörer *Umikaze* versenkt. Vor Ponape *Seal*, vor Kusaie *Sunfish*, vor Eniwetok *Searaven*.

31. 1.—5. 2. 1944 **Kanal**

6 Boote der 5. S-Flottille versenken am 31. 1. südöstlich Beachy Head aus dem Konvoi CW. 243 die Frachter *Emerald* (806 BRT) und *Caleb Sprague* (1813 BRT) sowie den Trawler *Pine* (545 ts).

Am 5. 2. Gefecht zwischen *T 29, M 156* und *M 206* und den brit. Zerstörern *Tanatside, Talybont, Brissenden* und *Wensleydale* vor der nordbretonischen Küste. *M 156* schwer beschädigt in L'Abervrach eingelaufen und dort durch Luftangriffe vernichtet.

31. 1.—7. 2. 1944 **Zentralpazifik**

Nach Vorbereitung durch Task Force 58 (s. 29. 1.) am 31. 1. Landung der 5. US-Flotte (VAdm. Spruance) auf dem Kwajalein-Atoll. Landungsflotte (KAdm. Turner), Landungstruppen (GenMaj. H. M. Smith USMC) (Operation »Flintlock«).

Southern Task Force 52 (KAdm. Turner) landet mit 2 APD, 12 APA, 3 AKA, 3 LSD, 16 LST und 12 LSI die 7. US-Inf.Div. (GenMaj. Corlett) auf Kwajalein. Sicherung Zerstörer *John Rodgers, Hazelwood, Haggard, Franks, Schroeder, Hailey.*

Fire Support Group 52.8 (KAdm. Giffen) mit Schlachtschiffen *Idaho, Pennsylvania, New Mexico, Mississippi,* Kreuzern *Minneapolis, New Orleans, San Francisco,* Zerstörern *McKee, Stevens, Bailey, Frazier, Hall, Meade, Colahan, Murray, Harrison, Ringgold* und *Sigsbee.* Air Support Group 52.9 (KAdm. Davison) mt Geleitträgern *Manila Bay, Coral Sea, Corregidor* und Zerstörern *Bancroft, Coghlan, Caldwell, Halligan.* Northern Attack Force 53 (KAdm. Conolly) landet mit 12 APA, 3 AKA, 2 LSD, 15 LST die 4. Marine-Div. (GenMaj. Smith) auf Roi. Sicherung Zerstörer *Remey, MacDonough, La Valette, Fletcher, Hughes, Ellet, Aylwin.*

Fire Support Group 53.5 (KAdm. Oldendorf) mit Schlachtschiffen *Tennessee, Colorado, Maryland,* Kreuzern *Louisville, Mobile, Santa Fé, Indianapolis* (FF), *Biloxi,* Zerstörern *Morris, Anderson, Mustin, Russell, Porterfield, Haraden, Hopewell, Johnston, Phelps.* Air Support Group 53.6 (KAdm. Ragsdale) mit Geleitträgern *Sangamon, Suwanee, Chenango* und Zerstörern *Farragut, Monaghan, Dale.*

Nach Bombardement durch Flugzeuge und am 30. 1. durch die Schlachtschiffe der Task Group 58.1 am 31. 1. Landungen mit Feuerunterstützung durch Task Group 52.8 und Task Group 53.5. Bis zum 7. 2. im Süden 21 342 Mann, im Norden 20 104 Mann gelandet. Gesamtverlust 372 Tote, 1582 Verwundete. Widerstand der jap. Verteidiger (KAdm. Akiyama) mit 8675 Mann bis 7. 2. gebrochen, nur 265 Gefangene.

Am 31. 1. besetzt eine Task Group mit einem Batl. der 27. US-Inf.Div. auf 1 APA, 2 APD, 1 LST, gesichert von dem Kreuzer *Portland,* den Geleitträgern *Nassau* und *Natoma Bay,* den Zerstörern *Bullard, Black, Kidd, Chauncey* das unverteidigte Majuro-Atoll, das zum wichtigen Stützpunkt der US-Flotte wird, am 2. 2. erste Schiffe der Task Force 58 eingelaufen.

31. 1.—20. 2. 1944 **Nordatlantik**

Die zur Unterstützung der westlich Irland marschierenden Konvois entsandte brit. 2nd Escort Group (Capt. Walker) mit den Sloops *Starling, Wild Goose, Kite, Magpie, Woodpecker* und den Trägern *Nairana* und *Activity* versenkt am 31. 1. *U 592.* Ab 3. 2. werden die U-Boote westlich Irland locker und einzeln als Gruppe »Igel 1« mit *U 985, U 714, U 283, U 989, U 547, U 984, U 212, U 545, U 666, U 386, U 549, U 441, U 406* und *U 746* bzw. »Igel 2« mit *U 281,*

U 256, U 650, U 963, U 731, U 709, U 91 und *U 231* aufgestellt. Später kommen *U 734, U 546* bzw. *U 618, U 238, U 424, U 445* hinzu. Als Wetterboote werden *U 846, U 260* und *U 257* abgeteilt. Im Norden versenkt *U 985* (Kptlt. Kessler) aus dem von Island nach Loch Ewe marschierenden Konvoi RA. 56 1 Schiff mit 1735 BRT. Auf den am 6. 2. nördlich der Azoren und wieder am 7. und 8. 2. von *Ju 290* der F. A. Gr. 5 gemeldeten Konvoi SL. 147/MKS. 38 (Escort Group B. 3 [Cdr. Evans] mit Fregatten *Towy, La Découverte* [franz.], Zerstörer *Burza* [poln.], Korvetten *Orchis, Narcissus* und franz. *Roselys, Aconit, Renoncule,* A/S-Trawler *Northern Spray;* 2nd Support Group [Capt. Walker] mit Sloops [s. o.])werden die »Igel«-Boote angesetzt. Am 8. 2. abends ortet *Wild Goose U 762,* das durch *Starling* und *Woodpecker* versenkt wird. Am 9. 2. früh verfehlen *U 734* (Oblt. z. S. Blauert) und *U 238* (Oblt. z. S. Hess) knapp mit T-5-Schüssen die *Wild Goose* und *Starling* bzw. *Kite* und *Magpie* und werden anschließend in längeren Jagden versenkt. Während dieser Operation passiert weiter nördlich der Konvoi UC. 12 (US-Escort Group) die »Igel«-Aufstellung. Am 10. 2. verfehlt *U 256* mit T-5 Geleitfahrzeuge des HX. 277 (Escort Group B. 1 und 6th Support Group [6 kanad. Fregatten]). Am Abend des 10. 2. und in der folgenden Nacht fliegen Flugzeuge der 15th Group Coastal Command massierte Einsätze zur Deckung des HX. 277 und des auslaufenden ON. 223 (Escort Group B. 7 [Cdr. Gretton auf *Duncan],* 10th Support Group [4 Fregatten] und Geleitträger *Fencer* und *Striker).* Dabei schießen *U 545* und *U 283* mit der neuen 3,7-cm-Flak je 1 »Leigh-Light«-*Wellington* der RAF-Squ. 612 und RCAF-Squ. 407 ab, gehen aber selbst verloren, *U 714* rettet die Besatzung von *U 545.* Am 10. 2. abends und in der Nacht greifen weiter südlich *U 731, U 413* und *U 437* die Escorts des Konvois OS. 67/KMS. 41 (39th Escort Group mit Träger *Pursuer)* mehrfach mit T-5 ohne Erfolg an und schütteln Verfolger durch »Aphrodite«-Ballons mit Radar-»Düppeln« ab. Am 12. 2. abends werden 7 *He 177* der II./K. G. 40, die den Konvoi anzugreifen versuchen, von den Jägern der *Pursuer* abgedrängt, die 1 *He 177* und 1 fühlunghaltende *FW 200* abschießen. Am 13. 2. sichtet die Luftaufklärung westlich des Nordkanals einen der einlaufenden Konvois HX. 277, CU. 13 (US-Escort Group) oder SL. 147, die durch die Träger *Nairana* und *Activity* unterstützt werden. Weiter westlich verfehlt *U 445* mit T-5 1 DE der 3rd Support Group (Cdr. Mills auf *Duckworth)* und wird im Gegenangriff beschädigt. Am 14. 2. erfassen 1 *Ju 290* und 2 *Ju 88* westlich des Nordkanals die Konvois ONS. 29 (Escort Group B. 6 [Cdr. Currie auf Zerstörer *Fame]),* ON. 224 (Escort Group C. 1) und OS. 68/KMS. 42, von denen einer am 15. 2. von den 3 angesetzten *Ju 290* wiedergefunden wird. Am 16. 2. gehen 2 *Ju 290* verloren. Am 16. 2. nähert sich von Südwesten der HX. 278 mit der Escort Group B. 2 (Cdr. Macintyre auf Zerstörer *Hesperus)* und den Support Groups 2, B. 7 und 10 (s. o.). *U 546* und *U 984* können die Nachtflugzeuge mit ihrer 3,7-cm-Flak abwehren, aber kommen nicht zu Angriffen. Nach Passieren der U-Boot-Aufstellungen entsendet der CINCWA (Adm. Horton) am 17. 2. die 2nd Support Group und die Escort Group B. 7 zum ON. 224 und die 10th Support Group (Cdr. Ormsby) mit den Fregatten *Spey, Rother, Findhorn, Lossie)* zum ONS. 29, der am Nachmittag zusammen mit dem Träger *Striker* von einer *Ju 290* gemeldet wird. Gegen die Konvois zieht der B.d.U. die U-Boote *U 441, U 546, U 549, U 985, U 989, U 406, U 764, U 212, U 256, U 709, U 424, U 608, U 91, U 603, U 386, U 437, U 264, U 963, U 281, U 650* und *U 231* als Gruppe »Hai« zusammen, die jedoch vom Gegner erkannt und südlich umgangen wird. Der vom dt. B-Dienst erfaßten Ausweichbewegung sucht der B.d.U. durch massierte Luftaufklärung mit 10 Flugzeugen zu begegnen, von denen

3 den Konvoi erfassen, 1 Flugzeug durch Jäger abgeschossen wird. In der Nacht vom 18./19. 2. passieren die Konvois die U-Boote, dabei versenkt die *Spey U 406*, unter dessen Überlebenden sich mehrere dt. Radarexperten befinden, und *U 386*, *Woodpecker* und *Starling* versenken das erste mit Schnorchel ausgerüstete U-Boot *U 264*. *U 437* und *U 256* verfehlen mit T-5 Escorts, *U 764* (Oblt. z. S. v. Bremen) torpediert die Sloop *Woodpecker*, die beim Einschleppen am 27. 2. sinkt. Das einzeln vor den Scilly-Inseln stehende *U 413* (Oblt. z. S. Poel) versenkt am 20. 2. mit FAT den Zerstörer *Warwick*.

★

1.—29. 2. 1944 **Mittelmeer/Tyrrhenisches Meer**

Bei Luftangriffen auf Toulon am 4. 2. sinkt der franz. Netzleger *Le Gladiateur*, das Geleitboot *SG 16* (ex Aviso *Amiral Sénès)* wird schwer beschädigt. Bei Angriffen auf Ercole und Livorno am 17. und 18. 2. werden *R 39* und *KT 31* versenkt, *F 770*, *R 200* und der Dampfer *Ettore* (4270 BRT) mit schweren Treffern auf Strand gesetzt.

Von den brit. U-Booten *Ultor* (Lt. Hunt) wird 1 Segler versenkt, 1 Schiff beschädigt, von *Upstart* (Lt. Chapman) das auslaufende Minenschiff *Niedersachsen* am 15. 2. versenkt und von *Uproar* (Lt. Herrick) am 27.—29. 2. das von *SG 15* geleitete Schiff *Cesteriane* (6664 BRT) torpediert und die *Chieti* (3152 BRT) versenkt.

Minenunternehmen der 10. T-Flottille (KKpt. v. Gartzen) »Maulwurf« (1./2. 2.), »Schlange« (3./4. 2.), »Kobra« (16./17. 2.), »Delphin« (25./26. 2.), Gefechte mit feindl. MTBs am 14./15. 2. und 18./19. 2. und Unternehmen »Nußknacker«: Beschießung von Bastia (Korsika), dabei T-Boote *TA 23* (dreimal), *TA 24* (fünfmal), *TA 25* (einmal), *TA 26* (zweimal), *TA 27* (viermal), *TA 28* (dreimal). *SG 15* mehrere Vorstöße nach Capreira.

1.—29. 2. 1944 **Pazifik**

Von den im Februar in ihren Operationsgebieten eintreffenden US-U-Booten versenken folgende Schiffe: Vor Japan: *Grayback* (LCdr. Moore) 4 Schiffe mit 21 594 BRT, 1 Schiff torpediert, *Plunger* (LCdr. Bass) 3 Schiffe mit 9577 BRT, *Trout* (LCdr. Clark) 1 Schiff mit 7126 BRT. Im Gebiet der Mandats-Inseln: *Balao* (LCdr. Cole) 3 Schiffe mit 15 383 BRT, *Bonefish* (LCdr. Hogan) 1 Schiff torpediert, *Cod* (LCdr. Dempsey) 2 Schiffe mit 9831 BRT, *Hoe* (LCdr. McCrea) 1 Schiff mit 10 526 BRT, 1 Schiff torpediert, *Pogy* (LCdr. Metcalf) 2 Schiffe mit 9204 BRT und Zerstörer *Minekaze*, 3 Schiffe torpediert, *Sargo* (LCdr. Garnett) 2 Schiffe mit 11 808 BRT. Im Gebiet von Insulinde und den Philippinen: *Jack* (LCdr. Dykers) 4 Schiffe mit 20 428 BRT, *Puffer* (LCdr. Selby) 1 Schiff mit 15 105 BRT, *Rasher* (LCdr. Laughon) 4 Schiffe mit 20 221 BRT, *Ray* (LCdr. Harrel) 1 Schiff mit 1243 BRT durch 1 Mine.

1. 2.—8. 3. 1944 **Mittelmeer/Ägäis**

Bei brit. Luftangriffen im Raum der Ägäis am 1. 2. U-Jäger *UJ 2124* versenkt. Am 2. 2. nordostwärts Amorgos Angriff auf Geleit mit 3 *TA*-Booten und Dampfer *Leda* (4573 BRT), der sinkt, T-Boot *TA 14* Bombentreffer in Maschinenraum. Am 7. 2. wird der schwed. Rote-Kreuz-Dampfer *Viril* (933 BRT) in Chios versenkt. Am 22. 2. wird nördlich Iraklion der von 3 *TA*-Booten gesicherte Dampfer *Lisa* (5343 BRT) mit Lufttorpedo versenkt, am 4. 3. in der Suda-Bucht der Dampfer *Sifnos* (387 BRT).

Das brit. U-Boot *Sportsman* (Lt. Gatehouse) versenkt am 8. 2. den Dampfer *Petrella* (3209 BRT), das griech. *Nereus* (LCdr. Panaglotes) torpediert die *Peter* (3754 BRT) am 19. 2. — Weitere Angriffe schlagen fehl. *Pipinos* und *Matrozos* haben keinen Erfolg. Am 8. 3. wird *TA 15* beim Marsch mit *TA 19* von Iraklion nach Piräus durch brit. Bomber versenkt.

3. 2. 1944 **Luftkrieg Deutschland**

Bei Luftangriff der 8. USAAF gegen Wilhelmshaven brennt das Wohnschiff *Monte Pasqual* (13 870 BRT) aus, und die M-Boote *M 18* und *M 29* werden schwer beschädigt.

10. 2. 1944 **Nordmeer**

1 *FW 200* der I./K. G. 40 versenkt vor der Ostküste Islands den brit. Tanker *El Grillo* (7264 BRT).

11.—14. 2. 1944 **Nordmeer**

Am 11./12. 2. versuchen 15 schwere sowj. Bomber die *Tirpitz* mit 1000-kg-Bomben anzugreifen. Nur 4 Flugzeuge finden das Ziel und erzielen einen Nahtreffer, der geringfügige Schäden verursacht.
Bei einem sowj. Luftangriff auf Hammerfest am 14. 2. gehen 2 norweg. Routendampfer mit zusammen 652 BRT verloren.

13.—23. 2. 1944 **Nordsee**

Dt. S-Boote der 8. S-Flottille versenken am 13. 2. vor der Humber-Mündung den brit. Trawler *Cap d'Antifer*.
Am 21. 2. greifen 37 brit. *Beaufighter* des Coastal Command einen dt. Konvoi bei den Helder an und versenken *R 131*.
Am 23. 2. greifen 13 Boote der dt. 2. und 8. S-Flottille vor Great Yarmouth den brit. Konvoi FS. 1371 an und versenken 1 Frachter mit 2085 BRT. In Gefechten mit den brit. Zerstörern *Vivien, Eglinton, Garth* und *Southdown* und 2 *MTBs* kollidieren *S 94* und *S 128* und müssen aufgegeben werden.

15.—29. 2. 1944 **Südpazifik**

Die III. Amphibious Force (KAdm. Wilkinson) landet die 3. neuseel. Div. auf Green Island (vor New Ireland) am 15. 2. mit 9 APDs, gesichert von den Zerstörern *Fullam, Guest, Bennett, Hudson, Halford* (F), 12 LCIs, gesichert von den Zerstörern *Waller, Pringle, Saufley, Philip, Renshaw, Sigourney*, 7 LSTs, gesichert von den Zerstörern *Conway, Eaton, Anthony, Wadsworth, Terry, Braine*. Deckung nach Norden und Osten Task Force 39 (KAdm. Merrill) mit Kreuzern *Montpelier, Columbia* und 5 Zerstörern, nach Süden Task Force 38 (KAdm. Ainsworth) mit Kreuzern *Honolulu, St. Louis* und 5 DDs.
In der Nacht vom 17./18. 2. beschießt die Desron 12 (Capt. Simpson) mit den Zerstörern *Farenholt, Buchanan, Lansdowne, Lardner, Woodworth* Kavieng mit 3868 12,7 cm, die Desron 23 (Capt. Burke) mit *Charles Ausburne, Dyson, Stanly, Converse, Spence* Rabaul mit 6681 12,7 cm. In der Nacht vom 22./23. 2. beschießt Desron 23 die Duke of York-Insel vor Kavieng, am 23./24. 2. die Desron 12 nochmals Kavieng. Am 24./25. 2 beschießt die Desron 45 (Capt. Earle) mit *Fullam, Bennett, Guest, Halford, Hudson, Anthony, Braine* Rabaul, am 29. 2./1. 3. nochmals die Desron 22 (Capt. Petersen) mit *Waller, Philip, Renshaw, Saufley, Conway, Eaton, Sigourney* und *Pringle*.

17.—23. 2. 1944 **Zentralpazifik**

Operation »Catchpole«: Task Force 51.11 (KAdm. Hill) landet mit 2 APD, 8 APA, 1 AKA, 1 LSD, 9 LST, 6 LCI das verst. 22. Marine RCT und 2 Batl. des

106. Regt. der 27. US-Inf.Div. mit zusammen 8000 Mann auf Eniwetok. Sicherung Zerstörer *McCord, Trathen, Heerman, Hoel, Dewey, Hull, Hazelwood, Franks, Aylwin, Dale, Monaghan, Farragut, Haggard, Hailey, Johnston.* Fire Support Group (KAdm. Oldendorf) mit den Schlachtschiffen *Pennsylvania, Colorado, Tennessee,* den Kreuzern *Indianapolis, Portland, Louisville.* Air Support Group (KAdm. Ragsdale) mit den Geleitträgern *Sangamon, Suwanee, Chenango,* den Zerstörern *Morris, Hughes, Mustin, Ellet.* Unterstützung der Landungskämpfe durch Task Group 58.4 (s. 29. 1.). Am 17. 2. Landung auf Engebi, am 19. 2. auf Eniwetok. Bis 23. 2. Widerstand der 3431 jap. Verteidiger (GenMaj. Nishida) überwunden, nur 64 Gefangene. US-Verluste 195 Tote, 521 Verwundete.

17.—23. 2. 1944 **Zentralpazifik**

Am 12./13. 2. laufen 3 Gruppen der Task Force 58 (VAdm. Mitscher) von Majuro aus und versorgen am 15. 2. aus 5 Tankern: Operation »Hailstone«.
Task Group 58.1 (KAdm. Reeves) mit Trägern *Enterprise, Yorktown, Belleau Wood,* Kreuzern *Santa Fé, Mobile, Biloxi, Oakland,* Zerstörer wie am 29. 1.
Task Group 58.2 (KAdm. Montgomery) mit Trägern *Essex, Intrepid, Cabot,* Kreuzern *San Diego, San Francisco, Wichita, Baltimore,* Zerstörer wie 29. 1. ohne *Sterett,* dazu *Stembel.*
Task Group 58.3 (KAdm. Sherman) mit Trägern *Bunker Hill, Monterey, Cowpens,* Schlachtschiffen *North Carolina, Massachusetts, South Dakota, Alabama,* Zerstörer wie 29. 1. dazu *Sterett, Lang.* Ferner Task Group 50.9 mit den Schlachtschiffen *Iowa, New Jersey* (VAdm. Spruance), den Kreuzern *Minneapolis, New Orleans,* Träger *Cowpens* (s. o.) und Zerstörer *Izard, Charrette, Burns, Bradford.*
Am 17. 2. früh Jäger-Strike gegen die 365 Flugzeuge der Japaner auf Truk mit Flugzeugen der 5 Flottenträger. Leichte Träger gegen Schiffsziele. Gegen Abend am 17. 2. jap. Angriff mit 7 *Kate.* Torpedotreffer auf *Intrepid,* mit *Cabot,* 2 Kreuzern, 4 Zerstörern nach Majuro eingebracht. Am 18. 2. greifen die Flugzeuge der restlichen Flottenträger Schiffsziele an. Gesamt 1250 Einsätze, 400 t Bomben. Versenkt werden Kreuzer *Naka,* Zerstörer *Fumitsuki, Oite,* Hilfskreuzer *Aikoku Maru* und *Kiyosumi Maru,* U-Boot-Tender *Rio de Janeiro Maru* und *Heian Maru* sowie 6 Tanker und 17 Frachter mit 137 091 BRT. Rund 250 Flugzeuge zerstört. Die Task Group 50.9 läuft rund um Truk, dabei im Gefecht Schulkreuzer *Katori* und Zerstörer *Maikaze* und *Tachikaze* versenkt, die bis zum letzten Augenblick feuern, nur *Nowake* entkommt den noch auf 35 km deckend liegenden Salven der Schlachtschiffe.
Während Operation »Hailstone« werden die US-U-Boote *Seal* bei Ponape, *Searaven* und *Darter* als Lifeguard-Boote bei Truk zur Bergung notgewasserter Flieger aufgestellt. Positionen in den Ausfahrten von Truk besetzen *Skate* (LCdr. Gruner), am 16. 2. Kreuzer *Agano* versenkt, *Tang* (LCdr. O'Kane) 1 Schiff mit 7129 BRT versenkt, *Sunfish, Aspro* (Cdr. Stevenson) U-Boot *I-43* versenkt, *Burrfish, Dace* und *Gato* (Cdr. Foley) 3 Schiffe mit 6162 BRT und 3 kleine Fahrzeuge versenkt.
Am 20. 2. greifen die Flugzeuge der Task Group 58.1 Jaluit an, am 23. 2. bombardieren die Task Group 58.3 Tinian und Rota, die Task Group 58.2 Saipan und Tinian, jap. Angriffsversuche am 22. 2. scheitern. Von den angesetzten U-Booten *Searaven, Apogon, Skipjack, Tang* und *Sunfish* (LCdr. Shelby) versenken die beiden letzteren 4 Schiffe mit 14 300 BRT bzw. 2 Schiffe mit 9437 BRT. 21 300 BRT sinken durch die Trägerflugzeuge.

20. 2. 1944 **Luftkrieg Deutschland**

Die 1. Flieger-Division der 8. USAAF greift mit 432 *B 17* Hamburg an.

20. 2.—10. 3. 1944 **Nordmeer**

Konvoi-Operationen JW. 57/RA. 57: Am 20. 2. läuft der Konvoi JW. 57 mit 42 Schiffen von Loch Ewe aus. Sicherung: VAdm. Glennie auf Flakkreuzer *Black Prince* mit Geleitträger *Chaser*, eine Ocean Escort Group (Capt. Campbell auf Zerstörer *Milne*), eine Support Group (Cdr. Tyson auf Zerstörer *Keppel*) mit zus. 17 Zerstörern. Deckungsgruppe VAdm. Palliser mit den Kreuzern *Kent, Norfolk* und *Berwick*. Der Konvoi wird am 23. 2. von einer *Ju 88* des Fl. Führer Nord (West) geortet, über 10 Stunden hält eine *FW 200* Fühlung. Ansatz der U-Boot-Gruppe »Werwolf« mit *U 956, U 674, U 425, U 601, U 362, U 739, U 713, U 313, U 312* und *U 990,* dazu läuft die Gruppe »Hartmut« mit *U 472, U 315, U 673* und *U 366* aus. Am 24. 2. hält trotz Angriffen von *Martlets* der *Chaser* eine *FW 200* Fühlung und führt *U 425, U 601, U 739* und *U 713* heran, das jedoch von der *Keppel* versenkt wird. Bis zum 25. 2. abends werden die U-Boote abgedrängt, dabei versenkt ein *Catalina*-Flugboot der RAF-Squ. 210 *U 601*. Abends versenkt *U 990* (Kptlt. Nordheimer) mit T-5 den Zerstörer *Mahratta,* von dessen Besatzung der Zerstörer *Impulsive* nur wenige retten kann. Obgleich auch am 26. und 27. 2. *FW 200* und *Ju 88* Fühlung halten, kommen nur *U 956* (Oblt. z. S. Mohs), *U 366* (Oblt. z. S. Langenberg) 4×, *U 278* (Kptlt. Franze), *U 312* (Kptlt. K.-H. Nicolay) und *U 362* (Oblt. z. S. Franz) zu erfolglosen T-5-Schüssen gegen Geleitfahrzeuge. Am 28. 2. läuft der Konvoi, von der Luftaufklärung beobachtet, in den Kola-Fjord ein. Die restlichen U-Boote *U 739, U 307, U 315, U 472* werden als Gruppe »Boreas« gegen den erwarteten Westkonvoi aufgestellt und die Boote *U 361, U 959, U 278, U 973, U 366, U 673, U 288* und *U 354* scheren, z. T. nach kurzer Ergänzung, in die Aufstellung ein.

Am 2. 3. läuft der Konvoi RA. 57 mit 31 Schiffen und der Sicherung des JW. 57 wieder aus. Während sowj. Zerstörer, Minensucher und U-Jäger nördlich der Kola-Mündung U-Jagd fahren, holt der Konvoi weit nach Osten aus. Er wird jedoch am 4. 3. von der Luftaufklärung erfaßt. Noch in der Nacht verfehlt *U 739* (Oblt. z. S. Mangold) den Zerstörer *Swift* knapp, *U 472* (Oblt. Frhr v. Forstner) wird nach einem T-5-Fehlschuß von einem Flugzeug der *Chaser* beschädigt und muß sich im Feuer des anlaufenden Zerstörers *Onslaught* versenken. Am Tage gelingt es *U 703* (Oblt. z. S. Brünner), aus dem Konvoi mit einem FAT-Fächer den Frachter *Empire Tourist* (7062 BRT) zu versenken und die *Milne* mit T-5 knapp zu verfehlen. Die Luftaufklärung gibt zwar am 5., 6. und 7. 3. Fühlunghaltermeldungen, doch kommen am 5./6. 3. nur *U 278, U 288* (Oblt. z. S. W. Meyer), *U 959* (Oblt. z. S. Weitz) und *U 673* (Oblt. z. S. Sauer) zu T-5-Fehlschüssen gegen Zerstörer. Da die Einsatzbereitschaft der Flakwaffen auf den U-Booten durch die Vereisung stark behindert ist, können die trotz schwerer Wetterbedingungen von der *Chaser* startenden *Swordfish*-Flugzeuge *U 366* und *U 973* versenken. Der Konvoi trifft am 10. 3. in Loch Ewe ein.

20. 2.—1. 4. 1944 **Nordmeer**

Vom 20. 2.—3. 3. setzt die sowj. Nord-Flotte eine neue Operation RV-2 gegen den dt. Konvoi-Verkehr vor der Polarküste an. Das U-Boot *L-20* setzt am 20. 2. bei Makkaur eine Raidabteilung an Land, die Häuser durchsucht und 4 Norweger als Gefangene mitnimmt, ferner wird am 26. 2. eine Minensperre im Porsanger-Fjord gelegt. *K-21* klärt im Lopphavet auf. Die einsatzbereiten Boote der S-Klasse stehen auf Wartepositionen, *M-104, M-105, M-119* und *M-201* in Bereitschaft. Es werden jedoch keine dt. Konvois erfaßt.

Am 4. 3. fährt *S-56* erstmalig einen Unterwasserangriff nach Horchbeobachtung, kein Erfolg.
Am 17. 3. wird ein dt. Ostgeleit mit dem K-Boot *K-1* und 4 Vp-Booten von der sowj. Luftaufklärung erfaßt, *M-201* (Kptlt. Balin) verfehlt den Konvoi vor dem Syltefjord. Luftangriffe mit rund 50 Bomben- und Torpedoflugzeugen scheitern an der dt. Jagdabwehr des J. G. 5. Torpedokutter kommen an diesen Konvoi nicht heran.
Am 19. 3. verfehlt das U-Boot *M-105* (Kptlt. Chrulev) 1 Dampfer, am 1. 4. *M-119* (Kptlt. Kolosov) einen Konvoi.
Sowj. Torpedoflugzeuge versenken am 23. 3. vor dem Busse-Sund das Vp.-Boot *V 6109*.

22. 2.—22. 3. 1944 **Nordatlantik**

In wechselnden Einzelaufstellungen bilden *U 441, U 256, U 985, U 603, U 963, U 764, U 281, U 437, U 212, U 448, U 91, U 262, U 709, U 358, U 608* und *U 962* die Gruppe »Preußen« westlich Irland. *U 413, U 333* und *U 621* werden südlich Irland, im Nordkanal und in der North Minch, *U 546* vor Island, *U 549, U 552* und *U 550* als Wetterboote aufgestellt. Das rückmarschierende *U 257* gerät am 24. 2. in die Sicherung des Konvois SC. 153 (Escort Group C. 5, Cdr. Pullen auf Zerstörer *Ottawa*, 3rd Escort Group mit DE's *Duckworth, Essington, Rowley, Berry, Cooke, Domett* und 6th Escort Group mit Fregatten *Waskesiu, Outremont, Cape Breton, Grou, Nene)* und wird von *Waskesiu* und *Nene* versenkt. *U 989* kommt an eine Nachzüglergruppe des Konvois nicht heran. Der zur Unterstützung von Konvois westlich Irland eingesetzten 1st Support Group mit den DE's *Affleck, Gore, Gould, Garlies, Balfour* und *Capel* fällt am 25. 2. *U 91* und am 29./30.2. nach einer 38 stündigen Jagd *U 358* (Kptlt. Manke) zum Opfer, nachdem dieses vorher noch *Gould* mit einem T-5 versenkt hat. Die DE's der US Task Group 21.16 (Capt. Ramsey) mit dem Geleitträger *Block Island*, dem Zerstörer *Corry* und den DE's *Thomas, Bronstein, Bostwick, Breeman* versenken am 1. 3. 600 sm nördlich der Azoren *U 709* und *U 603*. Westlich der Biskaya versenkt *U 744* (Oblt. z. S. Blischke) am 2. 3. das Landungsschiff *LST 362*. Am 5. 3. wird das Boot durch die Sicherung des Konvois HX. 280, die Escort Group C. 2 (LCdr. Davis) mit der Fregatte *St. Catherine's*, den Zerstörern *Gatineau, Chaudière, Icarus* (brit.) und den Korvetten *Chilliwack* und *Fennel* gestellt und in einer 30stündigen Jagd mit Unterstützung der heranbeorderten brit. Korvette *Kenilworth Castle* nach mehreren fehlgehenden T-5-Schüssen versenkt. In den folgenden Tagen treten *U 741, U 625, U 653, U 986, U 267, U 672* und die Schnorchelboote *U 415* und *U 575* (Oblt. z. S. Boehmer) zur Gruppe »Preußen«, von denen letzteres am 9. 2. mit »T-5« die Korvette *Asphodel* aus der Sicherung des Konvois SL. 150/MKS. 41 versenkt. Am gleichen Tage wird *U 255* (Oblt. z. S. Harms) am Konvoi CU. 16 (Escort US-Task Group 21.5) durch den DE *Leopold* geortet, kann jedoch mit »T-5« die anlaufende *Leopold* versenken, die *Joyce* wird knapp verfehlt. Am 10. 3. meldet *U 845* (KKpt. Weber) den Konvoi SC. 154 (Escort Group C. 1), wird jedoch nach einer längeren Jagd von den Zerstörern *St. Laurent, Forester* und der kanad. Fregatte *Swansea* und der Korvette *Owensound* versenkt. T-5-Angriffe von *U 653* und *U 575* schlagen fehl. *U 625* wird durch ein *Sunderland*-Flugboot der RCAF-Squ. 422 versenkt, die zur Hilfeleistung beorderten *U 741* und *U 256* schießen eine *Wellington* der RCAF-Squ. 407 ab. Der nach Süden ausweichende Konvoi ON. 227 wird am 12. und 13. 3. durch starke Flieger-Verbände von Cornwall und den Azoren gesichert, von denen *U 311* jedoch eine *Fortress* der

RAF-Squ. 206 abschießt. Das von *Wellingtons* der RAF-Squ. 172 und der RAF-Squ. 206 angegriffene *U 575* wird von der US-Task Group 21.11 (Capt. Dunn) mit dem Geleitträger *Bogue*, dem Zerstörer *Hobson* und den DE's *Haverfield, Janssen, Willis* und *Swenning* zusammen mit der kanad. Fregatte *Prince Rupert* der Escort Group gejagt und nach Abschuß eines Trägerflugzeuges versenkt. Am 14. 3. versenken die Sloops *Starling* und *Wild Goose* der 2nd Support Group mit Hilfe von *Swordfishs* des Geleitträgers *Vindex U 653*. Am 17. 3. wird *U 415* durch die Sicherung des Konvois CU. 17 beschädigt, aus dem am 19. 3. *U 311* (Kptlt. Zander) 1 Tanker mit 10 342 BRT versenkt. Da sich zeigt, daß mit den vorhandenen Mitteln planmäßige Konvoioperationen im Nordatlantik nicht mehr möglich sind, löst der B.d. U. am 22. 3. die noch aus *U 255, U 962, U 986, U 672, U 267, U 262, U 92, U 741, U 302, U 311, U 667* und *U 437* bestehende Gruppe »Preußen« auf, die Boote operieren einzeln weiter.

27. 2. 1944 **Kanal**

Bei einem Gefecht zwischen Sicherungsfahrzeugen eines dt. Geleites südlich Jersey mit den brit. *MTB 415* und *MTB 431* erhält *M 4618* Treffer, erreicht jedoch Jersey.

28./29. 2. 1944 **Mittelmeer-Adria**

Angriff der brit. Zerstörer *Tumult* und *Troubridge* mit mehreren *MGBs* gegen den von *TA 36, TA 37, UJ 201, UJ 205, R 188, R 190* und *R 191* gesicherten Dampfer *Kapitän Diederichsen* westlich Isto (Adria). Dampfer in Brand geschossen (1. 11. gesunken) und *UJ 201* durch Torpedo versenkt, *TA 37* 1 Treffer in die Maschine.

Am 29. 2. greifen die franz. Zerstörer *Le Malin* und *Le Terrible* ein Geleit bei Lussin an.

29. 2. 1944 **Südwestpazifik**

Am 29. 2. landet eine US-Zerstörer-Gruppe (KAdm. Fechteler) mit *Reid, Flusser, Mahan, Drayton, Smith, Bush, Welles, Stevenson* und den APD's *Humphreys, Brooks* und *Sands* 1026 Mann des 5. Cav. Regt. auf Los Negros (Admiralitäts-Ins.). Zweite Welle mit Zerstörern *Warramunga* (austral.), *Mullany, Ammen*, Minensuchern *Hamilton* und *Long* sowie 6 LST's. Am 3. 3. trifft der Rest der Kampfgruppen der 1. Cav.Div. (GenMaj. Swift) mit APDs und LST's sowie den Zerstörern *Wilkes, Swanson, Nicholson, Hobby, Kalk, Gillespie* und *Gilmer* ein. Deckung der Operation durch Task Force 74 (KAdm. Crutchley) mit Kreuzern *Shropshire* (austral.), *Phoenix* (mit Gen. MacArthur an Bord), *Nashville*, Zerstörer *Daly, Bache, Hutchins, Beale*. Bis 30. 3. Inseln im Gebiet des Seeadler-Hafens gegen z. T. heftigen Widerstand der jap. Verteidiger (Oberst Ezaki) besetzt.

★

1.—6. 3. 1944 **Nordpazifik**

Vorstoß einer US-Kampfgruppe (KAdm. Baker) mit Kreuzer *Richmond* und Zerstörern *Picking, Wickes, Sproston, Young, W. D. Porter, Isherwood, Kimberly* und *Luce* gegen gemeldeten jap. Konvoi von Attu aus ins Ochotskische Meer muß wegen Wetterlage abgebrochen werden.

1.—31. 3. 1944 **Pazifik**

Von den im März in ihren Operationsgebieten eintreffenden US-U-Booten versenken folgende Schiffe:

Vor Japan und Formosa: *Barb* (LCdr. Waterman) 1 Schiff mit 2219 BRT, *Flying Fish* (LCdr. Risser) 3 Schiffe mit 9828 BRT, *Lapon* (LCdr. Stones) 3 Schiffe mit 19547 BRT, *Pollack* (LCdr. Lewellen) 2 Schiffe mit 4141 BRT und U-Boot-Jäger *Kusentai 54*; *Tautog* (LCdr. Sieglaff) 4 Schiffe mit 11277 BRT. Im Gebiet der Mandatsinseln: *Darter* (LCdr. Stovall) 1 Schiff mit 2829 BRT, *Nautilus* (Cdr. Irvin) 1 Schiff mit 6069 BRT, *Picuda* (LCdr. Rayborn) 3 Schiffe mit 12532 BRT, *Stingray* (LCdr. Loomis) 1 Schiff mit 3943 BRT. Im Gebiet von Insulinde und der Philippinen: *Bluefish* (LCdr. Henderson) 1 Schiff mit 10536 BRT, *Bowfin* (LCdr. Griffith) 3 Schiffe mit 12744 BRT, *Hake* (LCdr. Broach) 1 Schiff mit 5154 BRT und 1 Schiff torpediert; *Peto* (LCdr. Van Leunen) 1 Schiff mit 4368 BRT.

2. 3.—22. 4. 1944 **Norwegen**

Bei U-Boot-Operationen vor der norweg. Küste versenken die brit. *Venturer* (Lt. Launders) am 2. 3. vor Stadlandet 1 Schiff mit 2526 BRT, *Sceptre* (LCdr. McIntosh) am 7. 3. im Foldafjord 1 Schiff mit 8340 BRT, *Syrtis* (Lt. Jupp) vor Bodö 1 Schiff mit 241 BRT, dann auf Flankensperre gesunken, *Satyr* am 24. 3. vor Stadlandet 1 Schiff mit 340 BRT, *Terrapin* (LCdr. Martin) am 24. 3. vor Egersund 1 Transporter und das Katapultschiff *Schwabenland* mit zusammen 14442 BRT, das norweg. *Ula* (Lt. Sars) auf 2 Fahrten am 4., 6. 4. und 19., 22. 4. 2 Dampfer mit 6040 BRT und *U 974*, 1 Schiff mit 7603 BRT torpediert. *Unshaken* (Lt. Whitton) versenkt am 7. 4. vor Lister 1 Schiff mit 3894 BRT. Bei einem Angriff des Klein-U-Bootes *X 24* (Lt. Shean) im Hafen von Bergen werden 2 Schiffe mit 9492 BRT vernichtet.
Brit. Luftangriffen fallen an der norweg. Südwestküste die *U-Jäger UJ 1703, UJ 1704* und 3 norweg. Routendampfer zum Opfer.

7. 3.—1. 5. 1944 **Mittelmeer-Tyrrhen. Meer**

Bei alliierten Luftangriffen sinken am 7. 3. in Toulon der franz. Kreuzer *Marseillaise* und die Zerstörer *L'Indomptable* und *Gerfaut*, am 16./17. 3. in Livorno *R 161, RA 256* und *UJ 2209*. Am 23. 3. legen 4 R-Boote der 11. R-Flott. (Kptlt. Freytag) an der Ostküste Korsikas die Minensperre »Hütte«, während *TA 28* und *TA 29* zur Ablenkung nach Capreira vorstoßen. Am 27. 3. wird ein Geleit mit 6 MFPs vor Vado durch eine alliierte Gruppe (Cdr. Allen RN) mit den brit. *MTB 634, MGB 662, MGB 660, MGB 659, LCG 14, LCG 19, LCG 20* und den US-*PT 212, PT 214, PT 208* und *PT 218* vernichtet. Am 30. 3. führen das dt. Minenschiff *Pommern* und 3 R-Boote nordostwärts Capreira die Minenunternehmung »Stachelschwein« durch. Vom 2. 4.—26. 4. führen je 2 Boote der 10. T-Flottille (KKpt. v. Gartzen) mit *TA 23, TA 26, TA 27, TA 28* und *TA 29* die Minenunternehmungen »Bumerang« und »Aphrodite« (2./3., 3./4.) bei Portoferraio und südlich Elba, »Gatter« und »Auster« (5./6., 8./9.), »Rappen« (12./13. 4.) nordwestl. Elba, »Stich« und »Öse« (15., 18. 4.), »Schimmel« (21./22.), »Karo Aß« (25./26. 4.) sowie eine Beschießung von Bastia (22./23. 4.) durch. Vom 3.—8. 4. legt das Minenschiff *Oldenburg* südwestlich La Spezia die Sperren »Herz Dame, ... König, ... Bube«. Bei dem Unternehmen am 25./26. 4. läuft *TA 23* vor Capreira auf eine Mine und muß aufgegeben werden, *TA 26* und *TA 29* führen ein Gefecht mit einer US-PT-Gruppe mit *PT 218, PT 202, PT 213*.
Das brit. U-Boot *Untiring* (Lt. Boyd) versenkt vom 12. 4.—1. 5. 2 Schiffe mit 3337 BRT und den U-Jäger *UJ 6075*.

8.—29. 3. 1944 **Mittelmeer**

Dt. Angriffe gegen den alliierten Nachschubverkehr von Gibraltar an der nordafrikan. Küste bis Neapel und Anzio.

Am 8. 3. wird ein Verband dt. Torpedoflugzeuge vor Erreichen eines Truppenkonvois vor Algier durch *Beaufighter* von Sardinien abgefangen.
Am 17. 3. versenkt *U 371* (Kptlt. Mehl) aus dem Konvoi SNF. 17 den Truppentransporter *Dempo* (17 024 BRT) und 1 Frachter mit 6165 BRT und entkommt der intensiven U-Jagd.
Die nächtlichen Angriffsversuche dt. T-Flugzeuge gegen die Konvois KMS. 44 am 19. 3. und KMS. 45 am 29. 3. an der alger. Küste scheitern.
Der U-Boot-Einsatz im westl. Mittelmeer wird durch Verluste sehr beeinträchtigt: Am 10. 3. versenken der A/S- Trawler *Mull* vor Cagliari *U 343*, die »Hunt«-Zerstörer *Exmoor, Blankney, Blencathra, Brecon* vor Anzio *U 450*. *U 380* und *U 410* fallen am 11. 3. einem Luftangriff auf Toulon zum Opfer. Am 16. 3. wird *U 392* beim Passieren der Gibraltarstraße durch 2 MAD-*Catalinas* der USN-VP. 63 geortet und durch die brit. Zerstörer *Affleck* und *Vanoc* versenkt. Am 24./25. 3. gelangen zwar *U 466* und *U 421* ins Mittelmeer, *U 618* muß jedoch nach mehreren Versuchen umkehren. Am 29. 3. wird *U 223* (Oblt. Gerlach) nördlich Sizilien von 4 brit. Zerstörern gestellt und nach langer Jagd und Versenkung der *Laforey* durch *Tumult, Hambledon* und *Blencathra* versenkt.

11. 3.—20. 5. 1944 — Ostsee

Auslegung der dt.-finn. Sperren im Finnenbusen. Ab 5. 3. besetzen die dt. Bewacher ihre Positionen nach Aufgehen des Eises und werden am 9. 3. erstmalig von sowj. Flugzeugen angegriffen.
Am 12. 3. beschießen die neu in den Finnenbusen verlegten Zerstörer *Z 25*, *Z 28* und *Z 39* der 6. Z-Flott. sowj. Stellungen bei Hungerburg. Am 13. 3. beginnt der Netzsperrverband mit der Auslegung des U-Boot-Netzes »Walroß« zwischen Nargön und Porkkala, gleichzeitig legen MFP der 24. L-Flott., M-Boote und R-Boote erneut Teile der Minensperren »Nashorn«, während die Minenschiffe *Linz, Roland, Brummer* in 8 Unternehmungen und die Zerstörer *Z 25, Z 28, Z 35, Z 39*, z. T. mit *M 3* und *M 37* unter Kpt. z. S. Kothe in 6 Unternehmungen die »Seeigel«-Sperren erneuern. Am 21. 4. geht *Roland* auf einer eigenen Sperre verloren, bis 26. 4. legen die Zerstörer, bis 20. 5. die Minenschiffe und kleineren Fahrzeuge 7599 Minen und 2795 Sperrschutzmittel. Vom 12.—20. 5. legen die finn. Minenleger *Ruotsinsalmi, Louhi* und kleinere Fahrzeuge Minensperren nördlich Suursaari aus. In dieser Zeit häufige Angriffe sowj. Schlachtflugzeuge.

13. 3.—15. 5. 1944 — Mittelmeer-Ägäis

Bei U-Boot-Operationen in der Ägäis versenken im März die brit. *Ultor* (Lt. Hunt) 1 MFP, *Sportsman* (Lt. Gatehouse) 1 kl. Motorschiff, 4 Segler, 1 weit. kl. Schiff torpediert, das griech. *Pipinos* (LCdr. Palles) 1 Schiff mit 2290 BRT, im April die brit. *Ultor* 6 Segler, *Sportsman* den Dampfer *Lüneburg* (5809 BRT) und *Rorqual* (LCdr. Napier) den Dampfer *Wilhelmsburg* (4967 BRT). Das niederl. *Dolfijn* (Kptlt. v. Oostrom-Soede) versenkt 2 Segler. Im Mai versenkt das brit. *Ultimatum* (Lt. Kett) 3 Segler und zerstört durch Artillerie in Kalamata 5 Neubauten.
Brit. Flugzeuge versenken am 1. 4. *UJ 2127* und am 15. 4. *UJ 2141*, brit. MTB's am 17. 4. bei Kos die Hs-Boote *GR 02* und *GR 94*.
Am 8./9. führt der dt. Minenleger *Drache* mit den T-Booten der 9.T-Flott. (FKpt. Dominik) *TA 17* und *TA 19* eine Minenunternehmung in der Ägäis durch und wehrt Luftangriffe ab.

14. 3.—26. 3. 1944 **Kanal**

In der Nacht vom 14./15. 3. greifen brit. *MTB* vor Gravelines 2 Rotten der dt. 36. M-Flottille (KKpt. Grosse) an und versenken das Führerboot *M 3630* durch Torpedo. *MTB 417* sinkt im Abwehrfeuer. Der ablaufende brit. Verband stößt nordostwärts Griz Nez auf Boote der 18. Vp.-Flottille (KKpt. Boit).
In der Nacht vom 15./16. 3. führen die 5. und 9. S-Flottille von Brest aus einen vergeblichen Vorstoß gegen den brit. Schiffsverkehr bei Landsend. Auf dem Rückmarsch Gefecht mit brit. Zerstörern, *S 143* getroffen, Kommandant gefallen.
Am 20. 3. gerät das durch die 18. Vp.-Flottille gesicherte Geleit »Hecht« (Tanker *Rekum*, 5540 BRT) nach Abwehr von *MTB*-Angriffen in das Feuer der brit. Fernkampfbatterien von Dover, der Tanker sinkt. Am 21. 3. wehrt die 10. M-Flottille (KKpt. Josephi) bei Sicherung des Geleites »Bromberg« nordostwärts Lezardieux Angriffe brit. *MTB* ab. Die 4. und 5. T-Flottille (KKpt. Kohlauf bzw. KKpt. Hoffmann) führen im Kanal 2 Minenunternehmen durch, zur Sicherung gehen die 5. und 9. S-Flottille (KKpt. Klug und Kptlt. v. Mirbach) nördlich Cherbourg in See.
Die 5. und 9. S-Flottille stoßen am 25. 3. erfolglos gegen einen brit. Konvoi bei Plymouth vor. Die 4. und 5. T-Flottille legen im Kanal die Sperre »N 4«.
Am 26. 3. operieren die 2., 4. und 8. S-Flottille (KKpt. Opdenhoff, KKpt. Fimmen, KKpt. Zymalkowski) ohne Erfolg auf den Geleitwegen vor der brit. Südküste und Südostküste. Die 4. und 5. T-Flottille legen im Kanal die Sperre »N 24«. Bei einem Angriff von 358 *Marauder* der 8. USAAF auf Ymuiden werden *S 93* und *S 129* vernichtet.

15.—29. 3. 1944 **Mittelmeer/Adria**

Das dt. T-Boot *TA 20* führt am 15. 3. südlich Ancona die Minenunternehmung »Läufer« durch. Am 19. 3. legt das Boot eine Sperre ostwärts San Giorgio. Am 29. 3. legt es zusammen mit den ital. *Ms. 41* und *Ms. 75* eine weitere Sperre »Brücke« bei San Giorgio.

18. 3. 1944 **Zentralpazifik**

US-Task Group 50.10 (KAdm. Lee) mit Träger *Lexington*, Schlachtschiffen *Iowa*, *New Jersey* und Zerstörern *Dewey*, *Hull*, *MacDonough* und *Phelps* bombardiert Mille. Jap. Küstenbatterien erzielen zwei 15,2-cm-Treffer auf *Iowa*.

20. 3. 1944 **Südpazifik**

US-Amphibious Group (Commodore Reifsneider) landet 4 RCT der 4. Mar.Div. auf Emirau (Bismarck-Archipel), dort wird PT-Basis und Flugplatz eingerichtet. Gleichzeitig beschießt Verband (KAdm. Griffin) mit Schlachtschiffen *New Mexico*, *Mississippi*, *Tennessee* und *Idaho*, begleitet von 2 Geleitträgern und 15 Zerstörern, Kavieng.
Auf Bougainville führt die jap. 6. Inf.Div. (GenLt. Hyakutake) mit 12000 Mann einen Angriff (Operation TA) gegen den US-Brückenkopf bei Cap Torokina (verst. 37. US-Inf.Div. mit rund 27000 Mann). Der Abwehrkampf vom 9. bis 24. 3. wird durch die US-Zerstörer-Flottille 22 (Capt. Petersen) mit *Pringle*, *Conway*, *Sigourney*, *Eaton*, *Renshaw* und *Saufley* unterstützt. Japaner verlieren 5469 Tote, Amerikaner 263.

21. 3.—2. 4. 1944 **Indischer Ozean**

Am 21. 3. läuft die British Eastern Fleet (Adm. Somerville) mit den Schlachtschiffen *Queen Elizabeth*, *Valiant*, dem Schlachtkreuzer *Renown*, den Trägern *Illustrious* und *Unicorn*, den Kreuzern *Newcastle*, *Kenya*, *Ceylon*, *Suffolk* und

Sussex sowie 11 Zerstörern aus, um die US-Gruppe mit dem Träger *Saratoga* und den Zerstörern *Cummings, Dunlap* und *Fanning* am 27. 3. südwestlich der Cocos-Insel aufzunehmen. Am 2. 4. kehren die Schiffe nach Trincomalee (Ceylon) zurück. Am gleichen Tage treffen als Verstärkung des vorh. Geleitträgers *Battler* die Geleitträger *Atheling, Begum* und *Shah* ein, kurz darauf das franz. Schlachtschiff *Richelieu*. Ab März wird die 8. U-Flottille mit den Booten *Sea Rover, Sirdar, Spiteful, Stoic, Storm, Stratagem* und *Surf* aufgestellt. Bei Operationen in der Malakka-Straße versenken im März *Sea Rover* (Lt. Angell) und *Truculent* (Lt. Alexander) je 1 Schiff mit 2002 BRT bzw. 1910 BRT, im April *Storm* (Lt. Young) den Minensucher *Sokaitei 7*, ferner 2 Dampfer torpediert, *Taurus* (LCdr. Wingfield) versenkt 1 Schiff mit 558 BRT und legt eine Minensperre vor Penang, auf der das jap. U-Boot *I-37* beschädigt wird.

22. 3.—6. 5. 1944 **Nordatlantik**

Im Nordatlantik operieren einzeln in wechselnden Aufstellungen zwischen Irland und Neufundland, teilweise als Wetterboote, die U-Boote *U 267, U 667* (Schnorchelboot), *U 262, U 986, U 741, U 92, U 962, U 672, U 311, U 255, U 302, U 548, U 385, U 765, U 342, U 736* und *U 473*. Die außerdem ausgelaufenen *U 766, U 821, U 993, U 970* und *U 740* werden vorzeitig nach Frankreich zur Aufstellung der Gruppe »Landwirt« zurückgerufen. Am 24. bzw. 27. 3. verfehlen *U 302* und *U 970* mit T-5 Geleitfahrzeuge. *U 302* (Kptlt. Sickel) versenkt aus dem von der Escort Group B. 5 gesicherten Konvoi SC. 156 2 Schiffe mit 9777 BRT, wird aber anschließend von der Fregatte *Swale* versenkt. Am 8. 4. vernichten die Sloops *Crane* und *Cygnet* der 7th Support Group *U 962*. Mitte April verfehlen *U 385* und *U 667* mehrfach Schiffe, *U 667* und *U 993* schießen je 1 Flugzeug ab. Das von Island zurückkehrende *U 448* (Oblt. z. S. Dauter) wird am 14. 4. beim Versuch, den Geleitträger *Biter* anzugreifen, von der kanad. Fregatte *Swansea* (9th Support Group) geortet und zusammen mit der brit. Sloop *Pelican* (7th Support Group) versenkt. Der Sicherung eines kleinen Küstenkonvois mit dem US-Minensucher *Swift* und dem U-Jäger *PC 619* fällt am 17. 4. *U 986* zum Opfer. *U 311* und *U 342* gehen durch Luftangriffe verloren. Am 3. 5. verfehlt *U 473* (Kptlt. Sternberg) eine Geleitsicherung mit T-5, *U 765* (Oblt. z. S. Wendt) torpediert aus einem Konvoi den US-DE *Donnell*. Auf die mit HF/DF eingepeilten Erfolgsmeldungen der U-Boote werden die 2nd Support Group (Capt. Walker) mit den Sloops *Starling, Wild Goose, Wren, Magpie* und *Whimbrel* sowie dem Geleitträger *Tracker* bzw. die 5th Support Group (Cdr. Macintyre) mit den DEs *Bickerton, Aylmer, Bligh, Kempthorne, Keats* und *Goodson* sowie dem Geleitträger *Vindex* angesetzt. Nach einer 18stündigen Jagd zwingen am 5. 5. *Starling, Wild Goose* und *Wren U 473* zum Auftauchen und versenken es in einem 20minütigem Artillerie- und T-5-Duell. *U 765* wird von einem Flugzeug der *Vindex* entdeckt und nach einer ebenfalls langen Jagd durch einen Waboteppich der *Bligh* zum Auftauchen gezwungen und durch ein zweites Flugzeug versenkt.

23. 3.—6. 4. 1944 **Zentralpazifik**

Operation »Desecrate«: US-Task Force 58 (VAdm. Mitscher) (unter Gesamtleitung Adm. Spruance) führt Trägerraids gegen Palau, Yap und Woleai. Am 23. 3. laufen die Task Group 58.1 (KAdm. Reeves) mit *Enterprise, Belleau Wood* und *Cowpens* von Espiritu Santo, am 24. 3. die Task Group 58.2 (KAdm. Montgomery) mit *Bunker Hill, Hornet, Cabot* und *Monterey* und die Task Group 58.3 (KAdm. Ginder) mit *Yorktown* (F), *Lexington, Princeton* und *Langley* von Majuro aus. Schlachtschiffe, Kreuzer und Zerstörer wie bei Hollandia-

Operation (s. 13. 4.). Am 25. 3. wird Verband durch jap. Aufklärer von Truk erfaßt, desgleichen bei Vereinigung und Versorgung am 26. 3. südostwärts Truk. Jap. Flotte verläßt deshalb in Erwartung eines Angriffes Palau, Trägerflotte und 2. Flotte schon vorher nach Tawi-Tawi verlegt. Flottenchef Adm. Koga auf Flug nach Mindanao (31. 3.) abgestürzt. Nachfolger Adm. Toyoda.
Gegen ausweichende Schiffe und als Lifeguard werden US-U-Boote *Gar, Blackfish, Tang, Archerfish* aufgestellt. *Tunny* (LCdr. Scott) versenkt am 23. 3. das jap. U-Boot *I-42* und torpediert am 29. 3. aus einem auslaufenden Flottenverband mit dem Schlachtschiff *Musashi*, dem Kreuzer *Oyodo* und 2 Zerstörern die *Musashi*. *Tullibee* (Cdr. Brindupke) wird beim Angriff auf einen Konvoi am 26. 3. von einem eigenen Kreisläufer getroffen und sinkt, *Bashaw* (LCdr. Nichols) torpediert 1 Dampfer.
Am 28. 3. abends versuchen jap. Flugzeuge erfolglos die Task Force 58 anzugreifen. Am 30. 3. greifen alle 3 Task Groups Palau an, am 31. 3. führen Task Group 58.2 und 58.3 weitere Angriffe gegen Palau, wobei *Lexington, Bunker Hill* und *Hornet* Luftminen legen. Insgesamt werden der APD *No. 31*, 4 U-Jäger und 31 Hilfskriegs- und Handelsschiffe mit 129807 BRT versenkt. Außerhalb Palau sinken das Torpedoboot *Wakatake* und das Werkstattschiff *Akashi*. Die Task Group 58.1 greift am 31. 3. Yap an. Am 1. 4. greifen alle 3 Task Groups Woleai an, wo das U-Boot *Harder* als Lifeguard Flugzeugbesatzungen rettet. Bei 25 Flugzeugverlusten werden insgesamt 26 von 44 Fliegern gerettet.

27. 3.—5. 4. 1944 **Nordmeer**

Konvoi-Operation JW. 58/RA. 58: 27. 3. Konvoi JW. 58 mit 49 Schiffen (1 Schiff zurück nach Island) läuft aus, im Konvoi US-Kreuzer *Milwaukee* auf dem Wege zur Abgabe an Sowjet-Nordflotte. Sicherung VAdm. Dalrymple-Hamilton auf Kreuzer *Diadem* mit den Geleitträgern *Tracker* und *Activity*, 1 Close Escort Group, 2 Support Groups mit zusammen 20 Zerstörern, 5 Sloops und 5 Korvetten. Am 29. 3. wird durch das Führerboot der 2nd Support Group *Starling* (Capt. Walker) (ferner Sloops *Wild Goose, Magpie, Wren, Whimbrel*), das auf dem Marsch in den Atlantik befindliche *U 961* geortet und versenkt. Am 30. 3. gehen von Scapa Flow als Deckungsgruppe der CINC Home Fleet, Adm. Fraser, mit den Schlachtschiffen *Duke of York* und *Anson* (VAdm. Moore), den Trägern *Victorious, Furious*, den Geleitträgern *Emperor, Searcher, Pursuer, Fencer*, den Kreuzern *Belfast, Royalist* (KAdm. Bisset), *Sheffield, Jamaica* und 14 Zerstörern in See. Am 30. 3. wird der Konvoi von der dt. Luftaufklärung erfaßt, doch schießen die *Martlet*-Jäger der *Tracker* und *Activity* am 30. 3. 1 *Ju 88* der 1./F. A. Gr. 22, am 31. 3. 3 *FW 200* der 3./K. G. 40, am 1. 4. 1 *BV 138* der 1./S. A. Gr. 130 und am 2. 4. 1 *Ju 88* der 1./F. A. Gr. 124 ab. Von den 3 Gruppen »Thor« mit *U 278, U 312, U 313, U 674*, »Blitz« mit *U 277, U 355, U 711, U 956* und »Hammer« mit *U 288, U 315, U 354, U 968* und den zusätzlich ausgelaufenen Booten *U 716, U 739, U 360, U 361* und *U 990* gewinnen die meisten von kurz nach Mitternacht am 1. 4. bis zum 3. 4. abends an Escort Groups Fühlung und fahren z. T. mehrfach T-5-Angriffe, die jedoch sämtlich ohne Erfolg bleiben: *U 968* (Oblt. z. S. Westphalen) zweimal, *U 674* (Oblt. z. S. Muhs) zweimal, *U 278* (Kptlt. Franze) zweimal, *U 313* (Oblt. z. S. Schweiger), *U 711* (Oblt. Lange) zweimal, *U 354* (Oblt. z. S. Sthamer), *U 288* (Oblt. z. S. Meyer), *U 990* (Kptlt. Nordheimer), *U 739* (Oblt. z. S. Mangold) zweimal gegen Zerstörer *Ashanti*, *U 277* (Oblt. z. S. Lübsen) zweimal, *U 315* (Oblt. z. S. Zoller) und *U 312* (Kptlt. K.-H. Nicolay). *U 355* (Kptlt. La Baume) wird am 1. 4. durch

Raketen einer *Avenger* der *Tracker* beschädigt und durch den Zerstörer *Beagle* versenkt. Am 2. 4. versenken *Keppel U 360* (Kptlt. Becker) mit Wabos und am 3. 4. Flugzeuge der *Tracker* und *Activity* mit Raketen und Wabos *U 288*, nachdem dieses 1 *Swordfish* mit Flak abgeschossen hat. Am 3. 4. läuft vom Kolafjord Kpt. 1. Rg. Kolčin mit den sowj. Zerstörern *Raz-jarennyj, Gremjaščij, Razumnyj, Kujbyšev*, 4 Minensuchern und 4 U-Jägern aus und geleitet den Konvoi am 4./5. 4. zum Kolafjord und anschließend eine Gruppe von 9 Dampfern zum Weißen Meer.
Am 3. 4. stößt VAdm. Moore mit der *Anson*, den Trägern, 3 Kreuzern und 5 Zerstörern der Deckungsgruppe gegen Nordnorwegen zum Angriff auf das Schlachtschiff *Tirpitz* im Altafjord vor (Operation »Tungsten«). 41 *Barracuda*-Trägerbomber greifen unter Jagdschutz durch 21 *Corsairs* und 20 *Hellcats* die *Tirpitz* (Kpt. z. S. Meyer) an und erzielen bei insgesamt 4 Verlusten 14 Treffer: 122 Tote, 316 Verwundete, Schiff 3 Monate nicht einsatzbereit. Jagdschutz über dem Trägerverband 40 *Wildcat*-Jäger.
Der rückkehrende Konvoi RA. 58 mit 36 Dampfern und der Sicherung des JW. 58 läuft am 7. 4. aus dem Kolafjord aus. Wegen der schweren Verluste beim JW. 58 kann die dt. Luftwaffe nur noch nächtliche Radar-Aufklärung fliegen, der Konvoi wird erst am 9. 4. erfaßt. Von den in 2 Gruppen »Donner« und »Keil« mit *U 313, U 636, U 703, U 277; U 361, U 362, U 711, U 716; U 347* und *U 990* aufgestellten U-Booten kommen am 10. 4. nur *U 361* (Kptlt. Seidel), *U 362* (Oblt. z. S. Franz) zweimal, *U 703* (Oblt. z. S. Brünner) und *U 313* zu erfolglosen T-5-Schüssen gegen Zerstörer. Der Konvoi wird am 11. 4. früh nochmals von der Luftaufklärung geortet, die Operation muß aber abgebrochen werden, da die U-Boote zu weit achteraus stehen.

28. 3.—10. 4. 1944 **Schwarzes Meer**

Nach Eroberung von Nikolaev am 28. 3. drängen die sowj. 4. und 3. Ukrain. Front die dt. 6. und rumän. 3. Armee über den unteren Bug an Odessa vorbei auf den Dnjestr zurück. Der Versuch, starke dt.-rumän. Kräfte in Odessa einzuschließen, mißlingt, weil über See aus Odessa 9300 Verwundete, 14845 Soldaten und 54000 t Räumungsgut abtransportiert werden können. Dabei 18 Seeschiffe in 26 Fahrten, 9 Zugschiffe in 27 Fahrten, 15 Schlepper in 33 Fahrten, 25 *MFP* in 76 Fahrten eingesetzt. Zahlreiche Neubauten und Leichter abgezogen. Ansatz sowj. U-Boote *L-6* (Minenleger), *M-117, ŠČ-202, M-62* u. a. bleibt ohne Ergebnis, *S-31* greift mehrere Geleite ohne Erfolg an.
Von den dt. U-Booten operieren *U 18* (Oblt. z. S. Fleige) und *U 23* (Oblt. z. S. Wahlen) an der Kaukasus-Küste und versenken 1 Schleppzug bzw. 1 Räumboot.
Im März werden der dt. 17. Armee auf der Krim auf dem Seewege 45000 t Nachschub und die 111. Inf.Div. zugeführt.

30. 3.—1. 4. 1944 **Mittelmeer**

Am 30. 3. passiert der Konvoi UGS. 36 mit 72 Handelsschiffen und 18 LSTs die Gibraltar-Straße. Sicherung Task Force 64 (Capt. Berdine USN) mit den US-Zerstörern *Decatur* (F), *Whipple, Alden, John D. Edwards*, den US-DEs *Sellstrom, Ramsden, Mills, Rhodes, Savage, Tomich, Sloat* sowie der brit. 37th Escort Group mit dem Flakkreuzer *Colombo*, der niederl. Fregatte *Johan Maurits van Nassau* (F), den Sloops *Black Swan, Amethyst, Deptford* und der niederl. *Friso*, der Korvette *Campion* und dem Minensucher *Speed* (JIG-Störsender für Lenkbomben). Angesetzte U-Boote *U 421, U 450* und *U 969* kom-

men am 31. 3. nicht zum Schuß, eines wird durch *Tomich* und *Black Swan* abgedrängt.
Am 1. 4. vor Hellwerden greifen westlich Algier etwa 20 dt. T-Flugzeuge an und torpedieren den US-Frachter *Jared Ingersoll* (7191 BRT).

★

1.—30. 4. 1944 **Pazifik**

Von den im April in ihren Operationsgebieten eintreffenden US-U-Booten versenken folgende Schiffe: Vor Japan und Formosa: *Bang* (LCdr. Gallaher) 3 Schiffe mit 10 734 BRT, *Guavina* (LCdr. Teideman) 1 Schiff mit 2331 BRT und 1 Schiff torpediert, *Haddock* (LCdr. Davenport) 1 Schiff mit 216 BRT, *Halibut* (LCdr. Galantin) 2 Schiffe mit 5085 BRT und Minenleger *Kamome, Jack* (LCdr. Dykers) 1 Schiff mit 5425 BRT und 1 Schiff torpediert, *Pogy* (LCdr. Metcalf) 2 Schiffe mit 7357 BRT und U-Boot *I-183, Sargo* (LCdr. Garnett) 1 Schiff mit 4851 BRT, *Seadragon* (LCdr. Ashley) 1 Schiff mit 6886 BRT und 1 Schiff torpediert, *Whale* (LCdr. Grady) 1 Schiff mit 5401 BRT. Im Gebiet der Mandats-Inseln: *Bluegill* (LCdr. Gallher) 2 Schiffe mit 10 667 BRT, *Harder* (LCdr. Dealey) 1 Schiff mit 7061 BRT und Zerstörer *Ikazuchi, Seahorse* (LCdr. Cutter) 2 Schiffe mit 9744 BRT und 2 Schiffe torpediert, U-Boot *Ro-45* versenkt, *Silversides* (LCdr. Coye) 1 Schiff mit 1920 BRT, *Trigger* (LCdr. Harlfinger) 1 Schiff mit 11 739 BRT. Im Gebiet von Insulinde und den Philippinen: *Bonefish* (LCdr. Edge) 1 Schiff mit 806 BRT, den Zerstörer *Inazuma* und 1 Schiff torpediert, *Crevalle* (LCdr. Walker) 2 Schiffe mit 17 777 BRT, *Flasher* (LCdr. Whitaker) 2 Schiffe mit 6115 BRT und K-Boot, *Haddo* (LCdr. Nimitz) 1 Schiff torpediert, *Paddle* (LCdr. Nowell) 2 Schiffe mit 9732 BRT, *Redfin* (LCdr. Austin) 2 Schiffe mit 6905 BRT und Zerstörer *Akigumo,* 1 Schiff torpediert.

4. 4.—24. 5. 1944 **Atlantik**

Bei Operationen in entfernten Gebieten kreuzen *U 541* und *U 548* zwischen Bermudas, Bahamas, US-Ostküste und Nova Scotia. *U 541* (Kptlt. Petersen) verfehlt 2 Konvois und hält am 26. 5. den portug. Dampfer *Serpa Pinto* (unter 200 Passagieren auch jüdische Flüchtlinge) und den in Schweizer Charter fahrenden griech. Dampfer *Thetis* an, beide werden nach Rückfrage beim B.d.U. entlassen. *U 548* (Oblt. z. S. Zimmermann) versenkt am 7. 5. aus der kanad. Escort Group des Konvois ONM. 234 (3 Fregatten, 2 Korvetten) die Fregatte *Valleyfield.*
Ostwärts der brasilian. Küste versenkt *U 129* (Oblt. z. S. Harpe) im Mai 2 Schiffe mit 11 965 BRT.
Im Golf von Guinea und vor Freetown operieren ohne Erfolg *U 190, U 155* und *U 505.*
Südwestlich der Azoren versorgt *U 488* (Kptlt. Studt) bis Ende April 4 U-Boote.
Auf dem Wege in den Indischen Ozean passieren den Atlantik nacheinander *U 843* (Kptlt. Herwatz): je 1 span. und portug. Dampfer angehalten und entlassen, 1 Schiff mit 7900 BRT versenkt, zweimal durch Flugzeuge angegriffen, aber entkommen. *U 196* (Kptlt. Kentrat), *U 181* (FKpt. Freiwald): 1 Schiff mit 5312 BRT versenkt, *U 537* (Kptlt. Schrewe), jap. *Ro-501* (Kptlt. Norita), *U 198* (Oblt. z. S. Heusinger v. Waldegg), *U 859* (Kptlt. Jebsen): 1 Nachzügler des Konvois SC. 157 im Nordatlantik mit 6254 BRT versenkt, und das jap. *I-29* (KKpt. Kinashi).

Im Mittelatlantik werden gegen die Versorgungsplätze und die passierenden U-Boote nacheinander US-Task Groups eingesetzt: Am 19. 4. entkommt das ausmarschierende *U 543* der Task Group mit dem Geleitträger *Tripoli* (Capt. Tucker) und 4 DEs. Am 19./20. 4. wird die Task Group 21.15 (Capt. Vest) mit *Croatan* und den DEs *Frost, Barber, Snowden, Huse* und *Inch* auf eine HF/DF-Peilung des um Versorgung bittenden *U 66* angesetzt. Am Versorgungsplatz wird am 25. 4. *U 488* erfaßt und von den DEs am 26./27. 4. versenkt. Die ablösende Task Group 21.11 (Capt. Hughes) mit *Block Island* und den DEs *Ahrens, Eugene E. Elmore, Barr* und *Buckley* sucht ab 1. 5. das erneut eingepeilte *U 66*, das am 5. 5. in Sicht des Trägers auftaucht, entkommt, aber am 6. 5. in einem Überwassergefecht mit Artillerie, Torpedos und beiderseitigen Rammversuchen durch *Buckley* versenkt wird. Der nächsten Task Group 22.2 (Capt. Vosseller) mit *Bogue* und den DEs *Haverfield, Janssen, Willis, Francis M. Robinson* und *Wilhoite* fällt am 13. 5. das jap. *Ro-501* zum Opfer. Die im Südatlantik von Recife aus eingesetzte Task Group (Capt. Crist) mit dem Geleitträger *Solomons* und den DEs *Straub, Gustafson, Trumpeter* und *Herzog* greift am 23. 4. *U 196* an, das jedoch entkommt.

8.—16. 4. 1944 **Schwarzes Meer**

Am 8. 4. treten an der Perekop-Enge die sowj. 2. Garde-Armee gegen die dt. 50. Inf.Div., am Sivaž die sowj. 51. Armee gegen die rumän. 10. Div. und auf der Halbinsel Kerč am 10. 4. die sowj. Küstenarmee gegen das dt. V. Armeekorps zum Angriff gegen die Krim an. Nach Durchbrechung der rumän. 10. Div. und Erreichung des Knotenpunktes Džankoj müssen sich die dt. Truppen schnell auf Sevastopol zurückziehen. 10 000 Mann des z. T. auf das Jalta-Gebirge abgedrängten V. Armeekorps werden von der Südostseite durch *MFP* der 1. L-Flottille (Kptlt. Giele) nach Balaklava und Sevastopol evakuiert. Am 15./16. 4. erreicht die Masse der dt.-rumän. Verbände den Festungsraum. Ab 12. 4. beginnt der Abtransport aller entbehrlichen Truppen (Trosse usw.) und des Wehrmachtgefolges von der Krim nach Konstanza. Bis zum 16. 4. werden mit Dampfern und Kleinfahrzeugen im Geleit dt. und rumän. Kriegsschiffe unter dem Chef der 10. Sich.Div., Kpt. z. S. Weyher, 36 000 dt., 9600 rumän. Soldaten, 16 000 Ostlegionäre, 3800 Kriegsgefangene und 1600 Zivilisten auf dem Seeweg und z. T. mit Transportflugzeugen evakuiert.
Gegen die Transportbewegungen werden die Seeluftstreitkräfte der Schwarzmeer-Flotte (GenLt. Ermačenkov) mit rund 90 Flugzeugen des 9., 11. Jagdflieger- und 23. Schlachtflieger-Regt. im Raum Odessa, 93 Flugzeuge der 2. Garde-Minen-Torpedoflieger-Div. und des 40. Jagdflieger-Regt. im Raum Skadovsk, 86 Flugzeuge der 11. Schlachtflieger-Div. und des 30. Aufkl.Regt. aus dem Raum nördlich der Krim, später von Evpatorija, sowie 38 Jäger des 25. Jagdflieger-Regt. von Kerč, später Feodosija, eingesetzt. Sie versenken bis zum 16. 4. das R-Boot *R 204*, die MFPs *F 565* und *F 569* und beschädigen *R 205, F 572* und den Schlepper *Oituz*. Ein Angriff der 2. TKA-Brigade von Skadovsk aus mit dem raketentragenden *TKA-86* und den Torpedokuttern *TKA-14, TKA-85, TKA-94* und *TKA-104* wird von den als Flankensicherung aufgestellten S-Booten der 1. S-Flottille abgefangen. Angriffsversuche der U-Boote *S-31* (Kpt. 3. Rg. Alekseev) zweimal, *A-5* (Kptlt. Matveev) zweimal, *ŠČ-215* (Kpt. 3. Rg. Grešilov) und *L-6* (Kptlt. Gremjako) scheitern. U-Jäger der 1. Uj-Flottille greifen mehrere U-Boote mit Wabos an.
Eine von leichten Einheiten der sowj. Schwarzmeer-Flotte am 13. 4. in Feodosija durchgeführte Landung stößt ins Leere, da der Hafen bereits verlassen ist.

10.—16. 4. 1944 **Mittelmeer**

Am 10. 4. passiert der Konvoi UGS. 37 mit 60 Handelsschiffen und 6 LSTs die Gibraltar-Straße. Sicherung Task Force 65 (Cdr. Headden, USN) mit den US-Zerstörern *Breckinridge, Blakeley, Biddle, Barney,* den US-DEs *Stanton* (F), *Swasey, Price, Strickland, Forster, Stockdale, Hissem, Holder,* ferner dem brit. Flakkreuzer *Delhi* und der Fregatte *Nadder* sowie als JIG-Schiffen dem US-Zerstörer *Lansdale* und der brit. Korvette *Jonquil.* Ansatz der U-Boote *U 421, U 969* und des am 6. 4. ins Mittelmeer gelangten *U 471* erfolglos.
In der Nacht vom 11./12. 4. auf der Höhe von Cape Bengut Angriff von etwa 20 T-Flugzeugen der dt. 2. Flieger-Division, *Holder* erhält Treffer, wird eingebracht, jedoch nicht repariert, *Stanton* und *Swasey* weichen knapp aus.
Beim Weitermarsch nach Alexandria greift am 16. 4. vor der Cyrenaika *U 407* (Oblt. z. S. Korndörfer) den Konvoi an und torpediert 2 Schiffe mit 14 386 BRT, von denen 1 Schiff sinkt, 1 Schiff nach Alexandria eingeschleppt, jedoch nicht repariert wird.

10.—26. 4. 1944 **Nordmeer**

Sowj. kombinierte Operation RV-3 gegen den dt. Geleitverkehr vor der Polarküste.
Am 10. 4. schlägt ein Angriff des Schlachtflieger-Regt. 46 mit 3 Wellen von insgesamt 19 *Il-2,* 16 *Kittyhawk,* 14 *Airacobra* und 6 *Jak-1* gegen einen dt. Konvoi fehl, Torpedokutter versenken vor Kirkenes den Kohlendampfer *Stör* (665 BRT). In Kirkenes werden durch Tiefflieger 2 Dampfer durch Nahtreffer beschädigt. Die u. a. in See befindlichen U-Boote *S-104* und *M-105* kommen nicht zu Erfolgen, *S-54* geht vermutlich in dieser Zeit auf einer Flankenminensperre verloren.
Bei einem Angriff von Torpedokuttern, darunter *TKA-13* und *TKA-203,* am 22. 4. gegen einen dt. Konvoi vor dem Petsamofjord werden die Torpedos zu früh losgemacht, so daß die Dampfer ausweichen können. Bei einem Luftangriff des Schlachtflieger-Regt. 46 auf den Konvoi am 23. 4. stürzt der Führer des Verbandes, Hptm. Katunin, dicht neben einem Schiff ins Meer.

13. 4.—4. 5. 1944 **Zentralpazifik**

Operation der US-Task Force 58 (VAdm. Mitscher) zur Unterstützung der Hollandia-Landung. Task Force 58 läuft am 13. 4. von Majuro aus, wird am 19. 4. nördlich der Admiralitäts-Inseln versorgt und beginnt am 21. 4. mit den Angriffen: Task Group 58.1 (KAdm. Clark) mit *Hornet, Belleau Wood, Cowpens, Bataan* Jägerangriffe gegen Wakde und Sarmi, nachts Beschießung durch die Kreuzer *Santa Fé, Mobile, Biloxi* und 5 Zerstörer der Task Group 58.1. Am 22. 4. neuer Trägerraid, desgleichen am 23. und 24. 4. — Task Group 58.2 (KAdm. Montgomery) mit *Bunker Hill, Yorktown, Monterey, Cabot* führt am 21. 4. Angriffe gegen Wakde und Hollandia und unterstützt vom 22.—24. 4. die Landungen in der Humboldt Bay. — Task Group 58.3 (KAdm. Reeves) mit *Enterprise, Lexington, Princeton, Langley* greift am 21. 4. Hollandia an und unterstützt vom 22.—24. 4. die Landungen bei Tanahmerah Bay. Sehr geringer Widerstand in der Luft nach vorausgegangenen Angriffen der 5th USAAF GenLt. Kenney). 21 Trägerflugzeuge verloren. Nach Versorgung am 27. 4. nördlich der Admiralitäts-Inseln greift Task Force 58 am 29. und 30. 4. massiert Truk an. Von 104 vorhandenen jap. Flugzeugen 59 in Luftkämpfen und 34 am Boden zerstört, 26 US-Flugzeuge abgeschossen, 9 durch Unfälle verloren. Südlich Truk wird am 30. 4. das jap. U-Boot *I-174* durch die Task Group

58.2 versenkt. Das US-U-Boot *Tang* rettet abgeschossene Flieger teilweise innerhalb der Truk-Lagune.
Am 30. 4. beschießen eine Kreuzer-Zerstörer-Gruppe (KAdm. Oldendorf) mit den Kreuzern *Louisville, Portland, Wichita; Baltimore, Boston, Canberra; New Orleans, Minneapolis, San Francisco* und den Zerstörern *Bradford, Conner, Izard; Boyd, Brown, Cowell; Charrette* und *Burns* die Satawan-Inselgruppe südostwärts Truk. Am 1. 5. beschießt eine Schlachtschiff-Zerstörer-Gruppe (VAdm. Lee) mit den Schlachtschiffen *Iowa, New Jersey; North Carolina, Indiana, Massachusetts; South Dakota, Alabama* und den Zerstörern *Miller, Owen, The Sullivans, Stephen Potter, Tingey; Converse, Thatcher, Prichett, Cassin Young; Bell* die Insel Ponape. Luftsicherung durch Task Group 58.1. Diese Gruppe läuft am 4. 5. in Eniwetok ein, Task Group 58.2 und Task Group 58.3 gehen nach Majuro.

13. 4.—2. 5. 1944 **Mittelmeer**

Bei Operationen ostwärts Sizilien verfehlt das als erstes Boot mit Schnorchel ausgerüstete *U 596* (Oblt. z. S. Nonn) am 13. 4. in der Otranto-Straße 1 ital. Korvette und operiert anschließend ohne Erfolg vor Tarent, während *U 565* ostwärts Sizilien kreuzt. Sie werden durch *U 453* (Oblt. z. S. Lührs) abgelöst, das am 3. 5. ein Westgeleit verfehlt und am 19. 5. den von den ital. T-Booten *Indomito, Libra, Fortunale, Monzambano* und den Korvetten *Danaide* und *Urania* gesicherten Konvoi HA. 43 angreift und 1 Schiff mit 7147 BRT versenkt. (Letzter U-Boot-Erfolg im Mittelmeer!) Das Boot wird anschließend durch ital. Schiffe, dann durch brit. Zerstörer gejagt, von denen *Termagent, Tenacious* und *Liddesdale* es am 21. 5. versenken.

14. 4. 1944 **Indischer Ozean**

In Bombay gerät der mit Baumwolle und Munition beladene brit. Frachter *Fort Stikine* (7142 BRT) in Brand und explodiert. Durch die Explosion und herumfliegende brennende Baumwolle geraten Hafenanlagen und zahlreiche Schiffe in Brand. Neben den niederl. Frachtern *Generaal v. d. Heyden* (1215 BRT), *Generaal van Swieten* (1300 BRT) und *Tinombo* (872 BRT), die vernichtet werden, erleiden 3 ind. Kriegsfahrzeuge und weitere 14 Handelsschiffe mit 50 500 BRT z. T. schwere Beschädigungen. 336 Personen werden getötet, über 1000 verletzt.

16.—22. 4. 1944 **Indischer Ozean**

Operation »Cockpit«: Trägerraid gegen Sabang. Am 16. 4. läuft die British Eastern Fleet in 2 Gruppen von Trincomalee (Ceylon) aus: 1. Gruppe Schlachtkreuzer *Renown* (VAdm. Power), Träger *Illustrious, Saratoga* (amerik.); 2. Gruppe Schlachtschiffe *Queen Elizabeth* (Adm. Somerville), *Valiant, Richelieu* (franz.). Ferner auf beide Gruppen verteilt 4 brit. Kreuzer (s. 22. 3.), neuseel. Kreuzer *Gambia*, niederl. Kreuzer *Tromp*, 7 brit., 3 US-, 1 niederl. Zerstörer (s. 11. 1., 21. 3.) sowie die austral. Zerstörer *Napier, Nizam, Norman* und der brit. *Nepal*. Am 19. 4. starten von den Trägern 46 Bomber und 35 Jäger zu Angriffen auf Sabang (NW-Sumatra) und umliegende Flugplätze, 1 Dampfer versenkt, 24 Flugzeuge am Boden zerstört, 1 eig. Jäger verloren, Pilot von brit. U-Boot *Tactician* gerettet. Bei Angriffsversuch von 3 jap. T-Flugzeugen werden die Angreifer vom Jagdschutz sämtlich abgeschossen. Rückmarsch nach Trincomalee.

17. 4.—4. 5. 1944 **Schwarzes Meer**

Gegen den dt.-rumän. Transportverkehr zwischen der eingeschlossenen Festung

Sevastopol (17. Armee, GenOb. Jaenecke) und Konstanza intensiver Einsatz der sowj. Marine-Luftwaffe (s. 8. 4.!), der 2. TKA-Brig. von Evpatorija und der 1. TKA-Brig. von Jalta (ab 19. 4.) sowie der U-Boot-Brig. (KAdm. Boltunov), die auch gemeinsam auf Grund der Luftaufklärung angesetzt werden.
Täglich laufen bis zu 8 Geleite mit den Dampfern *Oituz, Ardeal, Alba Julia, Budapest, Danubius, Prodromus, Helga, Ossag, Geiserich, Kassa, Totila, Teja, Tisza* und *Durostor*, den KT-Schiffen *KT 18, KT 25* und *KT 26*, zahlreichen Schleppern und den Fährprähmen der 1., 3. und 7. L-Flottille (Kptlt. Giele, Kptlt. Kuppig, KKpt. Stelter). Sicherung unter Gesamtleitung Admiral Schwarzes Meer, VAdm. Brinkmann, durch 10. Sich.Div., Kpt. z. S. Weyher. Rumän. Streitkräfte KAdm. Marcellariu. Eingesetzt werden rumän. Zerstörer *Regina Maria, Regele Ferdinand, Maresti, Marasesti*, K-Boote *Ghigulescu, Stihi*, dt. 1. Uj-Flottille (KKpt. Gampert) mit *UJ 103, UJ 104, UJ 105, UJ 106, UJ 115/ Rosita* und *UJ 116/Xanten;* 3. U-Jagd-Flottille (Oblt. z. S. Dr. Teichmann) mit KFK *UJ 301* bis *UJ 307, UJ 310, UJ 313* bis *UJ 318;* 23. U-Jagd-Flottille (KKpt. Wolters) mit KFK *UJ 2305, UJ 2307, UJ 2302, UJ 2312, UJ 2313* und *UJ 2318;* 3. R-Flottille (Kptlt. Klassmann) mit *R 35, R 37, R 164, R 165, R 166, R 163, R 196, R 197, R 203, R 205, R 206, R 207, R 216* und *RA 54.* Flankensicherung 1. S-Flottille (KKpt. Büchting) mit 13 S-Booten.
Am 18. 4. verfehlt das sowj. U-Boot *M-111* (Kptlt. Chomjakov) den Dampfer *Helga*, die *Alba Julia* (5700 BRT) wird durch Bomber in Brand geworfen und geht verloren, beim Versuch, den havarierten Dampfer anzugreifen, wird das U-Boot *L-6* von *UJ 104* vernichtet, *M-112* wird abgedrängt. Am 22. 4. greifen die U-Boote *M-62* (Kptlt. Malyšev) und *M-111* nacheinander erfolglos die *Ardeal* an, Bomber beschädigen die *Ossag*, die durch Fangschuß von *M-35* (Kptlt. Prokofév) sinkt, und *R 207*. Das U-Boot *ŠČ-201* (Kpt. 3. Rg. Paramoškin) greift *UJ 103* an und wird mit Wabos belegt. Vom 26.—28. 4. versuchen *L-4, ŠČ-202, ŠČ-201* z. T. mehrfach Geleite anzugreifen, bei Luftangriffen werden *F 406* und *R 37* am 28. 4. beschädigt. Torpedokutter versuchen am 16., 17., 18., 24., 26. und 27. 4. Angriffe, beim letzten wird *UJ 104* torpediert, aber nach Sevastopol eingebracht. Bei weiteren Luftangriffen am 3./4. 5. werden das Wrack *UJ 104*, ferner *UJ 2304*, der Schlepper *Junak* und 7 Leichter vernichtet. Die U-Boote *A-5* (Kptlt. Matveev), *M-62* und *M-111* greifen 3 verschiedene Geleite erfolglos an.
Neben umfangreichen Nachschubtransporten werden in dieser Zeit 13 400 dt. und 29 000 rumän. Soldaten aus Sevastopol abtransportiert.

18. 4.—1. 5. 1944 **Kanal**

In der Nacht vom 18./19. 4. verseuchen die 5. und 9. S-Flottille die Geleitwege westlich der Isle of Wight durch EMC-Minen, die 8. S-Flottille den äußeren Geleitweg nordwestlich Smith Knoll.
Am 20. 4. fahren die 5. und 9. S-Flottille einen erfolglosen Vorstoß gegen einen brit. CW. Konvoi. Die 4. und 8. S-Flottille, die mit 13 Booten in See gegangen sind, müssen wegen der Wetterlage umkehren.
Am 22. 4. stoßen die 5. und 9. S-Flott. mit je 5 Booten gegen die Lyme-Bucht vor. Eine Rotte der 9. S-Fl. hat ein Gefecht mit brit. *MGB*. Minenunternehmungen mit 11 Booten der 4. und 8. S-Flott. werden abgebrochen, nachdem die brit. Luftaufklärung die Boote erfaßt hat.
Am 23. 4. stoßen die 5. und 9. S-Flott. mit 12 Booten gegen den brit. Geleitverkehr an der Südküste vor.
Am 24. 4. stoßen Boote der 5. und 9. S-Flott. gegen einen Konvoi nordostwärts

von Dungeness vor, sie werden durch brit. Radar erfaßt. Das Führerboot der 5. S-Flott. versenkt den Schlepper *Roode Zee* (468 BRT). Die 5. T-Flott. versenkt nordostwärts Kap Barfleur im Gefecht mit brit. MTB's *MTB 671*.
Am 25. 4. läuft die 4. T-Flott. (KKpt. Kohlauf) mit *T 29, T 24, T 27* von St. Malo aus und wirft nordwestlich Les Sept Isles eine Minensperre, in der Nacht zum 26. 4. Gefecht mit brit. Kreuzer *Black Prince*, brit. Zerstörer *Ashanti* und kanad. Zerstörern *Athabaskan, Haida* und *Huron*. *T 27* erhält schon bei Gefechtsbeginn Treffer und wird nach Morlaix entlassen. *Haida* versenkt *T 29* (Flochef, Kdt. Kptlt. Grund, 135 Mann gefallen, 73 gerettet von Vp-Boot). *T 24* erreicht beschädigt St. Malo.
In der Nacht vom 27./28. 4. greifen 9 Boote der 5. und 9. S-Flott. einen aus 8 US-LST's bestehenden Verband beim Einlaufen in die Lyne-Bucht an und versenken *LST 507* und *LST 531, LST 289* wird torpediert. 197 Seeleute und 441 eingeschiffte Soldaten gefallen. In der gleichen Nacht legt die 5. T-Flott. mit *Kondor, Möwe* und *Greif* eine Minensperre nördlich Cherbourg, *Kondor* erhält Grundminentreffer, kann aber Unternehmen fortsetzen.
Am 28. 4. werden die 5. und 9. S-Flott. nach Luftaufklärung von Boulogne aus gegen Selsey Bill angesetzt. Sie werden frühzeitig durch Radar erfaßt, Ansatz brit. *MGB* und Zerstörer. Der franz. Zerstörer *La Combattante* versenkt *S 147*. Die 5. T-Flott. mit *Kondor, Greif* und *Möwe* legt eine weitere Defensiv-Minensperre im Kanal.
In der Nacht vom 28./29. 4. stoßen bei einem Verlegungsmarsch von St. Malo nach Brest die T-Boote *T 24* und *T 27* vor St. Brieux auf die kanad. Zerstörer *Athabaskan* und *Haida*. *T 24* versenkt *Athabaskan* mit Torpedofächer. *T 27* muß sich nach Gefecht mit *Haida* auf Strand setzen. Abbergen durch 24. M-Flottille mißlingt, worauf die M-Boote die Besatzung übernehmen. *T 24* erhält am Morgen Grundminentreffer, kann aber den Hafen erreichen. 85 Mann von *Athabaskan* gerettet.
Am 1. 5. führt die 5. T Flott. mit *Kondor, Möwe* und *Greif* eine weitere defensive Minenunternehmung im Kanal durch.

19.—20. 4. 1944 **Mittelmeer**

Am 19. 4. passiert der Konvoi UGS. 38 mit 87 Schiffen die Gibraltar-Straße. Sicherung Task Force 66 (Capt. Duvall, USCG) mit den USCG-Cutters *Taney* (F), *Duane*, den US-DE's *Joseph E. Campbell, Laning, Fechteler, Fiske, Mosley, Pride, Falgout, Lowe, Menges, Newell, Chase, Fessenden*. Ferner niederl. Flakkreuzer *Heemskerck* und als JIG-Schiffe US-Zerstörer *Lansdale*, US-Minensucher *Speed* und *Sustain*. Ein Angriff von *U 969* am 20. 4. schlägt fehl. Am Abend des 20. 4. Ansatz von rund 60 T-Flugzeugen der III./K. G. 26 und der I. und III./KG. 77, von denen ein Teil beim Anflug einen Korsika-Afrika-Konvoi erfaßt und daraus den franz. Frachter *El Biar* (4678 BRT) versenkt. Die anderen Flugzeuge greifen im Radarloch von der afrikan. Küste her an und versenken mit Torpedos die *Lansdale* und die Frachter *Royal Star* und *Paul Hamilton* (7900, 7177 BRT) und beschädigen die Frachter *Samite* und *Stephen Austin* (7219, 7176 BRT). *Lowe, Taney* und *Heemskerck* weichen knapp z. T. mehreren Torpedos aus.

19.—20. 4. 1944 **Mittelmeer-Adria**

Minenschiff *Kiebitz* und Räumboot *R 185* führen von Pola aus Minenunternehmen »Hermelin« durch.

20./21. 4. 1944 **Mittelmeer-Tyrrhen. Meer**

Einsatz von Einmann-Torpedos (»Neger«) gegen alliierte Schiffe vor Anzio.

Von 37 Torpedos, die zu Wasser gebracht werden, bleiben 14 auf Sandbänken liegen, 23 greifen an. Sie erzielen keine Erfolge, nur 13 »Neger« kehren zurück.

21. 4.—6. 5. 1944 **Nordmeer**

Während eine Escort Force (KAdm. McGrigor) mit dem Kreuzer *Diadem*, den Geleitträgern *Activity* und *Fencer*, der 3. Zerstörer-Flottille mit *Milne, Meteor, Marne, Matchless, Musketeer, Verulam, Ulysses, Virago*, der 6th Support Group mit den kanad. Fregatten *Waskesiu, Grou, Cape Breton, Outremont* und der 8th Support Group mit den Zerstörern *Keppel, Walker, Beagle, Westcott, Whitehall, Wrestler, Inconstant, Boadicea* und der Korvette *Lotus* zur Abholung des Konvois RA. 59 zum Kola Fjord marschiert, wo sie am 23. 4. eintrifft, läuft am 21. 4. VAdm. Moore mit dem Schlachtschiff *Anson*, den Trägern *Victorious, Furious, Searcher, Striker, Emperor* und *Pursuer* sowie Kreuzern und Zerstörern vor die nordnorwegische Küste, um einen neuen Raid gegen die *Tirpitz* zu führen. Die Wetterlage verhindert am 24. und 25. 4. einen Start, nach Beölung der Zerstörer starten die Flugzeuge am 26. 4. zu einem Angriff gegen Schiffsziele bei Bodö, wo sie ein südgehendes Geleit fassen und 3 dt. Schiffe mit 15083 BRT versenken. 6 Flugzeuge gehen durch Jagd- und Flakabwehr verloren.

Nachdem am 27. 4. ein Zubringer-Konvoi mit 16 Dampfern aus dem Weißen Meer im Geleit der sowj. Zerstörer *Gremjaščij, Gromkij*, des Minensuchers *T 119* und von 5 Wachschiffen im Kola-Fjord eingetroffen ist, geht am 28. 4. der Konvoi RA. 59 mit der Escort Force in See, anfangs durch die sowj. Zerstörer *Raz-jarennyj, Groznyj, Kujbyšev*, die Minensucher *T-112, T-114, T-119* und die U-Jäger *BO-201, BO-204, BO-205, BO-207, BO-209, BO-212* verstärkt. Auf die Schiffe verteilt sind die US-Besatzung des Kreuzers *Milwaukee/ Murmansk* sowie 2300 sowj. Seeleute zur Bemannung der als Anteil an der ital. Kriegsbeute in England zu übernehmenden brit. Einheiten (1 Schlachtschiff, 9 Zerstörer, 4 U-Boote), darunter u. a. Adm. Levčenko an Bord der *Fencer*. Der Konvoi wird gegen Mitternacht am 28./29. 4. von der dt. Luftaufklärung erfaßt, als Gruppen »Donner« mit *U 277, U 636, U 307, U 387, U 278* und »Keil« mit *U 711, U 739, U 674, U 354, U 315, U 959* und *U 313* werden die zunächst auf einen ostgehenden Konvoi wartenden U-Boote ab 30. 4. gegen den RA. 59 angesetzt. Nach einem FAT-Fehlfächer von *U 307* (Oblt. z. S. Herrle) gegen den Konvoi greifen am 30. 4. gegen Mitternacht mehrfach *U 387* (Kptlt. Büchler) und *U 711* (Oblt. Lange) Zerstörer und Dampfer mit T-5 und FAT-Fächern an, *U 711* versenkt die *William S. Thayer* (7176 BRT). Im Laufe des 1. 4. verfehlen *U 278* (Kptlt. Franze), *U 307* und *U 959* (Oblt. z. S. Weitz) je 2× Zerstörer mit T-5s. Flugzeuge der *Fencer* versenken am 1. 4. *U 277*, am 2. 4. *U 959* und *U 674*, während *U 307* und *U 711* nochmals Zerstörer mit T-5 verfehlen. Am 3. 4. früh wird *U 278* von 2 *Swordfishs* und 1 *Martlet* angegriffen, schießt jedoch letztere ab und entkommt.

22.—28. 4. 1944 **Südwestpazifik**

US-Landungsoperationen »Reckless« (Hollandia) und »Persecution« (Aitape) unter Gesamtleitung Gen. MacArthur und VAdm. Kinkaid (7. Flotte). Beteiligt: I. US-Korps (GenMaj. Eichelberger), Task Force 77 (KAdm. Barbey).

Aitape: T. G. 77.1 (Barbey) mit 163. RCT (BrigGen. Doe) der 41. Inf.Div. auf 3 APA, 1 LSD, 1 AKA, 16 LCI, 7 LST. Sicherung Zerstörer *Hobby, Nicholson, Wilkes, Grayson, Gillespie, Kalk, Swanson.*

Tanahmerah Bay: T. G. 77.2 (KAdm. Fechteler) mit 24. Inf.Div. (GenMaj. Irving)

auf je 1 APA, LSD, AKA, 5 APD, 16 LCI und 7 LST, Sicherung Zerstörer *Reid, Stevenson, Stockton, Thorn, Roe, Welles, Radford, Taylor.*
Humboldt-Bay: T. G. 77.3 (Capt. Noble) mit 41. Inf.Div. (MajGen. Fuller) auf 9 APD, 1 LSD, 1 AKA, 7 LST, Sicherung Zerstörer *La Valette, Nicholas, O'Bannon, Jenkins, Hopewell, Howorth.*
Luftunterstützung: T. G. 78.1 (KAdm. Ragsdale) mit Geleitträgern *Sangamon, Suwanee, Chenango, Santee,* Zerstörer *Morris, Anderson, Hughes, Mustin, Russell, Ellet, Lansdowne, Lardner.* T. G. 78.2 (KAdm. Davison) mit Geleitträgern *Natoma Bay, Coral Sea, Corregidor, Manila Bay,* Zerstörer *Erben, Walker, Hale, Abbot, Bullard, Kidd, Black, Chauncey, Stembel.*
Deckungsgruppen: Task Force 74 (KAdm. Crutchley) mit austral. Kreuzern *Australia, Shropshire,* austral. Zerstörer *Arunta, Warramunga* und US-Zerstörern *Ammen, Mullany.* Task Force 75 (KAdm. Berkey) mit Kreuzern *Phoenix, Boise, Nashville* (Gen. MacArthur an Bord), Zerstörer *Hutchins, Beale, Bache, Daly, Abner Read* und *Bush.*
Landungen gegen sehr geringen Widerstand gelungen. Ziele bis 28. 4. erreicht. Starke jap. Verbände ostwärts abgeschnitten.

★

1.—31. 5. 1944 **Pazifik**

Von den im Mai in ihren Operationsgebieten eintreffenden US-U-Booten versenken folgende Schiffe: Vor Japan, Formosa und Kurilen: *Barb* (LCdr. Fluckey) 5 Schiffe mit 15 471 BRT, *Burrfish* (LCdr. Perkins) 1 Schiff mit 5984 BRT, *Flying Fish* (LCdr. Risser) 4 Schiffe mit 12 319 BRT, *Guitarro* (LCdr. Haskins) 1 Schiff mit 2201 BRT und Fregatte *Awaji, Herring* (LCdr. Zabriskie) 3 Schiffe mit 9080 BRT und Fregatte *Ishigaki, Picuda* (LCdr. Rayborn) 1 Schiff mit 3171 BRT und K-Boot *Hashidate, Pollack* (LCdr. Lewellen) den Zerstörer *Asanagi, Pompon* (LCdr. Gimber) 1 Schiff mit 742 BRT, *Silversides* (LCdr. Coye) 6 Schiffe mit 14 152 BRT, *Skate* (LCdr. Gruner) 1 Wachschiff, *Tautog* (LCdr. Baskett) 4 Schiffe mit 16 038 BRT, *Tinosa* (LCdr. Weiss) 2 Schiffe mit 12 876 BRT. Im Gebiet der Mandats-Inseln: *Angler* (LCdr. Olsen) 1 Schiff mit 2105 BRT, *Aspro* (Cdr. Stevenson) 2 Schiffe mit 11 107 BRT, *Billfish* 1 Schiff torpediert, *Bowfin* (LCdr. Griffith) 1 Schiff mit 4667 BRT, *Cero* (LCdr. White) 1 Schiff mit 2825 BRT und 1 Schiff torpediert, *Hoe* (LCdr. McCrea) Fregatte *Sado,* 1 Tanker torpediert, *Sandlance* (LCdr. Garrison) 5 Schiffe mit 18 328 BRT, *Sturgeon* (LCdr. Murphy) 1 Schiff mit 1904 BRT, *Tambor* (LCdr. Kefauver) 1 Schiff mit 657 BRT und 1 Schiff torpediert, *Tuna* 1 Schiff mit 89 BRT, *Tunny* (LCdr. Scott) 1 Schiff mit 4955 BRT. Im Gebiet von Insulinde und den Philippinen: *Cabrilla* (LCdr. Thompson) 1 Schiff mit 8360 BRT, *Cod* (LCdr. Dempsey) 1 Schiff mit 7255 BRT und T-Boot *Karukaya, Gurnard* (LCdr. Andrews) 4 Schiffe mit 29 794 BRT, *Lapon* (LCdr. Stone) 2 Schiffe mit 11 253 BRT, *Pargo* (LCdr. Eddy) 1 Schiff mit 758 BRT, *Puffer* (LCdr. Selby) 3 Schiffe mit 7847 BRT, *Rasher* (LCdr. Laughon) 4 Schiffe mit 10 858 BRT, *Raton* (LCdr. Davis) 1 Schiff mit 168 BRT, die Fregatte *Iki,* Korvette *Kaibokan 15* und die Fregatte *Matsuwa* torpediert, *Ray* (LCdr. Harrel) 1 Schiff mit 6094 BRT.

3.—5. 5. 1944 **Mittelmeer**

Von Osten nähert sich der Gibraltar-Straße der Konvoi GUS. 38 mit 107 Handelsschiffen, Sicherung Task Force 66 (Capt. Duvall, USCG) mit dem USCG-Cutter *Taney,* 12 US-DEs (s. 19./20. 4.) und dem brit. Flakkreuzer *Delhi.* Am

3. 5. ortet DE *Menges* mit Radar *U 371* (Oblt. z. S. Fenski) und läuft mit ausgebrachtem Foxer an, erhält aber trotzdem einen T-5-Treffer. Die DEs *Pride* und *Joseph E. Campbell* nehmen die Verfolgung auf, mittags kommen von Oran der brit. »Hunt«-Zerstörer *Blankney*, der US-Minensucher *Sustain* und die franz. Zerstörer *L'Alcyon* und *Sénégalais* hinzu. *U 371* setzt sich ab und taucht in der Nacht zum 4. 5. auf, wird aber von *Sénégalais* geortet, schießt T-5-Torpedos, von denen einer die anlaufende *Sénégalais* beschädigt und versenkt sich dann selbst. Der Konvoi marschiert inzwischen weiter, in der Nacht zum 5. 5. wird *U 967* (Kptlt. Brandi) von DE *Laning* geortet, kann jedoch den DE *Fechteler* mit T-5 versenken und sich absetzen. 2 weitere T-5-Schüsse von *U 967* gegen Escorts am 26. 4. und 8. 5. haben keinen Erfolg.

4. 5.—3. 6. 1944 **Nordmeer/Norwegen**

Brit. Trägerraids gegen Nordnorwegen. Am 6. 5. führt ein brit. Verband mit den Trägern *Furious* und *Searcher*, dem Kreuzer *Berwick*, den Zerstörern *Savage, Wizard, Wakeful, Algonquin* (kanad.) und *Piorun, Blyskawica* (poln.) einen Vorstoß gegen den Raum Kristiansund/Nord. 18 *Barracudas* und 14 *Seafires* von *Furious*, 20 *Wildcats* von *Searcher* greifen 2 dt. Geleite an und versenken bei 2 Verlusten den Erzdampfer *Almora* (2522 BRT) und den Tanker *Saarburg* (7913 BRT).

Am 8. 5. greift ein Verband mit den Geleitträgern *Searcher, Striker* und *Emperor* einen dt. Geleitzug mit 5 Dampfern und 6 Geleitfahrzeugen vor Kristiansund/Nord an, schwere Schäden auf mehreren Dampfern.

Am 12. 5. läuft VAdm. Moore mit dem Schlachtschiff *Anson*, den Trägern *Victorious* und *Furious*, Kreuzern und Zerstörern zu einem neuen Angriff gegen die *Tirpitz* im Altafjord aus. Die am 15. 5. gestarteten 27 *Barracuda*, 28 *Corsair* und je 4 *Seafire* und *Wildcat* müssen vor der norweg. Küste wegen der Wetterlage (tiefliegende Wolken) umkehren. Eine zweite Gruppe mit den Geleitträgern *Emperor* und *Striker*, den Kreuzern *Sheffield* und *Royalist* und den Zerstörern *Onslow, Obedient, Ursa, Wakeful, Piorun* und *Blyskawica* stößt am 14. und 15. 5. zweimal gegen Rörvik und Stadlandet vor und erzielt mit Trägerflugzeugen zahlreiche Nahtreffer auf vor Anker liegenden dt. Schiffen, jedoch keinen Versenkungserfolg.

Ein dritter Vorstoß von VAdm. Moore mit den Trägern *Victorious* und *Furious* zum Angriff gegen die *Tirpitz* am 28. 5. muß wegen der Wetterlage abgebrochen werden, die *Barracudas* greifen am 1. 6. vor der norweg. Küste einen Konvoi an und versenken den Munitionsdampfer *Hans Leonhardt* (4170 BRT) und werfen den *Sperrbrecher 181* und den Frachter *Florida* (5542 BRT) in Brand. Ein T-5-Schuß von *U 957* gegen den Trägerverband am 30. 5. bleibt erfolglos.

5. 5.—12. 5. 1944 **Schwarzes Meer**

Nachdem Hitler trotz mehrfacher Anträge die rechtzeitige Räumung Sevastopols verweigert hat, greift am 5. 5. im Nordabschnitt die sowj. 2. Garde-Armee (GenOb. Sacharov) in den folgenden Tagen auch die 51. Armee und die Küstenarmee die dt.-rumän. Stellungen der 17. Armee an. Nach Durchbruch der sowj. Truppen auf die Sapun-Höhen am 8. 5. erteilt Hitler auf nochmaliges Drängen den Räumungsbefehl für die stark bedrängten Reste der 17. Armee (am 3. 5. noch 64 700 Mann). Die dt.-rumän. Kriegs- und Transportschiffe (s. 16. 4.) können trotz laufender stärkster sowj. Luftangriffe und massiven U-Boot-Einsatzes bis zum 13. 5. nach 37 500 Mann evakuieren, davon allein 25 677 Mann und 6011 Verwundete in den letzten 3 Tagen. Durch Luftangriffe der sowj. Fliegerverbände (s. 8. 4.!) werden die Transporter *Totila* (2773 BRT), *Teja* (3600 BRT),

Helga (2200 BRT), *Danubius* (1489 BRT), *Prodromos* (800 BRT), das Minenschiff *Romania* (3152 BRT), die U-Jäger *UJ 2313, UJ 2314, UJ 310,* 3 Hs-Boote, 5 Schlepper, 11 Leichter sowie weitere Kleinfahrzeuge versenkt. Die durch Bomben beschädigten Transporter *Durostor* (1309 BRT) und *Geiserich* (712 BRT) werden durch Torpedofangschüsse der U-Boote *A-5* (Kptlt. Matveev) bzw. *ŠČ-201* (Kpt. 3. Rg. Paramoškin) versenkt. Von den eingesetzten U-Booten *S-33, ŠČ-201, ŠČ-202, L-4, M-35, M-62, ŠČ-205* und *A-5* werden zahlreiche Angriffe gefahren, aus den Geleiten kann jedoch nur *L-4* (Kpt. 3. Rg. Poljakov) den Tanker *Friederike-Firuz* (7327 BRT) torpedieren. Außerdem versenken *ŠČ-202* (Kptlt. Leonov) den Leichter *Elbe-5, M-35* (Kptlt. Prokofév) 1 Prahm, *S-33* (Kpt. 3. Rg. Alekseev) 1 Motorsegler. Von den auf gesunkenen Transportern eingeschifften Soldaten können 8100 nicht gerettet werden. Insgesamt werden seit dem 12. 4. bis 13. 5. 130 000 dt. und rumän. Soldaten auf dem Seeweg, 21 457 auf dem Luftweg evakuiert. 78 000 bleiben als Gefangene oder Tote zurück.

5. 5.—20. 7. 1944 **Schwarzes Meer**

An der Kaukasus-Küste operieren dt. und rumän. U-Boote gegen den sowj. Küstenverkehr. Im nördlichen Teil bleiben *Requinul* im April/Mai und Juni/Juli, *Marsouinul* im Mai ohne Erfolg, letzteres wird am 21. 5. durch Wabos beschädigt. *U 9* (Kptlt. Petersen) versenkt am 5. 5. 1 Fischkutter, am 11. 5. mit T-5 den Minensucher *T-411/Zaščitnik* und torpediert am 16. 5. 1 Tanker mit 1 Bewacher, *U 24* (Oblt. z. S. Landt-Hayen) versenkt am 12. 5. 1 Bewacher und evtl. am 22. 5. 1 weiteren Bewacher. *U 23* (Oblt. z. S. Wahlen) meldet 1 Dampfer torpediert, 1 Tanker versenkt und ebenso 1 Fischkutter und 1 Motorkanonenboot, *U 18* (Oblt. z. S. Arendt) versenkt Ende Mai/Anfang Juni 1 Schlepper und 1 Motorkanonenboot, *U 19* (Oblt. z. S. Ohlenburg) 1 Schlepper, *U 20* (Oblt. z. S. Grafen) am 19. 6. vor Trapezunt den Frachter *Pestel'* (1850 BRT) und am 24. 6. 4 Motorboote.

6.—27. 5. 1944 **Indischer Ozean**

Operation »Transom«: Trägerraid gegen Soerabaja. Am 6. 5. läuft die British Eastern Fleet in 3 Gruppen von Trincomalee aus: 1. Gruppe Schlachtschiffe *Queen Elizabeth* (Adm. Somerville), *Valiant, Richelieu* (franz.), 2 Kreuzer, 8 Zerstörer, 2. Gruppe Träger *Illustrious* (KAdm. Moody), *Saratoga* (US), Schlachtkreuzer *Renown,* 2 Kreuzer, 6 Zerstörer, 3. Gruppe: 6 Flottentanker, 1 Wassertanker, 2 Kreuzer. Am 15. 5. in der Exmouth-Bay (NW-Australien) Beölung, dann Anmarsch. Am 17. 5. früh starten südlich Java 45 *Avenger-* und *Dauntless*-Stuka unter dem Schutz von 40 *Hellcat-* und *Corsair*-Jägern von den beiden Trägern zum Angriff gegen den Hafen und die Ölraffinerien von Soerabaja. Am Boden werden 12 Flugzeuge zerstört, 1 eig. Verlust. Die Schäden an den Hafenanlagen und Schiffen werden erheblich überschätzt, tatsächlich nur 1 Frachter von 993 BRT gesunken. Am 18. 5. *Saratoga* und 3 US-Zerstörer entlassen, übriger Verband Rückmarsch nach Ceylon, 27. 5. eingelaufen.

Im Mai versenken in der Malakka-Straße die brit. U-Boote *Tantalus* (LCdr. Mackenzie), *Sea Rover* (Lt. Angell) und *Templar* (Lt. Ridgeway) je 1 Schiff mit 3165 BRT, 1365 BRT bzw. 2658 BRT, auf Minen von *Taurus* (LCdr. Wingfield) sinkt 1 Schiff mit 1400 BRT, 1 weiteres Schiff wird beschädigt.

7. 5.—30. 7. 1944 **Nordatlantik**

Wegen des Aufbaus der U-Boot-Gruppen »Landwirt« in Frankreich und »Mitte« in Norwegen zur Invasionsabwehr operieren im Nordatlantik nur wenige

Wetterboote: Bis Ende Mai *U 736, U 955, U 385*, danach *U 853, U 534* und *U 857*, ferner Ende Juni/Anfang Juli das Erprobungsboot für den neuen Flakturm VI, *U 673*. Trotz der regelmäßig abgegebenen Wetter-Funksprüche treten keine Verluste ein. *U 853, U 736, U 385* fahren erfolglose Angriffe gegen Escorts. *U 853* (Kptlt. Sommer) wehrt am 25. 5. Angriffe von 3 *Swordfishs* mit Raketen der Merchant Aircraft Carriers *Ancylus* und *MacKendrick* ab, wird aber mehrfach mit HF/DF eingepeilt und am 17. 6. von Flugzeugen des US-Geleitträgers *Croatan* angegriffen, entkommt jedoch.

Vom 20.—28. 5. werden die Schnorchel-Boote *U 764, U 441, U 984, U 953* und *U 269* als Gruppe »Dragoner« im Kanaleingang nördlich Quessant als Invasionsabwehr-Probe aufgestellt. Kein Erfolg. Vom 15. 6. ab operieren die Schnorchel-Boote *U 247* (Oblt. z. S. Matschulat), 1 Trawler mit 200 BRT versenkt, in der Minch und *U 719* im Nordkanal. Beide verfehlen Bewacher und *U 247* schießt am 18. 6. einen Fehlfächer gegen 1 Schlachtschiff. *U 719* wird nach einer langen Jagd am 26. 6. durch den Zerstörer *Bulldog* versenkt.

8. 5.—24. 5. 1944 **Kanal**

Die franz. *MTB 227, MTB 91, MTB 239* und *MTB 92* greifen ein dt. Nachschubgeleit für die Kanalinseln an und versenken den Dampfer *Bizon*. *MTB 227* wird durch Boote der 2. Vp.-Flottille beschädigt.

Am 13. 5. versenkt der franz. Zerstörer *La Combattante* bei einem Vorstoß der dt. 5. S-Flottille ins Gebiet der Isle of Wight *S 141*. *S 87* geht am 19. 5. im Kanal durch Bombentreffer bei einem Jaboangriff verloren.

Am 23./24. 5. verlegt die 5. T-Flottille mit *Jaguar, Kondor, Greif, Falke* und *Möwe* von Cherbourg nach Le Havre. In der Seine-Bucht geht *Greif* bei Angriffen brit. Jagdbomber verloren, *Kondor* läuft auf eine Mine, kann aber Le Havre erreichen.

9.—11. 5. 1944 **Mittelmeer**

Am 9. 5. passiert der Konvoi UGS. 40 mit 65 Schiffen die Gibraltar-Straße. Sicherung Task Force 60 (Cdr. Sowell, USCG) mit USCG-Cutter *Campbell*, US-Zerstörern *Dallas, Bernadou, Ellis, Benson*, US-DEs *Evarts, Dobler, Decker, Smartt, Wyffels, Walter S. Brown* und *Wilhoite*. Ferner brit. Flakkreuzer *Caledon*, franz. DE *Tunisien*, franz. PC-U-Jäger *Cimeterre* und die JIG-Schiffe, US-Minensucher *Sustain* und *Steady*. *U 967* und *U 616* kommen an den Konvoi nicht heran.

Am 11. 5. abends werden 62 Flugzeuge der I. und III./K. G. 26 gegen den Konvoi angesetzt. Von Sardinien aus startende brit. *Beaufighter* fangen bei 2 Verlusten einen Teil der Angreifer ab, der Rest greift auf der Höhe von Cape Bengut in 4 Wellen an. Die Flieger glauben 1 Zerstörer und 7 Frachter versenkt und zahlreiche weitere beschädigt zu haben. Tatsächlich wird kein Schiff getroffen, 19 Flugzeuge gehen verloren.

9. 5.—18. 6. 1944 **Mittelmeer/Tyrrhenisches Meer**

Vom 9.—17. 5. fahren die franz. U-Boote *La Sultane, Curie* und das brit. *Ultor* mehrere Angriffe, bei denen nur kleine Schiffe z. T. beschädigt werden. Von Ende Mai/Anfang Juni versenken *Upstart* (Lt. Chapman) 1 Schiff mit 2954 BRT, *Universal* (Lt. Gordon) *SG 15, Untiring* (Lt. Boyd) *UJ 6078, Ultor* (Lt. Hunt) *SG 11* und 5 kleine Fahrzeuge und das franz. *Casabianca* (Oblt. Bellet) 1 kleinen U-Jäger.

Vom 11.—28. 5. führt die dt. 10. T-Flottille mit *TA 24, TA 29* und *TA 30* 4 Minenunternehmen »Languste«, »Angel«, »Haken« und »Widerhaken« und 2 Aufklärungsvorstöße im Ligurischen Meer durch. Am 24. 5. greift eine US-Gruppe

mit *PT 202, PT 213, PT 218* einen dt. Verband an und versenkt *UJ 2223, UJ 2222* erreicht schwer beschädigt Livorno. Am 27./28. 5. versenken US-*PT*-Boote *UJ 2210*. Bei einem Gefecht an der ligurischen Küste zwischen *TA 29* und *TA 30* und *PT 304, PT 306* und *PT 307* entstehen am 31. 5. beiderseits leichte Schäden. Vom 2.—14. 6. führen je 2 von *TA 24, TA 26, TA 27* und *TA 30* die Minenunternehmen »Gemse«, »Brosche«, »Tor« und »Weide« durch, dabei am 9. 6. durch Jabos in Portoferraio *TA 27* gesunken. Beim Minenunternehmen »Nadel« sinken am 15./16. 6. durch Angriffe von *PT 558, PT 552* und *PT 559* die T-Boote *TA 26* und *TA 30*. Am 17./18. 6. führen *TA 29* und *TA 24* beim Legen der Sperre »Stein« ein Gefecht mit dem US *PT 207* und den brit. *MTB 633, MTB 640, MTB 655* und *MGB 658*. Das am 15. 6. zur Hilfeleistung ausgelaufene dt. Lazarettschiff *Erlangen* wird auf dem Anmarsch durch alliierte Flugzeuge in Brand geworfen und muß sich bei Sestri Levante aufsetzen.
Vor Palermo versenkt *U 230* (Kptlt. Siegmann) den US-U-Jäger *PC 558*.

11.—29. 5. 1944 **Nordmeer**

Sowj. kombinierte Operation RV-4 gegen den dt. Konvoi-Verkehr vor der Polarküste.
Nach Erfassung eines Konvois durch einen *Pe-2*-Aufklärer vor Svaerholt greifen am 11. 5. 6 *Il-4*-Torpedoflugzeuge des 9. Garde-Minen-/Torpedoflieger-Regt. mit 5 Jägern vor Makkaur und vor dem Kongsfjord einen Verband mit 5 *Boston*-T-Flugzeugen, 6 Bombern und 10 Jägern an und versenken *V 6113*.
Am 13. und 14. 5. führen sowj. Fliegerverbände 10 Angriffe mit 217 Einsätzen gegen Schiffsziele in Kirkenes. Dampfer *Pernambuco* und *Patagonia* (4121 BRT, 5898 BRT) geraten in Brand, *UJ 1210* wird beschädigt, 1 M-Boot und 1 Vp.-Boot leicht getroffen. Dt. *Me 109* und Flak schießen mindestens 6 Flugzeuge ab.
Am 25./26. 5. kombinierter Angriff gegen dt. Ostgeleit mit *K-1*. Lufttorpedo- und Bombenangriffe in 10 Wellen mit Jagdschutz, dabei Dampfer *Solviken* (3502 BRT) durch Torpedo versenkt, *Herta Engeline Fritzen* (3672 BRT) Bombentreffer im Vorschiff. Ansatz der U-Boote *S-15, S-56, S-103, M-201*. *M-201* (Kptlt. Balin) verfehlt den Konvoi vor Makkaur, kurz darauf auch *S-15* (Kptlt. Vasilév), das eine schwere Waboverfolgung durch die U-Jäger *UJ 1209, UJ 1212* und *UJ 1219* übersteht.
Am 29. 5. greift *S-103* (Kpt. 3. Rg. Nečaev) vor dem Laksfjord 2 dt. Minensucher ohne Erfolg an.

16.—31. 5. 1944 **Norwegen**

Luftoffensive der 18th Group RAF-Coastal Command gegen die von Norwegen in den Atlantik auslaufenden U-Boote. *Sunderlands* der norweg. Squ. 330 und des OTU. 4 RAF, *Catalinas* der RAF-Squ. 210 und *Liberators* der RAF-Squ. 59 sichten 22mal U-Boote, fliegen 13 Angriffe und versenken die ausmarschierenden *U 240, U 241, U 675* und *U 292* und zwingen *U 862* und *U 958* zur Umkehr. Außerdem schießt das nach Nordnorwegen laufende *U 476* 1 *Sunderland* ab, wird aber selbst so schwer beschädigt, daß es nach Übernahme der Besatzung durch *U 990* versenkt werden muß. Dieses Boot wird vor Drontheim ebenfalls versenkt, *V 5901* rettet 51 Überlebende beider Boote. In dieser Zeit kommen nur das Minen-U-Boot *U 233* und die Schnorchelboote *U 719, U 767, U 1191, U 988, U 671, U 987* und *U 247* in den Atlantik durch.

14.—19. 5. 1944 **Mittelmeer**

Vor Kap Tenes torpediert *U 616* (Oblt. Koitschka) am 14. 5. 2 Schiffe mit 17 854 BRT aus dem Konvoi GUS. 39. Während 2 brit. Escorts das Boot unter

Wasser halten und Flugzeuge der RAF-Squ. 36 über dem Gebiet kreisen, laufen von Oran 2 US-Zerstörer-Gruppen (Capt. Converse) mit *Nields, Gleaves, Macomb* bzw. *Ellyson, Hilary P. Jones, Hambleton, Rodman* und *Emmons* aus. Nach einem ersten Waboangriff von *Ellyson* in der Nacht vom 14./15. 5. reißt die Fühlung den ganzen 15. 5. ab, erst in der folgenden Nacht ortet 1 *Wellington* das aufgetauchte U-Boot und führt die Zerstörer heran, die es am Morgen versenken.
Beim Passieren der Gibraltar-Straße wird *U 731* am 15. 5. von 2 MAD-*Catalinas* der USN-VP. 63 geortet und durch die U-Jäger *Kilmarnock* und *BlackFly* versenkt. Das außerdem durchgebrochene *U 960* (Oblt. z. S. Heinrich) greift am 17. 5. die von der Jagd auf *U 616* zurückkehrenden US-Zerstörer an und verfehlt *Ellyson* mit einem 3er-Fächer. Es wird von der neu angesetzten US-Zerstörer-Gruppe mit *Woolsey, Benson, Madison* bzw. *Niblack* und *Ludlow* verfolgt und zusammen mit Flugzeugen in der Nacht zum 19. 5. versenkt.

15.—27. 5. 1944 **Zentralpazifik**

US-Task Group 58.2 (KAdm. Montgomery) mit den Trägern *Essex, Wasp* und *San Jacinto,* Kreuzern und Zerstörern läuft am 15. 5. von Majuro aus und führt am 19. und 20. 5. heftige Trägerraids gegen Marcus Island und am 23. 5. gegen Wake.

17.—18. 5. 1944 **Südwestpazifik**

Am 17. 5. landet eine amphib. Gruppe (Capt. Noble) das 163. RCT (BrigGen. Doe, 7000 Mann) mit 14 Zerstörern, 6 Geleitzerstörern, 2 APA, 7 LST, 15 LCI und 5 SC bei Arara und am folgenden Tag auf der vorgelagerten Insel Wakde zur Wegnahme des dortigen Flugplatzes. Unterstützung durch Task Force 74 (KAdm. Crutchley) und Task Force 75 (KAdm. Berkey) (Zusammensetzung s. 22. 4. unter Hollandia-Operation, nur statt Zerstörer *Bush: Trathen).* US-Verluste 110 Mann, jap. Verteidiger 759 Mann, 1 Gefangener.

17. 5.—3. 8. 1944 **Atlantik**

Bei Operationen südlich Nova Scotia fahren im Mai/Juni *U 1222* (Kptlt. Bielfeld) und *U 107* (Kptlt. Simmermacher) mehrere erfolglose Angriffe gegen Konvois und Escorts.
Im Azoren-Raum operieren US-Task Groups gegen vermutete U-Versorger. Das auf dem Wege nach Brasilien befindliche *U 549* (Kptlt. Krankenhagen) wird am 28. 5. durch 1 Flugzeug der Task Group 22.1 (Capt. Hughes) mit *Block Island* und 5 DEs gesichtet, kann aber am 29. 5. den Träger mit 3 Torpedotreffern versenken, den DE *Barr* mit 1 T-5 treffen und den DE *Eugene E. Elmore* mit 1 T-5 knapp verfehlen. Während DE *Ahrens* Überlebende rettet, wird *U 549* von den DEs *Eugene E. Elmore* und *Robert I. Paine* versenkt. Die ablösende Task Group 22.3 (Capt. Gallery) mit *Guadalcanal* und den DEs *Chatelain, Pillsbury, Pope, Flaherty* und *Jenks* sucht seit einer HF/DF-Peilung am 1. 5. das rückmarschierende *U 505,* das am 4. 6. von *Chatelain* mit Wabos zum Auftauchen gezwungen und nach Aussteigen der Besatzung von einem Enterkommando (Lt. David) der *Pillsbury* besetzt wird. Die Gruppe bringt es am 19. 6. mit wichtigen erbeuteten Schlüsselunterlagen nach Bermudas ein. Im Juni bis Anfang Juli bleibt die Operation des Schnorchel-U-Bootes *U 543* (Kptlt. Hellriegel) vor Freetown ohne Erfolg, *U 547* (Oblt. z. S. Niemeyer) versenkt vor Liberia am 14. 6. aus einem Konvoi den A/S-Trawler *Birdlip* und 1 Schiff, am 2. 7. 1 weiteres Schiff mit zusammen 8371 BRT. Von Anfang Juni bis Mitte Juli in der Karibik operierend, versenken *U 539* (Kptlt. Lauter-

bach-Emden) und *U 516* (Kptlt. Tillessen) je 1 Schiff mit 1517 BRT bzw. 9887 BRT und torpedieren je 1 Schiff mit 10195 BRT bzw. 4756 BRT, *U 539* beschädigt außerdem 2 Tanker durch Nahdetonierer leicht und entkommt den zur Jagd in der Karibik angesetzten Trägergruppen *Card* und *Guadalcanal*, die beide gesichtet werden. Das Schnorchelboot *U 530* bleibt ab Mitte Juni vor Trinidad ohne Erfolg.
Die im Azoren-Gebiet die Task Group 22.3 ablösende Task Group 22.5 (Capt. Vest) mit *Croatan* und den DEs *Barber, Swasey, Snowden, Frost, Huse, Inch* wird am 10. 6. auf eine HF/DF-Peilung angesetzt, und die letztgenannten 3 DEs versenken am 11. 6. den letzten U-Tanker *U 490*, bevor er 1 U-Boot beölen kann. Die ablösende Task Group 22.2 (Capt. Vosseller) mit *Bogue* und den DEs *Haverfield, Janssen, Willis, Francis M. Robinson* und *Wilhoite* sucht ab 15. 6. *U 530*, das mit FT die Abgabe von FuMB-Geräten an das jap. Transport-U-Boot *I-52* (KKpt. Uno) gemeldet hat. Am 23./24. 6. wird *I-52* von 2 *Avengers* der *Bogue* mit Hilfe von Sonobuoys versenkt.
Am 2. 7. versenken Flugzeuge der Task Group 22.4 (Capt. Tague) mit *Wake Island* und den DEs *Douglas L. Howard, Fiske, Farquhar, J. R. Y. Blakely* und *Hill* trotz heftigen Flakfeuers den Rückmarschierer *U 543* ostwärts der Azoren, weiter nördlich fällt am 3. 7. der Ausmarschierer *U 154* den DEs *Frost* und *Inch* der Task Group 22.5 zum Opfer. Vor Halifax wird am 5. 7. der Minenleger *U 233* durch die DEs *Baker* und *Thomas* der Task Group 22.10 mit der *Card* und den weiteren DEs *Bronstein, Breeman, Bostwick* versenkt.
Auf dem Wege nach Ostasien wird *U 860* (FKpt. Büchel) am 15. 6. von 7 Flugzeugen der US-Task Group 41.6 (Capt. Crist) mit dem Geleitträger *Solomons* versenkt, nachdem es 2 Maschinen abgeschossen hat. Das folgende *U 861* (KKpt. Oesten) geht an die brasilian. Küste, sichtet jedoch das am 2. 7. von Rio de Janeiro abgehende erste Kontingent des brasilian. Expeditionskorps für Italien auf dem US-Truppentransporter *General William A. Mann* mit den brasilian. Zerstörern *Marcílio Dias, Mariz e Barros* und *Greenhalgh* nicht. Am 20. 7. versenkt es den brasilian. Transporter *Vital de Oliveira* (1737 BRT) und verfehlt den U-Jäger *Javari*, am 24. 7. versenkt es 1 Dampfer des Konvois JT. 39 mit 7176 BRT, entkommt aber der Jagd durch die Task Group 41.6 mit *Solomons* und den DEs *Trumpeter, Straub, Gustafson, Alger* sowie der *Greenhalgh, Mariz e Barros*. *U 862* (KKpt. Timm) versenkt am 25. 7. 1 Schiff mit 6885 BRT.

17. 5.—23. 9. 1944 **Indischer Ozean**

Im Mai passieren das jap. Transport-U-Boot *I-52* auf dem Wege nach Europa, Anfang Juni das beschädigte *U 843* auf dem Wege nach Penang den Indischen Ozean. Das jap. *I-166* landet Ende Mai Agenten auf Ceylon, *I-165* kreuzt im Juni erfolglos nordwestlich Australien. Von Penang aus versenkt *U 183* (Kptlt. Schneewind) nordostwärts des Chagos-Archipels 1 Schiff mit 5259 BRT (5. 6.) und versorgt am 25. 6. das aus Frankreich kommende *U 537* (Kptlt. Schrewe), das am 8. 7. 1 Tanker verfehlt und von den Zerstörern *Racehorse* und *Raider* mehrere Tage gejagt wird. Das jap. *I-8* (Kpt. z. S. Ariizumi) versenkt am 29. 6. und 2. 7. beim Chagos-Archipel 2 Schiffe mit 14118 BRT, dabei werden die Schiffbrüchigen der *Jean Nicolet* ermordet.
Ab Ende Juni treffen aus dem Atlantik dt. Typ IX-D2-Boote im Indischen Ozean ein. Von ihnen versenkt *U 181* (FKpt. Freiwald) im Arabischen Meer 3 Schiffe mit 19557 BRT und wird am 15. 7. vergeblich von Flugzeugen und der ind. Sloop *Sutlej* gejagt. *U 196* (Kptlt. Kentrat) versenkt bei den Lakkadiven 1 Schiff mit 7118 BRT. *U 198* (Oblt. z. S. Heusinger v. Waldegg) versenkt süd-

ostwärts Afrika und Madagaskar 4 Schiffe mit 22912 BRT. Vom 4.—6. 7. wird es zusammen mit *U 859* von südafrikanischen Flugzeugen, dem brit. Zerstörer *Pathfinder* und einer südafrikanischen A/S-Trawler-Gruppe gejagt, dabei wird 1 *Ventura*-Flugzeug abgeschossen. Nach 2 Versenkungen am 6./7. 8. wird eine U-Jagd-Gruppe mit den Geleitträgern *Begum, Shah* und den Fregatten *Findhorn, Inver, Lossie, Parret* angesetzt. Am 10. 8. greift 1 *Avenger* der *Shah* *U 198* an, am 12. 8. führen *Catalina*-Flugzeuge und *Shah*-Flugzeuge die ind. Sloop *Godavari* und die *Findhorn* und *Parret* heran, die *U 198* mit Hedgehog versenken. *U 859* (Kptlt. Jebsen) geht nach einer Verfolgung am 22./23. 8. durch Flugzeuge, die Sloop *Banff* und die Fregatte *Tay* zum Golf von Aden, versenkt dort 2 Schiffe mit 14598 BRT und entkommt am 2. 9. der Träger-U-Jagdgruppe.

Die ein- und auslaufenden U-Boote werden in der Malakka-Straße häufig von brit. U-Booten angegriffen, so verfehlen am 20. 6. *Storm* und am 16. 7. *Templar* das zweimal zur Rückfahrt nach Frankreich auslaufende *U 1062*. Am 17. 7. verfehlt *Tantalus* das auslaufende jap. *I-166*, das kurz darauf von *Telemachus* (Cdr. King) versenkt wird. Von Frankreich kommend, trifft am 14. 7. das jap. Transport-U-Boot *I-29* in Penang ein, wird aber bei der Weiterfahrt von Singapore am 26. 7. durch das US-U-Boot *Sawfish* (LCdr. Bannister) versenkt. Am 7. 8. verfehlt *Stratagem* das zurückkehrende *U 181*, *Trenchant* versenkt am 23. 9. das vor Penang eintreffende *U 859*.

Mitte August treffen im Gebiet südostwärts Südafrika und Madagaskar *U 862* (KKpt. Timm) und *U 861* (KKpt. Oesten) ein. *U 862* versenkt 4 Schiffe mit 21 134 BRT, schießt am 20. 8. 1 *Catalina* der RAF-Squ. 265 ab und entgeht der Träger-U-Jagdgruppe. *U 861* versenkt bzw. torpediert am 20. 8. aus dem von 3 A/S-Trawlern gesicherten Konvoi DN. 68 je 1 Schiff mit 7464 BRT bzw. 8139 BRT und versenkt am 5. 9. 1 weiteres Schiff mit 5670 BRT.

19.—31. 5. 1944 **Pazifik**

Auf einer Transportfahrt nach Buin (Salomonen) wird das jap. U-Boot *I-16* von einer gerade ausgelaufenen US-Geleitzerstörer-Gruppe mit *George, Raby* und *England* am 19. 5. gestellt und mit einer »Hedgehog«-Salve versenkt. Auf dem weiteren Marsch ins Gebiet nordwestlich Neu-Irlands stößt die Gruppe auf eine jap. U-Boot-Aufstellung gegen alliierte Flottenoperationen an der Küste Neu-Guineas mit den U-Kreuzern *I-44, I-53* und den U-Booten *Ro-106, Ro-104, Ro-105, Ro-116, Ro-109, Ro-112, Ro-108, Ro-113, Ro-117, Ro-111. England* (LCdr. Pendleton) versenkt davon mit »Hedgehog«-Salven am 22. 5. *Ro-106*, am 23. 5. *Ro-104*, am 24. 5. *Ro-116*, am 26. 5. *Ro-108* und am 31. 5. *Ro-105*. Mit 6 versenkten U-Booten in 12 Tagen erfolgreichste U-Jagd-Unternehmung eines Einzelschiffes im Zweiten Weltkrieg.

27. 5.—13. 6. 1944 **Südwestpazifik**

Am 27. 5. landet die VII. Amphibious Force (KAdm. Fechteler) mit 6 LSTs, die 63 LVT und 25 DUKW an Bord haben, sowie 15 LCIs die ersten Wellen der 41. Inf.Div. (GenMaj. Fuller) auf der von insgesamt rund 10000 Japanern verteidigten Insel Biak (Kommandant Oberst Kuzume). Feuerunterstützung durch Task Force 75 (KAdm. Berkey) mit Kreuzern *Phoenix, Boise, Nashville* und Zerstörern *Hutchins, Daly, Beale, Bache, Trathen, Abner Read.* Ferner verschiedene Zerstörer der Task Force 77 (s. 22. 4.!). Heftige Kämpfe.

Japaner versuchen Verstärkungs-Operation »Kon«. KAdm. Sakonju nimmt am 31. 3. in Zamboanga mit den Kreuzern *Aoba, Kinu* und den Zerstörern *Shikinami, Uranami* und *Shigure* 1700 Mann an Bord, von Tawi Tawi geht eine

Deckungsgruppe mit dem Schlachtschiff *Fuso*, den Kreuzern *Myoko* und *Haguro* und 5 Zerstörern nach Davao. Eine dritte Gruppe mit den Minenlegern *Itsukushima, Tsugaru* und *LST 127* soll weitere 800 Mann nach Biak bringen. Am 2. 6. gehen die Verbände in See, werden jedoch von der US-Aufklärung erfaßt und kehren am 3. 6. um, vor Davao versenkt das US-U-Boot *Hake* den Zerstörer *Kazegumo*. Am 3. 6. versuchen jap. Flugzeuge des 23. Mar.Flieg.-Geschw. (KAdm. Ito) US-Schiffe anzugreifen, die Zerstörer *Reid, Mustin, Russell* wehren die Angreifer ab.
Zweiter Versuch Adm. Sakonjus, mit den Zerstörern *Shikinami, Uranami, Shigure* 600 Mann nach Biak zu bringen, gesichert durch die Zerstörer *Harusame, Shiratsuyu* und *Samidare*. Deckung durch Kreuzer *Aoba* und *Kinu* bei Vogelkop. US-Luftaufklärung erfaßt den jap. Verband, darauf KAdm. Crutchley mit den Kreuzern *Australia, Phoenix, Boise*, den US-Zerstörer-Div. 42, 47, 48 mit *Fletcher, Jenkins, Radford, La Valette, Hutchins, Dale, Beale, Bache, Abner Read, Ammen, Mullany, Trathen* sowie austral. *Arunta* und *Warramunga* angesetzt. *Harusame* wird durch US-Bomber versenkt. Im Gefecht, bei dem die US-Zerstörer die ablaufenden Japaner einzuholen versuchen, wird *Shiratsuyu* beschädigt, entkommt aber. Ein dritter jap. Versuch, mit 2 Transportgruppen (2 Kreuzer, 4 Zerstörer, 2 Minenleger, 1 LST) unter Deckung durch eine Kampfgruppe (VAdm. Ugaki) mit den Schlachtschiffen *Yamato* und *Musashi*, 3 Kreuzern und 3 Zerstörern Verstärkungen nach Biak zu bringen, wird auf dem Anmarsch wegen des Beginns der US-Marianen-Operation abgebrochen (12. 6.) und die Schiffe zur Operation A-GO beordert.

30./31. 5. 1944 **Mittelmeer**

Flugzeuge der 2. Flieger-Division greifen von Südfrankreich aus den alliierten Konvoi UGS. 42 im westlichen Mittelmeer an und versenken den brit. Frachter *Nordeflinge* (2873 BRT).

★

1.—23. 6. 1944 **Mittelmeer/Ägäis**

Am 1. 6. greifen 17 *Baltimore*, 12 *Marauder*, 24 *Beaufighter*, gesichert von 13 *Spitfire* und 4 *Mustang* nördlich Kreta ein für die Insel bestimmtes dt. Nachschubgeleit mit 3 Frachtern an; Geleit 9. T-Flottille (FKpt. Dominik) mit *TA 16, TA 17, TA 14, TA 19*, 21. U-Jagd-Flottille (KKpt. Dr. Brandt) mit 4 U-Jägern, 3 R-Booten, ferner Luftsicherung 1 *Ar 196* und 6 *Ju 88*. Frachter *Sabine* (2252 BRT), *UJ 2101, UJ 2105* nach Bombentreffern gesunken, Frachter *Gertrud* (1960 BRT), *R 211, TA 16* beschädigt nach Iraklion, dort am 2. 6. T-Boot durch Explosion der *Gertrud* vernichtet. Auf dem Rückmarsch wird der dritte Dampfer, *Tanais* (1545 BRT), am 9. 6. durch das brit. U-Boot *Vivid* (Lt. Varley) versenkt. Nach dieser Katastrophe wird die Verbindung nach Kreta nur mit einzeln fahrenden Kleinfahrzeugen aufrechterhalten.
Die brit. U-Boote *Unsparing* (Lt. Piper) versenken *UJ 2106* und die Fähre *SF 284, Vampire* (Lt. Taylor) 3 Segler, 3 weitere Segler werden beschädigt.

1.—30. 6. 1944 **Pazifik**

Von den im Juni in ihren Operationsgebieten eintreffenden US-U-Booten versenken folgende Schiffe: Vor Japan, Formosa und Kurilen: *Archerfish* (LCdr. Wright) Korvette *Kaibokan 24, Bang* (LCdr. Gallaher) 2 Schiffe torpediert, *Batfish* (LCdr. Fyfe) 3 Schiffe mit 1251 BRT, *Flier* (LCdr. Crowley) 1 Schiff mit

10330 BRT und 1 Schiff torpediert, *Grouper* (LCdr. Walling) 1 Schiff mit 2857 BRT, *Growler* (LCdr. Schade) 1 Schiff mit 1923 BRT, *Pintado* (LCdr. Clarey) 3 Schiffe mit 13193 BRT, *Plaice* (LCdr. Stevens) 2 Schiffe mit 1843 BRT, *Seahorse* (LCdr. Cutter) 5 Schiffe mit 17556 BRT und 1 Schiff torpediert, *Sealion* (LCdr. Reich) 4 Schiffe mit 7759 BRT, *Spearfish* (LCdr. Williams) 1 Schiff mit 2510 BRT und 1 Schiff torpediert, *Swordfish* (LCdr. Montross) 1 Schiff mit 4804 BRT und Zerstörer *Hatsukaze, Sturgeon* (LCdr. Murphy) 2 Schiffe mit 13951 BRT, *Tang* (LCdr. O'Kane) 10 Schiffe mit 39159 BRT, *Whale* (LCdr. Grady) 1 Schiff torpediert. Im Gebiet der Mandats-Inseln: *Bream* (LCdr. Chapple) 1 Schiff mit 5704 BRT und 1 Schiff torpediert, *Shark* (LCdr. Blakely) 4 Schiffe mit 21672 BRT. Im Gebiet von Insulinde und den Philippinen: *Bashaw* (LCdr. Nichols) 1 Schiff torpediert, *Bluefish* (LCdr. Henderson) 2 Schiffe mit 4734 BRT, *Darter* (LCdr. Stovall) den Minenkreuzer *Tsugaru, Flasher* (LCdr. Whitaker) 4 Schiffe mit 23582 BRT, den Kreuzer *Oi*, 2 weitere Schiffe torpediert, *Flounder* (LCdr. Stevens) 1 Schiff mit 2681 BRT, *Jack* (LCdr. Krapf) 3 Schiffe mit 15745 BRT, *Pargo* (LCdr. Eddy) 1 Schiff mit 5236 BRT und Korvette *Kaibokan 10, Redfin* (LCdr. Austin) 2 Schiffe mit 8169 BRT.

1. 6.—31. 12. 1944 **Nordsee-Ostsee**

Luftminenoffensive der RAF gegen dt. Schiffahrtswege in der Nordsee, im Skagerrak und Kattegat und in der westlichen und südlichen Ostsee. Es werden bei insgesamt 1910 Einsätzen im Juni 1778, im Juli 708, im August 1586, im September 748, im Oktober 1133, im November 750 und im Dezember 1160 Minen gelegt. 36 Flugzeuge gehen verloren. Auf den Minen sinken insgesamt 124 Schiffe mit 74545 BRT, 66 mit 100915 BRT werden beschädigt.

3. 6. 1944 **Nordmeer-Grönland**

Dt. Transportflugzeug vom Typ *Ju 290* holt die seit August 1943 in Grönland eingesetzte Wetterstation »Baßgeiger« (26 Mann) zurück.

3. 6.—18. 7. 1944 **Norwegen**

Fortsetzung der Luftoffensive der 18th Group RAF Coastal Command gegen U-Boote vor Norwegen mit *Cansos* der RCAF-Squ. 162, *Catalinas* der RAF-Squ. 210, *Liberators* der RAF-Squ. 86, *Fortress* der RAF-Squ. 206 und *Beaufighters* der norweg. Squ. 333. Am 3. 6. versenkt die RCAF-Squ. 162 das Schnorchelboot *U 477*.

Am 6. 6. werden die ausmarschierenden Nicht-Schnorchler *U 294, U 290, U 958, U 980* und *U 1000* angehalten, am 8. und 10. 6. laufen die Boote der Gruppe »Mitte« *U 276, U 397, U 975, U 242, U 999, U 677, U 1001, U 998, U 1007, U 982, U 987, U 745, U 1165* zu einer Defensiv-Aufstellung vor Norwegen aus. Am 20./21. 6. folgen als Ablösungen *U 396, U 994, U 771, U 317, U 1192*, am 5. 7. *U 319, U 286* und *U 299*. Flugzeuge versenken die in den Atlantik marschierenden Schnorchelboote *U 715, U 423, U 1225, U 478* und beschädigen *U 804* und *U 865*. Von den Norwegen-Booten werden *U 980, U 317, U 347, U 361, U 742* versenkt und *U 998, U 396, U 299, U 994* und *U 286* beschädigt, das brit. U-Boot *Satyr* (Lt. Weston) versenkt *U 987*. Am 16. 7. werden die beiden letzten Boote *U 1163* und *U 295* zurückgerufen.

6. 6. 1944 **Kanal**

Operation »Neptune«: Alliierte Invasion in der Normandie: Landung der 4. US-Div. an der Ostküste der Cotentin-Halbinsel (»Utah«), der 1. US-Div. bei Vierville (»Omaha«), der 50. brit. Div. bei Arromanches (»Gold«), der 3. kanad. Div. bei Courseuilles (»Juno«) und der 3. brit. Div. bei Lyon sur Mer (»Sword«)

nach schweren Luftangriffen und unterstützt durch starke Seestreitkräfte, Absprung von Fallschirmjäger-Div. und Landung von Luftlandeverbänden in den Flanken des Landungsraumes. Alliierte Kräfte: *Western Naval Task Force* (USA) unter KAdm. Kirk mit den Schlachtschiffen *Nevada, Texas, Arkansas,* den Schweren Kreuzern *Augusta, Tuscaloosa, Quincy,* den Leichten brit. Kreuzern *Black Prince, Hawkins, Enterprise, Glasgow, Durban* (ab 9. 6. Blockschiff), den franz. Leichten Kreuzern *Montcalm* und *Georges Leygues,* dem brit. Monitor *Erebus,* dem niederl. Kanonenboot *Soemba,* 35 Zerstörern, 12 Fregatten, 118 Minensuchbooten, 4 Korvetten und 140 kleineren Kriegsfahrzeugen sowie 1700 Landungsfahrzeugen aller Art. *Eastern Naval Task Force* (brit.) unter KAdm. Vian mit den Schlachtschiffen *Warspite, Ramillies,* dem Monitor *Roberts,* den Leichten Kreuzern *Ajax, Argonaut, Emerald, Orion, Belfast, Diadem, Scylla, Danae, Arethusa, Mauritius, Frobisher, Dragon* (poln.) und *Sumatra* (niederl., ab 9. 6. Blockschiff), dem niederl. Kanonenboot *Flores,* einem weiteren Kanonenboot, 34 Zerstörern, 4 Sloops, 19 Fregatten, 129 Minensuchbooten, 17 Korvetten, 116 sonstigen Kriegsfahrzeugen sowie 2426 Landungsfahrzeugen. Weitere Einheiten treten in den folgenden Tagen dazu, darunter die brit. Schlachtschiffe *Nelson* und *Rodney,* so daß insgesamt 7 Schlachtschiffe, 2 Monitore, 23 Kreuzer, 3 Kanonenboote, 105 Zerstörer und 1073 kleinere Kriegsschiffe eingesetzt werden. Außerdem werden eingesetzt 3467 schwere Bomber, 5409 Jäger, 1645 mittlere, leichte und Torpedo-Bomber und 2316 Transportflugzeuge. Die dt. Kriegsmarine besitzt am 6. 6. 1944 im Kanal-Bereich: 5 Torpedoboote, 34 S-Boote (5 weitere nicht einsatzbereit), 163 Minensuch- und R-Boote, 57 Vorpostenboote und 42 Artillerieträger. An der Atlantikküste von Brest bis Bayonne sind vorhanden: 5 Zerstörer, 1 Torpedoboot, 146 Minensuch- und R-Boote, 59 Vorpostenboote.
Bis zum 12. 6. bereits 326 000 Soldaten, 104 000 ts Nachschub und 54 000 Fahrzeuge gelandet. Bis zum 2. 7. unter verhältnismäßig geringen Verlusten 4 Korps der 1. US-Armee (GenLt. Bradley) mit 2 Panzer- und 11 Inf.Div. (mot.) sowie 4 Korps der 2. brit. Armee (GenLt. Dempsey) mit 3 Pz.- und 4 Inf.Div. an Land gesetzt. Bis zu diesem Tag insgesamt 929 000 Soldaten, 177 000 Fahrzeuge und 586 000 ts Nachschub und Material gelandet.

6. 6.—13. 6. 1944 **Kanal**

Angriffsversuche dt. Überwasserschiffe gegen die Invasionsflotte. In der Nacht zum 6. 6. sinkt *V 1509* bei einem Aufklärungsvorstoß von Le Havre nach Westen im Gefecht mit brit. Deckungsstreitkräften. Von Le Havre greift die 5. T-Flottille (KKpt. Hoffmann) in der Nacht vom 6. 6. mit *T 28, Möwe, Jaguar* und *Falke* zur Brit. Eastern Task Force gehörende Schiffe der Force S vor »Sword« Beach an und versenkt den norweg. Zerstörer *Svenner.* Weitere Torpedos laufen zwischen den Schlachtschiffen *Warspite* und *Ramillies* durch und verfehlen das Führungsschiff *Largs.*
In der Nacht vom 6./7. 6. greifen von Le Havre aus *T 28, Möwe, Jaguar* erfolglos an, von Cherbourg versucht die 5. S-Flottille (KKpt. Klug) anzugreifen, verliert durch Minentreffer *S 139* und muß im Gefecht mit Zerstörern der West-Sicherungsgruppen umkehren. In der Nacht vom 7./8. 6. versenken Boote der 4. S-Flottille (KKpt. Fimmen) in der Seine-Bucht trotz starker Abwehr die US *LST 376* und *LST 314,* Boote der 9. S-Flottille (KKpt. Frhr. v. Mirbach) westl. Fécamp die brit. *LCI 105* und *LCT 875.*
In der Nacht vom 8./9. 6. versucht die 8. Z-Flottille (Kpt. z. S. v. Bechtolsheim) mit *Z 32, Z 24, ZH 1* und *T 24* von Brest zum Invasionsraum vorzustoßen, wird

aber nordwestlich der Isle de Bas durch die brit. 10. Zerst.-Flottille (Capt. Jones) mit *Tartar, Ashanti, Haida* (kanad.) und *Huron* (kanad.) sowie *Blyskawica* (poln.), *Piorun* (poln.), *Eskimo* und *Javelin* abgefangen. In Gefecht wird *ZH 1* durch Torpedos der *Ashanti* versenkt, Z 32 nach Gefecht mit *Haida* und *Huron* bei der Isle de Bas aufgesetzt und gesprengt, *Tartar* wird schwer beschädigt. Von Cherbourg laufen 10 Boote der 9. und 5. S-Flottille zu Minenunternehmungen aus, die meisten Boote werden von den US-Zerstörern *Frankford, Baldwin* und *Hambleton* abgedrängt, nur eine Gruppe kommt zum Schuß, hat aber keinen Erfolg. Vorstöße der 5. T-Flottille und der 4. S-Flottille von Le Havre aus gegen Konvois schlagen wegen der Abwehr fehl.
In der Nacht vom 9./10. 6. haben Angriffsversuche der 9. und 5. S-Flottille von Cherbourg aus keinen Erfolg, da US-Zerstörer bei Cap Barfleur ihnen den Weg verlegen. Ein Angriff der von Le Havre ausgelaufenen T-Boote *T 28, Möwe, Jaguar* gegen 4 Zerstörer wird von diesen ausmanövriert. Die 2. S-Flottille (KKpt. Opdenhoff) und die 4. S-Flottille greifen in der nördl. und mittl. Seine-Bucht alliierte Nachschubschiffe an und melden 2 Schiffe getroffen, bzw. durch *S 188, S 172* und *S 187* je 1 Schiff versenkt. Die 4. S-Flottille legt Minen. Die von Ostende ausgelaufene 8. S.-Flottille (KKpt. Zymalkowski) kehrt nach Minentreffern auf *S 180* und *S 190* um.
In der Nacht vom 10./11. 6. durchbrechen Boote der 9. und 5. S-Flottille den Zerstörer-Sicherungsriegel bei Cap Barfleur, versenken den US-Navy Schlepper *Partridge* und torpedieren den brit. DE *Halsted* (Bug abgerissen) und das brit. *LST 538.* In Gefechten mit den Zerstörern *Sioux, Gatineau* (kanad.), *Krakowiak* (poln.) und dem brit. DE *Duff* gehen *S 136* und *S 137* verloren. Die 4. S-Flottille legt westlich Le Havre Minen, die 2. S-Flottille versenkt südl. der Isle of Wight aus einem Konvoi die Frachter *Brackenfield, Ashanti* und *Dungrange* (657, 534, 621 BRT).
In der Nacht vom 11./12. 6. greifen die 9. und 5. S-Flottille mit Unterstützung eigener Küstenbatterien die US-Bewachung bei Cap Barfleur an und torpedieren den Zerstörer *Nelson* und versenken den brit. Schlepper *Sesame* (700 ts). Bei einem Vorstoß von Osten her trifft die 4. S-Flottille auf brit. leichte Streitkräfte, *S 171* versenkt das *MGB 17.* Die 2. S-Flottille legt Minen.
In der Nacht vom 12./13. 6. wird die 9. S-Flottille bei Cap Barfleur durch US-Zerstörer abgedrängt. Von Le Havre greifen *T 28* und *Möwe* ohne Erfolg 2 brit. Zerstörer an. Von der 4. S-Flottille wird bei einer Minenunternehmung *S 149* durch Minentreffer beschädigt. Brit. *Beaufighter* der RAF-Squ. 143 und 236 versenken vor Boulogne von der 2. S-Flottille *S 178, S 179* und *S 189.* Von den zur Hilfeleistung angesetzten Schiffen wird *R 97* durch Jabos versenkt, *M 402* beschädigt.

6. 6.—30. 6. 1944 **Kanal**

Alliierte Kriegsschiffsverluste vor der Normandieküste: durch dt. Luftangriffe: US-Zerstörer *Meredith II,* brit. Zerstörer *Boadicea,* durch Minen: US-Zerstörer *Corry, Glennon, Rich,* brit. Zerstörer *Wrestler, Fury* und *Swift,* durch Küstenartillerie: franz. Zerstörer *Mistral.* Daneben sinkt eine Anzahl kleinerer Schiffe und Transporter durch Minen und Küstenartillerie.

6. 6.—30. 6. 1944 **Kanal-Biskaya**

Gegen die U-Boot-Gefahr für die Invasion werden die verstärkte 19th Group RAF-Coastal Command sowie unter dem CINCWA die Geleitträger *Tracker, Activity* und *Vindex* mit den Support Groups 1 (DEs *Affleck, Balfour, Bentley, Capel, Garlies, Gore)* 2 (Sloops *Starling, Wild Goose, Wren,* Fregatten *Loch*

Killin, Loch Fada, Dominica, Lochy), 3 DEs *(Duckworth, Essington, Rowley, Berry, Cooke, Domett)*, 4 (DEs *Bentinck, Byard, Calder, Bazely, Blackwood, Drury)*, 5 (DEs *Bickerton, Aylmer, Bligh, Kempthorne, Keats, Goodson*), 6 (kanad. Fregatten *Waskesiu, Outremont, Cape Breton, Grou, Teme*) und 9 (kanad. Fregatten *Matane, Swansea, Stormont, Port Colborne, St. John, Meon)*, ferner unter dem CINC Plymouth die Zerstörer der Support Groups 11 (kanad. *Ottawa, Kootenay, Chaudière, St. Laurent, Gatineau*), 12 (kanad. *Qu'Appelle, Saskatchewan, Skeena, Restigouche*) und 14 (brit. *Hesperus, Havelock, Fame, Inconstant)* eingesetzt. 4—6 Gruppen des CINCWA operieren in Op.Gebieten »CA« westlich des Kanals und der Biskaya, 2 Gruppen der Zerstörer im Kanaleingang.

Am 6. 6. laufen von Brest 17, von St. Nazaire 14, von La Pallice 4 und von Lorient 1 U-Boot der Gruppe »Landwirt« aus. Flugzeuge der 19th Group versenken am 7. 6. den Rückmarschierer *U 955* und *U 970* in der Biskaya, die Brest-Boote *U 963, U 989, U 256* und *U 415* müssen beschädigt umkehren, am 8. 6. versenkt eine *Liberator* der RAF-Squ. 224 (Fl. O. Moore) nacheinander *U 629* und *U 373*, andere beschädigen *U 413*, am 9. 6. wird *U 740* versenkt. Es ist nicht möglich, mit den Nicht-Schnorchelbooten in den Kanal einzudringen, *U 766* von den Brest-Booten, *U 228, U 255, U 260, U 270, U 281, U 382, U 437, U 445, U 608, U 650, U 714, U 758, U 985, U 993* von den St. Nazaire-Booten, *U 262, U 333* aus La Pallice und *U 981* Lorient werden bis zum 15. 6. in der Biskaya aufgestellt. Von den 9 Schnorchelbooten muß *U 212* zweimal umkehren, die anderen versuchen, gefolgt von den aus Norwegen kommenden *U 767, U 1191, U 988, U 671* und *U 971*, in den Invasionsraum vorzudringen. Am 7. und 8. 6. schießen *U 984* (Oblt. z. S. Sieder) 4, *U 621* (Oblt. z. S. Struckmann) 2 und *U 953* (Oblt. z. S. Marbach) 4 T-5 gegen die 4 Zerstörer der 12th Support Group, die sämtlich Früh- oder Kielwasserdetonierer werden. Am 9. 6. früh schießt *U 764* (Oblt. z. S. v. Bremen) 4 T-5 während des Zerstörergefechtes, ohne zu treffen, bis zum 11. 6. greifen *U 621, U 269* (Oblt. z. S. Uhl) und *U 275* (Oblt. z. S. Bork) im westlichen Kanaleingang erfolglos Zerstörergruppen an. *U 821* (Oblt. z. S. Knackfuß) geht durch Luftangriff verloren. Ab 14. 6. erreichen die ersten U-Boote zugleich mit den z. T. in den Kanal gezogenen Support Groups die Schiffahrtswege. Am 14. 6. verfehlt *U 984* eine Suchgruppe, am 15. 6. versenken *U 621* das Landungsschiff *LST 280*, *U 767* (Oblt. z. S. Dankleff) die mit der 5th Support Group operierende Fregatte *Mourne*, *U 764* den DE *Blackwood* der 4th S. G. (eingeschleppt, Totalverlust). Am 18. 6. verfehlt *U 621* mit einem Fächer 2 US-Schlachtschiffe, *U 767* wird durch die 14th S. G. versenkt, *U 441* (Kptlt. Hartmann) durch eine *Wellington* der poln. Squ. 304. Von den in der zweiten Juni-Hälfte eintreffenden Schnorchel-U-Booten verfehlt *U 763* (Kptlt. Cordes) in der Nacht vom 22./23. 6. eine Suchgruppe mit 2 T-5, *U 971* (Oblt.. z. S. Zeplin) wird im Westkanal von den Zerstörern *Eskimo* und *Haida* versenkt, nachdem ein Angriffsversuch wegen Rohrläufern fehlgeschlagen ist. Am 25. 6. versenken die DE's *Affleck* und *Balfour U 1191*, die *Bickerton* (Cdr. Macintyre) *U 269*, während *U 984* aus der gleichen Gruppe die *Goodson* torpediert und einen DE verfehlt. Am 27./28./29. 6. torpediert *U 988* (Oblt. z. S. Dobberstein) die Korvette *Pink* (Totalverlust) und versenkt 2 Schiffe mit 9444 BRT, ehe es am 29. 6. durch die 3rd S. G. versenkt wird.

Am 29. 6. greift *U 984* den Konvoi EMC. 17 an und trifft 4 Schiffe mit 28 790 BRT, von denen nur 1 Schiff auf Strand gesetzt und geborgen werden kann, während 3 Schiffe Totalverluste werden. *U 671* (Kptlt. Hegewald) verfehlt am 30. 6. einen Zerstörer einer Suchgruppe, nach einem weiteren fehlgeschlagenen An-

griff gegen eine Suchgruppe am 2. 7. wird das Boot durch Wabos beschädigt und muß Boulogne anlaufen.
Die Schnorchel-Minen-U-Boote *U 214* und *U 218* legen am 26. 6. vor Plymouth und am 1. 7. vor Landsend Minen, auf der letzteren Sperre wird am 6. 7. 1 Schiff mit 7177 BRT beschädigt.
Bis zum 30. 6. erreichen von Nachschubgeleiten 570 Liberty-Schiffe, 788 Kümo's, 905 LST's, 1442 LCT's, 180 Truppentransporter und 372 LCI's den Landungsraum. Die Sicherung der Konvois erfolgt überwiegend durch brit. und kanad. Korvetten.

10. 6. 1944 **Kanal**

Die 58. brit. MTB-Flottille mit *MTB 687, 681, 683, 666, 723* und *684* greift vor Den Helder ein dt. Geleit an und versenkt die Sicherungsfahrzeuge *V 1314, V 2021, V 2022* bei Verlust von *MTB 681*.

10.—22. 6. 1944 **Indischer Ozean**

Vom 10.—13. 6. führen der brit. Träger *Illustrious* und der Geleitträger *Atheling* mit Deckungsstreitkräften einen Ablenkungsraid gegen Sabang für die US-Operation »Forager« (Marianen), um jap. Flottenteile zu binden. Am 19. 6. führt VAdm. Power die Operation »Pedal«, einen Trägerraid gegen Port Blair (Nicobaren), mit dem Träger *Illustrious*, dem Schlachtkreuzer *Renown* und dem franz. Schlachtschiff *Richelieu* sowie leichten Streitkräften. 8 *Corsair* und 15 *Barracuda* greifen den Flugplatz bzw. den Hafen an, 2 Verluste.
Im Juni versenken in der Malakka-Str. und nördlich davon die brit. U-Boote *Stoic* (Lt. Marriott) 2 Schiffe mit 4141 BRT und 6 kleine Fahrzeuge, *Tantalus* (LCdr. Mackenzie) 1 Schiff mit 536 BRT, *Truculent* (Lt. Alexander) 1 Schiff mit 3040 BRT, *Spiteful* (Lt. Sherwood) 1 kleines Schiff, das niederl. *K-XIV* (Kptlt. v. Hooff) torpediert einen jap. Minenleger.

10.—28. 6. 1944 **Nordmeer**

Sowj. kombinierte Operation (RV-5 ?) gegen dt. Konvoi-Verkehr vor der Polarküste. U-Boot *L-20* legt Minen bei Rolvsöy und klärt auf, *S-14, S-104, M-200* und *M-201* in Warteposition. Am 15. 6. wird erstes dt. Sommer-Geleit mit starker Sicherung und Nebelverwendung von Kirkenes nach Petsamo trotz Angriffen sowj. Torpedokutter und Flugzeuge ohne Verluste durchgebracht. Am 15. 6. sichtet sowj. Aufklärer dt. Geleit mit 10 Dampfern bei Hammerfest. Sicherung *M-31, M-35, M 154, M-202, M-252* (5. M-Flottille, KKpt. Klünder), *R 202, R 160, R 223, V 6102, V 6107, V 6110, V 6722, V 6111, V 6725, UJ 1220, UJ 1209, UJ 1219, UJ 1211* und *UJ 1212*. Am 16. 6. abends von Aufklärer im Svaerholthavet gemeldet. Am 17. 6. drängen die dt. *M 35, UJ 1220* und *UJ 1209* das U-Boot *M-200* (Kptlt. Gladkov) ab. Bei Angriffen von *Il-2* des Schlachtflieg.-Regt. 46 erhält der Dampfer *Florianopolis* (7419 BRT) Treffer, *Il-4*-Torpedoflugzeuge versenken mit Fallschirmtorpedos den Dampfer *Dixie* (1610 BRT) südlich Vardö. Die von sowj. Torpedokuttern vor den Geleitkurs bei Kirkenes gelegten Minen werden von den R-Booten geräumt. Auf das einlaufende Geleit fliegen sowj. Bomber Angriffe, bei denen der Dampfer *Marga Cords* (1112 BRT) beschädigt wird.
Ein am 19. 6. aus Kirkenes auslaufendes Rückgeleit mit 5 Dampfern, 6 Vp-Booten, 5 U-Jägern und 2 R-Booten wird am 20. 6. kurz nach Mitternacht (Tageslicht!) von der sowj. Luftaufklärung südl. Vardö erfaßt. Das kurz darauf von einer *He 115* beim Schuß bemerkte U-Boot *M-201* (Kptlt. Balin) wird von *UJ 1209, UJ 1219, UJ 1220* und *UJ 1212* unter Wasser gedrückt und mehrere

Stunden mit Wabos belegt, entkommt aber. Ein Angriffsversuch von *M-200* oder *S-14* vor dem Syltefjord wird durch eine *BV 138* vereitelt. Nach Entlassung einiger Dampfer greift das sowj. U-Boot *S-104* (Kpt. 2. Rg. Turaev) nachm. den Restkonvoi mit dem Dampfer *L. M. Russ* und *R 159, R 173, V 6107, V 6111, NKi 08, NKi 12, UJ 1211* und *UJ 1209* vor dem Tanafjord an und versenkt *UJ 1209*.
Am 22. 6. greifen sowj. *Il-2, Airacobras* und *Kittyhawks* ein kleines Geleit bei Vardö an und beschädigen die Artilleriefähre *AF 39*. Am 27. und 28. 6. führen sowj. Bomber-Verbände mit Jagdschutz Angriffe gegen Schiffe in Kirkenes, bei denen der kleine Dampfer *Herta* (717 BRT) und die *Florianopolis* ausbrennen.
Bei einem Geleit Kirkenes-Petsamo am 28. 6. gehen von 6 Dampfern (Sicherung 7. und 21. R-Flottille) die *Vulkan* (989 BRT) durch sowj. Küstenbatterien und die *Nerissa* (992 BRT) durch Torpedokutter verloren.

10. 6. 1944 — Anfang Juli 1944 **Zentral-Pazifik**
Jap. Marine setzt nach Eingang der Meldung des von *I-10* gestarteten Aufklärungsflugzeuges »Ankerplatz Majuro leer« seine verfügbaren U-Boote gegen die im Anmarsch gegen die Marianen erwartete US-Flotte im Gebiet ostwärts der Inselkette an. Beteiligt *I 5, I 6, I 10, I 38, I 41, I 44, I 53, I 184, I 185, Ro 36, Ro 44, Ro 48, Ro 109, Ro 112, Ro 113, Ro 114, Ro 115, Ro 117*. Von ihnen kommen jedoch nur *Ro 114* (Oblt. Ata) zu erfolglosem Angriff gegen ein Schlachtschiff der *Iowa*-Klasse (16. 6.), *Ro 115* (Oblt. Koreeda) gegen einen Träger (19. 6.) und *I 6* (Kptlt. Fumon) gegen einen Träger (30. 6.), da die Masse der amerik. Verbände westlich der Marianen operiert. Dagegen fallen *Ro 36* (13. 6.), *Ro 44* (15. 6.), *Ro 114* (17. 6.), *Ro 117* (17. 6.), *I 184* (19. 6.), *I 185* (22. 6.) und *I 6* (30. 6.) und *I 10* (4. 7.) der amerik. U-Jagd zum Opfer.

11. 6. 1944 **Schwarzes Meer**
Amerik. Luftangriff auf Konstanza.

11.—17. 6. 1944 **Zentralpazifik**
US-Task Force 58 (VAdm. Mitscher) führt Trägerraids gegen Marianen und Vulcan-Inseln zur Unterstützung für Operation »Forager«.
T. G. 58.1 (KAdm. Clark) Träger *Hornet, Yorktown, Belleau Wood, Bataan*, Kreuzer *Boston, Baltimore, Canberra, Oakland*, Zerstörer *Izard, Charrette, Conner, Bell, Burns, Boyd, Bradford, Brown, Cowell*.
T. G. 58.2 (KAdm. Montgomery) Träger *Bunker Hill, Wasp, Monterey, Cabot*, Kreuzer *Santa Fé, Mobile, Biloxi, San Juan*, Zerstörer Owen, *Miller, The Sullivans, Stephen Potter, Tingey, Hickox, Hunt, Lewis Hancock, Marshall*.
T. G. 58.3 (KAdm. Reeves) Träger *Enterprise, Lexington* (F), *San Jacinto, Princeton*, Kreuzer *Indianapolis* (FF Adm. Spruance), *Reno, Montpelier, Cleveland, Birmingham*, Zerstörer *C. K. Bronson, Cotten, Dortch, Gatling, Healy, Cogswell, Caperton, Ingersoll, Knapp, Anthony, Wadsworth, Terry, Braine*.
T. G. 58.4 (KAdm. Harrill) Träger *Essex, Langley, Cowpens*, Kreuzer *San Diego, Vincennes, Houston, Miami*. Zerstörer *Lansdowne, Lardner, McCalla, Lang, Sterett, Wilson, Case, Ellet, Charles Ausburne, Stanly, Dyson, Converse, Spence, Thatcher*.
Battle Line Task Group 58.7 (VAdm. Lee) zunächst auf die anderen 4 Gruppen aufgeteilt: Schlachtschiffe *Washington, North Carolina, Iowa, New Jersey, Indiana, South Dakota, Alabama*, Kreuzer *Wichita, Minneapolis, New Orleans, San Francisco*. Zerstörer *Mugford, Conyngham, Patterson, Bagley, Selfridge*,

Halford, Guest, Bennett, Fullam, Hudson, Yarnall, Twining, Stockham und *Monssen,* beschießen am 13. 6. Saipan.
Am 11. 6. führen alle 4 Gruppen zunächst einen Jäger-Strike gegen alle Marianen-Inseln, bei dem 36 jap. Flugzeuge zerstört werden. Task Group 58.4 greift einen gerade von Saipan ausgelaufenen Konvoi an und versenkt das T-Boot *Ootori,* 3 U-Jäger und 10 Schiffe mit 30 000 BRT. Am 12. und 13. 6. greifen die Task Groups 58.2, 58.3 und 58.4 Saipan und Tinian an, Task Group 58.1 Guam. Am 14. und 15. 6. über Marianen nur einzelne Einsätze während Versorgung der Task Groups 58.2 und 58.3. KAdm. Clark mit Task Groups 58.1 und 58.4 nach Norden, greift am 15. 6. nachmittags und 16. 6. Iwojima, Chichijima und Hahajima an. Auf dem Weg zum Treffpunkt der Task Force 58 greift Task Group 58.4 am 17. 6. noch die Insel Pagan an.

13. 6. 1944 **Kanal**

Zwischen St. Malo und Jersey greifen die Zerstörer *Piorun* und *Ashanti* ein dt. Geleit an und versenken *M 343. M 412, M 422, M 432, M 442* und *M 452* auf dt. und *Piorun* auf alliierter Seite werden beschädigt. Beim Versuch der Hilfeleistung für die M-Flottille werden *V 203* und *M 4615* durch Jabos beschädigt.

14.—15. 6. 1944 **Kanal**

In der Nacht vom 14./15. 6. greifen 325 *Lancaster*-Bomber des RAF-Bomber Command Le Havre an. Es sinken die T-Boote *Falke, Jaguar, Möwe,* die Geleitboote *PA 1, PA 2,* die S-Boote *S 66, S 84, S 100, S 138, S 142, S 143, S 169, S 170, S 171, S 172,* das R-Boot *RA 9,* die Minensucher *M 3801, M 3802, M 3822, M 3855, M 3873, M 3874, M 4627,* die Vp.-Boote *V 207, V 1505, V 1506, V 1511, V 1537, V 1540, V 1541* und *V 1805* sowie zahlreiche kleinere Hilfskriegsschiffe und Hafenfahrzeuge.
In der folgenden Nacht greifen 300 *Lancaster* Boulogne an. Es sinken die R-Boot-Begleitschiffe *Von der Gröben, Brommy, Von der Lippe,* die R-Boote *R 81, R 92, R 93, R 125, R 129, R 130, R 232,* die M-Boote *M 402, M 3815,* die Vp.-Boote *V 1814, V 1815,* 3 Schlepper, 5 Hafenschutzboote, ferner werden die R-Boote *R 96, R 100* und *R 117* schwer beschädigt.

14. 6.—9. 7. 1944 **Zentralpazifik**

Operation »Forager«: Task Force 52 (VAdm. Turner) landet das V. Amphib. Corps (GenLt. H. M. Smith) auf Saipan.
Ab 14. 6. beginnen die Fire Support Groups mit der vorbereitenden Beschießung und unterstützen am 15. 6. die Truppen: Task Group 52.17 (KAdm. Oldendorf) mit Schlachtschiffen *Tennessee, California, Maryland, Colorado,* Kreuzern *Indianapolis* (FF, bis 14. 6. Task Force 58), *Louisville, Birmingham, Montpelier, Cleveland,* Zerstörern *Remey, Wadleigh, Norman Scott, Mertz, Robinson, Bailey, Albert W. Grant, Halsey Powell, Coghlan, Monssen, McDermut, McGowan, Melvin, McNair, Yarnall, Twining, Stockham.*
Task Group 52.10 (KAdm. Ainsworth) mit Schlachtschiffen *Pennsylvania, Idaho, New Mexico,* Kreuzern *Honolulu, Minneapolis, San Francisco, Wichita, New Orleans, St. Louis,* Zerstörern *Anthony, Wadsworth, Hudson, Halford, Terry, Braine, Guest, Bennett, Fullam,* ferner 2 APD, 2 DMS, 1 AVD. Luftunterstützung durch Task Group 52.14 (KAdm. Bogan) mit Geleitträgern *Fanshaw Bay, Midway, White Plains, Kalinin Bay,* Zerstörern *Cassin Young, Irwin, Rosse, Porterfield, Callaghan, Longshaw.*
Task Group 52.11 (KAdm. Sallada) mit Geleitträgern *Kitkun Bay, Gambier*

Bay, Corregidor, Coral Sea, Zerstörern *Laws, Morrison, Benham, Bullard, Kidd, Chauncey.*
Am 15. 6. landen die Transporter-Gruppen Task Group 52.3 (Capt. Knowles) mit 13 APA, 5 AK, 1 LSD die 2. Mar.Div. (GenMaj. Watson) und die Task Group 52.4 (Capt. Loomis) mit 13 APA, 3 AKA und 3 LSD die 4. Mar.Div. (GenMaj. Schmidt). Sicherung Zerstörer *Newcomb, Bennion, Heywood L. Edwards, Bryant, Prichett, Philip, Cony, Mugford, Selfridge, Ralph Talbot, Patterson, Bagley, Phelps, Shaw, Renshaw.*
Weitere Wellen auf Landungsschiffen und Booten, insgesamt besteht die Task Force 52 aus 551 Schiffen. Insgesamt werden 67451 Mann gelandet. Nach schweren Kämpfen mit den jap. Verteidigern, GenLt. Saito mit verst. 43. Inf. Div. und Marineeinheiten unter VAdm. Nagumo, Insel am 9. 7. erobert. Jap. Verluste: 23811 Tote, 1780 Gefangene. US-Verluste: 3426 Tote, 13099 Verwundete.

15. 6. 1944 **Nordsee**
Beaufighter-Torpedobomber des Coastal Command versenken nördlich der Insel Schiermonnikoog aus einem dt. Geleitzug den Transporter *Coburg* (7900 BRT), das S-Boot-Begleitschiff *Gustav Nachtigal* sowie das Minensuchboot *M 103.*

15.—21. 6. 1944 **Ostsee**
Sowj. Angriff gegen die der karelischen Landenge vorgelagerten Inseln. 15. 6. Finn. IV. Korps muß sich unter dem Druck der 59. und 21. sowj. Armee aus der Mannerheim-Stellung auf Viborg absetzen. Anfangs Feuerunterstützung durch Schlachtschiff *Oktjabrskaja revoljucija.* Zur Deckung der Seeflanke setzen die Finnen leichte Seestreitkräfte und 2 U-Boote ein und fordern dt. Unterstützung an. *T 30* und *T 31,* die 3. M-Flottille, die 1. R-Flottille und eine *AF*-Gruppe der 24. L-Flottille werden in der Viborg-Bucht und im Koivisto-Sund eingesetzt. Bei einem Angriff sowj. Torpedokutter unter Kpt. 2. Rg. Osipov geht *T 31* verloren, bei Luftangriffen am 20./21. 6. sinken *AF 32* und der Minentransporter *Otter,* das R-Boot-Begleitschiff *Nettelbeck, M 29, R 119* und *R 120* werden beschädigt. Sowj. Landungen auf Koivisto können verzögert, aber nicht verhindert werden, bis 23. 6. sind die Inseln geräumt und von den Sowjets besetzt, die u. a. durch die K-Boote *Volga, Zeja, Kama* und *Oka* unterstützt werden.

16.—28. 6. 1944 **Kanal**
In den Nächten zum 16. und 17. 6. bleiben Vorstöße der letzten 3 Boote der 9. S-Flottille von Cherbourg erfolglos, die 8. S-Flottille fährt in beiden Nächten von Ostende aus Minenunternehmungen, die 2. S-Flottille greift in der Seine-Bucht erfolglos an.
Vom 18. bis 22. 6. herrscht im Kanal ein sehr schwerer Sturm, der Einsätze der vorhandenen dt. Streitkräfte unmöglich macht. Im Sturm wird der künstliche Hafen »Mulberry A« vor dem Landungsraum »Omaha« weitgehend zerstört und unbrauchbar.
In den Nächten zum 23. und 24. 6. gehen bei Einsätzen der 2. S-Flottille im Seine-Raum in Gefechten *S 190* verloren, *S 175* wird beschädigt. Am 25./26. 6. verlegen von den letzten Booten der 9. S-Flottille *S 130* und *S 140* von St. Malo nach Dieppe, *S 145* muß wegen Motorschaden umkehren.
Bei einem Angriff von 4 brit. MTBs vor St. Hélier geht in der Nacht vom 26./27. 6. *M 4620* verloren. In der folgenden Nacht sinkt nach einem Gefecht auf kürzeste Entfernungen mit den Zerstörern *Eskimo* und *Huron* vor Jersey

der umgebaute Fischdampfer *M 4611*. Nachdem *V 213* auf den Zerstörern Treffer erzielt hat, entkommt das Boot nach Jersey.

17.—19. 6. 1944 **Mittelmeer/Tyrrhenisches Meer**

Alliierte »Coastal Forces«, darunter 37 US-PT-Boote landen am 17. 6. Senegalschützen der franz. 9. Kolonial-Division auf Elba, die die Insel in 2 Tagen besetzen, nachdem der anfängliche Widerstand gebrochen ist. Größere Schiffe werden wegen der zahlreichen dt. Minensperren nicht eingesetzt.

18.—22. 6. 1944 **Zentralpazifik**

Schlacht in der Philippinen-See.

Zur Unterstützung der Marianen-Operation sind ab 12. 6. die US-U-Boote (FT 17, VAdm. Lockwood) *Plunger, Gar, Archerfish, Plaice, Swordfish* im Gebiet der Bonin-Insel, *Pintado, Pilotfish, Tunny* südostwärts Formosa, *Albacore, Seawolf, Bang, Finback, Stingray* im Gebiet der Marianen, *Flying Fish, Muskallunge, Seahorse, Pipefish, Cavalla* ostwärts der Philippinen und *Growler* vor der Surigao-Straße, ferner von den U-Booten der 7. Flotte (KAdm. Christie) *Hake, Bashaw, Paddle* südostwärts Mindanao, *Harder, Haddo, Redfin, Bluefish* vor Tawi-Tawi, *Jack* und *Flier* vor Luzon aufgestellt. Während der jap. Aufmarschbewegungen für die Operation A-GO versenkt *Harder* (Cdr. Dealey) vor Tawi-Tawi die Zerstörer *Minatsuki, Hayanami* und *Tanikaze* und torpediert die *Urakaze*. Die von Tawi-Tawi am 13. 6. auslaufende Flotte wird von *Redfin* (LCdr. Austin) gemeldet, am 15. 6. durch *Flying Fish* (LCdr. Risser) das Passieren der Träger durch die San-Bernardino-Straße und durch *Seahorse* (LCdr. Cutter) ein Schlachtschiffsverband ostwärts Mindanao. Am 16./17. 6. werden die jap. Verbände nach ihrer Vereinigung und während der Versorgung aus den 2 Tankergruppen durch *Cavalla* (LCdr. Kossler) zweimal gemeldet. Damit erhält Adm. Spruance rechtzeitige Warnungen, so daß er die Task Force 58 (s. 11. 6.!) westlich der Marianen zur Deckung der Operation »Forager« versammeln kann (18. 6.). Jap. Flotte (VAdm. Ozawa) besteht aus der Vorhut (VAdm. Kurita) mit den Leichten Trägern *Chitose, Chiyoda* und *Zuiho*, den Schlachtschiffen *Yamato, Musashi, Haruna, Kongo*, den Kreuzern *Atago* (F), *Takao, Maya* und *Chokai* sowie den Zerstörern *Naganami, Asashimo, Kishinami, Okinami, Tamanami, Hamakaze, Fujinami* und *Shimakaze* mit dem Führerkreuzer *Noshiro*; der Trägergruppe A (VAdm. Ozawa) mit den Trägern *Taiho* (F), *Shokaku, Zuikaku*, den Kreuzern *Myoko, Haguro* und den Zerstörern *Asagumo, Isokaze, Hatsutsuki, Wakatsuki, Akitsuki* und *Shimotsuki* mit dem Führerkreuzer *Yahagi*; und der Trägergruppe B (KAdm. Joshima) mit den Trägern *Junyo* (F), *Hiyo, Ryuho*, dem Schlachtschiff *Nagato*, dem Kreuzer *Mogami* und den Zerstörern *Michishio, Nowake, Yamagumo, Shigure, Samidare, Hayashimo, Akishimo* (am 15. 6. auf dem Marsch nach einer Kollision gesunken), *Shiratsuyu*. Die Tankergruppen bestehen aus 4 Tankern mit den Zerstörern *Hibiki, Hatsushimo, Yunagi, Tsuga* bzw. 2 Tankern und den Zerstörern *Yukikaze* und *Uzuki*. Absicht Ozawas: Start der Trägerflugzeuge außerhalb der Reichweite der Task Force 58, Zwischenlandung auf Guam nach Angriff, dann Rückflug mit zweitem Angriff. Die jap. Aufklärer erfassen am 18. 6. abends und 19. 6. früh Teile der Task Force 58. Von 08—11 Uhr starten die jap. Träger in 4 Wellen 372 Flugzeuge, sie werden jedoch von den US-Schiffen auf bis zu 150 km Entfernung mit Radar geortet und von sofort startenden Jägern (300 Einsätze) abgefangen, die z. T. von der Schiffsflak unterstützt, 242 Flugzeuge abschießen (»Truthahnschießen«). Nur wenige Flugzeuge brechen durch und erzielen 1 Bombentreffer auf der *South Dakota* sowie Nah-

treffer auf *Indiana* und *Bunker Hill.* Nur 29 US-Jäger verloren. Bei der Landung auf Guam greifen US-Jäger an und schießen 30 Flugzeuge ab, die gelandeten 19 werden schwer beschädigt. Kurz nach dem Start der jap. Flugzeuge greift das US-U-Boot *Albacore* (Cdr. Blanchard) die Gruppe A an und trifft die *Taiho,* die nach Explosionen sinkt. *Cavalla* versenkt die *Shokaku* mit 3 Torpedos. Während Ozawa am 20. 6. aus den Tankern versorgt, nähert sich Mitscher und startet am Nachmittag auf größte Entfernung 216 Flugzeuge, die über den jap. Schiffen nur 35 Jäger antreffen. Der Träger *Hiyo* und 2 Tanker werden versenkt, die *Zuikaku, Chiyoda, Haruna* und *Maya* beschädigt. 20 US-Flugzeuge gehen verloren. Trotz Beleuchtung der Flugdecks gehen 72 Maschinen durch Bruchlandungen und Notwassern verloren. Von 209 Mann fliegendem Personal dieser Maschinen werden 160 gerettet. In der Nacht zum 21. 6. gibt der Chef der Vereinigten Flotten in Tokio, Adm. Toyoda, den Rückzugsbefehl. Adm. Spruance lehnt Mitschers Vorschlag, mit den schnellen Schlachtschiffen die Verfolgung fortzusetzen, ab. Die jap. Flotte entkommt deshalb.
Nach Versorgung am 22./23. 6. gehen 3 Gruppen der Task Force 58 nach Eniwetok, KAdm. Clark stößt mit den Trägern *Hornet, Yorktown, Bataan, Belleau Wood* nach Norden vor und führt am 24. 6. einen Raid gegen Iwojima und Chichijima, bei dem weitere 66 jap. Flugzeuge zerstört werden, ein jap. Angriff wird abgefangen.

20. 6.—14. 8. 1944 **Mittelmeer/Tyrrhenisches Meer**

Am 20./21. 6. führen die dt. T-Boote *TA 25* und *TA 29* eine Minenunternehmung »Messer« im Ligurischen Meer durch, im Gefecht mit US-*PT*-Booten sinkt *TA 25.*
Der ital. Zerstörer *Grecale* und das Schnellboot *Ms 74* bringen brit. und ital. Kleinkampfmittel nach La Spezia, die in den Hafen eindringen und den in Reparatur befindlichen Schweren Kreuzer *Bolzano* zerstören.
Ende Juni/Anfang Juli versenken die brit. U-Boote *Universal* (Lt. Gordon) das Hs-Boot *FM 06* und 2 Blockschiffe mit zusammen 8752 BRT, *Ultor* (Lt. Hunt) 1 MFP und 2 Blockschiffe mit zusammen 8575 BRT, *Vampire* (Lt. Taylor) 1 Segler, *Universal* 1 kleinen U-Jäger. Ende Juli/Anfang August versenken *Ultor* den U-Jäger *UJ 2211, Ultimatum* 1 kleinen U-Jäger, 2 MFPs, darunter *F 811. Upstart* (Lt. Chapman) 1 kleines Schiff, *Universal* 1 Segler und das franz. *Curie* (Oblt. Chailley) torpediert 1 Dampfer.
Vom 6.—26. 7. sind von der 10. T-Flottille *TA 24, TA 28, TA 29* fast allnächtlich zu Minenunternehmungen (5), Aufklärungsvorstößen (10) und Küstenbeschießungen (1) in See, dabei kommt es am 28./29. 6., 15./16. 7., 19./20. 7. und 25./26. 7. zu Gefechten mit alliierten *PT-* und *MTB*-Booten. Am 12./13. 8. führen *TA 24* und *TA 29* nochmals einen Aufklärungsvorstoß.

20. 6.—18. 8. 1944 **Ostsee**

Bei laufenden Angriffen sowj. Schlachtflugzeuge und Jagdbomber der Luftwaffe der Baltflot (GenLt. Samochin) gegen die dt. Sperrbewachungen in der Narwa-Bucht und die Einsatzhäfen in Estland und Finnland gehen im Juni der Artilleriefährprahm *AF 32* und der Minentransporter *Otter* verloren, der Zerstörer *Z 39,* die M-Boote *M 15, M 29, M 3112,* der Fährprahm *F 194* und der Flakjäger *FJ 26* werden beschädigt. 68 Tote und 144 Verwundete. Im Juli werden *M 20, M 413, F 237, F 498, V 1707* und der Flakkreuzer *Niobe* versenkt, *M 3, M 14, M 15, M 19, M 29, M 30, M 453, M 460, M 3114, V 1703, V 1705, F 259* beschädigt. 148 Tote, 269 Verwundete.

Im August lassen die Angriffe etwas nach, es werden *M 14, M 443, M 3109, M 3128, M 3137, F 258, AF 21* und *R 67* beschädigt. In der ganzen Zeit werden die Sperren mehrfach durch MFPs der 24. L-Flottille verstärkt.
Bei einem Versuch, die »Seeigel«-Sperre zu verstärken, gerät am 17./18. 8. die 6. T-Flottille (KKpt. Koppenhagen) in eine eigene Sperre und verliert *T 22, T 30* und *T 32* mit 393 Mann, die z. T. in Gefangenschaft geraten. Nur *T 23* kehrt zurück.

22.—28. 6. 1944 **Ostsee**

Gegen die am 22. 6. von den Sowjets mit leichten Fahrzeugen besetzte Insel Narvi wird ein dt.-finn. Kommando-Unternehmen angesetzt (»Steinhäger«). Mit Unterstützung durch die dt. 2. T-Flottille (KKpt. Kaßbaum) mit *T 30, T 8* und *T 10,* die 3. M-Flottille (KKpt. Kieffer) mit *M 18, M 19, M 22, M 15* und *M 30* und die 1. R-Flottille (Kptlt. W. E. Schneider) mit *R 67, R 68, R 76* und *R 249* sollen durch die 2. finn. Bewacherflottille (Kptlt. Jääsalo) mit 9 *VMV*-Booten und dem Bewacher *Vasama* sowie der 2. und 1. S-Boot-Flottille (Kptlt. Salo, Kptlt. Pirhonen) mit 5 bzw. 4 S-Booten finn. Einheiten gelandet werden. Unternehmen scheitert wegen starker sowj. Abwehr und mangelnder Koordinierung der Verbündeten. Die Insel wird am 15./16. 7. durch die 3 dt. T-Boote beschossen, die ein Gefecht mit sowj. Wachbooten führen.

24.—28. 6. 1944 **Nordpazifik**

US-Task Force 94 (KAdm. Small) mit den Kreuzern *Chester, Pensacola, Concord* und den Zerstörern *Picking, Wickes, Sproston, Young, W. D. Porter, Isherwood, Kimberly, Luce* und *C. J. Badger* stößt im Schutz einer Wetterfront nach Westen vor und beschießt am 26. 6. Paramushiru (Kurilen).

25.—26. 6. 1944 **Kanal**

Zur Unterstützung des Angriffes des VII. US-Korps gegen Cherbourg beschießen am 25. 6. 2 Kampfgruppen die dt. Batterien westlich und ostwärts der Stadt: Gruppe I (KAdm. Deyo) mit Schlachtschiff *Nevada,* Kreuzern *Tuscaloosa, Quincy, Glasgow* (brit.), *Enterprise* (brit.) und Zerstörern *Ellyson, Emmons, Rodman, Murphy, Gherardi* und *Hambleton* im Westen gegen die Batterien bei Querqueville, Gruppe II (KAdm. Barbey) mit Schlachtschiffen *Texas, Arkansas* und Zerstörern *Barton, O'Brien, Laffey, Plunkett* und *Hobson* im Osten gegen die Batterie »Hamburg«, die 28-cm-Treffer auf *Texas* und *O'Brien* erzielt. *Glasgow, Barton* und *Laffey* werden leicht beschädigt, die dt. Batterien weitgehend zerstört. Am 27. 6. beschießt der US-Zerstörer *Shubrick* Querqueville. Am 26. 6. unterstützen das brit. Schlachtschiff *Rodney,* der Monitor *Roberts,* die Kreuzer *Argonaut, Belfast* und *Diadem* Angriffe brit. Einheiten im Raum Caen.

26. 6.—4. 9. 1944 **Ostsee**

Wegen der kritischen Lage in Karelien Einsatz finn. und dt. U-Boote im inneren Finnenbusen. Die 3 großen finn. Boote operieren ab Mitte Juni südlich Koivisto, die 2 kleinen bei Tiurinsaari. *Vesihiisi* legt am 4. und 7. 7. je eine Minensperre bei Peninsaari, *Vetehinen* nach 2 Vorstößen in den Koivisto-Sund am 2. 7., eine weitere Sperre am 5. 7. *Iku-Turso* operiert auf dem Weg nach Lavansaari (August), hat aber ebenso wie *Vesikko* und *Saukko* keinen Erfolg. Ab 26. 6. treffen die dt. *U 481, U 748, U 1193,* ab 13. 7. *U 679, U 475, U 479, U 370, U 242, U 250, U 348,* im August *U 1001, U 745* und *U 717* ein, sie lösen sich meist alle 2 Tage auf den Positionen bei Koivisto und in der Narwa-Bucht ab. Im Koivisto-Gebiet führt *U 679* (Oblt. z. S. Breckwoldt) am 14. 7. ein Gefecht mit Torpedokuttern, *U 475* (Kptlt. Stöffler) beschädigt am 28. 7. den Wachkutter *MO-304*, *U 250* (Kptlt. Schmidt) versenkt am 30. 7. *MO-105*, wird aber anschließend durch *MO-103* mit Wabos versenkt (Wrack später gehoben), *U 370* (Oblt. z. S. Nielsen) beschädigt am 31. 7. *MO-107*. In der Narwa-Bucht versenkt *U 481* (Oblt. z. S. Andersen) am 30. 7. 2 Räumboote, bei Seiskari versenkt *U 242* (Oblt. z. S. Pancke) am 25. 8. 1 Vermessungsschiff und 1 Leichter, *U 745* (Kptlt. v. Trotha) am 26. 8. 1 Bewacher in der Narwa-Bucht.

28. 6.—27. 9. 1944 **Nord- und Westatlantik**

Von Ende Juni bis Anfang September operieren im Nordatlantik als Wetterboote *U 858*, *U 804* und *U 855*. Ab 24. 7. wird gegen die im Funkbild festgestellten Wetterboote die US-Task Group 22.6 (Capt. Tague) mit dem Geleitträger *Wake Island* und den DEs *Douglas L. Howard*, *Fiske*, *Farquhar*, *J. R. Y. Blakely* und *Hill* angesetzt. Am 2. 8. stellen Flugzeuge *U 804* (Oblt. z. S. H. Meyer) fest, das Boot entkommt jedoch, nachdem es *Douglas L. Howard* mit T-5 knapp verfehlt und *Fiske* versenkt hat. Als Ablösung trifft ab 4. 8. die Task Group 22.2 (Capt. Vosseller) mit der *Bogue* mit den DEs *Haverfield*, *Janssen*, *Willis* und *Wilhoite* sowie einer Support Group mit 6 kanad. Fregatten ein. Am 15. 8. und 18. 8. sichten Nachtflugzeuge der *Bogue* das anmarschierende Schnorchelboot *U 802* (Kptlt. Schmoeckel), das am 16. 8. den Träger sichtet, aber nicht zum Schuß kommt, am 20. 8. versenken 6 *Avengers* der *Bogue* das zum Absetzen von Agenten nach Long Island marschierende *U 1229*. In der ersten September-Hälfte dringen *U 802* und *U 541* (Kptlt. Petersen) in den St.-Lawrence-Golf ein, wo *U 541* 1 Schiff mit 2140 BRT versenkt. Am 8. bzw. 14. 9. sichten die zurückmarschierenden *U 541* und *U 802* die südlich Cabot-Straße auf die Boote wartende Task Group 22.2 mit der *Bogue* und 7 DEs, können jedoch mit ihren auf DEs geschossenen T-5 keine Treffer erzielen. Auch ein Angriff von *U 541* gegen einen Konvoi am 27. 9. bleibt ohne Erfolg. Vor der US-Ostküste torpediert das Schnorchelboot *U 518* (Oblt. z. S. Offermann) am 12. 9. 1 Liberty-Frachter von 7176 BRT, der am folgenden Tage in einem Hurrikan zusammen mit dem Zerstörer *Warrington*, dem Minensucher *YMS 409* und den USCG-Cutters *Jackson* und *Bedloe* verlorengeht.

★

1.—31. 7. 1944 **Pazifik**

Von den im Juli in ihren Operationsgebieten eintreffenden US-U-Booten versenken folgende Schiffe: Vor Japan, Formosa und Kurilen: *Cobia* (LCdr. Becker) 6 Schiffe mit 11 842 BRT, *Gabilan* (LCdr. Wheland) Minensucher *Sokaitei 25*, *Skate* (Cdr. Gruner) 3 Schiffe mit 4394 BRT und den Zerstörer *Usugumo*, *Sunfish* (LCdr. Shelby) 2 Schiffe mit 8861 BRT, *Tautog* (LCdr. Baskett) 3 Schiffe mit 2827 BRT, *Tinosa* (LCdr. Weiss) 2 Schiffe mit 10 687 BRT. Im Gebiet der Mandats-Inseln: *Guavina* (LCdr. Teideman) 1 Schiff mit 3052 BRT. Im Gebiet von Insulinde und den Philippinen: *Angler* (Cdr. Hess) 1 Schiff torpediert, *Apogon* (LCdr. House) 1 Picketboot mit 32 BRT, *Aspro* (Cdr. Stevenson) 1 Schiff mit 2288 BRT, *Bonefish* (LCdr. Edge) 3 Schiffe mit 10 293 BRT, *Cabrilla* (LCdr. Thompson) 1 Schiff mit 3145 BRT und 1 Schiff torpediert, *Crevalle* (LCdr. Walker) 2 Schiffe mit 20 075 BRT und 1 Schiff torpediert, *Dace* (LCdr. Claggett) 1 Schiff mit 1192 BRT, *Guardfish* (LCdr. Ward) 4 Schiffe mit 19 788 BRT, *Lapon* (LCdr. Stone) 3 Schiffe mit 6794 BRT, *Mingo* (LCdr. Staley) den Zerstörer *Tamanami*, *Paddle* (LCdr. Nowell) den Zerstörer *Hokaze*, *Parche* (LCdr. Ramage)

2 Schiffe mit 14709 BRT und 1 Schiff torpediert, *Parche* und *Steelhead* zusammen 1 Schiff mit 8990 BRT, *Steelhead* (LCdr. Welchel) 2 Schiffe mit 15364 BRT, *Piranha* (LCdr. Ruble) 2 Schiffe mit 12276 BRT, *Ray* (LCdr. Kinsella) 5 Schiffe mit 25984 BRT, *Sandlance* (LCdr. Garrison) 1 Schiff torpediert.

2. 7. 1944 **Südwestpazifik**

Die US VII. Amphib. Force (KAdm. Fechteler) landet 7100 Mann des verst. 168. Inf.Regt. auf der Insel Noemfoor. Vorbereitung durch Beschießungen mit Kreuzern der Task Force 74 und 75 (Commodore Collins RAN, KAdm. Berkey) (s. 22. 4.) und 14 Zerstörern.

2. 7.—31. 8. 1944 **Mittelmeer/Ägäis**

Bei Luftangriffen auf dt. Geleite bei Rhodos wird am 2. 7. *R 38*, am 3. 7. der Frachter *Agathe* (1259 BRT) versenkt.

Im Juli versenken die brit. U-Boote *Vox* (Lt. Michell) den Frachter *Anita* (1165 BRT) und 3 Segler, *Unruly* (Lt. Fyfe) 1 kleines Schiff, ferner KT-Schiff *Pelikan* verfehlt. *Vivid* (Lt. Varley) den Frachter *Susanne* (552 BRT) und 3 Segler, *Universal* (Lt. Gordon) 1 Segler, *Vigorous* 1 Segler. Im August versenken *Vox* 3 Segler und das Hs-Boot *GK 61*, *Unswerving* (Lt. Tattersall) 1 kleines Schiff, *Virtue* 3 Segler, *Vigorous* 2 Segler und nochmals *Vox* 1 Segler. Das griech. *Pipinos* (Kptlt. Loundras) versenkt das T-Boot *TA 19* am 9. 8. vor Samos und 2 Leichter.

3.—30. 7. 1944 **Kanal**

Vor den Küsten der Bretagne greifen brit. Verbände mehrfach dt. Geleite an: Am 4. 7. versenken brit. *MTB* vor St. Malo die Vp.-Boote *V 208* und *V 210* und beschädigen 3 weitere Boote. Am 8./9. 7. greifen die Zerstörer *Tartar* und *Huron* 5 Vp.-Boote der 2. Vp.-Flottille an, die aber entkommen. Am 15. 7. stoßen die Zerstörer *Tartar*, *Haida* und *Blyskawica* ins Gebiet der Isle de St. Croix bei Lorient vor und versenken die U-Jäger *UJ 1420* und *UJ 1421*. Im Ostteil des Invasionsraumes unterstützen das Schlachtschiff *Rodney* am 7. und 11. 7. Landoperationen, das niederl. K-Boot *Soemba* am 10. 7., der Monitor *Roberts* und der Kreuzer *Belfast* am 11. 7., die *Roberts* und die Kreuzer *Mauritius* und *Enterprise* am 17. und 18. 7. bei Caen, der Monitor *Erebus* und das niederl. K-Boot *Flores* am 25. und 29. 7.

Dt. S-Boote der 2., 4., 6. (Kptlt. Matzen) und 8. S-Flottille versuchen nachts häufig, in den Invasionsraum vorzustoßen, legen Minen, kommen jedoch selten zu Torpedoangriffen, die keine Erfolge haben. Meist werden die Boote in Gefechte mit Zerstörern, DEs, *MGBs* und *MTBs* verwickelt und abgedrängt: So am 3./4. 7. 3 Boote der 8. S-Flottille durch die DEs *Stayner* und *Thornborough* mit *MGBs*, am 7./8. 7. 2 Gruppen der 8. bzw. 2. S-Flottille durch *Thornborough* bzw. die »Hunt«-Zerstörer *La Combattante*, *Catterick* mit *MTBs*, am 14./15. 7. durch *MTBs* der 29. und 64. MTB-Flottille, am 23. 7. durch den Zerstörer *Forester* bzw. die *Stayner* mit *MTB 474* und *MTB 480*. In der Nacht vom 27./28. 7. greifen 12 dt. S-Boote vor Beachy Head einen brit. Konvoi an und torpedieren 2 Schiffe mit 14217 BRT. Im Gefecht mit den brit. Zerstörern *Obedient*, *Savage*, *Opportune* und dem DE *Retalick* geht *S 182* verloren, von den 12 *MTBs* sinken infolge Kollision *MTB 430* und *MTB 412*. Bei einem weiteren Angriff dt. S-Boote am 29./30. 7. gegen einen Konvoi werden trotz Abwehr durch die *Thornborough* und den Zerstörer *Oribi* 1 Frachter mit 7219 BRT versenkt und 4 Frachter mit 28699 BRT torpediert.

In der Nacht vom 5./6. 7. werden von Villers-s-M. erstmalig 26 Neger- Einmann-Torpedos gegen den Landungsraum angesetzt, sie versenken die Minensucher

Cato und *Magic*. 9 *Neger* vernichtet. Bei einem zweiten Einsatz am 7./8. 7. mit 21 Negern trifft Oberfähnr. z. S. Potthast den poln. Kreuzer *Dragon* so schwer, daß er im Gooseberry-Hafen als Blockschiff aufgesetzt werden muß. Außerdem M-Boot *Pylades* versenkt. Am 20. 7. versenken *Neger* den brit. Zerstörer *Isis*. Hohe Verluste der Angreifer.
Das T-Boot *T 28* verlegt vom 21.—27. 7. trotz Gefechten mit dem brit. DE *Melbreak* am 22. 7. und MTB-Angriffen in die Heimat.

3. 7.—27. 8. 1944 **Kanal**
Einsätze der dt. Schnorchel-U-Boote im Kanal. Vom 3.—11. 7. verfehlt *U 309* (Oblt. z. S. Mahrholz) eine Suchgruppe, *U 953* (Oblt. z. S. Marbach) und *U 763* (Kptlt. Cordes) versenken bei je 2 Angriffen auf Konvois je 1 Schiff mit 1927 BRT bzw. 1499 BRT. *U 390* (Oblt. z. S. Geißler) versenkt am 5. 7. aus einem Konvoi den A/S-Trawler *Ganilly* und torpediert 1 Tanker mit 10 584 BRT, wird aber anschließend von dem Zerstörer *Wanderer* und der Fregatte *Tavy* versenkt. *U 678* (Oblt. z. S. Hyronimus) wird beim Angriff auf einen Konvoi vor Beachy Head am 6. 7. durch die kanad. Zerstörer *Ottawa* und *Kootenay* und den Minensucher *Statice* versenkt. Flugzeugen der Bay Patrol fallen am 8. 7. das von Norwegen kommende *U 243*, am 11. 7. das von Neufundland zurückkehrende *U 1222* zum Opfer. Das auslaufende *U 415* geht am 14. 7. durch Minentreffer verloren. Von einer weiteren Gruppe in den Kanal gelangter Boote muß sich *U 672* am 18. 7. nach Beschädigung durch den DE *Balfour* selbst versenken, *U 212* wird durch die DEs *Curzon* und *Ekins* versenkt, *U 741* muß Le Havre anlaufen. In der letzten Julidekade verfehlt *U 309* einen Konvoi, *U 621* (Oblt. z. S. Struckmann) versenkt bei 4 Angriffen das Landungsschiff *Prince Leopold* (2938 BRT) und torpediert den Truppentransporter *Ascanius* (10 048 BRT). *U 275* muß beschädigt Boulogne anlaufen, das von dort wieder ausgelaufene *U 671* wird am 4. 8. von dem DE *Stayner* und dem Zerstörer *Wensleydale* versenkt. Westlich des Kanaleinganges operieren von Ende Juli bis Mitte August die 3rd und 2nd Support Group zusammen mit Flugzeugen gegen anlaufende und aus den Bretagne-Häfen verlegende U-Boote. Dabei werden *U 214, U 333, U 736, U 608, U 385, U 981, U 270, U 618, U 445, U 107* versenkt, das nach Ostasien auslaufende *U 180* sinkt durch Bomben- und Minentreffer. Das nach der Versenkung der kanad. Korvette *Regina*, eines Liberty-Schiffes mit 7176 BRT und der Landungsschiffe *LST 921* und *LCI 99* am 8. und 14. 8. vor Nord-Cornwall zurückkehrende *U 667* (Oblt. z. S. Lange) sinkt durch Mine. Mitte August trifft eine neue Welle im Kanal ein, von der *U 741* beim Angriff auf einen Konvoi durch die Korvette *Orchis*, *U 621* und *U 984* durch die Zerstörer der 11th Support Group *Ottawa, Kootenay* und *Chaudière* und *U 413* nach Versenkung 1 Schiffes mit 2360 BRT von den Sicherungszerstörern *Wensleydale, Forester* und *Vidette* versenkt werden. *U 764* (Oblt. z. S. v. Bremen) versenkt bei 3 Angriffen 1 Dampfer mit 638 BRT, *U 480* (Oblt. z. S. Förster), das mit einer Kautschukhaut (»Alberich«) gegen die Asdic-Ortung versehen ist, bei 4 Angriffen die kanad. Korvette *Alberni*, den Minensucher *Loyalty* und ein Schiff mit 5712 BRT, 1 weiteres Schiff mit 7134 BRT torpediert. *U 989* (Kptlt. H. Rodler v. Roithberg) versenkt bei 3 Angriffen 1 Schiff mit 1791 BRT und torpediert 1 Schiff mit 7176 BRT. Zusammen mit *U 275* und *U 92*, die keine Erfolge erringen, werden die 3 Boote am 27. 8. nach Norwegen zurückgerufen. *U 218* legt am 20. 8. eine Minensperre bei Start Point.

4.—21. 7. 1944 **Zentralpazifik**
Vorbereitung der Landungen auf Guam und Tinian.

Task Force 58 (VAdm. Mitscher) führt am 4. 7. mit Task Group 58.1 (KAdm. Clark) und Task Group 58.4 (KAdm. Davison) Raids gegen Iwojima und Chichijima, mit Task Group 58.2 (KAdm. Reeves) und Task Group 58.3 (KAdm. Montgomery) gegen Guam, das auch durch die Zerstörer der Task Group 58.3 beschossen wird. Am 5. 7. fliegen Trägerflugzeuge der Task Groups 58.1 und 58.2 Angriffe gegen Guam. (Zusammensetzung Task Force 58 s. 11. 6.)
Ab 8. 7. beschießen täglich mehrere Schiffe der Task Group 52.10 (KAdm. Ainsworth) (s. 14. 6.!) Guam, von Saipan aus beschießt Heeresartillerie ab 20. 6. Tinian, ab Anfang Juni regelmäßige Beschießungen durch Schiffe der Task Group 52.14. Luftunterstützung und Trägerangriffe durch Flugzeuge der Geleitträger-Gruppe Task Group 53.7 (KAdm. Ragsdale) (s. 21. 7.!) gegen Guam.

5. 7. 1944 **Luftkrieg Mittelmeer**
233 *B-24* der USAF greifen den Hafen von Toulon an. U. a. wird *U 586* zerstört, *U 471, U 642, U 952, U 969* schwer, *U 466* und *U 967* leicht beschädigt. Nur *U 230* bleibt einsatzbereit.

8.—14. 7. 1944 **Nordsee**
Brit. Bomber versenken am 8. 7. südwestlich Helgoland die dt. Frachter *Miranda* (736 BRT) und *Tannhäuser* (1923 BRT) sowie den schwed. Dampfer *Sif* (1365 BRT).
Vorstoß der brit. *MTB 455, MTB 457, MTB 458, MTB 467, MTB 468, MTB 469* und *MTB 470* ins Seegebiet vor Ymuiden. Hier Gefecht mit 3 dt. Vorpostenbooten. *V 1412* versenkt, 3 MTB beschädigt.

9.—28. 7. 1944 **Nordmeer**
Sowj. kombinierte Operation (RV-6?) gegen dt. Geleitverkehr vor der Polarküste. U-Boot *L-15* legt vor Rolvsöy Minen und klärt auf. Ab 13. 7. besetzen *S-14, S-56, ŠČ-402* und *M-200* Wartepositionen, T-Kutter-Brigade (Kpt. 1. Rg. Kuz'min) in Bereitschaft. Am 10. und 13. 7. gruppenweise Vorstöße sowj. Torpedo- und Schlachtflugzeuge, geringe Schäden auf einigen Schiffen. Am 13. 7. meldet ein sowj. Aufklärer einen dt. Konvoi mit Ostkurs im Mageröy-Sund. Am 14. 7. abends wird der Konvoi im Porsangerfjord gemeldet und am 15. 7. früh greifen mit 1 Stunde Abstand bei Kap Harbaken *S-56* und *M-200* (Kpt. 3. Rg. Ščedrin, Kptlt Gladkov) erfolglos an, 8 Torpedokutter (Kpt. 2. Rg. Alekseev) stoßen zunächst vorbei, werden dann aber südlich des Busse-Sundes durch 2 *Jak-9*-Aufklärer herangeführt, die Sicherung wehrt die Angriffe ab und *UJ 1211* versenkt den *TKA-239*. Ein Angriff von Schlachtflugzeugen und Jagdbombern der 14. gemischten Flieger-Div. auf die einlaufenden Schiffe vor dem Bökfjord verursacht nur leichte Schäden. Tatsächlich versenken die TKAs nur 2 norweg. Fischkutter. Bei weiteren starken Jagdbomber-Angriffen am 17. 7., 21. 7., 22. 7. und 28. 7. auf dem Raum Kirkenes-Vardö treten geringe Schäden an den Schiffen ein, nur *V 6307* gesunken.

11./12. 7. 1944 **Mittelmeer/Adria**
Brit. Commando-Truppe landet auf der Insel Hvar (Adria).

11. 7.—19. 9. 1944 **Mittelmeer**
Letzte Unternehmungen von dt. Schnorchel-U-Booten im Mittelmeer. *U 596* (Oblt. z. S. Kolbus) läuft am 11. 7. von Pola aus, kreuzt vor der Cyrenaika, in der Otranto-Straße, vor Malta und Bengasi, kommt aber nicht zu Angriffen und kehrt am 1. 9. nach Salamis zurück. *U 407* (Oblt. z. S. Korndörfer) operiert vom 21. 8. bis 4. 9. vor Derna und Bengasi, *U 565* (Oblt. z. S. Henning) vom 26. 8. bis 13. 9. nördlich Kreta. Dort wird das Boot ab 9. 9. von *U 407* (Oblt. z. S.

Kolbus) abgelöst, das am 19. 9. den brit. Zerstörern *Troubridge* und *Terpsichore* und dem poln. *Garland* zum Opfer fällt.

17. 7. 1944 **Norwegen**

Brit. Trägerraid gegen die im Kaafjord liegende *Tirpitz* mit Trägern *Formidable, Indefatigable* und *Furious* unter KAdm. McGrigor, gedeckt durch Schlachtschiff *Duke of York* (Adm. Moore, neuer CINC Home Fleet) und die Kreuzer *Kent, Devonshire, Jamaica* und *Bellona* sowie Flottenzerstörer und die 20th Escort Group. Von den Trägern starten 45 *Barracuda*-Torpedobomber und 50 Jäger, die jedoch so frühzeitig geortet werden, daß das Ziel voll vernebelt und die Flak voll einsatzbereit ist. Der Angriff bleibt erfolglos.

19.—26. 7. 1944 **Schwarzes Meer**

Das vor dem Bosporus gegen von Rumänien kommende dt. Schiffe eingesetzte sowj. U-Boot *ŠČ-209* (Kptlt. N. V. Suchodol'skij) verfehlt am 19. 7. mit einem Torpedo den türk. Dampfer *Kanarya* und versenkt mit Artillerie am 20. 7. den türk. Segler *Semsi-Bahri* und am 26. 7. einen weiteren türk. Segler. Vor Konstanza operiert ohne Erfolg *M-111*, es wird Ende des Monats von *M-113* und *M-117* abgelöst, von denen *M-113* (Kptlt. Volkov) am 28. 7. einen Konvoi innerhalb der Flankenminensperren anzugreifen versucht.
Vor der Kaukasus-Küste operieren Ende Juli die dt. U-Boote *U 9* und *U 24*.

21. 7.—10. 8. 1944 **Zentralpazifik**

US-Task Force 53 (KAdm. Conolly) landet am 21. 7. das III. Amphib. Korps (GenMaj. Geiger) auf Guam.
Task Group 53.1 (KAdm. Conolly) landet die 3. Mar.Div. (GenMaj. Turnage) westlich Agana mit 11 APA, 3 AKA, 2 LSD, ferner 1 Lazarettschiff. 16 LST. Sicherung Zerstörer *John Rodgers, Stevens, Harrison, McKee, Schroeder, Colahan, Stembel, Haggard, Hailey*, 3 DMS, 2 AM.
Task Group 53.2 (KAdm. Reifsnider) landet die 1. Mar.Brig. und Teile der 77. Inf.Div. (BrigGen. Shepherd) bei Agat mit 12 APA, 3 AKA, 1 LSD, ferner 14 LST. Sicherung Zerstörer *Farenholt, Sigsbee, Dashiell, Murray, Johnston, Franks, Preston, Anthony, Wadsworth, Wedderburn, Black, Ringgold.*
Feuerunterstützung Task Group 53.5 (KAdm. Ainsworth) (wie Task Group 52.10 Saipan 14. 6.), dazu Schlachtschiffe *Colorado, Tennessee, California*, Kreuzer *New Orleans, Indianapolis, St. Louis*, Zerstörer *Fullam, Guest, Monaghan, Dale, Aylwin.*
Luftunterstützung Task Group 53.7 (KAdm. Ragsdale) mit Geleitträgern *Sangamon, Suwanee, Chenango, Corregidor* und *Coral Sea*, Zerstörer *Erben, Walker, Abbot, Hale, Bullard, Chauncey, Kidd.*
Es werden 54 891 Mann gelandet, die das Gros der 19 000 jap. Verteidiger (29. Inf.Div., GenLt. Takashima †, 6. Exped. Kampfgruppe, GenMaj. Shigematsu †) vernichten. Letzter jap. Inselkommandant der OB der 31. Armee, GenLt. Obata †.
US-Verluste 1290 Tote, 145 Vermißte, 5648 Verwundete. Japanische Verluste: 10 693 Tote, 98 Gefangene. Der Rest der jap. Verteidiger zieht sich in den Dschungel zurück und kämpft hier in kleinen Gruppen teilweise bis zum Kriegsende.
Die Task Force 58 (VAdm. Mitscher) greift am 21./22. 7. mit den Gruppen T. G. 58.1, 58.2 und 58.3 Guam an. Ab 23. 7. laufen die Träger nach Westen, vom 25.—28. 7. richten T. G. 58.2 und 58.3 Angriffe gegen Palau, T. G. 58.1 gegen Yap, Ulithi, Tais, Ngulu und Sorol. Nach einer Versorgung greifen unter

KAdm. Clark am 4. und 5. 8. die T. G. 58.1 und 58.3 Iwojima und Chichijima an, dabei u. a. jap. Zerstörer *Matsu* versenkt.

22—27. 7. 1944 **Indischer Ozean**

Nachdem am 5. 7. die Träger *Victorious* und *Indomitable* in Ceylon eingetroffen sind, wird die Operation »Crimson«, Trägerraid und Bombardement von Sabang (Sumatra), angesetzt. Am 22. 7. läuft die Brit. Eastern Fleet (Adm. Somerville) von Trincomalee aus. Am 25. 7. früh starten die Träger *Illustrious* und *Victorious*, gesichert von dem Kreuzer *Phoebe* und den Zerstörern *Roebuck* und *Raider*, 34 *Corsairs* zu einem Angriff auf die Flugplätze um Sabang. Dann laufen die Schlachtschiffe *Queen Elizabeth*, *Valiant*, *Renown* und *Richelieu* (franz.), die Kreuzer *Cumberland*, *Nigeria*, *Kenya*, *Ceylon*, *Gambia* (neuseel.) und die Zerstörer *Relentless*, *Rotherham*, *Racehorse*, *Rocket* und *Rapid* zur Beschießung von Sabang an. Sie feuern 294-38,1 cm, 134-20,3 cm, 324-15,2 cm, ca. 500-12 cm und 123-10,2 cm. Danach dringen der niederl. Kreuzer *Tromp* mit den Zerstörern *Quilliam* (Capt. Onslow), *Quality* und *Quickmatch* (austral.) in den Hafen ein und feuern 8 Torpedos sowie 208 15 cm, 717 12 cm und 668 10,2 cm im direkten Beschuß. Durch jap. Küstenbatterien erhalten *Tromp* 4, *Quilliam* und *Quality* je 1 Treffer. 13 *Corsair*-Jäger fangen einen jap. Luftangriff mit 10 Flugzeugen ab und schießen bei 2 eigenen Verlusten 7 davon ab. Die U-Boote *Templar* und *Tantivy* sind als »Air-Sea Rescue« eingesetzt.

Im Juli werden in der Malakka-Straße, vor Sumatra und West-Thailand folgende Schiffe durch die brit. U-Boote versenkt und beschädigt: *Stratagem* (Lt. Pelly) 2 kleine Schiffe beschädigt, *Spiteful* (Lt. Sherwood) 1 Segler versenkt, *Sturdy* (Lt. Andersen) 10 kleine Fahrzeuge versenkt, *Sea Rover* (Lt. Angell) 3 Segler, *Porpoise* (LCdr. Turner) 1 Segler versenkt, *Spirit* (Lt. Langridge) und *Tally Ho* (Cdr. Bennington) 1 Tanker bzw. 1 Dampfer torpediert, *Stoic* (Lt. Marriott) 2 kleine Schiffe versenkt, *Telemachus* (Cdr. King) jap. U-Boot *I-166* versenkt, *Sirdar* (Lt. Spender) 3 kleine Schiffe versenkt, *Storm* (Lt. Young) 1 Schiff mit 554 und 3 kleine Fahrzeuge versenkt.

23./24. 7. 1944 **Luftkrieg Deutschland**

Das RAF Bomber Command wirft 2748 ts Bomben auf Kiel. Im Hafen *U 239*, *U 1164*, *U 2323*, *Sperrbrecher 25*, U-Boot-Tender *Erwin Wassner*, Fahrgastschiff *General Osorio* (11 590 BRT) und Frachter *Axel* (1540 BRT) versenkt.

24. 7.—1. 8. 1944 **Zentralpazifik**

US-Task Force 52 (KAdm. Hill) landet das V. Amphib. Corps (GenMaj. Schmidt) auf Tinian mit Unterstützung durch Heeresartillerie von Saipan. 15 614 Mann der 2. und 4. Mar.Div. (GenMaj. Cates, GenMaj. Watson) werden von Teilen der T. G. 52.4 (s. Saipan, 14. 6.!) sowie LSTs und kleineren Landungsfahrzeugen gelandet. Feuerunterstützung durch T. G. 52.17 (KAdm. Oldendorf) und T. G. 52.10 (KAdm. Ainsworth) (s. 14. 6.) mit Ausnahme einiger Schiffe, Luftunterstützung durch die T. G. 52.14 (KAdm. Bogan) und T. G. 52.11 (KAdm. Sallada) (s. 14. 6.). Die jap. Verteidiger (Tle. 29. Inf.Div., Oberst Ogata †, ferner VAdm. Kakuta † [1. Luftflotte]) verlieren 6050 Tote und 252 Gefangene. US-Verluste 389 Tote, 1816 Verwundete. Bei der Beschießung wurden das Schlachtschiff *Colorado* und der Zerstörer *Norman Scott* durch eine jap. Küstenbatterie getroffen und beschädigt.

26. 7.—4. 8. 1944 **Nordmeer**

Überführung der 4 von der Royal Navy an die Sowjet-Nordflotte überlassenen U-Boote (Ersatz für Anteil an ital. Kriegsbeute) von Dundee nach Murmansk.

Leitung Kpt. 1. Rg. Tripol'skij. Das zuerst ausgelaufene *V-1* (ex *Sunfish*) (Kpt. 2. Rg. Fisanovič) wird am 27. 7. irrtümlich durch einen brit. *Liberator*-Bomber versenkt, die folgenden *V-2* (Kdt. erkrankt, dafür Kpt. Tripol'skij) *V-4* (Kpt. 3. Rg. Iosseliani) und *V-3* (Kpt. 3. Rg. Kabo) treffen vom 2.—4. 8. ein (ex *Unbroken, Ursula, Unison*).

30. 7. 1944 **Südwestpazifik**

Die VII. Amphib. Force (KAdm. Fechteler) landet die 6. Inf.Div. (GenMaj. Silbert) bei Cape Sansapor mit 11 Zerstörern, 5 Geleitzerstörern, 19 LCI, 8 LST, 4 PC. Kein Widerstand. Deckung der Operation durch Kreuzer und Zerstörer der Task Forces 74 und 75.

★

1.—31. 8. 1944 **Pazifik**

Von den im August in ihren Operationsgebieten eintreffenden US-U-Booten versenken folgende Schiffe:

Vor Japan, Formosa und den Kurilen: *Barbel* (LCdr. Keating) 4 Schiffe mit 5473 BRT, *Bowfin* (LCdr. Corbus) 3 Schiffe mit 7196 BRT, *Croaker* (LCdr. Lee) 3 Schiffe mit 8418 BRT und den Leichten Kreuzer *Nagara, Pintado* (LCdr. Clarey) 2 Schiffe mit 24 663 BRT, *Pompon* (LCdr. Gimber) 1 Schiff mit 2159 BRT, *Ronquil* (LCdr. Monroe) 2 Schiffe mit 6954 BRT, *Sailfish* (LCdr. Ward) 1 Schiff mit 2110 BRT und 1 Schiff torpediert; *Seal* (LCdr. Turner) 2 Schiffe mit 6390 BRT und Zerstörer *Namikaze* torpediert; *Sterlet* (LCdr. Robbins) 2 Schiffe mit 347 BRT, *Tambor* (LCdr. Germershausen) 1 Schiff mit 2324 BRT, *Tang* (Cdr. O'Kane) 3 Schiffe mit 6021 BRT.

Im Gebiet der Mandatsinseln: *Batfish* (LCdr. Fyfe) Minensucher *Sokaitei 22* und Zerstörer *Samidare*.

Im Gebiet von Insulinde und der Philippinen: *Bluefish* (LCdr. Henderson) 1 Schiff mit 6500 BRT, *Bluefish* und *Puffer* zusammen 1 Schiff mit 5135 BRT, *Puffer* (LCdr. Selby) 3 Schiffe mit 10 588 BRT und 1 Schiff torpediert, *Bluegill* (LCdr. Barr) 3 Schiffe mit 6727 BRT und 1 U-Jäger; *Cero* (LCdr. Dissette) 1 Schiff mit 6500 BRT, *Cod* (LCdr. Adkins) 1 Schiff mit 708 BRT und *Landungsschiff Nr. 129, Guitarro* (LCdr. Haskins) 4 Schiffe mit 11 236 BRT und Fregatte *Kusagaki*, 1 Schiff torpediert; *Gunnel* (LCdr. O'Neill) 1 Schiff mit 9929 BRT, *Gurnard* (Cdr. Gage) 1 Schiff mit 2500 BRT, *Haddo* (LCdr. Nimitz) 2 Schiffe mit 10 968 BRT, die Fregatte *Sado* und den Zerstörer *Asakaze; Harder* (Cdr. Dealey) die Fregatten *Matsuwa* und *Chiburi; Hardhead* (LCdr. McMaster) den Leichten Kreuzer *Natori, Jack* (LCdr. Krapf) 1 Schiff mit 5785 BRT und den Minensucher *Sokaitei 28; Muskallunge* (LCdr. Russillo) 1 Schiff mit 7163 BRT, *Picuda* (LCdr. Donaho) 2 Schiffe mit 3891 BRT und den Zerstörer *Yunagi*, 1 Schiff torpediert; *Rasher* (LCdr. Munson) 4 Schiffe mit 32 667 BRT und Geleitträger *Taiyo*, 2 Schiffe torpediert; *Redfish* (Cdr. McGregor) 2 Schiffe mit 15 817 BRT und 2 Schiffe torpediert, *Spadefish* (LCdr. Underwood) 6 Schiffe mit 31 510 BRT.

2. 8.—12. 9. 1944 **Kanal**

Von den brit. Schlachtschiffen beschießen am 12. 8. *Rodney* die Insel Alderney, am 25. 8. *Warspite* Brest und am 1. 9. *Malaya* die Ile de Cézèmbre vor St. Malo, der Monitor *Erebus* am 19. 8. Honfleur. Im Gebiet von Jersey/Guernsey greifen am 13. 8. US-*PT*-Boote und die brit. Zerstörer *Onslaught* und *Saumarez* einen dt. Konvoi an, der aber beschädigt entkommt.

Im Invasionsraum werden erneut dt. Kleinkampfmittel eingesetzt: In der Nacht vom 2./3. 8. greifen 20 *Linsen* (Sprengboote) der K-Fl. 211 (Kptlt. H. Bastian) an und versenken den Zerstörer *Quorn,* den A/S-Trawler *Gairsay* und ein LCG und beschädigen die Frachter *Fort Lac la Ronge* und *Samlong* (7131, 7219 BRT). In der Nacht vom 8./9. 10. fahren 16 *Linsen* einen erfolglosen Angriff. In den beiden folgenden Nächten werden von S-Booten erstmalig die neuen Langstrecken-Torpedos »Dackel« eingesetzt, der Frachter *Iddesleigh* (5205 BRT) sinkt, der Kreuzer *Frobisher,* das Werkstattschiff *Albatros* und 1 M-Boot werden beschädigt.
Letztmalig werden in den Nächten vom 15./16. und 16./17. 8. Neger eingesetzt, nur der kleine Dampfer *Fratton* (757 BRT) geht verloren, in der letzten Nacht kehren von 42 Negern der K-Fl. 363 nur 16 zurück, das als Blockschiff versenkte franz. Schlachtschiff *Courbet* wird getroffen.
Im Kanal zwischen dem Invasionsraum und Dover kommt es zu zahlreichen Gefechten der beiderseitigen leichten Kräfte. Am 2. 8. versenken die brit. *MTB 252, MTB 254, MTB 256* und *MTB 257* bei Cap d'Antifer *UJ 1433.* Am 8. 8. führen 3 US-*PT*-Boote und die brit. DEs *Thornborough* und *Retalick* Gefechte mit dt. S-Booten vor Cap d'Antifer. Am 17. 8. führen brit. *MTBs* und der Zerstörer *Opportune* Gefechte mit dt. S-Booten vor Dover, der Zerstörer *Walpole* vor der Themse-Mündung. Am 19. 8. sinkt in einem Gefecht mit brit. *MTBs* und dem DE *Retalick* bei Cap d'Antifer *R 218.*
Am 20. 8. werden dt. S-Boote vor Beachy Head durch die brit. Zerstörer *Melbreak, Watchman* und *Forester* von einem Konvoi abgedrängt. Im Gebiet von Cap d'Antifer kommt es zu Gefechten dt. Sicherungsfahrzeuge und S-Boote mit brit. Zerstörern, DEs und *MTBs:* am 24. 8. mit *Talybont, Melbreak,* am 25. 8. mit *Seymour, MGB* und *MTB* (*M 3857* versenkt) und *Retalick, Talybont, Bleasdale* (*S 91* versenkt), am 26. und 27. 8. z. T. mehrfach mit dem franz. *La Combattante* und *Thornborough, Retalick, Albrighton, Middleton* und am 29./30. 8. bei Dieppe mit *Retalick* und *Cattistock.*
Am 4. 9. müssen die letzten 13 einsatzbereiten dt. S-Boote aus dem Kanalbereich nach Rotterdam und Ymujden verlegen, die Doverbatterien versenken dabei *S 184.*
Nach einer Beschießung durch das Schlachtschiff *Warspite* und den Monitor *Erebus* (1 Treffer durch Küstenartillerie) am 10. 9. und einem schweren Angriff der RAF am 11. 9., bei dem 870 t Bomben geworfen werden, wird Le Havre am 12. 9. übergeben.

3.—5. 8. 1944 **Schwarzes Meer**

Von Konstanza laufen mit dt. Genehmigung die kleinen türk. Motorsegler *Morina, Bulbul* und *Mefkure* mit 913 (nach anderen Angaben 1016) jüdischen Flüchtlingen zur Fahrt nach dem Bosporus im Geleit von 2 rumän. *KFK*-U-Jägern aus. Auf der Höhe der rumänisch-bulgarischen Grenze drehen die U-Jäger ab, die Segler setzen ihre Fahrt einzeln fort. In der Nacht zum 5. 8. stößt das im Operationsgebiet vor Burgas gegen den dt. und verbündeten Schiffsverkehr vom und zum Bosporus eingesetzte sowj. U-Boot *ŠČ-215* (Kpt. 3. Rg. A. I. Strižak) auf die *Mefkure* und versenkt sie im Artillerieangriff. Von den an Bord befindlichen rund 320 Flüchtlingen werden am nächsten Morgen nur noch 5, dazu die türk. Besatzung von der *Bulbul* gerettet. Die *Morina* trifft am 5. 8. morgens im Bosporus ein, die *Bulbul* läuft Igneada an.
Dt. U-Boot *U 18* (Oblt. Fleige) versenkt Anf. August vor Poti einen Dampfer und 1 Motorkanonenboot und beschädigt 1 Bewacher und 1 Dampfer.

5. 8.—4. 9. 1944 **Biskaya-Bretagne**

Nach dem Durchbruch der 1. US-Armee bei Avranches am 31. 7./1. 8. werden vom 7.—13. 8. Brest, Lorient und St. Nazaire durch Teile der 9. US-Armee eingeschlossen, Nantes am 13. 8. genommen. Brit. Kampfgruppen stoßen häufig in die Biskaya vor. Ein Verband mit dem Kreuzer *Bellona* und den Zerstörern *Tartar, Ashanti, Haida* und *Iroquois* versenkt nördlich der Ile d'Yeu bei St. Nazaire aus einem dt. Geleit die M-Boote *M 263* und *M 486*, das Vp-Boot *V 414* und den Kümo *Otto* (217 BRT). *Haida* leicht beschädigt.

Am 12. 8. vernichtet die 12th Support Group mit den kanad. Zerstörern *Assiniboine, Qu'Appelle, Skeena* und *Restigouche* mit dem brit. Zerstörer *Albrighton* südlich Brest einen Verband mit 3 bewaffneten Fischdampfern, der Kreuzer *Diadem* mit den Zerstörern *Onslow* und *Piorun* bei La Rochelle den *Sperrbrecher 7* (7078 BRT). Am 14./15. 8. greifen der Kreuzer *Mauritius* und die Zerstörer *Ursa* und *Iroquois* einen dt. Verband mit dem T-Boot *T 24*, dem Flugsicherungsschiff *Richthofen* und *M 385* an, von denen letzteres versenkt wird. Am 20. 8. greifen der *Diadem*-Verband die Isle d'Yeu an, am 22./23. 8. versenken die *Mauritius, Ursa* und *Iroquois* vor Audierne *V 702, V 717, V 720, V 729* und *U 730*. Am 4. 9. landet der Zerstörer *Blyskawica* (poln.) einen Kommandotrupp auf Les Sables d'Olonne.

Durch alliierte Luftangriffe werden in St. Malo am 4. 8. *M 422*, am 6. 8. *M 133, M 206, M 343*, in Pauillac am 5. 8. *M 271, M 325, V 725*, in St. Nazaire am 8. 8. *M 366, M 367, M 428* und *M 438* vernichtet. Am 12. 8. versenken Jagdbomber vor Royan *M 370*.

Am 21. 8. vernichten 19 *Mosquitos* des Coastal Command RAF in der Gironde-Mündung *M 292*, andere Flugzeuge vor La Pallice den Zerstörer *Z 23*. Vor Le Verdon werden am 24./25. 8. durch brit. Bomber *Z 24* und das T-Boot *T 24* vernichtet.

Bei der Räumung der Häfen werden in Nantes am 11. 8. selbstversenkt der Passag.-Dampfer *Lindau* (13 761 BRT), die Tanker *Vierlande, Monsun, Antarktis, Passat* (14 715, 8038, 10 711, 8998 BRT), die Frachter *Tenerife II, Olinda* (6150, 6068 BRT) sowie zahlreiche kleinere Schiffe, gesprengt werden die Kriegsschiffe *Sperrbrecher 20, V 623, M 384* und die unvollendeten T-Boot-Neubauten *TA 1, TA 2, TA 3, TA 5, TA 6*. — Auf der Seine bei und in Paris werden am 16. 8. die R-Boote *R 182, R 213, R 217, RA 3, RA 4, RA 5, RA 6, RA 7, RA 8* selbstversenkt. — Am 25./26. 8. werden auf der Gironde und in Bordeaux 21 Handelsschiffe mit 70 720 BRT, der Zerstörer *Z 37*, die M-Boote *M 262, M 304, M 363, M 463, Sperrbrecher 14, Sperrbrecher 122, V 404* und *V 407* versenkt.

5. 8.—30. 9. 1944 **Nordmeer**

Operationen dt. U-Boote auf dem sibir. Seeweg: Nach *U 957* (Oblt. z. S. Schaar) laufen *U 362* (Oblt. z. S. Franz), *U 278* (Kptlt. Franze), *U 711* (Kptlt. Lange), *U 739* (Oblt. z. S. Mangold) und *U 365* (Kptlt. Wedemeyer) zu Operationen in der Kara-See aus. Am 12. 8. greift *U 365* den am 8.8. von Archangel'sk nach Dikson ausgelaufenen Konvoi BD. 5 (Kpt. 1. Rg. Šmelév) an und torpediert den einzigen Dampfer *Marina Raskova* (5685 BRT). Da die Sowjets zunächst an einen Minentreffer glauben, stoppen die Minensucher, so daß *U 365* auch die ex US-Minensucher *T-118* und *T-114* und mit Fangschuß die *M. Raskova* versenken kann. Nur *T-116* entkommt. Am 26. 8. versenkt *U 957* das Vermessungsschiff *Nord*.

Als Gruppe »Dachs« legen vom 1.—5. 9. *U 425* (Oblt. z. S. Bentzien), *U 992*

(Oblt. z. S. Falke), *U 956* (Oblt. Mohs), *U 968* (Oblt. z. S. Westphalen), *U 995* (Kptlt. Köhntopp) und *U 636* (Oblt. z. S. Schendel) in den Engen und Durchfahrten der Pečora-See Minensperren, über deren Ergebnisse bisher nichts bekannt worden ist. *U 425* verfehlt bei diesen Operationen am 2. 9. einen Frachter.
Nach Ölübernahme von den zur Ergänzung vorübergehend zurückkehrenden *U 711* und *U 957* setzen die anderen 3 »Greif«-Boote ihre Operationen fort. Beim Versuch, einen von Zerstörern, Minensuchern und Trawler-Wachschiffen gesicherten sowj. Dampferpulk bei den Krakovka-Inseln am 5. und 6. 9. anzugreifen, verfehlt *U 739* einen Zerstörer, *U 278* kommt nicht heran und *U 362* wird durch Wabos des Minensuchers *T-116* versenkt. Vom 21.—24. 9. versuchen die U-Boote der Gruppe »Greif« das sowj. Geleit VD-1 (4 Transporter, 5 Minensucher, 2 Trawler-Wachschiffe, ab 23. 9. auch Zerstörer *Dostojnyj* und *Žestkij*) auf dem Wege von der Vilkickij-Str. nach Diskon anzugreifen. Am 21. 9. schlagen nacheinander 6 Angriffe von *U 711* gegen Sicherungsfahrzeuge infolge Torpedoversagern fehl. Am 22. 9. greifen *U 739* und *U 957* ohne Erfolg je einen Dampfer an. Am 23. 9. versenkt *U 957* eines der Wachschiffe und *U 711* meldet erneut bei Angriffen gegen 3 Minensucher und 2 Dampfer Versager. Am 24. 9. versenkt *U 739* den Minensucher *T-120*. Am 24. 9. landen die 3 U-Boote einen Landungstrupp auf der Insel Sterligova, der die dortige Funkstation aushebt. Bis zum 4. 10. kehren die Boote zurück.

6. 8. 1944 **Luftkrieg Mittelmeer**
US-Bomber vom Typ *B 24* greifen Toulon an: *U 642, U 952, U 471* und *U 969* vernichtet.

8. 8.—24. 8. 1944 **Indischer Ozean**
Am 8. 8. bricht das in Trincomalee liegende Schwimmdock und sinkt mit dem Schlachtschiff *Valiant*, das schwer beschädigt wird. Am gleichen Tage trifft das Schlachtschiff *Howe* bei der Eastern Fleet ein, deren Befehlshaber Adm. Somerville am 23. 8. durch Adm. Fraser abgelöst wird. Ende August verlegt die 8. U-Flottille mit den U-Booten der S-Klasse nach Fremantle (Australien), die 2. U-Flottille trifft in Ceylon ein.
Operation »Bumerang«: Ende August führt das US XX. Bomber Command mit *B 29-Superfortress*-Bombern von Trincomalee Angriffe gegen Nordwest-Sumatra. Die Brit. Eastern Fleet gibt auf ihrem Marsch »Air-Rescue Cover«. Am 24. 8. führt KAdm. Moody mit den Trägern *Victorious* und *Indomitable*, begleitet von dem Schlachtschiff *Howe*, 2 Kreuzern und 5 Zerstörern, einen Trägerraid gegen Padang (Südwest-Sumatra) (Operation »Banquet«). Von den brit. U-Booten versenken im Gebiet der Malakka-Str. *Terrapin* (LCdr. Martin) 2 kleine Schiffe, *Trenchant* (Cdr. Hezlet) 2 kleine Schiffe, *Statesman* (Lt. Bulkeley) 1 Schiff mit 1983 BRT und *Strongbow* 3 kleine Schiffe und 9 Segler.

9.—11. 8. 1944 **Norwegen**
Brit. Trägerverband mit *Indefatigable, Trumpeter, Nabob* (kanad.), den Kreuzern *Kent, Devonshire* und den Zerstörern *Myngs, Vigilant, Verulam, Volage, Virago, Scourge*, und den kanad. *Algonquin, Sioux* greift am 10. 8. dt. Flugplatz Gossen bei Kristiansand/Nord an, 6 *Me 110* zerstört, 3 Dampfer beschädigt.

11. 8.—29. 10. 1944 **Nordatlantik**
Die in den Biskaya-Häfen liegenden, nicht voll einsatzbereiten und meist noch nicht mit Schnorcheln ausgerüsteten U-Boote *U 548, U 228, U 993, U 650, U 190, U 763, U 437, U 547, U 534, U 587, U 853, U 256, U 260, U 155, U 382, U 673* und

U 267 verlegen nach Norwegen. Beim Ausmarsch geht nur *U 445* in der Biskaya durch den brit. DE *Louis* verloren. *U 534* schießt einen *Wellington*-Bomber der RAF-Squ. 172 ab. In Lorient werden am 19. 8. *U 123* und *U 129*, in Bordeaux am 20. 8. *U 178*, *U 188* und *UIT 21* selbstversenkt. Von den in Bergen eingetroffenen Booten gehen am 4. 10. bei einem RAF-Luftangriff *U 92*, *U 228*, *U 437* und *U 993* verloren.
Vom 17.—26. 9. gehen westlich Norwegen die ausmarschierenden Schnorchel-Boote *U 865*, *U 867* und das zurückkehrende *U 855* durch Luftangriffe verloren.

15. 8. 1944 **Mittelmeer**
Operation »Dragoon«: Landung alliierter Streitkräfte (7. US-Armee, Gen.Lt. Patch mit dem VI. US-Korps, Gen.Maj. Truscott und dem II. franz. Korps, General de Lattre de Tassigny) an der franz. Mittelmeerküste zwischen Cannes und Toulon. Eingesetzt werden unter dem Oberkommando von Vizeadmiral Hewitt die Kampfgruppen TF 84, 85, 86 und 87 (KAdm. Lowry, Rodgers, Davidson und Lewis) mit 32 Kampftransportern, 466 Landungsfahrzeugen, 111 Zerstörern und Geleitfahrzeugen, 100 Minensuchern und 4 Unterstützungsgruppen (KAdm. Davidson, Mansfield, Bryant und Deyo): Schlachtschiffe *Texas*, *Nevada*, *Arkansas*, *Ramillies* (brit.) und *Lorraine* (franz.), US-Kreuzer *Augusta*, *Omaha*, *Cincinnati*, *Quincy*, *Philadelphia*, *Tuscaloosa*, *Brooklyn*, *Marblehead*, brit. Kreuzer *Dido*, *Sirius*, *Orion*, *Aurora*, *Ajax*, *Black Prince*, *Argonaut*, franz. Kreuzer *Gloire*, *Montcalm*, *Georges Leygues*, *Duguay Trouin*, *Emile Bertin*, *Le Fantasque*, *Le Terrible* und *Le Malin* sowie 29 Zerstörer. Luftsicherung durch die TF 88 (KAdm. Troubridge) mit den Geleitträgern *Khedive*, *Emperor*, *Searcher*, *Pursuer*, *Attacker*, *Tulagi*, *Kasaan Bay*, *Hunter*, *Stalker*, die brit. Kreuzer *Royalist*, *Delhi*, *Colombo*, *Caledon* sowie 13 Zerstörer. Nur sehr geringe Verluste bei den Landungen: *LST 282* durch Gleitbombe versenkt, 8 kleinere Schiffe und Landungsboote (darunter die Schnellboote *PT 202* und *PT 218*) meist durch Minen versenkt. Bis zum Abend des 17. 8. 86 575 Soldaten, 12 250 Fahrzeuge und 46 140 ts Material an Land gesetzt.

15. 8.—6. 9. 1944 **Nordmeer**
Konvoi-Operation JW. 59/RA. 59A. Am 15. 8. läuft der JW. 59 mit 33 Schiffen, 1 Rettungsschiff und 11 US-*SC*-U-Jägern für die sowj. Nordflotte (Lend Lease) aus. Sicherung VAdm. Dalrymple-Hamilton auf Geleitträger *Vindex (F)*, *Striker*, Kreuzer *Jamaica* sowie 20th und 22th Escort Group mit 7 Zerstörern, 4 Sloops, 2 Fregatten und 5 Korvetten. Nördlich des Konvois marschiert sowj. Überführungsverband (Adm. Levčenko, Kpt. 1. Rg. Fokin) mit dem Schlachtschiff *Archangel'sk* und den Zerstörern *Žarkij*, *Živučij*, *Žjučij*, *Žestkij*, *Derzkij*, *Doblestnyj*, *Dostojnyj*, *Dejatel'nyj*, der am 17. 8. ausgelaufen ist. Die Home Fleet (Adm. Moore) operiert in 2 Gruppen, um Raids gegen die im Kaafjord liegende *Tirpitz* zu führen: KAdm. McGrigor mit den Trägern *Indefatigable*, *Formidable*, *Furious*, dem Schlachtschiff *Duke of York*, den Kreuzern *Devonshire* und *Berwick* und 14 Zerstörern, darunter *Myngs*, *Vigilant*, *Sioux*, *Algonquin* (kanad.), *Stord* (norweg.), *Kempenfelt*, *Zambesi*. Ferner Geleitträger *Trumpeter* und *Nabob* (kanad.) mit 5th Escort Group (Cdr. Macintyre) mit den DEs *Bickerton*, *Aylmer*, *Bligh*, *Garlies*, *Kreats* und *Kempthorne*.
Am 20. 8. meldet 1 *Ju 88* des Fliegerführers 5 ostwärts Jan Mayen einen Kriegsschiffsverband. Am 21. 8. früh erreicht der Konvoi den Vp.-Streifen der Gruppe »Trutz« mit *U 344*, *U 668*, *U 394*, *U 363* und *U 997*. *U 344* (Kptlt. Pietsch) greift die 22nd Escort Group mit 2 T-5 erfolglos an und versenkt dann mit FAT-Fächer die Sloop *Kite*. Auf seine Meldung wird für den 22. 8. ein Vp.-

Streifen mit den neu ausgelaufenen *U 703, U 354* und den aus der Karasee kommenden *U 365* und *U 711* gebildet. Die brit. Flottenträger haben am 20. 8. den ersten Angriffsversuch gegen die *Tirpitz* wegen der Wetterlage abbrechen müssen, der Anflug der *Barracuda-* und *Corsair*-Staffeln wird am 22. 8. rechtzeitig geortet und durch Zonenschießen der schweren Artillerie und *Me 109* des J. G. 5 abgefangen, die zusammen 11 Flugzeuge abschießen. Das eingenebelte Schiff wird nicht getroffen. Am Nachmittag des 22. 8. trifft das ausmarschierende *U 354* (Oblt. Sthamer) auf die sich gerade zur Beölung der DEs klarmachende Geleitträger-Gruppe und torpediert mit einem FAT-Fächer die *Nabob*, mit einem T-5 die *Bickerton*, die aufgegeben wird. Ein zweiter Angriffsversuch gegen die *Nabob* wird durch die von dem schräg hängenden Flugdeck startenden *Avenger*-Bomber vereitelt, der Träger wird eingeschleppt, jedoch nicht wieder repariert. Am Konvoi werden *U 363, U 668, U 703, U 394* und nach Abwehr von je 3 *Swordfishs* und *Martlets* der *Vindex* und *Striker* sowie einer sowj. *Catalina* des 118. Aufkl.Regt. auch *U 997* zum Tauchen gezwungen und abgedrängt. Am 23. 8. können nur *U 394, U 711* und *U 365* den vorgesehenen Vp.-Streifen der Gruppe »Trutz« besetzen, die anderen Boote sind weit achteraus. *U 394* peilt mit Grenzwellenpeiler den Sprechverkehr der Escorts. *U 363, U 703* werden am Konvoi, die anderen Boote achteraus von der Luftsicherung und Escorts unter Wasser gedrückt. *U 711* (Kptlt. Lange) schießt einen FAT-Fächer auf die *Archangel'sk* und T-5 auf die *Žarkij*, die jedoch Frühdetonierer werden. Bis zum 24. 8. versuchen die Boote vergeblich, gegen die Luft- und Seesicherung nach vorn zu kommen, dabei schießen *U 668* (Oblt. z. S. v. Eickstädt), *U 363* (Kptlt. Nees), *U 997* (Oblt. z. S. Lehmann) je 2 T-5 fehl gegen Escorts, *U 344* wird durch die Sloops *Mermaid, Peacock*, die Fregatte *Loch Dunvegan* und das Führerboot der 20th Escort Group, den Zerstörer *Keppel* (Cdr. Tyson) versenkt. Da der Konvoi am 25. 8. einläuft, wird die Operation abgebrochen und die Gruppe »Trutz« gegen den RA. 59A in die Bären-Enge gezogen. Dabei bleiben Angriffe von *U 711* gegen eine Zerstörergruppe und ein angetroffenes sowj. U-Boot erfolglos. *U 354* wird durch 1 *Swordfish* der *Vindex* mit Raketenbomben versenkt. Die Flottenträger führen am 24. 8. einen weiteren Angriff gegen die *Tirpitz*, bei dem 2 unbedeutende Treffer erzielt werden, und am 29. 8. einen vierten ergebnislosen Angriff. Insgesamt werden bei diesen Angriffen 247 Einsätze geflogen.
Der RA. 59A läuft am 28. 8. mit 9 Dampfern und der Sicherung des JW. 59 aus, weder die dt. Luftaufklärung noch die U-Boote der Gruppe »Trutz« kommen heran. Am 2. 9. wird *U 394* von einem Flugzeug der *Vindex* beschädigt und von den Zerstörern *Keppel* und *Whitehall* und den Sloops *Mermaid* und *Peacock* versenkt. Am 6. 9. trifft der Konvoi in Loch Ewe ein.

16./17. 8. 1944 **Mittelmeer**
Beim Versuch, von Toulon nach Marsaille zu laufen, werden die beiden U-Boot-Jäger *UJ 6073* und *UJ 6081* südöstlich von Marseille durch den US-Zerstörer *Endicott*, die Kanonenboote *Aphis* und *Scarab* sowie eine Anzahl kleinerer Einheiten gestellt und versenkt. Die alliierten Schiffe retten 210 Überlebende der dt. Besatzungen.

16.—31. 8. 1944 **Nordmeer**
Sowj. kombinierte Operation gegen dt. Geleite an der Polarküste. Am 17. 8. schwerer sowj. Luftangriff auf Kirkenes, trotz starker Jagdabwehr durch J. G. 5 2 Dampfer mit 3243 BRT vernichtet. Am 18. 8. wird ein Konvoi von 6 Dampfern mit *M 251, M 252, M 202, M 154, M 35, M 31, K 3, V 6102, V 6104,*

V 6111, V 6112, R 160, R 202, UJ 1224, UJ 1219, UJ 1220, UJ 1222, UJ 1211 von sowj. Aufklärer erfaßt. Von den aus Wartepositionen angesetzten U-Booten *S-15, S-51, S-103, M-201* kommt nur *M-201* (Kptlt. Balin) um Mitternacht 18./19. 8. (hell!) zum Schuß und versenkt *V 6112* vor dem Persfjord. Darauf Ansatz der Torpedokutter (Kpt. 1. Rg. Kuz'min): 3 *TKA* legen Minen südlich des Bussesundes (Oblt. Pavlov). Eine Vorausabteilung mit 4 *TKA* (Kptlt. Rešetko) unterstützt den Angriff der Hauptstoßgruppe mit 5 *TKA* (Kpt. 3. Rg. Koršunevič) durch Legen von Nebelwänden. 2 *TKA* (Kptlt. Efimov) klären nachts bis zum Persfjord auf. Bei dem Angriff am 19. 8. werden durch 2 Treffer *V 6102*, durch 1 Treffer der Dampfer *Colmar* (3946 BRT) versenkt, *M 202* und *M 31* versenken je 1 *TKA*. Am 23. 8. führen sowj. Fliegerverbände schwere Luftangriffe auf Vardö und Vadsö. Gegen ein dabei erfaßtes Westgeleit werden die auf Warteposition stehenden U-Boote *S-15, S-51* und *S-103* angesetzt. Der Angriff von *S-103* (Kpt. 3. Rg. Nečaev) vor Makkaur, bei dem erstmalig E-Torpedos verwendet werden, schlägt fehl und bleibt unbemerkt. *S-15* (Kptlt. Vasilév) torpediert am 24. 8. vor Nordkyn ebenfalls mit E-Torpedo den Dampfer *Dessau* aus dem Geleit (5 Dampfer, *M 251, M 252, M 202, M 154, M 35, M 31, K 3, V 6110, R 160, R 202, UJ 1219, UJ 1211, UJ 1220, UJ 1224, UJ 1222).* Die *Dessau* (5983 BRT) wird nach Mehamn eingeschleppt. Am 28. 8. verfehlt *S-103* ein Ostgeleit mit *K 3.*

20. 8. 1944 **Ostsee**

Ansatz der 2. Kampfgruppe mit dem Schweren Kreuzer *Prinz Eugen* und den Zerstörern *Z 25, Z 28, Z 35, Z 36* und den T-Booten *T 23* und *T 28* gegen die durchgebrochenen sowj. Spitzen am Rigaer Meerbusen bei Tukkum. Mit Unterstützung der Schiffsartillerie wird eine Landverbindung zur abgeschnittenen Heeresgruppe Nord hergestellt.

20. 8. 1944 **Schwarzes Meer**

62 Bomber und 80 Jäger und Schlachtflugzeuge der sowj. Schwarzmeerflotte greifen nach vorherigen Nebelangriffen zur Ausschaltung der Flak den Hafen von Konstanza an und versenken das U-Boot *U 9,* die Schnellboote *S 42, S 52* und *S 131,* das rumän. T-Boot *Naluca* und zahlreiche kleinere Fahrzeuge. Die rumän. Zerstörer *Regele Ferdinand* und *Marasesti,* das Kanonenboot *Stihi,* das Minenschiff *Dacia,* die U-Boote *U 18* und *U 24* sowie weitere Fahrzeuge werden beschädigt.

20. 8.—21. 10. 1944 **Norwegen**

Intensivierung der brit. Angriffe gegen den dt. Geleitverkehr an der norweg. Westküste. Am 20. und 22. 8. greift das U-Boot *Satyr* (LCdr. Weston) vor Skudesnes und Egeröy 2 dt. Geleite an, doch detonieren die Fächerschüsse an den Felsen (häufige Ursache für Fehlmeldungen in Norwegen!). Am 11. und 13. 9. greift *Venturer* (Lt. Launders) vor Lister 2 Geleite an und versenkt beim ersten Schuß 1 Dampfer von 678 BRT.
Am 11. 9. versenken vor Südwestnorwegen RAF *Beaufighter* aus einem Verband von 4 M-Booten *M 426* und *M 462.*
Am 12. 9. führt ein brit. Verband mit den Trägern *Furious, Trumpeter,* dem Kreuzer *Kent* und Zerstörern einen Raid gegen Schiffsziele bei Stadlandet. Trägerflugzeuge versenken *V 5307,* beschädigen *V 5309* und *V 5105,* die auf Strand gesetzt werden, sowie den Dampfer *Ostland* (5374 BRT). Am 19. 9. versenken *Beaufighter* im Stavfjord 2 kleine Schiffe. Am 20. 9. versenkt das U-Boot *Sceptre* (LCdr. McIntosh) vor Egersund 1 Schiff mit 1184 BRT und *M 132.*

Auf einer von dem franz. U-Boot *Rubis* gelegten Minensperre in der Feiestein-Rinne sinken am 24.—26. 9. *UJ 1106, UJ 1715* und 2 Dampfer mit 11 044 BRT. Am 4. 10. richtet das RAF-Bomber Command einen schweren Angriff gegen den Hafen von Bergen: *U 92, U 228, U 437, U 993* und 4 Dampfer mit 11 708 BRT werden vernichtet. Am 9. 10. greifen *Beaufighter* bei Egersund ein Geleit an und versenken *UJ 1711* und 1 Schiff mit 1953 BRT, 2 Schiffe mit 4170 BRT werden beschädigt, außerdem das K-Boot *K 2.* Bei einem Trägervorstoß gegen Frohavet werden am 15. 10. *V 5716* und *V 1605* versenkt, am 17. 10. durch *Beaufighter V 6801.*
Die U-Boote *Viking* (Lt. Banner-Martin) versenken am 14. 10. aus einem Geleit 1 Schiff mit 1286 BRT, *Sceptre* am 20. und 21. 10. aus 2 Geleiten 1 Dampfer mit 2207 BRT und *UJ 1111.*

23.—30. 8. 1944 **Schwarzes Meer**

Leichte Einheiten der sowj. Donau-Flottille (KAdm. Gorškov) unterstützen am 23./24. 8. den Übergang von Teilen der 46. Armee über den Dnestr-Liman und dringen in den folgenden Tagen in die Donaumündung ein. Von den Einheiten der Schwarzmeer-Flotte sind die U-Boote *S-31, S-33, ŠČ-215, M-62, M-111* und *M-113* an der rumän.-bulgar. Küste eingesetzt, fahren aber nur 2 erfolglose Angriffe. Von den eingesetzten Torpedokuttern führen *TKA-221, TKA-223, TKA-227* und *TKA-233* ostwärts Konstanza am 22. 8. ein kurzes ergebnisloses Gefecht mit 2 U-Jägern. An der Besetzung von Konstanza am 30. 8. beteiligen sich 30 Torpedokutter und 6 Wachkutter, ferner werden Minensucher verlegt.

23. 8.—7. 10. 1944 **Nordatlantik**

Einsatz von Schnorchel-U-Booten in Küstengewässern: Vor der schottischen Ostküste operieren *U 680* und dann *U 1199* (Oblt. z. S. Nollmann), das 50 Tage unter Wasser bleibt. Je 1 Fehlschuß. In der Minch, vor den Hebriden und im Nordkanal sind für jeweils 6—12 Tage eingesetzt: *U 482, U 484, U 743, U 398, U 296, U 285, U 963, U 985, U 953, U 281, U 1004. U 248* und *U 309* müssen vor Erreichen des Nordkanals wegen der Abwehr umkehren. Vom 27. 8.—8. 9. greift *U 482* (Kptlt. Graf v. Matuschka) 5 Konvois an und versenkt aus dem CU. 36 einen Tanker und die Korvette *Hurst Castle,* aus dem ONS. 251 1 Schiff und aus dem HX. 305 2 Schiffe mit zusammen 31 611 BRT. Am 9. 9. werden bei Angriffsversuchen auf Konvois *U 743* am ONF. 252 durch die Korvette *Portchester Castle* und die Fregatte *Helmsdale, U 484* durch die kanad. Fregatten *Dunver, Nene* und die Korvetten *Hespeler* und *Huntsville* der Escort Group C. 5 versenkt. Die anderen Boote kehren ohne Erfolg zurück. Auf dem Wege in den Bristolkanal wird am 1. 9. *U 247* von den kanad. Fregatten *St. John* und *Swansea* der 9th Support Group versenkt. *U 758, U 262* und *U 714* kehren ohne Erfolg zurück. Vor Reykjavik greifen am 22./23. 9. *U 244* und *U 979* (Kptlt. Meermeier) Konvois an, letzteres torpediert 1 Schiff mit 5970 BRT. Als Wetterboote sind im Nordatlantik *U 772* und *U 245* aufgestellt.

24. 8.—11. 9. 1944 **Schwarzes Meer**

Bei der Räumung des Hafens Konstanza am 24. 8. werden die nicht fahrbereiten Kriegsschiffe, darunter die U-Boote *U 18* und *U 24,* die S-Boote *S 28* und *S 149* und das KT-Schiff *KT 39* selbst versenkt.
Am 29./30. 8. werden die letzten im rumän.-bulgar. Raum verbliebenen Kriegsschiffe vor Varna außerhalb der bulgar. Hoheitsgewässer selbst versenkt. Unter den rund 200 Fahrzeugen befinden sich u. a. 4 S-Boote, 14 R-Boote, 4 größere und rund 20 kleinere U-Jäger sowie zahlreiche Fährprähme und einige KT-Schiffe. Ein Teil der in der Donaumündung befindlichen Einheiten,

insbesondere Fährprähme, laufen unter Führung von KAdm. Zieb donauaufwärts. Die letzten 3 dt. U-Boote im Schwarzen Meer *U 19*, *U 20* und *U 23* operieren ab 25. 8. im Raum vor Konstanza. *U 23* (Oblt. z. S. Arendt) feuert am 1. 9. einen Fächer in den Hafen Konstanza, dabei wird der beschädigte Frachter *Oituz* (2686 BRT) getroffen (nicht repariert). Am 2. 9. versenkt *U 19* (Oblt. z. S. Ohlenburg) vor Konstanza den sowj. Minensucher *T-410/Vrzyv*. Nach Aufbrauch ihres Brennstoffes und Ablehnung eines Verkaufsangebotes an die Türkei werden die 3 U-Boote von den eigenen Besatzungen bei Erekli an der türk. Küste selbst versenkt.

28. 8.—24. 9. 1944 **Zentralpazifik**

Carrier Task Force 38 (VAdm. Mitscher) läuft am 28. 8. von Eniwetok zu Raids in Zusammenhang mit Palau/Morotai-Operation aus.

Beteiligt: Task Group 38.1 (KAdm. McCain) mit Trägern *Wasp, Hornet, Monterey, Cowpens*, 3 Schweren Kreuzern, 15 Zerstörern; Task Group 38.2 (KAdm. Bogan) mit Trägern *Bunker Hill, Intrepid, Cabot, Independence*, 2 Schlachtschiffen, 4 Leichten Kreuzern, 18 Zerstörern; Task Group 38.3 (KAdm. Sherman) mit Trägern *Lexington, Essex, Princeton, Langley*, 4 Schlachtschiffen, 4 Leichten Kreuzern, 14 Zerstörern; Task Group 38.4 (KAdm. Davison) mit Trägern *Franklin, Enterprise, San Jacinto, Belleau Wood*, 2 Schweren Kreuzern, 11 Zerstörern.

Am 31. 8., 1. 9. und 2. 9. greift Task Group 38.4 Iwojima und Chichijima an, am 1. und 2. 9. beschießen Kreuzer und Zerstörer die Inseln. Am 3. 9. beschießt KAdm. Smith mit den Kreuzern *Chester, Pensacola, Salt Lake City* und 3 Zerstörern Wake, Luftsicherung 1 Träger. Am 6., 7. und 8. 9. greifen alle 4 Task Groups mit 16 Trägern Palau an. Am 9. und 10. 9. greifen die Task Groups 38.1, 38.2 und 38.3 mit 12 Trägern Flugplätze auf Mindanao gegen sehr geringen Widerstand an. Vom 12.—14. 9. wird der Schwerpunkt der Angriffe deshalb ins Gebiet der Visayas (zentrale Philippinen) verlegt, die Task Group 38.1 greift am 14. 9. nochmals Mindanao an. Bei 2400 Einsätzen in diesen 3 Tagen über 200 Flugzeuge zerstört. Nach Versorgung führen am 21. und 22. 9. 12 Träger Angriffe gegen die Flugplätze auf Luzon, besonders im Raum Manila, am 24. 9. nochmals gegen die Visayas. Insgesamt bei diesen Angriffen über 1000 jap. Flugzeuge zerstört, 150 Schiffe aller Größen versenkt und vernichtet. Eigene Verluste nur 54 Flugzeuge im Kampf, 18 durch Unfälle.

★

1. 9. 1944 **Nordmeer/Grönland**

Der US-Coast Guard Cutter *Northland* stellt das Wetterbeobachtungsschiff *Kehdingen* bei dem Versuch, an der ostgrönländischen Küste im Eis eine Wetterstation einzurichten. Das begleitende U-Boot *U 703* feuert Torpedos, die jedoch im Eis detonieren.

1.—12. 9. 1944 **Mittelmeer/Adria**

Küstenbeschießungen an der ital. Adria-Küste im Raum Rimini durch die brit. Zerstörer *Undine, Urchin, Loyal* und *Kimberley* und die Kanonenboote *Aphis* und *Scarab*.

1.—13. 9. 1944 **Mittelmeer/Tyrrhenisches Meer**

Küstenbeschießungen an der franz. Riviera-Küste durch die US-Kreuzer *Philadelphia* und die Zerstörer *Woolsey, Edison, Ludlow, Hilary P. Jones, Madison,* das franz. Schlachtschiff *Lorraine*, die Kreuzer *Montcalm, Emile Bertin, Duguay Trouin, Gloire* und die Zerstörer *Le Malin* und *Forbin*.

1.—30. 9. 1944 **Pazifik**

Von den im September in ihren Operationsgebieten eintreffenden US-U-Booten versenken folgende Schiffe: Vor Japan, Formosa und den Kurilen: *Albacore* (Cdr. Blanchard) 1 Schiffe mit 880 BRT und U-Jäger *Kusentai 165, Apogon* (LCdr. House) 1 Schiff mit 1999 BRT, *Bang* (LCdr. Gallagher) 3 Schiffe mit 4220 BRT, *Finback* (LCdr. Williams) 2 Schiffe mit 1390 BRT, *Guardfish* (LCdr. Ward) 1 Schiff mit 873 BRT, *Pipefish* (LCdr. Deragon) 1 Schiff mit 1018 BRT, *Plaice* (LCdr. Stevens) die Korvette *Kaibokan 10, Queenfish* (LCdr. Loughlin) 3 Schiffe mit 14850 BRT und 1 Schiff torpediert, *Sealion* (LCdr. Reich) 3 Schiffe mit 10541 BRT und den Minenleger *Shirataka, Searaven* (LCdr. Dry) 1 Schiff torpediert, *Shad* (LCdr. Julihn) 2 Schiffe mit 498 BRT und das Kanonenboot *Ioshima, Skate* (LCdr. Lynch) 2 Schiffe mit 3909 BRT, *Sunfish* (LCdr. Shelby) 2 Schiffe mit 11154 BRT, *Thresher* (LCdr. Middleton) 3 Schiffe mit 9195 BRT. Im Gebiet von Insulinde und den Philippinen: *Barb* (LCdr. Fluckey) 2 Schiffe mit 15655 BRT und den Geleitträger *Unyo, Bashaw* (LCdr. Nicholas) 1 Schiff mit 2813 BRT, *Bonefish* (LCdr. Edge) 2 Schiffe mit 4632 BRT und 1 Schiff torpediert, *Flasher* (LCdr. Whitaker) 3 Schiffe mit 18610 BRT, *Growler* (LCdr. Oakley) den Zerstörer *Shikinami* und die Fregatte *Hirato, Guavina* (LCdr. Teideman) den Schnelltransporter *No. 3, Haddo* (LCdr. Nimitz) das Vermessungsschiff *Katsuriki, Lapon* (LCdr. Baer) 3 Schiffe mit 14177 BRT, *Paddle* (LCdr. Nowell) 1 Schiff mit 2634 BRT und 1 Schiff torpediert, *Pampanito* (LCdr. Summers) 2 Schiffe mit 15544 BRT, *Pargo* (LCdr. Bell) 1 Schiff mit 599 BRT und den Minenleger *Aotaka*, den Flugzeugtransporter *Kamoi* torpediert.

2.—21. 9. 1944 **Ostsee**

Am 2. 9. kündigt der finn. Ministerpräsident Hackzell den Abbruch der diplomatischen Beziehungen zu Deutschland an und fordert den Abzug der dt. Truppen aus Finnland. Am 4. 9. stellt die finn. Wehrmacht an der gesamten Front gegen die Sowjet-Union die Kampfhandlungen ein. Vom 4.—21. 9. werden aus den finn. Ostseehäfen abtransportiert: 4049 dt. Soldaten, 3336 Verwundete, 332 Evakuierte, 746 Fahrzeuge und 42144 t Wehrmachtgut. Davon gehen 13064 t durch das Ausweichen finn. Schiffe in finn. oder schwed. Häfen verloren. 110000 t Wehrmachtgut müssen an Ort und Stelle vernichtet werden, weil ein rechtzeitiger Abtransport nicht mehr möglich ist. Als Demonstration führt die 3. T-Flottille (KKpt. Verlohr) vom 15.—17. 9. einen Aufklärungsvorstoß in die Aalandsee mit *T 18, T 13* und *T 20*. Auf dem Rückmarsch wird *T 18* nördlich Reval durch sowj. Bomber vernichtet.

Am 27. 9. schließt Schweden seine Ostseehäfen für dt. Schiffe.

4. 9. 1944 **Luftkrieg Mittelmeer**

US-Flugzeuge werfen 438 ts Bomben auf die Hafenanlagen von Genua: Torpedoboot *TA 28* im Dock gekentert, Neubau *TA 33* gesunken, zahlreiche andere Schiffe beschädigt, darunter das Lazarettschiff *Erlangen*.

5.—6. 9. 1944 **Nordsee**

Auf dem Marsch von Antwerpen nach Holland werden am 5. 9. die Minensuchboote *M 274* und *M 276* in der Scheldemündung von den Besatzungen versenkt.

Am 6. 9. greifen 26 *Beaufighter* nordöstlich von Wangerooge ein dt. Geleit an und versenken den schwed. Frachter *Rosafred* (1348 BRT).

6.—19. 9. 1944 **Luftkrieg Deutschland**

Am 6. 9. wirft das RAF-Bomber Command 580 t Bomben auf Emden.

Am 15./16. 9. werfen 490 Bomber des RAF-Bomber Command 1448 ts Bomben auf Kiel.

Am 18./19. 9. greifen 213 Bomber des RAF-Bomber Command Bremerhaven an.

7. 9. 1944—9. 1. 1945 **Ostsee**

Nach Ausfall der finn. Häfen operieren die dt. U-Boote (Einsatzleiter KKpt. Brandi) von Danzig und Gotenhafen aus vor den Eingängen des Finnenbusens. Beteiligt sind im September/Oktober *U 717, U 958, U 370, U 348, U 475, U 745, U 290, U 1165* und *U 481*. Am 21. 9. legen *U 242* und *U 1001* bei Porkkala Minensperren, auf denen der finn. Dampfer *Rigel* (1495 BRT) sinkt. Am 8./9. 10. versenkt *U 370* 1 MGB und den finn. Schlepper *No. 764, U 481* (Oblt. z. S. Andersen) versenkt am 15. 10. 3 finn. Segler, *U 1165* (Oblt. z. S. Homann) versenkt 1 R-Boot und greift einen U-Boot-Konvoi an, *U 958* (Kptlt. Groth) versenkt 2 finn. Segler, *U 1001* (Oblt. z. S. Blaudow) torpediert 1 Schlepper am 25. 10., *U 475* (Kptlt. Stöffler) versenkt 1 Wachboot. Im November bis Anfang Dezember sind *U 475, U 958, U 479, U 481, U 679* und *U 1165* z. T. im Bottenbusen, z. T. im Gebiet Hangö-Reval eingesetzt. *U 679* (Oblt. z. S. Aust) versenkt 1 Bewacher und 1 M-Boot und geht am 9. 1. durch Wabos des Bewachers *MO-124* verloren. *U 481* versenkt 1 Leichter und vermutlich den finn. Minenleger *Louhi*, das Ende November ausgelaufene *U 637* (Kptlt. Riekeberg) 1 Wachboot. *U 479* geht um den 12. 12. durch das sowj. U-Boot *Lembit* verloren.

8. 9. 1944 **Luftkrieg Adria**

Brit. *Beaufighter* werfen in Triest das ital. Fahrgastschiff *Rex* (51 062 BRT) in Brand.

10.—28. 9. 1944 **Nordmeer**

Kombinierte sowj. Operation gegen dt. Geleitverkehr an der Polarküste. Ansatz der U-Boote *S-15, S-51, S-103, S-101, V-3* (erstmalig Radarverwendung!). Am 14. und 15. 9. fliegen sowj. Schlacht- und Jagdbomber Angriffe gegen Vardö bzw. Kiberg und den Kongsfjord. Dabei MFP *F 223* und *UJ 1224* vernichtet. Am 15. 9. ferner Angriff von 4 sowj. Torpedokuttern (Kptlt. Lozovskij) und 15 Schlachtflugzeugen *Il-2* gegen dt. Petsamo-Kirkenes-Geleit durch dt. Sicherung abgewehrt, dabei von 61. Vp.-Flottille (KKpt. Kramer) 1 *TKA* versenkt. Am 16. 9. bei Luftangriff auf Kirkenes Munitionsdampfer *Wolsum* (3668 BRT) explodiert. Am 20. 9. bei Angriff T-Flugzeug-Rotte vor Nordkap erhält Katapultschiff *Friesenland* (5434 BRT) 1 Treffer und muß aufgesetzt werden. Am 21. 9. versenken sowj. Flugzeuge irrtümlich das eigene U-Boot *ŠČ-402*.

Ein von der Luftaufklärung erfaßter Konvoi wird am 24. 9. bei Nordkyn durch das U-Boot *S-56* (Kpt. 2. Rg. Ščedrin) mit 4er-Fächer angegriffen, den *V 6105* aber ausmanövriert. 3 U-Jäger der 12. Uj-Flottille (KKpt. Köplin) bekämpfen das U-Boot mit Wabos. Am 25. 9. greifen bei Skalneset und Ekkeröy 2 Torpedokutter-Gruppen (Kpt. 2. Rg. Alekseev) mit 9 *TKA* an, werden aber durch die Sicherung abgedrängt, 1 *TKA* versenkt. Bei gleichzeitigen Angriffen von 33 *Il-2*-Schlachtflugzeugen und 14 *Jak-9*- und 24 *Kittyhawk*-Jagdbombern unter Jagdschutz durch 24 Jäger werden *V 6101* durch Bombentreffer versenkt, *V 6105* und *F 152* beschädigt aufgesetzt und *V 6110* und *R 309* beschädigt, aber eingeschleppt. Am 26. 9. greift *S-56* die zurückmarschierenden M-Boote *M 31* und *M 251* erfolglos an und wird mit Wabos beschädigt.

13.—24. 9. 1944 **Mittelmeer/Ägäis**

Brit. Offensive in der Ägäis gegen dt. Räumungsbewegungen. Am 13. 9. versenken die brit. Zerstörer *Troubridge* und *Tuscan* den kleinen Transporter *Toni* (638 BRT) nördlich Kreta. Am 15. 9. versenken der Kreuzer *Royalist* und der Zerstörer *Teazer* vor Kap Spatha das KT-Schiff *Erpel* und den KT-U-Jäger *UJ 2171/Heidelberg.* In Salamis sinken bei einem Luftangriff am 15. 9. das dt. T-Boot *TA 14,* das Hs-Boot *GD 91* und das KT-Schiff *Mannheim* werden schwer beschädigt. Bei Angriffen von RAF-*Beaufighters* in der Ägäis vom 20.—24. 9. werden vor Paros das KT-Schiff *Pelikan,* der Minenleger *Drache* vor Samos und vor Naxos der Dampfer *Orion* (707 BRT) versenkt.
Unternehmen »Odysseus«: Vom 20.—24. 9. verlegen die T-Boot-Neubauten *TA 39* (Kptlt. Lange), *TA 37* (Oblt. z. S. Winkelmann) und *TA 38* (Lt. z. S. Scheller) von Triest durch die Adria, die Otranto-Straße — dort ergebnisloses kurzes Gefecht mit brit. Zerstörern *Belvoir* und *Whaddon* —, den Golf von Patras und den Kanal von Korinth in die Ägäis.
Bei einem Luftangriff auf Piräus/Skaramagna wird das letzte einsatzfähige U-Boot *U 596,* das beschädigte *U 565* und der U-Jäger *UJ 2108* versenkt.

14. 9. 1944 **Ostsee**

Dt. Landungsoperation »Tanne Ost« gegen die finn. Insel Suursaari durch Einheiten der 3. und 25. Minensuch-Flottille, 13., 21. und 24. L-Flottille, 7. A-, 1. R- und 5. S-Boot-Flottille. Starker finn. Widerstand, Angriffe sowj. Flugzeuge und finn. Schnellboote zwingen zum Rückzug der Landungsflotte. Die gelandeten Truppen müssen sich am 15. 9. ergeben (1231 Gefangene, darunter 175 Verwundete).

14.—24. 9. 1944 **Nordmeer**

Versuch des Schnorchel-U-Bootes *U 315* (Oblt. z. S. Zoller), in den Kolafjord einzudringen und das Schlachtschiff *Archangel'sk* (ex HMS. *Royal Sovereign)* anzugreifen, scheitert an Netzsperren im inneren Kolafjord. Ein zweiter Versuch mit dem Schnorchel-U-Boot *U 313* (Kptlt. Schweiger) scheitert vom 28. 9.—10. 10.

15. 9. 1944 **Nordmeer**

28 *Lancaster*-Bomber der RAF-Squ. 9 und 617 greifen von nordrussischen Flugplätzen aus das im Altafjord liegende dt. Schlachtschiff *Tirpitz* mit schweren 5,4-t-Bomben an, treffen jedoch das vernebelte Schiff nur mit einer Bombe im Vorschiff. Verkehrsdampfer *Kehrwieder* versenkt.

15. 9. 1944 **Südwestpazifik**

Die US VII. Amphib. Force (KAdm. Barbey) landet die verstärkte 31. Inf.Div. (GenMaj. Persons) auf Morotai mit 2 austral. APA, 5 US-APD, 45 LST, 24 LCI, 20 LCT und 1 LSD, gesichert von 24 Zerstörern, 4 Fregatten und 11 LCG, 6 PC und 4 YMS. Am ersten Tag ohne Widerstand 19960 Mann gelandet, ab 16. 9. bis 3. 10. insgesamt 26000 Mann Kampftruppen, 12200 Mann Bau- und Bodenpersonal. Deckungsgruppe (KAdm. Berkey) mit US-Kreuzern *Phoenix, Boise, Nashville* (Gen. MacArthur an Bord), austral. Kreuzer *Australia, Shropshire,* 8 US- und 2 austral. Zerstörer. Luftunterstützung durch Geleitträgergruppe (KAdm. T. L. Sprague) mit *Sangamon, Suwanee, Chenango, Santee, Saginaw Bay, Petrof Bay,* ferner V. USAAF (GenLt. Kenney) von Biak und Noemfoor sowie Task Group 38.1 (KAdm. McCain) (s. 28. 8.!).
Am 3. 10. greift das jap. U-Boot *Ro-41* (Kptlt. Shiizuka) ostwärts Morotai eine US-Trägergruppe mit den Geleitträgern *Fanshaw Bay* und *Midway* an und ver-

senkt den DE *Shelton*. Die anderen 3 DE *Eversole, Richard M. Rowell* und *Edmonds* nehmen die Jagd auf, versenken aber irrtümlich das in der Nähe marschierende US-U-Boot *Seawolf*.

15. 9.—5. 10. 1944 **Nordmeer**

Konvoi-Operation JW. 60/RA. 60. Am 15. 9. läuft der JW. 60 mit 30 Schiffen von Loch Ewe aus. Sicherung (KAdm. McGrigor) mit den Geleitträgern *Campania* und *Striker*, Kreuzer *Diadem*, 12 Escorts der 20th und 8th Escort Groups, darunter die Zerstörer *Keppel, Bulldog, Whitehall*, die Sloop *Cygnet* und die Korvetten *Allington Castle* und *Bamborough Castle*. Deckung durch Schlachtschiff *Rodney* und Zerstörer *Saumarez, Virago, Volage, Venus, Verulam*, die kanad. *Algonquin, Sioux*, ferner *Milne, Musketeer, Marne, Meteor*. Verband mit Kreuzer *Jamaica* und Zerstörern *Orwell* und *Obedient* führt Versorgung Spitzbergen durch. Konvoi weder von dt. Luftaufklärung noch von U-Boot-Gruppe »Grimm« mit *U 278, U 312, U 425, U 737, U 921, U 956* und *U 997* erfaßt und am 23. 9. im Kolafjord eingetroffen. In sowj. Geleit kommt ein Teil der Schiffe am 25. 9. im Weißen Meer an. Der in der Nacht zum 28. 9. auslaufende RA. 60 mit Sicherung des JW. 60 umgeht die dt. U-Boot-Gruppe »Grimm« und die neu ausgelaufene Gruppe »Zorn« mit *U 293, U 310, U 315, U 363, U 365, U 387, U 636, U 668, U 965, U 968, U 992* und *U 995*. Nur das zufällig überlaufene *U 310* (Oblt. z. S. Ley) versenkt 2 Schiffe mit 14 395 BRT mit FAT-Fächer und verfehlt mehrere Escorts mit T-5. *U 921* wird durch 1 *Swordfish* der *Campania* versenkt. Am 5. 10. trifft der RA. 60 in Loch Ewe ein.

15. 9.—23. 10. 1944 **Zentralpazifik**

Operation »Stalemate II«: Landung auf Palau durch Task Force 31 (KAdm. Wilkinson) mit III. Amphib. Corps (GenMaj. Geiger). Nach den Raids der Task Force 38 vom 6.—8. 9. beginnt am 13. und 14. 9. die Beschießung der anzugreifenden Inseln Peleliu und Angaur durch die Fire Support Group (KAdm. Oldendorf) mit den Schlachtschiffen *Pennsylvania, Tennessee, Maryland, Mississippi, West Virginia*, den Kreuzern *Louisville* (F), *Portland, Indianapolis, Minneapolis, Honolulu* (KAdm. Ainsworth), *Denver* (KAdm. Hayler), *Columbia* und 2 weitere sowie 14 Zerstörer. Luftunterstützung durch 7—11 Geleitträger (KAdm. Ofstie), die allein am Landungstage 382 Einsätze fliegen.

Am 15. 9. landet die »Northern Attack Force« die 1. Mar.Div. (GenMaj. Rupertus) auf Peleliu. Der Widerstand der in den Bergrücken tief eingebunkerten Gruppen des 2. Inf.Regt. der jap. 14. Div. unter Oberst Nakagawa mit 5300 Mann kann nur schwer überwunden werden. Es muß ein Regt. der 81. Inf.Div. gelandet werden. Am 12. 10. ist die Angriffsphase beendet, aber erst am 25. 11. werden die letzten 45 Verteidiger überwältigt.

Am 17. 9. landet die »Southern Attack Force« die 8. Inf.Div. (GenMaj. Mueller) auf der südlichsten Insel Angaur, die von 1 jap. Batl. mit 1600 Mann unter Maj. Goto verteidigt wird. Bis zum 23. 10. wird der Widerstand gebrochen. Insgesamt geraten nur 301 Japaner auf beiden Inseln in Gefangenschaft. Die Masse der jap. 14. Inf.Div. (GenLt. Inoue) auf der Hauptinsel Babelthuap bleibt für den Rest des Krieges isoliert. US-Verluste insgesamt: 1209 Tote, 6585 Verwundete.

Ab 24. 9. ist die im März verminte Kossol-Passage wieder benutzbar.

Am 23. 9. landet eine improvisierte Gruppe (KAdm. Blandy) das 323. RCT der 81. Inf.Div. (Oberst Watson) ohne Widerstand auf dem Ulithi-Atoll, in das die Support Group mit dem Kreuzer *Denver* und den Zerstörern *Ross* und *Bryant*

am 22. 9. eingelaufen ist. Dieses Atoll gewinnt als Basis für den Rest des Krieges große Bedeutung, im März 1945 liegen 617 Schiffe in der Lagune.
Gegen die Landungsflotte werden die jap. U-Boote *I-44* (Kptlt. Kawaguchi) — 1 erfolgloser Angriff —, *Ro-47* und *I-177* angesetzt, die letzteren gehen am 25. 9. bzw. 2. 10. durch Hedgehog-Angriffe der US-DEs *McCoy Reynolds* bzw. *Samuel S. Miles* verloren.

16.—20. 9. 1944 **Indischer Ozean**

Operation »Light«. Die Brit. Eastern Fleet führt mit den Trägern *Victorious, Indomitable,* dem Schlachtschiff *Howe,* 2 Kreuzern und 7 Zerstörern unter KAdm. Moody einen Trägerraid gegen Sigli (Nord-Sumatra) und Fotoaufklärungsflüge über den Nikobaren durch.
Im September versenken die brit. U-Boote in der Malakka-Straße und im Westteil Insulindes folgende Schiffe: *Strongbow* 8 Schiffe, *Sirdar* (Lt. Spender) 3 kleine Fahrzeuge, *Tantivy* 1 Schiff mit 1799 BRT, *Porpoise* (LCdr. Turner) 1 Schiff mit 3029 BRT und 2 Bewacher durch Minen, *Tradewind* 1 Schiff mit 5065 BRT und 2 Segler, *Trenchant* (Cdr. Hezlet) 2 Segler und *U 859, Thorough* 1 kleines Fahrzeug. Das niederl. U-Boot *O-19* (Kptlt. v. Karnebeek) versenkt 3 kleine Fahrzeuge.

17.—23. 9. 1944 **Ostsee**

Unter dem Druck der weiter im Süden nach Estland hineinstoßenden sowj. Armee setzt sich das III. SS-Panzer-Korps ab 18. 9. aus der Narwa-Stellung nach Westen ab. Nach Evakuierung der dt. Besatzung von Suur-Tytärsaari durch die 5. S-Flottille am 17. 9. wird die Insel am 20. 9. von leichten sowj. Kräften besetzt, die am 21. und 22. 9. die geräumten Häfen Kunda und Loksa besetzen. Am 23. 9. morgens läuft der letzte dt. Geleitzug aus Reval mit 4 Dampfern, 1 Lazarettschiff mit 9000 Mann, gesichert von den T-Booten *T 20, T 13, T 17, T 19* aus. Insgesamt sind bis dahin aus Reval 50 000 Soldaten auf die baltischen Inseln überführt worden. Außerdem werden im August/September 85 000 Flüchtlinge abtransportiert.
Zur Sperrung der bisherigen Wege im Finnenbusen legen die Minenschiffe *Brummer, Linz,* die T-Boote *T 23* und *T 28,* die M-Boote *M 18* und *M 19,* ferner MFP, S-Boote, R-Boote mehrere neue Minensperren.

18./19. 9. 1944 **Kanal**

4 Schnellboote bringen, gedeckt durch *S 183, S 200* und *S 702* der 10. S-Flottille, Munition und Versorgungsgüter in die eingeschlossene »Festung« Dünkirchen. Dabei wird die Sicherungsgruppe durch die brit. Fregatte *Stayner* und 2 MTB abgefangen und vernichtet.

20. 9. 1944 **Biskaya**

Poln. Zerstörer *Blyskawica* und *Piorun* führen eine Landung auf Audierne zur Unterstützung franz. Resistance-Kämpfer durch.

24. 9.—31. 10. 1944 **Mittelmeer/Ägäis**

Einsatz der »British Aegean Force« (KAdm. Mansfield) zur Besetzung der von dt. Truppen geräumten Ägäis-Inseln und des griech. Festlandes. Beteiligt sind die Geleitträger *Hunter, Stalker, Emperor, Attacker, Searcher, Pursuer, Khedive,* die Kreuzer *Orion, Ajax, Royalist* (KAdm. Troubridge), *Black Prince, Argonaut, Aurora* und *Colombo,* die 24. Z-Flottille (Capt. Firth) mit *Troubridge, Termagent, Terpsichore, Teazer, Tuscan, Tumult,* ferner der griech. *Navarinon* und der poln. *Garland,* die »Hunt«-Zerstörer *Brecon, Calpe, Catterick, Cleveland, Liddesdale, Zetland* und die griech. *Themistokles, Kriti, Pindos, Kanaris* und

Miaoulis. Dabei zahlreiche Gefechte mit kleinen dt. Schiffen, Beschießungen dt. Stellungen, Flugplätze und Batterien sowie Landungen.
Am 30. 9.—3. 10. dt. Geleit von Piräus nach Saloniki mit 2 Dampfern, gesichert von *TA 18* und den Hs-Booten *GD 97* und *GK 92*. Am 2. 10. versenkt das franz. U-Boot *Curie* (Lt. Chailley) den Dampfer *Zar Ferdinand* (1994 BRT), am 3. 10. das brit. *Unswerving* (Lt. Tattersall) die *Berta* (1810 BRT). Von den brit. U-Booten versenken außerdem *Virtue* (Lt. Cairns) 6 kleine Fahrzeuge, *Vampire* (Lt. Taylor) den Dampfer *Peter* (3754 BRT), *Vigorous* den Dampfer *Salomea* (751 BRT), 2 Segler und die Fähre *SF 121, Vox* (Lt. Michell) 1 Segler. *TA 38* und *TA 39* führen am 5./6. 10. vor Piräus defensive Minenunternehmung durch. Am 15. 10. sinken auf dieser Sperre die griech. Minensucher *Kassos (YMS 74)* und *Kos (YMS 186)*.
Vom 6.—13. 10. Verlegung der letzten dt. Schiffe in der Ägäis von Piräus nach Saloniki. Dabei am 7. 10. südwestlich Kassandra-Huk im Gefecht mit den brit. Zerstörern *Termagent* und *Tuscan* das T-Boot *TA 37, UJ 2101* und das Hs-Boot *GK 62* versenkt. Minenschiff *Zeus* entkommen. Am 9. 10. *TA 38* bei Makronisi auf Grund geraten, von *TA 39* nach Volos geschleppt, dort bei Luftangriff am 12. 10. zusammen mit 1 Dampfer, 2 Güterzugschiffen, 1 U-Jäger, 1 MFP, 1 SF, 3 KFK, 1 LS-Boot und mehreren Motorseglern bei Luftangriffen der brit. Geleitträger gesunken. Die letzten fahrbereiten Schiffe, Dampfer *Lola, TA 39* und 3 R-Boote nach Saloniki, nachdem Piräus am 12. 10. geräumt. Am 29. 10. bringt brit. Zerstörer *Kimberley* in der Ägäis das dt. Lazarettschiff *Gradisca* (13 870 BRT) auf.
Am 31. 10. werden wegen der Räumung Salonikis durch die dt. Truppen die letzten Schiffe, darunter *R 185, R 195, R 210, R 211* und 3 Hilfsminensucher *Alula, Otranto, Gallipoli* selbst versenkt, nachdem *TA 39* und *Lola* am 16. 10. durch Minentreffer gesunken sind.

26. 9.—13. 11. 1944 **Nordatlantik**

Gegen ausmarschierende dt. Schnorchel-U-Boote operieren in der Shetland-Faröer-Island-Enge brit. und kanad. Support Groups. Am 16. 10. wird *U 1006* (Oblt. z. S. Voigt) durch die kanad. Fregatten der 6th Support Group *Annan, Loch Achanalt* und *Outremont* gestellt und nach dem Auftauchen in einem heftigen Artillerie- und Torpedogefecht durch die *Annan* versenkt. *U 246* muß am 23. 10. nach einer Waboverfolgung umkehren. Am 24. 10. gerät der kanad. Zerstörer *Skeena* der 11th Support Group vor Island auf ein Riff und geht im Sturm verloren.
Vor Reykjavik verfehlt *U 300* (Oblt. z. S. Hein) 2 Dampfer und versenkt am 10. 11. aus einem Konvoi 3 Schiffe mit 7828 BRT. *U 281* hat in der North Minch keinen Erfolg. Im Nordkanal verfehlt *U 1004* zweimal Escorts, *U 483* (Kptlt. v. Morstein) 2 Dampfer, 1 Monitor und 2 Escorts, torpediert am 1. 11. aber den brit. DE *Whitaker*, der eingeschleppt, aber Totalverlust wird. *U 1003* kommt nicht zum Schuß.
Im Kanal versenkt bzw. torpediert *U 978* (Kptlt. Pulst) je 1 Liberty-Schiff (7176 BRT, 7177 BRT) und vernichtet das Wrack eines vorher auf eine Mine gelaufenen dritten Liberty-Schiffes. *U 773* und *U 722* führen Transportunternehmen nach St. Nazaire durch.

26. 9.—15. 11. 1944 **Atlantik**

Im Nordatlantik sind von Ende September bis Mitte Oktober als Wetterboote *U 245, U 262* und *U 518* aufgestellt, sie werden im Oktober von den ohne Erfolge von Fernfahrten zurückkehrenden *U 546* (24. 7.—30. 8. vor Dakar) und

U 170 (Oblt. z. S. Hauber, 6. 9.—5. 10. vor Freetown) abgelöst, letzteres verfehlt am 28. und 31. 10. Escorts von 2 Konvois mit T-5. Im November wird *U 396* Wetterboot. Im Nordatlantik geht Ende Oktober *U 1226* auf dem Wege nach Amerika infolge Schnorchelpanne verloren.
U 1221 (Oblt. z. S. Ackermann) und *U 1223* (Oblt. z. S. Kneip) operieren von Ende September bis Anfang November vor Halifax bzw. im St.-Lawrence-Golf. *U 1221* verfehlt einen Truppentransporter, *U 1223* torpediert aus der Sicherung des Konvois GONS. 33 die kanad. Fregatte *Magog* und verfehlt die *Toronto* knapp (4. 10.) und torpediert am 2. 11. einen Einzelfahrer mit 7134 BRT. Trotz Ansatz einer U-Jagd-Gruppe mit dem Träger *Core* und MAD-Flugzeugen werden die mit cm-FuMB »Naxos« und »Kurier«-Maschinensender für FT ausgerüsteten Boote nicht erfaßt.
U 1227 (Oblt. z. S. Altmeier) trifft am 4. 10. auf dem Marsch nach Gibraltar auf den von einer kanad. Escort Group gesicherten Konvoi ONS. 33 und torpediert die Fregatte *Chebogue*, die von den Korvetten *Arnprior*, *Chambly*, der Fregatte *Ribble* und Schleppern in den Bristol-Kanal eingebracht wird, jedoch Totalverlust bleibt. Vor Gibraltar verfehlt *U 1227* am 25. 10. einen Flottenverband und versenkt am 7. 11. einen unbekannten Tanker.
Auf dem Marsch nach Djakarta passieren im September/Oktober *U 195* und *U 219* den Mittel- und Südatlantik. *U 871* wird am 26. 9. durch 1 *Fortress* der RAF-Sq. 220 von den Azoren versenkt, *U 863* am 29. 9. durch 2 *Liberators* der USN-VB. 107 von Ascension. Der im Mittelatlantik operierenden US-Task Group 22.1 (Capt. Ruhsenberger) mit dem Geleitträger *Mission Bay* und den DEs *Douglas L. Howard*, *J. R. Y. Blakely*, *Hill*, *Farquhar* und *Fessenden* fällt das zurückkehrende *U 1062* zum Opfer.

29. 9.—24. 10. 1944 **Ostsee**

Sowj. Angriff gegen die baltischen Inseln. Als Landungsverbände (KAdm. Svjatov) werden eingesetzt: 48—55 Torpedokutter der TKA-Brigade (Kpt. 1. Rg. Olejnik), 13 Wachboote, 13 Räumboote, 20 Hafenschutzboote, 20 Tender des Revaler Seeverteidigungs-Abschnittes (Kpt. 1. Rg. Guskov) und 8 Panzerkutter. Als Landungseinheiten Verbände der 8. Armee (GenLt. Starikov) unter Luftunterstützung durch die 13. Luftarmee (GenLt. Rybalčenko). Am 29. 9. landen TKAs und 90 Amphibienfahrzeuge die ersten Voraustruppen auf Moon, in den Brückenkopf werden die estn. 247. und 7. Div. nachgeführt, die dt. Verteidiger ziehen sich nach Ösel zurück und sprengen die Brücke. Am 2. 10. landen leichte Kräfte Vorausabteilungen und später die Masse der 109. Schützen-Div. auf Dagö, das die schwachen dt. Sicherungen bis zum 3. 10. räumen. Am 5. 10. gelingt den sowj. Kräften die Landung auf Ösel. Die dt. 218. Inf.Div. kann die weit überlegenen sowj. Kräfte nicht aufhalten und zieht sich bis 20. 10. auf die Halbinsel Sworbe zurück. Ein sowj. Angriff scheitert z. T. infolge der Küstenbeschießungen durch die dt. Kampfgruppe (VAdm. Thiele). Am 22. 10. beschießen *T 23* und *T 28* Sworbe, am 23./24. 10. beschießen der Kreuzer *Lützow* (Kpt. z. S. Knoke) mit den Zerstörern *Z 28*, *Z 35* und den T-Booten *T 13*, *T 19* und *T 21* sowj. Stellungen auf Sworbe und bei Memel. Abwehr starker sowj. Luftangriffe, dabei Bombentreffer auf *Z 28*.

29. 9.—29. 12. 1944 **Ostsee**

Mit finn. Minensuch- und Lotsenhilfe werden vom 28. 9.—3. 10. 3, vom 2. bis 9. 10. 4, vom 5.—10. 10. 3 sowj. U-Boote aus dem inneren Finnenbusen durch die finn. Schären nach Hangö und Abo gebracht. Von dort aus operieren im Oktober ab 5. 10. *ŠČ-310* (Kpt. 3. Rg. Bogorad) vor Windau — Transporter

Ro 24 (4499 BRT) und 1 Schlepper versenkt, 3 Fehlschüsse, *ŠČ-407* (Kpt. 3. Rg. Bočarov) vor Memel — Schulschiff *Nordstern* (1127 BRT) versenkt, 2 Fehlschüsse, ihre Ablösungen *ŠČ-307* (Kptlt. Kalinin) bzw. *D-2* (Kptlt. Filov) haben 6 bzw. 1 Fehlschüsse zu verzeichnen. Vor Brüsterort legt *Lembit* (Kpt. 3. Rg. Matijasevič) eine Minensperre, versenkt den Minensucher *M 3619* und hat 2 Fehlschüsse, *S-4* (Kpt. 3. Rg. Kljuškin) versenkt vor Rixhöft die *Taunus, Terra* und *Thalatta* mit zusammen 4896 BRT, *S-13* (Kpt. 3. Rg. Marinesko) auf der Stolpe-Bank den Fischdampfer *Siegfried* (563 BRT) und *L-3* (Kpt. 3. Rg. Konovalov) bei Bornholm den dän. Dampfer *Hilma Lau* (2414 BRT). Außerdem legt das Boot bei Saßnitz eine Minensperre, auf der am 24. 11. das T-Boot *T 34* sinkt und das Segelschulschiff *Albert Leo Schlageter* beschädigt wird. *K-56* muß umkehren. Im November/Dezember operieren *ŠČ-309* (Kpt. 3. Rg. Vetčinkin) vor Windau — 2 Schiffe mit 5595 BRT versenkt, 3 Fehlschüsse, *ŠČ-318* (Kpt. 3. Rg. Loškarev) — 1 Fehlschuß, vor Memel *ŠČ-303* (Kpt. 3. Rg. Ignatév), abgesetzt von der Küste auf dem Tiefwasserweg, wo sie dt. Geleite anzugreifen versuchen, *K-53* (Kpt. 3. Rg. Jaroševič) und *D-2*. In die Danziger Bucht dringt *ŠČ-407* ein und versenkt den Dampfer *Seeburg* (12 181 BRT). *Lembit* legt eine Minensperre westlich Rixhöft, auf der die Dampfer *Eichberg* und *Elie* (1923 BRT, 1837 BRT) Treffer erhalten, jedoch später eingebracht werden. Im Gebiet zwischen Gotland, Stolpe-Bank und Bornholm versenkt *K-51* (Kpt. 3. Rg. Drozdov) am 24. 11. den schwed. Dampfer *Hansa* (493 BRT) und hat 2 Fehlschüsse, *K-56* (Kpt. 3. Rg. Popov) verfehlt den Hilfskreuzer *Hansa,* und versenkt den Dampfer *Baltenland* (3042 BRT) und die schwed. *Venersborg* (1044 BRT). *S-4* bleibt ohne Erfolg, *K-52* muß umkehren.

★

1. 10. 1944 **Nordsee**

5 brit. *MTB* greifen dt. Geleit (3 Schleppzüge mit Neubauten und *F 6*) von Rotterdam nach Borkum an. Starke Sicherung durch 3 Boote der 11. M-Fl., 4 der 38. M-Fl., 4 der 13. R-Fl. und 6 Vorpostenboote (13. und 20. Vp-Fl.) *MTB 360* und *MTB 347* versenkt.

1.—2. 10. 1944 **Mittelmeer/Ligurisches Meer**

Aufklärungsmarsch der 10. T-Flottille (KKpt. v. Gartzen) mit *TA 24, TA 29* und *TA 32* im westlichen Golf von Genua.

1.—10. 10. 1944 **Ostsee**

Um die dt. Truppen aus Nordfinnland zu vertreiben, drängt das finn. III. Korps den sich nach Nordwesten zurückgehenden dt. Einheiten nach. Am 1. 10. werden die ersten Teile der finn. 3. Div. — 2900 Mann des 11. Inf.Regt. — mit 3 Dampfern in Röyottä (Nord-Bottenbusen) gelandet, um nach Kemi und Tornio vorzustoßen. Heftige dt. Gegenangriffe verursachen zunächst Rückschläge, bis ab 2. 10. die übrigen Teile der 3. Div. eintreffen und ab 6. 10. die finn. K-Boote *Uusimaa* und *Hämeenmaa* die Landungstruppen unterstützen und die Flakabwehr verstärken können. Dt. Luftangriffe beschädigen mehrere Transporter.

1.—31. 10. 1944 **Pazifik**

Im Pazifik werden die US-U-Boote z. T. im Zusammenhang mit der Leyte-Operation in Gruppen aufgestellt; die Boote erzielen teils gemeinsam, teils einzeln beträchtliche Erfolge:

In jap. Gewässern versenken einzeln *Pomfret* (Cdr. Acker) 1 Schiff mit 6962 BRT, 1 weiteres Schiff torpediert, *Seal* (LCdr. Turner) 2 Schiffe mit 6639 BRT, *Tilefish* (LCdr. Keithley) 1 Schiff mit 108 BRT. Als Gruppen operieren und versenken im Gebiet der Volcano- und Bonin-Inseln *Snapper* (LCdr. Walker) 1 Schiff mit 1990 BRT und den Minenleger *Ajiro, Trepang* (LCdr. Davenport) 1 Schiff mit 751 BRT und 1 Landungsschiff, *Kingfish* (LCdr. Harper) 2 Schiffe mit 10778 BRT und das Landungsschiff *No. 138.* Südwestlich Kyushu kreuzen *Croaker* (LCdr. Lee), 3 Schiffe mit 5839 BRT versenkt, 1 Schiff torp., *Perch* und *Escolar.* Ostwärts Kyushu versenkt *Gabilan* (LCdr. Wheland) 1 Schiff mit 200 BRT, *Ronquil* (LCdr. Monroe) die Korvette *Kaibokan 132* torped., *Besugo* ohne Erfolg. Zwischen Kyushu und Amami-O-shima stehen *Sterlet, Skate* und *Sea Dog* (LCdr. Lowrance) 2 Schiffe mit 7433 BRT versenkt. In der Formosa-Str. versenkt *Tang* (LCdr. O'Kane) aus Konvois 6 Schiffe mit 19250 BRT und torpediert 2 weitere Schiffe, geht aber selbst durch einen eigenen Kreisläufer verloren. Zwischen Okinawa und Formosa stehen *Salmon, Silversides* und *Trigger.* Südlich der Formosa-Str. versenken *Snook* (LCdr. Browne) und *Sterlet* (LCdr. Robbins) je 3 Schiffe mit 16636 bzw. 20616 BRT,. *Barbero* hat keinen Erfolg. Südlich Formosa operieren *Shark, Blackfish* und *Seadragon* (LCdr. Ashley) 3 Schiffe mit 13854 BRT versenkt. Nordwestlich Luzon sind erfolgreich *Sawfish* (LCdr. Bannister) 2 Schiffe mit 13384 BRT, *Icefish* (Cdr. Peterson) 3 Schiffe mit 14824 BRT, *Drum* (LCdr. Williamson) 3 Schiffe mit 18497 BRT, 1 Schiff torpediert, *Seahorse* (LCdr. Wilkins) *Kaibokan 21* versenkt, *Whale* ohne Erfolg. Westlich Luzon versenken *Cabrilla* (LCdr. Thompson) 4 Schiffe mit 24530 BRT, 1 weiteres Schiff torpediert, *Aspro* (Cdr. Stevensen) 2 Schiffe mit 10912 BRT, *Hoe* (LCdr. McCrea) 1 Schiff mit 2578 BRT, ferner *Kaibokan 8* torpediert. Südwestlich davon stehen *Bonefish, Flasher* und *Lapon* ohne Erfolg, sowie *Baya* (LCdr. Jarvis), *Hawkbill* (LCdr. Scanland) und *Becuna* (LCdr. Sturr), die zusammen 3 Schiffe mit 17213 BRT versenken. Vor Manila versenkt *Cod* (LCdr. Adkins) 1 Schiff mit 6886 BRT und torpediert 1 Schiff, eine Gruppe mit *Bream* (LCdr. McCallum), *Guitarro* (LCdr. Haskins), *Raton* (LCdr. Shea) und *Ray* (LCdr. Kinsella) versenkt zusammen 6 Schiffe mit 25974 BRT und die Korvette *Kaibokan 7,* 1 Dampfer wird torpediert. Nördlich Palawan steht *Blackfin,* in der Sulu-Str. *Batfish,* im Norden der Makassar-Str. *Cobia.* Westlich Palawan operiert eine Gruppe mit *Darter* (LCdr. McClintock), *Dace* (LCdr. Claggett), 2 Schiffe mit 12941 BRT versenkt, 1 Schiff beschädigt, *Rock* und *Bergall* (LCdr. Hyde) 3 Schiffe mit 24716 BRT versenkt.
Weiter westlich versenken außerdem *Angler* (Cdr. Hess) 1 Schiff mit 2407 BRT, *Bluegill* (LCdr. Barr) 3 Schiffe mit 19631 BRT, *Hammerhead* (LCdr. Martin) 5 Schiffe mit 25178 BRT, *Redfin* (LCdr. Austin) 2 Schiffe torpediert und *Rock* (LCdr. Flachsenhar) 1 Schiff mit 834 BRT versenkt.
Demgegenüber im Pazifik nur noch ein jap. U-Boot *I-12* (KKpt. Kudo) auf Fernunternehmung zwischen Hawaii und US-Westküste, es versenkt 1 Liberty-Schiff mit 7176 BRT und ist seit Ende Oktober verschollen.

4. 10. 1944 **Nordmeer-Grönland**

Besatzungsangehörige des US-Eisbrechers *Eastwind* heben auf der Insel Lille Koldewey (vor der Nordostküste Grönlands) eine dt. Wetterstation aus.

4. 10. 1944—5. 1. 1945 **Indischer Ozean**

Erste Gruppe der dt. Ostasien-U-Boote läuft mit Rohstoffen von Djakarta zum Rückmarsch nach Norwegen aus. *U 168* wird am 6. 10. nördlich Java von dem niederl. U-Boot *Zvaardfish* versenkt, *U 181* (FKpt. Freiwald) läuft am 19. 10.

aus, versenkt am 2. 11. im mittl. Indischen Ozean einen Tanker von 10 198 BRT, muß aber südlich Afrika wegen eines Lagerschadens umkehren und läuft am 5. 1. wieder ein. *U 537* wird am 9. 11. nördlich Bali durch das US-U-Boot *Flounder* versenkt, *U 196* ist seit dem Auslaufen am 11. 11. in der Sunda-Straße vermißt. Am 28. 11. läuft *U 843* aus und erreicht nach Versorgung des aus Frankreich kommenden *U 195* am 28. 12. den Atlantik, von dort kommen im Dezember *U 195* und *U 219* in Djakarta an.
Auf der Verlegung von Singapore nach Penang werden die jap. U-Boote *Ro-113* und *Ro-115* am 12. 10 von dem brit. U-Boot *Strongbow* verfehlt, *Stygian* verfehlt am 24. 10. eines der beiden in den Bengalen-Golf auslaufenden Boote, von denen *Ro-113* (Oblt. Harada) am 5. 11. 1 Schiff mit 3827 BRT versenkt. Weder die zur Jagd angesetzten Landflugzeuge noch die Task Force 66 mit den Geleitträgern *Begum* und *Shah* können die jap. U-Boote fassen, von denen das brit. U-Boot *Tally Ho* eines beim Einlaufen am 8. 11. verfehlt. Bei einer zweiten Unternehmung wird *Ro-113* am 3./4. 12. von einer *Liberator* der RAF-Squ. 222 gebombt, greift aber am 17./18. und 18./19. 12. vor Madras 2 Schiffe an, die knapp ausweichen und trifft am 28. 12. wieder vor Penang an, wo das brit. U-Boot *Thule* das Boot mit 6 Torpedos verfehlt. *Ro-115* kreuzt ohne Erfolg an der Ostküste Ceylons und wird am 22. 12. durch die Sloop *Flamingo* gejagt.

5./6. 10. 1944 **Nordsee**
Ein starker Verband von *Linsen* (Sprengboote) versucht von der Schelde aus brit. Minensucher vor der belg. Küste anzugreifen. Ungünstige Wetterverhältnisse und starke Abwehr lassen das Unternehmen zu einem Fiasko werden. 36 *Linsen* gehen verloren oder müssen aufgegeben werden.

6.—17. 10. 1944 **Zentralpazifik**
Adm. Halsey (Chef 3. Flotte) operiert mit der Task Force 38 zur Ausschaltung der jap. Luftwaffen vor Formosa und Luzon. T. F. 38 (VAdm. Mitscher) läuft am 6. 10. mit 3 Gruppen von Ulithi aus, T. G. 38.4 stößt aus dem Raum westl. Palau am 7. 10. dazu. Am 8. 10. Beölung aus 9 Flottentankern. Am gleichen Tage beschießt die T. G. 30.2 (KAdm. Smith) mit den Kreuzern *Chester, Pensacola, Salt Lake City* und den Zerstörern *Dunlap, Fanning, Case, Cummings, Cassin, Downes,* Marcus Island. Am 9. 10. marschiert die T. F. 38 nach Nordwest. T. G. 38.1 (VAdm. McCain) mit Träger *Wasp, Hornet, Montenrey, Cowpens,* Kreuzer *Wichita, Boston, Canberra, Houston,* Zerstörer *Izard, Charrette, Conner, Bell, Burns; Cogswell, Caperton, Ingersoll, Knapp, Boyd, Cowell; McCalla, Grayson, Brown, Woodworth.*
T. G. 38.2 (KAdm. Bogan) mit Trägern *Intrepid, Hancock, Bunker Hill, Cabot, Independence,* Schlachtschiffen *Iowa, New Jersey* (FFF), Kreuzern *Vincennes, Miami, San Diego, Oakland,* Zerstörern *Owen, Miller, The Sullivans, Stephen Potter, Tingey; Hickox, Hunt, Lewis Hancock, Marshall; Halsey Powell, Cushing, Colahan, Uhlmann, Benham; Stockham, Wedderburn, Twining, Yarnall.*
T. G. 38.3 (KAdm. Sherman) mit Trägern *Essex, Lexington* (FF), *Princeton, Langley,* Schlachtschiffen *Washington* (VAdm. Lee), *Massachusetts, South Dakota, Alabama,* Kreuzern *Santa Fe, Mobile, Birmingham, Reno,* Zerstörern *Clarence K. Bronson, Cotten, Dortch, Gatling, Healy; Porterfield, Callaghan, Cassin Young, Irwin, Preston; Laws, Longshaw, Morrison, Prichett.*
T. G. 38.4 (KAdm. Davison) mit Trägern *Franklin, Enterprise, San Jacinto, Belleau Wood,* Kreuzer *New Orleans, Biloxi,* Zerstörern *Maury, Gridley, Helm, McCall, Mugford, Bagley, Patterson, Ralph Talbot, Wilkes, Nicholson, Swanson.*

Luftschlacht von Formosa: Am 10. 10. starten 1 Gruppe gegen Amami-O-shima, 2 Gruppen gegen Okinawa und 1 Gruppe gegen Sakishima Gunto insgesamt 1396 Einsätze. Bei 21 Verlusten werden in Okinawa das U-Boot-Mutterschiff *Jingei* und 5 kleinere Kriegsschiffe sowie 4 Dampfer vernichtet, die jap. Luftflotte 2 (VAdm. Fukudome) — 450 Flugzeuge — verliert in Luftkämpfen und am Boden 30 Maschinen, Angriffsversuche gegen die von der Luftaufklärung erfaßten Trägergruppen scheitern, da die Verbände die Ziele nicht finden.
Am 11. 10. fliegen die T. G. 38.1 und 38.4 von nordostwärts Luzon 61 Einsätze gegen den Flugplatz Aparri, wo 15 jap. Flugzeuge zerstört werden. Die T. G. 38.2 und 38.3 beölen ostwärts aus 12 Flottentankern der T. G. 30.8 (Capt. Acuff) (34 Tanker, 17 Zerstörer, 26 DEs) und übernehmen von den als »Replenishmet-Carriers« eingesetzten Geleitträgern im Okt. nacheinander *Altamaha, Barnes, Sitkoh Bay, Cape Esperance, Nassau, Kwajalein, Shipley Bay, Steamer Bay, Nehenta Bay, Sargent Bay, Rudyerd Bay,* 61 Ersatzflugzeuge.
Am 12. und 13. 10. fliegen alle 4 Task Groups laufende Angriffe gegen Flugplätze und Anlagen auf Formosa: am 12. 1378 Einsätze, am 13. 10. 974 Einsätze. Bei 48 Verlusten zahlreiche jap. Flugzeuge in der Luft und am Boden zerstört. Die jap. 2. Luftflotte versucht von Formosa aus Angriffe auf die beiden südl. T. G., die abgefangen werden. Von Kyushu aus fliegt die »T«-Force am 12. 56, am 13. 30 Einsätze, an beiden Tagen fliegen von Okinawa 52 Flugzeuge. Der Träger *Franklin* weicht Torpedos knapp aus, eines der 4 angreifenden Flugzeuge stürzt brennend an Deck und verursacht leichte Schäden. Bei Dunkelwerden wird die *Canberra* von einem Torpedo getroffen und schwer beschädigt.
Am 14. 10. früh führt die T. G. 38.1 nochmals einen Angriff mit 246 Einsätzen gegen Formosa bei 23 Verlusten. Die T. G. 38.4 greift Aparri an. Von Basen in China greifen *B-29* in 109 Einsätzen Ziele in Formosa und Okinawa an. Die jap. 2. Luftflotte fliegt von Formosa, Okinawa und Kyushu insgesamt 419 Einsätze gegen die US-Flotte, 225 Maschinen kehren ohne Ziele gefunden zu haben um. Beim Angriff auf die T. G. 38.1 wird abends die *Houston* torpediert. Die *Canberra* wird von der *Wichita*, die *Houston* von der *Boston* in Schlepp genommen, zur Deckung wird die T. G. 30.3 (KAdm. DuBose) mit den Kreuzern *Santa Fe* und *Mobile*, den Trägern *Cowpens* und *Cabot* und den Zerstörern *Charrette, Conner, Bell, Burns, Cogswell, Caperton, Ingersoll, Knapp, Boyd, Cowell, Miller, The Sullivans* und *Stephen Potter* gebildet. Am 15. 10. fliegen Verbände der jap. 2. Luftflotte 199 Einsätze gegen die abmarschierende T. F. 38, dabei wird die *Houston* erneut von einem Torpedo getroffen. Die T. G. 38.4 führt Angriffe gegen die Flugfelder nördlich Manila auf Luzon. Dabei kommt es zu heftigen Luftkämpfen mit 50 Jägern der jap. 1. Luftflotte (VAdm. Teraoka) und Angriffen von 130 jap. Flugzeugen gegen die T. G. 38.4, die jedoch unter Abschuß von 32 Maschinen abgewiesen werden.
Insgesamt melden die jap. Flieger vom 12.—15. 10. bei 881 Einsätzen unter 321 Verlusten 11 Träger, 2 Schlachtschiffe und 1 Kreuzer versenkt und 8 Träger, 2 Schlachtschiffe, 1 Kreuzer und 13 andere Schiffe beschädigt. Gegen die beschädigten Schiffe wird die U-Boot-Gruppe A mit *I-26, I-45, I-53, I-54,* und *I-56* und die 2. Angriffsgruppe (VAdm. Shima) mit den Kreuzern *Nachi, Ashigara, Abukuma* und den Zerstörern *Akebono, Ushio, Kasumi, Shiranuhi, Wakaba, Hatsushimo, Hatsuharu* und *Suzutsuki* angesetzt, von denen letztere am 15. 10. durch das US-U-Boot *Besugo* torpediert wird. *Skate* meldet den Verband, worauf die T. G. 38.2 und 38.3 am 16. 10. nach Norden vorstoßen, gefolgt von der zunächst versorgenden T. G.38.1. Am 16. und 17. 10. fliegt die jap. 2. Luftflotte

nochmals 107 Einsätze gegen die T.'F. 38, ohne Ziele zu finden, 24 Flugzeuge gehen verloren. Von Luzon aus versuchen Flugzeuge der 1. Luftflotte vergeblich die T. G. 38.4 zu finden, die nach Versorgung am 16. 10., am 17. 10. wieder Mittel- und Süd-Luzon angreift. Am 17. 10. müssen die Trägergruppen im Norden wegen der anlaufenden »Leyte«-Operation umkehren, Adm. Shima läuft Amami-O-shima an, als die Aufklärung am 16. 10. noch 13 intakte Träger, 7 Schlachtschiffe und 10 Kreuzer meldet.

7.—11. 10. 1944 **Mittelmeer**

Küstenbeschießungen an der franz. Riviera-Küste durch den franz. Kreuzer *Emile Bertin*, den Zerstörer *Le Fortune* und die US-Zerstörer *Eberle, Jouett* und *Gleaves*.

7.—26. 10. 1944 **Nordmeer**

In die in Vorbereitung befindliche Absetzbewegung des XIX. Geb.Korps an der Murmansk-Front, die noch nicht angelaufen ist, stößt die Offensive der 14. sowj. Armee (Gen.Oberst Ščerbakov) mit dem 99., 131. und 31. Schützen-Korps und dem 126. und 127. leichten Schützen-Korps (7 Schützen-Div., 1 Pz.Brig., 4 Schützen-Brig.) aus der Südflanke vor, unterstützt von den Flieger-Divisionen der 7. Luftarmee. Zur Unterbrechung der Hauptnachschubwege von Norden landen Einheiten der Nord-Flotte mehrfach Marine-Infanterie-Einheiten im Rücken der dt. 6. Geb.Div., die sich jedoch zusammen mit Teilen der 2. Geb.Div. der drohenden Umfassung entziehen kann. Am 10. 10. landen 2837 Mann der 63. Mar.-Sch.Brig. mit 10 *BO-*, 8 *MO-* und 12 *TKA*-Kuttern in der Maativuono-Bucht gegenüber der Fischer-Halbinsel, am 12. 10. 660 Mann mit 7 *TKA-* und 6 *MO-*Kuttern am Eingang des Petsamo-Fjordes, am 18. 10. 485 Mann mit 6 *MO-*Kuttern bei Jakobselv, am 23. 10. 600 Mann der 12. Mar.Brig. mit 6 *MO-* und 4 *TKA*-Kuttern am Jarfjord und am 25. 10. 835 Mann mit 15 *TKA-* und 4 *BO-*Kuttern sowie 2 Motorbooten am Bökfjord. Am folgenden Tage besetzen sie zusammen mit Einheiten des 131. Schützen-Korps das inzwischen geräumte Kirkenes.

Zur Deckung und Unterstützung der Landungen werden die Fliegerregimenter der Nord-Flotte und 6 Zerstörer (2 für Artillerieunterstützung, 4 für Deckung gegen dt. Angriffe) angesetzt, von denen die Zerstörer *Baku, Gremjaščij, Razumnyj* und *Razjarennyj* am 26. 10. Vardö und Vadsö beschießen.

Gegen die erwarteten dt. Räumungstransporte über See werden die U-Boote *L-20* (Minenunternehmung), *S-51, V-2, S-104, M-171* (Minenunternehmung), *S-102, S-14, V-4* und *S-101* vor der norweg. Polarküste angesetzt. In 13 Angriffen melden die Boote 18 Erfolge, tatsächlich gehen jedoch nur 1 Dampfer (1730 BRT) und *UJ 1220* durch einen Angriff von *S-104* (Kpt. 2. Rg. Turaev) am 12. 10. und *UJ 1219* am 20. 10 durch *V-4* (Kpt. 3. Rg. Iosseliani) durch Torpedoschuß und 1 kleiner norweg. Kutter durch U-Minen-Treffer verloren. Bei 2 Angriffen von insgesamt 10 Torpedokuttern gehen statt der gemeldeten 10 Fahrzeuge nur 2 Minensucher *M 303* und *M 31* verloren, *R 311* wird beschädigt. Bei 14 größeren Luftangriffen der 5. Minen-Torpedo-Div., der 6. Jäger-Div. und der 14. Schlachtflieger-Div. gehen 4 Dampfer, 1 Schlepper, 2 R-Boote, 3 Vp-Boote, 1 Fährprahm und 1 Artillerieträger verloren. Die Masse der dt. Rückführungsgeleite erreicht jedoch ihre Bestimmungsorte. Über 40 000 ts Material werden über See abgefahren.

6.—13. 10. 1944 **Ostsee**

Nach sowj. Durchbruch an die Ostsee zwischen Libau und Memel vom 6.—10. 10. beschießen Schwere Kreuzer *Prinz Eugen* (Kpt. z. S. Reinicke) und *Lützow*

(Kpt. z. S. Knoke) sowie die 6. Z-Fl. (Kpt. z. S. Kothe) mit *Z 25, Z 35* und *Z 36* sowj. Bereitstellungen bei Memel. Fla- und U-Boot-Sicherung durch die 3. T-Fl. mit *T 21, T 13, T 16* und *T 20*. Abwehr sowj. Luftangriffe.

15. 10.—4. 11. 1944 **Luftkrieg Westeuropa**

Das RAF-Bomber-Command wirft in Nachtangriffen am 15./16. 10. 2198 ts Bomben auf Wilhelmshaven und am 18./19. 10. 867 ts Bomben auf Bremerhaven. In Tagesangriffen werden am 17. 10. 3400 ts Bomben auf das eingeschlossene Boulogne, am 20. 10. 3365 ts Bomben auf Calais geworfen.
Die 8. USAAF wirft in Tagesangriffen am 25. 10. 1656 ts Bomben auf Treibstofflager und Ölraffinerien in Hamburg und am 4. 11. auf den Hamburger Hafen 1030 ts Bomben. Dabei werden die Zerstörer *Erich Steinbrinck* und der U-Boot-Neubau *U 2557* schwer beschädigt, *Sperrbrecher 30*, die Frachter *Hermann Fritzen* (3845 BRT), *Signal* (3176 BRT)versenkt. Wohnschiff *Veendam* (15 450 BRT) brennt aus.

17.—19. 10. 1944 **Indischer Ozean**

Operation »Millet«: Zur Ablenkung für die bevorstehende US-Landung auf Leyte führt die Brit. Eastern Fleet unter VAdm. Power mit den Trägern *Illustrious, Victorious, Indomitable*, dem Schlachtschiff *Howe*, Kreuzern und Zerstörern 3tägige Raids gegen die Nikobaren mit Trägerflugzeugen und Beschießungen. Ablenkung gelingt nicht, da Operation »Sho« schon im Anlaufen, nur am 19. 10. jap. Angriffsversuch mit 12 T-Flugzeugen, Jagdschutz schießt bei 3 eig. Verlusten 7 Japaner ab.
Im Oktober versenken von den brit. U-Booten in der Malakka-Str. und im Westteil Indonesiens *Sea Rover* (Lt. Angell) 2 kleine Fahrzeuge, *Tally Ho* (Cdr. Bennington) 2 kleine Fahrzeuge, *Statesman* (Lt. Bulkeley), *Sturdy* (Lt. Andersen) 2 bzw. 14 kleine Fahrzeuge, *Strongbow* 1 Schiff mit 1185 BRT, ferner 1 Schiff torpediert, *Stygian* (Lt. Clarabut) 8 Schiffe, *Subtle* 2 Schiffe, *Tantivy* 22 Schiffe, *Stoic* (Lt. Marriott) 5 Schiffe, *Terrapin* (LCdr. Brunner) 3 kleine Fahrzeuge und *Trenchant* (Cdr. Hezlet) 1 Schiff mit 984 BRT und 1 kleines Fahrzeug. Ferner versenkt das niederl. *Zvaardfish* (Kptlt. Goossens) das dt. U-Boot *U 168*, den jap. Minenleger *Itsukushima* und 3 kleine Fahrzeuge und torpediert den Minenleger *Wakataka*.

17.—26. 10. 1944 **Südwestpazifik**

Schlacht um Leyte:
Am 16./17. 10. beginnen die vorbereitenden Luftangriffe: Von Morotai führen *P-38*-Fernjäger der 5. USAAF (LtGen. Kenney) Jagdvorstöße und *B-24*-Bomber der 13. und 5. USAAF von Sansapor und Biak fliegen Angriffe gegen Flugplätze auf Mindanao. Am 16. und 17. 10. fliegen die Flugzeuge der Geleitträger der Task Group 77.4 (KAdm. T. L. Sprague) Angriffe gegen Leyte, Cebu und Nord-Mindanao, beteiligt T. U. 1 (KAdm. T. L. Sprague) mit den Geleitträgern *Sangamon, Suwanee, Chenango, Santee, Saginaw Bay, Petrof Bay*, den Zerstörern *McCord, Trathen, Hazelwood* und den DEs *Edmonds, Richard S. Bull, Richard M. Rowell, Eversole* und *Coolbaugh*. T. U. 2 (KAdm. Stump) mit den Geleitträgern *Natoma Bay, Manila Bay, Marcus Island, Kadashan Bay, Savo Island, Ommaney Bay*, den Zerstörern *Haggard, Franks, Hailey*, den DEs *Richard W. Suesens, Abercrombie, Oberrender, Leray Wilson* und *Walter C. Wann*. T. U. 3 (KAdm. C. A. F. Sprague) mit den Geleitträgern *Fanshaw Bay, St. Lo, White Plains, Kalinin Bay, Kitkun Bay, Gambier Bay*, den Zerstörern *Hoel, Heerman, Johnston*, den DEs *Dennis, John C. Butler, Raymond, Samuel B. Roberts*. Dabei als Deckungsgruppe Task Group 77.3

(KAdm. Berkey) mit Kreuzern *Phoenix, Boise, Australia* (RAN) und *Shropshire* (RAN) mit Zerstörern *Hutchins, Bache, Beale, Daly, Killen, Arunta* (RAN) und *Warramunga* (RAN). Sie läuft mit der Minensuch- und Vermessungsgruppe (Task Group 77.5) am 17. 10. früh in den Leyte-Golf ein, wird dabei von jap. Küstenwachen gemeldet, worauf das Kaiserl. Hauptquartier die Operation »Sho-1« in Kraft setzt, die jap. Flottenbewegungen laufen an. Im Norden beginnt die US-Task Force 38 (VAdm. Mitscher) mit Angriffen zur Neutralisierung der jap. 1. Luftflotte (VAdm. Teraoka) und der 4. Heeres-Luftflotte auf Luzon. Am 17. 10. greift die Task Group 38.4 (KAdm. Davison) mit den Trägern *Franklin, Enterprise, San Jacinto, Belleau Wood,* den Schlachtschiffen *Washington, Alabama,* den Kreuzern *Wichita, New Orleans* und 15 Zerstörern Luzon an, am 18. 10. greifen außer der Task Group 38.4 auch die Task Group 38.2 mit den Trägern *Intrepid, Hancock, Bunker Hill, Independence,* den Schlachtschiffen *Iowa, New Jersey,* den Kreuzern *Biloxi, Vincennes, Miami* und 16 Zerstörern sowie die Task Group 38.3 (KAdm. Sherman) mit den Trägern *Lexington, Essex, Princeton, Langley,* den Schlachtschiffen *Massachusetts, Indiana,* den Kreuzern *Santa Fé, Birmingham, Mobile, Reno* und 12 Zerstörern Ziele in Luzon an. Gegenangriffe von 100 jap. Flugzeugen gegen die Task Force 38 und 25 Flugzeugen gegen die Task Force 77 schlagen nicht durch. Die 5. USAAF und die Geleitträger führen am 18. und 19. 10. weitere Angriffe gegen Mindanao bzw. den Raum um Leyte. Die noch einsatzbereiten Verbände der jap. 2. Marine-Luftflotte werden nach Luzon überführt, wo VAdm. Onishi die Führung der 1. Luftflotte übernimmt.

Unter massiver Luftsicherung durch Flugzeuge aller Trägergruppen und der V. USAAF läuft die 7. US-Flotte (VAdm. Kinkaid) mit der 6. US-Armee (GenLt. Krueger) in den Leyte-Golf ein. Am 20. 10. früh beginnen die Landungen, im Norden das X. Korps (GenMaj. Sibert), im Süden das XXIV. Korps (GenMaj. Hodges): Von Norden nach Süden werden gelandet:

Task Group 78.2 (KAdm. Fechteler) die 1. Cav.Div. (GenMaj. Mudge) auf 8 APA, 2 AKA und 2 LSD und 14 LST, 9 LSM.

Task Group 78.1 (KAdm. Barbey) die 24. Inf.Div. (MajGen. Irving) auf 8 APA, 4 AKA und 3 LSD sowie 12 LST und kleinere Fahrzeuge. Feuerunterstützung Task Force 78 durch Schlachtschiffe (KAdm. Weyler) *Mississippi, Maryland, West Virginia* und Task Group 77.3 (KAdm. Berkey) (s. o.!).

Im Süden landet die Task Force 79 (VAdm. Wilkinson) mit Task Group 79.2 (KAdm. Royal) die 96. Inf.Div. (GenMaj. Bradley) auf 14 APA, 4 AKA und 4 LSD sowie 24 LST und die

Task Group 79.1 (KAdm. Conolly) die 7. Inf.Div. (GenMaj. Arnold) auf 13 APA, 4 AKA und 1 LSD sowie 31 LST.

Feuerunterstützung im Süden KAdm. Oldendorf mit Schlachtschiffen *Tennessee, California, Pennsylvania,* Kreuzern *Louisville* (F), *Portland, Minneapolis, Honolulu, Denver, Columbia.* Zerstörer (s. Schlacht in der Surigao-Straße).

Widerstand gegen die Landungen zunächst leicht, die jap. 16. Inf.Div. zieht sich in die vorbereiteten Höhenstellungen zurück, um die Heranführung der 30. und 102. Inf.Div. über Ormoc abzuwarten, die zusammen mit Luftwaffe und Flotte angreifen sollen.

Durch jap. Luftangriffe wird am 20. 10. abends der Kreuzer *Honolulu* torpediert, am 21. 10. stürzt 1 jap. Flugzeug auf die *Australia,* beide Kreuzer müssen schwer beschädigt abgeschleppt werden.

Am 21. 10. unterstützen die Flugzeuge der Task Group 77.4 die Landoperationen, die der Task Group 38.2 und 38.3 fliegen Angriffe gegen die westlichen Vizayas-Inseln, Task Group 38.1 und 38.4 versorgen. Am 22. 10. stehen die Geleitträger ostwärts des Leyte-Golf in Bereitschaft, die Task Group 38.2 und 38.3 gehen zur Versorgung, die zusammen mit der »Cripdiv« (s. 6. 10.) nach Ulithi marschierende Task Group 38.4 wird am 22. 10. wieder zurückgerufen, Task Group 38.1 (mit Träger *Hancock)* läuft weiter nach Ulithi.

Nach Eingang der Meldungen über die US-Landungen läßt der OB der Vereinigten Flotten (Adm. Toyoda) die jap. Kampfgruppen auslaufen: Am 22. 10. gehen von Brunei (Borneo) die Zentralgruppe (VAdm. Kurita) mit den Schlachtschiffen *Yamato, Musashi, Nagato, Kongo, Haruna,* den Kreuzern *Atago* (F), *Takao, Chokai, Maya, Myoko, Haguro, Kumano, Suzuya, Chikuma, Tone,* den Zerstörerführer-Kreuzern *Noshiro, Yahagi* und den Zerstörern *Shimakaze, Hayashimo, Akishimo, Kishinami, Okinami, Naganami, Asashimo, Hamanami, Fujinami; Nowake, Kiyoshimo, Urakaze, Yukikaze, Hamakaze* und *Isokaze* in See. Es folgt die Südgruppe (VAdm. Nishimura) mit den Schlachtschiffen *Fuso, Yamashiro,* dem Kreuzer *Mogami* und den Zerstörern *Michishio, Asagumo, Yamagumo* und *Shigure.* Mit ihr soll sich die von Norden kommende 2. Kampfgruppe (VAdm. Shima) mit den Kreuzern *Nachi, Ashigara, Abukuma* und den Zerstörern *Akebono, Ushio, Kasumi, Shiranuhi, Wakaba, Hatsushimo* und *Hatsuharu* in der Sulu-See vereinigen. Ein Transportverband (VAdm. Sakonju) mit den Kreuzern *Aoba, Kinu,* dem Zerstörer *Uranami* und 4 schnellen Transportern, der Truppenverstärkungen von Manila nach Ormoc bringen soll, wird am 23. 10. westlich der Manila-Bay durch das US-U-Boot *Bream* (LCdr. McCallum) angegriffen, das die *Aoba* torpediert. Von Norden marschiert VAdm. Ozawa mit einer Ablenkungsgruppe an, welche die Task Force 38 auf sich ziehen soll. Sie besteht aus den Trägern *Zuikaku, Zuiho, Chiyoda, Chitose,* den Flugdeck-Schlachtschiffen (KAdm. Matsuda) mit *Ise* und *Hyuga,* den Kreuzern *Isuzu, Tama* und *Oyodo,* den Zerstörern *Hatsutsuki, Akitsuki, Wakatsuki, Shimotsuki* und den Geleitzerstörern *Maki, Kiri, Kuwa* und *Sugi* sowie einer Versorgungsgruppe mit 2 Tankern, dem Zerstörer *Akikaze* und den Korvetten *Kaibokan 22, Kaibokan 29, Kaibokan 31, Kaibokan 33, Kaibokan 43* und *Kaibokan 132.*

Kurz nach Mitternacht am 23. 10. orten die US-U-Boote *Dace* (LCdr. Claggett) und *Darter* (LCdr. McClintock) nördlich Salawan den Verband Kurita und melden ihn. Im Torpedoangriff versenken *Dace* die *Maya* und *Darter* die *Atago,* das auch die *Takao* torpediert, die mit 2 Zerstörern umkehren muß. Ein zweiter Angriffsversuch von *Darter* schlägt fehl, das Boot läuft auf ein Riff und geht verloren. Auf Grund der Meldungen der U-Boote marschiert Adm. Halsey mit der Task Group 38.3 (KAdm. Sherman) mit *Lexington* (VAdm. Mitscher), *Essex, Princeton* und *Langley* ostwärts Luzon, Task Group 38.2 (KAdm. Bogan, Adm. Halsey) mit *Intrepid, Cabot, Independence* ostwärts der San-Bernardino-Straße und Task Group 38.4 (KAdm. Davison) mit *Franklin, Enterprise, San Jacinto* und *Belleau Wood* ostwärts Samar auf. Am 24. 10. früh greifen jap. Flugzeuge von Luzon die Task Group 38.1 an, werden aber abgefangen. Nur eine Maschine bricht durch und trifft die *Princeton,* die ausbrennt und aufgegeben werden muß. Bei Bergungsarbeiten wird der Kreuzer *Birmingham* durch Explosionen auf der *Princeton* schwer beschädigt.

Schlacht in der Sibuyan-See. Am 24. 10. greifen 4 Wellen amerik. Trägerflugzeuge die jap. Zentralgruppe an. Die erste Welle mit 21 Jägern, 12 Stukas und 12 Torpedoflugzeugen der *Intrepid* und *Cabot* erzielt 1 Torpedotreffer auf der *Myoko,* die beschädigt umkehren muß, und je 1 Bomben- und Torpedo-

treffer auf der *Musashi* (KAdm. Inoguchi †). Die zweite Welle mit 19 Jägern, 12 Bombern und 11 Torpedoflugzeugen der gleichen Träger erzielt 4 weitere Bomben- und 2 Torpedotreffer auf der *Musashi*. Die dritte Welle mit 16 Jägern, 20 Bombern und 32 Torpedoflugzeugen der *Essex* und *Lexington* erzielt nochmals 4 Bomben- und 2 Torpedotreffer auf der *Musashi* und 2 Bombentreffer mit geringer Wirkung auf der *Yamato*. Die fast gleichzeitig angreifenden Wellen der *Franklin* und *Enterprise* bzw. *Intrepid* und *Cabot* mit 42 Jägern, 33 Stukas und 21 Torpedoflugzeugen bringen die *Musashi* mit etwa 10 Bomben- und 6 Torpedotreffern zum Sinken, die anderen Schlachtschiffe erhalten Treffer, die die Kampfkraft nicht beeinträchtigen. Insgesamt gehen 30 US-Flugzeuge verloren. Von Norden erfaßt ein jap. Aufklärer die Task Group 38.3 und Ozawa startet von seinen 4 Trägern die einsatzbereiten 76 Flugzeuge, die ihre Ziele aber nicht finden und nach Luzon weiterfliegen. Auf den Trägern bleiben nur 25 Flugzeuge zurück. Adm. Halsey läßt die Task Groups der Task Torce 38 sammeln und ruft die auf dem Wege nach Ulithi befindliche Task Group 38.1 zurück, um die am Nachmittag erfaßten jap. Träger anzugreifen.
Schlacht in der Surigao-Straße: Im Süden sind die anmarschierenden jap. Gruppen Nishimura und Shima von der US-Luftaufklärung am 24. 10. erfaßt, *Wakaba* versenkt. KAdm. Oldendorf stellt in den Südzugängen der Surigao-Straße 13 Gruppen von je 3 *PT*-Booten auf. Die Angriffe werden meist abgewehrt oder ausmanövriert, nur *PT 137* (Lt. Kovar) kann die *Abukuma* torpedieren. Im Südzugang der Surigao-Straße wird die Nishimura-Gruppe nacheinander von US-Zerstörer-Gruppen angegriffen. *Remey, McGowan, Melvin* erzielen von Osten 1 Treffer auf *Fuso, Monssen* und *McDermut* von Westen mehrere Treffer auf den Zerstörern *Yamagumo*, die sinkt, *Michishio*, die liegenbleibt, und *Asagumo*, die mit abgerissenem Bug umkehrt, ferner 1 Treffer auf der *Yamashiro*. Es folgen Angriffe von *Hutchins, Daly, Bache*, die *Michishio* zum Sinken bringen und die *Fuso* so treffen, daß sie später sinkt. Kurz darauf greifen *Arunta* (RAN), *Killen, Beale* mit Artillerie und Torpedos an, es folgen Angriffe von *Robinson, Halford, Bryant* von Nordosten, *Edwards, Leutze, Bennion* von Nordwesten und *Newcomb, Leary* und *Albert W. Grant*, die durch das einsetzende Feuer der schweren Schiffe beschädigt wird. Von Nordwesten her eröffnen die Kreuzer *Boise, Phoenix, Shropshire* (RAN) das Feuer, von Nordosten die Kreuzer *Columbia, Denver, Minneapolis, Portland* und *Louisville* und schließlich die Schlachtschiffe *West Virginia, California, Tennessee, Maryland* und *Mississippi*, die *Pennsylvania* kommt wegen im Wege stehender eigener Schiffe nicht zum Schuß. Die *Yamashiro* sinkt, die *Shigure* entkommt unbeschädigt, die *Mogami* dreht mit schweren Schäden ab, kollidiert aber mit der anlaufenden *Nachi*. Shima kehrt um, unterwegs sinken der Zerstörer *Asagumo*, morgens am 25. 10. muß die *Mogami* nach Luftangriffen verlassen werden.
Schlacht von Samar: Die jap. Kurita-Gruppe ist nach Dunkelwerden am 24. 10., von der US-Luftaufklärung unbemerkt, durch die San-Bernardino-Straße gegangen und steht am 25. 10. bei Hellwerden ostwärts Samar, wo sie die auf die als Flottenträger angesprochene Task Group 77.4.3 (KAdm. C. A. F. Sprague) (s. o.) trifft. Unter geschickter Ausnutzung von Regenböen startet die Gruppe ihre Flugzeuge und versucht, durch Torpedoangriffe der Zerstörer und DEs und Rauchschleier gedeckt, in Richtung auf den Leyte-Golf zu entkommen. Von den Torpedofächern der *Hoel* und *Johnston* trifft einer die *Kumano*, die liegenbleibt, die *Suzuya* versucht, Hilfe zu leisten. Vor weiteren Torpedoangriffen

und Luftangriffen der Flugzeuge der Task Group 77.4.2 (KAdm. Stump) werden die jap. Schiffe immer wieder zu Ausweichbewegungen gezwungen, bis es schließlich der *Tone* und *Chikuma*, gefolgt von der *Haguro* und *Chokai* gelingt, auf die Luvseite herumzuholen und die Träger unter wirksames Feuer zu nehmen, in das von Norden die *Yamato* und *Nagato* eingreifen. *Hoel, Samuel B. Roberts, Johnston* und die *Gambier Bay* sinken. Während die *Haruna* und *Kongo* die inzwischen gesichtete Task Group 77.4.2 anzugreifen versuchen, treffen deren Flugzeuge die *Chikuma* und *Chokai* schwer, sie sinken. Während die *Tone* und *Haguro* schon auf weniger als 10000 m an die restlichen Geleitträger herangekommen sind, bricht Adm. Kurita unter dem Eindruck der Luftangriffe, denen auch die *Suzuya* zum Opfer fällt, den Angriff ab und dreht auf die San-Bernardino-Straße ab. In dem Augenblick greifen 6 jap. Kamikaze-Flugzeuge (Lt. Seki) die Task Group 77.4.3 an und versenken die *St. Lo* und beschädigen die *Kalinin Bay, Kitkun Bay* und *White Plains*, nur die *Fanshaw Bay* bleibt unbeschädigt. Von Mindanao aus greift ein Kamikaze-Verband mit 5 Flugzeugen die Task Group 77.4.1 an und beschädigt die *Sangamon, Suwanee* und *Santee*, die außerdem wenig später von dem jap. U-Boot *I-56* (KKpt. Morinaga) torpediert wird. *I-54* geht beim Angriffsversuch auf diese Task Group durch den DE *Richard M. Rowell* verloren. Die von Ulithi zurückgerufene Task Group 38.1 (VAdm. McCain) mit den Trägern *Wasp, Hornet, Hancock, Monterey, Cowpens*, den Kreuzern *Chester, Pensacola, Salt Lake City, Boston, San Diego, Oakland* und 20 Zerstörern startet am 25. 10. früh 2 Wellen mit zusammen 147 Flugzeugen gegen den ablaufenden Verband Kurita, durch die Schäden entstehen.

Schlacht bei Cape Engaño: Inzwischen sind die 3 anderen Gruppen der Task Force 38 in der Nacht zum 25. 10. mit höchster Fahrt nach Norden gelaufen, um die Ozawa-Gruppe zu stellen. Bei Hellwerden wird die Task Force 34 (VAdm. Lee) mit den Schlachtschiffen *Iowa, New Jersey* (Adm. Halsey), *Washington, Alabama, Massachusetts, Indiana*, den Kreuzern *Santa Fé, Mobile, New Orleans, Wichita*, 10 Zerstörern gebildet, um die jap. Schiffe zum Artilleriekampf zu stellen. Im Laufe des Tages starten die US-Träger in 6 Wellen ihre Flugzeuge, insgesamt 326 Stukas und Torpedoflugzeuge und 201 Jäger zum Angriff, ihnen fallen nacheinander der Zerstörer *Akitsuki*, die Träger *Chitose, Zuikaku, Zuiho, Chiyoda* zum Opfer, die *Hyuga* entkommt trotz 34 Nahtreffern, ebenso die *Ise* einem Angriff des US-U-Bootes *Halibut*, das mit *Tuna, Haddock, Pintado, Atule* und *Jallao* einen Vp.-Streifen auf dem Rückzugsweg der Ozawa-Gruppe bildet. *Jallao* (LCdr. Icenhower) kann die beschädigte *Tama* versenken. Die zur Verfolgung angesetzten 4 Kreuzer der Task Force 34 unter KAdm. Du Bose versenken den havarierten Zerstörer *Hatsutsuki*. Auf die Meldungen von KAdm. Sprague läuft Adm. Halsey seit Mittag mit den 6 Schlachtschiffen, den Kreuzern *Biloxi, Vincennes, Miami* und 8 Zerstörern mit hoher Fahrt nach Süden, während die Task Group 38.2 als Luftsicherung folgt. Um die Kurita-Gruppe noch vor der San-Bernardino-Straße zu stellen, geht Adm. Halsey am Abend mit den schnellsten Schlachtschiffen *Iowa* und *New Jersey* und 8 Zerstörern mit Höchstfahrt zur San-Bernardino-Straße, die Kurita jedoch schon vorher passiert hat, nur der wegen Bergung Überlebender zurückgebliebene Zerstörer *Nowake* wird versenkt.

Am 26. 10. greifen die ostwärts der San-Bernardino-Straße eingetroffenen Task Groups 38.1 und 38.2 erneut die durch die Sibuyan-See zurückmarschierende Gruppe Kurita an und versenken z. T. gemeinsam mit *B-24* der 5. USAAF von Biak und Morotai die Kreuzer *Kinu* und *Noshiro* und die Zerstörer *Ura-*

nami und *Hayashimo*, die z. T. zum Transportverband gehören. An der Südküste von Panay versenken *B-24* der 13. USAAF den havarierten Kreuzer *Abukuma.*
Ein neuer jap. Kamikaze-Angriff mit 5 Flugzeugen von Cebu gegen die Task Group 77.1 beschädigt die *Suwanee.*

20. 10.—10. 11. 1944 **Nordmeer**

Konvoi-Operation JW. 61/RA. 61. Am 20. 10. läuft von Loch Ewe der Konvoi JW. 61 mit 29 Dampfern aus, dazu 6 Lend-Lease-U-Jäger für die sowj. Nordflotte. Sicherung (VAdm. Dalrymple-Hamilton) mit Geleitträgern *Vindex, Nairana, Tracker,* Kreuzer *Dido,* 17. Z-Flottille mit *Onslow, Opportune, Orwell, Offa, Obedient, Oribi,* die DEs der 21st Escort Group *Conn, Byron, Fitzroy, Deane, Redmill, Rupert* und der 24st Escort Group *Louis, Inglis, Lawson, Loring, Narborough, Mounsey* sowie von der 8th und 20th Escort Group der Zerstörer *Walker,* die Sloops *Lark, Lapwing* und die Korvetten *Camelia, Oxlip* und *Rhododendron.* Der Konvoi durchbricht die Aufstellung der U-Boot-Gruppe »Panther« mit *U 293, U 295, U 310, U 315, U 363, U 365, U 387, U 425, U 636, U 668, U 737, U 771, U 956, U 965, U 968, U 992, U 995, U 997* und *U 1163.* Am 26./27. 10. greifen *U 1163* (Oblt. z. S. Balduhn), *U 956* (Oblt. Mohs), *U 365* (Kptlt. Wedemeyer), *U 995* (Oblt. z. S. Hess) und *U 295* (Oblt. Wieboldt) vergeblich mit T-5 z. T. mehrfach Geleitfahrzeuge an. Am 28. 10. trifft der Konvoi, von sowj. Zerstörern, Minensuchern und U-Jägern aufgenommen, vor dem Kolafjord ein, sowj. Escorts bringen einen Teil der Dampfer am 30. 10. ins Weiße Meer.
Vom 29. 10.—6. 11. wird der Sonderkonvoi JW. 61A mit 2 großen Truppentransportern mit 11 000 befreiten sowj. Kriegsgefangenen von England nach Murmansk überführt. Sicherung Geleitträger *Campania,* Kreuzer *Berwick,* Zerstörer *Saumarez, Cassandra, Scourge, Serapis, Cambrian, Caprice* und die 3rd Escort Group mit den DEs *Duckworth, Berry, Cooke, Domett, Essington* und *Rowley.*
Sowj. Zerstörer und Minensucher bringen vom 30. 10.—1. 11. den Zubringer-Konvoi DB. 10 aus dem Weißen Meer zum Kolafjord, wo *U 310* (Oblt. z. S. Ley) und *U 295* die Escorts vergeblich mit T-5 angreifen und die Minensucher *T-111* und *T-113* eines der U-Boote jagen. Am 2. 11. läuft der RA. 61 mit 33 Dampfern und der Sicherung des JW. 61 zuzüglich der 3rd Escort Group aus. Vor dem Kolafjord trifft *U 295* den DE *Mounsey* mit einem T-5. Die U-Boote der Gruppe »Panther« kommen gegen die starke Sicherung nicht an den Konvoi heran, aber schlechte Ortungsbedingungen vereiteln Erfolge einer offensiven U-Boot-Bekämpfung vor dem Konvoi. Er erreicht am 9. 11. ohne Verluste Loch Ewe. Vom 5.—8. 11. bleiben weitere Angriffe dt. U-Boote *U 997* (Oblt. z. S. Lehmann), *U 956* und *U 771* (Oblt. z. S. Block) gegen sowj. Geleitfahrzeuge erfolglos.

20. 10.—29. 11. 1944 **Nordmeer**

Sowj. Geleitoperation AB. 15: Rückführung der Eisbrecher *Josif Stalin* und *Severnyj Veter* aus dem Ostteil des sibirischen Seeweges durch die Westsibirische und Kara-See im Geleit von 1 Zerstörer, 5 ex US-Minensuchern und 5 ex US-U-Jägern. Führung des Konvois KAdm. Bogolepov, Gesamtleitung Chef der Weißmeer-Flotte, VAdm. Panteleev. In der Kara-See 10 vermeintliche U-Boot-Angriffe, tatsächlich jedoch seit 2. 10. kein dt. U-Boot mehr in der Kara-See. Nach Passieren der Kara-Straße Geleit durch 7 Zerstörer verstärkt, bei Windstärke 9 wird die Gorlo-Straße erreicht.

Auch die vermeintlichen U-Boot-Angriffe und -Bekämpfungen bei Kanin Nos am 24. 10. am Konvoi DB. 9 mit dem Minensucher *T-116*, dem Wachschiff *SKR-20*, dem U-Jäger *MO-251* und dem Zerstörer *Doblestnyj* und am 1. 11. am Konvoi DB. 10 mit den Minensuchern *T-111*, *T-113* und dem Zerstörer *Derzkij* müssen auf Fehlbeobachtungen beruhen, da alle dt. U-Boote mit der Gruppe »Panther« gegen die Konvois JW. 61 und RA. 61 eingesetzt waren.

27. 10.—27. 11. 1944 **Südwestpazifik**

Fortsetzung der Unterstützung der Kämpfe um Leyte durch die Task Force 38 (VAdm. Mitscher). Am 27. 10. fordert Gen. MacArthur Unterstützung durch T. F. 38 für Leyte an, da die USAAF nur unzureichende Kräfte auf Tacloban einsetzen kann. T. G. 38.3 (KAdm. Sherman) mit den Trägern *Essex, Lexington* (FF), *Langley* fliegt Jagdschutz für Leyte. Ein Angriff von *Essex* trifft einen kleinen jap. Nachschubkonvoi, die Zerstörer *Fujinami* und *Shiranuhi* werden versenkt. Am 28. 10. übernehmen die T. G. 38.4 (KAdm. Davison) mit *Franklin, Enterprise, San Jacinto* und *Belleau Wood* und T. G. 38.2 (KAdm. Bogan) mit *Intrepid, Hancock, Cabot* und *Independence* die Unterstützungs-Rolle. Die T. G. 38.4. wehrt einen jap. Luftangriff von 44 Flugzeugen ab, 13 Abschüsse bei 4 eig. Verlusten. Das jap. U-Boot *I-46* (Kptlt. Kawaguchi) versucht die Gruppe anzugreifen, wird aber geortet und durch die Zerstörer *Helm* und *Gridley* versenkt. Auch *I-26* (Kptlt. Nishiuchi) muß um diese Zeit verlorengegangen sein. In der Nacht zum 29. 10. versenkt *I-45* (Kptlt. Kawashima) den zu einer Geleitträgergruppe marschierenden DE *Eversole*, wird aber selbst durch den DE *Whitehurst* einer in der Nähe befindlichen Tankergruppe versenkt. Außerdem operieren *I-53, I-56* (mehrere erfolglose Angriffe und *LST 695* torpediert), *I-38* und *I-41* ostwärts Leyte, *Ro-43, Ro-46, Ro-109* und *Ro-112* ostwärts Luzon. Am 29. 10. greift die T. G. 38.2 Flugplätze im Raum Manila an, bei 11 Verlusten werden 71 Flugzeuge abgeschossen und 13 am Boden zerstört. Ein jap. Kamikaze-Flieger von 13 trifft die *Intrepid* leicht. Am 30. 10. deckt die T. G. 38.4 Leyte und wird dabei von 6 jap. Kamikaze angegriffen, die die *Franklin* und *Belleau Wood* schwer beschädigen.

Die Task Force 38 geht nach Ulithi, 38.1 am 29. 10. ein, 38.3 am 30. 10., 38.1 und 38.4 am 2. 11. VAdm. Mitscher gibt das Kommando an VAdm. McCain ab, die T. G. 38.1 übernimmt KAdm. Montgomery.

Im Leyte-Gulf richten sich Angriffe jap. Flugzeuge und Kamikaze-Flieger gegen die zur Unterstützung der 6. Armee eingesetzten Schiffe, am 27. 11. wird das Schlachtschiff *California* durch Bordwaffenfeuer beschädigt, am 28. 11. greifen 12 Kamikazes von Luzon und 3 von Cebu an, einer beschädigt den Kreuzer *Denver*. Am 1. 11. greifen 7 Kamikazes im Leyte Golf an und versenken den Zerstörer *Abner Read* und beschädigen die Zerstörer *Anderson, Claxton* und *Ammen; Killen* und *Bush* erhalten Bombentreffer. Am 2. 11. greifen jap. Bomber den Flugplatz Tacloban an und versenken das Geleitboot *PCER 848* und beschädigen 1 Transporter.

Auf Leyte werden die jap. Verteidiger (16. Inf.Div., GenLt. Makino †) durch Einheiten der 35. Armee (GenLt. Suzuki), Teile der 102. und der 1. Inf.Div. sowie kleinere Kontingente verstärkt, die in Ormoc gelandet werden. Die Task Force 38 muß erneut eingreifen. Zur Unterstützung der Schiffe im Leyte-Gulf werden am 1. 11. die T. G. 34.5 mit den Schlachtschiffen *New Jersey, Iowa*, den Kreuzern *Biloxi, Vincennes, Miami* und 6 Zerstörern mit der T. G. 38.2 entsandt, jedoch am 2. 11. zurückgerufen, um mit der Task Force 38 (3 Gruppen ohne 4) Luzon anzugreifen. Auf dem Marsch wird am 3. 11. der Kreuzer *Reno* durch das jap. U-Boot *I-41* (Kptlt. Kondo) torpediert, er wird mit 4 Zerstörern nach Ulithi detachiert.

Am 5. und 6. 11. greifen die T. G. 38.1 mit *Wasp, Hornet, Monterey, Cowpens*, die T. G. 38.2 mit *Intrepid, Hancock, Cabot, Independence* und die T. G. 38.3 mit *Lexington, Langley* und der neuen *Ticonderoga* Luzon an. Bei 25 eig. Verlusten werden über 400 jap. Flugzeuge zerstört, außerdem in der Manila-Bucht der Kreuzer *Nachi* versenkt, an der Westküste Luzons der Kreuzer *Kumano* durch eine U-Boot-Gruppe (Cdr. Chapple) mit *Guitarro, Bream, Raton* und *Ray* mit nicht weniger als 9 Torpedos von 23 getroffen, kann jedoch noch aufgesetzt werden. 12 jap. Kamikaze-Flugzeuge greifen die T. G. 38.3 an und beschädigen die *Lexington* schwer. 5 weitere Kamikazes können die ablaufende T. F. 38 am 7. 11. nicht mehr fassen.

Jap. Konvois bringen Anfang November trotz häufiger Luftangriffe der 5. USAAF Truppen und Nachschub nach Ormoc. Am 9. 11. wird ein Konvoi mit 2000 Mann der 26. Inf.Div. von 30 *B-25* angegriffen, kann aber die meisten Truppen landen. Am folgenden Tage werden 1 Minensucher und 2 Dampfer des zurückkehrenden Konvois versenkt. Gegen die Verstärkungs-Transporte führt die T. F. 38 (KAdm. Sherman) am 11. 11. starke Angriffe mit 347 Einsätzen der T. G. 38.1 — *Hornet, Monterey, Cowpens* —, T. G. 38.3 — *Essex, Ticonderoga, Langley* und T. G. 38.4 — *Enterprise, San Jacinto*. Bei 11 Verlusten werden die jap. Zerstörer *Hamanami, Naganami, Shimakaze* und *Wakatsuki*, das M-Boot *Sokai-T. T. 10* und 5 Transporter versenkt, von 10 000 Mann eingeschiffter Truppen kommt nur ein Bruchteil an Land. Ein jap. Versuch, mit 11 Kamikazes die T. F. 38 zu fassen, schlägt fehl.

Am gleichen Tage beschießt eine Kampfgruppe (KAdm. Smith) mit den Kreuzern *Chester, Pensacola, Salt Lake City* und Zerstörern Iwojima.

Nach einer Versorgung am 12. 11. richten die 3 T. G. der T. F. 38 am 13. und 14. 11. neue Angriffe gegen den Raum Luzon, insbesondere Schiffe in der Manila Bay. Ab 14. 11. ist die mit einer neuen Air Group von Guam zurückgekehrte *Wasp* mit VAdm. McCain wieder dabei. Es werden der jap. Kreuzer *Kiso*, die Zerstörer *Akebono, Akishimo, Hatsuharu* und *Okinami* sowie 10 Dampfer versenkt, der Zerstörer *Ushio* und 5 Dampfer beschädigt. Kamikaze-Angriffe mit je 4 Maschinen werden abgefangen.

Nach einer neuen Versorgung am 16. 11. und Ablösung der T. G. 38.3 durch die 38.2 — *Intrepid, Hancock, Cabot, Independence* — greifen die Träger am 19. 11. erneut Luzon und Schiffe in der Manila-Bay an, der Kreuzer *Isuzu* wird beschädigt, 2 Dampfer und 1 U-Jäger versenkt. 4 Kamikaze-Flugzeuge werden abgefangen. Beim Versuch, an die T. G. 38.2 heranzukommen, wird das jap. U-Boot *I-41* von einer U-Jagd-Gruppe mit dem Geleitträger *Anzio* gestellt und versenkt. Die am 8. 11. von Japan ausgelaufene »Kikusui«-Gruppe versucht am 20. 11. erstmalig »Kaiten«-Einmann-Torpedos einzusetzen. Bei der Annäherung an die Kossol-Passage (Palau) wird aber *I-37* am 19. 11. von den DEs *McCoy Reynolds* und *Conklin* versenkt. *I-36* (Kptlt. Teramoto) und *I-47* (Kptlt. Orita) setzen am 20. 11. vor Ulithi 1 bzw. 4 *Kaiten* aus, von denen einer (Lt. Nishida) den Tanker *Mississinewa* (11 316 BRT) vernichtet, zwei werden bei Angriffsversuchen gegen die Kreuzer *Mobile* und *Biloxi* mit Artillerie dicht vor den Schiffen, 1 durch den Zerstörer *Case* und 1 durch ein USMC-Flugzeug vernichtet. Erhebliche Überschätzung des Erfolges in Japan.

Nach zwei Versorgungen am 20. und 23. 11. greifen die T. G. 38.2 (KAdm. Bogan) und 38.3 (KAdm. Sherman) am 25. 11. nochmals Luzon an, beteiligt 4 Flottenträger, 3 Leichte Träger, 6 Schlachtschiffe, 5 Leichte Kreuzer, Zerstörer.

Es werden der Kreuzer *Kumano*, der ehem. chines. kleine Kreuzer *Yasoshima*, 3 Landungsschiffe und 3 Dampfer versenkt. Eine jap. U-Boot-Gruppe mit *Ro-41*, *Ro-43*, *Ro-49*, *Ro-50*, *Ro-109* und *Ro-112* versucht, an die Träger heranzukommen, aber nur *Ro-50* (Kptlt. Kimura) schießt einen Fehlfächer. 25 Kamikaze-Flugzeuge haben jedoch mehr Erfolg, die *Intrepid* und *Cabot* werden schwer, die *Hancock* und *Essex* leicht beschädigt. Die Task Force 38 marschiert nach Ulithi, Gr. 4 am 23. 11. ein, Gr. 1 am 25. 11. und Gr. 2 und 3 am 27. 11.
Auf die Schiffe im Leyte-Gulf werden inzwischen häufige Luft- und Kamikaze-Angriffe geflogen, dabei werden am 12. 11 zwei Werkstattschiffe, am 17. und 23. 11. je 1 Truppentransp. getroffen.

28. 10.—12. 11. 1944 **Norwegen**

In der Nacht vom 28./29. 10. werfen 51 *Lancaster* des RAF Bomber Command 200 ts Bomben auf die Hafenanlagen von Bergen.
29. 10. erfolgloser Angriff von 32 *Lancaster*-Bombern der RAF-Squadrons 9 und 617 von Lossiemouth (Schottland) gegen die *Tirpitz* an ihrem neuen Liegeplatz bei Tromsö.
Am 12. 11. greifen 21 *Lancaster* der RAF-Staffeln 9 und 617 von Lossiemouth (Schottland) aus das vor Tromsö liegende dt. Schlachtschiff *Tirpitz* (Kpt. z. S. Weber †) mit 5,4 ts Bomben an und bringen das Schiff durch mehrere Treffer zum Kentern. Auf *Tirpitz* fallen 28 Offiziere und 874 Mann der Besatzung, 880 können gerettet werden.

★

1. 11. 1944 **Nordsee**

Operation »Infatuate«: Landung der 152. Brigade der 52. brit. Inf.-Div. (GenMaj. Hakewell-Smith), des 4. Commandos, des 10. Interalliierten Commandos und der 4. Special Service Brigade (RM Cdos. 41, 47, 48) auf der Insel Walcheren in der Scheldemündung. Die von der dt. 70. Inf.Div. (GenLt. Daser) verteidigte Insel sperrt mit ihren Küstenbatterien die Zufahrt nach Antwerpen. Beschießung durch das Schlachtschiff *Warspite* und die Monitore *Erebus* und *Roberts*. Bei der Operation, die am 8. 11. mit der Kapitulation der dt. Besatzung endet, gehen folgende Landungsfahrzeuge verloren: die *LCT 789, 839, 1133, 7011*, die *LCG 1, 2, 101, 102, LCF 37, 38*, 10 LCA, 1 LCI, 2 LCP und 3 LCS.

1.—20. 11. 1944 **Mittelmeer-Adria**

Die brit Geleitzerstörer *Wheatland* und *Avonvale* versenken am 1. 11. südlich Lussino das dt. T-Boot *TA 20* und die Korvetten *UJ 202* und *UJ 208*.
Am 3. 11. führt das Minenschiff *Kiebitz*, gesichert durch die T-Boote *TA 40*, *TA 44* und *TA 45* eine Minenunternehmung in der nördlichen Adria durch, dabei Abwehr von Jaboangriffen.
Bei einem US-Luftangriff auf Fiume werden das T-Boot *TA 21*, die *Kiebitz* und das Geleitboot *G 104* versenkt.
Am 20. 11. versenkt eine Rotte der 3. S-Flottille vor Ancona 2 Motorsegler.

1. 11.—27. 11. 1944 **Norwegen**

Angriffe auf die dt. Schiffahrt.
Am 1. 11. versenken 2 norweg. *MTB* im Sogne-Fjord die dt. Vorpostenboote *V 5525* und *V 5531*.
In der Nacht vom 12./13. 11. greift brit. Flottenverband, bestehend aus dem

Schweren Kreuzer *Kent,* dem Leichten Kreuzer *Bellona* sowie den Zerstörern *Myngs, Verulam, Zambesi* und *Algonquin* (kanad.), vor dem Lister-Fjord (südöstl. Egersund) den dt. Geleitzug K. S. 357 an. Von den 4 Frachtern des Geleits sinken *Greif* (996 BRT) und *Cornouaille* (3324 BRT), von den 6 Sicherungsfahrzeugen die Minensuchboote *M 427* und *M 416* sowie die Kriegs-U-Jäger *UJ 1221, UJ 1223* und *UJ 1713.* Bei Rettungsmaßnahmen am Vormittag des 13. 11. geht das Räumboot *R 32* durch Luftangriffe verloren.
Am 13. 11. versenken 2 brit. *MTB* im Sogne-Fjord einen U-Jäger.
Am 27. 11. greifen Flugzeuge des brit. Trägers *Implacable* vor Mosjöen (nördl. Namsos) ein südgehendes dt. Geleit an und vernichten die norweg. Frachter *Rigel* (3828 BRT) — von 2721 Mann, davon 2248 russischen Gefangenen, nur 415 gerettet — und *Korsnes* (1795 BRT) sowie den ankernden dt. Frachter *Spree* (2867 BRT). Sicherung des Trägers durch den Leichten Kreuzer *Dido* und die Zerstörer *Myngs, Scourge, Zephir, Scorpion, Sioux* (kanad.) und *Algonquin* (kanad.).

1.—30. 11. 1944 **Pazifik**

Von den im November in ihren Operationsgebieten eintreffenden US-U-Booten versenken folgende Schiffe:
Vor Japan, Formosa und den Kurilen: *Archerfish* (LCdr. Enright) den Träger *Shinano, Atule* (LCdr. Maurer) 2 Schiffe mit 23 241 BRT und den Minensucher *Sokaitai 38* sowie den Schnelltransporter *No. 38; Bang* (LCdr. Gallaher) 2 Schiffe mit 5223 BRT, *Barb* (Cdr. Fluckey) 2 Schiffe mit 15 261 BRT, *Burrfish* (LCdr. Perkins) 1 Picketboot, *Peto* (LCdr. Caldwell) 3 Schiffe mit 12 173 BRT und 1 Schiff torpediert, *Picuda* (LCdr. Shepard) 3 Schiffe mit 21 659 BRT, *Pomfret* (LCdr. Hess) 3 Schiffe mit 14 001 BRT, *Queenfish* (LCdr. Loughlin) 5 Schiffe mit 14 415 BRT und 1 Schiff torpediert; *Redfish* (Cdr. McGregor) 1 Schiff mit 2345 BRT und Träger *Unryu,* Träger *Junyo* torpediert; *Saury* (LCdr. Waugh) 1 Picketboot, *Scabbardfish* (LCdr. Gunn) 2 Schiffe mit 1282 BRT und das U-Boot *I-365,* Fregatte *Oki* torpediert; *Sealion* (LCdr. Reich) das Schlachtschiff *Kongo* und den Zerstörer *Urakaze; Spadefish* (LCdr. Underwood) 2 Schiffe mit 9321 BRT, Geleitträger *Shinyo* (ex Lloyd-Schiff *Scharnhorst); Sterlet* (LCdr. Robbins) 1 Picketboot, *Sunfish* (LCdr. Shelby) 3 Schiffe mit 16 179 BRT, *Tambor* (LCdr. Germershausen) 1 Picketboot.
Im Gebiet von Insulinde und der Philippinen: *Barbel* (LCdr. Keating) 2 Schiffe mit 8801 BRT, *Barbero* (LCdr. Hartman) 2 Schiffe mit 4949 BRT, *Besugo* (LCdr. Wogan) 1 Landungsschiff *No. 151, Blackfin* (LCdr. Laird) 2 Schiffe mit 3065 BRT, *Flounder* (Cdr. Stevens) 1 Schiff mit 5698 BRT und das U-Boot *U 537; Guavina* (LCdr. Teideman) zusammen mit *Gunnel* 1 Schiff mit 1916 BRT; *Gunnel* (LCdr. O'Neill) 1 Schiff mit 5623 BRT und die T-Boote *Sagi* und *Hiyodori; Gurnard* (Cdr. Gage) 1 Schiff mit 6600 BRT, *Haddo* (LCdr. Lynch) 1 Schiff mit 856 BRT; den Zerstörer *Hatsutsuki* und die Fregatte *Shimushu* torpediert; *Hake* (LCdr. Hayler) den Kreuzer *Isuzu* torpediert, *Hardhead* (Cdr. Greenup) 1 Schiff mit 5266 BRT und die Korvette *Kaibokan 38, Jack* (LCdr. Fuhrmann) 2 Schiffe mit 12 255 BRT, *Mingo* (LCdr. Staley) 1 Schiff mit 9486 BRT, *Pampanito* (LCdr. Fenno) 1 Schiff mit 1200 BRT, *Parche* (LCdr. Ramage) 1 Schiff mit 5226 BRT, *Pargo* (LCdr. Bell) 1 Schiff mit 5226 BRT, *Pintado* (LCdr. Clarey) den Zerstörer *Akikaze.*

2.—16. 11. 1944 **Nordsee**

Dt. S-Boote versenken am 2. 11. vor Ostende den brit. Tanker *Rio Bravo* (1141 BRT).

Am 15./16. 11. erfassen brit. *MTB* und die Geleitzerstörer *Retalick* und *Thornborough* in der Scheldemündung 6 dt. S-Boote, die zu einem Minenunternehmen ausgelaufen waren, und zwingen sie im Gefecht zur Umkehr.

15. 11. 1944—9. 1. 1945 **Nordatlantik und Kanal**

Operationen dt. Schnorchel-U-Boote. Auf dem Ausmarsch in den Nordatlantik wird am 24. 11. *U 322* westlich der Shetlands durch eine norweg. *Sunderland* der Squ. 330 gebombt und am 25. 11. von der Fregatte *Ascension* der 5th Support Group versenkt. *U 650* geht in der »Northern Transit Area« Anfang Dezember aus unbekannter Ursache verloren.

Im Gebiet vor Reykjavik verfehlt *U 979* (Kptlt. Meermeier) vom 23. 11.—1. 12. je einen Fischdampfer, 1 Konvoi und 1 Fregatte. Nördlich Schottland operieren von Ende November bis Mitte Dezember *U 296* und *U 775* (Oblt. z. S. Taschenmacher), das am 6. 12. den DE *Bullen* mit T-5 versenkt. *U 1009* muß wegen Schnorchelpanne umkehren. Um Scapa Flow sind gegen brit. Trägergruppen die Boote *U 1020, U 297* und *U 312* eingesetzt: Am 6. 12. wird *U 297* durch die Fregatte *Loch Insh* und den DE *Goodall* versenkt. *U 312* wird am 28. 12. durch Grundberührung im Hoxa-Sund beschädigt und *U 1020* (Oblt. z. S. Eberlein) torpediert den Zerstörer *Zephyr* am 31. 12.

Im Nordkanal kreuzt *U 482*, im Bristol-Kanal versenkt *U 1202* (Kptlt. Thomsen) ein Liberty-Schiff (7176 BRT) aus einem Konvoi. *U 400* wird am 17. 12. südwestlich Irland beim Angriffsversuch gegen einen Konvoi von der Fregatte *Nyasaland* versenkt.

Im Kanal meldet *U 991* (Kptlt. Balke) neben 3 erfolglosen Angriffen die Versenkung eines Liberty-Schiffes am 15. 12., *U 680* verfehlt am gleichen Tage einen Trawler. *U 772* (Kptlt. Rademacher) versenkt nach 1 Fehlschuß aus 2 Konvois 3 Schiffe mit 10 970 BRT und torpediert am 29. 12. aus dem Konvoi TBC. 1 zwei Schiffe mit 14 367 BRT, von denen eines Totalverlust wird. Am 30. 12. wird das Boot durch eine »Leigh Light« *Wellington* der RCAF-Squ. 407 versenkt. *U 486* (Oblt. z. S. G. Meyer) versenkt am 18. 12. 1 Schiff mit 6142 BRT, verfehlt am 21. 12. einen Zerstörer, versenkt am 24. 12. den von den Zerstörern *Anthony, Brilliant* und 3 weiteren Escorts gesicherten Truppentransporter *Leopoldville* (11 509 BRT), mit dem 819 Mann untergehen, und am 26. 12. werden beim T-5 Angriff gegen die 1st Support Group die DEs *Capel* versenkt und *Affleck* beschädigt. *U 1209* läuft vor Südwest-Irland auf Felsen und geht verloren. Das als letztes Boot 1944 im Kanal eintreffende *U 485* verfehlt 1 Zerstörer. Aus St. Nazaire kehren die Transport-U-Boote *U 773* und *U 722* zurück. Auf dem Ausmarsch im Nordatlantik trifft *U 877* am 27. 11. auf den Konvoi HX. 327 (Escort Group C. 3) und wird von den kanad. Korvetten *St. Thomas* und *Edmundston* versenkt. Als Wetterboote im Nordatlantik sind während der Vorbereitung der Ardennen-Offensive die Boote *U 1053, U 870, U 1232* und *U 1009* eingesetzt. Auf dem Abmarsch nach Gibraltar trifft *U 870* (KKpt. Hechler) am 20. 12. auf einen Konvoi und versenkt daraus das *LST 359* und torpediert einen der 4 US-DE's *Fogg*. Gegen die eingepeilten Wetterboote wird eine mit dem neuen HF/DF-Gerät DAQ ausgerüstete Jagdgruppe mit den US-DEs *Otter, Hubbard* und *Varian* angesetzt, die jedoch zunächst keinen Erfolg hat.

Vor der Cabot-Straße versenkt *U 1228* (Oblt. z. S. Marienfeld) die einzeln fahrende Korvette *Shawinigan*, im St. Lorenz-Golf versenkt *U 1230* (Kptlt. Hilbig) 1 Schiff mit 5458 BRT, *U 1231* (Kpt. z. S. Lessing) verfehlt 2 Geleitfahrzeuge und 1 Dampfer. *U 806* (Kptlt. Hornbostel) versenkt aus einem HX-Konvoi 1 Schiff mit 7219 BRT vor Halifax und am 24. 12. aus 3 sich formierenden Konvois den

Minensucher *Clayoquot*, die Korvetten *Fennel* und *Transcona* werden knapp mit T-5 verfehlt.

18.—24. 11. 1944 **Ostsee**

Sowj. Offensive gegen die Halbinsel Sworbe. Am 18. 11. tritt die sowj. 8. Armee mit Unterstützung durch starke Artillerie- und Fliegerverbände und Feuerunterstützung durch die K-Boote *Volga, Bureja, Zeja* und 11 Panzerkutter an der Ostseite zum Angriff an. Am 18. 11. führen dt. M-Boote an der Ostseite Sworbes Gefechte mit sowj. Schiffen, von denen *M 328* 1 Panzerkutter versenkt. Von Westen greifen die T-Boote *T 23* und *T 28* in die Kämpfe ein, sie gehen am 19. 11. trotz starker Luftangriffe ebenfalls an die Ostseite. Am 20./21. 11. greift von Westen her die Kampfgruppe (VAdm. Thiele) mit dem Kreuzer *Prinz Eugen* (Kpt. z. S. Reinicke) und der 3. T-Flott. (KKpt. Verlohr) mit *T 21, T 13, T 16* und *T 19* in die Kämpfe ein, am 22., 23. und 24. 2. löst der Kreuzer *Admiral Scheer* (Kpt. z. S. Thienemann) mit *Z 25* und *Z 35*, sowie der der 2. T-Flott. (KKpt. Paul) mit *T 3, T 12, T 5, T 9, T 13* und *T 16* den Verband ab, mehrere Luftangriffe werden abgewiesen, die für den 24. 11. zur Ablösung anlaufende *Lützow* muß wieder umkehren, da inzwischen die Räumung in der Nacht vom 23./24. 11. abgeschlossen wird: 4694 Mann durch MFP übergesetzt. An der Ostküste führen am 20./21. 11. *M 328, M 423, V 1713* und *V 302* Gefechte mit K-Booten, Panzer- und Torpedokuttern.

18. 11. 1944—15. 2. 1945 **Australien**

Das dt. U-Boot *U 862* (KKpt. Timm) geht von Djakarta westlich und südlich um Australien herum bis ins Gebiet von Adelaide, wo es einen Angriff auf einen Dampfer wegen Flugzeugen abbrechen muß, und Sydney, wo es am 24. 12. 1 Liberty-Schiff mit 7180 BRT versenkt. Auf dem Rückweg wird am 5. 2. vor Perth 1 weiteres Liberty-Schiff mit 7176 BRT versenkt.

20. 11. 1944 **Mittelmeer**

Brit. *MTB* versenken bei einem Angriff auf ein dt. Geleit vor Sestri-Levante (südöstlich von Genua) den U-Jäger *UJ 2207*.

22./23. 11. 1944 **Indischer Ozean**

Reorganisation der Brit. Eastern Fleet: VAdm. Power mit den Schlachtschiffen *Queen Elizabeth, Renown,* 5 Geleitträgern, 8 Kreuzern und 24 Zerstörern bildet die Brit. East Indies Fleet. Die modernen Schiffe bilden unter Adm. Fraser die Brit. Pacific Fleet mit den Schlachtschiffen *King George V.* (VAdm. Rawlings), *Howe,* den Trägern *Indefatigable* (KAdm. Vian), *Illustrious, Victorious, Indomitable,* den Kreuzern *Swiftsure, Argonaut, Black Prince, Ceylon, New Foundland* und den neuseel. *Gambia* und *Achilles* sowie 3 Zerstörer-Flottillen (4. mit Q-Klasse, 25. *U-* und 27. *W*-Klasse).

Im November versenken von den brit. U-Booten in der Malakka-Straße und den westlichen Teilen Insulindes *Tantalus* (LCdr. Mackenzie) 1 Schiff mit 1918 BRT und 1 kleines Fahrzeug, *Shalimar* 3 kleine Fahrzeuge, *Terrapin* (Lt. Brunner) das M-Boot *Sokaitei* 5 und 1 kleines Fahrzeug, *Storm* (Lt. Young) 11 Segler, *Tradewind* 5 Segler, *Spirit* (Lt. Langridge) 1 kleinen Tanker, ferner 1 Schiff beschädigt, *Thorough* 5 kleine Fahrzeuge versenkt, 1 Fahrzeug beschädigt, *Tudor* (Lt. Porter) 1 kleines Schiff, *Tally Ho* (Cdr. Bennington) kleiner Minenleger *No. 5*, 10 Segler, *Stratagem* (Lt. Pelly) 1 Schiff mit 1945 BRT, *Spark* (Lt. Kent) 2 Segler, *Sturdy* (Lt. Andersen) 2 kleine Dampfer, 6 Segler, *Stygian* (Lt. Clarabut) 5 kleine Fahrzeuge, und das niederl. *O-19* (Kptlt. v. Karnebeek) 1 kleinen Dampfer.

27. 11.—6. 12. 1944 **Südwestpazifik**

Jap. Gegenangriffsversuch auf Leyte. Luftlande-Kommandotrupps sollen die US-Flugplätze ausschalten, Kamikazes die Schiffe treffen, um die Unterstützung der US-Truppen zu schwächen. Im Leyte-Golf steht die Task Group 77.2 (KAdm. Weyler) mit den Schlachtschiffen *Maryland, West Virginia, Colorado, New Mexico,* den Kreuzern *Columbia, Denver, Montpelier, St. Louis* und 16 Zerstörern. Die Luftlandung am 27. 11. mißlingt, Bomber und 5 Kamikazes beschädigen die *Colorado, Montpelier* und *St. Louis,* die *Maryland* manövriert einen Lufttorpedo knapp aus. Sie wird aber am 29. 11. von Kamikazes getroffen, zusammen mit den Zerstörern *Saufley* und *Aulick.* Der zweite Versuch wird am 5./6. 12. unternommen, 3 Kamikazes beschädigen die Zerstörer *Mugford* und *Drayton,* die Luftlandungen unter Einsatz von Fallschirmjägern gelingen z. T. besser und um den Flugplatz Burauen wird 2 Tage heftig gekämpft. In der gleichen Zeit führen US-Zerstörer Vorstöße in den Ormoc-Golf, erstmalig am 27. 11. *Waller, Saufley, Renshaw* und *Pringle,* sie versenken 1 jap. Klein-U-Boot. Weitere Vorstöße von *Waller, Renshaw, Cony* und *Conner* am 29./30. 11. und *Conway, Cony, Eaton, Sigourney* am 1./2. 12. bleiben erfolglos. Am 3. 12. fangen *Allen M. Sumner, Moale* und *Cooper* 2 jap. Geleitzerstörer mit Verstärkungen für Ormoc ab und versenken die *Kuwa,* die *Take* versenkt jedoch mit Torpedo die *Cooper* und entkommt.

27. 11.—14. 12. 1944 **Nordmeer**

Konvoi-Operation JW. 62/RA. 62 im Nordmeer. JW. 62 mit 30 Handelsschiffen, gesichert von den 8th und 20th Escort Groups u. a. mit den Zerstörern *Keppel, Beagle, Bulldog, Westcott,* den Sloops *Cygnet, Lapwing, Lark* und den Korvetten *Alington Castle, Bamborough Castle* sowie den nach Murmansk zu überführenden norweg. Korvetten *Tunsberg Castle* und *Eglantine;* Deckungsgruppe Kreuzer *Bellona,* 1. Div. der 6. Zerstörer-Flottille mit *Caesar, Cassandra, Caprice* und *Cambrian* und 17. Zerstörer-Flottille mit *Onslow, Orwell, Obedient, Oft, Onslaught* und *Oribi.* Als »Support Groups« die Geleitträger *Campania* und *Nairana* mit den Fregatten *Tavy, Tortola, Bahamas* und *Somaliland* sowie der kanad. 9th Escort Group mit den Fregatten *St. John, Stormont, Monnow, Loch Alvie, Nene* und *Port Colborne.*
27. 11. Konvoi von dt. Luftaufklärung erfaßt, Jäger der *Nairana* schießt Fühlunghalter ab. Ansatz der U-Boot-Gruppe »Stock« mit *U 313, U 315, U 293, U 363, U 299, U 365, U 286, U 318, U 995, U 992* westlich der Bären-Insel und der Gruppe »Grube« mit *U 295, U 1163, U 387, U 997, U 668, U 310* und *U 965* vor der Kola-Küste. 1. 12. Heranziehung der Gruppe »Stock« an die Kola-Küste, da Passieren der Bären-Insel-Enge durch Konvoi angenommen. Konvoi macht Ausweichbewegung, während Support Groups gegen vermutete U-Boot-Aufstellung vorstoßen, ohne Ergebnis. 2. 12. *U 995* und *U 363* (Kptlt. Nees) greifen den sowj. Küstenkonvoi PK. 20 (Kirkenes—Kola) mit 3 Dampfern, 4 großen und 2 kleinen U-Jägern an, letzteres versenkt den Dampfer *Proletarij* (1123 BRT). 3. 12. *U 1163* (Oblt. z. S. Balduhn) versenkt an der östlichen Kola-Küste aus dem sowj. Konvoi KB. 35 (Kola—Weißes Meer) mit 2 Dampfern und 2 ehemaligen Fischdampfer-Bewachern, *T-38* und *SKR-20,* den Dampfer *Revoljucija* (433 BRT). 4. 12. Angriffe von *U 363, U 992* (Oblt. z. S. Falke) und *U 995* (Oblt. z. S. Hess) gegen ein sowj. Küstengeleit vor dem Kolafjord mit ex US-Minensuchern bleiben ohne Erfolg. 4.—5. 12. Bei Angriffen gegen ein sowj. Küstengeleit im Eingang zum Weißen Meer verfehlt *U 997* (Oblt. z. S. Lehmann) Dampfer und versenkt 1 U-Jäger *BO-. . .* (ex US-*SC*-Typ), *U 295* (Oblt. Wie-

boldt) verfehlt bei Iokanga die Zerstörer *Dejatel'nyj* und *Živučij* mit T-5 und wird von ihnen verfolgt. Vom 5.—7. 12. greifen *U 293* (Kptlt. Klingspor), *U 992, U 995, U 365* (Oblt. z. S. Todenhagen), *U 318* (Oblt. z. S. Will), *U 997* und *U 1163* (Oblt. z. S. Balduhn) z. T. mehrfach sowj. U-Jagd-Gruppen sowie Escorts und Dampfer des einlaufenden Konvois JW. 62 an, doch wird nur am 7. 12. aus einer sowj. U-Jäger-Gruppe (Kpt. 3. Rg. Gricjuk) mit *BO-227, BO-228, BO-229* und *BO-150* durch *U 997* der ex US-U-Jäger *BO-229* versenkt. Der JW. 62 läuft ohne Verluste ein. Vor dem Auslaufen des Rückkonvois RA. 62 mit 28 Schiffen und der Sicherung des JW. 62 am 9. 2. versuchen die alliierten Support Groups und eine sowj. Zerstörergruppe (KAdm. Fokin) mit *Baku, Gremjaščij, Razumnyj, Derzkij, Doblestnyj* und *Živučij* die U-Boote von der Einfahrt des Kolafjordes abzudrängen. Dabei verfehlt am 9. 12. *U 997* mit T-5 die *Živučij* und *Razumnyj. U 387* wird durch die Korvette *Bamborough Castle* mit Wabos (nach sowj. Angaben durch *Živučij* mit Rammstoß) versenkt. Nur *U 365* gelingt es, Fühlung am Konvoi zu gewinnen und nach einem erfolglosen Angriff auf einen Tanker am 10. 12. am 11. 12. den Zerstörer *Cassandra* zu torpedieren. Am 13. 12. wird das zäh Fühlung haltende Boot durch 1 Flugzeug der *Campania* versenkt.
Ein Versuch dt. Torpedoflugzeuge des K. G. 26, den Konvoi südwestlich der Bären-Insel am 12. 12. anzugreifen, bleibt bei Verlust von 2 *Ju 88* erfolglos. Die norweg. Korvette *Tunsberg Castle* läuft am 12. 12. auf eine Mine der dt. Flankensperre bei Makkaur und sinkt.

28.—29. 11. 1944 **Nordsee**

Erster alliierter Konvoi von 18 Schiffen läuft am 28. 11. in Antwerpen ein.
Am 29. 11. vergeblicher Versuch dt. S-Boote, einen nach Antwerpen gehenden alliierten Konvoi anzugreifen.

★

1.—31. 12. 1944 **Pazifik**

Von den im Dezember in ihren Operationsgebieten eintreffenden US-U-Booten versenken folgende Schiffe: Vor Japan, Formosa und den Kurilen: *Finback* (LCdr. Williams) 1 Schiff mit 2111 BRT, *Greenling* (LCdr. Gerwick) 2 Schiffe mit 1916 BRT und das Landungsschiff *No. 46, Plaice* (LCdr. Stevens) den Geleitzerstörer *Maki* torpediert, *Sea Owl* (LCdr. Bennet) den Zerstörer *Shiokaze* torpediert, *Tilefish* (LCdr. Kaithley) das T-Boot *Chidori*. Im Gebiet von Insulinde und den Philippinen: *Barbero* (LCdr. Hartman) 1 Schiff mit 4277 BRT und den U-Jäger *Kusentai 30, Bergall* (LCdr. Hyde) den Kreuzer *Myoko* torpediert, *Blenny* (LCdr. Hazzard) 1 Schiff mit 4156 BRT und die Korvette *Kaibokan 28, Cavalla* (LCdr. Kossler) den Zerstörer *Shimotsuki, Dace* (LCdr. Cole) 1 Schiff mit 6925 BRT (Minenerfolg), *Flasher* (LCdr. Grider) 4 Schiffe mit 38 668 BRT und den Zerstörer *Kishinami, Hammerhead* (LCdr. Martin) 1 Schiff mit 834 BRT, zusammen mit *Paddle* (LCdr. Nowell) 1 Schiff mit 2854 BRT, *Hawkbill* (LCdr. Scanland) das T-Boot *Momo, Pintado* (LCdr. Deragon) die Korvette *Kaibokan 64, Razorback* (LCdr. Brown) zusammen mit *Segundo* (LCdr. Fulp) 1 Schiff mit 6933 BRT und das T-Boot *Kuretake, Sealion* (LCdr. Putnam) 1 Schiff mit 7000 BRT, *Trepang* (LCdr. Davenport) 3 Schiffe mit 13 073 BRT.

5.—9. 12. 1944 **Mittelmeer/Ägäis**

Brit. Kreuzer *Caledon*, Geleitzerstörer *Easton* und Korvette *La Malouine* so-

wie der griech. Zerstörer *Navarinon* und die Korvette *Saktouris* beschießen Stellungen der E. L. A. S. bei Piräus und Salamis.
Am 21. 12. beschießt der Kreuzer *Ajax* E. L. A. S.-Stellungen bei Piräus.

7.—15. 12. 1944 **Südwestpazifik**

Nach einem Vorstoß der Zerstörer *Nicholas, O'Bannon, Fletcher* und *La Valette* in der Nacht vom 6./7. 12. landet am 7. 12. früh die Task Group 78.3 (KAdm. Struble) mit 8 APDs, 27 LCI, 12 LSM und 4 LST sowie einer Minensuchergruppe die 77. US-Inf.Div. (GenMaj. Bruce) südlich Ormoc. Deckung und Unterstützung durch die Zerstörer *Hughes* (F), *Barton, Walke, Laffey, O'Brien, Flusser, Lamson, Edwards, Smith, Reid, Conyngham, Mahan.* Nach der ohne stärkeren Widerstand gelungenen Landung greifen 21 jap. Kamikaze-Flieger an und versenken den Zerstörer *Mahan*, den APD *Ward* und *LST 737*, der Zerstörer *Lamson* und APD *Liddle* werden schwer beschädigt. Ein jap. Versuch, mit den Geleitzerstörern *Ume* und *Sugi* und dem APD *No. 11* ein verst. Regiment bei Ormoc zu landen, wird durch Flugzeuge von Tacloban vereitelt, der APD versenkt und die Zerstörer beschädigt. Am 8. 12. werden 3 Transporter westlich Leyte versenkt. Am 10. 12. wird die *Hughes* im Leyte-Golf durch Kamikazes beschädigt. Am 11. 12. führt der Zerstörer *Coghlan* eines Nachschubkonvois ein Gefecht mit den jap. Zerstörern *Uzuki* und *Yuzuki*, die durch die *PT 492* und *PT 490* bzw. Flieger versenkt werden, die auch einen Truppenkonvoi bei Palompon schwer treffen. 8. 12. vor Ormoc Fehlschuß jap. Klein-U-Boot *Ha-81*.

11.—12. 12. 1944 **Ostsee**

6. Z-Flottille (Kpt. z. S. Kothe †) führt mit *Z 35, Z 36, Z 43, T 23* und *T 28* offensive Minenunternehmung im Finnenbusen durch. Dabei geraten *Z 35* und *Z 36* auf eigene Minen und sinken.

11.—20. 12. 1944 **Indischer Ozean**

Die neu gebildete brit. Force 64 (Capt. Bush) mit den Zerstörern *Napier* und *Nepal*, Minensuchern, Landungsbooten und den ind. *ML*-Flottillen 55 und 56 unterstützt die Seeflanke des XV. brit. Korps an der Arakan-Front (Burma).
Operation »Robson«: KAdm. Vian führt am 17. 12. mit den Trägern *Indomitable* und *Illustrious*, den Kreuzern *Newcastle, Black Prince* und *Argonaut* sowie 7 Zerstörern einen Trägerraid gegen die Öl-, Eisenbahn- und Hafenanlagen von Belawan-Deli im nördlichen Sumatra.
Im Gebiet der Malakka-Straße und im Westen Insulindes versenken die brit. U-Boote *Trenchant* (Cdr. Hezlet) und *Terrapin* (Lt. Brunner) gemeinsam 4 kleine Dampfer, 7 Segler und beschädigen 3 Fahrzeuge. *Sea Rover* (Lt. Angell) versenkt 1 kleinen Dampfer, *Strongbow* 1 Schlepper und 1 Leichter, *Porpoise* (LCdr. Turner) 1 Segler, *Stoic* (Lt. Marriott) 1 Schiff mit 1986 BRT, *Shakespeare* (Lt. Ainslie) 1 Schiff mit 2515 BRT, 1 weiteres Schiff torpediert, *Shalimar* 11 kleine Fahrzeuge, *Subtle* 3 Segler, *Spiteful* (Lt. Sherwood) 1 kleinen Dampfer, *Thule* (Lt. Mars) 20 Segler, *Tudor* (Lt. Porter) 7 Segler, *Statesman* (Lt. Bulkeley) 5 kleine Fahrzeuge. Ferner beschädigen *Seascout* und *Sirdar* (Lt. Spender) 2 bzw. 1 kleinen Dampfer.

11.—22. 12. 1944 **Zentralpazifik**

Am 11. 12. läuft die Task Force 38 (VAdm. McCain) von Ulithi aus.
Task Group 38.1 (KAdm. Montgomery) mit den Trägern *Yorktown, Wasp, Cowpens, Monterey*, den Schlachtschiffen *Massachusetts, Alabama*, den Kreuzern *San Francisco, Baltimore, New Orleans, San Diego* und 18 Zerstörern.
Task Group 38.2 (KAdm. Bogan) mit den Trägern *Lexington, Hancock, Hornet,*

Independence, Cabot, den Schlachtschiffen *New Jersey, Iowa, Wisconsin,* den Kreuzern *Pasadena, Astoria, Vincennes, Miami, San Juan* und 20 Zerstörern. Task Group 38.3 (KAdm. Sherman) mit den Trägern *Essex, Ticonderoga, Langley, San Jacinto,* den Schlachtschiffen *North Carolina, Washington, South Dakota,* den Kreuzern *Mobile, Biloxi, Santa Fé, Oakland* und 18 Zerstörern.
Nach Versorgung aus der Tanker-Gruppe (Capt. Acuff) am 13. 12. führen die Träger vom 14.—16. 12. laufende Luftangriffe gegen die Flugplätze von Luzon zur Unterstützung der Mindoro-Operation. Insgesamt 1427 Jäger- und 244 Bomber-Einsätze, 27 Verluste im Kampf, 38 durch Unfälle. Etwa 170 jap. Flugzeuge zerstört, ferner 4 Dampfer und 1 Landungsschiff.
Auf dem Marsch zur Versorgung gerät die Task Force 38 am 18. 12. in einen Taifun, der Zerstörer *Spence* sinkt, die Träger *Cowpens, Monterey, Cabot,* die Zerstörer *Dyson, Hickox, Benham, Maddox* werden beschädigt. Von der Versorgungsgruppe sinken die Zerstörer *Hull, Monaghan,* beschädigt werden die Geleitträger *Altamaha, Nehenta Bay, Cape Esperance, Kwajalain,* die Zerstörer *Aylwin* (F Capt. Acuff), *Dewey, Buchanan,* die DEs *Melvin R. Newman, Tabberer, Waterman,* der Tanker *Nantahala* und 1 Schlepper. Wegen der Suche nach Überlebenden müssen die für den 19.—21. 12. geplanten Angriffe gegen Luzon aufgegeben werden. Die Task Force 38 kehrt nach Ulithi zurück.

14. 12. 1944 **Norwegen**

Torpedoflugzeuge des K. G. 26 (Oberstleutnant Stemmler) greifen vor der westnorwegischen Küste einen brit. Flottenverband, bestehend aus den Geleitträgern *Premier* und *Trumpeter,* dem Schweren Kreuzer *Devonshire* sowie den Zerstörern *Zealous, Serapis, Savage, Zephyr, Algonquin* (kanad.) und *Sioux* (kanad.), erfolglos an.

14. 12. 1944 **Ostsee**

Bei sowj. Luftangriff auf den Hafen von Libau Transporter *Erika Schünemann* (1177 BRT), *Minna Cords* (951 BRT) und Tanker *Inka* (427 BRT) versenkt, mehrere andere Schiffe beschädigt.

15.—24. 12. 1944 **Südwestpazifik**

Die Task Group 78.3 (KAdm. Struble) mit dem Kreuzer *Nashville* (F), 8 APDs, 30 LSTs, 12 LSMs, 31 LCIs, 10 großen und 7 kleinen Minensuchern und 14 kleinen Fahrzeugen landet die Western Visayas T. F. (BrigGen. Dunckel) — 503. Fallschirm-Regt., 19. RCT der 24. Div. — auf Mindoro. Sicherung Zerstörer *Barton, Walke, Laffey, O'Brien, Allen M. Sumner, Moale, Ingraham, Dashiell, Paul Hamilton, Bush, Stanly, Lowry, Howorth.* Deckungsgruppe (KAdm. Berkey) mit den Kreuzern *Phoenix, Boise, Shropshire* (RAN) und den Zerstörern *Fletcher, La Valette, O'Bannon, Hopewell, Radford, Arunta* (RAN) und *Warramunga* (RAN). Fern-Deckungsgruppe Task Group 77.12 (KAdm. Ruddock) mit Schlachtschiffen *West Virginia, Colorado, New Mexico,* Kreuzern *Denver, Columbia, Montpelier,* Geleitträgern *Natoma Bay, Manila Bay, Marcus Island, Kadashan Bay, Savo Island, Ommaney Bay,* Zerstörern *Waller, Renshaw, Conway, Cony, Eaton, Robinson, Conner, Sigourney, Bennion, Remey, Mertz, McDermut, Patterson, Haraden, Twiggs, Stembel, Ralph Talbot, Braine.* Auf dem Marsch am 13. 12. durch Kamikaze Flaggschiff *Nashville* schwer beschädigt, starke Ausfälle bei den Führungsstäben. Zerstörer *Haraden* beschädigt. Nach geglückter Landung am 15. 12. neue Kamikaze-Angriffe, *LST 738* und *LST 472* müssen nach Treffern aufgegeben werden, Träger *Marcus Island,* Zerstörer *Paul Hamilton, Howorth* leicht beschädigt.

In den folgenden Tagen weitere Kamikaze-Angriffe, am 21. 12. werden die *LST 460* und *LST 479* versenkt, die Zerstörer *Charles Ausburne, Converse, Foote* retten die meisten Soldaten. Am 22. 12. wird der Zerstörer *Newcomb* knapp verfehlt, *Bryant* beschädigt. 18. 12.: Fehlschuß jap. Klein-U-Boot *Ha-76.*

18./19. 12. 1944 **Luftkrieg Deutschland**
RAF-Bomber Command wirft 824 ts Bomben auf Gotenhafen: Schulschiff *Schleswig-Holstein,* Zielschiff *Zähringen,* Torpedoboot *T 10,* U-Boot-Begleitschiff *Waldemar Kophamel* sowie die Frachter *Warthe* (4922 BRT), *Leverkusen* (1273 BRT), *Theresia L. M. Russ* (1694 BRT), *Heinz Horn* (3994 BRT) und Tanker *Blexen* (715 BRT) versenkt.

21. 12. 1944 **Norwegen**
Auf einer von dem franz. U-Boot *Rubis* (KKpt. Rousselot) gelegten Minensperre in der Feiestein-Rinne (19. 12.) laufen aus einem dt. Geleit *UJ 1113, UJ 1116, R 402* und der Dampfer *Weichselland* (3654 BRT) auf und sinken. Letzte Unternehmung dieses erfolgreichsten Minen-U-Bootes des Zweiten Weltkrieges: 15 Schiffe mit 25 770 BRT und 8 kleine Kriegsschiffe versenkt.

22.—25. 12. 1944 **Nordsee**
Am 22./23. 12. wirft Gruppe von 5 dt. S-Booten Minensperre nördlich Dünkirchen. Im Gefecht mit brit. Sicherungsstreitkräften *S 185* verloren. Bei Minenoperationen einer Gruppe von 3 S-Booten nordwestlich von Ostende geht *S 192* im Gefecht mit dem brit. Zerstörer *Walpole,* den DEs *Curzon* und *Torrington,* der Korvette *Kittiwake* und MTB verloren.
Am 24./25. 12. Versuch dt. S-Boote auf dem Konvoi-Weg nach Antwerpen zu operieren, durch die brit. DEs *Ekins* und *Thornborough* sowie die Fregatte *Caicos* und die Korvette *Shearwater* vereitelt.

26. 12. 1944 **Südwestpazifik**
Jap. Flottenverband (am 24. 12. aus der Camranh Bay/Indochina ausgelaufen) beschießt US-Landekopf auf Mindoro: Zerstörer *Kasumi* (KAdm. Kimura), Schwerer Kreuzer *Ashigara,* Leichter Kreuzer *Oyodo* und Zerstörer *Kiyoshimo, Asashimo, Kaya, Sugi* und *Kashi.* Nach amerik. Luftangriffen und Versenkung der *Kiyoshimo* durch das PT-Boot *PT 223* dreht der jap. Verband ab und entkommt. Letzter jap. Flottenvorstoß ins Gebiet der Philippinen.

26.—30. 12. 1944 **Südwestpazifik**
Jap. Flugzeuge vernichten in den Gewässern der Philippinen die amerik. Transporter *Hobart Baker* (7176 BRT), *John Burke* (7180 BRT), *James H. Breasted* (7212 BRT) und den Tanker *Porcupine* (7218 BRT) und beschädigen mehrere andere Schiffe.

29.—30. 12. 1944 **Nordmeer**
Nach mehreren erfolglosen Angriffen gegen sowj. Küstengeleite an der Kola-Küste versenkt *U 995* (Oblt. z. S. Hess) 1 kleinen, bisher nicht identifizierten Dampfer. *U 956* (Oblt. Mohs) torpediert aus dem Konvoi KP. 24 vor der Kola-Bucht den Dampfer *Tbilisi* (7176 BRT), der aufgesetzt wird.

31. 12. 1944 **Luftkrieg Deutschland**
Bomber der 8. USAAF greifen Hamburg an. Im Hafen Minensuchboot *M 445* und die Frachter *Faro* (2621 BRT), *Mannheim* (897 BRT) und *Rival* (809 BRT) versenkt.

30. 12. 1944—21. 1. 1945 **Nordmeer**

Konvoi-Operation JW. 63/RA. 63. Am 30. 12. läuft der JW. 63 von Loch Ewe mit 35 Schiffen aus. Sicherung Geleitträger *Vindex* (VAdm. Dalrymple-Hamilton), Kreuzer *Diadem*, Zerstörer *Zambesi, Myngs, Zebra, Algonquin* (RCN), *Sioux* (RCN), *Savage, Serapis, Scourge, Scorpion, Stord* (RNoN) der Home Fleet, ferner von der 8th und 20th Escort Group die Zerstörer *Keppel, Westcott, Walker*, die Sloops *Cygnet, Lapwing, Lark*, die Korvetten *Alnwick Castle, Allington Castle* und *Bamborough Castle*. In der Bären-Insel-Enge sind die dt. U-Boote der Gruppe »Stier« *U 299, U 956, U 995* und *U 997*, nördlich Kola *U 293, U 310* und *U 636* aufgestellt. Am 8. 1. treffen die Schiffe des Konvois unbemerkt im Kolafjord und im Weißen Meer ein. Der Gegenkonvoi RA. 63 läuft am 11. 1. mit 30 Schiffen und der gleichen Sicherung wie der JW. 63 vom Kolafjord aus und trifft, ohne von der dt. Aufklärung erfaßt zu werden, am 21. 1. in Loch Ewe ein.

30. 12. 1944—25. 1. 1945 **Zentral- und Südwestpazifik**

Operationen der 3. Flotte (Adm. Halsey) zur Unterstützung der Landungen auf Luzon. Am 30. 12. läuft die Task Force 38 (VAdm. McCain) von Ulithi aus:
Task Group 38.1 (KAdm. Radford): Träger *Yorktown, Wasp, Cabot, Cowpens*, Schlachtschiffe *South Dakota* (VAdm. Lee), *Massachusetts*, Kreuzer *San Francisco, Baltimore, Boston, San Diego*, Zerstörer (Desron 61) *De Haven, Mansfield, Lyman K. Swenson, Collett, Maddox, Blue, Brush, Taussig, Samuel N. Moore*, (Desron 53) *Cushing, Colahan, Benham, Yarnall, Stockham, Wedderburn, Twining, Uhlmann*.
Task Group 38.2 (KAdm. Bogan): Träger *Lexington, Hancock* (FF), *Hornet*, Schlachtschiffe *New Jersey* (FFF), *Wisconsin*, Kreuzer *Pasadena, Astoria, Wilkes-Barre, San Juan*, Zerstörer (Desron 52) *Owen, Miller, The Sullivans, Stephen Potter, Tingey, Hickox, Hunt, Lewis Hancock, Marshall*, (Desron 62) *Ault, English, Charles S. Sperry, Waldron, Haynsworth, John W. Weeks, Hank*, (Desdiv 102) *Capps, David W. Taylor, Evans, John D. Henley*.
Task Group 38.3 (KAdm. Sherman): Träger *Essex, Ticonderoga, Langley, San Jacinto*, Schlachtschiffe *Washington, North Carolina*, Kreuzer *Santa Fé, Vincennes, Miami, Biloxi, Flint* und Zerstörer (Desron 50) *Clarence K. Bronson, Cotten, Dortch, Gatling, Healy, Cogswell, Caperton, Ingersoll, Knapp*, (Desron 55) *Porterfield, Callaghan, Cassin Young, Preston, Laws, Longshaw, Prichett, Halsey, Powell*.
Nacht-Task Group 38.5 (KAdm. Gardner): Träger *Enterprise, Independence* und Zerstörer (Desron 47) *McCord, Trathen, Hazelwood, Haggard, Franks, Buchanan*. Operiert tags mit Task Group 38.2.
Nach Beölung am 2. 1. am 3. und 4. 1. Trägerraids mit Task Group 38.1 gegen Nord-Formosa, Task Group 38.2 gegen Süd-Formosa und Pescadoren und Task Group 38.3 gegen Zentral-Formosa und südliche Ryukyu-Inseln. Einsatz durch Wetterfront stark behindert, teilweise abgebrochen, etwa 100 jap. Flugzeuge bei 22 Verlusten vernichtet. Nach Beölung am 5. 1. am 6. und 7. 1. zur Vorbereitung Lingayen-Landung und Sicherung der Luftherrschaft über Luzon 757 Einsätze der Trägerflugzeuge gegen Kamikaze-Flugplätze. Bei 28 Verlusten etwa 75—80 Flugzeuge zerstört.
Nach Beölung am 8. 1. am 9. 1. neuer Angriff gegen Formosa und Ryukyu-Inseln, besonders Okinawa. 717 Einsätze. Bei 10 Verlusten werden der Zerstörer *Hamakaze*, die Korvette *Kaibokan 3*, 1 U-Jäger und 5 Tanker bzw. Frachter versenkt, die Fregatten *Yashiro* und *Miyake*, 4 Korvetten, 1 Minen-

sucher, 2 U-Jäger und 3 Handelsschiffe beschädigt. Gleichzeitig greifen *B-29* von China aus Formosa an.

Am 10. 1. dringt die Task Force 38 in die Südchina-See ein, beölt bis zum 11. 1. aus der schnellen Versorger-Gruppe (Capt. Acuff) mit den Tankern *Manatee, Monongahela, Patuxent, Neosho, Chikaskia, Niobrara, Pamanset, Caliente,* den Geleitträgern *Nehenta Bay, Rudyerd Bay, Cape Esperance, Altamaha* und den Zerstörern *Dale, Welles, Thatcher, Dyson, Hobby, Farragut, MacDonough, Thorn, Weaver.* Am 12. 1. Nachtstart von Task Group 38.5, früh Angriffe aller Task Groups gegen die Küste und Häfen Indochinas, Schwerpunkt Task Group 38.2 gegen Camranh-Bay, wo schwere jap. Schiffe vermutet werden, Vorstoß gegen die Küste mit *New Jersey, Wisconsin, Baltimore, Boston, Pasadena, Astoria, Wilkes-Barre* und Zerstörern ohne Erfolg. Bei 1465 Einsätzen mit 23 Verlusten werden aus jap. Konvois 29 Handelsschiffe mit 116 000 BRT, der als Konvoi-Flaggschiff fahrende Schulkreuzer *Kashii,* die Fregatte *Chiburi,* die Korvetten *Kaibokan 23, Kaibokan 51, Kaibokan 17, Kaibokan 19, Kaibokan 35, Kaibokan 43* und die U-Jäger *Kusentai 31, Kusentai 43* sowie 1 Landungsschiff versenkt, ferner weitere Fregatten, Korvetten, Minensucher, Landungsschiffe und U-Jäger beschädigt. In Saigon wird der franz. Kreuzer *Lamotte-Picquet* vernichtet.

Nach erneuten, von starken Monsun-Winden behinderten Beölungen am 13. und 14. 1. fliegen die Trägergruppen am 15. 1. Jägervorstöße und Angriffe gegen Süd-Formosa, die Pescadoren und die chines. Provinz Fukien. Jap. Zerstörer *Hatakaze* und *Tsuga,* 1 Landungsschiff, 1 Transporter und 1 Tanker versenkt, 12 Flugzeuge verloren.

Am 16. 1. werden Ziele an der südchines. Küste zwischen Hongkong und Hainan angegriffen, dabei bei 27 Verlusten 2 Schiffe versenkt, 5 Geleitfahrzeuge beschädigt. Starke Behinderung der Verbände durch schlechtes Wetter. Die am 17. 1. begonnene Beölung westlich Luzon muß wegen des Seeganges am 18. 1. unterbrochen werden, nach Abschluß am 19. 1. auf Befehl CINCPAC Rückmarsch durch die Luzon-Straße.

Am 21. 1. neuer Angriff gegen Formosa. Bei 1164 Einsätzen 104 jap. Flugzeuge vernichtet und 10 Handelsschiffe versenkt, Zerstörer *Harukaze, Kashi, Sugi* und 2 Landungsschiffe beschädigt. Jap. Luftangriffe: 1 einzelner Bomber erzielt 1 Bombentreffer auf der *Langley,* 1 einzelner Kamikaze-Jäger trifft die *Ticonderoga.* Ein Angriff von 7 Kamikazes und 6 Jägern von Süden her wird durch Jagdschutz der *Cowpens* abgefangen. Bei zweitem Angriff von 8 Kamikazes (»Niitaka«-Gruppe) der 1. Luftflotte und 5 Jägern von Norden je 1 Treffer auf *Ticonderoga* und *Maddox.* Ein eigener zurückkehrender Bomber verliert eine Bombe bei der Landung auf der *Hancock,* die beschädigt wird. Insgesamt 205 Tote, 351 Verwundete auf den Schiffen, *Ticonderoga* wird mit 2 Kreuzern und 3 Zerstörern entlassen.

Am 22. 1. 682 Einsätze der Trägerflugzeuge gegen die Ryukyu-Inseln mit Schwerpunkt Okinawa.

Nach Beölung am 23. 1. Rückmarsch nach Ulithi, dort am 25. 1. eingetroffen. Insgesamt auf dieser Unternehmung rund 300 000 BRT versenkt, 615 jap. Flugzeuge vernichtet. Eigene Verluste 201 Flugzeuge mit 167 Piloten.

1945

1.—31. 1. 1945 **Pazifik**

Von den im Januar in ihren Operationsgebieten eintreffenden US-U-Booten versenken folgende Schiffe: In jap. Gewässern zwischen Luzon und Kurilen: *Kingfish* (LCdr. Harper) 3 Schiffe mit 4344 BRT, *Puffer* (LCdr. Dwyer) Korvette *Kaibokan 42,* und *Kaibokan 30* torpediert, *Sea Robin* (LCdr. Stimson) 1 Schiff mit 5135 BRT, *Silversides* (LCdr. Nichols) 1 Schiff mit 4556 BRT, *Spadefish* (LCdr. Underwood) 3 Schiffe mit 12 523 BRT und Fregatte *Kume, Spot* (Cdr. Post) 2 Schiffe mit 1387 BRT, *Tautog* (Cdr. Baskett) 2 Schiffe mit 1900 BRT und Transporter *No. 15,* ferner 1 Schiff torpediert, *Threadfin* (LCdr. Foote) 1 Schiff mit 1864 BRT, *Barb* (Cdr. Fluckey) 5 Schiffe mit 24 044 BRT, *Picuda* (LCdr. Shepard) 1 Schiff mit 5497 BRT, 1 Schiff torpediert; *Barb, Picuda* und *Queenfish* (Cdr. Loughlin) gemeinsam 2 Schiffe mit 12 312 BRT und 1 Schiff torpediert. Im Gebiet von Indonesien und den Philippinen: *Blackfin* (Cdr. Kitch) Zerstörer *Shigure, Boarfish* (Cdr. Gross) 2 Schiffe mit 13 858 BRT, *Cavalla* (LCdr. Kossler) 2 Schiffe mit 1880 BRT, *Cobia* (LCdr. Becker) Minenleger *Yurishima, Pargo* (LCdr. Bell) Zerstörer *Nokaze,* ferner Fregatte *Manju* torpediert.

2.—8. 1. 1945 **Südwestpazifik**

Anmarsch der US-Landungsflotten vom Leyte-Golf durch die Surigao-Straße, die Sulu-See, die Mindoro-Straße zum Lingayen-Golf.

Am 2. 1. läuft die Task Group 77.6 (Minensuch- und Vermessungsgruppe) mit 68 Minensuchern, gesichert von den US-Zerstörern (Desdiv 48) *Bush, Halford, Stanly, Stembel,* der austral. Sloop *Warrego* und der austral. Fregatte *Gascoyne* aus.

Am 3 .1. folgen die Fire Support Group, Task Group 77.2 (VAdm. Oldendorf) — Unit 1 (San Fabian; KAdm. Weyler) mit den Schlachtschiffen *Mississippi, West Virginia, New Mexico,* den austral. Kreuzern *Australia, Shropshire* und dem US-Kreuzer *Minneapolis* und den US-Zerstörern (Desron 60) *Allen M. Sumner, Lowry, Laffey, O'Brien, Barton, Moale, Ingraham* und *Walke;* — Unit 2 (Lingayen; VAdm. Oldendorf) mit den Schlachtschiffen *California, Pennsylvania, Colorado,* den Kreuzern *Louisville, Portland, Columbia* und den US-Zerstörern (Desron 56) *Leutze, Heywood L. Edwards, Kimberly, Newcomb, Richard P. Leary, William D. Porter, Bennion, Bryant, Izard* und den austral. *Arunta* und *Warramunga* sowie die Escort Carrier Group 77.4 (KAdm. Durgin) mit Unit 1 (Lingayen; KAdm. Durgin) mit den Geleitträgern *Makin*

Island, Lunga Point, Bismarck Sea, Salamaua, Hogatt Bay, den Zerstörern (Desron 6) *Maury, Gridley, Bagley, Helm, Ralph Talbot, Patterson, McCall* und den DEs *Edmonds* und *Howard D. Clark;* und Unit 2 (San Fabian; KAdm. Stump) mit den Geleitträgern *Natoma Bay, Manila Bay, Wake Island, Steamer Bay, Savo Island, Ommaney Bay,* den Zerstörern (Desron 51) *Hall, Halligan, Bell, Burns, Paul Hamilton, Twiggs* und *Abbot* sowie der Hunter Killer-Group (Capt. Cronin) mit dem Geleitträger *Tulagi* und den DEs *Stafford, William Seiverling, Ulvert M. Moore, Kendall C. Campbell* und *Goss.* Außerdem folgt eine Gruppe mit den UDTs (Underwater Demolition Teams = Froschmänner) auf 10 schnellen Transportern (APDs).
Am 4. 1. geht von Leyte die San Fabian Attack Force, Task Force 78 (VAdm. Barbey) mit dem I. Korps (GenMaj. Swift), Führungsschiff *Blue Ridge,* ab. Die Task Group 78.1 (VAdm. Barbey) mit der 43. Inf.Div. (GenMaj. Wing) auf 8 APA, 2 AP, 3 AK, 3 LSD, 21 LST, 10 LSM, 13 LCI, 6 LCT und 19 Support LCIs, Sicherung Zerstörer (Desron 23) *Charles Ausburne, Drayton, Shaw, Russell, Jenkins, La Valette, Converse, Foote, Braine* und die DEs *Charles J. Kimmel* und *Thomas F. Nickel.* — Die Task Group 78.2 (KAdm. Fechteler) mit der 6. Inf.Div. (GenMaj. Patrick) auf 8 APA, 3 AP, 1 AKA, 3 AK, 2 LSD, 1 LSV und 30 LST, 10 LSM, 3 LCI, 6 LCT, 9 Support LCI, Sicherung Zerstörer (Desron 2) *Morris, Lang, Stack, Sterett, Mustin, Dashiell, Wilson,* DEs *Day, Hodges, Peiffer, Tinsman.*
Luftsicherung Geleitträger *Kadashan Bay, Marcus Island,* Zerstörer *Charette, Conner.*
Am 5. 1. geht von Leyte die Lingayen Attack Force, Task Force 79 (VAdm. Wilkinson), mit dem XIV. Korps (GenMaj. Griswold), Führungsschiff *Mount Olympus,* in See. Task Group 79.1 (KAdm. Kiland) mit der 37. Inf.Div. (GenMaj. Beightler) auf 9 APA und 3 austral. LSI, 1 AP, 3 AK, 1 LSD, 1 LSV und 19 LST, 18 LSM, 6 LCT und 22 Support LCIs, Sicherung Zerstörer (Desron 22) *Waller, Saufley, Philip, Renshaw, Cony, Robinson,* DEs *Abercrombie, Le Ray Wilson, Gilligan.* — Task Group 79.2 (KAdm. Royal) mit 40. Inf.Div. (GenMaj. Brush) mit 10 APA, 2 AP, 3 AKA, 3 LSD, 1 LSV und 19 LST, 31 LSM, 6 LCT und 21 Support LCIs, Sicherung Zerstörer (Desdiv 48, 44) *Bush, Halford, Conway, Eaton, Sigourney, Stembel,* DEs *Walter C. Wann, Richard W. Suesens, Oberrender,* ferner Zerstörer (Desron 49) *Picking, Isherwood, Luce, Sproston, Wickes, Young, Charles I. Badger.*
Luftsicherung (KAdm. Ofstie) mit Geleitträgern *Kitkun Bay, Shamrock Bay,* DEs *John C. Butler, O'Flaherty.*
Ab 3. 1. werden die Bewegungen durch jap. Küstenwachstationen und Luftaufklärung z. T. erfaßt und dagegen die in Cebu stationierten Zweimann-U-Boote und Kamikaze-Flieger der 1. Luftflotte (VAdm. Onishi) angesetzt. Am 3. 1. verfehlt Klein-U-Boot *Ha-84* 3 Schiffe, Kamikazes beschädigen den Tanker *Cowanesque.* Am 4. 1. wird der Geleitträger *Ommaney Bay* westlich Panay durch Kamikaze-Flieger von Sarangani so schwer getroffen, daß er mit Fangschuß des Zerstörers *Burns* versenkt werden muß. Am 5. 1. greifen Klein-U-Boote *Ha-69, Ha-81, Ha-82* in der Sulu-See die Task Force 78 vergeblich an und verfehlen von der Flaggschiff-Gruppe — Task Group 77.1 mit Führungsschiff *Wasatch* (Chef 7. Flotte, Adm. Kinkaid, OB 6. Armee GenLt. Krueger), Kreuzer *Boise* (OB Südwestpazifik, Gen. MacArthur), Zerstörer *Smith, Frazier, Coghlan, Edwards* — und der Nahdeckungsgruppe (KAdm. Berkey) mit den Kreuzern *Phoenix, Montpelier, Denver* und den Zerstörern (Desron 21) *Nicholas, Fletcher, Radford, O'Bannon, Taylor, Hopewell* — die *Boise* knapp, das

angreifende U-Boot *Ha-82* wird durch *Taylor* versenkt. Vor Manila treffen die *Bennion*, *Warrego* und *Gascoyne* von der Minensuchgruppe auf die aus der Manila-Bucht ausgelaufenen jap. Geleitzerstörer *Momi* und *Hinoki*, letztere entkommt, *Momi* wird durch *Bennion* beschädigt und durch Flugzeuge versenkt.

Am 5. 1. starten von Mabalacat (Luzon) 3 Gruppen von 16, 4 und 15 Kamikazes gegen die Task Force 77. Die Kreuzer *Louisville*, *Australia*, der Geleitträger *Manila Bay*, der DE *Stafford*, der Tender *Orca*, der Schlepper *Apache* und *LCI(G)-70* werden durch Treffer, der Geleitträger *Savo Island*, die Zerstörer *Arunta* und *Helm* durch Nahtreffer beschädigt: 54 Tote, 168 Verletzte.

Am 6. 1. starten von verschiedenen Plätzen insgesamt 29 Kamikaze-Flugzeuge mit 15 Begleitjägern und greifen die zur Beschießung des Landungsraumes in den Lingayen-Golf eindringende Task Group 77.2 an. Es werden der Minensucher *Long* versenkt, durch Treffer die Schlachtschiffe *New Mexico* (Capt. Fleming †, Beobachter brit. GenLt. Lumsden †), *California*, die Kreuzer *Australia*, *Columbia*, *Louisville* (KAdm. Chandler †), die Zerstörer *Walke*, *Allen M. Sumner*, *O'Brien*, die Minensucher *Brooks*, *Southard*, durch Nahtreffer der Kreuzer *Minneapolis* und die Zerstörer *Richard P. Leary*, *Newcomb* und *Barton* beschädigt: 156 Tote, 452 Verletzte. Die US-Geleitträger fliegen 126 Einsätze zum Jagdschutz.

In der Nacht vom 6./7. 1. greifen einzelne jap. Torpedoflugzeuge an und versenken den Minensucher *Hovey*: 22 Tote, 24 Verletzte.

Am 7. 1. greifen einzelne Bomber an und treffen den Minensucher *Palmer* (28 Tote, 38 Verletzte) und verfehlen in der Mindoro-Straße knapp die *Boise*. Von den 7 gestarteten Kamikazes werden das *LST 912* und der Transporter *Callaway* beschädigt: 33 Tote, 22 Verletzte.

In der Nacht vom 7./8. 1. versenken die Zerstörer *Charles Ausburne*, *Braine*, *Shaw*, *Russell* im letzten Überwassergefecht des Pazifischen Krieges den wieder ausgelaufenen jap. Geleitzerstörer *Hinoki*.

Am 8. 1. greifen mehrere Kamikazes vom Clark-Field die 7. US Flotte vor dem Lingayen-Golf an, dabei werden die Geleitträger *Kadashan Bay*, *Kitkun Bay* und der Kreuzer *Australia* beschädigt: 17 Tote, 36 Verletzte.

4. 1. 1945 **Indischer Ozean**

Operation »Lentil«: Brit. 1. Träger-Geschwader (KAdm. Vian) führt mit *Indomitable* (Capt. Eccles), *Victorious* (Capt. Denny), *Illustrious* (Capt. Lambe) und *Indefatigable* (Capt. Graham) Raid gegen die Ölraffinerien von Pangkalan-Brandan (NO-Sumatra). Sicherung durch die Kreuzer *Suffolk*, *Ceylon*, *Argonaut* und *Black Prince* sowie die Zerstörer *Kempenfelt*, *Whelp*, *Wager*, *Grenville*, *Urania*, *Undaunted*, *Undine* und *Ursa*.

Vom 4. 1. ab unterstützen die indischen Sloops *Narbada*, *Jumna*, die brit Sloop *Shoreham* und zeitweise die austral. Zerstörer *Napier* und *Nepal* die Operationen der brit.-indischen Truppen an der burmesischen Küste bei Akyab und südlich davon.

4.—27. 1. 1945 **Atlantik**

Im Gebiet beiderseits des Pentland-Firth (Orkneys) operieren die dt. U-Boote *U 278* und *U 313* gegen brit. Trägergruppen, kommen aber nur ohne Erfolg auf Dampfer und Bewacher zum Schuß. Die ins Gebiet westl. England ausmarschierenden *U 905* und *U 764* müssen wegen Schnorchelpannen umkehren. Im Nordkanal verfehlt *U 1009* einen Bewacher und einen Zerstörer. Vor dem Clyde greift *U 482* (Kptlt. Graf Matuschka) einen Konvoi an und torpediert den Geleitträger *Thane* (nicht repariert) und 1 Schiff mit 7429 BRT, wird aber

anschl. am 16. 1. nach längerer Jagd von den Schiffen der 22nd Escort Group, den Sloops *Peacock, Hart, Starling, Amethyst* und der Fregatte *Loch Craggie* versenkt. Im St. Georgs-Kanal und in der Irischen See versenkt *U 1055* (Oblt. z. S. R. Meyer) vom 9.—15. 1. 4 Schiffe mit 19 418 BRT, dar. eins aus dem Konvoi ON. 277. *U 285* kehrt ohne Erfolg heim. Ab 20. 1. operieren gleichzeitig *U 1172* (Oblt. z. S. Kuhlmann) — 2 Schiffe mit 2751 BRT versenkt, *U 825* (Oblt. z. S. Stoelker) und *U 1051* (Oblt. z. S. v. Holleben) in diesem Gebiet. Gegen diese Boote werden außer der 22nd E. G. 5 weitere E. G.'s angestzt. Am 26. 1. jagen die 4th und 5th E. G. *U 1172,* das nach Torpedierung des DE *Manners* durch die DEs *Aylmer, Calder* und *Bentinck* versenkt wird. Am 27. 1. torpedieren die beiden anderen Boote aus dem Konvoi HX. 322 2 Schiffe mit 15 360 BRT, *U 1051* wird anschl. durch die DEs *Tyler, Keats, Bligh* der 5th E. G. versenkt. Im Kanal operiert *U 325* erfolglos, *U 1199* (Kptlt. Nollmann) torpediert am 21. 1. aus einem Themse-Bristol-Konvoi vor Wolf Rock 1 Schiff mit 7176 BRT und wird von dem Zerstörer *Icarus* und der Korvette *Mignonette* der Sicherung versenkt.
Als Wetter-Boote sind im Nordatlantik nacheinander *U 1009, U 248, U 1230* und *U 1231* aufgestellt. Gegen die mit HF/DF eingepeilten Boote wird eine US-DE-Jagdgruppe mit *Hubbard, Hayter, Otter* (Cdr. Bowling) und *Varian* angesetzt, der am 16. 1. *U 248* zum Opfer fällt.
Westlich Gibraltar greift *U 870* (KKpt. Hechler) am 3. 1. den Konvoi GUS. 63 — 1 Schiff mit 7207 BRT versenkt — am 7. 1. ein Ost- und am 8. 1. ein Westgeleit — erfolglos — an. Am 9. 1. versenkt es den franz. U-Jäger *L'Enjoue* und am 10. 1. aus einem Ostkonvoi 1 Schiff mit 4637 BRT.
Vor Halifax verfehlt *U 1232* (Kpt z. S. Dobratz) 1 Zerstörer und 1 Pass.-Dampfer und versenkt aus 3 Konvois 5 Schiffe mit 26 804 BRT (dav. 1 Liberty-Schiff eingeschleppt, aber Totalverlust).

5. 1. 1945 **Zentralpazifik**

US-Task Group (KAdm. Smith) mit den Kreuzern *Chester, Pensacola, Salt Lake City* und den Zerstörern *Dunlap, Fanning, Cummings, Ellet, Roe, David W. Taylor* beschießt Iwojima, Hahajima und Chichijima. *D. W. Taylor* durch Minentreffer beschädigt. Zugleich Angriff von *B-29* des 21st Bomber Command USAAF.
Eine andere US-Task Group (KAdm. McCrea) mit Kreuzern und Zerstörern beschießt Paramushiro (Kurilen).

5. 1.—8. 1. 1945 **Nordmeer**

Dt. U-Boote *U 295, U 716* und *U 739* laufen mit je 2 auf Oberdeck festgemachten »Biber«-Klein-U-Booten aus, um mit ihnen in den Kola-Fjord zum Angriff gegen das Schlachtschiff *Archangel'sk* und alliierte Geleitfahrzeuge einzudringen. Operation muß wegen Pannen an den Klein-U-Booten abgebrochen werden.

6. 1.—10. 5. 1945 **Indischer Ozean-Atlantik**

Rückmarsch der letzten dt. Ostasien-U-Boote. Das am 6. 1. von Djakarta ausgelaufene *U 510* (Kptlt. Eick) muß nach Versenkung des Dampfers *Point Pleasant Park* (7136 BRT) am 23. 2. im Indischen Ozean wegen Brennstoffmangel am 24. 4. St. Nazaire anlaufen. *U 532* (FKpt. Junker), am 13. 1. ausgelaufen, versenkt im März im Atlantik den Frachter *Baron Jedburgh* (3656 BRT) und den Tanker *Oklahoma* (9298 BRT) und läuft am 10. 5. nach der Kapitulation Liverpool an, wo es vom CINCWA, Adm. Horton, besichtigt wird. *U 843* (Kptlt.

Herwatz) und *U 861* (KKpt. Oesten) treffen im April in Bergen ein, *U 195* muß wegen einer Panne und Versorgung von *U 532* umkehren und das zuletzt ausgelaufene *U 183* wird am 23. 4. von dem US-U-Boot *Besugo* versenkt.

7. 1.—12. 3. 1945 **Ostsee-Kurland**

Anfangs aus der Danziger Bucht, später aus der westlichen Ostsee laufen regelmäßige dt. Geleite zur Versorgung der Heeresgruppe Kurland nach Libau und Windau. Zur Sicherung sind M-Boote der 1., 3., 25., später auch der 12. und 2. M-Flottille im freien Seeraum, vor der lettischen Küste ferner KFKs der 31. M-Flottille zur U-Jagd, der 14. Sich.Flott. als Minengeleit, sowie der 1. R-Flott. und der 7. A-Flott. zur Abwehr der in Polangen stationierten sowj. Torpedokutter eingesetzt.

Gegen diesen Verkehr sind sowj. U-Boote angesetzt, im Jan. *ŠČ-310* (Kpt. 3. Rg. Bogorad) — 1 Fehlschuß —, *ŠČ-307* (Kptlt. Kalinin) — 2 Fehlschüsse —, im Februar *ŠČ-318* (Kpt. 3. Rg. Loškarev) — am 4. 2. Tanker *Hiddensee* (643 BRT) versenkt, am 10. 2. Fehlschuß auf Dampfer *Ammerland, ŠČ-407* (Kpt. 3. Rg. Bočarov) — am 12. 2. Wasserbombenverfolgung durch *TS 8,* Ende Februar *S-4* (Kpt. 3. Rg. Ključkin) und *ŠČ-309* (Kpt. 3. Rg. Vetčinkin) angesetzt. Beide greifen am 23. 2. den Dampfer *Göttingen* (6267 BRT) an, der sinkt, das M-Boot *M 801* versenkt dabei im Waboangriff *S-4.* Am 9. 3. versenkt *ŠČ-303* (Kpt. 3. Rg. Ignatév) den Dampfer *Borbek* (6002 BRT). Die sowj. Luftwaffe führt mehrere Luftangriffe gegen Häfen und legt Minen, auf denen am 29. 1. die *Henry Lütgens* (1141 BRT) vor Windau, am 12. bzw. 23. 3. *M 3137* und *M 3138* vor Libau sinken. Der Abtransport von insgesamt 8 der 35 Divisionen der H. Gr. Kurland nach Ostpreußen und Pommern gelingt jedoch ohne wesentliche Ausfälle.

9.—17. 1. 1945 **Südwestpazifik**

Operation »Mike I«:

Die US-Task Forces 78 und 79 landen mit Unterstützung durch die Task Group 77.2 (Feuerunterstützung) und Task Group 77.4 (Geleitträger) das I. US-Korps im Lingayen Golf (Zusammensetzung s. 2. 1.!). Landung von rund 70 000 Mann an ersten Tage gelingt gegen geringen Widerstand, da die jap. Verteidigung (14. Armeegruppe, Gen. Yamashita) im Raum Lingayen die 23. Inf.-Div. (GenLt. Nishiyama) und die 58. Brigade ins Gebirge zurückgezogen hat, erst ab 11. 1. kommt es zu größeren Gefechten an Land. Die Küstenbeschießungen haben deshalb keine große Wirkung.

Jap. Gegenwirkung durch Kamikaze-Angriffe der 1. Marine-Luftflotte und 4. Heeres-Luftflotte. Am 9. 1. starten 9 Kamikaze mit 7 Begleitjägern. Es werden das Schlachtschiff *Mississippi,* die Kreuzer *Columbia* und *Australia* durch Treffer, der DE *Hodges* durch Nahtreffer beschädigt. In der Nacht vom 9./10. 1. greifen von San Juan aus jap. Sprengboote an, von etwa 70 Booten werden nur *LCI(M)-974* und *LCI(G)-365* versenkt, der Transporter *War Hawk* und *LST 925* und *LST 1028* beschädigt.

Am 11. 1. greifen weitere Sprengboote an und beschädigen *LST 610,* ein Bomber beschädigt den Zerstörer *Wickes,* Kamikaze-Flieger den DE *Le Ray Wilson* und den Transporter *Du Page.* Am 9./10. 1. dabei 114 Tote, 377 Verletzte.

Am 11. 1. trifft die Amphibious Group 3 (KAdm. Conolly), Führungsschiff *Appalachian,* mit der 25. Inf.Div. (Maj.Gen. Mullins), dem 158. RCT und der 13. Panzer-Gruppe auf 13 APD, 17 APA, 3 AP, 7 AKA, 8 AK, 10 Liberty-Schiffen und 50 LST ein. Sicherung Zerstörer (Desron 54) *Remey, McNair, Norman Scott, Melvin, Mertz, McGowan, McDermut, Monssen,* DEs *Greenwood, Loeser.*

Luftsicherung (KAdm. Henderson) mit Geleitträgern *Saginaw Bay, Petrof Bay* und DEs *Richard S. Bull, Richard M. Rowell.*
Von den gegen die Landung angesetzten jap. U-Booten *Ro-43, Ro-46, Ro-50, Ro-55, Ro-109* und *Ro-49* fahren am 12. 1. *Ro-49* (Oblt. Sugayoshi) einen erfolglosen Angriff gegen ein Schlachtschiff, *Ro-46* (Kptlt. Suzuki) gegen Transporter. Kamikaze-Flieger greifen an- und ablaufende Transporter und Geleitfahrzeuge an, der APD *Belknap*, der APA *Zeilin* und *LST 700* sowie die DEs *Gilligan* und *Richard W. Suesens* werden beschädigt: 50 Tote, 107 Verletzte. Aus einem Nachschubkonvoi werden durch 6 Kamikazes auf der Höhe von Bataan 4 Liberty-Schiffe und 1 LST beschädigt, 129 Tote, 23 Verletzte. Am 13. 1. kommt es beim letzten Kamikaze-Angriff gegen die Landungsflotten zu einem Treffer auf dem Geleitträger *Salamaua:* 15 Tote, 88 Verletzte. Wegen des Ausfalls aller einsatzbereiten Flugzeuge und des Abzuges der restlichen Einheiten der 1. Marine-Luftflotte Ende der planmäßigen Angriffe. Vom 14.—27. 1. treffen 4 weitere Nachschubkonvois für die US-Landungskräfte ein. Ab 17. 1. sind die Einheiten der 6. US-Armee nicht mehr auf Flottenunterstützung angewiesen, die letzten Verbände werden abgezogen. Die Geleitträger haben vom 6.—17. 1. insgesamt 6152 Einsätze, davon 1416 zum »Close Support«, bei nur 2 Verlusten geflogen.

10. 1. 1945 **Mittelmeer/Ligurisches Meer**
Dt. Sprengboote (»Linsen«) greifen vor San Remo den franz. Zerstörer *Le Fortune* vergeblich an.

11.—12. 1. 1945 **Norwegen**
Brit. Kreuzerverband mit *Norfolk* (KAdm. McGrigor) und *Bellona* sowie den Zerstörern *Onslow, Orwell* und *Onslaught* greift dt. Geleitzug vor Egersund an: Artillerietreffer auf einigen Frachtern; im Gefecht mit der Geleitzugsicherung Minensuchboot *M 273* versenkt. Vergeblicher Angriffsversuch von *U 427.* Ablaufen des Verbands unter dem Schutz von Jägern der Geleitträger *Trumpeter* und *Premier*, die einen Angriff von *Ju 88*-Torpedoflugzeugen des K. G. 26 vereiteln.

11.—21. 1. 1945 **Zentralpazifik**
Versuch jap. U-Kreuzer, mit Kaiten-Torpedos amerik. Flottenbasen anzugreifen (Operation »Kongo«). *I-36* (Kptlt. Teramoto) setzt 4 Kaiten vor Ulithi aus, einer detoniert wenige Meter vor der Bordwand des Munitionsschiffes *Mazama*, ein anderer versenkt möglicherweise das Landungsboot *LCI 600. I-47* (Kptlt. Orita) setzt 4 Kaiten auf der Reede von Hollandia aus, 2 Detonationen in Nähe des Transporters *Pontus H. Ross* (7247 BRT), ein Blindgänger. Angriffsversuche von *I-53* gegen die Kossol-Passage von Palau, von *I-56* gegen Manus auf den Admiralitäts-Inseln und *I-58* gegen Apra-Harbor auf Guam haben kein Ergebnis, ebenso wie ein am 20. 1. versuchter Angriff von *I-48* gegen Ulithi, das am 21. 1. durch die US-DEs *Conklin, Corbesier* und *Raby* versenkt wird.

11. 1.—19. 3. 1945 **Ostsee**
Letzte Einsätze dt. U-Boote in der Ostsee vor dem Finnenbusen. Am 11. 1. versenkt *U 745* (Kptlt. v. Trotha) vor Revalstein einen Bewacher, am 16. 1. verfehlt *U 290* (Oblt. z. S. Herglotz) vor Baltischport ein Fahrzeug. *U 242, U 348, U 1001* kehren Ende Januar von Aufklärungsunternehmen in die südl. Bottensee und den mittl. Finnenbusen zurück und werden nach Westen entlassen.
Anfang Februar operieren noch *U 745, U 475, U 370* und *U 676*, von denen

U 745 am 4. 2. und *U 676* am 19. 2. vermutlich auf Minen verlorengehen. Als letztes Boot kehrt *U 475* am 17. 3. nach Danzig zurück. Am 19. 3. werden alle dt. U-Boote zum Westeinsatz abgezogen.

13. 1. 1945 **Norwegen**
Leichter Kreuzer *Nürnberg* (Kpt. z. S. Giessler) und Minenschiff *Linz* (FKpt. Abel) führen im Skagerrak defensive Minenunternehmung durch. Abwehr mehrerer brit. Luftangriffe.

14./15. 1. 1945 **Nordsee**
3 Boote der 2. S-Flottille legen Minen vor Cromer. Rest der Flottille muß schon auf dem Anmarsch wegen Maschinenschäden umkehren. Davon sinkt *S 180* vor Texel auf eigener Sperre.

15. 1. 1945 **Mittelmeer**
Das in Port Mahon (Balearen) liegende und von Spanien seit dem 8. 9. 1943 internierte italienische Geschwader: Leichter Kreuzer *Attilio Regolo,* Zerstörer *Carabiniere, Fuciliere, Mitragliere,* Torpedoboot *Orsa* und MFP *Mz. 85, Mz. 780* und *Mz. 800* läuft nach Malta aus.

15. 1. 1945 **Mittelmeer/Ligurisches Meer**
Die franz. Kreuzer *Montcalm* (KAdm. Jaujard) und *Georges Leygues* beschießen dt. Stellungen bei San Remo (Riviera).

15.—24. 1. 1945 **Nordmeer**
Vor der Kola-Küste operieren die dt. U-Boote *U 293, U 295, U 636, U 956, U 968* und *U 997* gegen den sowj. Küstenverkehr. Am 16. 1. läuft der sowj. Konvoi KB. 1 mit 6 alliierten Frachtern und 2 Tankern vom Kolafjord zum Weißen Meer. Sicherung (Kpt. 1. Rg. Rumjancev) mit dem Flottillenführer *Baku* und den Zerstörern *Dejatel'nyj* (Kptlt. Kravčenko), *Derzkij, Doblestnyj, Živučij, Dostojnyj* und 3 weiteren als Deckungsgruppe sowie *6 Pe-3*-Bombern als Luftsicherung. *U 997* (Oblt. z. S. Lehmann) kommt heran und versenkt mit einem T-5 die *Dejatel'nyj.*
Am 20. 1. läuft ein Konvoi mit 2 Dampfern, dem Zerstörer *Urickij,* 2 Minensuchern, 9 *BO*-U-Jägern, 4 *TKA* sowie einer norweg. Gruppe mit der Korvette *Eglantine* und den Trawlern *Karmøy, Tromøy* und *Jeløy* sowie den sowj. Zerstörern *Razumnyj* und *Raz-jarennyj* als Deckungsgruppe von Kola nach Liinahamari. *U 293* (Kptlt. Klingspor) torpediert die *Raz-jarennyj,* die von dem Minensucher *T-117* mühsam eingeschleppt wird.
Am 21. und 24. 1. suchen die Zerstörer *Derzkij, Živučij, Doblestnyj* und *Dostojnyj* zwischen Iokanga und Kola geortete U-Boote, *U 636* verfehlt am 23. 1. eine Jagdgruppe und wird von 6 *BO*- und 2 *MO*-U-Jägern sowie 2 *TKA* gejagt. Am 26. 1. werden die sowj. U-Boote *V-2* und *V-3* zur U-Jagd angesetzt.

15. 1.—24. 2. 1945 **Ostsee**
Sowj. Angriff gegen Ostpreußen. Am 15. 1. tritt die sowj. 2. Weißruss. Front aus dem Narev-Brückenkopf bei Pultusk mit Unterstützung durch die 4. Luftarmee zum Angriff an, dessen Spitze mit der 5. Garde-Panzerarmee am 27. 1. an Elbing vorbei die Küste des Frischen Haffs bei Tolkemit erreicht und die Verbindung zwischen der 4. Armee in Ostpreußen und der 2. Armee in Westpreußen unterbricht. Am 16. 1. greift die 3. Weißruss. Front mit Unterstützung durch die 1. Luftarmee nördlich an Gumbinnen vorbei auf Königsberg an, die 43. Armee der sowj. 1. Balt. Front greift von Tilsit aus an und stößt entlang des Kurischen Haffs nördlich an Königsberg vorbei. Um Kräfte für den Aufbau

einer Riegelstellung auf Samland zu gewinnen, wird das XXVIII. Korps aus dem Brückenkopf Memel über das Eis auf die Kurische Nehrung überführt (24.—28. 1.), Flüchtlinge und Verwundete mit Schiffen, u. a. Fährschiff *Deutschland* (2972 BRT), abtransportiert. Die ab 26. 1. nachdrängende sowj. 1. Balt. Front kann die Evakuierung nicht aufhalten. Die sowj. 39. und 43. Armee sind inzwischen zwischen Königsberg und Cranz ins westliche Samland bis vor Fischhausen vorgedrungen und haben die Landverbindung Pillau—Königsberg unterbrochen. Zur Unterstützung des Angriffs des XXVIII. Korps aus dem Brückenkopf Cranz nach Südwesten zur Wiederherstellung der Verbindung beschießt am 29. und 30. 1. die dt. Kampfgruppe 2 (VAdm. Thiele) mit dem Kreuzer *Prinz Eugen* (Kpt. z. S. Reinicke), den Zerstörern *Z 25* (FKpt. Gohrbandt), *Paul Jacobi* (KKpt. Bülter) und den T-Booten *T 23* (Kptlt. Weinlig) und *T 33* (Kptlt. Priebe) Landziele vor den dt. Angriffsspitzen. Aus dem Königsberger Seekanal beschießen Artillerieträger, u. a. *Polaris* und *Joost*, sowj. Panzerspitzen. Zur Unterstützung des Gegenangriffs der Reste der dt. 3. Panzerarmee aus dem Raum Fischhausen zur Gewinnung einer durchgehenden Front in West-Samland greifen vom 2.—5. 2. mehrfach *Z 25, T 28* (Kptlt. Temming) und *T 33* in die Kämpfe ein, während der Kreuzer *Admiral Scheer* (Kpt. z. S. Thienemann) mit den T-Booten *T 23, T 35* (Kptlt. Buch) und *T 36* (Kptlt. Hering) in See in Bereitschaft steht. Ein Angriffsversuch des sowj. U-Bootes *L-3* (Kpt. 3. Rg. Konovalov), das vorher bei Brüsterort Minen gelegt hat, gegen *T 36* schlägt am 4. 2. fehl. SAT *Polaris* geht am 5. 2. durch Bombentreffer verloren.
Zur Unterstützung der dt. 4. Armee bei Frauenburg gegen die Angriffsspitzen der sowj. 48. und 3. Armee kommen am 8. 2. der Kreuzer *Lützow* (Kpt. z. S. Knoke) mit *T 8* (Kptlt. Strömer), *T 28* und *T 33* und am 9. und 10. 2. die *Admiral Scheer* mit *Z 34* (KKpt. Hetz), *T 23, T 28* und *T 36* zum Einsatz.
Nach der Zuführung der 93. Inf.Div. auf dem Seeweg von Kurland vom 11. bis 13. 2. führt die inzwischen verstärkte Armee-Abt. Samland vom 18.—24. 2. einen Angriff zur Wiederherstellung der Landverbindung zwischen Pillau/Fischhausen und Königsberg. Zur Unterstützung des Angriffs beschießen am 18. und 19. 2. *Admiral Scheer, Z 38* (KKpt. Frhr. v. Lyncker), *Z 43, T 28* und *T 35* Ansammlungen der sowj. 39. Armee bei Peyse und Groß-Heydekrug an der Südküste Samlands. Am 20. 2. gehen die T-Boote in den Seekanal und setzen die Beschießung von dort fort. Am 23. 2. greifen *Z 43* (Kpt. z. S. Wenninger), *Z 38* und *T 28* nochmals in die Landkämpfe ein, die den Landzugang nach Königsberg wiederherstellen.

16./17. 1. 1945 **Kanal**

4 Gruppen der 2. und 5. S-Flottille stoßen z. T. mit Minen gegen die Humber-, Themse- und Scheldemündung vor. 5. S-Flottille torpediert brit. *LST 415*. Boote in Gefechten mit den brit. Geleitfahrzeugen *Cotswold, Curzon, Seymour, Farndale* und *Guillemot* meist abgewiesen.

16. 1.—9. 2. 1945 **Norwegen**

Bei Operationen vor Norwegen versenkt das norweg. U-Boot *Utsira* (Kptlt. Valvatne) am 16. 1. das Vp.-Boot *V 6408* vor Trondheim. Das brit. *Venturer* (Lt. Launders) versenkt am 22. 1. den kleinen Dampfer *Stockholm* (618 BRT) vor Stavanger und am 9. 2. *U 864*.

21. 1.—5. 2. 1945 **Indischer Ozean**

Die 4. brit. und die 71. ind. Brigade werden von einem amphibischen Verband

auf der Ramree-Insel vor Arakan/Burma gelandet. Feuervorbereitung durch Verband mit den Kreuzern *Newcastle, Nigeria,* Zerstörer *Nepal* (F VAdm. Power), *Norman, Rapid, Pathfinder, Paladin,* Luftunterstützung durch Geleitträger *Ameer.*
Die folgenden Operationen an Land werden durch die Sloops *Flamingo, Kistna* (RIN), *Narbada* (RIN) sowie die genannten Zerstörer unterstützt. Deckung der Operation durch Verband mit Schlachtschiff *Queen Elizabeth* (VAdm. Walker), Träger *Ameer,* Kreuzer *Phoebe,* Zerstörern *Raider, Napier* (RAN) und *Norman* (RAN), Angriff von 18 jap. Flugzeugen durch Jäger von *Ameer* abgewehrt.
Operation »Meridian«: Ende Januar führt die auf dem Weg in den Pazifik befindliche »British Pacific Fleet« (VAdm. Rawlings) mit den Trägern *Indomitable, Indefatigable, Victorious, Illustrious,* dem Schlachtschiff *King George V.,* den Kreuzern *Black Prince, Argonaut, Euryalus, Ceylon* und 11 Zerstörern einen Trägerraid gegen Palembang (Sumatra).

22. 1. 1945 **Nordsee**
Dt. Schnellboot-Gruppen stoßen gegen den alliierten Schiffsverkehr zwischen Themse- und Scheldemündung vor und versenken den brit. Frachter *Halo* (2365 BRT). Gefechte mit den brit. Geleitfahrzeugen *Seymour* und *Guillemot* und *MTB. S 199* der 8. S-Flottille durch brit. Küstenartillerie versenkt, *MTB 495* im Gefecht beschädigt.

24. 1.—13. 2. 1945 **Zentralpazifik**
Vorbereitende Bombardements von Iwojima. Am 24. 1., 29. 1. und 12. 2. greifen *B 29* der 20. USAAF, vom 31. 1.—13. 2. täglich *B 24* der 7. USAAF Iwojima an und werfen rund 6800 ts Bomben. Am 25. 1. beschießt eine US-Task Force (KAdm. Badger) mit dem Schlachtschiff *Indiana,* dem 5. Kreuzer-Geschwader (KAdm. Smith) mit *Chester, Pensacola, Salt Lake City* und 8 Zerstörern Iwojima mit 203 40,6 cm und 1354 20,3 cm.

24. 1.—17. 2. 1945 **Südwestpazifik**
Landungen in Westluzon: Am 27. 1. werden zur Verstärkung der 6. US-Armee auf Luzon die 32. Inf.Div. und die 1. Cav.Div. im Lingayen-Golf gelandet. Auf dem Anmarsch versuchen am 24./25. 1. jap. Klein-U-Boote *Ha-76, Ha-81, Ha-84* ohne Erfolg die Konvois in der Mindoro-See anzugreifen.
Operation »Mike VII«: Die Amphibious Group 9 (KAdm. Struble) landet am 29. 1. die 38. Inf.Div. (GenMaj. Hall) und das 134. RCT des XI. Korps (GenMaj. Siebert) bei Zambales nördlich der Subic-Bay. Von 22 Transportern und 35 LST werden an einem Tag rund 30 000 Mann gelandet, Luftunterstützung 5. USAAF (GenLt. Kenney). Sicherung 14 Zerstörer (Desron 49) und DEs, 11 Minensucher, 19 YMS. Fire Support Task Group 74.2 (KAdm. Riggs) mit Kreuzer *Denver* und 2 Zerstörern. Am 30. 1. landen 4 APD und das LSV *Monitor* 1 BLT der 38. Inf.Div. auf der Gramble-Insel in der Subic-Bay. Fernsicherung für beide Operationen Task Group 74.3 (KAdm. Berkey) mit Kreuzern *Boise, Phoenix, Shropshire* (RAN) und 4 Zerstörern. Jap. Gegenwirkung: U-Boot *Ro-46* (Kptlt. Tokunaga) torpediert APA *Cavalier* (7800 BRT).
Operation »Mike VI«: Die Amphibious Group 8 (KAdm. Fechteler) landet am 31. 1. die 11. Luftlande-Div. (GenMaj. Swing) auf 4 APD, 35 LCI, 8 LSM, gesichert von 6 Zerstörern (Desron 5) und 3 DEs bei Nasugbu, südwestlich der Manila-Bucht. Fire Support Task Group 74.2 (KAdm. Riggs) mit Kreuzer *Denver* und Zerstörer *Claxton, Dyson.* Am 31. 1. wird das jap. U-Boot *Ro-115* in der Nähe der Ferndeckungsgruppe Task Group 74.3 durch die US-Zerstörer

O'Bannon, Jenkins, Bell und den DE *Ulvert M. Moore* versenkt. Bei einem Sprengbootangriff wird der US-U-Jäger *PC 1129* versenkt. Der Zerstörer *Claxton* und der DE *Lough* wehren weitere Angriffe ab. *Lough* und der Zerstörer *Conyngham* versenken am 1. 2. irrtümlich die beiden US-Schnellboote *PT 77* und *PT 79.*
Westlich Luzon wird am 7. 2. das jap. U-Boot *Ro-55* durch den DE *Thomason* schwer beschädigt und vermutlich auf dem Rückmarsch am 11. 2. durch das US-U-Boot *Batfish* versenkt.
Das südwestlich Leyte eingesetzte U-Boot *Ro-50* (Kptlt. Kimura) versenkt nach einem Fehlschuß am 1. 2. am 7. 2. aus einem Nachschubkonvoi den US-*LST 577.* Am 13. 2. Fehlschuß Klein-U-Boot *Ha-69* westlich Mindanao.
Am 13. 2. dringen erstmalig seit 1942 wieder US-Schnellboote in die Manila-Bucht ein. Am gleichen Tage beginnen Minensucher im Eingang der Manila-Bucht mit Minensucharbeiten, die Task Group 74.3 (KAdm. Berkey) mit den Kreuzern *Boise, Phoenix* und den Zerstörern *Fletcher, Hopewell, La Valette, Radford* (Desron 21) beschießt den Landungsraum an der Südspitze von Bataan und Corregidor. Dabei *La Valette* und *Radford* durch Minentreffer beschädigt. Beschießung am 14. 2. wiederholt. Verstärkung durch Reservegruppe (Commodore Farncomb, RAN) mit Kreuzern *Shropshire* (RAN), *Minneapolis, Portland* und 6 Zerstörer.
Die Amphibious Group 9 (KAdm. Struble) landet am 15. 2. von 62 Landungsfahrzeugen das 151. RCT und 34. RCT der 38. Inf.Div. mit 5300 Mann an der Südspitze von Bataan. Am 16. 2. wird das 503. Fallschirm-RCT auf Corregidor im Sprungeinsatz abgesetzt, Landungsboote landen 1 Btl. der 34. RCT auf Corregidor. Unterstützung durch Zerstörer des Desron 49, u. a. *Picking, Young, Wickes.* Seit dem 22. 1. hatten amerik. Flugzeuge der 5. USAAF 3200 ts Bomben auf die Felseninsel geworfen.
Ein Angriff des jap. U-Bootes *Ro-109* (Oblt. Masuzawa) am 17. 2. gegen einen Konvoi und seine Sicherung bleibt erfolglos.

25./26. 1. 1945 **Südwestpazifik**
Amerik. Flugzeuge werfen Minen vor Singapore, Saigon und in der Camranh-Bucht. Auf diesen Minen werden u. a. am 5. 2. das Schlachtschiff *Ise* und am 11. 2. die Fregatte *Nomi* beschädigt.

25. 1.—10. 3. 1945 **Ostsee**
Mit der Bedrohung Ostpreußens und Danzigs durch den sowj. Angriff beginnt die größte Evakuierungsaktion der Geschichte.
Gesamtleitung der Operationen dt. Marineoberkommando Ost (GenAdm. Kummetz), im Raum Danziger Bucht-Kurland 9. Sicherungs-Division (FKpt. v. Blanc), im Raum westlich davon bis zur Pommernbucht 10. Sicherungs-Division (KAdm. Bütow, ab Februar FKpt. Heydel). Steuerung der Schiffahrt durch den Wehrmacht-Seetransportchef (KAdm. Engelhardt).
Als Transportschiffe werden vor allem die großen Passagierdampfer verwendet, die bis dahin als Wohnschiffe in Pillau, Gotenhafen und Danzig verwendet worden sind, so u. a. *Cap Arkona* (27 561 BRT), *Robert Ley* (27 288 BRT), *Wilhelm Gustloff* (25 484 BRT), *Hamburg* (22 117 BRT), *Hansa* (21 131 BRT), *Deutschland* (21 046 BRT), *Potsdam* (17 528 BRT), *Pretoria* (16 662 BRT), *Berlin* (15 286 BRT), *General Steuben* (14 660 BRT), *Monte Rosa* (13 882 BRT), *Antonio Delfino* (13 589 BRT), *Winrich von Kniprode* (10 123 BRT) und *Ubena* (9554 BRT), ferner u. a. die Frachter *Moltkefels* (7862 BRT), *Wangoni* (7848 BRT), *Neidenfels* (7838 BRT), *Lappland* (7650 BRT), *Vega* (7287 BRT), *Volta* (7258 BRT), *Göt-*

tingen (6267 BRT), *Sachsenwald* (6261 BRT), *Kanonier* (6257 BRT), *Duala* (6133 BRT), *Vale* (5950 BRT), *Wiegand* (5869 BRT), *Urundi* (5791 BRT), *Tübingen* (5493 BRT), *Albert Jensen* (5446 BRT), *Brake* (5347 BRT), *Tanga* (5346 BRT), *Mathias Stinnes* (5337 BRT), *Goya* (5230 BRT), *Mendoza* (5193 BRT), *Cometa* (5125 BRT), *Eberhart Essberger* (5064 BRT) und viele weitere unter 5000 BRT. Auch Hilfskriegsschiffe und Geleitfahrzeuge wurden meist zum Transport von Flüchtlingen ausgenutzt.

Zur Sicherung der Geleite werden im Raum Danziger Bucht-Kurland von der 9. Sicherungs-Division eingesetzt die 1., 3. und 25. M-Flottille (KKpt. Pinkepank, KKpt. Dr. Kieffer bzw. Kptlt. Vogeler, ab Februar Kptlt. v. Haxthausen) mit je etwa 6 einsatzbereiten M-Booten, die 1. und 17. R-Flottille (Kptlt. Hoff, KKpt. Zaage und ab März Kptlt. Voss) mit je 7—10 R-Booten, die 3. und 17. Vp.-Flottille (KKpt. Böttger, KKpt. Dittmer) mit 6—8 umgebauten Fischdampfern, die 3. und 14. Sicherungs-Flottille (KKpt. Leonhardt, ab März FKpt. Palmgren bzw. KKpt. Petersen) mit zahlreichen kleineren Fischereifahrzeugen und KFK, die 31. M-Flottille (Kptlt. Prater) mit 4 KFK-Gruppen, die 3. U-Jagd-Flottille (Kptlt. Dr. Teichmann) mit zahlreichen kleinen Fischereifahrzeugen die 13. und 24. L-Flottille (KKpt. Wassmuth, FKpt. Brauneis) mit MFP sowie die 3. und 7. Artillerie-Träger-Flottille (KKpt. Dr. Schröder bzw. KKpt. Dr. Sonnemann) mit SATs, LATs und AFs. Im Raum Danziger Bucht-Pommernbucht von der 10. Sicherungs-Division die neu aufstellenden 12. und 2. M-Flottillen (Kptlt. Ostertag, Kptlt. Rosenow) mit modernen M-Booten Typ 43, die 15. R-Flottille (Kptlt. Mergelmeyer) mit neuen R-Booten, die 2. Sicherungs-Flottille (Kptlt. Dr. Reimann) mit zahlreichen kleinen Fischereifahrzeugen und KFKs, die 36. M-Flottille (KKpt. Reinhold) mit umgebauten Loggern, die KFK-Schulflottille und die neu aufgestellte 6. U-Jagd-Flottille (ab März Kptlt. Bittkow) sowie als Transportmittel die 11. L-Flottille (KKpt. Wiegand) mit MFP. In der westlichen Ostsee wird von Kiel aus die 1. Sicherungs-Flottille zur Minensicherung eingesetzt (Kpt. z. S. G. Schulz).

Am 25. 1. laufen als erste Schiffe von Pillau die *Robert Ley, Pretoria, Ubena* u. a. mit zusammen 7100 Flüchtlingen aus, Ende Januar folgen weitere Schiffe, bis zum 28. 1. sind bereits 62 000 Flüchtlinge verschifft. Der Kreuzer *Emden* geht mit Flüchtlingen und dem Sarkophag des Reichspräsidenten Hindenburg in See. Haupthindernis für die Transporte ist die brit. Luftminenoffensive der RAF in der westlichen Ostsee und bis vor die pommersche Küste, die zu häufigen Sperrungen der Zwangswege innerhalb der 20-m-Linie und erheblichen Verzögerungen während der Minensucharbeiten der 1. und 2. Sicherungs-Flottille führt. Im Monat Januar werden bei 159 Einsätzen 668 Minen geworfen, auf denen insgesamt 18 Schiffe mit 42 673 BRT sinken und 8 Schiffe mit 9177 BRT beschädigt werden. Im Februar sind es bei 291 Einsätzen 1354 Minen, auf denen 23 Schiffe mit 25 642 BRT sinken und 13 Schiffe mit 13 490 BRT beschädigt werden, im März 270 Einsätze mit 1198 Minen, auf denen 26 Schiffe mit 69 449 BRT sinken und 11 Schiffe mit 48 557 BRT beschädigt werden. Schwerpunkte sind das Gebiet vor Swinemünde, wo am 29. 1. das Geleitboot *F 5*, am 30. 1. der U-Boot-Tender *Memel* (1057 BRT) und am 31. 1. das Lazarettschiff *Berlin* (15 286 BRT), vom 12.—17. 2. die Transporter *Ditmar Koel* (670 BRT), *Dieter H. Stinnes* (2545 BRT), *Consul Cords* (951 BRT) sowie das *Minenräumschiff 11* (5095 BRT) und der Minensucher *M 421* sinken und das Transportschiff *Drechtdijk* (9338 BRT) beschädigt wird. Vor Warnemünde gehen vom 24. 2. bis 5. 3. die Transporter *Ellen Larsen* (1938 BRT), *Erika Fritzen* (4169 BRT), *Rixhöft* (5378 BRT), *R 177* und die *Hansa* (21 131 BRT) verloren, der Tanker *Jaspis*

(6094 BRT) und der Frachter *Irene Oldendorf* (1923 BRT) werden beschädigt. Am 6./7. 3. geraten vor Saßnitz die *Hamburg* (22117 BRT) und der Zerstörer *Z 28* auf Minen, sowj. Flugzeuge greifen an der Unfallstelle *UJ 1119* und das Lazarettschiff *Robert Möhring* (3344 BRT) an und versenken sie. Im übrigen ist die Luftgefährdung in dieser Zeit noch gering, da die sowj. Fliegerkräfte noch weitgehend im Landeinsatz gebunden sind.
So können in dieser Zeit erhebliche Transportleistungen verzeichnet werden, die großen Passagierdampfer nehmen je Fahrt zwischen 5000 und 9000 Menschen an Bord, die Frachter je nach Größe bis 5000.
Die Sicherung gegen die in der Ostsee operierenden sowj. U-Boote ist anfangs völlig ungenügend, da keine kampfkräftigen U-Jäger vorhanden sind, bis in der zweiten Februarhälfte die 11. und 12. U-Jagd-Flottille verlegt werden. Der Schwerpunkt des sowj. U-Boot-Einsatzes liegt in dieser Zeit auf dem Weg nach Kurland, einzelne große Boote operieren im Raum zwischen Bornholm und Rixhöft. Am 28. 1. versenkt *K-51* (Kpt. 2. Rg. Drozdov) bei Bornholm den dän. Dampfer *Viborg* (2028 BRT). Am 30. 1. greift das im Gebiet der Stolpe-Bank stehende *S-13* (Kpt. 3. Rg. Marinesko) 20 sm nordnordostwärts Leba das ohne Sicherung marschierende Passagierschiff *Wilhelm Gustloff* (25484 BRT) mit einem 4er-Fächer an, von dem 3 Torpedos treffen. Von den mehr als 6000 Menschen an Bord können die in der Nähe stehenden und auf die Notmeldung herankommenden *T 36* 564, *Löwe* 252, *M 341* 37, *TS 2* 15, *TF 19* 7, *V 1703* 1, *Göttingen* 28 bergen. Der zunächst auch herangekommene Kreuzer *Admiral Hipper* kann sich wegen der U-Boot-Gefahr an der Bergung nicht beteiligen und muß mit seinen 1500 Verwundeten an Bord nach Westen ablaufen. Rund 5200—5400 Menschen kommen bei dieser Katastrophe um.
Ein zweimaliger Angriffsversuch von *L-3* (Kpt. 3. Rg. Konovalov) gegen die vollbeladene *Cap Arkona* am folgenden Tage schlägt fehl. Das noch im Gebiet der Stolpe-Bank kreuzende *S-13* sichtet am 10. 2. im Geleit von *T 196* und *TF 10* den Passagierdampfer *General Steuben* (14660 BRT) und versenkt ihn mit 1 Treffer. Bei der niedrigen Wassertemperatur können die Geleitfahrzeuge nur etwa 300 der weit über 3000 Schiffbrüchigen retten.
Ende Februar bis Anfang März operiert im Gebiet der Stolpe-Bank *K-52* (Kpt. 3. Rg. Travkin), das bei 6 Angriffen 1 T-Boot und 5 Schiffe versenkt meldet, tasächlich lassen sich jedoch keine Verluste feststellen.

26. 1.—11. 3. 1945 — Gewässer um England, Atlantik

Bei Operationen dt. U-Boote in der Nordsee versenkt *U 245* (KKpt. Schumann-Hindenberg) in der Themsemündung aus Konvois 1 Schiff mit 7240 BRT und torpediert 1 Schiff mit 2628 BRT. Bei den ersten Operationen der neuen Typ-XXIII-Boote an der brit. Ostküste verfehlt *U 2324* (Oblt. z. S. Haß) 1 Schiff, *U 2322* (Oblt. z. S. Heckel) versenkt 1 Schiff mit 1317 BRT. Im Gebiet des Moray-Firth wird *U 309* beim Versuch, den Konvoi WN. 74 anzugreifen, von der kanad. 9th Escort Group gestellt und durch die Fregatte *St. John* versenkt. Der nördlich der Shetlands eingesetzten 10th Escort Group (Cdr. Burnett) mit den DEs *Bayntun, Braithwaite* und den Fregatten *Loch Eck* und *Loch Dunvegan* fallen bei der Unterstützung von EN.- und WN.-Konvois am 3. 2. *U 1279*, am 14. 2. *U 989* und am 17. 2. *U 1278* zum Opfer, ohne daß die herankommende 9th Escort Group einzugreifen braucht.
Im Gebiet vor der North Minch greift *U 1104* mehrere Dampfer und Konvois erfolglos an. Das in den Nordkanal eingedrungene *U 1014* wird am 4. 2. durch die 23rd Escort Group mit den Fregatten *Loch Scavaig, Loch Shin, Nyasaland*

und *Papua* versenkt, aus einem Konvoi versenkt *U 1064* (KKpt. Schneidewind) 1 Schiff mit 1564 BRT, *U 483* (Kptlt. v. Morstein) wird nach einem Fehlschuß auf eine Korvette mit Wabos schwer beschädigt, entkommt aber. *U 1019* (Oblt. z. S. Rinck) wird westlich des Nordkanals durch 1 *Liberator* mit Hilfe von Sonobuoys und Zielsuch-Torpedos »Fido« angegriffen, entkommt aber. In der Irischen See operieren *U 963, U 1058* und *U 1276* ohne Erfolge, *U 1208* (KKpt. Hagene) greift den Konvoi HX. 337 am 20. 2. an und versenkt die kanad. Korvette *Vervain,* wird aber selbst durch die Sloop *Amethyst* der 22nd Escort Group versenkt. *U 1302* (Kptlt. W. Herwatz) versenkt 4 Schiffe mit 10312 BRT, davon 2 Schiffe aus dem Konvoi SC. 167, und torpediert 1 Schiff mit 6991 BRT, wird aber nach langer Jagd durch die kanad. Fregatten *La Hulloise, Strathadam* und *Thetford Mines* der 25th Escort Group versenkt. Im gleichen Gebiet kreuzt *U 775,* entkommt aber.

Im Kanal fährt *U 1017* (Oblt. z. S. Riecken) mehrere erfolglose Angriffe gegen Escorts vor Cherbourg und versenkt 2 Schiffe mit 10604 BRT, davon 1 Schiff aus dem Konvoi TBC. 60 am 6. 2. *U 244* (Oblt. z. S. Fischer) meldet eine Torpedierung bei den Kanalinseln. Am 22. 2. versenkt *U 1004* (Oblt. z. S. Hinz) aus dem Konvoi BTC. 76 die kanad. Korvette *Trentonian* und 1 Schiff mit 1313 BRT, *U 480* (Oblt. z. S. Förster) am 24. 2. aus dem BTC. 78 1 Schiff mit 1644 BRT. *U 1203* (Oblt. z. S. Seeger) versenkt 1 Schiff mit 580 BRT und verfehlt mehrere Escorts und Konvois. *U 1018* (Kptlt. Burmeister) versenkt am 27. 2. aus dem BTC. 81 1 Schiff mit 1317 BRT, wird aber von der 2nd Escort Group gejagt und durch die Fregatte *Loch Fada* versenkt. Auf die Meldung einer *Liberator* der USN-VPB 112 angesetzt, versenkt die 2nd Escort Group am gleichen Tage auch mit den Fregatten *Labuan, Loch Fada* und der Sloop *Wild Goose U 327.* Noch auf dem Anmarsch zum Kanal wird am 24. 2. *U 927* durch 1 *Wellington* der RAF-Squ. 179 versenkt.

Zu Transportfahrten nach St. Nazaire sind *U 868* und *U 275* eingesetzt.

Vor Gibraltar torpediert *U 300* (Oblt. z. S. Hein) am 17. 2. aus einem Konvoi 2 Schiffe mit 16727 BRT (1 Totalverlust), wird aber am 22. 2. nach einem T-5-Fehlschuß von den Minensuchern *Recruit, Invade* (US) und *Pincher* (brit.) versenkt. *U 869* (Kptlt. Neuerburg) versucht am 28. 2. den Konvoi GUS. 74 anzugreifen, wird aber geortet und durch die US-Fregatte *Knoxville,* die DEs *Fowler* und *Francis M. Robinson* und die franz. U-Jäger *L'Indiscret* und *Le Resolute* versenkt. Das über die Bermudas in den Golf von Maine vorstoßende *U 1233* (KKpt. Kuhn) verfehlt mehrere Ziele.

Vor Reykjavik bleibt *U 907* ohne Erfolg, *U 1022* (Kptlt. Ernst) versenkt am 28. 2. aus dem UR. 155 1 Schiff mit 1349 BRT und am 3. 3. 1 Schlepper von 328 BRT.

28. 1. 1945 **Norwegen**

Bei dem Versuch der 4. Z-Flottille (Kpt. z. S. v. Wangenheim), mit Z *31,* Z *34* und Z *38* aus norweg. Gewässern in die Ostsee zu verlegen, wird die Flottille vor Bergen durch die brit. Kreuzer *Diadem* (VAdm. Dalrymple-Hamilton) und *Mauritius* abgefangen. Im Gefecht Z *31* beschädigt, Rückkehr nach Bergen, von wo Z *34* und Z *38* am nächsten Abend erneut in See gehen und trotz brit. Luftangriffe nach Anlaufen von Stavanger am 1. 2. Kiel erreichen.

30. 1. 1945 **Norwegen**

Raid der brit. Geleitträger *Campania* und *Nairana* mit dem Schweren Kreuzer *Berwick* und Zerstörern gegen den Raum Stadlandet.

★

1.—28. 2. 1945 **Pazifik**

Von den im Februar in ihren Operationsgebieten eintreffenden US-U-Booten versenken folgende Schiffe: In jap. Gewässern zwischen Luzon und Kurilen: *Bang* (LCdr. Gallaher) 1 Schiff mit 2036 BRT, *Batfish* (LCdr. Fyfe) U-Boote *Ro-112, Ro-113* und *Ro-55, Bowfin* (Cdr. Tyree) 1 Picket mit 136 BRT und Korvette *Kaibokan 56, Flasher* (Cdr. Grider) 1 Schiff mit 850 BRT, *Gato* (LCdr. Farrell) 1 Schiff mit 2325 BRT und Korvette *Kaibokan 9, Haddock* (Cdr. Brockman) 1 Picket beschädigt, *Lagarto* (Cdr. Latta) U-Boot *I-371, Pampanito* (LCdr. Summers) 2 Schiffe mit 10488 BRT, *Piper* (Cdr. MacMahon) 1 Picket mit 111 BRT, *Scabbardfish* (LCdr. Gunn) 1 Picket mit 137 BRT, *Sennet* (Cdr. Porter) 2 Picket mit 185 BRT und Minenleger *Nariu, Sterlet* (Cdr. Lewis) 1 Schiff mit 1148 BRT, *Trepang* (LCdr. Faust) 2 Schiffe mit 2261 BRT. Im Gebiet von Indonesien und den Philippinen: *Becuna* (LCdr. Sturr) 1 Schiff mit 1945 BRT, *Blenny* (LCdr. Hazzard) 1 Schiff mit 10238 BRT, *Guavina* (Cdr. Lockwood) 1 Schiff mit 6892 BRT und 1 Schiff torpediert, *Hammerhead* (LCdr. Smith) Fregatte *Yaku, Hardhead* (Cdr. Greenup) 1 Schiff mit 834 BRT, *Hawkbill* (LCdr. Scanland) U-Jäger *Kusen-Tokumu-Tei 114* und 1 Schiff torpediert, *Hoe* (LCdr. Refo) Fregatte *Shonan.*

3.—13. 2. 1945 **Nordmeer**

Konvoi-Operation JW. 64 nach Murmansk mit 26 Schiffen, gesichert durch die Geleitträger *Campania* (KAdm. McGrigor), *Nairana,* den Kreuzer *Bellona* und 17 Geleitfahrzeuge, darunter die Zerstörer *Onslow, Orwell, Onslaught, Sioux, Serapis, Zealous* und Fahrzeuge der 8th und 20th Escort Groups. 6. 2. Konvoi von Wetterflugzeugen erfaßt und gemeldet. Ansatz der U-Boot-Gruppe »Rasmus« mit *U 286, U 307, U 425, U 636, U 711, U 716, U 739, U 968* in der Bärenenge und der Boote *U 293, U 318, U 992* und *U 995* vor dem Kolafjord. 7. 2. Angriffsversuch des K. G. 26 mit 48 *Ju 88* verfehlt den Konvoi. 7 Flugzeuge verloren. 8.—9. 2. Vorübergehende Fühlung durch Aufklärer. 10. 2. Angriff des K. G. 26 mit rund 30 *Ju 88* schlägt gegen die Jagd- und Flakabwehr nicht durch. U-Boote kommen gegen die Sicherung nicht zum Angriff und werden vor den Kolafjord gezogen. Während des Einlaufens in den Kolafjord am 13. 2. torpediert *U 992* (Oblt. z. S. Falke) die Korvette *Denbigh Castle,* die zwar von dem sowj. Bergungsschiff *Burevestnik* eingeschleppt wird, aber als Totalverlust gelten muß.

U 995 verfehlt am 9. 2. im Hafen von Kirkenes den norweg. Dampfer *Idefjord.*

10. 2.—4. 3. 1945 **Zentralpazifik**

Erster großer Trägerraid gegen Tokio und Unterstützung der Landung auf Iwojima durch die Task Force 58 (VAdm. Mitscher). Auf der Anmarschroute werden die U-Boote *Sterlet, Pomfret, Piper, Trepang, Bowfin* bzw. *Sennet, Lagarto* und *Haddock* zur Versenkung jap. Vorpostenboote angesetzt. Am 10. 2. läuft die Task Force 58 von Ulithi aus:

Task Group 58.1 (KAdm. Clark): Träger *Hornet, Wasp, Bennington, Belleau Wood,* Schlachtschiffe *Massachusetts, Indiana,* Kreuzer *Vincennes, Miami, San Juan* und 15 Zerstörer der Desrons 61, 25.

Task Group 58.2 (KAdm. Davison): Träger *Lexington, Hancock, San Jacinto,* Schlachtschiffe *Wisconsin, Missouri,* Kreuzer *San Francisco, Boston* und 19 Zerstörer der Desrons 62, 52 und der Desdiv 92.

Task Group 58.3 (KAdm. Sherman): Träger *Essex, Bunker Hill* (FF), *Cowpens,* Schlachtschiffe *South Dakota, New Jersey,* Schlachtkreuzer *Alaska,* Kreuzer

Indianapolis (FFF Adm. Spruance, 5. Flotte), *Pasadena, Wilkes Barre, Astoria* und 14 Zerstörer der Desrons 55 und 50.
Task Group 58.4 (KAdm. Radford): Träger *Yorktown, Randolph, Langley, Cabot*, Schlachtschiffe *Washington, North Carolina*, Kreuzer *Santa Fé, Biloxi, San Diego* und 17 Zerstörer der Desrons 47, 48.
Task Group 58.5 (Nacht-Gruppe, KAdm. Gardner): Träger *Enterprise, Saratoga*, Kreuzer *Baltimore, Flint*, 12 Zerstörer der Desron 54 und der Desdiv 53. Operiert tags meist mit Task Group 58.2 zusammen.
Nachdem bereits die U-Boote 4 Vorpostenboote versenkt haben, werden 6 weitere durch einen vor der Task Force marschierenden Vp.-Streifen von Zerstörern mit *Haynsworth, Barton, Ingraham, Moale, Dortch, Waldron* versenkt, so daß Annäherung gelingt. Am 16. 2. starten die Träger 125 sm südostwärts Tokio zuerst Jäger zur Ausschaltung der feindlichen Jagdabwehr in der Luft und am Boden, danach Bomber zu Angriffen besonders gegen Flugzeugfabriken im Raum Tokio. Angriffe durch Wetterlage stark behindert. Am 17. 2. neue Angriffe auch gegen Schiffsziele im Raum Yokohama, dabei Transporter *Yamashio Maru* (10 602 BRT) versenkt, Fregatte *Amakusa* und Korvette *Kaibokan 47* beschädigt. Insgesamt einschließlich Jagdschutz 2761 Einsätze, 60 Flugzeuge im Kampf, 28 durch Unfälle verloren.
Am 18. 2. Versorgung der Zerstörer, Task Group 58.4 fliegt Neutralisierungsraids gegen Hahajima und Chichijima, Task Group 58.1 und 58.5 zur Versorgung detachiert, Task Group 58.2 und 58.3 ab 19.—22. 2., Task Group 58.1, 58.4 und 58.5 ab 20. 2. Unterstützung der Landung auf Iwojima von Westen her. Am 23. 2. Versammlung der Task Force 58 und bis 24. 2. Versorgung aus Tankergruppe (KAdm. Beary). Am 25. und 26. 2. neue Trägerraids gegen Raum Tokio, durch schlechtes Wetter stark behindert, teilweise vorzeitig abgebrochen. Am 27. 2. Einsatz z. T. zur Unterstützung von Iwojima, am 28. 2. Versorgung, am 1. 3. Trägerraid gegen Okinawa, 2. 3. Rückmarsch, am 4. 3. Ulithi ein.

14.—28. 2. 1945 **Nordmeer**

Konvoi-Operation RA. 64. Nördlich der Kola-Küste sind die U-Boote *U 286, U 310, U 318, U 425, U 636, U 711, U 739, U 968, U 992* und *U 995* aufgestellt. Am 14. 2. greifen *U 968* (Oblt. z. S. Westphalen), *U 711* (Kptlt. Lange) und *U 992* vor dem Kolafjord den aus dem Weißen Meer kommenden sowj. Konvoi BK. 3, der von einer starken Gruppe sowj. Zerstörer gesichert wird, an und versenken daraus den Tanker *Norfjell* (8129 BRT) und den Frachter *Horace Gray* (7200 BRT). Am 16. 2. greift *U 286* (Oblt. z. S. Dietrich) weiter ostwärts einen anderen Küstenkonvoi erfolglos an.
Vom 14.—16. 2. evakuieren die Zerstörer *Sioux, Zambesi* und *Zest* die norweg. Einwohner der Insel Söröy, die auf den Konvoi RA. 64 verteilt werden.
Am 16. 2. versuchen Gruppen sowj. Zerstörer, Minensucher, U-Jäger, Torpedokutter und Flugzeuge sowie ein Teil der brit. Escort Force (KAdm. McGrigor) — Geleitträger *Nairana, Campania*, Kreuzer *Bellona*, 16 Geleitfahrzeuge, darunter die Zerstörer *Onslow, Orwell, Onslaught, Serapis, Zealous* sowie von den 8th und 20th Escort Groups der Zerstörer *Whitehall*, die Sloop *Lark* und die Korvetten *Alnwick Castle, Bluebell* u. a. — die dt. U-Boote von der Einfahrt des Kolafjordes zu vertreiben. Die Sloop *Lark* und die Korvette *Alnwick Castle* versenken *U 425*. Der auslaufende Konvoi mit 34 Schiffen wird von *U 968* und *U 711* angegriffen, von denen ersteres die Sloop *Lark* und den Frachter *Thomas Scott* (7176 BRT) torpediert. Der sowj. U-Jäger *MO-434* rettet einen Teil der Besatzung von *Lark*, die aufgesetzt wird, der sowj. Zerstörer

Žestkij schleppt den Frachter ein, der jedoch Totalverlust wird. *U 711* versenkt die Korvette *Bluebell*. Am 18. 2. reißt die Fühlung ab. *U 286, U 711, U 716, U 307, U 968* und *U 992* werden in die Bären-Insel-Enge gezogen, können aber keine Fühlung gewinnen. Am 20. 2. wird der Konvoi von der dt. Luftaufklärung erneut erfaßt. K. G. 26 (Oberstleutnant Stemmler) mit 40 *Ju 88*-Torpedoflugzeugen auf den Konvoi angesetzt. 6 Flugzeuge durch Jagdschutz abgeschossen, keine Erfolge. Flieger glauben, 2 Kreuzer, 2 Zerstörer und mindestens 8 Frachter versenkt zu haben. Die gegen die vermeintlichen Havaristen angesetzten *U 307, U 716* und *U 286* finden keine Ziele. Brit. Luftsicherung drängt die U-Boote ab. Bei einem weiteren Angriff versenkt das K. G. 26 am 23. 2. den Nachzügler *Henry Bacon* (7177 BRT), das letzte durch dt. Flugzeuge im Zweiten Weltkrieg versenkte Schiff.

16.—19. 2. 1945 **Zentralpazifik**

Vorbereitung der Landung auf Iwojima: Am 16. 2. trifft die US Task Force 54 (KAdm. Rodgers) mit den Schlachtschiffen *Tennessee, Idaho, Nevada, Texas, New York, Arkansas*, den Kreuzern *Chester, Salt Lake City, Pensacola, Tuscaloosa, Vicksburgh* und 16 Zerstörern der Desron 51 und der Desdivs 91 und 112 ein und beginnt mit der Beschießung der befohlenen Feuerräume zur Vorbereitung der Landung. Die Task Force 52 (Support Force, KAdm. Blandy) mit der Minensuchgruppe 52.3, der Froschmänner-Gruppe 52.4 und den LCI-Support-Gruppen 52.5 sowie die Geleitträger-Gruppe 52.2 (KAdm. Durgin) mit den Geleitträgern *Sargent Bay, Natoma Bay, Wake Island, Petrof Bay, Steamer Bay* und *Makin Island, Lunga Point, Bismarck Sea, Saginaw Bay, Rudyerd Bay* mit ihrer Zerstörer- und DE-Sicherung übernehmen die Luftsicherung und fliegen 158 Angriffseinsätze. Wirkung der Beschießungen und Angriffe wegen ungenügender Beobachtung bei schlechtem Wetter gering. Wiederholung am 17. 2. bei besserem Wetter erfolgreicher. Jap. Küstenbatterien erzielen auf *Tennessee* 1, auf *Pensacola* 6 Treffer. Die UDT-Teams beginnen nach Absetzung durch die APDs *Bull, Bates, Barr, Blessman* mit der Beseitigung von Unterwasserhindernissen. Dabei von 12 zur Unterstützung eingesetzten LCIs alle durch jap. Küstenbatterien getroffen, 9 außer Gefecht gesetzt. Die Geleitträger fliegen 226 Einsätze z. T. mit Napalm-Bomben. 42 *B 24* der 7. USAAF fliegen Angriffe. Am 18. 2. Fortsetzung der Beschießung und der Luftangriffe mit 28 Einsätzen. Einschließlich der Luftsicherung fliegen die Geleitträgerflugzeuge 612 Einsätze bei 3 Verlusten.

17. 2. 1945 **Mittelmeer-Adria**

Brit. Luftangriff auf den Hafen von Triest: beschädigtes ital. Schlachtschiff *Conte di Cavour* und unfertiges *Impero* versenkt sowie dt. Zerstörer *TA 44* vernichtet.

19. 2.—16. 3. 1945 **Zentralpazifik**

Operation »Detachment« Landung auf Iwojima. Die US-Task Force 51 (VAdm. Turner) landet das V. Amphib. Corps (GenLt. H. M. Smith). Die T. F. 51 besteht aus den T. F. 52, 53, 54 und 56, 485 Schiffe. Am 19. 2. führt die Task Force 54 (Zusammensetzung s. 16. 2.!) mit Verstärkung durch die Schlachtschiffe *North Carolina, Washington*, die Kreuzer *Indianapolis* (FFF 5. Flotte, Adm. Spruance), *Santa Fé, Biloxi* sowie 10 Zerstörer von 2 Desdivs der T. F. 58 eine schwere Feuervorbereitung gegen die Landungsräume, sie wird während der Luftangriffe von Trägerflugzeugen der T. G. 58.2 und 58.3 (s. 10. 2.!) unterbrochen und mit der Landung als Feuerwalze landeinwärts vorverlegt.

Landung durch die Task Force 53 (KAdm. Hill): Im Norden durch T. G. 53.2 (Commodore Flanagan) die 4. Marine-Div. (GenMaj. Cates) auf 15 APA, 6 AKA, 2 LSD, 19 LST und 12 LSM. Im Süden durch T. G. 53.1 (Commodore McGovern) die 5. Marine-Div. (GenMaj. Rockey) auf 15 APA, 6 AKA, 1 LSD, 19 LST, 16 LSM. Sicherung durch je 1 Zerstörer-Geschwader (Desron). Ein weiteres Transportgeschwader hat die kampfbereit verladene 3. Marine-Div. als Reserve an Bord, die z. T. bereits am 1. Tage eingesetzt werden muß. Am 1. Tag bereits rund 30 000 Mann gelandet. Heftiger Widerstand der gut vorbereiteten jap. Verteidiger (Bfh. GenLt. Kuribayashi, Kdr. 109. Inf.Div.) durch flankierendes Feuer aus Bunkerstellungen des Mount Suribachi (23. 2. genommen) und des nördlichen Berglandes gegen den Landungsraum. Trägerflugzeuge am 1. Tag 606 Einsätze, 274 t Bomben, 2254 Raketen, über 100 Napalm-Bomber.
Jap. Gegenwirkung von außen nur durch Kamikaze-Angriff mit 32 Flugzeugen am 21. 2., bei dem der Geleitträger *Bismarck Sea* versenkt wird, der Flottenträger *Saratoga,* der Geleitträger *Lunga Point, der* Transporter *Keokuk* und *LST 477* und *LST 809* beschädigt werden: 242 Tote, 191 Verletzte. Außer dem U-Boot *Ro-43* werden als »Chihaya«-Gruppe die »Kaiten«-Träger-U-Boote *I-368, I-370* und *I-44,* später als »Kamitake«-Gruppe *I-36* und *I-58* angesetzt. Von den als »Hunter-Killer-Groups« angesetzten Träger-DE-Gruppen *Tulagi* und *Anzio* versenken letztere am 25./26. 2. *Ro-43* und *I-368,* der DE *Finnegan* einer Geleitsicherung *I-370.* Nur *Ro-43* (Oblt. z. S. Tsukigata) kommt zu einem Angriff und torpediert am 21. 2. den US-Zerstörer *Renshaw.*
Bis zum 16. 3. werden die jap. Verteidiger auf Iwojima niedergekämpft, sie verlieren 20 703 Tote und 216 Gefangene, das US Marine-Corps 5931 Tote und Vermißte sowie 17 272 Verwundete.

19. 2.—7. 4. 1945 **Südwestpazifik**

Gewinnung der Durchfahrt durch die San Bernardino-Straße zwischen Samar und Luzon (Philippinen). Am 19./20. 2. landen Gruppen von LCMs mit Unterstützung durch Marine-Corps Flugzeuge von Leyte Kompanie- und Bataillons-Kampfgruppen des 182. RCT an der Nordwestspitze von Samar und den vorgelagerten Inseln Dalupiri, Capul und Biri. Die Landung auf Biri wird zunächst von den japanischen Verteidigern abgewehrt, gelingt aber dann auf der abgelegenen Seite der Insel. Am 21. 2. Fehlschuß Klein-U-Boot *Ha-84.*
Am 3. 3. werden Teile des 132. RCT der Americal-Division mit LCM auf den Inseln Ticao und Burias westlich der San Bernardino-Str. gelandet.
Am 1. 4. landet eine US-Landungsgruppe (Capt. McGee) mit 3 APD, 5 LST, 4 LSM, 9 LCI und 6 Support LCIs und SCs das 158. RCT (BrigGen. MacNider) bei Legaspi (Süd-Luzon). Feuerschutz durch Zerstörer *Bailey, Bancroft,* DEs *Day* und *Holt.*
Am 3. 4. werden Teile des 108. RCT der 40. Inf.Div. in der Hauptstadt der Insel Masbate gelandet, die seit 29. 3. von philippinischen Guerillas besetzt ist.

22. 2. 1945 **Nordsee**

Drei S-Fl. stoßen in mehreren Gruppen mit insgesamt 22 Booten gegen die brit. Ostküste vor. Boote der 8. und 9. S-Fl. versenken vor der Themse-Mündung aus dem Konvoi FS. 1734 die Frachter *Goodwood* (2780 BRT) und *Blacktoft* (1109 BRT). *S 193* (8. S-Fl.) durch Konvoi-Sicherung versenkt, *S 167* (9. S-Fl.) sinkt auf dem Rückmarsch durch Kollision.

22. 2.—4. 3. 1945 **Indischer Ozean**

Am 22. und 23. 2. landen leichte Landungsfahrzeuge, unterstützt durch die ind.

Sloops *Narbada* und *Jumna* 6635 Mann der 3. Commando-Brigade und anderer brit.-ind. Heereseinheiten am Myebon-River bei Kangaw.
Operation »Stacey«: Vom 26. 2.—4. 3. führen die Geleitträger *Empress* und *Ameer* mit dem Kreuzer *Kenya* (VAdm. Walker), Zerstörern *Virago, Vigilant, Volage* und Fregatten *Spey, Swale, Plym* und *Trent* eine Luftphotoaufklärung der Kra-Halbinsel, der Nordostküste von Sumatra, von Penang und den Simalur- und Banjak-Inseln durch.

24. 2.—5. 3. 1945 **Südwestpazifik/China**
Bei Einsätzen von *B 29* der 20. USAAF von Indien aus wird am 24. 2. Singapore angegriffen, in der Nacht vom 27./28. 2. die Johore-Straße (Singapore) vermint und am 4./5. 3. der Yangtse-Fluß in China vermint.

26. 2.—18. 3. 1945 **Ostsee**
Sowj. Angriff gegen Hinterpommern. Am 26. 2. treten aus dem Raum ostwärts Stargard die Armeen der sowj. 1. Weißruss. Front in Richtung auf das Stettiner Haff und Kolberg zum Angriff an, aus dem Raum Friedland stößt ein Teil der 2. Weißruss. Front in Richtung Köslin vor, das am 5. 3. vom 3. Garde-Kav.-Korps genommen wird. Im Westen erreicht die 2. Garde-Panzerarmee am 3. 3. das Stettiner Haff, die 1. Garde-Panzerarmee und die poln. 1. Armee das Gebiet vor Kolberg, die 3. Stoßarmee bei Dievenov den Übergang nach Wollin. Zur Deckung des Brückenkopfes gegenüber Wollin wird am 9. 3. die Kampfgruppe 2 mit dem Kreuzer *Admiral Scheer*, den Zerstörern *Z 38, Z 31* (KKpt. Paul), *Paul Jacobi* und dem T-Boot *T 36* eingesetzt. Vom 11.—18. 3. unterstützen *Z 43, Z 34* und *T 33* die rund 2500—3000 Verteidiger des seit dem 7. 3. eingeschlossenen Kolberg, um die Evakuierung der hier abgeschnittenen rund 75 000 Flüchtlinge mit Hilfe der MFP der 11. L-Flott. und Unterstützung der 5. Artill.-Trägerflott. zu ermöglichen. Sie werden auf Reede z. T. auf die Transporter *Westpreußen* (2870 BRT) und *Winrich von Kniprode* (10 123 BRT) bzw. die Kriegsschiffe umgeladen. In der Nacht vom 17./18. 3. ist die Evakuierung von rund 75 000 Flüchtlingen und Soldaten sowie Verwundeten abgeschlossen.

28. 2. 1945 **Südwestpazifik**
Operation »Victor III«:
Die US Amphibious Group 8 (KAdm. Fechteler), Führungsschiff US Coast Guard Cutter *Spencer*, landet 8000 Mann des verst. 186. RCT (41. Inf.Div.) (BrigGen. Haney) auf Palawan (Philippinen). Landungsgruppe mit 4 APD, 1 LSD, 6 LST, 20 LSM, 10 LSI und 14 Support LCI sowie 1 PC und 3 SC. Sicherung Zerstörer (Desron 5) *Flusser, Conyngham, Smith, Drayton, Shaw.* Minensuchgruppe 4 YMS. Feuervorbereitung und Unterstützung durch T. G. 74.2 (KAdm. Riggs) mit Kreuzern *Denver, Montpelier, Cleveland,* Zerstörern (Desron 21) *Fletcher, O'Bannon, Jenkins, Abbot.* Luftsicherung und -unterstützung 5. USAAF (GenMaj. Whitehead) und 13. USAAF (BrigGen. Wurtsmith).
Am 1. 3. trifft 1. Nachschubkonvoi mit 19 LST ein, Sicherung Zerstörer *Waller, Sigourney, McCalla.* Durch S-Boot-Mutterschiff *Willoughby* wird Basis für PT-Squadrons 20 und 23 eingerichtet.

★

1. 3. 1945 **Kanal**

Im Gefecht mit der 4. dt. S-Fl. (KKpt. Fimmen) versenkt der brit. Zerstörer *Seymour* nordwestlich Ostende *S 220.*

1.—31. 3. 1945 **Pazifik**

Von den im März in ihren Operationsgebieten eintreffenden alliierten U-Booten versenken folgende Schiffe:

In jap. Gewässern zwischen Formosa und Kurilen: Die US-Boote: *Balao* (Cdr. Worthington) 3 Schiffe mit 12502 BRT und 1 Schiff torpediert; *Kete* (LCdr. Ackermann) 3 Schiffe mit 7601 BRT, *Segundo* (LCdr. Fulp) 1 Schiff mit 3087 BRT, *Spadefish* (Cdr. Germershausen) 3 Schiffe mit 4343 BRT, *Springer* (Cdr. Kefauver) *APD 18, Sterlet* (LCdr. Lewis) 1 Schiff mit 1148 BRT, *Threadfin* (LCdr. Foote) Fregatte *Mikura, Tilefish* (LCdr. Schlech) Minensucher *Sokaitei 15, Tirante* (Cdr. Street) 4 Schiffe mit 10921 BRT, Fregatte *Nomi* und Korvette *Kaibokan 31, Kaibokan 102* beschädigt; *Trigger* (Cdr. Connole) 1 Schiff mit 1012 BRT und Werkstattschiff *Odate.*

Im Raum zwischen der Malakka-Straße und den Philippinen: Die brit. U-Boote: *Trenchent* (Cdr. Hezlet) mit *Terrapin* (LCdr. Brunner) U-Jäger *Kusentai 8; Stygian* Hilfsminensucher *No. 104,* ferner Minenleger *Wakataka* und 1 U-Jäger beschädigt; *Selene* 1 kleines Fahrzeug.

Die US-U-Boote: *Bashaw* (Cdr. Worthington) 2 Schiffe mit 15397 BRT, *Baya* (LCdr. Jarvis) 2 Schiffe mit 5760 BRT, *Blenny* (LCdr. Hazzard) 3 Schiffe mit 2373 BRT, *Burrfish* (LCdr. Clementson) die Korvetten *Kaibokan 18* und *Kaibokan 130; Bluegill* (LCdr. Barr) 1 Schiff mit 5518 BRT, *Hammerhead* (LCdr. Smith) Korvette *Kaibokan 84, Sealion* (LCdr. Putnam) 1 Schiff torpediert, *Sea Robin* (Cdr. Stimson) 4 Schiffe mit 6122 BRT.

3. 3.—6. 4. 1945 **Gewässer um England/Atlantik**

An der schott. Ostküste versenkt *U 714* (Kptlt. Schwebke) im März den norweg. Minensuch-Trawler *Nordhav* und 1 Schiff mit 1226 BRT, wird aber anschl. durch die neue südafrikan. Fregatte *Natal* versenkt. Vor St. Abb's versenkt das neue Typ XXIII-Boot *U 2321* (Oblt. z. S. Barschkies) 1 Schiff mit 1406 BRT. *U 778* vor dem Moray-Firth, *U 978* vor dem Pentland-Firth, *U 1005* vor Cape Wrath und *U 1008* vor der North Minch haben keinen Erfolg, letzteres muß wegen Grundberührung umkehren.

Durch Luftüberwachung mit *Liberators* der RAF-Squ. 86, 120 und 224 werden zwischen Shetland-Faröer-Enge und Nordkanal in der letzten Märzdekade und Anfang April *U 905, U 296, U 1106* und *U 1276* versenkt, *U 249* gebombt und zur Umkehr gezwungen.

Im Gebiet der Hebriden und der North Minch versenkt am 16. 3. *U 722* (Oblt. z. S. Reimers) 1 Schiff mit 2190 BRT aus dem Konvoi RU. 156, *U 965* verfehlt 1 Schiff. Am 21. 3. kollidiert *U 1003* unter Wasser mit der Fregatte *New Glasgow* der kanad. 26th E. G., die mit *Beacon Hill, Jonquière, Ribble, Sussexvale* U-Boote sucht, von der herangerufenen 25th E. G. beteiligen sich die kanad. Fregatten *Strathadam, La Hulloise* und *Thetford Mines* an der Suche, letztere findet die Überlebenden des inzwischen selbstversenkten Bootes. Gegen die U-Boote im Gebiet der Minch ist inzwischen die 21st E. G. mit den DEs *Conn, Rupert, Deane* im Norden und *Fitzroy, Redmill* und *Byron* im Süden angesetzt worden, ihr fallen am 27. 3. *U 965* und *U 722,* am 30. 3. *U 1021* zum Opfer.

Im Südteil der Irischen See operiert im März erfolglos *U 1019,* auf den ausgelegten brit. Minensperren gehen *U 260* und *U 1169* verloren. *U 681,* das einen Bewacher verfehlt hat, wird durch ein US-Flugzeug gebombt und setzt sich an

der irischen Küste auf Strand. Ein poln. Flugzeug versenkt westlich des Kanals *U 321*.
Von den aus St. Nazaire zurückkehrenden Transportbooten geht *U 868* nach Norwegen, *U 275* (Oblt. z. S. Wehrkamp) in den Kanal, wo es aus dem Konvoi ONA. 289 ein Schiff mit 4934 BRT versenkt, aber am 10. 3. auf einer U-Boot-Minensperre vor Beachy Head verlorengeht. Auf dem Marsch nach St. Nazaire versenkt *U 878* (Kptlt. Rodig) den kanad. Minensucher *Guysborough* (17. 3.). Der 2nd E. G. mit der Fregatte *Loch Ruthven* und der Sloop *Wild Goose* fällt am 12. 3. westl. des Kanals *U 683* zum Opfer.
Südwestlich Irland und im Kanal greift *U 1202* (Kptlt. Thomsen) eine Geleitträgergruppe und 2 Konvois an. Es versenken *U 399* (Oblt. z. S. Buhse) aus Konvois 2 Schiffe mit 7546 BRT, *U 315* (Oblt. z. S. Zoller) aus dem Konvoi TBC. 103 ein Schiff mit 6996 BRT, *U 1195* (Kptlt. Cordes) aus einem Konvoi am 21. 3. 1 Schiff mit 7176 BRT (torpediert, Totalverlust). *U 1002* und *U 953* operieren erfolglos im und westlich des Kanals. Gegen diese U-Boote werden Support Groups angesetzt, von denen die 3rd E. G. mit ihrem Führerboot, dem DE *Duckworth* *U 399* und *U 246* (Kptlt. Raabe) versenkt, nachdem letzteres aus einer kanad. Suchgruppe die Fregatte *Teme* am Konvoi BTC. 111 torpediert hat. Am 6. 4. greift *U 1195* den Konvoi VWP. 16 im Kanal an und versenkt den Truppentransporter *Cuba* (11 420 BRT), wird selbst aber von dem Sicherungszerstörer *Watchman* versenkt.
Vor Island kreuzt ohne Erfolg *U 773*, als Wetterboot ist zeitweise *U 1064* eingesetzt.
An der kanad. Atlantikküste greift *U 866* (Oblt. z. S. Rogowsky) mehrfach Konvois an, auf HF/DF-Peilungen des Bootes angesetzt, versenken die US-DEs *Lowe, Pride, Menges* und *Mosley* das Boot, die kanad. 16th Escort Group kommt nicht mehr heran.

7. 3.—15. 4. 1945 **Ostsee**

Am 7. 3. tritt die sowj. 2. Weißruss. Front aus der Linie Köslin-Weichsel bei Marienwerder zum Angriff gegen den Raum Gotenhafen-Danzig an. Die dt. 2. Armee wird auf die Linie Rixhöft-Neustadt-Karthaus zurückgeworfen, wo es ihr vorübergehend gelingt, die Front mit Unterstützung durch Schiffsartillerie zu stabilisieren und so wertvolle Zeit zum Abtransport von Flüchtlingen zu gewinnen. Vom 10. 3. ab ist der Kreuzer *Prinz Eugen* (Kpt. z. S. Reinicke) im Einsatz, ab 15. 3. das alte Linienschiff *Schlesien* (Kpt. z. S. H.-E. Busch), ferner die SAT *Soemba, Joost, Ostsee* und das Artillerieschulboot *Drache*. Am 21. 3. muß die *Schlesien* wegen Munitionsmangel ablaufen, dafür trifft am 23. 3. der Kreuzer *Lützow* (Kpt. z. S. Knoke) mit *Z 31* und *Z 34* ein. Vom 25. 3. ab beteiligt sich auch der behelfsmäßig fahrbereit gemachte Kreuzer *Leipzig* (KKpt. Bach) am Landzielschießen.
Gegen die Einschiffungen in Danzig, Gotenhafen und vor Hela fliegt die sowj. Marineluftwaffe, besonders die 9. Schlachtflieger-Division (OTL Slepenko) und 8. Minen-Torpedoflieger-Division (Oberst Kuročkin), 2023 Einsätze. Zur Sicherung der Transporter bilden Zerstörer, T-Boote, M-Boote, kleinere Hilfskriegsschiffe u. a. Flakriegel, doch gehen am 12. 3. der Transporter *Gerrit Fritzen* (1761 BRT), *M 3137* und *UJ 303*, am 18. 3. bei Scholpin der Transporter *Orion* (1722 BRT) verloren, die *Ellen* (565 BRT) wird beschädigt, ebenso am 19. 3. auf Gotenhafen-Reede die *Lisa Essberger* (1172 BRT). Am 22. 3. sinkt die *Frankfurt* (1186 BRT), am 26. 3. die *Bille* (665 BRT) und *Weser* (999 BRT). Doch gelingt es vor dem Fall Gotenhafens am 28. 3. und Danzigs am 30. 3. nochmals mehre-

ren großen Transportern und zahlreichen kleineren Schiffen, mit Flüchtlingen überladen nach Westen zu laufen. So hat die *Deutschland* am 23. 3. 11 145 und am 28. 3. 11 295 Menschen an Bord, die *Potsdam* über 9000.

Verluste verursacht eine am 8. 3. durch das sowj. U-Boot *L-21* (Kpt. 3. Rg. Mogilevskij, an Bord Div.Chef, Kpt. 1. Rg. Orel') vor Hela gelegte Minensperre, auf der am 14. 3. die T-Boote *T 3* (Kptlt. v. Diest †) und *T 5* (Oblt. z. S. Wätjen), später vermutlich auch *U 367* sinken und am 9. 4. *Z 43* beschädigt wird. Minensperren von *Lembit* und *L-3* sind dagegen anscheinend ohne Erfolg geblieben. Im Gebiet der Stolpe-Bank versenkt das sowj. U-Boot *K-53* (Kpt. 3. Rg. Jaroševič) am 17. 3. den Frachter *Margarethe Cords* (1912 BRT). *L-21* versenkt am 23. 3. das Vp.-Boot *V 2022* und den Schlepper *Erni* und wird nach mißlungenen Angriffen in den nächsten Tagen von *F 8*, *TS 4* und *TS 3* vor Kolberg gejagt.

In Gotenhafen ist vor der Räumung am 27. 3. das nicht fahrbereite Wrack des Schlachtschiffes *Gneisenau* als Blockschiff versenkt worden. In der Nacht vom 4./5. 4. wird mit 25 KFK, 27 MFP und 5 SAT sowie 5 anderen Schiffen aus der noch gehaltenen Igelstellung Oxhöfter Kämpe der Rest des VII. Panzerkorps mit 8000 Soldaten und rund 30 000 Flüchtlingen im Unternehmen »Walpurgisnacht« nach Hela überführt. Deckung der Operationen und der Einschiffungen vor Hela in den folgenden Tagen durch den Kreuzer *Lützow*, die Zerstörer *Z 38*, *Z 31*, *Paul Jacobi*, das T-Boot *T 36* und die SATs *Ostsee*, *Soemba*, *Robert Müller 6* u. a. — U. a. laufen die Transporter *Pretoria* (7000 Flüchtlinge), *Deutschland* (10 000), *Cap Arkona* (9000), *Eberhart Essberger* (4750) nach Westen. Bis zum 10. 4. werden seit 21. 3. von Hela allein 157 270 Verwundete abtransportiert, während von den noch freien Häfen in der Danziger Bucht Pillau, Kahlberg, Schiewenhorst und Oxhöft im April 264 687 Menschen durch Kleinfahrzeuge und MFP nach Hela überführt werden.

Vom 7.—13. 4. ist eine starke Intensivierung des sowj. Lufteinsatzes gegen die Einschiffungen zu beobachten. Dabei gehen die Transporter *Flensburg* (5450 BRT), das Troßschiff *Franken* (10 850 ts), das zusammen mit dem Schwesterschiff *Dithmarschen* die Flotteneinheiten versorgt hat, das Flugsicherungsschiff *Hans Albrecht Wedel*, *UJ 301*, die Transporter *Albert Jensen* (5446 BRT), *Moltkefels* (7862 BRT), *Wiegand* (5869 BRT), *Karlsruhe* (897 BRT), das Lazarettschiff *Posen* (1069 BRT), ferner das M-Boot *TS 10*, *UJ 1102*, *R 69* verloren.

Ab 9. 4. werden sowj. Torpedokutter nach Neufahrwasser verlegt, die ab 10. 4. insgesamt 10 Einsätze gefahren haben sollen. Am 10. 4. wird dabei der Frachter *Neuwerk* (804 BRT) versenkt.

Die Einschiffungen vor Hela gehen unter dem Flakschutz der Kriegsschiffe weiter, wegen Brennstoff- und Munitionsmangel wird am 8. 4. der Kreuzer *Lützow* mit *Z 38* und dem durch Bombentreffer beschädigten *Z 31* abgezogen, am 10. 4. müssen *Z 39* und *T 33* den durch Minentreffer und Bomben beschädigten *Z 43* nach Westen bringen, als Flaksicherung bleiben *Z 34*, *Paul Jacobi*, *T 33*, *M 37*, *M 391*, *M 203* und die SATs *Soemba*, *Ostsee*, *Nienburg*, *Robert Müller 6*, *AF 21* zurück. Am 15. 4. laufen die Zerstörer *Z 34*, *Paul Jacobi*, *Z 39*, die T-Bote *T 23*, *T 28*, *T 33*, *T 36* und M-Boote mit einem Geleit ab, das aus den Dampfern *Matthias Stinnes*, *Eberhard Essberger*, *Pretoria*, *Askari* mit ca. 2000 Flüchtlingen besteht. Der noch einmal umkehrende *Z 34* (KKpt. Hetz) wird durch 2 sowj. TKA unter Oblt. Korotkevič und Kptlt. Solodovnikov torpediert, *T 36* und *M 204* bringen das Schiff nach Swinemünde.

8./9. 3. 1945 **Kanal**

4 M-Boote der 24. M-Flottille (Kptlt. Mohr) führen zusammen mit 3 Artillerie-

trägern und 6 kleineren Fahrzeugen von den Kanalinseln aus Raid gegen den Hafen Granville durch. US-Wachboot *PC 564* niedergekämpft. Gelandete Stoßtrupps sprengen Hafenanlagen und 4 Frachter mit 3612 BRT, befreien 67 dt. Gefangene und kapern einen kleinen Kohlefrachter. *M 412* läuft bei Niedrigwasser auf und muß gesprengt werden.

10. 3. 1945 **Südwestpazifik**

Operation »Victor IV«: US Amphibious Group 6 (KAdm. Royal), Führungsschiff *Rocky Mount*, landet die Masse der 41. Inf.Div. (GenMaj. Doe) bei Zamboanga (Südwestspitze Mindanao, Philippinen). Transportgruppe 4 APD, 1 LSD, 23 LST, 21 LSM, 32 LCI und 17 Support-LCI, 2 PC, 2 SC. Minensuchgruppe 11 YMS mit austral. Sloop *Warrego*. Sicherung Zerstörer (Desron 22) *Waller, Saufley, Philip, Sigourney, Robinson, McCalla, Bancroft, Bailey*, DEs *Rudderow, Chaffee*. Feuervorbereitung und -unterstützung T. G. 74.3 (KAdm. Berkey) mit Kreuzern *Phoenix, Boise*, Zerstörer (Desron 21) *Fletcher, Nicholas, Taylor, Jenkins, Abbot*. Luftunterstützung durch Teile der 5. USAAF (GenMaj. Whitehead) und 13. USAAF (BrigGen. Wurtsmith).
Teile dieser Verbände landen am 16. 3. auf den Basilan-Inseln, am 2. 4. auf Tawi-Tawi und am 9. 4. auf Jolo. Fehlschüsse Klein-U-Boote *Ha-79, 84, 78*.

11.—12. 3. 1945 **Luftkrieg Deutschland**

B 24 der 8. USAAF werfen am 11. 3. 709 ts Bomben auf Kiel. Im Hafen die Minensuchboote *M 266, M 804* und *M 805* sowie ein kleiner Tanker versenkt.
B 17 der gleichen Luftflotte werfen 861 ts Bomben auf Bremen.
In Hamburg versenken amerik. Bomber 6 Handelsschiffe mit zusammen 17 201 BRT.
B 17 und *B 24* der 8. USAAF werfen am 12. 3. 1435 ts Bomben auf Swinemünde. Im Hafen und in der Burmester-Werft die z. T. noch unvollendeten Räumboote *R 243, R 272, R 273, R 274, R 275, R 276*, 20 KFK *(KFK 677, 679, 680, 683-699)*, das Fahrgastschiff *Cordillera* (12 655 BRT), Vorpostenboot *V 2003*, 4 Frachter und 1 Schlepper vernichtet.

11.—21. 3. 1945 **Nordmeer**

Operation gegen den Konvoi JW. 65 im Nordmeer.
11. 3. Konvoi mit 24 Handelsschiffen vom Clyde ausgelaufen. Sicherung: Geleitträger *Campania* (VAdm. Dalrymple-Hamilton) und *Trumpeter*, Kreuzer *Diadem* und 19 Zerstörer, Sloops, Fregatten und Korvetten. 13. 3. Auslaufen vom B-Dienst erkannt. *U 307, U 312, U 363, U 968, U 716* und *U 997* als Gruppe »Hagen« in der Bären-Enge, *U 995* vor dem Kolafjord aufgestellt, später *U 711* zu »Hagen«, *U 313* und *U 992* zum Kolafjord. Luftaufklärung vom 14.—17. 3. erfolglos, U-Boote ab 17. 3. alle vor Kola-Einfahrt gezogen, Aufstellung in 2 Linien mit 6 und 7 Booten. Am 20. 3. um 9.00 Uhr passiert der Konvoi im Schneesturm die erste Linie. *U 995* (Oblt. z. S. Hess) torpediert den Dampfer *Horace Bushnell* (7176 BRT) (Totalverlust) und versenkt 1 sowj. U-Boot-Jäger. Beim Passieren der zweiten Linie mittags versenkt *U 716* (Oblt. z. S. Thimme) die Sloop *Lapwing*, bei Angriffen von *U 313* (Kptlt. Schweiger) und *U 968* (Oblt. z. S. Westphalen) versenkt letzteres den Dampfer *Thomas Donaldson* (7217 BRT). Ein Versuch, mit den U-Booten nach dem Einlaufen des Konvois gegen die in der Barents-See vermuteten Träger zu operieren, schlägt fehl.

14. 3.—23. 3. 1945 **Zentralpazifik**

Raid der US Task Force 58 (VAdm. Mitscher) gegen Japan. Am 14. 3. läuft die Task Force 58 von Ulithi aus:

Task Group 58.1 (KAdm. Clark): Träger *Hornet, Wasp, Bennington, Belleau Wood, San Jacinto,* Schlachtschiffe *Massachusetts, Indiana,* Kreuzer *Baltimore, Pittsburgh, Vincennes, Miami, Vicksburgh, San Juan* und Zerstörer (Desron 61) *De Haven, Mansfield, Lyman K. Swenson, Collett, Maddox, Blue, Brush, Taussig, Samuel N. Moore,* (Desdiv 106) *Wedderburn, Twining, Stockham,* (Desron 25) *John Rodgers, Harrison, McKee, Murray, Sigsbee, Ringgold, Schroeder, Dashiell.*

Task Group 58.2 (KAdm. Davison): Träger *Enterprise, Franklin,* Kreuzer *Santa Fé,* Zerstörer (Desron 52) *Owen, Miller, Stephen Potter, Tingey, Hickox, Hunt, Lewis Hancock, Marshall.*

Task Group 58.3 (KAdm. Sherman): Träger *Essex, Bunker Hill* (FF), *Hancock, Cabot, Bataan,* Schlachtschiffe *Washington, North Carolina, South Dakota* (F VAdm. Lee), Kreuzer *Indianapolis* (FFF 5. Flotte, Adm. Spruance), *Pasadena, Springfield, Astoria, Wilkes-Barre,* Zerstörer (Desron 62) *Ault, English, Charles S. Sperry, Waldron, Haynsworth, Wallace L. Lind, John W. Weeks, Hank, Borie,* (Desron 48) *Erben, Walker, Hale, Stembel, Black, Bullard, Kidd, Chauncey.*

Task Group 58.4 (KAdm. Radford): Träger *Yorktown, Intrepid, Langley, Independence,* Schlachtschiffe *Wisconsin, Missouri, New Jersey,* Schlachtkreuzer *Alaska, Guam,* Kreuzer *St. Louis, Flint, Oakland, San Diego,* Zerstörer (Desron 54) *Remey, Norman Scott, Mertz, Monssen, McGowan, McNair, Melvin,* (Desron 47) *McCord, Trathen, Hazelwood, Heerman, Haggard, Franks, Hailey,* (Desdiv 105) *Cushing, Colahan, Uhlmann, Benham.*

Nach Beölung am 16. 3. wird am 18. 3. früh ein starker Angriff der Trägergruppen gegen Kyushu gestartet, der sich vor allem gegen Flugplätze richtet. Unter Führung der jap. 5. Luftflotte (VAdm. Ugaki) starten 48 Kamikaze-Flugzeuge gegen die US-Trägergruppen, 18 finden keine Ziele und kehren zurück. Der Hauptangriff richtet sich gegen die Task Group 58.4, die *Intrepid* wird durch einen neben dem Schiff abstürzenden Kamikaze in Brand gesetzt, kann den Brand aber löschen. Die *Yorktown* und *Enterprise* werden leicht beschädigt, alle drei setzen die Operationen fort.

Am 19. 3. richten sich die Trägerangriffe mit Schwerpunkt gegen die jap. Basen in der Inland-See, besonders Kure. Dort werden die jap. Träger *Amagi, Katsuragi, Ryuho, Hosho, Kaiyo* und der Neubau *Ikoma,* die Schlachtschiffe *Yamato, Hyuga, Haruna,* die Kreuzer *Tone* und *Oyodo* sowie die U-Boot-Neubauten *I-400, I-205* und *Ro-67* beschädigt. Ein jap. Bomberverband der 5. Luftflotte erzielt 1 Treffer auf der *Wasp,* die in Brand gerät, 101 Tote, 269 Verletzte hat, aber nach 15 Minuten das Feuer unter Kontrolle bekommt, und 2 Treffer auf der *Franklin,* die in Brand gerät und durch Bomben- und Munitionsexplosionen schwerste Schäden erleidet: 724 Tote, 265 Verwundete, Bergung von 1700 Überlebenden durch Kreuzer *Santa Fé* und *Pittsburgh.* Capt. Gehres gelingt es, das schwerstbeschädigte Schiff wieder unter Kontrolle zu bringen und später mit eigener Kraft in die Werft zu gehen. 39 Kamikaze-Flieger (20 umgekehrt) erzielen leichtere Schäden auf *Enterprise, Essex* durch eig. Flakfeuer beschädigt.

Am 20. 3. Versorgung der Zerstörer. Dabei Angriff von 20 jap. Kamikaze-Bombern, von denen einer die *Hancock* knapp verfehlt und den Zerstörer *Halsey Powell* trifft, ein anderer beschädigt das Life-Guard-U-Boot *Devilfish.* Am 21. 3. halten jap. Aufklärer Fühlung an der Task Force 58, es starten 18 2mot. Bomber mit »Oka«-Bomben (bemannte Raketenbomben, US-Name »Baka«) und 55 Kamikazes (45 umgekehrt) mit 15 Begleitjägern (3 umgekehrt). Bomberverband geortet und durch 150 Jäger abgefangen, die alle Bomber bis auf einen abschießen.

Am 22. 3. geht die Task Force 58 zur Tanker-Gruppe und beölt. Dabei werden die durch Ausfälle reduzierten Task Groups auf 3 neue Gruppen verteilt:
Task Group 58.1: *Hornet, Bennington, Belleau Wood, San Jacinto, Massachusetts, Indiana, Vincennes, Miami, Vicksburgh, San Juan.*
Task Group 58.3: *Essex, Bunker Hill, Hancock* (später *Shangri La), Bataan, South Dakota, New Jersey, Pasadena, Springfield, Astoria, Wilkes-Barre.*
Task Group 58.4: *Yorktown, Intrepid, Enterprise, Langley, Wisconsin, Missouri, Alaska, Guam, San Diego.*
Die beschädigten *Wasp* und *Franklin* werden von *Independence, Washington, North Carolina, Baltimore, Pittsburgh, Santa Fé, Flint, Oakland* nach Ulithi geleitet.

17.—21. 3. 1945 **Nordsee**

Dt. S-Boot-Unternehmen vor der brit. Ostküste. In der Nacht vom 17./18. 3. führt die 2. S-Flottille eine Minenunternehmung vor Smith Knoll durch.
In der folgenden Nacht versenken S-Boote vor Lowestoft aus dem brit. Konvoi FS. 1759 die Frachter *Crichtoun* (1097 BRT) und *Rogate* (2871 BRT).
Am 21. 3. stößt die 2. S-Flottille gegen den Themse-Schelde-Verkehr vor. Motorschaden auf *S 210* zwingt zum Abbruch des Unternehmens. Auf dem Rückmarsch nordwestlich Texel *S 181* durch brit. *Mosquito*-Bomber versenkt, dabei Flottillenchef, KKpt. Opdenhoff, gefallen.
Bei einer Unternehmung der 4. S-Flottille geht am 21. 3. *S 203* durch Minentreffer verloren.

18. 3. 1945 **Mittelmeer/Ligurisches Meer**

10. T-Flottille (KKpt. Burkart) führt mit *TA 24, TA 29* und *TA 32* offensive Minenunternehmung im Ligurischen Meer durch. Nordwestlich Korsika Gefecht mit den brit. Zerstörern *Meteor* und *Lookout. TA 24* und *TA 29* gesunken. Die brit. Zerstörer retten 108 Überlebende, darunter den Flottillenchef.

18.—29. 3. 1945 **Südwestpazifik**

Operation »Victor I«: Die US Amphibious Group 9 (KAdm. Struble), Führungsschiff US Coast Guard Cutter *Ingham,* landet bis zum 22. 3. 14 000 Mann der 40. Inf.Div. (GenMaj. Brush) an der Südküste von Panay. Transportgruppe mit 16 LST, 10 LSM, 13 LCI und 8 Support LCI. Minensuchgruppe 5 YMS mit austral. Sloop *Warrego.* Sicherung Zerstörer (Desron 23) *Charles Ausburne, Thatcher, Claxton, Converse, Dyson.* Feuerunterstützung Task Group 74.2 (KAdm. Riggs) mit Kreuzer *Cleveland,* Zerstörern (Desdiv 44) *Conway, Stevens, Eaton.*
Am 29. 3. landen vorstehende Verbände das 185. RCT an der Nordwestküste von Negros. Am 8. 4. folgt das 503. Fallschirm-RCT.

18. 3.—1. 5. 1945 **Ostsee/Kurland**

Am 18. 3. beginnen die sowj. Armeen vor der Heeresgruppe Kurland ihre sechste Großoffensive, die ebenso wie die vorhergehenden nach rund 10 Tagen abgebrochen werden muß.
Am 26./27. 3. greifen sowj. Torpedobomber vor Libau ein Geleit an und versenken den kleinen Tanker *Saßnitz* sowie *R 145* und *R 260.* 8 Jäger des dt. J. G. 54 vertreiben die Flugzeuge dann, so daß die restlichen R-Boote ablaufen können. An der Unfallstelle überraschen in der folgenden Nacht 3 S-Boote der dt. 5. S-Flottille (Kptlt. Holzapfel) eine Gruppe von 9 sowj. Torpedokuttern, in heftigen Gefechten werden *TKA-166, TKA-181* und *TKA-199* vernichtet und 15 Gefangene, darunter der Chef der sowj. 2. TKA-Division, eingebracht.

Im April operiert u. a. das sowj. U-Boot *ŠČ-310* (Kpt. 3. Rg. Bogorad) vor Libau und versenkt am 10. 4. den Frachter *Ilmenau* (1201 BRT) und vermutlich am 16. 4. die *Cap Guir* (1536 BRT). *L-3* (Kpt. 3. Rg. Konovalov) will am 1. 5. 1 Schiff versenkt haben (ungeklärt). Durch Luftangriff geht am 24. 4. der Frachter *Huelva* (1923 BRT) verloren.

19.—29. 3. 1945 **Ostpreußen**

Vom 19.—25. 3. drängt die sowj. 3. Weißruss. Front den Kessel der dt. 4. Armee südlich Königsberg am Frischen Haff zusammen. Nachdem diese Truppen seit Januar von Fährprähmen über das Haff versorgt worden sind, werden von ihnen nun 11 365 Verwundete, 324 Soldaten und 14 520 Flüchtlinge nach Pillau evakuiert, dazu in der letzten Nacht am 25. 3. allein 5830 Soldaten und 2830 Verwundete.

Wegen der Lage vor Danzig/Gotenhafen sind die Einschiffungen von Pillau vom 8.—28. 3. weitgehend unterbrochen, bei Luftangriffen gehen einzelne Schiffe verloren, so am 9. 3. die *Meteor* (3717 BRT) und am 30. 3. die *Jersbek* (2804 BRT).

19. 3.—12. 4. 1945 **Norwegen**

Bei alliierten U-Boot-Operationen vor Norwegen versenken das brit. *Venturer* (Lt. Launders) am 19. 3. vor Namsos den Frachter *Sirius* (998 BRT), das norweg. *Utsira* (Kptlt. Valvatne) vor dem Follafjord am 5. 4. den Frachter *Torridal* (1501 BRT) und das brit. *Tapir* (LCdr. Roxburgh) am 12. 4. das auslaufende *U 486*.

20. 3. 1945 **Luftkrieg Deutschland**

B 17 der 8. USAAF werfen 777 ts Bomben auf Hamburg.

Bei einem Angriff auf Bremen am 21. 3. sinkt der in Ausrüstung befindliche Zerstörer *Z 51*.

23.—31. 3. 1945 **Zentralpazifik**

Vorbereitungsphase der Landung auf Okinawa.

Am 23. 3. beginnt die Task Force 58 (Zusammensetzung s. 14. 3.!) mit allen 3 Task Groups rollende Luftangriffe zur Vorbereitung der Landungen, sie werden am 24. und 25. 3. fortgesetzt.

Am 24. 3. führt Task Group 58.1 mit 112 Einsätzen einen Angriff gegen einen südlich Kyushu gesichteten Konvoi, der mit allen 8 Schiffen vernichtet wird. Die Schlachtschiffe *New Jersey, Wisconsin, Missouri* (KAdm. Denfeld) mit 5 Zerstörern und *Massachusetts, Indiana* (VAdm. Lee) mit 6 Zerstörern beschießen Okinawa am 24. 3.

Am 27./28. 3. versorgt die Task Force 58, dabei durch Angriff eines einzelnen jap. Flugzeuges Zerstörer *Murray* beschädigt. Am 29. 3. greift die Task Group 58.4 erneut Okinawa an, die Task Groups 58.3 und 58.1 greifen die nördlichen Ryukyu-Inseln und Kyushu an. Am 30./31. 3. versorgt die Task Group 58.1, während Task Groups 58.3 und 58.4 weitere Angriffe gegen den Raum Okinawa und nördlich fliegen.

Die am 23. 3. aus Ulithi ausgelaufene brit. Pacific Fleet (VAdm. Rawlings) versorgt am 25. 3. und greift als Task Force 57 (VAdm. Vian) mit den Trägern *Indomitable, Victorious, Illustrious, Indefatigable*, den Schlachtschiffen *King George V., Howe*, den Kreuzern *Swiftsure, Gambia* (RNZN), *Black Prince, Argonaut, Euryalus*, den Zerstörern *Grenville, Ulster, Undine, Urania, Undaunted, Quickmatch, Quiberon, Queenborough, Kempenfelt, Whirlwind* und *Wager* am 26. und 27. 3. die Sakishima-Gunto-Inselgruppe der südlichen Ryukyu-Inseln zur Neutralisierung der dortigen Flugplätze an. Vom 28.—30. 3.

versorgt die Task Force 57 aus einer Versorgungsgruppe mit den Geleitträgern *Striker, Speaker,* den Sloops *Crane, Pheasant,* der Fregatte *Findhorn,* 3 Tankern und den Zerstörern *Quality* und *Whelp,* die *Kempenfelt* und *Whirlwind* ablösen. Am 31. 3. Wiederaufnahme der Neutralisierungsangriffe gegen Sakishima Gunto.

Ab 24./25. 3. treffen vor Okinawa die Einheiten der Task Force 52 (KAdm. Blandy) und der Task Force 54 (KAdm. Deyo) ein. 3 Geleitträger-Gruppen (Task Group 52.1, KAdm. Durgin) unterstützen die Luftangriffe der Task Forces 58 und 57 und übernehmen ihre Rolle während der Versorgungsperioden. Beteiligt sind:

Gruppe 1 (KAdm. Durgin) mit den Geleitträgern *Makin Island, Fanshaw Bay, Lunga Point, Sangamon, Natoma Bay, Savo Island, Anzio,* den Zerstörern (Desdiv 120) *Ingraham, Hart, Boyd, Bradford, Patterson, Bagley* und den DEs *Lawrence C. Taylor, Melvin R. Nawman, Oliver Mitchell, Robert F. Keller, Tabberer, Richard M. Rowell, Richard S. Bull, Dennis, Sederstrom, Fleming, O'Flaherty.*

Gruppe 2 (KAdm. Stump) mit den Geleitträgern *Saginaw Bay, Sargent Bay, Marcus Island, Petrof Bay, Tulagi, Wake Island,* den Zerstörern (Desdiv 91) *Capps, Lowry, Evans, John D. Henley* und den DEs *William Seiverling, Ulvert M. Moore, Kendall C. Campbell, Goss, Tisdale, Eisele.*

Gruppe 3 (KAdm. Sample) mit den Geleitträgern *Suwanee, Chenango, Santee, Steamer Bay,* den Zerstörern (Desron 58) *Metcalf, Drexler, Fullam, Guest, Helm* und den DEs *Edmonds, John C. Butler.*

Am 24. 3. beginnt die Minensuchgruppe (Task Group 52.2, KAdm. Sharp auf Minenschiff *Terror)* mit 3 Gruppen schneller Minensucher mit *Forrest, Hobson, Macomb, Dorsey, Hopkins; Ellyson, Hambleton, Rodman, Emmons; Butler, Gherardi, Jeffers, Harding;* 7 Gruppen mit 36 Flottenminensuchern und 4 Gruppen mit je 6 YMS, denen jeweils als Support je 1 schneller Minenleger, darunter *Gwin, Lindsey, Aaron Ward, Adams, Tolman, Henry A. Wiley, Shea, Tracy, J. William Ditter, Robert H. Smith, Shannon, Thomas E. Fraser, Harry F. Bauer* und *Breese* zugeteilt sind, mit den Minensucharbeiten.

Am 25. 3. treffen auf 10 APDs die »Underwater Demolition Teams« ein und beginnen mit der Räumung der Landungsstrände von Unterwasserhindernissen. Die Kreuzer *San Francisco, Minneapolis* und 3 Zerstörer beschießen am 25. 3. die Landungsplätze auf Kerama Retto, vor der Landung am 26. 3. unterstützt von dem Schlachtschiff *Arkansas.* Am 26. 3. landet die »Western Islands Attack Group« (Task Group 51.1, KAdm. Kiland), Führungsschiff *Mount McKinley,* die 77. Inf.Div. (GenMaj. Bruce) auf Kerama Retto gegen geringen Widerstand. Transportgeschwader mit 13 APA, 6 AKA, 28 LST, 11 LSM, 8 Support-Fahrzeugen. Sicherung (Capt. Moosbrugger) mit Führungsschiff *Biscayne,* Zerstörern (Desron 49) *Picking, Sproston, Wickes, William D. Porter, Isherwood, Kimberly, Luce, Charles J. Badger,* ferner DEs *Scribner, Kinzer, Richard W. Suesens, Abercrombie, Oberrender, Riddle, Swearer, Stern.*

Am 26. 3. beginnt die »Fire Support Group« (Task Force 54, KAdm. Deyo) mit der Beschießung von Okinawa: Gruppe 1: Schlachtschiffe *Texas, Maryland,* Kreuzer *Tuscaloosa,* Zerstörer (Desdiv 110) *Laws, Longshaw, Morrison, Prichett.* — Gruppe 2: Schlachtschiffe *Arkansas, Colorado,* Kreuzer *San Francisco, Minneapolis,* Zerstörer (Desdiv 51) *Hall, Halligan, Paul Hamilton, Laffey, Twiggs.* — Gruppe 3: Schlachtschiffe *Tennessee* (F), *Nevada,* Kreuzer *Wichita, Birmingham,* Zerstörer (Desron 60) *Mannert L. Abele, Zellars, Bryant, Barton, O'Brien.* — Gruppe 4: Schlachtschiffe *Idaho, West Virginia,* Kreuzer

Pensacola, Portland, Biloxi, Zerstörer (Desron 55) *Porterfield, Callaghan, Irwin, Cassin Young, Preston.* — Gruppe 5: Schlachtschiffe *New Mexico, New York,* Kreuzer *Indianapolis* (FFF 5. Flotte, Adm. Spruance), *Salt Lake City,* Zerstörer (Desron 56) *Newcomb, Heywood L. Edwards, Leutze, Richard P. Leary, Bennion.* — Gruppe 6: Geleitzerstörer *Samuel S. Miles, Wesson, Foreman, Whitehurst, England, Witter, Bowers, Willmarth.* Ferner 53 Support-Landungsfahrzeuge mit Raketenwerfern.

Jap. Gegenwirkung: Nach Erkennen der Angriffsabsicht gegen Okinawa werden die U-Boote *I-8, Ro-41, Ro-49* und *Ro-56* mit Torpedos zum Angriff angesetzt. *Ro-41* trifft am 22. 3. auf die Task Group 58.4 und wird am 23. 3. von dem Zerstörer *Haggard* versenkt, *Ro-49* (Kptlt. Go) verfehlt am 25. 3. die Kreuzer *Wichita* und *St. Louis, Ro-56* am 27. 3. die *Pensacola, I-8* wird am 30. 3. von einem Flugzeug bemerkt und von den Zerstörern *Morrison* und *Stockton* versenkt. Am 25. 3. wird vom jap. Kaiserlichen Hauptquartier die Operation »Tengo«: Verteidigung Okinawa und Südjapan, in Kraft gesetzt. Die Fliegerverbände der 3. und 10. Marine-Luftflotte werden der 5. Luftflotte (VAdm. Ugaki) operativ unterstellt, die von Kyushu aus operiert. Die Reste der 1. Luftflotte operieren von Formosa. In der Dämmerung des 25. 3. erster Kamikaze-Angriff mit 25 Flugzeugen (2 umgekehrt): Zerstörer *Kimberly,* Minenleger *Robert H. Smith,* Schnelltransporter *Gilmer* und *Knudson* (Bombentreffer) beschädigt. Am 26. 3. abends Angriff von 11 Kamikaze: Treffer auf Schlachtschiff *Nevada,* Kreuzer *Biloxi,* Zerstörern *O'Brien, Porterfield, Callaghan,* DE *Foreman,* Minensucher *Skirmish.* Zerstörer *Halligan* nach Minentreffer auf Grund gesetzt. Bei Task Group 58.1 Zerstörer *Murray* Bombentreffer durch Stuka. Am 27. 3. setzt Task Force 54 Beschießung fort. Angriff von 15 Kamikaze: Minenleger *Adams,* Minensucher *Southard* beschädigt. Am 27. 3. erfolgloser Versuch von Sprengbooten, an die Task Force 51 vor Kerama Retto heranzukommen. Am 28. 3. Neue Beschießung, bei Minensucharbeiten Minensucher *Skylark* gesunken. AKA *Wyandot* durch Bombentreffer beschädigt. In der Nacht zum 29. 3. Einzelangriffe von Flugzeugen von Okinawa aus, *LSM(R) 188* schwer getroffen. Deshalb am 29. 3. Beschießung der Flugplätze, Angriffe der Task Force 52 gegen Flugplätze und Basen für Sprengboote und Klein-U-Boote. Am 30. 3. nach weiterer Beschießung Okinawas am Abend Angriff von 4 Kamikaze, Treffer auf Flaggschiff der 5. Flotte, *Indianapolis,* Adm. Spruance steigt auf Schlachtschiff *New Mexico* um. Am 31. 3. Kamikaze-Angriffe, dabei Minenleger *Adams,* APA *Hinsdale* und *LST 724* und *LST 884* getroffen.

23.—31. 3. 1945 **Nordmeer**

Operation gegen den Konvoi RA. 65 im Nordmeer.

23. 3. Konvoi mit 25 Handelsschiffen und der Sicherung des Konvois JW. 65 vom Kolafjord ausgelaufen. U-Boote erst zum Teil wieder vor dem Kolafjord versammelt. *U 313* und *U 968* horchen bzw. sichten den Konvoi und die Geleitträger, kommen aber nicht zum Angriff. Ein Versuch, mit den U-Booten *U 307, U 310, U 313, U 363, U 668, U 711, U 716, U 968* und *U 992* einen Vorpostenstreifen vor den Konvoi zu legen, bringt am 25. 3. kein Ergebnis. Versuche der Luftwaffe, Fühlung am Konvoi zu gewinnen, um einen Lufttorpedoangriff ansetzen zu können, schlagen bis 27. 3. fehl, Operation abgebrochen. Konvoi am 31. 3. Scapa Flow eingelaufen.

Am 22. 3. und 31. 3. torpedieren *U 711* (Kptlt. Lange) und *U 312* (Oblt z. S. v. Gaza) je 1 bewaffneten Fischdampfer an der Kola-Küste.

26. 3. 1945 **Südwestpazifik**

Operation »Victor II«: Die US Amphibious Group 8 (Capt. A. T. Sprague), Führungsschiff US Coast Guard Cutter *Spencer*, landet 14000 Mann der Americal-Div. (GenMaj. Arnold) bei Cebu (Philippinen). Transportgruppe 4 APD, 20 LST, 11 LSM, 15 LCI, 9 Support-LCI, 2 PC. Minensuchgruppe 8 YMS. Sicherung Zerstörer (Desron 5) *Flusser, Shaw, Conyngham, Smith, Drayton*. Feuerunterstützung Task Group 74.3 (KAdm. Berkey) mit Kreuzern *Phoenix, Hobart* (austral.) und Zerstörern (Desron 21) *Fletcher, Nicholas, Taylor, Jenkins, Abbot*. Luftunterstützung 13. USAAF (GenMaj. Wurtsmith).
Teile dieser Verbände landen am 11. 4. ein Btl. des 164. Regt. auf Bohol, am 26. 4. das 164. RCT bei Sibulan in Südost-Negros.

27./28. 3. 1945 **Nordsee**

Versuch dt. S-Boote, den brit. Nachschubverkehr vor der belg. Küste anzugreifen, scheitert an brit. Sicherungsstreitkräften: Zerstörer *Arendal* (norweg.), *Krakowiak* (poln.), MTB und dem DE *Rion*.

27./28. 3. 1945 **Japan**

B 29 des 21. Bomber Command beginnen mit der Verminung der jap. Heimatgewässer.

30. 3. 1945 **Luftkrieg Deutschland**

B 24 der 8. USAAF werfen 916 ts Bomben auf die Hafenanlagen von Wilhelmshaven: Kreuzer *Köln*, U-Boote *U 96, U 429, U 3508*, Geleitboot *F 6*, Schnellboot *S 186*, Minensuchboote *M 329* und *M 3430*, U-Boot-Tender *Weichsel*, 2 Schlepper sowie 4 Frachter mit zusammen 11 259 BRT versenkt.
B 17 der 8. USAAF werfen 1103 ts Bomben auf Hamburg und 830 ts auf Bremen. In Hamburg *U 321, U 348, U 1167* und *U 2340*, in Bremen *U 72, U 329, U 430, U 870, U 884* und *U 886* versenkt.

★

1.—5. 4. 1945 **Zentralpazifik**

Operation »Iceberg«: Task Force 51 (Vdm. Turner) mit insgesamt 1213 Schiffen, darunter 603 Landungsfahrzeuge, landet am 1. 4. die 10. US-Armee (GenLt. Buckner) auf Okinawa. Eingeschifft einschließlich 3 Reservedivisionen 451 866 Mann. Landungsräume vorher durch Task Force 54 (s. 23. 3.!) intensiv beschossen und durch Task Force 58 (s. 14. 3.!) und Task Force 52 (s. 23. 3.!) laufend bombardiert.
Die Northern Attack Force (Task Force 53, KAdm. Reifsnider), Führungsschiff *Panamint*, landet das III. Amphibious Corps (GenMaj. Geiger), davon die Task Group 53.1 (Commodore Knowles) die 6. Marine-Div. (GenMaj. Shepherd) auf 16 APA, 6 AKA, 1 LSD und 1 LSV *Catskill*, und die Task Group 53.2 (Commodore Moyer) die 1. Marine-Div. (GenMaj. del Valle) auf 15 APA, 6 AKA, 2 LSD und 1 LSV *Monitor*. Auf die beiden Div. aufgeteilt sind ferner 46 LST, 15 LSM und 16 LCT, ferner 18 Leitfahrzeuge (PCS, PC, SC). Sicherung Task Group 53.6 mit Zerstörern (Desdiv 4) *Morris, Mustin, Lang, Stack, Sterett*, (Desdiv 90) *Pringle, Hutchins, Massey, Russell, Wilson, Stanly, Howorth, Hugh W. Hadley*, ferner die DEs *Gendreau, Fieberling, William C. Cole, Paul G. Baker, Bebas*, 2 APD, 2 PCE, 1 SC.
Die Southern Attack Force (Task Force 55, KAdm. Hall), Führungsschiff *Teton*,

landet das XXIV. Korps (GenMaj. Hodge), davon die Task Group 55.1 (Commodore Carlson) die 7. Inf.Div. (GenMaj. Arnold) auf 16 APA, 7 AKA, 1 LSD und 1 LSV *Ozark*, ferner 30 LST, 22 LSM, 2 LCI, und die Task Group 55.2 (Commodore Richardson) die 96. Inf.Div. (GenMaj. Bradley) auf 16 APA, 6 AKA, 2 LSD, 23 LST, 5 LSM, 1 LCI sowie 6 Support LCS. 19 Leitfahrzeuge und 17 weitere Unterstützungs-Landungsboote sind zugeteilt. Sicherung Task Group 55.6 mit Zerstörern (Desdiv 48) *Anthony, Bache, Bush,* (Desron 45) *Bennett, Hudson, Hyman, Purdy, Beale, Wadsworth, Ammen,* (Desron 66) *Putnam, Rooks,* ferner die DEs *Crouter, Carlson, Damon M. Cummings, Vammen, O'Neill, Walter C. Wann,* 1 APD, 1 PCE und 2 SC.
Die Landung verläuft gegen anfänglich geringen Widerstand planmäßig, da die jap. 32. Armee, GenLt. Ushijima, sich im südlichen Bergland tief eingegraben und auf lange, hinhaltende Kampfführung vorbereitet hat. Unterstützung der Truppen an Land täglich durch Schlachtschiffe, Kreuzer und Zerstörer der Task Force 54, durch Flugzeuge der Geleitträger der Task Force 52 (anfangs 564 Flugzeuge) und der Task Force 58, von der durchgehend 2 Gruppen im Einsatzraum stehen, während die dritte versorgt.
Die brit. Task Force 57 führt vom 31. 3.—2. 4. tägliche Neutralisierungs-Raids gegen die Sakishima-Gunto-Inselgruppe, während sie am 3., 4. und 5. 4. versorgt, wird sie durch die Geleitträger-Gruppe des KAdm. Sample (s. 23. 3.!) abgelöst.
Am 1. 4. abends Kamikaze- und *Oka*-Bombenangriffe auf die Landungsflotte und die Support Force. Dabei Schlachtschiff *West Virginia,* Transporter *Alpine, Achernar, Tyrrell* getroffen, durch Bomben von Stukas und Horizontalbombern Zerstörer *Prichett,* Minensucher *Skirmish* und Transporter *Elmore,* durch Minentreffer DE *Vammen* beschädigt. Durch Kamikaze-Angriffe der jap. 1. Luftflotte brit. Träger *Indomitable* und Zerstörer *Ulster* getroffen, letzterer wird durch den Kreuzer *Gambia* nach Leyte geschleppt.
Am 2. 4. abends Kamikaze-Angriff (14 Maschinen) gegen die Transporter mit der wieder eingeschifften 77. Inf.Div., dabei APA *Chilton, Henrico, Goodhue, Telfair* schwer getroffen, APD *Dickerson* schwer beschädigt, muß am 4. 4. selbst versenkt werden. Bomber treffen den Zerstörer *Prichett* und den DE *Foreman.*
Am 3. 4. früh durch Kamikaze *LST 599* beschädigt, in der Abenddämmerung Geleitträger *Wake Island,* Minensucher *Hambleton,* DE *Foreman* und *LCT 876,* durch Stukabombe Zerstörer *Sproston* beschädigt.
Am 4. 4. wegen starker Stürme kein Kamikaze-Einsatz, zahlreiche LST wegen Strandung beschädigt. Am 5. 4. bei Beschießung von Landzielen Schlachtschiff *Nevada* 5 Treffer durch jap. Küstenbatterie.

1.—30. 4. 1945 **Pazifik**

Von den im April in ihren Operationsgebieten eintreffenden alliierten U-Booten versenken folgende Schiffe: In jap. Gewässern zwischen Formosa und Kurilen: Die US-U-Boote: *Cero* (LCdr. Berthrong) 4 Schiffe mit 2090 BRT und zusammen mit *Bream* (LCdr. McCallum) 1 Schiff mit 1230 BRT, *Cod* (LCdr. Adkins) Minensucher *Sokaitei 41, Parche* (LCdr. McCrory) Minensucher *Sokaitei 3, Queenfish* (Cdr. Loughlin) 2 Schiffe mit 11 341 BRT, *Sea Devil* (LCdr. Styles) 3 Schiffe mit 10 017 BRT, *Sea Dog* (Cdr. Hydeman) 1 Schiff mit 530 BRT, *Sea Owl* (Cdr. Bennet) U-Boot *Ro-46, Sennet* (Cdr. Porter) 1 Schiff mit 1901 BRT, Werkstattschiff *Hashima* und Hilfs-U-Jäger *No. 97, Silversides* (LCdr. Nichols) 1 Picketboot beschädigt, *Springer* (Cdr. Kefauver) U-Jäger *Kusentai 17,* Fregatte *Ojika* und Korvette *Kaibokan 25, Sunfish* (Cdr. Reed)

3 Schiffe mit 4661 BRT und Korvette *Kaibokan 73, Trepang* (LCdr. Faust) 1 Schiff mit 4667 BRT, *LST 146* und *Sokaitei 20, Trutta* (Cdr. Smith) 1 Picket beschädigt. In Gewässern zwischen Malakka und den Philippinen: Die brit. U-Boote: *Sleuth* zusammen mit *Solent* Hilfsminensucher *No. 3, Tradewind* 1 Schiff mit 1116 BRT (Minenerfolg), *Statesman* (Lt. Bulkeley) 20 kleine Fahrzeuge. Die US-U-Boote: *Besugo* (Cdr. Miller) Minensucher *Sokaitei 12* und U-Boot *U 183, Gabilan* (Cdr. Parham) 1 Schiff mit 762 BRT und zusammen mit *Charr* (Cdr. Boyle) den Kreuzer *Isuzu, Hardhead* (Cdr. Greenup) 1 Schiff mit 6886 BRT.

3. 4. 1945 **Luftkrieg Deutschland**

Rund 700 Flugzeuge der 8. USAAF werfen 2200 ts Bomben auf die Hafenanlagen von Kiel: Minenschiff *Brummer*, U-Boote *U 1221, U 2542, U 3505*, Minensucher *M 802*, Minentransporter *Irben*, Räumboote *R 59, R 119* und *R 261* sowie die Fahrgastschiffe *New York* (22 337 BRT) und *Monte Olivia* (13 750 BRT) und der Tanker *Mexphalte* (2578 BRT) versenkt.

5. 4.—4. 5. 1945 **Gewässer um England**

Bei U-Boot-Operationen an der brit. Ostküste versenken vor der Themse *U 2324* (Kptlt. v. Rappard) 1 Schiff mit 1150 BRT, *U 245* (KKpt. Schumann-Hindenberg) aus dem Konvoi TAM. 142 2 Schiffe mit 9847 BRT, vor Lowestoft und Orfordness torpediert *U 2329* (Oblt. z. S. Schlott) 1 Schiff mit 7209 BRT, *U 2326* (Oblt. z. S. Jobst) verfehlt 1 Schiff und *U 2322* (Oblt. z. S. Heckel) meldet die Versenkung eines unbekannten Schiffes. *U 975* (Kptlt. Brauel) und *U 637* (Kptlt. Riekeberg) legen Minen vor Hartlepool bzw. Newcastle. Vor dem Firth of Forth versenkt *U 1274* (Oblt. z. S. Fitting) aus dem Konvoi FS. 1784 1 Schiff mit 8966 BRT, wird aber selbst von dem Zerstörer *Viceroy* der Sicherung am 16. 4. versenkt. *U 1206* muß wegen einer Tauchpanne aufgegeben werden, *U 398* wird an der schott. Ostküste vermißt. Ostwärts der Orkneys kreuzt *U 287* ohne Erfolg.
Auf dem Anmarsch zu den Operationsgebieten westlich England gehen *U 396* und *U 1017* durch Angriffe von *Liberators* der RAF-Squ. 86 und 120 am 23. und 29. 4. verloren.
Im Gebiet der Hebriden und des Nordkanals legt *U 218* (Kptlt. Stock) eine Minensperre im Clyde. *U 636* wird durch die DEs *Bazely, Drury* und *Bentinck* der 4th Escort Group versenkt, *U 293* (Kptlt. Klingspor) oder *U 956* (Kptlt. Mohs) versenken 1 Schiff mit 878 BRT, *U 1105* (Oblt. z. S. Schwarz) torpediert den DE *Redmill* und entkommt der Sonar-Ortung seiner Verfolger dank seiner »Alberich«-Haut. *U 1305* bleibt ohne Erfolg.
In der Irischen See greift *U 1024* (Kptlt. Gutteck) am 5. 4. eine Korvette erfolglos an und versenkt am 7. 4. und 12. 4. aus Konvois je 1 Schiff mit zusammen 14 376 BRT, wird aber selbst anschließend von der Fregatte *Loch Glendhu* der 8th Escort Group mit »Squid« zum Auftauchen gezwungen, das verlassene Boot wird von der Fregatte *Loch More* geentert und in Schlepp genommen, geht jedoch dabei unter. Es werden wertvolle Unterlagen erbeutet. *U 825* bleibt ohne Erfolg, ebenso *U 1052. U 242* wird am 30. 4. durch ein *Sunderland*-Flugboot der RAF-Squ. 201 beim Schnorcheln bemerkt, das die 14th Escort Group heranruft, deren Zerstörer *Hesperus* und *Havelock* das U-Boot versenken.
Südwestlich Irland werden am 8. 4. *U 1001* durch die DEs der 21st Escort Group, *Fitzroy* und *Byron, U 774* durch die DEs der 4th Escort Group, *Calder* und *Bentinck* versenkt. Am 10. 4. versucht das aus St. Nazaire zurückkehrende Transportboot *U 878* einen auslaufenden Konvoi anzugreifen und wird dabei

von dem Zerstörer *Vanquisher* und der Korvette *Tintagel Castle* versenkt. Am 15. 4. fällt *U 285* den DEs *Grindall* und *Keats* der 5th Escort Group zum Opfer und *U 326* gilt in diesem Gebiet als vermißt.
Im Kanal wird *U 1063* beim Angriff auf einen von der 17th Escort Group gesicherten Konvoi von der Fregatte *Loch Killin* versenkt. Das mit einer »Alberich«-Haut ausgerüstete *U 1107* (Kptlt. Parduhn) versenkt aus dem Konvoi HX. 348 2 Schiffe mit 15 209 BRT, entkommt der Sicherung und wird am 25. 4. durch eine *Liberator* der USN-VPB. 103 mit Zielsuchtorpedo »Fido« versenkt. *U 1055* wird bei Quessant am 30. 4. von einer *Catalina* der USN-VP. 63 mit »Magnetic Airborner Detector (MAD)« geortet und mit einer »Retrobomb« versenkt. Ohne Erfolg bleiben bei Quessant bzw. vor den Scillies *U 776* und *U 249*. *U 255* (KKpt. Piening) legt von St. Nazaire aus eine Minensperre vor Les Sables d'Olonne.

5. 4.—5. 5. 1945 **Nord- und Westatlantik**

Als Wetterboot ist im Nordatlantik *U 1009* eingesetzt. Vor Reykjavik operiert *U 979* (Kptlt. Meermeier) und versenkt Anfang Mai 1 Fischdampfer mit 348 BRT und torpediert 1 Tanker mit 6386 BRT. Nach Gibraltar werden *U 541* und von St. Nazaire *U 485* entsandt.
Die Typ IX-C-Boote operieren vor der amerik.-kanad. Ostküste. *U 857* (Kptlt. Premauer) torpediert am 5. 4. im Gulf of Maine 1 Tanker von 8537 BRT und wird von einer Suchgruppe mit den US-Fregatten *Knoxville, Eugene* und den DEs *Gustafson* und *Micka* am 7. 4. gestellt und vernichtet. *U 879* (Kptlt. Manchen) versenkt vor Cape Hatteras 1 Schiff mit 6959 BRT und wird nach 5 Tagen am 19. 4. durch eine Suchgruppe Task Group 22.10 mit den DEs *Buckley, Reuben James, Scroggins* und *Jack W. Wilke* versenkt. *U 190* (Oblt. z. S. Reith) versenkt vor Halifax am 16. 4. den kanad. Minensucher *Esquimalt* und entkommt. *U 548* (Oblt. z. S. Krempl) versenkt im Gulf of Maine 1 Tanker mit 8300 BRT und torpediert 1 Schiff mit 6825 BRT. Beim Angriffsversuch gegen den Konvoi KN. 382 wird es von der Fregatte *Natchez* am 29. 4. geortet und zusammen mit den DEs der Task Group 02.10, *Coffman, Bostwick* und *Thomas* versenkt.
Mit den Mitte März etwa gleichzeitig auslaufenden U-Booten *U 805, U 518, U 880, U 858, U 1235* und *U 546* bildet der B.d.U. am 14. 4. im Nordatlantik eine Gruppe »Seewolf«, um mit ihr auf dem Marsch nach Westen die Großkreisroute nach Konvois abzuharken. Die Bewegungen werden von alliierter Seite erkannt und dagegen die Operation »Teardrop« angesetzt: 2 Trägergruppen bilden nördlich der Azoren auf dem erkannten Vormarschkurs Suchstreifen, um dem zunächst vermuteten dt. Versuch des Einsatzes von »V-2«-Raketen aus geschleppten Startbehältern zu begegnen. Im Norden die Task Group 22.2 (Capt. Ruhsenberger) mit dem Geleitträger *Mission Bay* und den DEs *Douglas L. Howard, J. R. Y. Blakely, Hill, Fessenden, Farquhar, Pride, Menges* und *Mosley*, im Süden die Task Group 22.5 (Capt. Craig) mit dem Geleitträger *Croatan* und den DEs *Frost, Huse, Inch, Stanton, Swasey, Carter, Neal A. Scott, Muir* und *Sutton*. Trotz schlechten Wetters werden am 15. und 16. 4. von der Task Group 22.5 *U 1235* und *U 880* mit Sonar geortet und von den DEs mit »Hedgehog« versenkt. *U 805*, das von einem Azoren-Flugzeug gesichtet wird, entkommt zweimal längeren Jagden. Am 22. 4. versenkt die Gruppe auch *U 518*, ehe 2 andere Trägergruppen die ersten beiden ablösen: im Norden Task Group 22.4 (Capt. Purvis) mit dem Geleitträger *Core* und den DEs *Moore, Sloat, Tomich* und *J. Richard Ward*, im Süden die Task Group 22.3

(Capt. Dufek) mit dem Geleitträger *Bogue* und den DEs *Haverfield, Willis, Wilhoite* und *Swenning,* davor ein Suchstreifen (Task Group 22.7) mit den DEs *Pillsbury, Keith, Otterstetter, Pope, Flaherty, Chatelain, Frederick C. Davis, Neunzer, Hubbard, Varian, Otter, Hayter, Janssen* und *Cockrill.* Am 24. 4. sichtet ein Flugzeug der *Bogue U 546,* von 9 DEs gejagt, gelingt es Kptlt. Just, zuerst die *Frederick C. Davis* trotz ausgebrachten »Foxers« mit T-5 zu versenken, nach fast 6 Stunden wird *U 546* zum Auftauchen gezwungen, verfehlt die *Flaherty* knapp mit einem weiteren T-5 und sinkt dann. Nur *U 858* und *U 805* gelangen an die amerik. Küste, ebenso wie die einzeln marschierenden *U 853, U 530* und die folgenden *U 889* und *U 881,* das beim Versuch, die wieder auslaufende Trägergruppe *Mission Bay* anzugreifen, am 6. 5. durch die *Farquhar* versenkt wird. Vermutlich versenkt *U 853* (Oblt z. S. Frömsdorf) am 23. 4. den U-Jäger *Eagle 58* und wird am 5. 5. nach Versenkung eines Kohlendampfers von 5353 BRT durch die Fregatte *Moberly,* den Zerstörer *Ericsson* und die DEs *Atherton* und *Amick* versenkt.

6.—8. 4. 1945 **Nordsee**

Dt. 2. S-Flottille (Kptlt. Wendler) führt am 6./7. 4. mit *S 174, S 176, S 177, S 209, S 210* und *S 221* Minenunternehmen in der Humber-Mündung durch. Im Ablaufen Gefecht mit brit. MTB. *S 176* versenkt *MTB 494* durch Rammstoß und muß aufgegeben werden. *S 177* sinkt nach Rammung durch *MTB 5001,* das ebenfalls untergeht. Letzter Einsatz der 2. S-Flottille.
In der folgenden Nacht vom 7./8. 4. stoßen die 4. und 6. S-Flottille (KKpt. Fimmen bzw. Kptlt. Matzen) gegen die brit. Ostküste vor. In Gefechten mit brit. MGB verliert die 4. S-Flottille *S 202* und *S 703* nach Kollision. *S 223* der 6. S-Flottille sinkt nach Minentreffer vor Ostende.

6.—10. 4. 1945 **Zentralpazifik**

Jap. Großangriff gegen die US-Landungsflotte vor Okinawa.
Am 6./7. 4. Kamikaze-Angriff »Kikusui 1« mit Schwerpunkt gegen die Landungsflotte um Okinawa und die auf 16 Positionen rund um die Insel aufgestellten Radar-Picket-Zerstörer, schwächere Angriffe gegen die Task Groups 58.1 und 58.3 nordostwärts Okinawa und die Task Force 57 südlich Okinawa, die Geleitträger der Task Force 52 ostwärts Okinawa werden nicht angegriffen. Am 6. 4. starten 198 Kamikaze-Flieger von Kyushu, von denen 41 umkehren. 55 werden durch den Jagdschutz, 35 durch Flak abgeschossen. 27 Schiffe werden z. T. mehrfach getroffen. Es sinken die Picket-Zerstörer *Bush* und *Colhoun,* der Zerstörer-Minensucher *Emmons, LST 447* und die Munitionstransporter *Hobbs Victory* und *Logan Victory* (je 7607 BRT). Irreparable Schäden erleiden die Zerstörer *Leutze, Newcomb, Morris,* der DE *Witter,* schwere Schäden, die zum Ausfall bis Kriegsende führen, haben die Minensucher *Rodman* und *Defense* sowie der Zerstörer *Mullany.* Mittlere Schäden treffen die Zerstörer *Howorth, Hyman, Haynsworth* (Task Force 58) und den DE *Fieberling,* leicht beschädigt werden die Träger *Illustrious* (Task Force 57), *San Jacinto* (Task Force 58), die Zerstörer *Bennett, Hutchins, Harrison* (Task Force 58), die Minensucher *Facility, Ransom, Devastator, YMS 311* und *YMS 321.* Am 7. 4. starten von Kyushu 54 Kamikaze-Flieger der 5. Marine-Luftflotte, außerdem sind am 6./7. 4. rund 125 Heeres-Kamikaze-Flieger eingesetzt. Von den 54 Marine-Kamikazes kehren 24 um, rund 30 Kamikazes werden am 7. 4. durch Jagdschutz und Flak abgeschossen, schwere Treffer erhalten das Schlachtschiff *Maryland* und der Picket-Zerstörer *Bennett,* mittlere Schäden der Träger *Hancock* (Task Force 58) und der DE *Wesson,* leichte Schäden der Zerstörer

Longshaw und der Minensucher *YMS 81*. Auf Minen gehen das Motorkanonenboot *PGM 18* und der Minensucher *YMS 103* verloren.
Am 6. 4. läuft von Tokuyama in der Inlandsee eine jap. Kampfgruppe (VAdm. Ito †) mit dem Superschlachtschiff *Yamato* (KAdm. Ariaga †), dem Kreuzer *Yahagi* (Kpt. z. S. Hara, eingeschifft Chef der 2. Z-Flottille, KAdm. Komura) und den Zerstörer-Divisionen 17, 21 und 41 mit *Isokaze, Hamakaze, Yukikaze; Asashimo, Kasumi, Hatsushimo; Fuyutsuki* und *Suzutsuki* aus, wird aber kurz darauf von einer *B 29* und nach dem Passieren des Bungo-Kanals von dem US-U-Boot *Threadfin*, bald darauf von *Hackleback* gemeldet.
Am 7. 4. stellen früh Flugboote von Kerama Retto und Aufklärer der südlich Amami-O-shima versammelten Task Groups 58.1 und 58.3 die Fühlung südwestlich Kyushu her, die Task Group 58.4, die den Jagdschutz über Okinawa stellt, versucht mit hoher Fahrt heranzuschließen. Um 10 Uhr startet von den Task Groups 58.1 und 58.3 die Hauptangriffsgruppe mit 280 Flugzeugen. Die *Hamakaze* und *Yahagi* werden versenkt, die *Yamato* erhält 2 Bomben- und 1 Torpedotreffer. Beim zweiten Angriff mit rund 100 Flugzeugen ab 14 Uhr sinken zuerst die Zerstörer *Isokaze, Asashimo* und *Kasumi*, dann nach 9 weiteren Torpedo- und 3 Bombentreffern die *Yamato*, mit der 2498 Mann untergehen. Die restlichen Zerstörer kehren z. T. schwer beschädigt zurück, insgesamt verliert die jap. Marine 3665 Tote. Von den eingesetzten 386 US-Flugzeugen kehren nur 10 nicht zurück.
Am 8. und 9. 4. erfolgen nur einzelne Kamikaze-Angriffe, bei denen die Picket-Zerstörer *Gregory* und *Sterett* und der Minensucher *YMS 92* beschädigt werden. Am 8./9. 4. versuchen Sprengboote von Okinawa aus Angriffe, dabei wird der Zerstörer *Charles J. Badger* und der Transporter *Starr* beschädigt. Durch Kamikaze-Angriffe verliert die US-Flotte vom 6.—10. 4. 466 Tote und 579 Verletzte.
Die jap. U-Boote *Ro-49* und *Ro-56* gehen am 4. bzw. 9. 4. durch Wabos der Zerstörer *Hudson* bzw. *Monssen* und *Mertz* verloren.

6. 4.—25. 4. 1945 **Ostsee-Ostpreußen**

Am 6. 4. beginnt der von starken Luftstreitkräften unterstützte Angriff der sowj. 3. Weißruss. Front gegen Königsberg, dessen Verteidiger am 9. 4. überwältigt werden und am 10. 4. kapitulieren müssen. Im Hafen wird der Rumpf des Kreuzers *Seydlitz* gesprengt. Die sowj. Armeen setzen den Angriff nach Westen fort und durchbrechen am 15. 4. die Front im Samland. In Pillau haben sich rund 70 000 Flüchtlinge gestaut, die z. T. auf die Frische Nehrung übergesetzt, z. T. über See abtransportiert werden. Durch Luftangriffe gehen dabei vom 8.—11. 4. die Frachter *Mendoza* (5193 BRT), *Vale* (5950 BRT), *Weserstein* (1923 BRT) verloren. Am 16. 4. treffen die SATs der 7. A-Flott. (Kptlt. Eggers) *Soemba, Nienburg, Ostsee, Robert Müller 6, Kemphan* und das Artill.-Schulboot *Drache* zur Unterstützung des Abwehrkampfes bei Fischhausen ein. Am 18. 4. werden durch Luftangriff *Drache* versenkt und *Robert Müller 6* beschädigt und dann durch das herangerufene U-Boot *L-3* (Kpt. 3. Rg. Konovalov) versenkt.
In der letzten Nacht vom 24./25. 1. setzen die MFP noch 19 200 Flüchtlinge und Soldaten über. Insgesamt über Pillau ab 25. 1. 141 000 Verwundete und 451 000 Flüchtlinge abtransportiert.

7.—12. 4. 1945 **Mittelmeer/Ligurisches Meer**

Alliierte Kriegsschiffe beschießen dt. Stützpunkte und Verkehrswege an der Riviera. Beteiligt: franz. Kreuzer *Gloire, Duguay-Trouin*, Zerstörer *Tigre*,

Tempête, Trombe, brit. Zerstörer *Meteor* und *Musketeer,* US-Zerstörer *Mackenzie.*

8.—10. 4. 1945 **Luftkrieg Deutschland**

In der Nacht vom 8./9. 4. wirft das RAF-Bomber Command 1491 ts Bomben auf die Hafenanlagen von Hamburg: *U 677, U 747, U 982, U 2509, U 2514* und *U 2516* versenkt.

In der Nacht vom 9./10. 4. wirft das RAF-Bomber Command 2634 ts Bomben auf die Hafenanlagen von Kiel: Schwerer Kreuzer *Admiral Scheer* gekentert, *Admiral Hipper* und Leichter Kreuzer *Emden* schwer beschädigt, T-Boot *T 1,* U-Boote *U 1131, U 1227,* M-Boot *M 504* und 3 Handelsschiffe mit 2787 BRT vernichtet.

Am 8. und 9. 4. versenken *Mosquito*-Bomber des RAF-Coastal Command im Kattegat *U 804, U 843* und *U 1065.*

8.—14. 4. 1945 **Zentralpazifik**

Am 8. 4. nimmt die Task Force 58 (VAdm. Mitscher) die Unterstützung der Okinawa-Operationen wieder auf. Nach Rückkehr der T. G. 58.2 gliedert sich die T. F. 58. in

T. G. 58.1 (KAdm. Clark): Träger *Hornet, Bennington, Belleau Wood, San Jacinto,* Schlachtschiffe *Massachusetts, Indiana,* Kreuzer *Vincennes, Miami, Vicksburgh, San Juan* und Zerstörer der Desrons 25 und 61.

T. G. 58.2 (KAdm. Bogan): Träger *Randolph, Enterprise, Independence,* Schlachtschiffe *Washington, North Carolina,* Kreuzer *Baltimore, Pittsburgh, Flint, Oakland,* und Zerstörer der Desrons 52 und 53.

T. G. 58.3 (KAdm. Sherman): Träger *Essex, Bunker Hill, Bataan,* Schlachtschiffe *New Jersey, South Dakota,* Kreuzer *Pasadena, Springfield, Astoria, Wilkes-Barre* und Zerstörer der Desrons 45, 62 und 48.

T. G. 58.4 (KAdm. Radford): Träger *Yorktown, Intrepid, Langley,* Schlachtschiffe *Wisconsin, Missouri,* Schlachtkreuzer *Alaska, Guam,* Kreuzer *San Diego* und Zerstörer der Desrons 47 und 54. Mindestens 2 Task Groups sind täglich im Einsatzgebiet, 1 Gruppe versorgt, die vierte ist auf dem An- oder Abmarsch.

Während die brit. Task Force 57 am 8. und 9. 4. versorgt, übernimmt die Geleitträgergruppe des KAdm. Sample mit *Suwanee, Chenango, Santee* und *Rudyerd Bay* die Neutralisierung der Sakishima-Gunto-Inseln. Die durch die Kreuzer *Uganda* und *Gambia* und die Zerstörer *Ursa, Urchin* und *Whirlwind* verstärkte T. F. 57 greift vom 11.—13. 4. täglich Flugplätze und Einrichtungen auf Nord-Formosa an. Am 14. und 15. 4. wird erneut versorgt, wobei der Träger *Formidable* die *Illustrious,* die Zerstörer *Kempenfelt* und *Wessex* die *Urania* und *Quality* ablösen. In dieser Zeit setzt die T. G. 52.1 (KAdm. Sample) die Einsätze gegen Sakishima Gunto fort.

Am 11. 4. starten 64 Kamikaze (von denen 34 umkehren) zu Angriffen gegen die Task Force 58. Treffer erhalten das Schlachtschiff *Missouri,* der Träger *Enterprise,* die Zerstörer *Kidd* und *Bullard,* vor Okinawa ferner der DE *Samuel S. Miles.*

Am 12. 4. starten mit der Operation »Kikusui-2« 83 Marine- und rund 60 Heeres-Kamikaze-Flieger mit starkem Jagdschutz zum Angriff auf die Landungsflotte zusammen mit 9 *Oka*-Bombern. Durch *Oka*-Bomben werden die Picket-Zerstörer *Mannert L. Abele* versenkt und *Stanly* beschädigt, durch Kamikazes die Picket-Boote *LCS (L) 33* versenkt und *LCS (L) 57* beschädigt, ferner die Picket-Zerstörer *Purdy, Cassin Young* und *Jeffers* (DMS) sowie im Gebiet zwischen Okinawa und Kerama Retto die Schlachtschiffe *Tennessee, Idaho,* der

Zerstörer *Zellars*, der Minensucher *Lindsey* und *LSM 189* (die letzten 3 Schiffe Ausfall bis Kriegsende), ferner die Geleitzerstörer *Rall*, *Whitehurst*, *Riddle*, *Walter C.Wann* und der Minensucher *Gladiator*. Bei leichteren Angriffen am 13. 4. wird der DE *Connolly* beschädigt.
Am 14. 4. greifen erneut 35 von 76 gestarteten Kamikazes und 7 *Oka*-Bomber an, erstere beschädigen das Schlachtschiff *New York* und die Zerstörer *Dashiell*, *Hunt* sowie *Sigsbee*, der bis Kriegsende ausfällt.
Von der mit »Kaiten«-Torpedos ausgelaufenen U-Boot-Gruppe »Tatara« kehren *I-47* und *I-58* ohne Erfolg zurück, *I-44* wird am 10. 4. durch den DE *Fieberling*, *I-56* am 17. 4. beim Angriffsversuch gegen die T. F. 58 durch die Zerstörer *Heerman*, *McCord*, *Collett*, *Mertz*, *Uhlmann* und Flugzeuge des Trägers *Bataan* versenkt.

20. 4. 1945 **Indischer Ozean**
Operation »Sunfish«: Vorstoß der brit. »Eastern Fleet« (VAdm. Walker) mit den Schlachtschiffen *Queen Elizabeth*, *Richelieu*, den Schweren Kreuzern *London* und *Cumberland* sowie den Zerstörern *Saumarez*, *Vigilant*, *Verulam*, *Virago* und *Venus* gegen die Nordküste von Sumatra. 11. 4. Beschießung von Sabang. Luftsicherung durch die Geleitträger *Emperor* und *Khedive*. Am 16. 4. greifen die Trägerflugzeuge Emmahaven und Padang an.

10. 4. 1945 **Ostsee**
Brit. Flugzeuge versenken im Kattegat das Torpedoboot *T 13* und beschädigen *T 16*.

12. 4. 1945 **allgemeine Lage**
Tod des amerikanischen Präsidenten Roosevelt.

12. 4. 1945 **Mittelmeer/Ligurisches Meer**
Brit. Kreuzer *Orion* beschießt San Remo.

12./13. 4. 1945 **Nordsee-Kanal**
Dt. Schnellbootgruppe legt im Nore-Vlissingen-Kanal Minen. Dabei Gefecht mit brit. DE *Ekins* und Geleitzerstörer *Hambledon* sowie brit. MTBs. S-Boote werden auf dem Rückmarsch von Flugzeugen des RAF-Coastal Command angegriffen.

13./14. 4. 1945 **Luftkrieg Deutschland**
RAF Bomber Command wirft 1905 ts Bomben auf die Hafenanlagen von Kiel.

14.—20. 4. 1945 **Biskaya**
Vom 14.—16. 4. werfen Flugzeuge der 8. USAAF in 3 Angriffen 2962, 2551 bzw. 1290 ts Bomben auf Royan und andere dt. Stützpunkte in der Gironde-Mündung. Vom 15.—20. 4. nach den schweren Luftangriffen Endkampf um die dt. Festung »Gironde-Nord« (Royan). Nach Beschießung durch franz. Flottenverband (VAdm. Rue) mit Schlachtschiff *Lorraine*, Kreuzer *Duquesne*, Zerstörer *Basque*, *Le Fortune*, *L'Alcyon*, DE *Hova* und Fregatten *L'Aventure* und *La Decouverte* Landangriff durch die 10. franz. und 66. US-Inf.Div. — Am 20. 4. kapitulieren die letzten dt. Widerstandsnester.

15.—26. 4. 1945 **Zentralpazifik**
Die US-Task Force 58 setzt mit 4 Gruppen die Operationen vor Okinawa fort. Am 15./16. 4. fliegt eine Gruppe Jagdschutz über Okinawa, 2 Gruppen führen Jägervorstöße gegen Kyushu, die vierte versorgt. Die brit. Task Force 57 führt am 16./17. 4. Angriffe gegen Sakishima Gunto, die US-Geleitträgergruppen

T. G. 52. 1.1, 2, 3 lösen sich im überschlagenden Einsatz vor Okinawa ab. Die Schlachtschiffe, Kreuzer und Zerstörer der Task Force 54 unterstützen weiter die Landkämpfe vor Okinawa.
Nach schwächeren Angriffen von 10 Kamikazes (8 zurück) am 15. 4., bei denen der Zerstörer *Wilson* und der Tanker *Taluga* leicht beschädigt werden, eröffnet die jap. Luftflotte 5 am 16. 4. mit 126 Kamikaze (42 zurück) und 6 *Oka*-Bombern den Massenangriff »Kikusui 3«. Am 17. 4. werden 49 eingesetzt, von denen 30 umkehren. Bei Angriffen auf die T. F. 58 werden der Träger *Intrepid* schwer, das Schlachtschiff *Missouri* und am 17. 4. der Zerstörer *Benham* leichter beschädigt. Nach dem Ausfall der *Intrepid* wird die T. G. 58.2 aufgelöst, die Schiffe auf die T. G. 58.1, 3 und 4 aufgeteilt.
Der Schwerpunkt der Angriffe richtet sich gegen die Landungsflotte, besonders die Picket-Zerstörer. *Laffey* (Cdr. Becton) wird von 22 Flugzeugen angegriffen, 7 durch Jäger, 9 durch Flak abgeschossen, 6 Kamikaze-Treffer, 4 Bombentreffer, 31 Tote, 72 Verletzte, es gelingt trotzdem, das schwer beschädigte Schiff einzubringen. *Pringle* sinkt, *Bryant*, der Minenleger *Harding* werden irreparabel beschädigt, der Minensucher *Hobson* so schwer, daß er für den Rest des Krieges ausfällt. Leichtere Schäden haben der DE *Bowers* und die Picket-Boote *LCS (L) 116* und *LCS 51*.
Am 16. 4. landet eine Amphibious Group (KAdm. Reifsnider) die 77. Inf.Div. auf der kleinen vorgelagerten Insel Ie Shima, die gegen heftigen Widerstand bis zum 21. 4. genommen wird, danach wird die 77. Inf.Div. als Reserve nach Okinawa überführt.
Am 18./19. 4. führen 2 Gruppen der T. F. 58 und 2 Geleitträgergruppen heftige Angriffe mit 650 Einsätzen gegen die Stellungen der jap. 62. und 63. Div. in der ersten Shuri-Linie. Nach schwerer Artillerievorbereitung durch 27 Heeres-Artill.Abt. und die Task Force 54 mit den Schlachtschiffen *Texas, Arkansas, Colorado, Idaho, New Mexico, New York*, 6 Kreuzern und 8 Zerstörern sowie die Schlachtschiffe *North Carolina, South Dakota* und die Zerstörer der Desron 48 von der T. F. 58 tritt am 19. 4. früh das XXIV. Korps mit der 27., 96. und 7. Inf.Div. zum Angriff an, der jedoch nur geringe Ergebnisse bringt, nach schweren Kämpfen, mit starker Unterstützung durch die T. F. 54 und Trägerflugzeuge räumen die Japaner erst am 23. 4. die erste Linie und gehen auf die zweite Shuri-Stellung zurück.
Am 22. 4. greifen 35 Kamikaze-Flugzeuge (3 zurück) die T. F. 58 — Zerstörer *Hudson, Wadsworth* beschädigt — und die Landungsflotte an. Minensucher *Swallow* und Picketboot *LCS 15* versenkt, Zerstörer *Isherwood*, Minenleger *Shea*, Minensucher *Ransom* und *Gladiator* beschädigt.
Nach Versorgung am 18./19. 4. greift die brit. Task Force 57 am 20. 4. nochmals Sakishima Gunto an und kehrt dann nach Leyte zurück. Vom 21. 4. ab übernimmt die Geleitträger-T. G. 52.1.3 mit *Suwanee, Sangamon, Chenango* und *Santee* die Aufgabe, die Ryukyu-Inseln und Nord-Formosa zu neutralisieren. Eine Geleitträger-Gruppe führt am 25. 4. einen Raid gegen die Inselgruppe Okino-Daito-Shima ostwärts Okinawa.

16.—25. 4. 1945 **Nordmeer**

Konvoi-Operation JW. 66. Am 16. 4. läuft der JW. 66 mit 22 Handelsschiffen vom Clyde aus. Sicherung (KAdm. Cunningham-Graham) mit Geleitträgern *Vindex, Premier*, Kreuzer *Diadem*, den Home-Fleet-Zerstörern *Zephyr, Zest, Zealous, Zodiac, Stord* (RNoN), *Offa, Haida* (RCN), *Huron* (RCn), *Iroquois* (RCN), der 8th Escort Group mit der Sloop *Cygnet*, den Korvetten *Alnwick*

Castle, Bamborough Castle, Farnham Castle, Honeysuckle, Rhododendron, Oxlip, Lotus, sowie als Support Group der 19th Escort Group mit den Fregatten *Loch Insh, Loch Shin, Anguilla* und den DEs *Cotton, Goodall.* Auslaufen vom dt. B-Dienst erkannt. Westlich der Bären-Insel *U 286, U 295, U 307, U 313, U 363* und *U 481* als Gruppe »Faust« aufgestellt. Luftaufklärung kann den Konvoi bis 21. 4. nicht erfassen. U-Boote werden deshalb vor die Kola-Mündung gezogen, zusätzlich laufen *U 318, U 427, U 711, U 992, U 278, U 294, U 312, U 716, U 968* und *U 997* ins Operationsgebiet aus. Einige Boote kommen am 21. und 22. 4. mit dem sowj. Küstenkonvoi PK. 9 von Petsamo nach Kola in Berührung, der aus 2 Dampfern besteht und von den Zerstörern *Karl Libknecht* (Kpt. 1. Rg. Rumjancev), *Derzkij, Žestkij, Dostojnyj,* 2 Minensuchern, 6 *BO*-U-Jägern, darunter *BO-131, BO-225* und *BO-228,* 4 *TKA* und einer norweg. Gruppe mit der Korvette *Eglantine* und den Trawlern *Karmøy, Jeløy* und *Tromøy* besteht. *U 997* (Oblt. z. S. Lehmann) versenkt den sowj. Dampfer *Onega* (1603 BRT) und torpediert den norweg. Dampfer *Idefjord* (4287 BRT), der eingeschleppt wird. Weitere Angriffe von *U 997, U 481* und *U 294* werden von den Geleitfahrzeugen vereitelt, die mehreren »T-5«-Schüssen entgehen. *U 481* (Kptlt. Andersen) meldet ferner am 19. 4. 1 Fischdampfer versenkt. Gegen den JW. 66, der am 25. 4. einläuft, kommt nur das am weitesten in den Kola-Fjord eingedrungene *U 711* (Kptlt. Lange) ohne Erfolg zum Schuß, es hat am 19. 4 ebenfalls 1 kleinen Dampfer versenkt gemeldet.
Vor dem Kola-Fjord haben am 22. 4. der brit. Minenleger *Apollo* und die Zerstörer *Obedient, Opportune* und *Orwell* von Sjet Navolok bis Kildin ein tiefstehendes Minenfeld gegen die dt. U-Boote mit sowj. Genehmigung gelegt (276 Minen).

16. 4.—4. 5. 1945 **Ostsee**

Fortsetzung der Evakuierungstransporte von den Landungsstellen in der Weichselniederung nach Hela und von dort nach Westen. Am 16. 4. verläßt ein Konvoi mit 8 Schiffen und Geleitfahrzeugen Hela, wo durch Luftangriff das Flugsicherungsschiff *Boelcke* sinkt. In der Nacht wird das Geleit vor Rixhöft durch das sowj. U-Boot *L-3* (Kpt. 3. Rg. Konovalov) angegriffen, das den Transporter *Goya* (5230 BRT) versenkt, von den 6385 Menschen an Bord können nur 165 gerettet werden.
Durch Luftangriffe gehen am 19. und 20. 4. vor Saßnitz der Dampfer *Altengamme* (5897 BRT) und vor Hela *Vs 215* und *Königsberg* (180 BRT) verloren. Einem der Angriffe der sowj. Torpedokutter von Neufahrwasser fällt am 25. 4. die *Emily Sauber* (2435 BRT) zum Opfer. Angriffe der U-Boote *K-52* (Kpt. 3. Rg. Travkin) vom 21.—27. 4. und *K-53* (Kpt. 3. Rg. Jaroševič) anschließend auf der Stolpe-Bank haben, soweit bekannt, keinen Erfolg.
Am 20. 4. läuft von Hela die *Eberhart Essberger* mit 6200 Menschen, am 21. 4. die *Lappland* mit 7700 nach Westen, am 21. 4. werden insgesamt 28 000 Flüchtlinge eingeschifft, am 28. 4. transportieren 7 Dampfer 24 000 Menschen ab. Damit insgesamt im April 387 000.
Im Gebiet der Pommernbucht greifen am 16. 4. *Lancaster*-Bomber der RAF die in der Kaiserfahrt südlich Swinemünde liegende *Lützow* mit 5-to-Bomben an und setzen sie durch Nahtreffer auf Grund.
Am 25. 4. werden in Stettin der unfertige Flugzeugträger *Graf Zeppelin* sowie 4 Dampfer und Kleinfahrzeuge gesprengt, ehe die sowj. 2. Stoßarmee über die untere Oder hinweg über Anklam auf Stralsund vorstößt, das am 1. 5. erreicht wird und die 19. Armee bei Dievenow nach Wollin übersetzt und auf Swine-

münde vorrückt. Das am 2. 5. zum Schutz der Brücke bei Wolgast nach Usedom in den Greifswalder Bodden entsandte Linienschiff *Schlesien* läuft bei Greifswalder Oie auf eine brit. Luft-Grundmine und wird nach Swinemünde zurückgeschleppt und hier aufgesetzt, am 4. 5. wird das Wrack, ebenso die *Lützow*, gesprengt, im Hafen weitere zurückgelassene Schiffe, während der F. d. Z. (VAdm. Kreisch) mit 5 Dampfern, den Zerstörern *Z 38, Z 39, Z 34, Z 43, T 33, T 36*, dem Tender *Jagd*, dem Hilfskreuzer *Orion* und dem Flakschiff *Hummel* mit 35000 Menschen an Bord nach Kopenhagen ausläuft. Vor Swinemünde gehen am 3. 5. *M 14* durch Minentreffer, *Orion/Hektor* und *T 36* durch Minen- und Bombentreffer und *Hummel* durch Bombentreffer verloren.

17. 4. 1945 **Mittelmeer/Ligurisches Meer**

Gefecht dt. S-Boote mit alliierten Zerstörern vor San Remo. Franz. Zerstörer *Trombe* torpediert.

17.—22. 4. 1945 **Südwestpazifik**

Operation »Victor V«: Die US Amphibious Group 8 (KAdm. Noble), Führungsschiff *Wasatch*, landet das X. Korps (GenMaj. Sibert) mit der 24. Inf.Div. (GenMaj. Woodruff) und der 31. Inf.Div. (GenMaj. Martin) an der Küste des Moro-Golfs, West-Mindanao (Philippinen). Transportgruppe »Green« mit 3 APD, 51 LST, 13 LSM, 7 LCT, 22 LCI, 8 Liberty-Schiffen sowie 16 Support-LCI und 2 PC. Minensuchgruppe 5 YMS. Sicherung Zerstörer (Desron 23) *Charles Ausburne, Braine, Robinson, Aulick*, (von Desron 5) *Flusser, Conyngham*, DEs *Jobb, Albert T. Harris*, Transportgruppe »Red« (Capt. Zurmuehlen), US C. G. C. *Spencer*, mit 20 LST, 3 LSM, 2 APD, 5 LCI und 7 Support LCI, ferner 2 SC und 2 YMS. Sicherung Zerstörer *Dyson, McCalla*. Feuerunterstützung T. G. 74.2 (KAdm. Riggs) mit Kreuzern *Montpelier, Denver, Cleveland* und Zerstörern (Desron 22) *Conway, Eaton, Stevens, Young, Cony, Sigourney*.

18. 4. 1945 **Luftkrieg Deutschland**

RAF Bomber Command wirft 4994 ts Bomben auf die Insel Helgoland.

19. 4. 1945 **Mittelmeer/Ligurisches Meer**

Von dem Zerstörer *Grecale* und dem S-Boot *Ms 74* transportierte ital. Kleinkampfmittel versenken in Genua den fast fertigen Flugzeugträger *Aquila* (23350 ts), um dessen Verwendung als Blockschiff zu verhindern.

22. 4. 1945 **Luftkrieg Deutschland**

RAF Bomber Command wirft 969 ts Bomben auf Bremen.

23.—24. 4. 1945 **Kattegat**

RAF Coastal Command greift dt. Schiffsverkehr im Kattegat an: Frachter *Tübingen* (5453 BRT) und *Ingerseks* (4969 BRT) versenkt, 3 Schiffe beschädigt.

23.—25. 4. 1945 **Mittelmeer/Ligurisches Meer**

Franz. Kreuzer *Montcalm* und *Duguay Trouin* sowie brit. Zerstörer *Lookout* beschießen dt. Stützpunkte an der ital. Riviera.

24.—25. 4. 1945 **Mittelmeer/Ligurisches Meer**

Vor der Aufgabe der Stadt Genua versenken dt. Truppen im Hafen und sprengen in den Werften: Zerstörer *Alpino, Ghibli, F. R. 24, F. R. 37, TA 31* und *TA 32*, Korvetten *UJ 2221, UJ 2224, UJ 2225, UJ 2226, UJ 2227, UJ 2228, UJ 6086, F. R. 51*, 21 Räumboote (5 Typ *R*, 9 Typ *RA*, 7 Typ *RD*) und 5 Hilfsschiffe sowie zahlreiche Handelsschiffe.

25. 4. 1945 **Luftkrieg Deutschland**

RAF Bomber Command wirft 2176 ts Bomben auf Küstenbefestigungen von Wangerooge.

27. 4. 1945 **Deutschland**

Einnahme von Bremen durch brit. Truppen.

27. 4.—1. 5. 1945 **Südwestpazifik**

Operation »Oboe I«: Landung auf Tarakan (Borneo). Am 27. 4. beginnt die US-Task Group 74.3 (KAdm. Berkey) mit den Kreuzern *Phoenix, Boise* und der austral. *Hobart* sowie den US-Zerstörern (Desron 21) *Taylor, Nicholas, O'Bannon, Fletcher, Jenkins* und dem austral. *Warramunga* mit der vorbereitenden Beschießung des Landungsraumes im Süden von Tarakan. Am 28., 29. 4. fortgesetzt. Am 30. 4. landet ein Btl. auf der kleinen vorgelagerten Insel Sadan. Am 1. 5. landet die Amphibious Group 6 (KAdm. Royal), Führungsschiff *Rocky Mount*, 18 000 Mann der verstärkten 26. austral. Brigade (Brig. Whitehead) auf Tarakan. Transportgruppe: 2 austral. LSI, 1 US AKA, 1 LSD, 45 LST. Sicherung Zerstörer der Desrons 22 und 5, ferner DEs *Douglas A. Munroe, Formoe*, ferner die austral. Fregatten *Burdekin, Barcoo* und *Hawkesbury*. Durch jap. Minen wird am 30. 4. der US-Zerstörer *Jenkins* beschädigt, am 2. 5. sinkt der Minensucher *YMS 481*.

27. 4.—2. 5. 1945 **Zentralpazifik**

Die Task Groups 58.3 und 58.4 setzen im überschlagenden Einsatz die Operationen vor Okinawa fort, die Task Group 58.1 geht vom 28. 4.—8. 5. nach Ulithi. Vor Sakishima Gunto wird die Task Group 52.1.3 am 28. 4. von der Task Group 52.1.1 mit den Geleitträgern *Makin Island, Fanshaw Bay, Lunga Point* und *Salamaua* abgelöst.

Vom 27.—30. 4. führen mit Schwerpunkt am 28. 4. rund 65 Marine- und 60 Heeres-Flugzeuge der Japaner von Kyushu die Kamikaze-Operation »Kikusui 4«. Dabei werden beschädigt die Zerstörer *Ralph Talbot* am 27., *Wadsworth, Daly, Twiggs, Bennion* am 28., *Hazelwood, Haggard* am 29. und nochmals *Bennion* am 30. 4., der DE *England* und der APD *Rathburne* am 27., der Minensucher *Butler*, das Lazarettschiff *Comfort*, der Verwundetentransporter *Pinkney* am 28. 4. und die Minenleger *Shannon, Harry F. Bauer* am 29. und *Terror* am 30. 4. *Haggard, Rathburne* und *Pinkney* fallen für den Rest des Krieges aus.

Von den jap. U-Booten wird *Ro-109* am 25. 4. durch den DE *Horace A. Bass* versenkt, die Kaiten-Gruppe »Amatake« führt erfolglose Angriffe: am 29. 4. *I-36* (KKpt. Sugamasa) gegen den Zerstörer *Ringgold*, am 1., 2. und 6. 5. *I-47* (KKpt. Orita) gegen Konvois.

27. 4.—7. 5. 1945 **Indischer Ozean**

Operation »Dracula«: Landung bei Rangoon. Vom 27.—30. 4. läuft die brit. »Assault Force W« (KAdm. B. C. S. Martin), Führungsschiff *Largs*, in 6 Konvois von Akyab und Kyaukpyu aus. Auf 2 LSH, *Waveney, Nith*, 4 LSI, 1 LSE, 45 LST und 110 kleinen Landungsfahrzeugen ist die 26. ind. Division eingeschifft. Sicherung der Landungsgruppe durch die ind. Sloops *Cauvery, Narbada, Godavari, Kistna, Sutlej, Hindustan*. 22 Minensucher der 7. und 37. Minensuch-Flottille, Deckung des Landungsverbandes durch das 21. Trägergeschwader mit Kreuzern *Phoebe, Royalist* (Commodore Oliver), Geleitträger *Hunter, Stalker, Emperor, Khedive*, Zerstörer *Saumarez, Venus, Virago, Vigilant*, 8 Fregatten, 2 Sloops. Am 1. 5. wird die Landung ohne Widerstand durchgeführt, das von den Japanern geräumte Rangoon wird am 3. 5. besetzt.

Operation »Bishop«: Eine Deckungsgruppe (VAdm. Walker) — Task Force 63 — mit den Schlachtschiffen *Queen Elizabeth, Richelieu,* den Geleitträgern *Shah* und *Empress,* den Kreuzern *Cumberland, Suffolk, Ceylon, Tromp* und 6 Zerstörern führt Luftangriffe und Beschießungen von Car Nicobar und Port Blair durch. Task Force 62 mit den Zerstörern *Roebuck, Racehorse, Redoubt* beschießt am 30. 4. Martaban und am 1. 5. Car Nicobar. Dabei am 30. 4. ein Konvoi mit 9 Schiffen vernichtet. Am 5. und 6. 5. führt das 21. Trägergeschwader mit den Zerstörern *Virago, Tartar* und *Nubian* Raids gegen jap. Stützpunkte zwischen Mergui und Victoria Point. Am 6. 5. beschießt die Task Force 63 mit Schlachtschiffen, Kreuzern und den Zerstörern *Rotherham, Saumarez, Venus, Vigilant, Verulam* Port Blair auf den Andamanen. Am 9. 5. kehren die Verbände nach Tricomalee zurück.

29. 4.—2. 5. 1945 **Mittelmeer/Adria**

Am 29. 4. nimmt die brit. 56. Inf.Div. Venedig. Am 30. 4. dringen Tito-Partisanen in Triest ein. Am 1. 5. treffen sich neuseel. und jugoslaw. Truppen bei Monfalcone nordwestlich Triest.

Am 1. 5. versenken sich die restlichen dt. Schiffe in Triest selbst, darunter das T-Boot *TA 43* und die nicht mehr fahrbereiten alten *TA 22* und *TA 35.* Am 2. 5. besetzen neuseel. Heereseinheiten Triest.

29. 4.—2. 5. 1945 **Nordmeer**

Letzte Geleitzugschlacht des Zweiten Weltkrieges gegen den Konvoi RA. 66 im Nordmeer.

29. 4. Vor dem Auslaufen des Konvois werden die alliierten Geleitfahrzeuge, unterstützt durch sowj. U-Jäger und Minensucher, in das Gebiet vor dem Kolafjord geschickt, um die hier aufgestellten dt. U-Boote *U 278, U 286, U 307, U 312, U 313, U 318, U 363, U 427, U 481, U 711, U 737, U 968, U 992, U 997* abzudrängen. *U 307* (Oblt. z. S. Krüger) und *U 286* (Oblt. z. S. Dietrich) werden durch die Fregatten *Loch Insh, Loch Shin, Anguilla* und *Cotton* der 19th Escort Group versenkt. *U 968* (Oblt. z. S. Westphalen) verfehlt knapp die Korvette *Alnwick Castle* und versenkt die Fregatte *Goodall. U 427* (Oblt. z. S. Gudenus) verfehlt knapp die kanad. Zerstörer *Haida* und *Iroquois* und muß eine lange, schwere Verfolgung über sich ergehen lassen, bei der 678 Wabo-Detonationen gezählt werden. *U 313* (Kptlt. Schweiger) gerät in ein Gefecht mit sowj. U-Jägern, doch entkommen beide Boote. Durch diese Aktionen werden die U-Boote abgedrängt und kommen an den Konvoi nicht heran. Die Luftaufklärung kann die Fühlung am Konvoi nicht halten, die Operation muß abgebrochen werden.

30. 4. 1945 **Biskaya**

Franz. Truppen landen auf der Insel Oleron in der Gironde-Mündung.

★

1. 5. 1945 **Mittelmeer/Ägäis**

Raid der Zerstörer *Kimberley* (brit.), *Catterick* (brit.) und *Kriti* (griech.) gegen Rhodos.

1.—31. 5. 1945 **Pazifik**

Von den im Mai in ihren Operationsgebieten eintreffenden alliierten U-Booten versenken folgende Schiffe: In jap. Gewässern: Die US-U-Boote: *Billfish* (LCdr. Farley) 2 Schiffe mit 3211 BRT, *Bowfin* (Cdr. Tyree) 2 Schiffe mit 3599 BRT,

Raton (LCdr. Shea) 3 Schiffe mit 6759 BRT, *Ray* (LCdr. Kinsella) 1 Schiff mit 144 BRT, *Sandlance* 1 Schiff mit 220 BRT, *Sea Poacher* (LCdr. Gambacorta) 2 Schiffe mit 122 BRT, *Shad* (LCdr. Mehlhop) 3 Schiffe mit 5686 BRT, *Sterlet* (LCdr. Lewis) 2 Schiffe mit 4155 BRT, *Tench* (LCdr. Baskett) 6 Schiffe mit 5921 BRT. Im südostasiatischen Raum: Die brit. U-Boote: *Trenchant* (Cdr. Hezlet) 1 Hilfsminensucher, *Thorough* 1 Schiff mit 2728 BRT. Die US-U-Boote: *Baya* (LCdr. Jarvis) 1 Schiff mit 2594 BRT, *Blenny* (LCdr. Hazzard) 1 Schiff mit 520 BRT, *Chub* (Cdr. Rhymes) Minensucher *Sokaitei 34*, *Hammerhead* (Cdr. Smith) 2 Schiffe mit 6845 BRT, *Hawkbill* (LCdr. Scanland) Minenleger *Hatsutaka*.

2. 5. 1945 **Deutschland**

Ende der Kämpfe um Berlin.

Zusammentreffen der 6. brit. Luftlande-Division mit Einheiten der 70. sowj. Armee bei Wismar.

2./3. 5. 1945 **Luftkrieg Deutschland**

Letzter Angriff des RAF Bomber Command auf Kiel. 174 ts Bomben abgeworfen.

2.—3. 5. 1945 **Deutsche Häfen**

Selbstversenkung von 39 dt. U-Booten in Bremerhaven (11), Wilhelmshaven (22), Vegesack (1), Nordenham (1), Lübeck (1) und Warnemünde (3).

Selbstversenkung von 79 dt. U-Booten in der Lübecker Bucht (36), Kieler Förde (39), Eckernförde (2), Kaiser-Wilhelm-Kanal (1) und Bornholm (1).

2.—6. 5. 1945 **Ostsee/Nordsee**

Massierte Angriffe der RAF gegen Schiffsansammlungen in der westlichen Ostsee und auf dem Marsch nach Norwegen befindliche U-Boote (etwa 60).

2. 5.: *Typhoons* der 2nd Tactical Air Force (TAF) versenken vor der Lübekker Bucht den Dampfer *Florida* (5542 BRT) und *U 1007*, *Mosquitos* der 18th Group des Coastal Command versenken im Kattegat *M 293* und *U 2359*.

3. 5.: *Typhoons* der 83rd und 84th Group der 2nd TAF versenken vor der Lübecker Bucht die mit KZ-Insassen überladenen Dampfer *Cap Arcona* (27 561 BRT) und *Thielbek* (2815 BRT) sowie die Dampfer *Deutschland* (21 046 BRT), *Dwarssee* (552 BRT), *Erna Gaulke* (400 BRT) und vor der Kieler Bucht die Dampfer *Inster* (4713 BRT), *Irmtraud Cords* (2814 BRT), *Wolgast* (164 BRT) und südlich der Belt-Eingänge das Geleitboot *F 3* und die U-Boote *U 1210*, *U 746*, *U 904*, *U 3030*, *U 3032* und *U 2540*. Im Gebiet der Belte versenken *Beaufighter* der 16th Group des Coastal Command den Dampfer *Pallas* (627 BRT) und das U-Boot *U 2524*. *Mosquitos* der 18th Group versenken im Kattegat das M-Boot *M 301*.

4. 5.: *Typhoons* der 2nd TAF versenken in der südlichen Ostsee den Dampfer *Ostwind*, das S-Boot *S 103* und die U-Boote *U 579*, *U 733* und *U 876*. *Beaufighter* der 16th Group versenken in den Belten das M-Boot *M 36* und die U-Boote *U 236*, *U 2338*, *U 2503* und *U 393*, *Mosquitos* der 18th Group im Kattegat die Motorschiffe *Else Hugo Stinnes* (3291 BRT) und *Ernst Hugo Stinnes* (3295 BRT) und das Kanonenboot *K 1*.

5./6. 5.: *Liberators* der 18th Group des Coastal Command versenken im Kattegat die U-Boote *U 534*, *U 3523*, *U 2521*, *U 2365*, *U 3503*, *U 2534* und *U 1008*.

3. 5. 1945 **Deutschland**

Das XII. brit. Korps besetzt Hamburg. Vorher im Hafen 59 mittlere und größere Schiffe, 19 Docks und rund 600 Kleinfahrzeuge selbst versenkt.

3.—9. 5. 1945 **Ostsee**

Letzte Evakuierungsfahrten von Hela nach Westen.

Vom 1.—8. 5. bringen Kleinfahrzeuge und MFP der 13. L-Flottille (KKpt. Wassmuth) von den Landestegen der Weichselniederung noch rund 150 000 Flüchtlinge und Soldaten nach Hela.

Am 3. 5. laufen die Transporter *Sachsenwald* und *Weserstrom* mit 8550 Flüchtlingen, die T-Boote *T 36* und *T 108* mit je 150 Flüchtlingen nach Westen.

Die nach Inkrafttreten der Kapitulation in Nordwestdeutschland und Dänemark außerhalb der Hoheitsgewässer befindlichen Frachter *Linz, Ceuta, Pompeji,* der Hilfskreuzer *Hansa* mit den Zerstörern *Hans Lody* (FKpt. Haun), *Friedrich Ihn* (KKpt. Richter-Oldekop), *Theodor Riedel* (KKpt. Blöse), *Z 25* (FKpt. Gohrbandt) und den T-Booten *T 17* (Kptlt. Liermann), *T 19* (Kptlt. Frhr. v. Luttitz), *T 23* (Kptlt. Weinlig), *T 28* (Kptlt. Temming) und *T 35* (Kptlt. Buch) laufen am 5. 5. nach Hela und schiffen dort zusammen mit *V 2002, M 453, V 303* und dem Schulboot *Nautik* 45 000 Flüchtlinge ein, nach Abwehr sowj. Torpedokutterangriffe von Kolberg aus treffen die Schiffe am 6. 5. vor Kopenhagen ein, wo die schnellen Kriegsschiffe auf der Reede entladen werden, um nochmals auslaufen zu können. Zusammen mit den von Swinemünde gekommenen Zerstörern *Z 38* (KKpt. Frhr. v. Lyncker), *Z 39* (KKpt. Loerke), dem T-Boot *T 33* (Kptlt. Priebe) laufen *Karl Galster, Friedrich Ihn, Hans Lody, Theodor Riedel, Z 25, T 17, T 19, T 23* und *T 28* nochmals am 7. 5. Hela an und nehmen bis zum 8. 5. früh vor Eintreten der Waffenruhe 20 000 Soldaten und Flüchtlinge an Bord, die am 9. 5. in Glücksburg ausgeschifft werden. In der gleichen Nacht laufen die Frachter *Weserberg* und *Paloma* mit 5730 Flüchtlingen aus, der kleine Seebäderdampfer *Rugard* mit 1500 Flüchtlingen wehrt am 8. 5. einen Aufbringungsversuch von 3 sowj. Torpedokuttern ab.

Insgesamt sind aus dem Raum der Danziger Bucht und Pommern ab 25. Januar bis 8. Mai etwa 1 420 000 Flüchtlinge über See evakuiert worden. Dabei sind die Kurzstreckentransporte innerhalb der Danziger Bucht unberücksichtigt, die sich auf knapp 600 000 Flüchtlinge beziffern lassen.

3.—29. 5. 1945 **Zentralpazifik**

Fortsetzung der Operationen um Okinawa.

Vom 3.—9. 5. operieren die Task Group 58.3 mit den Trägern *Essex, Bunker Hill, Shangri La, Bataan* und Task Group 58.4 mit *Yorktown, Intrepid, Enterprise* und *Langley* im überschlagenden Einsatz vor Okinawa. Die laufenden Versorgungen werden durch die Versorgungsgruppe der 5. Flotte unter KAdm. Beary auf Kreuzer *Detroit* durchgeführt. Die Supply-Units bestehen aus Tankern, Munitionsschiffen, Frachtern und Ersatzteiltransportern sowie den als Flugzeugtransportern eingesetzten Geleitträgern *Attu, Admiralty Islands, Bougainville, Windham Bay.* Sicherung durch die Geleitträger *Shamrock Bay, Makassar Strait,* 11 Zerstörer und 24 DEs.

Am 10. 5. löst die Task Group 58.1 mit den Trägern *Hornet, Bennington, Randolph, Belleau Wood* und *San Jacinto* die Task Group 58.4 ab, die nach Ulithi geht, der Nachtträger *Enterprise* bleibt bei der Task Force 58. Am 11. 5. wird *Bunker Hill* (Capt. Seitz) durch Kamikaze-Treffer schwer beschädigt, 392 Tote, 264 Verletzte. VAdm. Mitscher steigt auf *Enterprise* um und greift am 12./13. 5. Kyushu und die dortigen Kamikaze-Flugplätze mit den Task Groups 58.1 und 58.3 an. Auf dem Rückmarsch am 14. 5. früh wird auch die *Enterprise* schwer getroffen, VAdm. Mitscher steigt erneut auf *Randolph* um.

Die am 1. 5. wieder von Leyte ausgelaufene brit. Task Force 57 (VAdm. Raw-

lings/VAdm. Vian) mit den Trägern *Indomitable, Victorious, Formidable, Indefatigable,* den Schlachtschiffen *King George V.* (F), *Howe,* den Kreuzern *Swiftsure, Uganda* (RCN), *Gambia* (RNZN), *Euryalus, Black Prince* und den Zerstörern *Grenville, Ursa, Urchin, Undine, Urania, Undaunted; Quilliam, Queenborough, Quiberon, Quickmatch, Quality; Kempenfelt, Whirlwind, Wessex* führt nach Versorgung am 3. 5. am 4. 5. einen Trägerraid gegen die Sakashima-Gunto-Gruppe, die Schlachtschiffe, Kreuzer und ersten 7 Zerstörer beschießen die Inseln und Flugplätze mit Artillerie. Währenddessen erhält *Formidable* einen Kamikaze-Treffer, *Indomitable* hat leichte Schäden. Nach Reparaturen in der Nacht werden am 5. 5. neue Angriffe geflogen. Am 6./7. 5. Versorgung. Brit. Versorgungsgruppe mit Tankern, Munitionsschiffen, Transport-Geleitträgern *Ruler, Striker, Chaser, Speaker,* Sicherung Zerstörer *Napier, Nepal, Norman, Nizam,* Sloops *Crane, Whimbrel, Pheasant, Woodcock,* Fregatten *Avon, Parret, Findhorn,* austral. Minensuchkorvetten *Whyalla, Ballarat, Bendigo* u. a. Während Versorgungen der Task Force 57 am 3. 5., 6./7. 5., 10./11. 5., 14./15. 5., 18./19. 5., 22./23. 5. Angriffe gegen Sakishima Gunto durch US-Geleitträger der Task Group 52.1.3 mit *Sangamon, Suwanee, Chenango* und *Santee.* Am 3. 5. wird *Sangamon* durch Kamikaze-Flieger irreparabel beschädigt. An den Tagen 9. 5., 12./13. 5., 16./17. 5., 20./21. 5. und 24./25. 5. Angriffe durch brit. Task Force 57. Am 9. 5. auf *Victorious* und *Formidable* Schäden durch Kamikaze-Treffer. Zeitweise operieren die Zerstörer *Napier, Nepal, Troubridge, Tenacious* und *Termagent* mit der Task Force 57 als Ablösung anderer Zerstörer. Die *Quilliam* wird am 20. 5. durch Kollision schwer beschädigt. Der neuseel. Kreuzer *Achilles* tritt am 23. 5. zur Task Force 57, *Formidable* wird vor den letzten Angriffen detachiert.
Jap. Kamikaze-Angriffe »Kikusui 5« am 3. und 4. 5. mit 75 Marine- und 50 Heeresflugzeugen versenken auf den Picket-Stationen die Zerstörer *Little, Luce, Morrison* sowie die Boote *LSM(R)-195, LSM(R)-190* und *LSM(R)-194.* Irreparabel beschädigt wird der Zerstörer *Aaron Ward,* bis Kriegsende fallen der Zerstörer *Ingraham* und — nach *Oka*-Bombentreffer — der Minenleger *Shea* aus, leichtere Schäden tragen die Zerstörer und Zerstörerminensucher *Macomb, Bache, Lowry, Massey, Gwin* und *Cowell* und *LCS(L)-25* davon. Bei der Unterstützungsgruppe vor Okinawa wird am 3. 5. der Kreuzer *Birmingham* (FKAdm. Deyo), am 4. 5. die Minensucher *Gayety, Hopkins, YMS 327, YMS 331,* am 5. 5. die Tender *St. George, Pathfinder* beschädigt. Am 9. 5. werden die DEs *Oberrender* und *England* irreparabel beschädigt. Insgesamt dabei 605 Tote, 806 Verletzte.
Am 10. 5. beginnen neue Massenangriffe »Kikusui 6« mit 70 Marine- und 80 Heeres-Kamikaze-Flugzeugen. Auf den Picket-Stationen werden vom 10. bis 13. 5. die Zerstörer *Evans* und *Hugh W. Hadley* irreparabel beschädigt, *Bache* und der DE *Bright* fallen bis Kriegsende aus. Vor Okinawa wird das Schlachtschiff *New Mexico* am 12. 5. schwer getroffen, bleibt aber bis 28. 5. im Einsatz.
Am 17. 5. fällt der Zerstörer *Douglas H. Fox* durch Kamikaze-Treffer bis Kriegsende aus, am 18. 5. wird der APD *Sims* beschädigt, am 20. 5. wird *LST 808* versenkt, Zerstörer *Thatcher* und der APD *Chase* irreparabel, der DE *John C. Butler* leicht beschädigt. Insgesamt dabei 227 Tote, 370 Verletzte.
Eine weitere Welle »Kikusui 7« mit 65 Marine- und 100 Heeres-Kamikaze-Flugzeugen greift am 24./25. 5. an. Auf den Picket-Stationen wird der Zerstörer *Stormes* schwer, *LCS(L)-121* leichter beschädigt, die Masse der Flugzeuge umgeht die Radar-Pickets und greift die Schiffe vor Okinawa an, da-

bei werden die APD *Barry* und *Bates* sowie *LSM 135* versenkt, der APD *Roper* und die Minensucher *Butler* und *Spectacle* irreparabel, DE *O'Neill* schwer und DE *William C. Cole*, APD *Sims* leicht beschädigt, ebenso 1 Liberty-Schiff. Am 26. 5. beschädigen einzelne Kamikazes den Zerstörerminensucher *Forrest*, den U-Jäger *PC 1603* und den Tender *Dutton*.
Am 27./28. 5. folgt der Kamikaze-Angriff »Kikusui 8« mit 60 Marine- und 50 Heeresflugzeugen. Auf den Picket-Stationen sinkt der Zerstörer *Drexler*; *Braine* wird schwer, *Anthony* leicht beschädigt, ebenso *LCS(L)-52* und *LCS(L)-119*. Vor Okinawa erhalten der Minensucher *Southard*, die APDs *Loy*, *Rednour* und der Transporter *Sandoval* Treffer. Am 29. 5. werden der Zerstörer *Shubrick* und der APD *Tatum* beschädigt.
Werkstattschiffe reparieren einen großen Teil der beschädigten Schiffe auf der Reede von Kerama Retto.
Die Task Force 58 setzt in der zweiten Mai-Hälfte die Einsätze gegen Okinawa fort, am 24. 5. führen 2 Task Groups einen weiteren Raid gegen die Kamikaze-Flugplätze auf Kyushu, besonders Kanoya, wo eine startbereite Gruppe von *Oka*-Bombern am Boden überrascht und vernichtet wird.
Am 27./28. 5. geht das Kommando von Adm. Spruance auf Adm. Halsey über, die 5. Flotte wird die 3. Flotte, VAdm. McCain löst VAdm. Mitscher ab, die Task Force 58 wird Task Force 38.

4. 5. 1945 **Deutschland**
Unterzeichnung der Kapitulation der dt. Truppen in Nordwestdeutschland, Dänemark und Holland.

4. 5. 1945 **Nordmeer**
Raid einer brit. Kampfgruppe (KAdm. McGrigor) mit den Geleitträgern *Searcher*, *Queen* und *Trumpeter*, den Kreuzern *Norfolk* und *Diadem* sowie den Zerstörern *Zambesi*, *Carysfort*, *Obedient*, *Opportune* und *Orwell* gegen den dt. Schiffsverkehr westlich Narvik und den Stützpunkt Kilbotn bei Narvik: *U 711*, Depotschiff *Black Watch* und 1 Tanker versenkt.

4./5. 5. 1945 **Ostsee**
Die in der Flensburger Förde liegenden U-Boote versenken sich nach Bekanntwerden der bevorstehenden Kapitulation im nordwestdeutschen Raum entsprechend dem früher ausgegebenen Befehl »Regenbogen« entgegen den Kapitulationsbedingungen, die eine Versenkung oder Beschädigung von Schiffen verbieten.
In der inneren Flensburger Förde werden versenkt: *U 29*, *U 30*, *U 46*, *U 267*, *U 290*, *U 351*, *U 397*, *U 717*, *U 750*, *U 827*, *U 1025*, *U 1132*, *U 1161*, *U 1168*, *U 1234*, *U 1304*, *U 1306*, *U 2333*, *U 2352*, *U 2551*, *U 3033*, *U 3524*, *U 3526*, *U 3529*, *U 4701*, *U 4702*, *U 4703*, *U 4704*, in der Geltinger Bucht *U 349*, *U 370*, *U 721*, das Walter-Boot *U 794*, *U 999*, *U 1056*, *U 1101*, *U 1162*, *U 1204*, *U 1207*, *U 1303*, *U 2339*, *U 2343*, *U 2346*, *U 2347*, *U 2349*, *U 2357*, *U 2358*, *U 2360*, *U 2362*, *U 2364*, *U 2366*, *U 2368*, *U 2369*, *U 2507*, *U 2517*, *U 2522*, *U 2525*, *U 2541*, *U 3015*, *U 3022*, *U 3034*, *U 3044*, *U 3510*, *U 4707* und *U 4710*.
In Cuxhaven werden die Walter-U-Boote *U 1406* und *U 1407*, in Eckernförde *U 1405* versenkt.

4.—5. 5. 1945 **Atlantik/Gewässer um England**
Zum Zeitpunkt der Einstellung der U-Boot-Krieges befinden sich folgende dt. U-Boote in ihren Operationsgebieten:
Im Nordmeer: *U 278*, *U 313*, *U 318*, *U 968*, *U 992* und *U 1165*.

In der Nordsee: *U 2336, U 287.*
Westlich des Nordkanals: *U 293, U 1105, U 1305.*
In der Irischen See: *U 825, U 956, U 1023.*
Im Kanal und seinem Westzugang: *U 249, U 776.*
Vor Reykjavik: *U 979.*
Im Nordatlantik (als Wetterboot): *U 1009.*
An der kanad. Küste: *U 190, U 805, U 889.*
An der US-Ostküste: *U 530, U 853, U 858, U 881.*
Auf einer Transportfahrt nach St. Nazaire in der Biskaya ist *U 516.*
Auf dem Ausmarsch sind:
In die Nordsee: *U 2324, U 2326.*
Ins Gebiet westlich England: *U 244, U 764, U 901, U 977, U 320, U 1010, U 1057, U 1058, U 1109, U 1272* und *U 2511* (4. 5.: blinder Angriff auf brit. Kreuzer).
Nach Gibraltar: *U 485, U 541.*
An die US-Küste: *U 802, U 1228, U 1231.*
In die Karibik: *U 873.*
Ferner *U 963* auf Anmarsch zu Minenunternehmung vor Portland.
Nach Ostasien: *U 234.*
Auf dem Rückmarsch befinden sich:
Von der Nordsee: *U 2322.*
Aus dem Nordatlantik: *U 826.*
Von einer Minenunternehmung im Clyde: *U 218.*
Von Ostasien: *U 532.*

5.—6. 5. 1945 **Nordatlantik**
U 853 (Oblt. z. S. Frömsdorf †) versenkt vor Block Island (R. I.) den US-Frachter *Black Point* (5353 BRT) — letzter U-Boot-Erfolg vor Amerika — und wird anschließend durch die US-DE *Atherton* und die Fregatte *Moberley* vernichtet.

7. 5. 1945 **Norwegen**
Catalina-Flugboot der RAF-Squ. 210 versenkt vor Bergen *U 320* (Oblt. z. S. d. Res. Emmrich). Letztes im Kampf versenktes dt. U-Boot.

7. 5. 1945 **allgemeine Lage**
Unterzeichnung der bedingungslosen Kapitulation der deutschen Wehrmacht im Hauptquartier General Eisenhowers in Reims, tritt am 8. 5. früh in Kraft.

7. 5. 1945 **Nordsee**
Letzter Erfolg dt. U-Boote im Zweiten Weltkrieg. *U 2336* (Oblt. z. S. Klusmeyer) versenkt vor dem Firth of Forth die Frachter *Avondale Park* (2878 BRT) und *Sneland I* (1791 BRT).

7. 5. 1945 **Deutschland**
Kanad., poln. und brit. Truppen besetzen Emden, Wilhelmshaven und Cuxhaven.

8. 5. 1945 **Ostsee**
Aus Libau laufen in 4 Geleiten 65 kleine Fahrzeuge der Kriegsmarine mit rund 14 400 Mann, aus Windau in 2 Geleiten 61 Fahrzeuge mit 11 300 Soldaten nach Westen aus. Nur einige der langsamsten Schiffe mit rund 300 Soldaten an Bord können von den Sowjets am 9. 5. aufgebracht werden.

8.—9. 5. 1945 **Mittelmeer**

Kapitulation der dt. Besatzungen von Kreta, Milos, Rhodos, Leros, Kos und einiger kleinerer Inseln im Dodekanes.

9. 5. 1945 **Biskaya**

Kapitulation der dt. Stützpunkte Lorient, La Rochelle und St. Nazaire sowie der noch von dt. Truppen besetzten Kanalinseln.

9. 5. 1945 **Dänemark**

Brit. Kreuzer *Birmingham* (Capt. Herbert Williams) und *Dido* sowie die Zerstörer *Zephyr, Zealous, Zodiac* und *Zest* laufen in Kopenhagen ein.

9.—17. 5. 1945 **Atlantik/England**

Die in See befindlichen dt. U-Boote laufen befehlsgemäß alliierte Häfen an:
9. 5.: *U 249* Portland (Kanal).
10. 5.: *U 1105, U 1009, U 1305* Loch Eriboll, *U 1058* Loch Foyle, *U 825* Portland, *U 1023* Weymouth, *U 532* Liverpool.
11. 5.: *U 826* Loch Eriboll, *U 293* Loch Ailsh.
12. 5.: *U 1109, U 802* Loch Eriboll, *U 889* St. Johns (Neufundland).
13. 5.: *U 956* Loch Eriboll, *U 1228* Portsmouth (USA), *U 858* Delaware-Mündung.
14. 5.: *U 764, U 1010* Loch Eriboll, *U 244, U 516, U 1231* Loch Foyle, *U 485, U 541* Gibraltar, *U 2326* Dundee, *U 805, U 234* Portsmouth (USA).
16. 5.: *U 255* Loch Foyle, *U 776* Portland, *U 190* St. Johns.
17. 5.: *U 873* Portsmouth (USA).
Von diesen U-Booten werden sowj. Kriegsbeute *U 1058* und *U 1305*, US-Kriegsbeute *U 1105, U 805, U 1228, U 858, U 873, U 234*, brit. Kriegsbeute *U 190*, ferner *U 2326*, das an Frankreich abgegeben wird.
Die übrigen Boote werden in der Operation »Deadlight« versenkt.

9.—23. 5. 1945 **Südwestpazifik**

Zur Unterstützung der von Aitape (Neuguinea) an der Küste nach Osten auf den Schwerpunkt des jap. Widerstandes der Reste der 18. Armee in Wewak vorrückenden Brigaden der 6. austral. Division (GenMaj. Stevens) operiert vor der Küste die »Wewak Support Force« mit der austral. Sloop *Swan* und den Minensuch-Korvetten *Colac, Dubbo* und *Deloraine*. Am 9./10. 5. treffen die Kreuzer *Newfoundland, Hobart* (RAN, Commodore Farncomb) und die austral. Zerstörer *Arunta* und *Warramunga* zur Unterstützung ein und beschießen Wewak. Am 11. 5. werden 623 Soldaten eines BLT mit 1 LCM, 9 LCI und 2 Support LCI ostwärts Wewak in der Dove-Bucht gelandet, sie erobern die Wewak-Halbinsel, bis 23. 5. werden die jap. Widerstandsnester im Raum Wewak niedergekämpft.

10. 5. 1945 **Südwestpazifik**

Ein Teil der Amphibious Group 9 (KAdm. Struble) landet am 10. 5. das 108. RCT der 40. Inf.Div. in der Macalajar-Bucht in Nord-Mindanao.

10.—16. 5. 1945 **Indischer Ozean**

Am 10. 5. melden 2 brit. U-Boote in der Malakka-Straße den auslaufenden jap. Kreuzer *Haguro*. Darauf läuft die Force 61 (VAdm. Walker) mit den Schlachtschiffen *Queen Elizabeth, Richelieu*, dem Kreuzer *Cumberland*, dem 21. Trägergeschwader mit dem Kreuzer *Royalist* und den Geleitträgern *Hunter, Khedive, Shah, Emperor* und 9 Zerstörern aus, am 13. 5. folgt die Task Force 62 mit dem Kreuzer *Nigeria* und 4 Zerstörern. Am 15. 5. sichtet ein Aufklärer der *Shah* einen jap. Konvoi mit der *Haguro* und dem Zerstörer *Kami-*

kaze. Die 26. Z-Flottille wird zum Abfangen detachiert, gefolgt von *Richelieu* und Task Force 62. Angriff von 3 *Avenger*-Bombern der *Shah* bleibt erfolglos. Darauf in der Nacht zum 16. 5. die *Haguro* in einem klassischen Torpedo-Nachtangriff der 26. Z-Flottille (Capt. Power) mit *Saumarez, Venus, Vigilant, Virago* und *Verulam* versenkt, *Kamikaze* entkommt beschädigt.

11. 5. 1945 **Kanal/Nordsee**
Kapitulation der dt. Besatzung von Dünkirchen.
Übergabe von Helgoland.

12.—31. 5. 1945 **Nordmeer**
Letztes Konvoi-Paar JW. 67/RA. 67 vom Clyde nach dem Kolafjord und zurück mit je 23 Schiffen. Sicherung u. a. Geleitträger *Queen*, Zerstörer *Onslow, Obdurate, Stord* (RNoN) und weitere. Ferner 4th Escort Group mit den DEs *Bentinck, Drury, Bazely, Pasley, Byard* und die kanad. 9th Escort Group mit den Fregatten *Loch Alvie, Monnow, Nene, St. Pierre* und *Matane*. Der JW. 67 trifft am 20. 5. im Kolafjord ein, der RA. 67 läuft am 23. 5. aus.
Auf dem Ausmarsch wird die 9th Escort Group am 16. 5. detachiert, um die auf dem Marsch vom Westfjord nach Trondheim befindlichen Nordmeer-U-Boote anzuhalten und im Geleit der 9th Escort Group am 19. 5. nach Loch Eriboll zu bringen, darunter *U 278, U 294, U 295, U 312, U 313, U 318, U 363, U 427, U 481, U 668, U 968, U 992, U 997, U 1165*. Das letzte Boot, *U 716*, folgt später nach. Alle Boote werden in der Operation »Deadlight« versenkt.

13. 5. 1945 **Norwegen**
Brit. Kreuzer *Devonshire* (mit dem norweg. Kronprinz Olaf an Bord), Minenleger *Apollo* und *Ariadne* sowie 4 Zerstörer laufen in Oslo ein.

24.—26. 5. 1945 **Deutschland**
Dt. Kreuzer *Prinz Eugen* und *Nürnberg* verlegen von Kopenhagen nach Wilhelmshaven unter Geleit durch brit. Kreuzer *Devonshire* und *Dido* und 2 Zerstörer.

25. 5. 1945 **Eismeer**
Norweg. Zerstörer *Stord* besetzt die Bären-Insel.

27. 5.—28. 6. 1945 **Pazifik**
Einsatz der jap. U-Boot-Gruppe »Todoroki« mit »Kaiten«-Torpedos gegen den Verkehr von Leyte, Guam, Saipan u. a. Basen nach Okinawa im freien Seeraum. Am 27./28. 5. greift *I-367* (Oblt. Taketomi) einen Konvoi mit 2 Kaiten an, einer beschädigt den US-DE *Gilligan*. Am 30. 5. versenkt 1 Flugzeug des »Hunter-Killer«-Geleitträgers *Anzio I-361. I-36* (KKpt. Sugamasa) greift am 22. 6. einen Konvoi ostwärts der Marianen mit Torpedos an und beschädigt das *LST*-Werkstattschiff *Endymion*, am 27./28. 6. verfehlt es mit 1 Kaiten einen Tanker und mit 2 Kaiten knapp den Transporter *Antares*. Am 28. 6. wird *I-165* bei einer Suchaktion im Gebiet der Marianen durch 1 Flugzeug versenkt. *I-53* und *I-363* kehren ohne Erfolge zurück.

29.—31. 5. 1945 **Norwegen**
Überführung der in norweg. Häfen liegenden dt. U-Boote nach brit. Sammelplätzen.
Von Trondheim ab 29. 5.: *U 483, U 773, U 775, U 953, U 978, U 994, U 1019, U 1064, U 1203* (Typ VII C) und *U 861* (Typ IX D).
Von Bergen ab 29. 5.: *U 907, U 991, U 1052, U 298*, ab 30. 5.: *U 245, U 328, U 928,*

U 930, U 1002, U 1004, U 1005, U 1022, U 1057, U 1104, U 1271, U 1272, U 1301, U 1307 (Typ VII C), *U 218* (Typ VII D), *U 1061* (Typ VII F), *U 539, U 868* (Typ IX C), *U 875* (Typ IX D), *U 2506, U 2511, U 3514* (Typ XXI), *U 2328* (Typ XXIII), *UD 5* (ehem. niederl.) und ab 31. 5.: *U 778* (Typ VII C).
Von Stavanger ab 29. 5.: *U 637, U 901, U 1171* (Typ VII C), ab 31. 5.: *U 3035* (Typ XXI), *U 2322, U 2324, U 2329, U 2345, U 2348* (Typ XXIII).
Von Kristiansand/Süd ab 29. 5.: *U 281, U 299, U 369, U 712, U 1163* (Typ VII C), *U 2529* (Typ XXI), *U 2321, U 2325, U 2334, U 2335, U 2337, U 2350, U 2353, U 2354, U 2361, U 2363* (Typ XXIII).
Von Horten ab 29. 5.: *U 1108* (Typ VII C), *U 170* (Typ IX C), *U 874* (Typ IX D), *U 2502, U 2513, U 2518, U 3017, U 3041, U 3515* (Typ XXI).
Von diesen U-Booten werden sowj. Kriegsbeute *U 1057, U 1064, U 2529, U 3035, U 3041, U 3515* und *U 2353*, US-Kriegsbeute *U 2513*, brit. Kriegsbeute *U 712, U 953, U 1108, U 1171, U 3017, U 2334*, ferner *U 2518, U 2348*, die an Frankreich abgegeben werden. Die übrigen Boote werden vom 25. 11. 1945—7. 1. 1946 im Rahmen der Operation »Deadlight« von brit. Streitkräften westlich der Hebriden versenkt.
In Norwegen verbleiben zunächst die U-Boote *U 926, U 1202* (Bergen) und *U 995* (Trondheim) — Typ VII C — sowie *U 4706* (Kristiansand) — Typ XXIII —, die später Norwegen als Beute zugesprochen wurden. Außerdem *U 324, U 1275* (Bergen), *U 310, U 315* (Trondheim), *U 975* (Horten) — alle Typ VII C —, die später verschrottet wurden.

29. 5.—13. 6. 1945 **Zentralpazifik**
Die US Fast Carrier Task Force setzt unter Adm. Halsey auf Schlachtschiff *Missouri* und VAdm. McCain auf Träger *Shangri La* als Task Force 38 die Operationen ostwärts Okinawa fort. Task Group 38.2 (KAdm. Sherman) geht am 29. 5. nach Leyte. Task Group 38.1 (KAdm. Clark) und Task Group 38.4 (KAdm. Radford) stellen abwechselnd Jagdschutz für Okinawa. Am 2. und 3. 6. bleibt Task Group 38.1 vor Okinawa, Task Group 38.4 mit den Trägern *Shangri La, Ticonderoga, Yorktown, Langley, Independence* führt Jägerraid gegen Kamikaze-Flugplätze auf Kyushu. Am 4. 6. wird Versorgung aus der Logistic Support Force (KAdm. Beary) wegen eines herannahenden Taifuns unterbrochen. Am 5. 6. gerät die Task Group 38.1 in das Zentrum des Wirbelsturms, fast alle Schiffe, die Träger *Hornet, Bennington, Belleau Wood, San Jacinto*, die Schlachtschiffe *Massachusetts, Indiana, Alabama*, die Kreuzer *Pittsburgh* (35 m Vorschiff abgerissen), *Baltimore, Quincy, Atlanta, Duluth, San Juan* und die Zerstörer (Desron 61) *De Haven, Maddox, Blue, Brush, Taussig, Samuel N. Moore*, (Desron 25) *John Rodgers, McKee, Schroeder, Dashiell* sowie *Stockham* von der Desdiv 106 werden mehr oder weniger schwer beschädigt. Die Task Group 38.4 kann nach Norden ausweichen, nur das Flottenflaggschiff *Missouri* wird leicht beschädigt. Von der Versorgungsgruppe werden das Flaggschiff, der Kreuzer *Detroit*, die Geleitträger *Windham Bay, Salamaua, Bougainville, Attu*, die DEs *Donaldson, Conklin, Hilbert*, die Tanker *Lackawanna, Millicoma* und der Munitionstransporter *Shasta* beschädigt. Die meisten Schiffe setzen ihre Operationen fort. Am 6. 6. wird die Beölung durchgeführt. Bei der Task Group 38.1 löst der neue Träger *Bonhomme Richard* die *Bennington* ab, für die *Pittsburgh* und *Baltimore* treten *Topeka* und *Oklahoma City* neu hinzu. Am 7. und 8. 6. führt die Task Group 38.1 Einsätze über Okinawa, am 9. 6. Versuchseinsätze mit Napalmbomben gegen Okino-Daito-Shima, das außerdem von den Schlachtkreuzern *Alaska* und *Guam*

mit 5 Zerstörern unter KAdm. Low beschossen wird. Die Task Group 38.4 führt am 8. 6. einen erneuten Raid gegen Kanoya auf Kyushu. Am 10. 6. beschießen die Schlachtschiffe (KAdm. Shafroth) *Massachusetts, Alabama, Indiana* und 5 Zerstörer Minami-O-Shima. Danach tritt die Task Force 38 den Rückmarsch nach Leyte an, wo sie am 13. 6. eintrifft. Damit findet der 3monatige ununterbrochene Einsatz der Trägerflotte sein Ende.

★

1.—30. 6. 1945 **Pazifik**

Von den im Juni in ihren Operationsgebieten eintreffenden alliierten U-Booten versenken folgende Schiffe: In jap. Gewässern: Die US-U-Boote: *Apogon* (LCdr. House) U-Jäger *Kusentai 58, Kusen T.-T. 65* und 1 Schiff mit 2614 BRT, *Cabezon* (Cdr. Lautrup) 1 Schiff mit 1631 BRT, *Dace* (LCdr. Cole) 1 Schiff mit 1391 BRT, *Dentuda* (Cdr. McCain) 1 Schiff mit 88 BRT und 1 Schiff torpediert, *Parche* (LCdr. McCrory) 2 Schiffe mit 3668 BRT, *Piranha* (Cdr. Irvine) 1 Fischdampfer versenkt, 1 Dampfer und Korvette *Kaibokan 196* torpediert, *Seadragon* (LCdr. Ashley) 1 Schiff mit 887 BRT, *Sea Owl* (Cdr. Bennet) Korvette *Kaibokan 41, Segundo* (LCdr. Fulp) 1 Schiff mit 1591 BRT, *Tirante* (Cdr. Street) 2 Schiffe mit 3265 BRT. In der Japanischen See nach Durchbruch durch die Minensperren in der Tsushima-Straße: Die US-U-Boote: *Bonefish* (Cdr. Edge) 2 Schiffe mit 12380 BRT, *Bowfin* (Cdr. Tyree) 2 Schiffe mit 2785 BRT und 1 Segler, *Crevalle* (Cdr. Steinmetz) 3 Schiffe mit 6643 BRT und 2 kleine Fahrzeuge, ferner Fregatte *Kasado* beschädigt, *Flying Fish* (Cdr. Risser) 2 Schiffe mit 4113 BRT und 12 kleine Fahrzeuge, *Sea Dog* (Cdr. Hydeman) 7 Schiffe mit 7924 BRT, *Skate* (Cdr. Lynch) 3 Schiffe mit 5256 BRT, U-Boot *I-122* und 1 kleines Fahrzeug, *Spadefish* (Cdr. W. J. Germershausen) 6 Schiffe mit 8647 BRT und 4 kleine Fahrzeuge, *Tinosa* (Cdr. Latham) 4 Schiffe mit 6697 BRT, *Tunny* (Cdr. Pierce) 1 Gefecht mit 2 Geleitfahrzeugen. Im südostasiatischen Raum: Das brit. U-Boot *Trenchant* (Cdr. Hezlet) Kreuzer *Ashigara*. Die US-U-Boote: *Tiptoe* 1 Schiff mit 982 BRT, *Blueback* (LCdr. Clementson) U-Jäger *Kusentai 2, Cobia* (LCdr. Becker) Troßschiff *Hakusa*, 1 Schiff torpediert, *Hardhead* (Cdr. Greenup) U-Jäger *Kusentai 42* und *Kusen-Tokumu-Tei 113*, Landungsboot *No. 833* beschädigt, *Tambor* (LCdr. W. T. Germershausen) 1 Schiff mit 1248 BRT.

3.—22. 6. 1945 **Zentralpazifik**

Letzte Phase der Kämpfe um Okinawa. Vom 3.—7. 6. führen 20 Marine- und 30 Heeresflugzeuge der Japaner die Kamikaze-Operation »Kikusui 9«, dabei erhalten vor Okinawa das Schlachtschiff *Mississippi*, der Kreuzer *Louisville*, der Geleitträger *Natoma Bay*, der Zerstörer *Anthony* und die Zerstörer-Minenleger *Harry F. Bauer* und *J. William Ditter* sowie das Picketboot *LCI(L)-90* Treffer, die beiden letzteren werden irreparabel beschädigt.
Ein einzelnes Kamikazeflugzeug versenkt am 10. 6. den Zerstörer *William D. Porter*, am 11. 6. wird das Picketboot *LCS(L)-122* beschädigt und am 16. 6. versenkt ein einzelnes Torpedoflugzeug den Zerstörer *Twiggs*.
Bei den letzten Kämpfen im Süden Okinawas fällt am 18. 6. der OB der 10. US-Armee, GenLt. Buckner, GenMaj. Geiger übernimmt vorübergehend das Kommando.
Vom 21.—22. 6. führen 30 Marine- und 15 Heeresflugzeuge den letzten koordinierten jap. Kamikaze-Angriff »Kikukui 10« vor Okinawa und Kerama Retto.

Dort werden der DE *Halloran*, die Flugzeugtender *Curtiss, Kenneth Whiting*, der Minensucher *Ellyson, LST 534* und die Picketboote *LSM-59* und *LSM-213* beschädigt.

7.—20. 6. 1945 **Südwestpazifik**

Operation »Oboe VI«: Landung in der Brunei-Bucht (Borneo). Am 7. 6. beginnen 5 Flottenminensucher und 12 YMS mit Minensucharbeiten, dabei am 8. 6. Minensucher *Salute* gesunken, bis 12. 6. 102 Minen geräumt. Deckung der Minensucher und Beschießung der Landungsräume durch T. G. 74.3 (KAdm. Berkey) mit den Kreuzern *Phoenix, Nashville, Boise* (an Bord Gen. MacArthur) und austral. *Hobart*, Zerstörer *Killen, Albert W. Grant, Connor, Charette, Bell, Burns* und austral. *Arunta*. Am 8./9. 6. Fortsetzung der Beschießungen.

Am 10. 6. landet die Amphibious Group 6 (KAdm. Royal), Führungsschiffe *Rocky Mount* und USCG-Cutter *Spencer*, 29 361 Mann der austral. 9. Inf.Div. (GenMaj. Wootten) in der Brunei-Bucht. Transportgruppe 3 austral. LSI, 1 US LSD, 1 AKA, 7 APD, 35 LST, 21 LSM, 55 LCI. Sicherung 16 Zerstörer (u. a. US-Desrons 22 und 5) und austral. Fregatten *Hawkesbury, Barcoo* und *Lachlan*.

Am 20. 6. landen Teile dieser Kräfte 1 BLT bei Luton (Sarawak, Borneo), die bis 25. 6. das Ölgebiet von Miri besetzen.

14.—15. 6. 1945 **Zentralpazifik**

Brit. T. G. 111.2 (KAdm. Brind) mit Trägern *Implacable, Ruler*, Kreuzern *Swiftsure, Uganda, Achilles, New Foundland* und 5 Zerstörern bombardiert Truk.

15. 6.—9. 7. 1945 **Südwestpazifik**

Operation »Oboe II«: Landung in Balikpapan (Borneo). Am 15. 6. beginnen 3 Flottenminensucher und 38 YMS mit den Minensucharbeiten an den ausgedehnten jap. Minenfeldern und den von der USAAF mit Luftminen verseuchten Gewässern vor Balikpapan. Es werden 18 US-Luft-Magnetgrundminen und 9 jap. Ankertauminen geräumt, dabei am 18. 6. Minensucher *YMS 50, YMS 39, YMS 365* gesunken. Deckung der Minensucher durch T. G. 74.2 (KAdm. Riggs) mit den Kreuzern *Denver, Montpelier* und 4 Zerstörern. Am 24. 6. beginnen die »Underwater Demolition Teams« ihre Arbeit. Am 25. 6. erfolgloser jap. Lufttorpedoangriff; führt zur Anforderung von Geleitträger-Schutz. Fortsetzung der Beschießung der Landungsräume vom 25. 6.—30. 6. durch T. G. 74.2, ab 25. 6. auch Kreuzer *Phoenix* (VAdm. Barbey, Chef amphib. Verbände der 7. Flotte, an Bord), bis 30. 6. Kreuzer *Nashville* (KAdm. Berkey), *Cleveland* (Gen. MacArthur an Bord), und die austral. *Shropshire, Hobart* und die niederl. *Tromp* sowie 7 US-Zerstörer (Desron 22) und austral. *Arunta, Warramunga*.

Nach neuer schwerer Beschießung (insgesamt ab 15. 6. 38 052 Schuß 20,3 bis 7,6 cm) am 1. 7. Landung von 33 446 Mann der austral. 7. Inf.Div. (GenMaj. Milford) in Balikpapan. Transportgruppe 3 austral. LSI, 1 US AKA, 1 LSD, 5 APD, 35 LST, 22 LSM, 16 LCI, Sicherung 7 US-Zerstörer (Desrons 21, 5). Luftunterstützung durch 5. USAAF und 13. USAAF, ferner vom 1.—3. 7. durch Geleitträgergruppe (KAdm. Sample) mit den Geleitträgern *Suwanee, Chenango, Gilbert Islands* und 6 Geleitfahrzeugen. Bis zum 3. 7. wird der Sepinggan-Flugplatz, am 4. 7. die Ölfelder eingenommen.

Am 5. 7. wird 1 Btl. der austral. 9. Inf.Brig. über die Balikpapan-Bucht auf das Westufer bei Penadjam übergesetzt, ein Teil davon am 9. 7. weiter nördlich bei Djinabora gelandet. Kleinere niederl. Einheiten landen am 7. 7. nördlich des Sumbir-Flusses bei Kariango und Teloktebang.

20. 6. 1945 **Indischer Ozean**

Operation »Balsam«:
Flugzeuge der Geleitträger *Stalker, Khedive* und *Ameer* der British East Indies Fleet greifen Flugplätze in Nordsumatra und den jap. Schiffsverkehr in der Malakka-Straße an. Sicherung durch die Kreuzer *Suffolk* und *Royalist* sowie 5 Zerstörer.

21. 6. 1945 **Pazifik**

Ende der Landkämpfe auf Okinawa. Selbstmord des Oberbefehlshabers der jap. Verteidiger, GenLt. Ushijima (OB 32. Armee) und seines Chefs des Stabes GenMaj. Cho.
Jap. Verluste rund 130 000 Tote und 42 000 Zivilisten, 10 755 Japaner geraten in Gefangenschaft. Die US-Armee verliert 7613 Tote und Vermißte sowie 31 807 Verwundete, die Marine 4907 Tote und Vermißte sowie 4824 Verwundete. 36 amerik. Schiffe sinken, 368 werden beschädigt. Nach amerik. Angaben verlieren die Japaner 7830 Flugzeuge bei 763 amerik. Verlusten.

21.—30. 6. 1945 **Deutscnland**

Von Wilhelmshaven werden die im norddeutschen und dänischen Raum noch vorhandenen fahrbereiten U-Boote nach England überführt:
Ab 21. 6.: *U 155, U 883, U 1230, U 1233* (Typ IXC), *U 3008* (Typ XXI), *U 2336, U 2341, U 2351, U 2356* (Typ XXIII).
Ab 22. 6.: *U 806* (Typ IXC).
Ab 23. 6.: *U 368, U 1103, U 1110, U 1194* (Typ VIIC).
Ab 24. 6.: *U 291, U 680, U 720, U 779, U 1198* (Typ VIIC).
Ab 30. 6.: *U 143, U 145, U 149, U 150* (Typ IID), *U 739* (Typ VIIC).
Diese Boote werden in der Operation »Deadlight« versenkt, außer *U 3008*, das US-Kriegsbeute wird.

25. 6.—7. 7. 1945 **Nordpazifik**

Operationen der US-Task Force 92 (KAdm. Brown) von Attu: Vom 25.—27. 7. Vorstoß mit den Kreuzern *Richmond, Concord* und den Zerstörern *Bearss* (Desdiv 114), *John Hood, Jarvis, Porter* ins Ochotskische Meer, sie stoßen am 26. 6. südwestlich Paramushiru auf einen jap. Konvoi und versenken 1 Schiff, weitere werden beschädigt. Ostwärts der Kurilen operieren der Kreuzer *Trenton* und Zerstörer *Anderson* und *Hughes*.
Vom 3.—7. 7. führen 5 der vorgenannten Schiffe einen neuen Raid ins Ochotskische Meer und beschießen am 5. 7. Shitsuka auf Südsachalin.

27. 6. 1945 **Südwestpazifik**

Ende des organisierten jap. Widerstandes auf Luzon. Einzelne Widerstandsnester halten sich bis Kriegsende.

★

1.—18. 7. 1945 **Zentralpazifik**

Angriff der Task Force 38 (Adm. Halsey, VAdm. McCain) gegen Japan. Am 1. 7. läuft die T. F. 38 von Leyte aus mit T. G. 38.1 (KAdm. T. L. Sprague); Träger *Bennington, Lexington, Hancock, Belleau Wood, San Jacinto*, Schlachtschiffe *Indiana, Massachusetts, Alabama*, Kreuzer *Topeka, Duluth, Dayton, Atlanta, San Diego*, Zerstörer (Desron 61) *De Haven, Mansfield, Lyman K. Swenson, Collett, Maddox, Blue, Brush, Taussig*, (Desron 25) *John Rodgers*,

Harrison, McKee, Murray, Ringgold, Schroeder, Dashiell (Desdiv 100), *Caperton, Cogswell, Ingersoll, Knapp.*
T. G. 38.3 (KAdm. Bogan): Träger *Ticonderoga, Randolph, Essex, Monterey, Bataan,* Schlachtschiffe *South Dakota, North Carolina,* Kreuzer *Pasadena, Springfield, Wilkes-Barre, Astoria, Oakland,* Zerstörer (Desron 48), *Erben, Walker, Hale, Abbot, Stembel, Bullard, Black, Chauncey, Heerman,* (Desron 62) *English, Charles S. Sperry, Ault, Waldron, John W. Weeks, Hank, Wallace L. Lind* und *Borie.*
T. G. 38.4 (KAdm. Radford): Träger *Yorktown, Shangri La* (F VAdm. McCain), *Bonhomme Richard, Independence, Cowpens,* Schlachtschiffe *Iowa, Missouri* (F Adm. Halsey), *Wisconsin,* Kreuzer *Quincy, Chicago, Boston, St. Paul, San Juan* Zerstörer (Desron 53) *Cushing, Colahan, Uhlmann, Benham, Stockham, Wedderburn,* (Desron 54) *Remey, Norman Scott, Mertz, Monssen, McGowan, McNair, Melvin,* (Desdiv 113) *Rowe, Smalley, Stoddard, Watts, Wren* und der Radar-Picket-Zerstörer *Frank Knox.*
Nach einer Versorgung am 7. und 8. 7. greifen die Träger am 10. 7. mit 1022 Flugzeugen den Raum Tokyo an, Schwerpunkt die Luftbasen. Darauf steuern die 3 T. G.s nach Norden und versorgen am 12. 7. ostwärts der Tsugaru-Straße, wegen der Wetterlage wird der Angriff am 13. 7. verschoben. Am 14. 7. starten 1391 Flugzeuge gegen Ziele in Nord-Honshu und Süd-Hokkaido und den Fährverkehr in der Tsugaru-Straße. Am 15. 7. werden die Angriffe wiederholt. Dabei werden der Geleitzerstörer *Tachibana,* die Korvetten *Kaibokan 65, 74, 219,* der Minensucher *Sokaitei 24* und der U-Jäger *Kusentai 48* versenkt, ferner 37 Fähr- und Transportschiffe und Wachfahrzeuge mit 48 717 BRT, beschädigt werden der Geleitzerstörer *Yanagi,* die Fregatten *Iwo, Fukue, Kasado,* die Korvetten *Kaibokan 215, 205, 55, 47, 221,* die U-Jäger *Kusen T.-T. 72, 81, 47* und 28 Fähr-, Transport- und Wachschiffe mit 49 965 BRT. Am 14. 7. beschießt die T. G. 34.8 (KAdm. Shafroth) mit den Schlachtschiffen *South Dakota, Indiana, Massachusetts,* den Kreuzern *Quincy, Chicago* und 9 Zerstörern der Desron 48 erstmalig Ziele auf jap. Hauptinseln, die Stahl- und Eisenwerke von Kamaishi. Insgesamt 802 Schuß 40,6 cm, 728 Schuß 20,3 cm und 825 Schuß 12,7 cm. Am 14. und 15. 7. führt die T. G. 35.1 (KAdm. Jones) mit den Kreuzern *Pasadena, Springfield, Wilkes-Barre* und *Astoria* sowie 6 Zerstörern der Desron 53 einen Raid gegen die Schiffahrt vor der Ostküste Nord-Honshus durch, findet aber keine Ziele. Am 15. 7. beschießt die T. G. 34.1 (KAdm. Badger) mit den Schlachtschiffen *Iowa, Missouri, Wisconsin,* den Kreuzern *Dayton, Atlanta* und 7 Zerstörern der Desron 54 und der *Frank Knox* die Eisen- und Stahlwerke von Muroran mit 860 Schuß 40,6 cm.
Am 16. 7. werden die Zerstörer beölt und die brit. Task Force 37 (VAdm. Rawlings, VAdm. Vian) stößt mit den Trägern *Victorious, Formidable, Implacable,* dem Schlachtschiff *King George V.,* den Kreuzern *Achilles* (RNZN), *New Foundland, Gambia* (RNZN), *Black Prince, Euryalus, Argonaut,* den Zerstörern *Quickmatch, Quadrant, Quiberon, Quality, Grenville, Urania, Undine, Undaunted, Urchin, Ulysses, Troubridge, Tenacious, Termagent, Terpsichore, Teazer, Wrangler, Wakeful* und *Barfleur* zum Verband.
Am 17./18. 7. führen die US- und brit. Träger schwere Raids gegen den Raum Tokio—Yokohama. Nach Ausschaltung der Jagd- und Flakabwehr setzen Flugzeuge der *Yorktown* das jap. Schlachtschiff *Nagato* außer Gefecht, ferner werden der Geleitzerstörer *Yaezakura,* das U-Boot *I-372,* U-Jäger *Kusen-Tok.-T 225,* das S-Boot *PT 28* versenkt, der Schulkreuzer *Kasuga* schwer getroffen, der Zerstörer *Yakaze,* 1 Landungsschiff und je 1 U-Jäger und S-Boot beschädigt.

In der Nacht vom 17./18. 7. beschießt die T. G. 34.1 (KAdm. Badger) mit den Schlachtschiffen *Iowa, Missouri, Wisconsin, North Carolina, Alabama,* den Kreuzern *Dayton, Atlanta* und 8 Zerstörern und dem brit. Schlachtschiff *King George V* mit 2 Zerstörern Industrieziele im Raum Hitachi nordostwärts Tokio. Die US-Schlachtschiffe feuern 1238 Schuß 40,6 cm, die Kreuzer 292 Schuß 15,2 cm, die *King George V.* 267 Schuß 35,6 cm. In der Nacht vom 18./19. 7. beschießt nach einem ergebnislosen Vorstoß gegen Schiffsziele die T. G. 35.2 (KAdm. Holden) mit den Kreuzern *Topeka, Duluth, Atlanta, Dayton* und 8 Zerstörern der Desron 62 Ziele bei Cap Nojima südostwärts Tokyo. Danach setzen sich die Gruppen zur Versorgung ab.

1.—31. 7. 1945 **Pazifik**

Von den im Juli in ihren Operationsgebieten eintreffenden alliierten U-Booten versenken folgende Schiffe:
In jap. Gewässern:
Die US-U-Boote: *Barb* (Cdr. Fluckey) 1 Schiff mit 2820 BRT und Korvette *Kaibokan 112; Haddo* (LCdr. Lynch) 2 Schiffe mit 5326 BRT und Korvette *Kaibokan 72; Moray* (Cdr. Barrows) 1 Schiff mit 384 BRT, *Pogy* (LCdr. Bowers) 2 Schiffe mit 4668 BRT, *Runner* (LCdr. Bass) Minensucher *Sokaitei 27, Sea Poacher* (LCdr. Gambacorta) 2 Schiffe mit 318 BRT, *Sea Robin* (LCdr. Stimson) 1 Schiff mit 1224 BRT und U-Jäger *Kusen T.-T. 85; Sennet* (LCdr. Clark) 4 Schiffe mit 13 105 BRT, *Threadfin* (LCdr. Foote) Minensucher *Sokaitei 39, Trepang* (LCdr. Faust) 1 Schiff mit 606 BRT.
Im südostasiatischen Raum:
Das brit. U-Boot: *Stubborn* (Lt. Gowan) 1 Schiff mit 1270 BRT.
Die US-U-Boote: *Baya* (LCdr. Jarvis) T-Boot *Kari, Bluefish* (LCdr. Forbes) U-Boot *I-351* und U-Jäger *Kusentai 50; Bumper* (Cdr. Williams) 2 Schiffe mit 1227 BRT, *Hammerhead* (LCdr. Smith) 2 Schiffe mit 1734 BRT, *Hardhead* (LCdr. Haines) U-Jäger *Kusen T.-T. 117, Lizardfish* (Cdr. Butler) U-Jäger *Kusentai 37.*

2. 7. 1945 **Nordpazifik**

US-U-Boot *Barb* (Cdr. Fluckey) beschießt jap. Anlagen auf Kaihyo-Island an der Ostküste von Karafuto (Kurilen) mit Raketen. Erster Raketeneinsatz von U-Booten.

5.—10. 7. 1945 **Indischer Ozean**

Minensuchoperation »Collie« der British East Indies Fleet in den Eingängen der Malakka-Straße. See- und Luftangriffe gegen Radar-Stationen, Flugplätze und Küstenbatterien auf den Nikobaren. Trägerraid mit 4 Geleitträgern gegen Flugplätze auf Nordwest-Sumatra.

12. 7. 1945 **Südwestpazifik**

Alliierte Landung bei Andus, Borneo, austral. Truppen nehmen Maradi in Westborneo.

16. 7.—12. 8. 1945 **Zentralpazifik**

Von Okinawa aus operiert die US-Task Force 95 (VAdm. Oldendorf) zur Unterstützung der Truppen auf der Insel und Luftwarnung (Radar Picket Stationen) und unternimmt Vorstöße gegen die Schiffahrt in der Ostchina-See. Sie gliedert sich in die T. G. 95.1 (VAdm. Oldendorf) mit den Schlachtschiffen *Tennessee, Pennsylvania.* Operiert oft mit der T. G. 95.3 zusammen.
T. G. 95.2 (KAdm. Low) mit den Schlachtkreuzern *Alaska, Guam,* den Kreuzern *Cleveland, Columbia, Denver, Montpelier.*

T. G. 95.3 — T. U. 1: Geleitträger *Lunga Point, Makin Island, Cape Gloucester.* — T. U. 2: Schlachtschiffe *California, Nevada,* Kreuzer *Salt Lake City, Chester, Wichita, St. Louis.*
T. G. 95.7: Schlachtschiffe *Arkansas, Texas,* Kreuzer *Portland, Mobile, Vicksburgh* (die beiden letzteren nach Wake-Raid zur Task Force 38).
Außerdem sind die Zerstörer der Desrons 23, 45, 49 und 55 im Rahmen der T. F. 95 eingesetzt und werden fallweise den T. G.s oder den Radar-Picket-Stationen zugeteilt, darunter u. a. von der Desron 23 — *Charles Ausburne, Claxton, Dyson, Converse, Thatcher* —, 49 *Picking, Wickes, Haraden* —, 55 *Porterfield, Callaghan, Cassin Young, Irwin, Preston, Laws* und der Desdiv 92 *Boyd, Bradford, Brown, Cowell,* sowie von Desron 24 *Ammen, Beale, Daly* u. a. Von diesen Verbänden führt die T. G. 95.2 (KAdm. Low) vom 16.—23. 7. mit 2 Schlachtkreuzern, 4 Leichten Kreuzern und 8 Zerstörern einen Raid gegen die Schifffahrt in der Ost-China-See und im Gelben Meer. Erfolg gering.
Auch ein weiterer Einsatz ins Gebiet der Yangtse-Mündung bringt wenig Ergebnisse. In dieser Zeit decken die Schiffe auch Minensuchoperationen im Gebiet südostwärts Okinawa und im Ostchines. Meer.
Bei Radar-Picket-Einsätzen wird am 28. 7. der Zerstörer *Callaghan* durch Kamikaze-Flieger versenkt, *Cassin Young* am 29. 7. beschädigt.
Die T. G. 95.3 und 95.1 führen am 6. 8. einen Trägerraid gegen Schiffsziele im Raum Tinghai an der chinesischen Küste, beteiligt sind 3 Geleitträger, 4 Schlachtschiffe, 4 Kreuzer, 7 Zerstörer und 3 Geleitzerstörer.
Am 12. 8. erhält das Schlachtschiff *Pennsylvania* vor Okinawa einen Lufttorpedotreffer.

16. 7.—13. 8. 1945 **Zentralpazifik**

Letzte jap. U-Boot-Operation mit »Kaiten«-Torpedos. Von der ab 16. 7. ausgelaufenen Gruppe »Tamon« greift *I-47* (Kplt. Suzuki) am 21. 7. einen Konvoi in der Philippinen-See mit Torpedos an und beschädigt den Transporter *Marathon* (7607 BRT). *I-53* (Kptlt. Oba) setzt am 24. 7. zwei »Kaiten« gegen einen Konvoi aus, von denen einer den US-DE *Underhill* versenkt, ein zweiter Angriff mit 2 »Kaiten« am 4. 8. ostwärts Formosa bleibt ergebnislos. *I-58* (KKpt. Hashimoto) setzt am 27./28. 7. einen »Kaiten« gegen einen Verband auf der Route Guam-Leyte aus, wahrscheinlich beschädigt er den Zerstörer *Lowry*. Am 29./30. 7. versenkt es ostwärts Luzon mit 2 Treffern eines 6er-Fächers den einzeln fahrenden US-Schweren Kreuzer *Indianapolis* (Capt. McVay), der Teile der Atombomben von San Francisco nach Tinian gebracht hatte und auf dem Marsch nach Leyte war. Von der 1199 Mann starken Besatzung des Kreuzers können zwischen dem 2. und 8. 8. nur 316 durch amerik. Flugboote und Zerstörer gerettet werden. Am 10. 8. setzt *I-58* zwei Kaiten gegen einen Konvoi aus, der DE *Johnnie Hutchins* manövriert sie aus, eine Jagd mit zwei Hunter-Killer-Groups mit den DEs *Kendall C. Campbell, Douglas A. Munro, Rolf, William Seiverling* bzw. *George A. Johnson, Connolly, Metivier* und *Witter* kann *I-58* nicht fassen, das am 12. 8. erneut 2 »Kaiten« gegen das LSD *Oakhill* und den DE *Thomas F. Nickel* aussetzt, die streifen, aber erst nach dem Abgleiten detonieren.
I-366 (Oblt. Tokioka) meldet am 11. 8. abends einen Angriff mit 3 »Kaiten« gegen einen Konvoi 500 sm nördlich Palau. *I-367* kehrt erfolglos zurück. *I-373* wird auf dem Ausmarsch durch das US-U-Boot *Spikefish* versenkt.
Mitte Juli läuft von Japan die 1. U-Boot-Division (Kpt. z. S. Ariizumi) mit den »Flugzeugträger-U-Kreuzern« *I-400* (KKpt. Kusaka), *I-401* (Kptlt. Nambu), *I-14*

(KKpt. Shimizu) und *I-13* (KKpt. Ohashi) nach Truk aus, letzteres wird am 16. 7. von der Hunter-Killer-Group mit dem Geleitträger *Anzio* und 5 DEs, durch ein Flugzeug und die DEs *Lawrence C. Taylor* und *Robert F. Keller* versenkt. Die anderen gehen Mitte August von Truk zu einem Kamikaze-Flugzeugangriff mit den eingeschifften 8 Flugzeugen gegen Ulithi in See, wegen des Waffenstillstandes wird der Angriff abgebrochen, bei dem Rückmarsch nach Japan werden die U-Boote am 27.—29. 8. aufgebracht.

18. 7.—9. 8. 1945 **Zentralpazifik**
Raids von US-Task Groups gegen Wake, meist mit Einheiten, die von Reparaturen an der US-Westküste über Pearl Harbor zur Task Force 38 marschieren. Beteiligt sind bei einem Trägerraid am 18. 7. der Träger *Wasp*, die Kreuzer *Oklahoma City*, *Amsterdam*, *Tuscon*, *Flint* und vermutlich die Zerstörer *Samuel N. Moore*, *Twining*, *Wadleigh*, *Franks* und die neuen Radar-Picket-Zerstörer *Highbee*, *Southerland* und *Benner*, die am 21./22. 7. zur Task Force 38 treten.
Am 1. 8. führen der Träger *Cabot*, am 6. 8. der Träger *Intrepid* einen Trägerraid. Mit ihnen marschieren die Zerstörer der Desron 60 *Walke*, *O'Brien*, *Lowry*, *Allen M. Sumner*, *Moale*, *R. K. Huntington* bzw. die Kreuzer *Mobile*, *Vicksburgh* und die Desron 50 mit *Clarence K. Bronson*, *Cotten*, *Dortch*, *Gatling*, *Healy*. Sie treffen vor den bzw. kurz nach den August-Raids bei der T. F. 38 ein. Am 1. 8. beschießt außerdem die T. G. 95,1 mit den Schlachtschiffen *Tennessee* und *Pennsylvania* die Insel, wobei die *Pennsylvania* von Küstenartill. getroffen wird. Am 9. 8. führt eine Task Group mit Schlachtschiffen, Kreuzern und Zerstörern eine weitere Beschießung von Wake durch.

21.—22. 7. 1945 **Zentralpazifik**
Größte Versorgungsaktion des Krieges zur See. Die US-Task Group 30.8 (KAdm. Beary) mit Führungskreuzer *Detroit*, den Geleitträgern *Chenango*, *Thetis Bay*, *Hollandia*, *Roi*, *Munda*, *Gilbert Islands*, 15 Tankern, 5 Munitionstransportern, 4 Frachtern für Nachschubgüter versorgt die Task Force 38 und Teile der brit. Task Force 37 mit ca 60 000 ts Öl, 6369 ts Munition, 1635 ts Versorgungsgütern, 99 Flugzeugen und 412 Mann Personalersatz.

21. 7.—13. 8. 1945 **Nordpazifik**
Vorstöße der US Task Force 92 (KAdm. Brown) von Attu aus gegen die nördlichen Kurilen vom 21.—23. 7. und 11.—13. 8. Am 22. 7. beschießen die Kreuzer *Pensacola*, *Richmond*, *Concord* und die Zerstörer (Desdiv 114) *Bearss*, *John Hood*, *Jarvis*, *Porter*, *Anderson*, *Hughes* und *McDermut* Suribachi auf Paramushiro. Am 12. 8. beschießt der gleiche Verband Matsuwa und Paramushiro. *McDermut* wird durch Küstenbatterie getroffen.

24.—26. 7. 1945 **Indischer Ozean**
Brit. Kampfgruppe beschießt Anlagen an der Westküste Malayas.

24.—30. 7. 1945 **Zentralpazifik**
Die US Task Force 38 setzt mit 3 Task Groups (s. 1. 7.!) und der brit. Task Force 37 die Angriffe gegen Japan fort.
Am 24. 7. fliegen die Trägerflugzeuge 1747 Einsätze gegen die Häfen und Basen der Inlandsee, besonders Kure und Kobe. Dabei werden der jap. Träger *Amagi* und der Kreuzer *Oyodo* versenkt, die Schlachtschiffe *Ise*, *Hyuga*, *Haruna*, der Schulkreuzer *Iwate* und der Schwere Kreuzer *Aoba* so schwer beschädigt, daß sie auf Grund sinken. Beschädigt werden ferner die Träger *Kat-*

suragi, Ryuho, Hosho, der Geleitträger *Kaiyo,* der Kreuzer *Kitakami,* der Zerstörer *Yoitsuki,* die Geleitzerstörer *Hagi, Kaba, Tsubaki,* das Zielschiff *Settsu,* die Korvetten *Kaibokan 190, Kaibokan 4* und 1 Landungsschiff. 15 Handels- und Hilfskriegsschiffe mit 22 326 BRT werden versenkt. In der Nacht vom 24./25. 7. beschießt die Task Group 35.1 (KAdm. Jones) mit den Kreuzern *Pasadena, Springfield, Wilkes-Barre, Astoria* und 6 Zerstörern der Desron 53 die Seeflugzeug-Station und den Flugplatz bei Shionomisaki in Süd-Honshu. Nach einer Versorgung aus der Task Group 30.8 greifen die Flugzeuge der Task Force 38 und Task Force 37 am 28. 7. erneut die Häfen der Inlandsee an. Dabei werden neben den bereits am 24. 7. z. T. vernichtend getroffenen Schiffen der Kreuzer *Tone,* der Schulkreuzer *Izumo,* der Geleitzerstörer *Nashi* zerstört und das unfertige Groß-U-Boot *I-404* vernichtet. Schwer beschädigt werden die Fregatte *Habushi,* das T-Boot *Asagao,* die Korvetten *Kaibokan 44, Kaibokan 45, Kaibokan 190,* das U-Boot *I-205,* der U-Jäger *Kusentai 14* und das U-Boot-Mutterschiff *Komahashi.* 8 Hilfs- und Transportschiffe mit 6059 BRT sinken.
Nach Beölung der Zerstörer greifen die Trägergruppen am 30. 7. die Häfen Kobe, Nagoya und Maizuru an. Dort werden die Fregatte *Okinawa,* die Korvette *Kaibokan 2,* der Minenleger *Tojima,* der U-Jäger *Kusentai 26* sowie 7 Schiffe mit 10 834 BRT versenkt, der Zerstörer *Yukikaze,* die Fregatte *Takane,* die U-Boote *I-202* und *I-153,* das U-Boot-Mutterschiff *Chogei,* der U-Jäger *Kusen T.-T. 182* und 2 Schiffe mit 7516 BRT schwer beschädigt.
Die Task Group 34.8 (KAdm. Shafroth) mit den Schlachtschiffen *South Dakota, Indiana, Massachusetts,* den Kreuzern *Quincy, Chicago, St. Paul, Boston,* den 9 Zerstörern der Desron 48 und dem Radar-Picket-Zerstörer *Southerland* beschießt am 30. 7. abends Werke und Flugzeugfabriken bei Hamamatsu, Süd-Honshu. Die 7 Zerstörer der Desron 25 stoßen in der Nacht vom 30. zum 31. 7. unter Capt. Ludewig in die Suruga-Bucht südlich Tokio vor und beschießen Shimizu.
Danach setzen sich die Task Force 38 und Task Force 37 nach Südosten zur Versorgung (1.—3. 8.) ab.

30. 7. 1945 **Indischer Ozean**

Die von den brit. U-Booten *Stygian* und *Spark* in die Einfahrt nach Singapore geschleppten Klein-U-Boote *XE 3* (Lt. Fraser) und *XE 1* (Lt. Smart) beschädigen den jap. Kreuzer *Takao* durch Haftminen so schwer, daß er auf Grund sinkt.

★

1.—31. 8. 1945 **Pazifik**

Von den im August in ihren Operationsgebieten eintreffenden US-U-Booten versenken folgende Schiffe: In jap. Gewässern: *Atule* (LCdr. Maurer) Korvette *Kaibokan 6,* ferner *Kaibokan 16* torpediert, *Billfish* (LCdr. Farley) 1 Schiff mit 1091 BRT, *Jallao* (Cdr. Icenhower) 1 Schiff mit 5794 BRT, *Pargo* (LCdr. Bell) 1 Schiff mit 5462 BRT, *Torsk* (LCdr. Lewellen) 1 Schiff mit 873 BRT und die Korvetten *Kaibokan 13, Kaibokan 47.*

6.—9. 8. 1945 **Japan**

Am 6. 8. wirft *B 29*-Fernbomber »Enola Gay« (Oberst Tibbets) der 509. Composite Group (20. USAAF) die erste Atombombe auf Hiroshima: 80% der Stadt vernichtet, mindestens 92 167 Tote und 37 425 Verletzte unter der Stadtbevölkerung.

Am 9. 8. wirft eine *B 29* (Maj. Sweeney) die zweite Atombombe auf Nagasaki: mindestens 40 000 Tote und 60 000 Verletzte unter der Zivilbevölkerung.

9.—12. 8. 1945 **Pazifik**

Sowj. Kriegserklärung an Japan. Sowj. Pazifikflotte (Adm. Jumašev), die aus 2 modernen Kreuzern, *Kalinin, Kaganovič*, 1 Flottillenführer *Tbilisi*, 10 modernen Zerstörern *Rastoropnyj, Raz-jaščij, Rezvyj, Rjanyj, Revnostnyj, Redkij, Rekordnyj, Rezkij, Retivyj* und *Vnušitelnyj*, 2 alten Zerstörern, *Stalin, Vojkov*, 8 Wachschiffen und T-Booten sowj. Bauart und 11 US-Lend-Lease-Fregatten, 10 sowj. Minenlegern, 8 sowj. und 18 ex US-Hochseeminensuchern, 18 ex US-Küstenminensuchern, 49 U-Jägern, davon 20 ex US-Typ *SC*, 204 Torpedokuttern, davon 45 ex US-*PT* und 78 U-Booten sowj. Herkunft besteht, setzt zur Unterstützung der Landoperationen und Landungen fast ausschließlich alte und ex US-Lend-Lease-Schiffe ein.
Am 9. 8. greifen *MBR-2*-Flugboote und *IL-4*-Bomber Unggi und Najin, nach Hellwerden *Jak-9*-Jabos und *Il-2*-Schlachtflugzeuge (GenLt. Lemeško) diese Häfen sowie Chongjin an, am 10. 8. werden die Angriffe wiederholt, insgesamt bei 552 Einsätzen sowie Angriffen der *TKA* der 1. Torpedokutter-Brigade (Kpt. 2. Rg. Kucht) werden die Fregatte *Yashiro*, die Korvetten *Kaibokan 87, Kaibokan 82* sowie 16 Handelsschiffe mit 57 325 BRT versenkt oder beschädigt. Am 15. 8. versenken sowj. Marineflieger vor Wonsan die Fregatte *Kanju*.

9.—15. 8. 1945 **Zentralpazifik**

Nach einer Versorgung am 2./3. 8. marschiert die Task Force 38 mit der brit. Task Force 37 nach Norden. Vorbeiziehende Taifune verhindern für mehrere Tage weitere Angriffe gegen Ziele in Japan. Nach Brennstoffergänzungen der Zerstörer stoßen die Task Groups 38.1, 38.3 und 38.4 sowie die Task Force 37 am 9. 8. gegen Nord-Honshu und Hokkaido vor. Dabei sind gegenüber der Zusammensetzung der Task Groups vom 1. 7. (s. dort)! folgende Verstärkungen eingetroffen, bzw. Änderungen eingetreten:
Task Group 38.1: Kreuzer *Oklahoma City, Amsterdam*, Zerstörer *Samuel N. Moore*, Radar-Picket-Zerstörer *Highbee*, Träger *Cabot*.
Task Group 38.3: Träger *Wasp*, Kreuzer *Tuscon, Flint*, Zerstörer *Desron 60* (?), Radar-Picket-Zerstörer *Benner, Southerland*.
Task Group 38.4: Zerstörer *Wadleigh, Franks, Twining*.
Die Task Force 37 (VAdm. Rawlings, VAdm. Vian) besteht aus den Trägern *Victorious, Indefatigable, Formidable, Implacable*, den Schlachtschiffen *Duke of York* (F Adm. Fraser, CINC Brit. Pacific Fleet), *King George V.*, Kreuzern *Achilles* (RNZN), *Gambia* (RNZN), *Newfoundland, Uganda* (RCN), *Black Prince, Euryalus*, Zerstörern *Quickmatch, Quadrant, Quiberon, Quality* (viermal RAN), *Grenville, Urania, Undine, Undaunted, Urchin, Troubridge, Tenacious, Termagent, Ulysses, Teazer, Barfleur, Wrangler, Wakeful*.
Am 9. 8. führen die 4 Trägergruppen Angriffe gegen Flugplätze und Schiffsziele in Nord-Honshu und Hokkaido. 251 Flugzeuge zerstört. Ein einzelnes jap. Flugzeug beschädigt Zerstörer *Borie*. Task Group 34.8 (KAdm. Shafroth) mit den Schlachtschiffen *Alabama, Indiana, Massachusetts*, den Kreuzern *Quincy, Boston, St. Paul, Chicago, New Foundland, Gambia*, 7 US (Desron 48) und 3 brit. Zerstörern beschießt Kamaishi auf Honshu.
Am 10. 8. neuer Trägerraid gegen Schiffsziele, Flugplätze und Eisenbahnen in Nord-Honshu. Am 9./10. 8. werden die Fregatten *Amakusa* und *Inagi*, die Minensucher *Sokaitei 1, Sokaitei 33* sowie 9 Schiffe mit 6425 BRT versenkt und

der Minenleger *Tokiwa* und der Geleitzerstörer *Yanagi* schwer beschädigt, ebenso 5 Schiffe mit 14 178 BRT.
Am 11. und 12. 8. Versorgung durch die Task Group 30.8 (KAdm. Beary). Die brit. Task Force 37 kehrt mit der Masse der Schiffe nach Manus zurück, *Indefatigable, King George V., Gambia, New Foundland,* 8 brit. und 2 austral. Zerstörer bilden Task Group 38.5.
Am 13. 8. führen die 5 Gruppen neue Raids gegen den Raum Tokio. 254 jap. Flugzeuge am Boden zerstört. Jagdschutz schießt 18 Flugzeuge ab.
Am 14. 8. werden die Zerstörer beölt. Am 15. 8. früh startet eine neue Angriffswelle gegen Tokio kurz bevor der Befehl des CINCPAC, Flottenadmiral Nimitz, zur Einstellung der Kampfhandlungen eingeht. Es kommt zu heftigen Luftkämpfen, da der Befehl nicht mehr alle Angriffsverbände in der Luft erreicht. Von Tokio starten die letzten jap. Kamikaze-Flieger, darunter der Chef der 5. Luftflotte, VAdm. Ugaki (†).

12.—21. 8. 1945 **Pazifik**

Sowj. Landungsoperationen an der Ostküste Koreas zur Unterstützung des Vormarsches der 25. Armee.
Am 12. 8. landet ein Verband (KAdm. Ivanovskij) mit den Fregatten *EK-7* und *EK-9*, dem Minensucher *T-271*, 2 Wachbooten und 8 Torpedokuttern, darunter *TKA-567* und *TKA-578* 879 Mann des verstärkten 75. Marine-Inf.Batl. in Unggi (Yuki) in Nordostkorea, das inzwischen von den Japanern geräumt und kurz vorher von der sowj. 303. Schützen-Div. auf dem Landweg erreicht war. Am gleichen Tage landen Wachkutter und Torpedokutter eine Vorausabteilung mit 163 Mann in Najin (Rashin), die sich bis zum Eintreffen des Landungsverbandes (Kpt. 1. Rg. Poltavskij) mit dem verstärkten 358. Marine-Inf.Batl. (617 Mann) im Hafengebiet halten und am 15. 8. Verbindung mit den Spitzen der 25. Armee aufnehmen kann. Beteiligt als abgesetztes Führungsschiff Flottillenführer *Tbilisi*, Landungsverband mit Fregatte *EK-5*, Minensuchern *T-279, T-281*, Wachbooten *BO-303, BO-305, MO-8, MO-16*, 4 Küstenwachbooten und 2 Torpedokuttern. Am 14./15. 8. gehen auf den vorher von US-Armee-Flugzeugen gelegten Luftminen *T-279*, 1 *TKA*, die Transporter *Sučan, Kamčatneft* und Tanker *No. 1* verloren bzw. werden schwer beschädigt.
Am 13. 8. landen die Fregatte *EK-2* und der Minensucher *T-278* eine Vorausabteilung mit 260 Mann bei Chongjin (Seishin), die sich nur mühsam und unter Verlusten gegen jap. Gegenangriffe halten kann, bis am 15. 8. der Landungsverband (Adm. Jumašev) mit dem alten Zerstörer *Vojkov*, den Fregatten *EK-1, EK-3, EK-8, EK-9, EK-7*, den Minensuchern *T-275, T-280, T-272, T-273, T-274, T-276*, 18 Torpedokuttern, den Wachschiffen *Metel', Vjuga*, den Wachkuttern *BO-304, BO-306, BO-307, BO-317*, 2 *MO*-Kuttern, den *LCI*-Landungsbooten *DS-31, DS-32, DS-33, DS-38, DS-39, DS-40, DS-41, DS-42, DS-44, DS-45*, dem *LCT TDS-01* und 7 Transportern und den eingeschifften 5000 Mann der 13. Marine-Inf.Brig. eintrifft. Am 16. 8. laufen die Transporter *Nogin, Navastroj* und *Dal'stroj* auf Minen.
Am 19. 8. wird durch einen Verband (Kpt. 1. Rg. Studeničnikov) mit dem Wachschiff *Metel'* und 6 *TKA* das verstärkte 77. Marine-Inf.Batl. mit 650 Mann bei Kap Odaejin (Odentsin) gelandet.
Am 21. 8. landet ein Verband (KAdm. Frolov) mit dem Zerstörer *Vojkov*, der Fregatte *EK-3*, den Minensuchern *T-277, T-282* und 6 *TKA* eine Kampfgruppe mit 2000 Mann in Wonsan, dessen Garnison keinen Widerstand leistet und am 22. 8. kapituliert.

16.—25. 8. 1945 **Pazifik**

Die sowj. Nord-Pazifik-Flottille (VAdm. Andreev) (9 U-Boote, 1 Wachschiff, 5 Minensucher, 24 Torpedokutter) führt Landungen auf Südsachalin durch.

Am 16. 8. landet ein Verband mit dem Wachschiff *Zarnica*, dem Minenleger *Okean*, den Wachkuttern *MO-27, MO-29, MO-33, MO-34,* 14 Torpedokuttern, den Minensuchern *T-522, T-524, T-590, T-591,* 2 Leichtern, den Wachkuttern *BO-310, BO-314* und 5 weiteren Torpedokuttern 1554 Mann einer Marine-Landungseinheit gegen geringen Widerstand bei Toro im Rücken der 88. jap. Division.

Am 20. 8. landet ein Verband unter Kpt. 1. Rg. Leonov mit *Zarnica, Okean,* den Wachkuttern *BO-302, BO-314, MO-25, MO-31, MO-32, MO-35, MO-63,* den Minensuchern *T-588, T-583, T-591, T-522,* 3 Transportern und 2 Hilfsschiffen sowie den *TKA-631, TKA-641, TKA-645, TKA-646* und dem U-Boot *ŠČ-118* die 113. Schützen-Brig. bei Maoka.

Am 25. 8. setzen von Maoka aus *Okean, T-522, T-524, T-599, T-600, T-601, T-602, T-603, T-604,* 4 *BO*-Wachkutter und 6 *TKA* eine Landungsabteilung in Chonto und Otomari an Land.

18.—25. 8. 1945 **Nordpazifik**

Verbände des Seeverteidigungsabschnittes Petropavlovsk (Kpt. 1. Rg. Ponomarev) führen Landungen auf den nördlichen Kurilen-Inseln durch.

Am 18. 8. landet ein Verband mit dem Minenschiff *Ochotsk*, den Wachschiffen *Kirov, Dzeržinskij,* 9 *MO*-Wachkuttern, den Minensuchern *Vecha, T-155, T-156, T-525,* den R-Booten *T-334* und 1 weiterem, den Vermessungsschiffen *Poljarnyj* und *Lebed',* 14 Transportern und 15 Landungsfahrzeugen 2 Schützen- und ein verstärktes Artill.Regt. auf Shimushu, der nördlichsten Kurilen-Insel. Nach anfänglich heftigem Widerstand der auf Shimushu stationierten Teile der jap. 91. Inf.Div. kapitulieren die Japaner am 19. und 20. 8. Bei den Operationen geht *T-152* verloren.

Am 23. 8. werden sowj. Einheiten, ohne Widerstand zu finden, auf Paramushiro, am 25. 8. auf Onekotan, Harumukotan und Sjasikotan gelandet.

22. 8. 1945 **Zentralpazifik**

Als erste jap. Garnison im Pazifik kapituliert die Besatzung des Atolls Mili (Marshall-Inseln) an Bord des Geleitzerstörers *Levy.*

25.—31. 8. 1945 **Japan**

Ab 25. 8. führen Trägerflugzeuge der Task Force 38 tägliche Patrouillenflüge über Japan zur Kontrolle der Schiffs-, Bahn- und Straßenverkehrsbewegungen und zur Lokalisierung von Kriegsgefangenenlagern durch.

Am 28. 8. landen erste Vorausabteilungen zur Sicherung des Atsugi-Flugplatzes bei Tokio.

Am 30. 8. beginnt die Luftlandung der 11. US-Luftlande-Division (GenMaj. Swing) in Atsugi, das 187. Fallschirm-RCT besetzt und sichert den Flughafen, das 188. Fallschirm-RCT den Hafen Yokohama, am 31. 8. folgt das 511. Luftlande-RCT. Am Nachmittag des 30. 8. landen der OB der 8. US-Armee, GenLt. Eichelberger und der Oberste alliierte Befehlshaber, Gen. of the Army Douglas MacArthur, in Atsugi. Am 29./30. 8. landet das 4. RCT der 6. Marine-Division in Yokosuka, dessen Marinebasis an Bord des Kreuzers *San Diego* an die 3. US-Flotte übergeben wird.

26. 8.—3. 9. 1945 **Nordpazifik**

Sowj. Einheiten besetzen die Kurilen-Inseln: Am 26. 8. landen Einheiten auf

Matsuwa, am 27. 8. auf Shinshiru, am 28. 8. auf Urup und Etorofu. Vom 1. bis 3. 9. besetzen Einheiten der Nord-Pazifik-Flottille die südlichen Kurilen-Inseln Kunajiri, Shikotan und Taraku.

27. 8. 1945 **Japan**

Die 3. US-Flotte (Adm. Halsey) läuft in die Sagami-Bucht ein. Beteiligt sind die Task Force 38 (VAdm. McCain) mit
Task Group 38.1 (KAdm. T. L. Sprague): Träger *Bennington, Lexington, Hancock, Belleau Wood,* Schlachtschiffe *Alabama, Indiana,* Kreuzer *Topeka, Duluth, Atlanta, Dayton, San Juan,* Zerstörer (Desron 61) *De Haven, Mansfield, Lyman K. Swenson, Collett, Maddox, Blue, Brush, Taussig, Samuel N. Moore,* (Desron 48) *Erben, Walker, Hale, Black, Bullard, Chauncey, Heerman,* Radar-Picket-Zerstörer *Highbee, Perkins, Frank Knox.*
Task Group 38.2 (KAdm. Ballentine): Träger *Randolph, Intrepid, Antietam, Cabot,* Schlachtschiff *Wisconsin,* Kreuzer *Oklahoma City, Amsterdam, Mobile, Vicksburgh, Tuscon,* Zerstörer (Desron 60) *Walke, O'Brien, Lowry, Allen M. Sumner, Moale, R. K. Huntington, Bristol,* (Desron 57) *Rowe, Smalley, Stoddard, Watts, Wren, Wadleigh, Norman Scott, Franks, Barton,* Radar-Picket-Zerstörer *Rogers, Duncan.*
Task Group 38.3 (KAdm. C. A. F. Sprague): Träger *Ticonderoga, Wasp, Monterey, Bataan,* Schlachtschiffe *South Dakota, North Carolina,* Kreuzer *Pasadena, Springfield, Wilkes-Barre, Oakland,* Zerstörer (Desron 62) *English, Charles S. Sperry, Ault, Waldron, John W. Weeks, Hank, Wallace L. Lind, Borie,* (Desron 25) *John Rodgers, Harrison, McKee, Murray, Kimberly, Ringgold, Schroeder, Dashiell,* Radar-Picket-Zerstörer *Benner, Southerland.*
Task Group 38.4 (KAdm. Radford): Träger *Yorktown, Shangri La, Bonhomme Richard, Independence, Cowpens,* Schlachtschiffe *Iowa, Missouri,* Kreuzer *Quincy, Boston, St. Paul, Chicago, San Diego, Flint,* Zerstörer (Desron 50) *Clarence K. Bronson, Cotten, Dortch, Gatling, Healy, Cogswell, Caperton, Ingersoll, Knapp,* (Desron 53) *Cushing, Colahan, Halsey Powell, Uhlmann, Benham, Yarnall, Twining, Stockham, Wedderburn,* Radar-Picket-Zerstörer *Chevalier, Myles C. Fox, Hawkins.*
Brit. Task Group 38.5 (VAdm. Rawlings): Träger *Indefatigable,* Schlachtschiffe *Duke of York* (F Adm. Fraser), *King George V.,* Kreuzer *New Foundland, Gambia* (RNZN), Zerstörer *Barfleur, Teazer, Tenacious, Termagent, Terpsichore, Napier* (RAN), *Nizam* (RAN).
Ferner US-Task Group 32.9: Alte Schlachtschiffe *New Mexico, Mississippi, Idaho, Colorado, West Virginia,* Zerstörer (Desron 21) *Nicholas, O'Bannon, Taylor, Terry, Ross, Hopewell.*
Versorgungsflotte: Task Group 30.8 Kreuzer *Detroit,* Geleitträger *Thetis Bay, Hollandia, Roi, Munda, Gilbert Islands,* Zerstörer *Wilkes, Nicholson, Woodworth, Buchanan, Lansdowne, Lardner, Gillespie, Kalk, Stevenson, Stockton, Thorn,* DEs *Griswold, Carlson, Reynolds, Mitchell, Donaldson, William C. Miller, Cabana, Dionne, Canfield, Deede, Elden, Lake, Lyman, Crowley, Le Ray Wilson, Joseph E. Connolly, Willmarth, Bangust, Waterman, Weaver, Hilbert, Lamons, Kyne, McClelland.*
Von den Pazifik-U-Booten laufen *Archerfish, Cavalla, Gato, Haddo, Hake, Muskallunge, Pilotfish, Razorback, Runner, Segundo, Seacat* und *Tigrone* mit dem Mutterschiff *Proteus* ein.
Ferner sind eine große Zahl von Minensuchfahrzeugen und Troßschiffen beteiligt.

Jap. Zerstörer *Hatsuzakura* bringt jap. Parlamentäre an Bord der *Missouri,* wo sie Instruktionen für die Kapitulationszeremonie empfangen. Lotsen bringen die Schiffe auf ihre Ankerplätze. Am 29. 8. trifft der CINCPAC, Fleet Admiral Nimitz ein und schifft sich auf dem Schlachtschiff *South Dakota* ein.

30. 8. 1945 **Zentralpazifik**

Kapitulation der jap. Besatzung von Marcus-Island an Bord des Zerstörers *Bagley.*

30. 8. 1945 **Südchina-See**

Einlaufen einer Task Group der British Pacific Fleet (KAdm. Harcourt) mit dem Schlachtschiff *Anson,* den Trägern *Indomitable* und *Venerable,* den Kreuzern *Swiftsure* und *Belfast,* 6 Zerstörern, 8 U-Booten, 7 austral. Minensuchern und 1 kanad. Troßschiff nach Hongkong zur Entgegennahme der Kapitulation der jap. Garnison.

★

2. 9. 1945 **Japan**

Unterzeichnung der jap. Gesamt-Kapitulation an Bord des amerik. Schlachtschiffes *Missouri* in der Sagami-Bucht. Für Japan unterzeichnen der Außenminister Shigemitsu und der Chef des Armee-Generalstabes, General Umezu. Für die Alliierten nimmt General MacArthur die Kapitulation entgegen. Es unterzeichnen für die USA Flottenadmiral Nimitz, für China General Hsu Yung-chang, für Großbritannien Admiral Sir Bruce Fraser, für die Sowjetunion Generalleutnant Derevjanko, für Australien General Sir Thomas Blamey, für Kanada Oberst Moore-Gosgrove, für Frankreich General Leclerc, für die Niederlande Admiral Helferich und für Neuseeland Vizeluftmarschall Isitt.

2.—19. 9. 1945 **Pazifik**

Kapitulationen der jap. Streitkräfte in Übersee:

2. 9.: An Bord des Schlachtschiffes *Nelson* nimmt VAdm. Wake-Walker die Kapitulation der jap. Streitkräfte im Raum Penang entgegen. Die brit. Kreuzer *London* und *Cumberland* landen Vorausabteilungen in Sabang (Sumatra). Gegenüber US-Streitkräften auf den Marianen kapitulieren die Besatzungen von Rota und Pagan.

3. 9.: Der jap. OB auf den Philippinen, Gen. Yamashita, unterzeichnet in Begleitung von VAdm. Okochi in Baguio die Kapitulation der jap. Streitkräfte auf den Philippinen gegenüber einem Vertreter des OB der US-Army Forces Westpacific, Gen. Styler. Der jap. Befehlshaber auf Palau, GenLt. Inoue, kapituliert mit seinen Streitkräften gegenüber dem US-Kommandanten von Peleliu, BrigGen. Rogers. An Bord des Kreuzers *Portland* nimmt VAdm. Murray die Übergabe der jap. Besatzung der Inselfestung Truk entgegen. An Bord des Zerstörers *Dunlap* wird die Kapitulation der Bonin-Inseln vor Commodore Magruder unterzeichnet, an Bord des DE *Levy* die der Insel Wake gegenüber BrigGen. Sanderson. An Bord des brit. Kreuzers *Cleopatra* trifft der OB der Brit. East Indies Fleet, Adm. Sir Arthur Power, in Singapore ein, das am 4. 9. übergeben wird.

Am 4. 9. kapitulieren die Inseln Jaluit und Aguijan (Marianen), am 5. 9. Yap. Am 6. 9. nimmt an Bord des brit. Trägers *Glory* in Rabaul der austral. General Sturdee die Kapitulation von Gen. Imamura für die jap. Streitkräfte im Bismarck-Archipel, den Salomonen entgegen.

Am 7. 9. wird die Inselgruppe Kusaie (Karolinen) übergeben, und die noch nicht besetzten Inseln der Ryukyu-Gruppe kapitulieren vor dem OB der 10. US-Armee, Gen. Stilwell, auf Okinawa.
Am 8. 9. kapitulieren die jap. Verbände auf Bougainville und in Südostborneo vor austral. Befehlshabern, am 9. 9. auch in Nordwestborneo (Brunei).
Am 9. 9. wird in Nanking die Kapitulation der jap. Truppen in China durch General Okamura und in Soeul die der jap. Truppen in Korea unterzeichnet, in Morotai übergibt GenLt. Teshima gegenüber dem austral. General Blamey die jap. Truppen in Niederländisch-Indien.
Am 10. 9. kapitulieren Wotje und Maloelap (Marschall-Inseln).
Am 11. 9. erfolgt die Übergabe der jap. Truppen bei Wewak durch GenLt. Adachi. Ferner werden Ponape und Timor übergeben.
Am 12. 9. unterzeichnet GenLt. Itagaki in Singapore die Kapitulation aller jap. Streitkräfte in Südostasien vor dem alliierten OB Südostasien, Adm. Lord Louis Mountbatten.
Am 14. 9. unterzeichnet die Besatzung von Nauru die Kapitulationsurkunde an Bord der austral. Fregatte *Diamantina* vor BrigGen. Stevenson.
Am 15. 9. läuft der brit. Kreuzer *Cumberland* Djakarta zur Entgegennahme der jap. Kapitulation auf Java an.
Am 16. 9. wird in Hongkong die Übergabe der jap. Streitkräfte durch KAdm. Harcourt entgegengenommen.
Am 19. 9. kapituliert die Inselbesatzung von Woleai (Karolinen) als letzte der größeren Einheiten.

2. 9.—22. 10. 1945 **Japan/Korea/China**

Landung der Besatzungstruppen in Japan, Südkorea und chin. Häfen.

I. Honshu:

Am 2. 9. landet die US-Task Force 33 (VAdm. Wilkinson) die 1. US-Cavalry-Div. (GenMaj. Chase) in Yokohama, am 3. 9. wird das 112. Cav.RCT in Tateyama zur Sicherung der Tokio-Bucht gelandet. Die Leitung der Operationen übernimmt unter dem Kdo. der 8. US-Armee (GenLt. Eichelberger) das XI. Korps (GenLt. Hall). Am 5. 9. erste Aufklärung Tokio, am 8. 9. Einmarsch der 1. Cav. Div. in Tokio. Nach Abschluß des Lufttransportes der 11. Luftlande-Div. am 6. 9. wird von Okinawa vom 7.—14. 9. die 27. Inf.Div. nach Atsugi eingeflogen, vom 8.—10. 9. landet die Task Force 35 die Americal-Div. in Yokohama, am 14. 9. folgt die 43. Inf.Div., die jedoch am 27. 9. zum Rücktransport in die USA abgezogen wird. Am 15. 9. beginnt das XIV. Korps in Sendai die Besetzung Nord-Honshus, ihm werden im Landtransport die 11. Luftlande-Div. nach Sendai und die 27. Inf.Div. nach Niigata zugeführt. Im Raum Tokio trifft dafür ab 20. 9. noch die 97. Inf.Div. ein.

II. Hokkaido/Tsugaru-Straße:

Am 6. 9. landet die North Pacific Force (VAdm. Fletcher) Vorausabteilungen des Marine-Corps in Ominato (Hokkaido). Am 8. 9. beginnen Minensuchverbände mit der Räumung der Tsugaru-Straße. Vom 25.—27. 9. landet eine Task Force (KAdm. Denebrinck) die 81. Inf.Div. in Aomori an der Nordspitze Honshus an der Tsushima-Straße, am 4. 10. wird das 306. RCT in Otaru auf Hokkaido gelandet, die Masse der 77. Inf.Div. folgt am 15. 10. nach Otaru und Sapporo nach. Die Führung übernimmt in diesem Raum das IX. Korps (GenMaj. Ryder).

III. Kyushu:
Am 4. 9. wird das 127. RCT der 32. Inf.Div. im Lufttransport nach Kanoya überführt. Am 22. 9. beginnt die Landung des V. Amphib. Corps (GenLt. H. Schmidt) mit der Amphibious Group 4 (KAdm. Reifsnider) und der 5. Marine-Div. in Sasabo. Am 26. 9. folgt die 2. Marine-Div. nach Nagasaki. Am 15. 10. wird die restliche 32. Inf.Div. in Shimonoseki gelandet, und geht nach Saga in Zentral-Kyushu.

IV. Süd-Honshu und Inlandsee:
Ab 25. 9. beginnt die 6. US-Armee (Gen. Krueger) mit der Besetzung des Raumes Osaka, Kyoto, Kobe. Am 25. 9. landet die 33. Inf.Div. des I. Korps (GenMaj. Swift) in Kobe, am 27. 9. die 98. Inf.Div. in Wakayama und am 2. 10. die 25. Inf.Div. in Nagoya.
Als letzter Großverband folgt das X. Korps (GenMaj. Sibert), das am 7. 10. die 24. Inf.Div. in Matsuyama auf Shikoku und danach die 41. Inf.Div. in Kure landet.

V. Korea:
Die VII. Amphibious Force (Adm. Kinkaid, OB 7. Flotte und VAdm. Barbey) beginnt am 8. 9. mit der Landung der 7. US-Inf.Div. des XXIV. Korps (GenLt. Hodge) in Inchon, von dort wird Soeul besetzt, ein BCT wird auf dem Seeweg am 20. 9. nach Pusan gebracht. Am 22. 9. wird die 40. Inf.Div. gelandet. Am 17. 10. folgt die 6. Inf.Div.

VI. China:
Am 30. 9. landen Teile der VII. Amphibious Force die 1. US-Marine-Div. in Taku, um den Raum Tientsin bis zur Ankunft chin. Kräfte zu sichern. Am 11. 10. werden durch eine Amphibious Group der 7. Flotte die Einheiten der 6. Marine-Div. in Tsingtao gelandet.

Register der Unternehmungen

Register der Konvois

Register der Personennamen

Register der Schiffsnamen

Die Schiffsnamen sind ungekürzt angeführt, so, wie sie am Schiff selbst angebracht sind bzw. der amtlichen Schreibweise entsprechen. Zusammengesetzte Namen stehen in der Ordnung des ersten Namensteils, gleichgültig ob es ein Vorname oder ein anderer Teil des Namens ist. Bei Schiffen, die im praktischen Gebrauch während des Krieges und zum großen Teil auch im Text dieses Buches mit Kurzbezeichnungen genannt worden sind, ist ggf. bei dem vollen Namen durch einen Pfeil → auf die Kurzform, bei der die entsprechenden Seitenzahlen im Register stehen, hingewiesen. Die Transliteration der in nicht lateinischer Schrift geschriebenen Schiffsnamen richtet sich nach den international üblichen Transkriptionsregeln, wie sie in den internationalen Flottenhandbüchern und dem Lloyd's Register Verwendung finden. Die einzige Ausnahme bilden die russischen Schiffsnamen. Um hier die durch unterschiedliche Transliteration in den verschiedenen europäischen Sprachen immer wieder auftretenden Mißverständnisse auszuschalten, werden sie nach den vom Internationalen Normen-Ausschuß (ISO-Recommendation U 9) und nach dem Deutschen Normen-Entwurf (DIN 1460) empfohlenen und nachstehend wiedergegebenen System übertragen.

Transliteration des Russischen

А а = A	И и = I	Р р = R	Ш ш = Š
Б б = B	Й й = J	С с = S	Щ щ = ŠČ
В в = V	К к = K	Т т = T	Ъ ъ = –[2]
Г г = G	Л л = L	У у = U	Ы ы = Y
Д д = D	М м = M	Ф ф = F	Ь ь = '
Е е = E[1]	Н н = N	Х х = Ch	Э э = Ė
Ж ж = Ž	О о = O	Ц ц = C	Ю ю = Ju
З з = Z	П п = P	Ч ч = Č	Я я = Ja

[1]) Der Buchstabe Ë ë wird, sofern im russischen Text vorhanden, auch mit Ë ë wiedergegeben.

[2]) Am Wortende wird das Zeichen nicht transliteriert.

Die alphabetische Ordnung der Schiffsnamen entspricht der im Lloyd's Register üblichen. So sind insbesondere die deutschen Umlaute ä, ö und ü unter a, o, u zu finden. Aus Buchstaben und Ziffern zusammengesetzte Schiffsbezeichnungen finden sich stets am Anfang des betr. Buchstabens zusammengefaßt.

An den Schiffsnamen schließt sich die Nationalitätsbezeichnung in einer verständlichen Abkürzung sowie die Typbezeichnung des Schiffes, bei britischen, amerikanischen und italienischen Schiffen ggf. auch die während des Krieges gültige Kennung des Schiffes. Bei sowj. Kriegsschiffen ist in ( ) die Flotten-Zugehörigkeit angegeben: (B.) Baltische Flotte, (Č.) Schwarzmeer-Flotte, (S.) Nord-Flotte, (T.) Pazifik-Flotte. Nach einem : folgen dann die Seitenzahlen, auf denen das Schiff im Text erwähnt ist. Mehrfache Erwähnungen auf der gleichen Seite sind nicht besonders gekennzeichnet.

Für die Hilfe bei der Bearbeitung dieses Registers sei Frau Evi sowie Jochen und Jens Rohwer herzlich gedankt.